中國樂器協會

為《中國乐器年鑒》題

大力发展中国乐器工業

滿足人民文化生活需要

陳士能

亲切关怀

2003年3月7日，江泽民主席在第十届全国人民代表大会第一次会议广东团亲切接见广州珠江钢琴集团公司总经理助理麦燕玉。

2002年6月13日，国家副主席胡锦涛视察东北钢琴集团公司。

2003年6月24日，中共中央政治局委员、广东省省委书记张德江到广州珠江钢琴集团有限公司调研。

2002年3月15日，国家质检总局党组书记李传卿在3.15活动中关注乐器打假工作。

2002年10月18日，中国轻工业联合会会长陈士能到上海民族乐器一厂调研。

2002年9月，全国人大民族事务委员会主任王朝闻视察贵州玉屏箫笛厂。

2002年8月4日，中国工业经济联合会会长、中国名牌战略推进委员会主任林宗棠在广州珠江钢琴集团公司进行创名牌工作调研。

2003年11月，中国音乐家协会主席傅庚辰参观广州珠江钢琴集团有限公司。

中国轻工业联合会陈士能会长在2002中国（上海）国际乐器展览会上观看著名钢琴演奏家刘诗昆弹奏钢琴。

2003年11月20日北京市政协副主席黄以云视察北京星海乐器公司。

友好往来

2003年3月17日，以齐建平秘书长为团长的中国乐器协会代表团在参观法兰克福乐器展览会期间，拜访德国法兰克福展览公司副总裁。

2002年9月，中国乐器协会王根田理事长在北京亲切会见美国国际乐器制造商协会董事长拉蒙德、首席执行官韦斯特。

2002年8月25日，上海民族乐器一厂向泰国公主朱拉蓬赠送古筝。

2003年1月，中国乐器协会代表团赴美国公务考察，并会见美国国际乐器制造商协会董事长拉蒙德。

2002年10月，中国乐器协会王根田理事长在上海会见日本钢琴调律师学会代表团。

2003年3月12日，中国乐器协会代表团参观奥地利蓓森朵夫钢琴厂，受到公司总经理的热情接待。

2002年10月，上海、北京、营口等钢琴厂企业领导在上海钢琴公司亲切会面。

2003年7月，美国施坦威公司副总裁，亚洲总经理Bob Dove先生一行参观广州珠江钢琴集团有限公司。

文化产业

2001年12月，“珠江”GP328(11英尺)三角钢琴在九运会闭幕式晚会《超越梦想》演奏。

2002年，广州珠江钢琴集团公司成立了由公司员工组成的“珠江管弦乐团”。团员们经常活跃在广东省工矿企业，为广大职工表演各种形式的文艺节目，受到省市领导和员工的好评。

2002年5月，百架诺地斯卡钢琴在由营口市政府、辽宁省妇联、中央电视台主办的“第八届中国望儿山母亲节”上倾情演奏。

2003年11月，北京星海乐器有限责任公司为全面贯彻《中共中央关于公民道德建设实施纲要》，加强社会主义法制建设和社会主义道德建设，建立社会主义道德体系，继完成《星海理念行为手册》的编制后，又编辑发行了《星与海的交响》，全书分为六个部分。

2003年4月1日，中国民族乐器陈列馆落成并正式对外开放。中国民族乐器陈列馆是上海市闵行区博物馆和上海民族乐器一厂联合主办，占地700平方米，馆内藏有7000年前的骨哨到近代收藏的300多件古今乐器、真品和复制品。

2003年11月5日，上海民族乐器一厂举行中国民族乐器读物《弓弦南北》一书首发式。此前，该厂还编印了《敦煌乐韵》、《敦煌传真》、《筝艺》、《江南丝竹》、《海上筝坛》等书。

2003年10月9日－10日，由泰兴市溪桥镇政府和泰兴凤灵乐器有限公司联合主办的中国溪桥提琴“文化.科技”节在江苏泰兴市举行。这次活动由凤灵乐器声学品质检测系成果鉴定会、江苏省乐器材料与技术应用工程研究中心挂牌仪式、江苏省第四届“凤灵杯”少儿提琴大奖赛颁奖晚会等内容构成。

2002年9月，上海民族乐器一厂参与主办的千人古筝演奏表演申报上海吉尼斯世界记录。

2003年10月21日，广东华声乐器有限公司举行公司成立十周年庆典文艺晚会。右图为公司合唱队表演。上图为公司模特队手持吉他表演。

2002年4月，北京星海乐器有限责任公司举办第九届星海杯全国少儿钢琴比赛。

2002年10月，在上海浦东新区区政府广场举办第四届国际艺术节“施特劳斯钢琴演奏会”，著名钢琴演奏家孔祥东领奏，138架钢琴参加演奏。

大事记(2002年)

2002年1月，中国企业家联合会全国企业家活动日在广州召开，童志成总经理荣获“创新企业家”称号。

2002年10月，中国（上海）国际乐器展览会在上海国际展览中心举行。

2002年10月，中国乐器协会四届二次理事会在上海召开，中轻联陈士能会长到会讲话。

2002年9月，在中国名牌论坛上，珠江钢琴公司入选16家“向世界进军的中国名牌企业”。

2002年，中国乐器协会钢琴、吉他、电鸣乐器、民族乐器专业委员会（分会）相继成立。

2002年10月，中国音乐研究所与泰兴凤灵乐器有限公司共同合作的“乐器声学品质检测系统研究项目”在泰兴启动。

2002年10月《钢琴调律师》《钢琴制作工》国家职业标准制定工作开始启动。

大事记(2003年)

2003年3月，第十届全国人民代表大会召开，乐器行业的中央音乐学院郑荃当选为第十届全国人大常委委员，广州珠江钢琴集团公司麦燕玉当选为全国人大代表。

The Top 125 THE INDUSTRY'S LEADING SUPPLIERS

Person Of The Year
ZHI CHENG TONG

Over A Thirty-Year Period, Tong Transformed Pearl River From The World's Smallest Piano Builder To The World's Largest

In 1956 Pearl River Piano was arguably the world's smallest piano maker, turning out four uprights a month. Today, with a 2.8 million-square-foot factory in Guangzhou, China, and production levels nearing 100,000 units a year, the company is the world's largest. Some would explain this dramatic transformation by pointing to China's liberalized economic policies, the country's long tradition of manufacturing, and a vast pool of skilled low-cost labor. While all these factors set the stage for the company's meteoric ascent, the catalyst for Pearl River's extraordinary growth can be traced to the unique leadership of Zhi Cheng Tong. For that reason we name him *The Music Trades'* Person of the Year.

Tong joined Pearl River in 1959 at the urging of his father, who had been one of the company's first employees. He rose through the ranks holding various manufacturing and sales positions, and shortly after China's sweeping economic liberalization in 1978, he was named president. To fully appreciate the magnitude of Tong's achievement in transforming Pearl River Piano, some historical perspective is in order.

In the century leading up to Mao Tse Tung's ascension to power in 1948, China had been impoverished by a deadly combination of colonial exploitation and internal political strife. The intense repression of Mao's totalitarian rule prolonged the economic stagnation. By the time liberalization policies were adopted in 1978, China's economy was one of the most backward in the world. A few intrepid Westerners who visited the Pearl River factory in 1980 took a look at the dirt floors, crude machinery, and shoddy finished product and concluded that the company could never compete in Europe or North America. What they failed to fully appreciate during their visit was the ambition and acumen of Mr. Tong.

One of Tong's unique qualities has been the ability utter the three words people in leadership positio dread most: "I don't know." Early in his career, he recognized that the piano was foreign to China, and that he was to improve Pearl River's quality and productio methods, he would have to enlist foreign experts. 1985 he hired Bud Corey as a manufacturing consulta In the late fifties and early sixties, Corey had design Wurlitzer's Mississippi piano plants from the ground and was a rare expert in mass producing pianos. Co convinced Tong to invest heavily in automation, argu that even though it afforded little economic benefit giv China's wage rates, it was necessary to achieve the qu ity levels demanded by Weste consumers. To address the musi quality of the Pearl River pia Tong also brought in a stream Western technicians and perfor ers and spent countless hours as ing them probing questions. T willingness to learn from othe culminated in 1995 when To structured a joint venture agre ment with Yamaha. Under t pact, Yamaha received access the Chinese domestic mark while Pearl River tapped in Yamaha's unrivaled piano buildi expertise.

The real mark of Tong's leade ship has been his ability to absorb expert advice and th effectively communicate it to a 5,000-member wor force. While others helped devise Pearl River's strate it was left to Tong to galvanize the organization arou the task of building a world-class piano.

Popular perception has it that Chinese manufacture suddenly came out of nowhere and used incredible pr ing to seize market share. Tong's career shows othe wise: Transforming Chinese manufacturers like Pe River into world-class companies has been a long a arduous task. His success testifies to the importance setting lofty goals and never losing focus.

122

2003年3月，美国音乐贸易杂志(2003NO3)刊登专文，广州珠江钢琴集团公司董事长童志成被评为2002年度全球音乐产业年度人物。

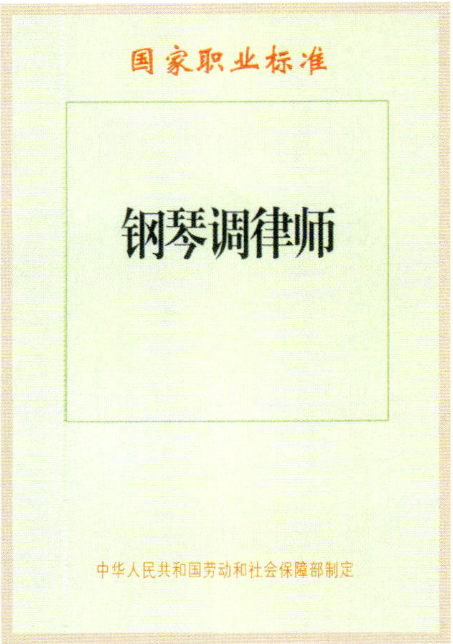

2003年，中国乐器协会参与制定的国家职业标准《钢琴调律师》正式出版发行。

2003年4－5月，我国遭遇非典，在这场“没有硝烟的战争”中，乐器行业生产销售受到严重影响，中国乐器协会王根田理事长发表了“致乐器行业全体同仁”的一封慰问信。广州珠江钢琴集团公司向非典重灾区捐献人民币117.5万元。

2003年5月，北京星海乐器有限责任公司荣获2002年度全国“五一劳动奖状”，东北钢琴公司张大鸣荣获“全国五一劳动奖章”。

2003年9月，“珠江牌”、“星海牌”钢琴被评为“中国名牌产品”。

2003年9月中国工会召开第十四次全国代表大会，营口东北钢琴集团公司张大鸣、北京星海乐器有限责任公司刘英当选工会十四大代表。

2003 中国（上海）国际乐器展览会 2003 年 10 月 15 日在上海举行取得圆满成功，有 419 家企业参加展览，海外 16 个国家 102 个企业参展，观众人数达到 21496 人，海外宾客 1700 人。

2003 年 10 月 12 日 –13 日，中国乐器协会四届三次理事（扩大）会在杭州召开，会议总结一年来乐器行业的发展及所作的工作，对2004年的工作做了安排。

美国乐器音响行业杂志《音乐贸易》2003 年 12 期公布了进入全球乐器音响供应商 225 强名单，中国有 13 家企业入围。

2003年10月21日，广东华声乐器有限公司举行公司成立十周年庆典。

2002–2003年度中国乐器行业强势企业

广州珠江钢琴集团有限公司

北京星海钢琴集团有限公司

营口东北钢琴集团公司

广东四会华声乐器有限公司

宁波东方琴业有限公司

上海钢琴有限公司

泰兴凤灵乐器有限公司

上海中雅钢琴有限公司

上海玛珂钢琴有限公司

河北金音乐器制造有限公司

宁波海伦乐器制品有限公司

天津津宝乐器有限公司

福州和声钢琴有限公司

宜昌金宝乐器有限公司

上海民族乐器一厂

广东中山粤华钢琴有限公司

北京华东乐器有限公司

美得理电子（深圳）有限公司

南京摩得利钢琴有限公司

上海超拨实业有限公司

苏州民族乐器一厂有限公司

烟台龙凤钢琴有限公司

中国乐器协会第四届理事会
名誉理事长 理事长 副理事长 秘书长

中国乐器协会名誉理事长 张连庸

中国乐器协会理事长 王根田

副理事长 广州珠江钢琴集团有限公司党委书记 董事长 童志成

副理事长 北京星海钢琴集团公司副董事长 总经理 赵惠臣

副理事长 营口东北钢琴集团公司总经理 张大鸣

副理事长 上海民族乐器一厂厂长 王国振

副理事长 上海钢琴有限公司总经理 张子跃

副理事长 上海华新电子电器公司总经理 林伯龙

副理事长 江苏凤灵乐器有限公司董事长 李书

副理事长 大连铜管乐器有限公司总经理 焦永达

副理事长 北京乐器研究所所长 张振启

中国乐器协会秘书长 齐建平

PEARL RIVER
Pearl River
珠江钢琴
中国名牌产品
中国驰名商标
Pearl River
地址：广州芳村花地大道南鱼尾西路　电话：(020)81502729　邮政编码：510388

星海钢琴
中国名牌
CHINA TOP BRAND
2003.9-2006.9
星海
XINGHAI
XINGHAI INSTRUMENT
北京星海钢琴集团有限公司

Tribune XO
Custom Trumpets
XO 小号(Tribune XO trumpets)是为追求完美的演奏家特别量身订做的，她完美的音色与表现力带给演奏家非凡的演奏感受。纯手工活塞及手工敲击的喇叭口，是杰普特JUPITER运用计算机辅助工程设计，融合了现代技术与传统手工工艺的完美呈现。
傑普特 JUPITER®
Furthering the Art...
SINCE 1930
功学社集团
K.H.S. GROUP
北京办事处
Tel: 010-67124640
Fax : 010-67146513

MAPEX
美派司
为您量身订做的好鼓···
— 美派司(MAPEX)世界巡回演出实况 —
Brady Blade Jewell, Indigo Girl, Emmylou Harris, Patty Griffin
Great Drums for Great Drummers........
I need a kit that stands up to th abuse of gigging night after night, and can still handle the subtleties of studio sessions.
Pro M Series
All Maple
7-ply 6.1mm All Maple Shells
Traditional warmth, presence and tuning range along with an uncommon balance of focus and resonance.
MAPEX
北京办事处/电话：010-67123418 天津办事处/电话：022-82128999/ 传真：022-82125885
SINCE 1930
功学社集团
K.H.S. GROUP

THIN AMP

The Anywhere Amp

Features:

- Portable, Convenient Size (Only 2" Thick!)
- Onboard Digital Multi-Effects Processor
- Easy-to-Use Analog Controls
- Lightweight ABS Shell
- Built-In Tilt-Back Legs
- Multi-Function Inputs & Outputs
- Includes Padded Carrying Bag
- Includes Power & Car Adapter
- Rechargeable Battery Pack (Optional)

16 DSP Multi-Effect Settings

AXL

For Information and Ordering:
mail@axlusa.com Tel: (415) 508-1398 Fax: (415) 508-1396

柏斯琴行于1986年创立，在短短十多年间已发展成为本地最具规模的乐器连锁专门店，十八间门市部遍布港、九及新界。随着中国经济的急速起飞，我们在1993年起积极拓展中国内地市场。目前于广州、深圳、北京、上海等主要城市已开设了三十个销售店及办事处，为现时国内最大的乐器零售及分销商。我们的业务正以惊人的速度发展，在不久的将来会陆续在香港及内地开设更多的门市，务求为爱乐人士带来更多及更方便的服务。
TOYAMA
激发
内心的渴望
TOYAMA
18th
PARSONS MUSIC
创造梦想 成就未来
柏斯琴行
Parsons Music
乐器名店信心保证
http://www.parsonsmusic.com
香港总部：香港九龙尖沙咀漆咸道南39号铁路大厦8楼
电话：（00852）2333-1863
传真：（00852）2330-3104
北京总店：北京市东城区东直门南大街12号楼配套楼柏斯琴行
电话：（010）6416-0003
传真：（010）6416-0003

展现
优雅的
tune for 极致
your tunes
TOYAMA
TOYAMA
托雅玛

董事长：李书
联系电话：0523-7203321
传真：0523-7203088
公司地址：江苏省泰兴市溪桥镇
邮编：225419
http//www.feng-ling.cn
E-mail:flyqc.tx@public.tz.js.cn
江苏凤灵乐器有限公司

"画眉鸟"牌二胡精品展示

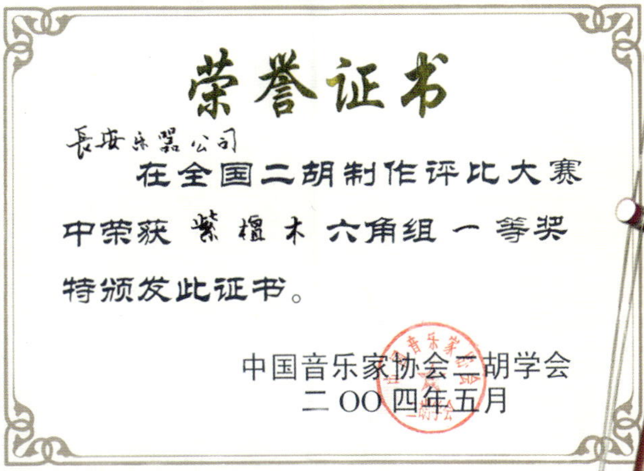

荣誉证书

長安乐器公司

在全国二胡制作评比大赛中荣获紫檀木六角组一等奖特颁发此证书。

中国音乐家协会二胡学会

二OO四年五月

2004年5月中国音协二胡学会举办的"全国二胡制作大赛"北京长安乐器公司参赛的八把二胡全部获奖。

紫坛六方二胡获第一名、第二名；

紫坛八方二胡获第一名、第二名；

黑坛六方二胡获第一名、第二名；

黑坛八方二胡获第二名、第三名。

主要产品：

二胡、高胡、中胡、柳琴、琵琶、手鼓、各类琴弦。

经销：

德国"Geipe"松香；

德国"红龙"二胡弦；

王小迪二胡精品弓。

北京长安乐器有限公司

地址：北京市宣武区清芷园3-A-1203

邮编：100054

电话：010-83501288

传真：010-83501289

手机：13801022742

联系人：张钟

北京长安乐器有限公司

北京长安乐器有限公司是技、工、贸一体的中外合资企业。近几年来，通过全体员工的不懈努力，产品已从4年前的提琴系列扩大到木管乐器系列以及民族乐器。2003年公司再次与法国知名企业合作生产长笛、黑管，通过一年多的开发、研制，现已达到月产量5000支的生产规模，质量水平得到了法国专家的好评。现公司生产组装的世界知名品牌全部远销美国、欧洲等一些国家和地区。

民族乐器产品是长安乐器公司的另一拳头产品，近几年来通过张钟先生的不断改革创新，使其脱离了传统的生产模式，特别是高档二胡深受国内专业演奏家的青睐。公司生产的二胡、高胡、柳琴、琵琶、手鼓等产品，用料考究、做工精细、音色纯正、质量上乘，广泛受到市场客户和专业演奏家的好评。

为了更进一步提高产品质量，为市场提供优良的乐器产品。公司生产的紫檀二胡、黑檀二胡、血檀二胡、明清旧料（老红木）二胡，均由著名二胡演奏家指导，精选，签名，同时精选出来的优质二胡附有著名二胡演奏家的照片，并配有选中二胡的蟒皮照片，确保品质无虞。客户在购买此产品后，如发现质量问题，可凭所附产品合格证享有保修、保换、包退货的权利。

此外公司还生产“画眉鸟”牌各类提琴弦、二胡弦、柳琴弦、琵琶弦、古筝弦、中阮弦及扬琴弦，G“402”扬琴弦经扬琴演奏家的考证，被北京星海粤华乐器有限公司指定为：“唯一用弦”。公司还经销德国“GEIPEL牌”二胡松香、德国红龙二胡弦、王小迪二胡精品弓。

2004年5月，中国音协二胡学会举办的“全国二胡制作大赛”上，北京长安公司参赛的八把二胡全部获奖。

HAI LUN
当时间的潮水退去
只有真正美丽的贝壳留了下来……
▲“文德隆”立式钢琴系列
钢琴行业高新技术企业
宁波●维也纳合作企业
采用国际标准企业
引进欧洲技术、工艺企业
实现数控化管理的现代化企业
“中国乐器行业强势公司”企业
“国家标准●中国著名品牌”重点推广企业
ISO9001：2000国际质量管理体系认证企业
▲HG178、162、152、
“文德隆”三角钢琴系列
海伦乐器·全景
海伦
http://www.hailun.org
宁波海伦乐器制品有限公司
地址：浙江省宁波市北仑科技园区普陀山路8号
邮编：315806
电话：0574-86813288 86813287
传真：0574-86813196
网址：www.hailun.org
邮箱：chen@hailun.org

全国乐器行业强势公司
SUNSHINE
Sunshine
PIANO
SINCE 1986
弹指之间 精彩尽现——香山·阳光 钢琴
（中外合资）广东中山市粤华钢琴乐器有限公司
网址：www.sspiano.cn
电话/传真：0760-8502562 地址：广东省中山市东升镇观栏工业区

MOUTRIE
Britain & German Technology
摩德利
moutrie
19世纪初，最早进入中国的欧洲著名钢琴品牌……
天天在努力
做中国最好的！
moutrie
●准确的音律
●良好的触键感
●变化丰富的音量
●优良的性能价格比
●豪华典雅，四十余款精美款式（拥有专利发明）
●选材精细，做工精良（主要部件均为德国、日本进口件）
企业通过ISO9001国际质量体系认证
希尔斯坦(SILVERSTEIN)（出口美国） 摩德利(MOUTRIE)(出口加拿大) 舒曼(SCHUMANN)（出口德国）
南京钢琴厂有限公司
销售公司：025-86417966
传真：025-86415240
手机：13505160435
摩德利钢琴系列
地址：南京应天路应天巷8号
邮编：210012
E-mail: moutrie@moutrie.cn
网址：WWW.moutrie.cn

PERZINA

博斯纳

烟台博斯纳钢琴制造有限公司成立于2003年6月，系中德钢琴制造商共同投资兴建的现代化大规模钢琴生产企业，专业制造、销售“博斯纳”、“伊斯朵夫”等品牌的立式钢琴、三角钢琴及管风琴。

烟台博斯纳钢琴制造有限公司坐落在风景秀丽、气候宜人、最适合钢琴生产的烟台高新技术开发区。烟台是中国最早对外开放的十四个沿海城市之一，这里交通便利、电讯快捷，特别是气候条件优越：夏无酷暑，冬无严寒，一年四季既不潮湿，也不干燥，为钢琴生产提供了得天独厚、无与伦比的最佳条件。另外，高新区内较多的科研院校为园区企业的发展带来了勃勃生机。

Gebr. Perzina
Hofpianofabriken gegr. in
Schwerin 1871

EAVESTAFF
1823
LONDON

烟台博斯纳钢琴制造有限公司现占地3.33公顷，建筑面积20000余平方米，已经形成了年产立式钢琴15000台，三角钢琴1500台的生产能力，可实现销售收入1.5亿元，其中出口创汇1000万美元，可实现利税3000万元。

拥有130余年历史、誉满全球的世界品牌－博斯纳钢琴于1871年在德国诞生，因其品质卓越，先后被德国、英国、奥地利、荷兰、俄国等国家的皇室贵族选定为“皇家用琴”而声名显赫，并一直被列为倍受推崇的钢琴名品。130余年后，博斯纳钢琴从西方来到了东方，从德国来到了中国烟台。

为使博斯纳钢琴永葆世界名品的风采，烟台博斯纳钢琴制造有限公司特邀世界著名钢琴制造专家、原德国博斯纳钢琴厂总工程师——莱夫里克·汉斯先生全面负责公司的技术质量工作，进一步提高了产品的质量与档次。现在公司产品不仅畅销于国内百余个大中城市，并且远销至欧美、东南亚等世界上四十余个国家和地区，产品出口比例60%以上，深受国内外钢琴制造商、经销商及专业音乐人士的广泛赞誉。

博斯纳钢琴公司拥有世界级钢琴设计大师的经典力作，拥有世界级的品牌，拥有世界先进而独有的钢琴制作技术，拥有上百名技艺精湛、经验丰富的技术精英，拥有国内外钢琴制造业公认的科学而又严格的管理，拥有制造优秀钢琴所必需的得天独厚、无与伦比的最佳气候条件……这一切必将创造出一个令世人叹服并为之骄傲的产品，创造出一个属于博斯纳、属于博斯纳人的更加辉煌时代。

聆 听 心 灵 之 音
ISO9001国际质量体系认证企业
世界乐器及音响供应商225强名列第54名，中国13个入围企业四强之一。
立式钢琴、卧式钢琴通过国家轻工业乐器质量监督检测中心检测，符合GB/T 10159—2002《钢琴》标准要求。
通过北京市产品质量监督检验所（中国CANCL认可单位）产品质量检验合格
荣获山东省先进外资企业称号
荣获青岛市和山东省名牌产品称号
荣获青岛市著名商标
SEJUNG
VIVACE
FALCONE
GEORGE STECK
世正钢琴 与世界同步
Sejung
2003年钢琴出口量
15111架
世界发达国家认可的产品
中国青岛世正乐器有限公司（中韩合资） 地址：中国青岛 城阳区春阳路新城工业园 网址：www.qdsejung.com 邮编：266109 Tel:0532-7963230 Fax:0532-7963845 客户服务中心：800 860 0203
SEJUNG

中美合资
通过 ISO9002 国际质量体系认证
河北金音乐器制造有限公司是一家中美合资生产西洋管弦乐器的专业厂家。始建于1989年，经过十多年的发展，公司现有员工1200多人，占地7.33公顷，建筑面积5万平方米，主要生产萨克斯、长笛、短笛、单簧管、双簧管、小号、长号、圆号、上低音号、次中音号、抱号、提琴系列、乐器箱包系列及各种管弦乐器配件400余种产品。公司年产西管乐器10万把、提琴5万把，公司拥有自营进出口权，出口量占总产量的85%。金音公司于2001年通过ISO9002国际质量体系认证，已经连续两年进入“世界一流乐器和音响设备供应商225强”名录。快速发展的金音公司将始终遵循“音程准确、音色优美、演奏舒适、美观耐用”的质量方针，真诚为国内外客户、消费者团体提供优质的乐器、放心的服务。
地址：河北省武强县周窝乡
邮编：053300
董事长：周国芳
总经理：陈学孔
电话：0318-3821668
传真：0318-3826736
网址：www.jinyinmusic.com
E-mail:wqjx@sina.com
河北金音乐器制造有限公司
HEIBEI JINYIN MUSICAL INSTUMENTS CO.,LTD.

泰山管乐器
TAISHAN WIND INSTRUMENTS
山东泰山管乐器制造有限公司
Shandong Taishan Wind Instruments Manufacture Co., Ltd.
地址：山东省龙口市黄城东大李家
电话：0535－8527152 8526672
传真：0535－8526419
邮编：265701
网址：www.taishan-guanyue.com
邮箱：gyq@taishan-guanyue.com

R饶阳北方民族乐器制造有限责任公司

RANYANGBEIFANGMINZUYUEQIZHIZAOYOUXIANGONGSI

YUETAN

秉承祖国传统工艺 ◆ 打造世纪乐器精品

饶阳北方民族乐器制造有限责任公司，(原北京民族乐器厂饶阳分厂）1985年建厂，占地面积1.23公顷，建筑面积6000平方米，拥有职工230人，技术人员45名，固定资产800万元，是目前我国北部生产规模最大，品种最全、综合实力最强的民族乐器企业，被誉为北方民族乐器生产基地，为河北省星级企业。

公司主要品种，系列扬琴、二胡、琵琶、阮、京胡、板胡、三弦、笙等400多个规格档次的乐器产品，目前已在国内各大、中城市、院校和文艺团体200多家建立了业务关系，出口到欧美、日本等二十多个国家和地区，深受顾客的好评，连年被评为消费者信得过单位。河北省优质名牌产品，产销率100%，产值逐年增长。

公司技术力量雄厚，设计、开发、生产一条龙，为适应市场变化的需求，年年都有新产品。公司始终坚持“质量为本，服务到家”的方针，为尽快与国际接轨，公司2002年作为民族乐器行业，首次首家通过ISO9001国际认证，全面推行质量体系管理。

为实现追求完美奉献民族乐器精品的质量方针，公司加强了与演艺界专家的沟通和联系，2003年与中国音协二胡学会联合，建立了北方二胡科研基地，搭建了一个生产者与演奏家共同研究探讨的平台。

2004年全国二胡制作大赛中，荣获九个一等奖，受到专家的赞赏，引起界内的关注。

十几年来，得益于各级各界的大力支持，公司员工的奋发努力，使公司实力增强，规模扩大，“月坛”牌的民族乐器已深受用户青睐，公司已成为民族乐器的主要生产基地。我们将始终坚持“质量为本，服务到家”的方针，不断改进我们的工作，全心奉献于中国的民族乐器。

董事长兼总经理：杨俊朋

地址：河北省饶阳县大官厅工业园区　**邮编：**053900

电话：0318-7318668　7317988　**传真：**0318-7319802

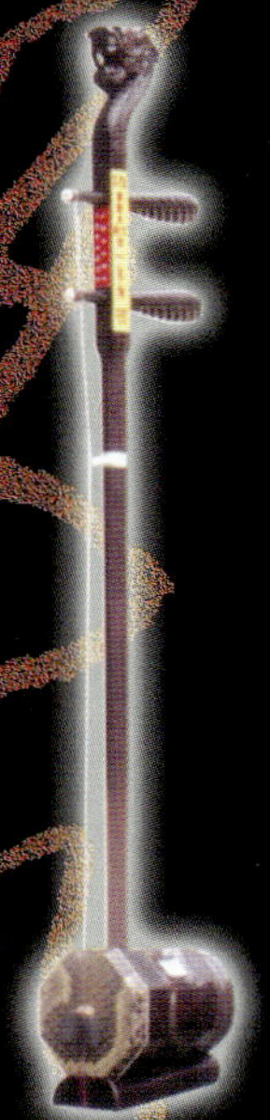

天艺乐器

扬州天艺民族乐器厂创建于2000年，坐落于风景秀丽的瘦西湖畔，平山堂之北，占地面积达25000平方米(40亩)，是扬州市最大的民族乐器厂和产销量最大的厂家之一。目前，天艺民族乐器厂主要生产“天艺牌”和“汉江韵牌”古筝、古琴、琵琶、二胡等民族乐器产品。

2003年，天艺民族乐器厂成为中国民族管弦乐学会乐器改革专业委员会副会长单位。在扬州市消费者协会的行业评比中，“天艺牌”民族乐器荣获2002-2003年“消费者满意商品”称号（乐器类惟一获此称号者）。

厂长汪建群从事民族乐器的教育和研究近20年，既是深谙民族音乐教育的音乐工作者和民族乐器的研究、制作者，又是经验丰富的企业家。

扬州天艺民族乐器厂现有专业技术人员近百人，聘请了国内外各大音乐院校的知名专家、教授、演奏家担任企业顾问，定期对企业产品予以专业指导和鉴定。现已形成了年产12000台古筝，600张古琴、500面琵琶的生产能力。2003年，在全国遭遇“非典”的不利影响下，天艺乐器厂全体人员克服重重困难，苦练内功，精益求精，使全年的产销量仍然保持了35%的增长，创历史最好水平。

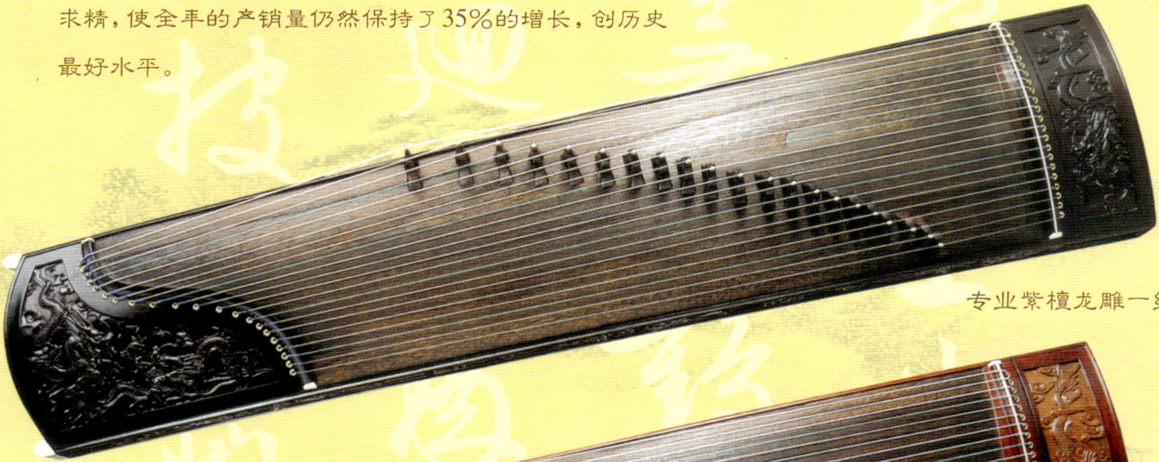

专业紫檀龙雕一级筝

专业楠木龙雕筝

21弦钢丝筝

TIANYI YUEQI 天藝樂器

MEDELI
11真情感动世界
美得理十一周年
1993－2004
飞跃·超越
跃
美得理11周年
DD系列电子鼓
MC/M/MD系列电子琴
DP系列数码钢琴
纯真之琴 感动世界
Medeli
美得理电子(深圳)有限公司
MEDELI ELECTRONICS (SHENZHEN) CO., LTD.
地址：深圳市燕南路404栋西三楼301室　邮编：518031
电话：(0755)83324175 83262002　传真：(0755)83323797 81985208
售后服务热线：(0755)83208817
北京办事处 电话：(010)87202836　上海办事处 电话：(021)64755181
Http://www.medeli.com　Email:medeli@medeli.com

中国乐器年鉴

CHINA MUSIC INSTRUMENT YEARBOOK

(2003～2004)

中国乐器协会　编

中国轻工业出版社

中国乐器年鉴(2003–2004)

CHINA MUSIC INSTRUMENT YEARBOOK

(2002年创刊)

主办单位:中国乐器协会

协办单位:广州珠江钢琴集团有限公司

特别鸣谢单位:

北京星海钢琴集团有限公司

上海民族乐器一厂

上海超拨实业有限公司

台湾功学社教育用品股份有限公司

香港柏斯琴行

《中国乐器年鉴》编辑委员会

主办单位：中国乐器协会
协办单位：广州珠江钢琴集团有限公司
设计制作：北京轻协联广告有限公司
出版单位：中国轻工业出版社

地　　址：北京东长安街 6 号 121 室
电　　话：010−65211719
传　　真：010−65122058
邮　　编：100740
网　　址：中国乐器协会网　（WWW.CMIA.COM.CN）
电子邮箱：（E−mail ）zgyq@vip.sina.com

编辑说明

一.《中国乐器年鉴》由中国乐器协会编辑。年鉴以记述年度内全国乐器行业主要工作，各乐器行业发展以及各省市乐器生产经营重大事项为主要编写内容，是服务于文化事业各项工作，服务于乐器行业生产经营单位，服务于与乐器行业相关的单位和个人的大型资料性工具书。

《中国乐器年鉴》(2003–2004) 年版是继2002年《中国乐器年鉴》创刊版之后，第二次出版发行。本年鉴根据2002、2003年间中国乐器工业的发展，按年度记载当年发生的主要历史事件和数据资料，客观、真实地记载了这一时期里乐器行业的基本情况，在内容、形式上力求适应乐器行业与时俱进的发展形势，力求编出特色，满足读者的要求。

二. 本年鉴设有栏目为："领导讲话"、"政策信息篇"、"统计图表"、"大事记"、"统计资料篇"、"协会工作篇"、"专题篇"、"专文篇"、"历史回忆篇"、"专家论坛篇"、"综合篇"、"行业篇"、"地方篇"、"市场篇"、"海外信息篇"、"企业篇"、"人物篇"、"产品篇"、"图片资料" 等21个栏目。

三. 中国乐器制造业是一个历史悠久，内涵极为丰富的行业，由于时间仓促，水平有限，不可能将乐器行业近年来所发生的大事和各企业所取得的成就全部包括进去，特别是总结五十多年来乐器行业的发展变化，更是挂一漏万。恳请各界读者对编写、出版中的不足给以批评、指正。

四. 在本刊编辑、出版过程中，得到音乐艺术教学单位，乐器生产企业、经营单位，全球乐器网以及我国台湾、香港、澳门地区的同仁、朋友们的大力支持和帮助，在此一并表示感谢。

《中国乐器年鉴》编辑部

2004 年9月

目录

领导讲话篇

政策信息篇

统计图表篇

大事记篇

统计资料篇

协会工作篇

专文篇

专题篇

历史回忆篇

专家论坛篇

综合篇

年　度　报　告

年　度　评　选

团结一心　战胜非典

名　牌　战　略

行业篇

地方篇

市场篇

海外信息篇

企业篇

人物篇

产品篇

CONTENTS

About the work of the Association

Monographs

Special Subjects

Memory of History

Seminar

About the general situation

About the Industry

About the Regions

About the Market

About the information of overseas market

About the Enterprises

About the Individuals

About the Products

【领导讲话篇】

中国乐器年鉴

CHINA MUSIC INSTRUMENT YEARBOOK

(2003～2004)

在直管协会主要负责人座谈会上的讲话

（摘要）

2003年9月24日

国务院国有资产管理委员会主任　李荣融

听了大家对国资委联系行业协会的意见和建议，很受启发。对国资委联系行业协会的工作，总的考虑是，凡是协会能做的交给协会做，凡是需要我们做的一定努力做好。

下面我再讲两点意见。

一、充分肯定行业协会几年来取得的成绩

几年来，行业协会适应政府职能转变，在建设社会主义市场经济，应对加入世贸组织的挑战等方面，发挥了重要的作用。

第一，行业协会为政府机构改革的平稳进行作出了贡献。1998年以来，国务院机构进行3次改革，大量公务员要分流，协会承担较重的接收分流人员的任务，为机构改革平稳过渡和社会稳定作出了积极贡献。

第二，行业协会在行业应对加入世贸组织的作用功不可没。我国加入世贸组织前，行业协会做了大量行之有效的前期工作。从入世两年的情况看，我国应对加入世贸组织是成功的，对产业的震动没有预想的那么大，这与行业协会的作用也是分不开的。这两年，涉及钢铁、纺织等行业几次大的产业损害及反倾销调查都是行业协会牵头在做工作，起到了政府起不到的作用。当然，也要看到5年的过渡期很快就会过去；应对加入世贸组织挑战，还有大量工作要做，任重道远，协会的作用还要进一步发挥。

第三，行业协会在自身改革方面取得了积极进展。由于一些协会是政府机构改革后成立的，会长就是原来的部长，使社会上许多人认为协会就是“二政府”。要使人们转变这种看法，一靠协会作用的发挥，二靠加快自身改革。现在大部分协会已经认清了形势，摆正了位置，主动加快自身改革步伐；通过协会自身的努力和改革步伐的加快，社会对协会的认同度比原来要高。

第四，适应我国市场经济的发展，行业协会对行业的指导和促进工作也在不断改进和加强。行业协会结合各自行业特点推动企业不断提高竞争力，有效地配合了政府开展的整顿和规范市场经济秩序的工作。协会工作开展得各有特色，水平也在不断提高。

二、对协会进一步做好工作的几点想法和认识

（一）转变观念，找准定位，努力适应先进生产力发展的要求

一要转变观念。协会的领导首先要转变观念。做协会工作的同志首先要爱企业，如果对企业没感情，还是按旧的思维方式和观念来做协会工作，协会工作是做不好的。解决这个问题，可以从两方面入手：一方面加强培训教育，增强协会人员对企业工作的了解和认知度；另一方面加大改革力度，从社会上引进人才。如果人才来源不市场化，协会就很难市场化。

二要找准定位。在市场经济下，行业协会的生存、发展不取决于政府，而取决于企业。企业对协会有需求，协会就有存在的必要。如果定位定不好，服务就很难对路。为企业服务，首先是企业需要什么，协会就要提供什么服务。同时要超前一点，要了解企业未来需要什么，再提供相应的服务。这样的协会才是企业真正需要的协会。

三要将工作的着力点放在促进先进生产力快速发展上。行业协会面对的不仅仅是国有企业，而是各类所有制企业。指导、引导各类所有制企业健康发展，必须符合先进生产力发展的要求，必须促进先进生产力更快更好地发展，只有这样协会才真正具有生命力，才能真正生存发展下去。

（二）坚持党对协会的领导，加强协会内部建设

协会党的领导不能削弱，这是协会健康发展和干部廉洁奉公的重要保证。我相信，只要党组织坚强有力，协会就不会出大的问题。即使将来协会成员中民营企业的成分增加了，也仍然要坚持党的领导，决不能放松。否则，方向要出问题。要依法办事，协会内部建设特别是制度建设要加强，提高效率。在加强制度建设的同时，还要加强透明度。收会费、办会、办展，财务上都要严格，按制度办事，加强监管。

（三）加强经验交流，推动协会的改革与发展

各协会在开展业务活动和内部改革中，都有一些好的经验和独到的做法，应使这些经验和做法在协会间广泛交流推广。这样做不仅有利于协会之间互相交流借鉴，也有利于进一步推动行业协会的改革和发展。

（四）协会在为企业做好服务的同时，也要为政府做好服务工作，以此赢得自己的地位

大家都在呼吁政府和社会要重视协会的作用和地位，但这个地位不是空喊的，而是要用我们实际的工作成效来争取。目前这个阶段既是行业协会的困难时期，也是发展的最好时机。政府机构改革和转变职能给行业协会带来一个很好的发展机遇，行业的运行指导和规划引导在协会，行业的信息也基本集中在协会，协会要充分利用好这些资源。加入世贸组织过渡期就要结束了，我们的经济运行将要

面临一些新的问题。建议协会针对当前经济运行中行业面临的情况和今后可能出现的重大问题，认真选题，仔细分析，撰写一批高水平、有分量的分析报告报送国务院，供国务院领导在决策时参考。我认为，这是协会赢得地位的一个很重要的手段。长此下去，协会的作用会越来越强，地位也会越来越高，直到政府和企业感到在决策时必须听取协会的意见，这时的协会才成为真正意义上的协会。

实施名牌战略　加强质量管理

在中国名牌暨质量管理先进表彰大会上的讲话

国家质检总局局长　李长江

2002年9月1日

在具有历史意义的党的第十六次代表大会召开的前夕，我们在这里隆重召开中国名牌暨质量管理先进表彰大会，向社会公布获得2002年中国名牌产品称号的产品名单，并对获得2002年中国名牌产品称号的产品生产企业和2002年全国质量管理先进企业及个人进行表彰。首先，我代表国家质检总局对这次受到表彰的中国名牌产品生产企业、全国质量管理先进企业和先进工作者表示热烈的祝贺。

借此机会，我就实施名牌战略，加强质量管理问题，讲几点意见。

一、入世以后企业的竞争最终是质量和品牌的竞争

质量问题不仅关系到企业在激烈的市场竞争中的生存和发展，而且关系到我国改革开放和社会主义现代化建设的全局。提高产品质量，既是满足市场需求、扩大出口、提高经济运行质量和效益的关键，也是增强我国综合国力和国际竞争力，实现经济持续、快速、健康发展的必然要求。党中央、国务院高度重视产品质量，始终把质量问题作为经济发展的重要战略问题。江总书记明确指出："我们要的速度，是实实在在的没有水分的速度，是协调发展、讲求质量效益的速度。"朱总理指出："质量问题始终是我们经济工作的生命线"，"质量管理是兴国之道、治国之策"。

经过20多年的改革开放和经济发展，我国经济取得了举世瞩目的成就。去年，我国实现国民生产总值突破1万亿美元，经济增长速度位居世界前列，国外投资大量涌入，跨国公司纷纷在我国投资办厂。目前，我国很大一部分工业产品产量位居世界第一。但是，我们也要清醒地看到，目前我国产品中存在的产品档次低、品种单一、质量不稳定、附加值低的问题仍很突出，特别是缺乏拥有核心技术、在国际市场上具有竞争力的知名品牌。随着我国加入世界贸易组织，我国将在更大范围和更深程度上参与国际经济竞争与合作，国际市场的竞争将更加深入地与国内市场的竞争结合在一起。在激烈的国内外市场竞争中，我国企业要想立于不败之地，在很大程度上就取决于企业的产品质量，取决于知名品牌的培育和发展。

因此，各地区、各部门和广大企业必须从改革和发展的全局出发，正视我国产品质量的现状，充分认识加强质量工作、实施名牌战略的重要性和紧迫性，努力增强做好质量工作，提高产品质量的使命感、责任感和紧迫感，积极实施名牌战略，加快培育和发展一大批名牌产品，努力提高我国产品的国际竞争力。

二、质量振兴的基础在企业，实施名牌战略的关键在企业

提高我国产品质量总体水平，培育和发展我国在国际市场上具有较强竞争力的名牌产品，基础在企业，关键也在企业。希望广大企业面对激烈的国内外市场竞争，进一步增强名牌意识、创新意识和竞争意识，全面加强企业质量管理，努力培育和发展具有国际竞争力的名牌产品。一是要牢固树立"质量第一"的观念，把质量作为企业的生命，将以质取胜的经营战略落实到生产经营活动的全过程。二是企业法人代表对质量要负总责，企业的厂长、经理要高度重视质量工作，一把手要亲自抓质量。三是技术进步和科学管理要一起抓，加快技术创新，加强技术改造，不断提高产品的质量和档次。四是建立和完善企业标准体系、计量检测体系和质量保证体系，加强质量管理，向国际标准看齐，不断提高产品的档次。五是不断开发新产品。企业的活力在于创新，要保持企业在消费者心目中的地位就要不断推出新产品，不断满足消费者的需求。企业要不断根据市场的变化和消费者需求的变化，积极开发新产品，开拓新领域，始终保持旺盛的创造力和生命力。六是做到"五个严格"，即严格原材料、零部件质量进厂把关；严格工艺纪律；严格生产过程关键点控制；严格产品出厂前的检验；严格销售服务，切实做到严格管理。七是增强法制观念，自觉维护市场经济秩序，做依法生产经营的模范。

三、质检部门要以"三个代表"为指导，为企业提高质量

实施名牌战略搞好服务做好质量监督检验检疫工作，归根结底是为了保护和发展先进生产力，保护和发展先进文化，维护最广大人民群众的根本利益。质检工作是实践"三个代表"的具体体现。质量监督检验检疫部门作为政府综合管理质量工作的职能部门，在促进我国质量总体水平提高方面负有重要责任。各级质检部门要按照“三个代表”的要求，以“忠于职守、勇于负责、严格把关、保国安民”为己任，以服务经济、促进发展为目标，进一步加强对质量工作的宏观指导和监督管理，加快形成引导企业自律、加强政府监管、运用市场机制相结合的工作机制，努力推动我国质量振兴，为国民经济和社会发展做出新贡献。

为了积极推进名牌战略的实施，国家质检总局去年成立了中国名牌战略推进委员会，在10类产品中开展了中国名牌产品的评价工作，今年已经是第二年了，评价的范围扩大到21类产品。名牌战略的实施，推动了企业开展创名牌产品的活动，有力地促进了企业管理水平和产品质量的提高。各级质检部门今后将继续把推进名牌战略的实施，作为质量工作的重要任务认真抓好。要通过实施名牌战略，带动企业进行技术创新，不断提高我国产品的技术水平和质量水平，创造出属于我们民族的世界名牌，促进我国国际贸易的发展，促进国民经济持续、快速、健康发展。

四、坚持原则，规范操作，认真做好中国名牌产品的评价工作

中国名牌产品的评价工作要不断总结经验，完善制度。要坚持市场取向的原则，让消费者积极参与评价活动，做到科学、公正、公平、公开，提高评价工作有效性。在此我强调五点：

第一，中国名牌产品的评价工作，要坚持以市场评价为基础，以社会中介机构为主体，以政府积极推动、引导、监督为保证，以用户满意度为宗旨的总体推进机制。国家质检总局要积极推动、引导并对评价全过程搞好监督。

第二，中国名牌产品评价工作，要继续坚持企业自愿申请，科学、公正、公平、公开的原则。中国名牌产品评价工作，一定要坚持“三不”，即不搞终身制，不向企业收任何费用，不增加企业负担。开展中国名牌产品评价工作中所需经费，由国家质检总局承担。

第三，参加中国名牌产品评价工作的有关人员，要严格按照有关规定和程序办事，要做到严以律己、公正廉洁，严禁以权谋私。中国名牌战略推进委员会各位委员、中国名牌战略推进委员会秘书处的各位工作人员以及各专业委员会成员，要廉洁奉公，秉公办事，要让企业放心。

第四，在开展名牌战略推进工作的同时，要继续整顿和查处乱评比等违纪违规行为，切实减轻企业负担。近年来，社会上出现了一些以营利为目的的评价活动，严重干扰了企业正常的生产经营活动，加重了企业的负担，对广大消费者形成了误导。我们要把实施名牌战略，开展中国名牌产品评价活动作为开正门、堵邪门、有效制止社会乱评价活动的重要措施，作为整顿规范市场经济秩序的重要内容，切实减轻企业的负担。对乱评比、强行拉广告、拉赞助，甚至要挟企业等违纪违规违法行为，要坚决查处，绝不姑息迁就。

第五，加强对名牌产品的监督管理，对已经取得中国名牌产品称号的，如果消费者投诉多，市场反馈意见大，监督抽查不合格，企业发生重大质量事故，或者企业质量保证体系运行出现重大问题，经调查属实，将取消企业获得的中国名牌产品称号。因此，希望获得中国名牌产品称号的企业，要加强企业自律，认真做好市场反馈，虚心听取各方面意见，不断改进和提高产品质量。

让我们紧密团结在以江泽民同志为核心的党中央周围，高举邓小平理论的伟大旗帜，深入全面地贯彻“三个代表”重要思想，以更优、更好的产品向党的十六大献礼。

牢固树立和认真落实科学的发展观 促进轻工业持续快速协调健康发展

—在中国轻工业联合会一届三次理事会暨全国轻工行业座谈会上的工作报告(摘要)

中国轻工业联合会会长　陈士能

(2004年1月5日)

各位理事、各位代表：

在刚刚进入2004年的时候，我们在西北名城西安召开中轻联一届三次理事会暨全国轻工行业座谈会。这次会议的主要议题是，认真学习党的十六大、十六届三中全会和中央经济工作会议精神，紧密结合轻工行业的实际，在总结去年工作的基础上，推动中轻联和轻工行业全面贯彻落实中央对今年工作的总体要求和重要部署，促进轻工业持续快速协调健康发展。围绕这个主题，我讲以下内容。

一、2003年工作的简要回顾

2003年是全面建设小康社会的第一年。正如中央经济工作会议指出的，在国际形势复杂多变，国内遭遇突如其来的非典疫情和多种自然灾害等严峻挑战和困难面前，全党全民在邓小平理论和“三个代表”重要思想指引下，认真贯彻十六大精神，万众一心，奋力拼搏，改革开放和现代化建设取得了新成就，全面建设小康社会开局良好。从轻工行业的实际情况看，有以下表现：

一是继续保持了较快的增长速度。

二是经济效益有新的提高。预计2003年轻工业总产值(1990年不变价)可达26000亿元，比上年增长21%；工业增加值可达7500亿元，比上年增长21.2%；产销率为97.5%，比上年略有提高；利税总额可达2160亿元，比上年增长19%，其中利润总额为1185亿元，比上年增长26%。

三是出口增势强劲，轻工产品出口额可达1100亿美元，比上年增长21%，占全国工业产品出口额的26%，实现贸易顺差约为800亿美元。

四是在总量扩大的同时，产品结构逐步调整，区域特色逐步显现，国内外两个市场的开拓和专业市场的培育取得新成效。

五是各种所有制和多种形式的轻工企业都得到发展，特别是一批民营企业迅速成长，众多轻工企业为发展经济、繁荣市场、扩大就业、增加税收等方面发挥了重要作用。

六是在加入WTO后的新形势下，在参与国际竞争和处理贸易摩擦等方面逐步提高了主动性和自信心。可以说，2003年我们既取得了新的成绩，也积累了一些新的经验。

一年来，中轻联作为轻工行业的中介组织，认真学习贯彻党的十六大和十六届三中全会的精神，在党中央、国务院及国资委的领导下，在国务院各部门及各省、区、市政府的关心下，在轻工全行业尤其是中轻联全体会员的支持下，坚持以服务为宗旨，不断研究新情况，努力适应新要求，紧紧围绕在全面建设小康社会进程中一心一意为我国轻工业发展做好服务工作这一主要任务，按照与时俱进、开拓创新的要求，积极开展以为行业服务、为企业服务、为会员服务为重点的“双向服务”活动，取得了新的进展，产生了积极效果。

1.把握行业总体情况，反映行业共性要求，当好行业的代言人

中轻联和各协会为做好“双向服务”的工作，注重不断认真开展调查研究，把握行业的总体情况和各种典型，了解行业和企业在发展中的矛盾和问题，研究可行的措施办法，形成对有关政策法规和“市场游戏规则”的意见、建议，并代表行业向政府有关方面进行反映和表达，尽力促使政府有关方面对我们的行业(企业)增进了解，并在相互理解的基础上形成共识，从而为行业发展提供了较好的环境和解决了一些矛盾及问题。

去年，中轻联和各协会面对新一轮机构改革的新情况和突发非典的矛盾和困难局面，积极主动地做了大量工作。我们认真协助发改委做好轻工经济运行受非典影响的分析和预测，在不断调查研究的基础上，把握情况，及时反映各行业运行的动态、问题和相关建议。开展轻工产品出口情况调研，向国务院做出专题报告，反映全行业在出口方面的问题和建议。特别是在非典期间，配合发改委、商务部组织召开行业座谈会，及时提出针对新情况的措施、建议等，得到有关委、部的高度重视。轻工全行业采取各种有效措施，千方百计满足全社会防治非典的需求，为抗击非典做出了积极贡献，中轻联被民政部授予“抗击非典先进全国性社会团体”。我们通过调查研究，对国家发改委《中西部地区外商投资优势产业目录》、《产业结构调整指导目录》、《当前国家鼓励发展的产业、产品和技术目录(2003年修订)》和《国内投资项目不予免税的进口商品目录(2003年修订)》等提出修改建议。配合国家税则委对轻工出口产品税目和税率提出调整建议。为商务部参加多边、单边贸易谈判提供税率、贸易及非贸易措施的建议。组织食品、皮革等有关行业编制“十一五”污染防治规划。受科技部委托组织有关行业编制中长期轻工制造业科技规划。配合海关总署对轻工出口产品加工贸易单耗标准进行审定。配合国家质检总局组织相关协会开展对《欧盟关于化学品注册、评估、授权与限制制度(REACH)》(征求意见稿)的评议工作。针对欧盟在WTO框架下提出的对所有化学品在进口过程中新的限制要求，有关协会结合本行业实际情况，提出切合实际的建设性意见，并通过积极参加对话取得收效。

对于事关大局的重要问题，我们坚持在调查研究的基础上，认真向党中央、国务院及有关方面进行反映和建议。

2.充分发挥轻工行业信息和专业方面的优势，为经济发展提供信息咨询服务

认真组织并做好轻工综合信息报送是我们的一项基本工作内容。根据国资委、发改委、财政部对信息报送工作的要求，中轻联有关部门密切配合，定期上报轻工行业运行的动态情况、重点企业经济运行情况、轻工业生产完成情况、轻工业产品海关进出口情况、轻工业经济效益完成情况等统计信息。由于轻工信息报送工作及时、准确、有情况、有分析，使轻工行业的状况、问题和建议能快速地向政府各部门反映，对推动行业的发展起到积极作用。轻工信息报送工作在各单位的综合排名中一直位居前列，受到有关部门的表扬。

受国信办企业信息化与新型工业化道路课题组委托，提供中国轻工业信息化发展报告，收入《中

国企业信息化发展报告》。及时收集、整理国家有关部委发布的文件、国家标准、行业标准、名牌产品名单等上网发布。在继续做好原有行业信息资源的开发利用和咨询服务的同时，注重数据更新和扩充。建立轻工业产品采购数据库，目前已收集1000多家重点企业的产品目录。

充分利用中轻网为企业提供网上商务信息交流平台，为企业提供有关供求信息、招商引资等实时的信息交流服务。对各协会网进行全面更新，40多个协会网页全部进行了修改，并将根据情况的变化随时修改，定期核查、更新，确保信息准确。

3.积极组织企业争创名牌和争创质量效益型先进企业的活动，推动企业不断提高竞争力

去年，中轻联继续下力量组织有关协会进行“中国名牌产品”的申报推荐工作。冰箱压缩机、照明器具、饮料、钢琴、化妆品、工业缝纫机、电热毯、晴雨伞等37个轻工产品被评为2003年中国名牌产品。在近3年来评出的333个中国名牌产品中，轻工产品有152个，占46%。

我们继续组织行业和企业深入开展争创质量效益型先进企业评选活动，推动企业在产品质量、服务质量、经营质量和综合效益等方面都不断发展。在各行业组织推荐的基础上，经专家委员会审核，中轻联授予150家轻工企业为2002–2003年度全国轻工业质量效益型先进企业。

我们还认真推荐企业参加全国质量管理奖的评选，在众多行业和企业的竞评当中，最终全国共有六家企业获奖，“五粮液”和“茅台”双双获此殊荣。

为推进企业创名牌，我们强调瞄准世界水平来制定和修订国家标准、行业标准的工作。

对与百姓生活密切相关的、涉及质量安全卫生、社会反映强烈的产品，如婴幼儿配方食品等标准项目给予了特别的重视。对急需的标准，随时申请立项，力求早立项、早启动、早审批、早实施，以适应市场、企业和政府管理的需要。编制下达了2003年轻工业制定、修订国家标准、行业标准项目计划，完成国家标准制、修订129项，完成行业标准制、修订73项。加强标准化组织机构的建设，及时对一批轻工行业标准化技术委员会进行了换届改选。对现行轻工强制性行业标准采用国际标准的情况进行了调查，还在燃气热水器等行业中开展了质量状况调查。

我们还受有关政府部门的委托，组织做好科研、节能、环保、安全、军工配套等方面的工作，推动行业技术创新和结构调整，在各行业和企业的共同努力下，不断取得了新成绩。

4.进一步培育发展轻工特色区域，为地方经济发展和推进城镇化建设服务

去年，我们把积极培育轻工特色区域作为一项重点工作，进一步明确工作规范和程序，及时总结经验。中轻联与各行业协会、学会针对不同行业的特点，制定了具体的考核办法，组织专家认真开展考核工作，尽量做到公正、公开、公平、规范，以达到促进、培育、提高和为地方经济发展服务的目的。去年经过培育和考核，先后授予浙江、广东、江苏、河北、吉林、福建等一些地方，涉及食品、眼镜、家具、文教体育用品、工艺美术、日用玻璃、陶瓷、日杂、玩具、礼品等行业14个特色区域荣誉称号。我们支持有优势、有条件和有要求的地方，努力抓好培育和发展轻工特色区域的活动，推动了当地有特色支柱产业的形成和优势的积聚，促进了经济发展、优势提升和劳动就业。各地政府十分重视对轻工特色区域的培育，制定了行业规划、发展目标、扶持政策和落实措施，支持当地轻工行业的发展壮大。

5.积极办好会展活动，扩大影响，促进交流

中轻联和各行业协会把办好展览会作为拓展国内外市场、促进贸易和交流、增强行业凝聚力和竞争力的重要途径，因此，加强了服务，努力推进轻工展览向市场化、专业化、国际化和规模化的方向发展。据统计，2003年中轻联和各协会在境内共举办展览50个，展出面积约130万平方米，其中境内的国际展览24个，中轻联、协会与地方政府联合办展20个；先后14次组团参加境外国际知名大展，如，科隆五金、家电展，西蒙、米兰、纽约眼镜展，拉斯维加斯皮革、照明展，欧洲食品配料展，香港眼镜、皮革展，法兰克福文具、照明展等；此外，还首次组团参加了在泰国办的中国商品展览会。

2003年的展览活动大致有以下特点：

展览规模有新扩大。中国国际家具展览会、中国国际缝制设备展、中国国际自行车展、中国国际塑料橡胶工业展、中国国际五金展、中国国际陶瓷工业展、中国国际添加剂展、中国国际眼镜展、中国（上海）国际乐器展、中国国际照明电器博览会、中国国际皮革展等20多个展览，面积都超过2万平方米以上，其中家具展面积达8万多平方米。

国际化程度有新提高。中国国际塑料橡胶工业展、中国国际皮革展、中国国际眼镜展、中国国际乐器展、中国国际电池产品展等10多个展会的国际展位超过20%，“琳琅沛丽亚洲皮革展”国际展位达到80%。

品牌效应有新增强。一批轻工展在国际展览业中展示了水平，在国际同业中产生了较大的影响。中国国际缝制设备展、中国国际家具展、中国国际五金展、中国国际眼镜展、中国国际自行车展、中国国际添加剂展已进入国际同类专业展前三名。

6.加强对外贸易和国际交流与合作方面的服务

中轻联和各协会、学会、直属单位积极开展国际交流与合作，组织企业出国(境)参加经贸展览会、出席国际会议、参观考察、培训人员等。

各协会、学会主动发挥各自的优势，积极组织

企业到国外参加专业展会和招商活动，扩大国际影响，提高在国际市场上的知名度和竞争力，加强与国际同行的交流。

中轻联和各行业协会在推进行业参加国际市场竞争、发展贸易关系的过程中，注重按照WTO规则，切实维护行业、企业的权益。电池协会组织企业就美方对我电池生产企业提出侵权指控进行联合应诉，开始形成共同采取行动，共同维护权益的新状态。家具协会针对美方部分家具企业对我木制卧房家具提起的“反倾销”诉讼，成立了“中国家具协会反倾销办公室”，开展了沟通信息、协调关系和募集应诉资金的工作。皮革协会正在组建中国国际经济贸易仲裁委员会皮革和制鞋专业委员会，为企业提供维权服务。缝制机械协会成立了知识产权工作小组，开展对有关纠纷的协调、应对工作。

7.加强职业技能培训和鉴定工作

去年，为加强轻工行业职业技能培训与鉴定工作，在制定标准、组织培训、机构建设等方面做了许多基础工作，着力抓了建立轻工行业职业技能培训与鉴定管理体系的工作。依靠各行业协会，在协会设立职业技能培训与鉴定管理总站，与培训中心、鉴定中心一起，共同组织和管理行业特有工种的职业技能培训与鉴定工作。对于鉴定站、培训基地的设立，充分征求行业协会和地方的意见，选好场所。在制定标准、编写教材的工作上，通过行业协会组织企业、院校的各类专家做好相应的工作，取得了明显的成绩。截止到去年底，共编写标准42个，建立鉴定站23个，培训考评员262人，设立行业总站7个。工作体系的初步建立为今后进一步做好人力资源开发提供了重要的工作基础。

为加强高技能人才培养，首先在乐器行业开展工作，在钢琴制作、钢琴调律等职业中，培养了一大批技师、高级技师。目前已经有98人取得技师资格证书，55人取得高级技师资格证书。其中45岁以下的占30%。目前，已有涉及乐器、皮革、工美、酿酒等行业的1100多人取得不同级别的职业资格证书。一方面使企业和社会上一批高水平的技能型人才得到全社会的承认，另一方面又推动了一批中青年人才脱颖而出。

8.不断加强自身建设，努力提高服务水平

中轻联认真研究行业协会的改革发展问题，不断加强自身建设，努力增强服务实力，提高服务水平。

在思想建设上，坚持以十六大和十六届三中全会精神为指针，抓好“三个代表”重要思想的学习贯彻，把全面建设小康社会的目标与轻工业的发展实际紧密结合起来，逐步转变观念，进一步确立为会员、为企业服务的指导思想，推动更好地开展各项服务工作。

在组织建设上，积极研究协会、学会在发展中遇到的新情况、新问题，探索在逐步深化改革中不断提高队伍素质，改进组织工作。

在作风和制度建设上，强调搞好调查研究，把握重要动向和发展趋势，为各方提供可信和高效的服务。进一步建立健全了工作制度。中轻联纪委在代管协会、学会及直属单位开展了党风廉政建设调研活动，推出规范管理的典型，积极探索中介组织加强廉洁自律工作的有效途径，促进协(学)会的健康发展。

在过去的一年里，我们在党中央、国务院及国资委的领导下，高举邓小平理论伟大旗帜，认真学习贯彻“三个代表”重要思想，按照十六大和十六届三中全会的要求，扎实工作，开拓进取，在改革开放和加快发展等方面都取得了新成绩，认识水平和工作水平都有了新提高。这些成绩和进步来之不易。一年来，我们经历了加入WTO之后面临许多新问题和国内市场出现许多新情况的考验，经历了国家机关新一轮机构改革后带来一些新变化、新课题的考验，特别是经历了非典和多种自然灾害的严峻考验。是党中央、国务院的坚强领导给了我们坚定的信心和斗志；是中央各有关部门、各级地方政府的关心、理解和支持，给我们提供了良好的环境和条件；是轻工全行业上下和中轻联全体会员的团结奋斗，形成了我们克服困难、夺取胜利的巨大力量。

二、2004年的工作思路

根据中央精神，结合行业实际，我们提出今年工作总的指导思想是：以邓小平理论和“三个代表”重要思想为指导，全面贯彻十六大、十六届三中全会和中央经济工作会议精神，坚持以人为本，树立和落实好全面、协调、可持续发展的科学发展观，把握好“五个统筹”，贯彻好中央的方针政策，调整经济结构，转变增长方式，提高质量和效益，继续推进和深化为培育名牌、培育特色区域、提高会展水平、提高对外贸易水平服务的活动，加强人力资源开发和企业文化建设，促进轻工业持续快速协调健康发展。

1.加强调查研究，为提高服务水平打好基础

我们要更加深入地开展调查研究，把握行业情况和发展动态，积累行业发展及相关的基础资料，向有关方面及时准确地提供有效的行业信息，做好行业发展预测分析，努力体现行业组织说清行业的能力和不可替代性。发挥中轻联和各行业协会的优势，认真地担负起政府部门授权和委托的管理服务任务，积极参与制订行业发展规划、产业政策、产品标准和有关法规的活动，代表行业向有关方面提出符合实际、符合发展方向的建议，增大行业组织代表行业表达意见的影响力，努力在为政府宏观调控和维护行业、会员共同利益的服务中发挥积极作用。

2.做好为“三农”服务的工作

党的十六届三中全会和中央经济工作会议，把

解决好“三农”问题作为全党工作的重中之重。我们轻工业有很大部分是以农产品为原料的加工业，在为“三农”服务方面担负着重要的任务。

我们要继续下大力气，组织各有关行业协会、学会在这方面的工作中继续努力，做出新成绩。

3.进一步推进培育轻工特色区域，为城市、城镇建设服务

近年来，我国许多地方轻工特色区域经济有了新发展，涌现了一批区域特色明显的市县乡镇。这些地方专业特色突出，集聚效应明显，逐步形成了区域性产业体系和发展优势，促进了当地经济发展。

但总的看，目前的一些特色区域大多还处在发展中，还缺乏知名企业和知名品牌，还必须在进一步形成产业特色和提高核心竞争力上切实下功夫。

4.关注中小企业发展，为扩大劳动就业服务

十六届三中全会提出，“大力发展和积极引导非公有制经济。支持非公有制中小企业的发展，鼓励有条件的企业做强做大。”

我们要对轻工中小企业的改革与发展给予更多的关注，尽量从多方面提供服务。要注意了解和把握相关的法规、政策，借助创业、融资担保、培训三大工程，提供相应的信息支持和沟通服务。努力做好产品发展、技术交流、管理咨询服务。要积极促进更多的轻工中小企业为大企业提供配套服务。引导中小企业加强科学管理，规范企业行为，提高竞争能力，推动联合协作。

5.推动名牌战略向纵深发展，提高企业和行业的国际竞争力

党中央、国务院十分重视科技创新和名牌战略。温家宝总理指出，自己的名牌产品和知识产权是企业增强市场竞争力的关键。我们要继续加大实施名牌战略的力度，进一步采取措施，推动企业创名牌的工作，大力宣传我国轻工名牌企业和名牌产品，促使企业由产品经营向品牌经营发展，由名牌产品向名牌企业发展。企业作为创名牌的主体，应当树立和增强以人为本的理念，以市场和消费者的需要为出发点，以为经济社会发展做出具有企业特性的贡献为根本的落脚点，用优秀的、有特色的企业文化，推动和激发全体员工，共同为不断增强企业的核心竞争力努力拼搏和扎实工作。

还应注意到质量是名牌的生命线，质量是名牌价值的实物基础，要牢固树立质量意识，以质量求生存，以质量求发展，以质量创名牌。实施名牌战略的核心是创新，要依靠思维创新、机制创新、科技创新实现产品创新，把科技创新的成果真正落实到名牌产品上。

6.加快信息化建设，促进轻工业走新型工业化道路

信息化是我国加快实现工业化和现代化的必然选择。坚持以信息化带动工业化，以工业化促进信息化，走出一条科技含量高、经济效益好、资源消耗低、环境污染少、人力资源优势得到充分发挥的新型工业化路子。近十几年来，信息技术在轻工企业中得到广泛应用，许多轻工企业的计算机和网络应用水平都有了很大提高。但是就整体而言，轻工企业的信息化建设仍处于初级阶段，建立完整的管理信息系统的企业还比较少，多数企业的信息化程度还很低，这种情况，严重制约着企业的竞争力的提高和经济效益的增长。因此，要大力开展行业、企业的信息化建设，坚持以信息化带动工业化，以工业化促进信息化。通过信息化来提高企业的整体水平和竞争能力。

7.坚持实施“走出去”战略，提高轻工业对外开放水平

要按照“走出去”的战略要求，积极参与国际交流与合作，努力提高行业组织在国际上的地位。要在认真学习研究世贸规则的同时，积极配合有关部门参与国际经济贸易规则的订立、修订和完善过程，努力使之适合我方发展的利益。

我们还要积极探索大生产、大流通的有效结合。以展会为平台，努力开拓国内外市场。展览是促进国内外商品、信息和人际相互沟通交流的重要舞台，也是展示实力、扩大影响、提高知名度和相互比较、相互学习的竞争阵地。我们要认真研究生产、流通各个环节之间的关系，研究会展经济的发展趋势，努力学习和借鉴国外的经验，提高办展水平，进一步推动轻工展览向“市场化、专业化、国际化、规模化”方向发展，为国内外轻工业搭建全球交易和展示的舞台，逐步培育出一批在国际上有影响的知名大牌展览。

8.加强人力资源开发和文化建设工作，提高整体综合素质

党的十六届三中全会指出：“要营造实施人才强国战略的体制环境。创新人才工作机制，培养、吸引和用好各类人才。建设规模宏大、结构合理、素质较高的人才队伍。多层次、多渠道、大规模地开展人才培训，重点培养一批高层次和高技能人才。”前不久中央召开的人才工作会议强调实施人才强国战略，进一步把人才工作提到新的高度。我们要充分认识人才问题的重要性，要继续依靠各级具有轻工学科特色院校、行业和企业，多层次做好人才培养工作。

各位理事、各位代表！在新形势下，我们轻工行业面临着新的光荣使命和发展机遇，我们中轻联一定要以新的姿态，同全行业一起，把新的任务担负起来并努力完成好。让我们紧密团结在以胡锦涛同志为总书记的党中央周围，高举邓小平理论和“三个代表”重要思想伟大旗帜，在全面建设小康社会的进程中，正确把握好全面、协调、可持续的科学发展观，扎实工作，锐意进取，为开创我国轻工业发展的新局面而努力奋斗。

【政策信息篇】

中国乐器年鉴
CHINA MUSIC INSTRUMENT YEARBOOK
（2003～2004）

党中央、国务院及各部委相关政策信息

1.《安全生产法》

为加强对从事生产经营活动的单位的安全生产监督管理，防止和减少生产事故，保障人民群众生命和财产安全，促进经济发展。2002年6月29日，中华人民共和国第70号主席令发布《中华人民共和国安全生产法》。该法于2002年11月1日起施行。《安全生产法》包括：

一、总则；
二、生产经营单位的安全生产保障；
三、从业人员的权利和义务；
四、安全生产的监督管理；
五、生产安全事故的应急求援与调查处理；
六、法律责任；
七、附则。
共7章97条。

2.《清洁生产促进法》

为了促进清洁生产，提高资源利用率，减少和避免污染物的产生，保护和改善环境，保障人体健康，促进经济与社会可持续发展，全国人大常委会于2002年6月29日发布《中华人民共和国清洁生产促进法》，该法于2003年1月1日起施行。

本法所称清洁生产，是指不断采取改进设计，使用清洁的能源和原料、采用先进的工艺技术与设备、改善管理、综合利用等措施，从源头削减污染，提高资源利用效率，减少或者避免生产、服务和产品使用过程中污染物的产生和排放，以减轻或者消除对人类健康和环境的危害。

在中华人民共和国领域内，从事生产和服务活动的单位以及从事相关管理活动的部门，依照本法规定，组织、实施清洁生产。国家鼓励和促进清洁生产。

《清洁生产促进法》包括：

一、总则；
二、清洁生产的推行；
三、清洁生产的实施；
四、鼓励措施；
五、法律责任；
六、附则。
共6章42条。

3.《中小企业促进法》

为了改善中小企业经营环境，促进中小企业健康发展，扩大城乡就业，发挥中小企业在国民经济和社会发展中的重要作用，《中华人民共和国中小企业促进法》于2002年6月29日公布，自2003年1月1日起实施。

本法所称中小企业，是指在中国境内依法设立的有利于满足社会需要，增加就业，符合国家产业政策，生产经营规模属于中小型的各种所有制或各种形式的企业。中小型企业的划分标准根据企业职工人数、销售额、资产总额等指标，结合行业特点制定。

国家对中小企业实行“积极扶持、加强引导、完善服务、依法规范、保障权益”的方针，为中小企业创立发展，创造有利的环境。

国家保护中小型企业及其出资人的合法投资，及因投资取得的合法收益。任何单位和个人不得侵犯中小企业财产及其合法收益。

行政管理部门应当维护中小企业的合法权益，保护其依法参与公平竞争交易的权利，不得歧视，不得附加不平等的交易条件。

中小企业必须遵守国家劳动安全、职业卫生、社会保障、资源环保、质量、财政税收、金融等方面的法律法规，依法经营管理，不得侵害职工合法权益，不得损害社会公共利益。

中小企业应当遵守职业道德，恪守诚实信用原则，努力提高业务水平，增加自我发展能力。

《中小企业促进法》包括：

一、总则；
二、资金支持；
三、创业扶持；
四、技术创新；
五、市场开拓；
六、社会服务；
七、附则。
共7章45条。

4.《2001年–2010年全国学校艺术教育发展规划》

学校艺术教育是学校实施美育的主要途径和内容。为适应21世纪人才培养的需求，贯彻落实《中共中央国务院关于深化教育改革全面推进素质教育的决定》、《国务院关于基础教育改革与发展的决定》、《学校艺术教育工作规程》及《基础教育课程改革纲要（试行）》的精神，教育部制定了《2001年–2010年全国学校艺术教育发展规划》。作为21世纪第一个10年，这一阶段学校艺术课程开课率达到100%，农村学校达到90%，处境不利地区的学校达到70%；至2010年农村学校开课率达到100%，处境不利地区学校达到80%，高中阶段所有学校按规定开设艺术课程。所有普通学校在2005年前普遍开设艺术类选修和限定性选修课程，并逐步纳入教学计划，计入学分。

至2010年前建立符合素质教育要求的，大中小学相衔接的具有中国特色的学校艺术教育体系。

5.《2003年－2010年文化市场发展纲要》

党的十六大报告指出，全面建设小康社会，必须大力发展社会主义文化，建设社会主义精神文明。文化市场作为社会主义的重要组成部分，一方面要为先进文化的传播创造良好的市场环境，另一方面要向人民群众提供丰富多彩的文化产品和服务，以满足人民群众日益增长的精神文化需求。随着我国改革开放的深入，高新科技革命的发展和世界贸易组织的加入，我国文化市场将迎来历史性的发展机遇和更加广阔的发展空间。文化部正式颁布了《2003年－2010年文化市场发展纲要》，该《纲要》总结了20余年来我国文化市场建设管理的经验，合理规划文化市场发展蓝图，明确文化市场现阶段的任务和目标，加强和改进文化市场监管，对建设中国特色社会主义文化市场具有重要意义。

《纲要》规划文化市场发展的主要目标和基本思路是：文化市场发展要高举邓小平理论伟大旗帜，全面贯彻"三个代表"重要思想，按照一手抓繁荣，一手抓管理的方针发展文化市场。力争到2010年初步建成一个市场门类齐全、结构合理、供求关系均衡，政府调控与市场机制相结合，统一、开放、有序的社会主义文化市场体系。

基本思路是：

——以发展为第一要务。坚持以人为本，重在建设，积极推进体制创新和科技创新，促进文化建设与市场经济和高新科技的结合，培育一大批有市场竞争力的企业群，为繁荣文化艺术增添新的活力，不断提高文化产业在国民经济发展中的地位。

——以开放促发展。在优先扩大对内开放的前提下，扩大对外开放，加强国际文化交流与协作，增强文化外贸经营和管理能力。实施外向发展战略，积极开拓国际文化市场，让我国优秀文化产品走向世界。

——以管理促繁荣。加快文化市场法制建设和制度建设。转变政府职能，实行管理创新，政府及相关社会组织中介机构为维护消费者合法权益，综合运用行政、法律、经济等多种管理手段，实现对文化市场的监督管理，保证文化市场健康有序发展。

——以完善市场机制发展市场功能为手段，使文化市场本身所具有的内在能力和作用，在政府宏观调控和依法管理的总体框架下，由供求决定价格，价格引导市场主体行为，调节供求使之创新均衡。在文化市场体系逐步完善前提下，促进市场机制的作用得以充分发挥，从根本上保证广大消费者通过市场实现自己的合法权益。

6.《加强基层文化建设的意见》

基层文化建设是中国先进文化建设的重要方面，是推动先进生产发展的重要因素，也是实现广大人民群众根本利益的重要方面。搞好基层文化工作，对于宣传党和国家的方针政策，加强党和政府与人民群众之间的血肉联系，在全社会培养健康、文明的生活方式，提高广大人民群众的思想道德和科学文化素质，具有重要作用。

为进一步加强基层文化建设，用先进文化占领城乡阵地，国务院批转了文化部、国家计委、财政部《关于进一步加强基层文化建设的指导意见》。《意见》指出，基层文化建设的总体要求是：始终坚持中国先进文化的前进方向，大力弘扬民族优秀文化，摒弃落后文化，抵制腐朽文化。"十五"期间，以社区和乡镇为重点，全面加强文化阵地、文化队伍、文化活动内容和方式的建设，努力满足广大人民群众日益增长的精神文化需求。

7.大力发展文化事业和文化产业

2003年8月12日，中共中央政治局举行第七次集体学习会，这次学习安排的内容是世界文化产业发展状况和我国文化产业发展战略。胡锦涛总书记在学习会上发表重要讲话，他说：大力发展社会主义文化建设社会主义精神文明，是贯彻落实"三个代表"重要思想的必然要求，也是促进经济社会协调发展和人的全面发展的必然要求。我们必须从全面建设小康社会的全局和实现中华民族伟大复兴的高度，深刻认识加强文化建设的战略意义，在推进社会主义物质文明和政治文明建设的同时，要更加自觉地推进社会主义文化建设。胡锦涛总书记强调指出，建设有中国特色的社会主义文化，必须牢牢地把握先进文化的前进方向，最根本的是要坚持马克思列宁主义，毛泽东思想和邓小平理论在意识形态领域的指导地位，坚持用"三个代表"重要思想，统领社会主义文化建设。发展文化事业和文化产业，是社会主义文化建设的重要组成部分。发展各类文化事业和文化产业都要坚持正确导向，把社会效益放在首位，做到社会效益和经济效益的统一，努力宣传科学真理、传播先进文化，塑造美好心灵、弘扬社会正气、倡导科学精神。要坚持解放思想、实事求是、与时俱进，根据新形势下社会主义文化建设的特点和规律，按照文化事业和文化产业的发展要求，不断推进文化体制和机制创新，支持和保障文化公益事业，增强文化产业的整体实力和竞争力。

8.《政府采购制度实施方案》

国务院办公厅2002年10月7日下发《中央国家机关全面推行政府采购制度实施方案》，要求各部委和直属机构贯彻执行。

该方案的总体目标是：建立符合社会主义市场经济体制要求和中央国家机关实际的政府采购管理

体制，规范采购行为，强化财政支出管理，提高财政资金使用效益，维护国家利益和社会公共利益，促进廉政建设。

全面推行政府采购制度遵循以下原则：

（1）合理分工、相互制衡，政府采购管理部门与集中采购机构分开，集中采购部门与项目采购部门分开。

（2）兼顾效益与效率，合理确定集中采购与自行分散采购的范围。集中采购机构和采购活动，应当符合采购价格低于市场平均价格，采购效率更高，采购质量优良和服务良好的要求。

（3）公开、公平、公正，严格工作程序，规范采购行为，建立健全监督机制。

（4）分步实施，先易后难，稳定推进，逐步实施范围。

该实施方案还包括政府采购的《管理与组织实施》、《政府采购的方式》、《集中采购的工作程序》、《监督检查》、《实施步骤》、《配套措施》等方面内容。

9.2002 中国名牌论坛

为了贯彻落实江泽民总书记“立民族志气，创世界名牌”和朱镕基总理“要特别注意培养名牌意识”的重要批示，同时为了进一步交流经验，做好中国名牌产品的培育工作，推进中国名牌战略的实施，2002年9月1至2日，中国工业经济联合会邀请了青岛海尔集团公司、上海宝山钢铁公司等16家最具国际竞争力的中国企业汇聚“中国名牌论坛”。广州珠江钢琴集团公司董事长童志成作为入选的16家最具国际竞争力的企业之一，也是中国乐器行业的唯一代表在论坛上作了“企业与国家经济文化同步发展”的主题演讲。

10.《中国名牌产品管理办法》

为推进名牌战略的实施，加强中国名牌产品的监督管理，规范中国名牌产品的评价，推动企业实施名牌战略，引导和支持企业创名牌，指导和督促企业提高质量水平，增强我国产品的市场竞争力，根据《中华人民共和国产品质量法》、国务院颁布的《质量振兴纲要》，国家质量监督检验检疫总局于2002年12月29日发布施行《中国名牌产品管理办法》，此前发布的《中国名牌评价管理办法》同时废止。

《中国名牌产品管理办法》包括：一、总则；二、组织管理；三、申请条件；四、评价指标；五、评价程序；六、监督管理；七、附则。共7章33条。

11.中国名牌暨质量兴市表彰大会

2003年9月1日，国家质检总局公布了经中国名牌战略推进委员会综合评价后，确认的2003年中国名牌产品名单，对获得2003年中国名牌产品称号的138家企业和47家全国质量兴市先进市（区）、县进行表彰。

2003年中国名牌产品评价工作在钢琴、化妆品、照明器具、工业缝纫机、冰箱压缩机、电热毯、晴雨伞、饮料、速冻主食品、调味品等26个产品中进行。其中轻工产品占30.77%。这次入选中国名牌产品的142个品牌153个产品都是实物质量达到国际同类产品先进水平，在国内同类产品中处于领先地位，市场占有率和知名度居行业前列、用户满意度高、具有较强市场竞争力的产品。

珠江牌钢琴、星海牌钢琴被确认为中国名牌产品。

12.加强认证认可工作

为了适应社会主义市场经济发展的需要，促进认证认可工作健康、有序地发展，经国务院批准，国务院办公厅于2002年2月11日以国办发[2002]11号文就有关问题通知各地区、各部门。通知指出：

1.加强认证认可工作的重要意义和指导思想

认证是保证产品、服务、管理体系符合技术法规和标准要求的合格评定活动。认可是对从事认证及相关的检测检验机构（实验室）和审核人员资质条件与能力的合格评定活动。开展认证认可工作，对从源头上确保产品安全、规范市场行为，指导消费和促进对外贸易具有重要作用。当前，加强认证认可工作，既是我国加入世贸组织和参与经济全球化的需要，也是适应社会生产力发展和满足人民群众日益增长的物质文化需求的需要；既是规范市场秩序的重要手段，也是提高我国产品质量、增强出口产品竞争力以及保护国内产业的重要举措。各地区、各部门务必从发展经济、促进贸易、增强我国经济实力的高度充分认识加强认证认可工作的重要意义。

2.当前的主要任务和工作重点

（1）建立统一的国家认可制度；（2）建立适应市场经济发展要求的认证制度；（3）整顿和规范认证市场；（4）建立健全工作制度，完善法制。

13.《强制性产品认证制度管理规定》

为适应WTO协议和国际通行规则，我国从2003年5月1日起实施强制性产品认证制度（简称3C认证）。

根据国家质检总局和国家认证认可监督管理委员会发布的《强制性产品认证制度管理规定》、《强制性产品认证标志管理办法》等强制性产品认证制度的有关规定，原国家出入境检验检疫总局颁布并组织实施的《进出口商品安全质量许可制度》和原国家质量技术监督局颁布并组织实施的《产品安全认证强制性监督管理制度》从2003年5月1日起废止。

列入《第一批实施强制性产品认证的产品目录》范围包括：电线电缆、电路开关及保护或连接用电器装置、低压电器、小功率电动机、电动工具、电焊机、家用和类似用途设备、音视频设备类（不包括广播级音响设备和汽车音响设备）、信息技术设备、照明设备、电信终端设备、机动车辆及安全附件、机动车辆轮胎、安全玻璃、农机产品、乳胶制品、医疗器械、消防产品、安全技术防范产品等19大类产品。

强制性产品认证制度规定，凡列入强制性产品认证目录的产品，没有获得指定认证机构的认证证书，没有按规定加上认证标志，一律不得进口，不得出厂销售和经营服务场所使用。

电子琴产品包括在音视频设备类中，这是乐器行业唯一列入第一批实施强制性产品认证的乐器。

14.《进出口商品抽查检验管理办法》

为了加强进出口商品的抽查检验工作，规范进出口的抽查检验和监督管理行为，维护社会公共利益，根据《中华人民共和国进出口商品检验法及其实施条例》的有关规定，国家质检总局于2002年12月9日公布了《进出口商品抽查检验管理办法》，自2003年2月1日起施行。

本办法所称进出口商品是指按照《商检法》规定必须实施检验的进出口商品以外的进出口商品，抽查检验重点是选择涉及安全、卫生、环境、保护，国内外消费者投诉较多，退货数量较大，发生过较大质量事故以及国内外有特殊技术要求的《目录》外出口商品。

国家质检总局每年制定并下达《目录》外进出口抽查检验计划，经过必要调查，结合本地区相关进出口商品实际情况，确定被抽查检验单位，制定具体实施方案，报国家质检总局备案。

《目录》外进出口商品抽查检验项目的合格评定依据是国家技术规范的强制性要求或者国家质检总局指定的其他相关技术要求。经检验检疫机构抽查合格的出口商品，签发抽查合格通知单；抽查不合格的，在抽查机构的监督下进行技术处理，经重新检测合格者，方准出口；不能进行技术处理或者经技术处理后重新检测仍不合格的不准出口。

15.《关于改革现行出口退税机制的决定》

为认真贯彻党的十六大精神，促进外贸体制改革，保持外贸和经济持续健康发展，国务院颁布《关于改革现行出口退税机制的决定》，对现行出口退税机制进行改革。

改革的具体内容如下：

（1）适当降低出口退税率。本着“适度、稳妥、可行”的原则，区别不同产品调整退税率；对国家鼓励出口产品不降或少降，对一般性出口产品适当降低，对国家限制出口产品和一些资源性产品多降或取消退税。

（2）加大中央财政对出口退税的支持力度。从2003年起中央进口环节增值税、消费税收入首先用于出口退税。

（3）建立中央和地方共同负责出口退税的新机制。从2004年起，以2003年出口退税实退指标为基数，对超基数部分的应退税额，由中央和地方按75：25的比例共同负担。

（4）推进外贸体制改革，调整出口产品结构。通过完善法律保障机制等，加快推进生产企业向自营出口，积极引导外贸出口代理制发展，降低出口成本，进一步提升我国商品的国际竞争力。同时调整出口退税率，促进出口产品优化，提高出口整体效益。

（5）累计欠退税由中央财政负担。对截止2003年底累计欠企业的出口退税款和按增值税分享体制影响地方的财政收入，全部由中央财政负担。其中，欠企业的出口退税款，中央财政从2004年起采取全额贴息等办法予以解决。

16.调整出口货物退税率

根据国务院《关于改革现行出口退税机制的决定》精神，财政部、国家税务总局于2003年10月13日，发出《关于调整出口货物退税率的通知》，通知第一条（三）款规定：对现行税收政策规定，增值税税率为17%、退税率为13%的货物（注：包括乐器产品在内），（第三条、第四条规定的除外）现行出口退税率不变。

通知第七条规定自2004年1月1日起，无论任何企业以何种贸易方式出口货物均按本通知规定的出口退税率执行。

17.《出口工业产品生产企业分类管理办法》

为便利对外贸易、鼓励出口工业产品生产企业提高管理水平和产品质量，规范对出口工业产品生产企业的检验监管工作，国家质检总局根据《中华人民共和国进出口商品检验法》及其实施条例，制定并公布了“出口工业产品生产企业分类管理办法”，该办法于2003年10月1日起施行。本办法所称分类管理是指，为实现科学管理，监督有效，促进进出口的目标，根据企业的生产条件、管理水平、检测能力、产品质量状况和产品风险程度，对出口工业产品生产企业采取的不同检验监管模式的检验、监督管理。

列入分类管理的一类企业应当具备下列条件：

1.严格遵守商检法及其实施条例以及国家质检总局的相关规定；

2.具有健全的质量管理体系，获得ISO9000质量体系认证或者具备相应的质量保证能力，且运行有效；

3.国家实施质量许可证制度和强制性认证制度的出口产品，必须获得相应的证明文件；

4.产品质量稳定，出口商品形成一定规模；

5.产品安全质量、卫生、环保项目抽查测试达到国家有关规定；

6.生产企业建立出口检验的有关制度，设立检验机构、并有完善的检验设施以及经检验检疫机构培训合格并予以备案的检验人员；

7.检验检疫机构实施检验的年批次检验合格率不低于98%；

8.产品质量信誉良好，企业诚信度高，两年内未发生由于产品质量责任方面的退货、索赔或其他事故等。列入分类管理的二类企业应当具备下列条件：

1.严格遵守商检法及其实施条例以及国家质检总局的相关规定；

2.具备较健全的质量体系，且运行正常；

3.国家实施质量许可制度和强制性产品认证制度的出口产品，必须获得相应的证明文件；

4.出口商品已有一定规模；

5.产品安全质量、卫生、环保项目抽查测试达到国家有关规定；

6.生产企业检验设施基本齐全，有经检验检疫机构培训合格并予备案的检验人员；

7.检验检疫机构实施检验的年批次检验合格率不低于95%；

8.产品质量信誉良好，一年内未发现由于产品质量责任方面的退货、索赔或者其他事故等。

凡未列入一、二类分类管理的出口工业产品生产企业，以及出口不满1年的出口工业产品生产企业归为三类企业。

凡申请一类企业或者二类企业的出口工业产品生产企业，可向所在地检验检疫机构提出申请，并提供相关材料。

18.《三次产业划分规定》

我国对三次产业的划分始于1985年，当时的划分标准一直沿用至今。在社会经济不断发展的情况下，我国的国民经济行业发生了很大的变化，对三次产业的划分进行修改已势在必行。国家统计局于2003年新颁布的《三次产业划分规定》，对三次产业的划分标准进行了重新定义。新标准中，第一产业包括农、林、牧、渔业；第二产业包括采矿业、制造业、电力、燃气及水的生产和供应业、建筑业；第三产业包括除第一、第二产业以外的其他行业，具体包括：交通运输、仓储和邮政业、信息传输、计算机服务和软件业、批发和零售业、住宿和餐饮业、金融业、房地产业、租赁和商务服务业、科学研究、技术研究、技术服务和地质勘察业，水利、环境和公共设施管理业、居民服务和其他服务业、教育、卫生、社会保障和社会福利业、文化、体育和娱乐业、公共管理和社会组织、国际组织等。

19.《中小企业标准暂行规定》

为贯彻实施《中华人民共和国中小企业促进法》，国家经贸委、国家发展计划委员会、财政部、国家统计局于2003年2月19日联合下发了《中小企业标准暂行规定》，原国家经贸委等五部委1988年公布的《大中小型工业企业划分标准及有关补充标准》同时废止。

新的划型标准参照国际通行惯例，确定了以从业人员数、销售额和资产总额三项指标并结合行业特点共同作为划分工业企业规模的依据，改变了老标准的主要依据企业生产规模划分企业类型。

新《规定》明确，工业领域内中小企业标准为：职工人数2000人以下，或销售额3亿元人民币以下或资产总额为4亿元以下。其中，中型企业须同时满足职工人数300人及以上，销售额3000万元及以上，总资产4000万元及以上，其余为小企业。

新《规定》明确，中小企业标准上限即为大型企业标准的下限，大型企业的具体标准是从业人员2000人及以上；销售额3亿元及以上，资产总额4亿元及以上。

20.《驰名商标认定和保护规定》

根据《商标法》及《商标法实施条例》，国家工商行政管理总局制定并发布了“驰名商标认定和保护规定”。该规定自2003年6月1日起施行。1996年8月14日颁布的《驰名商标认定和管理规定》同时废止。

本规定中驰名商标是指在中国为相关公众广为知晓并享有较高声誉的商标。相关公众包括与使用商标所标示的某类商品或者服务有关的消费者，生产前述商品或者提供服务的其他经营者以及经销渠道中所涉及的销售者和相关人员等。

证明商标驰名的证据材料包括

1.证明相关公众对该商标知晓程度的有关材料；

2.证明该商标使用持续时间的有关材料，包括该商标使用、注册的历史和范围的有关材料；

3.证明该商标的任何宣传工作的持续时间、程度和地理范围的有关材料，包括广告宣传和促销活动的方式、地域范围、宣传媒体的种类以及广告投放量等有关材料；

4.证明该商标作为驰名商标受保护记录的有关材料，包括该商标曾在中国或者其他国家和地区作为驰名商标受保护的有关材料；

5.证明该商标驰名的其他证据材料，包括使用该商标的主要商品近三年的产量、销售量、销售收入、利税、销售区域等有关材料。

中国驰名商标的认定是根据国家和有关部门的法律法规精神，保护驰名商标的注册人合法权益的一种措施，并由国家工商总局商标认定和管理。商标被认定为“中国驰名商标”的注册人，合法权益不仅在国内得到切实保护，在国际上同样享受应有的保护。

21.《关于加强外商投资企业审批、登记、外汇及税收管理有关问题的通知》

为了适应吸收外商投资工作面临的新形势，规范对外商投资企业的管理，保证外商投资企业的健康发展，维护中外投资者的合法权益，对外经济贸易合作部、国家税务总局、国家工商行政管理总局、国家外汇局于2002年12月30日发出《关于加强外商投资企业审批、登记、外汇及税收管理有关的问题通知》，就加强外商投资企业审批、登记、外汇及税收管理有关问题通知如下：

（1）设立外商投资企业及其合同、章程（包括合同、章程的修改）应按照国家有关法律、法规的规定，依照现行的外商投资企业审批程序进行审批。

（2）根据先行外商投资有关法律、法规的规定，中外合资、中外合作外商投资企业的注册资本中外国投资者的出资比例一般不低于25%。外国投资者的出资比例低于25%的，除法律、行政法规另有规定外，均应按照现行设立外商投资企业的审批登记程序进行审批和登记。通过审批的，颁发加注“外资比例低于25%”字样的外商投资企业批准证书；取得登记的，颁发在“企业类型”后加注“外资比例低于25%”字样的外商投资企业营业执照。

（3）外国投资者出资比例低于25%的外商投资企业，除法律、行政法规另有规定外，其投资总额项下进口自用设备、物品不享受税收减免待遇，其他税收不享受外商投资企业待遇。已享受外商投资企业待遇的外商投资股份有限公司，增资扩股或向外国投资者转让股权后，仍可按有关规定享受外商投资企业待遇。

（4）外国投资者出资比例低于25%的外商投资企业，投资者以现金出资的，应自企业领取营业执照之日起3个月内缴清全部出资；投资者以实物、工业产权等出资的，应自企业领取营业执照之日起6个月内缴清出资。

（5）外国投资者收购境内各种性质、类型企业的股权，该境内企业应当按照国家有关法律、法规的规定，依现行的外商投资企业审批程序，经审批机关批准后变更设立为外商投资企业，并应符合外商投资产业政策。批准后，由审批机关颁发外商投资企业批准证书，工商行政管理机关颁发外商投资企业营业执照。原境内公司中国自然人股东在原公司享有股东地位1年以上的，经批准，可继续作为变更后所设外商投资企业的中方投资者。暂不允许境内中国自然人以新设或收购方式与外国的公司、企业、其他经济组织或个人成立外商投资企业。

（6）外国投资者收购境内企业股权应自外商投资企业营业执照颁发之日起3个月内支付全部购买金。对特殊情况需延长支付者，经审批机关批准后，应自营业执照颁发之日起6个月内支付购买总金额的60%以上，在1年内付清全部购买金，并按实际已缴付出资额所占比例分配收益。控股投资者在付清全部购买金之前，不得取得企业决策权，不得将其在企业中的权益、资产以合并报表的方式纳入该投资者的财务报表。股权出让方所在地外汇管理部门出具外资外汇登记证明是证明外国投资者购买金到位的有效文件。外国投资者收购境内企业股权，股权转让双方应在签定的股权转让协议中规定外国投资者支付股权购买金的期限。协议中未规定有关期限的，审批机关不予批准。

（7）外商投资企业凭外商投资企业批准证书和外商投资企业营业执照向注册地外汇管理部门申请办理外汇登记手续。审批机关在批准外国投资者收购境内企业股权时，应将有关股权转让的批复同时抄送境内企业所在地及股权出让方所在地外汇管理部门，由股权出让方所在地外汇管理部门监督收汇。

（8）各地审批机关、工商登记机关及外汇管理部门应严格执行本通知的规定。自本通知施行之日起，凡未按照本通知规定履行审批手续的，不予审批、不予办理工商登记和外汇登记。本通知施行前已设立的外资比例低于25%的企业，应当在本通知施行之日起半年内补办审批登记手续。未按规定补办的，工商登记机关责令其限期办理。逾期仍不办理的，由工商登记机关依照《公司登记管理条例》第63条规定予以处罚。对处罚后仍不办理相关手续的企业，不予通过本年度年检。各地工商登记管理部门应根据本通知规定，做好相关企业的统计、登记管辖调整及企业档案移交工作。补办审批后的企业变更登记，一律由企业所在地具有外商投资企业登记权的登记机关管辖。

（9）此前发布的规定与本通知规定不一致的，以本通知规定为准。

（10）台湾、香港和澳门地区的投资者在内地投资举办外商投资企业的，准用本通知。

（11）本通知自2003年1月1日起施行。

22.《利用外资改组国有企业暂行规定》

国家经贸委、财政部、国家工商总局、国家外汇管理局联合发布了《利用外资改组国有企业暂行规定》，这标志着我国国有企业改革和对外开放进入了一个新的阶段。这个规定与此前出台的《关于向外商转让上市公司国有股和法人股有关问题的通知》一并构成了我国利用外资改组国有企业的政策体系，将对调整和优化国有经济布局产生重要影响。

《规定》要求，利用外资改组国有企业应遵守国家法律法规，保证国家经济安全；符合国家产业政策要求，属于《外商投资产业指导目录》禁止外商投资产业的，外商不得参与改组；须由中方控股或相对控股的企业改组后应当保持中方控股或相对控股地位；有利于经济结构调整，促进国有资本优化配置；注重引进先进技术和管理经验，建立规范的公司治理结构，推动企业技术进步和产业升级；坚持公开、公平、公正、诚实信用的原则，防止国有资产流失，不得逃废、悬空银行及其他债权人的债权，不得损害职工的合法权益，保护外商的合法权益；促进公平竞争、不得导致市场垄断。规定还对改组方式和程序、定价机制、职工安置以及债权债务处理等作了明确具体的规定。

通过向外商出售国有产权或吸收外商参股，促进企业建立现代企业制度，改善公司治理结构，实现企业的可持续发展，增强竞争力，从整体上提高国有经济的质量和控制力，发挥国有经济的主导作用。

该规定自2003年1月1日起施行。

23.《关于调整进出口经营资格标准和核准程序的通知》

为了履行我国加入世贸组织的承诺，加快建立社会主义市场经济体制，促进对外贸易发展，商务部发出《关于调整进出口经营资格标准和核准程序的通知》，对在中国关境内注册的所有内资企业在进出口经营资格管理方面实行统一的政策。

通知说，自2003年9月1日起，申请外贸流通经营资格的内资企业，注册资本要求由现在的不低于500万元人民币（中西部不低于300万元）降低为不低于100万元人民币（中西部不低于50万元），并取消原来成立时间须1年以上的要求；申请自营进出口经营资格的生产企业注册资本要求由现在的不低于300万元人民币（中西部不低于200万元）降低为不低于50万元人民币。

在放宽对企业注册资本金要求的同时，核准登记的权限下放到地方。商务部授权各省、自治区、直辖市、计划单列市商务主管部门进行进出口资格的核准登记并核发《中华人民共和国进出口企业资格证书》。该证书是企业经营进出口业务的唯一有效凭证。获得这个证书的企业可以按照其经营范围在中国全部关境内，以国家规定的各种贸易方式自由从事进出口业务。

按照我国加入世贸组织的承诺，自加入世贸组织3年内，国内所有企业都可以获得贸易权，可以从事各项进出口业务。

24.《纳税信用等级评定管理试行办法》

为加强税收信用体系建设，规范纳税信用等级评定管理，促进纳税人依法纳税，国家税务总局2003年发布《纳税信用等级评定管理试行办法》。纳税信用等级的评定内容包括纳税人遵守税收法律，行政法规以及接受税务机关依据税收法规，行政法规的规定进行管理的情况。纳税信用分A、B、C、D四级。主管税务机关根据纳税人的不同等级，实施分类管理，以鼓励依法诚信纳税，提高纳税遵从度。

对A级纳税人，主管税务机关依法给予以下鼓励：除专项、专案检查以及金税协查外，2年内可以免除税务检查；对税务登记证验证、各项税收年检等采取即时办理办法；主管税务机关收到纳税人相关资料后，当场为其办理相关手续；放宽领购限量；在符合出口货物退（免）税规定的前提下，简化出口退（免）税手续。对B级纳税人，主管税务机关除在税务登记、账簿和凭证管理、纳税申报、税款征收、税款退免、税务检查、行政处罚等方面进行常规税收征管外，重点是加强日常涉税政策辅导、宣传等纳税服务工作，帮助其改进财务会计管理，提高依法纳税水平，提升纳税信用等级。对C级纳税人，主管税务机关应加强管理，并可依法采取以下措施：严肃追究违法违规行为的有关责任并责令限期改正；列入年度检查计划重点检查对象，对验证、年检等报送资料进行严格审核，并可根据需要进行实地复核，发票的供应实行收（验）旧供新、严格限量供应等办法；增值税实行专用发票和税款先比对、后抵扣；纳税人申报办理出口货物退（免）税时，应从严审核、审批。对D级纳税人，除可采取上述C类纳税人的监管措施外，主管税务机关还应当将其列为重点监控对象，强化管理，并可实施以下措施：依照税收法律，行政法规的规定收缴其发票或者停止向其发售发票；依照税收法律、行政法规的规定停止其出口退（免）税权。

25.《制止价格垄断行为暂行规定》

针对当前市场上突出的价格垄断、价格欺诈、价格歧视、低价倾销等违法行为，国家发展和改革委员会发布了《制止价格垄断行为暂行规定》。

以下五种行为被列为价格垄断。

（1）经营者之间通过协议、决议或者协调等串通方式操作价格。

（2）经营者凭借市场支配地位，在向经销商提供商品时，强制限定其转售价格。

（3）经营者借市场支配地位，牟取暴利。

（4）经营者凭借市场支配地位，以排挤、损害竞争对手为目的，以低于成本的价格倾销；或者采取回扣、补贴、赠送等手段，变相降价，使商品市场销售价低于商品自身成本。

（5）经营者凭借市场支配地位，在提供相同商品或服务时，对条件相同的服务对象在交易价格上实行差别待遇。

该《暂行规定》自2003年11月1日起施行。

【统计图表】

中国乐器年鉴
CHINA MUSIC INSTRUMENT YEARBOOK
(2003～2004)

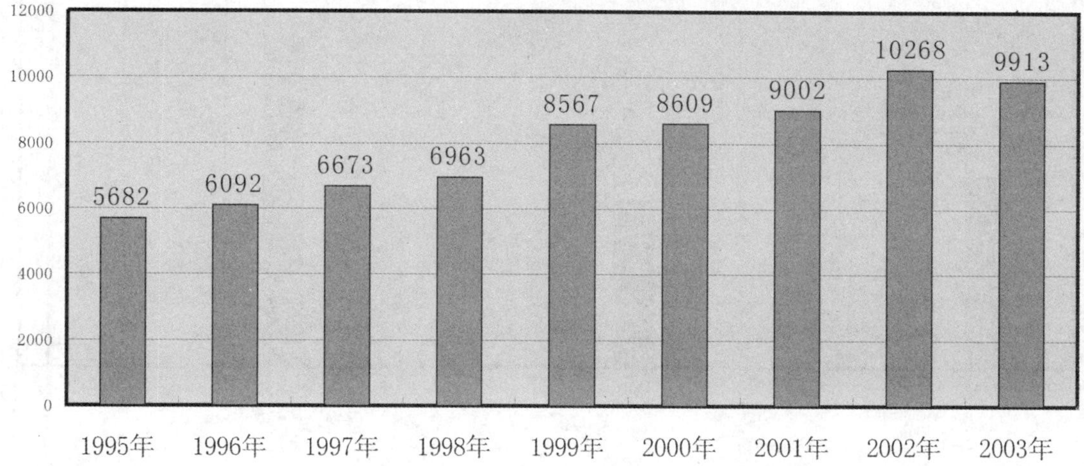

1995-2003年中国海关主要乐器进口量值图
(万美元)

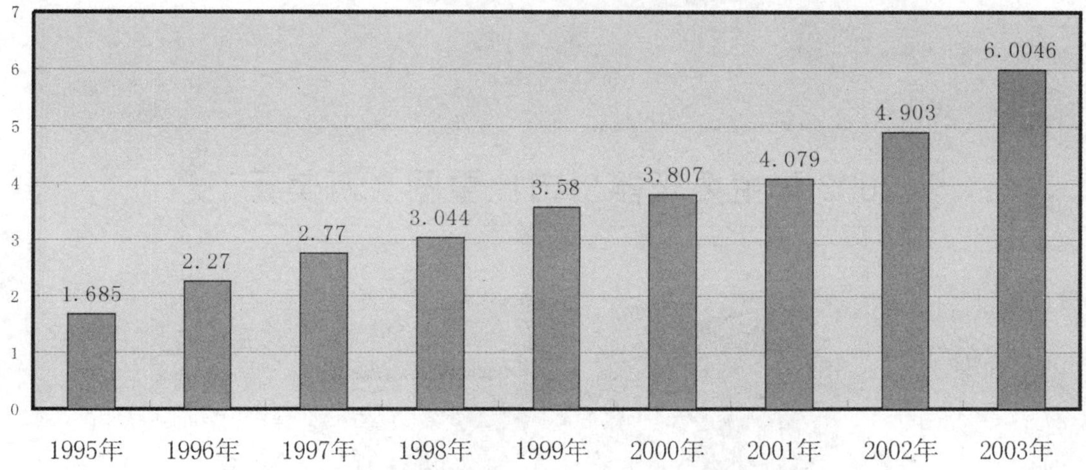

1995-2003年中国海关主要乐器出口量值图
(亿美元)

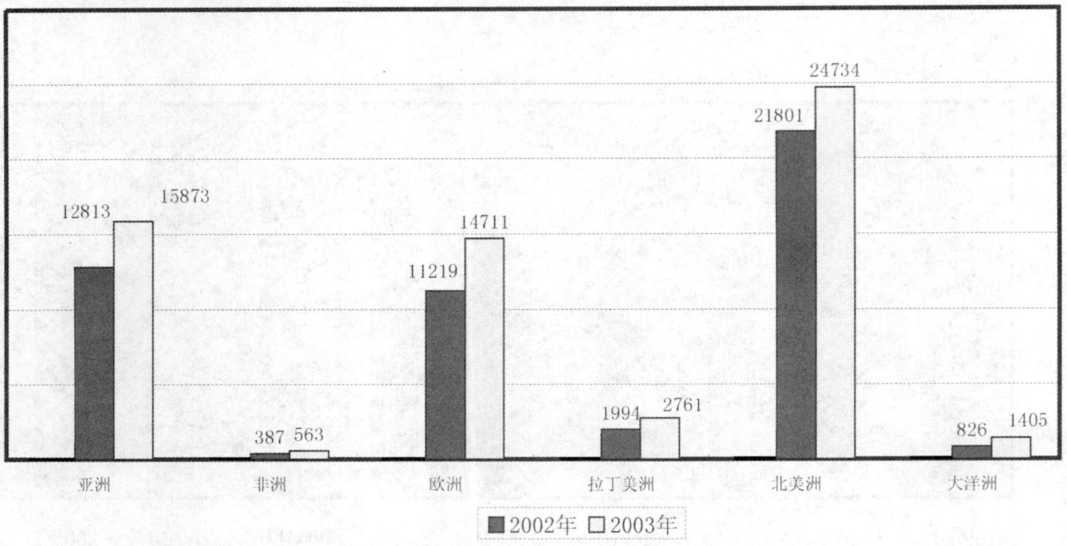

2002-2003年中国乐器出口各大洲量值（万美元）

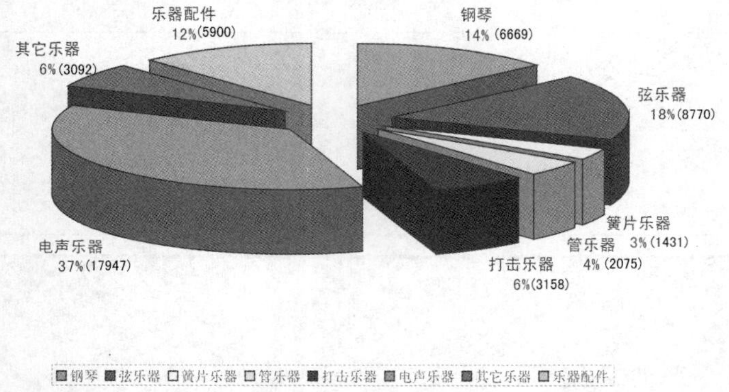

2002 年主要乐器出口比重图（万美元）

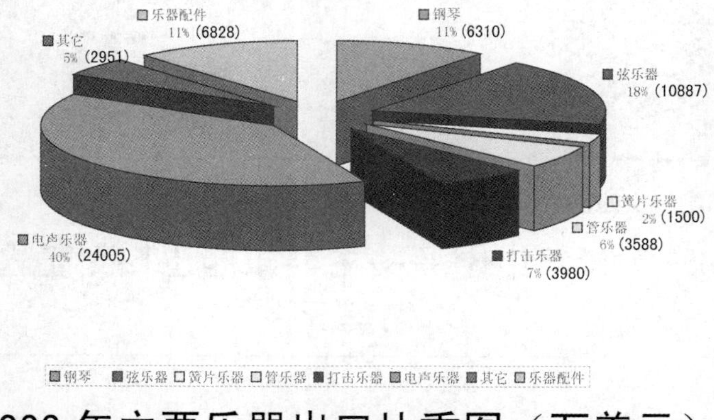

2003 年主要乐器出口比重图（万美元）

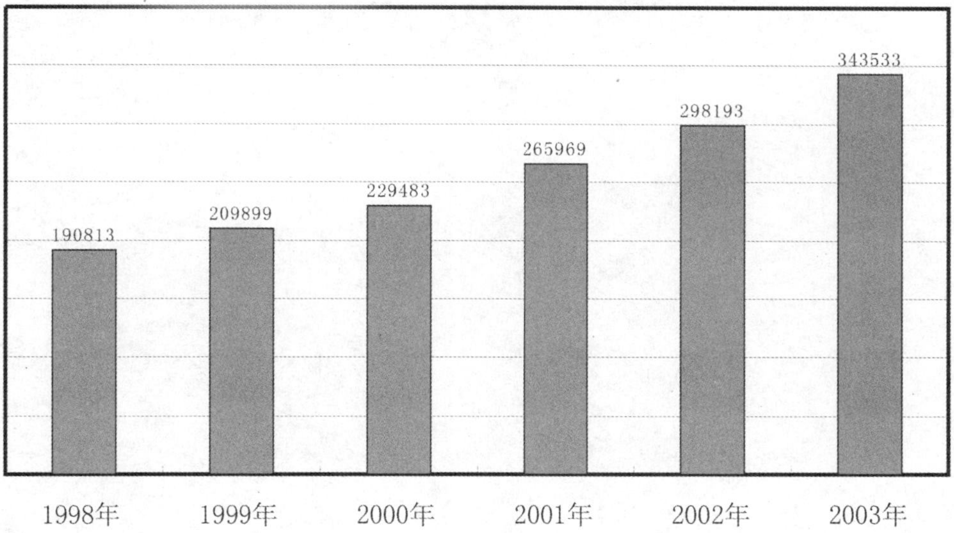

1998—2003 年全国钢琴产量图示（架）

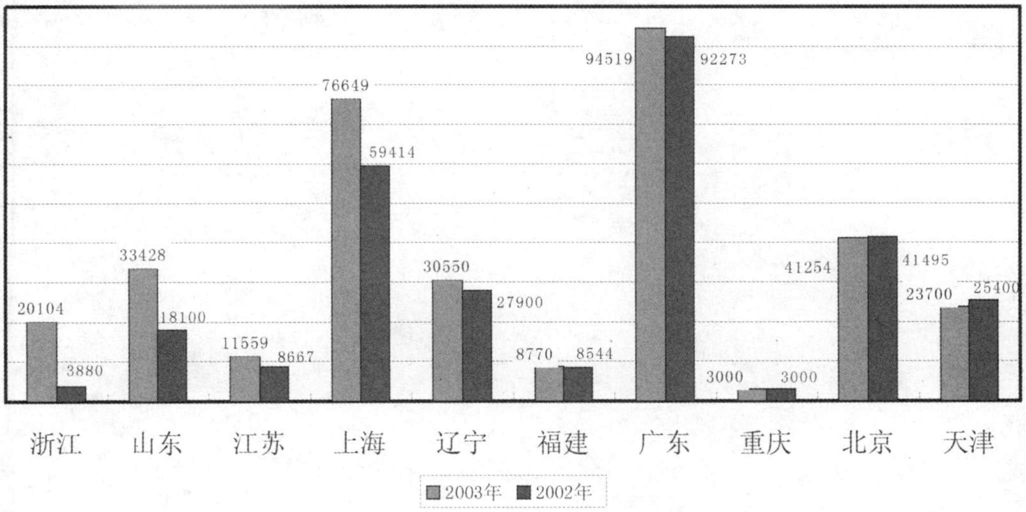

2002—2003 年全国钢琴产量地区分布图示（架）

【大事记】

中国乐器年鉴
CHINA MUSIC INSTRUMENT YEARBOOK
(2003～2004)

2002年度

1月

2002年1月17日－20日，第101届美国NAMM SHOW 举行。这是美国经过9.11四个月后第一次举办的世界性乐器展览会。这次展览会人员冷清，戒备森严，人流比上届少了四成。中国参展商仍然在上升，表现活跃。

2002年1月18日，中国乐器协会向各有关企业发出“关于举办2002中国（上海）国际乐器展览会的通知”。这是中国乐器协会首次与上海国际展览中心有限公司和法兰克福（香港）展览公司合作，并在外地召开国际性乐器展览会。

2002年1月，上海市轻工控股公司对英雄集团进行资产重组，原上海英雄集团解体，原归属英雄集团的上海钢琴公司由上海红双喜集团管理。

2月

2月1日－2日，北京星海乐器有限责任公司召开2002年工作会议。这次会议制定了“突出一个中心，运用两个手段，实现三个目标”的工作方针。

2月10日，王根田理事长、秘书长齐建平举行新春聚会招待在京乐器行业老前辈、老领导，以及乐器行业及企业有关领导。参加聚会的有中国乐器协会名誉理事长张连庸，北京星海乐器有限责任公司总经理赵惠臣，党委书记曾泽民，北京海资曼钢琴有限公司总经理金先彬，北京乐器研究所所长张振启，国家轻工业乐器质量监督检测中心主任丰元凯等。

2002年春节之前，乐器行业广泛开展送温暖慰问联欢活动。北京星海乐器有责任公司党委、工会在春节之前举行了一系列团拜会、座谈会、联谊会。其中有：劳动模范座谈会，公司系统内历年的北京市劳模参加了座谈；公司历届老领导、老干部干部座谈会，公司科技人员座谈会，首都著名钢琴家座谈会，在京新闻记者座谈会。上海钢琴有限公司领导在春节之前，2月2日召开了公司经济工作会议，销售工作会议，确定2002年的经济工作方针。公司党委，工会系统，退休职工管理委员会分别到困难职工、老工人、退休职工家里看望，给他们送去了组织的温暖。广州珠江钢琴集团公司在春节前，开展了系列的春节慰问联欢活动。1月26日在广州倍雷剧院举行了盛大的春节音乐联欢晚会。2月3日公司全体领导出席，在广州白天鹅宾馆宴请公司系统1300名退休老工人。公司党委书记、总经理童志成向职工汇报过去一年珠江钢琴在十分困难的情况下所取得的成绩，向全体退休工人表示春节的问候。营口东北钢琴集团公司在春节前举行了先进分子表彰会，进行了集体团拜，表彰厂里的质量标兵，双争双节志愿者，技术攻关和技术改造先进个人。苏州民族乐器一厂有限公司在春节前走访了离退休干部，困难户、特困职工。烟台龙凤钢琴公司在春节之前，针对统计摸底后，给几十名困难职工以及特困职工进行了补助和慰问。工会在春节前召开了职工座谈会，共同回顾烟台钢琴公司所取得的进步。

2月22日，春节刚过，中国乐器协会到天津乐器厂调研，了解目前国企的生产经营状况。王根田一行在天津乐器厂受到了厂长刘作人的热情接待。王理事长听取了天津乐器厂厂长刘作人、天津管乐器厂长刘凤奎、天津锣厂厂长王大钟的工作汇报，以及企业目前面临的各种困难和问题。

2月26日，正值元宵佳节到来之际，中国乐器协会王根田理事长及齐建平秘书长一同来到乐器界的老前辈关肇元的家中，看望78高龄，德高望重的关老先生。

3月

3月，中韩合资世正乐器公司在青岛建成投产。

3月5日，中国乐器协会赴河北金音乐器制造有限公司进行调研，考察民营企业的经营情况。

3月15日，2002年3.15消费者权益日大型现场免费检测活动在北京王府井大街进行。上百家企事业单位参加了这次活动。国家轻工业乐器质量监督检测中心参加现场咨询检测活动。国家质检总局党组书记李传卿来到乐器检测中心的位置前，详细询问了乐器的质量和打假情况。

3月17日，法兰克福乐器展览会结束，这次乐器展览会展馆面积大约有4万多平米，计55个展馆，有51个国家的2150个参展商参展，观众来自100多个国家，大约有10万人。中国参展商大约有30多个企业。

3月20日，上海民族乐器一厂厂长王国振圆满结束了由国家经贸委组织的中小企业管理人员考察团，为期3个星期的赴日本考察学习以后返回上海。该项目是根据江泽民总书记出访日本时达成的交流项目而进行的。根据项目协议规定，日本将在3年内为中国培训500个中小企业管理人员，王国振赴日本学习是第2批，有50人参加。

3月22日，文化部艺术人才中心召开“崔君芝箜篌艺术中心新闻发布会”，中国民族管弦乐学会会长朴东生、中央音乐学院琵琶教授李光华、北京星海乐器有限责任公司副总经理赵青竹、北京天琴乐器厂张兴无参加了新闻发布会。“崔君芝箜篌艺术人才新闻发布会”的举办，是文化部为推动我国古老的民族乐器进一步发展，培养更多的箜篌艺术人才而召开的。

4月

4月7日，全国企业家活动日在广州召开，广州珠江钢琴集团有限公司董事长童志成被授予“创业企业家”称号。

4月8日，由文化部批准，中央音乐学院、北京星海乐器有限责任公司主办的第九届“星海杯”全国少年儿童钢琴比赛举行新闻发布会。

4月10日，上海红双喜集团公司任命王国振为上海钢琴公司总经理兼上海民族乐器一厂厂长。

4月25日，北京管乐器厂隆重庆祝建厂50周年。出席这次大会有北京一轻控股公司董事长，北京星海乐器有限责任公司董事长刘渊，北京星海乐器有限责任公司总经理赵惠臣、副总经理坻江，北京管乐器厂厂长李书芳等厂领导。在建厂50周年的大喜日子里，北京管乐器厂还请来历任企业领导程福庆、阎培德、梁春华、徐建章、张秀云、孙德先、吕世伦、韩光。

5月

5月10日－11日，中国乐器协会钢琴分会于厦门召开筹备会议。参加这次会议的有：中国乐器协会理事长王根田，副理事长、广州珠江钢琴集团公司总经理童志成，副理事长、北京星海乐器有限责任公司总经理赵惠臣，副理事长、上海钢琴公司总经理王国振，中国乐器协会秘书长齐建平，上海中雅钢琴公司总经理叶耀东、福州和声钢琴公司总经理胡颖、广东中山粤华钢琴公司总经理高永湖、南京钢琴厂厂长戴巧茹、营口东北钢琴公司副总经理王天赋，《中国乐器》副主编丰元凯等20人。这次会议研究和讨论了当前钢琴生产和流通领域的形势，分析了影响当前钢琴生产销售正常发展的各种因素。对中国乐器协会钢琴分会的组织机构、文明竞争公约、2002年钢琴分会工作计划进行了认真的研究讨论。

5月11日－13日，第12届世界钢琴调律师大会在英国召开，中国乐器协会钢琴调律师分会副秘书长、河南大学艺术学院高级调律师阎学智参加了此次大会。世界钢琴调律师大会自1979年开始每2年举行1次。

5月11日，上海民族乐器一厂赴京举办琵琶制作比赛，在中央音乐学院的小礼堂里，南北琵琶制作师齐聚一堂，上海民族乐器一厂7位琵琶制作师，带来的12把琵琶接受在京的9位琵琶演奏家的检测，北方的数位琵琶制作师应上海民族乐器一厂的盛情邀请也来到现场观摩。

5月14日，北京管乐器厂在北京香山饭店召开了2002年工商联谊暨星海管乐新品展示会。出席这次联谊会的有北京星海乐器有限责任公司总经理赵惠臣、党委书记曾泽民。会议还邀请了北京长笛协会主席、著名长笛演奏家李学全，原铁道兵文工团副团长、著名小号演奏家车子昭，原军乐团铜管教研室组长、著名长号演奏家张健，军乐团首席萨克斯演奏家、中央音乐学院客座教授王清泉，军乐团首席巴松演奏家韩智华，中国单簧管协会会员张宝生等人参加会议。这次会议共邀请了来自全国各地商业代表总计130多人，其中外地代表70多人。会议展出了2002年北京管乐器厂推出的新产品、新工艺、新包装共19项，10种新产品。

5月15日，中国乐器协会民族乐器分会第四届委员会在上海召开，上海民族乐器一厂厂长王国振任会长，苏州民族乐器一厂有限公司总经理沈博文任副会长，上海民族乐器一厂厂长助理沈正国任秘书长。

5月16日－19日，“第12届中国国际专业音响、灯光、乐器及技术展览会”在北京展览馆举行。来自英、法、德、美、日和中国香港、台湾等20多个国家和地区的600余家展商与近6万名观众。这次展览会面积达到32000平米，其中乐器参展面积为10000平方米，参展商有200家企业。

5月，烟台龙凤钢琴有限公司通过了ISO14001环境管理体系认证。

6月

6月13日，下午2:30，中共中央政治局常委、国家副主席、中央军委副主席胡锦涛在省委书记闻世震、省长薄熙来、营口市委书记孟凡利、市长李文科等领导的陪同下，来到营口东北钢琴集团公司视察。公司总经理张大鸣向胡锦涛副主席等中央和省、市领导汇报了公司的生产经营情况。胡锦涛副主席深入东北钢琴集团公司调研，参观了公司三角钢琴和诺的斯卡分厂。

6月17日，北京双燕乐器有限公司在北京举行公司成立8周年大型酒会。在京的各大文艺表演团体，中国交响乐团、中国歌剧舞剧院、中国人民解放军军乐团，以及教学单位、乐器经销单位，文化部、北京市教委有关单位的领导、演奏家、教育家、琴行经理等300多个单位450位客人都参加了这次酒会。

6月24日，苏州民族乐器一厂有限公司向全国人大内务司法工委呈送“关于二胡皮膜－蟒皮问题”信函。民族乐器二胡所使用的主要原料——蟒皮，而蟒蛇又是国家一级保护动物。为了妥善解决这一问题，向全国人大提出建议，分以下五个方面：二胡在民族音乐中的地位；当前国内二胡生产、市场现状以及发展趋势；管理部门对违法捕杀、贩卖蟒蛇的执法现状；二胡使用的蟒皮可否有科学的新材料替代；建立制度，加强管理，达到既弘扬民族文化，又保护野生动物的目的。

6月29日，广东省乐器产品质量监督检验站挂牌成立。

6月，广州珠江钢琴集团有限公司、北京星海乐器有限责任公司、烟台龙凤钢琴有限公司荣获2001年度全国轻工业质量效益型先进企业称号。

7月

7月1日，天津市隆兴集团公司党委任命赵云刚同志为天津市乐器厂新任厂长，刘作人同志担任天津市乐器厂顾问。

7月2日，中国乐器协会理事长王根田及秘书长齐建平一行在北京双燕乐器公司总经理陈少甫的陪同下参观了位于天津杨村武清经济开发区的功学社（天津）乐器有限公司。功学社（天津）乐器有限公司是台湾功学社公司在国内兴办的台商独资公司。

7月12日，由广东省委宣传部、广东电视台组织制作，以广州珠江钢琴集团公司为背景的10集电视连续剧《大江之梦》正式开拍。该剧作为向党的十六大献礼片，于11月分别在中央电视台第八套、广东电视珠江台和卫视台播出。

8月

8月1日，在北京召开的中国乐器协会钢琴调律师职业技能考核工作会议上，正式宣布钢琴调律师被正式列入第103个国家职业技能工种。目前国家十分重视职业技能教育在社会经济发展中的重要地位和作用，劳动和社会保障部从1993年开始深化劳动就业制度改革，实施严格的就业准入制度和职业资格证书制度，先后分三批制定相关工种的102个国家职业标准，钢琴调律师是被列入的第103个国家职业标准。乐器行业有8个国家职业技能工种，基本上涵盖了所有乐器制造的工种。

8月4日上午，中国工业经济联合会会长、中国名牌战略推进委员会主任林宗棠一行，在广州市经委主任平欣光的陪同下视察广州珠江钢琴集团公司。

8月9日，北京轻工职业技术学院、北京钢琴厂编印的《钢琴调律师调整教程》（1～3册）出版发行。

8月12日，中国艺术研究院音乐研究所与泰兴凤灵乐器有限公司正式签订协议，由音乐研究所与泰兴乐器有限公司共同承担文化部下达的“乐器声学检测系统”科技开发项目。该项目课题小组在音乐研究所召开了第一次会议。

8月15日，中国乐器协会理事长王根田及秘书长齐建平到具有建厂50年历史北京管乐器厂进行调研。

8月20日，南京国际古筝艺术研讨会在南京艺术学院举行，同时举办了上海民族乐器一厂第66届古筝制作比赛。

8月20日，为纪念上海筝会成立10周年，上海民族乐器一厂和上海筝会联合出版“海上筝坛”。

8月25日，上海民族乐器一厂向泰王国公主朱拉蓬赠送古筝。

9月

9月1日，中国名牌论坛在北京人民大会堂隆重召开。广州珠江钢琴集团有限公司接受了中国工业经济联合会、中国名牌战略推进委员会颁发的镌有江泽民同志题词“立民族志气，创世界名牌”的金字瓷盘，成为全国16家“向世界名牌进军，具有国际竞争力的中国企业”之一，也是广东唯一入选企业。

9月1日，在北京人民大会堂召开的中国名牌大会上，广州珠江钢琴集团有限公司被国家质量技术检验检疫总局授予“全国质量管理先进企业”称号。

9月14日，中国乐器协会理事长王根田、秘书长齐建平等在北京会见了前来中国进行参观考察的美国国际乐器制造商协会（NAMM）总裁兼首席执行官周·拉蒙德，董事长斯蒂芬·L·韦斯特。台湾功学社公司董事长、总经理谢武弘，北京双燕乐器公司总经理陈少甫参加会见。美国乐器制造商协会首席执行官及董事长是第一次来到中国，此行的目的是了解和考察中国乐器的市场。他们在中国逗留期间，除了会见中国乐器协会以外，还将参观北京星海乐器公司、广州珠江钢琴公司以及外资及台资在中国大陆建立的乐器生产企业。

9月15日－17日，在北京轻工职业技术学院，举行了乐器行业第一批职业技能考评员培训班，有来自北京、广州、上海、江苏等地共计26人参加，并获取了考评员证书。

9月15日，上海民族乐器一厂二胡代皮研究初战告捷，环保乐器问世。上海民族乐器一厂技术人员在总结研究成果时还发现，猫皮、狗皮、鱼皮受气候影响小，不易开裂，能适应更宽的音域。

9月18日，美国乐器协会董事长斯蒂芬L·韦斯特先生及总裁兼首席执行官周·拉蒙德先生参观广州珠江钢琴集团有限公司，受到童志成总经理的热情接待。

9月，全国人大民族事务委员会主任王朝闻视察贵州玉屏箫笛厂。

10月

10月，《钢琴调律师》、《钢琴制作工》国家职业标准进行终审，钢琴调律师职业技能鉴定工作开始运作。

10月11日－14日，根据中国轻工业联合会2002年制、修订标准工作计划，全国乐器标准化中心在江苏省泰兴市溪桥，组织召开了4/4小提琴、4/4大提琴、琴弓通用技术条件、4/4小提琴弓和4/4大提琴弓等5项行业标准的审定会议。参加此次审定会议有12个单位的领导和工程技术人员计16人。

10月12日，由中国音乐研究所、江苏泰兴凤灵乐器有限公司共同研究开发的“乐器声学品质检测系统新闻发布会”在江苏泰兴举行。发布会上，此次研制主要合作单位，凤灵乐器有限公司董事长李书代表课题组汇报了该课题的背景和实施情况。

10月12日，中国乐器协会提琴专业委员会一届二次会议在泰兴溪桥举行。

10月14日，中国乐器协会召开四届二次理事扩大会议，中国轻工业联合会会长陈士能到会讲话。

10月14日，《2002年中国乐器年鉴》发行。

10月15日，中国乐器协会提琴制作师分会(筹)在上海成立。中国提琴制作大师郑荃、广州制琴师朱明江、韩国提琴协会主席Kim Joo Myan、美国环球弦乐爱好者协会会长洪风等人出席成立大会，上海音乐学院提琴制作专业教授华天礽主持会议。中国乐器协会秘书长齐建平、中国乐器协会提琴专业委员会会长李书到会祝贺。

10月16日－19日，国际乐器业界的盛大聚会——MUSIC CHINA中国（上海）国际乐器展览会在上海国际展览中心隆重举行。此次展会汇聚了来自德国、法国、中国台湾地区展团和中、美、英、意、芬兰、日本、韩国、西班牙、巴基斯坦、中国香港等15个国家和地区的近280家中外乐器厂商参加，展出面积达15000平方米，参观人数18072名，展会所创下的各项指标都可称近年来在中国所举办的乐器展览会之最。

10月16日，在"2002中国（上海）国际乐器展览"期间，营口市委副书记王利平亲自带队到上海参加展览，充分体现营口市委、市政府对乐器工业的高度重视。

10月17日，中国乐器协会吉他专业委员会成立大会在上海举行。中国乐器协会理事长王根田，广州珠江钢琴集团有限公司副总经理王润培、总经理助理黄南炬，广州珠江钢琴集团有限公司管弦乐分公司副总经理谢志忠，广东省四会华声乐器公司销售经理黄志康，山东潍坊百灵乐器有限公司总经理郝际坤，天津醒狮演出器材公司总经理边国柱，广东省揭阳市长城乐器有限公司总经理徐金河出席了当天的成立大会。吉他专业委员会的成立对中国吉他行业的市场规范将起到积极地推动作用，也为生产和经营企业间进行信息沟通、技术交流，谋求行业的更大发展提供了有利条件。

10月18日，日本钢琴调律师协会借参观上海乐器展览会之机，与中国乐器协会钢琴调律师分会商讨加入世界钢琴调律师组织事宜。在这次上海乐器展览会期间，日本钢琴调律师协会一行10人到上海，一方面参观展览，另一方面与中国乐器协会钢琴调律师分会进行首次接触。这次来上海的10位日本调律师中，有6位是属于日本调律师协会的领导，其中有一位是技术部主要负责人。中国乐器协会王根田理事长、齐建平秘书长、调律师分会金先彬会长与日本朋友们见面，双方在十分融洽的气氛中商讨中国加入国际调律师协会的条件和时机。

10月18日，中国轻工业联合会会长陈士能视察上海民族乐器一厂，并挥毫为"中国民族乐器陈列馆"题词"民族瑰宝"以作留念。

10月19日，北京星海乐器公司在上海召开第33届订货会。本届订货会是最近几年来规模最大、到会人数最多的一届。

10月23日－28日，由教育部体育卫生与艺术教育局、教育部艺术教育委员会主办，广州珠江钢琴集团公司和南京师范大学承办的第二届"珠江钢琴"全国高校音乐教育专业大学生基本功比赛在南京师范大学隆重举行。来自全国50所音乐教育专业院校的180名本、专科生参加了比赛，为我国青年的素质教育作出了贡献。

10月25日，中国轻工业联合会会长陈士能一行7人到广州珠江钢琴集团公司参观视察。

11月

11月7日，中国乐器协会理事长王根田，秘书长齐建平参观了位于北京市大兴区西红门乡和宣武区西便门的北京星海乐器有限责任公司北京民族乐器厂、北京星海粤华乐器公司和星海大厦。王理事长一行受到了北京民族乐器厂长兼北京星海大厦总经理肖锡奎和北京星海粤华乐器公司总经理马少堂的热情接待。

11月15日，北京市工业系统第10届工人技术比赛－钢琴击弦机调试、钢琴音头制作工技术比赛举行，这次参加技术比赛的单位有北京钢琴厂、海资曼钢琴公司、粤华公司、国际音响、北京钢琴二厂。报名参加钢琴击弦机、钢琴音头制作工种比赛的人数分别为45名和57名，参赛中最大年龄为48岁，最小年龄21岁，从事本工种工龄最长的为25年，最短的仅2年多。经过初赛、复赛，进入决赛的各有10余名，决赛赛出最佳的前6名，由北京市授予"北京市高级操作技术能手"称号，并获得高级工职业荣誉证书。

11月27日，中国乐器协会电鸣乐器分会在浙江省乐清市举行了分会换届工作及二届一次会议，张振启任分会会长。

12月

12月1日，振动气鸣乐器通用技术条件、小号、圆号、簧管气鸣乐器通用技术条件、长笛、短笛、单簧管、高音双簧管、低音双簧管、萨克斯风等乐器行业9项新标准实施。

12月，营口诺地斯卡三角钢琴获2002年度国家重点新产品奖。

12月，广州珠江钢琴集团有限公司、北京星海乐器有限责任公司、营口东北钢琴集团公司、泰兴凤灵乐器有限公司、河北金音乐器制造有限公司等8家中国乐器生产企业进入2001年全球乐器与音响225强。

12月13日，吉尔吉斯斯坦共和国外交部长阿斯卡尔·艾持玛托夫一行6人参观广州珠江钢琴集团公司，他们希望能在吉尔吉斯斯坦建立一间珠江钢琴厂，以满足整个中亚地区 的消费需求。

12月18日，中国乐器协会根据工作需要，成立中国乐器协会信息部。信息部是中国乐器协会内设机构，全面负责协会信息工作，其主要任务是通过办好《中国乐器》、《中国乐器协会网》，建立、加强与乐器企业及相关单位的联系与沟通，加快行业内信息传递与交流，实现信息资源共享；开展行业信息统计，建立和完善乐器行业及重点企业经济运行数据的采集、整理与汇总、报送等工作，推进协会信息工作逐步实现规范化、制度化，为企业提供生产经营和技术咨询服务。

12月18日，上海乐器职能鉴定站在上海首次进行国家职业技能资格培训考试。此次国家职业资格考试的学员来自华东地区，通过培训考核，共有21名考生达到合格标准，其中有6名考生获得钢琴调律师高级技能国家职业资格证书，15名考生获得钢琴调律师中级技能国家职业资格证书。

12月28日，教育部副部长章新胜在广州市教育局领导的陪同下视察广州珠江钢琴集团公司，对童总经理关于在广州开办一所钢琴专业高校，在全国招生，尽快培训钢琴制造专业人才，提升我国钢琴品牌质量的设想表示赞许。

12月28日，摩洛哥审计法院院长和审计检察院检察长在我国审计部门领导的陪同下，参观广州珠江钢琴集团公司，希望摩洛哥将来能成为珠江钢琴的生产基地，以带动摩洛哥的经济发展。

2003年度

1月

1月3日，中国乐器协会提琴制作师分会(筹)在中央音乐学院举办北京地区提琴制作师团聚会。来自北京地区从事提琴制作的各界人士30余人参加了这次聚会。这次分会活动的主要内容是：郑荃会长安排布置新的一年提琴制作师分会计划安排，由刚刚从美国参加世界提琴比赛的提琴制作师分会秘书长王志明介绍这次比赛的情况通报。

1月9日，由中国音协民族音乐委员会、西安音乐学院主持的系列秦胡鉴定会在北京国际会议中心召开。系列秦胡是西安音乐学院院长翟志荣的研究成果，他在鉴定会上全面介绍系列秦胡的研制过程，西安音乐学院乐队作了现场演示。

1月10日，中轻联综合业务部及中国乐器协会共同完成了“乐器列入《中国大百科全书》条目”的工作。作为我国第一部大型综合性百科全书《中国大百科全书》第一版于1980年出版，其中音乐舞蹈卷中“乐器与演奏艺术”曾收录了有关乐器的条目159条。进入新世纪以后，《中国大百科全书》出版社本着与时俱进的精神，将出版《中国大百科全书》第2版。在第2版中，乐器条目将首次出现在《全书》(轻工部分）的“文教体育用品”中，它体现了国家对乐器产品的重视，也反映了随着全面建设小康社会进程的加快，乐器在人民文化生活中的地位不断提高。根据现代乐器分类法归类，列入《全书》（轻工部分）的乐器条目将编写5个短条目：分别是弦鸣乐器、气鸣乐器、体鸣乐器、膜鸣乐器、电鸣乐器。条目编审工作仍然由关肇元老先生担任。《中国大百科全书》第2版将于2004年出版。

1月18日，由王根田理事长、齐建平秘书长、上海国际展览中心有限公司唐贵发总经理等一行5人，以中国乐器协会代表团名义，考察2003美国NAMM展，并与NAMM董事长、总裁等主要领导人会见，双方就加强中美乐器行业合作，中国乐器协会加入世界乐器协会联盟以及加强双方信息交流等进行磋商。

1月20日，依据《钢琴和键盘制作工》、《钢琴调律师》国家职业标准，由中国轻工业职业技能指导中心和中国乐器协会共同组织的乐器行业钢琴制作及钢琴调律技师、高级技师评定工作结束。广州珠江钢琴集团有限公司、北京星海乐器有限责任公司、上海钢琴有限公司等85家钢琴生产企业的93名同志获得了劳动和社会保障部颁发的技师、高级技师国家职业资格证书。此次取得技师、高级技师证书的人员都是在我国各主要钢琴企业生产一线长期从事钢琴制造、钢琴调律工作的技术骨干，其中不少同志已成为生产技术和管理部门以及企业的领导。他们为我国的钢琴制造业和企业的发展作出了重要贡献，并将成为我国钢琴行业的技术带头人。

1月25日，北京星海乐器公司编印出版《星海理念行为手册》，这本由企业编印的行为手册是我国乐器行业大型骨干企业为贯彻党的十六大所确立的“三个代表”重要思想，加强社会公德、职业道德、家庭美德教育的重要举措之一。其内容包括：星海公司理念识别系统（企业目标、企业使命、企业精神、企业哲学、企业理念、企业价值观、企业质量观、企业座右铭）和星海公司行为识别系统（星海全体人员共同行为规范、星海领导干部行为规范、星海管理人员行为规范、星海营销人员行为规范、星海生产人员行为规范、星海质检人员行为规范、星海科技人员行为规范、星海之歌、星海人再立新功）。

2月

2月2日，我国著名音乐声学家、中国艺术研究院副研究员王湘同志因病医治无效，于2003年2月2日去世，享年83岁。

2月10日，国家认监委发出通知，从5月1日起，我国将正式实施新的安全许可证，即国家强制性产品认证（CCC）（简称“3C”）制度。5月1日以后，未经3C认证的《目录》内产品，将不允许出厂、进口和销售。电子琴产品将成为电气电子类产品进入第一批国家强制性产品。

3月

3月5日，第十届全国人民代表大会第一次会议在北京召开，乐器行业有两名同志光荣地当选为第十届人大代表：一位是中央音乐学院提琴研究室主任郑荃教授、一位是广州珠江钢琴集团公司总经理助理麦燕玉。郑荃教授还被选为第十届全国人民代表大会常务委员、十届全国人大教育科学文化卫生委员会委员。江泽民在参加十届人大一次会议广东团审议时与珠江钢琴集团公司总经理助理麦燕玉亲切握手。

3月5日－19日，以中国乐器协会秘书长齐建平为团长的中国乐器协会赴欧洲考察团一行17人，前往欧洲进行乐器市场及生产企业的考察。中国乐器协会考察团是以参观2003德国法兰克福乐器展览会为主要内容，全面考察欧洲乐器市场。

3月15日，中国乐器协会发出“关于原中国乐器协会钢琴调律师考核换证工作的通知”，全面开展对原持有中国乐器协会“钢琴调律师”证的职业调律师换发国家劳动和社会保障部颁发的钢琴调律师职业资格证书。此后于2003年8月、12月，中国乐器协会分别在北京和广州职业技能鉴定站共举办了两次钢琴调律师职业技能考试鉴定。共有337名钢琴调律师获得国家职业资格证书。

3月24日，美国音乐贸易杂志（2003№.3）刊登专文：广州珠江钢琴集团公司董事长童志成被评为2002年度全球音乐产业年度人物。文中详细介绍了童志成通过30年时间把珠江钢琴厂从世界最小的钢琴厂变成世界最大的钢琴厂的创业经历。

3月23日－24日，口琴专业委员会在上海青浦召开三届二次会议，上海口琴总厂、国光口琴厂等28位代表出席会议，会议原则通过了口琴行业行规行约以及在口琴行业开展质量调查和行业打假的提议。

3月25日，根据上海轻工控股(集团)公司、上海英雄实业有限公司、上海红双喜(集团)有限公司与农凯集团属下上海市农业产业化发展(集团)有限公司签订的股权转让框架协议精神，正式宣布：上海钢琴有限公司资产整体转让，加盟上海农凯发展(集团)有限公司。任命马申杭同志为上海钢琴有限公司总经理。聘任公司党委书记张子跃同志兼任上海钢琴有限公司常务副总经理。

3月30日，中国名牌战略推进委员会公布了2003年中国名牌产品评价目录。今年，中国名牌产品评价将在钢琴等26类产品中进行。

4月

4月1日，由上海市闵行区博物馆和上海民族乐器一厂联合主办的“中国民族乐器陈列馆”落成并正式对外开放。中国民族乐器陈列馆占地700平方米，馆内藏有300多件古今乐器真品及复制品，分“气鸣”、“弦鸣”、“体鸣”、“膜鸣”四个部分。

4月15日，为加强与国内外相关单位的联系与沟通，扩大中国乐器制造业在国内外的影响，作好为乐器行业的服务工作，“中国乐器协会网站”正式开通。

4月16日，国家质量监督检验检疫总局质量管理司下发质检质函[2003]10号文件“关于做好2003年中国名牌产品申报工作的通知”，根据文件通知精神，中国乐器协会将参与中国乐器名牌产品的评价工作。

4月17日－5月7日，中央领导分别对中国工业经济联合会会长、中国名牌战略推进委员会主任林宗棠写给中央领导同志的信上批示。胡锦涛总书记批示：“请家宝、黄菊同志阅处。”温家宝总理批示：“自己的名牌产品和知识产权是企业增强市场竞争力的关键。此项工作请黄菊同志负责。”黄菊副总理批示：“积极支持、大力推进国家名牌战略，努力在市场竞争中形成一批世界知名品牌。请家宝、吴仪同志阅示。”5月6日，黄菊副总理又批示：“请质检总局会同有关部门进一步研究适应社会主义市场经济体制的名牌扶持政策，进一步推进中国名牌战略的实施工作。并报吴仪同志批示。”

4月18日－19日，由中国民族管弦乐学会笙专业委员会主办“全国首届笙艺术研讨展演会”在北京举行。这次会议是建国以来规模最大的集“笙”理论、作曲、演奏、教学、制作为一体的全国性学术研讨会议。上海民族乐器一厂、北京孙家冬乐器修理部、河北宏亮乐器厂、河南乐器研究所、天津静海县地区的民族乐器厂的代表参加这次会议。

5月

5月1日，中华全国总工会向2002年在经济战线和社会发展中做出突出贡献的404个先进集体颁发“全国五一劳动奖状”，向995名先进个人颁发“全国五一劳动奖章”。乐器行业中的北京星海乐器有限责任公司被授予全国“五一劳动奖状”，营口东北钢琴集团公司总经理张大鸣被授予全国“五一劳动奖章”。

5月14日，中国乐器协会理事长王根田发表“致全国乐器行业全体同仁的一封慰问信”向奋战在“非典”第一线的乐器行业的全体同仁们表示亲切的慰问。

5月16日，国内一些乐器生产企业进行了领导层的人事调整。调整后为广州珠江钢琴集团有限公司党委书记兼董事长童志成，总经理叶石池，副总经理王润培、麦燕玉（女），何志强，梁志伟，党委副书记荣卫平；烟台龙凤钢琴有限公司总经理徐金山，副总经理周晶明，高玉坤，钱晓慧（女）。

5月18日，珠江钢琴集团在一手防“非典”，一手抓生产的同时，捐款117.5万多元，其中单位捐款110万元，其余为职工个人捐款。童志成董事长发出倡议并带头捐款5000元，集团公司领导每人捐款都在3000元以上。所捐款项将由省民政厅分别转至广医一院呼吸疾病研究所、中山大学第二与第三附属医院、市胸科医院和省中医院等医疗单位。

5月20日，北京星海公司员工以积极的态度和满腔的热情支援抗击“非典”的斗争。职工们纷纷解囊捐款，仅一天的时间，2615名职工捐款41496元，支援抗击“非典”前线，以表达星海人对战胜“非典”的鲜明态度和殷切关心。

6月

6月5日，由中华人民共和国劳动和社会保障部制定的《钢琴调律师国家职业标准》近日正式出版发行。该书是根据《中华人民共和国劳动法》的有关规定，为了进一步完善国家职业标准体系，为钢琴调律师行业的职业教育、职业培训和职业技能鉴定提供科学、规范的依据，由中国乐器协会组织钢琴调律师行业的专家所制定的《钢琴调律师国家职业标准》。

6月19日－20日，中国乐器协会钢琴调律师资格考试委员会召开第二次评审工作会议，会议主要内容：对191名原中国乐器协会钢琴调律师持证人员的换证（换取国家劳动和社会保障部职业资格证书）申请进行考核评审；布置钢琴调律师职业资格培训鉴定有关工作。

6月23日，中国名牌战略推进委员会秘书处召开2003年中国名牌评审工作预备会议，向各单位下发了《2003年中国名牌产品评价通则》和《中国名牌产品评价工作规则和纪律》，中国乐器协会参加会议，并成立乐器行业名牌产品评价小组，王根田任组长。

6月24日，中共中央政治局委员、广东省委书记张德江，就国有企业改革与发展问题率省委、省政府有关部门负责同志到广州珠江钢琴集团公司调研，强调企业要努力实践“三个代表”重要思想，要以胡锦涛总书记视察广东时的重要讲话精神为行动指南，解放思想，不断创新，坚持两手抓，两不误，走新型工业化发展道路，当好行业排头兵，保持与时俱进的发展。

7月

7月9日，国家统计局发布了按新标准划分的全国大型工业企业名单，1588家企业榜上有名。乐器行业中，广州珠江钢琴集团有限公司被列入982位、北京星海乐器有限责任公司被列入1420位。

7月13日，经国家计量认证／轻工评审组评审，国家轻工业乐器质量监督检测营口站辽宁省乐器产品质量监督检验站（以下简称营口乐器检测站）正式通过复查认证。

7月14日，中国乐器协会受劳动和社会保障部职业技能鉴定中心委托，组织了有关乐器协会专业委员会的编写人员在北京接受培训，开展了《民族乐器制作》、《提琴制作工》、《管乐器制作工》、的国家职业标准制定工作。

7月16日，中国轻工业职业技能鉴定指导中心孟琦处长、中国乐器协会秘书长齐建平赴广州为轻工行业特有工种职业技能鉴定站（广州站）揭牌。

7月17日～19日，广州特有工种职业技能鉴定站进行了主要以广州地区为主，另有东北、新疆、江苏等地共计42人参加的考评员培训班。

7月18日，北京各大媒体均在第一版显要位置报导“北京市工业系统推出北京工业百户国企与外资、民间资本并购重组行动”的消息，并列出了北京市参与并购重组的国有与国有控股企业工业企业名单。在104户北京国有工业企业名单中，北京星海乐器有限责任公司列为第66位。

7月20日，珠江钢琴集团公司工程技术研究开发中心通过省级验收，这是目前国内乐器行业中首家省级重点工程技术研究开发中心。

7月22日，中国质量协会公布了2002年度125家全国质量效益型先进企业名单。广州珠江钢琴集团有限公司是乐器行业中唯一受到表彰的企业。

7月25日，珠江钢琴集团出资赞助“2003钢琴魅力在上海”系列钢琴音乐大型活动中的“上海珠江钢琴夏令营”活动。

7月26日，世界顶级钢琴制造商——美国施坦威公司副总裁、亚洲总经理Bob Dove先生等一行参观广州珠江钢琴集团公司。

8月

8月1日，电子琴作为电气电子类产品被列入我国第一批实施强制性认证产品（3C）目录。上海华新、深圳美得理等我国主要电子琴产品生产企业均获了“3C”资格认证。

8月4日，中国名牌战略推进委员会发表公告，140家企业产的144个品牌155个产品，在2003年中国名牌产品的综合评价中脱颖而出，进入中国名牌产品公示范围。广州珠江钢琴集团有限公司生产的珠江牌钢琴、北京星海乐器有限责任公司生产的星海牌钢琴列入初选名单。

8月12日，中共中央政治局进行第7次集体学习，这次集体学习安排的内容是世界文化产业发展状况和我国文化产业发展战略。中共中央总书记胡锦涛就此发表重要讲话。

8月12日，中国民族管弦乐学会乐器改革制作专业委员会在京成立。中国民族管弦乐学会会长朴东生及其他主要领导刘文金、张殿英、王大启等人出席了会议。中国乐器协会理事长王根田、中央民族乐团团长顾向阳应邀参了会议。参加会议的有来自北京和全国各地的民族乐器生产企业代表和个人制作者，还有长期从事民族乐器改革的我国著名民族音乐演奏家、制作家。

8月15日，广州珠江钢琴集团有限公司在北京、哈尔滨、西安、昆明、温州、厦门、长沙、郑州八大城市同时推出15款钢琴新品种进行联展。珠江钢琴公司为此派出30多人前往各地开展工作。北京地区的新产品展示活动，由北京鲍惠荞钢琴城承办，中国乐器协会理事长王根田、秘书长齐建平以及在京的乐器琴行、各音乐学院、艺术院校的钢琴老师近百人参加了北京的珠江钢琴联展活动。

8月20日，新一届中国圆号领导班子成立。北京管乐器厂厂长李书芳同志作为来自乐器制造界的人选进入音乐界社团组织领导层。中国圆号协会常设机构设在北京管乐器厂。

8月26日－31日，北京职业技能鉴定站进行2003年钢琴调律师国家职业资格考核鉴定工作。本次考核鉴定工作分别在北京轻工职业技术学院和北京钢琴厂进行，共有来自全国22个省市的108人参加了培训和考核。

8月27日－9月1日，中国乐器协会组织有关行业专家，在劳动和社会保障部、中国轻工业联合会职业技能鉴定中心的指导帮助下，分别完成了《管乐器制作工》、《提琴制作工》、《民族拉弦、弹拨乐器制作工》国家职业标准专家终审。

8月30日，著名提琴制作大师戴洪祥同志因病医治无效，在北京逝世，终年75岁。

9月

9月1日，国家质检总局在北京召开中国名牌暨质量兴市表彰大会，公布2003年中国名牌产品名单，对2003年度“中国名牌产品”生产企业以及全国质量兴市先进市县进行了表彰。153个产品成为中国名牌阵营中的最新成员。广州珠江钢琴集团有限公司生产的珠江牌钢琴，北京星海乐器有限责任公司生产的星海牌钢琴荣获2003年中国名牌称号。广州珠江钢琴集团有限公司总经理叶石池，北京星海乐器有限责任公司总经理赵惠臣参加了表彰大会，并上台领奖。

9月6日，由中国爱国工程联合会、中国工业联合会和香港慈善总会联合举办的“2003年社会各界促进中国公益事业发展大会”在人民大会堂举行。全国人大副委员长布赫、全国政协副主席经叔平出席了会议。广州珠江钢琴集团公司董事长童志成获得“公益之星”称号。

9月15日，上海民族乐器一厂迁入新址，上海闵行区七宝镇联明路400号。

9月17日，广东TCL企业集团总裁李东生代表广州珠江钢琴公司等12家企业宣读了《冲刺世界名牌倡议书》，将广东加快实施名牌带动战略进程推向新高潮。珠江钢琴、华为、TCL、格力电器等12家企业共同发起。

9月22日－26日，中国工会第十四次全国代表大会日在北京举行。在参加会议的1600多名正式代表中有两名来自乐器生产行业，营口东北钢琴集团公司总经理张大鸣、北京星海乐器有限责任公司技术工程部高级工程师刘英。

9月22日至10月12日，2003意大利国际提琴制作比赛在意大利的克雷蒙纳举行。在这次比赛中，来自北京的张安参赛两把提琴均获得奖项；中提琴获得第三名银牌，小提琴获第四名。这是中国提琴参加这个世界性提琴制作比赛以来所取得的最好成绩。

10月

10月8日－13日，第7届世界扬琴大会在瑞士举行。中国音乐学院李玲玲、中央民族歌舞团扬琴演奏家许学东、汕头粤升乐器实业有限公司吴汉军总经理参加了这次会议。世界扬琴大会是世界扬琴演奏、制造界的盛会，每两年举办一次。

10月9日－10日，由江苏泰兴溪桥镇政府和泰兴凤灵乐器有限公司联合承办的中国溪桥提琴节在江苏泰兴市举行。中国溪桥提琴节是继“2001中国溪桥乐器展销会”和“2002年中国溪桥提琴艺术博览会”之后的又一次提琴行业的大聚会。会议的主题是文化与科技。主要内容有：召开中国乐器协会提琴专业委员会一届三次常务会议；通过凤灵乐器声学品质检测系统成果鉴定；举行江苏省乐器材料与技术应用工程研究中心挂牌仪式；举办江苏省第四届“凤灵杯”少儿提琴大奖赛颁奖晚会等活动。

10月12日－13日，中国乐器协会四届三次理事会在杭州召开。会议总结了一年来乐器行业的发展及协会工作，对2004年的工作做了安排。会议期间，代表们参观们了萧山雅马哈乐器公司和杭州天目琴行。这次理事会是历届会议以来参加人数最多，气氛最为活跃的一次。

10月13日，江阴激扬乐器有限公司新产品顺序音阶口琴通过鉴定。

10月13日，国务院发布关于改革现行出口退税机制的决定，对现行出口退税机制进行改革，乐器出口退税税率不变。

10月15日－19日，由中国乐器协会、上海国际展览中心有限公司及法兰克福展览（香港）有限公司共同主办的中国（上海）国际乐器展继2002年成功举办不负众望，超越了精彩的首次亮相，再度成为了业内人士关注的焦点。本次展会展出面积达26000平方米，几乎是去年的两倍。共有419家厂商参展，25%是国外参展商，来自16个国家和地区，其中德国、意大利、英国和中国台湾地区。为期4天的展会参观总人次达40502名，共吸引了21496名海内外观众，其中包括来自49个国家和地区的1700多名海外观众，参观人数比去年增加了20%。另外，本届展会还被列为国际艺术节的展博览项目，拉开了第5届中国上海国际艺术节的序幕。

10月15日，2003年中国国际乐器展览会期间，上海民族乐器一厂为了让中外客商和大众媒介关注中国二胡的现状，特制作了一把巨型仿真二胡，这是世界最大的仿真二胡。二胡全长4米，琴筒全长0.74米，琴筒前端口直径0.6米，振动皮膜的蟒皮宽度达到0.7米，重量达107公斤，琴弓长度也为4.17米，坯料用材料重量达828公斤。

10月15日至18日，星海乐器有限责任公司第34届订货会与第2届中国（上海）国际乐器展览会在上海同时召开。

10月21日，广东华声乐器有限公司举行隆重的公司成立10周年庆典活动。整个庆典活动为期一天，由开幕式、参观厂区、产品技术展示会、庆典纪念大会、庆典晚宴、庆典综合文艺晚会、焰火晚会等单项活动组成。中国乐器协会、广东肇庆市、四会市的主要领导以及来自海内外的800名宾客出席了这次庆典，广东省四会市电视台对整个活动进行现场直播。

10月23日，河南省钢琴调律师学会理事会年会，在郑州珠江琴行召开。会长阎学智传达了河南省音乐家协会四届二次会议和中国乐器协会四届三次会议精神，并总结了2002年以来的工作情况。来自开封、安阳、洛阳、郑州等地的理事们对两个会议的精神及一年多来的工作，结合当地市场情况进行了热烈的讨论。

10月25日，珠江钢琴集团公司荣获“广东省质量管理奖”。“广东省质量管理奖”是广东省质量协会为了激励和引导全省企业追求卓越绩效模式，提高质量管理水平，完全按照“国家质量管理奖”标准评审设立的奖项。

11月

11月5日，上海民族乐器一厂在新近开放的中国民族乐器陈列馆举办《弓弦南北》首发式座谈会，国内民乐界知名人士及部分专家学者、民乐制作行业人士应邀出席。

11月7日，总部设在巴黎的联合国教科文组织总干事松浦晃一郎宣布，中国古琴艺术等世界28个文化艺术表现形式，获得第2批“人类口述和非物质遗产代表作”称号。

11月8日－10日，扬琴、柳琴行业标准审定会在江苏省苏州市举行。

11月12日－15日，钢琴击弦机行业标准审定会在浙江省宁波慈溪举行。

11月16日－23日，由敦煌艺术研究院、北京昭明万邦敦煌文化公司主办的“敦煌壁画乐器展”在京举行。

11月17日，珠江钢琴集团在广州白天鹅宾馆举行“2004年乐器系列产品全国订货会”。来自全国各省市200多个珠江钢琴经销单位300多名代表参加了这次订货会。订货会上共签订各类乐器国内销售合同数百份，销售金额达6亿元，订货额突破以往订货会，盛况令人鼓舞。

11月18日，中国乐器协会受国家林业局野生动植物保护司委托，开展有关实行野生蟒皮二胡标识管理的工作。

11月20日，北京市政协副主席黄以云及市政协经济科技委员会的部分委员在一轻控股公司总经理陈天宝、副总经理、党委副书记郭秀健、总工程师周以秋等人的陪同下到星海公司北京钢琴厂视察指导。

11月21日，经商务部批复，同意广州珠江钢琴集团有限公司以现汇对广州珠江钢琴集团美国有限公司增加投资500万美元，增资后的广州珠江钢琴集团公司在美国的分公司总投资额将从现在50万美元增加到550万美元。

11月21日－22日，全国质量管理奖颁奖大会，全国质量效益型先进企业表彰交流大会在北京京西宾馆举行。广州珠江钢琴集团有限公司副总经理何志强作为乐器行业唯一代表参加了会议，并在大会上被授予于“全国质量效益型先进企业”奖励。

11月25日， 广州珠江钢琴集团公司取得了“2003年首届中国少年儿童艺术节”钢琴大赛的冠名权，该比赛定名为“全国少年儿童珠江钢琴大赛”。珠江钢琴公司将提供21架钢琴作为复赛和决赛时比赛用琴和奖品琴。

11月25日，上海民族乐器一厂在刚刚搬迁的新厂会议室召开“民族拉弦乐器系列产品鉴定会”。

11月25日，北京星海乐器有限责任公司党委编辑发行了《星与海的交响》一书，全书目录分为：星海的历史文化、星海的革命文化、星海的奋进文化、星海的社会文化、亲切的关怀与呵护、星海在改革开放中腾飞六大部分。

11月26日，受社会关注的名为“俪松居长物－王世襄、袁荃猷珍藏中国艺术品，中国嘉德2003秋季拍卖会”在北京昆仑饭店多功能厅中厅举行，唐代大圣遗音古琴最后以891万元，一锤定“价”，创造了中国民族乐器有史以来的最高价格。

11月27日－28日，中国乐器协会理事长王根田、秘书长齐建平一行四人赴河北省衡水地区肃宁、饶阳两县了解这个地区民族乐器生产情况。两天时间，他们分别考察了位于肃宁县的河北乐海乐器有限责任公司及位于饶阳县的河北饶阳北方民族乐器厂和河北成乐乐器有限责任公司等3家企业。

11月28日－29日由口琴专业委员会会长陈狄彬，副会长兼秘书长周伟义带领下，上海口琴总厂蒋林森厂长、上海豪纳乐器有限公司周炎荪总经理等专程到江苏靖江参观了江苏奇美乐器有限公司，并拜访了公司董事长兼总经理张龙贵先生。

11月29日－30日，全国音乐艺术院校扬琴艺术研讨会暨中国音协扬琴艺术研究会扬琴研制中心揭牌仪式在河北省饶阳县举行，这次会议由中国音协扬琴研究会主办，河北成乐乐器有限责任公司承办。中国乐器协会理事长王根田、秘书长齐建平专程前往表示祝贺。

11月29日－30日，2003年广州古典提琴展示会暨中国乐器协会提琴分会（筹）会议在广东番禺市举行。

12月

12月1日起，广州珠江钢琴集团公司与央视综艺频道CCTV－3“神州大舞台”栏目就节目特约播出及独家赞助“家庭才艺大奖”事宜达成协议。自2003年12月1日～2004年11月30日，在为期1年的时间里，广州珠江钢琴集团公司将对CCTV－3

“神州大舞台”栏目节目提供资金上的支持，并独家赞助“家庭才艺大奖”10架立式钢琴作为获奖家庭的奖品。

12月2日，经济日报公布了2003年全国用户满意企业、全国用户满意产品、全国用户满意建筑工程、全国用户满意服务项目名单。广州珠江钢琴集团有限公司被评为2003年全国用户满意企业。

12月5日，北京名牌资产评估有限公司在北京举行2003年企业无形资产评估结果新闻发布会。在公布的32家企业无形资产评估结果中，广州珠江钢琴集团有限公司“珠江”牌钢琴无形资产价值14.68亿元，这使广州珠江钢琴集团公司成为我国首家完成无形资产评估的乐器生产企业。

12月8日，中国乐器协会受国家林业局委托向全国42家二胡生产企业下发了开展二胡生产及蟒皮资源调查的通知。

12月9日，经国家民政部批准，天津市民政局备案，中国乐器协会打击乐器专业委员会从即日起正式成立，并同时任命天津津宝乐器有限公司董事长刘明为打击乐器专业委员会会长，负责该委员会的全面工作。中国乐器协会理事长王根田、秘书长齐建平专程前往祝贺。

12月10日，中国音乐家协会主席傅庚辰一行四人到广州珠江集团公司视察。傅庚辰主席在童志成董事长的陪同下，兴致勃勃地参观三角钢琴分公司、击弦机分公司、立式钢琴装配第二分公司、音乐厅、产品展示厅。

12月12日，经济日报在头版头条“一线新闻”栏目，刊发了记者采访营口东北钢琴公司后编写的“振兴东北，关键还是靠东北企业”长篇报道。

12月14日，由中国民族管弦乐器学会、北京古琴研究会主办的中国古琴被联合国列入“人类口头与非物质文化遗产代表作”。庆祝会在北京坦博艺院举行。

12月14日，中国名牌战略推进委员会在广州举办“' 2003中国名牌论坛（广州）”，晚上中国名推委举行了盛大的欢迎晚会，招待出席会议的全体代表。珠江钢琴艺术团作了“相聚珠江”的精彩演出。中国工业经济联合会名誉会长，中国名牌战略推进委员会主任林宗棠等领导出席了招待会，广州珠江钢琴集团有限公司董事长童志成陪同出席晚会。

12月14日－22日，上海民族乐器一厂在香港举行“仿日本正仓院乐器展”。这批乐器共计15件，有七弦乐器、螺钿紫檀五弦琵琶、金薄押新罗琴、筝、刻雕尺八、箫、笙竽、横笛、玳瑁螺钿箜篌、方响、磁鼓、漆鼓筒、木刻画紫檀琵琶、螺钿紫檀阮弦、九霄环佩琴。

12月17日－21日，北京进行了2003年第二批钢琴调律师国家职业资格考试，报名参加考核的共26人，他们分别来自北京、辽宁、吉林、黑龙江、山西、云南、江苏、河南、山东、内蒙古、四川等省市自治区。

12月18日，北京市平谷区区委书记秦刚，区长王云峰在区政府亲切会见了中国乐器协会理事长王根田、秘书长齐建平。这次会见，中国乐器协会是应平谷区的邀请，商谈有关建设北京乐器城等事宜。

12月19日－23日，中国名牌战略推进成果展览会在北京展览馆举行。获得2003年中国名牌产品称号的“珠江”牌钢琴和“星海”牌钢琴及广东省名牌产品“星臣”牌吉他参加了这次展览。

12月20日，2003年12期美国《音乐贸易》杂志公布了2002年全球乐器与音响供应商225强名单(以下简称全球225强)。中国乐器生产企业进入全球乐器225强，从2002年的8家增加到13家，销售额从2.66亿美元增加到4.84亿美元，增长了81.93%，世界排名从第8位上升到第4位。

12月23日－27日，广州进行2003年第二批钢琴调律师国家职业资格考试。有来自四川、福建、广东、云南、湖南、湖北、广西、江苏等省市自治区的49名钢琴调律师报名参加职业资格鉴定。

12月24日，中国乐器协会理事长王根田、秘书长齐建平一行四人到天津静海县进行调研，详细了解这个地区乐器生产的发展状况。一天的调研时间，王根田理事长一行分别走访了静海县工业经济委员会，参观静海蔡公庄镇四中党村的圣迪乐器有限公司和天津静海华韵乐器有限公司。

12月25日，最新出版的《2003年中国统计年鉴》，国家统计局公布了2002年全国各地区城镇居民家庭每百户年底乐器（钢琴）拥有量为1.76架。

12月26日，中国轻工业联合会综合业务部杨立主任，中国乐器协会王根田理事长与国家林业局野生动植物保护司王伟副司长、王维胜处长、斯萍副处长磋商，商议有关在2004年5月1日之前实行蟒皮二胡标识管理的具体办法和时间表。

12月28日晚，烟台龙凤钢琴公司在烟台金海湾大酒店举办2004烟台龙凤“金斯伯格”新年音乐会。

【统计资料篇】

中国乐器年鉴
CHINA MUSIC INSTRUMENT YEARBOOK
（2003～2004）

国民经济及社会发展基本状况(与乐器行业相关的数据)(2000年～2002年)

项目	内容	2000年	2001年	2002年	2001年比2000年增幅(%)	2002年比2001年增幅(%)
国内生产总值	国内生产总值（亿元）	89468.1	97314.8	104790.6	8.77	7.68
	人均国内生产总值（元／人）	7086	7651	8184	7.97	6.97
人民生活	平均货币工资（元）	9371	10870	12422	16.00	14.28
	城市平均全部年收入(元)	6295.91	6868.88	8177.4	9.10	19.05
	全国居民消费水平（元）	3397	3609	3791	6.24	5.04
	城镇居民消费水平（元）	7402	7761	7972	4.85	2.72
	农村居民消费水平（元）	2037	2156	2259	5.84	4.78
教育文化	城镇居民平均每人用于教育文化娱乐服务消费性支出(元/年)	669.58	736.63	902.28	10.01	22.49
	城镇居民平均每人用于教育文化娱乐服务消费性支出的比例(%)	13.4	13.88	14.96	3.58	7.78
	农村居民家庭文教娱乐支出比重(%)	/	11.06	11.47	/	3.71
职工工资收入与支出	城市居民家庭恩格尔系数(%)	39.4	38.2	37.7	-3.05	-1.31
	农村居民家庭恩格尔系数(%)	49.1	47.7	46.2	-2.85	-3.14
生活质量	城市人均建筑面积(平方米)	/	20.8	22.8	/	9.62
	农村人均住房面积（平方米）	/	25.7	26.5	/	3.11
学校数（所）	普通高等学校	1041	1225	1396	17.68	13.96
	高等艺术学校	29	29	30	0.00	3.44
	普通中等学校	93629	95362	93968	1.85	-1.46
	普通艺术学校	168	158	155	-5.95	-1.89
	中等技术学校	2963	2690	2523	-9.21	-6.21
	中等师范学校	682	570	430	-16.42	-24.56
	普通高中	14564	14907	15406	2.36	3.35
	普通初中	62704	65525	64661	4.50	-1.32
	职业中学	8849	7802	7402	-11.83	-5.13
	小学	553622	491273	456903	-11.26	-7.00
	特殊教育	1539	1531	1540	-0.52	0.59
	幼儿园	175836	111706	111752	-36.47	0.04
在校人数（万人）	普通高等学校	556.1	719.1	903.4	29.31	25.63
	高等艺术学校					
	普通中等学校	8518.5	8901.4	9415.2	4.49	5.77
	普通艺术学校					
	中等技术学校	412.5	391.7	396.2	-5.04	1.15
	中等师范学校	77	66.2	60.1	-14.03	-9.21
	普通高中	1201.3	1405	1683.8	16.96	19.84
	普通初中	6167.6	6431.1	6604.1	4.27	2.69
	职业中学	503.2	466.4	511.5	-7.31	9.67
	小学	13013.3	12543.5	12156.7	-3.61	-3.08
	特殊教育	37.8	38.6	37.5	2.12	-2.85
	幼儿园	2244.2	2021.8	2036	-9.91	0.70
艺术表演团体（个）	话剧、儿童剧、滑稽剧团	86	98	87	13.95	-11.22
	歌剧、舞剧、歌舞剧团	79	112	109	41.77	-2.68
	歌舞团、轻音乐团	289	323	343	11.76	6.19
	文工团、文宣队、乌兰牧骑	419	385	383	-8.11	-0.52
	戏曲剧团	1531	1483	1472	-3.14	-0.74
	京剧	109	109	111	0.00	1.83
	戏曲、杂技、木偶、皮影团	209	188	178	-10.05	-5.32
艺术表演场所（个）	剧场、影剧院	1877	1813	1794	-3.41	-1.05
	书场、曲艺场	20	20	19	0.00	-5.00
	杂技、马戏场	3	1	2	-66.67	100.00
	音乐厅	12	17	14	41.67	-17.65
群众文化事业（个）	群众艺术馆	390	400	389	2.56	-2.75
	文化馆	2907	2852	2854	-1.89	0.07
	文化站	42024	40138	39273	-4.49	-2.16

（资料来源：国家统计年鉴）

2003年中国社会经济主要指标数据

	指标	单位	1978	1982	1989	1990	1995	1997	1998	1999	2000	2001	2002	2003
人口	年底总人口	万人	96259		112704			123626					128453	129227
	城镇人口	万人	17245		29540			39449					50212	52376
	乡村人口	万人	79014		83164			84177					78241	76851
各年龄段人口比重	0岁-14岁人口	%		33.6		27.7	26.6				22.9		22.4	22.1
	15岁-64岁人口	%		61.5		66.7	67.2				70.1		70.3	70.4
	65岁以上人口	%		4.9		5.6	6.2				7		7.3	7.5
就业和工资	就业人员数	万人	40152		55329			69820					73740	74432
	职工工资总额	亿元	569		2619			9405					13161	14744
	职工平均工资	元	615		1935			6470					12422	14040
消费	全国居民消费水平	元			762			2834					3791	4058
	农村居民家庭人均生产消费支出	元			535			1617					1834	1943
	农村居民家庭恩格尔系数	%			54.8			55.1					46.2	45.6
	城镇居民家庭人均消费性支出	元			1211			4186					6030	6511
	城镇居民家庭恩格尔系数	%			54.5			46.6					37.7	37.1
	城镇居民购买文化娱乐用品	元							188.7	201.8	217.8	211.6	245.2	264.5
	城镇居民文化娱乐服务	元							62.5	76.2	88.1	96.8	161.9	155.9
	城镇居民用于教育性支出	元							275	323.3	363.8	428.3	495.2	514
	农民用于文化教育娱乐用服务	元							159.4	168.3	186.7	192.6	210.3	235.7
国民经济	国内生产总值	亿元	3624		16909			74463					105172	116895
财政和金融	国家财政收入	亿元	1132		2665			8651					18904	21691
	金融机构各项人民币存款余额	亿元	1135		10786			82390					170917	208056
住房	建筑业企业房屋竣工面积	万平方米			19723			62244					110217	118259
	人均住宿面积	平方米				13.7	16.3				20.3		22.8	
国内商业和对外贸易	社会消费零售总额	亿元	1559		8101			27299					42027	45842
	进出口总额	亿美元	206.4		1119.8			3252.6					6207.7	8509.9
	出口总额	亿美元	97.5		525.4			1827.9					3252	4382.3
	进口总额	亿美元	108.9		591.4			1423.7					2951.7	4127.6
利用外资	实际利用外资额	亿美元			100.6			644.1					550.1	561.4
	外商直接投资	亿美元			33.9			452.6					527.4	535.1
旅游	入境过夜旅游人数	万人次	72		936			2377					3680	3297
	国际旅游收入	亿美元	2.6		18.6			120.7					203.9	174.1
	国内旅游人数	亿人次						6.4					8.8	8.7
	国内旅游总花费	亿元						2112.7					3878.4	3442.3
教育、文化	学校数	万所	149		88	87.22	77.16	72			65.01		55	52
	普通高等学校	所				1075	1052				1041		1396	1552
	普通中等学校	所				105060	99814				93935		93573	92555
	专业学校	所				3982	4049				3646		2953	3065
	成人教育学校	万所				31.8	57.9				66.7		50.3	
	普通中学	所				87631	81020				77268		80067	79490
	小学	所				766072	668685				553622		456903	425846
	幼儿园	万所				17.2	18				17.6		11.2	11.6
	在校学生数	万人	21351		17652	17703	19910	21360			22155		22557	22706
	普通高等学校	万人				206.3	290.6				556.1		903.4	1108.6
	普通中等学校	万人				5239.2	6380.6				8518.4		9409.5	9805.6
	专业学校	万人				224.4	372.2				489.5		456.4	502.4
	成人教育学校	万人				3978.2	6681.6				7715.8		7280.3	
	普通中学	万人				4586	5371				7368.9		8287.9	8583.2
	小学	万人				12241	13195				13013		12156.7	11689.7
	幼儿园	万人				1972.2	2711.2				2244.2		2036	2003.9
	艺术表演团体	个				2805	2682				2630		2587	2619
	文化馆	个				2955	2886				2907		2854	2846

(资料来源：国家统计年鉴)

各地区(高、中等)艺术及师范类院校数量(2000年~2002年)

地区	2000年				2001年				2002年			
	高等艺术院校	高等师范院校	中等艺术学校	中等师范学校	高等艺术院校	高等师范院校	中等艺术学校	中等师范学校	高等艺术院校	高等师范院校	中等艺术学校	中等师范学校
全国	29	221	168	683	29	210	158	570	30	203	155	430
北京	7	3	6	16	7	3	7	2	7	2	7	1
天津	2	2	4	10	2	2	4	10	2	2	4	9
河北	/	12	6	32	/	12	6	9	/	12	3	6
山西	/	8	11	22	/	8	9	19	/	7	8	19
内蒙古	/	6	4	5	/	6	3	5	/	6	/	4
辽宁	2	13	13	9	2	10	12	5	2	8	15	5
吉林	1	6	2	17	1	6	2	17	1	6	2	2
黑龙江	/	6	2	26	/	6	1	22	/	5	1	17
上海	2	2	6	1	2	2	6	1	2	2	6	1
江苏	1	10	11	27	1	8	11	26	1	9	11	19
浙江	1	7	5	1	1	7	6	1	1	7	5	0
安徽	/	13	3	34	/	13	3	29	/	14	4	19
福建	/	8	6	25	/	8	7	23	/	7	6	19
江西	/	7	3	21	/	7	3	20	/	6	2	13
山东	2	10	10	56	2	10	7	53	2	8	7	34
河南	/	12	14	41	/	12	14	39	/	14	14	29
湖北	2	7	15	23	2	7	13	19	2	6	14	16
湖南	/	13	5	26	/	13	4	22	/	11	3	21
广东	2	4	13	46	2	4	13	36	3	4	14	4
广西	1	10	4	29	1	10	4	29	1	10	4	29
海南	/	2	1	8	/	2	1	8	/	2	1	8
重庆	1	4	3	21	1	3	3	17	1	3	3	13
四川	1	12	4	66	1	11	4	47	1	11	4	33
贵州	/	10	2	25	/	10	2	23	/	10	2	21
云南	1	11	4	19	1	10	2	17	1	10	2	17
西藏	/	/	/	1	/	/	/	1	/	/	/	1
陕西	2	8	4	22	2	7	4	22	2	7	4	22
甘肃	/	6	2	22	/	5	2	19	/	5	1	19
青海	/	3	1	7	/	3	1	7	/	3	1	7
宁夏	/	1	1	4	/	1	1	2	/	1	1	2
新疆	1	5	3	21	1	4	2	20	1	5	3	20

(资料来源：国家统计年鉴)

各地区城镇居民家庭平均每百户年底钢琴及中高档乐器拥有量（2000年~2002年）

地区	2000年		2001年		2002年		2001比2000年增幅(%)		2002比2001年增幅(%)	
	钢琴(架)	其他中高档乐器（件）	钢琴(架)	其他中高档乐器（件）	钢琴(架)	其他中高档乐器（件）	钢琴	其他中高档乐器	钢琴	其他中高档乐器
全国	1.26	5.34	1.33	6.12	1.76	6.38	5.56	19.48	32.33	4.25
北京	2.2	13.7	2.7	13.9	3.23	12.98	22.73	-5.26	19.63	-6.62
天津	0.6	2.8	0.6	3.2	1.35	3.51	0.00	25.36	125.00	9.69
河北	0.82	6.51	0.63	6.91	1.24	5.31	-23.17	-18.43	96.83	-23.15

地区	2000年		2001年		2002年		2001比2000年增幅(%)		2002比2001年增幅(%)	
	钢琴(架)	其他中高档乐器(件)	钢琴(架)	其他中高档乐器(件)	钢琴(架)	其他中高档乐器(件)	钢琴	其他中高档乐器	钢琴	其他中高档乐器
山西	0.95	5.56	1.18	5.56	1.06	5.61	24.21	0.90	-10.17	0.90
内蒙古	0.51	5.47	0.8	7.2	0.91	6.24	56.86	14.08	13.75	-13.33
辽宁	1.15	5.61	1.46	5.89	2.24	5.80	26.96	3.39	53.42	-1.53
吉林	0.77	4.65	1.29	6.01	1.71	5.24	67.53	12.69	32.56	-12.81
黑龙江	1.22	3.32	1.45	3.73	1.19	3.80	18.85	14.46	-17.93	1.88
上海	3.4	4.8	3.2	5.2	3.6	6.33	-5.88	31.88	12.50	21.73
江苏	0.91	3.57	1.01	4.08	1.64	4.36	10.99	22.13	62.38	6.86
浙江	0.78	6.9	1.11	8.54	1.11	6.99	42.31	1.30	0.00	-18.15
安徽	0.82	5.4	1.09	5.89	1.17	6.24	32.93	15.56	7.34	5.94
福建	1.6	5.2	1.88	6.18	1.75	6.29	17.50	20.96	-6.91	1.78
江西	0.71	5.13	0.8	7.04	1.41	7.35	12.68	43.27	76.25	4.40
山东	2.52	7.96	2.13	9.04	2.66	8.13	-15.48	2.14	24.88	-10.07
河南	0.92	3.3	0.76	3.54	1.41	5.90	-17.39	78.79	85.53	66.67
湖北	1.35	5.39	1.64	6.58	2.01	7.11	21.48	31.91	22.56	8.05
湖南	1.41	8.47	1.02	7.85	1.36	6.41	-27.66	-24.32	33.33	-18.34
广东	2.68	5.94	2.76	5.83	2.98	8.79	2.99	47.98	7.97	50.77
广西	0.76	3.06	0.6	4.7	1.26	6.17	-21.05	101.63	110.00	31.28
海南	0.83	1.67	0.67	1.67	0.76	3.80	-19.28	127.54	13.43	127.54
重庆	0.67	8	0.33	7.67	1.39	2.94	-50.75	-63.25	321.21	-61.67
四川	1.83	5.89	1.36	7.03	1.06	4.59	-25.68	-22.07	-22.06	-34.71
贵州	0.66	4.3	1.13	4.57	1.43	3.83	71.21	-10.93	26.55	-16.19
云南	2.08	5.25	1.26	4.42	1.17	5.35	-39.42	1.90	-7.14	21.04
西藏	/	2	/	2	/	2.00	/	0.00	/	0.00
陕西	0.59	3.31	0.36	4.51	0.97	5.76	-38.98	74.02	169.44	27.72
甘肃	1.74	8.42	0.91	17.35	1.91	10.30	-47.70	22.33	109.89	-40.63
青海	0.55	3.64	0.55	3.82	1.43	5.51	0.00	51.37	160.00	44.24
宁夏	0.68	3.68	0.81	3.65	0.86	4.08	19.12	10.87	6.17	11.78
新疆	1.38	9.09	1.8	9.2	1.93	12.66	30.43	39.27	7.22	37.61

(资料来源：国家统计年鉴)

2000年～2002年城镇居民家庭平均每百户钢琴及中高档乐器拥有量（按收入等级分）

收入等级	2000年		2001年		2002年		2001比2000年增幅(%)		2002比2001年增幅(%)	
	钢琴(架)	其他中高档乐器(件)	钢琴(架)	其他中高档乐器(件)	钢琴(架)	其他中高档乐器	钢琴	其他中高档乐器	钢琴	其他中高档乐器
总平均	1.26	5.34	1.33	6.12	1.76	6.38	5.56	14.61	32.33	4.25
最低收入户	0.21	1.51	0.46	1.75	0.18	1.24	119.05	15.89	-60.87	-29.14
困难户	0.21	1.24	0.56	1.34	0.07	0.87	166.67	8.06	-87.50	-35.07
低收入户	0.67	2.75	0.63	3.56	0.68	2.93	-5.97	29.45	7.94	-17.70
中等偏下户	0.85	3.81	0.75	4.4	0.96	4.7	-11.76	15.49	28.00	6.82
中等收入户	0.88	5.22	1.01	5.74	1.29	6.08	14.77	9.96	27.72	5.92
中等偏上户	1.68	6.71	1.67	8.04	2.29	8.5	-0.60	19.82	37.13	5.72
高收入户	2.41	8.06	2.32	8.46	2.75	9.58	-3.73	4.96	18.53	13.24
最高收入户	2.52	9.65	3.03	11.08	4.6	12.47	20.24	14.82	51.82	12.55

(资料来源：国家统计年鉴)

2002年全国乐器行业规模以上企业主要经济指标

（单位：万元）

序号	企业名称	销售额	资产总计	当年总产值	从业人数	出口交货值
1	天津雅马哈电子乐器有限公司	90858.40	32907.40	104324.00	800	83834.00
2	广州珠江钢琴集团有限公司	73222.30	130054.60	65235.90	2369	17457.60
3	北京星海乐器有限责任公司	39474.50	54801.60	34874.70	2542	7339.80
4	天津杰麦多乐器有限公司	25714.30	31960.80	26657.00	1656	26657.00
5	美得理（深圳）电子有限公司	24995.35	7498.35	20014.88	1000	1794.84万美元
6	营口东北钢琴集团公司	24579.90	42778.60	26161.50	1813	13403.00
7	天津英昌乐器有限公司	23118.00	39182.00	22239.00	1237	13041.00
8	广东省四会市华声乐器厂	19785.00	3384.40	19858.50	1953	13846.10
9	卡西欧电子（珠海）有限公司	18049.10	6658.80	13001.50	305	8890.20
10	萧山雅马哈乐器有限公司	12626.00	18838.20	12983.40	430	7142.30
11	上海中雅钢琴有限公司	11763.90	18738.60	14058.00	861	1030.00
12	宁波东方琴业总公司	10128.80	8512.20	10359.80	690	1613.00
13	广州保嘉乐器制造厂有限公司	9921.70	2309.40	10066.30	1130	9282.80
14	广州雅马哈珠江钢琴有限公司	9837.00	10564.70	11305.80	185	2329.90
15	烟台龙凤钢琴有限公司	9323.20	13549.20	9421.90	678	3858.30
16	上海钢琴有限公司	8907.50	22783.70	9673.90	1217	1042.00
17	天津市津宝乐器有限公司	7323.00	3703.00	7865.00	1300	2404.00
18	雅歌乐器(漳州)有限公司	7222.30	4736.50	8454.50	145	7291.70
19	上海民族乐器一厂	6199.60	3853.20	3130.70	315	493.30
20	泰兴凤灵乐器有限公司	5587.90	3750.00	6612.00	500	5647.00
21	福州和声钢琴有限公司	5532.70	3740.60	5109.50	345	0.00
22	得理电子（深圳）有限公司	5326.50	2938.70	3556.50	241	3982.20
23	上海华新电子电器总厂	5313.90	11326.20	3426.80	486	1117.00
24	大连东方乐器有限公司	4453.00	3598.00	4479.00	285	4436.00
25	广州吉声琴业有限公司	4354.00	4059.00	4432.00	200	4267.00
26	哈市三益乐器有限公司	4143.60	4926.00	4496.90	219	4063.60
27	中山市粤华钢琴乐器有限公司	3763.40	5069.60	4661.40	389	254.60
28	南京玲木乐器教具有限公司	3730.00	1527.00	3948.00	268	1425.00
29	三水市振兴乐器有限公司	3685.00	2259.30	3685.40	377	0.00
30	枣庄市新韩乐器有限公司	3575.00	1558.00	4973.50	301	4849.80
31	天津市乐器厂	3411.50	3972.40	2896.00	903	539.00
32	河北省金音乐器制造有限公司	3290.00	2447.80	3390.00	650	1625.10
33	武汉艾立卡电子有限公司	3008.83	2137.29	1669.67	70	2967.02
34	北京伊士特曼弦乐器有限公司	3081.20	2279.40	3305.50	384	3080.90
35	广州珠江乐器实业公司	2884.50	1135.40	2464.90	330	747.90
36	泰兴斯坦特乐器有限公司	2881.90	2086.90	3158.00	320	2292.50
37	宁波北仑区装璜五金厂	2531.30	2764.70	3060.00	274	0.00
38	天津市华韵乐器有限公司	2503.00	777.00	2575.00	260	321.00
39	玉丰乐器(漳州)有限公司	2495.80	2076.80	2450.50	210	2380.20
40	南京钢琴厂	2482.00	2871.00	2892.00	183	0.00
41	襄城县欧营民族铜乐器有限公司	2306.80	443.00	2332.30	125	0.00
42	廊坊市安次区思达旅游用品厂	2180.00	1860.00	2180.00	200	0.00
43	广州市故知乐器制造有限公司	2162.60	266.80	2162.60	117	2076.90
44	天津市沈劳乐器有限公司	2107.70	3002.20	2121.00	285	1889.00

(续表)

序号	企业名称	销售额	资产总计	当年总产值	从业人数	出口交货值
45	北京星海奥华乐器有限公司	2006.70	2431.70	2109.70	123	0.00
46	北京海资曼钢琴有限公司	1952.60	1581.50	1554.00	90	0.00
47	扬中市华联手风琴有限公司	1929.70	1018.00	1872.00	412	1608.00
48	霸州市銮宇乐器有限公司	1915.70	1966.30	2077.90	500	1413.70
49	宁波舜申乐器有限公司	1883.80	1691.00	1885.00	150	0.00
50	南海市平洲汇声钢琴铸件有限公司	1863.60	1585.10	1692.00	96	0.00
51	上海爱克申钢琴部件厂	1813.40	2165.70	1897.30	170	0.00
52	上海惠中钢琴有限公司	1639.80	2318.80	1905.50	30	0.00
53	威海正三乐器有限公司	1630.00	1933.00	1569.00	270	1569.00
54	苏州民族乐器一厂有限公司	1623.60	1625.80	1919.00	206	205.00
55	天津哈普乐器有限公司	1605.10	847.80	1807.00	100	1678.00
56	河北饶阳成乐民族乐器有限责任公司	1584.00	1460.00	1674.00	386	0.00
57	上海兆田企业发展有限公司	1547.50	1726.60	1755.30	102	0.00
58	上海华粤琴业有限公司	1504.00	2217.80	1433.90	202	0.00
59	广州市威柏乐器制造有限公司	1485.80	370.40	1485.90	150	0.00
60	上海敦煌乐器有限公司	1458.20	1340.80	1356.40	92	365.40
61	廊坊大汉乐器有限公司	1438.30	1850.80	1612.50	235	561.30
62	廊坊市维圣乐器有限公司	1414.90	2457.10	1738.00	290	1531.00
63	天津杰麦诗乐器有限公司	1400.30	6050.70	1731.00	371	1731.00
64	上海海立钢琴有限公司	1390.60	3651.50	1554.80	113	0.00
65	佛山市得声乐器工艺有限公司	1323.00	2712.40	1790.30	152	1050.60
66	靖江市天鹅乐器有限公司	1311.20	480.20	3822.60	259	2413.60
67	广州格利蒙那提琴有限公司	1249.70	1497.90	1249.70	220	1249.70
68	黄陂高家河锣厂	1233.70	465.00	1641.00	2250	0.00
69	天津华韵乐器有限公司	1216.00	302.00	1216.00	160	720.00
70	北京星海国际音响有限公司	1211.80	462.30	1193.90	50	0.00
71	瓦尔德乐器（天津）有限公司	1154.30	701.20	0.00	98	0.00
72	上海瑰宝乐器有限公司	1146.00	790.30	1207.50	166	0.00
73	深圳通理电子有限公司	1138.50	1565.50	1318.70	127	1299.50
74	龙口锦盛乐器有限公司	1104.50	1334.00	1765.00	500	986.00
75	北京市平谷县新星提琴厂	1092.10	1537.40	1657.20	420	980.00
76	广州市番禺维华音响有限公司	1060.20	652.00	1117.30	32	661.20
77	北京昌裕乐器有限公司	1048.00	1252.00	1246.00	500	0.00
78	上海口琴总厂	1029.50	2584.40	1127.70	165	749.20
79	四会市地豆镇昌兴琴鼓乐木器厂	1017.00	409.60	1810.00	71	0.00
80	北京双燕乐器有限公司	984.50	1261.50	814.80	16	0.00
81	江阴激扬乐器有限公司	961.40	1019.50	1291.00	103	605.00
82	上海市手风琴厂	952.30	1355.70	727.20	246	273.20
83	河北中轻北方乐器有限公司	944.50	1370.40	1461.40	280	0.00
84	上海超拨实业有限公司	942.00	2822.40	942.00	104	0.00
85	北京星海民耀乐器有限公司	931.80	821.70	1097.40	96	317.50
86	深圳市吟飞电子有限公司	919.70	2062.90	294.80	70	0.00
87	可尔特乐器大连有限公司	918.10	1312.70	1001.00	230	1001.00
88	广东哈利臣钢琴有限公司	907.40	968.40	1092.60	135	0.00
89	江阴市金杯乐器有限公司	903.90	984.40	1158.00	118	178.00
90	番禺贝达电子有限公司	902.30	1102.00	905.10	102	456.30
91	北京伊斯曼乐器有限公司	898.00	315.80	1140.00	70	825.00

（续表）

序号	企业名称	销售额	资产总计	当年总产值	从业人数	出口交货值
92	兰考县固阳镇龙音乐器音板有限公司	852.60	526.50	858.30	45	0.00
93	香河县香安乐器公司	830.00	628.20	2803.40	190	0.00
94	深圳市华声乐器厂	815.00	306.90	953.00	196	0.00
95	上海太荣乐器有限公司	806.50	907.50	887.70	80	780.80
96	天津通宝乐器有限公司	801.70	1013.50	1050.00	164	1051.00
97	广州市芳村区大地乐器实业有限公司	782.30	284.80	730.40	80	0.00
98	顺昌县爱乐钢琴有限公司	738.00	1146.70	880.00	110	0.00
99	广州市芳村区新光钢琴零件联营厂	722.90	392.80	716.00	42	0.00
100	东洋乐器有限公司	721.00	371.90	857.00	168	685.00
101	北京星海工贸有限公司	714.10	779.20	800.00	65	765.00
102	上海兰生嚎呐乐器有限公司	674.80	775.80	701.20	120	0.00
103	天津相进乐器有限公司	614.00	160.00	514.00	147	504.00
104	广州市海珠区宝嘉乐器厂	611.30	238.20	669.70	49	0.00
105	兰考县上海牡丹民族乐器有限公司	598.40	419.50	531.80	97	0.00
106	天津友成乐器有限公司	595.00	121.20	496.00	67	496.00
107	上海国光口琴厂有限公司	586.70	563.60	584.40	41	61.80
108	珠海浜名钢琴有限公司	585.70	657.30	551.10	34	433.50
109	潍坊百灵乐器有限公司	585.00	351.00	615.00	120	0.00
110	潍坊天韵乐器有限公司	575.00	253.50	655.00	75	0.00
111	北京乐多乐器有限公司	557.30	933.00	560.00	160	0.00
112	涿州市克发塑料制品厂	547.80	668.20	547.70	220	0.00
113	潍坊惠好乐器有限公司	540.00	186.00	585.00	60	0.00
114	大连华美乐器有限公司	538.00	1035.40	573.00	127	249.00
115	江苏音杰乐器有限公司	536.90	578.20	622.00	60	538.00
116	湖州华谱钢琴有限公司	536.30	548.20	533.90	50	263.50
117	德清县海尔乐器制造有限公司	527.10	317.50	526.90	38	0.00
118	衡水新星乐器有限公司	525.90	279.00	525.90	156	85.50
119	湖州杰士德钢琴有限公司	516.60	317.70	517.10	38	0.00
120	涟水东方乐器有限公司	513.00	125.00	513.00	40	0.00
121	北京管乐器厂龙口分厂	512.70	2268.40	728.30	230	0.00
122	青岛格劳利乐器有限公司	491.10	181.70	500.00	110	241.60
123	ESP电子音响有限公司	488.50	1339.30	506.30	45	501.00
124	深圳市亨利乐器有限公司	470.00	209.00	470.00	142	0.00
125	深圳市金鹰乐器有限公司	470.00	334.50	470.00	158	0.00
126	山东省昌乐县乐器厂	467.50	483.20	472.50	200	292.50
127	靖江市奇美乐器制造公司	372.40	135.20	1388.90	76	26.00
128	兰考县固阳镇中原民族乐器有限公司	365.20	458.80	377.90	140	129.20
129	天津大学北洋乐器厂	301.50	493.10	335.00	90	0.00
130	天津大兴乐器有限公司	287.00	1385.00	1266.00	60	0.00
131	西安音乐学院乐器厂	270.20	785.80	316.00	80	0.00
132	上海市提琴厂	123.60	2002.20	86.20	36	63.50
134	天津市管乐器厂	43.20	1939.40	24.00	102	11.00
135	长子县地方国营铜乐厂	20.00	193.80	20.30	15	0.00
136	地方国营汕头乐器厂	0.20	1258.70	0.00	99	0.00
137	揭阳市长城乐器有限公司	0.00	1000.00	0.00	205	0.00

2002年全国主要乐器产品产量

(以下产量统计均为企业自报数)

一、钢琴

企业名称	总产量	立式钢琴	三角钢琴	出口量(包括立式与三角钢琴)
广州珠江钢琴集团公司	71248	66948	4300	14690
北京星海乐器有限责任公司	40600	39758	842	
其中:北京钢琴厂(含北京钢琴二厂)	36112	35635	477	
北京星海国际音响公司	1627	1627	/	10267
北京海资曼钢琴有限公司	1500	1442	58	
北京星海粤华乐器有限公司	1361	1054	307	
营口东北钢琴集团公司	27600	22920	4680	10800
天津英昌钢琴公司	25400	21800	3600	12700
上海钢琴公司	23000	22750	250	2300
上海中雅钢琴公司	18404	18298	106	1040
烟台龙凤钢琴有限公司	10800	10500	300	4380
广州雅马哈珠江钢琴公司	8857	8857	/	/
青岛世正乐器有限公司	7300	5746	1554	2700
福州和声钢琴公司	6708	6708	/	/
上海玛珂钢琴公司	5800	5790	10	400
南京钢琴厂	5103	5075	28	192
广东中山粤华钢琴公司	5018	4946	72	549
上海乐音钢琴有限公司	4000	3975	25	150
上海欧亚钢琴公司	3550	3500	50	1000
金宝乐器制造有限公司	3000	3000	/	/
广东哈利臣钢琴公司	2800	2800	/	/
上海海立钢琴有限公司	2400	2400	/	/
南京密尔顿钢琴公司	2200	2200	/	/
上海英曼钢琴公司	2100	2084	16	30
东莞华宝乐器制造有限公司	2000	2000	/	/
上海威堡钢琴有限公司	2000	2000	/	/
上海雅特曼钢琴有限公司	1560	1560	/	/
哈尔滨格里特钢琴有限公司	1500	1500	/	77
福建顺昌县爱乐钢琴有限公司	1380	1368	12	/
浙江海尔钢琴制造有限公司	1080	1075	5	/
汇丰乐器(中国)有限公司	1000	1000	/	/
刘诗昆钢琴乐器有限公司	1000	990	10	/
肖山雅马哈乐器有限公司	1000	1000	/	/
上海康燕实业有限公司	1000	1000	/	/
北京长城钢琴厂	895	895	/	/
南京玛利奥钢琴有限公司	826	826	/	/
浙江华谱钢琴公司	800	800	/	/
湖州搏声钢琴厂	600	600	/	/
浙江德清天寅钢琴有限公司	600	600	/	/
浙江雅师尔钢琴有限公司	600	600	/	/
浙江中德利钢琴有限公司	600	599	1	/
南京伊柯雅钢琴制造有限公司	538	538	/	160
德清县斯坦尼钢琴有限公司	500	500	/	/
杰士德钢琴有限公司	500	500	/	48
厦门三乐钢琴有限公司	456	426	30	90
德清县莎瓦依钢琴厂	420	420	/	/
广东劳伦斯钢琴厂	350	350	/	/
德清县海得利钢琴有限公司	300	300	/	/
营口奥特威钢琴有限公司	300	300	/	/
浙江省德清美尔德钢琴有限公司	200	200	/	/
合计	297893	282002	15891	61573

二、民族乐器

序号	企业名称	主要产品及产量（件）						
		古筝	琵琶	二胡	扬琴	阮	京胡	月琴
1	上海民族乐器一厂	20686	13340	74903	469	2088	8098	4245
2	苏州民族乐器一厂有限公司	3000	4248	90000	36	2046	821	865
3	北京星海粤华乐器公司	/	/	/	2904	/	/	/
4	北京民族乐器厂	117	156	440	809	/	215	/
5	河北成乐民族乐器有限公司	800	9000	10000	3500	3200	/	/
6	饶阳北方民族乐器厂	1000	6000	20000	5000	2500	1500	1500
7	河北乐海乐器有限公司	3000	1500	7000	4000	1500	6000	500
8	扬州民族乐器研制厂	6000	/	/	/	/	/	/
9	扬州正声民族乐器厂	4000	/	/	/	/	/	/
10	河南开封中原乐器有限公司	6260	8640	2800	850	540	/	/
11	扬州龙凤琴筝有限公司	8900	/	/	/	/	/	/
12	扬州开发区金韵乐器厂	4000	/	/	/	/	/	/
13	江西余干县民族乐器厂	500	200	10000	/	/	3000	1000
14	扬州天艺乐器厂	6000	/	/	/	/	/	/
15	开封市龙音乐器公司	1200	/	/	/	/	/	/
总量		65463	43084	215143	17568	11874	19634	8110

三、提琴

序号	企业名称	产量(把)(包括大提、小提、倍司)
1	泰兴凤灵乐器有限公司	208000
2	北京华东乐器公司（原北京新星提琴厂）	80000
3	河北峦宇乐器有限公司	60000
4	河北金音乐器制造有限公司	54665
5	广州珠江钢琴集团公司管弦乐分公司提琴厂	53347
6	上海提琴厂	18000
7	北京艺苑乐器制造有限公司	18000
8	北京红艺乐器厂	11800
9	广东揭阳长城乐器有限公司	10000
10	北京天力乐器有限公司	4500
11	北京凯明提琴制作室	4000
12	北京伊斯曼乐器有限公司	3000
13	北京森林乐器有限公司	2300
总量		527612

四、西管乐器

企业名称	主要产品	总产量/支	出口/支
河北金音乐器制造有限公司	黑管、长笛、萨克斯、短笛、圆号、长号	83600	67971
銮宇乐器有限公司	萨克斯、长笛、黑管、小号	72000	70560
北京昌裕乐器有限公司	萨克斯、长笛、黑管、小号	54300	29000
天津市津宝乐器有限公司	萨克斯、长笛、黑管、小号	46710	28026
北京管乐器厂	小号、长笛、长号、萨克斯、黑管	41000	400
衡水新星乐器有限公司	黑管	32000	25600
河北深州市华声乐器厂	园号,长号	32000	18000
中轻北方管乐器厂	萨克斯,长笛,小号,手掌号	28500	26220
山东泰山管乐器制造有限公司	萨克斯	28400	6200
天津奥维斯乐器有限公司	长笛、萨克斯,	27600	22080
上海管乐器厂	小号、长笛、长号、萨克斯、黑管	25500	15300
北京市晨辉乐器厂	黑管、萨克斯、长笛	21000	10500
大汉乐器有限公司	长笛,萨克斯	16000	14000
龙口市锦胜乐器有限责任公司	萨克斯	15000	7000
广州珠江钢琴集团公司管弦乐分公司管乐厂	小号、长笛、萨克斯	13926	8111
河北克发乐器制造有限公司	小号、萨克斯	12000	9600
北京星海民耀乐器有限公司	黑管、萨克斯	12000	4226
萧山雅马哈乐器有限公司	长笛,黑管,萨克斯.	11000	
天鹰乐器厂	萨克斯、黑管、长笛	8000	5600
天津津灿乐器厂	萨克斯,黑管	7200	5760
上海佳灵管乐器厂	长号、手掌号、小号	6500	5850
海湾乐器（嘉善）有限公司	萨克斯、长笛、黑管	5200	2950
河北省深州市银河乐器厂	长笛	3000	
天津市鸿奥乐器厂	长、短笛	3000	
天津市华盛乐器厂	小号	3000	2100
大连铜管乐器厂	中低音抱号、圆号、长号	2600	1000
香河宏声乐器厂	萨克斯	2400	
河北永清永立乐器厂	萨克斯、小号、长号	2000	
北京青云裕峰乐器厂	长笛	2000	
浙江嵊州市飞乐乐器厂	小号，巴里东	2000	
北京奥赛特乐器厂	长笛	1200	100
京东管乐器厂	长笛	1000	
天津市琪通乐乐器厂	萨克斯	1000	
莱茵张健乐器有限公司	长号	600	260
合计		623236	386414

五、吉他

序号	企业名称	产量（把）
1	广东四会华声乐器厂	900000
2	广州珠江钢琴集团公司管弦乐分公司吉他厂	322010
3	广东揭阳长城乐器有限公司	200000
4	广州市新艺宝乐器有限公司	200000
5	青岛世正乐器公司	150000
6	泰兴凤灵乐器有限公司	144000
7	广东佛山乐器工艺厂	100000
8	汕头金声实业有限公司	60000
9	广州美音文化用品有限公司	40000
总计		2116010

六、手风琴

序号	企 业 名 称	产量（台）
1	天津市乐器厂	24872
2	江苏江阴激扬乐器有限公司	1500
3	上海手风琴厂	24696
4	河北香安乐器公司	10000
5	扬中市华联手风琴厂	10000
6	天津雅乐尔乐器厂	4000
总计		75068

七、口琴、口风琴

序号	企 业 名 称	口琴（万支）	口风琴（万支）
1	上海口琴总厂	270(大中小)	3
2	江苏无锡铃木乐器有限公司	140	1.5
3	江阴市东方乐器有限公司	200	15
4	江苏天鹅乐器有限公司（原江苏长江口琴厂）	250	1
5	上海国光口琴厂	105	0.63
6	江苏江阴市激扬乐器有限公司	90	/
7	上海兰声豪纳乐器有限公司	100	/
8	上海兰生口琴厂	60	/
10	海盐东方口琴厂	27	11
合计		1242	32.13

八、风琴

序号	企业名称	产量（架）
1	天津雅乐尔乐器厂	6000
2	奉化风琴厂	2800
3	重庆宏扬乐器厂	2500
4	广州珠江乐器实业公司	2400
5	上海丹凤乐器厂	2200
6	北京通州星海风琴厂	2000
7	成都乐器厂	1200
8	四川简阳师范教学仪器厂	1000
9	宁波北伦鸣凤乐器厂	1000
10	广东兴宁市风琴厂	950
11	温州瓯海风琴厂	800
12	温州鹿城福声乐器厂	500
13	牡丹江鸣琴乐器厂	200
14	武进双奇机房设备公司	200
15	广汉教学仪器厂	200
	总计	23950
	（音簧）	
16	宁波北伦琴簧厂	12000
	总计	12000

九、电子琴、电钢琴

序号	企业名称	产量（台）
1	天津雅马哈电子乐器公司	130000
2	美得理电子（深圳）有限公司	90000（其中数码钢琴4000）
3	上海华新电子电器总厂	87000（其中数码钢琴15000）
4	深圳吟飞电子有限公司	40000
5	武汉致嘉电子产业有限公司	4000（数码钢琴）
总计		351000

十、竖笛

序号	企业名称	年产量（万支）
1	江苏奇美乐器公司	400
2	江苏省江阴市激扬乐器有限公司	60
3	江苏省吴江市金船文化通信有限公司	20
4	江苏省无锡铃木乐器有限公司	50
5	江苏天鹅乐器有限公司	50
总计		580

2002年中国乐器进口量(值)

商品代码	商品参考名称	计量单位	数量	金额（美元）	累计比去年同期增加、减少的%数	
					数量	金额
92011000	竖式钢琴，包括自动钢琴	套、只	8753	5671754	34.02	61.52
92012000	卧式钢琴，包括自动钢琴	套、只	1141	5075155	27.06	10.32
92021000	弓弦乐器	套、只	1927	486785	-7.53	336.00
92029000	其他弦乐器	套、只	12685	350375	414.00	10.57
92030000	健盘管风琴、簧风琴等	套、只	8	489134	33.33	167.93
92041000	手风琴及类似乐器	套、只	206	57327	83.93	234.00
92042000	口琴	套、只	184674	214004	483.00	1566.00
92051000	铜管乐器	套、只	12658	2019591	18.51	49.11
92059000	其他管乐器	套、只	138175	1320679	866.00	33.14
92060000	打击乐器	套、只	17943	1086497	70.54	116.50
92071000	键盘电子乐器	套、只	134891	10583331	539.00	449.00
92079000	电声乐器	套、只	14379	946670	-8.54	79.30
92081000	百音盒	套、只	688597	196649	-36.07	-51.29
92091000	节拍器、音叉及定音管	公斤	44621	486637	-17.22	-3.52
92092000	百音盒的机械装置	公斤	350005	1265496	-51.28	-55.35
92093000	乐器用弦	公斤	91441	1030872	17.93	16.32
92099100	钢琴的零件、附件	公斤	1282142	9244316	70.28	40.22
92099200	编号92.02所列零件、附件	公斤	1178943	10656595	77.13	93.82
92099300	编号92.03所列零件、附件	公斤	33698	748653	7.07	16.03
92099400	编号92.07所列零件、附件	公斤	1492296	43691687	6.17	-11.69
92099900	其他乐器的零件、附件	公斤	1157618	7057851	-21.68	-22.68
	合计		6846801	102680058	124.08	149.30

(资料来源：国家海关总署)

2002年中国乐器出口量(值)

商品代码	商品参考名称	计量单位	数量	金额（美元）	累计比去年同期增加、减少的%数	
					数量	金额
92011000	竖式钢琴，包括自动钢琴	套、只	45544	42846049	11.28	2.65
92012000	卧式钢琴，包括自动钢琴	套、只	9903	23824613	43.46	32.64
92021000	弓弦乐器	套、只	933968	25958981	-2.86	-7.22
92029000	其他弦乐器	套、只	4859657	61740010	26.08	37.58
92030000	健盘管风琴、簧风琴等	套、只	266245	1693711	18.58	35.51
92041000	手风琴及类似乐器	套、只	281790	6373969	54.49	21.54
92042000	口琴	套、只	8839155	6237444	-8.76	-1.57
92051000	铜管乐器	套、只	228165	12644053	57.91	62.90
92059000	其他管乐器	套、只	3353019	8101236	40.54	21.13
92060000	打击乐器	套、只	3404681	31581972	30.50	25.62
92071000	键盘电子乐器	套、只	2977906	136829346	64.08	40.48
92079000	电声乐器	套、只	1338585	42640128	40.83	51.94
92081000	百音盒	套、只	15541144	23920506	-31.54	-12.46
92091000	节拍器、音叉及定音管	公斤	93650	1448114	-68.62	-23.58
92092000	百音盒的机械装置	公斤	949661	5553910	-16.50	-50.63
92093000	乐器用弦	公斤	65878	879201	70.20	59.91
92099100	钢琴的零件、附件	公斤	6641984	23979275	-4.47	1.99
92099200	编号92.02所列零件、附件	公斤	1776733	11888065	4.17	6.71
92099300	编号92.03所列零件、附件	公斤	11104	61314	-9.86	88.98
92099400	编号92.07所列零件、附件	公斤	947925	3895934	22.64	-17.12
92099900	其他乐器的零件、附件	公斤	6907108	18296408	20.60	7.48
	合计		59473805	490394239	17.27	18.31

(资料来源：国家海关总署)

2001年~2002年中国乐器出口国家和地区（按出口额排序）

排序		国家或地区	出口额（美元）		2002年比2001年增幅(+%)
2002年	2001年		2002年	2001年	
1	1	美国	204233353	145197345	40.66
2	2	日本	38509303	46732815	-17.60
3	3	英国	30434031	27982783	8.76
4	4	德国	27922911	25719712	8.57
5	5	中国香港	23642841	22954522	3.00
6	6	韩国	19025597	15176291	25.36
7	8	加拿大	13773566	10714473	28.55
8	12	荷兰	11247909	7855713	43.18
9	7	中国台湾	10398441	11373285	-8.57
10	9	比利时	10128660	10100330	0.28
11	10	意大利	9550613	8414511	13.50
12	13	法国	9081582	7335069	23.81
13	15	澳大利亚	7246854	6216632	16.57
14	16	印度尼西亚	7119530	4902440	45.22
15	19	马来西亚	6622903	3153588	110.01
16	14	巴西	6560743	6279041	4.49
17	11	新加坡	5529185	8092545	-31.68
18	20	墨西哥	4687163	2638337	77.66
19	18	阿联酋	4311278	3723041	15.80
20	17	西班牙	4237154	4287476	-1.17
21	22	泰国	2891911	2188581	32.14
22	24	瑞典	2741747	1369578	100.19
23	25	土耳其	2424847	1168556	107.51
24	28	智利	2247412	959576	134.21
25	29	巴拿马	1566981	789865	98.39
26	21	尼日利亚	1558249	2210091	-29.49
27	32	越南	1376166	693343	98.48
28	37	厄瓜多尔	1105339	601505	83.76
29	31	南非	1032592	748955	37.87
30	27	以色列	1029629	1044515	-1.43
31	54	伊朗	1017001	250517	305.96
32	30	希腊	987265	783474	26.01
33	42	菲律宾	942199	498124	89.15
34	46	波多黎各	894240	458251	95.14
35	34	俄罗斯	839705	675058	24.39
36	33	芬兰	832312	690765	20.49
37	35	新西兰	807519	651464	23.95
38	41	挪威	772935	504122	53.32
39	45	爱尔兰	733896	465748	57.57
40	40	斯里兰卡	694736	518167	34.08
41	38	危地马拉	657187	550557	19.37
42	26	中国澳门	575895	1048442	-45.07
43	57	哥伦比亚	507126	211729	139.52
44	49	丹麦	458320	365781	25.30
45	69	沙特阿拉伯	455559	88111	417.03
46	39	葡萄牙	393270	530141	-25.82
47	43	委内瑞拉	392626	490890	-20.02

（续表）

排序		国家或地区	出口额（美元）		2002年比2001年增幅(+%)
48	44	波兰	386681	481399	−19.68
49	48	捷克	373441	372386	0.28
50	47	瑞士	363292	458188	−20.71
51	56	秘鲁	357514	232038	54.08
52	52	印度	350733	279241	25.60
53	51	塞浦路斯	327053	294960	10.88
54	59	黎巴嫩	318186	170008	87.16
55	53	突尼斯	303856	251957	20.60
56	50	埃及	300202	307594	−2.40
57	60	奥地利	221641	167323	32.46
58	67	加纳	188609	102944	83.22
59	66	巴布亚新几内亚	180162	103373	74.28
60	70	巴拉圭	156586	84280	85.79
61	61	萨尔瓦多	144027	157258	−8.41
62	64	摩洛哥	143273	131059	9.32
63	55	乌拉圭	133588	248481	−46.24
64	73	洪都拉斯	128419	68916	86.34
65	23	阿根廷	126519	2126787	−94.05
66	74	利比亚	120826	67480	79.05
67	79	孟加拉国	117753	39458	198.43
68	75	阿曼	113760	65702	73.15
69	87	哥斯达黎加	111007	32342	243.23
70	68	叙利亚	96955	99439	−2.50
71	63	拉脱维亚	95770	134257	−28.67
72	88	科威特	79287	28004	183.13
73	115	克罗地亚	74366	3273	227.2
74	80	约旦	67953	39262	73.08
75	82	匈牙利	67047	38030	76.30
76	58	乌克兰	57059	181012	−68.48
77	84	毛里求斯	50827	37081	37.07
78	/	厄立特里亚	47624	/	/
79	65	朝鲜	42612	110248	−61.35
80	71	古巴	42244	72625	−41.83
81	85	马耳他	39446	36784	7.24
82	/	巴巴多斯	39293	/	/
83	86	斯洛伐克	35604	33259	7.05
84	77	阿尔及利亚	32531	51978	−37.41
85	95	斯洛文尼亚	32328	18068	78.92
86	89	多米尼克	27654	24468	13.02
87	97	立陶宛	25185	13065	92.77
88	81	多米尼加	23777	38191	−37.74
89	90	尼加拉瓜	21411	23108	−7.34
90	/	吉布提	20120	/	/
91	36	贝宁	19739	627689	−96.86
92	92	斐济	17702	21399	−17.28
93	120	安道尔	14537	1359	969.68
94	114	博次瓦纳	14199	3524	302.92
95	/	摩纳哥	14124	/	/
96	/	也门	13939	/	/
97	104	纳米比亚	12937	10340	25.12
98	118	阿尔巴尼亚	10349	1500	589.93
99	102	新喀里多尼亚	7803	10631	−26.60

(续表)

排序		国家或地区	出口额（美元）		2002年比2001年增幅(+%)
100	101	文莱	7193	11003	-34.63
101	93	罗马尼亚	6459	19943	-67.61
102	109	肯尼亚	6229	6442	-3.31
103	113	马达加斯加	5950	3625	64.14
104	/	巴基斯坦	5600	/	/
105	108	马尔代夫	5486	7699	-28.74
106	119	卡塔尔	5190	1401	270.45
107	/	苏里南	4671	/	/
108	112	白俄罗斯	4320	4230	2.13
109	/	瓦努阿图	3875	/	/
110	116	爱沙尼亚	3840	3149	21.94
111	100	巴林	3299	11991	-72.49
112	/	塞舌尔	3000	/	/
113	103	佛得角	2848	10603	-73.14
114	94	牙买加	2480	18215	-86.38
115	96	缅甸	2469	15649	-84.22
116	83	尼泊尔	1790	37779	-95.26
117	/	赞比亚	1317	/	/
118	122	柬埔寨	1055	960	9.90
119	/	马拉维	1041	/	/
120	/	刚果	900	/	/
121	/	南斯拉夫联盟	862	/	/
122	112	冰岛	844	4554	-81.47
123	107	保加利亚	640	8800	-92.73
124	/	哈萨克斯坦	450	/	/
125	91	留尼汪	260	21570	-98.79
126	125	所罗门群岛	225	473	-52.43
127	/	蒙古	60	/	/
128	/	安哥拉	25	/	/
129	124	扎伊尔	20	622	-96.78
130	117	特立尼达和多巴哥	10	2500	-99.60
			490394239		

中国乐器出口各大洲量值
(2001年～2003年)

(万美元)

	2001年	2002年	2003年	增幅%(2002年比2001年)	增幅%(2003年比2002年)
亚洲	12481.9952	12812.74	15872.53	2.65	23.88
非洲	470.1268	386.72	563.47	-17.74	45.70
欧洲	9911.1735	11219.06	14710.86	13.20	31.12
拉丁美洲	1630.9283	1993.8	2761	22.25	38.48
北美洲	15591.1818	21800.7	24733.85	39.83	13.45
大洋洲	701.9581	826.41	1405.28	17.73	70.05
合计	40787.3637	49039.42	60046.98	20.23	22.45

2003年全国乐器行业规模以上企业主要经济指标

（单位：万元）

序号	企业名称	销售额	资产总计	从业人数	当年总产值	出口交货值
1	广州珠江钢琴集团有限公司	74641.80	124887.30	2385	68908.50	17737.80
2	北京星海乐器有限责任公司	33109.60	63888.30	2234	31954.20	8899.60
3	营口东北钢琴（集团）公司	26122.40	46096.50	1761	27135.60	15154.50
4	攻学社（天津）乐器有限公司	25762.30	33516.40	1829	27108.00	25762.00
5	美得理（深圳）电子有限公司	22011.43	7498.35	876	17024.53	1600.47(万美元)
6	广东省四会市华声乐器厂	18682.00	4738.20	2397	14098.00	13368.00
7	深圳通理电子有限公司	15726.00	1641.80	0	656.60	747.30
8	萧山雅马哈乐器有限公司	15127.80	20992.00	424	14229.00	8706.80
9	宁波东方琴业总公司	13521.70	11824.10	1017	13730.70	2843.20
10	天津英昌乐器有限公司	12841.00	49046.00	1015	14267.00	7813.00
11	广州保嘉乐器制造厂有限公司	11571.60	3731.20	1089	10804.00	10345.00
12	广州吉声琴业有限公司	11519.40	3989.00	368	11938.00	12285.00
13	上海中雅钢琴有限公司	10793.10	19399.70	912	12023.60	894.00
14	广州雅马哈珠江钢琴有限公司	10035.30	10855.70	183	9880.00	2562.00
15	天津雅马哈电子乐器有限公司	7929.60	10920.20	3814	171499.00	101466.00
16	杭州嘉德威钢琴有限公司	7087.20	977.70	120	7205.40	0.00
17	泰兴凤灵乐器有限公司	6574.10	4786.10	500	7566.00	7279.90
18	上海民族乐器一厂	6184.80	3811.00	304	3427.90	653.90
19	枣庄新韩乐器有限公司	5886.60	1621.40	310	10295.30	10176.70
20	上海钢琴有限公司	5503.10	20840.30	1074	6048.00	912.60
21	南京钢琴厂有限公司	4856.00	4020.00	302	5006.00	0.00
22	福州和声钢琴有限公司	4579.90	5013.40	346	5324.60	0.00
23	武汉艾立卡电子有限公司	4358.40	2744.56	70	2269.96	4252.77
24	烟台龙凤钢琴有限公司	4566.80	12020.10	635	5617.30	612.70
25	南京玲木乐器教具有限公司	4292.00	1780.00	268	4544.00	1959.00
26	宁波北仑区装璜五金厂	4157.10	5436.00	350	4180.00	0.00
27	三水市振兴乐器有限公司	4142.50	2329.30	521	4201.50	0.00
28	宜昌金宝乐器制造有限公司	3837.70	4585.90	395	3524.20	354.10
29	中山市华粤钢琴乐器有限公司	3710.20	4755.70	310	3880.20	148.40
30	四会市地豆镇昌兴琴鼓木器厂	3669.90	340.00	70	4046.00	0.00
31	泰兴斯坦特乐器有限公司	3408.00	2273.50	360	3750.00	2918.00
32	河北省金音乐器制造有限公司	3367.00	3962.40	650	4466.20	1786.70
33	北京华东乐器有限公司	3251.00	1325.00	470	4169.00	3580.00
34	上海超拨实业有限公司	2977.90	1916.90	104	2977.90	2585.00
35	揭阳市长城乐器有限公司	2916.60	1350.00	205	3369.00	2394.60
36	哈市三益乐器有限公司	2853.20	4518.90	171	3031.50	2269.00
37	华新电子电器总厂	2836.00	1312.90	1041	4360.10	2201.10
38	广州珠江乐器实业公司	2725.50	1487.40	337	2700.30	839.90
39	襄城县麦岭镇欧营铜器厂	2572.70	321.00	124	2649.60	0.00
40	北京海资曼钢琴有限公司	2532.60	1676.50	102	2560.30	352.80
41	河北省饶阳县成乐民族乐器有限责任公司	2403.90	1176.10	375	2483.20	0.00
42	可尔特乐器大连有限公司	2384.00	1239.00	0	3749.00	4603.00
43	卡西欧电子（珠海）有限公司	2351.00	605.80	1091	17163.10	12282.50
44	廊坊市安次区思达旅游用品厂	2320.00	1200.00	200	2320.00	0.00
45	大连东方乐器有限公司	2237.00	840.00	0	3608.00	3321.00
46	潍坊惠好乐器有限公司	2020.30	206.30	85	2020.30	0.00
47	扬中市华联手风琴有限公司	2005.00	1171.00	412	1801.00	1738.00
48	北京星海奥华乐器有限公司	1987.60	2578.10	122	1989.00	0.00
49	昌乐百灵乐器有限公司	1929.90	345.10	70	1929.90	0.00

（续表）

序号	企业名称	销售额	资产总计	从业人数	当年总产值	出口交货值
50	天津市沈芳乐器有限公司	1923.50	2906.60	259	1924.00	1855.00
51	上海兆田企业发展有限公司	1877.40	4757.40	148	1868.00	0.00
52	靖江市天鹅乐器有限公司	1872.60	486.90	259	3673.40	1981.30
53	上海惠中钢琴有限公司	1844.40	647.30	6	3067.00	0.00
54	江苏音杰乐器有限公司	1842.50	1188.10	47	1863.00	1853.00
55	得理电子（深圳）有限公司	1809.60	418.90	309	3465.30	1298.30
56	广州市番禺维华音响有限公司	1802.80	1022.80	47	1881.90	1265.60
57	南海市平洲汇声钢琴铸件有限公司	1747.70	1766.40	96	1803.90	0.00
58	天津市乐器厂	1711.20	3709.00	802	1617.00	232.00
59	雅歌乐器(漳州)有限公司	1694.00	1887.60	0	7604.60	7414.00
60	宁波舜申乐器有限公司	1656.40	235.70	70	2303.40	0.00
61	上海敦煌乐器有限公司	1629.40	1163.20	134	1736.80	287.20
62	龙口锦盛乐器 有限公司	1568.00	1369.00	500	1876.00	1650.00
63	黄陂高家河锣厂	1542.00	467.20	71	1812.00	738.60
64	北京管乐器厂龙口分厂	1540.00	1848.10	290	1883.00	0.00
65	威柏乐器制造有限公司	1507.60	456.70	102	780.00	720.00
66	上海爱克申钢琴部件厂	1487.00	2178.50	170	1496.80	0.00
67	广州森格乐器有限公司	1455.90	595.80	216	647.60	0.00
68	成都川雅木业有限公司	1451.70	2163.50	240	1210.10	0.00
69	广州格利蒙那提琴有限公司	1434.60	63.30	0	1346.50	1448.00
70	苏州民族乐器一厂有限公司	1429.70	1429.20	192	1400.00	154.00
71	富山乐器(上海)有限公司	1427.40	1174.70	122	2771.10	0.00
72	天津市津宝乐器有限公司	1343.00	1150.00	5450	9906.00	7592.00
73	上海瑰宝乐器有限公司	1311.70	821.20	170	1433.10	0.00
74	廊坊大汉乐器有限公司	1267.50	1794.50	206	1243.70	640.00
75	青岛景韩乐器有限公司	1256.20	536.90	304	4017.40	3964.40
76	北京星海工贸有限公司	1222.00	633.00	80	1345.00	1281.00
77	兰考县固阳镇龙音乐器音板有限公司	1221.00	435.90	45	1220.60	0.00
78	江阴市金杯乐器有限公司	1214.30	1098.90	120	2009.70	706.00
79	上海华粤琴业有限公司	1190.90	2389.90	206	1312.30	0.00
80	上海英树琴业有限公司	1174.00	895.60	50	1130.80	0.00
81	佛山市得声乐器工艺有限公司	1151.40	2797.30	143	996.00	716.20
82	深州市亨利乐器有限公司	1106.00	373.00	100	1195.80	0.00
83	天津通宝乐器有限公司	1073.70	1108.50	150	1337.00	1334.00
84	ESP 电子音响有限公司	1059.00	293.40	0	680.00	666.00
85	江阴激扬乐器有限公司	1049.20	998.20	105	1565.70	1148.00
86	深州市华声乐器厂	1025.00	368.00	290	1212.00	0.00
87	上海超拔乐器有限公司	1024.10	3142.70	84	938.80	0.00
88	上海海立钢琴有限公司	1016.00	3345.30	96	1123.30	0.00
89	北京星海民耀乐器有限公司	1007.50	1006.10	82	993.20	479.00
90	上海口琴总厂	1002.60	2510.40	138	1122.90	756.80
91	瑞安市中联电声乐器有限公司	998.30	630.30	72	996.30	0.00
92	河北中轻北方乐器有限公司	988.40	1531.50	280	2242.80	0.00
93	深圳市吟飞电子有限公司	913.20	171.70	133	131.60	0.00
94	北京昌裕乐器有限公司	847.00	1120.00	360	1046.00	0.00
95	广东哈利臣钢琴有限公司	838.60	748.70	112	737.40	0.00
96	番禺贝达电子有限公司	834.80	1593.30	110	822.70	821.00
97	衡水新星乐器有限公司	824.90	511.40	64	757.40	0.00
98	瓦尔德乐器（天津）有限公司	811.70	191.20	0	2029.00	2029.00
99	宁波四海琴业有限公司	802.20	973.30	91	862.50	0.00
100	昌乐缪斯乐器有限公司	791.80	613.60	270	850.00	700.00
101	威海正三乐器有限公司	775.00	2083.00	156	782.00	722.00

（续表）

序号	企业名称	销售额	资产总计	从业人数	当年总产值	出口交货值
102	靖江市奇美乐器有限公司	771.80	873.00	168	796.50	0.00
103	常熟市中安宏方乐器有限公司	760.00	185.00	128	762.00	758.00
104	广州市芳村区新光钢琴零件联营厂	733.20	389.90	42	734.00	0.00
105	香河县香安乐器公司	721.00	611.90	190	3088.90	0.00
106	上海兰生嚎呐乐器有限公司	718.30	777.90	120	749.60	0.00
107	龙湖区雅海乐器实业有限公司	711.90	225.50	65	748.70	748.70
108	顺昌县爱乐钢琴有限公司	687.50	1471.20	125	1016.80	0.00
109	兰考县上海牡丹民族乐器有限公司	686.80	460.10	110	576.60	0.00
110	大连华美乐器有限公司	681.00	982.00	141	643.00	439.00
111	常熟市张桥宝石乐器有限公司	645.00	860.00	94	670.00	645.00
112	涿州市克发塑料制品厂	635.30	737.60	190	633.80	0.00
113	北京双燕乐器有限公司	573.50	1125.60	15	433.90	74.00
114	霸州市銮宇乐器有限公司	570.00	1813.00	600	603.10	391.00
115	揭西县美科电子电器厂	556.00	513.60	0	532.00	0.00
116	揭西县美声电子电器厂	554.00	504.70	0	528.00	0.00
117	揭西县美乐斯电子电器实业有限公司	537.20	499.50	0	519.00	0.00
118	常熟市张桥乐器有限公司	532.00	342.00	87	558.00	517.00
119	湖州华谱钢琴有限公司	520.00	480.20	38	614.00	245.20
120	德清县海尔乐器制造有限公司	516.50	301.20	38	609.00	0.00
121	徐州大风乐器有限公司	516.00	553.00	110	550.00	0.00
122	湖州杰士德钢琴有限公司	514.20	358.70	52	525.70	93.90
123	珠海浜名钢琴有限公司	495.90	831.80	34	433.20	399.90
124	北京伊斯曼乐器有限公司	493.00	315.00	70	651.00	580.00
125	北京乐多乐器有限公司	483.80	975.30	121	483.90	0.00
126	廊坊市维圣乐器有限公司	480.00	1300.00	520	1859.00	1846.00
127	深州市金鹰乐器有限公司	451.50	333.60	150	554.40	0.00
128	上海国光口琴厂有限公司	395.70	8.50	9	541.40	95.80
129	天津市华韵乐器有限公司	345.00	310.00	1050	2233.00	1246.00
130	天津大学北洋乐器厂	334.40	461.20	72	199.00	0.00
131	增城市永合故知乐器有限公司	263.60	998.10	88	916.60	0.00
132	西安音乐学院乐器厂	251.50	825.10	82	312.80	0.00
134	北京星海国际音响有限公司	236.90	44.90	577	685.50	0.00
135	上海太荣乐器有限公司	208.20	312.10	0	792.70	498.50
136	兰考县固阳镇中原民族乐器有限公司	198.00	499.60	106	157.60	67.40
137	玉丰乐器(漳州)有限公司	183.50	823.10	0	1868.00	2282.90
138	广州市故知乐器制造有限公司	171.20	76.70	888	1513.00	1894.80
139	天津哈普乐器有限公司	139.30	831.90	60	447.00	283.00
140	商丘市九龙乐器有限公司	77.10	118.80	15	56.90	56.90
141	涟水东方乐器有限公司	60.00	331.00	12	532.00	0.00
142	上海市提琴厂	34.50	1956.30	21	24.40	1.90
143	常州市吟飞电子有限公司	34.00	100.00	1100	2803.50	0.00
144	长子县地方国营铜乐厂	25.70	194.50	15	34.10	0.00
145	天津市管乐器厂	0.00	1852.40	35	0.00	0.00
146	上海市手风琴厂	0.00	1375.50	174	252.10	91.70
147	地方国营汕头乐器厂	0.00	827.50	97	38.60	0.00

2003年全国主要乐器产品产量

（以下产量统计均为企业自报数）

一、钢琴

序 号	企业名称	总产量	立式钢琴产量	三角钢琴产量	出口量（包括立式与三角钢琴）
1	广州珠江钢琴集团公司	73638	69569	4069	13989
	北京星海乐器有限责任公司	40004	38471	1533	
	其中：北京钢琴厂(含北京钢琴二厂)	34501	33431	1070	
2	北京海资曼钢琴有限公司	2300	2157	143	10434
	北京星海国际音响公司	1853	1853	/	
	北京星海粤华乐器有限公司	1350	1030	320	
3	营口东北钢琴集团公司	28030	23028	5002	11883
4	天津英昌钢琴公司	23700	17700	6000	8750
5	上海钢琴公司	23165	22894	271	2272
6	青岛世正乐器有限公司	23128	17800	5328	15111
7	上海中雅钢琴公司	17338	17112	226	1107
8	烟台龙凤钢琴有限公司	10000	9700	300	3200
9	广州雅马哈珠江钢琴公司	8970	8970	/	2550
10	杭州嘉德威钢琴有限公司	8190	7930	260	4080
11	上海玛珂钢琴公司	7850	7500	350	1200
12	福州和声钢琴有限公司	6608	6608	/	/
13	南京钢琴厂有限公司	6189	6132	57	231
14	上海乐音钢琴有限公司	5120	5000	120	500
15	上海和乐钢琴公司	5000	5000	/	500
16	广东中山粤华钢琴公司	4142	4104	38	445
17	上海欧亚钢琴公司	3800	3750	50	260
18	金宝乐器制造有限公司	3000	3000	/	/
19	上海英曼钢琴公司	2816	2800	16	/
20	杰士德钢琴有限公司	2500	2470	30	750
21	上海康燕实业有限公司	2500	2000	500	/
22	南京密尔顿钢琴公司	2405	2400	5	/
23	刘诗昆钢琴乐器有限公司	2100	1980	120	/
24	上海斯坦尼钢琴有限公司	2000	2000	/	100
25	上海汤姆森钢琴公司	2000	2000	/	/
26	广东哈利臣钢琴公司	2000	2000	/	16
27	上海雅特曼钢琴有限公司	1960	1960	/	/
28	广东汇丰乐器(中国)有限公司	1814	1809	5	800
29	福建顺昌县爱乐钢琴有限公司	1602	1566	36	10
30	浙江海尔钢琴制造有限公司	1600	1580	20	200
31	浙江华谱钢琴公司	1580	1560	20	80
32	阿托拉斯乐器制造（大连）有限公司	1520	1520	/	150
33	浙江中德利钢琴有限公司	1500	1300	200	380
34	浙江德清县乐韵钢琴厂	1500	1500	/	/
35	富山乐器（上海）有限公司	1500	1500	/	/
36	东莞华宝乐器制造有限公司	1500	1500	/	/
37	浙江德清天寅钢琴有限公司	1380	1380	/	80
38	南京伊柯雅钢琴制造有限公司	1165	1165	/	/
39	营口奥特威钢琴有限公司	1000	1000	/	/
40	南京玛利奥钢琴有限公司	1000	1000	/	/
41	北京长城钢琴厂	1000	1000	/	/
42	德清鲁宾斯坦钢琴公司	800	800	/	/
43	上海超拨实业有限公司	800	800	/	200
44	上海索乐钢琴有限公司	800	800	/	/
45	南京莱斯利钢琴制造有限公司	800	800	/	/
46	浙江德清佳音钢琴有限公司	600	600	/	/
47	厦门三乐钢琴有限公司	560	500	60	104
48	德清德乐钢琴制造有限公司	454	450	4	/
49	广东劳伦斯钢琴厂	355	355	/	25
50	烟台博斯纳钢琴有限公司	300	300	/	150
51	北京海路尔钢琴有限责任公司	250	200	50	/
	合 计	343533	318863	24670	79557

二、民族乐器

序号	企业名称	主要产量（件数）						
		古筝	琵琶	二胡	扬琴	阮	京胡	月琴
1	上海民族乐器一厂	24818	16261	85443	600	1814	4177	3227
2	苏州民族乐器一厂有限公司	1500	3500	100000	100	2000	600	700
3	北京星海粤华乐器公司	/	/	/	2867	/	/	/
4	北京民族乐器厂	600	200	682	/	30	400	/
5	河北成乐民族乐器有限公司	200	5000	2000	5500	3000	6000	3400
6	饶阳北方民族乐器厂	2000	5000	20000	4000	5000	5000	2000
7	河北乐海乐器有限公司	3000	3000	6000	4000	2000	6000	1000
8	扬州民族乐器研制厂	5000	/	/	/	/	/	/
9	扬州正声民族乐器厂	4000	200	/	/	/	/	/
10	河南开封中原乐器有限公司	5260	4840	2200	930	460	/	/
11	扬州龙凤琴筝有限公司	6000	/	500	15	/	/	/
12	扬州开发区金韵乐器厂	5000	/	/	/	/	/	/
13	江西余干县民族乐器厂	300	100	1000	/	300	600	400
14	扬州天艺乐器厂	7000	/	/	/	/	/	/
15	开封市龙音乐器公司	2400	/	/	/	/	/	/
总　量		67078	38101	217825	18012	14604	22777	10727

三、提琴

序　号	企业名称	产量(把) (包括大提、小提、倍司)
1	泰兴凤灵乐器有限公司	230000
2	北京华东乐器有限公司（原新星提琴厂）	120000
3	河北峦宇乐器有限公司	60000
4	广州珠江钢琴集团公司管弦乐分公司提琴厂	53875
5	北京艺苑乐器制造有限公司	50000
6	河北金音乐器制造有限公司	45315
7	广东揭阳长城乐器有限公司	20000
8	北京红艺乐器厂	12800
9	上海提琴厂	10000
10	北京伊斯曼乐器有限公司	5000
11	北京天力乐器有限公司	4200
12	北京森林乐器有限公司	2000
	总计	613190

四、西管乐器

企业名称	主要产品	总产量(支)	出口(支)
天津市津宝乐器有限公司	萨克斯、长笛、黑管、小号	166060	132848
河北金音乐器制造有限公司	黑管、长笛、萨克斯、短笛、圆号、长号	132213	115025
天津圣迪乐器有限公司	长号、长角、黑管、长号、圆号、萨克斯	80000	76000
銮宇乐器有限公司	萨克斯、长笛、黑管、小号	60000	59400
天津奥维斯乐器有限公司	长笛、萨克斯，	50000	47500
龙口市锦胜乐器有限责任公司	萨克斯、长笛、黑管、小号	48000	10000
河北深州市华声乐器厂	园号,长号	43000	32250
北京昌裕乐器有限公司	中音号、圆号、巴松、双簧管	38500	20500
北京晨光缘乐器有限公司	黑管、萨克斯、长笛	35000	28000
北京管乐器厂	小号、长笛、长号、萨克斯、黑管	33841	2463
山东泰山管乐器制造有限公司	萨克斯、长笛、黑管、小号、中低音号	31200	6500
河北克发乐器制造有限公司	小号、萨克斯	20000	19000
上海管乐器厂有限公司	小号、长笛、长号、萨克斯、黑管	15000	12000
广州珠江钢琴集团公司管弦乐分公司管乐厂	小号、长笛、萨克斯	13150	
北京星海民耀乐器有限公司	黑管、萨克斯	10000	5826
天津汉邦乐器有限公司	萨克斯、圆号、低音号、拉管系列	9000	4500
天鹰乐器厂	萨克斯、黑管、长笛	5000	1500
大连铜管乐器厂	中低音抱号、圆号、长号	4896	3680
天津津灿乐器厂	萨克斯,黑管	4000	3000
河北省深州市银河乐器厂	长笛	3200	800
天津市鸿鹄乐器厂	长笛	2100	1300
天津市华盛乐器厂	小号	2000	2000
北京奥赛拓乐器厂	长笛	1000	300
京东管乐器厂	长笛	1000	400
	合 计	808160	584792

五、吉他

序 号	企 业 名 称	产量（万把）
1	广东四会华声乐器厂	100
2	广州珠江钢琴集团公司管弦乐分公司吉他厂	42.41
3	青岛世正乐器公司	36
4	广东揭阳长城乐器有限公司	28
5	泰兴凤灵乐器有限公司	19
6	广东佛山乐器工艺厂	4.5
7	广州美音文化用品有限公司	1
	总计	230.91

六、手风琴

序号	企业名称	产量（架）
1	天津市乐器厂	13000
2	江苏江阴激扬乐器有限公司	20000
3	河北香安乐器公司	10000
4	扬中市华联手风琴厂	18000(48Bs以下小琴26.2万架)
5	天津华韵乐器有限公司	12000
6	广州珠江乐器实业公司	2500
	总计	75500

七、口琴、口风琴

序号	企业名称	口琴（万支）	口风琴（万支）
1	上海口琴总厂	300	3
2	江苏无锡铃木乐器有限公司	130	7.5
3	江阴市东方乐器有限公司	288	20
4	江苏天鹅乐器有限公司（原江苏长江口琴厂）	248	3
5	上海国光口琴厂	100	1.5
6	江苏江阴市激扬乐器有限公司	120	/
7	上海兰声豪纳乐器有限公司	135	/
8	上海兰生口琴厂	20	/
9	海盐东方口琴厂	48	16
	合计	1389	51

八、风琴

序号	企业名称	产量（架）
	天津华韵乐器有限公司	8400
	广州珠江乐器实业公司	2000
	上海丹凤乐器厂	1800
	重庆宏扬乐器厂	1200
	北京盈丰乐器厂（原通州星海风琴厂）	1000
	温州瓯海风琴厂	900
	成都乐器厂	760
	总计	16060

九、电子琴、电钢琴

序号	企业名称	产量（万台）
1	深圳吟飞电子有限公司	17（7电钢琴）
2	天津雅马哈电子乐器公司	14
3	卡西欧电子（珠海）有限公司	10
4	美得理电子（深圳）有限公司	8
5	上海华新电子电器总厂	6.8
6	武汉致嘉电子产业有限公司	1.2(电钢琴)
	总计	57

十、竖笛

序 号	企业名称	年产量（万支）
1	江苏奇美乐器公司	600
2	江苏天鹅乐器有限公司	105
3	江苏省江阴市激扬乐器有限公司	40
4	江苏省无锡铃木乐器有限公司	10
	总计	755

2003年中国乐器进口量值

序号	商品代码	商品参考名称	计量单位	数量	金额（美元）	比去年增幅数量	比去年增幅金额
1	92011000	竖式钢琴，包括自动钢琴	套 只	10084	6320754	15.21%	11.44%
2	92012000	卧式钢琴，包括自动钢琴	套 只	1545	5484941	35.41%	8.07%
3	92021000	弓弦乐器	套 只	415	881494	−78.46%	81.08%
4	92029000	其他弦乐器	套 只	3805	369266	−70.00%	5.39%
5	92030000	健盘管风琴、簧风琴等	套 只	342	28331	4175.00%	−94.21%
6	92041000	手风琴及类似乐器	套 只	269	90673	30.58%	58.17%
7	92042000	口琴	套 只	92417	120473	−49.96%	−43.71%
8	92051000	铜管乐器	套 只	6522	1761365	−48.48%	−12.79%
9	92059000	其他管乐器	套 只	520346	2836339	276.58%	114.76%
10	92060000	打击乐器	套 只	127914	955741	612.89%	−12.03%
11	92071000	键盘电子乐器	套 只	131939	7664010	−2.19%	−27.58%
12	92079000	电声乐器	套 只	25046	874883	74.18%	−7.58%
13	92081000	百音盒	套 只	554559	265266	−19.47%	34.89%
14	92091000	节拍器、音叉及定音管	公斤	29383	665508	−34.15%	36.76%
15	92092000	百音盒的机械装置	公斤	360024	1406399	2.86%	11.13%
16	92093000	乐器用弦	公斤	123088	1370152	34.61%	32.91%
17	92099100	钢琴的零件、附件	公斤	1117330	10622219	−12.85%	14.91%
18	92099200	编号92.02所列零件、附件	公斤	1617531	11407607	37.20%	7.05%
19	92099300	编号92.03所列零件、附件	公斤	42525	884555	26.19%	18.15%
20	92099400	编号92.07所列零件、附件	公斤	2374724	35751891	59.13%	−18.17%
21	92099900	其他乐器的零件、附件	公斤	1190422	9367806	2.83%	32.73%
合计				8330230	99129673	241.29%	11.97%

（资料来源：国家海关总署）

2003年中国乐器出口量值

序号	商品代码	商品参考名称	计量单位	数量	金额（美元）	比去年增幅 数量	比去年增幅 金额
1	92011000	竖式钢琴，包括自动钢琴	套 只	40929	39038199	−10.13%	−8.89%
2	92012000	卧式钢琴，包括自动钢琴	套 只	9396	24056932	5.12%	0.98%
3	92021000	弓弦乐器	套 只	942077	27600934	0.87%	6.33%
4	92029000	其他弦乐器	套 只	5910619	81266285	21.63%	31.63%
5	92030000	健盘管风琴、簧风琴等	套 只	261454	1880199	−1.80%	11.01%
6	92041000	手风琴及类似乐器	套 只	175178	5593584	−37.83%	−12.24%
7	92042000	口琴	套 只	9202835	7523251	4.11%	20.61%
8	92051000	铜管乐器	套 只	506443	23902173	121.96%	89.04%
9	92059000	其他管乐器	套 只	4554476	11973745	35.83%	47.80%
10	92060000	打击乐器	套 只	4399022	39797862	29.21%	26.01%
11	92071000	键盘电子乐器	套 只	3751537	181313226	25.98%	32.51%
12	92079000	电声乐器	套 只	1973741	58733550	47.45%	37.74%
13	92081000	百音盒	套 只	12795320	20305871	−17.67%	−15.11%
14	92091000	节拍器、音叉及定音管	公斤	121942	1694457	30.21%	17.01%
15	92092000	百音盒的机械装置	公斤	923750	7507322	−2.73%	35.17%
16	92093000	乐器用弦	公斤	95040	1144023	44.27%	30.12%
17	92099100	钢琴的零件、附件	公斤	5639677	22854175	−15.09%	−4.69%
18	92099200	编号92.02所列零件、附件	公斤	2404002	12851252	35.30%	8.10%
19	92099300	编号92.03所列零件、附件	公斤	66423	355134	498.19%	479.21%
20	92099400	编号92.07所列零件、附件	公斤	1375361	10470957	45.09%	168.77%
21	92099900	其他乐器的零件、附件	公斤	7396400	20606670	7.08%	12.63%
	合　　计				600469801	40.80%	48.27%

（资料来源：国家海关总署）

2003年中国乐器主要出口国家和地区
（按出口额排序）

排序 2003年	排序 2002年	国家和地区	出口额（美元） 2003年	出口额（美元） 2002年	2003年比2002年增幅(%)
1	1	美国	230620117	204233353	12.92
2	2	日本	42139831	38509303	9.43
3	5	中国香港	39172546	23642841	65.68
4	3	英国	38456184	30434031	26.36
5	4	德国	30044220	27922911	7.60
6	10	比利时	23779146	10128660	134.77
7	6	韩国	17575110	19025597	−7.62
8	7	加拿大	16717310	13773566	21.37
9	11	意大利	12883341	9550613	34.90
10	13	澳大利亚	12359375	7246854	70.55
11	9	中国台湾	11336056	10398441	9.02
12	12	法国	11000107	9081582	21.13
13	14	印度尼西亚	10092989	7119530	41.76
14	8	荷兰	9361734	11247909	−16.77
15	19	阿联酋	7197205	4311278	66.94
16	18	墨西哥	6415680	4687163	36.88
17	20	西班牙	6352432	4237154	49.92
18	16	巴西	5956881	6560743	−9.20

（资料来源：国家海关总署）

排序		国家和地区	出口额（美元）		2003年比2002年增幅(%)
2003年	2002年		2003年	2002年	
19	17	新加坡	5694300	5529185	2.99
20	21	泰国	4811124	2891911	66.36
21	24	智利	3954540	2247412	75.96
22	15	马来西亚	3718111	6622903	−43.86
23	27	越南	3482439	1376166	153.05
24	22	瑞典	3319269	2741747	21.06
25	23	土耳其	2837992	2424847	17.04
26	26	尼日利亚	2178174	1558249	39.78
27	33	菲律宾	2158817	942199	129.13
28	31	伊朗	2150136	1017001	111.42
29	29	南非	2095523	1032592	102.94
30	36	芬兰	1843945	832312	121.54
31	25	巴拿马	1829635	1566981	16.76
32	80	古巴	1616390	42244	3726.32
33	37	新西兰	1462056	807519	81.06
34	34	波多黎各	1421356	894240	58.95
35	28	厄瓜多尔	1378462	1105339	24.71
36	35	俄罗斯	1370284	839705	63.19
37	40	斯里兰卡	1363827	694736	96.31
38	65	阿根廷	1329156	126519	950.56
39	44	丹麦	1293724	458320	182.28
40	41	危地马拉	1249233	657187	90.09
41	39	爱尔兰	992818	733896	35.28
42	32	希腊	977553	987265	−0.98
43	30	以色列	947818	1029629	−7.95
44	45	沙特阿拉伯	936078	455559	105.48
45	49	捷克	882061	373441	136.20
46	42	中国澳门	880443	575895	52.88
47	51	秘鲁	857778	357514	139.93
48	48	波兰	815427	386681	110.88
49	38	挪威	772400	772935	−0.07
50	46	葡萄牙	703344	393270	78.85
51	43	哥伦比亚	691822	507126	36.42
52	52	印度	642239	350733	83.11
53	50	瑞士	595400	363292	63.89
54	57	奥地利	546020	221641	146.35
55	58	加纳	363066	188609	92.50
56	75	匈牙利	352992	67047	426.48
57	57	塞浦路斯	301474	327053	−7.82
58	72	科威特	254200	79287	220.61
59	62	摩洛哥	238334	143273	66.35
60	54	黎巴嫩	236040	318186	−25.82
61	56	埃及	231965	300202	−22.73
62	61	萨尔瓦多	199926	144027	38.81
63	63	乌拉圭	197672	133588	47.97
64	59	巴布亚新几内亚	181030	180162	0.48
65	69	哥斯达黎加	160999	111007	45.03
66	71	拉脱维亚	159954	95770	67.02
67	55	突尼斯	154148	303856	−49.27
68	116	尼泊尔	148049	1790	8170.89
69	70	叙利亚	147723	96955	52.36
70	79	朝鲜	132875	42612	211.83
71	/	多哥	117403	/	/
72	73	克罗地亚	117377	74366	57.84
73	64	洪都拉斯	116950	128419	−8.93
74	85	斯洛文尼亚	102005	32328	215.53
75	83	斯洛伐克	97307	35604	173.30
76	84	阿尔及利亚	87759	32531	169.77
77	111	巴林	79246	3299	

排序		国家和地区	出口额（美元）		2003年比2002年增幅(%)
2003年	2002年		2003年	2002年	
78	67	孟加拉国	77752	117753	−33.97
79	68	阿曼	75280	113760	−33.83
80	74	约旦	66661	67953	−1.90
81	81	马耳他	65160	39446	65.19
82	91	贝宁	59639	19739	202.14
83	60	巴拉圭	58238	156586	−62.81
84	77	毛里求斯	56692	50827	11.54
85	122	冰岛	51028	844	5945.97
86	92	斐济	37906	17702	114.13
87	87	立陶宛	36510	25185	44.97
88	/	玻利维亚	34238	/	/
89	82	巴巴多斯	34093	39293	−13.23
90	89	尼加拉瓜	29197	21411	36.36
91	106	卡塔尔	28613	5190	451.31
92	76	乌克兰	25283	57059	−55.69
93	121	南斯拉夫	24338	862	2723.43
94	110	爱沙尼亚	23729	3840	517.94
95	130	特立尼达和多巴哥	23185	10	231750.00
96	47	委内瑞拉	18435	392626	−95.30
97	114	牙买加	17397	2480	601.49
98	97	纳米比亚	16790	12937	29.78
99	101	罗马尼亚	16206	6459	150.91
100	95	摩纳哥	13642	14124	−3.41
101	108	白俄罗斯	13500	4320	212.50
102	04	巴基斯坦	13386	5600	139.04
103	88	多米尼加	11668	23777	−50.93
104	123	保加利亚	10892	640	1601.88
105	102	肯尼亚	10208	6229	63.88
106	125	留尼汪	9362	260	3500.77
107	105	马尔代夫	7748	5486	41.23
108	103	马达加斯加	7734	5950	29.98
109	93	安道尔	7596	14537	−47.75
110	99	新喀里多尼亚	5926	7803	−24.05
111	124	哈萨克斯坦	5641	450	1153.56
112	118	柬埔寨	5220	1055	394.79
113	109	瓦努阿图	4774	3875	23.20
114	115	缅甸	3346	2469	35.52
115	/	圭亚那	3291	/	/
116	128	安哥拉	3241	25	12864.00
117	/	东帝汶	2800	/	/
118	/	苏里南	2506	/	/
119	78	厄立特里亚	1739	47624	−96.35
120	/	多米尼亚	1277	/	/
121	127	蒙古	1101	60	1735.00
122	/	百慕大	1050	/	/
123	100	文莱	1021	7193	−85.81
124	120	刚果	960	900	6.67
125	/	大洋洲其他国家（地区）	900	/	/
126	112	塞舌尔	765	3000	−74.50
127	/	苏丹	630	/	/
128	/	科特迪瓦	558	/	/
129	/	马绍尔群岛	497	/	/
130	98	法属波利尼西亚阿尔巴尼亚	403	10349	−96.11
131	/	（社会群岛）	350	/	/
			600468554		

（资料来源：国家海关总署）

【协会工作篇】

中国乐器年鉴

CHINA MUSIC INSTRUMENT YEARBOOK

(2003～2004)

中国乐器协会四届二次理事（扩大）会议纪要

中国乐器协会第四届理事会第二次（扩大）会议于2002年10月14日在上海召开，会期一天。出席这次会议代表50余人。

参加这次会议的有中国乐器协会名誉理事长张连庸，理事长王根田、副理事长童志成、赵惠臣、张大鸣、王国振、焦永达、张振启，秘书长齐建平。副理事长林伯龙请假，委托代表参加会议。

中国轻工联合会会长陈士能出席会议，并作了重要讲话。

会议的主要议题是总结和交流中国乐器协会四届一次理事会以来，国内外乐器生产经营形势的发展变化状况，以及中国乐器协会在近一年来开展各项工作的经验和不足。

中国乐器协会理事长王根田向与会代表作了《中国乐器协会第四届第一次理事会以来的工作汇报》。

中国乐器协会部分分支机构，民族乐器分会秘书长沈正国、提琴专业委员会主任李书、管乐器专业委员会主任焦永达、钢琴调律师分会会长金先彬、口琴专业委员会副会长周伟义向大会作了发言，汇报了各分支机构的工作，交流了经验。

会议审议并通过了中国乐器协会秘书长齐建平向大会提交的《关于调整部分理事、常务理事的意见》、《中国乐器协会分支机构内部管理办法》、《关于申请入会企业审批程序的提议》、《关于协会会员、理事、常务理事组织管理的提议》、《中国乐器协会四届一次理事会以来新会员名单》、《会员交纳会费情况汇总》等6个文件，交会议代表讨论。

中国乐器协会四届二次理事会是在2002中国（上海）乐器国际展览会召开前夕举行的。与会代表充分肯定了中国乐器协会第四届理事会近一年来所进行的卓有成效的工作，希望今后，中国乐器协会在加强行业规范管理，实施名牌战略、进一步推动中国乐器制造业走向世界，成为世界乐器强国发挥更强有力的作用。

在中国乐器协会四届二次理事会上的讲话

（2002年10月14日）

中国轻工业联合会会长　陈士能

各位理事、同志们：

大家好！这次中国乐器协会在上海召开四届二次理事（扩大）会并举办中国国际乐器展，这是新一届理事会成立一年来，对协会工作和行业发展的回顾总结和提出新的部署，是乐器行业的一件大事。我一直关注着乐器行业的发展，所以我专程赶来看望大家，原本还想参加国际乐器展的开幕式，但正好开幕当天我另有重要活动安排，只能赶到今天的理事会上与大家见面，向大家问好！

关于对乐器工业发展总的设想以及对协会工作的要求和希望，我已经在去年的四届一次理事会上所作的《为实现乐器行业的更大跨越而努力》报告中谈了，因此没有什么更多的话好讲了，只是想针对一年来乐器协会的工作以及乐器行业发展中的一些具体问题谈几点意见，供大家参考。

一、关于轻工业生产形势

进入2002年以来，在国家宏观经济形势继续保持稳定的大环境下，全国轻工行业生产总体形势仍保持较高增长，全行业经济效益也保持较快增长。据国家统计资料，1～8月份累计完成工业总产值14500多亿元，比上年同期增长16.42%；完成产品销售收入14369.07亿元，同比增长13.81%；出口完成550亿美元，同比增长14.20%，实现利税总额1161亿元，同比增长14.6%，其中利润为580亿元，同比增长23.6%，比全国工业利润平均增长率高出13.6%。

从上面一系列数字可以看出，今年以来在国家积极财政政策以及拉动内需方针指导下，特别是在全国人民喜迎十六大即将召开的形势鼓舞下，全国轻工业生产的情况是很好的，继续保持了健康稳定发展的态势。这里边有着我们乐器行业所做的贡献，我向你们表示感谢!

就乐器行业来说，在过去连续多年始终保持两位数以上的快速增长的基础上，进入2002年以后，在中国乐器市场发展前景看好的大背景下，特别是在我国加入WTO以后，外资乐器企业开始涌入中国以及国内乐器生产企业迅速增加，造成乐器生产能力及实际产量迅速上升，导致国内乐器市场竞争进一步加剧，从而给国内乐器销售造成了一定的压力。当然，还有些客观环境上的影响，但是竞争加剧是主要的。尽管如此，我们乐器行业广大干部职工，在认真分析国内国际乐器市场新形势的基础上，积极采取各种有效的应对措施，加大工作力度，通过加快企业技术改造、调整产品结构、提高产品质量、开拓国际国内两个市场等途径，力争在当前激烈的市场竞争中求主动、求发展，从而使乐器销售在相对困难的情况下，仍然取得了保持稳定增长的好成绩。特别是在乐器出口方面，取得了较大幅度的增长，如广州珠江、北京星海等一大批企业出口增长都保持在两位数以上，弥补了内销不畅带来的影响，同时也说明，我国的乐器产品在国际市场的地位和影响正在逐步扩大，只要我们坚持开拓国际市场，坚持走科技创新之路，努力提高乐器的质量和档次水平，中国乐器进一步走向世界是大有可为的。

今年以来，我们乐器行业的发展继续得到国家和各级政府以及社会各界的关注和重视，今年6月胡锦涛副主席视察了营口东北钢琴（集团）公司，对于乐器行业所取得的成绩以及国企改革的成果给予充分肯定；广州珠江钢琴公司被国家经贸委和中宣部推荐为国有企业改革发展的典型向全国推广，珠江钢琴公司还被中国名牌战略推进委员会推荐为向世界名牌进军的16家具有国际竞争力的中国企业之一。此外，北京星海乐器公司、烟台龙凤钢琴公司被中国轻工业联合会授予“全国轻工行业质量效益型先进企业”等等。这一系列的事例是上述乐器企业经过多年来的努力所取得的改革发展经验的积累，他不仅是企业的荣誉，而且代表了全乐器行业的荣誉，这些荣誉的取得也从另一侧面反映了我国乐器行业在国民经济中的地位以及他在满足人民文化生活需求方面的作用，正越来越深刻地得到国家和社会的认可和支持。因此，我们要在全行业中进一步推广和学习这些企业的成功经验，进一步提高乐器行业管理水平和生产技术水平，从而使我们乐器行业的整体素质和核心竞争力有一个更大的提高。在这里我代表中国轻工业联合会向乐器行业所取得的成绩，以及广州珠江钢琴公司等先进企业所获得的荣誉表示热烈的祝贺。

二、实施名牌战略，做好争创名牌工作

江泽民总书记在多年前就发出了：“立民族志气，创世界名牌”的号召。指出，我们要抓住机遇，把自己的劳动力优势、市场优势、产业基础优势与跨国公司的技术优势、资金优势和管理优势结合起来，在我国具备比较优势的加工工业中，加快形成拥有国际知名品牌、具有国际竞争力、面向国际国内两个市场的大规模制造能力。”所以，实施名牌战略是我国在经济工作的重大决策，因为通过实施名牌战略可以提高带动企业的技术创新水平和提高产品质量水平；可以提高消费者信心，带动消费需求，拉动经济增长；实施名牌战略可以促进经济结构的调整和实现资源的优化配置，可以整顿和规范市场秩序，可以推进实施“走出去”战略，从扩大产品输出、资本输出到品牌输出。总之，实施名牌战略对于促进国民经济发展和提高我国产品国际竞争力具有十分重要的意义。

对于企业来说，品牌代表企业的信誉，是企业赖以生存和发展的基础，是企业竞争能力的综合体现。当前的市场竞争归根结底是产品质量和品牌的竞争，在经济全球化、市场竞争越来越激烈的形势下，品牌将起着越来越重要的作用，甚至是决定性的作用。就乐器行业而言，虽然我们经过多年的发展已经成为乐器生产大国，但还不是乐器生产强国。我们的不少乐器，如钢琴、提琴、口琴等等，在国际乐器市场上都有一定影响，也占领了一定的市场份额，但是这些产品的品牌地位还不是很高，大部分产品档次不高，有的只能作为半成品出售。能够叫得响的世界级乐器名牌，起码也应是中国名牌、行业名牌。因此，我希望我们乐器行业的每一个企业都应该把创名牌工作放在重要位置。要在加强名牌意识、创新意识方面有更多思考，下更大的功夫，希望能在不久的将来，我们乐器行业像钢琴、民族乐器、提琴、吉他、口琴等等打造出更多的行业名牌、中国名牌乃至世界名牌。当前，要提出申请中国名牌的要求，从而提高中国乐器在世界市场的竞争地位，使中国真正成为世界乐器强国。

三、努力办好中国国际乐器展

举办展览会是行业协会的一项重要职能，也是协会为行业服务、为企业服务的具体体现。随着中国加快社会主义现代化建设和全面建设小康社会以及中国加入WTO，中国的乐器工业和乐器市场的发展越来越受到国内外乐器界以及广大乐器消费者的关注。近年来许多国外乐器厂商除了在中国投资办厂、建立营销机构等大幅度增加以外，对于中国乐器的展览市场也开始给予高度关注，乐器展览市场的竞争也日趋激烈。据了解世界上最大的两个乐器展览组织德国法兰克福展览公司（MF）和美国乐器制作商协会（NAMM）都开始涉足中国乐器展览市场，前者已在中国设立法兰克福上海分公司并与中国乐器协会合作举办今年在上海的国际乐器展，从这次上海展的情况看，他们对此下了很大功夫，并有进一步扩大展会规模和占据这块乐器市场的设想。美国NAMM展的一、二把手今年9月专程来华考察中国的乐器市场并与我们乐器行业有关企业及协会进行了接触，表示了与中国寻求合作的意向。从国内来说在乐器行业快速发展的利益驱动下，许多地方以及部门下属的机构、展览公司、广告公司都跃跃欲试争相举办乐器展。

因此，在当前乐器展览市场日趋激烈的情况下，我们乐器行业应该很好运用和占领这块市场，要利用行业的力量，集中精力把自己的国际乐器展办好，办出水平来，目的是为了适应经济全球化和世界新一轮产业转移的趋势，充分发挥中国乐器工业在国际竞争中的优势，为国内外乐器工业搭建全球交易平台和展示舞台，为加快乐器工业科研成果转化提供通道，为乐器工业企业家、专家、学者交流新信息、新理念、新成果构架桥梁。通过举办展览会能够真正反映乐器行业发展的整体水平，促进国际间乐器贸易和技术交流，开拓乐器市场，同时又能使企业用最小的代价，取得最好的效果。所以，近些年就出现了会展业、会展经济，因此，我们应该把举办展览会作为一项重要的行业活动，这是我们的资源优势，要把他认真组织好、运用好，这既有社会效果，也有经济效益。当前，首先要把上海国际乐器展办好，要认真总结经验，虚心听取生产企业和国内外经销商的意见，要加强与中外合作方的合作，进一步把上海国际乐器展做大做强，力争在最短的时间内把上海国际乐器展办成国际知名乐器展，更好的为行业为企业服务。

四、加强协会建设，进一步做好为会员服务工作

自四届一次理事会以来，新一届协会的领导和工作班子，在自身的努力下，在广大会员单位的积极支持下，大家团结一致，一年来做了不少工作，开始得到会员单位的认可。不少企业反映协会工作人员的思想面貌、工作作风有所改观、工作有所起色，大家对协会的信心提高了，凝聚力增强了，各方面的工作正在积极地开展起来。我对于乐器协会所取得的进展与成绩表示高兴，但是我们也应该清醒地看到，在市场经济条件下，当前乐器协会的工作状态和工作水平离国家对协会工作的要求和它应该发挥的职能作用还没到位、还有距离，离会员对协会的期望和要求还有差距，协会目前取得的进步，只能说是开始得到大家的信任和支持。初步取得了开展协会工作的基础和条件，而要真正做好为会员单位服务还任重而道远。因此，协会要加强自身建设，在协会工作的同志们，今后要进一步加强服务意识，要在提高协会工作水平、工作质量、拓宽为会员服务领域，更多更好为会员服务上多下功夫。要进一步加强调查研究，根据本行业和会员企业发展中的热点和难点问题，有针对性地开展调查研究，要把调查研究作为协会工作的一项长期任务，通过开展调查研究向政府部门提出切合实际的、能促进乐器行业健康发展的政策建议，同时向政府部门反映会员单位的正当要求和亟待解决的问题，维护行业和会员的合法权益；要加强和提高协会的宏观协调能力，积极推进会员单位的改革与发展，提高会员单位的经营管理水平，促进会员间的合作与交流，要协助会员单位理顺各方面关系，提高帮助会员单位解决问题的能力；要积极承担政府部门委托或授权的各项行业管理的职能，如制定乐器行业发展规划，实施名牌战略、培育和发展名牌产品等等；要提高信息服务的质量，办好信息网、报刊杂志，向会员单位提供更多的、更急需的行业信息，扩大对会员企业和名牌产品的宣传等等。总之，协会作为不可或缺的社会中介组织，他对促进行业健康发展和提高国际竞争力，必将起着越来越重要的作用，协会工作是大有可为的。

同志们，我们这次理事（扩大）会是在党的十六大即将胜利召开的大好形势下举行的，这对我们乐器行业发展将是一个极大的鼓舞和推动，我们要认真学习深刻领会即将召开的“十六大”提出的一系列新思想、新观点、新论断，全面理解和深入贯彻“三个代表”重要思想的深刻内涵，进一步解放思想、实事求是、与时俱进、开拓创新，以高昂的热情，开展乐器行业发展的各项工作，以实际行动和优异的成绩来迎接党的十六大的胜利召开！

中国乐器协会四届二次理事会工作报告
(2002年10月14日)

中国乐器协会理事长　王根田

各位理事、各位代表:

在全党全国人民喜迎党的十六大胜利召开的重要日子里，今天我们在上海召开协会四届二次理事(扩大)会议和举办“‘2002中国(上海)国际乐器展”，这两件事都是我们乐器行业的大事。首先，我代表中国乐器协会向各位理事以及所有会员单位和乐器行业的全体同志，对大家在过去一年中为乐器行业发展所付出的辛苦表示亲切的慰问，对大家在方方面面所取得的佳绩表示祝贺，以及大家对中国乐器协会的一贯支持和关心表示衷心的感谢!

现在我向四届二次理事会汇报中国乐器协会四届一次理事会以来的工作，请各位理事予以审议。

一、一年来乐器行业生产经营情况的简要回顾

自2001年11月召开四届一次理事会以来，已经将近一年了，在这一年中，我们送走了新世纪第一年，迎来了充满挑战和机遇的2002年。回顾2001年，伴随着北京申奥成功、我国加入WTO以及上海成功举办APEC 会议等一系列重大事件，乐器行业继续保持了健康快速发展的好势头，具体表现在以下几个方面:

(1) 乐器出口稳定增长，进出口贸易额达4.98亿美元，其中出口4.08亿美元，较2000年增长7.1%，钢琴、提琴、西管乐、吉他、电子琴等产品在国际市场的信誉不断提高，出口稳定增长。

(2) 除手风琴、口琴增长相对减缓，风琴产量有所下降以外，其余乐器产品产量都有较大幅度增长，其中钢琴产量26.6万架，同比增长12.3%；提琴43.6万把，增长12.3%；电子琴(不包括数码钢琴)148.87万台，增长27.2%；吉他163万把，增长2%；民族乐器33.79万件，增长8.8%；西管乐器45.9万支，增长12.5%。

(3) 以广州珠江、北京星海、东北营口以及上海钢琴公司为代表的大型国有企业，以改革求发展，通过制订和实施“十五”发展规划，加快建立现代企业制度和科技创新体系的步伐，坚持走创名牌的质量效益型道路，取得了良好的业绩，企业核心竞争力得到了进一步提高，继续在乐器行业中发挥核心带头作用。苏州民族乐器一厂等一批中小国有企业完成改制任务后，进一步焕发了生机和活力。众多民营乐器企业，继续快速发展成为乐器行业生产和出口的一支重要力量。

在乐器行业快速发展的同时，出现了不可忽视的新情况，主要是：①中国加入WTO，中国将成为潜在的世界最大的乐器市场之一，已成为不争的事实，在这种形势下，韩国、美国、日本、欧洲等世界乐器生产、经营厂商加快了在中国投资办厂和开展商贸活动的步伐，中国的乐器工业将面临与国外乐器厂商更加激烈的竞争局面。②在乐器行业生产快速增长的同时，受乐器行业发展形势看好的利益驱动，众多技术装备条件差、管理水平低、产品质量达不到标准要求的小企业伴随而生、过多过快发展起来，由此而造成的假冒伪劣产品充塞市场，低价竞争、高回扣等无序竞争加剧，严重干扰了乐器行业的健康发展，损害了企业和消费者利益，已引起全行业高度关注和重视。

进入2002年以来，乐器行业在认真分析国际国内乐器市场的新形势，特别是我国加入WTO后带来的新机遇、新挑战的基础上，结合企业各自的特点，加大力度，采取措施，在企业技术改造、调整产品结构、提高产品质量、开拓国内国际市场等方面进行了全面规划，力争在当前激烈的市场竞争中，求主动、求发展。众多企业在今年以来乐器内销市场相对疲软的形势下，却在扩大乐器出口方面取得了很好的成绩，从而使整个乐器行业仍然保持了稳定增长和发展。

同时，乐器工业的发展，进一步得到了国家、各级政府和社会的重视和支持，继江泽民同志视察广州珠江钢琴集团有限公司，胡锦涛同志视察烟台龙凤钢琴公司、李岚清同志视察北京星海乐器公司以后，今年6月13日胡锦涛同志又视察了营口东北钢琴(集团)公司，中央领导对乐器行业的发展和东北营口钢琴(集团)公司在改革发展中取得的成绩，给予充分肯定和鼓励。今年4月广州珠江钢琴集团公司童志成总经理被中国企业联合会、中国企业家协会授予“创业企业家”称号。为配合党的十六大召开，经中央批准，由中宣部、国家经贸委组织全国新闻媒体宣传学习10家国有大型企业集团改革发展经验，广州珠江钢琴集团公司被确定为10家之一。同时，在中国工业经济联合会会长林宗棠亲临广州珠江钢琴集团公司调研的基础上，珠江钢琴集团公司又被中国名牌战略推进委员会推荐为创世界名牌、最具国际竞争力的16家企业之一。此外，今年6月北京星海乐器公司、烟台龙凤钢琴公司被中国轻工业联合会授予全国轻工业质量效益型先进企业荣誉称号等等。以上一系列事例不仅是获得荣誉的企业的大事，更是全乐器行业的大事，可以从另一侧面反映了我国乐器行业在国民经济中的地位和在满足人民文化生活需求方面的作用，正在越来越深刻地得到国家的肯定，得到社会的认同和支持。

关于2002年乐器行业具体的产销形势。据国家海关统计资料，2002年1～6月份，乐器出口总额1.742亿元，较2001年同期增长5.86%。从出口产品而言，除立式钢琴稍有下降外，其中卧式钢琴、弦乐器、铜管乐器、电声乐器、打击乐器、键盘电子乐器增长幅度都在10%以上。从乐器出口企业来说，出口都有大幅度提高，如广州珠江增长13.67%，北京星海增长17%，其他如钢琴行业的东北营口、烟台龙凤，管乐器行业的大连管乐器厂、河北金音，电子乐器行业的深圳美得理、上海华新以及提琴行业的江苏凤灵、吉他行业广东华声等都有较大幅度的出口增长。

上述情况说明，乐器出口形势是符合年初美国NAMM展及法兰克福乐器展期间，国内乐器界对国际乐器市场发展趋势的分析，同时也说明我国乐器产品在国际市场的影响和地位正在进一步巩固和提高。因此，只要我们在抓好国内市场的同时，抓好国际市场的开拓，坚持技术创新和品种开发，努力提高乐器产品质量、档次水平，中国乐器进一步走向世界，扩大在国际乐器市场份额是完全可能的。关于国内市场，根据不少企业反映，总的看今年的销售形势比去年同期增速减缓，这与去年底今年初大家对乐器市场抱有较高的预期心理有较大的落差。造成今年乐器行业销售相对疲软的原因是多方面的，既有国家宏观环境的影响（如2002年GDP增速预计为7.3%略低于2001年），工业品供大于求，下岗人数增加，价格回落。中国加入WTO后，消费者有持币待购心理以及大专院校取消艺术考级加分等因素都在一定程度上影响了乐器消费的上升。但是影响乐器销售最主要的原因在于，这几年内外资乐器企业大量增加，生产能力以及产量迅速提高，挤占了原有生产企业的乐器销售市场，同时造成了整个乐器产销格局出现供大于求以及产品结构性相对过剩的局面。因此，随着我国加入WTO以及市场化进程加快，乐器工业将与其他工业一样，面临国际、国内的市场竞争进一步加剧的局面。在这种竞争局面下，我们一方面必须坚决反对和制止少数厂商采取牺牲质量降低价格，以及低于成本的倾销行为，和采取高额回扣等等不正当竞争手段，尽量避免价格竞争中的负面效应；另一方面企业必须从深层次认识到价格竞争是不可避免的，走无序价格竞争对企业、行业、国家甚至消费者都是不利的，也是不能持久的，只有通过狠抓企业管理、降低生产成本、调整产品结构、增加市场适销对路产品、千方百计开拓国内国际市场、加强销售渠道管理、改善售后服务等一系列措施，提高企业的诚信度和产品的市场竞争力，才能使企业在激烈的市场竞争中永远处于不败之地。

二、四届一次理事会以来协会开展的主要工作

1.加强协会的内部建设

（1）根据四届一次理事会精神，经中国轻工业联合会及国家经贸委批准，于今年3月份完成了向民政部办理变更社会团体法人的全部工作。

（2）根据民政部关于全国社会团体分支机构重新登记的统一部署，在协会各分支机构（分会、专业委员会）的配合下，于2002年上半年完成了重新登记的有关工作。

（3）根据四届一次理事会精神，自2002年1月1日起停止了协会所办的华粹乐器总汇经营活动。经对华粹总汇现有财务进行清理，结果如下：自1993年成立时，由中国乐器协会投入华粹乐器总汇资金20万元，现尚有银行存款14013729元，固定资产39460元（原值），以上两项合计17959729元。另据了解尚遗留华粹乐器总汇欠付北京管乐器厂、天津乐器厂等企业几笔货款问题，因原华粹总汇法人代表李鸿铮至今未向协会移交华粹总汇的经营账目、情况及有关资料，致使上述问题尚未得到及时处理。

（4）调整了部分协会工作人员。鉴于自2002年4月1日起不再聘用李鸿铮在协会工作。根据中国乐器协会《章程》，其理事、常务理事一职，提请理事会审议，予以罢免。

2.开展调查研究

一年来协会除通过信函、电话及走访形式向协会各位副理事长以及理事们汇报工作及沟通情况外，还先后去天津乐器、河北金音、福州和声、北京双燕、北京管乐器厂以及配合钢琴分会对江苏 、浙江等地的7家申请加入协会的钢琴企业进行了调查研究，得到了有关企业领导的支持和欢迎。通过下厂调研，使我们进一步熟悉和了解乐器行业生产经营情况，特别是有关企业的领导和广大员工顺应市场形势，狠抓企业发展，努力提高产品质量和新品种开发以及开拓国内国际市场的经验和干劲，给了我们很大的启发，进一步坚定了我们抓好协会工作，更好地为企业服务的信心。

3.筹办“2002中国（上海）国际乐器展”

为了展示中国乐器工业以及乐器市场现状和发展趋势，促进国际乐器贸易合作和技术交流，协会在认真总结以往历届办展经验的基础上，今年与上海国际展览中心有限公司、法兰克福展览有限公司合作主办了将于10月16日～19日举办的“2002中国（上海）国际乐器展”。在主协办单位的共同努力以及国内外乐器厂商的积极参与支持下，各项筹备工作已基本结束，16日上午将正式举行展会开幕式。本届展会规模为15000m^2，参加此次展会的有来自德国、法国、美国、加拿大、英国、意大利、日本、韩国、西班牙、泰国、巴基斯坦和我国台湾和香港地区及国内大陆的乐器厂商超过270家，其中包括有德国施坦威、日本的Akal和Roland等国际知名乐器品牌和厂商。国内的广州珠江、北京星海、东北营口、上海钢琴公司以及包括钢琴、民族乐器、提琴、管乐、电子乐器、打击乐器等主要生产企业和

乐器品牌都将在本届展会上亮相。预计本届展览会将成为跨入新世纪以后，在国内举办的规模最大，参展的知名企业和品牌最多的一次乐器专业展，也是充分体现国内乐器行业凝聚力和团结向上的一次盛会。为了迎接此次展会，国内的乐器企业都十分重视并作了精心安排与部署，将以自己的最新成果和产品与国内外客户和消费者见面。

此次上海国际乐器展能得到国内外乐器行业的热烈响应和关注，进一步说明了中国乐器市场的发展潜力，大家都抱有很高的参与热情，同时希望能从上海国际乐器展了解到中国以至世界乐器市场的发展趋势，为企业开拓国内外市场提供信息。

4.配合各乐器分会（专业委员会）开展行业活动

今年以来，协会所属各分会（专业委员会）在协会秘书处的配合下，特别是在会长单位的积极支持和带动下，都相继开展了行业活动，为促进行业发展，增加行业间的凝聚力，加强信息交流与合作，收到了很好的效果。如钢琴分会5月10日－11日在厦门市召开了换届预备会，广州珠江童志成总经理、北京星海赵惠臣总经理、上海钢琴公司王国振总经理以及东北营口、上海中雅、烟台龙凤、福州和声、中山粤华以及南京钢琴厂等国内主要钢琴生产企业的老总们都亲自到会，会议认真研究分析了钢琴行业生产和流通的形势，对当前影响行业发展的有关问题和如何建立健康有序的市场环境进行了深入探讨，并倡议在钢琴行业内实施《文明竞争自律公约》。此次会议在钢琴行业引起了不小的振动，也引起了媒体和消费者的关注。钢琴分会第二届会员大会将于10月15日在上海举行，会议将产生新的分会领导机构，并通过在钢琴行业内实施《文明竞争自律公约》，对于促进钢琴行业健康发展，将会起到积极的推动作用。

民族乐器分会于5月20日在上海召开会议，民族乐器分会会长上海民族乐器一厂厂长王国振、副会长苏州民族乐器一厂总经理沈博文以及来自北京、天津、河北、广州、昆明、扬州、无锡等国内各民族乐器生产厂家代表参加，会议交流了近几年各自企业的改制和生产经营情况，选举产生了新一届民族乐器分会领导班子，通过了分会行规行约。

提琴专业委员会于10月12－13日在江苏泰兴召开了一届二次会员大会，会议将回顾提琴专业委员会成立以来的工作，举办提琴质量论坛以及修订提琴行业标准修订稿等行业活动。

吉他专业委员会于6月15日在广州召开了专委会成立预备会，参加会议的有广州珠江以及来自广东四会、山东潍坊等吉他企业代表，会议酝酿了吉他专业委员会行规行约和领导班子组成。10月17日吉他专业委员会将在上海召开成立大会。

口琴专业委员会于今年1月28日－2月2日在北京举办首届全国口琴比赛后，又于6月2日在上海举办了上海市中小学校参加全国口琴比赛获奖汇报演奏音乐会，上述活动对普及和提高口琴音乐教育事业，为口琴行业的生产销售创造良好环境并起到了积极的推动作用。

电鸣乐器分会、管乐器专业委员会也正在积极酝酿进行行业活动。此外，为了加强提琴制作者之间的交流与合作，促进提琴制作技艺的提高，在郑荃常务理事的提议与积极参与下，利用上海乐器展的机会在上海酝酿成立提琴制作师分会。

5.关于制订《钢琴调律师》、《键盘乐器制作工》国家职业标准以及开展钢琴调律师职业技能鉴定工作的有关情况

自去年底以来，劳动和社会保障部先后向中国轻工业联合会下达了制订乐器行业特有工种国家职业标准的任务，其中包括：《键盘乐器制作工》、《钢琴调律师》、《提琴制作工》、《电鸣乐器制作工》、《民族拉弦与弹拨乐器制作工》、《吹奏乐器制作工》及《打击乐器制作工》的国家职业标准，几乎涵盖了乐器行业所有各类乐器特有工种的职业标准。根据目前协会力量以及行业的具体情况，去年以来对《键盘乐器制作工》以及《钢琴调律师》国家职业标准开展了相关工作。具体进展情况是：

（1）《键盘乐器制作工》国家职业标准已由广州珠江钢琴集团公司牵头编制完成初稿，上报给劳动和社会保障部审批。10月初，劳动部有关部门在进一步征求行业的部分专家意见修改定稿后，完成终审工作。

（2）由钢琴调律师分会组织有关同志编写完成了《钢琴调律师》国家职业标准初稿，又经调律师资考委组织有关同志几经讨论修改后上报劳动和社会保障部审批，也将于近期完成终审工作。

（3）经中国轻工业联合会同意，中国乐器协会向劳动和社会保障部提出建立乐器行业职业技能鉴定站的申报工作，第一批上报的三个鉴定站的承建单位是：北京星海乐器责任有限公司、广州珠江钢琴集团公司和上海钢琴公司。上述三个承建单位已按有关要求制订了鉴定站管理办法及规章制度，正在积极创造条件开展工作。

（4）由钢琴调律师分会组织有关同志完成了钢琴调律师职业技能鉴定培训教材及建立试题库等文件资料工作，在此基础上于9月中旬在北京进行了钢琴调律师考评员培训和去年以来申报的第一批钢琴调律师职业技能鉴定工作，参加考评员培训班共26人，参加钢琴调律师职业技能鉴定的共81人。

6.抓好乐器信息工作

在全国乐器信息中心的配合支持下，今年进一步加强了对协会所办刊物《中国乐器》、《乐器周报》的出版管理工作，除了加强日常工作的沟通和协调以外，主要体现在对刊物内容、重要稿件的确定和把关工作以及大家反映比较集中的杂志广告方面存在的问题，进行多次研究，并作了相应的改进，使刊物的内容和质量有了进一步提高。

此外，为了积累乐器行业发展史料，并为企业

提供更多的信息服务，协会于今年下半年开始，进行了《中国乐器年鉴》的出版工作。该《年鉴》作为中国轻工业年鉴分卷形式出版，得到了中国轻工业年鉴社大力支持。在编辑出版过程中得到了行业内许多企业以及乐器工作者的关心和支持，关肇元、满瑞兴等老专家、老艺人亲自为《年鉴》写稿，许多企业老总不仅亲自撰写稿件，而且还在经费上给予支持，使《年鉴》具备了出版的基本条件，并能在上海国际乐器展以前出版，与国内外乐器同行见面。但由于时间过于仓促，更主要的是由于各种原因，如掌握的信息资料不全面，特别是由于编撰人员的水平所限，《年鉴》在内容和质量等方面尚存在不少问题和错误之处。因此，今年出版的乐器《年鉴》只能作为协会加强信息工作的一种尝试，请大家多提意见，力争把以后的《年鉴》搞得更好。

7.向国家主管部门反映行业情况，加强乐器行业宣传力度

(1) 今年6月份以中国乐器协会名义向国家经贸委及中国轻工业联合会写出书面报告，反映当前钢琴行业存在问题，并提出要求加强对钢琴市场监管力度，采取市场准入措施以及加强媒体舆论宣传等政策建议。

(2) 为了加强对乐器行业及市场发展中存在问题的舆论引导，协会秘书处除了通过《中国乐器》和《乐器周报》加强宣传报导以外，通过《消费日报》及《光明日报》组稿，先后发表了“揭露钢琴市场黑幕”、“钢琴市场不整顿，难再八音协奏”、“钢琴市场整顿刻不容缓”等深入报道文章，引起社会各界的关注和广大乐器消费者的欢迎，对于规范和净化乐器市场，起到积极作用。

(3) 今年以来，不少乐器企业向协会反映，他们经常收到各类社会组织以及新闻媒体等单位的通知，要求企业参加他们举办的各种发牌、发证、冠名等活动，并收取相关费用，希望通过协会向政府有关部门反映。在进一步调查研究的基础上，协会专门向中国轻工业联合会、国家质检总局、中国名牌战略推进委员会、新华通讯社等行业主管部门进行汇报，要求有关部门对此类活动予以规范和整顿，规范市场秩序，以切实减轻企业负担。据了解有关部门对此十分重视，新华社编发了新华社每日电讯稿，经济日报、经济参考报、北京日报、消费日报等多家中央和行业媒体进行了转发。国家质检总局就此专门发文明令停止举办相关的发证、发牌活动。为企业创造了良好的经营环境，收到了较好的效果。

(4) 为配合中国工业经济联合会举办的2002年中国名牌论坛，中国乐器协会为论坛专辑中国名牌发展战略研究报告，编写了“中国乐器行业国际比较与品牌发展分析”一文，宣传我国乐器工业发展，特别是钢琴行业走向国际市场的形势，并提出了相关的政策建议。

8.关于吸纳新会员和会费缴纳情况

(1) 发展新会员。根据国家经贸委和民政部关于加强行业协会建设，扩大会员队伍，增强行业代表性和拓展会员覆盖面的精神，协会秘书处接到30多家企业的入会申请，在了解情况，征询有关分会（专业委员会）的意见后，按协会《章程》对符合条件的20多家企业办理了入会手续。

(2) 会员会费缴纳情况。根据协会章程，新一届理事会成立后，秘书处对以往几年会员企业缴纳会费的情况进行了清理，并按民政部规定调整了会费标准。此项工作得到了广大会员单位的理解和支持，会费收缴情况是历年来最好的。据统计已缴纳或申请减免会费的企业共116家，占全部会员数147家的78.9%。

为了进一步增强协会的活力，体现会员间权利和义务的平等以及企业入会自愿、退会自由的精神，协会秘书处对长期不参加协会活动，既不交纳会费，又不说明情况或已破产的有其名无其实的会员单位，按协会《章程》作除名处理。

三、2003年的主要工作

1.办好2003年中国（上海）国际乐器展

随着人民文化生活需求的不断提高，特别是在我国加入WTO以后，中国的乐器工业以及乐器市场将越来越受到国际、国内乐器界以及广大乐器消费者的关注。从今年上海国际乐器展，已经可以看到这种趋势，因此由中国乐器协会进一步把国际乐器展做大做强，通过举办高水平的国际乐器展览会及时反映我国乐器工业发展趋势，促进我国乐器工业进一步开拓国际国内两个市场，是十分必要的。协会将在2002上海国际乐器展以后，认真吸取企业对办展的意见，在认真总结经验的基础上，加强与各主协办单位的合作，力争把2003年上海国际乐器展办得更好。

2.进一步加强信息工作

做好信息工作是协会的重要职能，也是为企业服务的重要体现，目前协会信息工作的现状，与乐器行业的发展以及行业主管部门的要求很不适应，因此，拟在进一步办好《中国乐器》等刊物的基础上，从明年起加强协会自身的网站建设，目前中国乐器协会网已正式办理了域名注册等手续，将充实力量后力争早日投入运行，以通过网站更好地为企业提供信息服务，加强与国外乐器行业和相关组织的联系，同时也为进一步说清行业积累信息资料。为此要求大家都来关心支持协会即将建立的中国乐器协会网，对此，协会将另做出具体安排。

3.开展创行业品牌、创中国名牌活动

品牌是企业的信誉保证，是企业赖以生存和发展的基础，是企业在市场经济中竞争能力的综合体现。在当前激烈的国内外竞争中，品牌将起着越加重要的关键作用，因此，每一个企业都应该把创名

牌工作放在重要位置。在国家质检总局领导下，自2001年起中国名牌战略推进委员会开展创中国名牌产品活动以来，已有相关行业的180个品牌获得“中国名牌产品”称号。从乐器行业分析，对照中国名牌产品各项条件，我们行业中的一些产品如钢琴、民族乐器等一些知名品牌在已获得地方名牌的基础上，经过努力是完全可以争创中国名牌产品的。因此，为了配合乐器行业争创中国名牌产品，协会将进一步与有关部门沟通与协调，争取早日把乐器行业列入争创中国名牌产品计划。但是，创名牌的主体是企业，因此，这项工作更需要得到全行业特别是一些符合条件的相关企业的支持与配合。

4.完善乐器工种国家职业标准

完善《键盘乐器制作工》、《钢琴调律师》等国家职业标准的制订工作，力争早日通过国家有关部门的批准，并颁布实施。同时积极创造条件在有关企业的支持下，开展其乐器特有工种的国家职业标准的制订工作。

5.抓好职业技能鉴定站建站工作

进一步抓好北京、广州、上海三个乐器职业技能鉴定站建站工作，在此基础上，继续开展钢琴调律师职业技能培训鉴定工作，力争早日在2003年内完成原有钢琴调律师换证工作，并对新申请的人员开展职业技能培训鉴定工作。

6.搞好专业委员会的工作

继续配合各专业委员会（分会）开展行业活动，重点抓好乐器市场工商贸易分会、材料配件专业委员会和打击乐器专业委员会的组建工作。

7.组团参加2003年德国法兰克福乐器展

这项工作的有关事项将另行通知。

各位理事、各位代表，党的十六大即将胜利召开，十六大是在新世纪我国进入全面建设小康社会，加快推进社会主义现代化的新的发展阶段召开的一次十分重要的大会，完成十六大提出的各项任务，对于全面开创有中国特色的社会主义事业的新局面和全面推进党的建设事业，具有重大而深远的意义，必将为我国乐器工业的进一步繁荣和发展指明方向和创造良好的环境。让我们深入贯彻“三个代表”的重要思想，努力做好发展乐器工业，繁荣乐器市场的各项工作，以优异的成绩迎接党的十六大胜利召开。

关于调整部分理事、常务理事的决议

一、根据中国乐器协会《章程》，因工作调动原因，免去原上海钢琴有限公司常务副总经理姜建荣同志、原天津乐器厂厂长刘作人同志理事、常务理事、副理事长职务；免去原营口质量监督检测站站长何新馥同志理事职务。

二、因李鸿铮已解聘，离开中国乐器协会，免去其理事、常务理事职务。

三、建议增补上海民族乐器一厂沈正国同志（接替王国振）、天津乐器厂赵云刚同志（接替刘作人）为理事、常务理事。

四、建议增补上海超拨实业有限公司刘卫国总经理（2001年乐器行业强势企业）、美得理（深圳）电子有限公司叶森总经理（电声乐器骨干企业）、成都川雅木业有限公司张华君总经理（材料配件骨干企业）、中国艺术研究院音乐研究所韩宝强副所长为理事。

关于对申请入会企业审批程序的决议

朱镕基总理在中央国家机关党的第十三次代表会议上指出：“行业协会要把服务作为唯一宗旨，一切工作都要围绕这一宗旨进行。行业协会要民主办会，独立开展工作，会员企业不分大小，一律以协商、公平、公正的原则来处理行业内部的事情；行业协会在为行业企业服务的同时，必须拓展自己的会员覆盖面。”

国家经贸委也多次开会要求协会，要扩大行业覆盖面和增强代表性。为了更全面地掌握全行业的生产、经营发展状况，使乐器信息统计资料覆盖面更广、更具有真实性和准确性；为了尽快满足一些申请入会企业的愿望，减少入会的环节和审批的时间，建议按协会《章程》，对具有一定注册资金、生产规模和产量的、在行业内有一定影响和经营规范、信誉好、无不良记录的申请入会企业，由理事会授权协会秘书处负责审核批准并颁发会员证书。

所有入会企业单位都应自觉遵守协会《章程》与行规行约，遵守市场规则。对于某些企业存在的严重违规问题，可以依靠行业组织力量要求其限期整改或提出警告，可以采取措施进行媒体通报，直至取消会员资格。做到优存劣汰。

关于中国乐器协会分支机构内部管理办法的决议

第一条：为了加强对本协会所属各分支机构的管理，根据国务院《社会团体登记管理条例》和民政部《社会团体分支机构、代表机构登记办法》的有关规定，制定本办法。

第二条：本协会所属分支机构，包括已向民政部登记备案的有：

中国乐器协会钢琴分会、中国乐器协会钢琴调律师分会、中国乐器协会民族乐器分会、中国乐器协会西管乐器专业委员会、中国乐器协会口琴专业委员会、中国乐器协会提琴专业委员会、中国乐器协会手风琴专业委员会（与风琴专业委员会合并）、中国乐器协会电鸣乐器分会（原电子琴分会）、中国乐器协会吉他专业委员会、中国乐器协会提琴制作师分会（筹）、中国乐器协会乐器市场工商贸易分会（筹）、中国乐器协会零部件、材料专业委员会（筹）、中国乐器协会打击乐器专业委员会（原响铜乐器专业委员会）、（以上共13个分会、专业委员会）。

第三条：本协会所属各分支机构是中国乐器协会的组成部分，不具有法人资格，其法律责任由中国乐器协会承担。

本协会所属各分支机构，应在协会授权的业务范围内发展会员、组织活动，不得收取会费。其发展的会员属于本协会会员，其活动经费、会议经费由各会员单位共同承担，专款专用，项目结束后费用结清。各分支机构对外或开展活动时应当使用全称，其英文译名应当与中文译名一致。

第四条：为增进协会间的联系与合作，加强信息交流，促进行业发展，本协会所属各分支机构，应当遵守国家和地方的法律、法规，按照《中国乐器协会章程》所规定的宗旨，在所划分的业务范围内积极开展活动（每年不少于1次）。每年应制定业务活动计划并报本协会。对于重要活动的开展情况以及活动效果应及时总结并向协会报告，涉及乐器全行业的活动事项，应事先征得本协会同意，必要时可以中国乐器协会的名义开展活动。

第五条：本协会所属分支机构以下不得再设立分支机构。

第六条：本协会所属分支机构不得另立账户，如因特殊需要建立银行基本存款账户的，需上报协会，由中国乐器协会向民政部提出申请，经批准后方可按有关规定办理。印章样式、银行账号应由本协会向民政部备案。

第七条：本协会所属分支机构应当按本协会章程的规定，按时履行民主程序，进行换届改选。各分支机构主要负责人由协会理事长提名，理事会确认。分支机构组成人员由主要负责人提名选举产生后，向民政部提出申请并进行登记。

第八条：本办法经民政部登记备案之日起施行。

中国乐器协会四届三次理事会工作报告

（2003年10月14日）

中国乐器协会理事长　王根田

各位理事、各位代表：

在向大家正式汇报协会工作以前，首先让我代表中国乐器协会，对各位理事以及乐器行业的同志们，在过去一年中，特别是在抗击“非典”的工作中所付出的辛苦和取得的成绩，表示亲切的慰问和崇高的敬意。

我们这次在杭州召开理事（扩大）会，主要目的是向大家汇报一年以来，也就是四届二次理事会以来协会开展的主要工作，以及明年工作的初步设想，同时听取大家对协会工作的意见，以便进一步把协会工作做好，尽可能为企业多办些大家想办的事情。其次是理事会结束以后，请大家都去参加2003中国（上海）国际乐器展，因为办好展览会是中国乐器协会一项长期的、重要的，也是与大家密切相关的事情，希望得到大家的关心、支持。另外，通过一年一度的理事会，我们大家相聚在一起，互相交流，联络感情，加强合作，都是十分必要的。

现在，我汇报协会四届二次理事会以来的工作，请各位理事和各位代表予以审议。

一、一年来乐器行业生产经营情况的简要回顾

四届二次理事会以后，我们经历了2002年的最后三个月，迎接了2003年的到来。回顾这一年来，尽管我们经历了全球经济低迷、世界乐器市场停滞不前、伊拉克战争以及非典的严重影响等不利因素，但是在大家的共同努力下，总的看四届二次理事会以来的一年中乐器行业基本上保持了健康、稳定发展的态势，具体表现在以下几个方面：

1.乐器出口保持较高增长幅度

据海关统计资料，2002年乐器贸易进出口总额达5.93亿美元，同比增长19%，其中出口4.9亿美元，同比增长20%。2003年上半年（1～6月份）出口2.25亿美元，同比增长29.8%。在主要乐器出口产品中，铜管乐器、键盘乐器、电声乐器、打击乐器等都有较大幅度的增长。中国乐器的质量和在国际市场的信誉进一步提高。

2、2002年各类主要乐器产品产量稳定增长

其中钢琴达到29.79万台，同比增长12%；提琴52.76万把，同比增长21%；吉它211.6万把，增长36%；各类民族乐器38.08万支，增长13%。

由于去冬今春的"非典"疫情，使乐器生产经营受到了严重影响。据协会信息部6月初对200个乐器企业和经营单位的调查，非典影响最严重的4～6月份，乐器行业产值下降20%～30%，销售收入下降50%，外贸出口下降15%左右，面临严峻形势。但经过全乐器行业处惊不变、共同努力，克服了"非典"给职工生活、生产经营、交通运输等等方面带来的各种困难，非常时期采取非常措施，把"非典"的影响和损失减到最小。有很多感人的事迹我们都在《中国乐器》上作了报导。据我们对广州珠江、北京星海、上海民族乐器一厂等一批重点企业了解，从今年7、8月份起大部分都已恢复到去年的同期水平。一些以出口为主的企业像江苏凤灵、河北金音、上海超拨等经过极短暂的波折以后，生产经营形势一直很好。当然，一些产品无特色、质量一般化的企业将面临日趋困难的形势。

因此，可以预期2003年我国乐器生产经营总体上将呈现出口形势继续保持较大幅度增长，内销形势在去年的基础上略有增长的健康发展态势。

3.乐器行业的发展进一步得到国家和社会的认可与肯定

2003年乐器行业又有一批企业和企业家得到表彰，如北京星海乐器有限责任公司荣获"全国五一劳动奖状"，东北营口钢琴（集团）公司张大鸣总经理荣获"全国五一劳动奖章"并光荣当选全总十四大代表，广州珠江钢琴集团有限公司总经理助理麦燕玉当选十届全国人大代表，受到了江泽民主席接见；广州珠江钢琴有限公司及北京星海乐器有限责任公司被确认为国家大型企业；珠江牌钢琴、星海牌钢琴被评为中国名牌产品。同时涌现了一批省市级乐器名牌产品，如星臣牌吉他和红棉牌吉他荣获广东省名牌产品。这些都说明了乐器行业的社会地位和影响越来越大。

4.以广州珠江、北京星海、东北营口、上海民乐一厂等为代表的国有企业，以及一批充满生机和活力的合资、民营企业，加快发展的步伐，已经成为乐器行业的中坚力量

特别是近年来，一批重点大中型企业，通过加大技术改造力度，加快技术创新、制度创新和科研开发步伐，企业综合素质和核心竞争力进一步增强，将为全面提高我国乐器制造业整体水平，提升乐器产品质量、档次，增强国际市场竞争力，创造极为有利的条件。如广州珠江计划投资1.2亿元实施技术改造，对企业生产布局及产品结构进行重大调整；北京星海加快乐器园区建设，年产5000台三角钢琴的生产车间年内竣工投产；继广东省建立珠江钢琴重点工程技术研究开发中心后，近期经江苏省发改委批准立项，由泰兴凤灵乐器公司投资承建江苏省乐器材料与技术应用工程研究中心，开展乐器材料与声学品质科研及检测技术研究。

5.中国乐器工业的发展，进一步引起世界乐器界的广泛关注和重视

如国际知名的美国及日本《音乐贸易》杂志及国际乐器界人士，在评介中国乐器工业时多次提到："世界乐器制造中心正在加快向中国转移"，"在下一个10年里，中国将成为重要的、日益增长的乐器市场"，"美国和中国是世界上极少数耀眼的（乐器）消费市场中的两个"，"美国乐器市场中钢琴的80%、提琴几乎100%以及大部分的吉他产品都来自中国制造"……这一切都充分说明我国乐器制造业在国际乐器市场中的地位正在进一步提高，影响不断扩大。

另一方面，随着中国入世，世界乐器制造业中，钢琴、提琴、吉他、管乐、打击乐等领域的一些外国知名乐器企业、进一步利用中国的原材料和人力资源优势、通过实施"科研、开发留在本国，制造中心和采购中心移向中国"的发展策略，加快向国际乐器市场扩张，进入并占领中国乐器市场的速度。因此，中国乐器工业的进一步发展，在近年内即将面临的真正对手，应该是具有强大实力的国际竞争对手。对于这种发展态势，国内乐器企业特别是主要出口企业和大中型企业，应该引起高度重视和研究必要的应对措施。

二、四届二次理事会以来协会开展的主要工作

按照四届二次理事会的有关精神以及协会2002年工作计划，结合这一年中乐器行业的实际情况，协会主要开展了以下各项工作：

1.开展对外合作交流及组团参观国际乐器展

（1）2003年1月由王根田理事长、齐建平秘书长以及上海国际展览中心有限公司唐贵发总经理、上海轻工科技学会乐器分会郭德力秘书长等一行5人，以中国乐器协会名义组团考察了2003美国NAMM展，并与美国NAMM董事长、总裁等主要领导人进行了会见。双方就加强中美乐器行业合作，中国加入世界乐器协会联盟（目前世界上共有15个国家建立了乐器协会）以及加强双方信息交流等广泛话题进行磋商。此次会见是2002年9月以来，协会与美国NAMM主要领导人的第二次接触，进一步宣传了中国乐器行业发展，增进了双方的合作与友谊。

（2）2003年3月，由齐建平秘书长带队，组织广东中山粤华、南京钢琴厂等10家企业，一行17人

组团赴德国参观法兰克福乐器展。出访期间，还考察了德国SEILER钢琴公司及奥地利倍森朵夫钢琴厂，与厂方主管生产技术及营销方面负责人进行了座谈、交流。这次出访活动主要是为乐器行业中小企业服务，为他们走出国门，了解国际乐器市场，学习国外先进的生产和管理经验、营销策略，为本企业进一步抓好企业管理，提高产品质量，开拓国内外市场，提供了一次难得的学习机会。

（3）2002年10月，上海国际乐器展期间，接待了前来参观乐器展的日本钢琴调律师协会参观团，该团受多米实会长的委托，专门就中国乐器协会钢琴调律师分会加入国际钢琴制造调律师协会问题进行了商议。此后，本拟由钢琴调律师分会组团参加2003年国际钢琴调律师协会年会，后因“非典”原因未能成行。

2.完成“2003中国（上海）国际乐器展”的筹备工作

由中国乐器协会、上海国际展览中心有限公司、法兰克福（香港）展览有限公司共同主办的“2003中国（上海）国际乐器”展经过三方共同努力，克服了“非典”对招展工作（特别是国外展商）带来的困难，将如期于10月15日－18日在上海国际展览中心和上海世贸商城举办。由于“非典”原因，原计划2003年在国内举办的乐器展大部分取消或延期，因此，今年的上海乐器展将受到国内外乐器行业的格外关注。

本届展览会面积将达到26000平方米（较2002年扩大40%），有来自15个国家和团体的近410家中外厂商参展（其中：国内企业302家，国外参展商107家），因此本届展览会无论从展会规模、展品范围以及活动内容和水平方面都将有较大的创新和提高。此外，本次展会有两个显著的特点，一是我国乐器行业继续以整体亮相的态势，出现在今年的展会上，接受国际国内乐器市场检验，包括广州珠江、北京星海、东北营口、上海钢琴公司以及河北金音、江苏凤灵、广州保嘉等进入世界225强的中国企业以及国内乐器行业的20多家强势企业都绝大部分参与了展会，充分体现了中国乐器工业与时俱进发展的新水平、新面貌。此外，随着中国入世，近年来，相继进入并活跃在中国乐器市场的日本雅马哈、罗兰，韩国英昌、世正，美国AXL等国际知名企业也几乎都参加了本届展览会，我们可以从中感受到国际乐器市场发展的新趋势、新潮流，以及外资企业进入中国市场的态势与动向。二是经过多方努力，今年的上海国际乐器展将作为由上海市政府和文化部主办的第五届中国上海国际艺术节系列活动之一。使上海乐器展的文化品位进一步提升，对促进乐器行业与文化艺术界的合作与联系具有积极作用。

3.配合中国名牌战略推进委员会完成钢琴中国名牌产品的评介工作

为推进我国名牌战略的实施，2003年国家质检总局授权中国名推委在钢琴等26类产品中开展中国名牌产品的评介工作。根据名推委的部署和要求，中国乐器协会配合完成了向名推委提供行业情况、参评企业条件的确定、推荐行业专家，制订评介细则等项工作。

按照《中国名牌产品管理办法》，我国钢琴行业符合条件、自愿申报的六家企业，经过多项评介程序后，中国名推委最终确定珠江牌钢琴、星海牌钢琴为中国名牌产品。这既是广州珠江钢琴有限公司及北京星海乐器有限责任公司的荣誉，更是中国乐器行业的荣誉，因为他表明了我国钢琴制造业经过近50年奋斗后的发展水平，表明以钢琴为代表的中国乐器工业在人民文化生活中的地位和作用日益提高。在2003年中国名牌评介工作中，国内有关钢琴企业为争创中国名牌做了大量的工作，尽管由于种种原因未能入围，但这些企业依然是我国钢琴行业的佼佼者，仍将在我国钢琴制造业的发展中发挥重要的作用。同时，中国名牌的评介，也是对本企业实施名牌战略的一次全方位检验。有关企业应该进一步总结经验、找出差距，在今后的实施名牌战略中取得更大的成绩。评名牌不是目的，而应该把实施名牌战略看作是提高企业综合素质，提高核心竞争力的重要手段，重在实施、重在过程。

在这次中国名牌评介过程中，有些问题特别是抓好企业管理和质量等基础工作，值得引起我们在创名牌过程中予以注意和进一步加强的。一是开展国际质量体系认证（即ISO9000）以及采用国外先进标准或国际标准（即采标工作），这对于生产企业，特别是出口企业是保证和体现产品质量的两个重要方面，也是与国际接轨所必需的。但是我们有的企业尽管规模不小、出口量也不少，而这方面工作还没有开展，有的企业尽管实际上是采用国际标准组织生产，但是没有取得标准化主管部门颁发的采用国际标准证书，也就是采标工作没有得到认可。这不仅是对创名牌，而且对企业扩大出口也是不利的。其二、不论是创中国名牌还是行业名牌、地方名牌，必须紧紧围绕名牌的评介指标，即市场（国内外市场占有率）、质量（实物质量水平，产品检测数据）、经济效益（销售额、利税、创汇）以及发展（企业发展前景、行业所占地位）等做好各项工作，因为这是衡量企业的产品够不够名牌资格的基本数据，要通过长期的实际工作积累资料，用数据说话。这次中国名牌评介工作中，一些企业由于平时不注意积累，拿不出相应的佐证材料，最终影响了评介成绩。

4.抓好乐器行业信息工作

为了加强乐器行业信息工作，协会自2002年底开始筹建协会信息部。信息部的中心任务是加强乐器行业信息的收集整理，为企业、为政府提供信息服务。为此，协会投入一定力量，充实专职人员，配备了必要的工作条件。目前，信息部各项工作已紧张有序的开展起来。

一年来协会信息部主要开展了以下各项工作：

(1) 编辑出版协会专刊《中国乐器》。自2003年1月起,《中国乐器》已由协会主办并出版发行，经北京新闻出版局批准，作为行业内刊出版发行。至今已按月出刊9期。

(2) 建立中国乐器协会网站（网址：www.cmia.com.cn)。网站已于今年上半年建成，本着边建设、边充实提高的原则，已于7月份向行业正式开通，使协会为企业提供信息服务多了一个更加直接、快捷的渠道。

(3) 开展为行业内重点企业提供特殊服务（个性化)，主要是根据企业的特殊需求，承担企业的宣传报道及信息服务。

(4) 编辑《中国乐器年鉴》。2002年《年鉴》已正式出版，2003年《年鉴》原订于10月份出版，由于受“非典”影响，争取在年底前出版。

(5) 协会作为《乐器》杂志的主办单位之一，参与有关工作。

协会信息部开展工作一年来，根据行业内各方面反映，协会的信息工作在增加信息量、扩大行业覆盖面、开展行业信息统计、密切与企业的联系等方面都较以前有所加强和提高。

5.完成三项国家职业标准的编制工作

按照劳动和社会保障部下达的任务，在劳动部和中国轻工业职业技能鉴定指导中心的指导下，继2002年完成《钢琴调律师》、《钢琴制作工》国家职业标准后，又相继组织有关乐器行业力量，完成了《管乐器制作工》、《提琴制作工》、《民族拉弦与弹拨乐器制作工》三项国家职业标准的制订工作。今年8月份三项标准已先后通过了由劳动部组织的专家终审，有望在今年年底以前通过劳动部批准后向社会颁布并实施。

在上述三项标准制订过程中，民族乐器分会、提琴分会、管乐器专业委员会发挥了很好的作用，北京管乐器厂、广州珠江钢琴公司管乐器厂和提琴厂、上海民族乐器一厂、江苏泰兴凤灵乐器公司等有关企业给予了很大的支持，派出主要工艺技术人员参加标准的编写，此项工作也得到中央音乐学院郑荃教授及民乐制作专家满瑞兴等相关行业专家的指导和支持。

三项国家职业标准的制订，是乐器行业一项具有现实和深远意义的技术基础工作，为进一步开展职业技术培训、提高职工技术素质、推行职业技能鉴定和职业资格证书制度，发挥积极作用。

6.加强乐器职业技能鉴定站建设，开展钢琴调律师职业技能鉴定

经劳动和社会保障部批准，已于2003年3月分别在北京、广州建立了特有工种职业技能鉴定站。目前两个鉴定站在加强内部建设、建立考评员队伍的同时，已正式投入运行。8月26日－31日，北京职业技能鉴定站对来自全国22个省市的108名从事钢琴调律工作的人员，进行了职业资格鉴定工作。从开展此项工作以来，经职业技能鉴定，已有445名钢琴调律师领取了由劳动和社会保障部颁发的各级职业资格证书。其中高级技师（一级）34人；技师（二级）52人；高级技能（三级）283人；中级技能（四级）73人；初级技能（五级）3人。

7.协会分支机构活动情况

2003年协会下属的口琴、电子琴、提琴及提琴制作师4个分支机构分别开展了行业活动。

(1) 提琴制作师分会：于今年春节由郑荃会长组织召开了北京地区提琴制作师团聚会，主要内容是研究分会的年度活动计划，介绍在美国举办的国际提琴制作比赛及我国参赛选手获奖情况，研究组团参加2003年意大利国际提琴制作比赛。2003年10月将由提琴制作师分会组团，郑荃会长带队，北京、上海、广州等地10余名提琴制作师赴意大利观摩、参赛。

(2) 口琴分会：于2003年3月23日－24日，在上海青浦区召开了口琴专业委员会三届二次会议，会议的主要内容是修改和完善口琴专业委员会行规行约，研究提高口琴原材料质量及在口琴行业开展质量调查及行业打假等问题。

(3) 电鸣乐器分会：于2003年1月9日－11日在深圳举办了《强制性产品认证实施细则》(3C认证）宣传贯彻会。邀请专家对相关企业进行培训、讲课，以提高企业对实施3C认证的认识。今年8月1日国家全面实施3C认证制度后，电鸣乐器分会开展对国内电鸣乐器生产企业实施3C认证的情况进行了调查。目前，已通过认证的企业包括上海华新、深圳美得理、武汉致嘉等10余家，占电子琴生产企业总数的60%以上。

(4) 提琴专业委员会于10月9日－10日在泰兴市举办2003年提琴“文化科技”节活动，活动主要内容包括：由文化部组织“乐器声学品质检测系统”成果鉴定会；由江苏省计委组织“江苏省乐器材料与技术应用工程研究中心”专家论证会。举办江苏省“凤灵”杯少儿提琴大赛。

(5) 经中国轻工业联合会同意，原计划由钢琴分会、口琴专业委员会组织开展行业质量调查，但由于工作费用的落实以及检测工作分工等问题尚待协调解决，此项工作尚未具体开展。

关于协会分支机构的报批情况：根据民政部关于清理整顿全国性社会团体分支机构的精神，经协会四届二次理事会通过的变更和新设分支机构的决定，协会报经中国轻工业联合会、原国家经贸委批复后，已经民政部最后批准，并办理了相关登记、取证等手续。

8.向国家有关部门反映行业情况，提高钢琴出口退税率

四届二次理事会以后，根据有关钢琴出口企业

要求国家提高钢琴出口退税率的反映，协会对有关情况做了调查，在此基础上于2002年11月形成书面报告，呈送原国家经贸委、原外经贸部、海关总署、国家税务总局，并派专人走访了上述相关部门，反映行业情况，但至今未得到有关部门的答复和回应。今年8月，当从国内媒体上得知，财政部、商务部、税务总局等有关部门拟建议国家从2004年起调降出口退税率，以缓解国家出口退税负担过重的信息后，协会又一次向中国轻工业联合会反映，经陈士能会长亲自批复，已于2003年8月21日，以中国轻工业联合会的名义，向商务部行文，再一次吁请国家有关部门考虑钢琴行业实际困难，支持钢琴出口，提高出口退税率。尽管这是一项难度很大的工作，但是我们仍将尽最大的努力，为减轻企业负担，提高企业效益，做好力所能及的工作，起码能在2004年国家实施调低出口退税政策时，能予以考虑，不致进一步降低乐器产品的出口退税率。

9.关于发展新会员及2003年会费缴纳情况

四届二次理事会以来，协会先后收到青岛世正乐器有限公司、天津市隆兴集团有限公司等26家企事业单位的入会申请，经协会秘书处与有关分支机构通报情况征求意见后，已正式吸纳为中国乐器协会团体会员，至此协会现有团体会员数160家。

关于2003年会员会费缴纳情况，截止9月底，按期交纳会费（包括申请减免7家）的企业共104家，占会员总数的65%，应该说会费缴纳情况是比较好的。今年由于“非典”的影响，给部分企业生产经营带来了较大困难，大家在这种情况下，不仅给协会来信反映情况，仍然坚持按期缴纳会费，这表明企业对协会工作的一贯支持，我们一定珍惜大家的支持，把协会工作做好，把会费使用好。

一年来，协会秘书处在理事会的领导下，在广大会员单位和全乐器行业的支持下，做了一些工作，取得了一些进展，但与我国乐器行业快速发展以及国际乐器市场形势变化的要求，还存在很大差距，主要表现在：

（1）调查研究不够，工作还不深入，行业情况了解不全、不透，对行业发展中的共性问题，缺乏总结、提高，对存在的问题（如规范乐器市场问题）缺乏有效的解决办法和针对性措施。

（2）协会工作联系面还不够广泛，主要集中在少数行业的大中型骨干企业，工作面没有铺开。

（3）在信息工作方面，由于人手少，忙于日常事务性工作的应对，对企业的服务工作还有很多地方不到位，包括《乐器》、《中国乐器》和中国乐器协会网的工作质量以及信息量、覆盖面等有待进一步提高。

三、关于2004年协会工作的初步设想

2004年协会秘书处拟重点抓好以下各项工作：

（1）加强调查研究。进一步了解行业、熟悉行业，为说清行业打下基础，以便及时总结行业发展中存在的问题，提出针对性的解决措施。

（2）抓好培育发展名牌工作。温家宝总理最近指出：“自己的名牌产品和知识产权，是企业增强市场竞争力的关键”。党和政府已经把抓好质量工作和实施名牌战略，提高到适应经济全球化和参与国际竞争的战略高度，推进名牌工作也得到了全国各地有关部门和企业的进一步重视，我们要充分利用和抓住这一机遇，要围绕创名牌来推动企业的生产经营活动。为此协会在新的一年里，要加大对已获得中国名牌及地方名牌产品和企业的宣传力度，充分发挥名牌的示范带动作用。同时要进一步推进名牌工作的开展，加大对重点行业、重点企业及重点产品的培育力度，在培育中再创造一批行业名牌、地方名牌。

（3）进一步做好协会信息工作。协会拟充实信息部力量，在增加信息量和扩大行业覆盖面上下功夫，把已经开通的网站及《中国乐器》、《乐器》杂志、《中国乐器年鉴》办好，为广大企业提供更多更好的信息服务。

（4）继续办好2004年中国（上海）国际乐器展。为适应我国乐器行业及国际乐器市场发展的要求，引导国内乐器展览市场健康发展。从2004年起上海国际乐器展将移至上海浦东新国际博览中心举办，以争取在近年内把上海乐器展办成亚洲乃至国际乐器大展。2004年的展会面积将扩大至30000平方米以上，展会的各项组织工作将更加繁重。进一步加强与美国NAMM等国际乐器组织的联系和沟通，扩大中国乐器行业在国际乐器行市场的影响。

（5）抓好北京、广州职业技能鉴定站的完善和建设，进一步开展钢琴调律师职业技能鉴定工作，力争在明年内把这项工作进一步规范化、制度化。

（6）做好《管乐器制作工》、《提琴制作工》、《民族拉弦、弹拨乐器制作工》国家职业标准的宣传和贯彻，为在此基础上进一步开展职业技能培训和鉴定创造条件。继续组织力量完成《电声乐器制作工》、《打击乐器制作工》国家职业标准的编制。

（7）加强乐器行业工商贸易的联合，整顿规范乐器市场。协会将在新的一年中加强工作力度，以求在整顿和规范乐器市场方面有更大的成效。

（8）以中国乐器协会名义向国家商标局申请注册集体商标（或证明商标）。集体商标（或证明商标）受《商标法》保护，是国家商标管理部门根据目前我国经济状况和经济秩序的现状而实施的商标管理制度，2003年4月17日国家商标局还专门颁布了《集体商标和证明商标注册和管理办法》。所谓集体商标是协会会员身份的标志，由会员共同拥有和使用，代表会员共同平等使用的权力，不是会员不能使用。而证明商标是由协会向市场出具的一种证明，体现公开、公平、公正，可以证明企业产品的品质和信誉度。由此可见做好集体商标或证明商标的申请注册

和使用工作，既是协会为会员服务的一种体现，同时也有利于打击假冒伪劣，规范乐器市场。

以上工作内容仅是初步设想，待本次理事会讨论并进一步征求行业意见后，将形成2004年工作计划，以供大家工作中参考。

各位理事、各位代表，今年6月，胡锦涛总书记在中央政治局集体学习会上发表了“始终坚持先进文化方向，大力发展文化事业和发展文化产业”的重要讲话，讲话深刻阐明了在实现21世纪头20年的奋斗目标中，发展文化事业、文化产业的重要性和紧迫性，并将为我国乐器行业的进一步发展创造前所未有的历史机遇和社会环境。大力提高人民精神文化生活，是我国经济建设、社会发展的永恒主题，这些都预示着乐器需求不断增长的发展前景是无庸置疑的。“非典”等一切困难、曲折，只能是前进道路上的小波折，是暂时的。让我们团结一致，开拓进取，以“发展是执政兴国的第一要务”为指导，将学习贯彻“三个代表”重要思想化为动力，化为实践，化为发展、提升企业的实际行动，努力做好2003年最后三个月的各项工作，彻底扭转“非典”带来的种种困难和影响，为争取2003年乐器行业取得更大的成绩，为提高我国人民文化生活水平做出更大的贡献！

关于调整部分理事、常务理事、副理事长的决议

根据中国乐器协会《章程》及四届二次理事会《关于协会会员、理事、常务理事组织管理的规定》，调整增补理事、常务理事如下：

一、因企业或单位人员变动而调整：上海钢琴有限公司党委书记兼常务副总经理张子跃为副理事长；广州珠江钢琴集团有限公司总经理叶石池、烟台龙凤钢琴有限公司总经理徐金山、天津市乐器厂厂长汪同芳为常务理事；恢复国家轻工业乐器质量监督检测营口站站长何新馥为理事。

二、因企业改制或企业自身原因已连续3年不能缴纳会费、不能为行业尽义务、发挥作用，免去上海手风琴厂、上海管乐器厂、天津管乐器厂理事、常务理事单位职务；免去吉林艺华文体乐器专业商店、昌乐百灵乐器有限公司理事单位职务。

三、本届理事会以来，积极为行业发展尽义务、做贡献成绩突出，为适应协会发展和工作需要增补提琴分会会长单位泰兴凤灵乐器有限公司董事长兼总经理李书为副理事长；增补上海超拨实业有限公司、美得理电子（深圳）有限公司、河北金音乐器制造有限公司为常务理事单位；增补上海中雅钢琴有限公司、南京钢琴厂有限公司、上海玛珂钢琴有限公司、宜昌金宝乐器制造有限公司、宁波海伦乐器制品有限公司、上海知音琴行有限公司、杭州天目琴行有限公司为理事单位。

关于任命分支机构负责人的决议

分支机构名称	负责人	所在单位
中国乐器协会材料配件专业委员会	陈海伦总经理	宁波海伦乐器制品有限公司
中国乐器协会打击乐器专业委员会	刘明董事长	天津津宝乐器有限公司
中国乐器协会手风琴专业委员会	汪同芳厂长	天津乐器厂

一次充满活力的盛会
——中国乐器协会四届三次理事会侧记

中国乐器协会四届三次理事（扩大）会议于10月12-13日在素有“中国天堂”之美誉的杭州召开。这次会议内容之丰富、参会人数之多、代表情绪之活跃，都是中国乐器协会四届理事会以来最具活力的一次会议。

这次会议到会代表来自86个单位，比四届二次参加会议人数增加了30%左右。

这次会议安排的日程虽然仅有一天半，但内容较前几次会议更丰富和广泛。除有理事会年度工作报告、秘书处工作汇报、代表发言以外，会议还安排了协会工作调查问卷，参观萧山雅马哈乐器公司、杭州天目琴行及游览西湖等项活动。在会议的主会场，还陈列了由中国乐器协会信息部为这次会议制作的“中国乐器工业50年”、“中国乐器协会四届理事会以来开展的工作”图片回顾展，10块展板从各个侧面反映了中国乐器工业50年来的发展历程和中国乐器协会工作的简要介绍。这些形式在过去都是协会未曾组织过的活动，使与会代表加强了行业的交流，开阔了眼界，增进了友谊和感情。

中国乐器协会名誉理事长张连庸在大会上说：“中国乐器工业与时进俱，在党的政策指引下，蓬勃发展，出现一个非常好的发展局面。这几年中国乐器协会的工作很有起色，加强了各方面的工作，特别是大力强化信息工作，扩大乐器展览会的规模，这对于宣传企业、宣传产品、扩大销售都起到了积极的意义。我作为一个老的乐器工作者都感到非常高兴和振奋。这次会议出席人数之多说明中国乐器协会是有凝聚力的，中国乐器协会作了大量与会员单位息息相关的工作，工作是有成效的”。

这次乐器协会理事会受到了社会媒体的关注，设在杭州的“全球乐器网”网站对整个四届三次理事会议进行了现场直播，通过国际互联网，全世界都看到了中国乐器协会四届三次会议的现场进行情况。

会议结束以后，代表们对参加这次会议深有感触，为此，记者采访了部分到会代表，请他们发表参加这次会议的感想，并对中国乐器协会今后工作提出建议和指导，对中国乐器工业的未来做出展望，以下刊登对他们采访记录。

本届理事会的工作是实实在在的

代表们对中国乐器协会一年来的工作给予充分肯定。

北京天力提琴有限公司总经理杨凯说：“这次会议虽然时间短，但内容十分丰富。协会四届理事会成立以来为行业做了许多实实在在的事情”。

国家轻工业乐器质量监督检测营口站站长何新馥说：“我们参加这次理事会，有一种乐器行业朝气蓬勃的感觉，参加代表人数创造了历届会议之最，说明协会有很强的凝聚力，大家在一起共同探讨乐器行业发展的前景”。

青岛世正乐器有限公司销售公司经理李德祥说：“青岛世正乐器公司今年刚刚加入中国乐器协会，成为协会的团体会员，我认为近年来中国乐器协会作了许多实在的工作，从协会的杂志和网站上对协会的工作进一步加深了解，我们感觉中国乐器协会作为一个民间组织，人气越来越高了，大家都愿意融入这个乐器大家庭里来”。

昆明乐器厂厂长伍俊武说：“本届理事会与过去的理事会有很大的区别。无论是大单位，还是小单位协会经常向会员广泛征求意见，这是我们体会最深的。而且协会工作通过会刊《中国乐器》杂志不断地通报协会的工作进展情况，使我们能够及时了解协会所作的每一项工作，我们对协会的工作很满意”。

苏州民族乐器一厂总经理沈博文说：“我对本届乐器协会的工作十分满意，王理事长的报告我都仔细看了，我对本届乐器协会领导充满信心”。

河南乐器研究所所长黄林潜说：“这次理事长的报告讲的都是乐器行业有指导性的意见，条条都有前瞻性，将会对今后乐器行业的发展起到促进作用”。

成都乐器厂总经理罗良培说：“这次会议切合实际，乐器行业走到今天，确实有了发展，但是还需要努力，乐器信息工作在会上提出的几点意见非常好，是立足乐器事业的根本，是乐器行业感到十分欣慰的事情”。

武汉艾立卡乐器有限公司总经理张鉴堂说：“这次理事会在行业规范方面做了大量的工作，取得了一定的成效，展览会办得越来越好，越来越国际化，今后我们每年都会参加展览会。报告中，中国乐器协会一年来的工作大家都有目共睹。分支机构，行业自律工作也做的较好，我们也参加了分支机构，并且实行了3C认证”。

武汉致嘉钢琴制造有限公司总经理周锐说：“武汉致嘉公司是一家生产数码钢琴的企业，希望协会今后对我们公司给予关注，进行报导宣传，同时把有关信息传送给我们”。

上海欧亚钢琴有限公司总经理郑明统说：“希望协会今后能够充分利用现代化网络信息手段，多给我们一点乐器信息。比如，可以介绍一下钢琴如何从欧洲转到美国、转到日本，现在又转到中国的？这个过程是如何实现，原因又是什么？以便我们中国钢琴制造业有很好的借鉴。另外希望中国乐器协会能够为中小企业提供技术性帮助，到国外参观，或帮助聘请一些技术人员等”。上海玛珂钢琴有限公司总经理金鹤皋说：“我希望协会今后能够帮助作一些企业不能办到的事情，如帮助企业到国外参展，参观，这样企业能够开阔眼界，与国际接轨”。

我们遇到了乐器大发展难得的机遇

中国乐器协会四届三次理事扩大会给大家创造了一个难得的机会，大家能够聚在一起回顾一年来的成绩与辛劳。

广东中山粤华钢琴乐器有限公司总经理高永湖说：“今年“非典”对我们企业有所影响，生产和销售都减少了15%，原计划到年底生产5500架钢琴，现在看起来完成不了。但企业资金回笼在98%以上，出口比去年增长了50%。同时我们为今后的大发展做好准备，我们把今年定为质量年，一切以质量为重点，开发了两个新产品，并投资200万元，新增2800 平方米车间，为明年大上三角钢琴作好准备。我们也在为明年进行ISO9000认证做好准备。目前企业职工的情绪十分稳定，对企业发展前景充满信心”。

汇丰乐器公司销售部经理方扬说：“我们是一个新兴企业，创办不到3年，是广东肇庆市林业局与香港粤海集团的合资企业，主要生产中纤维板，钢琴是企业的下游产品，公司2002年产值为5.7 亿元，我们的钢琴产品前两年处于实验阶段，主要进行技术开发，产量不大，每月生产100多架，有3个品牌，3个系列”。

香港柏斯琴行总经理吴天延说：“香港柏斯琴行近几年在国内有了较大的发展，除在香港有18个店，在内地29个城市设有45个琴行，整个经营面积大约有数万平方米，最大的在上海、北京、沈阳等地，北京的琴行刚刚经过装修有700平方米，上海琴行有3500 平方米，沈阳音乐学院有一个2000平方米琴行，深圳有1000平方米，柏斯琴行还将在上海建立10个超过1000平方米的琴行，全部销售额达到5.5亿元人民币。柏斯琴行在国内广东东莞、湖北宜昌、上海嘉定等地设有钢琴厂，上海嘉定有一个占地50亩的企业，生产能力10000架钢琴，在宜昌与日本卡瓦依钢琴厂合作生产，卡瓦依品牌钢琴，香港柏斯琴行明年生产能力将达到15000架，其中定牌5000 架，占中国钢琴生产量的7%～8%，我们争取的目标是10%。柏斯琴行在国内乐器行业将塑造高品位，高档次的形象”。

青岛世正公司李德祥说：“我们公司成立不久，便得到青岛市的重视，获得青岛市名牌产品称号。青岛虽然起步晚，已经跻身于当前中国乐器出口的前列，创造了乐器生产的奇迹。在中国钢琴已经取代了日本，韩国钢琴在美国的位置，使德国法兰克福和美国 NAMM 都到中国来寻找伙伴。现在我们世正钢琴不仅注意国际市场，对国内市场也是非常重视的，我们也在开始确立世正钢琴在国内的位置”。

北京天力提琴杨凯说：“我们公司把今年定为质量年，放弃了过去盲目追求产量的模式，保证每一批交货都要达到质量要求，从而取得了一定效果，我认为今年公司经济指标肯定超过去年。我们采取的措施主要是练内功，近几年中国提琴有了很大的发展，这是业内人士一直在谈论的事情，国外提琴界不断地给我们反馈意见，反映中国提琴质量有了很大的提高，甚至有的说，你们还不知道中国提琴在国外反映有多好，许多外国人拿了我们的琴去参加比赛，并获了大奖，这样更增加我们提高质量的决心，我们要感谢乐器协会给我们创造了许多平台，让我们有得以施展的机会”。

山东龙口泰山管乐器厂总经理梁维民说：“我们公司今年计划在原来基础上翻一番，但在“非典”中受到严重制约，几乎停顿。我们现在准备在美国建立一个分公司，把产品的定位放在中档管乐器上，现在我们生产的萨克斯在中国已经取得了重要影响，江泽民主席在美国西雅图会议上送给当时美国总统克林顿的萨克斯就是我们公司生产的”。

上海玛珂钢琴有限公司总经理金鹤皋说：“今年公司由于“非典”受到一定的影响，到6月份已经恢复，今年可以完成计划6500架钢琴。我们下半年要办两件大事，一是筹建二期工程启动，我们将斥资2250 万元，建设25000平方米厂房，为明年企业产品上规模、上档次作好准备，为争取创名牌打好基础。另外我们还将在上海中山公园附近建一个1000平米的琴行，确立公司品牌形象，并实现立足上海，全国推广，走向世界的目标”。

武汉艾立卡公司董事长张鉴堂说：“我们公司产品主要是吉他音箱、倍司音箱，75%的产品出口，属外向型企业。目前主要市场：50%在美国，30%在日本，20%在欧洲。“非典”对我们有影响，但不大。去年出口创汇200多万美元，今年要达到400多万美金，现在国际订单不断增加，但是产能供不上，现在我们申报一个3000万的技改项目征地建厂房，这是武汉市8个技改项目之一，通过技改项目的完成适应世界乐器制造中心向中国转移的形势。

对未来，大家一致看好，但要市场规范

参加中国乐器协会四届三次理事扩大会议的代表，都是来自乐器行业方方面面的带头人，他们肩负着振兴中国乐器的重任。记者采访了他们中的一部分，请他们发表对中国乐器未来发展的看法。

经过对他们的采访，从他们所言所语，集中到一点，那就是：对未来大家一致看好，但必须进一

步规范乐器市场。

河南大学高级钢琴调律师阎学智说："目前市场经济条件下，不让别人生产也是不现实的。现在钢琴厂家越来越多，将来终会走日本的道路。大厂走规模生产，提高质量、降低成本的道路。不是不同意小厂生产，但有的企业门口挂一个牌子，就几个人，他们把钢琴生产看的太简单了，我认为今后钢琴生产会是由小变大，走集团化生产的道路，这就是我的观点"。

成都乐器厂总经理罗良培说："成都乐器厂是乐器行业的老企业，有50多年的历史。到今天，有些萎缩，主要是体制上的原因，企业对国家政策的理解还有待于提高，成都是西部的大城市，乐器有很大的市场，我们要把自己的工作做好，做出自己的贡献"。

汇丰乐器方扬说："我觉得中国钢琴制造还有很大的发展空间，也还有许多不足，许多东西还不完美。钢琴是劳动力密集型的产品，需要所有员工高素质的配合才能做出好产品。现在市场趋向比较乱，有许多定牌钢琴，但我认为品牌战略是非常重要，现在不是订牌的时期，而是品牌的时期，真正好的品牌才能立于不败之地。现在是科技时代，我们钢琴是传统手工业，但科技含量很少。大型企业这方面做得很好，中小企业做得较差，钢琴应当引进高科技。钢琴工业发展以后，与汽车产业一样会出现兼并的过程，向更大的产业集团发展，实现强强联合。中国钢琴如果与国外竞争必须联合，进行各种形式的合作，如技术、资金、土地、设备参股，这是一种趋势。今后20年只能剩下20家钢琴厂，我希望我们的企业能够存在下去，我现在就教育我们的员工要自强，要增强自己的实力"。

世正乐器公司李德祥说："中国的乐器市场很大，未来中国乐器的发展过程，谁也不知道会持续多少年，随着乐器行业的进一步发展，不会永远这样下去。现在各企业都在练内功，不论是大厂，小厂、杂牌琴都在练内功，他们已经不是光追求外观，卖高价来寻找出路了。内在声音质量差是没有出路的。珠江、星海成为中国名牌是抓质量的结果，没有品牌是没有出路的。现在中国钢琴企业要发展就要拼实力，抓管理。在管理、工艺、技术跟上形势的发展，企业才会就会发展"。

香港柏斯琴行吴天延说："中国乐器市场，作为销售商来讲，最担心的就是外国资本的进入，现在中国政府正在采取措施减缓外国企业的进入速度。今后影响比较深远的是日本雅马哈公司，将来他们会有大的动作，会影响整个中国乐器市场的格局，他们将会占领中国25%～30%的市场，甚至更加高的比例，而规模比较小的企业经营都会比较困难"。

广东中山粤华钢琴公司高永湖说："乐器市场现在比较乱，小的企业不断出现，最近中山市又开了一个厂，很多钢琴厂虚假广告特别多，而且价格战特别厉害，今后希望协会对好的强势企业进行宣传，对会员准入制度要加大监控力度。我十分赞成集体商标，今年对符合条件的企业授权，对规范行业发展会有促进作用"。

上海欧亚钢琴公司郑明统说："现在有一个误区，认为产量越高，实力越大，就越好。实际钢琴并不是产量越大越好，关键是产品的质量，产量越大越危险，产量太大实际上是浪费了材料"。

山东泰山管乐器厂梁维民说："现在乐器市场发展，大家都认为有空间，有些人就盲目生产，我认为现在中国乐器仅是发达国家的几十分之一，虽然有空间，但必须上档次上规模"。

中国乐器正在一步步走向世界，可喜可贺。但问题又是不断出现，中国乐器协会在这场改革的大潮中能否担此重任？要靠政策，也要靠全体会员的支持。中国乐器协会将会一如既往、义无反顾地为中国乐器的兴旺而努力工作。

中国乐器协会钢琴分会换届预备会侧记

中国乐器协会钢琴分会换届预备会议于2002年5月9日－10日在厦门召开。这次会议是多年来，国内钢琴生产企业领导人首次坐在一起共同研究我国钢琴制造业生产发展中的重大问题。应当说，这次会议的议题和它所形成的一些共识，都将使这次会议成为中国钢琴制造史上一次十分重要的会议，并将进一步为我国乐器行业的健康发展起到积极作用。

这次会议召开的背景，是根据中国乐器协会第四届理事会的决定，为加强和发挥钢琴分会的职能作用而召开的，但从更深层次的含义上来说，这次会议的主要议题是共同研究和探讨中国加入WTO以后，面对日趋激烈的国内外钢琴市场竞争大环境，中国钢琴制造界如何团结协作，创新求实，创造出我们国家自己的民族品牌，力争早日进入世界名牌钢琴的行列。

参加这次会议的是来自国内各主要钢琴生产企业的领导，除个别因特殊情况请假以外，与会者全部是企业的第一把手。中国乐器协会理事长、秘书长作为特邀代表列席了这次会议。

中国钢琴制造业进入了一个关键时期

会议由中国乐器协会钢琴分会会长、广州珠江钢琴集团有限公司董事长兼总经理童志成主持，开始他说："中国乐器协会第四届理事会以后，各乐器专业分会也陆续开展工作，这次轮到我来主持本届钢琴分会的工作。中国是世界最大的乐器生产国，如何利用中国改革开放的动力去把中国的乐器事业搞好，尽快地赶上世界发达国家的水平，现在到了一个非常重要的时刻。根据中国经济体制发展的趋势，政府管理行业的职能进一步弱化，因此我们要更好的发挥行业组织的作用，做好工作或者说今后的发展更多的要靠自己解放自己，自己教育自己，我们在座的人都要担当起中国乐器行业发展的责任。王根田理事长多次到钢琴企业考察工作，要求我们要有所作为，有所不为。切实解决目前国内钢琴生产经营当中出现的问题。钢琴是乐器行业的龙头产业，钢琴搞好了，可以推动整个中国的乐器事业，所以钢琴分会肩负着排头兵的作用。钢琴分会的大门永远是敞开的，现在是社会主义市场经济，国有、私营都是历史发展的动力。但是，我们也思考过，凡是参加入会的单位都要有一个基本的条件，要符合市场经济的基本原则，要符合守法、实事求是的要求。现在在我们乐器界出现了一种现象，给我们钢琴行业带来了许多干预，现在一股很不正常的回扣风，一台琴1000元、2000元、甚至3000元给老师，有个别甚至还有四五万元的，这样损害了消费者的利益，也给钢琴界带来危害。这些问题，我们所有钢琴厂都认为这是不良竞争，不规范的竞争，这种竞争必然带来严重的损害。另外一些钢琴厂在宣传上还有许多夸大其词的广告，什么德国技术、英国进口、历史名牌等，还有各种商标牌子一大堆，非常不规范。有的企业没有一点依据，随便就可以开一个钢琴厂，对这些不良现象，我们都应当通过分会，通过我们的宣传媒体，宣传出去，我们要对老百姓负责、对市场负责、对自己负责、对行业负责，这样我们的钢琴才有希望。我们今天在座的钢琴厂代表了中国钢琴的形象，产量占了中国钢琴产量的90%，只要我们这些工厂能够抓好大方向，我们的钢琴行业会发展得更好，会更有希望。今后我们要请教育部、国家质量技术监督局、《人民日报》、《经济日报》有关部门和新闻媒体来开一次座谈会，认真地解决一下目前钢琴界所存在的问题。这次会议，我们还要进一步明确和认识钢琴分会机构的功能、作用、责任，这对于中国钢琴发展方向如何确定，市场如何规范是很重要的。现在我们企业确实有点被人耍弄的感觉，现在社会上到处搞评比、鉴定、展销，使我们无所适从，这样的评比到底代表那一个权威机构，有谁来承认他们评出来的第一名、第二名、第三名呢。现在社会上有很多华而不实的东西，今后我们要自己成立一个权威的鉴定小组，但不是搞评比，而是互相学习，共同提高。现在在社会上有许多各种各样的钢琴厂，没有100个，也有几十个了。中国是不是非要这样多的钢琴厂，这很不现实。我在这里抛砖引玉，分会到底应当搞些什么，我们大家一起来研究，今天，我们开筹备会议，到10月份在上海乐器展览会上正式召开成立大会。真发挥我们钢琴分会的功能，使中国钢琴界成为一个互相促进，共同发展的团体，以新的面貌出现在社会上。”

中国乐器协会理事长王根田在会上讲了话，他说：“这次我们来参加钢琴分会的预备会，主要是听取大家对我们协会工作有什么要求，如何配合钢琴分会的工作。现在我来谈谈自己的想法。这次会议召开的十分不容易，发通知以后，大家都不约而同的来参加会议，而且都是老总亲自来，有的单位来的不只一个人，说明企业对我们行业的工作更加关心了。企业对行业寄予希望。

我对这次钢琴分会的认识可以用六个字来概括：重要、必要、成熟。

“重要”——要把中国乐器协会的工作搞好，首先要把各个专业委员会的工作搞好，其中最重要的是钢琴分会的工作搞好，钢琴在乐器行业中以产量、产值、利润、出口等指标来计算，都是处于最重要的位置。只要把钢琴行业各方面的关系和存在的问题理顺，基本上可以把我们的乐器行业的工作解决一大半，钢琴分会的地位和作用在整个乐器行业的作用是十分重要的。

“必要”——钢琴分会要尽快地进入角色来发挥他的作用是非常必要的。有几个理由：第一个，中国钢琴行业已经发展到一个关键时期，近几年钢琴行业发展的确是比较快，2000年是23万台，2001年是26万台，增长速度是非常快的，出口形势也非常好，这是好的一面。但从另外一面看，还存在许多问题，如何使钢琴行业保持一个健康的发展状况，这是很重要的。如果发展光有速度而不健康、不规范也是不可取的，到头来会走回头路。现在在钢琴快速发展的同时，出现了一些问题。大家在交谈中经常提到的市场不规范的问题，一些不具备条件的企业都在生产钢琴，虽然这些企业最后都要走集中的道路，但我们现在能否尽量减少一些损失呢，少走一些弯路呢。第二，市场规范的问题，现在我们面临着新的形势，中国已经加入WTO，市场经济越来越深入，国内外市场的竞争也越来越激烈，许多新问题需要解决。第三，钢琴行业面临着自己解放自己，自己解决自己的问题。现在随着政府机构改革、职能转变，许多行业管理方面的工作，都是通过协会来进行的。就国家宏观调控来说，虽然钢琴产品为文化产品很重要，但还没有重要到国家现在就要投入精力来管理的时候，乐器不象酒类、石油、大米、食品等一些关系到老百姓生命安全、身体健康那么直接、那么紧迫，需要国家技术监督局要随时进行抽查，在价格上不可能由国家来进行协调一致，所以现在乐器行业管理方面的事情主要的是自己来管自己，自己解决自己的问题。虽然我们现在的影响力和权威还不太大，但只要作下去，契而不舍的地作下去，就一定会收到效果。市场秩序是肯定会从无序到有序，只要我们把握着乐器行业的大方向，乐器行业一定会向着健康的道路发展的。

"成熟"——钢琴行业是整个乐器行业里技术条件最好的，发展也是最成熟的，也开展工作最好，或是条件最成熟的。这次来参加会议的钢琴企业可以代表整个钢琴行业的面貌和形象。在座的企业全部产量占到95%，出口量占的比例就更高了。特别是在钢琴行业中有一批乐器行业中最优秀的企业家。这些企业家有十分宽广的胸襟，他们不仅考虑的是本企业的发展，而且更重要的是具有为乐器行业整体发展的理想和抱负。我们有如此优越的条件完全可以把工作搞好。"

一致的共识　一致的观点

在童志成会长及王根田理事长讲话以后，会议进入讨论阶段。到会的各企业老总分别就目前钢琴生产与经营环节当中问题和现象发表了自己的看法。

北京星海乐器有限责任公司总经理赵惠臣说："这几年中国钢琴发展得很快，有必要建立一个协会这样的机制，并实行相应的管理办法，来协调整个行业的发展。我们共同的基点应当是在激烈的国际和国内的市场竞争中，如何加大中国钢琴企业的发展，以体现国家钢琴业的整体形象。行业协会在其中起到十分重要的作用，协会作为行业的代表其功能是如何保护自己国家和行业的整体利益，目前我们行业相对的比较散一些。我们每个企业作为协会中每一个成员，应当自觉遵守协会的有关规章制度，我认为制定一个约束自我、净化行业的公约是很有必要的，在一个行业中，如果自己步调不一致，就很难适应这个市场。由于我们自己不能协调，才造成外来给我们带来的负面影响也多。如市场问题、发展问题、战略问题，这些都十分重要。现在社会上的一些活动使企业只能作为单独形象，而且有些活动企业是违心的被迫的去参加。我们每个企业之间应形成一个行业整体。目前企业之间的竞争，如果长期停留在价格上的竞争，就会使企业逐步走向落后，价格降低意味着牺牲产品质量和售后服务，这是企业实力的一种降低。造成企业没有后劲，没有技术的投入，没有销售服务体系的建立。这不仅是企业的损失，也是中国消费者的损失。如果我们在国际市场上能够建立一个比较统一的战线，对于中国走上国际市场是有利的，就国内市场而言，我们要重在建立一套完整的质量服务体系，这样展开竞争，更有利于我们企业自我体系的提高和完备。如果整个行业形成一个拳头，形成一个好的环境，有一个钢琴行业的整体利益，自然会有每个企业的自身利益。"

营口东北钢琴集团公司副总经理王天赋说："钢琴的品牌十分重要，而现在许多小钢琴厂一哄而起，过快过滥，有的报纸只要给钱，就给登广告。我们乐器协会能否搞一次宣传名牌的活动，有些质量不好的钢琴企业，给钱也不能给他宣传。这样，慢慢地在消费者的心目中对名牌钢琴就会有了认识，这就是保护了中国的名牌产品。市场无序的问题，个别老师不负责的引导起到很大的作用，使好的钢琴卖不了，坏的钢琴倒卖得快。对个别老师的问题，我们可以借鉴国外的方法，中国乐器协会与教委联合下发通知，一旦发现老师拿了黑心钱的，有举报的就可以给这位老师进行处罚，或者是自律，严重的可以驱逐出教师队伍。"

南京钢琴厂经销部经理王永和说："行业协会是我们的娘家，应当利用媒体把国外的信息介绍给我们国内的企业，规范整个行业。要在质量、技术、服务上进行文明竞争，不能靠价格来拼，企业没有钱，就无法发展，改进质量。行业当中，如果那个企业损害了行业，我们每个企业应当群起而攻之，形成一种正气，行业要在舆论上多引导，多宣传、多交流。要多宣传国内钢琴的发展历史。"

上海中雅钢琴公司董事长叶耀东说："我是第一次参加这次会议，大家都很热情参加这次会议。我认为现在中国钢琴已经到了百花齐放的状况，这不是一个坏的现象，大家都在发展，但是现在却出现了许多不公平的竞争，劣质产品冲击市场，他们采取的销售手段，是用高的价钱来坑害消费者，使所有的企业受到损害，这些劣质产品冲击市场使消费者的信心下降，影响我们的销售，影响了我们的产品。因为现在存在大量的回扣现象，在边远地区大约6000元～8000元左右，钢琴定价2万多，回扣8000元给老师，商店赚6000元，而钢琴出厂价才才8000元～9000元。许多企业都在这样做。我们不是要把小工厂封死，而是要求大家都是公开公平竞争，大家都用光明的手段去做。我曾经到过一个钢琴厂，这是一个家具厂，也在做钢琴。我没有告诉他，我们是做钢琴的，这个钢琴厂的老板说，钢琴是很好做的，把一个扬琴竖起来做，就是钢琴。别人走过50年的路，我5个月就走完了。这种人不可能把钢琴做好。我在实践中体会到，越是做到后来，越是感到做一架钢琴是很不容易的。现在市场上有许多劣质钢琴，希望大家团结起来做一些工作。大家多做一点努力，多碰一些头，更加紧密一点，该宣传的一定要宣传。在电视台、电台做一些教育消费者的工作，告诉他们如何选择钢琴，把握住如何检验钢琴优劣的方法，让消费者知道什么是好产品，什么是劣质产品。现在很多消费者是靠老师去买钢琴。有些人就昧着良心去作。我相信，我们这样做不仅是为了我们的钢琴事业，而且也是为了消费者得到公平的待遇。"

在听完上述老总的发言以后，广州珠江钢琴集团公司董事长童志成对这么多企业关心整个行业感到非常高兴，他在会议上即席发言说："我对大工厂，小工厂的看法，中国四大钢琴厂也是从小工厂发展起来的。珠江钢琴也是从小工厂起来的，从1956年开始搞钢琴，搞了13台，1958年年产236台，1957

年年产55台。改革开放前，1978年也才产1201台，20世纪80年代中期，每年3000多台，到1984年，我们已经干了30多年，还迈不出去。现在的小厂要比我们那个时候强多了，我们规范市场并不是针对小企业的，而是为建立一个健康的市场环境。发展是相互的，小厂在发展，大厂也在发展，不能因为有小厂的存在就影响我们的企业发展。现在我们的利润还是1.2亿。关键是要研究对手为什么能够存在，为什么能够成功。我们要学习别人好的东西。他的进步可以为我所用，现在我们要抵制的是不规范的，破坏性的，对行业整体造成损害的东西。像家电的价格战打的太厉害了，使某公司亏了6个多亿，换了老板。如果这样下去，肯定是恶性竞争，外国人会看我们的笑话。现在我们要作的事情是为钢琴行业发展创造更有利的条件。我想，最终中国钢琴占到世界产量的60%，是完全有希望的。外国人来了，我们在座的工厂更要团结起来，我们既不打击别人，但决不能让歪风邪气盛行。现在经济体制是多元化，公营与私营都是在一个水平竞争，只要诚信纳税就是国家所欢迎的。我们要学习私营发展的成功经验，私营也可以研究国有经济何能继续发展？其中还是有学问的，我认为，国营企业不应当倒下，也不可能倒下。”

会议讨论继续进行，中山粤华钢琴有限公司总经理高永湖说：“这次会议十分必要，现在中国钢琴厂没有80家，也有60家了，我们企业经过10多年的钢琴生产，有些话我们都不敢说，但有些小厂，一些小厂的虚假的广告非常厉害，需要中国乐器协会要把好关，现在协会有两个喉舌，一个是《中国乐器》，一个《乐器周报》。对于一些虚假的广告要清洗出来。对入会的会员要制定一个条件，但门槛不能太高，第一个是要具备生产钢琴的基本条件；第二要具有好的管理。考核钢琴企业不仅要检测钢琴，而且要考查钢琴的生产条件。现在钢琴市场问题比较多，做一台钢琴、不如卖一台钢琴。卖一台钢琴，不如人家介绍一台钢琴。这是市场不规范的问题。我们要在我们两份宣传媒体上广泛宣传我们好的钢琴企业。介绍一下这些企业管理、发展的经验。对不良的现象提出来，对行业的健康发展是很有必要的。”

福州和声钢琴厂总经理胡颖说：“今年看到乐器协会领导的更换，我们愿意参与协会的工作，协会是我们的娘家，童总是我们的牵头人。我们愿意跟在后面做一些工作。首先，我们要把协会的两个媒体，办成行业性的、权威性的刊物；二是以协会的名义在电视台上做一些公益性的广告。这是为了老百姓消费者的权益。上次检测中心做了一次国家级检测。我们希望还要进行复检，以后我们也可以做一些宣传。有关入会的会员除设立一定的要求以外，还要建立一些管理方面的要求，有不良记录的企业，应当汇总一起，可以作为将来抬高门槛的条件，可以不让他进来。当然也可以给他们一个机会。如果不改，就不能让他们参加。乐器协会可以与教育界沟通一下，现在老师对我们钢琴市场有一点的困扰，应当设立老师的上岗证，老师教琴有资格，介绍买琴是否也应当有一定的资格。”

最后发言的是上海钢琴公司总经理王国振，他说：“我刚刚到这个行业当总经理，过去我离开了一段时间，现在有些情况还不太熟悉，我觉得中国乐器协会改选以后，有了很大的变化，协会做了许多工作。中国加入WTO以后，有许多新课题，行业协会如何应对新形势、新矛盾是需要我们协会认真思考的。这次分会的召开在童总的领导下，起草了一些规定。今后行业的工作，重点是在国际钢琴制造业在从发达国家向发展中国家转移的机遇中，如何形成中国钢琴的整体优势，更好的开拓国际市场。我们行业协会可以做许多工作，一是面对国内的竞争，二是面对国际竞争。真正使是中国钢琴成为世界大国，不仅是量的方面，还有质的方面。只有这样才能成为真正的世界钢琴强国。

“第二个想法，是整顿规范市场，大家都在倡导公平有序的竞争环境。现在这方面的问题比较多，当前我们面临的市场经济，有一个自身发展的客观规律。作为我们本身来说首先应当遵守这个客观的规律，我们的领导要有一种宽广的胸怀，一种超前的意识，一种符合市场客观运作的意识。我们整顿市场的出发点是推动钢琴行业健康发展，保护消费者的权益，保证企业的正当利益，最终落脚点是扩大中国钢琴在世界上的市场份额。在市场经济中，要确立几点观念，一是竞争的观念，只有竞争才形成了世界事物的千恣百态，任何人不能回避他，这是行业发展的催化剂和推动力。价格的一致也是不可能的，制定价格要有一个度，要做出一定的规定，每个企业的钢琴价格不能低于制造成本价，如果低于成本价，就是倾销，就是为了短期增加市场份额，而采取的不正当手段，必须制止。有关广告的问题，我们也要做一些规定，不能随便讲美国技术、中德合资，这些都是虚的。还有国际金奖，其实有的所谓国际金奖也是可以用钱来买的，他们的评选机构也是一个虚假机构，对这些广告要在行业中做一些规定。真正凭自己的实力取得的奖，我们可以大力宣传，用钱买来的奖就不能宣传，对这个要用制约的措施。除了竞争的观念以外，还要有互补合作的观念，利益双赢的观念。强的与弱的合作、小的与大的合作，先进与落后的合作对双方都有好处。在市场经济中，我们要把思想观念理顺，倡导一种健康的、有利于行业发展的竞争环境。我们要倡导一种诚信经营的观念，要诚信为本，不能无限地夸大，我们钢琴行业在这方面要带个头，使整个行业有一个大发展。”

“第三点，技术创新的观点，美国不断地倡导技术创新，使他们为世界大国。我们钢琴行业也要倡导技术创新，花大力气搞技术创新，这将会缩小与世界发达国家钢琴行业的距离。如果一个企业不行，可以由协会牵头，几个企业联合攻关，我相信对整个行业是有好处的。”

在到会老总全部发言结束以后，会议进入讨论自律公约和形成决议阶段。

健康的钢琴市场需要自律与监管

这次钢琴分会换届预备会议的一个重要议程，是讨论和通过“建立中国乐器协会组织架构”、“中国钢琴制造行业文明竞争公约”（征求意见稿）（文件另发）、“建立中国钢琴制造行业文明竞争监察小组”、“钢琴分会2002工作计划”（文件另发）、“批准讨论部分企业的入会申请”等一系列议案。

通过上述文件的核心思想，是钢琴分会针对多年来钢琴生产无序、松散的管理状态，在这次会议上以文件的形式，将中国钢琴制造行业文明竞争办法固定下来。

与会代表以讨论分会秘书处起草的各项文件为基础，就当前中国钢琴制造业内存在的问题和采取的有效措施，广泛、深入的交换了意见。在会议结束之前，全体代表达成了一致的共识，会议取得了非常有成效的成果。正如童志成会长在会议结束时所说的，这次会议是多年来从来没有的心情舒畅，大家畅所欲言，团结一致向前看，这次会议开的非常成功。

总结这次会议所取得的成果，应当体现在以下几个方面：

（1）社会主义市场经济需要行业管理。中国改革开放20多年来，已经初步形成了市场经济新秩序，政府行政干预职能在不断弱化，企业自我发展的潜能得到了最大的发挥。但是随着市场经济的进一步深化，全球经济一体化进程的加快，企业之间的相互协调，公平竞争、形成一个拳头一致对外的要求已经迫不及待的提到议事日程上了。第一，在这次会上老总们普遍要求，要通过行业协会大力宣传中国的名牌钢琴，保护中国的名牌。要充分利用我们自己的媒体，并且要在电视台、电台上制作公益广告，该出多少钱，企业就出多少钱。要注重和强化行业协会媒体的组织建设和思想建设，要利用各种形式，广泛大力宣传自己行业内的事情，要尽快建立自己行业的网站，同时要真正使刊物、报纸、网站成为社会上，中国乐器界最有权威、最具读者群的行业媒体。第二，现在社会上有许多单位纷纷向企业发通知，要求搞什么评选名牌、参加展销等名目繁多的活动，他们这种做法使企业无所适从。为此，企业强烈呼吁：要尽快停止这些损害企业利益，搅乱市场的非政府行为。今后的所有活动应当统一并归口到中国乐器协会的行业管理中来。由行业协会来统一步调、统一行动。第三，以统一形象对外交流，中国加入WTO以后，已经成为世界经济大家庭的一员，中国钢琴需要与发达国家钢琴业进行交流，了解信息。现在欧洲、美国都有许多乐器协会一类的组织，作为一个国家的形象，大家非常需要以协会来牵头，走出国门，沟通信息，开展各种国际性活动。

（2）行业自律是保护企业健康发展的最有效办法。讨论《钢琴制造行业文明竞争公约》是这次会议的重要议题，每一个代表都对制定这样一个公约拍手称快，认为是目前钢琴制造业结束无序，走上健康道路的十分重要一项工作，是完成必要，非常及时的。在对公约个别条款进行修定以后，大家都一致通过这个公约，并希望尽快将这个征求意见稿向社会公布，并有待于在10月份的会议上正式通过。这说明，与会代表深刻的认识到，推动中国钢琴继续发展的重要条件是必须有相应的法规文件作为保证。在当前形势下，钢琴类乐器产品还不能纳入国家监管范围产品的条件下，我们必须在行业内实行自我教育、自已解决自己的方法，实行行业自律。行业内的每一个企业都应当自觉遵守共同的法则，大家都以保护国家利益、消费者利益为原则，以诚信为本，尊重其他企业利益为美德，绝不搞任何虚假、欺诈行为。会议代表说，现在有些企业夸大宣传，虚报企业产量、把别的企业的商标换下来贴上自己的商标，不按时向国家纳税，这些都属于企业不自律的行为。对于这种现象，我们在通过“公约”以后，要根据事实，在我们的媒体上进行曝光，彻底地披露这些不良现象，让他们没有市场。对于申请入会的企业，我们制定相应的标准和条件，通过企业实地考察，将那些有一定规模、按时纳税、经营守法的企业适时地吸收到乐器协会中来。

（3）市场监管是建立健康钢琴市场的重要手段。社会主义市场经济的规则是政府搭台，企业唱戏。在这次会议上，每一位老总达成一致的共识是，在今后很长的一段时间里，是我们企业自己在政府搭建的舞台上表演一幕幕精彩的节目，我们乐器行业虽然资本少，经济效益小，但对国家、社会的贡献大。在这里我们可以演出更多更精彩的戏剧。我们大家要在中国乐器协会的领导下努力工作，作出成绩。为了使我们行业有一个健康规范的大环境，我们要在自律的基础上，加强监管力度，真正体现“自己教育自己、自己解放自己”。针对现在社会上乱评比，乱发奖牌的现象，老总们呼吁成立行业检测监察小组，由行业内部进行产品质量交流，分析工作。针对当前有些企业及商业的不公平竞争，高回扣现象，及高额长期欠款行为，要建立企业包括商业的不良记录档案，对于有不良记录的企业或商业可以进行行业内部的教育、警告、曝光、直至处罚。针对目前企业广告用语，企业名称的界定不规范的现象，今后要建立行业内的审核办法。杜绝广告用语中的夸大其词的提法，对一些钢琴组装厂、配件厂的名称进行界定，不能笼统地一概称为钢琴厂。通过行业逐步实行监管措施，使中国钢琴制造行业走上一个健康有序的发展轨道。

会议最后，全体代表一致同意，将在10月份召开一个有一定规模的、宣传力度较大的“中国乐器协会钢琴分会换届大会”，借中国上海国际乐器博览会的东风，把中国钢琴制造业推上一个健康的、规范的发展轨道。

关于中国乐器协会钢琴分会换届筹备工作报告

各位代表：

钢琴分会是中国乐器协会的分支机构，是全国钢琴生产企业自身的组织机构。中国乐器协会第四届理事会成立以后，王根田理事长、齐建平秘书长十分重视各分会、专业委员会的建设，亲自指导钢琴分会的换届工作。

钢琴产业是乐器行业的重要产业，在乐器制造领域占有重要的、独特的地位。无论从产值、利税、出口创汇等各项指标在行业所占的比例，还是在社会、市场的地位，其他乐器产品都是无法比拟的。正是因为这一点，我们钢琴分会在行业建设上就应该起带头作用，就应该做得比其他分会(专业委员会)更加好。

我们钢琴分会秘书处(筹)按照中国乐器协会的指导意见和要求，从今年初开始，为钢琴分会的换届做了一系列筹备工作，现报告如下：

一、中国乐器协会按上届钢琴分会所定的轮流担任会长的程序，明确了本届钢琴分会会长由珠江钢琴集团董事长、总经理童志成先生担任，分会秘书处也随之设在珠江钢琴集团。

二、钢琴分会秘书处(筹)起草了钢琴分会换届的相应文件：

1.关于中国乐器协会钢琴分会组织架构的决议(讨论稿)；

2.中国钢琴制造行业文明竞争自律公约(征求意见稿)；

3.关于设立中国钢琴制造行业文明竞争监察小组的决议(讨论稿)。

三、于今年5月9日－11日，在厦门召开了钢琴分会换届筹备会议，中国乐器协会王根田理事长、齐建平秘书长和10户骨干企业主要领导人参加了会议，与会人员就钢琴分会秘书处(筹)提交的有关文件进行了讨论和审议，一致同意以上述文件为基础，加以修改完善(详见会议纪要)。会后，秘书处结合厦门会议的精神，并征询了部分会员企业的意见，对文件作了较大修改，现正式提交会员会议审议通过。

四、按照中国乐器协会的指导意见，今天，在这里召开中国乐器协会钢琴分会会员会议。会议将对钢琴分会秘书处(筹)提交的会议文件进行审议；将分析加入WTO后国内钢琴行业所面临的形势与挑战；将就整顿和规范国内钢琴市场，提倡文明、诚信、规范、有序的竞争等钢琴行业自身发展的相关问题进行研究，统一认识，共同应对，以利行业的健康、持久、稳步发展。

我们在筹备工作中，得到了中国乐器协会的指导，得到了行业内各企业的重视和支持，如王根田理事长两次亲自修改《文明竞争自律公约》，星海乐器公司曾书面就《文明竞争自律公约》等文件提出修改意见，对此表示感谢。

钢琴分会秘书处(筹)
2002年10月8日

关于中国乐器协会钢琴分会组织机构的决议

根据中国乐器协会章程，中国乐器协会属下将设立钢琴分会，分会将设置会长、副会长、秘书长，具体如下：

会　长：广州珠江钢琴集团有限公司董事长童志成

副会长：北京星海乐器有限公司总经理赵惠臣

秘书长：广州珠江钢琴集团有限公司总经理助理黄南炬

特此决议。

中国乐器协会钢琴分会
2002年10月14日于上海

关于设立“中国钢琴制造业文明竞争监察小组”的决议

中国乐器协会钢琴分会第二届会员大会(通过)

为创造公平、公正，文明、有序的钢琴市场竞争环境，在中国乐器协会的指导下，中国钢琴制造的骨干企业自发制定了《中国钢琴制造行业文明竞争自律公约》，并倡议国内各钢琴制造企业共同遵照执行。为使《公约》变成各企业的自觉行为，拟设立中国钢琴制造行业文明竞争监察小组：

组　长：	王根田	中国乐器协会理事长		
副组长：	童志成	中国乐器协会副理事长	钢琴分会会长	广州珠江钢琴集团有限公司董事长
	赵惠臣	中国乐器协会副理事长	钢琴分会副会长	北京星海乐器有限公司总经理
	张大鸣	中国乐器协会副理事长	营口东北钢琴公司总经理	
	王国振	中国乐器协会副理事长	上海钢琴有限公司总经理	
	齐建平	中国乐器协会秘书长		
成　员：	黄南炬	中国乐器协会常务理事	乐器协会钢琴分会秘书长	
	孙　强	中国乐器协会常务理事	烟台龙凤钢琴有限公司总经理	
	胡　颖	中国乐器协会常务理事	福州和声钢琴公司总经理	
	高永湖	中国乐器协会理事	广东中山粤华钢琴乐器有限公司总经理	
	戴巧如	中国乐器协会会员	南京钢琴厂有限公司董事长	
	叶耀东		上海中雅钢琴有限公司董事长	

特此决议。

中国乐器协会钢琴分会
2002年10月15日于上海

中国钢琴制造业文明竞争自律公约

中国钢琴制造业已有半个多世纪的发展历史，随着人们物质、文化生活水平的不断提高，对钢琴的消费需求与日俱增，钢琴将成为持续增温的消费热点。为了使这一行业持续、健康地发展壮大，与国际市场接轨，适应中国入世的要求，针对目前钢琴市场存在的问题，在行业中规范竞争行为，共创公平竞争环境，建立有序的竞争机制，强化行业自律，是十分必要的。这既是我国建立社会主义市场经济体制、整顿和规范市场经济秩序的客观要求，也是钢琴生产企业、销售企业和消费者的迫切要求。

第一章　总则

第一条　为促进我国钢琴制造行业的健康发展，规范钢琴产品的市场竞争秩序；为维护行业整体利益和企业长远利益；为保护经营者、消费者正当合法的权益。依照国家的有关法律、法规，本着行业牵头、厂家协商、互相监督、自我约束的精神，坚持公平竞争、优胜劣汰的原则。特制订《中国钢琴制造行业文明竞争自律公约》。

第二条　本公约是中国钢琴制造行业的自律性公约，也是企业文明竞争、自我约束的行为准则。每个钢琴制造企业不分经济成分、不论规模大小都必须依照本公约规范生产经营行为，保证向社会、向消费者提供高品质的钢琴产品。

第三条　中国钢琴制造各企业自发建立良性的、有序的文明竞争秩序，有利于国内钢琴市场的培育和各钢琴企业的健康发展。中国的钢琴企业要挽手合作、与时俱进，发扬中华民族的民族气节，统一对外，在国际市场上打造中国钢琴品牌，扬中华民族之威。

第四条　和其他行业一样，钢琴行业肩负着发展社会主义市场经济，推进社会主义精神文明的历史重任，不仅是社会物质的生产者，是社会民众的服务者；不仅是社会文化进步的推动者，也是现代文明的建设者。建立良好的公平竞争氛围与环境，树立文明竞争的新观念、新风尚，是每个钢琴企业的社会职责。

第二章　文明竞争的基本要求和行为准则

第五条　文明竞争的基本要求是：公平公正、诚实守信；规范行为、严控质量；文明经营、童叟无欺；以信取利、以德兴业。

第六条　净化乐器行业商业环境，实行乐器经销商诚信等级制(等级标准细则另行规定)，引导钢琴销售企业讲道德，讲诚信，规范经营。对不讲诚信的商业企业，钢琴制造企业联合共同给予制裁。

第七条　钢琴分会会员必须是中国乐器协会的会员单位或个人会员。必须承认和遵守中国乐器协会章程，必须积极参加协会和分会组织的各项活动。

第八条 必须树立文明竞争观念，提高文明竞争意识，摒弃旧的传统陋习。正确处理竞争与合作、自主与联合、自觉与监督、对内与对外、经济效益与社会效益各种关系。建立与保护有序的、良性的市场竞争秩序；鼓励与支持公平、合法的市场竞争行为。

第九条　各企业要遵守国家税法，增强纳税观念，建立企业财务管理制度，依法向国家缴纳税金。在"公平税赋"的税收政策下，创造公平竞争环境。企业不得以逃税行为来降低成本取得产品的价格优势，以不正当的低价扰乱市场，获取暴利。行业坚决抵制这种违反国家税法的行为。

第十条　企业领导要有文明竞争，共同发展的广阔胸怀，提倡平等协作，互利互惠，优势互补，共同发展。支持企业之间的交流、协作、合作和联合，共同应对我国加入WTO以后钢琴行业所面临的挑战，共创中国钢琴行业之辉煌。

第十一条　鉴于钢琴是一种高档耐用消费品，是科学与美学、技术与艺术有机结合的文化艺术产品，为此，各企业要严格执行《中华人民共和国产品质量法》。通过对员工进行职业责任、职业道德、职业纪律、职业行为教育，规范企业自身生产和经营行为，承诺不生产假、冒、伪、劣产品。做到：

1.坚决履行和贯彻《中华人民共和国质量法》，注重产品质量，企业生产必须严格执行《钢琴》国家标准(GB／T10159—1995)或优于标准的企业内控标准。

2.企业应积极推行IS09000国际质量保证体系标准，加强质量管理和完善企业的计量体系，确保钢琴制造全过程(产品设计、木材处理、配件采购、加工、产品装配、调律整理、保管运输等)的质量均处于受控状态。

3.努力提高企业自身的产品开发创新能力，在国家木材资源紧缺的情况下，企业要积极开展新材料的应用研究，综合利用木材资源，鼓励企业开发新型材料，以代替木材的使用。

第十二条　企业要认真执行《中华人民共和国消费者权益保护法》、《中华人民共和国价格法》、《中华人民共和国合同法》、《中华人民共和国专利法》、《中华人民共和国商标法》、《中华人民共和国广告法》等国家法律、法规、做到：

1.各企业要按《中华人民共和国消费者权益保护法》的规定，诚信经营、童叟无欺。不但要向消费者提供符合质量标准和价格合理的产品，而且要提供优质的服务（特别是售后服务）。售出产品一年内免费调律不少于一次，如出现严重质量问题，生产企业应包退包换，一周内妥善处理用户投诉。

2.各企业应执行《中华人民共和国广告法》，如实印制企业的产品说明书和对外宣传资料，做到实事求是，恰如其分地、客观地宣传自己的企业和产品，不向消费者提供有虚假成分的宣传资料，不为自身利益抵毁同行业其他企业及产品，不在产品中加贴内容虚假的宣传标牌，切实履行自身在广告宣传中所承诺的义务。

3.各企业应按《中华人民共和国商标法》、《中华人民共和国专利法》的规定，如实注册企业的产品商标和保护自己的注册商标和专利技术，不仿冒、盗用他人商标。

4.各企业要按《中华人民共和国合同法》的规定，负起对各自经销商的管理责任。

(1) 督促经销单位正确使用导购示意牌，如实标示产品的制造商、产地和厂商的企业性质(如国内企业、外资企业、中外合资等)以及产品的销售价格。

(2) 凡属翻新琴、二手琴应在产品显著位置标明"翻新"、"旧琴"字样，供消费者选购参考。

(3) 引导经销商诚实经营，不搞回扣式销售，不与不良钢琴教师联手欺诈消费者，不以次充好、以假乱真、低质高价坑害消费者。鉴于目前我国大部份钢琴消费者无法辨别钢琴音色质量差异的现状，钢琴经销商可实行挑选钢琴佣金制。即：钢琴教师为购买钢琴者挑选钢琴可获最高不超过300元的报酬。

5.各企业要执行《中华人民共和国价格法》，在销售定价中，应考虑合理的利润，如实定出自身产品的价格。既不与不法经销商搞暴利式欺骗销售，也不搞暗中降价，低价竞销等有损行业利益的低水平竞争，特别要防止低于出厂成本价的倾销和出口。若发现经销商(包括购琴介绍人)有不正当推销行为并获取高额回扣，消费者及供应商有权向本会举报。本会取得确凿证据后，在会员单位内通报批评。对屡犯不改者，本会将组织若干龙头企业停止供货给该销售商。另一方面，向教育部门及有关政府机关举报有关人员的不良行为，并要求取消其执业资格，以确实保障企业、消费者的利益。

6.各企业在经营推介宣传中，不应侵犯同行其他企业商誉，不损害其他企业的合法权益。而是应以自身的信誉、商德去赢得消费者。

第十三条　根据国家经贸委赋予工商领域行业协会的职责，中国乐器协会及其所属钢琴分会，有权对国内钢琴制造厂家的产品价格(包括出口价格)进行协调，有权会同质量监督部门、工商管理部门对国内钢琴市场进行监督和整顿，以维护行业的健康发展。

第十四条　各企业要严格执行《中华人民共和国统计法》，认真、客观、真实地按要求向行业协会报送统计数据和企业情况，不虚报、谎报、错报、瞒报和漏报。各企业报出的数据要得起实践的检验和社会的监督。

第三章　公约的实施与责任追究

第十五条　本公约由中国乐器协会钢琴分会秘书处起草，由中国乐器协会钢琴分会会员大会讨论通过，并经企业法人代表签字后，向全国钢琴生产企业发出倡议，共同遵照执行。

第十六条　参与签约的各企业应带头遵守和维护本公约，自觉接受社会各界和社会舆论的监督。有责任将本公约向所属员工进行宣传，并成为企业广大员工的自觉行为。

第十七条　对申请加入本会的企业，该会将接到申请表后，3个月内组织有关人员对申请入会的企业进行实地考察。主要考核指标有：经济状况、技术水平、产量、产值，是否守法经营，依法纳税。考察合格后，提交本会理事会讨论，通过后方可成为该会会员。

第十八条　中国乐器协会钢琴分会将会同中国乐器协会（E－mail 信箱为：yucqlxle@sohu.com）成立监督小组，对各企业的产品质量和经营行为进行监督，开展各企业诚信等级的认定，开通中国乐器信息网，接收社会各界投诉，对自律性差的违约企业给以制约并作出如下相应处罚：

1.可视企业具体违约的情形，责成违约人(或违约企业)向受损害的单位和个人在一定范围内进行赔礼道歉。

2.可视经济受损程度，要求违约人向受损者作出经济赔偿。

3.对严重违约者，协会和分会将进行查处，除按实进行经济赔偿外，还将在新闻媒体上予以曝光。

4.对多次劝告、批评不改的企业，经协会和分会会员会议讨论，不安排参加行业组织的国内外展览、不给予在协会主办的刊物上刊登广告宣传，以及行业内力所能及的措施，直至取消会员资格的处理，并在媒体上公布。

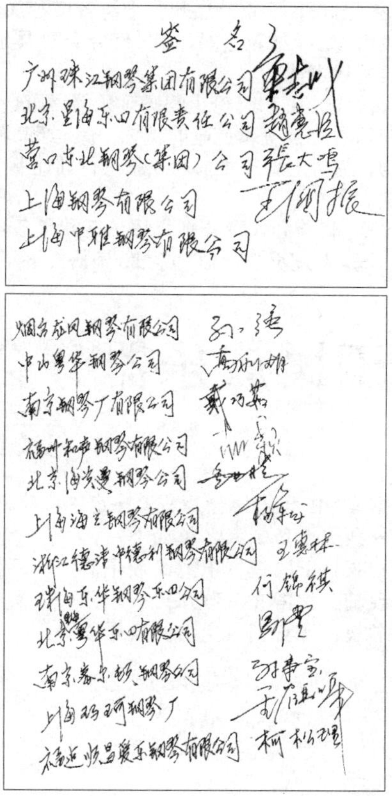

中国乐器协会钢琴分会第二届会员会议(通过)
2002年10月15日于上海

中国乐器协会民族乐器分会四届一次代表大会纪要

中国乐器协会民族乐器分会第四届会员代表大会第一次会议于2002年5月30日在上海召开，会议历时一天。参加会议的有上海民族乐器一厂厂长王国振、厂长助理沈正国、厂办主任陈仲仪、研究室主任陈书，苏州民族乐器一厂有限公司董事长沈博文、副总经理史继伟，北京星海粤华乐器有限公司副总经理王永录，北京星海乐器有限责任公司民族乐器厂厂长肖锡奎，饶阳成乐民族乐器厂厂长李铁成，天津华韵乐器有限公司工程师郑明松，广州珠江钢琴集团有限公司中娱鼓乐厂厂长张志森，天津民族乐器厂副厂长张之强，昆明乐器厂副厂长陈亚雄，饶阳北方民族乐器厂厂长杨俊朋，扬州民族乐器研制厂厂长田步高，无锡古月琴坊经理万其兴、厂长黄建洪。会议由上海民族乐器一厂负责接待。

会议的主要议程是：

1．各企业介绍本单位概况

2．选举产生分会正副会长，聘任秘书长

3．推举监察小组成人员

4．商议并通过分会新的行规行约

5．讨论申请入会程序及吸纳会员事宜

6．探索技术和信息交流的新途径

会议由民族乐器分会秘书长沈正国主持。

会议根据《中国乐器协会章程》规定及中国乐器协会提名，并经本届会员代表大会选举通过，选举上海民族乐器一厂厂长王国振为第四届民族乐器分会会长，苏州民族乐器一厂有限公司董事长沈博文为副会长。

新任会长指定上海民族乐器一厂厂长助理沈正国任民族乐器分会秘书长。

会议通过了“民族乐器分会行规行约”，并同时设立“行规行约”监察小组，由王国振任组长，沈博文、齐建平任副组长，北京、广州、上海各厂参加工作。

会议考虑，吸纳新会员事宜，使分会更具地区性和产品类型代表性。

会议决定，在10月份上海国际乐器博览会期间，举办民族乐器分会所属企业的琵琶、中阮产品的技术交流活动，邀请上海及北京的专家进行评比鉴定，但不评名次。

会议期间，与会代表分别介绍了近几年各自的产销经营状况，普遍反映产值、产量、销售额逐年上升，员工收入也在不断提高，企业效益在市场与收入各方面得到充分体现。代表们对当前企业的改制工作十分关注，一致认为，民族乐器生产的民营化是大势所趋，具有很多优势，各企业领导希望今后加强企业之间的合作和沟通，增进交流，使我国民族乐器制作工艺水平和产品质量提升到一个新的高度。

会议结束以后，代表们兴致勃勃地参观了在上海大剧院举办的由上海民族乐器一厂主办的“中国各民族管乐器专题展”以及上海博物馆的青铜乐器。

关于民族乐器分会第四届组织机构主要负责人的决议

根据《中国乐器协会章程》规定的程序，中国乐器协会民族乐器分会第四届代表大会第一次会议讨论通过本分会主要负责人名单如下：

会　长：王国振（上海民族乐器一厂厂长）

副会长：沈博文（苏州民族乐器一厂有限公司董事长）

秘书长：沈正国（上海民族乐器一厂厂长助理兼技术科科长）

中国乐器协会民族乐器分会
2002年5月30日

中国乐器协会民族乐器分会行规行约

第一章　总则

第一条

中国乐器协会民族乐器分会英文名称

China musical instrument association nation musical instrument subcommission缩写为CMIANMIS

第二条

中国乐器协会民族乐器分会是中国乐器协会的分支机构，工作上接受中国乐器协会的指导和监督管理。

第三条

民族乐器分会成员，必须遵守国家宪法、法律、法规，遵守职业道德规范，遵守《中国乐器协会章程》和民族乐器分会的行规行约。

第四条

民族乐器分会的建立，以弘扬中国民族音乐文化，提高乐器工业水准为宗旨。

第二章　分会机构

第五条

中国乐器协会的会员，其业务范围和民族乐器分会的专业相关，经申请可以成为民族乐器分会的会员。本分会的会员以民族乐器制造企业为主体。

第六条

分会会长、副会长由中国乐器协会秘书长提名，并由中国乐器协会常务理事会议定。

第七条

分会设会长一名，副会长一名，秘书长一名，秘书长由本会会长提名决定，报中国乐器协会备案。

第八条

分会的办公地点由会长单位确定。分会平日不实行坐班制，会长认为有必要时可召集副会长和秘书长，召开办公会议。

第九条

分会日常办公费用由会长单位承担，分会活动经费、会议经费由分会单位共同承担、专款专用，项目结束后，费用结清。

第三章　会员守则

第十条

市场规范

1.认真执行《中华人民共和国消费者权益保护法》，反对用不正当竞争手段损害行业企业的利益及消费者权益，不与没有经营执照的教师等联手推销乐器。

2.认真执行《中华人民共和国价格法》、《中华人民共和国合同法》。每年在中国乐器协会主办的刊物上，刊登不明示厂家的部分民族乐器产品市场价格动态，正确引导市场消费。

3.认真执行《中华人民共和国商标法》、《中华人民共和国专利法》，维护专利人、商标法人的合法权利，对仿冒会员商标、盗窃会员专利的行为，一经查实，将通报曝光。会员单位必须有注册商标。

第十一条

会员交流

1.会员单位应积极参加分会主办的各项活动，会员单位负责人因故不能出席的，应派代表参加。分会活动每年不少于一次。

2.各会员单位每年需上报全年综合经济报表一套，并需相关部门核实。分会将各会员单位情况分发给各会员，并上报中国乐器协会备案。

3.分会鼓励各会员单位提合理化建议及会员之间的交流并要求将意见及交流信息及时反馈给分会，通过加强合作，推动整个行业水平的提高。

4.会员提出访问本分会其他会员单位，应事先告知被访单位，被访单位应合理安排接洽。

第十二条

信息发布

1.分会成员应每年如实填写中国乐器协会或民族乐器分会的相关报表。认真执行《中华人民共和国广告法》，分会成员发布在中国乐器协会主办的各类报刊上的生产数量等经济指标，分会有权进行刊后审核和纠正。

2.非分会会员单位发布在中国乐器协会主办的各类报刊上的信息，必要时分会同样有义务提请有关方面进行刊后审核。

3.各分会成员单位参与全国性的器乐比赛、学术研讨会、新闻发布会，必须在举办活动前一周内向分会备案，分会将即时向各会员单位通报信息，使会员单位信息共享。会员单位每年向分会提供在经营中不诚信琴行名单，以便各会员单位经营决策。

4.发布不实信息或误导消费者的行为，会员单位或个人将被在中国乐器协会主办的刊物上曝光，以消除不良响。

第十三条

人员流动

1.未经会员单位同意，其他会员单位不得暗自利用会员单位的在职技术人员、销售人员、管理人员和高级制作人员等，为自己企业达到某种目的而损害会员单位的利益。

2.会员单位依法开除员工，应及时向分会备案，分会也应及时通报各会员单位，所有会员单位5年内不得聘用因违法乱纪被开除的人员。

3.允许合同到期的员工在其他会员单位求职。

4.会员单位职工被认为是企业重要人才的，合同期未到自行离职的，会员单位应及时通报分会备案。

第十四条

违反本分会的《行规行约》，根据情节轻重处以警告、曝光、开除会员资格等处分。

第十五条

中国乐器协会为本分会争议仲裁机构。

第四章　行规行约的修订

第十六条

本《行规行约》的修订须交会员代表大会审议通过。

第五章　附则

第十七条

本《行规行约》由中国乐器协会民族乐器分会负责解释。

第十八条

本《行规行约》在中国乐器协会第四届理事会民族乐器分会第一次代表大会会议上通过生效。

中国乐器协会民族乐器分会
2002年5月30日

关于设立民族乐器分会行规行约监察小组的决议

为督查中国乐器协会民族乐器分会会员单位切实有效履行《行规行约》的相关义务，并进行及时协调，特设立中国乐器协会民族乐器分会《行规行约》监督小组。

组　长：王国振（中国乐器协会副理事长、民族乐器分会会长）
副组长：沈博文（中国乐器协会常务理事、民族乐器分会副会长）
齐建平（中国乐器协会秘书长）
组　员：肖锡奎（北京星海乐器有限公司北京民族乐器厂厂长）
张志森（广州中娱鼓乐厂厂长）
沈正国（民族乐器分会秘书长）

中国乐器协会民族乐器分会
2002年5月30日

中国乐器协会提琴专业委员会一届二次会议纪要

金秋送爽，银杏飘香。在举国上下欢欣鼓舞迎接党的十六大胜利召开的大好日子里，提琴界的盛会——中国·溪桥提琴艺术博览会暨中国乐器协会提琴专业委员会一届二次会议于10月12日在美丽的泰兴溪桥举行。

溪桥镇位于江苏省泰兴市区东侧，钟灵毓秀的溪桥有着深厚的艺术底蕴，秀外慧中的溪桥人和提琴有着说不尽道不完的不解之缘。溪桥享有“提琴之乡”的美称。全镇现有小提琴、吉他等乐器及配套产品生产企业20多家，小提琴年产量近60万把，约占中国的50%，全球的20%，不仅产量无人能望其项背，而且溪桥琴师制作的名琴也凭借其一流的品质深受国内外提琴演奏家的青睐。

此次中国·溪桥提琴艺术博览会是中国乐器协会提琴专业委员会成立一年来第二次举办的盛会。在开幕式上，中国乐器协会提琴专业委员会会长李书、溪桥镇镇长黄红旗等都做了热情洋溢的发言，外资代表也对泰兴开放的合作条件以及良好的投资环境表示赞赏和感谢。此次提琴博览会为期3天，共有约200家提琴制造、提琴配件业及各类经销商参展，其中以泰兴当地的提琴制造企业为主。中国乐器协会理事长王根田、中央音乐学院教授郑荃、北京乐器研究所所长张振启以及泰州市、泰兴市、溪桥镇的各级领导都兴致勃勃地参观了此次博览会，并对泰兴提琴业的发展给与了充分的支持和肯定。

在提琴博览会红火举办的同时，中国乐器协会提琴专业委员会一届二次会议也在泰兴隆重召开。这次会议是提琴专业委员会自去年10月份成立以来，中国提琴界各路精英的又一次聚会。经过一年的努力和工作，提琴专业委员会已经初具规模，拥有自己固定的会员。会上，提琴专业委员会会长李书首先做了工作报告，对提琴专业委员会一年来的工作做了总结和回顾。

报告结束后，上海超拨实业有限公司总经理刘卫国宣读了《中国乐器协会提琴专业委员会行规行约（修订稿)》，并在参会人员的掌声中一致通过。

中国乐器协会理事长王根田在讲话中指出，提琴专业委员会自从去年10月份成立以来，经过一年的努力，已经取得了很大的发展，尤其在李书会长的带领下，不仅把本企业的工作开展得有声有色，而且还关注整个提琴行业的发展，这也是对现代企业家素质的一个要求。另外，几位领导核心也非常团结，一年之中做了大量的工作，这也是造成今天这样一个发展势头的必不可少的因素。目前，中国的提琴制造业发展很快，从《中国乐器年鉴》提供的资料表明，去年我国提琴生产企业的数量已增至70多家，这个数字还不包括大量个体的、小规模的生产厂家，现在出口量占到世界的50%以上，这样的形势很好、也很喜人。但怎样把提琴行业的大好形势巩固下来，使其长期稳定的发展下去，这是现在我们应该关注的，王根田理事长在讲话中还着重谈了以下几个问题：

第一，怎样在保持数量的基础上，进一步提高提琴的质量和档次。目前提琴行业内涌现出许多规模不大的提琴生产厂家，部分厂家为了追求效益，盲目扩大生产规模，只求数量不求质量，造成产品质量差、档次低的产品充斥市场的现状。因此，现在的提琴行业已经到了稳步提高自身档次和水平的时候了，尤其是现在国内原材料特别是木材紧张的情况下，怎样尽可能的开发新技术、开创新产品，做出高质量的好琴来。建议有条件的大企业应该在这方面有所发展、有所作为，避开低价位、低水平的竞争。

第二，怎样在市场经济条件下，规范有序地进行竞争。既然是市场经济，就必定会出现竞争，市场竞争是正常的，但无序竞争就属不正常，如果依靠国家来解决这个问题是不太可能的，因为乐器毕竟不同于食品或卫生安全产品，不可能制定一个统一的标准进行市场准入和把关，因而我们不要仅把希望寄托在外部环境的改善上，我认为更重要的还是怎样加强行业自律，怎样把我们的行业水平、质量水平、档次水平提高。

第三，怎样在我们行业内部开展创名牌活动。国家现在非常重视创名牌，专门成立了中国名牌战略推进委员会，我觉得这是一个很好的决策。提琴行业也可以做出自己的名牌，以前的提琴行业也得过国家的金质奖、银质奖等，如上海的百灵提琴就得到过国家轻工部的奖励，因此老名牌不能丢。但目前大量的产品还没有形成品牌，比如一提到钢琴行业，大家都知道“广州珠江”、“北京星海”，但提琴行业如果真要创出自己的行业名牌，还是需要花一定的时间。希望提琴行业在两三年内能创出自己的名牌，提琴专业委员会也能在这一方面提出自己的设想，想出自己的办法。

大会的最后，由王理事长亲自为李书颁发了提琴专业委员会会长的证书，为宋茂林、刘卫国、伍锐伟颁发了提琴专业委员会副会长的证书，为颁发了杨凯提琴专业委员会秘书长的证书，以及郑荃教授为顾问的聘书。大会还颁发了首届提琴专业委员会会员证，一份份鲜红的证书，一张张灿烂的笑脸，使整个大会的气氛达到了高潮。王理事长激动地讲到，我是依靠大家来进行工作，也希望大家把我们中国乐器协会提琴专业委员会看作自己的家、行业的家、企业的家，也希望我们的提琴行业越来越红火。

提琴专业委员会一届二次会议工作报告

提琴专业委员会会长　李　书

各位领导、各位会员、各位朋友：

在举国上下欢欣鼓舞迎接党的十六大胜利召开的大喜日子里，我们欢聚一堂隆重庆祝中国乐器协会提琴专业委员会成立一周年，同时召开专业委员会一届二次会议，这是我们全体会员单位和全国提琴行业同仁们的政治和经济生活中的一件大事。在此，我代表专业委员会全体会员和凤灵公司1280名员工向参加今天会议的各位领导、各位专家以及新闻界的朋友们表示热烈的欢迎和衷心的感谢！

去年的今天，提琴专业委员会宣布成立。一年来，在中国乐器协会的直接领导下，在上级各有关部门的大力支持和关怀下，工作开展较顺利，在摸索、探讨的基础上力求全面、高效、公平、创造性地推进工作。全体会员及今天到会的提琴企业都为专业委员会的工作做出了一定的贡献。综观全年形势，全国提琴行业在“三个代表”重要思想的指导下与时俱进、开拓创新，各项工作都取得了可喜的成绩。现就一年来的工作总结作一回顾，并分析存在的问题、提出来年的工作打算，请各位领导给予指导，并请各位会员审议。

一、专业委员会一年来工作回顾

专业委员会在过去的一年中，在中国乐器协会的正确领导下、在各会员单位的共同努力下，面对加入WTO给整个行业带来的机遇和挑战，我们注重工作的系统性，也讲究工作的针对性，边摸索、边实施、边总结、边完善。具体工作体现在以下几个方面：

（1）加强沟通、携手合作、共同提高，是一年中专业委员会特别注重的大事，由于各会员单位来自全国的10多个省、市，相对来讲较分散，企业性质不一、规模不一、管理模式不一、工艺技术有较大的差异，市场运作的差别也较大，我们通过信函、电话、传真、考察、展销会期间走访等形式，广泛了解行业内的信息，相互沟通经营、质量管理等一系列问题，及时解决、解答会员提出的问题，并积极与中国乐器协会、全国乐器监督检测中心加强联系，及时通报全行业经营状况、专业活动、企业动态、大事记录、把原来一盘散沙、各敲锣鼓、各自为战的混乱局面进行有益的整治，会员间形成了一片相互支持，相互提高，共同发展的好气候，体现出了专业委员会的纽带和桥梁作用。

（2）面对入世、注重质量、研究市场，也是专业委员会开展工作的主要内容。我国入世后，经济全球化的进程已明显加快，在激烈的国际市场竞争中，质量越来越成为竞争的焦点，我们都清楚地认识到，产品质量是一个企业经济实力的重要标准，是企业生存的基础，没有高质量的产品，企业就无法应对严酷的竞争；不树立自己的品牌，就无法在国际市场上占有一席之地。我们通过广泛的交流和联络，把在国外考察以及与外商的频繁接触等方式获得的大量信息，包括不同流派的制作风格、质量关键点、市场的走向、价格的策略、材料的改良等一系列新动向，加以分析、整合。围绕国内市场的质量状况、市场状况提出了一些新思路和新观点，供有关会员参考，提醒大家利用加入WTO后，外资企业看好我国市场的有利时机，加大引进资金、技术、设备和培养人才的力度，使本行业产品质量能迅速提升并赶上国际先进水平。不仅如此，我们把行业的现状和质量状况急待解决的一些问题系统归类，在国内进行咨询与交流，如凤灵、超拨、长征、金音、森林、天力、爱乐等企业间交流活动；请郑荃教授经常性的指导技术、质量、行业发展方向等活动；以及专业委员会6月11日在凤灵举行的演奏家、音乐家质量恳谈会。这些活动都为今年行业内质量上台阶、上水平提供了有效的保障。

（3）被中国轻工业联合会列入今年计划的提琴标准的修订工作也是本年度专业委员会主抓的大事之一。该工作由全国乐器标准化中心提出，北京乐器研究所和凤灵乐器有限公司负责起草，经过半年多的认真测试，广泛征求意见，在本次会议召开的同时也将召开审定会；这次在修订4/4小提琴和4/4琴弓标准的同时，还制定了4/4大提琴和4/4大提琴弓通用标准，把不同流派、不同风格的产品进行了有机的结合。这一系列标准的颁布，将为规范我国提琴产业技术、质量以及产品的创新，起到积极的指导作用。同时也为整顿提琴产业的不良秩序提供了科学依据。

（4）围绕科技、注重开拓、推陈出新，是专业委员会成立一年来工作卓有成效的又一体现。通过这几年我们一些企业在国外的参展，打开国门后外资企业的不断涌入，以及加入WTO后市场的全面放开，我们不难发现，我国提琴业无论在传统的制作工艺上还是高科技电子、电声琴的开发上都无法与欧、美企业相比，较之亚洲的韩国、日本都有很大差距。正是看到这些不足，今年行业内的许多规模企业，大家达成了统一的共识，把眼光盯在国外市场的同时，也把开发国外不同传统提琴和研究高科技产品放在了主要位置，这方面广州珠江、河北金音、北京的森林、天力、艺苑以及凤灵公司等企业都明显有了起色，并取得了一定的经济效益。作为专业委员会的会长单位，凤灵公司与中国艺术研究院音乐研究所共同研制的“乐器声学品质检测系统”项目已被文化部列入今年的重点科研项目，项目实施较顺利，本次会议以后也将召开专业的新闻发布会。该项目试制成功后，将本着服务于行业，服务于用户的宗旨，竭诚为大家服务。

同时，在这一年中，凤灵公司已在两个不同的领域中试制成功优质提琴、吉他。一是与四川音乐学院陈泽教授合作试制的“复合共鸣箱提琴”；二是自行研制的“内置扩音系统电声吉他”项目，这两个项目都已进入小批量生产阶段，并都申报了国家专利。当然北京、广州、天津以及泰兴溪桥等地有许多家企业都在不同层面上推出了新技术，新产品，我们将在本次会议后再作全面的了解和报道。

5、探索路子、注重实效、开展活动，是今年专业委员会为全行业服务的工作思路。专业委员会刚成立一年，委员会的职能是协调、服务，方法是探索型、实效性。各会员单位从不认识到相识，从不往来到相知，从初步了解到结成朋友，走过了不平凡的一年，委员会的工作也在这一年中悟出了工作的思路。所以说，我们在总结以上工作的基础上，决定再举行本次活动，这次活动把年会、质量研讨会、标准审定会：新技术发布会等一系列工作串联起来开展，是乐器协会领导的指导，也是专业委员会常务理事们共同的意见。整个活动始终贯穿了这样一条原则：“遵规守约、着眼服务、力求广泛、注重公正、推陈出新、确保整体提高”，这也将是专业委员会今后一段时间工作的准则。

总之，专业委员会的工作成绩是在中国乐器协会的领导由于时间问题和行业的特殊性以及经验的原因，工作做得还很不够，存在着许多问题和不足，有待我们全体员会共同努力，在今后的工作中做出成绩。

二、 提琴行业目前存在的问题

由于历史的原因、行业发展不规范的原因以及中国加入WTO以后，市场国际化的深入等原因，提琴产业越来越反映出底气不足、发展不快、质量不高、品种单调、规范不够、效益不佳等不良状况，归纳起来有如下几方面：

(1) 无序的扩张，造成质量低劣、价格低廉、无序竞争，导致全行业效益滑坡。由于市场经济的不断发展以及市场国际化的迅速深入，提琴产业的队伍迅猛扩张，其中不乏有一些行家里手和小规模的提琴制作坊，他们在中、高档琴的制作和工艺的推广上独树一帜，为行业的发展起着很大的作用。但还有大部分涌现的是条件差的企业，他们一味追求量的扩张，在管理不善的轨道上营造着劣质低价的产品，扰乱了整个行业和市场，牵制着行业的发展，大量的伪劣产品和低价产品充斥了市场。对有规模、上档次、求质量、创品牌的企业无疑有着很大影响和冲击，也对我国的提琴行业在质量、价位、管理等方面与国际接轨带来了负面效益。同样假冒商标、以次充好、哄抢客户、相互诋毁的不良倾向也就时有发生，这一系列无序的扩张和不正当的竞争，使整个行业的经济呈现量的扩张与效益增长不同步的不平衡状态。

（2）由于不规范的市场竞争，造成了改良工艺、提高技术、提升质量工作只是有限的大企业、有规模的企业在努力，由此而造成的是大量的资源被浪费，好材料、好配件得不到充分利用，有限的资源被埋没在低档、劣质琴的制作上，中、高档琴也因材料的因素，国内一直产量低下，得不到发展，形成与国际市场的明显反差。

（3）人才资源的使用也显无序状态，许多企业不努力去培养人才和发掘人才，而是靠不正当的方法去挖别人的人才，造成了企业间的矛盾，更使有限的人才得不到再培养、再提升，形成了全行业人才缺乏和一些技术人员不思进取、频繁跳槽和技能得不到很好发挥的不良局面。

（4）经营市场同样是不规范，主要反映在不推名牌、不推精品，一味追求收购低价产品，造成市场混乱，对一些国内大琴行效益造成影响，而外贸出口最终得益的是外商。

（5）共性的问题是新材料、新技术研究工作落后。高新技术产品缺乏，音质音色的改良速度缓慢，专用设备研制不力，自动化程度较低，劳动力资源得不到充分发挥。当然，以上问题的出现既不是偶然的，也不是一朝一夕形成的都是在漫长的发展进程中引发的，其他乐器产业同样也存在类似问题。提琴专业委员会成立时间也不长，也存在着功能不全、职能作用发挥不到位的明显差距，对规范行业竞争的调控能力也不足，在技术的探讨，业务的交流，提高专业委员会凝聚力作用，以及团结一致，共打“中国牌”等方面工作上都做得不够。所以，我们在发现问题的同时，也在分析问题、找出问题产生的根源，以寻求解决问题的方法和途径。

三、 提琴专业委员会下一年度工作打算

总结过去、展望未来，正确引导和共同发展中国提琴产业是专业委员会当前工作的重点。我们应当正确面对现实存在的问题，妥善解决好行业发展的不协调问题，迎接国际市场以及外资注入对国内市场的多方面的挑战，以及有可能出现的又一次提琴产业低潮，发挥好专业委员会的纽带与桥梁作用。对下一年度的工作，我们打算围绕“规范行业行为、全面提升品质、围绕共同提高、加强信息沟通、发挥协会功能、共创提琴辉煌”，来创造性地开展工作。具体打算是：

(1) 加大规范行业管理的力度，突出抓好三方面工作。一是依据新的标准，通过监测手段，实施劣质淘汰制，保护大多数合法的、质量合乎标准的企业利益；二是充分利用和发挥好专业委员会的职

能与权限，依据行规行约，规范提琴产品市场；三是组织行业监督委员会，对违规行为进行及时纠正，并依据价格法、质量法实施品牌保护策略，对严重违约现象上报中国乐器协会，依据行规行约进行必要的处理。

（2）继续加大会员间信息沟通工作的力度，广泛开展技术交流。年内力争做好两件事，一是规划设立中国乐器协会提琴专业委员会网站，以适应加入WTO后提琴产业国际化工作的需求；二是年内力争搞一次或组织参加国际提琴制作的比赛。

（3）把人才培养的工作放在的重要位置上来抓，着重突出职业培训和资格认证工作。在专业办校条件尚不成熟的情况下，采取固定委培办班和流动办班相结合，即依托中央音乐学院郑荃教授的教学基地及有关院校的教学基地，对企业不同层面的技术人员作基础培训和提高进修。必要时按地区分别在北京、江苏、广州等地办班，重点培养提琴制作人员、调音人员和品鉴人员。在条件成熟的情况下，向国家轻工联合会和中国乐器协会申请颁发行业技师（工）等级证书，以培养一支强有力的专业技能队伍，提高行业的整体素质。

（4）广泛做好行业内的宣传工作。把行业内各会员及非会员企业的重要活动、先进事迹、科技创新、工艺改革、质量活动等，通过乐器行业内的杂志刊物如实报道，对成绩卓越、贡献突出的企业、人物和事迹上报给中国乐器协会给予表彰。有条件的情况下可考虑借助外援创办《中国提琴报道》刊物，计划下一年度作好准备，在人员、办报条件、基础设施准备齐全的情况下再作安排。

（5）加强专业委员会的自身建设工作，提高对全行业的服务质量，利用常务理事会及有条件的会员，集中力量完善结构，用好用足服务功能，把增进友谊，协同合作变成全行业会员的共识。并在此基础上吸收一批具备条件、有一定规模和影响、愿意投身于中国提琴事业的单位和个人加入专业委员会，以此来扩大专业委员会的行业性和代表性，推动中国提琴产业向国际化征程迈进。

（6）认真履行专业委员会的职能。要及时把行业内及会员企业的经营情况、市场动态、创新探索、效益情况汇总分析，并向中国乐器协会汇报，有效地指导会员企业全面步入良性发展的轨道。

各位领导、各位会员、各位朋友，在中国乐器协会的正确领导下、在上级各有关部门关怀下，提琴专业委员会工作已逐步迈入正常轨道，对发展的形势和存在的问题都有充分的认识，各会员企业通过一年多的交往与交流，形成了共识、增进了友谊，整个行业形势喜人。在新的一年里，我们坚信：在党的十六大精神的指导下，通过全行业全体同仁的不懈努力，中国提琴行业将会步入一个新的辉煌的年代，为振兴中国乐器工业一定会作出更大的贡献。

谢谢大家！

中国乐器协会提琴专业委员会行规行约

第一章　总则

第一条

中文名称：　中国乐器协会提琴专业委员会

英文名称：Viin　Committee　0f　Chinese　Musical　lnstruments　Asso Ciation　缩写为：CMIA—V。

第二条

中国乐器协会提琴专业委员会是中国乐器协会的分支机构，是由从事提琴生产、设计、研究、营销、文化艺术部门和团体以及专业从事提琴研究制作的相关人员自愿组成的非营利性社会团体。业务上接受中国乐器协会的指导和监督管理。

第三条

本会的宗旨：

为发展中国提琴事业服务，为繁荣文化艺术服务，为维护会员合法权益服务；致力于推进提琴产业的研究和开发，加强国内外专业技术交流和促进行业内自律、相互联系和提高，在提琴质量国际化上实施规范化、标准化管理，以达到振兴和发展提琴工业的目的。

第二章　会员

第四条

中国提琴专业委员会有团体会员、个人会员、名誉会员和顾问，其中团体会员、个人会员必须是中国乐器协会会员。

第五条

会员的条件：

1.提琴专业委员会会员必须是中国乐器协会会员，承认和遵守《中国乐器协会章程》，必须积极参加协会和专业委员会组织的各项活动。

2.凡从事提琴生产、经营、科研、演奏、教学以及与之相关的单位（应取得法人营业执照），均可申请加入中国乐器协会，成为本专业委员会的会员；凡对提琴行业发展作出贡献的企业家和技术人员均可申请，经批准成为个人会员。

3.凡热心发展提琴事业的演奏家，社会知名人士可由本会聘请为名誉会员或顾问。

第六条

会员权利：

1.享有本会的选举权、被选举权和表决权。

2.参加本会举办的各种会议和组织的活动，对本会的工作有建议和监督权利。

3.当会员的权益受到损害时，可提请本会帮助其采用合法的措施维护其权益不受侵害。

4.入会自愿，退会自由。

第七条

会员义务：

1.执行本会的决议，遵守本会的行规行约，支持本会的工作，积极承担本会委托的各项任务。

2.如实向本会提供本单位的资料信息及经营状况。

第八条

入会程序：

向中国乐器协会或本会提出申请,统一填写“中国乐器协会团体会员申请表”，专业委员会收到申请表或收到中国乐器协会征询意见通知后,对申请企业(个人)进行考察，并提出意见，报中国乐器协会批准后即为协会会员，同时也即为提琴专业委员会会员。

第九条

退会规则：

1.会员退会，需书面通知中国乐器协会或本专业委员会，经中国乐器协会备案后即可退会。

2.会员如连续2年内无故不参加本会组织的活动或不向中国乐器协会交纳会费,则视为自动退会。

3.会员如严重违背本会的行规行约，经本会讨论并报请中国乐器协会批准，责成其退会。

第三章　会员守则

第十条

市场规范：

1.认真执行《中华人民共和国消费者权益保护法》,坚持公平、公正、诚实、守信的原则，共同维护和遵守提琴市场经营秩序,打击假冒伪劣产品,反对不正当竞争。

2.维护商标注册人、专利所有人的专用权，不得假冒、盗用会员的商标、标识、域名(含文字及图案)、厂名，如有假冒、盗用。一经查实，将在新闻媒体及专业刊物曝光。对举报盗用侵害会员权益者，给予通报表扬和适当的奖励。

3.支持各提琴企业确立自我开拓、寻找客户、扩大销路的思想，禁止以压价、回扣、诋毁其他会员等不正当手段争取业务和采购材料，搞乱市场。如有违规，经本会协调，除赔偿受害会员经济损失外，将报请中国乐器协会给予通报批评或媒体曝光，情节严重者将取消其会员资格。

第十一条

会员交流：

1.会员应积极参加专业委员会主办的各项活动，会员之间也应加强技术交流、信息交流和业务的往来，相互沟通，增进友谊，共同发展。

2.凡生产、经营性团体会员每年需如实上报全年综合经济报表一套，并需相关部门核实。本会将汇总统计后通报给各会员，并上报给中国乐器协会备案。

第十二条

人员流动：

1.未经会员单位同意，严禁其他会员单位用不正当手段私自录用会员单位的在职管理人员、技术人员、营销人员和高级设计、制作人才等。如有违规，一经查实，将报请中国乐器协会严肃处理。

2.会员单位的重要人才，合同未到期而自行离职的，单位应及时通知本会备案，本会将转告各其他会员单位，2年内任何会员单位不得聘用。

3.允许合同到期的员工在其他会员单位求职。

4.会员单位依法开除的员工,及时上报给本会,本会将转告各其他会员单位,3年内任何会员单位不得聘用。

第十三条

信息发布：

1.会员发布在中国乐器协会主办的各类报刊上的技术、经济指标及产品广告宣传，专业委员会有权依据《中华人民共和国广告法》进行刊后审核和纠正。

2.非会员单位在中国乐－器协会主办的各类报刊上发布的信息，必要时专业委员会同样有义务提请有关方面进行刊后审核。对发现有侵害本会及本会会员单位的名誉及正常经营活动的行为，本会将依法予以纠正或诉讼。

3.各团体会员和个人会员参与全国性的学术研讨会、新闻发布会、乐器比赛等活动。在活动前15天内须报专业委员会备案，有条件时可通知各会员单位参加，让会员单位信息共享，活动的结果及有关评奖结果也应通报专业委员会，以便全面掌握各会员当年的活动情况。

4.会员单位在经营活动中，遇有不诚信的营销公司、琴行，必须向专业委员会报告，经核实后通报、以利于本会其他各会员的经营不受损失。

5.对发布不实信息或误导、损害消费者利益的会员单位或个人，专业委员会查实后将在中国乐器协会主办的刊物上曝光，以消除不良影响。

第四章　组织机构

第十四条

提琴专业委员会设会长1名，由中国乐器协会提名，并经会员大会选举产生。设副会长3名、秘书长1名、副秘书长2名，由会长提名，会员大会选举产生，报中国乐器协会备案。

第十五条

常委会是本会的执行机构，负责专业委员会的日常工作，专业委员会每年至少组织的主题活动(或召开常委会)，如遇重大事项可由会长提议，及时召开提琴专业委员会会员大会或常委会会议(特殊情况可采用通讯形式召开)决定有关事项。

第十六条

本会的办公地点设在会长单位，日常办公费用由会长单位承担，如组织活动、召开会议。所需经费由会员单位共同承担、专项专用，项目结束后，费用结清。

第十七条

中国乐器协会为本会争议的仲裁机构。

第五章 附则

第十八条

本《行规行约》修订需交会员代表大会审议通过，并报中国乐器协会备案， 中国乐器协会提琴专业委员会负责解释。

第十九条

本《行规行约》经中国乐器协会提琴专业委员会一届二次会上通过生效。自即日执行。

中国乐器协会提琴制作师分会（筹）成立大会侧记

2002年10月15日，中国乐器协会提琴制作师分会经过近一年的筹备工作，终于在金秋十月的上海成立了。中国提琴制作大师郑荃、广州制琴师朱明江、韩国提琴协会主席Kim Joo Myan、美国环球弦乐爱好者协会会长洪风等专家出席成立大会。上海音乐学院提琴制作专业教授华天礽主持会议。中国乐器协会秘书长齐建平、中国乐器协会提琴专业委员会会长李书到会祝贺。

改革开放以来，中国的提琴制作业发展很快，工业生产提琴的数量已经达到世界首位，产品质量也在不断提高。由过去的最廉价、最低档的普及琴、学习琴，逐步进入中高档学习用琴领域，普及提琴的质量也有改善。由于物美价廉，具有很强的竞争能力，手工制作的专业演奏用琴的数量和质量都有很快的发展。近15年来，已有10多位中国的提琴制作家在各类国际提琴制作比赛中获奖，作品远销世界各地，被各国的乐团和音乐学院的专业演奏人员选用。中国的提琴制作工作室、小作坊如雨后春笋在全国各地兴起，一片朝气蓬勃。随着中国经济建设的发展，国内市场对提琴的需求也越来越大，全国业余学习提琴演奏的人以百万计。各专业团体在改善演出质量的同时，对使用的乐器也提出了更高的要求。面对乐器市场的新形势，在中国乐器协会的指导下，2001年7月，成立了中国乐器协会提琴专业委员会，其会员以工业生产提琴的企业为主。今天，又成立了提琴制作师分会，其成员以独立制作专业演奏提琴的制作者为主。

会上，齐建平秘书长在贺词中说："中国乐器协会提琴制作师分会的成立是中国提琴界的一件大事，对规范制作师队伍、规范乐器市场、开展提琴制作与交流，提高中国提琴制作水平都会产生积极的推动作用。"同时，齐秘书长也对分会的成立提出了希望，希望分会在今后能与面向企业的提琴专业委员会和乐器协会密切合作，开展好乐器行业特有工种的职业技能培训和鉴定工作。提琴专业委员会李书会长在贺词中说："随着去年提琴专业委员会和今天提琴制作师分会的成立，说明我国的提琴制作业已走上了健康发展的轨道。我国提琴产量已达世界提琴总量50%以上，已成为一个提琴生产大国。但我们也应看到，我们还不是提琴生产的强国。我们提琴制作业急需一个由制作大师、演奏家们领导的组织，来提高我国提琴制作的整体水平。"韩国提琴协会主席Kim Joo Myan和美国环球弦乐爱好者协会会长洪风先生都对分会的成立表示祝贺，并表示今后将与组织加强联络、交流信息，为中国、乃至世界提琴事业发展做更多的事情。

中国提琴制作大师、中央音乐学院郑荃教授代表分会筹备委员会，向与会会员汇报了分会的筹备和组织工作。他说："现在分会通过来函和审定，已有118人成为分会的第一批正式会员。今后在会员资格问题上还要进一步加强管理，基本上要符合一个标准即要经过正规提琴制作专业学习和培训或是提琴制作界公认的，在国际大赛上获过奖的制作个人。"同时，他还提出分会成立后的工作设想，主要有：

（1）在国内共同探讨、交流经验；

（2）参加国际比赛，分会可以代会员从事信息收集、相关手续的办理，安排比赛事宜；

（3）协会组团，参加国际乐器展览、提琴制作比赛；

（4）推进提琴制作工职业资格认定工作，着手制定提琴制作师评审标准。

会后，推选出分会理事33名。并在理事会上推选出常务理事，选举郑荃为中国乐器协会提琴制作师分会会长、华天礽和朱明江为副会长。分会聘请了我国提琴制作界的元老上海音乐学院谭抒真教授、广州乐器研究所梁国辉研究员，中国提琴制作大师徐弗、陈锦农、戴洪祥和上海音乐学院乐器研究所研究员朱象教担任分会顾问。特邀在国外的提琴制作家林海德、曹树昆、葛树声、曹笛、陈广乐、洪风为分会的海外理事。

来自全国12个省市的提琴制作者和企业的技术骨干300余人参加了分会成立大会，虽然他们有的人还没有成为分会的会员，但并不影响他们参与提琴制作工作的热情。中国乐器协会提琴制作师分会的成立，将有力地促进会员之间的技术交流、信息共享，并以协会为依托加强与国际提琴制作界的交流，对中国的提琴制作事业的发展、对中国提琴整体制作水平的提高和与世界提琴界接轨，将产生巨大的推动作用。

提琴制作师分会（筹）组织机构

会　　长： 郑　荃
副 会 长： 华天礽 朱明江
秘 书 长： 王志明
司　　库： 管凯明
常务理事： 16人（以姓氏笔划为序）

王生根	王志明	王建华	申　飞	华天礽	关尚持	朱立军	朱明江
刘崇余	李伟明	陈龙根	郑　荃	徐长成	徐永成	管凯明	魏崇德

理　　事： 33人（以姓氏笔划为序）

王生根	王志明	王建华	申　飞	华天礽	关尚持	朱立军	朱明江
刘庆阳	刘崇余	李伟明	吴祖亮	陈　劭	陈　婷	陈匡祥	陈钊明
陈新之	陈龙根	陈光启	冼宝康	张国良	张　安	麦素梅	郑　荃
徐长成	徐申养	徐永成	商存宝	管凯明	姜正一	蔡春芳	谭建华
魏崇德							

海外理事： 林海德　曹树昆　葛树声　曹　笛　陈广乐　洪　风

顾　　问：

谭抒真	上海音乐学院教授（已故）
梁国辉	广州乐器研究所高级研究员
徐　费	中国提琴制作大师
陈锦农	中国提琴制作大师
戴洪祥	中国提琴制作大师
朱象教	上海音乐学院乐器研究所研究员

提琴制作师分会（筹）第一批会员名单

江　峰	田　郦(女)	李伟明	王家傲	凌震华	孙士林	徐建儿(女)	赵世全
李念生	何嘉宁(女)	张国良	魏崇德	林荣华	张立(女)	洪希良	于慧东
陈钊明	金顺哲	许　镭	秦红柏	李国良	胡雪平	贾销山	黄伟昌
殷　彪	华天祯	邱崇仁	李钦栋	高小峰	刘崇余	李什彪	王　琳
欧阳旭之	侯启琳(女)	乔展之	宋茂林	陈婷(女)	夏曙风	常仲秋	王生根
冼保康	吴　刚	孙学昌	陈佳(女)	徐长成	许玉华	陈佩佩(女)	许　任
施剑晨	金　文	戴　克	徐永成	殷　斌	华一志	马荣弟	朱立邦
周晋安(女)	关　征	陈伟雄	苗树戊	沈海云	王均宏	陈韩敏	王瑞峰
徐申养	李耀荣	王冠宇	蒋智坚	石瑞麟	林海德	于　录	胡汝森
吴祖亮	梁清宝	王建华	汪艰建	陈祥伟	麦素梅(女)	谭少文	胡佳来
王密智	陈匡祥	周倩(女)	谭建华	李　健	陈龙根	华天礽	丁　健
王志明	司徒裕富	朱明江	曹　新	陈新之(女)	于　曼	张　安	邓国雄
吴维家	曹为成	张新民	王均国	管凯明	黄亚东	陈　劭	李五铁
蔡春方	商存宝	陈书全	苏建能	冯秉辉	李天平	吴金富	朱象教
胡鲜京	关尚持	吴　越	姜政一	杜文林	谭云(女)		

中国乐器协会吉他专业委员会成立大会侧记

经过近一年的筹备，2002年10月17日，适逢中国（上海）国际乐器展览会期间，中国乐器协会吉他专业委员会成立大会在上海成功举行。中国乐器协会理事长王根田，广州珠江钢琴集团有限公司副总经理王润培、总经理助理黄南炬，广州珠江钢琴集团有限公司管弦乐分公司副总经理谢志忠，广东省四会华声乐器厂销售经理黄志康，山东潍坊百灵乐器有限公司经理郝际坤，天津醒狮演出器材公司总经理边国柱，广东省揭阳市长城乐器有限公司总经理徐金河出席了当天的成立大会。吉他专业委员会的成立对中国吉他行业的市场规范将起到积极地推动作用，也为生产和经营企业间进行信息沟通、技术交流，谋求行业的更大发展提供了有利条件。

17日上午9时，在上海虹桥宾馆牡丹厅内，成立大会主持人、广州珠江钢琴集团有限公司管弦乐分公司党政办公室主任张坚，宣布成立大会开始。中国乐器协会理事长王根田首先宣读了《关于成立中国乐器协会吉他专业委员会的决定》。而后，广州珠江钢琴集团有限公司管弦乐分公司副经理、吉他专业委员会候选会长谢志忠代表吉他专业委员会筹备小组，向大会汇报了委员会的筹备工作情况。他说："随着我国经济体制改革的不断深化以及加入WTO的新形势，吉他行业面临着前所未有的机遇和挑战。为了推动吉他行业的发展，中国乐器协会决定成立中国乐器协会吉他专业委员会，并委托广州珠江钢琴集团有限公司管弦乐分公司牵头，广东四会华声乐器厂、山东潍坊百灵乐器有限公司和广东省揭阳市长城乐器有限公司等单位组成了吉他专业委员会筹备小组。在筹备过程中，我们对现有的吉他生产厂家和吉他消费市场的运作状况进行了普查，并听取了部分单位的意见。从普查的情况看，我国大部分吉他生产厂商都十分希望有一个规范、健康的市场。同时，杜绝假冒伪劣产品，从而促使中国吉他产品在国际市场上确立自己的市场地位。大家希望吉他专业委员会的成立，能加强同行业的沟通，为吉他企业服务，使国内吉他行业能在国际竞争中处于有利地位。根据吉他行业目前的状况，我们草拟了《吉他专业委员会行规行约（讨论稿）》。同时，吉他行业筹备小组于2001年6月15日，在广东珠江钢琴集团有限公司职工度假村召开了吉他专业委员会筹备工作会议。会议代表针对吉他行业的现状和发展趋势及存在的问题各抒己见，一致认为，要通过行规行约的实施，规范吉他乐器行业竞争的机制，营造健康的市场氛围。在吉他专业委员会的筹备过程中，我们得到了中国乐器协会和各兄弟厂家的大力支持，在此，我代表吉他专业委员会筹备小组表示最衷心的感谢，并祝成立大会圆满成功！"

筹备小组汇报工作之后，谢志忠作为吉他专业委员会候选会长作了题为《迎接挑战、精诚合作，推动吉他行业发展》的发言。发言中，他代表吉他专业委员会，就如何推动吉他行业的发展谈了一些建议。

首先，要确立"以质量求生存促发展"的生产经营方针，提高吉他行业的素质。目前，我国吉他生产企业发展较快，据不完全统计，现有包括全民所有制、股份制、私有制及中外合资等多种所有制形式的经营企业近百家。在行业繁荣发展的同时，也出现了一些问题。各生产企业、厂家的生产规模大小不一，发展很不平衡，部分企业对产品质量存有侥幸心理。有的企业在利益驱动下，粗制滥造，致使产品质量低劣，损害了国产吉他的形象；还有冒牌生产、以假乱真、低价倾销等不良做法，都严重扰乱了市场秩序，给吉他行业的发展造成不良影响。随着我国加入WTO后，摆在吉他生产企业面前的是更大的机遇和挑战，而产品质量是吉他产品进入国内外市场的依据，是企业生存的命脉。没有高质量的产品，企业最终会在激烈的竞争中被无情的市场所淘汰。因此，吉他行业应重视提升自身的管理水平，提升产品质量和品牌地位。而要实现行业的规范运作，就必须加强行业内的技术交流、信息沟通和相互合作。因此，成立吉他专业委员会、制定吉他行业的行规行约，对规范吉他乐器行业生产、提高企业素质有着十分重要的意义。

其次，要加快技术创新步伐，提高产品竞争力。市场竞争的日趋激烈，要求产品不仅要有质量的保证，还要不断地加快产品的更新换代。加快吉他行业产品的技术创新步伐，这对吉他行业的持续发展有着重要作用。因而，各吉他生产企业都十分重视技术革新工作，不断加大对技术革新工作的投入。广州珠江集团有限公司针对吉他油漆质量不稳定的问题，投入了几十万元建造了两个无尘喷房，从而大大改善了油漆过程的空间环境，不但使质量有保障，同时也大大减轻了工人的劳动强度。2002年，公司又聘请了世界有名的吉他专家作技术指导，把世界先进的吉他生产技术与现有的工艺相结合，使之从产品设计到生产管理都逐步与国际先进企业的管理模式接轨。泰兴凤灵乐器有限公司，2002年计划投资360万元引进吉他生产线配套项目，新建4000平方米的生产大楼，购置吉他生产专用机械80多台（套），添置了吉他原材料烘干设备及喷漆新型空压机械等。吉他生产企业技改工作的加强，为中国吉他产品质量的提高和吉他行业的发展奠定了坚实的基础。

再次，要加强产品售前、售后服务，以服务求信誉。产品的售前、售后服务，是企业经营管理的基本要素，也是消费者对企业的信心所在。因此，企业应以为顾客提供优质服务为宗旨，切实做好用户服务工作，建立有效的维修、服务管理制度，增强顾客对吉他质量的信心，扩大产品知名度，树立良好的企业形象和产品信誉。同时，应及时掌握企业产品在销售过程中的质量问题，以便及时研究改进措施，在市场竞争中争取主动。

成立大会上，与会的17家吉他生产单位和来自全国各地的吉他生产企业的负责人，对行业内存在的突出问题进行了讨论。对第一届吉他专业委员会理事会名单、《吉他专业委员会行规行约》和《中国乐器协会吉他专业委员会工作计划》进行了讨论和表决通过。中国乐器协会王根田理事长宣布了第一届吉他专业委员会理事会名单。在随后的讲话中，王理事长谈道："今天，参加吉他专业委员会的成立大会心里很高兴。自2001年，中国乐器协会第四届理事会召开以后，乐器协会的工作就在按部就班的运作了，各专业委员会的工作也陆续开展起来。经过近一年的筹备，今天吉他专业委员会也正式成立了。成立行业专业委员会不是人为的要求，而是行业形势发展的要求。新一届钢琴分会成立以后，今年就开了两次会议，对钢琴行业的发展起了很重要的作用。提琴专业委员会经过一年的工作，工作进展是很突出的。当初，在他们的成立大会上，多数是江苏泰兴本地的企业。全国那么多提琴生产企业没有多少人了解。但经过提琴专业委员会成员坚持不懈地团结协作，现在，提琴专业委员会无论在会员数量上，还是在开展活动的质量上，都有了很大的进步。像今年他们开会讨论的主要问题是制定提琴行业的产品标准。标准化问题可以说是乐器行业的一个突出问题，标准是一个企业生存的生命线，是企业十分关注的问题。因此，委员会提出这样的问题一起讨论，就能够引起企业的兴趣，认识到行业组织的确是在为企业服务的。所以，我们的专业委员会成立不是目的，为企业服务才是我们今后的努力目标。所以，我对今天当选的委员会的第一届领导班子表示祝贺！同时，也希望我们吉他专业委员会的第一届领导班子能够扎扎实实地把工作做好，为企业服务，为中国的吉他行业发展做出贡献！"

广州珠江钢琴集团有限公司副总经理王润培也在会上讲了如何搞好吉他专业委员会工作的几点想法。他说："从这次上海国际乐器展览会的成功举办，就可以看出，中国的乐器工业是在不断发展进步的。如何使中国乐器更上一个台阶，走向世界乐器舞台，加入国际竞争，就是当前的一个突出问题了。而从吉他行业的发展现状来看，吉他制作的标准化问题；进一步提高吉他产品的质量，杜绝假冒伪劣产品和市场的规范运作问题等，都是当前行业发展中亟待解决的问题。吉他行业在中国的乐器行业销售中是销量最大的产品。2001年，全世界的吉他销售量达到4000万把。可以说，吉他行业的发展潜力很大。而我国吉他产品的品质尚需提高，也是不容忽视的客观现实。因此，我们的专业委员会成立后，要从解决吉他行业的实际问题入手，用实际的工作业绩来回报会员单位、兄弟单位对协会工作的支持，真正成为企业的组织，实现吉他行业的健康发展。"

中国乐器协会吉他专业委员会成立大会在热烈的掌声中落下了帷幕，但专业委员会的工作却刚刚开始。刚刚当选的秘书长张坚女士充满信心地说："虽然现在还有许多的生产企业不知道我们吉他行业也已经有了自己的行业组织，有的企业也还不了解行业组织的作用，但我相信在中国乐器协会的支持下，通过我们几个理事会单位的宣传和实际工作，在第一批17家会员单位的同心协力下，会有更多的企业加入到委员会中来，本着为企业服务的宗旨，完成好委员会既定的各项工作，不断听取企业意见，提出问题、解决问题，把中国的吉他行业引向积极、健康、繁荣、有序的持续发展轨道上来。"

吉他是一件美妙的乐器，音色优美、和谐，轻拨琴弦，美妙的旋律如溪水潺潺沁人心脾。吉他与钢琴、提琴并列为欧洲三大乐器，有着悠久的历史。早在公元前400年古希腊的雕塑作品中就出现了弹拨乐器希他拉（kithara），到13、14世纪时，吉他的前身比维拉琴（vihuela）和拉乌德琴（laud,又称琉特琴lute）已在欧洲流行。曾经与吉他同时代的古钢琴、古提琴现都已失传，惟有吉他依然风靡世界，更发展出众多的流派，如古典吉他、民谣吉他、弹唱吉他、电吉他、摇滚吉他等等。由于吉他乐器本身轻便、易学的特性，使他在中国就拥有成千万的弹奏者。然而，也正是因为他的大众化，又使人们往往只注意到他的娱乐性，而忽视了它的艺术性。吉他可以表现钢琴做不到的揉弦，又能够演奏出小提琴不易表现的多声部旋律，这也是吉他长盛不衰的原因之一。吉他制作最早是从意大利和西班牙开始的。当前世界吉他制作界里，意大利、西班牙、德国、法国等国的琴都不错，但价格对一般使用者来说是偏高的。据业内人士估计，全国至少有1000万人弹奏吉他，其中主要是业余爱好者，对吉他的选择也基本以国内品牌为主，这都给我国的吉他制作行业创造了有利的条件。《中国乐器》记者曾采访过中央音乐学院古典吉他专业的陈志教授（见《中国乐器》2001.4期）。在采访中，他曾给中国的吉他制作提出一些突出的问题，并表示愿意为提高中国吉他制作水平尽自己的一份力。陈志教授很关注中国的吉他制作，他认为，乐器和演奏者之间的关系就像是马和骑手的关系。一匹好马可以促使骑手更好的发挥技术，而一个好骑手又可以充分地调动马的潜质，创造更好的成绩。我们自己的吉他制作业应该紧跟世界乐器制作的发展潮流，不能仅仅满足于现在低质、低价的发展现状。希望有一天专业学生参加国际比赛全用外国琴的尴尬不再出现。是啊，一个行业的发展需要各方面力量的通力合作，不是一个或几个企业、个人可以完成的。在中国乐器协会的支持下，我们成立了吉他专业委员会，就要踏踏实实地把我们的工作做好，不仅要使整个行业团结一心，还要广泛地联系吉他演奏、教学界的大师，听取改进意见、寻求技术支持，切实地改进和提高中国吉他的品质，生产出高质量的吉他产品。有了高质量的吉他产品，又建立起了健康的市场体系，我们的吉他行业怎会不"发达"呢？

行业同心、携手共进！随着中国乐器协会吉他专业委员会工作的进一步展开，我们相信中国吉他行业的未来会更加美好！

2002年10月于上海

迎接挑战，精诚合作，推动吉他事业发展

吉他专业委员会会长　谢志忠

各位领导、各位来宾：

在迎接党的十六大召开的日子里，我们迎来了中国乐器协会吉他专业委员会成立的大好日子，在此，特向大会致以衷心的祝贺，并对各位的光临表示热烈的欢迎。

近年来，国内吉他企业发展迅速，生产量不断扩大，在国际市场上也占有一定的地位，这是吉他全体同仁共同努力的结果，我们预祝各位生意兴隆，万事如意。同时，借此机会，我谨代表吉他专业委员会就如何推动吉他行业的发展谈谈我们的一些看法和建议：

一、确立"以质量求生存促发展"的生产经营方针，提高吉他行业的素质

目前全国吉他生产企业发展较快，据不完全统计：现已有近100家，体制包括全民所有制、股份制、私有制及中外合资企业等。生产规模也大小不一，发展很不平衡，部分企业对产品质量存有侥幸心理，有的因利益驱使而粗制滥造，致使产品质量低劣，损害了国产吉他的形象。有的单位冒牌生产，以假乱真；有的低价倾销，等同于销售木材；严重扰乱了市场秩序，对吉他行业造成了不良影响。目前，我国已经加入WTO，摆在我们吉他生产企业面前是更大的机遇和挑战，而产品质量是我们产品进入国内外市场的依据，是企业生存的命脉，如果没有高品质的产品，企业最终会在残酷的竞争中被历史淘汰。因此，吉他行业应重视提升自身的管理水平，提升产品质量和品牌地位，同时，通过加强行业内的技术交流和信息的沟通及相互合作也是十分必要的。因此，成立吉他专业委员会，制定吉他行业的行规行约，对规范吉他乐器行业生产，提高企业素质，有着重要的意义。

据统计，吉他生产企业规模比较大的地区和比较集中的是在广东省、江苏省，而广东省生产吉他的历史悠久，品种档次较齐全，生产量和销售量居全国之首，成为我国吉他生产的主要基地。其他地区的吉他企业，通过不断改革和自我完善，也有很大的发展，许多企业还引入国际质量管理体系，使产品生产更加规范化，如：广东省四会华声乐器厂、泰兴凤灵乐器有限公司为了提高产品质量和管理水平，开展了IS09002国际质量管理体系的认证工作，并分别于2000年和2001年通过了认证，声威乐器有限公司、珠江钢琴集团有限公司管弦乐分公司目前正在进行IS09001国际质量体系宣贯工作，通过贯标，不但使吉他企业与国际管理规范接轨，还有助于提高企业的知名度和产品形象。

二、加快技术创新步伐，提高产品竞争力

随着市场竞争越来越激烈，产品的更新换代显得越来越重要。为此，加快吉他行业产品的技术创新步伐，对吉他行业的发展有着重要的意义，近年来，广州珠江钢琴集团有限公司管弦乐分公司对吉他生产部分投入了500多万元进行技术设备改造，同时，引进国外吉他生产线，不但提高了生产能力，更重要的是，使红棉吉他质量上了一个新台阶。去年，该公司又开发了50多个新品种投放市场，深受消费者的好评。今年，该公司又聘请了世界有名的吉他专家作技术指导，目的就是要把世界先进的吉他生产技术与现有的工艺相结合，使之从产品设计到生产管理都逐步与国际先进企业的管理模式接轨，目前，该企业正向产品高档化方向发展。浙江省泰兴凤灵乐器有限公司今年计划投放360万元引进吉他生产线配套项目，新建4000平方米的吉他生产大楼，购置吉他生产专用机械80多台(套)，添置吉他原材料烘干设备及吉他喷漆新型空压机械等，广东三水振兴厂也投入了1200万元扩建厂房和引进了一条南韩吉他生产线，使该厂的生产规模大大提高。由于各吉他生产企业重视技改技的工作，为吉他生产的发展奠定了坚实的基础。

三、加强产品售前、售后服务，以服务求信誉

产品的售前、售后服务，是企业经营管理的基本要素，也是消费者信心所在。因此，我们应以为顾客提供优质服务为我们宗旨，切实做好用户服务工作，建立有效的维修、服务管理制度，增强顾客对吉他质量的信心，扩大产品知名度，树立良好的企业形象和产品信誉。同时，及时掌握企业产品在销售过程中出现的质量问题，以便及时研究改进和

在竞争中掌握主动。

总之，我们希望通过建立吉他专业委员会，加强吉他生产企业之间的交流，推动行业内部良性互动发展。我们相信，有中国乐器协会的大力支持，有各位同仁的共同努力、团结协作，中国吉他生产一定能创造出更辉煌的业绩。

谢谢大家！

吉他专业委员会第一届组织机构

会　长：	谢志忠	广东珠江钢琴集团有限公司管弦乐分公司副经理兼吉他一厂厂长
副会长：	郝际坤	山东潍坊百灵乐器有限公司经理
	黄志康	广东省四会华声乐器厂销售经理
	徐金河	广东省揭阳市长城乐器有限公司总经理
	边国柱	天津醒狮演出器材公司总经理
秘书长：	张　坚	广州珠江钢琴集团有限公司管弦乐分公司党政办公室主任
副秘书长：	郝洪庆	山东潍坊百灵乐器有限公司副经理
	欧万常	广东省四会华声乐器厂业务经理
	谢海城	广东省揭阳市长城乐器有限公司经理助理兼办公室主任
	王武骏	天津醒狮演出器材公司销售经理

中国乐器协会吉他专业委员会行规行约

第一章　总则

第一条　中国乐器协会吉他专业委员会名称

中文：中国乐器协会吉他专业委员会

英文：China Musical Instrument Association Guitar Committee (缩写为CMIAGC)

第二条　吉他专业委员会是中国乐器协会的分支机构，是由从事吉他生产、科研、营销的企业组成的行业性、非营利性的社会组织。业务上接受中国乐器协会的指导和监督管理。

第三条　本会的宗旨：为发展吉他乐器事业服务，为维护会员合法权益服务。发挥桥梁和纽带作用，维护吉他行业的整体利益，加强国内外专业技术交流和促进行业内的联系，提高行业整体素质，推动吉他乐器事业的发展。

第二章　会员

第四条　吉他专业委员会有团体会员、个人会员、名誉会员和顾问。本会团体会员、个人会员必须是中国乐器协会会员。

第五条　会员的条件

1.有加入中国乐器协会的意愿。

2.拥护并执行《中国乐器协会章程》和本会的行规行约。

3.凡从事吉他乐器生产、科研、营销的企业单位(应取得法人营业执照)，均可申请加入中国乐器协会，成为本专业委员会会员。

4.凡对吉他行业发展做出贡献的企业家和技术人员均可申请成为个人会员。

5.凡热心发展吉他乐器事业的演奏家、制作家、社会知名人士可由本会聘请为顾问或名誉会员。

第六条　入、退会程序

1.向中国乐器协会提交入会申请书。

2.中国乐器协会批准入会申请之前，应先征询吉他专业委员会的意见。

3.吉他专业委员会收到中国乐器协会征询意见通知后，应对申请入会企业进行考察，并提出意见。经中国乐器协会批准即成为中国乐器协会会员，并同时成为吉他专业委员会的会员。

4.会员退会应书面照知中国乐器协会，中国乐器协会应照知本专业委员会。

5.会员如连续两年不参加本团体活动的视为自动退会。

6.会员如有生产假冒牌产品或严重侵害他人权益行为等违法经营活动的，或其他严重违反行规行约行为且证据确凿的，经本专业委员会理事会讨论通过后，上报中国乐器协会批准，责成其退会或除名。

第七条　会员权利

1.会员享有本会的选举权、被选举权和表决权。

2.参加本会举办的各种会议和组织的行业活动。

3. 当会员权益受到损害时，有提请本会维护其合法权益不受侵害的权利。

4.对本会工作有批评、建议和监督权。

5.向本会提出咨询和请求本会帮助研究解决问题

6.入会自愿、退会自由。

第八条 会员义务

1.遵守本会的行规行约，执行本会的决议。

2.自觉规范生产经营行为，维护市场经济秩序，遵守《产品质量法》，为社会和消费者提供高质量产品。

3.维护本会合法权益，积极参加本会组织的各类业务活动，承办本会委托的各项工作。

4.如实向本会反映企业单位各方面资料信息和工作经验。

5.维护本会整体利益，支持本会工作。

第三章 会员守则

第九条 信息发布

1.本会成员对外发布的产量、效益、技术、经济指标信息应真实可靠。其中在中国乐器协会主办的各类报刊上发布前应向本会备案。

2.如发布不实信息或误导消费者的信息，一经查实，本会将在中国乐器协会主办的刊物上给予曝光，以消除不良影响。

第十条 人员流动

1.合同期满的员工可自由在各会员单位求职。

2.合同期未满，员工自行离职的，其他会员单位在未得到原聘用单位的同意下，2年内不得聘用。

3.会员单位开除的员工，所有其他会员单位3年内不得聘用。

4.在职技术人员、销售人员、管理人员和相关人员，未经本单位同意，不得参与其他会员单位的各项经济技术活动。

第十一条 会员交流

1.会员之间应加强业务往来和技术交流，积极参加本会主办的各项活动。

2.团体会员（生产企业）每年应如实向本会申报全年综合经济报表，并由本会向中国乐器协会上报。

第十二条 市场销售

1.坚持公平、公正、诚实、守信的原则，共同维护和遵守吉他乐器市场经营秩序，打击假冒伪劣产品，反对不正当竞争。

2.维护专利所有人、商标注册人的专用权，严禁假冒、盗用会员商标、标识、厂名、域名（含文字及图案）的行为，一经查实，将公开曝光或要求中国乐器协会作会员除名处理。

第四章 组织机构

第十三条 吉他专业委员会设会长1名、副会长3名，会长、副会长由吉他专业委员会选举产生，报中国乐器协会批准。

第十四条 理事会是本会的执行机构，对会员大会负责，设秘书长1名、副秘书长3名，秘书长和副秘书长由专业委员会会长提名、大会选举决定，报中国乐器协会备案。

第十五条 本会的办公地点由会长单位确定。平日不实行坐班制，会长认为有必要时可召集副会长和秘书长、副秘书长召开办公会议（在特殊情况下，可采用通讯形式召开）。

第十六条 吉他专业委员会每年的主题活动至少一次（或召开理事会一次）。

第十七条 活动经费：本会日常办公费用由会长单位承担，如组织活动、会议，所需经费由会员单位共同承担，并专款专用。项目结束后，费用结清。

第五章 违规处罚

第十八条 违反本会《行规行约》的，根据情节轻重给予警告、报刊曝光，并建议中国乐器协会取消资格等处分。

第十九条 中国乐器协会为本会争议的仲裁机构。

第六章 附则

第二十条 本行规行约的修订须交由会员代表大会审议通过。

第二十一条 本会行规行约由中国乐器协会吉他专业委员会负责解释。

第二十二条 本行规行约经中国乐器协会吉他专业委员会会员第一次会员大会通过。

中国乐器协会电鸣乐器分会二届一次会议纪要

按照中国乐器协会要求各所属分会“要加强和完善组织建设，积极推动各分会交流和业务活动”的精神，根据中国乐器协会章程，中国乐器协会电鸣乐器分会(以下简称分会)于2002年11月27日在浙江省乐清市举行了分会换届工作及二届一次会议。

第一届中国乐器协会电子琴分会会长张振启同志主持了会议，并向全体与会代表介绍了中国乐器协会第四届理事会第一次会议关于原电子琴分会更名为电鸣乐器分会更名决定，同时就分会换届前期筹备工作向与会代表作了说明。

参加此次工作会议的单位有：上海华新电子电器总厂、得理(深圳)电子有限公司、深圳吟飞电子有限公司、武汉致嘉钢琴制造有限公司、武汉铼特科技有限公司、武汉艾力卡电子有限公司、山东德州佳华电子有限公司、杭州西湖电子集团音响设备有限公司、杭州发时达电子有限公司、广州索娜塔电子有限公司、广东永美实业有限公司、广东凯诺经济发展有限公司、北京星光乐器修配厂、北京通州星海风琴厂、浙江乐清友谊无线电元件厂、浙江奉化万盛器乐有限公司、北京乐器研究所、《乐器》杂志社以及全国乐器标准化中心共19个单位的领导和代表计23人出席了分会换届工作及二届一次会议。

会议已按议程完成了下述工作，并纪要如下：

会议首先根据[中乐协(2001)030号]文的决定，通过了张振启同志任新一届分会会长职务的决议；受中国乐器协会委托并由张振启会长提议，会议选举产生了副会长单位和秘书长。据此，分会完成了领导机构的换届及组建工作。

张振启会长代表上一届分会领导机构向会议作了工作报告。报告回顾了自分会成立以来所开展的工作以及工作中遇到的问题。报告特别强调和详细阐述了国家有关强制认证的实施规则和实施这一规则对规范市场、适应国际贸易需要的重要意义，此问题的提出引起了与会代表强烈的反响和高度的重视。报告指出分会近期将以深入宣传贯彻国家对“电子琴”实施强制认证的工作作为分会工作的重中之重，切实配合企业开展好此项工作。全体与会代表经过审议，通过了张振启会长代表分会领导机构所做的工作报告。

分会换届筹备工作组向会议简要的通报了分会章程起草和修订的过程。会议原则通过了提交代表审议的分会章程(征求意见稿)，并责成秘书处对个别条款做技术性修改后，上报协会审查待批准后正式实施。

会议还宣读了《中国乐器协会分支机构管理办法》和《中国乐器协会吸收新会员的条件和程序》两个文件。对重新登记和提出申请已被吸纳为分会成员的单位发放了会员证书。

会议上，由张振启会长宣读了协会及领导向分会的召开所发的贺信。

会议期间，张振启会长牵头召开了新一届分会领导机构的工作会议，做出了具体的分工和分会各年度的活动安排。抱着为企业做些实际工作的态度，确定了分会近期工作将以“3C”认证为中心，在近期内举办“中国强制认证产品实施规则”的宣传贯彻会和由已通过认证的企业向已被第一批列入强制认证产品目录（“纯电子”和“电扩声”两个门类）企业参加的座谈会，以达到介绍经验，少走弯路的目的。该项活动已向全体会议作了通报，并请得理(深圳)电子有限公司待会议结束后，就着手该项工作的筹备，分会也因此确定将该项工作作为下一年度分会活动的工作计划与安排。

举办“强制认证”宣传贯彻会、座谈会的初衷，是在事先摸底和了解了电鸣乐器行业目前仅两三个企业通过或正在为通过此项认证而做着准备，而大多企业还没有或甚至不了解此项工作的重要性和紧迫性。此举分会确实是在为企业着想，也是真正得到了企业的积极响应与认可，同时，分会及时的举措也给企业带来了实际的益处。

本次分会换届工作及二届一次会议，因是借《电子钢琴》行业标准审定会之机召开的，因而与会绝大多数代表为电子琴或电子钢琴生产企业。出于不过多增加企业负担和占用企业时间的考虑，只选定了一家较有代表性的，生产“电声类”产品的企业作为会员代表参加了此次会议。有关分会换届工作及二届一次会议的内容或形成的决议，分会秘书处将以信函或其他有效的方式向未到会的会员单位通报。

换届工作会议圆满结束后，全体与会代表参加了《电子钢琴》行业标准的审定，代表们本着严肃、认真、负责的态度，在对标准中各章、条款所表述的、内容进行了严格的审查，并结合各企业生产实际对标准进行了反复的论证后达成了共识，形成了新的《电子钢琴》行业标准的(报批稿)。

本次分会工作会议是借《电子钢琴》标准审定会议之机召开的，因而与此发生的一切费用均已由“标准审定会会议”承担，因此分会秘书处将不再向会议做出决算，不再向会议做费用使用情况的说明，不向协会备案。

中国乐器协会电鸣乐器分会

电鸣乐器分会二届一次会议工作报告

电鸣乐器分会会长　张振启

各位会员单位代表：

大家好！

目前，在中国经济体制改革不断深入，政府行业管理的职能进一步弱化，而我国又正在逐步成为乐器生产大国，乐器制造业的整体水平又落后于发达国家的趋势下，怎样使我国乐器制造业在国际上尽快赶上发达国家的水平，这是行业所面临的重要问题，在此刻，中国乐器协会适时地召开三届二次常务理事会议，部署了协会分支机构，加强和完善组织建设的工作。据此部署，协会下设的各分支机构陆续开展了这一工作，电子琴分会也开始筹备本分会的换届工作。在电子琴分会换届的前期准备工作中，王根田理事长多次亲临分会所在地就分会换届的程序、进程的安排上都给予了技术性的指导，使得本次的换届会议得以如期的举行。诸位能前来参加中国乐器协会电鸣乐器分会二届一次会议，我代表分会表示热烈的欢迎和衷心的感谢。并就分会成立以来所做的工作回顾总结，同时与各位就“电鸣乐器”行业存在的问题和今后工作的开展进行探讨，不妥之处请各位指正。

一、 工作的回顾

已逐步被我国乐器界接受的现代乐器分类法中的电鸣乐器分为纯电子乐器和电扩声乐器两个门类。电子琴按其物理性质和发音方式属电鸣乐器中纯电子乐器门类。同理，电吉他等电扩声乐器门类的产品按其归属，也应溯源到电鸣乐器类当中，为便于行业管理，也为避免在电鸣乐器行业中按产品品种再进行机构设置的重复，电子琴分会依据《全国乐器工业标准化体系表》(草案)中对乐器产品按其物理性质和发音方式的分类原则，建议中国乐器协会将其原下设的分支机构电子琴分会更名为中国乐器协会——电鸣乐器分会。此建议已得到了中国乐器协会的认可和批准，并正式向民政部办理更名手续。

20世纪80年代后期，电子琴产品生产呈蜂拥状态，据不完全统计，当时国内各工业、文化口所属约有60～80多家企业生产电子琴(电吉他、电贝司等生产企业还未计算在内)。为便于管理，产品归口，国务院发文明令规定电子琴产品归口在轻工业部。在这种情况下，为打破行业界限，电子琴生产企业不分归属，于是决定成立中国乐器协会——电子琴分会。分会于1987年7月在青岛成立，成立时选举出了第一届分会组织机构，通过了制定的分会章程。

中国乐器协会电子琴分会成立后，协助全国乐器标准化中心对20世纪60年代传入我国的“电鸣乐器”，从理论上进行了科学的划分，理清了它的音乐属性，为满足市场和消费者对其功能的使用需求，指导企业生产，从标准和标准化的角度对电鸣乐器的产品做了技术性的立法，并会同质检部门对电鸣乐器产品的质量进行了检测， 从而规范了市场， 引导了消费。分会从成立始做了如下工作：

(1) 1988年会同电子部三所、全国乐器质检中心对国内所有企业生产的电子琴产品进行了检测。

(2) 1989年会同全国乐器标准化中心制定《电子琴通用技术条件》国家标准。

(3) 1989年会同全国乐器标准化中心制定《电子琴的环境试验要求和试验方法》国家标准。

(4) 1990年受原轻工业部“生产许可证办公室”委托承担制定《电子琴产品生产许可证实施细则》(讨论稿)。

(5) 1992年会同全国乐器标准化中心制定《电子钢琴》行业标准。

(6) 1995年会同全国乐器标准化中心制定《电吉他》行业标准。

(7) 1996年电子琴分会会同全国乐器标准化中心参加了由原国家质量技术监督局标准化司组织，由原轻工业部、原电子部和全国电子标准化技术委员会共同参加，对电子部三所起草的《电子琴音乐性能评价》国家标准(报批稿)进行了审定。

(8) 1997年会同全国乐器标准化中心参加了由上海华新电子电器总厂起草修订的《电子琴通用技术条件》国家标准的审定。

(9)1997年会同全国乐器标准化中心修订了《电子琴的环境试验要求和试验方法》国家标准。

(10) 分会为企业、消费者提供咨询服务。

二、 工作中的问题

分会成立时，由于会员多为轻工业部、航天航空部、原机械电子部、原农牧林渔业部和司法部等所属企业。进入20世纪90年中期，国产电子琴受进口电子琴(雅马哈、卡西欧等品牌)的冲击，亦受经济体制变革的影响，加之随着人民生活水平的提高，纷纷购买音域较之电子琴更为宽泛的钢琴。电子琴生产企业面临窘境，呈逐步萎缩状态，产量下滑，大部分企业或下马或转产合并，由原有的几十家生产企业减少到十几家生产电鸣乐器的企业。就上述状况，分会工作受到影响，开展的不是很顺利。因市场制约，企业参加分会活动的积极性也因此受到抑制，就是有活动也是较被动的参加，甚至需要决议的内容按照分会章程也不够法定数目。企业多数各自为政，而为行业前景、发展少有建议，这是分会前期活动停滞的主要原因。

三、今后工作的重点

当前的科技进步也涉及到乐器领域，特别是在纯电子乐器方面，电子技术发展到今天已达到可以产生、控制声音的程度。诸如有一定技术含量，能与计算机接口，利用数字技术对声音采样并处理音色而又具备传统钢琴功能的电子钢琴，虽然还不能取代传统钢琴，但其技术已对传统钢琴提出了挑战。这种产品开发的成功和良好的性能而逐渐被市场所接受。但电子乐器产品的安全性能生产厂家是绝对不能忽略的。从2003年5月1日起，凡未获“CCC”(中国强制认证英文缩写)认证证书和未加贴认证标志的国外商品不准进口，国内产品不准出厂销售。产品强制认证，是依照国家法律法规对产品实行合格评定制度。我国将原来属于“技监、商检”两个部门的“长城”标志(对国内产品的认证标志)、CCID标志(对进出口产品的认证标志)，合并为3C标志，实行统一目录，统一技术法规、标准、合格评定程序，统一认证标志。目前，我国首批公布需实行强制认证的产品共19类132种，涉及到我们乐器行业的是电子琴产品，他已被列入国家强制认证目录。推行产品强制性认证制度，能从根本上提高企业管理水平，保证产品的安全性和产品质量，也符合国际贸易通行规则。为此，分会吁请有关企业及早采取措施，依据强制认证实施规则，一方面切实按照技术法规、标准实施管理和组织生产、规范自身行为，另一方面要加快认证步伐，及早办理申请手续。凡持有原“长城”和“CCIB”证书的企业，同样要按规定办理换证手续。3C标志强制认证是目前电鸣乐器行业工作的重中之重，电鸣乐器分会将鼎力协助企业做好此项工作，为企业做好强制认证程序的咨询工作。

另外，我国已加入WTO，如何应对，如何做好国际间的贸易，如何让我们的产品走出去，而减少外来品对我们的冲击，而又如何利用好WTO规则，利用好贸易技术壁垒协定这把双刃剑，是我们全行业目前所面临的新课题。

各位同仁，本次的换届工作已完成，新一届中国乐器协会——电鸣乐器分会已组建完成。为此，分会将在以下几个方面开展工作：

(1) 待新的《电子钢琴》行业标准颁布实施后，配合全国乐器标准中心做一次标准的宣贯，使生产企业能很好地熟悉标准，掌握标准，以便生产企业能更好的贯彻标准和执行标准。即将要开始审定的《电子钢琴》行业标准，也就是为配合国家对电子琴产品实行强制认证，而对现行的但已不适应当前技术和生产的1992年版的《电子钢琴》行业标准进行修改而做出的一种举措。代表们在审定该项标准的过程中，同时就可对该标准和标准化有了全面的了解。

(2) 向行业主管部门申请，与质检部门联合对电鸣乐器产品做一次质量调查或与国外名牌产品在声学品质、演奏性能等质量上做全部技术指标的比对。开展此项工作，目的是为了让国家主管部门和我们乐器行业自己，对我国生产的电鸣乐器产品的质量状况有一个较全面的了解，找出与国外同类产品的差距，更为拉近与国外知名品牌的距离，找出相应的办法。

(3) 聘请音乐院校、演奏和科技等人员与企业技术人员做交流，开展以“电鸣乐器”在我国的发展与前景；与传统乐器怎样结合为命题的学术研讨。

(4) 如条件允许组织企业到欧美或日本等“电鸣乐器”发展较好的国家，做一次以开发国际市场，对国外“电鸣乐器”产品的技术、质量状况和发展趋势为目的的学术性实地考察，并寻求与国外同行业协会或组织建立起经常性的工作关系。

(5) 积极搜集国外“电鸣乐器”产品的信息、如最新工艺、最新技术动态和先进国家产品标准，以及时供企业参考、采用。

(6) 搞好自身建设，逐步完善组织结构，把服务于企业作为基点，与协会、与企业协同合作，加强行业间的联络。吸收、接纳愿意投入于中国“电鸣乐器”事业的单位和个人加入分会，以此扩大分会在国内外的行业性和代表性。

可以预见，未来的几年内在中国将会掀起一个文化产业建设的高潮。分会全体成员应以此为契机，抓住机遇，在中国轻工业联合会和中国乐器协会等行业主管部门的正确领导下，认清形势、认清存在的问题。用“质量法”、“标准法”、“消费者权益保护法”作为自身行为的最高准则，用IS09000族系列标准加强自身建设，用分会章程自律于行业之内。

各位同仁，分会将在中国乐器协会的直接领导下，凝聚各方，创造条件开展工作，为政府、为企业、为消费者真正起到桥梁作用，请诸位审议我代表专业委员会所做的工作报告。

电鸣乐器分会组织机构

会　　长： 北京乐器研究所所长　　张振启

副会长单位： 上海华新电子电器总厂
得理电子（深圳）有限公司
武汉致嘉钢琴制造有限公司
浙江乐清友谊无线电元件厂

秘 书 长： 北京乐器研究所　　王伟

中国乐器协会口琴专业委员会三届二次会议纪要

按照中国乐器协会要求以及中国乐器协会口琴专业委员会三届二次会议商定的议程，中国乐器协会口琴专业委员会三届二次会议于2003年3月23日至24日在上海市青浦区举行。

参加三届二次会议的单位有上海口琴总厂、上海国光口琴厂有限公司、无锡铃木乐器有限公司、江苏天鹅乐器有限公司、江苏江阴激扬乐器有限公司、天津通宝乐器有限公司、江苏江阴东方乐器有限公司、上海兰生豪呐乐器有限公司、上海兰生口琴厂、上海新效铜材厂、营口东北乐器厂、余姚河姆渡电器塑料厂和江苏金坛市河头工艺纸品厂作为众多口琴行业中的配套加工单位也参加了会议。共有28名代表参加和列席了会议。

三届二次会议由口琴专业委员会会长陈狄彬先生主持。陈狄彬先生首先介绍了三届二次会议的议程、内容，并简要传达了中国乐器协会四届二次理事(扩大)会议精神，副会长兼秘书长周伟义先生简要回顾总结了口琴专业委员一年来所开展的工作。中国乐器协会王根田理事长专程从北京赶到上海市青浦区参加了会议，并在会上讲话，对口琴专业委员所做的工作予以充分肯定，并对口琴专业委员今后的工作提出了要求。

三届二次会议对口琴专业委员会行规行约进行了认真的讨论，并提出了完善行规行约的补充修改意见。会议对口琴专业委员会今后的工作方向和打算着重进行了探讨。大家围绕开展技术交流、开展质量抽查活动，关于如何提高口琴原材料质量等方面及在口琴行业中开展打假等问题进行了探讨，会议要求上海新效铜材厂不断提高口琴座板和音簧的质量，降低成本。会议其间，代表们还参观了上海兰生豪呐乐器有限公司，对公司的生产管理及厂容厂貌给予很好的评价。

三届二次会议原则通过了中国乐器协会口琴专业委员会行规行约，在修改补充后印发到各专业委员会会员单位，并报中国乐器协会备案。会议通过了关于口琴行业开展产品质量调查的提议。决定口琴专业委员会向中国乐器协会提出申请报告，并取得轻工业联合会的批准后，会同乐器质量检测中心实施口琴产品质量调查工作。

会议还通过了关于在口琴行业中开展打假的建议，决定将打假的有关条文充实到行规行约中，并在口琴专业委员会会员单位实行信息互通，为口琴专业委员会在口琴行业内开展打假提供帮助。

三届二次会议是由上海口琴总厂、上海国光口琴厂有限公司负责会务工作，并得到了上海兰生豪呐乐器有限公司的支持与配合，协同口琴专业委员会做了大量的会务工作。会议决定三届三次会议在2004年3月召开，并委托江苏天鹅乐器有限公司承办。

三届二次会议是在中国乐器协会支持、关心下召开的，是在各口琴专业委员会成员单位的共同努力下召开的，会议在团结、协作、支持、奋进中圆满结束。

中国乐器协会口琴专业委员会
2003年3月24日

口琴专业委员会三届二次会议工作报告

口琴专业委员会副会长兼秘书长　周伟义

各位理事、各位代表：

根据中国乐器协会安排，要求我们口琴专业委员会在这次会议上作发言，这是协会对我们口琴行业的关心与支持。我谨代表口琴专业委员会向大会作汇报。

一、一年来口琴专业委员会所作的工作和开展的活动

2001年11月，中国乐器协会口琴专业委员会召开了三届一次会议，会议选举了新一届口琴专业委员会的领导机构。会上各委员单位作了交流，并初步拟定了工作方向。一年来我们在中国乐器协会的领导支持下，做了以下几个方面的工作。

1.积极关心扶植新办企业

口琴专业委员会目前共有会员单位12家，其中分布上海6家、江苏4家、营口1家、天津1家。在党的十五大以国有经济为主体和多种所有制经济共同发展方针的指导下，口琴行业的资本结构有了一定的转化。对于口琴行业涌现出来的个体、私营、股份制和独资、合资企业，专业委员会采取了积极关心和扶持的态度，给予有的企业进行设备技术上的支持、人员的培训，壮大了我国口琴行业的规模，推动了口琴行业的快速发展。从最早的两个半口琴厂(上海口琴总厂、上海国光口琴厂和营口东北乐器厂口琴车间)发展到至今全国有20多家口琴生产企业。除口琴专业委员会会员单位外，许多口琴厂家提出要求加入协会，这是我们口琴行业的可喜现象。口琴虽然作为乐器行业最小的乐器，但在口琴行业共同努力和协会的支持下，我们口琴行业基本形成了品种齐全、质量稳定提高、生产技术、规模、企业管理已达到一定水平的口琴生产、经营和出口占据世界第一的口琴大国。

2.技术交流、信息互通

这些年来，专业委员会经常保持与各口琴生产企业的技术交流、信息互通、相互学习，通过各种方式组织各企业的相互参观学习。特别是在技术生产中通过交流大家都逐步认识到电子调音仪在生产中对产品质量的稳定和提高、对培训技术工人速度的加快等方面起到了重要作用。为促进口琴生产，绝大部分企业都使用和配置了电子调音设备。今年以来，有的企业加工点也全部采用了电子调音设备，改变使用风琴听音、调音的落后工艺。

为提高国内口琴簧片中音簧铜的质量，江苏激扬乐器有限公司和无锡铃木乐器有限公司两家合资企业从国外带回音簧铜带样品，会同有关铜厂试制品质较优的磷青铜替代音簧铜制造中高档口琴。并将这一信息反馈专业委员会，以取得行业推广和使用。为了降低口琴成本满足国际市场不同档的需求，有的企业采取了以铝座板代替铜座板，塑壳盖板代替铜盖板的低档口琴以满足市场。对于这些技术上工艺上的改进及材料上的替代，口琴行业之间采取互相交流和信息互通，促进口琴行业的共同发展。天津通宝乐器有限公司作为口琴行业第一家中外合资企业改变了过去封闭形式，近几年来接待了多批口琴行业参观人士，让大家了解学习先进的生产管理。

3.开发新产品、新品种，满足市场需要

为开拓国内外口琴市场，大力宣传我国口琴行业，专业委员会所属企业绝大部分相继参加了中国乐器协会主办的历届中国国际乐器展览，以接触更多的中外客户，展览及推销自己的产品，并每次在展览会上推出新的产品、新的品种。值得一提的是江苏激扬乐器有限公司，作为口琴行业的成员多次参加法兰克福乐器博览会。从口琴发展到手风琴生产及其他乐器生产的企业，去年至今又投资了几百万元生产铜管乐器，以扩大自己的乐器门类。上海口琴总厂今年以来为口琴专业人士设计的全吹式口琴——笛声口琴投入生产。笛声口琴分为中音和高音，他发音浑厚明亮，适用于口琴重奏或合奏。上海国光口琴厂有限公司和江苏江阴东方乐器有限公司也相继生产了市场少见的28孔宽音域口琴，以满足广大口琴爱好者的需求。这几年，无锡铃木乐器有限公司，江苏天鹅乐器有限公司为满足口琴团体的需求，也相继研制开发了16孔64音、14孔56音、12孔48音半音阶口琴、倍司口琴和和弦口琴等高档系列产品，并获得了一系列专利证书。上海兰生豪呐乐器有限公司多年来为世界最大的乐器生产销售商豪呐公司生产各种规格的布罗斯口琴，得到外商的赞誉。

面对激烈的市场竞争，各企业在发展口琴花色品种的基础上，又相继开发了口风琴、手风琴、竖笛、民乐铜管乐器，以更多的产品满足市场，同时为企业的生存及发展创造条件。

4.发展口琴教育事业，繁荣口琴艺术文化

口琴是最小最容易携带最受中小学生喜爱的启蒙乐器，也是国家教委指定乐器进课堂的教具。我们口琴行业清楚的知道并了解，全国口琴行业每年有这么多的生产量，主要是中小学生的需求及广大海内外口琴团体、口琴会组织及口琴爱好者的支持。为此专业委员会所属企业积极支持关心口琴音乐教育事业，支持和赞助口琴团体组织开展口琴活动。今年1月28日至2月2日在北京举办首届全国口琴比赛。来自北京、天津、上海、浙江、南宁等地的选手及中小学校纷纷带队赴京参赛。作为乐器协会口琴专业委员会会长陈狄彬、副会长兼秘书长周伟义以口琴专业委员会的名义共同举办了全国口琴比赛并出席了决赛及颁奖仪式。上海近10所中小学校由老师带队参加了北京的比赛，并获得了集体、个人的金奖、银奖和优胜奖项目。回沪后，上海口琴总厂、上海国光口琴厂有限公司又积极筹备组织，资助在今年6月2日主办庆祝六一国际儿童节——上海市中小学校参加首届全国口琴比赛获奖汇报演奏音乐会。音乐会在上海音乐厅举行，这是一次大规模的口琴演奏音乐会及普及口琴教育的活动。今年3月，由无锡铃木乐器有限公司赞助上海中小学生口琴演奏会在虹口体育场举行。会上3000名中小学生手持口琴同台高奏，会场阵阵掌声。今年5月5日至5月18日，由上海国光口琴厂有限公司与武汉音乐家协会主办的武汉地区第五届(国光——英雄杯)口琴比赛在武汉地区举行。武汉地区各教委及22所中小学校推选的口琴队参加了决赛。湖北电视台、武汉教育台、湖北人民广播电台音乐台现场进行了采访并进行了录音、录像。上海国光口琴厂有限公司董事长兼总经理一行专程从上海赶到武汉参加决赛并在会上讲话，积极支持资助开展口琴教育活动。

多年来我们的口琴企业纷纷支持全国口琴团体的活动，并接待多批海外口琴团体，其中有新加坡、马来西亚、香港、台湾等地的口琴团体。在推广口琴教育活动中，上海口琴总厂资助著名口琴家黄毓千先生出版了《复音口琴简明教程》的VCD光盘和书籍。江苏天鹅乐器有限公司多年来先后在20多个省、市开办口琴培训班，举办“天鹅杯”口琴大奖赛。天津通宝乐器有限公司支持并资助天津口琴会开展口琴教育活动，并资助亚太地区口琴比赛活动。许多企业还组织教师到学校办班上课，推广普及口琴音乐教育事业，为繁荣口琴的艺术和文化做出了贡献。

二、口琴行业发展存在的主要问题

我国是口琴生产与出口占据世界第一的大国，口琴的外销主要在欧美、我国香港、东南亚及中东三大市场。欧美以半音阶、10孔20音口琴为主，香港、东南亚以复音口琴为主，中东以玩具及低档口琴为主，内销的市场以中小学生为主。国家教委提出的乐器进课堂为制作口琴生产的行业提供了良好的市场环境。对于口琴 行业的兴旺，我们感到可喜。但行业间的低价竞争，相互压价，粗制滥造使我们不得不感到可悲。如何提高产品的质量，严格按照行业标准制作口琴，采取公平竞争这是在我们口琴行业面前迫切需要解决的问题。

众多口琴行业为了求得生存与发展，降低成本，降低销价参与市场竞争是可以理解的，但决不能降低口琴标准来制作。口琴的音孔板行业标准规定了不低于HV175的乐器专用铜材或性能相同甚至更好的其他材料。这里明确了音孔板首先是我们通常使用的铜材，而音孔板原先有厚薄的规定。现在为了省料从原先的厚薄改到0.72mm甚至更薄，这样影响了音孔板的平整度与琴格装配的密封度，更会影响吹奏效果。而日本生产的口琴音孔板均在1mm以上。我们还碰到这样的企业，为了降低劳动力成本，无谓地减少口琴的操作工艺。音孔板上的音簧改响好了不调音，更没有复调，只管其发音响不管音是否准，更谈不上波动音的均匀。还有些企业为降低销价，用铝音孔板代替铜盖板。这种口琴拿到手里一掂份量很轻，这样的口琴制作出来流入国内市场，特别是到中小学生手里，这不利于口琴进入课堂，更不利于口琴的普及教育。按行业标准制作口琴，这是口琴行业急需解决的问题。

其次，近年来从造假的假酒、假烟现象，如今蔓延到我们乐器行业中，今年以来，口琴行业的主要厂家对市场进行调访中发现假冒的国光牌重音口琴，天鹅牌口琴，上海牌口琴，敦煌牌口琴。追其来源是我们口琴行业的个别销售员在推销本企业产品时为销售商兜售假冒口琴。这些个别企业的销售员不顾本企业及本人的声誉售假，造成了恶劣的影响。来自假货的制假商大多没有正常的生产渠道，他们靠购买口琴琴芯及光板盖板后打假冒钢印，装配后销售。我们口琴行业中，一些乡镇企业为了谋取自身的利益，不顾行业的规范，不顾自己企业的声誉，出售琴芯及光版盖板，为制假者提供了方便，提供了帮助。我们口琴行业中的几位老总他们对制假者深恶痛绝，都提出了行业之间要联合起来打假，都希望在正当的市场竞争中保护自己的利益及合法的地位，保护自己的品牌不受侵犯。

三、今后的工作方向和打算

根据我们的了解，口琴行业的生产与销售形势良好，许多企业在市场竞争中求得生存。面对众多的行业，如何解决存在的问题，更进一步规范口琴行业，使口琴行业健康发展。经我们口琴专业委员会商议决定要做好以下几方面的工作。

(1) 我国已正式加入WTO组织，在同行业之间一定要加强行业间的联系与合作，我们要继续发挥专业委员会的桥梁和纽带作用，不定期的组织行业之间的信息、情况互通、技术上的交流。特别对行业中产品价格上下移动时，做到相互通气协调。在市场销售中坚持公平、公正、诚实、守信的原则，反对不正当的竞争。

(2) 制定行规行约，起到保证制约的作用。为了维护我们行业的整体利益，规范行业操作，便于行业的管理。我们认为，必须制定口琴行业专业委员会的行规行约，这个问题我们已在去年口琴行业年会及换届选举会上提出来了，目前正初步形成草稿。我们希望在今年年底的口琴专业委员会年会上经过讨论通过。

(3) 组织技术交流，开展进行产品质量的抽验活动。我们要会同全国乐器检测中心，成立口琴质量抽查小组，对口琴生产所属企业进行产品质量标准的抽查。抽查范围不仅对生产企业产品的抽查，而且要求对市场销售产品的抽查。对三无产品、低劣产品及不顾质量、以次充好不符合行业标准制作口琴的生产企业给予曝光，在有关乐器杂志或周报上刊登，以杜绝不合格产品流入市场。我们的这些做法必须得到乐器协会领导和有关部门的支持及帮助。

(4) 加强重视口琴原材料基地的生产，促使口琴原材料品质的提高。口琴音质的好坏很大一部分取决于铜材的质量。对于提供口琴原材料的生产厂家，尤其是口琴专业委员会的会员单位，我们有共同义务为他们提供信息、数据，促使他们不断提高口琴壳子铜材、座板铜材与音簧铜材的质量。为此，口琴专业委员会要召开专门会议来商讨口琴原材料质量的改进，以便进一步提高口琴制作的质量。

(5) 行业开展联合打假。假冒商标的产品已侵入到口琴行业中的相当一部分企业，为了维护企业的自身利益，专业委员会有必要开展打假活动。首先各专业委员会会员单位保证不制假，对自己企业的销售员开展不售假的教育，制止、抵制售假。对个别企业不顾自己的声誉，为制假售假者提供口琴零部件的，我们全行业必须给予指责、曝光，并要求乐器协会提供帮助，不准许参加协会组织的乐器展览会等一系列活动。

(6) 积极支持乐器协会的工作及开展的一系列活动。我们可喜地看到四届一次全会以来新一届乐器协会领导所做的大量工作及取得的成绩。我们口琴专业委员会要积极参加各项活动，特别是大型国际乐器展览会。支持协会的工作，在协会的领导下携手共进,为促进口琴行业的健康发展而努力工作。口琴专业委员会在中国乐器协会的领导及支持下做了些工作，但我们的工作还做得很不够，我们决心在口琴行业的相互团结和相互配合下,携手共进、为促进口琴行业的健康发展而努力!

中国乐器协会口琴专业委员会行规行约

2002年3月24日通过

第一章　总则

第一条 中国乐器协会口琴专业委员会名称。

中文：中国乐器协会口琴专业委员会

第二条 口琴专业委员会是中国乐器协会的分支机构，是由从事口琴生产、销售、设计、研究、配套的企业组成的行业性、非营利性的社会组织。业务上接受中国乐器协会的指导和监督管理。

第三条 本会的宗旨:为发展口琴乐器事业服务,为维护会员合法权益服务,发挥桥梁和纽带作用,维护口琴行业的整体利益、加强国内外口琴专业技术交流和促进行业内的联系，提高行业整体素质，推动口琴乐器事业的发展。

第二章 会员

第四条 口琴专业委员会有团体会员、个人会员、名誉会员和顾问。本会团体会员、个人会员必须是中国乐器协会会员。

第五条 会员的条件

1.有加入中国乐器协会的意愿。

2.拥护与执行中国乐器协会章程和本会的行规行约。

3.凡从事口琴乐器生产、营销、科研配套的企业单位(应取得法人营业执照),均可申请加入中国乐器协会，成为本专业委员会会员。

4.凡对口琴行业发展作出贡献的企业家和技术人员均可申请。

第三章　会员守则

第六条 信息发布

1.本会会员对外发布的产量、效益等技术、经济指标信息应真实可靠，其中在中国乐器协会主办的各类报刊上发布前应向本会备案。

2.如发布不实信息或误导消费者的信息一经查实,本会将在中国乐器协会主办的刊物上予以曝光,以消除不良影响。

第七条 人员流动

1.会员单位开除的员工及时上报给本会，本会将转告各其他会员单位。

2.合同期满的员工可自由在各会员单位求职。

3.在职技术人员、销售人员、管理人员和相关人员，未经本单位同意，不得参与其他会员单位的各项经济技术活动。

4.未经会员单位同意，严禁其他会员单位用不正当手段私自录用会员单位的在职管理人员、技术人员、销售人员。一经查实，将报请中国乐器协会严肃处理。

第八条 会员交流

1.会员之间应加强业务往来和技术交流，积极参加本会主办的各项活动。

2.凡生产企业性团体会员每年需上报中国乐器协会的全年综合经济报表，必须经本会备案(附当地有关部门的核实材料，并由本会向中国乐器协会上报。

第九条 市场销售

1. 坚持公平、公正、诚实、守信的原则，共同维护和遵守口琴乐器市场经营秩序，打击假冒伪劣产品、反对不正当竞争。

2. 维护专利所有人、商标注册人的专用权，严禁假冒、盗用会员商标、标识、厂名、域名(含文字及图案)的行为。一经查实，将公开曝光。

第四章　组织机构

第十条 本会行规行约由中国乐器协会口琴专业委员会负责解释。

本行规行约由中国乐器协会口琴专业委员会会员代表大会通过之日起执行。

中国乐器协会团体会员

序号	企业名称	邮编	地址	负责人
1	北京乐器研究所	100022	北京市朝阳区九龙山黄木场6号	张振启
2	北京星海粤华乐器有限公司	100018	北京市朝阳区东坝南红园	王 海
3	北京伊斯曼乐器有限公司	101200	北京市平谷区东高村镇南埝头村	陈祖华
4	北京七斗兴科技有限公司	100096	北京市昌平区东小口贺村118号	景乃元
5	北京森林乐器有限公司	102206	北京市昌平区沙河镇松兰堡	宋茂林
6	中国艺术研究院音乐研究所	100027	北京市朝阳区东直门外新源里西1楼	韩宝强
7	北京星海钢琴集团有限公司	100022	北京市朝阳区黄木场6号	赵惠臣
8	北京红艺乐器厂	100176	北京市朝阳区小红门乡牌坊	王福玉
9	北京海资曼钢琴有限公司	100061	北京市崇文区夕照寺中街4号	马少堂
10	北京多丽纳乐器厂	100061	北京市崇文区幸福大街甲39号107室	李增明
11	北京晨光缘乐器有限公司	102605	北京市大兴区青云店镇民营科技区	郭玉强
12	北京星海胜达科技开发有限公司	100010	北京市东城区朝阳门北小街71号	王世绵
13	北京管乐器厂	100007	北京市东城区交道口南大街140号	赵青竹
14	北京天秤座贸易有限责任公司制盒分公司	100094	北京市海淀区韩家川路55号	韩 琦
15	北京乐器城	101200	北京市平谷区东高村镇东高村	张富泉
16	北京华东乐器有限公司	101200	北京市平谷区东高村乡大旺务村西路21号	刘云东
17	北京盈丰乐器厂	101107	北京市通州区甘棠乡	张转峰
18	北京天力提琴制造公司	101102	北京市通州区马驹桥镇商业街	杨 凯
19	北京长安乐器有限公司	100053	北京市宣武区广安门内大街319号广信嘉园C座6C	马雪松
20	北京民族乐器厂	100053	北京市宣武区西便门西里16号	王 海
21	顺昌县爱乐钢琴有限公司	353200	福建省顺昌县顺昌县货场路9号	柯松理
22	厦门三乐钢琴有限公司	361009	福建省厦门市禾山后铺第二工业区11号	黄三元
23	福州和声钢琴有限公司	350014	福州市福兴投资区化工路125号	胡 颖
24	福州民族乐器有限公司	350001	福州市六一北路328号金源花园B区	魏贻安
25	广东德庆汇丰乐器有限公司	526600	广东省德庆县城东大桥鹤山咀康蓝工业园	陈汪洁
26	国家轻工业乐器质量监督检测中心(广州)	510370	广东省广州市芳村区茂香园13号	潘琦珊
27	揭西县美声电子电器厂	515400	广东省揭西县城河陆公路永美大道	张燕雄
28	广东省揭阳市长城乐器有限公司	515541	广东省揭阳市新亨镇白石村	徐瑞和
29	佛山市三水区白坭镇鸿锋五金塑料厂	528131	广东省三水市白坭镇新生开发区	李大鉴
30	汕头乐器厂	515041	广东省汕头市华坞路5号	李敬祥
31	深圳市刘诗昆钢琴乐器实业有限公司	518033	广东省深圳市深南中路3039号国际文化大厦1111室	盖 燕
32	美得理电子(深圳)有限公司	518031	广东省深圳市燕南路404栋西3楼	叶 森
33	广东省四会市华声乐器有限公司	526200	广东省四会市东城开发区	黄炳金
34	中山市粤华钢琴乐器有限公司	528400	广东省中山市东升镇观栏村工业区	高永湖
35	珠海市乐华钢琴乐器有限公司	519060	广东省珠海市南屏镇坪岚园工业区4幢6楼	何锦祺
36	广州珠江钢琴集团有限公司	510388	广州芳村区花地大道南渔尾西路8号	童志成
37	广州传音乐器厂	510403	广州机场路西侧康盈阁首层02号	苏常青
38	广州珠江乐器实业公司	510360	广州市芳村区山村南塘安定首约32号	关卫忠
39	广州市中娱鼓乐厂	510410	广州市广花四路塘溪工业区A型6号（西半座）	张志森
40	广州市大铃乐器有限公司	510290	广州市海珠区沥窖南南洲路85号之一	罗少宏
41	广州珠江钢琴集团管乐厂	510500	广州市沙河五仙桥桐油岗	冼钰强
42	广州珠江钢琴集团吉他厂	510430	广州市石井镇石沙公路红星工业区157号	谢志忠

（续表）

序号	企业名称	邮编	地址	负责人
43	广州珠江钢琴集团提琴厂	510430	广州市石井镇石沙公路红星工业区15号	伍锐伟
44	广州吉声琴业有限公司	510170	广州市西华路桃源街41号	梁泽敏
45	广州珠江钢琴集团管弦乐分公司	510335	广州市新港东路2440号	王润培
46	贵州玉屏县箫笛厂	554000	贵州省玉屏市中山路57号	姚茂禄
47	霸州市威名乐器有限公司	065700	河北省霸州市大高各庄工业区	张维明
48	河北怀来锣厂	075431	河北省怀来县新保安镇幸福村	张全富
49	饶阳北方民族乐器厂	053900	河北省饶阳县大官厅	杨俊朋
50	饶阳成乐民族乐器有限责任公司	053900	河北省饶阳县大官厅	李铁成
51	石家庄市秦川文体乐器有限公司	050011	河北省石家庄市建设北大街38号	秦传功
52	河北乐海乐器有限责任公司	062350	河北省肃宁县师素工业区	宋从甲
53	京艺乐器厂	062350	河北省肃宁县站前街	宋从勇
54	河北省文安县鑫森乐器有限公司	065802	河北省文安县新镇	王景川
55	河北金音乐器制造有限公司	053300	河北省武强县周窝乡工业区	陈学孔
56	香河县天音乐器公司	065402	河北省香河县安平镇	曹振民
57	邢台冶金艺术学校	054000	河北邢台市冶金子弟学校	董耀海
58	开封市龙音乐器公司	475001	河南省开封市西关北街186号	汤红伟
59	开封中原民族乐器有限公司	475312	河南省兰考县固阳镇	戴宝民
60	兰考县龙音乐器音板有限公司	475312	河南省兰考县固阳镇双井村	汤二发
61	兰考县铟阳镇福利桐木加工厂	475312	河南省兰考县铟阳镇双井村	汤大法
62	河南省乐器研究所	450003	河南省郑州市东里路14号院	黄林潜
63	牡丹江市爱民区鸣琴乐器厂	157009	黑龙江牡丹江市东地明街纺织二路(银龙村)	迟建华
64	牡丹江市乐邦琴业有限责任公司	157000	黑龙江省牡丹江市景府街解放路104号	柳玉奎
65	武汉洪发高洪太铜响乐器有限责任公司	430074	湖北省武昌雄楚大街杨家湾紫菘民营工业园	朱汉桥
66	武汉高家河锣厂	430334	湖北省武汉市黄陂区甘棠街甘棠大道230号	王长海
67	武汉艾立卡电子有限公司	430010	湖北省武汉市黄浦路黄浦花园宝福阁19楼D座	张鉴堂
68	武汉致嘉数码钢琴有限公司	430050	湖北省武汉市经济开发区民营科技工业园12号M栋	周致嘉
69	武汉铼特科技有限公司	430079	湖北省武汉市武昌珞瑜路312号(722研究所内)	李先敏
70	武汉大风电器有限公司	430077	湖北省武汉市中北路154号	王建民
71	宜昌金宝乐器制造有限公司	443003	湖北省宜昌市宜昌东山经济技术开发区珠海路1号	吴天延
72	吉林省桦甸市华郊木雕工艺厂	132400	吉林省桦甸市丰伟胡同(原物资局院内)	高桂珍
73	吉林市艺华文体乐器专业商店	132001	吉林省吉林市天津街航天1号楼	张福远
74	延吉市民族乐器研究所	133001	吉林省延吉市光华路147号	赵基德
75	江阴激扬乐器有限公司	214443	江苏省江阴市申港镇	时国兴
76	江阴市东方乐器有限公司	214415	江苏省江阴市祝塘云顾路8号	孔文忠
77	无锡铃木乐器有限公司	214415	江苏省江阴市祝塘镇人民路1号	缪志兴
78	江苏奇美乐器有限公司	214500	江苏省靖江市经济开发区兴业路	张龙贵
79	江苏天鹅乐器有限公司	214526	江苏省靖江市西首	陈红梅
80	南京密尔顿钢琴有限公司	211100	江苏省南京江宁开发区菲尼克斯路79号	陆　雅
81	南京伊柯雅钢琴制造有限公司	211101	江苏省南京市东山邵圣工业园区	尹松林
82	南京摩德利钢琴有限公司	210012	江苏省南京市应天西路应天巷8号	戴巧茹
83	南京玛利奥钢琴有限公司	210012	江苏省南京市中华门外花神庙街189号	李鉴宁
84	南通市乐王琴行有限公司	226001	江苏省南通市人民中路16号	王夕林
85	苏州民族乐器一厂有限公司	215003	江苏省苏州学士街梵门桥弄15号	沈博文

（续表）

序号	企业名称	邮编	地址	负责人
86	泰兴斯坦特乐器有限公司	225419	江苏省泰兴市溪桥乡翁庄村	李荣富
87	泰兴声威乐器有限公司	225419	江苏省泰兴市溪桥镇	王春龙
88	泰兴凤灵乐器有限公司	225419	江苏省泰兴市溪桥镇	李　书
89	无锡市新区古月琴坊	214028	江苏省无锡市新区荆同村3号	万其兴
90	武进市双奇机房设备有限公司乐器厂	213103	江苏省武进市横林镇崔桥东环路5号	莫福南
91	扬州市广陵区新盛民族乐器厂	225001	江苏省扬州市渡江村联谊路68号	惠康喜
92	扬州市维扬区顶盛乐器厂	225116	江苏省扬州市邗江酒甸	王　奎
93	扬州市邗江天艺民族乐器厂	225000	江苏省扬州市邗江区甘泉镇	汪健群
95	扬州市正声民族乐器厂	225126	江苏省扬州市贾七分路北段殷巷村口	周　平
96	扬州龙凤琴筝有限公司	225008	江苏省扬州市西湖镇蜀岗	刘永发
97	扬州开发区金韵乐器厂	225009	江苏省扬州市扬子江中路陶庄58号	熊立群
98	杨州华韵乐器有限公司	225001	江苏省扬州市友谊路32号	田步高
99	大连铜管乐器有限公司	116001	辽宁省大连市中山区鲁迅路88号	焦永达
100	营口东北钢琴（集团）公司	115004	辽宁省营口市渤海大街西82号	张大鸣
101	营口东北乐器厂	115004	辽宁省营口市渤海大街西市区新民里19号	刘　群
102	国家轻工业乐器质量监督检测营口站	115004	辽宁省营口市辽河大街六段新民里19号	何新馥
103	银川市兴庆区华芳行	750001	宁夏银川市唐槐新村61-6-402号	马进芳
104	山东济南友三乐器制造有限公司	250107	山东济南市历城遥墙工业开发区	孙志建
105	昌乐百灵乐器有限公司	262409	山东省昌乐县唐吾镇政府驻地	郝际坤
106	德州市佳华电子有限公司	253016	山东省德州市德城区天衢东路134号	谢艳明
107	胶南市天乐琴行	266400	山东省胶南市珠海路88号乙(康大集团1楼)	万绪波
108	山东泰山管乐器制造有限公司	265701	山东省龙口市东莱大李	梁维民
109	龙口锦盛乐器有限公司	265701	山东省龙口市东莱街道大李村	李传术
110	青岛世正乐器有限公司	266109	山东省青岛市城阳区春阳路新城工业园	周始雷
111	烟台龙凤钢琴有限公司	264006	山东省烟台市经济技术开发区长白山路5号	徐金山
112	烟台博斯纳钢琴制造有限公司	264670	山东省烟台市莱山区解甲庄工业园	孙　强
113	淄博鲁东乐器厂	255300	山东省淄博市周村区青年路110号	郝之沧
114	上海国兴乐器有限公司	201908	上海宝山区罗店镇张士村	王中明
115	上海大正乐器制造有限公司	201403	上海奉贤县齐贤镇工业园区	朱吉平
116	上海手风琴厂	200072	上海老沪太路218号	朱羽忠
117	上海民族乐器一厂	201101	上海闵行区七宝镇联明路400号	王国振
118	上海华新乐器有限公司	200021	上海浦东崂山一村35号	林伯龙
119	上海华粤琴业有限公司	201200	上海浦东新区城丰路700号	冯和富
120	上海浦东新区云音钢琴件厂	201200	上海浦东新区川沙镇进贤路250弄6号1102室(华盛名门小区)	唐海林
121	上海国光口琴厂有限公司	200126	上海浦东耀华支路39弄11号	周伟义
122	上海第一制毡厂	200041	上海市安远路53号	陈开金
123	上海康燕实业有限公司	200085	上海市北苏州路1056号	蒋逢源
124	上海迪笙乐器有限公司	202159	上海市崇明县合五公路88号	黄志昌
125	上海超拨实业有限公司	200043	上海市丰镇路19号A座2F	刘卫国
126	上海敦煌乐器有限公司	201400	上海市奉贤区运河北路1025号	陆　敏
127	上海东方乐器厂	200070	上海市沪太路246弄5号	马林根
128	上海知音琴行有限公司	200021	上海市淮海东路99号11楼E楼	朱文玉

（续表）

序号	企业名称	邮编	地址	负责人
129	上海玛珂琴业有限公司	201803	上海市嘉定区江桥工业园区新苗路 57 号	金一鸣
130	上海钢琴有限公司	200082	上海市江浦路 627 号	张子跃
131	上海钢琴有限公司钢琴研究所	200082	上海市江浦路 627 号	陈惠庆
132	上海雅特曼钢琴有限公司	201108	上海市闵行区颛桥镇向阳工业区	王永金
133	上海华黎民族乐器厂	201311	上海市南汇区大团镇永定北路 17 号	唐华军
134	上海海立钢琴有限公司	201200	上海市浦东新区城丰路 650 号	李雨森
135	上海中雅钢琴有限公司	201771	上海市青浦区清赵路 6158 号	叶耀东
136	上海兰生豪呐乐器有限公司	201722	上海市青浦区西岭镇莲盛西首	周琰孙
137	上海乐音钢琴有限公司	200082	上海市杨浦区齐齐哈尔路 403 号	马　湧
138	上海欧亚钢琴乐器有限公司	201608	上海松江张泽民经济城（浦亭路 88 号）	郑昌贵
139	上海管乐器厂	200070	上海闸北区俞泾港路 1 号	赵时渔
140	上海口琴总厂	200070	上海中兴路 1122 号	蒋林森
141	成都民族乐器厂	610081	四川省成都火车北站东二路 274 号	谭昌全
142	成都乐器厂	610000	四川省成都市金像寺村四组	乔　毅
143	成都川雅木业有限公司	610101	四川省成都市龙泉驿区大面镇	张华君
144	天津津宝乐器有限公司	301800	天津宝坻区海泰路 1-2 号	刘　明
145	天津华韵乐器有限公司	301615	天津静海县中旺镇	罗松森
146	天津醒狮演出器材公司	300250	天津市东丽区徐庄子工业开发区二煤气路三大街 2 号(醒狮)	边国柱
147	天津和平区绘发文体用品厂	300041	天津市和平区大沽路 29 号	迟润强
148	天津通宝乐器有限公司	300230	天津市河北区白庙工业区南呟路 1 号	姜　静
149	天津市民族乐器厂	300230	天津市河北区南呟路 1 号	郭建文
150	爱凌（天津）国际贸易有限公司	300150	天津市河北区万科城市花园 C － 501	张欣旺
151	天津市乐器厂	300161	天津市河东区程林庄路 112 号	汪同芳
152	天津管乐器厂	300012	天津市河东区九纬路 2 号	刘凤奎
153	张爱玲（天津）国际贸易有限公司	300171	天津市河东区十一经路 81 号天星河畔广场 2909	张爱玲
154	天津市隆兴集团有限公司	300211	天津市河西区新围堤道 5 号	李明浩
155	天津市静海县盛兴乐器厂	301605	天津市静海县子牙镇潘庄子	王泽云
156	云南民族民间音乐艺术品开发公司	650118	云南省昆明市丹霞路 279 号	杨　声
157	昆明市乐器厂	650031	云南省昆明市东风西路 289 号	伍俊武
158	杭州西湖电子集团音响设备有限公司	310000	浙江杭州市景芳小区景苑公寓 4 号楼－1	徐　来
159	宁波东方琴业总公司	315323	浙江省慈溪市胜山镇沙滩桥西南侧	罗森鹤
160	德清县中德利钢琴有限公司	313216	浙江省德清县城关西郊路 158 号	王惠林
161	德清县海尔乐器制造有限公司	313218	浙江省德清县洛舍经济开发区文明东路 2 号	王惠忠
162	奉化市万盛乐器有限公司	315500	浙江省奉化市尚田镇西路 24 号	王法龙
163	杭州嘉德威钢琴有限公司	310021	浙江省杭州市高新技术开发区江干科技园丁群路 45 号	陈安岳
164	浙江天目琴行有限公司	310012	浙江省杭州市学院路 180 号	刘为明
165	湖州华谱钢琴制造有限公司	313218	浙江省湖州市德清县洛舍经济开发区	姚小林
166	海湾乐器（嘉善）有限公司	314100	浙江省嘉善县谈公北路 368 号	胡益兰
167	乐清市友谊无线电元件厂	325608	浙江省乐清市虹桥镇蒲岐工业区	柯应岳
168	湖州杰士德钢琴有限公司	313218	浙江省莫干山技术开发区杨树湾工业园区洛德大道 198 号	鲍海尔
169	宁波海伦乐器制品有限公司	315827	浙江省宁波市北仑大矸镇城门口	陈海伦
170	温州市瓯海风琴厂	325014	浙江省温州市梧田镇南村	王加福
171	重庆市宏扬乐器厂	400020	重庆市江北区观音桥大平村	王建华

【专文篇】

中国乐器年鉴
CHINA MUSIC INSTRUMENT YEARBOOK
（2003～2004）

乐器事业　千帆竞发　前途似锦

中国乐器协会名誉理事长　张连庸

中国乐器工业近几年有了突飞猛进的发展，盛世赫绩频添，一派兴旺景象。这是我国深化改革扩大开放、经济快速发展、社会不断进步、国际地位提高、群众物质文化需求增长的必然趋势，是市场供求规律所决定的。早年兴建的大中型骨干企业，不辱历史使命，"老树开新花"，实力更加壮大。如广州珠江、北京星海钢琴，不仅产量大，而且荣获"中国名牌"。广州珠江钢琴集团有限公司已跃居世界钢琴制造业前列，真乃奇迹！营口东北钢琴（集团）公司、上海钢琴有限公司、上海民族乐器一厂、北京管乐器厂等等均获省市级名牌产品称号。广州珠江钢琴公司、东北钢琴公司分别研制成功275大型三角琴，登上了高级演奏殿堂，这是国人多年的渴望！天津鹦鹉手风琴一度波动，现正重振雄风……中外合资、外商独资企业增加，速度较快，如青岛世正钢琴公司，3年间即进入全国钢琴产量的第7位。大量的民营企业蓬勃兴起，有政策扶持和比较灵活的机制，又有能人主领和操持，许多厂一跃成为行业中的骨干企业，江苏泰兴凤灵提琴，把所在的溪桥镇建成"中国提琴之都"，成为世界提琴制造的首户。广东四会市华声的"星臣"牌吉他，年产量已超过百万套，主要出口，竟能一次拿到价值1亿元人民币的国外定单，内销供不应求……。

目前，我国已形成包括各种所有制、大中型企业各显其能的新型格局。许多新的小型企业也通过达到"产销平衡"，顺应了急切的各种需求，填补市场部分空缺。新企业的群涌，给行业增添了新生力量，加剧了同行的竞争。

乐器行业正以"三个代表"重要思想为指针，适应经济文化发展的新形势，面对国内外两个市场，逐步协调解决发展中面临的新问题，促引全行业持续、健康发展。

党正领导全国人民全面建设小康社会，国家工业化水平不断提高，乐器市场潜力很大，正是极佳的发展机遇。由于我国乐器质量不断提高，价位适宜，国际市场的认同性增大，广为出口，可以说华夏乐音已奏响于全球了！在前进中，由于存在不确定因素，有些产品不一定总能直线上升，有时可能出现"马鞍形"。在总体上，内外销都有广阔前景，将久盛不衰。

我国乐器，长期以来以生产中低档品见长，这是别国无法替代的优势。纵观市场需求的档次，还是应继续推进以适于自娱、教学、练习和一般演奏的优质中低档乐器为产品方向的主要定位。逐步增加中高档品的比重。同时研制并批量生产适于舞台演奏的高档乐器，与世界顶级乐器接轨。讲"低档"，是指一般普及乐器属于相对低档类的档次，不是产品质量就该低下，可以糊弄。每种产品都有与其档次相对应的国家标准和自定的略高的企业标准，达到或超过标准即应视为优质品。讲优质，不是就指高档品。高档乐器一定要有，有自己的特色，有相当的批量，那是乐器生产强国的重要标志之一。其数量不能太多，销路毕竟有限。乐器的优质，应当优在音准、音质、音色和演奏性能上，即声学品质称优。经反复调试达不到稳定音准，说明内在质量有致命缺陷，即为废品，应禁止流入市场。

产品竞争是人的智慧和技能的竞争。历史较长的大中型厂有较强的优势，名优产品多出自于它们。许多新的小厂进步也很快，显出看好的态势。有些小厂则技术薄弱，产品只能勉强"过得去"，质量缺乏持久稳定，其后劲不足。企业主要领导人在全面管理的同时，务必亲自抓技术，尽可能采用先进而实用的技术，同精巧的手工工艺相结合。特别要注重培养重用各工种工序有一定音乐修养的高技能型的操作工人。这些技师们能示范操作，技术把关，培带新手，具有层出不穷的技术创新能力，增加产品的技术含量。在一定意义上说，他们是企业加工精品，保证优质的决定性力量。可以预见，我国乐器发展鼎盛之期，必是人数多，素质高的熟练技术操作人才空前雄厚之时。这是我国乐器工业前景希望之所系。其中有特殊贡献、技艺堪绝的行业技术领军人物，似亦应获各自乐器制作大师级的殊荣。要创造条件，让技术中坚力量在乐器工业发展振兴中大显身手。

钢琴调律，恢复其使用功能，是钢琴生产的延续。各钢琴厂都应不断强化同销售网络相结合的调律力量。调律应与包括维修整理，找准解除"病源"，才能把音调准，调律师应兼备这两种技能，一并完成作业。我国钢琴销量猛增的势头，亟待充实调律师队伍，提高技术和服务水平。为长远建设的需要，开办正规的钢琴调律学校已属势在必行。学理论并重实践，以源源不断的输进调律队伍。足够的调律人才与钢琴产量相辅而行，是客观的必然。

各乐器厂都重视"品牌效应"。品牌效应是指工厂经长期勤奋创造，措施保证，用户效验，市场信誉好，销路广开。众皆称优的过得硬的产品。现下有一种倾向，以为取个"洋"牌号，就能吸引用户，就是"品牌效应"。殊不知如产品质量不行，想以"牌"充好，在市场上相形见绌，即有假冒之嫌，其结果就只能是负效应。有的企业靠不平等竞争得来的低成本，把售价压得低而又低，这不是什么优势！实际上是低价出卖了本可以用来制作更高附加值产品的宝贵材料，于已于行业于国家都不利，非智者之所为也。

近几年，有些非质量管理部门向企业索钱发给诸如“优质产品”、“畅销产品”、“质量过得硬产品”等等证书，无一权威。我想，中国乐器协会是全行业的联合组织和管理机构，似可由协会严定条件，审慎测评，对产品确优企业发给“质量信得过”证书，以其一定的权威性，廓清乱发证的局面，增强用户对该企业产品质量的可信性，维护优质产品企业和用户的利益。

在我国社会主义市场经济尚不成熟，乐器工业方兴未艾，出现企业结构不合理和不平等竞争是难于避免的。此期各展优势，“战国争雄”。老厂的强势应更好地发挥出来。新厂在挑战考验中逐步成熟。当前要坚决煞住再重复投资，搞低水平粗放扩散的倾向。根据市场竞争和工业发展规律，乐器行业从战略上考虑必把名牌产品做大做强，增强国际竞争力。以钢琴为例，试想即使是钢琴生产大国就能以百十家厂，百多个品牌的阵势面对世界吗？！日本、韩国都曾先后有过制造钢琴的辉煌，都是力量高度集中打品牌的。我国钢琴企业结构的演进，也必是“规模要大，厂家要少”，形成欧美日韩钢琴风格兼备，并逐步闯出具有中国风格特色的钢琴来，突出响亮的民族品牌。各大型企业的名牌占市场的大部分份额，形成相辅相成的整体强盛阵容，也必然要有若干个确有独到专长并有比较稳定销售渠道的中小型企业。孰去孰存、谁强谁弱，全由本厂练就的适应市场需求变化的内功实力和经营策略所决定。总之，展望未来，我国要有多个世界驰名的品牌，有不断壮大的面向国内外两个大市场的乐器制造队伍，充满生机，扎实奋斗，才能为世界乐器制造业写下新的更为辉煌的发展史，不愧于时代。

对生产各类乐器的民营骨干企业的发展势头，不能低估。有几家的资产和技术实力已很强，渐居同行之首。有的已投重金引进先进精密的专用设备和技术人才，创造着生产的高起点，过几年将发挥出惊人的后劲，跃起同强者一争高下，这将是政策导向使然，更是时代的召唤。

在产品销售上，大中型企业应尽可能地扩展“产销一体化”的网络，内部紧密衔接，疏通各种销售渠道，得到升华。要依严规治厂，以厚德兴业。在内部提倡严格的自强自律，遵纪守法，革除不当的经营手段，弘扬优良的行风。企业领导（民营企业老板）要时刻关爱员工，这是企业家必备的基本品格。对员工以其诚凝众心和谐奋斗。对外必“以信致远”，恪守信誉，协调各方面关系，以达产供销的畅通。

中国乐器协会现任的第四届理事会的领导及办事班子工作很有起色。通达信息、交流经验、展览促销等有声有色，卓见成效。征途上的工作量很大，难点不少，任重道远。盼协会领导成员及广大会员一致努力，进一步搞好协调服务，推进行业建设，使我国成为经得起世界大市场考验的名副其实的乐器生产大国和强国。

明确协会职能　全力服务企业

中国乐器协会理事长　王根田

我于2001年10月，在中国乐器协会四届一次理事扩大会议上，经过大会选举，正式担任中国乐器协会第四届理事会理事长以来，已经跨过了三个年头。

在中国乐器协会工作的三年中，我通过各种方式，包括参加会议、电话沟通、实地调研，认识了许多乐器界以及音乐界的同志，其中有政府主管部门的领导、企业老总、琴行老板、音乐教育界的演奏家、专家、老师等。通过和他们的接触，增加了我对发展文化事业和文化产业重要性的认识，我和他们之间加深了了解，建立了感情与友谊。从他们的身上，我学习了许多乐器行业管理和专业知识，进一步确立了为使我国从乐器大国向世界乐器强国发展，而尽力尽职地做好各项服务工作的信心和决心。

三年来，我的工作岗位，从过去的政府机关转向中介组织——行业协会，工作性质也从以往的“政府宏观管理为主”转到“为行业、为企业微观服务为主”的重大改变。三年来的工作实践，我主要有以下几点体会。

一、明确协会工作指导思想是一切工作的根本

中国乐器协会的职能是什么？在新的环境中，如何去适应新的环境，做好自己的工作，开展好协会的各项工作，这是首先需要解决的问题。我体会到，做好协会工作最根本的一条是如何做好为企业服务，把协会真正办成“企业之家”、“企业的娘家”，使企业能够感到有事找“协会”、有困难找“协会”，成为企业可以信赖的依靠，那时，我们协会的工作就算到家了。

但是，就目前协会工作的外部环境和条件而言，要实现这个目标，还需要一个认识和实践过程。因为，我国的行业协会从20世纪80年代才得以逐步发展，历史还不长，不成熟，特别是这几年通过几轮国家机关机构改革，政府职能转变，以及党中央、国务院一再强调要发挥中介组织的作用，作为中介组织之一的行业协会，虽然开始进一步得到社会各方面的关注和重视。但是直至目前行业协会的性质、地位、职能及其与政府、与企业的关系等重大问题，尚未通过行政立法予以最终明确。因此，在这种情况下，包括政府的有关主管部门、以及广大企业在内的社会方方面面，对于协会的认识应该说还不是十分一致和清晰的。尤其是企业对于在市场经济条件下，行业协会作为政府机构改革以后，承担政府转移的职能以及行业协会具有的组织行业自律、协调行业发展等基本职能的了解与认识也不可能十分深刻与到位。

总之，现在企业对协会的认识还远非到了“不可或缺”的地步。因此，行业协会在当前情况下同样有一个求生存、谋发展的现实问题。在这种环境条件下，解决问题的唯一途径只能是通过协会自身的工作，坚持以服务为宗旨，把为行业发展、为企业服好务作为协会工作的主题，使广大企业从协会工作的实践中加深对协会的了解、认同和支持，最终使协会工作在企业发展和行业发展中得到进一步巩固和提高。

二、脚踏实地为企业“办实事”，才能得到企业的认可

如何真正体现协会工作的宗旨是为企业服务？我认为就是为企业办实事，让企业能够通过从协会得到的服务中，解决企业发展中存在的问题、尝到甜头、得到实惠。

三年来，中国乐器协会为企业办实事，是从以下几个方面开展工作的：

1.调查研究，提供信息咨询，帮助企业发展进行决策

这几年，为了解乐器行业及企业的现状，了解国外乐器制造行业的基本情况，以及国家产业政策的基本思路和导向，中国乐器协会开展了一系列的调查研究工作，通过调查研究，既为协会了解行业，又为政府提供决策咨询积累信息、创造条件，同时也可帮助企业调整自己的定位，制定企业发展目标和方向。在此基础上，协会通过各式形式，包括每年度召开的理事会议或者通过杂志、网站传播国内外行业信息，让企业及时掌握这些情况，引导企业能够在一种动态的市场环境中，可以随时随地的调整发展规划和各项经济指标，以避免在激烈市场的竞争中遭受经济损失。

对于乐器行业中发生的倾向性问题。中国乐器协会利用会议和协会信息刊物发表一系列导向性的文章，提请企业引起注意。如目前我国乐器行业从数量上讲，已经成为世界乐器大国，但是就产品质量、品种、档次而言，仍处于世界中低档乐器水平。长此下去，不仅会从根本上影响中国乐器制造业的健康发展，造成中国乐器在世界乐器市场的不良形象以及国家人力和物质资源的极大浪费。对于这样一个事关行业发展的重大问题，每个具有远见的行业管理工作者、企业经营者都必须引起足够的重视，决不能沉醉于乐器行业暂时的高速度、高增长，满足于中国成为世界乐器工厂的现状，而应该及早引导企业走质量效益型、技术创新型的良性发展道路，使中国真正成为世界乐器制造强国。通过中国乐器协会在行业发展方向上的引导，使企业在经济发展大潮中，能够不断的进行产品结构调整，提升产品档次，提高企业的自身实力。

2.规范乐器市场，帮助企业营造良好市场环境

随着国民素质教育的普及与提高、文化娱乐活动的蓬勃开展，我国的乐器市场快速发展，中国乐器制造业已成为我国国民经济中新的经济增长点。国有及公有制企业、外资及港澳台企业、股份制企业、民营企业等各种经济类型的乐器企业都得到了迅速增长和发展，从而造成乐器市场竞争日益加剧，出现了低水平重复建设现象；同时乐器市场不乏一些假冒产品及不正当竞争行为，影响和干扰了乐器市场的正常运行，给消费者和企业都带来了严重的经济损害，给乐器行业也带来了不良影响。对此，乐器行业大部分企业反映强烈，要求规范市场的呼声不断高涨。此外，根据部分企业频繁接到来自社会各种渠道包括中介组织、新闻媒体、甚至皮包公司等等要求企业“参与评奖发证”的通知和文件泛滥成灾，对乐器市场秩序和企业正常工作带来极大的干扰。中国乐器协会急企业之所急，积极地向政府部门反映社会上“乱评比”、“乱发证”的现象，得到政府有关部门的肯定与重视，及时下发文件，使社会上一度蔓延的乱发证、乱评比之风得到有效遏制。此外，对于乐器市场比较广泛存在的不良教师收回扣、假冒伪劣产品猖獗等现象，乐器协会坚持通过各种方式开展工作，包括通过各行业分会制订行规行约、召开有企业和乐器销售部门、有新闻媒体记者参加的座谈会，分析乐器市场管理薄弱，假冒产品和不正当竞争手段猖獗的原因，提出解决这一问题的方法。同时通过社会以及行业媒体对乐器行业存在的种种不正当竞争行为给予披露，提高广大消费者的识别能力。经过几年来坚持不断的工作，应当说，乐器市场曾经一度蔓延的假冒伪劣产品、教师收回扣等现象得到了有效的遏制。对于低水平重复建设以及低价竞争等问题，也正日益引起行业的普遍关注。

3.确立品牌意识，帮助企业提升产品档次

几年来，中国乐器协会在规范乐器市场中不正当竞争现象的同时，进一步开展确立品牌意识，创立名牌产品的工作。以钢琴产品为例，随着钢琴消费市场的不断扩大，购买钢琴的人与日俱增，钢琴市场异常活跃。为了帮助企业走品牌战略之路，2003年，中国乐器协会按照中国名牌战略推进委员会的

部署认真地进行了乐器行业创“中国名牌产品”的工作，严格按照各项程序进行评价，最后评出了“珠江牌”、“星海牌”钢琴为中国名牌产品。这项工作的完成，不仅使企业得到了最大的社会效益，同时，也带动了全行业的品牌意识，大大提高了乐器产品在社会消费品市场的地位。乐器行业绝大部分企业在发展思路上都确立了“树立企业品牌”作为企业今后发展的战略选择。就在这一年中，营口诺地斯卡钢琴、南京摩得利钢琴、江苏奇美竖笛、大连前进铜管乐器、广东星臣吉他、红棉吉他均获得省一级的名牌产品，上海敦煌牌民族乐器、上海钢琴公司施特劳斯钢琴、上海中雅钢琴、泰兴凤灵牌提琴等获得了省一级著名商标称号。通过树立品牌意识的工作，在乐器行业中基本上明确了这样一种认识，即质量品牌竞争、服务竞争，才是企业生存发展之根本，而打价格战，低价格拼杀、甚至搞回扣和假冒产品冲击市场的道路只能是一条死胡同。

4.建立商务平台，帮助企业扩大贸易发展生产

随着市场经济的不断深入，经济全球化的拓展，乐器贸易范围以及中国在国际乐器市场的地位和影响不断扩大。中国乐器协会为了帮助企业扩大贸易范围，加快走向世界乐器市场的步伐，以上海国际乐器展览会作为一个平台，让企业最直接地、最大限度地与国内外的乐器经销商进行技术交流和贸易活动。从而使企业得到经济利益，扩大了企业的生产。对举办展览会的指导思想，乐器协会一直主张一定要把乐器展览会办成一个真正国际化的，高水平的、能够给行业发展和企业从技术上、贸易上带来好处的展览会。行业协会举办展览会绝不把营利放在第一位，而是把参展商的利益放在第一位，我们要把参展商得到实惠，从中受益作为最高利益。从两次举办的展览会效果来看，我们协会的目的已经达到，大家参加上海乐器展览会十分踊跃，说明我们为企业服务的宗旨取得了成效。

5.开展技术培训，帮助企业提高技术水平和整体素质

我到乐器协会已经工作三年多了，实事求是地讲，整个乐器行业的技术水平和员工素质目前还是处在相对较低水平的层次上。这和我国乐器制造业发展的起点低，产品的技术性强以及从业人员知识及技术基础较低有着十分密切的关系。乐器产品本身是一种劳动密集型和技术密集型兼有的特殊产品，它不仅具有一般商品的使用价值，同时还是一种精神产品。目前，我国制作低档乐器的人员是大量的，而制造高档乐器，或者是从事乐器研究，在理论上较深造诣的人却是相当的少，这就造成了中国乐器在国内、尤其是国际市场上以中低档乐器为主流的现状。为了尽快地提高中国乐器在国际乐器市场上的档次，我们必须下力量提高乐器制作工人和技术人员的水平和素质，这是中国乐器行业一项长远而艰巨的战略任务。

中国乐器协会为了帮助企业能够在较短时间内提高员工的技术素质和制作水平，从而带动产品质量的提高，在劳动和社会保障部等国家主管部门指导下开展了一系列较有成效的工作。如：制定乐器行业中“钢琴制作工”、“钢琴调律师”、“提琴制作工”、“民族拉弦弹拨乐器制作工”、“西管乐器制作工”等乐器行业特有工种的国家职业标准；建立了北京和广州两个乐器特有工种职业技能鉴定站；建立了以北京轻工业职业技术学院和南京艺术学院爱乐学院两个钢琴调律师培训点，进行了钢琴调律师国家职业技能资格的认定工作，使近千名钢琴调律师拿到了劳动和社会保障部颁发的钢琴调律师国家职业资格证书，这对于提高我国乐器行业整体技术水平起到较大的推动和促进作用，为今后更大范围开展我国乐器行业的职业技能培训和职业资格鉴定开了一个好头。

6.加强信息沟通，帮助企业获取行业信息

当今世界是信息爆炸的时代，只有实现信息化，才能实现中国的新型工业化。同样，乐器行业要发展，要实现现代化、工业化，也必须要加强信息工作，为了帮助乐器企业能够在激烈的市场竞争中生存发展壮大。从四届理事会第一次会议开始，就把加强行业信息工作作为协会的一项重要工作，并于2003年初，建立了中国乐器协会信息部，把办好《中国乐器》杂志、中国乐器协会网站、中国乐器年鉴的工作作为企业获取相关信息、与国内外乐器行业进行广泛深入交流的平台。在这几项平台的建设中，力求实效，不图形式，真正使企业能够通过这些传媒达到获取行业信息，开展工作交流，互相宣传、学习的目的。信息部成立以来近二年时间里，我们初步收到了成效，企业对这三个信息平台的依存度，信任度、支持度正在不断的提升。但我们也意识到，随着现代社会的高度发达，网站的作用发挥将会日益明显，而目前各企业对《中国乐器》的刊物质量、网站功能的认识以及技术操作能力和硬件的配备还将有待于进一步提高。为此，我们今后还将在这方面加强工作，力求更好更快的适应乐器行业与时俱进发展的新形势。

7.扩大宣传，帮助企业提高社会地位

我国的乐器行业在这几年有了长足的发展，在国民经济的地位和作用有了进一步的提高。但是由于乐器行业的整体规模所限，长期以来乐器行业在社会上的影响并不是很大，以及人们对乐器行业的传统观念和片面认识，认为乐器行业无足轻重，可多可少，而得不到应有的重视。

为了进一步宣传乐器行业的发展对于推动社会主义精神文明建设的作用，不断提高乐器行业在社会上的地位，扩大乐器制造业的影响，中国乐器协会几年来相继开展了一系列工作，收到了一定的成效，得到了社会各界和国家有关部门的认可。

如钢琴产品正式列入2003年中国名牌评价工

作；钢琴和高档乐器家庭拥有量从2001起正式被列入国家统计年鉴人民生活重要消费品统计范围；2002年在人民大会堂召开的中国名牌论坛上经济专家首次提出乐器是精神产品的论述，以及广州珠江钢琴公司入选首批最具国际竞争力的16家中国企业之一等等事例充分说明乐器已经成为与人民生活有着密切关系的消费品，进一步得到了国家的重视。

此外，充分发挥行业协会中介作用，协调相关行业发展等协会工作职能，也越来越得到政府部门的重视和支持。近年来乐器协会除参与中国名牌产品评价工作以外，劳动和社会保障部、国家林业局等有关政府部门也从多个方面委托行业协会开展相关的工作，如乐器行业国家职业标准制定、二胡蟒皮实施标识管理，提出行业税率调整建议等等。可以预期随着我国市场经济不断完善，政府职能转变的深化，行业协会协调行业发展的职能作用也必将进一步到位。

随着我国乐器行业的快速发展，一些重要媒体，其中包括国外媒体，近几年都纷纷报道了中国乐器行业发展情况，人民日报、经济日报、光明日报、消费日报，中央电视台以及各地省一级电视台和报刊都多次报道有关乐器制造业的发展近况，引起社会各界的广泛关注。

三．紧紧地依靠党的方针政策，不断提高自身实力是协会生存发展的保证

近年来，中国乐器协会以为企业服务作为协会工作的指导思想，协会工作人员全身心为企业做好各项工作，只要是企业要求协会办的事情，协会都全力以赴去为企业排忧解难、倾力而为地使企业的问题能够得到圆满的解决，即使不能解决的话，也一定要给企业一个明确的答复。中国乐器协会这种诚信服务的指导思想和工作态度，逐步赢得了企业的肯定，企业与协会的关系得到了很大的转变，开始形成了“有难事找协会”的局面。

当然，我们强烈地意识到，在市场经济条件下，作为自律自养的行业组织，光靠有全心全意为企业服务的意识还不行，还必须不断提高协会自身实力，要在不断增强协会自身实力过程中使协会进一步发展壮大。

为此，我们体会到必须坚持一些必要的办事原则，才能使协会的实力不断增强，不断提高协会在行业中的凝聚力和权威性。

（1）要始终按照党中央、国务院的方针政策办事。只有这样，才能使协会的工作不会偏离方向，同时也会使企业把握着正确的发展方向。比如，我们在信息沟通中，随时把国家以及各部委发布的政策信息通报给企业，使企业及时了解国家的大政方针和行业政策信息，及时调整企业的发展思路。

（2）协会的各项工作必须坚持公正、公平、公开，不能有倾向性。中国乐器协会作为行业的中介组织，必须站在全行业的角度，以国家及行业政策为依据，处理工作中发生的各种问题，无论是企业规模大小不同，还是企业性质不同，都要一视同仁。坚持以全行业的利益为最高利益，作为协会工作的出发点和行为准则。

（3）提高办事效率和服务质量。中国乐器协会在我国市场经济发展过程中承担着光荣而艰巨的任务，但就目前来说，协会的力量还很弱，人员少，工作面宽，时间性强。这就要求我们的工作人员都要能够一人多用、一专多能，以提高工作效率。在处理与企业的关系中，要有一种换位思想，急企业之所急，努力办好面对企业的所有事情。

我坚信在协会全体工作同志的不懈努力下，在全国乐器行业广大企业的积极参与及大力支持下，中国乐器协会必将不辜负时代赋予的历史使命，在做好为政府、为企业服务的过程中，为发展中国的乐器工业作出更大的贡献！

贯彻十六大精神 向世界名牌进军

中国乐器协会副理事长
广州珠江钢琴集团有限公司董事长　童志成

按照《中共中央关于认真学习贯彻党的十六大精神的通知》中强调“大力发扬理论联系实际的作风”的要求，本人回顾珠江钢琴发展的重大战略性问题时，集中到实施名牌战略上。这个战略经过10年的实施，其“雄踞中国，冲出亚洲，走向世界”的目标已一步步实现，从中也积累了“十年磨一剑”的丰富经验，这些经验包括如下 8个方面。

1.在巨大成绩面前没有丝毫放松，而是以“高处不胜寒”的严格要求打造品牌，这是不断向国内外市场延伸名牌战略唯一正确的指导思想。

如，2002年12月版世界权威的美国《乐器贸易》杂志，对2001年全球225户乐器生产企业的综合产值和销售值进行了排位，珠江钢琴从2000年的第29位提升到2001年的28位；与此同时，该杂志对重点企业作简要介绍时刊出：珠江钢琴集团公司是世界最大的钢琴生产企业。这是振奋人心的信息，增添了珠江钢琴向世界名牌进军的动力。我们明白珠江钢琴的成功，首先归功于党的路线、方针、政策的正确，归功于党和政府有关部门的指导、支持和帮助，才使企业有改革、开放和发展的机遇，有了在国内外市场上施展拳脚的大舞台。在这个舞台上，集团领导班子率领全体员工进行了精彩表演。在管理、质量、技术、品牌、营销、出口和企业整体素质提升方面取得了优异成绩，获得了各级党和政府以及社会团体的多项奖励和荣誉称号，这是推动企业良性发展的强大精神动力，这是“珠江钢琴人”智慧和心血的结晶，只能珍惜、不能浪费，只能与时俱进、不能停滞不前。

2.坚持“质量为核心，成本为中心”的管理重点，就等于牵住了向管理和质量要效益、要效率的牛鼻子，就能推动企业整体素质的提高。

我的观点是：质量不好造成的浪费是最大的浪费，是企业致命的要害。一是造成人、财、物等有形资产的极大损失；二是品牌和企业信誉名声扫地，客户关系、用户忠诚度、社会美誉度等无形资产糟糕透顶，何来竞争力？丧失竞争力，企业的生存和发展犹如空中楼阁。由此，珠江钢琴牢固树立起“质量第一，用户至上”的经营理念，制定了“以质取胜”的名牌战略方针，坚持了“取于社会，用于社会，珠江钢琴永远服务于全社会”的企业宗旨，创造了“意识在先、责任在先、行为在先、管理在先”的管理方法，引进了ISO9001质量保证体系，严格实行内部经济核算，在质量、价格、服务、品牌、技术、资本等方面形成了竞争优势，才有立于不败之地的实力。

3.碰到市场问题应主动到市场中去寻求解决办法，这是企业主动成为市场竞争主体的真实含义。名牌战略的成败取决于市场。无论是品牌、名牌或驰名商标，最终都是市场说了算。中国加入WTO后，大量高知名度、强时尚性、大技术含量的国外名牌纷纷涌进中国市场，中国名牌发展面临着严峻挑战和现实威胁。我集团本着与时俱进精神，未雨绸缪，整合优势，完善不足，以积极的姿态直面WTO，主动参与国际市场竞争，向世界名牌进军。因为，市场的容量总是有增无减的，关键是企业能否主动去抢占国际市场的空白地带和内需的空白地带。如，钢琴等乐器产品的社会教学阵地、学校教育市场、社区市场等不断增大，全国仅小学就30多万所，这些市场，谁去占领谁就赢得主动。1999年、2002年先后两届“全国高校音乐教育专业大学生基本功比赛”，珠江钢琴都投巨资大力支持，而且还专门为教育单位提供优质优价钢琴，为的是促教育发展的同时促市场开拓，利于社会、利于学生、利于企业，何乐而不为！

4.虚实结合、软硬并重，是现代企业以名牌取胜的一大法宝。

“务虚”是“软件”，包括企业发展的设计、策划、谋略等。这些就是企业领导层首要的职责所在，靠“脑袋子”赚“钱袋子”；而“务实”则是“硬件”，是冲锋陷阵，披荆斩棘，所向披靡的“坦克”。所以，实施名牌战略，要富于超前意识，超前设计，高瞻远瞩；要做到虚实结合，软硬并重；珠江钢琴实施名牌战略中，较好地坚持做到两个结合，一是坚持优质产品与优质客户相结合；二是坚持产品营销与品牌经营相结合。产品营销收获现实效益，品牌经营放眼长远发展，获取经济效益和社会效益双丰收！

5.创新是企业实施名牌战略、实现持续发展的不竭动力，没有创新企业就没有生命，名牌战略无从谈起。

据说，美国市场的商品有150万种之多，而中国市场只有49万种。可见，产品开发的潜力相当大，关键是要开发新产品、新品种，尤其高、精、尖产品，而且将文化、理念、思想物化到产品中去，提升产品身价。珠江钢琴早年提出的“跟着市场走，看着市场做”，既包含显性市场，也包含潜在市场；既做满足市场的工作，也做创造市场的工作。我觉得，名牌是要质量好，而不是价格便宜，尤其是对于以紧缺的木材资源为主要原材料的乐器生产企业来说，如果走“低质低价”的路子，那是死路一条。只有质高价宜、让用户得到超值享受，才是出路，才是阳光大道。

6.科技投入的最终目的，在于提高企业自身的科技内涵，提供创名牌的技术动力和技术后劲，而不是满足于单纯买技术。

珠江钢琴一直重视科技投入，高薪聘请10多名外国专家，投入数亿元不停顿地进行技术改造，做到好钢用在刀刃上；与此同时，非常重视消化、吸收和创新，推进技术革新和工艺改革，变人家的技术为自己的技术，企业的科技内涵明显提高，发展后劲充足，实施名牌战略的动力源有了保证。以钢琴为例，从UP108至UP130发展到9个系列的立式钢琴、从GP142至GP328已发展到6个系列的三角钢琴，这15个系列的花色品种达80多种，起到了分流消费者，分流营销压力的作用，有效地确保了珠江钢琴的市场领先地位。中国加入WTO后，尽管国外名牌和国内品牌纷纷在我国市场涌现，但珠江钢琴的产销量始终稳居全国之冠，仍占有1/3的市场份额，靠的就是质量、品种、品牌和服务，靠强大的技术作支撑。

7.树立新企业观，是实施名牌战略中高效整合企业内外资源的决定因素。

经济知识化和经济全球化是当今不可逆转的趋势，企业要生存发展，要创名牌，务必在更大范围、更高层次上整合资源。如强弱兼并、强强联合、跨国合作等，才能不断增强和保持竞争优势，名牌战略才不会夭折。这叫做“与其相争，不如双赢”。对于人才资源的整合是当务之急。人才资源对于企业实施名牌战略至关重要，应加快人才资源开发、使用，要有识才的慧眼、用才的气魄、爱才的感情、聚才的方法，知人善任、广纳群贤。要用事业留人、感情留人、待遇留人。与此同时，我们一方面抓紧筹建国家认可的乐器职业技能培训中心和乐器职业技能鉴定站；另一方面在产学研结合中设想创办钢琴人才院校，为企业为社会培养专业人才。

8.努力实践“三个代表”重要思想，是实现企业与时俱进、向世界名牌进军的根本保证。

珠江钢琴过去10年的辉煌，是名牌战略的成功，是名牌战略令珠江钢琴走上了质量效益的可持续发展道路，是珠江钢琴贯彻落实“三个代表”重要思想的结果。

2003年是全面贯彻落实党的十六大精神、全面建设小康社会的重要一年，也是珠江钢琴成为“向世界名牌进军，具有国际竞争力的中国企业”的第一年。这一年，珠江钢琴将紧紧抓住重要战略机遇期，采取大有作为的新举措，以民族自尊心和自豪感，创造新的辉煌！这一年名牌战略的目标是钢琴产销量突破8万架，利润增长1000万元，实现“一年更比一年好，今年更比去年强”的发展目标，缩短珠江钢琴与世界名牌的距离，通过与国内外强手较量而将自己锻炼成强手，实现集团经济的发展不断登上新台阶！

实施名牌战略　以名牌赢得市场

中国乐器协会副理事长
北京星海乐器有限责任公司总经理　赵惠臣

北京星海乐器有限责任公司是一家生产中西乐器的国家大型工业企业。近年来，主导产品“星海”牌钢琴被国家质检总局评为“中国名牌”，被中国质量协会、全国用户委员会评为“全国用户满意产品”，企业连续荣获全国轻工系统“质量效益型企业”称号，被中国乐器协会评为“乐器行业强势企业”。企业之所以能够获得这些荣誉，主要归功于企业实施成功的名牌战略。

近10多年来，企业发展迅速，主要经济指标保持了连续增长，年实现利税近5000万元，星海钢琴的产销规模已达年产4万多架，位居全国第二，在世界乐器225强中名列第37位，出口量占钢琴生产总量的近三分之一，产品出口到世界60多个国家和地区，星海牌钢琴被评为“北京名牌产品”、星海牌商标被评为“北京市著名商标”，企业先后被评为“北京市用户满意企业”、“北京市质量效益型企业”，连续7年获得“首都文明单位标兵”称号，2002年荣获“全国五一劳动奖状”，继连续11年被北京市工商局评为“重合同守信用单位”之后，2003年又被公示为“守信企业”。

精心打造“星海”品牌，使之成为中国乃至世界名牌，是几代“星海人”梦寐以求的夙愿，是星海公司企业发展战略的一项重要内容。围绕名牌战略的实施，我们重点从科技进步、“五新”应用、质量兴企和绿色革命、信息化建设、营销策略、企业文化、筹建工业园区等方面入手，精心培育、稳步推进。

一、以科技进步为先导，造就星海品牌

星海公司注重引进、吸收和消化国际同行的先进技术和管理经验，通过引进智力和两次大规模的技术改造，努力使钢琴制造技术与同行业国际先进水平接轨。

1.引进智力，实现核心技术的跨跃式进步。星海公司从1989年开始就高薪聘请德国钢琴制作大师劳瑟·切尔先生任技术副厂长、总工程师和技术顾问，他把先进的钢琴设计理念和制造技术，融入星海产品的开发和生产过程，他还带领公司技术人员对传统技术进行了优化和改造，奠定了星海钢琴全新的技术和工艺基础。10多年来在切尔先生的指导下，不仅星海钢琴向系列化、国际化方向迈进了一大步，钢琴品种从十几个增加到近百个，产品的质量水平和制作工艺也都上升到了一个新的水平。

近几年来，企业博采众长，积极与日本河合乐器制作所进行技术合作，从1998年开始聘请太箸道宏、下村隆彦二位技师任技术顾问，长期驻厂进行技术指导，两位日本专家带来了KAWAI钢琴独特的制造工艺，重点在音质、音色方面下大功夫，使钢琴的声学品质和演奏性能得到了明显改善，带动了星海钢琴内在质量的显著提高。他们深入一线指导操作，广泛开展技术、质量培训，为星海培养出一支打造“精品”的队伍。

2.实施技术改造和科技创新，努力缩短与国际先进水平的差距。上世纪80至90年代，企业先后进行了两次大规模的技术改造，总投资1.4亿元，使星海钢琴的生产能力由改造前的年产4500台增加到5万台，形成了总长达2.5公里的12条钢琴装配生产线。两次成功的技术改造，使星海公司成为国内技术力量最强、实力最雄厚的乐器生产企业之一。

引进智力和多层次、宽领域的技术合作，使星海的核心技术实现了跨跃式的进步；两次技术改造的成功和国外先进技术设备的引进，缩短了企业与

国外先进水平的差距，企业的研发能力、产品质量、市场占有率以及经济效益均位居国内同行业前列。

二、大力倡导"五新"，强化星海品牌优势

创新是企业发展的不竭动力。近几年来，企业在创名牌过程中，大力开展"五新"活动，即：开发新产品、采用新工艺、应用新材料、引进新设备、推广新管理方法，使企业的核心技术优势不断增强。

星海公司新产品研发工作以市场为导向，以满足用户多样化需求为目标，近几年来，每年都有十余种新产品推向市场。不仅有大众化普及型产品，还有精品型、时尚型产品，例如应美国客户的需求，研制出了采用悬挂式击弦机的立式钢琴；为适应南方高温、潮湿的环境，开发了118CA、121CA耐候性产品，以及BB-99型卡通钢琴，还研制出钢琴自动演奏系统、静音钢琴等高新技术产品，并且融入人文设计理念，开发出钢琴琴盖自动缓降系统，提高了安全防护性能。

公司注重加强工艺改进和完善。积极推广应用触变淋涂、静电喷涂工艺，使钢琴的外观质量有了明显的提高，钢琴的音源部分——击弦机、张弦实现了工装化组装。新工艺的推广应用，有效地提高了工作效率、加工精度，提升了产品质量。

公司积极采用新材料。推广使用实木复合音板、微粒子板，扩大三聚氰胺板的使用范围，采用快速胶代替热融胶，单组份胶代替双组织胶。在粘结性能改善的同时还降低了产品成本。对关键的音源部件采用实木件或实木复合件，不惜提高成本也要保证产品品质。

近几年，公司先后从日本、韩国、瑞士等引进了高频粘结设备、击弦机加工设备及油漆砂光生产线，最近又购置了静电喷涂设备、外壳精抛光等设备。新设备的引进，不仅提高了劳动效率，还改进了产品的精密度、平整度，并且还提高了环保能力。

引进和吸收先进管理理念，推进精益化管理，努力生产无缺陷产品。加强对国内外两大市场的快速反应能力，建立了生产快速通道和"精品生产线"，全面应用了企业视觉形象识别系统（CI），建立了企业理念识别系统（MI）和行业识别系统（BI）实施方案，向职工发行了《星海行为理念手册》，目前已被全体员工所认同和接受。

三、坚持质量兴企，打造优质环保品牌

名牌战略，质量是根本。"星海乐器——伴您步入美好人生"是星海确立的企业使命。为了实现这个目标，星海始终抓住产品质量这个永恒的主题不放松。

首先，教育员工要树立强烈的名牌意识，要树立让"星海"品牌响遍全世界的雄心壮志。倡导员工树立"质量好，人品好；质量差，人品差"的道德观，要求"把已达到的最高标准当作日常工作的标准"，提倡"人人都有改善的能力，事事都有改善的余地"。公司注重员工培训，注重提高员工的综合素质，使他们在超越自我，追求卓越的奋斗中实现人生的价值和企业的目标。

其次，建立质量责任制度。确定高层领导、管理干部和广大员工的质量责任范围，建立和完善各级岗位责任制，落实质量管理责任，坚持责、权、利相统一，做到层次分明、责任到位、工作到位、奖罚严明。

第三，强化生产全过程的质量控制。一是建立起一套较为完整的质量保证体系，1998年企业在全国同行业率先通过了ISO9002国际质量认证，实施五年后，于2003年底完成了ISO9001：2000版的换版换证，确保了新的管理体系有效运行。二是狠抓质量关键环节，确定了50个质量控制点，配备技术尖子严格把关；在班组中树立"免检标兵"和"一次合格能手"，贯彻"三自一控"（自我检查、自我记录、自我分类，严格控制质量不合格品）的操作原则。广泛开展群众性的QC小组活动，发挥广大群众提升质量的积极性和创造性。

与此同时，树立科学的发展观，贯彻国家可持续发展战略，积极打造环保品牌。2001年，企业率先通过了ISO14001国际环保认证，成为行业内第一家"绿色工厂"。公司注重加强全体员工的环保意识教育，认真贯彻《清洁生产法》和地方环保法规，注重使用环保材料和设备，减少部件的加工余量，力求从源头治理和控制污染，努力生产"绿色"环保型钢琴。

四、加快企业信息化建设，提升星海品牌的竞争力

党的十六大报告指出：坚持以信息化带动工业化，以工业化促进信息化。随着全球一体化进程的加快，两大市场竞争日益加剧，企业对管理信息化有了更加紧迫的现实需要。

星海公司注重企业信息化建设，实施了ERP（企业资源计划）项目。ERP系统以局域网为基础，自2002年5月份开始实施项目开发。为了保证开发工作顺利进行，公司成立了以总经理为组长、两位副总经理为副组长、10个职能部门的一把手和公司专职人员为成员的项目领导小组，明确职责、工作进度，全力推进。截止2003年底，共有采购、销售、进出口、库存、应收应付、工资等十个管理模块投入运行，生产管理、财务管理、质量管理、人力资源管理系统也投入试运行，目前已基本实现了数据共享和无纸化办公。

按照ERP的体系结构进行规范和运作，对我们企业来说，首先是思想观念的一大转变，它改变了过去传统、分散、凭经验的管理模式，用数据、标准说话，；第二，提高了企业的应变能力和竞争能力，表现为能够以最快捷、最经济的方式安排生产。第三，实现信息集成、数据共享，使各级管理工作人员及时掌握信息，为领导的经营决策提供科学依据。企业已初步从信息化建设中尝到了甜头。

五、以诚信为本，树立品牌营销新理念

诚信是市场经济的灵魂和基石，失去诚信的企业在市场中难以生存。星海公司本着双赢的原则，诚对经销商，诚对消费者，永远将客户利益作为星海人思考问题的出发点。

首先，公司确立了“诚信为本，求真务实”的企业价值观和“精诚服务”的企业座右铭。崇尚“厚德载物”价值理念，出台了《售后服务人员行为规范》，不断提高规范化服务水平，并向社会公开承诺：对星海钢琴实行终身负责。以“用户满意”为宗旨，做到事事有着落，件件有回音。

第二，积极开拓国内、国际两个市场，以政策引导市场。企业注重加强营销渠道的建设，在全国建立了200多个销售网点，对经销商采取“品牌代理制”和“区域代理制”，防止了网络内的无序竞争。每年召开经销商大会，明确政策、沟通信息。打破“酒香不怕巷子深”的传统观念，要求经销商按照CI标准，在店堂显要位置突出星海品牌标识。同时积极开拓国际市场，每年参加美国洛杉矶、德国法兰克福国际乐器博览会，设立展台，巩固老客户、吸引新客户。目前，星海钢琴已打入世界五大洲市场。

第三，推广普及音乐教育，以教促销。星海公司注重发挥自身的教育资源优势，努力为我国的素质教育多做贡献。创办了星海音乐学校，聘请中央音乐学院著名钢琴教育家周广仁教授任名誉校长。学校自创办以来，共培养学员2200余人。学校立足企业，面向全国，近年来共开办了五期钢琴调律班，先后为全国各地培养了120余名钢琴调律师，为乐器行业培养了社会化服务的后备军。

从1985年至今，星海公司与中央音乐学院共同举办了9届“星海杯”全国少儿钢琴比赛，开办以来参赛人数和规模不断扩大。“星海杯”已成为全国历史最久、覆盖范围最广、影响力最大的钢琴赛事活动。历届获奖选手有的考入了音乐院校，有的出国深造，还有的已成为艺术团体的骨干，“星海杯”为他们铺铸了成功之路。企业在服务社会的同时，使星海品牌的知名度不断扩大。

六、以丰富的文化底蕴，滋养星海品牌

星海公司是以“人民音乐家”冼星海的名字命名的企业。半个多世纪以来，企业继承先烈遗志，弘扬民族精神，确立了“团结、拼搏、求实、创新”的星海精神，并以此为灵魂，努力营造积极向上的文化氛围。

1.以人为本，提高团队整体素质

人是企业最宝贵的资源，是企业竞争实力的根本体现。只有坚持“以人为本”，不失时机地培养人才，不拘一格地选拔人才，才能够造就一支适应时代要求、高素质职工队伍。

（1）加强职工技能培训和持证上岗培训。近年来，我们开办了多期初、中、高级技工以及技师的培训班。到目前为止全公司共有高级技师8人，技师69人，高级工172人，中级工426人，在培高级工160人，持证上岗人员占技术工人总数的34.8%，并且建立起收入水平与技能高低挂钩的机制，促进了职工岗位成才的积极性。为了学习行业前沿技术，公司先后派出7批共40名关键岗位的技术人员赴日本培训，使钢琴的内在品质有了明显提高，受到了外商的好评。

（2）开展技术练兵、技术竞赛活动，使众多的技术能手在“赛马”中涌现出来。积极参加两年一度的市级技工比赛，企业还给予获奖选手一次性奖励。近年来在创“五新”劳动竞赛活动中，共涌现出技术能手、质量标兵438名，71项技术革新成果创造了260多万元的经济效益。

（3）加强中、高层技术管理干部的培训。我们强调建立学习型组织，不断更新知识，提高全体技术、管理人员的素质。一是举办专业知识讲座，加快专业技术人员的知识更新。二是加强法律法规培训，提高经营者依法驾驭经济的能力。三是学历教育，近几年4名高层管理人员参加了研究生进修班学习，20多名中层干部获得了企业管理大专文凭，选送一名外贸骨干去美国参加WTO规则培训。

2.以德铸魂，不断赋予企业文化新的内涵

加强职业道德教育，将职业道德融入企业文化，营造“不须扬鞭自奋蹄”的动力机制，是星海乐器公司能够持续稳定发展的人文基础。特别是近几年企业不断推出“十大标兵”、“优秀共产党员”和先进生产者、工作者，以典型引路，使比、学、赶、帮、超活动蔚然成风，并通过多种形式开展质量“警示“教育。企业注重发挥舆论导向的作用，加强民主管理，推行厂务公开，出版了内部刊物《星海信息》，建立了《公开栏》和《荣辱榜》，所有班组都设置了班组园地，把每名职工任务完成情况、出勤、质量、文明生产和奖金情况公布于众，使大家心明眼亮，心服气顺。企业文化建设激发了员工的主动参与意识，产生了奋发向上的群体效应。

3.努力报效社会，实现星海品牌的崇高价值

星海乐器公司在企业发展的同时不忘国家和社会。几年来，企业热心参与社会公益活动，先后向冼星海的女儿、北京二中、北京市少年宫、少年儿童活动中心、军乐团、20世纪华人经典音乐会等赠送钢琴和乐器；为贫困山区捐资助教，捐建“星海图书馆”和“星海鼓乐队”；向中央电视台多个栏目以及2002年全国青年歌手电视大奖赛等活动提供演奏用琴，江泽民主席访问朝鲜期间将10台“星海”牌钢琴作为国礼赠送朝方。星海公司的发展得到党中央、北京市领导的关怀和支持，李鹏委员长亲自

为企业题写了厂名，国务院副总理李岚清、国务院秘书长罗干、国家轻工业联合会会长陈士能等领导陆续到厂里视察并做出重要指示。北京市委、市政府领导刘淇、强卫、阳安江、刘海燕、陆昊等也多次到厂指导工作。这些都给予星海员工以莫大的鼓舞。

七、加快星海园区建设，夯实星海品牌发展的根基

为进一步把企业做大做强，近年来，星海公司在北京市光机电一体化产业基地征地500亩，筹建了星海工业园区，园区总建筑面积达16万平方米。2003年底，86000平方米的主厂房已基本完工，其余工程也正在开展。目前年产3000架三角琴的分厂已完成迁入，并正式投产运营。园区规划参照了德国、日本以及国内同行业的先进经验及合理布局，充分考虑"人与自然"这一主题，建成后不仅包括乐器生产，还包括科学实验、乐器展示、办公与娱乐、配套服务等功能，并且将形成立式钢琴50000台、三角钢琴3000台、西管乐器80000支、民族乐器10000件、其他乐器20000件的生产规模，销售收入将达到7亿多元，实现利润近6000万元。星海工业园区的建设，为进一步扩大星海品牌效应打下了更加牢固的基础。

乐器是一种特殊产品，兼有工业产品和文化产品的双重特性，能否生产出更多更好的乐器产品，直接关系到贯彻落实"三个代表"中"代表中国先进文化的前进方向"。作为文化产品的生产企业，责任非常重大。星海公司在创名牌的事业中取得了一些成绩，但决不会满足于这些成果，而是要进一步艰苦奋斗，继往开来，与时俱进，向世界名牌进军，走出一条民族工业的强盛之路。

做大做强敦煌品牌的战略思考与实践

中国乐器协会副理事长
上海民族乐器一厂厂长　　王国振

品牌是当今市场的一个热点话题，它不仅受到企业的高度关注，也引起消费者的高度兴趣。企业品牌战略的实施是市场发展、市场竞争的需要。当市场发展到一定阶段，品牌战略甚至会成为企业战略组合的核心。品牌战略对于企业参与市场竞争、进行市场跨越、稳定和固化市场地位、特别是参与和赢得国际市场竞争显得更加重要。

上海民族乐器一厂创建于1958年，"敦煌牌"商标注册于1962年9月。"敦煌莫高窟"是世界闻名的文化遗产，民族乐器是中国音乐文化的珍宝，将民族乐器冠以"敦煌"，既体现了民族乐器的民族特色和悠久历史，也体现了民族乐器的艺术内涵，更为弘扬中国民族文化起到了积极推动作用。

40多年来，上海民族乐器一厂坚持不懈地进行技术革新和专用设备的创新，使民族乐器制作逐步从单纯的手工制作中得到解放，既提高了劳动生产率，又提高了工艺质量；产品的不断开发和创新推动了企业的发展，使企业保持长盛不衰；全方位的技术培训、岗位练兵，为提高产品质量和在全国乐器比赛上获得优异成绩奠定了基础；近年来，品牌经营战略和文化营销策略的实施进一步推动了企业快速发展。在激烈的市场竞争中，"敦煌牌"民族乐器的市场占有率不断提高，"敦煌牌"商标的社会知名度也在不断的扩大。2001年"敦煌牌"商标荣获了上海市著名商标称号。据中国乐器协会和上海市统计局的统计，"敦煌牌"民族乐器2002年的市场份额分别达到了32.51%(全国)和66.09%(上海市)。2004年"敦煌牌"商标再次获得了上海市著名商标称号。

近年来，上海民族乐器一厂的发展很快，企业的各项工作都有进步，从生产销售到经济效益都有大幅度提高，职工收入大幅度增加，特别是资产的增值平均每年上升30%。

一、企业品牌经营战略的实践体会

这些成绩的取得，道理在哪里呢？我们进行了总结，认为主要是做到了以下六个坚持：

1.坚持品牌战略

我们在品牌上做文章，树立品牌形象，通过品牌提升了产品附加值，保障了企业市场的拓展。讲品牌战略，就是强调品牌价值的支撑，包括价格上的高价位。以前我们虽未明确提出这个概念，但在运作上基本有这个意识和做法。几年前，当外地产品之间竞相跌价，当时企业也有一部分同志，建议我厂的产品跌价与同行竞争。但我们领导班子保持了清醒的头脑，认为我们决不能走低价位的价格竞争这条路，如果我们卷入价格恶性竞争，就是自杀行为。我们要走符合上海实际的独特的道路，要在更高层次参与竞争。"敦煌"品牌虽然价格高一些。但"敦煌"产品质量好。我们实施了树立品牌形象的整体配套措施，一方面，加大社会宣传力度，加强与社会文化团体的合作，策划一些有影响的社会文化活动。另一方面，我们狠抓产品质量。这样坚持了几年，品牌效应出来了，产品的附加效应上去了。日前，一对美国波士顿夫妇冲着敦煌品牌从我厂原来厂址找到新厂来购买“敦煌”乐器。

2.坚持文化营销思路

我们一直强调，乐器产品不是一般的消费品，而是文化类的产品，必须打文化牌。只有文化市场繁荣了，才能促进和推动企业的生产。因此，这些年，我们有意识地直接或间接地参与了社会艺术培训班、少年宫艺术培训班和社会文化团体大型活动，我们与社会文艺团体相互推波助澜，掀起了社会文化的热潮，也使人们更加了解上海民族乐器一厂，了解我们的敦煌产品。今后我们仍然要坚持文化营销思路，这既是对社会的回报，又反过来扩大企业的影响，扩大品牌的影响，推动企业的生产。

3.坚持占领制高点、填补空白点、扬长避短、趋利避害的策略

搞企业既要有经营思路，又要有经营战略和战术。根据企业的状况，我们坚持了“占领制高点，填补空白点，扬长避短，趋利避害”的战略思想。

我们的制高点就是高层次的消费群体、专业团体和一流的演员。这一层次人数虽少，但社会辐射力和影响力大。我们加强了对这些人的影响和渗透，并通过他们影响各个消费层次，这比我们自己做广告的效应要大得多。

填补空白点，就是想办法去填补、去渗透我们销售的盲点和空点。就像哥伦布发现“新大陆”一样，去建立“敦煌”新领地。

扬长避短，趋利避害，就是根据事物的属性和两重性，有所为、有所不为。我们没有长处的产品，我们不做，搞经销。有前景和潜力的产品，我们紧紧抓住，共同发展。

4.坚持低成本的扩张策略

上海的商务成本非常高，我们要维持扩张，要维持企业的效益，必须坚持低成本的扩张之路，必须利用社会的廉价劳动力及社会廉价资源。在这方面我们有成功的先例。如果没有低成本扩张策略，我们的效益就不会这么好，搞得不好，可能产量是上去了，但是没有效益。

5.坚持利益驱动机制

我们坚持以人为本，利益驱动机制。在发展生产的同时，我们关心职工，考虑职工的利益，特别是考虑企业骨干的利益。所谓关心，就是在一般基础上的强化。在利益分配上我们向关键人物、关键岗位倾斜。大锅饭是吃不出社会进步的。推动社会进步就是要有落差，有落差才会有动力，才能有发展。

6.坚持技术、质量的领先

搞企业一个很核心的问题，就是技术要领先，质量要过硬，这是一个铁定的道理。市场竞争关键要靠技术领先，产品过硬。在技术、质量上年年有进步，年年有创新。逆水行舟，不进则退。我们坚持了在有优势的情况下，对我们的薄弱环节，加快改进，加快提高。

二、对品牌战略的新认识

1.品牌战略的重要性

一个企业要保持长盛不衰，必须要有自己的品牌。否则，这个企业寿命不会长。品牌做出以后，它可以得到许多意想不到的收益。如果在这上面花的力气越大，耕耘得越好，今后的收益回报也会越大、越好，这是成正比的。品牌做出以后，许多人就会慕名而来，销售的投入也会减少，产品的附加值就会提高。同样是一件西装，名牌和一般品牌价格相差很多。如果我们“敦煌”品牌真正能够做大做强的话，价格比一般乐器高一至三倍，也是有人愿意买的。但是我们没有这个胆量，这说明我们品牌运作还没有到这个层次，还不是强势品牌。这就是品牌的重要性。

2.做品牌是要有投入的

以前我们企业参与一些广告、社会赞助等活动，实际是在为品牌铺路，有投入才能有产出。前几年我们花小钱，造大势，办大事，从企业经济实力出发年年搞一些有影响的社会文化活动。去年年底，我们与上海音乐家协会、上海音乐学院和东方电视台合办的学校民乐演奏比赛，我们投资了10万元。我们还在中央教育电视台投入10万元做了3个月的广告等等。今天的耕耘是为了明天的收获。

3.品牌一定要有核心价值，而且要做到维护核心价值长期不变

没有灵魂的人不可能有成功的美好人生，同样一个品牌如果没有清晰的核心价值，也不可能成长为强势大品牌。品牌核心价值是品牌资产的主体部分，它向消费者明确、清晰地识别并记住品牌的利益点与个性，是促使消费者认同、喜欢乃至爱上一个品牌的主要力量。

“工艺精致，品质优美”是我们“敦煌”的核心价值。我们要使人们认为：敦煌产品工艺上是精致的，品质（声学品质）是优美的。乐器关键靠品质，再好的工艺，拉起二胡不像二胡，弹起古筝不像古筝，演奏家演奏时音韵不丰满、呆板，不能表达他丰富的想象力、艺术情感和思想情感，这就不是乐器。乐器高音区、中音区、低音区要符合各自特色、气质和它声学的想象力，而且三个区域要过渡、衔接好，这就是乐器。我们既要追求乐器的外观精致，更要追求声学品质的完美。这两点是我们“敦煌”品牌今后要凸现出来的，要以咬定青山不放松的精神，贯穿品牌创建工作的每一天和每一个环节，并围绕这个核心价值，不断地培育。

4.品牌策略的设想

品牌建设的成本很高，我厂的“敦煌”品牌自1963年注册以来，经过40多年的努力和积累才获得今天的成绩。对我们厂是搞一厂一品好，还是搞多品牌好？我们曾经进行过探讨。现在世界上一些好的品牌公司，有一公司一品牌的做法，也有一公司

多品牌的做法。我们根据本企业的规模、财力，以及本企业发展所处的阶段，认为还是搞一厂一品更实际一些。我们产量不高，我们整个销售额不高，一个亿都不到。如果搞多品牌，则会分散、削弱原来品牌的影响力。一厂一品有它的优点，如：节省品牌建设成本和广告费用；有利于集中资源塑造一个大品牌；另外，一个品牌下的每一种产品的畅销都有利于品牌价值的提升。当然也有它的缺点：当一个品牌旗下产品太多，难免会模糊品牌个性；在宣传不同产品时很难找到一种共性。尽管一厂一品的战略有它的缺点，但非凡的品牌营销谋略能让我们有效地把缺点带来的危害降到最低，甚至变害为利。

5.品牌的延伸与扩展

卓越的品牌不仅可以获取超额利润，它还有一个重要的表现形式是可以搞延伸。这就意味着品牌不仅能带动产品的畅销，而且减少开发新品牌的成本。无形资产的特点是利用率的提高，不仅不用多化一分钱，还会进一步促进无形资产价值的提高。但是品牌的延伸要慎重，因为品牌的延伸不是无限的，而是有限的、有规律的。对企业而言，既可能是一本万利的好事，也可能是前进中万劫不复的深渊。要理智地延伸，要根据企业的资源能力规划好。过不硬的产品贴上好的品牌商标要影响品牌的整体形象，副作用很大。因此，要根据运作实际逐步延伸。该延伸的要延伸，不该延伸的不要延伸。搞品牌延伸，一要抓住时机；二要有效回避风险；三要在延伸中要强化核心价值，提升品牌的资产。一定要成熟一个搞一个，不搞全面开花，一步一个脚印，扎扎实实。

6.品牌的识别

品牌的识别是指通过对产品、企业、人、符号等营销传播活动，具体如何体现核心价值进行界定从而形成区别于竞争者的品牌联想。品牌识别创建得好，品牌的核心价值才能落到实处。有很多品牌他们能够通过产品的特色、功能、独有的外观和使用方法等产品属性来建立品牌的个性化识别，而这我们厂就不太适宜。因为我们是一厂一品，而且我们民族乐器制作行业，由于其产品、技术易于类同，品牌很难从产品与技术角度找到差异点。我们品牌下有很多种产品，而且我们要准备进行品牌延伸。因此，就不宜突出具体产品的属性，如果产品属性成了品牌识别的重要组成部分，将来品牌延伸将大打折扣。在一厂一品的情况下，怎样把自己与竞争对手进行区别呢？任何一个品牌被消费者认同的最基本条件是“品质”，我们要把品质识别作为企业的基础工作，我们对品牌核心价值的定位基本体现了这一点。另外，我们还认为产品可以相同，但生产产品的企业却可以千姿百态，企业的理念、价值观、企业文化、社会责任感、对消费者的关注、技术力量、装备、企业家人格魅力、精英团队、人力资源等无一不为创建一个独一无二的品牌添砖加瓦。

三、实施品牌战略的五大保障

上海民族乐器一厂把品牌战略目标确定为“五个之最”，即：

——品质最好的品牌

——规模最大的品牌

——附加值最高的品牌

——消费者最喜爱的品牌

——扩张能力最强的品牌

如何来保证我们的强势品牌，来实现我们品牌战略目标，我们提炼出了五大保障体系：

1.市场保障体系

市场经济必须始终把市场放在第一位，经营者必须要不断分析、研究市场，最终要占领市场。从市场保障体系来讲，我们强调：

(1) 要始终不渝坚持文化营销思路，并要不断创新。前几年我们在名人效应、馆藏效应、书刊效应、活动效应、教学效应等方面做了一些工作。体现了我们企业的文化底蕴，也提高了企业的品位。我们是一个集文化于一身的生产企业，如果仅仅局限于生产是不够的，我们必须自觉地、有意识地提升企业的文化品位，提升自己的文化素质和修养，注重自己的积累。从文化营销着手，热衷于文化，研究文化，我们要求企业的干部都要意识到，我们是在与社会文化密切相关的企业中工作，应当有个人的文化和品位。企业要有文化的底气，个人要有文化的修养。总之，一句话，企业营销要打文化牌，要以文化鸣锣开道，去拓展市场。

(2) 市场如战场，两军对垒，勇者胜。市场的拓展就是要在竞争的环境中去拓展。市场经济没有舒舒服服吃蛋糕的，必须通过争斗才能吃上蛋糕。参与市场竞争，要有一种气度，要有一种必胜的信念。我们不要畏惧自己的对手，而是要认真地对待自己的对手。惧怕不对，不当一回事也不对。相信依靠我们的能力，依靠我们的智慧，依靠我们的团队是能够战胜对手的。

拓展市场，还要强调有谋略，这就如打仗。特别是对薄弱环节的重点突破，对薄弱地区的渗透，一定要制订出一套销售的谋略，一个地区一个地区去攻克，一个地区一个地区去拓展。

“三北市场”、教育市场都是我们突破的重点。国外市场也要突破，国外市场的拓展我们要研究一些深层次的问题，我们要建立演奏家、乐器教育家到国外去的档案，而且要与他们建立关系。我们还要鼓励这些到国外去的人，在国外办学校、搞教育，通过他们传播中国音乐文化，从而推动我们乐器的销售。

(3) 要与消费者建立良好的关系，重点是客户的关系。我们的目标是要培育一批忠诚于“敦煌”品牌的消费群体，这个要求较高。我们的“敦煌”品牌已在客户中树立了良好的形象。接下来，我们要主动地、有意识地去宣传企业、宣传产品、宣传品牌。

对客户的管理要建立A、B、C客户管理体系，并以诚信为核心，以诚信为评判的标准。重点培育和扶植A类客户，并要兼顾大客户与小客户的利益，要善于处理好大与小，中心地域与边缘地域的协调关系。

（4）要重视和加强营销队伍的建设。这几年，我们企业的销售额在不断上升，特别是资金回笼相当好。能做得这么好，从某种角度来讲，是我们有一支较好的销售队伍。这支队伍相当敬业，对企业相当忠诚。这支队伍还要不断深化，要年轻化，要不断地培养。

2.产品与经营策略的保障体系

品牌是以产品为支撑，产品是品牌载体，那么产品如何来保证品牌经营的目标呢？

（1）要突出拳头产品。一个企业一定要有看家产品——拳头产品。我们上海民族乐器一厂的拳头产品是古筝、琵琶和二胡。除了拳头产品外，还要注意挖掘有潜力的产品，既要重视拳头产品，同时也要注重潜在产品的开发和延伸。生产要围绕销售转，把市场放在第一位，市场需要什么就生产什么，市场需要什么就开发什么，尤其要有敏锐的眼光去发现有增长潜力的产品。

（2）要抓好个性化产品发展，满足不同消费层次的需求。一个品牌有核心价值，但缺乏个性，也不能给品牌带来增值。仅仅让顾客满意是不够的，要让顾客觉得被重视而感动。品牌说到底就是要满足消费者的需求与欲望。当消费者由衷地感到品牌尊重消费者的需求与利益时，品牌无疑会得到消费者的偏爱。因此在产品个性化方面，我们要研究各个层次对产品个性化的需求体现在哪里。要满足一些特殊的消费群体。个性化的本质是人性化，人性化推动个性化。个性化产品如果不人性化就没有价值。

（3）要走低成本延伸产品的发展道路。尽量避免自己投资，要充分利用现有社会资源，包括固定资产资源、人才资源、技术资源。通过合作或其他方式来加强联合、共同开发或销售，互惠互利，共同发展。拿来主义，这也是一条发展的思路。

3.技术保障体系

我们上海民族乐器一厂品牌战略目标定位在"五个之最"，这就意味着对我们厂的品牌要求高技术和高质量，我们就要付出比别人更多的努力。技术与质量，概括起来：一是创新，二是从严管理。创新就是年年要有新花样、新面貌、新产品。所谓从严，就是要从细小的事抓起，注意细节的改善。这就要求做到：用新技术、新材料、新工艺、新设备来改造传统民族乐器的制作工艺；生产工艺流程要科学化、合理化、简约化；要加强薄弱环节的重点攻关。每年把产品质量上、技术上的薄弱环节列为技术攻关的重点。每年解决几个薄弱环节和突出的问题，年年有进步，经过几年积累，产品就会更加完美。

4.人才的保障体系

企业竞争，归根到底是人才的竞争。好产品、好服务都是高素质的人来提供的，企业优秀人力资源也是构建品牌的一个重要方面。

在人才使用上，我们要把一些有真本事的人放在合适的岗位上，并发挥其特长。要增强职工的主角意识，要立足于发挥职工的聪明才智。

人才的保障要坚持立足于企业自己培养。干部要自觉地进一步完善自己、提高自己，进一步成才。技术工人的培养要靠企业自己，要做好技术岗位的培训、技术练兵、制作比赛等活动。民族乐器制造企业，职工岗位成才特别重要。

5.体制、机制的保障体系

民营企业比较活，在某些阶段发展较快，从根子上讲，是他们的机制比我们好。一个企业竞争力优势的强弱，机制很重要。所以，我们内部要自觉地培育市场化机制，也就是人的激励机制。要按照市场化发展的要求去做。职工做好了，有业绩，应该拿高的回报，而且要激励。另外，还要有灵活的机制。没有灵活的机制，没有这方面的突破，就不会有好的成长性。

四、品牌与营销组合

1.品牌价值的运用

品牌的成长有一个过程，就像人的成长一样，从小孩到成人、壮年、老年。但它与人的生命又不同，越往后越兴盛，感召力越大。品牌的发展，有它自己的发展过程，而且每个过程有其价值外在的表现形式，价格能反映品牌内在的价值。每个阶段价值是不一样的，这是一个动态的。我们在经营品牌时，要适时运用好品牌的价值，把它应有的价值发挥出来，也就是说，产品价格要在每个阶段上体现出来。否则，就是品牌资源的浪费。但是，如果超越了品牌固有的价值，这也会影响品牌的成长。一定的品位，就必须要有与品位价值相适应的价格与之相匹配。

2.品牌的创新计划

激烈的市场竞争，迫使企业不断推陈出新。品牌经营如逆水行舟，不进则退。只有创新上领先于竞争者，展现出蓬勃的活力，才不会被消费者抛弃，一个成功品牌的大忌是长时间没有产品上的创新，技术、服务、包装上的创新。以下是我们企业在品牌创新方面的设想：

（1）以器乐演奏大师和制作大师的紧密合作，创制限量版、并具专利技术和知识产权的极品乐器，集使用与收藏融为一体，创立高品位和高价位的敦煌乐器，树立敦煌品牌的"价值观"。

（2）以器乐新作品为导向，推出符合作品个性的配套乐器，使"二泉映月"的二泉琴模式，推广到其他乐器品种中去。

（3）以"不同的材料等级，相近的制作工艺"这一敦煌乐器的新理念，全面审视现有产品的加工工艺，不断提升产品加工等级，让每一块生长几十年至上百年的材料“物尽其质、物有所值”，不浪费自然之母所赐于的恩泽，尽力体现变化无穷的自然魅力，努力学习邻国日本在这一领域的较高审美观点，提升敦煌品牌的品质。

(4)全面完善现有制作过程中的材料干燥工艺，适应全天候的环境使用，从纯经验型的产品设计过渡到经验与理论相结的产品设计。我们要吸取传统工艺中的精华，研发符合现代理念的新工艺，以此引导市场，培育新一代使用者。

(5)把“以人为本”贯穿于营销的全过程，在服务体系还没有能力覆盖全国之时，产品中的服务精神就显得十分重要。我们要用细节的改善来体现企业为消费者服务的精神。乐器是人们生活中的一部分，要随着时代的变化不断地完善，如果不紧贴人这一要素，那么产品的生命力是不会强的。如何为消费者服务，如何满足消费者不断变化的需求，是我们企业永远需要研究和解决的课题。

总而言之，坚持走品牌经营之路是上海民族乐器一厂的“华山一条道”。走这条路很艰辛、很艰难，但我们要勇于攀登，去争取光明的前途。

调控 规范 创新 发展

中国乐器协会副理事长
上海钢琴有限公司总经理 张子跃

今天，中国的钢琴工业正迎来它历史上最好的发展阶段。然而如何面对中国钢琴工业难得的战略机遇，如何演绎中国钢琴工业辉煌的发展历程，调控、规范、创新、发展，把历史的机遇实现为卓绝的成果，这就是今日钢琴的同行们共同关注的一个最大的课题。

中国钢琴工业绵亘不断已经有了100多年的历史。从19世纪后期，英国的钢琴技术淌着鸦片战争后殖民祸水进入中国，在上海开办了谋得利琴行。到了19世纪的最后几年，中国才刚刚开始有了钢琴制造的萌芽态势。一直到20世纪最初的一二十年，英国人的钢琴技术想垄断也不行了，“一批宁波人”(林国海先生文中所点到的)，实际上是中国钢琴工业的第一批披荆斩棘的拓荒者，在上海创立了许多钢琴作坊。这就是中国钢琴工业历史上的奠基时期，也是中国钢琴工业第一次有标志性的发展时期。但是，这个时期的中国钢琴工业，表现为低级的、散乱的、各自为商的局面。基本上以装配、修理为主，还没有严格意义上的独立的制造工业。一直到中国解放，钢琴制造技术扩展到全国。特别要提到的是1958年，当时乐器工业的掌门人，雄心壮志，集中全国最好的钢琴技术人才，在上海进行一个个钢琴制造技术与工艺的攻关。应该说，正是从这个阶段开始，才有了属于我们中国、属于我们民族的真正的中国钢琴工业。

自从改革开放后，中国社会经济发生了极大的阶段性变化。中国的钢琴工业也实现了大跨步的发展，无论是从钢琴的数量、质量，还是钢琴工业的规模、其发展速度，都让世界瞩目。中国钢琴工业将开始一个载入世界史册的标志性的发展阶段。如何使中国钢琴工业的发展步伐更为沉实、迅疾，如何在快速的发展过程中还当葆有一份清醒的忧患意识，如何摆脱“世界工场”与“地摊工业”的邪称，这就是我们今日立意著文的出发点。

从有关方面的数据表明，2003年中国一共生产了近31万台钢琴，全国共有110家钢琴厂，国内钢琴品牌数量达到200余个。没有进入统计的，不断新产生的厂家与品牌，不知还有多少。听说湖州地区有“钢琴一条街”，有几十家钢琴厂；上海也有二三十家钢琴厂。10年前的中国，仅有10万台的钢琴产量，仅有10家上下的企业。钢琴企业与品牌如此之多，有喜也有忧。一方面反映了中国钢琴工业的快速增长势头，反映了中国钢琴工业是一个朝阳工业，中国有一个巨大的钢琴的国内消费市场。但是另一面也暴露出不少的问题。蜂拥而上的数也数不清钢琴小企业，奇异怪状的钢琴新品牌，争夺着有限的社会资源，争夺着钢琴市场的不多的份额，侵害着广大消费者的合法效益。他们竭泽而渔，挤兑钢琴工业仅有的发展空间。所以，我们主张，适当地进行调控。国家可以进行调控，行业可以调控，企业自身也需要调控。调控为了使发展驰张有度，调控可以积聚发展的动力，调控可以改善发展的质量，调控可以调整不适合市场运行规律的行为。

调控的目的是为了发展，使中国钢琴工业从外延性的发展调整到内涵性的发展；从注重于数量的粗放型的模式调整到注重于质量的集约型模式；从仅仅生产低档的“普及钢琴的世界工场”，调整到研发生产较高档的舞台演奏级别的钢琴工业。所以，调控不仅是为了发展，调控也是为了进步、为了提高，这是我们要说的第一个问题。

第二个问题是钢琴行业的规范问题，应该说，我们行业的领军人以及全国各大钢琴企业为钢琴行业的规范呕心沥血，作出了很大的贡献。比如象2002年中国乐器协会钢琴分会所制定的《中国钢琴制造行业文明竞争自律公约》，就是一个行业规范的典范。

但是，钢琴行业的规范的力度还要加大，规范的范围还要扩大。钢琴市场的竞争需要规范；钢琴生产的技术、工艺、质量需要规范，钢琴市场的售后服务需要规范；钢琴产品的市场准入也要规范。我们提倡加大规范的力度，就是为了构架一个良好的有序的钢琴工业发展的大环境，就是为了创建一个良性的竞争，崇尚品质的成熟的钢琴市场，就是为了给消费者创造一个诚信的放心的消费氛围。

规范是中国钢琴工业发展的需要，规范也是中国钢琴工业逐步走向成熟的标志。

第三个问题。中国钢琴工业的创新问题。我们所说的创新，既有观念的创新、管理机制的创新，也有钢琴制造技术、工艺、材质、加工设备的创新。这里我们主要讲的是后者的创新。

施坦威是世界钢琴制造王国的中心。150多年来长盛不衰，依靠的就是创新。据悉，施坦威150年来，具有创新意义的发明专利就有几百项之多。正是这些创新与发明，使施坦威的钢琴制造技术与工艺一直领先于世界。

应该说，中国的钢琴制造业较过去有了很大的发展，钢琴制造技术、工艺、材质、加工设备的进步与提高，出现了许多可喜现象，特别是那些核心企业的创新步伐，更有长足的提高。

创新是行业发展的动力。中国的钢琴制造工业不应该是分散的。任何一个企业的创新、发明、提高都是代表中国钢琴工业的荣誉，这是其一；其二，我们创新的力度还应该加大。加大创新的投入，加大创新的研讨，加大创新的合作，加大创新的利用与共享。创新既要继承与发扬钢琴制造传统技术工艺中的精华，又要不断地开发与利用现代科技的成果，推动钢琴制造技术、工艺的进步与提高，解决钢琴制造技术、工艺中的瓶颈难题，实现中国钢琴制造工业的大跨步的提高，实现中国钢琴产品的质的飞跃。

总之，中国钢琴工业百余年的成长与发展的历史，记载了几代人的艰苦历程，记载了多少能人巧匠的丰功伟绩。今日的中国钢琴工业，是历史上最繁荣的发展阶段。我们将憧憬未来、携手努力、共铸辉煌。

促进中西方乐器的交流 努力创造品牌乐器

中国乐器协会副理事长
大连管乐器有限公司总经理　焦永达

连续参加十四届德国法兰克福乐器博览会和美国NAMM乐器博览会，同时也参加了国内的上海国际乐器展和北京的国际乐器展，我深有感触的是在逐步“走出去”和“请进来”的中西方乐器交流中，国内乐器行业也在逐渐地与世界接轨，中国的乐器行业得到了空前的发展。

以西管乐器为例，2003年西管乐器年产量达到80万支，而10年前，西管乐器的年产量仅为10万支左右。2003年西管乐器的出口量已接近60万支，出口创汇达2400万美元，中国的西管乐器占据世界普及品市场的90%以上。半壁江山有其一，中国已成为乐器出口大国。

世界的乐器发展史证明，人类在未进入商品社会以前，乐器的发展和使用是长期停留在封闭状态中。近代社会具有100年历史的美国NAMM乐器博览会和50年历史的德国法兰克福乐器博览会，迅速把全世界的乐器生产商、采购商和经营商牢牢地联系在一起，在相互交流中使各类乐器在质量、档次和品种等诸多方面有了惊人的进步，推动了世界音乐事业的交流和发展。

中西方乐器乃至全世界乐器行业的交流越来越显示了它的重要性。在相互交流中不仅让国外了解到中国的乐器产品，更重要的是我们也掌握了许多外国乐器发展的信息和技术，更新了许多传统手工作坊式生产遗留下来的旧观念，加强了中国乐器行业逐步赶上世界乐器产业的步伐。

我接触到的国外乐器代理商，几年前在经营中遇到的问题是管乐器上的焊点不符合标准并且按键很容易损坏，表面处理存在问题，乐器的包装也不够好，在运输过程中经常发生破损现象等。几年后他们就惊讶的发现中国的管乐器有了明显的改进，中国乐器制造商在生产能力上无疑占有绝对的优势，尽管还有众多的乐器制造厂家技术实力和对质量的追求还存在着很大的差异，但已经开始注重技术的提高了。这是今后管乐器制造业发展的坚实基础。

中国的乐器行业是一个很特殊的行业，它有着悠久的历史，同时又是一个发展中的文化产业和精神产业。中国乐器行业是一个有着巨大发展空间的新兴产业，它所体现的不仅是乐器产品本身还包括企业文化、民族精神等多方面的文化内涵和社会意义。乐器产品本身的特点决定了买卖双方要通过长期、切实的交流合作建立良好的信誉关系，而充分利用乐器博览会的形式促进交流是建立这种良好关系的重要途径。

每年德国法兰克福乐器博览会和美国NAMM乐器博览会及中国的上海、北京国际乐器展，不仅吸引着来自世界各地乐器制造商、经销商，还有更多的乐器爱好者和器乐演奏家。乐器展会不仅成为乐器生产和经营企业开辟产品接触的贸易会，也成为乐器技术交流普及器乐知识的乐器界的盛会，在展会进行的同时也提供了让更多人深入了解乐器产品的品质特点，同时也感受优质的音色。从西洋乐器到民族乐器，从乐器演奏到技术交流，从国际著名的音乐家进行现场演示，到国内的音乐家现场献艺，也包括乐器制造的“行家”进行生产经营的讲座，为共同促进提高和发展提供了活跃的交流平台。

随着国民经济的发展，在物质文明建设发展的同时，精神文化建设的发展也越来越被重视，良好的国内外环境为中国乐器工业也创造了难得的发展机遇。国内市场对国内的乐器产量而言是供大于求，大量的出口到国际市场是乐器市场发展的必然结果。在激烈竞争的国际市场中求生存，产品的质量提高，高质量的品牌产品更应成为占领国际市场的先决条件。品牌是企业的信誉保证，是企业赖以生存和发展的基础，是企业在市场经济中竞争的综合体现。品牌将在市场竞争中起着更加重要的关键作用。

近年来，中国在国际上的乐器大国地位不断得到巩固。管乐器、钢琴、提琴、吉他都已达世界产量第一。这主要源于原材料、生产成本的低廉，凭借价格优势主打国际中低档乐器市场，然而这种低价格促销的路子是不会长久的，只有具备优质的产品，良好的信誉、完善的服务—创造完美的品牌形象，才能保持中国的乐器产品真正在国际市场上占有一席之地。完美的品牌不能仅靠一个华丽好听的名字，而是要真正地靠乐器本身达到与国际乐器制造业同步的质量标准和过硬的内在质量。我们的努力方向不只是生产一些“盈利快”的乐器产品，而是要多动脑筋、多费心思生产真正有独创设计的高水平产品，能够在世界著名乐团演奏家手中见到中国乐器，使其进入高端购买市场的竞争领域。西方国家的乐器经销商把产自中国的乐器一直看作是入门的初级乐器，不仅如此这些乐器给人的印象是可以便宜、便宜、再便宜。一味的便宜，对有品牌意识的购买者来说是不会有长久的吸引力，因为这样的产品容易被人看作是低档次乐器。即使再便宜，人们也会认为不值得购买。过多地销售“廉价”质量产品已经给市场购买者留下了深刻的负面影响，那就是产品质量信誉不过关，一个拿着低质量乐器的学生是很难在音乐方面获得成功。用这种低质量的乐器去学习音乐，他们会因为乐器性能问题无法达到要求，最终而归咎于自己的能力过差而失去信心和动力，放弃对乐器的学习，其后果会是增加半途而废的学生，我们也就会失去一个潜在的乐器市场。对学生来说是被一支乐器所耽误，也是乐器制造行业所耽误。由此我们应该团结一致达成共识，制定乐器行业的发展规划，以质量为中心实行品牌战略。培养和发展品牌产品，必须提高乐器生产的技术含量，要吸取国际先进经验和技术，瞄准世界名牌产品取长补短，提高质量，学习掌握先进设备和工艺，改变过去传统的作坊式生产方式。使质量提高上去，要吸纳和培养一批真才实学的具有高学历的技术人才，来改善和充实乐器制造行业，以解决乐器生产中的关键问题。

让我们共同努力创造出我们自己的品牌乐器去占领国际市场，提高中国乐器在世界市场的竞争地位，使中国真正成为世界乐器强国。

致力科技创优质　强化规范促发展

中国乐器协会副理事长
中国乐器协会提琴分会会长
江苏凤灵乐器有限公司董事长　李　书

随着改革开放的不断深入，特别是中国加入WTO以后，全球经济一体化的格局已经更加明朗。中国乐器制造业经过50多年，特别是最近10年的发展，已经成为全国轻工行业的重要产业之一，成为世界乐器生产大国之一。2003年进入世界乐器与音响225强的企业数已排在了全球的第四位，其中珠江钢琴集团公司和泰兴凤灵乐器有限公司分别以世界钢琴产量第一与世界提琴产量第一的绝对优势已连续几年榜上有名。我国乐器产品已大量出口到世界100多个国家和地区，国内市场也随着人们生活水平的提高，近5年的需求量都在以20%以上的幅度增长，整个乐器产业形成了品种齐全、市场宽广、效益持续提升的好局面。

然而，与整个发展形势不相协调的问题也逐步显露出来，既有材料供给与资源浪费的问题，也有市场运营与无序竞争的问题；既有人力资源与人才层次发展不平衡的问题，也有资本投向偏差与低水平重复投资的问题；既有产品标准不规范与国际难以接轨的问题，又有产量过热膨胀的矛盾与产销利不同步增长的问题。当然，发展到今天较为突出而又迫切需要解决的是传统加工与高科技不能有机结合的问题。我认为运用科技创新手段来引导乐器行业向节约资源、提升品质、降低成本、提高效益方向发展是历史交给我们这一代“乐器人”的神圣使命。

纵观提琴制造业的现状，种种迹象也都表现出了极端的不平衡，出口量逐年递增，但出口的高品质、高附价值琴却未能因此增长；质量的要求逐年在提高，单位成本逐年在升高，但市场的价格却逐年在递减，企业的经济效益相对量在下降；这些问题归结起来是无序竞争与不协调扩张的产物，但是最根本的损失是国家资源的浪费。因此，充分利用高新技术来提升全行业的竞争力、提高全行业的综合效益是我们中国乐器协会提琴分会长期而艰巨的任务。分会成立3年来正是本着“科技创新促优质、全面规范促发展”的理念才有了今天的成绩，总结起来我们在提琴制造业的科技与规范方面重点抓了以下几方面工作：

一 致力科技创新 为提升品质服务

靠科技开发新品、靠科技提升品质，从而最大幅度的占领国际市场是提琴分会引领行业全面发展的主体思路。3年中各会员单位在材料的处理与科学选配、音质的改良、漆层的研究、工艺的创新、声学品质的检测与研究等方面都作出了很大的贡献。把传统的材料、传统的加工方法与高新技术相结合迈出了可喜的步伐。

我们提琴分会经过努力，并报请江苏省发展与改革委员会批准，江苏省乐器材料与技术应用工程研究中心2003年在提琴之乡泰兴成立。该中心是由泰兴凤灵乐器有限公司与中国艺术研究院音乐研究所、江南大学生物工程学院共同合作成立的多功能研究中心。该中心具备了几大优势特点：一是符合现代企业制度、采用股份制的方式以资金、技术、研究成果共同投资，打破了过去研究机构只有国家或科研院所投入的传统观念，引入了市场竞争机制，利于构建一个公共的研发平台；二是从功能上突破了以往的单一研究的特点，从材料的研究、工艺的研究、产品的改良、声学的检测等多学科出发，利于系统研究；三是合作各方都具备特殊的优势条件，中国艺术研究院在声学的研究上是国内最具权威的机构，拥有一支很强的专家队伍。江南大学生物工程学院是国内生物酶研究最有建树、最有权威的教学与科研基地，是木材细胞组织生物法处理的发源地。泰兴凤灵乐器有限公司作为提琴分会的会长单位，是目前世界提琴产量第一、技术力量和各项工艺条件较为成熟的企业；四是人才的多元化为科学技术加速转化为生产力打开了方便之门。目前，以该中心为核心的几项研究都取得了预期的成效，由中国艺术研究院音乐研究所韩宝强博士牵头的《乐器声音品质检测系统》项目，2003年10月已通过了文化部组织的科研成果鉴定，该系统在国内尚属首创，它运用计算机与数字音频技术相结合的手段，实现乐器声学品质的可视性量化测定。目前该检测系统在工程中心正式启用，并由研究人员对提琴、吉他产品采集了大量的频谱和数据，并对照现场的工艺参数进行系统分析，为生产提供了一系列改进的方法。在此基础上，研究人员又运用该系统研制出了吉他音准与频谱分析专用仪器，也在工程中心正式启用。由江南大学生物工程学院院长徐岩博士牵头的“木材微生物匀质处理”项目已在中心研制成功，并申报国家发明专利，该研究采用微生物与光电技术相结合的方法，在打松细胞壁的基础上，把木材胞间层中的果胶、树脂、聚糖、甘油、蛋白质等影响音质的糅质类物质，采用微生物吸附并转化，从而使乐器声学品质提高，通过这种方法改性后的木材制作的提琴，高音区清脆明亮，振动充分；低音区圆润浑厚，高低音过渡平稳，达到了“新琴老熟”的效果。由四川音乐学院陈泽教授牵头完成的“民族低音火不思及其创新技术在提琴上的应用”项目，2004年6月也通过了文化部组织的科研成果鉴定，该项目采用“复合共鸣”技术使改良的乐器余音变长、音量增大、音质音色变美，大幅度提高了声学品质和产品档次。由工程中心技术人员自行研制的“内置扩音系统电声琴”已获得国家2项专利，并已大批量投放市场，取得了较好的经济效益。通过对以上科研成果的有机整合，工程中心形成了从木材处理、材料选配、工艺改善、琴形设计到检测调整一套系统化的品质提升方案，对生产高品质产品作全面的指导，特别对中、高档琴的生产和调配起到不可估量的作用，这不仅能提高企业的经济效益，更主要的是能使国家资源能得到合理利用并获得应有的升值。这些成果在会长单位已全面推行，在“提琴之乡”溪桥也正在逐步推广，让科技为生产服务、科技为提升产品品质服务落到了实处。

二、全面完善标准，为规范行业服务

任何乐器的制造都是一项非常复杂而细致的工作，如何制作音质优美的乐器有很深的奥秘。小提琴这种乐器在欧洲16世纪就开始流行，时至今天无论是国外还是国内对小提琴发展史的研究以及对其声学、美学的研究都有着不同的看法，它作为一种手工艺品16世纪中叶在意大利产生时就有不同的派别和风格，而在中国目前最流行的琴型以及最常用的参考尺寸相对来讲还是斯特拉地瓦利的琴形较多，部分提琴制作师也有研究和制作瓦纳里琴形的，对提琴音色奥秘的探讨还有一个漫长的过程，而去探索到底那种琴的风格最好也绝不是谁说了算的事情，更何况小提琴产品流入到中国的时间还很短。国内除以中央音乐学院郑荃教授为代表的少部分国际级

制作大师，一方面研究提琴，另一方面制作国际级高级琴外，其他规模型、工业化制作的提琴应该都是以学习琴或稍高层次的演奏琴为主体。因此制订和规范适合于市场需要以及工业化生产的提琴标准是非常重要的工作。

2003年根据中国轻工业联合会制、修订国家、行业标准计划的要求，受全国乐器标准化中心委托，提琴分会与北京乐器研究所共同对《QB/T2167－95 4/4小提琴》、《QB/T2168-95 4/4小提琴弓》行业标准进行了修订，同时又重新制订了《4/4大提琴》、《4/4大提琴弓》及《提琴弓通用技术条件》三项行业标准。这次标准的修、制订工作历经8个多月的时间，编审组查阅了大量国外提琴制作行业不同风格、不同流派的技术资料，并结合国内提琴制作业现有生产实际、工艺特长和制作习惯，尽可能兼顾、容纳不同流派、不同风格的产品，在适应提琴制作不断演变的趋势和贸易需要的前提下，采各家之长并与国际接轨，在标准的编制和审定过程中，江苏、广州、北京三个地区的20多家企业给予了大力支持。以上系列标准经国家质检总局批准，自2003年9月份起已陆续颁布实施，这从根本上为整个行业规范和各企业提升提琴品质打下了基础。各企业可以结合市场的需求，充分发挥自身的条件和先进的工艺，制作出最具品牌特色的优质产品。

2003年根据国家劳动和社会保障部的要求，受国家轻工业联合会及中国乐器协会的委托，我们分会又组织专家组对《提琴制作工》国家职业标准进行了编制，《标准》以《中华人民共和国职业分类大典》为依据，以客观反映提琴制作工的工作技能现状和对从业人员的要求为目标，在充分考虑与国际接轨的基础上，结合泰兴凤灵乐器有限公司、广州珠江钢琴集团提琴分厂、北京天力提琴制造有限公司、北京森林乐器制造有限公司以及提琴制作师分会的具体现状，并广泛征求了分布在江苏、北京、广州的若干家提琴企业的意见，非常客观地对从业人员的工作环境、工作技能的要求，工作内容所涉及的范围以及5个等级对应相关理论和知识应掌握的程度都作了明确规定。《标准》于2003年8月份在北京通过了专家审定，2004年已批准出版发行，标准的编制及审定全过程都得到了郑荃教授的大力支持。这项标准的颁布实施，将为整个行业的从业人员从技能要求上形成科学而规范的保障体系，为行业内各企业加快培养、选拔一大批急需的具有技术知识复合型技能的人才提供了依据。

作为中国乐器协会的分会机构，我们的根本宗旨在于为发展乐器事业服务，为维护会员的合法权益服务，而我们真正能够为会员做到实处的应该是对本行业的引导和技术交流。因此，通过科技开发、规范标准、推广国际化管理、强化技能培训等一系列有效手段为本行业服务，是我们提琴分会看得见、摸得着、大家都拥护、会员都支持的工作。我们提琴分会成立时间还不足3年，各方面工作都处在学习和摸索阶段，有待向钢琴、民乐等专业分会认真学习、汲取经验。我们在科技创新及标准规范上所做的工作在全乐器行业来讲是微不足道的，同时也希望我的总结能起到抛砖引玉的作用，各分会都要积极组织有益的活动，共同为会员单位服务，使我国的整个乐器产业在协会的共同领导下走上国际快车道，迅速成为世界乐器的既大又强的国家。

下一阶段我们提琴分会在本届内将继续把“科技创新与规范标准”工作做细、做实、做具体，全力打造中国提琴业的“名品、名牌、名企”，并重点抓好以下几方面工作：

一是对现有的科技项目认真进行完善，并引入市场机制，迅速转化为生产力。对开发的新产品在会长单位自行扩产的基础上逐步转化到同行业，共创世界市场；对材料处理已形成的中试基地加大投入，预计总投入2800万元，通过完善研究、增添设施，力争2005年上半年全面建成达标验收，并把该技术进行系统化，形成专一生产线，为全行业服务；对《乐器声音品质检测系统》进行再完善，并认真采集数据，尽快模式化，并研制出分析软件，力争在2004年完成对比分析系统，并逐步用于指导生产，2005年全面为同行服务，共同提升产品品质；充分发挥“江苏省乐器材料与技术应用工程研究中心”的优势，不断开发新产品，研制新工艺、推广新技术，把“工程中心”办成全行业的中心，把“科学技术是第一生产力”的科学理论发扬广大。

二是尽快把产品标准的贯彻工作在会员单位率先落实，以检测、督查、抽验等方式迅速完善和统一产品的标准；抓紧对照技能标准认真组织编制《提琴制作工》职业技能培训教材，2004年完善大纲并编写好理论培训知识；2006年全年围绕技师和高级技师的教材及考评工作的完善做详细规划，并在当年完成任务；迅速完善提琴行业职业技能培训和鉴定的工作，申请成立本行业职业技能鉴定站，以促进全行业从业人员素质共同提高，从人才建设的高度来推动行业发展。通过培训一大批高级工，一大批技师来确保“中国提琴世界第一”美好愿望的实现。

总之，乐器产业与其他任何产业一样，已逐步融入到了世界经济的大潮中，唯有依靠科技、创造精品，才能在国际市场上站稳脚跟，才能逐步奠定主导地位。企业发展需要科技，依靠规范；行业的发展离不开科技，重视规范；协会的发展同样注重科技，强调规范。希望“依靠科技共同提高，强化规范共同发展”之良好风尚，成为中国乐器打开世界之最大门的金钥匙。

以服务为宗旨　以沟通为纽带

中国乐器协会副理事长
北京乐器研究所所长　　张振启

2003年注定是要被人们铭记的一年，它在一场突如其来的疫病中来临，而又在人民抗争，战而胜之中过去。中国的乐器行业从容地面对灾难，经受了严峻的考验，从产品产量到产品质量继续保持了稳步上升趋势！与此同时，在困境与希望中，在竞争与需求中，北京乐器研究所及其所属的国家轻工业乐器质量监督检测中心、国家轻工业乐器信息中心、全国乐器标准化中心以全新的理念、以优质的服务，以沟通的优势，在全国开展了全方位的工作，充分体现了自身优势。

北京乐器研究所利用自身的优势——有自主知识产权的主导科研产品“钢琴自动演奏系统”面向全国服务，使我国钢琴产品的技术含量得以提高，并填补这项技术在我国的空白。2003年在全国共装配150台／套，由于该项产品有技术优势、质量优势和价格优势，所以得到了业内同行的认可，产品覆盖全国各地。

2003年，国家轻工业乐器质量监督检测中心在国家质检总局、中国轻工业联合会的指导下，贯彻落实党的十六大精神，坚持与时俱进，克服突如其来的“非典”疫情的不利影响，做了大量的工作，达到了预期的目标。

一、把“为企业服务”落实到行动上

随着市场经济的深入发展，我们深刻认识到：要做好为政府和企业及消费者服务，就必须做到与时俱进，不断地改进工作方法，以适应新形势的需要。为此，我们采取走出去，请进来的工作方法，深入到企业，亲身体验企业需求，尽一切可能为企业提供技术咨询与服务。以钢琴检测为例：以往我们的工作程序是：先去企业封样，再由企业将钢琴运至北京，检测结束后，样品再返还企业。这中间，包装、拆卸、上上下下远途运输……其过程的繁杂是可想而知的。我们根据具体情况，充分考虑到企业的需求，并经主管领导同意，在行业性质量调查和企业委托产品检测工作中，带着常规仪器和工具，到企业去进行上门检测(注：此方法不适用于国家监督抽查)。这一做法，给企业减轻了负担，与此同时这些企业又进一步学习了产品标准，掌握了检测方法。我们走到哪里，就把产品质量意识宣传到哪里，就把热情的服务送到哪里。尽管辛苦了自己，但却取得了一举多得的社会效应，赢得了企业的一致好评。

北京是政治、经济、文化中心，这里聚集着国内各大文艺团体、高等音乐学府和艺术界顶尖人物，为乐检中心鉴定乐器提供了得天独厚的便利条件。2003年，乐检中心分别为江苏省江阴激扬乐器有限公司、浙江意德乐器(嘉善)有限公司等单位，举办了新产品鉴定会。我们聘请了多名专业演奏家，并邀请了企业领导和制作人员，大家共坐一堂，有面对面的交流和吹奏，也有背对背的检测和评价，最后形成并出具了新产品的“鉴定证书”和“检测报告”。这种为企业办实事的形式，得到了企业的认可和满意。

二、把为政府服务、保护消费者权益放在重要位置

乐检中心自成立20年来，圆满地完成了多项乐器国家监督抽查任务和全国性质量调查工作，为主管部门提供了大量准确数据和行业信息。近3年，乐检中心完成并积极参与国家质检总局、《中国质量报》等机构组织的全国性“3.15消费者权益日”等大型咨询活动。在这些活动中，我们宣传产品质量法、解答消费者的咨询、宣传乐器科普知识，既做到了为政府服务，同时也为维护消费者权益作了有益的工作。

乐检中心是国家授权的、音准仪全国最高的计量传递单位。我们每年都会对各企业下发通知，要求企业对本单位的音准仪进行定期(到期)检定。

2003年，国家轻工业乐器信息中心作为国内权威性的乐器专业科技信息和经济信息传播和交流机构在坚持继续办好公开发行的《乐器》杂志同时，结合中国乐器信息网(http：// WWW.CMIA.COM.CN)的优势，经北京市新闻出版局的批准，面向全行业推出了反映国际、国内行业资讯的《中外乐器信息》。我们本着“服务于信息时代的乐器行业”的宗旨，努力推进中国乐器工业信息工作的进程、开辟了国际、国内乐器信息多渠道。不仅做到国内信息的及时报道，还注重了国际信息的时效性。并为充分体现自身优势：即“网、刊”互动，利用中国乐器信息网在行业内的认同度，和互联网沟通世界的快捷方便特点，整合传统出版物和网站各自优势，拓宽了信息服务范围。

2003年12月，“全国乐器工业信息中心”经中国轻工业联合会批准，更名为“国家轻工业乐器信息中心”，它体现了上级主管机构对我国乐器行业信息工作的关心和支持，也反映了我们要把信息中心做大做强的决心和信心。在新的一年里，信息中心工作重点是：

1.重新改版中国乐器信息网，构建最强大网上交流平台

通过中国乐器信息网，为广大企业、商业单位

开辟新的宣传、业务渠道，并作为国际信息交流渠道之一加强国内外同行的相互了解、合作。

2.办好《乐器》、《中外乐器信息》

2004年，《乐器》杂志将推出吉他专刊《吉他平方》。作为行业第一媒体，《乐器》杂志将进一步推行市场化运作，进一步提升档次、拓展发行渠道。《中外乐器信息》作为刚刚起步的行业媒体，2004年是其加速发展的一年。从内容上，要进一步贴近读者、增加可读性。对国内信息，要发挥信息中心优势，注重从全局视角出发，注重数据的对比分析，增加信息的深度。对国外信息，要注重时效性，要注重国外新产品、新技术发展动态，要把有意义的经营理念介绍到国内。坚持为行业服务的宗旨，把《中外乐器信息》做成业内权威的信息交流手册。

3.加强基础工作，筹建行业信息数据库和技术资料数据库

在资金允许的条件下，我们将在2004年筹建全国乐器行业信息数据库，第一部分包含“企业信息数据库”、“商业单位数据库”。

4.积极组织参与行业活动拓宽业务范围

信息中心作为乐器行业信息交流和服务机构，要团结全行业，积极组织参与国际、国内信息交流与沟通活动。

2003年全国乐器标准化中心受中国轻工业联合会的委托，对《扬琴》、《柳琴》、《击弦机》三个行业标准进行了修订与审定。在行业主管部门的直接指导下、在全国各相关企业的大力支持下，顺利地完成了工作任务。

三、2004年的两项主要工作

在新的一年里年，全国乐器标准化中心正在协助中国轻工业联合会编制2004年乐器行业国家标准和行业标准的制定、修订计划，经过调研和考虑市场需求及对标准的时效性，标准化中心拟向主管部门提出《电子琴通用技术条件》、《电子琴的环境试验要求和试验方法》两项国家标准的修订和对口风琴行业标准的制定。

国家质量监督检验检疫总局和国家认证认可监督管理委员会于 2002年5月1日联合发布了《强制性产品目录》和《强制性产品认证实施规则》的规定。在2003年度，中国乐器协会电鸣乐器分会以贯彻国家强制性产品认证制度为本年度工作重点并较快地做出了反应，为配合生产企业尽早采取措施，分会一方面要求会员单位切实按照认证的程序实施管理和组织生产、规范自身的行为；另一方面分会对认证的准备做出了工作部署，要求会员单位加快认证步伐，及时办理认证申请手续并以此为出发点，及时举办了由熟知认证制度规则的专家宣传和讲解了国家出台的强制性产品认证的规则，由此企业在执行和实施认证的过程中获得了较大的收益。

中国乐器协会电鸣乐器分会，在与协会领导协商和指导下，已初步对分会2004年的工作做出了部署与安排，两项主要的工作内容分别是：

(1) 按照中国轻工业联合会《中轻联[2003]029号文<关于编写电声乐器制作工>国家职业标准工作的通知》和中国乐器协会责成分会做好此项工作的要求，经分会会长与各副会长协商并征得中国乐器协会同意后，已正式委托上海华新电子电器总厂组成编写工作组并起草《电声乐器制作工》国家职业标准。

(2) 全国乐器标准化中心已将GB／T12105－1998《电子琴通用技术条件》和GB／T12106—1989《电子琴的环境试验要求和试验方法》两项国家标准的修订列入2004年度工作计划。并正式委托美得理电子(深圳)有限公司负责两项国标的修订工作。

上述三项国家标准的修订工作，上海华新、深圳美得理两公司已正式开展工作，并拟于本年度五六月份完成初稿的起草工作。待三项国家标准形成征求意见稿后，分会将协助中国乐器协会和全国乐器标准化中心于下半年做好三项标准的送审、征求意见和最后的审定工作。

我们深刻体会到：建立标准体系，实施、执行各类标准的目的不是为了限制自己，而是为了更好的发展自己，发展自己就是对自己的主动保护。把标准化贯穿、深化或纳入到每一个工作环节，是真正发展、壮大乐器行业的有效途径。

“花径不曾缘客扫，蓬门今次为君开”。服务与沟通的大门早已敞开，北京乐器研究所、“乐器三个中心”欢迎同行们光临指导。我们将奉行公正、公开、公平的原则和为全国乐器行业服务的宗旨，竭诚为您服务。

【专题篇】

中国乐器年鉴
CHINA MUSIC INSTRUMENT YEARBOOK
（2003～2004）

以全面改革为动力 加快发展我国文化产业

即将结束的2003年，是全面贯彻落实党的十六大精神、实现到2020年全面建设小康社会目标的第一年。尽管由于遭遇"非典"，第三产业增长速度减慢，文化产业发展遭受较大损失，但是由于国民经济仍然保持较快增长，居民文化消费需求依然旺盛，加上文化体制改革试点从年初开始调研，到年中全面展开，放出了重大的利好消息，使得民间资本入市冲动强烈。一些地方政府，尤其是沿海发达地区，启动新兴文化经济投资、开放民间资本进入文化产业领域的积极性高涨。国际文化资本也在WTO框架下加强了对中国市场投资的战略性试探，文化产业已经开始加入中国新一轮增长周期，成为中国经济"从现实经济增长率向潜在经济增长率提升"的一个新热点。

2003年10月14日，党的十六届三中全会召开，通过了《中共中央关于完善社会主义市场经济体制若干问题的决定》(以下简称《决定》)。《决定》为了落实十六大提出的全面建设小康社会的宏伟目标，以完善市场经济体制为主题，做出一系列深化改革的重大战略部署，为我国文化产业的下一步全面发展开辟了更为广阔的前景。

我们应该认真学习和理解《决定》的基本思想，毫不迟疑地大力推进文化体制改革与进一步完善社会主义市场经济体制这个大目标统一起来，毫不迟疑地将大力推进文化产业发展与国民经济和社会发展的总体战略统一起来。总结和借鉴我国社会主义市场经济体制改革的基本经验，总结和借鉴发达市场经济国家文化管理的有益经验，以深化文化体制改革推动文化事业和文化产业的快速发展。

一、2003年文化产业发展形势：总体判断和主要特点

今年以来，尽管遭遇"非典"，降低了第三产业的增长速度，我国国民经济在整体上仍然表现出强劲的发展势头。据估计，2003年国民经济增长速度将达到8.5%，超过2002年0.5个百分点。由于居民收入持续增长，文化消费需求旺盛，"非典"反而成为促进替代性消费生长，推动消费结构升级的因素。新兴文化类消费引发了文化产业领域的结构重组和升级，使网络内容产业浮出水面。在政策层面，文化体制改革试点则是今年最大的亮点。

(一) 国民经济持续发展，推动了消费结构的升级换代，传统文化产业开始向新兴文化产业转移

2002年，全年国内生产总值跃上10万亿元的新台阶，达到102398亿元，比上年增长8%。其中第一产业增长2.9%，第二产业增长9.9%，第三产业增长7.3%。2003年以来，尽管出现意外的曲折，国民经济仍表现出更为强劲的增长。预计全年国内生产总值将超过11万亿，比上年增长8. 5%。其中，第一产业增长3.0%，第二产业增长10.9%，第三产业增长5.8%。

2003年，我国人民生活继续得到改善，文化消费类支出稳定增长。2002年，全国城镇居民人均可支配收入为7703元，2003年将达到8380元，增长8.8%；2002年，农村居民人均纯收入为2476元，2003年将达到2575元，增长4.0%。在居民消费中，"娱乐、教育、文化服务"类支出总额，2002年约5300亿元左右，2003年将达到5800亿元左右(以2001年国家统计局公布数字为基数，按10%增长推算)。

从2002年以来，城乡居民消费结构的升级趋势日益明显，按照专家的看法，我国新一轮消费升级的储备期已经近10年之久，消费作为拉动经济增长的一个重要动力，正在寻求新的突破，旅游、教育、电讯及文化休闲服务开始成为新兴的消费热点。今年第一季度，国内生产总值取得了9.9%的增长速度，成就可喜，到了第二季度"非典"开始蔓延，增长率从9.9%回落到6.7%，下滑了3.2个百分点，影响主要是集中在第三产业，文化消费受到了一定的抑制。旅游业在第四季度尽管有恢复性增长，还将有较大损失(全国恢复与振兴旅游工作座谈会信息，全国旅游业将损失2768亿元人民币)。但是，根据专家分析，"非典"对消费的影响表现在一方面延迟了消费行为，另一方面是向替代性领域发展，而不是像水灾、火灾那样摧毁了人们的货币支付能力。因此，"非典"在一定程度上促进了我国传统文化产业向新兴文化产业领域转移和升级。

据2003年6月国家发展和改革委员会价格监测中心对全国35个大中城市居民消费信心和消费意向的最新调查显示，"非典"使17.35%和31.40%的居民增加使用互联网和通讯方面的服务。调查指出，这将有利于新兴的网络教育、网络文化、电子银行、电子商务等现代化生活和消费方式的推广。信息产业部公报显示，1月～6月，全国电信业增加值完成1319.8亿元，增长19.2%，增幅比GDP高11个百分点，已经表现出这种消费的转向。另据国家统计局专家说，我国目前工业生产共有39大类，排在第一的是电子通信设备制造业，其中手机显得尤其突出。2002年我国通讯用户增加1亿，今年全年可能再增1亿，达到了5亿规模，其中移动用户第一次超过了非移动用户。通讯用户的巨大增长使得各种各样信息内容娱乐业发展迅猛，我国已经提前出现了从"离线文化产业"向"在线文化产业"转移的趋势。

(二) 文化体制改革进入实质性启动，存量领域

的产业发展潜力开始得到释放

根据十六大报告“抓紧制定文化体制改革的总体方案”的要求，2003年初，开始文化体制改革试点调研。6月，召开了文化体制改革试点工作会议，改革试点随后在全国展开。8月，中共中央政治局集体学习国际文化产业发展形势，胡锦涛同志发表了重要讲话。10月14日，十六届三中全会通过了《中共中央关于完善社会主义市场经济体制若干问题的决定》，在完善社会主义市场经济的总目标下，对发展文化产业和深化文化体制改革提出了具体要求和任务。12月5日～7日，中共中央在京召开全国宣传思想工作会议。胡锦涛同志在会议上发表重要讲话，进一步提出“坚持把积极发展文化事业和文化产业作为宣传文化部门的重要任务”，并特别指出，要高度重视文化体制改革工作，根据社会主义精神文明建设的特点和规律，适应社会主义市场经济发展的要求，积极稳妥地推进。要适应发展社会主义市场经济、深化文化体制改革和我国加入世贸组织的新形势，立足我国国情，借鉴各国经验，加强宣传文化领域的法制建设，为宣传文化事业的健康发展创造良好的法制环境。

在中共中央的领导下，文化体制改革试点工作既为今后出台的改革方案提供经验性依据，也在实质上推动了市场化和产业化的进程。目前中央确定的改革试点总共有35个试点单位和9个综合试点省市，行业遍及新闻媒体、出版单位、图书馆、博物馆、文化馆、文艺院团、影视制作企业、印刷、发行、放映公司等等。试点工作对文化单位进行公益性事业和经营性产业的分类，对在WTO谈判框架内开放文化市场，对以政府配置文化资源为主向以市场配置为主方式转换等的基本取向是非常明确的。在试点工作的推动下，不仅原有国有文化企业提高了市场竞争力，壮大了产业规模，还出现了民营资本投资文化产业的高潮。

(三) 信息产业与文化产业关联运动引人注目，产业格局出现大范围重组，增量领域的新兴产业力量异军突起（略）

(四)市场开放提速，文化管理体制和机制谋求多方创新（略）

二 当前存在的问题和分析

近几年来，我国经济和社会生活领域出现了三个根本性变化：

一是随着国民经济持续快速增长，人民群众生活水平的迅速提高，居民消费结构的不断升级，长期以来困扰我们的物质产品的“短缺”，正在向服务类产品，特别是精神文化的消费服务类产品的“短缺”转移。

二是经过20多年以市场为取向的改革后，文化市场日益扩展，在精神文化产品的生产和服务领域中，资源配置的基础性机制，正在从计划向市场转移。

三是加入WTO，在经济领域我国的全球化进程明显加快，在文化领域市场开放的时间表也已经为WTO协议所设定。

正是这样三个根本性变化，在很大程度上构成了我们目前谈论的以文化体制改革促进文化产业发展这一问题的背景。目前，绝大多数人已经能够认识到，我国文化发展不能适应国民经济和社会发展的要求，我国精神文化产品的生产不能满足人民 群众日益增长的精神文化需求，以改革促进文化产业的发展已经相当紧迫。但是，我们未必对于目前我国文化的发展与人民群众精神文化需求之间的缺口有多大有明确的概念，未必对于我们应该以什么样的速度发展，才能实现十六大已经确立的2020年全面建立小康社会的目标有明确的概念，因此未必对于以改革促发展的紧迫程度有清醒的认识。这个问题引起了蓝皮书总报告课题组的高度关注。我们的初步研究结果表明，我国文化产品的供给相对于人民群众日益增长的精神文化产品需要和2020年全面建立小康社会的目标而言，已经形成“战略性短缺”，这关系到国家的经济安全和文化安全，关系到建设社会主义市场经济的良好文化环境，应该通过观念、体制、机制、政策创新，大大加快文化产业和文化事业的发展才能解决。《中国文化产业蓝皮书》将每年关注这一基本矛盾的状况，并适时提出解决问题的建议。

对于我国文化生活领域供需状况，我们提出以下粗略的分析和预测。

首先，从需求角度算。第一，按照目前公布的统计数字中，我国城乡居民实际文化消费，可以计算出的结果是，2002年消费约5300亿元人民币，2003年将达到5830亿元人民币。如果继续按照10%的年增长率计算，今后几年可能的文化消费量是2004年6410亿元，2005年7050亿元，2006年7760亿元，2020年可能达到29460亿元。

第二，已经实现的消费并不完全代表实际需求。根据国际经验，一定的GDP发展水平，与一定的恩格尔系数及一定的文化消费需求比例有相关性。根据这一理论数值计算，我们得到了另一组数字：目前我国人均GDP1000美元，恩格尔系数应该是44%，(城乡居民平均)文化需求应该在个人消费中占到18%，总量应该是10900亿元；2010年达到人均GDP1600美元时，恩格尔系数应为33%，文化需求在个人消费中应占20%，实际需求总量应为20100亿元；2020年达到人均GDP3000美元时，恩格尔系数30%，文化需求在个人消费中占23%，实际需求总量为42400亿元。

其次，从供给角度算。第一，根据实际消费量统计，目前我国文化产业是5300亿，距离以上的理论需求(10900亿元)有5600亿元缺口。如果继续以目前10%的速度增长，到2020年，仅能达到29460亿元，距离以上计算的理论需求(42400亿)的缺口将达到12940亿元。

第二，还可以按照GDP与产业结构相关性的理论数值，计算我国第三产业的发展缺口，以加强文化市场存在巨大供需缺口的印象。按照国际上的研究，随着GDP的增长，恩格尔系数的变化，三次产业的结构会发生变化。大体上人均GDP达到1000美元时，第三产业在经济结构中所占比重应该达到40%；而当人均GDP达到3000美元时，第三产业应该占到55%。用这个标准来衡量，我国目前第三产业是33.7%左右，低于国际标准6～7个百分点，大约有6000亿～7000亿元的缺口。假定继续按照3年来第三产业发展的平均速度增长，到了2020年，我国第三产业占GDP的比重将达到大约为42%左右，低于标准值13个百分点，大约会出现41000亿元的缺口。

根据以上的数值计算，以2020年全面建成小康社会这一目标衡量，我国第三产业必须从现在起，每年增长9%以上(由现在的33．7%增加到2020年的55%)。如果文化消费比重随着人均GDP的增加而增加，文化产业的增长速度还要加大，至少达到每年13%(由现在的5300亿增加到2020年的42400亿)。

以上是依靠国家统计局统计数字，以及理论上应该实现的数字做出的分析，我国文化市场的实际消费量，以及我国文化市场的实际供给程度可能是完全不同的数字。但是，可以十分肯定地说，我国文化市场存在"战略性短缺"是一个极为严峻的客观现实。目前我国第三产业的发展速度仅在5．8%，其中与文化相关的产业门类增长速度更是连年降低(见《2003年：中国文化产业发展报告·总报告》)，与居民文化消费实际增长速度及居民尚未实现的文化消费潜力，形成了巨大的落差。对这个问题的严重性，我们应有充分的认识。

在我们这样的发展中国家，精神文化产品的供给低于人民群众需求的状况将会长期存在，必须通过不断调整体制和机制，加快发展速度来加以缓解。长期实践已经证明，以市场的手段发展经济，以计划的手段发展文化，在体制上保持"两张皮"不仅不利于缓解，而且只会加剧矛盾；不仅不利于提高发展速度，还会抑制发展速度的提高。过分强调文化的上层建筑和意识形态特点，是使文化的建设脱离经济和社会生活，发展受到抑制的主要原因。十六届三中全会《决定》为我们指出了发展方向，以深化文化体制改革，推动我国文化产业的快速发展，已经成为解决文化市场"战略性短缺"的惟一出路。

三　若干建议与展望

我国的改革开放已经经历了20多年，自十五届五中全会提出大力发展文化产业以来，历届中央全会不断强调发展文化产业对于国民经济和社会发展的重要性，今年以来的文化体制改革试点工作也切实推动了我国文化市场的进一步开放。但是，我们仍然处在一个发展与转型的过程中，国民经济和社会发展的种种不协调问题依然存在，精神文化产品和服务与人民群众消费需求的缺口还在加大，阻碍文化体制改革的许多观念性问题还没有获得根本性的解决，文化产业的发展速度还没有得到实质性的提高。我们必须以十六届三中全会《决定》为指导方针，坚决冲破一切妨碍文化产业发展的思想观念，改变一切束缚文化产业发展的做法和规定，革除一切影响文化产业发展的弊端，才能扭转这一被动局面。

(一) 将制定国家文化发展战略与文化体制改革方案有机结合起来，更积极地应对国内外市场经济发展的需要

十六届三中全会确定了进一步完善市场经济体制的任务，要求我们更积极和明确地以文化发展战略参与和配合国家的经济、社会发展战略。因此，我们应该确立明确的国家文化发展战略，并根据这一战略目标的要求，改革现行文化管理体制，以积极的姿态应对国内外市场经济发展的客观要求。

目前正在制定的文化发展规划与文化体制改革方案，有着重要的内在联系，正是发展的紧迫性推动我们加快改革的步伐。根据世界银行研究，目前世界各国第三产业平均达到GDP60%左右，而根据OECD的研究，发达国家以知识和文化为基础的第三产业占到GDP70%以上，而我们目前的第三产业不但低于发达国家，还低于同等发展水平的发展中国家，并且还在低水平上徘徊不前。新一轮全球化就是发达国家文化资本的输出和文化服务业的全球化，WTO谈判已经不断表现出这一趋势。我国应该明确认识到文化产业"战略性短缺"对国民经济和社会发展的不利影响，对全面实现小康社会的不利影响，实施"新兴工业化发展战略"与"国家文化产业发展战略"并举的战略，迅速填补文化产业发展不足的空白，在短期内将文化产业的发展速度提高到10%～15%以上，只有这样才能迎头切入新一轮全球性产业结构调整的前沿，以经济和文化两手，打造新时代的新型综合国力。

二) 将释放国有文化资源的存量潜力，与放开民营文化资本的增量实力结合起来，迅速提高我国文化产业的增长速度

国有文化事业单位改革涉及上万亿元国有资产的存量资源，释放这些资源将为我国下一阶段文化产业的增长提供重大推动力。应该逐步在文化市场实行国民待遇，放开民营文化资本的增量资源进入国有文化经济领域，以推动存量资源潜力的释放。

中国经济体制改革曾经实施先放开增量，再盘活存量的改革战略，文化体制改革性质不同，条件也不同，可以汲取经验，但不一定依循原有路径。多年来，我国经济快速发展，已经积蓄起了较为强大的民间资本，具有投资文化产业的强烈动机；即使在文化经济领域，民营文化资本也已经具有一定的

实力。因此，可以考虑实行释放国有文化资源的存量潜力，与放开民营文化资本的增量实力同步进行的战略，以开放增量市场，促进存量资源潜力的更快释放。

重要的问题是开放目前还被国家垄断的文化资本市场，大力发展和培育文化要素市场。应该看到，经过20多年的改革开放，我国的文化体制已经相当松动，文化产品市场已经基本放开，人民群众的文化需求已经基本上通过市场消费来实现。目前的关键是要通过改革文化产业投融资体制，开放文化资本市场，以便开闸放水，通过大力发展国有资本、集体资本和非公有资本等参股的混合所有制经济，迅速形成文化产业的快速发展态势。

（三）实施文化内容管理制度创新，做大做强国有文化企业，迅速壮大国有文化经济，并逐步摸索多种所有制共同发展的形式

文化内容的管理体制涉及文化管理体制改革的核心领域，在一定意义上说是改革的"硬核"。从改进新闻宣传工作，到影视制作立项审批体制的新规定，说明我国文化体制改革已经进入在关键领域进行关键性制度创新的阶段。治理报刊摊派则是为做大做强国有文化企业，以及迅速壮大国有文化经济腾出了市场空间，一个资产管理与内容管理相区别，现代企业制度与意识形态管理机制相结合，经济权益与社会责任相协调，多种所有制并存发展的现代文化产业 管理体制和运行机制正在逐步浮现。

实施文化内容管理的制度创新，做大做强国有文化企业的关键是，在统一的市场经济环境中，根据市场相关度和意识形态相关度的不同，对文化单位进行科学和实事求是的区分，然后分类指导，分步骤实施创新性的体制和机制安排。过分强调意识形态属性不符合实际，也不利于发展；过分强调市场和产业属性也脱离我国现行政治体制的现状。从目前的情况看，对于一般的经营性文化企业，由于提供的是竞争性文化消费产品，国有经济应该退出。对于公益性文化事业单位，由于其产品不能实现竞争性消费，国家应该承担起支持和供养的职责，但是也要借鉴发达国家的有关经验，转变供养方式，适度放开垄断，实行基于市场纽带的公共服务提供机制(如对社会公益事业实行招投标方式)，充分动员社会力量参与公共服务事业。对于既有强烈的产业属性，又有强烈意识形态属性的文化单位(如党和国家重要新闻媒体)，其产品既可以实现竞争性消费，又关乎公共舆论和公共利益，要借鉴国内外经验，做出特殊的制度安排，但是明确属于这一类的国有文化单位显然应该极为有限。

（四）开放公益性和非营利性文化事业服务领域，将发展公益性社会服务事业作为增加就业的一个重要途径

根据国外发展经验，一个发达的市场经济国家，应该主要由国家、营利性组织、以及非营利性组织三重结构组成。一个由资金来源多元、机制灵活、富有活力、服务良好的非营利性文化类组织构成的社会事业部门，同样会创造税收，增加就业，产生良好的经济和社会效益。因此，文化体制改革应该既包括转变经营性文化产业型单位，也包括放开公益性文化事业单位；不但应该大力支持民间资本进入文化产业，而且应该大力支持社会力量进入文化事业领域。对于事实上已经积蓄了极大产业化潜能的事业单位，改革将全面推动产业化的进程，对于国民经济发展是一个重大的利好消息。对于公益性文化事业单位，改革也将有计划有步骤地改变其与国家行政机关的依附关系，转变成面向市场、面向群众，利用市场机制提供各类文化商品和服务的社会机构，使之成为创造税收、增加就业的重要社会机构。有研究显示，我国公益性事业单位远远没有达到应有的发展水平，2000年从业人数占该年度全部从业人数的4.42%，如果我国的公益部门向社会开放，从业人数增加一个百分点，就会增加700多万个就业岗位。发展文化事业对国民经济和社会发展，对于增加税收、推动就业、缓解国民经济和社会发展中的诸多矛盾，其重大意义是确定无疑的。

（五）进一步加强和改善国家财政对文化事业和文化产业的支持

国家财政不但要支持文化事业的发展，而且要支持文化产业的发展，还要为改革支付必要的成本，这就要求从根本上改变国家财政中文化投入占国内生产总值过低的局面。将国家财政用于宣传文化经费投入从目前的（2002年）0.28%的水平（仍然停留在十四届三中全会水平），迅速上升至1%～2%。国家财政对文化事业和文化产业的支持不仅是一个提高财政支持力度的问题，从中长期发展看，更是一个转变投入方式和强化监管的问题。应该说，目前在国家财政对文化总体上支持不足的情况下，也出现了大量投资不当的"领导工程"和"形象工程"，政府过多地以文化建设主体的身份直接介入文化投资，引发了新的重复建设，应该引起充分警惕。

我国目前正在实行行政体制改革，计划经济条件下的全能政府正在向社会主义市场经济条件下的有限政府转变，在文化领域，政府也在逐步转变自己的身份和公共财政的使用方式。我们应该研究国家财政如何积极引导文化产业发展的问题，通过国家财政基于市场机制的引导性投入，增强国有文化资本的控制力和整体实力，使我国文化产业能够迅速跨跃目前的发展瓶颈，迎来一个新的腾飞的时期。

（节选自：《2004年中国文化产业发展报告》，作者：张晓明等）

文化产业范围的界定

文化产业活动与人们的社会生活、经济生活密切相关。它是涉及多行业、跨部门的一个交叉集合体，在内容和形式上表现得复杂而多样。

一、文化产业的概念

本文仅限于对社会主义市场经济体制下的“文化事业”运行模式变化进行研究，从产业发展的角度研究一般意义上的“文化事业”及相关行业的发展规模、发展趋势及其在国民经济整体结构中的比重和影响。

据此将文化产业定义为：从事文化产品的生产、流通和提供文化服务的经营性活动的行业总称。其特征是以产业作为手段来发展文化事业，以文化为资源来进行生产，向社会提供文化产品和服务，目的是为了满足人民群众日益增长的精神文化生活需要。由此也就从产业的角度圈定了传统意义上的“文化事业”及其相关行业的外延范围。

二、文化产业与文化事业

文化产业与文化事业是我国文化建设过程中两个互有交叉渗透、又相互独立的不同形态。虽然它们的运作方式是有区别的：文化事业是重要的社会公益事业之一，是向社会提供公共产品和公共文化服务，活动过程中会有一定的经济收益，如门票收入、稿酬收入，但远不能达到其从事文化活动和艺术生产所付出的成本，运作所需的资金主要依靠政府部门拨款，主体的主要行为是非赢利活动；而文化产业是文化建设活动中活动主体用产业方式进行运作，一般进行以赢利为目的的经济活动。文化建设中的许多方面，如娱乐业、演出业、电影电视业、出版业、音像业等均在产业运作模式上获得了较大的发展。但文化产业和文化事业两者的目的都是为了满足人民群众的精神文化需要。

三、文化产业范围的界定

根据上述对文化产业概念的定义，研究范围放在与人民群众文化娱乐生活最直接相关的文化艺术、音像图书、报纸杂志、新闻出版、广播影视、文物博览、娱乐休闲等活动，以及与之有关的文化产品的生产、流通和传播领域。

随着文化产业的发展和管理模式的变化，目前文化产业所界定的内容也将会不断变化和拓展。

四、文化产业的行业构成

以上界定的我国文化产业范围在我国现行的最新国民经济行业分类中，是一个跨多个行业部门的集合体。虽然产业不等同于行业，但却是行业的延伸。我们将所界定的文化产业范围按最新的《GB／T4754—2002国民经济行业分类》的标准(这一标准已于2002年10月正式实施)，从文化产品的生产、流通和服务三个环节来构造我国文化产业的行业结构。其结构如下(括号中的数字为行业分类代码)：

（1）新闻出版业。

（2）文化艺术业。

（3）广播、电视、电影和音像业。

（4）文化产品印刷和记录媒介复制业。

（5）文化用品制造业：文化用品制造业（241）；乐器制造业（243）；玩具制造业（2440）；游艺器材及娱乐用品制造业（245）；工艺美术品制造业（421）。

（6）文化用品批发零售业。

（7）文化信息传输服务业。

（8）文化社会娱乐服务业。

（节选自2003年：《中国文化产业发展报告》）

迈向全面小康社会起点、目标与战略选择

编者按：由中国社会科学院财贸经济研究所所长江小涓主编的《中国经济运行与政策报告No1——迈向全面小康社会的中国经济》(财经蓝皮书)是根据中共十六大提出的全面建设小康社会的宏伟目标，按照学术研究的基本规范，研究和探讨了这个宏伟目标中与经济发展有关的具体内涵，揭示这个过程中的规律性趋势与可能遇到的重点、难点问题，以及实现这个宏伟目标需要实施的战略和对策。以下是这部分章节的内容精选。

一．全面建设小康社会的国际比较

初步小康社会的国际比较：起点和差距

世界银行将世界各国家／地区按人均收入水平分为4个组别：低收入国家(人均GDP少于756美元)，下中等收入国家(人均756美元～2995美元)，上中等收入国家(人均2996美元～9265美元)，高收入国家(人均高于9265美元)。中国目前属于下中等收入国家（2002年约980美元)，如果顺利实现翻两番的目标，再考虑到人口增长和汇率变化的因素，到2020年，中国将进入上中等收入的国家组别。因此，主

要使用下中等收入国家和上中等收入国家两个组别与中国进行比较。在与现状进行比较时，主要用下中等收入国家；在展望20年后时，也就是到2020年完成再翻两番的任务、基本上完成工业化时，主要用上中等收入水平的国家。

根据比较，我国全面小康社会的主要任务和难点在于提高人均GDP、调整与优化经济结构、控制收入差距的扩大、发展信息技术、提高人民生活质量。总之，未来20年，我们不仅要关心收入水平这些数量指标，更要关心经济结构、收入分配等结构性和公平性方面的指标，才能顺利实现建设全面小康社会的宏伟目标。

二、经济增长的可持续性与中国的全面小康

国民经济的稳定、持续增长是实现全面小康根本保证。使用含有外生技术并包含人力资本的新古典增长模型，分别对资本存量、劳动力、人力资本等变量进行分析测算，最后将数据代入到模型之中，得到中国未来18年的经济增长率，说明从人均GDP数量方面看，中国2020年实现全面小康没有问题。

三、产业结构优化升级与中国的全面小康

与工业相比较，我国的服务业在数额和比重两个方面，明显落后于经济发展的实际水平。

从我国国情出发，服务业发展应该得到特别重视，这是因为服务业是吸纳就业的行业，对就业的贡献突出。按照增长能力、吸纳就业的能力、产业带动能力和可持续发展的要求，衡量和测度了服务业的一些主要部门。研究表明，服务业中的一些行业如房地产业、物流服务业、社会服务业和旅游业等，都是吸纳就业比重较高的行业，也是具有高速增长潜力的产业，这些产业较快发展，将在很大程度上缓解我国的就业压力。

服务业的发展和水平提升，是进一步提高我国工业效率和竞争力的重要条件。即使我国的工业在生产过程中的技术和工艺达到世界先进水平，但如果在流通领域中缺乏效率，其竞争力就要大打折扣。制造业要继续提升竞争力，就需要有达到国际水平的各种服务业的高效服务，包括高效的物流系统、良好的金融服务、国际标准的会计、审计、法律服务等等。

四、扩大消费需求与中国的全面小康

实现全面小康消费的条件：①收入条件。我国居民收入增长缓慢是制约消费增长的首要因素，提高收入增长速度是实现全面小康消费的重要前提。收入分配两极化的存在直接影响消费率的提高。因此，增加农村和贫困人口的收入水平是中国实现全面小康的必由之路。②心理与文化条件。消费文化和消费心理影响消费动机和消费行为，中国储蓄先行、量入为出的消费文化根深蒂固，加上消费收入预期下降，消费支出预期上升，居民有钱不敢花。③市场条件：产业结构调整，即从供给方面着手，创造出新的供给方式和供给制度，为消费需求的增长创造条件，使居民的潜在消费需求变成现实消费需求。④制度条件：市场制度决定了消费的直接成本与机会成本；消费的成本取决于市场制度决定的价格。国家的消费制度在一定程度上能够起到引导消费、培育消费热点的作用。我国抑制消费的制度环境仍然存在。

实现全面小康消费水平，需要进一步改革消费制度，降低消费成本；改善市场环境，培育消费热点；引导消费文化，转变消费观念；以及强化消费的“示范效应”，带动大众消费。

五、信息技术产业与全面建设小康社会

中国信息产业的发展目标是，跨越数字鸿沟、实现普遍接入到普遍服务的飞跃。我们认为，在2005年将实现普遍接入；在未来的时期，将是实现从普遍接入向普遍服务的飞跃。为了实现这一飞跃：

（1）正视数字鸿沟在我国的存在。在警惕发达国家与发展中国家的数字鸿沟的同时，也要防止数字鸿沟在我国城乡之间、内陆地区与沿海地区之间的扩大。

（2）清除互联互通的障碍，尽快实现“三网合一”。

（3）加大研发投入和IT专业人才的培养。

（4）加快电信立法，整体规划，协调各方关系，增强政策的透明度，创造公开公正公平的竞争环境。

（5）调整产业结构，提高装备自给率，提高优势产品在国际市场的占有率，扩大重点关键产品生产能力，大力发展微电子、软件、新型元器件、个人计算机、数字视频产品、移动通信、网络产品和信息家电，带动产业技术升级和产品更新换代。

（6）开发利用信息资源，推动国民经济信息化。

六、全面建设小康社会进程中的地区差异与西部大开发战略

地区差距是影响全面小康战略目标的重要因素。西部地区的全面小康建设问题，既是难中之难，也是重中之重。因此全面建设小康社会的关键在于促进西部地区经济跨越式发展。

（1）西部大开发要在立足于市场的基础上，发挥好政策导向和市场机制调节的双重作用。在开发主体上，要有广泛的经济主体参与，充分调动西部地区各类经济主体投资开发的积极性。在开发的调节机制上，不能用简单的命令手段和行政控制，而是市场机制与国家的宏观调控、政策引导相结合，充分利用国内国际两种资源、两个市场。

（2）适时调整税收政策，促进西部地区经济快速发展。对中西部地区实施区域性税收优惠政策，将生产型增值税改为消费型增值税，适当提高资源税税率并扩大征收范围，继续推进企业所得税分享改

革，通过转移支付支持和推动中西部地区经济发展，促使我国经济协调发展和经济结构合理调整。

(3)加大国家财政直接投资和财政补贴的力度。在西部现有的发展基础上实现西部大开发的目标，有3个方面的工作是重中之重：一是基础设施建设，如公路、铁路、机场、天然气管道以及电网、通讯、广播的建设和水资源开发等；二是必须加强生态环境的保护和改造；三是加强教育与提高劳动力素质。上述内容不仅是西部大开发的瓶颈，且大多带有公共产品或准公共产品的性质，绝大部分需要政府投资介入或政府引导民间投资介入，所以政府加大财政直接投资的力度是义不容辞的责任。

(4) 完善我国转移支付制度，加大中央对西部地区的财政支持力度。从近期看，可对现行的转移支付制度做出如下调整：简化转移支付形式，加大过渡期转移支付力度，明确过渡期转移支付的规模；将加快转移支付制度改革与解决当前财政运行中的突出问题结合起来，保证地方政权的顺利运转。

七、扩大对外开放与全面建设小康社会

全球化在带来机遇的同时，也有可能带来不稳定性和不确定性，使我国经济受外部影响和冲击的风险加大。只有最大限度地利用好全球化带来的机遇，同时有效地规避和控制风险，才能顺利实现全面建设小康社会的宏伟目标。

对外开放程度扩大可能产生的风险包括：

(1)全球经济的变化有可能引起国内经济波动。

(2) 政府调控经济的能力有可能受到影响。

(3) 对国家经济安全的影响。

面对开放型经济可能产生的风险，要尽早和充分作好应对准备。一是要有反波动的政策准备，当出现因出口下降、外资流入减少而引起的波动时，能够及时通过国内政策调整，阻断其影响的扩散，以免陷入恶性循环。二是要有必要的物质准备，重要战略性产品的储备需要抓紧做好，以增强对国际市场重大变化的承受能力。三是要增强重要领域中的自主研发能力，以在这些关键领域中形成自主技术创新和制造能力为目标，尽快制定国家技术与产业发展战略。

八、城市化与全面建设小康社会

参考有关标准，结合中国各地区的实际发展水平，估计2001年～2020年中国城市化发展趋势和目标如表1。

在城市化体系布局上。通过发展大都市区或城市群，带动大城市和小城镇的一同发展，并使之相互促进，实现双赢。大城市应作为区域经济体系的龙头加以发展。中小城市集中发展突出的产业或产品，加入大城市现代化产业的循环，成为其一部分。重新定位开发区，诱导产业依次向开发区集中。发展小城镇要以现有的县城和有条件的建制镇为基础，促进地方中小企业适度集中于小城镇发展。

在城市化区域布局上。东部地区大力发展经济基础好、观念制度新、自然条件优越、水资源丰富的沿海地区的城镇化。应该给这些地区现存的城镇优先增长的权利，新兴的城镇也应该主要安置在这些地区。同时应鼓励和引导中西部人口通过梯次流动方式向这一区域转移和集中。

九、扩大劳动就业与全面建设小康社会

中国城镇的失业问题已经非常突出，正成为全面建设小康社会的最大瓶颈和严峻挑战。

因此，必须构建以就业为核心的公共政策体系，努力扩大劳动就业。具体措施包括：把增加就业作为宏观经济调控目标和考核各级政府政绩的重要方面；发挥政府与市场的双重作用，促进经济持续增长；适时调整经济结构，促进劳动就业的结构转换(包括：大力发展非国有经济，继续提升非国有经济对就业的贡献率；大力发展第三产业；大力支持有利于增加就业的产业发展，特别要鼓励发展劳动密集型的制造业；落实促进中小企业发展的各项政策)；加强人力资本投资，提升劳动就业者素质，降低失业率；建立适度的失业保障制度，发挥它在反失业中的“稳定器”作用：失业保障水平要与生产力发展水平及各方面的承受能力相适应。力求缩小所有制之间和城乡之间的社会保障水平差距。

十、调控居民收入差距与全面建设小康社会

全面小康是惠及最大多数人的小康。调控居民收入差距，提高低收入者的收入水平，努力扩大中等收入者比重，是全面建设小康社会的重要内容和基本要求。因此，在全面建设小康社会的进程中，需要加强和完善政府对居民收入差距的调控，主要措施是：①分配起点的调控。包括大力加强教育；逐步打破垄断，尽可能让各行业公平竞争，并加强对垄断行业收入分配的调节和监督；②分配结果的调控：加强对高收入者的税收调节，建立税收综合调控体系；完善社会保障制度，防止城镇和农村贫困人群的大面积产生；适时开征社会保障税为社会保障体系提供资金来源，为低收入者提供基本保障；加大减免力度，扶持和鼓励再就业，从而增加低收入者的收入水平，包括对农村城镇化过程中劳动密集型企业给予积极的税收扶持，税收扶持还应向中西部地区倾斜，增强税收的再分配调节功效，促进地区平等发展，实现共同富裕。

十一、实现全面小康的财政支持体系

中国经济体制改革以来，财政改革主要表现在中央地方间收入划分和税制改革方面，政府支出改革相对滞后。

全面建设小康社会的教育投入难点在于农村。教育资源向农村倾斜，提高农民的受教育程度，不

仅仅关系到总体经济的发展，也有利于地区差距的缩小。

R&D投入是国际通行的用于反映一国科技投入的指标。20世纪90年代中期以来，政府对R&D投入比例逐年递减。在中国现在所处的阶段，过多地依赖企业的R&D投入进行技术创新是远远不够的，政府必须承担更多的R&D投入，才能有助于顺利实现全面小康社会的目标。

中国公民健康问题的不平衡性主要存在于城乡之间；同时具有地域性，富裕省份的平均健康结果较好。公共卫生支出占GDP的比重，发达国家一般在5%～7%，中国只有2%。如同政府教育投入一样，中国要通过管理级次的提高，来实现全国医疗卫生的起码的公平性。

十二、实现全面小康的金融支持体系

国际比较发现，中国的金融深化程度仅仅处于发展中国家的中等稍偏上水平。但在金融机构体系、金融市场结构、金融监管与宏观调控机制等方面都与发达国家存在很大差距。加入WTO之后，中国金融宏观调控面临着金融监管效率趋于弱化、调控手段仍显落后等挑战。

发挥金融对工业化的支持作用，不应该着眼于金融总量的供给和扩张，而应该考虑从金融结构的调整方面支持经济的可持续发展，包括为实现产业结构的调整提供结构性的金融—工具和服务，为第三产业的发展提供高效运作的金融市场等。

金融在农村经济和城镇化的支持方面仍存在着很多问题。(1) 乡镇企业长期得不到现有金融体系的足够信贷支持。(2) 现有金融组织体系长期以来以大中城市为主，忽视农村地区金融组织体系的建设，农村地区金融机构数量和规模偏少。(3) 政府对农村地区金融机构开展业务提供的政策扶持力度不够。缩小地区经济差距，实现中西部经济的腾飞，直接关系着全面小康战略目标的如期实现。第一，无论政府主导的金融支持体系，还是市场主导的金融体系，在中西部经济发展中都不可能单方面地的发挥作用，而只能是相互补充、拾遗补缺的关系，第二，在缩小地区经济差距的不同时期，金融支持体系的作用范围是不同的。在短期内应该以政府主导的金融支持体系发挥较大作用，从长期看，应该由市场金融支持体系发挥更大作用，市场化的金融改革应该是西部金融发展的趋势。

在发达国家和大部分新兴工业化国家，中小企业和民营经济对就业和国民经济有着极其重要的贡献。相比之下，我国在中小企业和民营经济的金融支持方面存在着极大的差距，主要是因为长期以国有大中型企业为主要贷款对象的国有商业银行体系为主导的金融组织体系仍没有根本的改变。另外，国内资本市场对于小企业和民营企业仍有一些制度上的障碍。

构建全面小康社会金融支持体系，关键在于优化金融体系结构：一是加快银行体制改革，完善银行业组织结构；二是规范和发展资本市场，促进直接融资的资本形成质量的提高；三是加快发展风险基金、创业基金，为中小企业和高科技企业提供高效的融资支持体系；四是加快养老金、保险市场的规范和发展，为实现全面小康构建社会稳定发展的支持体系；五是建立适应全面小康和社会需要的金融调控体系，包括稳步推进利率市场化改革，加强银行业监管，保障国家经济和金融安全，建立和健全现代化的支付结算体系等。

2001年—2020年中国城市化发展趋势和目标

单位：%

时间	2001		2005		2010		2015		2020	
指标	城市化率	年增长百分点	城市化率	年增长百分点	城市化率	年增长百分点	城市化率	年增长百分点	城市化率	年增长百分点
全国	36.1	0.9	40.6	0.9	45.1	0.9	50.1	1	55.1	1
东部	50.2	1.2	56.2	1.2	62.2	1.2	67.7	1.1	73.2	1.1
中部	32	0.8	36	0.8	41	1	46	1	52	1.2
西部	28.1	0.8	32.1	0.8	36.1	0.8	41.1	1	47.2	1.2

附：2020年我国小康社会主要经济社会指标测算

在党的十六大报告中，提出了第三步战略目标的“新三步”走的具体部署，要在2020年全面建设小康社会，加快推进社会主义现代化建设的新阶段。根据近10年的发展速度，参考了中等收入国家的发展水平，并结合中国的国情，定出较切合实际的2010年和2020年的远景发展目标。

一、GDP增长速度

我国自1978年以来，经济的高投入和高产出的高速增长时期已经过去。由于20世纪80年代和

90年代初经济的过度投资、过度竞争形成超常规增长后，资本形成所积累的一系列低效率问题逐渐暴露出来，形成的无效资本和大量库存积压使企业利润率下降，这些都是导致经济增长速度呈下降趋势的长期因素。

根据以上对增长趋势的分析，确定今后两个发展阶段按高低两个速度测算，GDP的年递增速度低线为7%、6．5%，GDP的绝对额2010年为17.64万亿元，2020年为33.11万亿元；按高线的年递增速度为7.6%和7.0%，GDP的绝对额2010年为18.38万亿元，2020年为36.16万亿元。

二、人口总数和净增率

人口与经济和社会发展有密切关系，人口的增长与实现小康和现代化水平呈负相关。中国是人口大国，2002年底已达12．85亿人，自20世纪70年代以来，大力控制人口增长，成绩卓著，约少出生3亿多人，中国的人口增长率在世界各国中已处于低增长率的行列。社科院人口研究所专家预测，2010年中国人口将达到13．8亿人，年均增长0.83%；2020年再增1亿，达14.8亿人，年递增速度降为0.7%；2050年控制在16亿人左右，年递增速度降为0.26%，50年后即可实现零增长。据专家预测，全世界总人口将从2010年的70.3亿人增至2050年98.3亿人，中国占世界人口的比重由19.6%降为16.3%。

三、人均GDP

根据GDP和人口的测算，2010年的人均GDP为12800元～13320元，2020年为22370元～24430元，按汇率1：8.28折合成美元，2002、2010、2020年的低线分别为：962、1546、2700美元；高线2010、2020年分别为：1610、2951美元，到2020年仍达不到党的十六大报告中提出的3000美元的水平，只相当于目前中等收入国家平均2590美元的水平。主要原因是中国按官方汇率1：8.28折算成美元，缩小了实际购买力水平，国际比较应按购买力平价(PPP)折算才有可比性。世界银行的发展报告中计算的中国PPP偏高，比按汇率计算的GDP高出3.7倍，现参照中等收入国家高出1.9倍（现按高1倍）的比例计算，2010和2020年分别为：3200和5900美元，已超过了3000美元的近一倍，也超过于目前中等收入国家的平均水平，有可能超过2020年中等发达国家的水平。

四、城市化水平

据世界发展报告的统计：2000年世界平均城市化水平达47%，中等发达国家为50%，高收入国家为田79%，而中国2002年仅为39.1%，比中等发达国家低11个百分点。由于农村外出的流动人口高达1.2亿人，其中一部分人属于农忙务农、农闲进城打工，流动性较大没有算作城市人口外，有相当多的农村劳动力长期居住在城镇却没有计入城镇人口中，所以中国政府公布的城镇人口比重偏低，据估计约偏低10个百分点左右。据人口专家预测，从人口学、经济学、社会学等多方面考虑，到2010年，城镇人口比例将提高到48%，年递增速度为2.7%，2020年为60%，年递增速度为3%，接近目前中等收入国家的水平。

五、第三产业从业人员比例

世界银行发展报告中的统计数字表明：2000年世界平均第三产业从业人员比重已达31%，其中中等收入国家达54%，高收入国家已高达70%。中国改革开放以来虽第三产业发展很快，但到2001年仅占27.7%，低于低收入国家的平均水平。据统计，改革开放的23年和近11年，二产从业人员比例的年递增速度均为3.7%，今后几十年不可能保持如此高速度，会略有下降，两个发展阶段将以2.3%，3.6%的速度递增，到2010年三产从业人员比重为35%，2020年为50%，已超过目前中等收入国家41%的平均水平。

六、公共教育经费占GDP的比重

据了解，教科文年鉴中，各国的公共教育经费均为政府投入，不包括私立和集资的教育经费，为了可比，中国应该用预算内教育经费的比重，2000年仅占2.3%，比1980年的2.5%下降了0.2个百分点，距过去10年教育发展纲要(1990年－2000年)提出的比重4%还差1.7个百分点，低于世界各国的平均水平，如包括预算外的国家财政性教育经费，也只占2.9%。中国教育投入的低水平，不仅影响了现代化进程，也增加了居民教育经费的支出。这种状况是与经济建设和全面建设小康社会的需要不相适应的。政府和各级管理部门必须转变观念，重视对教育的投入，首先在第一个10年中完成教育发展纲要规定的4%的目标，第二个10年再提高到4.5%，这样仍达不到目前中等收人国家5.1%的平均水平。

七、在校大学生占适龄人口的比重

这一指标与上述指标是密切相关的。由于教育经费投入偏低，人口基数庞大，世界银行发展报告中，2000年中国仅占7.2。

在党的十六大报告中，提出了第三步战略目标的“新三步”走的具体部署，要在2020年全面建设小康社会，加快推进社会主义现代化建设的新阶段，根据近10年的发展速度，参考了中等收入国家的发展水平，并结合中国的国情，定出较切合实际的2010年和2020年的远景发展目标。

八、每千人口医生数

该指标在国际比较中，中国水平不低，2002年为1.6人，世界1999年平均为1.4人。主要原因是统计口径不同，中国医生数中包括牙医和中级医士在内，外国不包括。根据中国国情，中级医士约占医生数的22%，今后两个发展阶段按1.8%、2.3%的速度递增，每千人口医生数2010年为2.0人，2020年为2.5人，超过目前中等收入国家1.8人的平均水平。

九、平均预期寿命

这一指标的增长是有限度的，一般超过70岁以上，增长速度就放慢了，中外比较差距也不大。2000年世界平均为66岁，中等收入国家为70岁，高收人国家为78岁。中国今后两个发展阶段以0.3%和0.1%速度递增，平均预期寿命2010年为73岁，2020年为74岁，接近目前高收入国家的水平。

十、城镇居民人均可支配收入

改革开放24年年均递增6.7%，近12年来增长较快，每年以7.5%的速度递增，1996年～2002年7年平均增长7．2%，2002年为7703元。今后两个发展时期均以6.0%的速度递增，2010年为12300元，2020年为22000元，月人均收人为1833元，相当于人均GDP的水平由2002年的96%降为85%，反映了收入水平稍低于生产水平。

十一、农民人均纯收入

2002年为2476元。改革开放24年递增7.2%。今后如能加强农业结构的调整和切实减轻农民负担，千方百计增加农民收入，今后第一个10年争取以5.6%的速度递增，到2010年达到3830元，第二个10年争取与城镇居民可支配收入同步发展，达到每年递增6%，到2020年农民人均纯收入将有可能达到6860元。

十二、居住条件

最近建设部提出了了小康社会的住房标准，年实现“户均一套房，人均一间房、功能配套、设备齐全”。

按此标准换算成建筑面积，两室一厅的单元房约为70～90平方米，城镇按每户3人计算，人均建筑面积为23～30平方米，2001年实际为20．8平方米，2020年按高线人均30平方米计算，19年增长44%，年均递增1.9%，低于近5年递增4%的速度，这个目标是有可能实现的。

农村人均居住面积2001年已达25.7平方米，每户按4.4人计算，户均达113平方米，近6年人均居住面积递增3.4%；今后按1.9%递增，2010年达30平方米，2020年达37平方米，户均可达150平方米。农村住房关键是提高住房质量。

十三、人均生活用电量

我国近年来电力工业发展较快，居民对生活用电的需求增长也很快，近11年的人均生活用电量每年递增速度为11.4%，今后9年按10%的速度递增，后10年按8%的速度递增，到2020年人均生活用电量可达712千瓦小时，有可能达到中等收入国家的水平。

十四、恩格尔系数

国际粮农组织在20世纪80年代就认为，50%～60%为温饱型，40%～50%为小康型，20%～40%为宽裕型。2001年我国城乡平均为43%，已属小康型，其中城市为37.7%，农村为46.2%，今后20年内要求降到30%左右，农民要降到30%，城镇要降到25%。

十五、城乡收入差距

根据第十、十一项城乡收入水平计算，收入差距由2002年的3.1倍扩大为2010年的3.2倍，2020年由于城乡收入都保持了同步发展，差距才避免了进一步扩大，但比1985年的1.9倍扩大了1.3倍，1:3.2的差距尚未包括城镇居民享受的齐种社会福利，农民基本不享受，还要扣除各种额外负担和下年的生产费用，因此实际的城乡差距在5～6倍，国家统计局副局长认为目前城乡间的实际差别为6倍。这是一个难题，应引起有关部门的重视，如何才能有效地扭转城乡收入过大的差距。

十六、贫富差距基尼系数

世界银行发展报告中的中国基尼系数，从1980年的0.33扩大至1988年的0.38，目前已扩大至0.458，有的地区通过调查超过了0.46，已属于不公平的范畴，而且贫富差距呈扩大趋势，已产生了不少社会问题，如城镇已形成了相当数量的贫困人口，农村的社会问题也不少。中国的基尼系数高于发达国家，低于发展中国家。从中国情况看，目前偏离平均线还不算过高，今后如能在福利政策和税收政策方面加以调节，基尼系数是有可能逐步降低的。2010年大致维持现有水平不再扩大，保持在0.45左右，2020年略有下降达0.40左右。

（中国社科院社会学所　朱庆芳）

（摘自《中国轻工业年鉴2003》版）

【历史回忆篇】

中国乐器年鉴
CHINA MUSIC INSTRUMENT YEARBOOK
(2003～2004)

苏州的琴弦生产

方荣林

苏州位于长江下游，气候温和、交通便利、物产丰富，优越的地理位置使这座城市在历史上就有着比较发达的手工业生产。早在一千多年前就有关于苏州生产乐器的文字记载，明代《长物志》卷七中有："......唐有雷文、张越（苏州人），宋有施木舟，元有朱之远......，皆造琴高手也"。作为弦乐器的重要配件的琴弦，虽然出现在文献资料上比较晚，但它的出现必然与弦乐器同时产生和发展的，现在可查到的有关苏州琴弦生产的文字资料，见于清同治年代的《吴县》志卷五十一记载有："弦线，以生丝为绳，敷之以胶，乐器琴瑟之属所藉以发声也。本作弦以秋蚕丝为之最妙。"可见200多年前苏州的琴弦制作已具一定的规模，也达到了一定的工艺水平了。由于当时的琴弦是以蚕丝为主要原料，所以称为真丝弦线，平时常简称丝线或弦线。

历史上，弦线的生产都为手工制作，以家庭作坊式生产，或父传于子或师传于徒而后自立门户，一代一代地传承下来，至18世纪初在苏州城西北桃花坞、韩衙庄和宝城桥弄一带，已形成了由数十户家庭作坊组成的弦线业，并建立了自己的行会组织叫"太古堂"，除本地的弦线作坊都入会外，苏州附近地区的弦线作坊也参加这个组织，苏州至今还有一条路叫"打线场"，可见当时苏州弦线业在苏南地区乃至全国的地位。在众多的作坊中其较有规模和影响的业主有王、沈、梁、季、李、蒋、方姓等家族，这些家族中世传数代至今仍在的也有多户。

苏州的弦线以太湖流域所产蚕丝为主要原料，制作精细、质地优良，因此，苏州的弦线深受各地用户的好评，成为全国琴弦的传统生产基地。主要品种有老弦、中弦、子弦、占弦、缠弦、批弦、三合子、二合子等，当时除了用于乐器上外还广泛用于轮胎、刷子、建筑等行业，甚至还用于手榴弹作拉线。至20世纪50年代，苏州的弦线生产作坊多达近40家，从业人员有100多人。1956年除了方裕庭一家外，其余作坊均合并成立苏州弦线生产合作社，方裕庭一家因专业生产高级琴弦已提前于1955年同苏州其他特色手工业艺人合并成立苏州雕刻工艺社，1957年又单独划出成立苏州方裕庭古琴弦生产小组，1962年方裕庭古琴弦小组同苏州弦线社合并，成立苏州方裕庭琴弦生产合作社，"文革"期间改名为苏州琴弦生产合作社，1970年，并入苏州民族乐器厂。六七十年代是苏州用蚕丝制作琴弦的鼎盛时期，最高年产量达15000公斤。随着弦乐器采用金属材料，琴钢丝制作的琴弦逐步替代蚕丝琴弦，真丝弦线的产量开始逐年下降，为适应市场的需求，1964年，当时的苏州方裕庭琴弦生产合作社开始试制金属弦，以后产量和品种不断增加，至1973年年产各类乐器用弦达300多万条。

历史上的丝线生产受当时社会环境的影响，也有过几起几落，20世纪50年代，弦线生产曾萧条过一段时期，市场需求减小，一部分从业人员转入其他行业，还有一部分人员离开苏州到福建山区从事林业生产。70年代初又出现一个转业的风潮，当时苏州琴弦社中许多青年工人被调出本行业，转到其他轻工或化工单位去。

说起苏州的琴弦生产就不能不提到方裕庭老艺人，他出身于苏州弦线生产世家，父亲为苏州较具规模和影响的弦线作坊主之一，16岁开始学艺。苏州的弦线虽然是全国公认的上品。但限于当时科技条件和制作艺人文化水平，其产品品种、质量只能满足一般使用者的需求，对于古琴这样的多弦乐器，靠仅有的几个规格是远远不够的。当时杭州有一家专门生产古琴弦的作坊，后因无人继承而面临停产，古琴家们急于寻找新的供货商，他们找到了初具生产高级弦线经验的方裕庭，当时方裕庭一无资料、二无实样，对于古琴弦七条弦相互之间的比例、定弦和张力要求等，更是一无所知。为此，方裕庭放下了正常的弦线生产，翻阅古籍、学习弹琴，从清咸丰年出版的《与古斋琴谱》中获知了"隔八相生，三分损益......"等制作琴弦的基本原理和计算方法，通过反复摸索、试制，历经6年，他终究成功地掌握了七条弦的相互关系和投料计算数据，他通过无数次实验获知了能增加弦线柔润度和拉抗强度的用胶配方，他攻克了用无数根细蚕丝合股时极易造成不均匀而使琴弦抗拉性能差的工艺关键，他也发现露天作业靠天吃饭的丝线生产会受气象条件变化而影响丝线的质量，懂得如何利用合适的湿度和温度，避免弦线在生产过程中弦质发生浑浊而影响琴弦的音色，尽管由于多年的试制工作，放下一家人靠其生活的正常业务生产而一贫如洗，但他却把苏州的琴弦生产技艺推向一个新的高度。当然，当时要他试制古琴弦的古琴演奏家吴景略、查阜西先生等，也给予他很大的支持，除了及时将试用的效果反馈给他，指导下一步的改进外，还表示不管试制的琴弦是否能用一律按市价收购，这对维持方裕庭一家的基本生计坚持数年的试制工作起到至关重要的作用。他生产制作的古琴弦晶莹洁白、比例正确，上琴后低音浑厚而不浊，高音明亮而不干，达到了散、按、泛出金石之声，且具绕梁不绝的效果，被琴家视为弦中上品。当时苏南地区有一著名的民间古琴团体——今虞琴社，为此，他将新试制成功的琴弦命名为"今虞琴弦"。随后，方裕庭将制作古琴弦的工艺和经验用于其他乐器用弦上，如琵琶、筝、三弦等，"今虞琴弦"成为苏州弦线的名牌，除了畅销到全国各地外，也出口到日本、东南亚各国。方裕庭本人在1961年被评为当时苏州乐器行业仅有的二位老艺人中的一个。

真丝弦线的生产，历史上一直是手工制作，工具极其简单，用现在的眼光来看，还称不上叫设备，用竹木搭起一个三脚架子上面横一根竹竿，在1个有几十米的场地上再前后竖起2根竹竿，就基本上能生产了。各工序的质量要求主要靠老师傅的经验来判断，琴弦成品的外径也无法用数值来表示，只能大致分为粗、中、细三种，即称为老弦、中弦和子弦，客户还要更粗或更细的就称为占弦和三合子或二合子。后来方裕庭在试制古琴弦时，由于有7根弦，而且必需较为精确地控制外径粗细，显然没有具体数是不行的，因此开始采用机械行业的千分表这一量具。到20世纪60年代，随合作化后的经济能力以及市场需求的增加，采用机械生产也就成为必走的路了，工厂开始自己设计制造简单的设备，前后造出了打线机(又称横道车)、翻丝车、缠弦机等，为生产金属琴弦又制造了钢丝车，压扁机等。

随着改革开放和经济体制的改革，苏州的乐器生产也不再是一家生产，许多人走上私营经济的路，大小几十家企业形成了多元化的局面，苏州的琴弦生产也发展到一个新的阶段。所产的琴弦不仅供应本地厂家的配套，也销往全国各地和出口到国外，可以说苏州的琴弦生产和乐器生产一样在经历了数百年甚至上千年的风雨之后，仍保持着旺盛的生命力，作为全国重要的产地之一，仍在为我们的民族音乐事业作出自己的贡献。

我与三弦

宋广宁

我是1949年冬天，从保定到北京谋生的。那时我才15岁，北京刚刚解放，各方面都很差，各行各业都不景气，也不招工，唯有乐器行业生意兴隆。经亲戚介绍，我到北京打磨厂义和斋乐器铺学做乐器。当时我对乐器行业并不理解，也不感兴趣，认为乐器是玩物，做乐器不是个正常的行业。尽管不称心，但为了生活，最后还是干了。

那时做乐器完全是手工，连打眼都是用武钻(一种手工钻孔的工具)。刚一开始学做胡琴轴，每天要做20根，后来逐步学做京胡、二胡、四胡、三弦等。当时用的料大都是在旧货市场买的旧桌子，回来拆掉以后，用锯拉料一直做到成品。当做出第一件乐器时，制出来的乐器，拉起来能响，我觉得很有意思。

1952年，我参加了工会组织的工人业余文化学习，通过几年的学习，我拿到了宣武工人夜校的文凭。

1956年合作化高潮时，我随义和斋乐器店里的师兄弟们并入北京民族乐器厂。1957年北京民族乐器厂接受国家和蒙古人民共和国预定的四把三弦，为了完成合同任务，扩大了三弦组，由于我基本功扎实，调我离开京胡组，自此我和三弦这个产品结下了一生的情感。

我在三弦组的几年中，得到张金山的指导，很快地成了三弦组的主力。

1962年总政文工团三弦演奏家肖剑声来厂共同研究三弦改革，当时参加制做人员有张金山、柴忠文和我。经过两年的时间，制做改革三弦取得了一定的效果。

1976年，“文革”结束以后，国家恢复了正常的各种音乐戏曲活动，乐器需要量大增，尤其是高档乐器需要量更大。当时，我在琵琶组，主要生产琵琶和阮，但由于我对三弦有一定技艺，除完成琵琶、阮的生产任务外，又开始和中国音乐学院的教授肖剑声开始研究制做三弦。到20世纪80年代经过几年的分批制做和专业演奏员使用。于1984年12月16号经文化部组织鉴定会，由肖剑声设计，宋广宁制做的80型大三弦获得文化部颁发的科技成果四等奖，又经过几年的分批制做和文艺单位的实用，我又与肖剑声共同完成86－1型、86－2型高音三弦，于1991年11月9号，经文化部教科司组织鉴定会获科技成果四等奖。

在制作三弦的过程中，我还改革了三弦琴杆上的榫。原来的榫是木制的，改为用10毫米的圆钢丝，缩小了体积而且是圆形的，减少了鼓腔内的阻力，增加了共鸣，此成果获得文化部的窍门奖。

从1987年开始，我又和中央音乐学院的王振先教授开始研究制做加弦三弦。这种三弦的琴腔大小和80大三弦相同，但鼓腔形状略有不同。加弦三弦方案原为四根轴，我建议改为加一根机械轴，从外表看还是三根轴仍能拴四根弦。王振先很满意地采取了我的建议，同行们都很赞赏，这样就完美了加弦三弦造形。于1988年11月获文化部科技成果三等奖。

这么多年来，我与肖剑声、王振先教授多次合作取得三弦改革的重要成果，可以总结为三弦改革的系列产品，从幼童三弦、儿童三弦、高音三弦、60三弦、80三弦、加弦三弦。还有与曲艺界、京剧界、评剧界共同研究、改进制作多种曲艺用三弦都受到使用者喜爱和好评。此外，我还与播琴大师付足远设计制作播琴。

多年的实践，我有一个深刻的体会，要想在乐器改革有突出成果，就一定要与音乐界的演奏家们建立十分密切的关系，为此，我结识很多音乐界的人士，也和他们交上了很好的朋友，有的成为挚友。为此，我可以说是牺牲了自己的许多业余时间，但我觉得是值得的，在乐改方面我取得了成功。

1994年我60岁退休以后，我并没有从此在家休息，我要继续发挥我的余热，在乐器改革上继续做出贡献。所以，我在家乡——河北肃宁县开办了一个小厂，把我的技术传到我的家乡，传给后人。开始教两三个徒弟，经过10年的时间，我培养了一批高精技术人才，现在发展到将近50个人，现在生产的三弦、阮系列、琵琶、柳琴、二胡等都供应专业团体，深受欢迎，产品出口到新加坡等国家和中国台湾、香港地区。

我现在70岁了，我觉得我还不老，我还要为民族乐器改革进行努力。我下一步还准备和广州星海音乐学院一起研究潮州低音乐器，我国的民族乐器还有很多不足之处，低音乐器还是一个需要攻克的城堡，我会一直努力下去的。

【作者小传】

宋广宁：1934年生，原籍河北省肃宁县。北京民族乐器厂三弦制作名师，中国民族器乐学会会员。1949年入北京义和斋乐器店学徒，从师于孙月明、沈文忠，学习民族乐器制作。1956年1月并入北京民族乐器厂后专门从事弹拨乐器的生产，在三弦制作方面，他继承前辈传统，又不断加以改进和创新，在三弦蒙皮技术和共鸣箱(琴鼓)制作方面有独到之处，经他革新后的三弦高音灵敏、清脆，低音浑厚，上下把位工艺达到了较高水平，深得国内外演奏家的喜爱。

这些年他与中国音乐学院肖剑声教授、中央音乐学院王振先副教授共同合作研制了儿童三弦、60型80型三弦、加弦三弦、高音曲艺三弦等新产品。其中80型三弦和加弦三弦获文化部科技三等奖和四等奖。

乐器研制与改革带给我无穷的快乐

李培俊

我叫李培俊，虽近耄耋之年，但痴迷中西乐器的改革与研制仍是我今天最大的快乐。我对自己的座右铭是："每个人都应该有自己的理想，经过艰苦奋斗怎么都会取得成功，对社会有所贡献，活着才有意思"。

回顾自己在乐器制造行业中所走过的50多年历程，我只想说，我并没有做出什么贡献，只不过是这几年在大家的支持下，通过乐器研制与改革，让我感到了生活的快乐，感到自己还能为社会做点小事。

1927年，我出生于山东烟台，15岁的时候在粮店里扛过200多斤的大背包，后来因为喜欢美术又搞了几年的水墨彩色画像，1942年独自进京学徒，解放后成为北京提琴厂业务骨干，1950年开始从事中西乐器的改革与研制工作。

我小时候没上过学，也没有学过专业的音乐知识，只是一名普通的技术工人，可是我五个子女中却出了两位画家、三位音乐家。

谈到改革乐器还要从我的五个子女说起，这五个孩子从小就喜欢乐器，而我在他们的影响下，20世纪50年代就开始试着做起了乐器方面的改革，当时我投入了几千元的资金，买来各种乐器的原材料，尝试着改革乐器在演奏中存在的不足，慢慢地就对这行产生了兴趣，成为孩子们的乐器维修技术老师，后来只要他们的乐器出现问题，就找我来修，一来二去，成了乐器迷。一些老师傅看过我改修过的乐器，都夸我心灵手巧。慢慢地，我学会调钢琴，做扬琴、二胡、军鼓，画画水平也提高了。

1956年我入了合作社，开始试着改造风琴，当时的风琴键盘是固定在琴身上，老师在教学中给同学们做示范，下面的同学看不见，后来我就根据这一缺陷研制出一种能挂起来的琴键，解决了老师在教学中不能照顾全体同学学琴的教学需求。1963年因二女儿学扬琴，又开始改造扬琴，当时扬琴存在的问题是琴身容易两头裂，中间鼓，质量上存在很大问题，后来经过反复选材、反复实践，终于研制出了稳定型扬琴，这种扬琴最大的好处就是扬琴内部装有合金铝件，可以调音节，改造后的扬琴可以保证不裂、不变形。近几年，我国的扬琴产量很大，每年都要往美国销售，如果我们的质量跟不上，就会影响我们的出口额。

1958年我接受了研制中、小学生军鼓的任务。当时军乐团用的都是从美国进口来的小军鼓，一个要1000多美元，当时国家给全国的乐器厂下了一个任务，就是研制出我们自己的鼓。当时提琴厂接到这个任务，组织了一批技术骨干进行研究，但后来因种种原因，这个任务就落到了我一个人的身上。新研制出来的军鼓特点是金属圈永不变形，鼓皮强度很大可以跟美国军鼓一比上下，鼓皮边缘在压完圈后看不到鼓边，虽说外观上不如进口的美观，但是它质地比较结实，一个人站在鼓面上，鼓皮都不会破。1984年，国庆35周年的时候，就利用我研制出来的鼓，作为军乐团用鼓。

到80年代，我又新研制出一批小军鼓。这些小军鼓主要是针对四五年级的小学生们，他们在一般情况下演出有时要背四五个小时的乐器，为了不影响他们身体的成长，遵照上级领导的指示，对鼓皮进行了改造，新研制出来的小军鼓重量只有1公斤，由聚酯材料制成。这种鼓又轻又结实，方便了学生们的演奏。如今在天安门国旗班升旗乐队还保留着我赠送他们的两面大军鼓，国庆50周年天安门少先队专用的大军鼓、小军鼓也是由我当时带头研制的。

90年代初期，我开始对一些民族乐器进行主要改造。其中最主要的乐器改造要算二胡。二胡的声音浑厚沉郁，悠蜿低回，是最具有代表性的中国民族乐器。二胡上所用的蟒皮，现为国家资源保护的重点。

作为提琴厂的老工人，我觉得我有责任、有义务保护国家的资源。我的工作间就设在自家的阳台上，各种工具应有尽有，可算是个百宝箱。一张蟒皮出好的二胡只5到6个，为了研制新的二胡，我买来上百种材料，虚心向专家请教，用不同的方法做出二胡样品进行实验，再逐一筛选。二胡的声音是多点共振的，特殊的共鸣效果全靠琴筒上的蟒皮。首先了解二胡的发音原理，琴筒传递声音的原理，当声音信号传进来的时候，琴皮会振动周围的空气，因蟒皮上有许多凹凸的鳞片，琴筒上的琴皮要用5年～15年的蟒皮来制作，岁数小的皮太薄，老的鳞片太厚，振动的声不对。为了保护野生动物，我对琴皮进行了研究，原来的二胡受气候影响，琴盒容易变形，往往是琴声木头缩了，皮也塌了，爆发力差，我改进的二胡就是要改变它的爆发力，解决传统二胡力比较软的问题。经过反复寻找，我曾在绸布上刷乳胶，等胶干了以后，绸面上也会出现凹凸，但是试奏之后，感觉音色还是不如蟒皮。为了取得和蟒皮产生同样声效的原料，既有蟒皮的音色，又有高音的柔和。自己又试着找了不少材料，最后选用了一种好的聚酯膜，并请教一些专家听取他们的意见，他们说这种材料对声波有慢辐射，很像蟒皮中的多点共振。根据专家们的意见，我又把原来的0.7、0.1毫米厚度的原料都加以改造，最后选中0.2毫米厚用两层聚酯膜粘在一块，复合成了蒙皮面。这种新的人造聚酯材料，通过聚酯膜的密度和厚度来达到蟒皮的效果，解决了京胡、高胡的原材料问题。我用差不多将近十年的时间和积蓄来研究新型二胡。

改造后的人造胡琴，一方面音色纯净甜美，噪音率很低，与传统二胡没什么区别，另一方面也为环保做了贡献。我认为，以前有一些人进行过二胡改造，但最终失败的原因是人造皮琴筒不能定调，要改进二胡的结构，还要随时调节人造皮革的松紧度。改造后的琴筒在筒后设计了可拉螺丝，新的人造皮无法与传统琴筒相连，陈宝君先生曾称我这把全新的二胡是一步到位的好琴，不受外界气候温湿的影响，既环保又易于演奏。内调式人造蟒蛇皮新型二胡的革新是突破性的，代表着未来的趋势。

我认为一个人一生所有的追求中，不要过多地讲个人利益，目的就是要今后推广它，让更多的人受益。

到目前为止我的理想有三个：一、把人造蟒皮二胡改造更好；二、通过人造蟒皮的改造把低声乐器发展好；三、在乐队里能听到扬琴的声音，让扬琴在乐队中发挥更大的作用。

【作者小传】

李培俊，1927年生于山东烟台，1942年独自进京学徒，解放后成为北京提琴厂业务骨干，乐器厂技术能手。1950年开始从事中西乐器的改革与研制工作，1958年接受研制中、小军鼓的任务，获得成功，被国家级军乐团聘为业务顾问。他先后持有稳定型扬琴、新型定音鼓皮、乐器用人造蟒蛇皮面以及内调式人造蟒皮新型二胡等多项发明专利。1982年被评为北京市技术革新积极分子。

北京琉璃厂乐器一条街的变迁

丰元凯

北京琉璃厂文化街上的乐器一条街中外闻名，这里集中了30余家乐器琴行，每年大约有数亿元的销售额，乐器一条街不仅是北京乐器的窗口，也是中国乐器的窗口。

我在北京生活了50多年，记得小时候曾去过一次厂甸，从和平门起到虎坊桥止的南新华街。在这条街上有与它东西走向交叉的琉璃厂文化街。小时候逛厂甸，主要是吃糖葫芦、喝豆汁。一转眼，30多年过去了，从那以后，我一直没有去过琉璃厂。可是2003年春节，我又一次去了厂甸，据说，这次厂甸庙会是老街景的最后一次庙会了。春节一过，3、4月份琉璃厂一条街就要进行全面拆迁改造，届时乐器一条街将不复存在，取而代之是琉璃厂文化产业园区。这条街的改造完成，将会更加展示北京文化古都的风韵。到那时，乐器将成为8个文化商业专卖区之一的乐器街出现世人面前。

当我听到这个消息以后，在自己的心头产生了一种想法：在中外闻名的北京琉璃厂乐器一条街，旧街、旧景将不复存在的情况下，作为一个乐器工作者有责任把这段琉璃厂乐器一条街的历史记录下来，留给后人，让他们了解过去的琉璃厂乐器一条街是什么模样。

琉璃厂的起源

世界上很多国家都有自己独特的文化区。法国巴黎有塞纳河畔，英国伦敦有弗业街，日本有“书海”之街神田町。在中国就是北京的琉璃厂文化街了。

北京琉璃厂文化街地处北京宣武区，分为东琉璃厂和西琉璃厂街两部分，与北至和平门，南到虎坊桥的南新华街十字交叉。大约方圆2平方公里。每年的厂甸庙会就是在这个地区进行。

在这个地区，集中了大量的书店、古玩店、字画店、乐器店。其密度之大在世界上也是少见的，琉璃厂文化街已经成为反映中华民族优秀文化“琴、棋、书、画”的典型代表。

相传琉璃厂源于辽金时代（公元916年），叫海王庄或海王村，经过历代王朝的变迁，琉璃厂也经历了繁荣和衰败的各个历史时期。元代时，它曾是皇家官窑，是达官贵人出城踏青的风景区。明末清初，琉璃厂逐步成为京都的文化中心，是官仕、赶考举子、文人相聚的场所，而到乾隆55年（公元1790年），徽班进京（京剧的前身），一个远在安徽的三庆戏班为了庆祝乾隆皇帝的生日，千里迢迢来到北京，就住在琉璃厂的韩家潭。后来，四喜、春台和春徽班也相继进京，他们都居住在离琉璃厂不远的百顺胡同、李铁拐斜街等地方，经过很长的一段时间，他们与原来在北京流行的昆曲、梆子，以及后来进京的汉调等相互融合，大约在1860年形成全国最大的剧种——京剧，这些最早来京的徽班演员都是居住在韩家潭一带。后来人员繁衍，又分布到棉花几条、椿树几条一带。北京最早的戏园像三庆园、广德楼、同乐园等，也都是设在离艺人居住地区不太远的大栅栏，这些地方在围绕琉璃厂的地段。现在，我们回忆这些，也可以了解到为什么北京最早的乐器制造业是从宣武门和前门打磨厂和琉璃厂发源的了。

在乾隆年间，是琉璃厂最为鼎盛的时期，各类书店、字画店、古玩店比比皆是，文人墨客涌集琉璃厂，而且在这地区的厂甸庙会也开始兴盛起来，据说，那个时候有书店230多家，古玩店37家。到了清末、民国时期，由于八国联军的侵入，清朝皇帝的出逃，琉璃厂也开始衰落起来。1926年，北京开辟了和平门，拆除了厂桥，增阔了南新华街，琉璃厂被分为东琉璃厂和西琉璃厂，东琉璃厂以古玩业为主，西琉璃厂以旧书业为主，琉璃厂的旧式书店和新式书店以及古玩业铺已每况愈下，业务日渐萧条，到了北京解放前，书店只剩下五六十家，加上装裱、文物、南纸店总共有170家，这些也是造成一些行业转向乐器制造业的原因。

问起许多老人，他们都会告诉我，旧中国的乐器制造业主要集中在北京和平门的琉璃厂和前门的打磨厂。旧中国，北京根本没有西洋乐器的生产，全都是民族乐器小手工作坊，北京的乐器制造业就是从这两个地方发展起来的。

琉璃厂乐器作坊的来源

相传在琉璃厂早期，有两位善弹古琴，并鉴定和修理古琴的人，一位叫张春圃，一位叫张莲舫，琉璃厂的乐器坊就是从他们两位开始的。张春圃，北京人，生卒年月不详。古玩行人传说，他家住琉璃厂，同治、光绪年间在家修理、鉴定古琴，懂五音六律，会弹奏乐府古典乐曲。

张春圃修理、鉴定古琴，没字号，家门上挂个小牌，上写“张春圃修古琴”。牌子虽小，四九城会弹琴的差不多都知道他。他修古琴、配零件收费少，名琴经他手的不少。他弹奏古琴，受到众多人欣赏。京城里的王公、大臣、豪门贵族逢喜庆寿日，都请他出席堂会演奏。官宦人家请他去教公子少爷弹琴，他不吃不喝，教弹一曲就走，从不收费。

肃王府请张春圃修古琴。肃王爷隆懋懂乐音，喜欢听乐府古曲。派人请来张春圃。张春圃弹琴为王公、大臣所赏识，西太后亦有耳闻。光绪五年前后，太监李莲英来琉璃厂向张春圃宣称：“慈禧皇太后欲学琴，听说你弹琴弹得好，召你入宫。你要好好侍候太后老佛爷，给你个内廷供奉当当，在内务府领俸听派遣。”

张春圃进宫，不是在戏台上演奏古曲，而是在寝殿授琴。坐北朝南的寝殿七大间，慈禧坐在极西的一间，西太后听他弹琴，琴声入耳而高兴。慈禧虽然是女人，但她不愿听缠绵忧怨之曲，则喜闻高亢洪亮之歌。张春圃一曲成功，正中慈禧之所好。一次，张春圃进宫，弹奏曲终，得罪了光绪皇帝。回到琉璃厂的家就把门上挂的“张春圃修古琴”的小木牌摘掉，第二天找房子搬家，由西琉璃厂街面上搬到东琉璃厂一个小胡同——文明胡同里头。宫里来人找不到他了。

张春圃后来仍在琉璃厂修理和鉴定古琴。他去世后，琉璃厂出现一家蕉叶山房经营、修理、鉴定古琴。张春圃的故事在琉璃厂传闻很久。而张莲舫比张春圃要晚四十余年，“九一八事变”后他才去世，却只留下“古琴张”这个绰号，琉璃厂没有不知道张莲舫这个人的。

琉璃厂自从“古琴张”去世后，再没鉴定、经营、修理古琴的了，这套手艺和鉴定程序与方法，算是断了捻！自从“九一八事变”后，琉璃厂没人经营、修理古琴了。只有马良正和梅兰芳的琴师徐兰沅制作胡琴了。

还有位姓张的于咸丰、同治年间在东琉璃厂小沙土园北口往西拐角处开一家文盛斋弦子老铺，经营到北京解放后1956年的公私合营，是北京民族乐器最古老、最有影响的店铺。文盛斋创始人张某是河北深县人，膝下无儿，只生一女，嫁给姓夏的。她早年丧夫，未生子女，父死后，她继承了文盛斋，成为文盛斋的女经理人。

这位妇女在老北京制作和经营民族乐器很有声望，绰号“张寡妇”。在她50多岁的时候，体重有二百来市斤，体形肥硕，一次她坐人力车，竟把一辆车箱给撑裂。这样肥胖的女人，长寿到94岁，制作经营民族乐器长达60多年。文盛斋在她的经营管理下，成为北京民族乐器最大的作坊和店铺，为北京民族乐器厂的成立打下了基础。张寡妇是位豪爽有魄力的女强人。她注重产品质量，不惜工本。制作胡琴讲究用福建紫竹、湖北蛇皮，工艺细致，音色美。培育出马良正、李辛田等海内外闻名的制琴名手。参加公私合营时，她家还存有一批给清廷御制的“雅乐器”样品。除年节外，她不准工人走街串门。她买了好多书，其中有鼓词乐谱，也有章回小说，组织工人读书。收活后由一人读，大家听，章回小说吸引人。有的工人看鼓词学乐理，提高了制作乐器的钻研兴趣，使乐器质量逐步提高。

旧中国由于处于半封建、半殖民地的社会中，人民穷困潦倒，民不聊生，文化娱乐业几乎没有，所以乐器行业也濒临消亡，成为一个要饭的行业。乐器作坊，说解散就解散，不光是工人，就是掌柜的，也会经常失业，改行干别的。而一些从事专业演奏的艺人，也同样朝不保夕，没有戏唱时，就把乐器送到当铺换钱维持生活，等有戏要演时，再把乐器赎出来参加演出。

新中国初期的琉璃厂乐器作坊

建国以后，整个乐器行业发生了翻天覆地的变化，乐器行业走向新生。

为了能够完整、历史的反映琉璃厂乐器一条街的过去，我查阅了北京乐器工业志，走访了北京乐器行业的一些老领导、老工人，请他们回忆琉璃厂乐器行业的发展情况。

位于琉璃厂的文盛斋一直延续到解放，解放初的琉璃厂乐器作坊，全都集中在现在的东琉璃厂，一共有10家，这些店有一些是从"文盛斋"中分化出来的。字号分别是"文兴斋"、"文声斋"、"古源阁"、"史善朋"、"新声"、"马连正"、"公兴"、"陈韶轩"、"友联"、"文盛斋"。其中历史较长久的是"文盛斋"，其次是"马良正"、"史善朋"，以后发展起来有"文兴斋"等字号。

那时做乐器，不分销售和生产，以每个单独的字号为一个单位，又做又卖。

"文兴斋"掌柜李永祥，生产京胡、二胡和弹拨乐器，8个工人。

"文声斋"掌柜洪广源，8～9个工人，生产二胡、京胡等乐器。

"古源阁"掌柜李定国，5～6个工人，生产京胡，弹拨乐器，1952年是从古玩店转为乐器店。

"史善朋"掌柜史善朋，生产京胡，2个工人。

"新声斋"掌柜何广智，何广恩，以生产京胡为主。

"马连正"掌柜马文元，6个工人，以生产京胡为主。

"公兴"掌柜傅俊丰，4个工人，以生产二胡，京胡为主。

"陈韶轩"掌柜陈韶轩，6个工人，以生产京胡为主。

"友联"掌柜傅立山，4个工人，生产琵琶等弹拨乐器，解放初期开的。

"文盛斋"掌柜王立安，生产拉弦、弹拨等乐器。

这些乐器作坊基本都是一个模式，前店后厂或是店厂合一。他们的资金来源各有不同，有的靠亲戚朋友投资，有的靠做一批乐器起家，如果在一捆竹子里，有几根上好的竹子，掌柜的就可以赚一笔了。这些做坊也都是小本经营，有的作坊所有股金才3000多元。他们的乐器销售方式也各有不同，有的批发、有的专门和当时戏班艺人打交道、有的专门走农村普及品，价格从二三元到十几元不一。

这些乐器作坊的规模也都差不多，都是一间门脸，只有马连正有一点销售柜，其他都是店厂合一。工人的来源，大都靠亲戚介绍，大部分来自河北衡水、深县、南官等地。招收的工人，一般都有一些亲戚关系，从十五六岁就开始干，学徒三年零一节(三年半)，只管饭，不开工资，每月给几块零花钱，每天要干掌柜家的所有家务事：做饭、洗衣服，有孩子还要看孩子，这些活都干完了以后，就开始干活，学做乐器。从早五点到晚十点，忙一点就到晚十二点，学徒期满，出师以后，开始赚工钱，具体多少根据技术水平给钱，1953年那个时候发100～300斤小米，当时一斤小米，一毛三，最多的可以赚到450斤小米，小米涨了，钱也跟着涨。这种状况一直维持到1956年公私合营，这些乐器作坊一个也没有垮的，说明当时乐器生意还可以。

琉璃厂乐器作坊的发展在解放前生意并不是很好，但到解放后形势发展比较快，还有琉璃厂的其他行业也转到乐器行来，主要是因为解放后，大家欢天喜地，庆祝翻身解放，敲锣打鼓的多，而且当时抗美援朝，战场上使用大量乐器，造成那个时候乐器形势空前高涨。

到1954年－1956年时候，国家开始实行资本主义工商业改造，"一化三改"公私合营、合作化高潮。凡是私人个体企业都要进行公私合营，从此，琉璃厂初期的乐器作坊开始发生重大的变迁。

1954年成立了第一乐器联营组，"史善朋"、"陈韶轩"、"文盛斋"、"友联"等参加了联营组。

1956年公私合营或合作化，雇佣人员3人以下的到合作社，雇佣3个人以上的到公私合营。

公私合营以后，琉璃厂的私有乐器生产完全消失，被当时北京市第一乐器生产合作社和北京民族乐器厂所代替，东琉璃厂的乐器作坊便全部消亡。

北京市第一乐器生产合作社、北京民族乐器厂于1960年合并，"陈韶轩"掌柜陈韶轩任北京民族乐器厂厂长。其他字号的掌柜成了厂社的骨干，洪广源还被选为市人民代表，李定国任厂销售科科长，大部分掌柜当班组长。合并前有两个门市部，厂社合并以后，在东琉璃厂西南角是文盛斋乐器门市部，后因街道改建，乐器门市部移到了西琉璃厂的东南角，一直到1978年。北京民族乐器厂在南新华街21号(现123号)设立厂部，作为办公地点，各生产车间设在广安门、西便门、和平门等五门十一点。

从60年代到80年代，虽然乐器作坊不存在了，但北京民族乐器厂的重要部门都设在琉璃厂，如现在的皮卡森乐器琴行，在当年是北京民族乐器厂的第二车间，生产京二胡、三弦、琵琶等乐器，还有响器工段（制作铜响器）也曾在琉璃厂的十间房胡同，后因噪声迁至安定门地区，还有技术试制单位（"文革"以前，改性木材研制组，"文革"中，琴筝瑟改革小组就设在这里）设在现音乐艺术服务部的地址。

"文革"当中，琉璃厂文化街被作为"封资修"的代表受到严重的破坏。1978年，国务院决定对这条街道进行改建，以南新华街与琉璃厂街的交叉路口为中心，向东西延长，新建及修复数十座古建筑和老店铺，而北京民族乐器厂位于西琉璃厂口的门市部被列为拓展范围，门市部面积被交换到东琉璃厂的路北一侧，在新修的琉璃厂东街上以"乐海轩"的新字号而出现。

而位于南新华街123号的北京民族乐器厂所属房产，因成立北京乐器总厂（后改为北京乐器联合公司），被划归公司所属供销经理部使用，于1980年成立北京音乐艺术服务部，成为北京乐器行业面对全国的销售窗口，经销钢琴、管乐器、提琴、民族乐器等各种乐器，也是北京乐器行业从计划经济体制下，长期实行一二级商业批发的销售体制转为自销渠道的一种试点。供销经理部采取以批发为主，开展函购，兼营零售的经营方针，也经营其他乐器、书刊等。

琉璃厂乐器一条街是改革开放的产物

20世纪70年代末党的十一届三中全会确立了“实事求是、解放思想、团结一致向前看”的指导思想，揭开了中国改革开放的序幕，计划经济开始向市场经济过渡。琉璃厂乐器一条街的发展正是这个时代的缩影。

于1979年12月1日成立的北京音乐艺术部是当时琉璃厂乐器一条街上最早的乐器琴行。这是一家国有企业性质的琴行，是北京乐器总厂（北京星海乐器有限责任公司的前身）供销经理部下属的销售窗口。

北京乐器总厂供销经理部和音乐艺术服务部成立的首任领导和负责人是何汇泉、李淑平、孙增起、孙文涛等人。他们首创承担起与全国各乐器商业网点的联系工作。并于80年代初，独创了每年两次的全国乐器订货会。

当年创办音乐艺术部的供销经理部何汇泉经理在回忆时说：“改革开放以前，商业和外贸对北京的乐器行业实行统购包销，不让企业有一点销售权利，在好卖的时候，他们一分也不让企业卖，一旦有点风吹草动，不好卖的时候，他们对企业的产品又是挑挑拣拣。当时北京民族乐器厂还有30%的自销权，而钢琴厂和管乐器厂没有一点自销权，所有销售完全是通过商业合同来完成的。改革开放以后，当时，北京乐器联合公司为了彻底改变这种销售上的被动局面，决定把乐器的销售权利掌握在企业手中。为此成立了供销经理部，主要负责材料供应和产品销售两方面的工作。当时借鉴了北京民族乐器厂自销比例较大的经验，决定钢琴和管乐器的销售也要实行自销的办法，因此选址成立北京乐器联合公司统一对外的销售窗口，成立自己的门市部，地点由公司决定在原北京民族乐器厂的南新华街的乐改组的基础上进行改建，成立音乐艺术部。人员由各厂抽调，由原供销经理部的20万资金作为资本金，并从北京民族乐器厂抽调孙增起同志任北京音乐艺术部主任。从此，北京音乐艺术部开始运作。每年都为公司创造了较大的利润。”

北京音乐艺术服务部的第一任主任孙增起在回忆当年的情况时，他说：“音乐艺术部成立时，每个厂要了一个人，有民族厂、管乐器厂、提琴厂的人，作为北京乐器公司的窗口，在音乐艺术服务部成立时，是有一种文化气氛的，当时的名人蒋风之、杨大钧、吴祖光、新凤霞都参加了开业典礼，并且题词作画。都知道了乐器公司在琉璃厂办的琴行，什么乐器都有。音乐艺术部归属供销经理部领导。当时在琉璃厂上只有一家音乐艺术部作为琴行。除此之外，只有史善朋胡琴铺挂一个牌子。后来在虎坊桥边上，原来打击乐器厂车间也改建成乐器门市部。以后，马秀霖在琉璃厂上建立了第一个私人乐器店。到90年代以后，乐器店象一窝蜂的成立了大大小小许多琴行。”

任北京乐器总厂供销经理部书记的李淑平在回忆当年的情况时，他说：“位于琉璃厂的北京音乐艺术服务部在80年代是北京总厂销售乐器的窗口，在钢琴没有自销窗口以前，大部分经销的中西乐器都是通过音乐艺术服务部销售的。当时各厂的乐器外埠销售是通过订货会的形式，市内乐器销售都是通过音艺销售的。在推动星海乐器的销售方面起了一定作用，在琉璃厂整个文化市场上起到一定的作用。订货会从1983年开始第一届起，一共办了40多届，由此，建立了全国性的乐器销售网络，同时，音艺服务部在推广儿童音乐教育方面也作了大量工作，当时奥尔夫系列儿童打击乐器就是音乐艺术服务部研制的，为发展儿童艺术教育作了贡献。”

琉璃厂乐器一条街的兴起

在改革开放初期北京音乐艺术服务部通过订货会和门市零售的形式，使星海乐器从商业统购包销向部分自销，最后发展到全部自销，建立全国性的商业网络。

另一方面，北京音乐艺术服务部在自我经营、自我发展的商业领域中又起到榜样的作用，引发了“跟风”建琴行的连锁反映。1989年前后，位于虎坊桥一侧的南新华街的北京打击乐器厂生产舞鼓、谱架的生产车间改为该厂销售窗口，起名为“打击乐器厂门市部”。

在此期间，在琉璃厂上还有北京民族乐器厂位于东琉璃厂的“乐海轩”琴行以及位于西琉璃厂的属北京音乐出版社管理的“华彩文化艺术公司”。最初“华彩”以经营音乐书籍为主。逐步经销一些进口打击乐器，后又引进了一些中西乐器，最后形成了综合性的乐器经营公司。

1992年北京民族乐器厂职工马秀霖下海经商，建立“艺苑”琴行，从菜市口地区迁移到琉璃厂，成为第一个私人个体琴行，后改为“育生商贸公司”，接着，马俊所开的“御曲贸易公司”、郭玉强的“晨光文化艺术公司”、陈生的“奥发泉琴行”、马顺来的“惠博斯”琴行、东德生的“长城琴行”相继在琉璃厂显现。南新华街上不时有一些临街的私人住户，或是经营其他商品的店面改弦更张，变成了乐器琴行。应当说，这些开琴行的发起人都属私人性质，并且都是业内人士所开，其中大部分都是北京民族乐器厂的职工。

这些琴行之所以能够开起来，主要原因是这些开琴行的人，大都具有较强的经营经验，手中掌握一定的客户。他们在开琴行的过程中，均获得了丰厚的利润。

从1990年到1995年期间，当时的社会环境十分有利乐器经营活动。当时，琴行少，乐器经销人员也少，到处是建立歌厅舞厅，且大多数是公款购买。大量的进口乐器开始涌入国内，销售渠道仅限为数很少的几个。据说，刚开始时，有的琴行，月销售额可以达到150万元，月纯利润达到三四十万，年销售额达到2000万元，年利润可以达到400万元。一架雅马哈的电子琴批发1200元，零售2000多元，毛利达到七八百元，一集装箱的电子琴在两个小时内就可以全部批发出去，甚至还有先交钱，后提货的现象。全国各地的乐器经销商都纷纷涌向琉璃厂大搞乐器批发的业务。

俗话说：同行是冤家。但同行又愿意扎堆。有人说，在有品位的琉璃厂文化街上，卖乐器有档次，有意境。在琉璃厂，乐器相当于文化艺术品，来买乐器的人也多。如果乐器店多了，卖乐器的人，可以这家走走，那家看看，买乐器的人有选择的余地，可以货比三家，卖乐器的，也是大家都有生意可做。这样一来二去，琉璃厂乐器一条街乐器店越开越多，越开越大，琴行的老板从大部分是业内人士，发展到一些业外人士，音乐艺术圈的人也开始挺进琉璃厂开起了琴行。一些位于南新华街上的临街住户几乎一夜之间，都改换门庭，改成琴行卖乐器。从1995年开始，琉璃厂乐器一条街一发而不可收，逐步形成了中外闻名的“琉璃厂乐器一条街”，不仅全国各地的批发商都到琉璃厂来批乐器，而且一些国外的观光客，甚至外国乐器商人也慕名而来，大搞乐器买卖。

中国民族乐器在这里“流”向世界，西洋乐器也从这里“批”向全国。北京的琉璃厂乐器一条街成了地地道道的“乐器集散地”。而与此同时，琉璃厂的店租也随行就市，租金越来越高，确有点“奇房可居”“愿者上钩”的架式。一开始店租每平方米一天约5元，后来发展到每平方米15元，增加了3倍。

今天的琉璃厂一条街部分乐器商店

北京音乐艺术服务部

位于琉璃厂南新华街123号，营业面积276平方米，始建于1979年12月1日，隶属于北京星海乐器有限责任公司，主营产品：星海牌各类钢琴、管乐器、民族乐器及中西乐器、配件、进口乐器、音乐教材等。

北京皮卡森琴行

位于琉璃厂南新华街104号，营业面积368平方米，隶属于北京星乐器有限责任公司，始建于1989年，琴行前身为北京打击乐器厂二车间，后改为“北京打击乐器厂门市部”，经理张麟才，1997年1月改为皮卡森琴行。主营产品：钢琴、管乐器、打击乐器、配件、民族乐器等。

北京星海国际乐器分公司

位于南新华街104号（租用北京皮卡森琴行场地），营业面积50平方米，隶属北京星海乐器有限责任公司，始建于2000年，主营产品：日本松下数码电钢琴、电子琴中国独家代理、瑞士paiste打击乐器中国总代理，意大利GEM代理、北京星海钢琴、管乐器专卖，经营Ibanez电吉他，YAMHA、KORG、E-MU等世界数码乐器。

北京御曲琴行有限责任公司

位于南新华街84号，营业面积680平方米，公司前身：1991年底在前门大栅栏康禾文化体育用品商店，1992年11月迁至琉璃厂南新华街113号，后更名为达力贸易公司。并迁至南新华街现址。主营产品：中西乐器，打击乐器、电声乐器、管乐器、乐器周边设备等。

北京蓝摇乐器有限公司

位于南新华街甲21号，营业面积80平方米，80年代，公司创建初期以教授吉他起家，后在海淀大钟寺建立北京蓝摇乐器有限责任公司。1997年在琉璃厂建立分公司。经营范围：钢琴、管乐器、电声乐器、民族乐器、乐器维修等。

北京育生商贸中心

位于南新华街甲85号，始建于1992年4月，营业面积：28平方米，前身是位于菜市口的艺苑琴房，主要经营电声乐器、民族乐器等产品。

北京星海乐海轩乐器有限责任公司

位于琉璃厂东街97号，重建于1983年，原为北京民族乐器厂门市部，1992年由北京民族乐器厂职工李淑苹承包。1998年归属北京星海乐器有限责任公司管理，2002年独立经营，属民营性质，“乐海轩”琴行，营业面积100平方米。原经营各类民族乐器，后增添字画、文房四宝等工艺品。

柏斯华彩乐器公司

位于北京宣武区西琉璃厂，营业面积150平方米，建于1999年，隶属香港柏斯琴行，是香港柏斯琴行在国内所建数十家乐器连锁店之一。该琴行主要以经营世界及国内名牌乐器产品为主，经营范围有：钢琴、管乐器、民族乐器、电声乐器、音乐书籍、乐器配件等，并附有钢琴调律、管乐维修、教学培训及器材租赁等业务。该琴行在琉璃厂一条街改造中，不在改造范围以内，仍然保持琴行原貌。

史善朋竹琴社

位于北京宣武区南新华街72号，该竹琴社所在地是我国著名京胡制作大师史善朋自1942年开始世代居住的地方。史善朋长子史致贤继承父业，在北京民族乐器厂从事京胡制作。退休后，在其居住地开设“史善朋竹琴社”，继续京胡制作。

北京吉普森琴行

位于北京宣武区南新华街84号乙，经理：胡睿，琴行营业面积：80平方米，建于2000年，是位于北京昌平区的阳光吉他厂在北京城区的销售窗口，除经营本厂生产的产品外，还经营国外品牌的吉他、倍司、鼓等各类电声乐器。

琉璃厂乐器一条街琴行一览表
（按琴行建立时间为序）

序号	琴行名称	地址	营业面积（平方米）	经理姓名	始建时间（年）	经营品种	备注
1	史善朋胡琴社	南新华街72号		史优生	1942	制作京胡	家居所在地
2	北京音乐艺术服务部	南新华街123号	276	赵彤	1979	星海牌钢琴、西管乐器、民族乐器及其它中西乐器、进口乐器等。	
3	北京民族乐器厂乐海轩门市部	琉璃厂东街97号	100	李淑萍	1983	民族乐器	原为北京民族乐器厂门市部
4	皮卡森销售中心	南新华街104号	368	赵彤	1989	钢琴、管乐器、打击乐器、乐器配件、民族乐器等	北京星海乐器公司所属琴行，该琴行与音艺合并为一个单位
5	北京育生商贸有限公司	南新华街甲85号	28	曲阜成	1992	民族乐器	原由马秀霖开办，后承包给曲阜成经营
6	北京晨光商贸有限公司	南新华街甲88号	60	李宝红	1992	中西乐器，代理日本雅马哈乐器	
7	北京御曲琴行有限责任公司	南新华街84号	680	马骏	1992	电声乐器，管乐器，打击乐器、乐器配件等	
8	恒韵琴行	南新华街甲85号	40	谭秀洪	1995	电声乐器	
9	北京海星提琴专卖店	南新华街甲105号	10	关征	1995	提琴	
10	惠博思琴行	南新华街甲68号	35	马顺来	1995	电声乐器	
11	雅图琴行	南新华街89号	30	冯永利	1996	电声乐器	
12	奥发泉琴行	南新华街119号	40	陈韵鸣	1996	电声乐器	
13	北满乐器行	南新华街163号	40	满敬环	1996	民族乐器、吉他	
14	北京蓝摇乐器有限公司	南新华街甲21号	80	周婧	1997	电声乐器、吉他、钢琴、管乐器、民族乐器等	
15	世缘琴行	南新华街93号	40	王琳娜	1997	电声乐器	与兴艺乐器厂共用一个营业执照
16	东开乐器行有限责任公司	南新华街104号	70	付京敏	1997	钢琴、西管乐器、西管乐器	
17	怡迪声琴行	南新华街88号	40	张文达	1997	电声乐器	
18	金韵律琴行	南新华街74号	30	余青平	1997	电声乐器	
19	北京西城长城琴行	南新华街64号－3	50	东德山	1997	各类民族乐器，吉他	
20	北京金普得乐器有限责任公司	南新华街64号	50	杨涛	1997	电声乐器	
21	森月琴行	南新华街79号	30	王东森	1998	民族乐器	
22	柏斯华彩乐器有限公司	西琉璃厂	150	傅亚捷	1999	铜管乐器，提琴	
23	高乐琴行	南新华街169号	60	张麟才	1999	各类民族乐器，吉他，	
24	北京墨佳经贸公司乐器经营部	南新华街169号	21	刘延庆	1999	各类二手乐器	
25	北京堂天乐器行	南新华街127号	22	杨力	2000	电声乐器	
26	新育美文教用品经营部，精华民族乐器厂销售门市部	南新华街乙169号	40	王立新	2000	民族乐器	
27	运智乐器销售中心	南新华街96号	260	李宝恒	2000	民乐，管乐器、吉他	
28	哆咪嗦琴行	南新华街94号	40	翁佳	2000	电声乐器	
29	北京荟萃俊杰乐器店	南新华街乙86号	30	李乐平	2000	京胡等民族乐器	
30	北京吉普森琴行	南新华街84号乙	80	胡睿	2000	电声乐器	
31	北京知音万里琴行（长城琴行）	南新华街70号甲	25	姜红蕃	2000	电声乐器	
32	北京星海国际乐器分公司	南新华街104号	50	韦巍	2000	星海钢琴、日本松下数码钢琴等电声乐器	
33	菲尔斯乐器琴行	南新华街163号	30	宣艺兵	2001	打击乐器、电吉他等	
34	北京世缘琴行（兴艺乐器厂）	南新华街93号	40	李万青	2001	民族乐器	
35	天宝和声乐器琴行	南新华街85号	56	徐兆民	2002	提琴	与华兴民族制鼓乐器厂门市部合开
36	华兴民族制鼓乐器厂门市部	南新华街85号	56	李秀芝	2002	民族乐器鼓	
37	昊林苑琴行	南新华169号	30	杨有林	2002	民族乐器，吉他	
38	安仔琴行	南新华街64号	30	安书军	2002	电声乐器	
	总计		3117				

【专家论坛篇】

中国乐器年鉴
CHINA MUSIC INSTRUMENT YEARBOOK
(2003～2004)

钢琴制造应用现代科技的探索

高 和

我原来是学机械制造专业的，后来到钢琴厂从事技术工作。一接触钢琴，就为钢琴精巧的结构所吸引，同时也为设计、绘图等处理钢琴技术手段的落后感到遗憾。新中国的钢琴制造业是解放初期诞生的，技术骨干来自以前外国人开的钢琴厂，他们是优秀的技师或技工，但产品基本上是仿制的，很多技术要素是模糊的。这时，我就萌发了掌握钢琴设计技术的念头。从何下手呢，决定首先从与钢琴发音品质密切相关的弦列计算开始。由于当时计算技术的落后，处理高次开、乘方是个难题，只能查对数表，因此作钢琴“琴弦振动频率和音分关系”的计算和弦列表的计算就成了难题。有的钢琴厂制作了几十年的钢琴，也没有完整的弦列表。此时，我们手里已经有了函数计算器，当我搞清了频率和音分的关系后，很快列出了两者转换的关系计算式，这个公式是计算弦列表的基础，也是“数字显示音准仪”的基本计算式。早年由美国进口的“频闪音准仪”，附带有一本“音分和频率数值关系”的小册子，里面印有大量相互对应的数据。而用我们的公式一算，马上就可以得到相应数据，与书中对比丝毫不差。在这个基础上，其后开发了钢琴弦长的计算程序和弦列表的生成计算程序，应用这个程序能够迅速计算出各种规格钢琴的全部弦的长度和打击尺寸，并采用对话方式选择张力和弦径，生成完整的弦列表，这张弦列表在计算机上还可以方便地修改和订正，这就为后面提及的弦列计算创造了条件。

钢琴的弦列部分是钢琴的核心构件。为了张挂琴弦，钢琴铸铁架上有400多个孔，弦马上有500多个孔。这些孔沿着各种曲线分布，看起来十分复杂，画图和加工也十分繁复。当时，我突发奇想，这些孔位的坐标位置是可以计算出来的。当开始构想如何计算时，遇到很多难题，需列出相关的直线方程和曲线方程、并列出通项计算式，需要解大量的一元二次方程。当时用普通计算器，只能存储一、二个数据。我采用计算器存储与纸笔记录相结合的办法，总结出一套规律，加快了计算速度。经过两个月的努力，把所有的孔位坐标值都计算出来了。用0号图纸列了一个大表，在表上标出各类孔的坐标数值，然后粘接成一张超过钢琴尺寸的坐标纸。确定坐标系后，根据数据值，在坐标纸上画出所有的孔，将这张纸附在钢琴的弦列上，完全吻合。钢琴设计计算的路子走通了，同时我也整理出一篇“钢琴弦列及相关孔位坐标计算方法”的论文，此时是1982年的初春。我明白，达到可以实用地步，仍还有艰苦的路程要走。

计算机刚开始普及的时候，我就买了计算机编程序的书自学。在去日本考察时，在东京秋叶原电气街上买了可编程序的计算器，后来又配了小的打印机。很快就用这些简单的“装备”完成了钢琴键盘的计算，结果正好用来输入到数控机床，配合了引进设备的顺利投产。当我们拥有第一台计算机的时候，感觉有条件用计算机来完成“弦列和孔位”计算了。于是将原先做的数学模型拿出来，让它插上计算机高速运算的翅膀。我把钢琴分成若干部分，准备一个个去攻克，编好一部分程序后，马上将运算结果去作验算、核对，准确无误后再去做下一个程序。当各程序都完成时，就把它们合成一个大程序。最终编成了“弦列表计算”程序、键盘计算程序以及钢琴弦列和相关孔位计算程序。这些程序既有适用于立式钢琴的，也有适用于三角钢琴的。只要输入必要的带有个性特点的若干参数，只需一眨眼的工夫，就可以得到计算结果；只要改变参数值，就可以设计出不同型号、不同特点的钢琴。我把计算出的孔位坐标数据输入数控机床，在一块板上加工出与钢琴弦列相关的所有孔，然后挂上琴弦，结果相互位置和关系都准确无误。由此，我把钢琴由描画设计推向了计算机设计这样一个层次，并将钢琴的计算机辅助设计，初步和计算机辅助加工结合起来，也就是将现代科技与传统工艺密切结合了起来。下一步，我们准备用新的方法研制出优质的钢琴。

1994年10月，我参与一个新的钢琴厂的建设和发展，为工厂作了整体规划、生产线设计和安装。用这套计算机程序设计的第一台钢琴是高度为110厘米的立式钢琴，销往美国获得肯定，在国内广获好评。为了把钢琴做得更好，在已经解决了钢琴设计的二维（X、Y）问题之后，还要解决Z向问题，以全面对钢琴进行三维设计。Z向所包括的内容有：钢琴音板的弧度；音板框的形状；弦马底弧面及弦马的高度，这几乎在所有的工厂都是靠有经验的技工凭经验加工的，不容易做得规范、准确。经过分析比较，我认为将音板做成双椭球曲面是合理的，用画图与计算结合的方法来找出所有点的高程值，这样我们就向第一线提供了准确的图纸、样板和胎具，工人有了加工和组装的依据，一改过去老的作法。由于新设计的音板具有良好的振动性能，钢琴的质量得到稳步提高，获得客户好评。

几年来，我用计算机辅助设计系统设计了高度110、118、120、122、125、132厘米的立式钢琴和长度157、172厘米三角钢琴，基本完成了工厂产品的设计系列化。到目前累计产量已超过10万架。这10万架钢琴完全是中国人自主设计的，而不是仿制的，是我们比较透彻地掌握了钢琴的要领后，将基础科学和现代科技与传统产品密切结合的产物。著名钢琴家弹132立式钢琴时爱不释手，称这是国内同类型中最好的钢琴。国外音乐家说我们的三角钢琴是中国的优质产品。外国著名钢琴厂选择我们作为合作伙伴生产定牌钢琴，也是看中了我们的设计和工艺是过关的。

由于采用了新的科技成果，工厂的生产和工艺面貌有了明显的改善，产品质量有了大幅的提高，工厂获得了良好的经济效益和飞快的发展。企业和我个人多次获得各级机构的嘉奖和荣誉称号。荣誉对我们是激励和鞭策。我们所从事的这番事业还有大量的事情要做，所期望的目标还没有完全实现。今后，我们将保持谦虚谨慎的心态，勇于创新，向着科技进步的新目标不懈地攀登。

作者简介：高和，现任上海中雅钢琴有限公司副总经理，总工程师，已在乐器行业工作了30余年，多年从事钢琴制造的技术改造和设计开发工作，熟悉钢琴制造工艺和现代化制造钢琴的生产线的厂房、设备工艺布置；开发了钢琴设计的计算机辅助设计系列程序；解决了钢琴设计中需要计算和弦列布置，键盘设计计算等的课题，迅速计算出弦长并生成弦列表、迅速计算出张弦总成所有孔位坐标，进而生成图形，提高了设计精度，加快了速度。并直接向数控机床输入数据，实现精确加工。近来创新研制了双椭球面结构音板弧度及马高位置的设计和计算方法，解决了音板结构及弦列三维准确定位问题。以上成果应用于生产实践取得了良好的效果，音质音色显著提高。用这样的方法已经设计了成系列的立式钢琴和三角钢琴，累计生产已超过10万架，其设计质量获得各方专家的认可和好评。从而将现代科技与传统钢琴生产紧密结合起来，开辟了钢琴开发和生产的新方式。

由于在钢琴科技领域作出了开拓性的工作，受到国家及各级的奖励。现职称为教授级高级工程师，是享受国务院特殊津贴的有突出贡献的专家。2003年被评为上海市青浦区十大科技功臣之一。

国内钢琴企业产品发展规划若干问题分析

曾兴华

产品发展分析要求以战略的角度考察企业外部环境和企业内部现状，并对发展趋势做出分析。所谓考察外部环境就是认清市场的现状与发展前景，而内部状况则应侧重对企业自身作出实事求是的全方位的评估。产品是企业生命力的集中体现，是企业赖以生存的基础，产品发展规划是企业整体规划的核心所在。产品发展规划包括两项主要内容：一是新产品开发，即“品种创新”，实现产品升级换代；二是整顿改革老产品，实现“推陈出新”。加速产品开发不但是社会经济发展和人民生活水平不断提高的客观需要，更是不断提高企业科技水平，拓展企业生存空间，增强企业生命力的需要，是提高企业经济效益和社会效益的重要途径。在竞争压力与机遇并存的市场经济大潮中，作为中国钢琴企业决策者们，应该对自己的产品发展规划涉及的若干问题进行认真地分析研究，从而作出正确的抉择。

一、市场分析与国内钢琴产业的发展

钢琴产品是一种集艺术与技术于一身的高级乐器，在发达国家，钢琴普及率很高。据有关资料统计，美国早在20世纪40年代，国内市场年销售量已达15万台左右，从60年代至今，年销售量一直保持在10万台左右。截止到1998年，美国钢琴拥有量约1200万台，平均每20人左右拥有一台钢琴。后起的日本，在1955年国内市场的产销量只有1万多台，到1980年产销量达到31万台，25年间共销售钢琴440万台。80年代到90年代以来，受劳动力价格和国内经济调整的影响，生产量呈下降趋势，到1998年产销量约在15万台左右。据资料介绍：1986年日本家庭钢琴普及率为18%，到1998年普及率已达30%左右，而在1965年，普及率还不足4%，可见钢琴产业在日本发展之迅速。钢琴产业的发展依附于国家经济发展的大环境，日本钢琴产业之所以在此期间有飞速的发展，是由于日本同时期经济的振兴，相对于周边国家日本同时期经济发展较早较快。

进入21世纪以来，世界钢琴产品的年销售量一直保持在60万台左右。世界最大的钢琴制造和出口国目前有日本、中国、韩国、美国、俄罗斯、德国等国家。其中，中、日、韩三国产量约占世界总产量的70%以上。欧洲、美洲主要生产高档立式琴和三角钢琴。从世界人口结构的变化趋势分析，对钢琴销售十分有利的条件是，5岁～13岁年龄组的人数将增加10%左右，这种趋势在亚、非等发展中国家比较明显，该年龄组孩子的父母将是钢琴的主要购买者。目前，世界人口老龄化的趋势十分明显。有资料表明，老年人群体正在成为钢琴的重要消费者。假设发达国家和中等水平以上的发展中国家的钢琴消费量在30年以内达到日本现在的拥有量水平，又预计世界钢琴产量每年递增8%～10%，那样，还需要几十年以上国际市场才能供需平衡，这里不包括经济不发达的发展中国家的消费数量统计。但是另一方面，钢琴的消费又有明显的针对性，特定的消费层次和群体造成的局限性和消费的周期起伏不定，使钢琴产业的销售和发展具有更多的不稳定因素和未知数。这是钢琴企业老总们经常头痛的事情。

改革开放以来，随着我国经济的发展和人民物质生活水平的提高，人民对文化生活的需求已日渐强烈。伴随着国家对素质教育目标的调整，钢琴教育事业蒸蒸日上，钢琴考级热遍布中华大地。钢琴在中国市场上已不是“阳春白雪”可望而不可及的产品。随着1982年《北京日报》关于北京市郊区一位农民购买钢琴的报道，拉开了钢琴进入寻常百姓家的序幕，红红火火的市场需求，强烈刺激着生产厂商前所未有的投资热情——中国的钢琴产业被激活了。1985年，我国每年钢琴总产量不足30000台，而到了2002年，跃升到年产30万台以上，成为当今世界钢琴年产量最多的国家。并产生了像广州珠江、北京星海那样年产7万台和4万台左右的世界级大公司，可以说现在中国钢琴产业已经初具规模。虽然国产钢琴的数量发展很快，但是质量和品种却远远不能满足市场的需求，年产30多万台钢琴中绝大多数是普通立式钢琴，而高档立式钢琴和三角钢琴数量较少，目前只有几家较大的厂商能够批量生产，能够在大型国际钢琴比赛中使用的演奏会用琴，现在国内还没有生产。三角琴在2003年的总产量不过24600台，占年总产量的7%左右。所以，国产钢琴当务之急是在增加产量的同时更要在质量上提高档次，增加科技含量，创出自己的国际品牌，形成企业自己的产品风格。

再看国内市场情况，假设使我国的钢琴消费达到目前日本、美国的同等水平，按12亿人口计算，至少需要5000万台。即使年产量达到100万台也需要50年时间。资料表明，我国从1952年至1987年的35年中，国内市场大约销售15万台钢琴，约平均每6700人一台。而从1987年至1999年12年中，国内市场大约销售100多万台钢琴，累加计算约平均每1000人一台钢琴，根本谈不上普及。当然，这只是数学推算，根据我国国情，在较长一段时期内不可能设想达到日美那样高的消费水平，但即使达到他们的十分之一，数字也是很可观的，所以在短期内，不会出现大起大落的市场供求局面，但也不会出现20世纪80年代中期那种“火爆”现象，很可能是稳中有升，不温不火的局面。

钢琴是一种劳动和技术密集型产品。由于发达国家的劳务费用越来越高，造成总的生产趋势是由西方向东方、由发达国家向发展中国家转移。60年代至80年代的日本和80年代至90年代初的韩国，就是在这种形势下发展起来的钢琴生产大国。我国作为一个工资费用很低的世界最大的发展中国家，在这方面极具竞争优势，特别是在发展钢琴出口，面向国际市场方面的潜力巨大。我国从1956年开始出口钢琴，在60年代～70年代，钢琴出口比重占80%～90%，近年来，由于国内市场需求量急剧增加和国际市场对质量要求提升等因素，出口比重大大下降。1986年，全国出口总量近8000台、占总产量的25%，而1999年出口总量约3.5万台、占总产量的17.5%。主要原因是质量低下，缺乏竞争力，影响了出口创汇。实际上，国产钢琴价格低廉，如能提高质量，品种对路，搞好技术创新和产品开发工作，争取国际市场份额是大有潜力的。可喜的是，近几年来国内三角琴和中档立式琴的产量和出口迅速上升。2003年，钢琴总出口近8万台，占年产量的23.5%左右。

由上述可见，钢琴产业在国内外市场都有广阔的前景，是一种寿命周期长、价值高、有后劲的高级产品。发展钢琴产业，不但是完全可行的，而且是非常必要的。目前，我国钢琴产业势不可挡的发展趋势已经非常明显，特别是近几年来，江泽民主席、胡锦涛总书记、李鹏、李岚清等党和国家领导人亲临广州珠江钢琴公司、营口东北钢琴集团公司和北京星海乐器公司视察并题词，支持我国钢琴事业的发展，极大激励了钢琴行业的职工奋发向上，勇争世界第一的拼搏精神。国际钢琴业的有识之士纷纷评论，21世纪世界钢琴生产大国非中国莫属。良好的前景，必然引发更加激烈的竞争。如同世界汽车产业一样，国际钢琴产业的巨头们在我国加入WTO之后，也将在中国的土地上展开激烈的角逐。日本的YAMAHA、KAWAI，韩国的英昌、三益，以及欧洲一些生产规模较小的企业现在都已在中国登陆。在市场分化改组的过程中，中国钢琴企业的老总们面临“适者生存”的痛苦抉择，到了亮真功夫的时候了。

二、优化钢琴产品结构与经济效益分析

我国钢琴产业现在生产的品种绝大多数是立式钢琴，并且已具有相当雄厚的基础和规模，但是从国际市场统计数字表明，这样的产品结构远远不能适应国际市场的需求。1986年，美国钢琴进口总额为1.25亿美元（87400台），其中三角钢琴成交额为7000万美元，占进口总额的50%以上。德国、日本、韩国的高中档钢琴占立式钢琴成交额的94%，几乎完全垄断了美国的钢琴市场。到了1998年，美国钢琴系列产品进口额达到了3.2亿美元左右，其中三角钢琴成交额为2亿美元，占进口总额62.5%；德国、日本的高档琴占到成交额的70%以上。中国的钢琴虽然也出口美国，但多数是低价位的立式钢琴，1999年出口美国大约1万台，充其量仅有800万～1000万美元左右的成交额，所占成交总额比例非常微弱。这一情况表明：国内大、中型企业，在制定产品发展战略时，应该把重点放在开发三角钢琴及高档立式钢琴上，逐步形成高中级为主，低级为辅的产品格局。否则，即使投入巨资完成技改，形成规模产能之后，仍然生产那些低档品，打资源消耗战，在国际市场上难与日、韩等国一争高下。在国内，与现有的大厂和蜂拥而起的近百家中小企业打数量战、价格战，也难占上风。从经济效益角度分析，生产和出口三角钢琴比普通立式钢琴更为有利。例如：1986年，日本出口三角钢琴约19000台，占当年出口总量的21%，但贸易额却达到103.9亿日元，约占当年出口总额的44%。日本河合乐器公司，1999年生产12500台三角钢琴，同时生产了约30000

台立式钢琴，以销售额对比，三角钢琴的效益比立式琴高3倍多，成为河合乐器重要的经济支柱。又例如：目前国产立式钢琴平均出口价格在800美元/台左右，而一台三角钢琴为2500美元/台左右，是立式琴的3倍。若能创出国际名牌，每台三角钢琴的创汇能力可比立式钢琴高出几倍乃至几十倍。德国生产的“斯坦威”三角钢琴每台可卖到十几万美元，而其自然物质消耗仅为立式琴的2倍~3倍。80年代国内各钢琴厂主要致力于发展国内最急需的立式钢琴，对于三角钢琴大都无力或无暇顾及。只是从1995年以后，广州厂、营口厂和北京厂才注意开发三角钢琴产品，但未达到大规模生产，质量上、技术上还不成熟，因此在国际市场影响不够大。再看立式钢琴，由于国产琴目前还属于中低档产品，创汇能力十分有限。一台日本产“YAMAHA”高档立式琴售价可比国产琴高3倍~5倍，而其耗用的自然物质甚至比国产琴还要低。以价值工程学的方法分析，不能不归功于产品结构的优化和高档化。还有更重要的意义在于：由于三角钢琴和高档立式钢琴在使用性能要求和科技含量方面都比普通立式琴高得多，是钢琴中的高级品种，若能规模生产和出口必将从根本上改变我国钢琴工业的现状，拉动整个钢琴生产技术工艺向更高层次发展。为了适应国内外市场的需求，特别是出口创汇的需要，优化产品结构，提高产品档次，增加产品附加值是钢琴企业发展规划应该坚持的方针。将开发重点转移到三角琴和高档次立式钢琴产品方面是关键所在，为今之计，大可不必在普通立式琴的产量和价格上与其他厂家打消耗战，而应先行一步，居高望远，以最优的产品结构，争取最大的经济效益。

三、产品系列化是钢琴生产发展的高级形式

各个消费群体和社会层次对于钢琴品种的要求存在较大的差异，客观要求钢琴品种能够适销对路，以满足不同消费群体的需要。如果仅强调大批量生产同一种品种、同一型号的产品，也许能够作到优质高档，但在当今崇尚个性化消费的时代，其销售面必然狭小。汽车行业的发展史对此有了明确的印证。因此，必须进一步研究如何使钢琴产品系列化、品种多样化的问题，以适应和引导消费。

目前，国内外钢琴市场上，主要销售对象是家庭，若定位于中高档立式琴和三角琴为开发重点，那适销品种以小型三角琴为主，立式钢琴以个性化突出品种为主，其次为中型三角琴。专业演奏用大型三角琴为数甚少。是用来显示企业技术水平、经济实力的“形象产品”。它的使用对象是为数甚少的高级专业群体。虽然所有三角琴都应具有良好的品质和性能，但专业用琴在综合性能，特别是声学品质与演奏性能上要求较高，不少钢琴家甚至对自已弹奏的琴有个性的要求。演奏会钢琴在品牌声誉和企业形象影响极大。因此在制定产品开发方案时，应该考虑以大型演奏会用琴为技术开发主导，以中小型三角琴和高档立式琴为生产重点。逐步形成由小到大、由专业到一般的完整的三角钢琴和立式钢琴产品系列，以适应不同消费者的购买心理。钢琴开发注重系列化，有利于专业化生产和专业化协作。按系列设计的钢琴，基础部件通用性强，标准化程度高，能及时根据市场导向机动灵活地增减品种、开发变型产品、推广成组工艺、方便技术更新、提高经济效益。能使企业的技术创新能力和应变能力有机融合，充分发挥本企业的优势，发挥科技人员的聪明才智。若从近期的普通立式钢琴生产着眼，应侧重于以技术先进、工艺相近、设计合理、功能完善、经济效益较好、市场适销的品种为基础，通过改型、优选、升级、提高，形成具有新功能、应用新材料、新工艺满足新需求的较高级的系列产品，以适应国际市场中低层次和国内市场的需求。

近年来资料表明，在1986年以前，国内购买中小型钢琴的数量占总销量的80%以上。而从1987年起，购买中小型钢琴的数量已经迅速下降到50%以下，到了90年代以后，小型钢琴问津者已寥寥无几。目前，国内相当多的非音乐专业的大部分顾客消费心理上已不再是讲求实用，而是相互攀比，如同购买彩电、汽车甚至住房装修一样，求新、求异、求大、求高，注意时尚的心理趋向十分明显，这是一个让企业家们不能忽视的信息。有前瞻性的企业早已瞪大眼睛瞄准这一心理在仔细盘算。迅速调整产品开发重点，跟上市场节拍，甚至可以先模仿国外先进设计，开发研制大中型高档立式钢琴和三角钢琴。这样，即可沿用老产品成熟设计和原有机器设备工装，降低技术难点，又可以减少换代资金注入，降低开发成本，使有限的资金集中用于关键部件、关键设备、关键工艺的改造。采用引进技术、模仿设计，侧重工艺改进创新、侧重应用新材料的思路，可以大大缩短研制时间，使换代产品迅速上批量成系列进入市场创效益，为下一步更新更高更优的产品开发和规模经营生产奠定基础，形成良性循环，实现钢琴生产精益化、系列化的大目标。一个有趣的现象是：现在国内的钢琴企业是“大厂产小琴，小厂产大琴，”反映企业的某些经营的理念。“大厂产小琴”看重的是规模效益，打国际市场的牌，有利于发挥产能优势；而“小厂产大琴”看重的是品种效益，钻大厂的空档。“船小好掉头”也是一个聪明实用的决策。如果大厂能够注意发挥品种及价格优势，那么小厂的日子就难过了。如果小厂的技术起点高，产品系列化而且质优价廉，一定能从小做大，争到应有的市场份额。

四、企业办科研是搞好产品开发的捷径

钢琴产品不断更新换代，依靠的是技术创新，而最终起决定作用的是掌握高新技术的人才。企业要形成高档产品系列，就必须设立专职的产品开发科研机构。企业科研机构决不能办成学院式的纯研究单位，而应与企业日常生产技术融为一体，把科研开发机构办成企业产品生产的“第一车间”。它可以根据市场的信息，对应开发改造的产品进行研制、设计、试制、直至交付生产，形成从产品创意设计到完成开发工作一条龙。

随着国家逐步推行科研院所企业化政策，应建立统一的科技开发中心。认真推行科研项目负责制，实行计划统一管理，经济独立核算，项目自主结合。再将企业中具有一定经验、专业知识较强、又具有一定课题开发能力的第一线技术人员与研究所的研究人员集中起来，合理调配组合，专业从事产品改造与开发工作。

由于我国还没有正规培养钢琴制造设计专业高级人才的院校，目前钢琴制造专业的高级技术人员十分短缺，采用企业办科研是一条培养专业技术人才的有效途径，可使企业拥有的人才结构与生产经营的需求结构相适应，实现不同层次人才的合理配置，不同类别人才的结构优化，促进企业产品开发工作的腾飞。

当今世界钢琴工业发展迅速，产品科技水平不断提高，许多高新技术和科研成果被迅速应用到钢琴生产当中。例如：数码电声音乐和静音录音功能配置，自动演奏系统、远程演奏控制系统等技术逐渐与传统工艺相结合，可调整触键力度机构等新技术的发明，使钢琴产品质量明显提高，使用功能更加多样化。随着信息技术的飞速发展，必将带动传统钢琴产业发生根本性的变革。由于近年来数控技术和设备的普及，局域宽带网络及办公室集中远程设备控制、声学数字化测试系统、ERP信息管理系统应用，三维图像设计数据采集系统等、计算机网络技术不断用于设计开发和生产系统，钢琴的生产与开发能力大大增强，而在我国，尤其是在钢琴产业中，开发应用上述高新技术和科研成果“四新”工艺推广等工作才刚刚开始，与国际存在较大的差距。近年来，不但像广州珠江、北京星海和东北营口这样的大企业注意高新技术的引进吸收，还涌现出像宁波东方琴业、宁波海伦乐器等一批技术起点很高的新兴企业，其技术实力令同行业刮目相看。证明了企业办科研，抓高新技术开发引进是企业根本大计的观点的正确性。另外企业办科研，成立“第一车间”，不仅有利于自主开发，更利于科技协作，接受大专院校、科研院所的高新技术成果，迅速转移到本企业的产品之中，形成新的产能。

无论是自主研制开发，还是成果的引进消化，目的都是为了得到市场需求的新产品、好产品。企业办科研的方法既可以收到产品开发的绩效，又可实现人才开发的目标，为企业积蓄可持续发展的后劲，可谓二者并举相得益彰，确实是搞好钢琴产品开发的捷径。

五、技术改造要以产品改造为中心

大量市场调查资料和数据分析表明：钢琴是一种市场相对稳定有后劲的产品，大力发展钢琴产业，完全符合市场经济规律。为此，要下决心突破旧的生产格局，改变原有组织形式和技术工艺配置，对企业进行大规模的技术改造。这种改造不仅要注重形式，更应针对实质。技改工作千头万绪，内容广泛，决定了技改必然面对多方面的目标。在确定方方面面的具体技改目标时，必须以产品改造为中心，即以改造老产品，开发新产品为中心，带动其他方面的改造工作。判定企业技改是否成功的试金石只能依据产品在市场的销售业绩和用户的满意程度和效果去评价。无论是设备、技术、工艺、土建哪一方面的改造都要以谋求这个最终效果为目标。归结到一句话就是：技改的成果最终要集中表现在产品上，技改的中心就是围绕产品的改造。

不言而喻，目前的技改是为了形成将来的高质量、高技术产品的规模生产能力。如果企业在耗尽大量人力、物力、财力之后，所得到的只是原有老产品的大量生产，推行的仍然是规模扩大的老工艺，技术改造完成之日，就是市场份额丧失之时。

应该看到，国内钢琴产业经过近10年的调整和发展，企业技术力量已经渡过20世纪80年代至90年代初期那种青黄不接的历史时期，新的技术骨干力量已经形成群体能力，在某些方面达到或接近国际水平。但是，从目前国内一些企业的现状来看，新产品、新技术的开发研制工作仍未被列为企业的工作重点，没有被列为技改的中心工作，产品开发和技改的关系仍然没能调整好。从改造的投资比例上看，直接用于产品和材料、工艺、设备的资金数量比例偏小，用于土建和形式上的改造资金比例过大，这样做如果维持现生产规模则延长了投资回报时间，增加的生产成本不能从产品销售利润中及时返还。如果想扩大产量，市场销售又受质量水平和行业竞争的局限，前后夹击，资金流动困难重重。

建议国内企业应制定出一个既注重技术创新、切实可行、又具有同行业较高水平的产品发展规划和实施计划。在确定产品发展规划的基础上，去衡量企业目前是否具备实施规划目标的基本生产条件，若某些基本生产条件不适应既定目标，这些项目就应作为企业技改的关键。

为了不在技改项目上搞“天女散花”，实现资金效能与配置最佳化，还应注重考虑那些专业性最强、技术最复杂、对最终产品质量影响最大的环节作为技改主攻项目。

六、确立专业技术创新目标，培育国内钢琴核心技术能力

“技术创新”是钢琴产品发展规划的“第一生命”，要以技术创新支撑钢琴产业的生存和发展的核心能力，这种能力决定产品发展战略的成效。市场

经济是竞争的经济，竞争的背后是技术。国内钢琴制造技术与国际先进水平相比，有20年以上的差距，现在走的仍然是仿造学习外国名牌产品的道路。仿制学习可以学人之所长，补己之短，大大缩短技术开发周期，且易于成功。但要意识到我们在仿制学习的漫长道路上，要随时随地注意培养和应用自己的技术创新能力，并使这种核心能力不断成长壮大，最终建立独立自主的科技开发体系。

要培育好国内钢琴产业技术创新核心能力，离不开钢琴产品专业化技术创新策略。专业化就是专攻钢琴系列产品，先“占山为王，后开拓疆土，”暂不涉足其他领域，千方百计成为钢琴这个狭小行业的巨人。“专”是为了“精”，只有“专”才能保证“精”和“高”。现代生产是工业化大生产，专业分工越来越细，一个企业不可能涉足所有领域，甚至相关领域也不能都占优势。而集中力量专攻一业或少数领域，则可以充分发挥企业的优势。事实上，广州珠江钢琴公司10多年来的发展道路正是专业化市场开发定位策略的成功范例。10多年前，广州珠江和国内其他大厂曾经位于同一水平，但是经过90年代以来10余年时间，广州珠江集中人力、物力和财力专攻钢琴一业，大大缩短了新产品开发周期，产品更新换代快，小批量转大批量生产过程快，销售策略灵活实用，服务周到快捷，使珠江钢琴名声大振，受到消费者青睐。专业化发展策略为珠江集团奠定了坚实基础，成为国内钢琴业的巨人。

对这样的经营思路，有些企业家认为工作难度大风险也大，把“全部鸡蛋放在一个篮子里”，无疑增加市场风险，不如搞多种经营更稳妥。但要看到，专业化策略的压力会变为企业技术创新的巨大动力，迸发出巨大能量。营口东北钢琴集团近年来集中发展三角琴，取得成功的事实又提供了一个成功的案例。

有雄心有远见的企业家，并不反对多元化扩张战略，问题是要客观评价自己在行业内的实力。当企业在行业内占到较大的市场份额时，则应该向相关产品扩张，向多元化发展。广州珠江集团2003年在钢琴行业占到国内总产量的25%以上时又抓住了吉他、提琴、管乐器、手风琴等项目，看来他们有着明确的发展目标和策略谋划。

建议国内钢琴产业的老总们，特别是那些新兴企业的老总们应该认真分析广州珠江集团专业化发展策略的成功之处，立足于自身，珍视和抓紧与国际钢琴行业知名企业的生产技术合作的良机，力争技术质量高起点，冷静评价自身实力，实事求是、埋头苦干，通过持续的专业技术创新开发，树立本企业的品牌形象，增强企业核心技术能力，后来居上不是没有可能。

综上所述，我对国内钢琴企业发展规划的若干问题，进行了粗浅的分析探讨，供各位老总们在决策时参考，并建议各企业始终坚持以市场为导向、适销为前提、技术创新为重点、名优高档为目标、出口创汇为方向、经济效益为目的的原则，跟上时代科技进步和社会经济发展的步伐，使中国钢琴产业兴旺发达，早日制造出世界上最好、最多的钢琴，为国争光。

作者简介：曾兴华，现任北京星海钢琴集团公司总经理助理、技术总监、钢琴制造专业高级工程师、国家职业技能考评员、ISO国际质量体系认证乐器专业考评专家。从事钢琴技术管理，设计开发，工艺改造及质量管理等工作35年。历任北京星海乐器有限责任公司技术开发部长，外国专家办公室主任，质管科长及三角琴车间主任等职务。曾经协助德国钢琴制造专家劳瑟·切尔先生工作数年。从1995年起负责北京星海与日本河合乐器钢琴合作项目至今。曾多次赴日本东京都立工业技术中心和日本“KAWAI”钢琴工厂研修学习，并经过日方考核，由日方任命为中日合作项目的技术质量总负责人。长期以来，共主持设计开发新型钢琴十几种，多次获得原轻工业部和北京市政府颁发的科技进步奖和其他奖项，并在国内外专业刊物上发表过多篇技术论文。曾担任中央电视台《音乐桥》栏目钢琴专业特邀主持人，从事专业技术教育工作多年。曾就读于首都经济贸易大学研究生课程班，具有机械制造和企业管理双科大专学历。

乐器与科技

关肇元

古今中外上万种乐器，从最简单的到复杂的，主要是音乐艺术用具。但是要认识乐器的本质，如它们的结构原理、发音好坏、演奏效果等，如果不依靠科学技术，是不可能说清楚的。这里牵涉自然科学的物理多门学科。生产乐器更是如此，要制作出好的乐器，处处离不开科学技术。本文将要讨论的问题，是“为什么我们的乐器产品，长期在国际市场上处于低档水平?”。而这个问题归根到底，这也是科技问题。

我国的乐器工业，除旧社会在沿海大城市有些作坊和小厂，现代规模生产是解放后发展起来的。尤其从改革开放后，生产迅猛增长，钢琴等乐器的产量已名列世界前茅。但是产品质量却未相应跟上，在国际市场上长期处于较低档次。至今还没有自己叫得响的品牌，出口产品多数由人家外商定牌。这不仅有损声誉，算起经济大账来也很不利。以大件乐器钢琴为例：日、韩产品价格成倍高于我们；欧美名牌更高于我们十来倍。同是钢琴，用料一点不少、不次，人家工时一般还比我们少，售价却如此悬殊。

制造钢琴等乐器，大量耗用木材。我国按人口是木材严重短缺国，多年来一直靠进口。随着世人对环保意识日益增强，今后木材供应势必日趋紧张。耗用珍贵木材制造廉价乐器的日子，难说能维持多久。

这种状况，为什么长久得不到根本改善?事在人为。绝非人家能做到；我们就做不到。就看认识不认识、想不想、下不下决心去做。且不说那些见销路好，不考虑条件就竞相上马的众多小厂，就连一些较大的厂家，一直也缺乏战略眼光，急功近利只顾追求产量。市场终究会有饱和的时候，近年有些产量大的厂已几度出现滞销局面。一般说来，要上不计质量的产量并不难，要不断改进和确保所有产品高质量，确实较难。但绝非不可能，首先是主观认识问题。

举例说，我国的产品，过去很难进入美国市场。美国是个国际大市场，各国好产品竞相争入，对产品质量要求很严。10多年前，我国出口美国的产品开始增多，但几乎都是低档货，常见于唐人街的华商小店或地摊上。现在去美国逛店，人们会惊叹几乎什么商品都有“中国制造”字样。有些还进入了著名大商场的高档货柜台。但是还未见高档的中国产乐器。经调查，中国产乐器在美国的声誉一直欠佳；有华商经营国产乐器，因质量问题积压亏了本；有人向美国乐器店推销产品，人家一般都不感兴趣。

像纺织、服装、机电和许多其他商品，能从低档逐步进入高档，为什么乐器不能呢?按常理，都是中国人，他们能，我们为什么不能?但是具体分析，确也有不同之处。众所周知，要搞好现代企业，关键在于人才，尤其重要的是技术和管理人才。我们行业在这方面确有先天不足的缺陷。人家纺织、机电等行业，很早就有大专院校不断培养出成批人才，而乐器行业至今还缺乏相应的正规健全的专业院校。我们早期是靠旧社会过来的老工人搞起来的，虽然历年也分配来一些有大学学历的人，但都不是乐器制造专业的。其中有些经多年实践和钻研掌握了一些乐器专业技能，但多数未深入实际成才。因此，且不说那些条件差的单位，就连那些历史较久、规模较大的企业，至今技术机构也很不健全，有的虽有机构而缺乏得力的专业人才，多数企业至今基本上仍处于仿制阶段。

多年来有些条件较好的企业，引进外国专家，进口设备，不断派人出国考察等，这些都收到一定成效。但从实际效果来看，并未根本扭转局面。钢琴由多个构件组合而成，有近万个零件，上千道工序。请来的外国专家，其擅长的往往只是某部分某工种。完整的钢琴技术队伍，须由多方面技术人才组成，相互密切配合，通力合作，才能完善地完成整琴任务。克服人才短缺这一先天不足的缺陷，惟一的办法就应有目的、有计划地配套培养所需人才。请外国专家，一年要花销数十万美元，如果早把这笔钱用在培养自己的人才上，今天的局面当会大不相同。如果引进专家用在培养、提高我们紧缺的专业人才上，那效果也会好得多。

许多现在流行的大批生产的传统乐器，都有几百年历史，久已定型。但是任何事物都不会一成不变、永远不变，总有不断改进之处，越做越好。人家的经验长处，应充分汲取，但不能死板地照仿别人的产品，“知其然不知其所以然”，“画虎不成反类犬”，那是永远赶不上人家的。一个现代企业，必须有自己的设计、研制、开发、科研、信息、调研、试验、检测、材料、工艺、质检、维修服务等健全的机构部门，产品不断有改进和创新，力争国际先进，树声誉创名牌，永远立于不败之地。

有远见卓识，决心下功夫去做，改变目前被动局面也非天大难事。例如培养需缺人才，重点培养专业人才，选聘有一定基础的人，送出去请进来；对在岗位的人员，也可边工作边培训。有几年功夫，必能见成效。至于改进的目标，只要和世界先进产品认真作比较，即不难确定。仍以主要产品钢琴为例，大体来说，品种规格较多的现代钢琴，按用途可分音乐专业用和一般业余或家庭用两方面。既是乐器，当然声音都应尽可能好。但专业用钢琴(一般为长度在1.8米以上的三角钢琴和高度为1.20米的立式钢琴)对声音和演奏性能各方面要求更严；其他钢琴则在造型和工艺方面力求精美。

一般来说，对乐器的需求，大致都有专业和业余两方面。针对两方面需求，在技术机构设置上可采取不同对策。对专业用琴，可组织精干的队伍攻坚，全力以赴精工细作，不求数量只求出精品；大部队则进行普通琴的批量生产。坚持悉心攻坚，日久必出成果，藉此亦可带动普通产品的质量不断提高。这样做自是先要一定的投入，回报也不会很快；但从长远来看，经济效益将会稳步增长，在市场上的地位也会日益巩固。

总的来说，应树立科学发展观，建立起企业的长效机制，才可能经受住激烈的市场竞争风浪。否则，一味沉溺于急功近利，不考虑着手战略性建树，迟早难免会遭遇被淘汰的厄运。恕我直言，这绝非危言耸听!

作者简介：关肇元，男，1924年生，广东省南海县人，大学文化，1946年加入中国共产党，解放前曾在北京做地下工作。解放后，先后在《北京日报》社、北京人民机械厂、北京地方工业局工作。1956 年调北京市乐器厂任技术副厂长，后任北京乐器总厂副厂长，直到1982 年离休。他在乐器行业工作26年，是领导北京钢琴制造从手工业向机械化大生产发展的先驱者，也是星海商标的设计者，“星海”精神的奠基人。

委以重托　寄予厚望

刘文金

大家知道，我国民族乐器历史悠久，文献丰富，支系和品类繁多。在中华民族文明史的兴衰、变迁与发展的漫长过程中，在民族音乐文化发展的历史长河中，占有极其重要的地位。它凝聚着华夏民族的智慧，渗透着数千年来所积淀的民族情操和审美意识，是民族文化宝库中最生动最鲜活的组成部分。

半个多世纪以来，我国民族乐器在乐器改革和制作工艺方面，在质量与数量、提高与普及、生产与营销以及海内外交流等方面，都取得了很大的成就。对民族乐器教学与演奏的迅猛发展，尤其是对我国现代民族管弦乐队的构成与发展，立下了汗马功劳，发挥了巨大的推动作用。

西方交响乐队的逐步完善，曾经历了数百年漫长的乐器改革和改良的过程。这一过程，紧紧伴随着西方工业革命与科技进步而展开。我国民族乐器改革的主要成果和目标，基本上也是针对现代民族管弦乐队表现功能的逐步扩展与完善而设定的，可以说颇有成效。但是我们也应当承认，还存在着一些急待解决的问题并没有很好地研究。从总体上来看，民族乐器的改良与改革还仍然处于分散、自发、无序，缺乏整体计划与长远目标，缺乏科技含量与高度标准化的基本状态。在某种程度上，还远远不能满足现代民族管弦乐队艺术功能和技术性能业已大幅度扩展的实际需求。这是我们必须面对的客观现实。当然，这也是一种不断思考、不断实践、不断论证，不断深化的过程。是一项需要持之以恒的工作。

乐器改革需要一批有乐队经验的作曲家、指挥家、演奏家同乐器技师和乐器厂家通力合作。总结成果，分析现状，研究所需要的最佳方案，规范更科学的系列设置。发展中的我国现代民族管弦乐队，在海内外虽然已经存在着某种大同小异的结构模式，但是并未定型。其传统色彩的优势与音响层次方面的某些弱势还同时存在着。我认为，保障其优势，克服其弱势，应当是今后乐器改革的主攻方向。同心协力，一如既往，乐器改革的新成果，必将对现代民族管弦乐艺术的发展带来新的活力。

关于乐器制作方面的问题，也是大家经常关心并谈论的话题。希望这次会议或者将来能够展开来谈谈。实际上，在乐器制作过程中所追求的形制精美、音色纯净、音量和音区方面的上下通达以及便于演奏操作等等，也都具有逐步改良与改善的意义。

下面，我想提出几个有关课题供大家思考。

(1)针对专业民族管弦乐团队的乐器改革项目，尚有哪些问题急需要提到我们的日程上来？

(2)在民族管弦乐队的编制中，某些声部“高、中、低”设置的音区衔接是否科学？它们各自的音域和有效音区应当是怎样的？

(3)关于民族乐队现行低音乐器的比较和思考。

(4)考查、分析现行民族管弦乐队四大声部(吹管乐、弹拨乐、拉弦乐、打击乐)的基本结构状况，并找出其薄弱环节。探索其有无进一步改善的可能？

(5)关注民族管弦乐队中常用的色彩性生乐器的制作质量与改革标准。(例如：洞萧、巴乌、葫芦丝、三弦、板胡、京胡、坠胡以及其他一些具有代表性的少数民族乐器等。)

(6)科技人员应了解并研究西方乐器在发展的历史过程中改良与改革的某些轨迹和规律。可有目的、有选择地借鉴或参考。只要不是盲目模仿和照搬，必将有利于我们的乐器改革。

(7)民族乐器厂家的科研工作计划、项目和目标设置问题。其科研力量如何？是否得到了应有的重视？

(8)在乐器制作流程中专业型、普及型(或者说高、中、低档，甚至更多档次)的质量标准，能否不断提升？

(9)乐器改革中的结构简洁、性能完善、工艺精美、操作便利等因素，在推广和使用中的深远影响。

(10)乐器制作与改革过程同市场的辨证关系。

(11)民族乐器国内市场与海外市场的开拓和分析。

(12)乐器改革制作专业委员会是由实体单位和专业人士所构成的富有学术色彩的社团组织。应当怎样安排其学术活动与经验交流等计划？(本文有删节)

作者简介：刘文金，中国民族管弦乐学会副会长，我国著名民族音乐作曲家、指挥家。本文系刘文金在中国民族管弦乐学会乐器改革制作专业委员会成立大会上的讲话。

谈中国钢琴事业的发展

吴祖强

施坦威钢琴比赛已经是第65届了，半个多世纪每年一次，如果不是卓有成效，不仅对培养人，繁荣音乐生活和钢琴文化，而且对自己的钢琴生产事业也有所帮助的话，就不可能半个多世纪一直办到现在。中国的情况也说明这点，现在中国有好几个钢琴厂，特别是近20年都有了很大的发展，像北京星海钢琴厂，广州珠江钢琴厂，据我所知，他们的业务开展都和办钢琴比赛紧密相联，十几年前珠江钢琴厂与中央音乐学院合作在北京办第一届珠江青少年钢琴比赛，一场比赛下来以后，他们觉得收益很大。比赛期间，他们在音乐厅前边摆满了珠江钢琴，比赛之后，他们接的订货，主要不是音乐学院的订货，而是群众个人的订货大量出现。后来珠江的老板就非常感谢中央音乐学院给他们提供了这样一个机会，帮助珠江钢琴厂的生产业务有一个巨大的进展。北京钢琴厂也是这样，所以这些钢琴比赛，广东厂是以“珠江”定名，北京厂是以“星海”来定名。钢琴厂完全理解，他们这样作除了是对社会的反馈，也是促进社会文化的进展。作为乐器的生产部门，他们能从中受益来推动钢琴生产的进步。他们说，好的钢琴如果没有更多的人来弹，产品就会滞销。但是反过来，如果我们的钢琴家水平不上去，也就辜负钢琴的质量，不能使我们的钢琴艺术有更快的进展，好钢琴也必能帮助弹奏者提高水平，这便是相辅相成的。

中国这么大，弹钢琴的人越来越多，特别是独生子女，父母首先看到是如何培养孩子的素质有所提高，而音乐占一个很重要的组成部分，我在学院工作，我夫人是教钢琴的，我有深刻的印象，到了孩子上课的时候，不是爸爸，就是妈妈陪着孩子来上课，有的学生家长甚至把工作都辞了，陪着孩子进入音乐学院的小学中学旁边，租着房子，就这样几年跟下来，为培孩子，住着很破的房子，生活很艰苦，但学钢琴绝不放松。上海现在一次钢琴考级已经上万人了，北京也是这样，这样发展下去，对钢琴厂来说，是前途无量。对于我们的钢琴艺术则后继绝对不会少人，而我们共同的希望是钢琴越做更好，钢琴人才水平越高，钢琴艺术的硬件、软件全都有充分的保证。那我们中国会为世界钢琴艺术做出无可代替的贡献。

作者简介：吴祖强，著名作曲家、中国音乐家协会名誉主席、中央音乐学院名誉院长。

好的钢琴会使弹琴人充满灵感

鲍蕙荞

现在世界上有很多钢琴厂都在办比赛，这是很自然的事情，钢琴是一个硬件，弹的人是一个软件，再好的硬件也要用软件来支持，越是好的钢琴越是要有好的钢琴家来演奏，才能表现出它的优秀品质。反过来来说，如果一架好的钢琴是由弹琴比较拙劣的人来演奏，也会无法表现钢琴的品质；好的钢琴家如果有一架好的钢琴，就会表现出他的水平，带来许多新的灵感，有的时候弹到坏钢琴，能够有的灵感也没有了，像弹施坦威这样的钢琴，会带来许多新的灵感。钢琴厂办比赛应当说是天经地义的事情，据我所知，有许多钢琴厂在办比赛，这是企业在推动文化事业。钢琴比赛不在于是钢琴厂办，还是那个人或是那个组织办。因为现在世界上钢琴比赛很多，与20世纪五六十年代初不一样，那个时候钢琴比赛比较少，比较有权威性，可是现在比赛特别多，水平也不一样。作为一个钢琴厂，如果他是优秀的钢琴品牌的话，他举办钢琴比赛的水平不会是低的，水平要与琴本身的质量相吻合。当然在比赛章程上和曲目的要求也会有所不同。每个国家根据不同的钢琴水平，钢琴比赛的水平也不尽相同，以施坦威钢琴为例，据我所知，在中国赛区的曲目难度比其他有些国家要高一些。

施坦威钢琴是我最喜欢的钢琴，钢琴是能够给人带来灵感的乐器，钢琴就像是一个很有内涵、很有底蕴的人。有的人一眼看上去很漂亮，但是跟她说了几句话以后，就没话说了，因为她不可能跟你有什么交流，有什么共鸣。但是有的钢琴看上去很漂亮，弹了以后，就越喜欢，因为它有非常深刻的内涵。那末，你可以在它上边不断地挖掘到新的东西，产生很多很多的灵感。这样优秀的钢琴企业来举办自己的钢琴比赛，比赛应当是高水平的，这次65届施坦威钢琴是第一次在中国举办比赛。虽然不是所有高水平的孩子都参加比赛，但也占了绝大多数，所以我想，这次比赛是对中国优秀的钢琴后备力量一次很好的检阅，从琴的角度来看，施坦威钢琴比赛提供了这样一个机会；从人才的角度讲，也是一次很大的检阅。我作为一个评委，对于我来说，每次参加评选都是给我一个很大的激励，因为从许多小选手身上，我受到很大的启发，我就是以这样的态度来担任评委的。

作者简介：鲍蕙荞，我国著名钢琴演奏家、中国音乐家协会副主席、国家一级演奏员。

扬琴艺术的世纪回眸与展望

项祖华

一、扬琴的世界性与民族性

中国乐器中，唯独扬琴是兼有广泛世界性和鲜明民族性的击弦乐器。它的历史悠久，源远流长，分布广阔，品种繁多，遍及亚、欧、美、非及大洋洲数十个国家地区。从宏观的多元的历史背景，地理环境和社会文化心理着眼，结合国际扬琴本体的传承演变、形制构造、演奏技巧、网络特色、译名词意等多方面进行纵横比较研究，我将世界扬琴的源流与分布，分为三大体系——欧洲扬琴体系、西亚南亚扬琴体系和中国扬琴体系。

中国扬琴于17世纪明代后期从西洋传入我国广东沿海地区，原称洋琴、瑶琴、敲琴、蝴蝶琴、铜丝琴等。从迄今发现最早的史料图片看，1663年中国册封使臣张学礼赴琉球，在唱曲表演中使用的扬琴，琴身呈扁梯形共鸣箱，面板上设置二条双七音琴码条。其形制与欧洲文艺复兴时期的小洋琴相似，和欧洲音乐博物馆陈列的Dulcimer德西马琴几乎一样。

欧洲洋琴从文艺复兴时期早已成为欧洲主流社会上至宫廷、下至平民广泛流传的时髦乐器，呈现出持续发展态势。扬琴传入中国后被视作“世俗洋琴”，当初的盲妹弹唱、应召卖艺乃至说唱琴书、戏曲伴奏；后入民间乐种演奏，它的社会地位与文化层次，长期处于平民阶层、民间艺人的自发世俗状态。清代后期宫廷音乐日趋滞后，民间器乐有所兴起，扬琴被引进地方民间乐种的多样演奏形式中去，经过先辈乐师的实践与积累，逐渐形成各自独特的传统流派及地方风格，拥有自己的传统曲目和代表琴师。其中影响较大的传统流派有广东音乐扬琴、江南丝竹扬琴、四川扬琴、东北扬琴、新疆木卡姆、潮州弦诗、山东琴曲、内蒙古二人台以及少数民族歌舞音乐等。中国扬琴的传统流派纷呈，风韵多采，别具地域性、民间性、乐种性、风格性、传承性及雅集性的特征。

二、中国扬琴传统八大流派

百年回眸，必然要看到20世纪中国社会大变革和西方音乐文化的流入，“五四运动”将封闭锁国的僵局打破，为中国新文化和新音乐的复兴开拓了新路。从扬琴领域看，广东音乐先驱严老烈（1850年－1930年）首先创编扬琴独奏《倒垂帘》、《旱天雷》、《连环扣》等，并由罗绮云、吕文成于20年代在“新月”唱片公司录制了唱片；丘鹤俦（1880年－1942年）于1921年出版了第一部广东音乐扬琴的专著《琴学新编》，论述了扬琴演奏的“竹法十度”及“竹序规律”，还创作了《娱乐升平》、《狮子滚球》、《相见欢》等粤曲；广东音乐大师吕文成（1898年－1981年）擅高胡，扬琴及粤曲演唱，先后创作约200首、录制唱片70余张，如扬琴曲《银河会》、粤曲《步步高》、《平湖秋月》、《醒狮》、《蕉石鸣琴》等；还有陈德钜、陈俊英、方汉等扬琴家都创作演奏了粤乐扬琴曲和著作。我的宗师江南丝竹扬琴泰斗任悔初（1887年－1952年）于1917年在上海创办著名丝竹乐社《清平集》。他最早将江南丝竹名曲《三六》、《花六》改为扬琴独奏并于20年代在法国“百代”唱片公司录制唱片而蜚声乐坛，江南丝竹还有八大名曲之称。四川扬琴的一代宗师李德才（1903年－1982年），首先用扬琴独奏《将军令》、《闹台》于30年代在“胜利”公司录制唱片而誉满巴蜀。东北扬琴流派创始人赵殿学、王沂甫等创编演奏的代表曲目有《苏武牧羊》、《汨罗江上》、《春天》等。新疆十二木卡姆音乐大师吐尔地阿訇早于30年代就精擅演奏新疆第一代扬琴（锵），全面整理了维吾尔民族音乐珍贵遗产，并由万桐书记谱出版。20世纪上叶，南至广东音乐、潮州音乐扬琴，东至江南丝竹扬琴、山东琴曲，北至东北扬琴、内蒙古二人台，西部的四川扬琴、新疆木卡姆，形成中国扬琴传统八大流派的成熟期。作为民间乐种的主奏乐器又发展演化成独奏乐器，创编整理了不少别具浓郁地方风格的独奏合奏曲目。呈现了一批老一代扬琴演奏高手和琴师。可谓“茫茫八派流中华，代代新传琴韵扬”。40年代少数专业作曲家也介入扬琴创作，如张定和的扬琴独奏《桃源行》等。还有为二胡独奏配伴奏谱，首创用扬琴作为单项伴奏乐器。乐器名称从外来的“洋琴”改称“扬琴”，击弦工具从西方的“琴槌”改用“琴竹”，这两个“一字之变”，正是这件击弦乐器民族化，特性化，传衍质变的重要标志。

三、中国扬琴独树一帜走向世界

新中国成立半个世纪以来，扬琴艺术无论在演奏、创作、教学、研究、乐器改革、对外交流等各方面的变革与发展，都是以往任何历史时期所无法比拟的，标志着当代中国扬琴已迈向独树一帜、自成体系、走向世界的新阶段。

1.扬琴的乐器形制与改革趋向民族化、定型化

长期以来，中国传统扬琴的形制为两排琴码的双七型、双八型的小扬琴，音域窄，音量小，转调困难。现代扬琴的形制与改革，对音位排列、琴体结构及工艺进行全面改革。50年代郑宝恒、张子锐改革研制的律吕式大扬琴，扩大了音域和音量，改善了音质，可任意转调，设置了制音器踏板，是新中国初期最早比较成功的扬琴改革成果。1959年起，杨竞明改革研制的“五二多排并列”的三排、四排码转调扬琴相继问世，70年代起以401扬琴为主流，

被海内外广泛使用。在这基础上派生研制的还有81型，扬琴，红旗牌扬琴、501扬琴以及402扬琴，音色圆润、明亮厚实，扩大了音域（一般都达四组余），具备半音转调功能。国际音乐界评论中国扬琴："经过汉化和改良，十二半音已齐备并可随意转调，因而乐器的功能大大提高，琴竹的使用比较木槌更为灵活而富于弹性，因此也就增强了它的表现力"（注：外国洋琴的击弦工具琴槌都用都用木制。）当前有待进一步扬长补短，增添科技含量，改进制音设置，延长乐器寿命，吸收外国洋琴的先进长处，早日实现民族化，科学化、规范化。

2.扬琴演奏技艺及其人才的优化与深化

中国扬琴的传统流派纷呈，风韵多采，经过几代人的耕耘创造，随着时代的前进，技艺在发展，流派在流动、兴替和交融。当代扬琴演奏技巧，我将其综合归纳为"十大技巧"，即单竹、齐竹、轮竹、颤竹、滑抹、揉弦、拨弦、抓弦、点弦及装饰音十类，是对扬琴的传统技巧、常规技巧及创新技巧的总体概括和系统分类，每种母类下，又分若干子项，各类技法又可组合成新的复合技法。形成了中国扬琴独具的音乐个性，竹法特色和演奏技巧。扬琴演奏技艺的审美特征和发展趋势，我用十六字琴诀予以概括："左右全能，点线有致，曲直兼济、纵横交织。"扬琴的艺术表现力有了很大的丰富与提高，无论在独奏、重奏、合奏等多种形式中，都能感受到这种特有的击弦乐器所负载的艺术品格和文化内涵。随着艺术院校音乐教育事业的发展，培养出大批扬琴演奏的专业人才，根本改变和优化了专业队伍的素质，从而涌现出一批才华洋溢、技艺精湛的青年扬琴演奏群体。北京、广东、四川、湖南、江苏、新疆、厦门、河北等地相继成立扬琴学会等团体。这几年通过各地和全国的考级，业余队伍和水平不断壮大提高，老中青少四代同堂，构成了全方位、多层次的人才网络和梯形结构。

3.扬琴音乐创作向多元化、个性化发展

作为发展音乐文化最关键的音乐创作，扬琴的创作走过了艰辛曲折的历程。在一段时间内，政治标签模式化，创作技艺平庸化，创作意识凝固化也波及我们的作品。改革开放20年以来，中国音乐文化建设迈出了新的步伐，呈现出创作园地的春天，专业作曲家与演奏家陆续创作出一批新的音乐思维与作曲技法的扬琴作品。有表现民族精神和时代气息的；有包含哲理内涵和审美情趣的；有描绘江山多娇和风俗人情的。创作题材、表现形式、技巧风格向广阔、多元、个性转化，其中用民族管弦乐队协奏的有《延河畅想曲》（吴豪业、于庆祝曲）、《海峡音诗》（项祖华、茅匡平曲）、《沙洲掠影》（谭志斌、黄英森曲）、《飞天随想》（王惠然曲）、《满乡随想》（刘寒力曲）、《雅鲁藏布江边》（瞿春泉曲）、《莫愁女随想曲》（芮伦宝曲）、《黄河》（冼星海曲、瞿春泉改编）等；用西洋管弦乐队协奏的《林冲夜奔》（项祖华曲、戴宏威配器）、《声声慢》（杨青曲）、《到唐招提寺去》（姚盛昌曲）、《神女赋》（关峡曲）等，扬琴套曲《国魂篇》（项祖华曲）、扬琴组曲《山寨风情》（谢明曲）、《芳季篇》（项祖华曲）等；扬琴合奏《川江音画》（郑宝恒曲）等，独奏曲《龙灯》（钟义良曲）、《山谷的黎明》（朴东生曲）、《万年欢》（郑宝恒曲）、《木兰辞》（高龙曲）、《映山红》（桂飞礼编曲）、《龙船》（田克俭改编）、《春天清江》（刘维康曲）、《美丽的非洲》（于庆祝曲）、《欢乐的火把节》（刘希圣曲）、《双手开出幸福花》（丁国舜曲）、《海岛新貌》（李小刚曲）、《鹰笛恋》（吴军、积水曲）、《忆事曲》（刘富荣、周煜国曲）、《海燕》（韩志明曲）、《阳光照耀着塔什库尔干》（陈钢曲、徐平心改编）、《竹林涌翠》（项祖华曲）、《凤凰于飞》（桂习礼编曲）、《离骚》、《天山诗曲》（黄河曲）、《觅》（杨青曲）、《寂》（矍小松曲）、《秋·梦·藕》（许学东曲）、《屈原祭江》（项祖华曲）等。

扬琴创作实践的成果是可喜看好的，而从总体来看，精品、传世之作还不多，但转机变革、开拓、创新毕竟已经呈现眼前。只要我们立足民族之本，生活之源，追求时代之新、个性之异，使艺术作品达到民族、现代化、个性化，才能真正走向世界。

4.扬琴教学研究向正规化、高层次迈进

50年代起，国内9所高等音乐学院，还有50余所艺术院校、师范院校及民族学院，先后开设了扬琴专业，标志着扬琴教学从民间化、业余化转向正规化、专业化。高等音乐学院还建立了附属音乐中学及部分音乐小学，形成"一条龙"连贯完整的专业音乐教育体制。根据"高等院校既是教育中心，又是研究中心"的要求，1985年，中国音乐学院、天津音乐学院率先招收扬琴艺术硕士研究生，各音乐学院至今约有16人获得扬琴艺术硕士学位。这是中国扬琴艺术史上的重大变革与硕果，标志着扬琴教学研究向深层次与高水平发展，这在世界上也是独一无二的。

多年来，文化部举行了多次全国艺术院校扬琴教学研讨会，对提高扬琴专业教学研究水平起着积极推进作用；积累了较为系统的教材建设，发表了很多学术论文，出版了一批扬琴传统及创作曲集，技术训练及演奏法以及艺术理论著作。但总的说来，扬琴理论研究起步较迟、投入较少，局限于对中国扬琴自身的纵向研究，缺少有世界扬琴宏观的横向研究比较；要注重信息资源与对外交流；要充分调动高等音院和研究机构的专业优势和潜能。在重点发展专业音乐教育的同时，也要广泛开展社会业余音乐教育，多渠道、多元化地形成社会音乐教育网络和广泛的业余扬琴队伍。"百年树人、教育为本"，只有专业和业余"两手抓"，音乐教育事业才能不断发展和兴旺。

5.中国扬琴自成体系走向世界

扬琴传入我国近400年来，经历代琴家的耕耘创造，从乐器形制到演奏技艺、从作品积累到音乐风格、从口传心授到进入高等音乐学府、从民间形态到建成一支可观的专业演奏家队伍，都标志着已经形成了独树一帜的中国扬琴体系。这是东西方文化交流的结晶，也反映出华夏民族广为吸取和融汇其它民族文化的博大胸怀。随着扩大开放，中外音乐文化交流愈益广泛深入，扬琴家频频出国访问演出，他们的足迹遍及欧、美、亚、非及大洋洲等多个国家，受到世界朋友的赞赏好评。1991年10月我和李玲玲参加了在匈牙利举行第一届世界扬琴大会，来自欧、美、亚洲各国的50多位扬琴名家、学者、风云聚会，切磋交流、演出讲学，盛况空前。作为中国扬琴界的代表，我荣幸地当选为新成立的《国际扬琴学会》副主席，这是我国扬琴界几代人共同努力的结果。1993年～1997年我率徐平心及刘月宁、瞿建青参加在捷克及白俄罗斯举行的第二、四届国际扬琴音乐节的演出，中国扬琴的民族神韵和艺术魅力，再次赢得国际音乐界和观众的青睐赞誉，他们评论中国扬琴“在东方独树一帜，自成体系”；作品和演奏“充满诗情画意和东方美感”；“是世界级的一流水平。”中国扬琴早已传布到东亚、东南亚地区以及其他洲际的不少国家，并以“中国扬琴体系”的全新面貌，走向世界。对于“走向世界”的理解，应是包含双向的含意，即既是向世界吸收，又是向世界贡献。当代中国扬琴已和欧洲扬琴、西亚－南亚扬琴鼎足成为世界扬琴三大体系，屹立于世界民族艺术之林。

我们要以宏观横向的眼光，将中国扬琴放到世界这个开放性的大环境中去撞击和交融，中国扬琴才能产生新的发展和超越，使之既是民族的、又是世界的，并为自身带来前所未有的活力和魅力。

四、开创扬琴未来前景和蓝图

现在对扬琴艺术百年回眸，面对现实、展望未来，满怀信心。我们要坚持“百花齐放、百家争鸣”，“洋为中用，以我为主、为我所用，”“弘扬主旋律，提倡多样化”，“面向现代化、面向世界、面向未来。”

探讨21世纪中国扬琴的走向与展望，我提出：“高—新—精—大”四字，抛砖引玉，供作参考。

一是“高”。“工欲利其事，必先利其器。”新世纪的扬琴乐器改革研制，应走向民族化、科学化、规范化。当前的乐器形制、琴体结构、音位排列、音域音质、制音装置（基本没有）、使用寿命（约5年有效期）、工艺技术都存在不同程度的缺点，有待进一步改良和研制。目前扬琴制作业的软件与硬件都较滞后守旧，安于短期行为，缺少高瞻远瞩，从事乐器改革的热心有志之士越来越少，乐器质量在客观上已制约扬琴艺术整体的发展，值得引起民乐界和有关部门的思考与关注。扬琴的改革研制要追求高科技含量，要提倡跨学科协作，要开发高标准、高层次、高品位、高质量的乐器。在10多年前我就向民族乐器厂说过：“没有制音器的扬琴不是成品，只算半成品”。早在1874年匈牙利“斯科达”家族设计研制第一台“音乐会大洋琴Cimbalom”琴体大，发音浑厚恢宏，音域宽（包括全部半音，低音下降至低音谱表下加二线大字C，近5组音）能任意转调，制音踏板先进，成为欧洲洋琴体系的经典乐器。我们要善于吸收借鉴西方音乐文化的先进长处，设计研制具有中国特色气派的“音乐会大扬琴”，特别是设有先进的制音器踏板，宽广丰富的音域与音色，提高突破扬琴的表现力。这个列入新世纪的重点高新项目，要依靠高科技和跨学科的翅膀，最后抵达理想的彼岸。

当今世界已进入信息网络和知识经济的时代，高科技和计算机电脑的运用与发展，为建设“代表先进文化的前进方向”，提供了宽广优越的条件。通过国际互联网，开展民族器乐和扬琴的网络教育和远程教育。可喜的是我们于今年开设了民族器乐领域中第一个“中国扬琴艺术网站”。面向新世纪，扬琴的作品、演奏、教学、科研及乐器改革、对外交流，将通过高科技、多媒体、互联网、电视频道、VCD和CD的视听光盘等载体，展开全方位、信息化、数字化的运作与覆盖。

二是“新”。江泽民说：“创新是一个民族进步的灵魂，是一个国家兴旺发达的不竭动力。”民族音乐与扬琴艺术，都要树立创新意识，增强创新能力，探索创新学派，建立创新体系。当今是信息爆炸、知识更新的时代，知识是“所知的一切的总和”、“共享知识就是力量。”要探索新思维、新知识、新信息、新技艺，开创扬琴事业的新局面、新特色、新气派、新风格。要克服安于现状、墨守成规、闭关自守的惯性思维和惰性，敢于标新立异、革故鼎新、开拓创新。

三是“精”。中国正处在向市场经济转型的初级阶段，社会变革免不了给民族音乐事业带来冲击与困惑，甚至造成某些急功近利，浮躁庸俗的负面影响。虽然我们已经取得引人瞩目的成就，但是扬琴的精品名作还不多，精深论著尚少见，精典教学欠完整，精良乐器嫌滞后。我们不能盲目自满和松懈，要防止粗制滥糙、弄虚作假、门户之见、文人相轻。我们要树立精品意识，先进意识，公平竞争，优胜劣汰。发扬“业精于勤，自强不息”的敬业精神，全身心地投入到扬琴事业中去，扬琴艺术的未来就会更美好。

四是“大”。中国是有5000年历史的文明古国，又是世界上扬琴队伍人数最多的扬琴大国，号称世界扬琴三大体系之一。“百川归海，有容乃大。”“大”者乃大国、大度、大音希声、博大精深；“容”者乃宽容、包容、交融、融合。21世纪是世界多极化和文化多元化的世纪，古与今、新与旧、东方与西方这些相对应的文化概念似乎不够用了，全球文化正处于互动、互容、互补的多元发展。美国学者欧曼曾说过：“下个世纪是各学科大融合的世纪”。“相融则利，相离则弊”；“融合是大美，创新是天趣”纵向要传承，横向要交融；兼容并蓄，厚积薄发。新世纪要建立国乐及扬琴博物馆和信息库；多举办海内外的扬琴艺术节和演奏、创作、研究、乐器制作的多种大赛；举办世界扬琴大会和国际性的演出、研讨等文化交流活动；艺术院校要培养具有世界前沿水平的高级艺术人才；造就集演奏、创作教学、科研于一身的复合型、学者型的扬琴大师和创新学派的大家。中国扬琴体系不仅覆盖东亚、东南亚国家地区；随着国际文化交流的蓬勃发展，越来越多的海外华裔和外国友人对中国扬琴的爱好与引进，必将形成庞大的扬琴艺术“海外兵团”；大世界——大中华，大一统——大普及，大事例——大协作，大发展——大繁荣，这就是开创扬琴未来的前景和蓝图。最后我用两句七言词作为结束语：“海纳百川聚琴杰，有融乃大高新精。”

作者简介：中国音乐学院扬琴教授、中国扬琴学会会长。

中国钢琴工业未来发展的思考

金先彬

摘要：

生产钢琴的原料、设备、工艺，不是越精良越好。

获取利润是企业生存的基本保证，提高质量只是获取利润的手段。

质量诸因素中，价格是第一要素，质量的“好”是无止境的，只能作到在一定价格基础上，相对的“好”。因此，合理的质量价格比是企业获取利润的保证。

理智而有目标、有计划地将低档钢琴的国际市场牢牢地把握在我们自己的手里，是我们近期最明智的选择。

在我国市场经济逐渐成熟，国际国内市场竞争日见激烈的情况下，企业为占领市场，从而对提高质量的投入越来越大。“质量就是生命”、“以质量求生存”的口号，越来越深入人心，产品质量提高的速度从来没有今天这么快。

然而，笔者却要提出质量投入适当论，否则将过尤不及反受其累，目的是防止一种倾向掩盖另一种倾向。以其理智地、有目标、有计划地将低档钢琴的国际大市场牢牢把握在自己的手里，取得利润最大化的目的。

大家都知道，任何一种产品，在市场的需求上，总是呈宝塔型的，而不同的产品其塔型结构亦不相同，其高、中、低档产品在上小下大的塔型截面积的比重亦不相同。例如食品类产品，粮油菜蛋肉占据了绝大多数，而燕窝、鱼翅则占极少数，其结构已不是塔型而是山型了；而服装、化妆品类，中低档品相比可能就近似柱型了。研究自己的产品在市场上塔型结构中的位置，是为产品制造、市场定位的首要前题。

一、钢琴的市场结构

这里所指的“结构”是指高、中、低档钢琴在市场上的销售数量，即高、中、低档钢琴在市场上所占的比重。

近几十年来世界钢琴市场的销售量约在100万台左右，其中高级名牌琴绝大多数为三角琴，仅占1%左右，主要产地在欧洲，多为大型音乐厅、高级艺术院校及艺术团体使用，个人使用者多为极少数著名钢琴家及大富豪。中档琴约占40%～50%，主要产地在欧、美、日，用者大多为艺术院校、音乐团体及钢琴教师、音乐工作者等，其中有不少是三角钢琴。

低档琴约占50%～60%主要生产国为亚洲，其中产量最高的是中国，东欧国家生产大都是低档琴，主要为本地销售。亚洲的低档琴主要为音乐家、音乐爱好者及一般艺术院校、众多的中小学校、幼儿园及大量的学生练习使用。亚洲生产的低档琴约有40%～50%销往欧美国家，中国为最大低档琴生产国，但由于国内市场极大，所以年产量的80%销在国内。但近10年来中国钢琴质量提高很快，出口量也在不断增长。

由于质优价廉的中国钢琴不断扩大国际市场占有率，而日本、美国钢琴居高不下的制造成本，使他们不得不在中国寻求生产基地以降低成本，扩大竞争地位。但这种生产技术转移是一把双刃剑，在取得了降低成本获取利润的同时，必然促进生产所在地的生产发展及产品质量的提高。使低档琴以不低的质量、低廉的价格在国际市场上竞争。中档琴的市场将进一步受到挤压，市场占有量将逐步减少，其留下的空间将被未来的低档琴所取代。这似乎很诱人，但又未必如此，因为在低档琴已达到或很接近中档琴质量（外观及功能）的情况下，中档琴还能有多大市场份额，就很难说，总体可以说是“娇娇者易污”、“高处不胜寒”，下大力气稳稳把握住低档琴这一广大而利润最为丰厚的市场。

二、中国钢琴的质量

中国钢琴在国际市场上的分类中居于低档琴的范畴，这是不争的事实。钢琴同其他乐器一样，声学品质是最主要的指标，就此项而言，中国的低档琴，声学品质却不低档，有些品种，例如138型立式琴就比外国琴还好。由于外国立式琴没有这么大的型号，因此有些人说不同型号不能相比，这不能说不对。拿国产138立式琴或5尺半三角琴同进口121立式琴相比，显然不公平。但从另一个角度看问题，国产138立式琴每台1.9万元，5.5尺三角琴每台3.5万，进口原装德国121型立式琴8万元，日本原装进口121立式琴5.5万元，亚洲生产的121立式琴4.5万元，如果没有幕后原因或“琴托儿”的极力怂恿，购琴者是以1.9万元去买一台国产138立式琴，还是以4.5万元去买一台亚洲生产的进口“外国”琴呢？是以3.5万元去买一台国产三角琴，还是以5.5万元买一台进口立式琴？这是不言自明的，所以进口琴在国内基本没有市场就不奇怪了。

我们可以说，就价格功能比而言，中国钢琴是世界上最好的钢琴。有的朋友说中国琴虽然便宜但质量太差，但是事实可以证明，在中国音乐界99%的音乐家、钢琴家都是弹中国琴成材的。中国的琴童包括已成才的李云迪99.9%都是弹中国琴长大成才的。这一不争的事实无可辩驳地证明中国钢琴的功能，是完全可以满足需要的，这也是中国琴产量越来越大，出口量也越来越多的根本原因。

近年来，外国钢琴厂家到中国来办厂，中国钢琴大量出口，这种双向的交流大大促进了中国钢琴质量的提高，尤其是外观工艺水平已接近国际中档琴水平。只是在气候适应性能上还有些差距。对于国内中小钢琴厂参与市场上的竞争，使得我国大型钢琴厂的钢琴质量不断提高，售价却没有提高，这就近一步增强了中国钢琴出口的竞争力。这当然是值得庆幸的事。

三、市场与质量

市场有其规律，认识和分析这个规律，以求理性地把握市场，进而去预见市场的未来。同样，产品质量的等级，与因产品质量而确定的产品售价，决定了产品在市场的定位，才能有效地把握市场，达到占稳和扩大市场的目的。

“以质量求生存”、“质量是企业的生命”的口号，比比皆是，说明它有一定道理。没有质量就没有市场，没有市场就无生存的条件。市场对质量的需求是无止境的，总是越精良越好，而市场对商品价格的需求，却总是相对便宜为好。物美价廉就成了开拓市场、占领市场的金科玉律。

在市场上质量的第一要素是价格，这是易为生产者所忽视的，买东西先看价格，是消费常识，消费者购物总是买适合自己的产品，这个“适合”有两层含意，一是功能适合，即使用功能的可靠性、稳定性、耐用性；二是相对便宜即适合自己的消费能力。这二者之间又以后者为主。

既然顾客对商品选择是“适合”，而不是最好的，生产企业选原材料时，自然也应选取适合的，选设备也要选适用的，甚至使用手工比较便宜，质量又能保证的话就不用机器；使用非自动机械比较便宜又能保证质量，就不选用昂贵的自动化机械设备。例如：日本琴键垫圈改为化纤的，质量又好（提高气候适应性，又耐用、防虫）价格又便宜，我们也学习采用了，也取得很好的效果。同理，我们若改用化纤材料作琴键导孔呢，与日本采用化纤垫圈有同样效果，还有诸多的如压键档呢、顶盖呢、张弦系统上所使用的呢毡改用化纤都有好处，既能降低成本又提高质量，而且防蛀（每架琴约50元，全国30万架琴就是1500万），何乐而不为。反之，我们花时间、精力、金钱去改变钢琴踏脚的外观造型、改变造型、改变材质、螺丝，甚至使用镀金工艺，但这既不能增加卖点，也不能因使用镀金踏脚而多卖几十元钱。与其如此，何不在踏脚材料上做些研究，例如除右踏板保持一定厚度外，左、中踏板就是选1毫米厚的铜板冲压成型，30年也不会磨坏，如此一项每架琴又能降低几元，30多万架琴又能降低100多万元，而钢琴质量不会受到丝毫影响。

对于商品生产企业，每日要研究的就是我的产品给予多少质量投入，即我的产品质量达到什么程度。企业又要千方百计的降低成本，以求作到廉价上市，且还有丰厚的利润，即我的产品价位定在什么程度。

对于市场来说你的产品好到什么程度？甚至越好越不嫌好，但价格却不能提高。企业不断提高质量投入，产品质量就会不断提高，但随之产品价格也会不断提高，因此而使企业走向衰退的例子不是没有。

市场告诉我们：市场上大量需要的是廉价的产品，其钢琴的质量达到廉价基础上的“优质”就可以了，这就是市场这个法官作出的裁决。20多年来，中国钢琴质量有大幅度提高，而价格相对低廉，赢得了市场的认可。

四、中国钢琴的发展方向

子曰：“温故而知新，可以为师焉。”

国外一些发达国家钢琴工业从发展到下滑的过程，有不少值得我们吸取的教训。发达国家钢琴工业的高成本，与社会普遍的高工资这一客观因素有关，但也不无主观的认识不足的原因，起码有两方面的措施若及早采取，即可减缓衰落：一是将耗费人工较多的工序及早转移到劳动力低廉的地区；二是适度降低材料成本及设备投入，及早把自己的钢琴从二流价位降低到三流价位。

中国钢琴的质量还在不断提高，钢琴这一文化产品的特点使大型钢琴厂多设在大城市。这20年的改革经历，使我们认识到，我国大中城市的劳动力资源丰富，文化素质比农村高，但劳动力成本上升较快，1990年至2002年劳动工资差不多就翻了两番。按党的十六大制定的发展目标，未来20年人均收入要达到3000美元，也就是在现在的水平上再翻两番。我们应从现在起立即采取措施，下力量降低人工费及材料费，若不然我们就有重蹈一些发达国家钢琴工业下滑覆辙的可能。

总体而言，钢琴的质量无非是声音好、弹奏性能敏感舒适、使用性能稳定、气候适应性强、使用寿命长、外型美观等，只要能达到这些目的， 使用什么材料并不重要，无非是同行之间商业竞争的需要，以笔者之见塑料击弦机及其他天然材料的被替代都是未来发展的方向。

结束语

中国钢琴的质量要不断提高，中国有丰富而成本较低的劳动力资源（在广大农村）、有条件生产大量的低档琴。近年江浙一带兴起的小钢琴厂就是例证。我们应该理智而有目标、有计划地将低档琴的国际大市场牢牢的把握在自己的手里。当我们的低档琴在国际市场上占据了绝对优势时，我国的中档琴乃至少量的高档琴，就会破土而出，“高档”而鲜艳的花朵总是生长在“普及”的沃土之上的。

但是，即使在那时，我们也切不可沾沾自喜地将低档琴的大市场拱手让给他人。

这一天将要10年、20年……

作者简介：金光彬，中国乐器协会钢琴调律师分会会长。

用科学的发展观来指导乐器工业的发展

华天礽

党的十六届三中全会提出了科学的发展观。指出要以人为本，树立全面、协调、可持续的发展观，促进经济社会和人的全面发展。明确了“五个统筹”的新发展方针，即统筹城乡、统筹区域发展、统筹经济社会发展、统筹人与自然和谐发展、统筹国内发展和对外开放。新的科学发展观是总结改革开放20年多来的经验，适应新形势、新任务提出来的，是针对我国经济社会发展中存在的突出问题提出来的，具有普遍的指导意义。用科学的发展观来分析、思考我国乐器工业的发展，使乐器工业在现有的基础上，进一步健康、持续地发展，是一个有意义的问题。

科学发展观的核心是以人为本，促进人的全面发展。改革开放20多年来，我们取得了令世人瞩目的成就。发展的最终目标，是满足10多亿人口日益增长的物质需求和文化需求，实现人的全面发展。在满足人们的物质需求和文化需求方面，实现人的全面发展方面，乐器是一种不可缺少的物质条件。从社会发展的规律来说，随着经济的发展，必然带来文化需求的旺盛。这种需求可分为两个方面：一方面，人们需要更多的文化产品，文化消费。另一方面，随着教育程度的提高，人的发展日益全面，有更多的人从职业和非职业的需要从事文化活动。这里必不可少地需要一个乐器制造业的支撑。当然，我国目前还处于社会主义初级阶段，大多数人生活在农村。我国的发展，首先要满足全体人口，特别是贫困人口最基本的生存需求，诸如温饱、就业、教育、卫生、住宅等。但随着人民生活的日益改善，随着经济的发展，乐器作为满足人们的文化需求，实现人的全面发展，体现人类美好精神追求的一种不可缺少的基础物质，对它的需求会日益旺盛。例如钢琴，改革开放前，拥有它的家庭是多么的少。而现在，它已进入寻常百姓家，将来会有更多的人拥有它。这是完全可以预计的，而且对乐器的消费，几乎看不到对社会、对环境有任何的负面影响，它的影响和作用几乎全部是正面的。因此，可以肯定地说，乐器工业的前景是光明的，乐器对社会进步、对人的全面发展的促进作用，应予以充分的肯定。

从产业结构的特点来分析乐器工业，可以发现它有一些明显的特点。首先，它是一个典型的劳动密集型产业，乐器制造业从总体来说，机械化程度较低，主要依赖手工制造。乐器的制造主要依靠精细的工艺和精巧的手工，在可以预见的一个相当长的时间里，这种状况不会有很大的改变，劳动密集的特征十分明显。由于劳动力成本的因素，乐器制造业已经从西欧、北美转移到东欧、东亚等国家。现在又开始逐渐转移到中国、印度尼西亚等国家。现在的欧美国家，仅保留了一些高端乐器的生产，中、低档乐器产品的生产，基本上都已经转移出去了。中国由于劳动力成本低，劳动者的素质较好，发展乐器工业有着很大的优势条件。用科学发展的原则来分析，我们应当抓住这个国际产业调整、转移的机遇，发展我国的乐器制造业。

乐器制造业的第二个特点是投入较少。由于乐器制造业的机械化程度较低，决定了这个产业的投入较少。对我国这样一个经济相对不发达的国家来说，意味着中小企业、民营资本，甚至个人都比较容易创业，创业所需要的社会资源较少，这是适合我国国情的。

乐器制造业的第三个特点是这个产业所消耗的原材料较少，产品的附加值较高。我国的产业，从总体上来说还比较粗放，有一份统计资料说：我国以消耗全球20%资源的代价，取得了占全球4%GDP的份额，这种情况是值得我们高度注意的。而乐器制造业所消耗的原材料总体说来较少，而产品的附加值较高，是一种资源节约，效益较好的产业。

乐器制造业的这些特点，从科学发展观的角度来看，是符合统筹经济与社会协调发展、统筹人与自然和谐发展、统筹国内发展和对外开放的科学发展观的原则的。是一种适合我国国情，值得倡导的一个健康的、具有发展前景的产业。所以，最近十几年，乐器制造业在我国的发展很快，这是有它内在发展原因的。

当然，我们也要认真分析制约和影响我国乐器产业发展的一些因素，对这些因素作一些分析和思考。

和一切产品一样，乐器产业的发展，首先是以社会需求为前提条件的。与改革开放前相比，社会对乐器的需求相对而言，有了很大的发展。但总体来说，社会对乐器需求的发展，是滞后于经济发展的。需求增长是缓慢的，国内市场易饱和，增长空间有限。但是从我国的乐器制造业来说，目前面临着一个国际产业转移的机遇，面临开拓国际市场的机遇。这个机遇是由于我国劳动力价格较低，劳动力素质较高，乐器用原材料相对充裕，各种配套能力较强所形成的综合竞争优势。这个机遇，给我们创造了一个充分利用国际、国内两个市场的机会，我国的乐器业应该抓住这个机遇，尤其是要大力拓展海外市场，抓住这个机遇，发展我国的乐器产业。

乐器产业的投资要求不高，但入门的技术要求很高。它要求从业者对乐器的制作工艺、技术规范有较深入的知识，对劳动者有较高的培训要求。目前，我国生产的乐器，大多数为中、低档产品，产品的附加值较低。这其中固然有设备、原材料方面的原因，但更主要的是我们缺乏生产高级乐器的技术，缺乏掌握这些技术的人才，缺乏生产高级乐器的能工巧匠。我们的许多生产者，都在努力改进乐器的质量，但总体看来，进展不大。在这方面，最重要的是要注意人才的培养，注意对人力资源的投入和培训。只有拥有了掌握生产高级乐器技术的人，才会有高级乐器。这方面，我们的差距很大，我国乐器制造专业人才的培养和我国乐器产业的发展严重不成比例，我国乐器制造人才的培训还没有形成制度、形成体系，各个企业对员工的培训严重不足，这些对乐器制造业的健康发展，是个很大的制约因素。

乐器产业的原材料主要是木材。我国是木材资源紧缺的国家，因而要十分珍惜我们宝贵的木材资源。乐器产业总体说来规模较小，产品的附加值高，因而从总体来看，木材的消耗总量并不大，木材消耗和产出的经济效益是比较好的。可以说，没有一种木材制品，有乐器业这么好的经济效益。但是，我们也要看到，乐器用木材，由于它的许多特殊要求，资源是极为稀缺的，我们必须物尽其用，倍加珍惜。有的还必须寻找替代品。如我国民族乐器所用的蟒皮，由于属国家保护的野生动物，除极少数高级产品外，其他一般产品，必须用替代品。有的资源甚至在世界范围内都是珍稀紧缺的，如制作小提琴弓子的苏木，制造高级提琴用的带花纹的枫木，近年来，发现我国也有较好的资源，却被滥用。有些房屋的装修，大量采用这种花纹枫木，看了甚觉可惜。许多售价低廉的小提琴，用了其价值超过其琴价本身的漂亮枫木，造成资源的浪费。甚至还看到质量低劣，却木材惊人漂亮的整板带花纹的大提琴，甚至低音提琴。看了以后深感痛惜。这样随意处理要生长几百年，甚至上千年珍贵材料的行为，真是“吃祖宗饭，断子孙路”。对我国拥有的这种珍稀资源，我们要大声疾呼倍加珍惜。一定要认真保护，合理使用，细水长流，真正做到可持续发展。我们乐器行业，必须形成共识，共同来保护好我们的这个宝贵资源，制止滥伐滥用。

用科学发展观来指导我国乐器业的发展，是一项很值得探讨的课题。我觉得这里可以研究的问题很多，希望各位同行大家来研讨，共同促进我国乐器业的健康发展。

作者简介：华天礽教授，1953年出生于上海。10岁时，考入上海音乐学院附小学习小提琴。大学时，在上海音乐学院师从谭抒真教授学习小提琴制作。毕业后在上海音乐学院任教，从事小提琴制作及音乐声学的教学。1987年和1989年在德国慕尼黑大学学习、1990年，由他所制作的小提琴获美国小提琴协会制作比赛音质奖、1993年和1994年在维也纳大学进修、2000年和2003年任上海音乐学院附中校长、2003年起任上海音乐学院副院长。

同时兼任中国乐器协会提琴制作师分会(筹)副会长，上海乐器协会名誉会长。

迎接数码艺术的激流

舒泽池

到了现在——21世纪的第3年，“电脑音乐”这四个字，在音乐圈里可以说没有人没听说过，年轻人更是“跃跃欲试”或者“跃跃已试”。的确，不管人们对于电脑音乐的认识如何，评价怎样，也不管电脑音乐的历史在音乐领域里是多么短促（现在普通人心目中的电脑音乐，历史不超过20年），可是它对于音乐的发展、特别是社会音乐的发展所产生的影响，尤其是对于未来的音乐发展所可能产生的作用，恐怕现在还难以充分估计。

从总体上讲，电脑音乐是音乐艺术和现代电子技术的结合，也就是包含音乐和电子这样两个方面。有一位年轻朋友说“搞电脑音乐不需要懂音乐”，这句话我想了几年也没有想明白，真不知道是从何说起。从技术上讲，电脑音乐涉及三个主要方面，就是电脑、MIDI技术、还有电子乐器。近几年来音频技术乃至视频技术也越来越紧密的和电脑音乐结合在一起，涉及的方面就更宽了。如果我们只是听听玩玩，那当然是无所谓的，不用管那么多；如果想亲手去做甚至把它当成一个事业、一项职业去做的话，那是要具备一点心理承受能力的。那就是：入门不难，精通不易。这个“不易”，包括精神上、时间上、金钱上诸方面的“不易”——当然，深入进去以后得到的享受和满足，又是徘徊在门外所永远不可能体会和得到的。

中国的音乐创作中使用电子乐器，20多年前王立平的记录片《潜海姑娘》音乐大概要算是个标志。80年代中期，MIDI技术在商业化的录音棚中开始得到萌发。1989年王立平、金毓镇和我在中国音协建立了以Macintosh电脑为核心的电脑音乐工作室，在这前后还有童忠良、高为杰、杨路、王绯志、邹庆怡诸位先生在各方面所做的努力，才使得电脑音乐在中国逐渐扎根、发芽、开花，并且开始结出一点果实——其中最明显也是最基础的，就是使得中国人逐渐知道并且接受了一个在20年前还不知道、不接受的名词——电脑音乐。

电脑音乐进入我国的历史不足20年，进入音乐教育领域的历史不足10年。中国音协的《音乐基本素养水平测试》软件只是一个教学辅助软件，应用范围很小。真正在我国影响较大的第一个商业软件是北京金洪恩公司于1997年推出的《震撼》，这是一个欣赏型的音乐普及软件，在市场上颇受欢迎，可惜独此一个，再无后继，公司创始人池宇峰日后坦言开发这个软件“其实是公司产品定位的失误”。另外一个值得一提的音乐教育软件产品是《音乐殿堂》，是北京晶合软件公司从台湾引进的，这也是一个以欣赏功能为主的音乐普及软件，凑巧也是1997年推向市场，由于没有充分考虑我国大陆和台湾在音乐教育方面的不同（不仅是需求不同、内容不同，就连音乐术语和作曲家译名的用字都不同），所以虽然投入巨额发行费用，却没有能获得良好的业绩。此后几年，再没有软件公司敢于进军音乐教育领域。直到2000年，由新加坡著名的“创新”公司建立的“WaWaYaYa”公司，陆续推出了一套适合2岁～8岁幼童的学习软件，其中包括《WaWaYaYa漫游音乐王国》等四个音乐软件，作为幼童早年综合素质教育的多媒体软件，它的观念和制作都是成功的，但是并不是真正意义上的音乐教育软件。在引进软件方面，继苹果电脑音乐中心引进Mac平台的“Pratica Musica”（时间恰好又是在1997年），沉寂了6年以后的2003年，北京中音公司在PC平台引进了澳大利亚的“Aurilia”，经本地化后改名《灵听》，这是一个国际知名的音乐听力训练辅助软件，内容比较丰富，但是难免有与我国专业音乐教育的要求不相吻合的情形。看来，完全适合我国音乐教育需求的软件，只能由我们自主来开发。就在“WaWaYaYa”公司问世的2000年，北京出现了一家以开发音乐教育软件为主要任务的“蓝色梦幻”音乐软件公司，首先涉足国民音乐教育领域，在两年多时间里为人民音乐出版社出版的小学至初中全部9个年级18册音乐教材开发配置了成套的18张多媒体软件光盘，同时还有我国第一部简谱学习软件《简谱学习20课》。随即进军专业音乐教育领域，又以两年多时间开发完成了《乐理新思路教程》，由两本“书面教程”和两部“软件教程”（共3张光盘）组成。之所以叫做“软件教程”，是因为不再是单一听觉训练功能的“教学辅助软件”，而是融合了乐理学习和听觉训练两个方面，包含讲课、听音、演示、出题、练习、改错、测验、评分等所有教学环节，既有生动、形象的多媒体课件演示，又有智能、互动的新型习题，从“教”的方面说，可以为教师授课提供丰富的资源和课件，从“学”的方面说，可以为学生提供自学和练习的充分条件，只要有一台电脑、一套软件，作为每一个音乐学生音乐基础的乐理和听力，包括学习和练习，就都可以完成，不再需要电子合成器和钢琴，甚至五线谱纸也可以由电脑软件打印。这样，在不到8年的时间，我国的音乐教育软件跨越了三大步：

① 引进国外音乐教育辅助软件并加以本地化；② 自主开发本国音乐教育辅助软件；③ 自主开发音乐教育载体的新型组合——所有教学内容同时由纸质书本和多媒体软件程序共同表述、相互整合，相辅相成。完整的音乐教育本来就应该包括声音、文字、图形多种媒体形式，缺失了声音的音乐教科书，

就好像是看不见图画的美术教科书一样，千百年来限于条件、出于无奈，现在好了，有了现代科技，有了电脑音乐，终于“回归自然”了！

2003年仅仅是新的世纪的第3个年头，我们欣喜的看到数码艺术在中国已经呈现繁荣景象，正在成为燎原之势。在人类艺术发展的长河中，如此猛烈、如此迅速的发展和撞击是前所未有的。探究其原因，我想至少有三条：

第一、计算机技术的迅猛发展，将一切艺术形式都转化为两个数字：0和1，揭示了各种艺术形式同质同构的内在本质。各种艺术形式在几千年来呈现给人们的绚丽多端的千姿百态之中，由于这共同的0和1显示出深层的相同相通的共同性、交汇性和交互性，当然会促进各种数码艺术的交流和发展。

第二、正如以前我们说过“电脑音乐是音乐艺术与现代电子技术交融的结晶”那样，数码艺术是各种艺术形式与现代电子信息技术交融的结晶。这是艺术与科学两极的碰撞，这是心灵与技术两极的碰撞，这是想象力与创造力两极的碰撞，无可避免的会催生出、开创出人类艺术前所未有的奇葩——数码艺术。

第三、与艺术历史上许多新风格、新流派的发生发展的漫长过程相比，数码艺术由于处于科学与社会飞速发展的后工业时代或者信息时代，从一开始就具有创造意识上的自主性和自觉性。时间被浓缩了，历史被加速了。数码艺术家面临的是他们的前辈从来不能想象、也从来不曾遇到的广阔的机遇和严峻的考验。

我们还不能不注意到由于远程信息传播技术的发展给数码艺术家带来的新的挑战。

网络时代的传播革命正在悄然进行。过去的10年，超过以往的百年，甚至千年。

我们看到：

——现代网络传播技术打破了艺术传播时间与空间的限制，既可以实现时空分离，又可以实现时空同步；多种媒体形式自由翱翔，不仅实际场景能够扩展到任意空间，还能够人为创造虚拟空间。

——现代网络传播技术赋予数码艺术复制无损、无限、无距离的崭新特点，使得有限的艺术资源能够无限扩展、无限共享。

——现代网络传播技术开创了信息平等的新时代，改写了接受美学；艺术的受众真正拥有内容、时间、地点的选择权，艺术传播由被动发展为主动，由单向发展为交互。

——现代数码艺术家必须学会在一个飞速发展的、完全开放的艺术世界中寻找自己、实现自己。

激流之中容不得扁舟慢船，不在创造中升华，就在竞争中消亡。

让我们振作精神、更新思维，迎接数码艺术的激流！

作者简介：舒泽池，男，1942年生，祖籍湖南溆浦。1966年毕业于中央音乐学院作曲系。曾在四川省歌舞剧院担任驻院作曲家多年。1986年以后在中国音乐家协会先后担任《人民音乐》副主编、电子音乐咨询中心副主任暨电脑音乐工作室主任、《音乐创作》特约编委、组联部副主任、社会音乐部主任、音乐教育委员会常务副主任。2003年受聘担任民进中央参政议政特约研究员。舒泽池在音乐方面的活动涉足音乐创作、音乐理论、电脑音乐和音乐教育等诸多方面。在电脑音乐方面，1987年在王立平同志倡导下参加中国音协电子音乐咨询中心以及全国第一个电脑音乐工作室的筹建工作，从事电脑音乐创作和基础理论建设、国外音乐软件本地化工作。1998年开始开发国内第一套音乐教育软件——中国音协“音乐基本素养”考级和水平测试软件。为中小学九年义务制音乐教材全面配置了18张电脑多媒体教学光盘，继《简谱学习20课》多媒体软件之后，已经开发出《乐理新思路》、《音乐考生听力冲刺》等专业音乐教育软件教程和书面教程；多年来在电脑音乐专业领域还有《电脑音乐刍论》、《电脑音乐漫谈》等多本专著发表。

如何保留民族乐器的音色特征

韩宝强

纵览乐器发展，从9000年前的贾湖骨笛，到今天种类繁多的笛类乐器，制作材料在变，工艺在变，形制在变，演奏方式在变，声音自然也在变，惟一不变的，只有乐器本身的固有属性——它依然是一种吹管乐器。

骨笛的演变，可以看作世界乐器发展的一个缩影，同时也为今天乐器改良工作提供了一个重要启示，即：只要乐器本身的固有属性能够保留，其他的因素——从材料到制作工艺、从外形到声音——皆可以改变。如若变化的结果得到大多数人的肯定，我们便可称之为“乐器改良”①。

在有关民族乐器改良问题的讨论中，有一个较为普遍的看法，即：音色代表着乐器的根本，所有乐器的改良，皆应在保持音色不变的前提下进行②。这种观点从理论层面上讲似乎言之成理，但从音乐实践角度讲却存在一些问题。对此，笔者结合多年对改良乐器工作的接触，谈谈自己的看法。

一、判定音色变化技术不成熟

“音色”(timbre 或 tone color)，属于声音四要素中一个比较关键的因素，相对于其他三个要素（音高、音量、音长）而言，音色最能体现一件乐器的声音特征。举个例子，我们让二胡和小提琴在相同音高、音量情况下发出时间长度相等的声音，人们依然可以分辨出二者之间的差别。但如果是两件相同音色的乐器，二者之间在音高、音量或音长方面稍有不同，普通听者就很难分辨其差异。再用一个形象化的比喻，音色就好比一个人的内在气质，有时我们会因身体不适而变得动作迟缓（相当于音长发生变化）、无力（音量不够）、不到位（音高偏低），但别人并不会将我们判若他人，因为一个人的内在气质不会在短时间内发生根本性变化。

然而音色也是一个非常难于把握的因素。浏览中外音乐教科书和辞典，你会发现所有关于音色的定义都比较模糊。因为该词借用了视觉范畴中的色彩概念，却又与颜色没有任何联系，故在词义的界定方面存在较多分歧。人们对色彩的感知，虽然具有一定主观性，但因其色彩本身具有可视性和直观性，因此，一般情况下除了色盲，普通人对某一种颜色的认定不会有根本性的分歧。譬如，谁都不会把红色说成绿色，更不会犯“颠倒黑白”的错误。而音色不然，因其看不见、摸不着，更没有专门测量音色的仪器，大家都是凭自己的主观感受来表达观点。因此，如何定义“音的色彩”就成了令众理论家头疼的事。有的词典干脆用排除法来定义这个词，谓之“能够将音高、音强都相同的两个音区别开来的一种声音属性”③。定义尚难做出，判断音色是否发生了变化自然无从谈起。

音色问题之所以难以把握，说到底是因为目前没有仪器可以对其进行测量(音高、音强和音长都可以用仪器来检测)。理论上讲，从频谱和起始瞬态波形角度可以对不同音色作一定程度的区分，但目前的分析理论和仪器发展水平，尚无法实现仪器测量结果与人的主观感受完全一致。这就意味着，对音色变化的评价，还离不开人的主观听觉的参与。然而人的主观听觉不像仪器，不能做到严格重复，因此有可能出现这样的情况：音色没有变化，但受不同环境的影响，从而导致主观判定音色发生了变化；或者音色已经有了变化，但由于感觉器官已经疲劳，进而判定声音无变化。如果由乐器改良者本人进行主观判定，这种误差将会更大。

在多年对改良乐器进行检测的实践中，我们使用的较为成熟的做法，是以主观判定为主，客观测量分析为辅，即“先定性、后定量”的方法。其具体程序是：首先请一些专家对被改良乐器的音色做主观评价，如若意见非常统一，就以专家的意见为最终判定结果；如若专家意见不一致，则对乐器进行频谱和波形分析，从客观角度比较乐器改良前后的声音变化，再利用频谱与音色感知相关性的理论，对声音的特征做出一般性描述，从而帮助专家对音色重新进行主观判定。

这种方法行之有效，但目前使用得并不普遍，主要原因是许多地方不具备客观检测的能力，甚至连相关的专家都很难找到。因此就全国大多数地区的实际情况而言，在民族乐器改良过程中，由于不能做到主、客观检测手段严格对照，人们很难对音色变化进行有科学意义的判定。在此情况下，对音色“变”与“不变”的讨论往往流于个人主观意向，与乐器音色的真实状况有较大距离。总之，音色问题说起来简单，一旦从科学角度对其进行分析，却又是非常复杂的问题。由此而言，在民族乐器音色的继承上，应当首先要解决的一个根本问题，是如何判定音色是否发生了变化。对此，乐器改良工作者应当予以充分的重视。

二、缺乏标准音色样本库

常言道，有比较才有鉴别。要判定乐器音色的“变”与“不变”，首先要有一个可供比对的标准音色样本才行，其作用就好比彩色印刷界使用的色标，没有这样一个样本，谁能肯定地判断出改良乐器的音色到底是“变了”还是“没有变”呢？然而什么样的乐器才能作为声音样本呢？以二胡为例，在确立二胡的音色样本，就要找到一把最有代表性的二胡，这绝非容易解决的问题。众所周知，我国民族乐器工业的标准化工作并不完善，各个乐器厂家生产的二胡可谓“百花齐放”。加上南北方在地域、制作流派和气候等因素的影响，二胡的声音根本无法统一。由此来讲，仅仅一把二胡的音色肯定不能代表所有的二胡，那么如何科学地解决这个问题呢？笔者在10多年曾经对此进行过一些探索，其初衷是为了保护濒临灭绝的民族乐器音响资源。其中，曾专门就如何建立“民族乐器音色库”的方法提出过一些应当注意的建议，在今天看来，对于“民族乐器音色样本库”的建设也具有一定参考价值，在此择要如下：

(1) 音色种类齐全。这是一个核心问题。因为只有收集到种类齐全的乐器音色，民族乐器音色库才能真正具备“库”的功能，所以，采录范围必须是全方位的：各个地区、民族、年代、种类的乐器，都要采录入库。有些乐器虽类别相同，但由于采用不同材料和制作工艺制成，音色存有一定差异，因而也要分别进行采录。出土乐器，只要仍能正常发声，也应加以采录。在采录内容上，要根据每件乐器的演奏、发音特征进行调整，但总的原则是要包括乐器全音域内所有的音，以及所有常规及特殊演奏技法，还要包括一段最能概括乐器音色特征的乐曲。

(2) 具有代表性。音色库内的音色是否具有代表性，会影响到音色库的可信度。我们认为，音色的代表性主要由两方面的因素决定：一是乐器本身的音响质量，二是演奏者的演奏水平。一般来讲，高水平的演奏者总是使用质量较好的乐器，因此，我们应尽可能采用高水平演奏者的乐器。

(3) 高保真度。"保真度"是指声源与录音资料在声音方面的差异，"高保真度"就意味着二者之间的差异极小。保真度对音色库实际使用价值的影响最大，因为采录的音色本身如果存在较大失真，即使采录的音色再多也无济于事。在录音技术上应注意两点：①不要使用任何音效器材(如均衡器、混响延时器等)，尽量保持声音的"本色"②要注意将演奏中产生的一些必要的噪音成份(如吹奏时的气息声、古琴演奏时的划弦声等)作为音色的一个组成部分而予以保留。

(4) 资料完整。资料的完整性主要体现在与采录音色工作有关的背景文字(或图像)资料要尽可能详尽。需建立起这样的观念：背景文字(或图像)应是整个音响资料中不可缺少的一个组成部分。对于今后的计算机音乐信息的存储和检索工作来说，详尽而准确的文字资料是必不可少的重要基础。对于音色库来说，其背景资料至少要包括以下及项内容：①乐器名称；②乐器制作者；③乐器制作时间和地点；④乐器演奏者；⑤录音时间、地点及环境条件；⑥录音内容；⑦乐器演奏照片。如果条件允许，最好用文字说明所录乐器的结构特征、在当地的应用情况，等等。

(5) 使用方便。音色库的结构形式应尽可能地符合计算机信息处理的要求，同时还要便于声音采样和音响分析研究。

(6) 可扩展性。因为乐器总是在不断发展，因此，音色库在结构和容量上都要为将来的内容扩充做好准备。④

有了符合上述要求的音色样本库，当我们进行乐器改良时，就能很容易地进行音色对比，从而清楚地判定出改良乐器的音色是否发生了变化、或者说发生了什么样的变化。不仅如此，所有民族乐器厂家也可以从中受益，因为音色样本库可以保证自己出产的乐器在音色上的"纯正性"。

10多年前笔者开始建立的民族乐器音色库，由于资金匮乏，直到今天仍然停留在不到100件乐器音色的水平，但其技术架构完全可以移植到改良民族乐器音色样本库来使用。就此而言，目前确立民族乐器音色样本库的最大难题，并非技术，而是财政资金的支持。

三、多元因素影响音色变化

从贾湖骨笛的演变已经可以看出，凡乐器改良势必对声音产生影响，这符合事物历史发展的必然规律。音色也不例外，那种希望在保持音色不变的情况对乐器进行改良的想法固然美好，但从音乐声学角度看，除非不涉及声音的改良(这一点很难做到)，否则必然对音色产生影响，只是变化显著与否的问题。还以二胡为例，短短50多年的时间，阿炳当年演奏《二泉映月》的二胡，与今天生产的二胡在音色上(主要是明亮度)不是已经有了很大差异吗？我们可以设想，如果阿炳活到今天，他也会欣然接受今天的二胡音色，这是人类追求声音美感的本性使然。

乐器音色的变化有时还会受到自然条件变化的影响，具有某种不可抗拒性。譬如，贾湖骨笛的材料，是来自丹顶鹤的翅骨。从考古挖掘出大量的骨笛情况来分析，9000年以前，河南舞阳地区应当有大量丹顶鹤存在。但是今天，丹顶鹤已经成为国家一类保护鸟类动物，再取其翅骨制作笛子岂不犯了国家大法？原材料断绝，骨笛的音色自然会随之消失了。再举一例，由于蟒也已经列为我国一类保护动物，以蟒皮为原材料的乐器，如二胡、三弦、八角鼓等乐器，都需要改用其他材料作为替代品。从声学角度讲，任何替代材料在弹性模量上都很难与原有材料完全一致，因此声音（包括音色）的改变完全在预料之中。在这种情况下，如果还一味强调保留原来音色，颇有"强人所难"之嫌。

众所周知，音色与演奏技巧有很大关系。有时，改良乐器的音色会因演奏技法的改变而改变。譬如，我国一些民族吹管乐器，如笛、唢呐、笙等在改良过程中加上了变音键，一些传统演奏方法，如抹音、历音、滑音等受到了一定影响，传统的音色因而也就随之消失，这应当说是一种损失，或者也可以说是一种为换取变音自由而付出的代价。这种改良并不就意味着对传统音乐的破坏，因为在民间——传统音乐的大本营——民间艺人依然可以根据自己好恶，来决定使用什么样的乐器。如果因为担心音色的改变而拒绝给竹笛加键，反过来对今天民族交响乐队的建设不会产生不利的影响，不是同样对民族音乐发展产生不利影响吗？

我们应当意识到，乐器改良也并非都是"替代"过程，换言之，某种乐器一旦被改良，并不意味着它的原型也就不复存在。以中国民族乐器——笙为例，从古至今，笙的改良层出不穷，今天常用的就有十七簧笙、二十一簧笙、带扩音管的二十四簧加键笙、三十六簧加键笙等类型；与此同时，在民间音乐社团，十三、十四簧笙依然在使用。再用西洋的钢琴为例，钢琴的前身是拨弦古钢琴，也称作羽管琴键。随着17世纪欧洲音乐迅速发展，音量弱小的拨弦古钢琴已不能满足当时音乐家们的需要。1698年，意大利佛罗伦萨的一位名叫克里斯托福里（B. Cristofori, 1655年－1731年）的乐器制作大师，以拨弦古钢琴为原形，制作出一架被称为具有"强弱音变化的古钢琴"⑤，也就今天钢琴的前身。经过300多年的改良，今日钢琴的音色与古钢琴已迥然不同，但欧洲人并没有让钢琴的前身——古钢琴就此消亡。这种情况说明，大多数改良乐器只是对原乐器品种上的一种补充和丰富，并非完全取代。而这种补充和丰富，正是推动乐器发展的真正动力。

四、如何保留民族乐器音色特征

综上可以看出，由于在判定音色变化上存在难度、缺乏标准音色样本库、以及多元因素影响音色变化，因此可以断定，在民族乐器改良过程中，音色变化是不可避免的。

从历史发展眼光来看，乐器音色变化具有永恒性和绝对性，保持音色稳定只能是暂时的、相对的。中华音乐文明之路漫漫，惟有经过多彩的民族乐器音色的装点，我们的音乐才能发展到今天的高度。因此，所有乐器改良者和关心乐器改良的人士不仅不应担心、反而应当欢迎音色的变化。如果是出于保护民族音乐风格的角度来强调民族乐器音色的保留问题，我认为我们目前应当急需做好以下工作：

(1)尽快建立全国民族乐器标准音色样本库。这样一方面可以抢救濒临消亡的民族乐器，特别是少数民族乐器，同时可以为乐器厂家提供标准音色样本，帮助厂家提高乐器音质水平，增加效益。此项工作应当作为一项保护国家资源的课题，纳入国家发展计划，以保证音色样本库的纯正和公正。

(2)加强民族乐器标准化工作，改良技术手段、提高普通档民族乐器的制作工艺水平，让普通百姓能够用上符合音乐表演要求的民族乐器。

(3)尽快推进以人造材料替代国家保护动植物的研究工作，力争在短时期内开发出符合民族乐器声学要求的替代材料。

(4)加强民族乐器基础理论和乐器声学研究，普及乐器改良知识，提高生产者乐器改良的自觉意识，从而带动民族乐器工业整体水平的提高。

汉代思想家董仲舒曾言："天不变，道亦不变"。我坚信，在民族乐器音色特征的保护问题上，只要我们继承中华民族音乐传统的意识不变，民族乐器音色亦不会改变。

注：①在20世纪60年代以前，我国文献中使用"乐器改良"一词的情况较多，极少见到"乐器改革"。60年代以后，使用"乐器改革"者渐多。单纯从语义上讲，"乐器改良"是对乐器变化的褒义性表达，能够概括乐器演进的本质，而"乐器改革"一词没有此内涵，因此，笔者更愿意使用"乐器改良"。

②较有代表性的文章可见毛继增先生《中国民族乐器的发展趋势——乐器改良，《艺术科技》1995.04，p.32

③见Sadie，S.主编（1980）. New Grove Dictionary of Music and Musicians，timbre词条，伦敦Macmillan 出版社

④见韩宝强、项阳《建立"中国民族乐器音色库"的构想与实施》，《中国音乐学》1993.02

⑤见Stanley Sadie：The New grove dictionary of Music and Musician."Piano"条目.1980，Macmillan Pub.)

作者简介：韩宝强，1977年～1984年在天津音乐学院作曲系本科和民族音乐学硕士课程学习；1986年在中国艺术研究院研究生部、南京大学信息物理系读博士；1990年～1991年德国埃森大学音乐系学习计算机音乐理论；1995年～2000年分别在Osnabrueck大学音乐系和美国斯坦福大学计算机音乐与声学研发中心作高级访问学者。目前就职于中国艺术研究院音乐研究所。

保持传统的"四五度分律法"
推广先进的"三六度分律法"

程柏青

进入新世纪的近两年，我国钢琴调律界继20世纪70年代末，再一次掀起"三六度分律法"的调律研讨新热潮，这次研讨比70年代末更广泛更热烈，《中国乐器》刊登的多篇专论文便是例证。

笔者近年来走访调研过多个城市、地区的过百名调律工作者，先是兴奋后却有点失望。为此本文提出以下调研观点：在推广先进的"三六度分律法"时(以下简称"三六法")，不要摒弃传统的"四五度分律法(以下简称"四五法")。

本人也是从1977年《乐器科技》杂志上译美国文得知可用三六度音程检验四五度分律，即可用三六度音程分律。于是先后在手风琴、脚踏风琴、钢琴上进行三六度分律实习，苦练了4年，才于1982年掌握了"三六法"。因自己社交不广，一直未遇同道者。遗憾的是，1993年遇上第一个懂"三六法"的竟然是外国人——世界著名钢琴设计制造大师德国的芬拿先生。虽然他先是惊讶然后赞叹中国人也能掌握此法，但我却因国人懂者不多而深感尴尬。期后几年中，亦偶遇上懂者数人。

再谈本次调研，被访的过百调律者，50%的人

说自己会“三六法”，或正在掌握中，深入细谈切磋下去，真正掌握者不足5%。举例一个从事调律工作15年的被访者用440Hz的音叉，在钢琴上不会调出445Hz的音高。以上综合可见：是实习，学会“三六法”不容易；是真正掌握“三六法”者不多。

鉴于目前绝大多数人还是掌握着具有传统实用性、广泛基础性、行之有效性以及钢琴使用者的普遍接受性之“四五法”，加上金字塔式的“国家职业标准”等级划分，掌握基础技能的人还是大多数。所以，在钢琴调律的教学、应用过程中，保持“四五法”是十分必要的。

十二平均律中的四五度音程比值，接近“五度相生律”“纯律”中的比值，属协和音程，听起来和谐悦耳，且在众多音乐作品中(尤其是中国作品)，旋律及和弦大量运用。在日常生活中所接触到的音乐欣赏几乎处处存在，这种四五度音程发音效果之潜而默化，令学习调律者朗朗上口，极易熟习，这是教授掌握“四五法”的优势。反之，三六度音程本属不完全协和音程，又在音乐演奏上除键盘乐器(个别十二平均律定律乐器)呈现——十二平均律之三六度音程——每秒约8次“拍频”的物理现象外，大量的歌唱形式、室内乐演奏，尤其是弦乐四重奏，甚至是交响乐演奏，其三六度音程出现的形式都是靠近“纯律”，即近乎无“拍频”，这对“三六法”的学习者来说无疑是劣势。对于一些数不出音乐演奏中出现每秒8个～12个32分音符的学习者来说，此法如一堵不可超越的墙。所以学习“三六法”要比学习“四五法”多付出十倍的努力和艰辛。

更值得一提的是，在我们推广先进的“三六法”时，如教学过程中，如刊登的专论文、宣传文中，都不要做出误导：如“四五法”如何如何的落后过时；没有掌握“三六法”的不是一个好调律师。不要有意无意地令到大多数未能掌握“三六法”的调律工作者产生自卑感。

那么，如何保持传统的“四五法”，推广先进的“三六法”呢。笔者在传授“三六法”时做过实验。一组人在已掌握“四五法”的基础上学“三六法”，结果有学会者，有悟到者，有学不会者。另一组完全不懂“四五法”的人直接学“三六法”，结果只有一人学会，其余的均自己转学“四五法”且立时掌握。笔者又做过多次实验，自己分别用两法分律，结果是“三六法”音准精确(基准组各音误差为0至+3音分)，但耗时长(需10分钟)。“四五法”耗时短(只需5分钟)，但精确度不高(各音误差为−3至+3音分)。又实验两法同时并用，交叉取律、交叉检验，结果耗时同是5分钟，精度(各音误差为0至+4音分)。各法相比，两法并用为最佳，效率最高。由此可知，在钢琴调律的教学和应用过程中，以“四五法”为基础，以“三六法”为目标，既保持和发扬传统的“四五法”又推广和追求先进的“三六法”，使两者成为有机的结合，令我们的调律水平得以不断提高。

以上对调律的讨论仅为敲门砖，绝非试金石，且试图令调律学习者以正确的认识和方法去掌握“四五度分律法”和“三六度分律法”。

作者简介：程柏青，中国乐器协会钢琴调律师分会副会长，高级技师，现任职于广州珠江钢琴集团公司。

【综合篇】

中国乐器年鉴
CHINA MUSIC INSTRUMENT YEARBOOK
(2003～2004)

年　度　报　告

“入世”第一年的中国乐器工业
——2002年中国乐器工业年度发展报告

中国乐器协会信息部

一、综述

2002年，是对中国发展具有重大而深远意义的一年，该年中国共产党胜利召开了第十六次全国代表大会的一年、同时也是中国加入WTO的第一年和中国申办“世博会”获得成功的一年。

中国乐器行业从“九五”开始，连续几年大幅度增长上升。2002年，在党的“十六大”精神指引下，中国的乐器行业继续快速发展，但同时也受到了严重挑战。

乐器行业在过去一年中，在世界经济持续低迷的影响下，国内经济出现就业形势严峻，下岗职工增加等不利因素。部分乐器产品供大于求，销售形势不畅等问题都对乐器行业产生了不利影响，但是乐器行业全体职工克服了重重困难，不断创新，与时俱进，终于取得了好于去年，经济效益稳定增长的好成绩，乐器行业所取得的大好形势是来之不易的。

2002年，乐器行业各项工作所取得的显著业绩受到党和人民的关注和肯定。2002年6月13日，胡锦涛同志视察了营口东北钢琴集团公司，再次体现了党中央、国务院对乐器工业的关怀和支持。2002年9月1日，广州珠江钢琴集团公司被中国名牌战略推进委员会选为16家“最具竞争力的向世界名牌进军的中国企业”之一。 2002年6月，广州珠江钢琴集团公司、北京星海乐器有限责任公司、烟台龙凤钢琴公司被中国轻工业联合会评选为“2002年度质量效益型先进企业”。2002年10月，营口东北钢琴集团公司生产的“诺地斯卡牌钢琴”被评选为“2002年国家经贸委重点新产品”。

2002年，中国乐器工业经济效益呈继续增长的态势。乐器产品出口额达到4.9亿美元，比2001年增加了20%。其中钢琴出口量比上年增长16%，钢琴产量比上年提高11.47%，西管乐器产量比上年增加37%，出口量增加了72%。

2002年，中国乐器行业所组织的各项活动丰富多彩，引人注目。由中国乐器协会、德国法兰克福展览公司、上海国际展览中心主办的“2002中国（上海）国际乐器展览会”于10月17日在上海举办，这是世界第一大乐器展览公司在境外与中国乐器协会共同举办展览会，这次展览会在社会的关注和广泛参与下，取得了圆满的成功。为今后把中国办成世界第三大乐器展览会进行了有益的尝试。北京星海乐器有限责任公司在全国近20个省市范围举办了第14届“星海杯”全国青少年钢琴比赛，广州珠江钢琴集团公司在2002年10月在江苏南京举办了全国高校钢琴基本功比赛，营口东北集团钢琴公司在2002年8月在营口市与中央电视台共同举办了“爱护我们的家园”母亲节大型文艺活动，100台诺地斯卡钢琴齐奏对观众产生了强烈的震撼。上海钢琴公司公司也在2002年11月举办的上海音乐节上拿出了100台施特劳斯钢琴在露天广场演奏，中央电视台对此进行了报导；国家轻工业乐器质量监督检测中心与中国扬琴学会共同举办了中国扬琴改革研讨会，有力地推进了中国扬琴的改革进程。

2002年，乐器行业多种所有制经济共同发展继续得到充分的体现，国有大型乐器生产企业巩固发展，经济效益稳定增长，保持了乐器行业的龙头地位。非公有制乐器企业在2002年得到了飞速的发展，一些国有、集体改制成为股份制企业或民营企业。民营乐器生产已经成为乐器行业的重要力量，产品占有率不断上升，2002年是民营乐器行业快速发展，充满活力的一年。外资乐器生产企业在中国“入世”第一年，加快了进入中国的步伐，规模效益开始显现。美国、日本、韩国及欧洲、我国的香港、台湾地区在广东、山东、天津、浙江等省市建立了钢琴、西管乐器、电声乐器企业，有些乐器大国开始在中国正式注册成立公司。

2002年，各省市提高了对乐器工业的重视程度。辽宁省营口市提出了建立“中国第一乐器城”的新思路。天津静海县根据乐器工业大发展提出成立“静海乐器集团”的计划。浙江德清县根据钢琴工业相对集中的形势，成立了德清县钢琴协会。上海民族乐器一厂在打“文化产业”牌方面积累了丰富的经验，2002他们在上海市政府的支持下，在上海大剧院举办乐器展览，出版多种介绍乐器的图书，并深入社区进行普及民族乐器的群众文化工作，不仅提高了企业的社会地位，也给企业带来了巨大的经济效益。

2002年，乐器行业科技创新、新产品开发工作取得新的成绩，人才培训工作加快速度。劳动与社会保障部出台了加快职业技能资格考核的制度，钢琴调律师成为乐器行业第一个国家职业资格考核的特有工种。钢琴调律师职业标准完成起草制定工作，民族乐器职业标准的制定工作也在开始。北京、广州、上海成立职业资格鉴定站，首批26名调律师考评员通过考核，北京、上海102名钢琴调律师通过了调律师职业资格考核。国内各主要生产企业加快了技术工人的考核上岗工作，大约有近百名技术工人被评为技师和高级技师职称。乐器行业的新产品创新速度不断提高，据统计，共推出200种新产品，新增产值5000余万元，其中营口新概念三角钢琴、广州珠江11英尺三角钢琴、北京星海琴盖缓降钢琴和双巴小号、上海钢琴公司适合时尚的21种钢琴新款式、上海民族乐器一厂马林巴木琴均迅速推向市场。各企业加快了技术改造的步伐，北京星海工业园区已进入实施阶段，首期钢琴技术改造已经完成。凤灵泰兴乐器有限公司与中国音乐研究所合作，共同进行乐器声学检测项目开始启动。

2002是中国乐器行业不断走上规范管理，行业协会综合协调能力不断强化的一年。这一年，在中国乐器协会钢琴分会、吉他专业委员会、提琴制作师分会、民族乐器分会、电鸣乐器分会相继成立并开展行业活动，提琴专业委员会召开了一届二次会议。乐器行业各分支机构分别制定了行规行约，对遏止市场上低价倾销、高额回扣的恶性竞争现象起到了一定作用。

二、钢琴工业

2002年，中国钢琴制造业在连续4年产量实现两位数增长的基础上，又有了新的发展，总产量达到29.78万架，比上一年增长11.73%。

据中国乐器协会信息部统计，国内现有钢琴生产企业46个，比上一年增加了53.57%。

中国钢琴产量连续5年不断增长的态势，引起世界乐器界的广泛关注。到底中国钢琴业处于世界钢琴制造业什么地位？是每个钢琴界人士关心的问题。

据了解，目前世界大约有20个国家生产钢琴，其中：有欧洲的德国、意大利、奥地利、英国、俄罗斯、捷克，亚洲的日本、韩国、中国、印尼和我国台湾地区，还有美国等国家。前几年日本的雅马哈产量最大，最高产量曾达到年产33万架，后来韩国的三益、英昌钢琴都曾有过辉煌的时候。但到20世纪末，由于世界经济的衰退和国内市场的饱和，日本和韩国钢琴产量急剧下降，日本钢琴产量降到10万架以下。2002年，全世界钢琴总产量大约为75万架。而中国钢琴29万架的总产量已经成为世界最大的钢琴生产国，约占全世界总产量的40%。其中广州珠江钢琴集团有限公司年产7万架成为世界上最大的钢琴生产企业。

在世界钢琴制造史上，取得钢琴最大生产国位置的有3个，一是美国，20世纪生产量最高达到10万架，用了30年时间。二是日本，钢琴从20世纪50年代到70年代，经过20年的发展达到了年产30万架的数量。而我们中国钢琴生产是从1997年到今天，用了5年达到了年产近30万架，达到世界第一的位置。

中国成为世界瞩目的钢琴主要生产国，表现在以下几个方面：

1.占中国钢琴主导地位的国有企业，稳定发展

国企钢琴总产量占全国钢琴产量的60%以上。中国钢琴名牌效应开始显露。如珠江、星海、诺地斯卡、施特劳斯、金斯伯格。其中，广州珠江钢琴集团海外发展战略在美国全线告捷，2002年珠江钢琴全年出口2217万元美金。在美国销售8000架，市场占有率达到11%。北京星海钢琴年创外汇1043万元美元。东北钢琴集团三角钢琴出口取得了历史性的突破，达到4000架。

2.中小钢琴企业发展迅速，产量急剧上升

2002年，中小型钢琴生产企业达到42个，比上一年增加了110%；产量达到12.93万架，也比上年增加130%。中国钢琴生产企业增加速度惊人。

3.外资钢琴企业发展突飞猛进

继前几年世界最大的钢琴企业纷纷把目光转向中国，在中国建立钢琴生产企业，雅马哈、英昌、卡瓦依进入中国合资生产钢琴以后，在2002年又有了新的进展。萧山雅马哈从钢琴部件生产转为成品生产，卡瓦依从合作生产逐步转为独资生产。此外，韩国世正集团又斥资3000万美元，建立了青岛世正乐器公司。我国香港的柏斯琴行在湖北宜昌、广东东莞建立了独资钢琴生产企业。此外，世界最顶级的钢琴企业德国施坦威和意大利法芝欧尼都以不同方式进入中国。

4.国有及合资大中型钢琴企业通过引进世界高新技术，聘请世界钢琴专家，大规模技术改造缩短了中国钢琴与世界的差距

中国钢琴已经从低档钢琴占主流向中高档钢琴发展。钢琴生产技术含量与世界接轨，产品质量接近日本及欧洲同类产品。其中有3个钢琴企业通过ISO9000认证，其中北京星海、烟台龙凤还完成了ISO14001环保认证。广州珠江、北京星海、上海中雅等建立了技术开发中心，实现了钢琴计算机设计，钢琴新型号的设计由过去的几个月缩短为几天。数控液压高新技术被广泛的应用到钢琴制造中。大约有近10个企业相继聘请德国、美国等国家的20名专家到钢琴厂来指导钢琴生产。这些措施都使中国的钢琴制造业有了脱胎换骨的改造。

5."国内和国外"环境给中国钢琴带来了难得的发展机遇

国际市场经济全球化的加速、中国入世，使中国经济从传统的计划经济融入世界贸易大家庭，中国钢琴制造业成为世界钢琴生产经营的重要组成部分，中国已经成为世界钢琴经销商定牌生产及订购产品的重要生产基地。再加上多年来，世界经济的

萎缩，一些大钢琴生产企业倒闭，钢琴市场暂时出现的空缺被中国钢琴制造业迅速填补。

国内，中国政治经济形势的繁荣稳定，人民生活水平进一步提高，以及一些相关的政策，如素质教育，开发中西部，扩大内需、发展房地产等都对乐器市场，特别是钢琴市场的扩充起到决定性的作用。

乐器生产成为艺术教育，音乐文化事业的重要组成部分。钢琴生产从来没有像现在这样与音乐文化教育结合得如此紧密。乐器在中国社会、生活各方面的地位有了明显的提高，随着人民生活水平的提高，恩格尔系数的不断降低，乐器生产已成为国民经济新的经济增长点。

中国钢琴制造业经过50多年的发展，已经由手工作坊式的生产方式发展为科技含量高、员工素质高的工业化生产。企业内部（大中型企业），从领导者的意识、企业发展战略、经营策略到生产布局，工艺路线、技术开发、质量管理已经具备世界发达国家钢琴生产的模式。特别是近几年中国钢琴生产大量引进高新技术，对钢琴生产结构进行革命性的改造，钢琴生产零部件专业化生产的进程加快，零部件质量不断提高。中国钢琴制造业不仅在数量有了超常的提高，同时在质量方面较前10年也有大幅度的提高。

2002年，中国钢琴虽然取得了骄人的业绩，但是在钢琴生产经营活动中出现的诸多问题，也影响了中国钢琴的健康发展。如市场不规范，回扣风盛行，钢琴发展生产过快过猛、钢琴产品的内在质量有待于进一步提高等等。

三、西管乐器制造业

2002年，中国管乐器制造业继续快速发展，总产量达到62.32万支，比上年增加35.56%，出口量达到38.64万支，比上年增加55%。企业数量有迅速的增长，达到了34个，比上年增加了7个。

过去一年整个西管乐器生产形势：

国有企业受到严重的挑战，北京管乐器厂、大连管乐器厂、广州珠江钢琴集团公司管乐器厂生产保持基本稳定，上海管乐器厂于2002年6月改制成为股份制企业。5个国有企业生产总量共计95026支，占总产量的15.24%，比上年下降了6.8%。

民营管乐器厂生产迅速发展，形成规模效益。其中河北金音乐器制造有限公司、天津津宝乐器公司、天津峦宇乐器有限公司、北京昌裕乐器有限公司、北京晨光乐器有限公司已经成为主要民营企业。河北金音乐器制造有限公司产量达到8.6万支，成为中国管乐器最大生产企业。这几个已经成立10年之久的民营管乐器生产企业，总产量已经达到22.86万支，占国内生产总量的35.83%。

小型管乐器企业风涌而起，主要集中在天津、河北、北京等地区，原来几乎没有管乐器生产的浙江、江苏等省，也开始有了管乐器厂。2002年小型管乐器厂出现了近20家。典型的是天津静海县管乐器生产厂，过去一年经过企业改制，原乡镇集体企业全部转制成为民营企业，大约有30多个企业进行管乐器的生产，成为当地县办工业的支柱产业，年销售收入达到8000万以上。

外资管乐器生产近几年稳定增长，随着中国管乐器产量的不断上升，学习管乐器的逐步普及，国内外对中高档管乐器的需求量有了新的市场。这种需求的增加，外资在中国发展管乐器生产逐步成熟，其中有美资在河北廊坊建立的大汉乐器公司、我国台资在天津杨村建立的功学社乐器公司、日本雅马哈在萧山建立的管乐器生产企业都已形成规模，总产量达到10万支左右(部分企业未在统计之列)，除少量内销以外，90%以上产量都出口到世界各地。

2002年，中国西管乐器发展态势：一方面管乐器生产急剧澎涨；另一方面管乐器市场出现新的变化，管乐器市场竞争激烈。90%以上的厂家不同程度遇到产品滞销的问题，这其中尤以国有乐器企业面临的形势最为严峻，销售艰难。

对近几年中国管乐器市场的分析，总体上认为，虽然中国管乐器经过连续几年的快速发展，总产量不断递增，但总体质量处于低档乐器，应用于普及初学者的范围以内。从国外市场看，由于中国管乐器相继进入国际市场，且价格处于国际市场最为廉价的位置，所以目前无论是国有企业还是民营企业均有相当的市场，如大连管乐器厂的低音铜管乐器一直在国际市场畅销，有固定的客户群体，河北金音、峦宇，天津津宝，北京晨光、昌裕等由于国外订单不断，生产计划均处于饱和的状态。

国内市场由于管乐器生产企业的骤增，生产量的急剧增长，使管乐器市场处于结构性供大于求的趋势，部分管乐器处于积压状态。据权威人士提供消息，小号在美国市场已经饱和，中国小号压在库内，有的商家说，只要是小号生意，免谈。国内市场也出现了管乐器市场的大路产品四大件(小号、萨克斯、长笛、黑管）在低价位的竞争。整个管乐器平均价位比2001年下降了20%（目前市场价格，萨克斯550元～600元，长笛320元～330元，黑管270元～280元，小号320元～330元。），目前市场出现不正常的恶性竞争现象，一方面是低档普及乐器供大于求，另一面市场中高档管乐器又出现短缺；一方面四大件压库，另一面高音及低音双簧管等管乐器又在市场上少见。造成这些问题的原因，主要是因为中国的西管乐器生产目前处于管乐器生产的初级阶段，员工技术素质还是初级阶段，一些新兴民营企业的管理及生产工艺主要是处于手工作坊式生产阶段，只注意外观,忽视内在的声学质量。生产存在盲目性，缺乏科学的决策，在低价竞争的过程中，甚至出现以次充好、以假乱真的欺骗行为。一些企业专门使用低质原材料，以降低成本。

四、提琴制造业

中国提琴制造业，几年前已经成为世界最大的提琴生产国，名扬四海了。德国、意大利、美国、韩国等提琴生产商、经营商纷纷把目光转向中国，建立了大大小小的独资或合资的提琴厂，使中国提琴制造业迅速扩大。

2002年，中国提琴制造业又打出了一个“小高潮”，提琴产量达到52.69万把，比上年增长了20.84%，（由于被统计的仅是部分企业，因此总产量还是保守的统计）。国内主要提琴生产企业的产量都较上年有了大幅度的增长，如泰兴凤灵乐器公司提琴总产量达到20.8万，比上年增长8.9%，北京华东乐器公司总产量达到8万把，比上年增长14.28%。主要提琴生产企业普遍反映，内外销市场都比上年要好，这些企业的出口订单都应接不暇，只能承交部分订单，凤灵乐器公司的出口比例达到97%，北京华东乐器公司出口比例达到90%，广州红棉提琴出口比例达到40%。

目前，中国提琴生产分成两种形式，一种是家庭作坊型精品生产，另一种是企业型规模生产。作坊型精品生产，也称×××提琴制作室，制作者称为提琴制作师，在社会上称为特种职业者。据不完全统计，目前我国有400人左右，主要集中在北京、上海、广州地区，在这些人中确有众多佼佼者，如郑荃、华天礽、朱明江等人，他们在参加世界提琴制作比赛总能捧回几个金银牌。2002年在美国的提琴比赛，中国人又拿到几块奖牌，由于他们在世界提琴比赛中获奖，确实使中国的提琴制造业有了较大的发展，缩小了与世界上提琴制作发达国家，意大利、法国、德国提琴制造业的差距，推动了中国普及提琴制造业的进程。为此，中国乐器协会于2002年10月筹备成立了提琴制作师分会，第一批会员100余人，使提琴制作者开始有了自已的团体组织。

规模生产企业在2002年又有了较大的发展，形成了泰兴溪桥、广东红棉、北京平谷东高村三个主要提琴生产基地。江苏泰兴溪桥镇已经成为中国的提琴之乡，全镇在原有17个注册企业的基础上，又增加了3个企业。全镇3.5万人中大约有6千人在从事提琴生产，占全镇人口的20%，总产值达到1.6亿元，成为溪桥镇的第一支柱产业，目前全镇较大的提琴企业有凤灵、斯坦特、琴艺、声威等。凤灵乐器公司2001年进入了世界225强行列，成为中国最大的提琴生产企业。

广东以红棉提琴为主，形成了多年来具有较大影响力的红棉提琴名牌效应，其他提琴生产多以手工作坊式生产形式而存在。广东红棉提琴在珠江钢琴集团的资金与技术的支持下，在提琴制作大师陈锦农、梁国辉的技术指导下，产品产量保持稳定，销售收入增长15%，产品质量不断提高，中高档提琴销售不断增长。同时，企业在内部管理开展了大量卓有成效的工作，进行了ISO9001-2000版的认证工作，2002年企业投资200万元用于硬件改造，使企业在管理上上了一个很大的台阶。

北京平谷东高村也是国内提琴的集中产地，全村有十几家提琴生产企业，大约有2000多人从事提琴生产。2002年提琴产量达到13万把，华东乐器公司、艺苑提琴、伊斯曼等企业，产量都在一万把以上，其中北京华东乐器公司年产量达到8万把，销售形势良好，产品主要销往美国和欧洲，北京市政府对平谷的提琴生产十分重视，计划投资1000万元，建立琴城工业区。2002年，250万无偿提供资金已经到位，以北京华东乐器公司为龙头的北京平谷琴城工业区开始筹建，再增1000亩地，平谷区在兴办琴城工业区的政策中，实行土地无偿使用，减免税收的政策以吸引外资进入。北京华东乐器公司计划在2003年实现生产11万把提琴的计划。

2002年提琴销售市场一方面出现持续增长的态势，另一方面市场不规范的行为较为突出，出现竞相降价的恶性竞争，甚至普档小提琴降到100元人民币左右。

五、民族乐器工业

2002年整个民族乐器市场，总体反映有所滑坡，上半年较差，下半年有所回升，到年底基本持平。目前，民族乐器生产主要集中在北京，上海，江苏苏州、扬州、徐州，河北饶阳、肃宁，天津静海，河南开封等地区，中西部地区主要是云南昆明、贵州玉屏等民族乐器厂。到2002年，国内民族乐器生产企业，除北京、上海国企民族乐器厂以外，全部改制为私有民营或股份制生产企业。

对重点民族乐器企业统计，2002年总产量达到38.08万件，比上年增长12.7%。上海民族乐器厂销售收入达到6920万元，苏州民族乐器一厂有限公司生产销售收入达到2500万，利润有较大增长。其他企业的产量基本与上年持平。但企业数量比上一年有了较大的增长，苏州地区民族乐器生产活跃，总产值大约达到500万元左右，主要以生产高档二胡为主。北京地区民族乐器手工作坊生产，规模大大扩充，目前有上规模的企业10家，他们采取前店后厂的形式，使企业知名度不断上升。其中满瑞兴琴行在国内外的影响不断提高。河北饶阳地区的民族乐器企业也由过去的三四家发展为数十家，其规模大小不等。

民族乐器生产的现状反映出：前几年民族乐器生产增长过快过猛，从业人员和企业数量大幅度增加，各地民族乐器生产企业如雨后春笋，国有、集体、私人手工作坊交织在一起。要从单个民族乐器生产厂统计，生产量基本持平，略有下降，但由于整个生产企业数量有了明显的增长，造成社会上民族乐器产量大幅度提高，产品质量参差不齐，形成民族乐器生产过热的状况。另一方面，近几年虽然城镇农村及中小学开始出现民族乐器“热学”现象，但由于中西部开发政策刚刚开始实施，农村文化事业刚刚抬头，器乐考级制度有所调整，民族乐器的师资力量有限，培训工作相对滞后，国内文化产业的多元性还不够等原因，使民族乐器生产发展速度大于文化产业的发展速度和老师培训的发展速度，一时造成了民族乐器生产过剩的局面。有权威人士说，近两三年，这种局面暂时得不到改观。

六、吉他制造业

2002年，中国吉他制造业继续保持世界产量第一的位置，中国已经成为世界吉他市场的生产基地。2002年中国吉他生产企业达100家，吉他产量约为211.6万把，占有世界市场80%以上的份额。

目前吉他经销及生产基本情况，表现为三个方面：

1. 企业数量产量不断增加

吉他生产厂主要集中在广东、福建地区，外资企业开始进入中国。随着中国入世，以及现代流行音乐市场的不断扩大，作为世界性大众乐器的吉他，包括木吉他和电吉他的需求量不断上升，国内生产吉他的企业数量有了较明显的增长，作为吉他生产的龙头企业，广州红棉吉他和四会星臣吉他的生产规模和产量稳定上升，特别是广东星臣吉他2002年产量达到90万把，比上年增加了50%，确立了国内吉他生产第一的位置。广东省是目前我国吉他生产最主要的地区。除此以外，在北京、山东近年来吉他生产企业不断出现，比较突出是山东青岛世正乐器公司，除生产钢琴以外，2002年从3月份正式生产以来，共生产了15万把吉他。

2. 吉他产品质量稳定提高，花色品种不断翻新，国内外市场旺销

从国内经销吉他的商家反映，由于目前国内吉他生产企业大多数是私有或外资企业，对产品质量格外注重，目前市场反映国产吉他的质量比较稳定，消费者反映良好。各企业注重了产品的开发，花色品种与国际接轨，及时满足国际市场的需求。目前国产吉他的花色品种已经有上千种之多，走进吉他销售专柜，可以说是五彩滨纷、淋琅满目，各种材料、各种功能、各种形制、各种颜色的吉他应有尽有，满足消费者的不同需求。广东四会华声乐器公司出口产量大约占90%，该公司为了扩大国内市场在保持生产总量不变的基础上，不得不采取削减国外订单的做法。

3. 吉他销售市场混乱，竞争激烈，普档吉他竞相降价

在目前吉他旺销的形势，也表现出吉他销售市场混乱的现象，一些企业反映，目前国内吉他市场太乱，主要反映在吉他品牌多，大量低档吉他冲斥于市，其中不乏有假冒吉他鱼目混珠。大量吉他在市场上的销售形成吉他产品的恶性竞争，低价销售，目前普及吉他的价格大约比上年降低20%左右。

七、打击乐器

打击乐器种类繁多，主要包括西乐器中的爵士鼓、定音鼓、军吊镲以及民族打击乐器中的各类民族鼓，响铜乐器以及小件打击乐器，如儿童打击乐器等，大约有数百个品种。这些打击乐器目前在我国基本都有生产。

爵士鼓，在我国一般叫架子鼓。近几年，我国架子鼓生产量逐年上升，品种质量和档次都有较大的提高。2002年总产量大约有14万套左右，主要集中在广州保嘉乐器有限公司、天津津宝乐器有限公司、天津哈普乐器有限公司，占国内产量的绝大多数，产品主要以出口为主，出口量占总产量的70%以上。其中，广州保嘉爵士鼓产量达到年产6万套，产值1.1亿。此外，还有10余个生产企业，产量相对较小。2002年，在广东深圳及江苏等地也出现了一些架子鼓的生产厂，但目前还未形成生产规模。另外还有位于天津杨村的台湾独资企业天津功学社乐器公司，每年也有数万套的架子鼓生产，产品全部销售到世界各地。

定音鼓，包括民族定音鼓。其生产地主要在江苏苏州，主要生产企业是苏州古吴乐器厂、苏州民族乐器一厂等单位，2002年共生产西洋定音鼓约80套，民族定音鼓180套，产品出口占45%左右。生产销售形势较为稳定。

军吊镲，近年来由于爵士鼓的广泛应用，吊镲国内外配用需求量大量增加。吊镲按使用材料划分，有用黄铜板冲压成形和铜锡合金铸锻（响铜）成形两类。目前，国内黄铜板吊镲主要生产企业是河北峦宇乐器厂，响铜吊镲主要生产企业为河北怀来锣厂，另有一些企业规模相对较小。2002年大约生产各类军吊镲400吨，计40万片吊镲，产值为2500万元。其中河北怀来锣厂年销售额达到1000万元，产品出口占总产量的90%，出口到10多个国家，生产经营数量连年递增。

民族鼓的使用和生产在我国分布较广，生产企业主要集中在山西、陕西、江西、河南、甘肃、广东、山东、安徽、北京等地，正规企业大约有30多个，私人作坊式生产企业为数也较多。还有根据当地民族风格生产的各类民族鼓品种繁多，如新疆手鼓，延吉朝鲜鼓、广东龙舟鼓等。2002年据不完全统计，大约共生产各类民族鼓10万个左右，丰富和繁荣了我国的城乡文化娱乐活动。

民族响铜乐器是中国民族乐器中的代表性乐器，各类锣、镲、碰钟有80多个品种。生产企业主要集中在山东、北京、河北、江苏、山西、湖北、广西、福建等省市，其中规模较大的是湖北武汉、山东周村、北京、天津、江苏苏州等地响铜乐器厂。

2002年，据统计，全国共生产民族响铜乐器100吨，

八、电声乐器

2002年我国电声乐器生产呈多元化，科技含量

不断增加的趋势。电声弦乐器、数码钢琴市场需求量不断上升，中低档电子琴市场销售稳中有降。

据了解，主导电声乐器市场的仍是日本雅马哈、卡西欧电子琴和国产深圳美得理、上海华新电子琴。但由于电声乐器呈多元化，智能化趋势，电子琴作为娱乐乐器的市场需求量正在不断减少，国内省市一级城市电子琴市场逐步饱和，电声乐器对中高档电子乐器，特别是数码钢琴的需求量大幅度上升。由此，国内主要电声乐器生产企业加大了对数码钢琴的开发力度，2002年，数码乐器占电声乐器总产量的比例有了明显的上升。而专业生产数码钢琴的武汉致嘉电子公司和深圳吟飞电子公司的数码钢琴的产量都较上年有了提高。一些企业看到数码乐器在中国未来的发展趋势，也开始转向研制生产数码乐器。此外，电吉他、电倍司、效果器等电子弦乐器的市场容量也在不断扩大，除国内生产企业增加产量之外，以青岛世正乐器公司为代表的外资公司充分利用中国的土地和劳动力资源，成倍增加电吉他的生产量，使中国的电声乐器市场与国际市场同步发展。

九、手风琴、风琴、口琴、口风琴、竖笛

手风琴生产，目前我国大约有6家企业，其中最大的是天津市乐器厂，属国有企业，其他为民营企业，分布在江苏、天津静海地区，近两年，广州珠江钢琴集团公司开始试生产手风琴。2002年，国内手风琴生产基本平稳，没有大的起伏，其中，河北香河乐器公司生产稳定，产销平衡。

风琴生产在2002年继续面临产量下滑，企业停产或改产的局面。全国全年风琴产量为23950万架，比上年下降14%，其中山东、江西、湖北等省市的风琴厂几乎全部关闭或停产。一些风琴企业改产生产钢琴、民族乐器、电子风琴、五金配件等产品，目前市场上销售的风琴产品有相当一部分是过去的库存，企业之间互相打价格战，有的风琴基本卖到300-400元。2002年风琴产量较大的生产企业有天津华韵乐器公司、北京通县风琴厂、上海丹凤乐器厂、浙江奉化风琴厂、重庆宏扬乐器厂。

口琴生产，目前主要集中在上海、江苏、天津等地区。2002年口琴生产呈上升趋势，出口量比上一年有了明显的增长。由于口琴市场的增长，造成口琴生产企业的增加，从原来的10余家增加到20多家，企业分布地区也从原来的上海、江苏扩大到浙江省，目前浙江省已经有了3家生产口琴的企业。由于口琴市场的扩大，也带来了口琴市场的不规范现象，企业之间的价格战愈演愈烈。目前，口琴出口价格从8元降到5元，降幅达30%，同时，以次充好，假冒商标等现象也开始引起行业内的严重关切。

口风琴及竖笛产品作为素质教育的普及产品，近年来有了较大的增长，生产企业不断增加，产量在稳定上升，产品品种和档次都在不断增加和提高。竖笛生产量最大的企业是江苏奇美乐器公司，年生产量达到400万支。

十、乐器配件

随着中国乐器市场不断扩大，企业不断增加，产量呈急剧上升的走势，进入专业化生产的格局正在形成。乐器配件开始形成一个相对独立的生产体系，生产规模不断扩大，技术含量不断增加。据了解，目前全国乐器配件专业化生产已经形成规模的有钢琴、西管乐器产品。国内具备了多家专业生产钢琴外壳、击弦机、铁板、琴槌、音板、装弦板等部件专业生产厂，并且除满足国内成品组装钢琴厂的需要之外，还开始出口到世界各大名牌钢琴厂。西管乐器中以山东省为主的管乐器主体管的半成品生产也已形成规模，其中以萨克斯主体管为主要加工部件，满足全国许多管乐器厂的生产需要。由于乐器配件专业化生产体系的形成，不仅大大增加了乐器生产的速度和效率，同时也降低了乐器生产的技术难度，使中国乐器生产在质量上较前几年有了明显的提高。

乐器配件中还有乐器包装制品，如箱包类等，近几年也已形成较大生产规模，生产格局向高档化、专业化发展，生产企业也从乡镇企业扩大到城镇合资企业，并有大量箱包成品开始出口到国外，说明乐器包装业开始引起普遍关注。

十一、乐器原材料

2002年，随着中国经济的不断发展和加入WTO以后外贸体制的放开，乐器原材料的资源也在不断丰富和提高，据初步估计，每年用于乐器木材的需求量大约在1500万立方米。木材的资源开采地区从东北扩展到四川、西藏、新疆，并且俄罗斯木材大量进口到中国，用于钢琴、吉他、提琴的生产。民族乐器生产所需的酸枝木（俗称红木）、紫檀木每年大量从东南亚国家进口，需求量大约为100吨。此外，还有大量钢材进口。各主要乐器生产企业大量使用外汇进口钢琴、西管乐器等乐器原材料或配件，用于提高乐器的质量和技术等级。乐器原材料的资源代用问题显得较为突出，如木材及蟒皮的应用问题都已迫于眉睫。

十二、乐器经销

据乐器商业单位普遍反映，与2000年乐器销售火爆的形势相比，呈逐年缩水的势头。乐器经营感到压力不断加大，2002年全国乐器销售额比2001年下降5%左右。

出现乐器销售不畅的原因主要是近年来乐器生产与销售成为国民经济新的增长点，大量的业外资金和劳动力投入乐器生产和销售，出现了乐器生产企业和销售单位（琴行）大幅度增加的局面，中国加入WTO以后，国家外经贸政策的放宽，有利于外资的进入，欧美及日韩的乐器跨国公司开始以资金和技术的方式进入国内市场，从而造成乐器市场的

扩容速度低于乐器生产及流通领域的发展速度，形成了乐器市场供大于求的局面。

由于2002年乐器市场缩水，产品供大于求造成了市场经济活动不规范的现象。主要表现为产品互相杀价，部分老师回扣风、假冒产品盛行。乐器生产与经销单位对规范市场，建立一个健康的市场秩序的呼声越来越高。

在乐器市场日益严峻的形势下，也不乏仍有众多琴行在压力增大的局势面前，继续保持销售额连年增长的业绩。主要是这些琴行在体制上进行了相应的转变，在销售策略上作了较大的调整，并且"与时俱进"开展了与乐器销售相关的活动，一些琴行在低价倾销、假冒伪劣的市场混水中，能够"出污泥而不染"，坚持卖名牌、正牌乐器，并加强了产品售后服务，在消费者消费心理日益理智的情况下，逐步得到消费者的认可，从而也带来了大量的客源。

2003年中国乐器工业年度发展报告

中国乐器协会信息部

一、综述

2003年，是异乎寻常的一年。中国宇宙飞船第一次飞向太空；中国人遇到前所未有的SARS侵袭，打响了一场没有硝烟的战争。

伊拉克战争打乱了世界经济正常发展的平衡，国内频繁出现的洪涝、地震、高温给人民生活带来的重大影响等等。

更有许多值得庆幸令人鼓舞的喜事:

新一届中央领导集体朴实无华的亲民作风赢得了全国人民广泛拥护和爱戴。

党的十六届三中全会制定的《中共中央关于完善社会主义市场经济体制若干问题的决定》，规划了未来10年中国改革发展的蓝图。

遭受"非典"冲击的中国依然赢得GDP8.5%的增长速度，使中国连续20多年保持较高经济增长。

文化体制改革方略已定，试点启动。文化市场领地开放，文化产业发展的法治化与市场化进程加快。

回望2003年，中国在经济发展、体制改革、政治文明、人民生活、文化教育、科技创新诸领域，365天的扬鞭奋蹄，留下了转折期的中国负重前行的清晰脚印，发出了复兴中国树立科学发展观的强烈信息。

2003年的中国乐器工业，在连续几年快速发展的基础上，战胜了"非典"给乐器工业带来的严重影响，仍然保持了持续增长的态势，取得了比预想要好的成绩。国有重点企业均完成了各项经济指标，与上年相比略有提高；独合资企业规模效益有了明显提高，经济效益大幅上升；民营企业异常活跃，产销两旺。

2003年，中国乐器工业继续受到党和国家的关注，乐器行业在国民经济和人民生活中的地位不断上升，与乐器行业相关的大事接连出现。

2003年3月，乐器行业的中央音乐学院提琴制作大师郑荃，广州珠江钢琴集团公司总经理助理麦燕玉当选为第十届全国人大代表，麦燕玉受到江泽民主席的亲切接见。

2003年5月，北京星海乐器有限责任公司荣获全国"五一劳动奖状"，营口东北钢琴公司张大鸣荣获"全国五一劳动奖章"。

2003年6月24日，中共中央政治局委员、广东省委书记张德江视察了广州珠江钢琴集团有限公司，并在6月25日召开的广州市工业调研座谈会上先后6次提到广州珠江钢琴集团公司。这一年，北京、烟台等省市领导也到了北京星海乐器有限责任公司、烟台博斯纳钢琴制造有限公司视察指导工作。

2003年7月9日国家统计局公布按新标准划分的1588家全国大型工业企业名单，广州珠江钢琴集团公司被列为982位，北京星海乐器有限责任公司被列为1420位。

2003年9月，"珠江牌"、"星海牌"钢琴首次被评为"中国名牌产品"称号；"红棉牌"吉他、"星臣"牌吉他获得"广东省名牌产品"称号；"世正"牌钢琴获得山东省名牌产品称号。

广州珠江钢琴公司、北京星海乐器公司、烟台龙凤钢琴公司、泰兴凤灵乐器有限公司荣获中国轻工业联合会授予的"2002年~2003年全国轻工业质量效益型先进企业"称号。

2003年9月，营口东北钢琴集团公司张大鸣，北京星海乐器有限责任公司刘英当选中国工会第十四次全国代表大会代表。

2003年，美国乐器音响行业权威杂志《音乐贸易》12期上公布了进入2002年全球乐器与音响供应商225强名单，中国乐器产业世界排名从第8位上升为第4位，销售额增长了81.63%，进入全球225强的中国乐器企业从8家上升到13家。

2003年，我国乐器行业受到了突如其来的"非典"影响，在二季度，部分企业经济效益严重滑坡，乐器内销直线下降，因各地交通受阻影响，产品压库，企业处于停产、半停产状态，阴云笼罩着整个乐器行业。在这"非常时期"，全国乐器行业表现了

"非常精神",以"沧海横流方显出英雄本色"的大无畏精神,直击"非典"。位于"非典"重灾区的广州珠江钢琴集团公司和北京星海乐器有限责任公司充分展现了乐器行业"老大"和"老二"的支柱作用,发动全公司员工,坚守岗位,战胜困难。广州珠江钢琴公司向社会捐助了117.5万元,北京星海乐器有限公司所属30个单位,4000名员工无一例"非典"和疑似病例。其它省市的乐器企业也在"非典"期间,努力战胜各种困难,渡过难关。上海民族乐器一厂不仅始终坚持生产,他们还给"非典"重灾区的经营单位送去慰问信和慰问金,表示他们的一点爱心。

在"非典"最为肆虐的时期,中国乐器协会一直站在行业的前列,加强与行业各主要企业的联系和沟通,发表了"致乐器行业全体同仁的慰问信"表达了全国乐器行业同仇敌忾,共渡难关的决心。中国乐器协会信息部还开展了全国乐器行业"非典"时期企业生产经营状况调查,尽可能地帮助企业解决一些应急问题。

2003年二季度以后,乐器行业克服"非典"所带来的严重影响,市场销售以及企业生产出现明显回升形势,从三季度末开始,国内乐器市场已经基本恢复到"非典"前的水平,大部分企业补回了因"非典"带来的影响,各项经济指标与去年持平。

2003年的中国乐器出口形势大好,没有受到"非典"的影响,据2003年海关数据显示,中国乐器出口额达到6亿美元,比去年同期增长22.45%,与去年的高增长率持平。据国外媒体报导,经过连续几年中国乐器出口产品质量不断上升,档次规格适应性增强,中国乐器已经基本覆盖了低档乐器的市场,并开始向中档乐器进军。

2003年是中国乐器行业发展过程中十分重要的一年,根据党的十六大精神,中共中央政治局第七次集体学习,党中央再次阐明了今后文化产业和文化事业改革的主导思想,全国文化体制改革试点工作会议召开,文化体制改革的全面启动,将对中国乐器行业产生极为重要和深远的影响,给乐器行业今后的更大发展创造巨大的空间。

根据党中央有关文化体制改革的精神,我国乐器行业有为数一批的乐器生产企业先行一步,把乐器事业和文化事业紧紧地联系在一起。广州珠江钢琴集团公司、北京星海乐器公司、上海民族乐器一厂、泰兴凤灵乐器公司等单位都在社会上开展了大量的文化活动,不仅取得了较大的经济效益,并且企业的文化品位和知名度不断上升,企业品牌效应进一步显现。

2003年,是中国乐器事业各项活动十分活跃的一年,尽管"非典"给乐器事业带来了许多不利影响,但在"非典"过后,一些大型活动的举办均获得了较大的成功,2003中国(上海)国际乐器展览会是2003年国内最大规模的国际性乐器展览会,展览会取得了空前的成功,有419家企业参加展览,海外有16个国家102家企业参展,观众达21496人,海外宾客1700人。

2003年,各地乐器生产进一步向规模化、现代化发展,在一些地区已经形成区域化生产形势,在乐器生产企业规模、经济效益、出口创汇等方面受到当地政府的关注,如北京平谷区政府已经准备在当地建立6.22平方公里的"北京乐器城",天津静海县根据当地乐器生产企业相对集中的优势已准备筹建"乐器协会",并将建立静海县乐器城。

2003年,各种经济体制的乐器生产经营企业都有了不同程度的发展,日本、德国、韩国、台湾地区等一批发达国家和地区的大型乐器公司都在国内落户,经过调整发展,企业规模和产品产量有了大幅度的上升,规模效益明显增强。一大批民营企业经过连续几年的技术改造、引进人才,企业发展迅速,有相当一些企业具有了现代高科技水平,与世界先进技术接轨。其中泰兴凤灵、广东四会、天津津宝、河北金音、宁波海伦、慈溪东方等都已成为世界著名的乐器生产企业。

2003年,乐器行业的技术培训和技术基础工作开始走入正轨,被列入国家职业资格培训和鉴定工作项目之一。2003年,中国乐器协会在劳动部、中国轻工联合会的指导下,会同有关企业相继制定了"西管乐器制作工国家职业标准"、"提琴制作工国家职业标准"、"民族拉弦与弹拨乐器制作工国家职业标准"。在北京、广州两地成立了"国家职业资格技能鉴定站",并进行了两批钢琴调律师职业技能培训及考核工作,有195名钢琴调律师获取了钢琴调律师各类等级职业资格证书。由泰兴凤灵乐器公司主建的"江苏省乐器木材研制中心"挂牌成立,"乐器声学检测系统"通过了鉴定。这些都说明,乐器技术基础工作开始提上了整个乐器行业的议程。

2003年中国乐器协会工作取得了较大的成效。10月在杭州召开了四届三次理事扩大会议,中国乐器协会领导先后到浙江、河北、天津、北京等地区的乐器生产基地进行调研,与国家发改委、国家林业局等上级政府部门进行协调工作,为企业反映呼声强烈的问题。

2003年,是中国乐器行业快速发展的一年,在出口、效益、产品质量、企业管理、技术培训等方面都取得了明显的成效。但是重复建设、恶性竞争、市场不规范,资源浪费等问题仍是困扰乐器行业健康发展的主要障碍。

二、钢琴制造业

2003年,中国钢琴制造业继续攀升,总产量达到34.35万架,比上年增长15.32%,其中,立式钢琴31.88万架,增长13.85%。三角钢琴2.47万架,增长55.24%,出口钢琴7.96万架,比上年增长29.20%。

据统计，2003年有钢琴生产企业51个，比上年增加10.86%，而实际上国内有各种生产形式的钢琴企业近百个，加上钢琴零配件生产企业，大约有近200家企业从事钢琴生产。

中国钢琴产量不断增加，取决于中国钢琴市场的不断扩大，据国家统计局“2003年统计年鉴”显示，到2002底，中国城镇居民平均每百户家庭中已拥有1.76架钢琴，比2001年和2000年分别增长了32.33%和39.68%，随着中国城镇居民生活水平的不断提高，家居条件的改善和学校素质教育深入开展，我国城镇钢琴拥有量将会继续增长，从而带动钢琴生产的进一步加速。

2003年，中国钢琴制造业“国企、外资、民营”三分天下正在形成鲜明的格局，市场竞争日益白热化，“规模效益、品牌效应”将成为竞争成败的要素。

以广州、北京、营口、上海为代表的四大钢琴生产基地，国企虽然为数不多，总产量达到16.48万架，占中国钢琴产量的47.98%。广州珠江钢琴集团有限公司一花独秀，年产钢琴7.36万架，稳坐世界钢琴产量头把交椅。2003年，“珠江牌”、“星海牌”钢琴荣获“中国名牌产品”称号，成为乐器行业最大的热门话题，而“诺地斯卡”钢琴也同时获了辽宁省名牌产品称号。

2003年，中国钢琴业，面对来自各方的挑战和压力，加大力度，增强企业自身实力，以适应市场需要。

广州珠江钢琴集团公司在董事长童志成的带领下，按照广州工业系统工作会议的精神，以中共中央政治局委员、广东省委书记张德江到集团公司调研为契机，在全体员工的不懈努力下，战胜了“非典”所带来的负面影响，企业有了新的发展，钢琴产量比上年增加3.36%,工业总产值提高4.24%，销售收入提高1.06%，利税总额提高2.76%。一年中，珠江集团公司进一步完善了董事会、经理班子和监事会等企业治理结构，为建立现代企业制度奠定了良好的基础，企业成为广州市6个国有资产授权经营单位之一。在实施品牌战略的过程中，广州珠江钢琴公司成为乐器行业中唯一一家同时具有“中国名牌产品”和“中国驰名商标”称号的企业，企业无形资产评估为14.68亿元。企业在实施市场扩张战略中，不断扩大国际市场占有率，珠江钢琴在美国市场销售量比上年增长了10%，继珠江钢琴美国分公司之后，2003年底获商务部批准，又在欧洲开办珠江钢琴分公司。此外，珠江钢琴公司去年获得了“广东省质量管理奖”，技术研究开发中心通过省级验收。成为全国乐器行业具有相当规模和创新能力的技术研发中心。

北京星海乐器有限责任公司全面贯彻“以中国名牌促市场，以搬迁改造促改革，推动星海乐器经济全面协调持续发展”的指导方针，在企业遭受“非典”和大规模搬迁改造的形势面前，应对激烈市场竞争，创造了新的可喜业绩。公司通过增资扩股，企业资本金净增1.18亿元，负债率下降了6个百分点，三角钢琴生产达1533架，创历史最好成绩，销售收入5.2亿元、同比增长0.2%，钢琴出口11000台、同比增长14%，出口创汇1248万美元、同比增长19%。2003年全公司有48种新产品推向市场。星海工业园区的建设全年共完成工程投入量1.4亿元，三角琴分厂于年内全部完成了搬迁工作，实现“当年搬迁、当年竣工、当年开工”的“现代速度”。体现50多年“星海”精神的《星与海的交响》一书出版发行充分体现了星海公司领导对企业文化的重视。

营口东北钢琴（集团）公司以“三角琴精神”带动各项工作突飞猛进。2003年企业投资1000万元兴建了近万平米三角钢琴新厂房，使三角琴年产量达到5000架，年增长速度达到6.8%。出口创汇达到1853万美元，DG275音乐会演奏钢琴和其他多种款式新型钢琴在上海国际乐器展览会上一鸣惊人，引起了业内外人士的极大关注。作为东北老工业基地，营口钢琴“老树开新花”，引起了中央及地方媒体的重视，经济日报、中央电视台“焦点访谈”栏目、香港亚洲卫视等媒体先后对东北钢琴公司作了全方位的报导。

外资钢琴企业加快进入中国市场的步伐，青岛世正乐器有限公司最具代表性，在成立两年多时间里，以创记录的速度，实现产量、出口创汇的大幅度递增，产量比上年增长216.8%，出口量增长500%，开始与国内钢琴企业展开强有力的竞争。香港柏斯琴行有限公司从2002年开始，在国内筹建钢琴生产实体，先后在广东东莞、湖北宜昌、上海建立了三家钢琴生产企业，以“TOYAMA”品牌钢琴为主，与日本卡瓦依开展合作，共同生产钢琴。2003年钢琴生产初具规模，产品除满足内销以外，开始向我国香港地区出口。日本雅马哈乐器公司在2003年完成了上海雅马哈和天津雅马哈公司的整合工作，成立了雅马哈乐器音响（中国）投资有限公司，实现了销售一体化的计划，为下一步雅马哈公司全面进入中国市场奠定了组织基础。德国施坦威钢琴公司在前几年建立北京、厦门、广州、杭州代理商的基础上，2003年经过对中国钢琴市场进一步考察，于年底在上海保税区建立德国施坦威中国有限公司，从而使世界顶级钢琴更加直接地进入中国市场。上海中雅钢琴有限公司连续几年保持产量稳定，进入中国大型钢琴企业行列，2003年获得上海市著名商标称号。

非公有制中小型钢琴企业呈迅猛发展之势，企业数量不断增加，产量不断上升，销售形势良好。我国中小钢琴企业迅速发展的主要原因是国家政策上的支持和鼓励。十六届三中全会“支持非公有制中小企业的发展，鼓励有条件的企业做强做大”的政策规定和《中小企业促进法》都对中小企业钢琴发展起到政策上的支持。以烟台龙凤、中山粤华、南京摩得利、福州和声、上海玛珂为代表的钢琴企业逐步成熟，企业产销平衡、质量稳定、科技含量提高，出口有所增加。一些原以生产钢琴零部件的企业也开始向生产钢琴成品发展，如宁波海伦乐器配件公司、宁波东方琴业有限公司等。中小企业在地区分布上，以上海市最为突出，目前已经达到22个，占全国钢琴企业的43%，占全国钢琴生产量的29.01%。北京、山东、辽宁等省市的钢琴企业数量也有增加。中国钢琴生产开始出现整合，参股、合资、兼并的势头，这将预示着中国钢琴未来开始走向重新洗牌的第一步。

三、西管乐器制造业

2003年，中国西管乐器总产量达到80.81万支，出口59.29万支，分别比2002年增长29.66%、53.44%，出口量占总产量的73.36%，比2002年提高了11个百分点。

2003年中国西管乐器出口快速攀升，铜管乐器出口金额达到2390万美元，其他管乐器达到1197万美元，分别比上年提高了89.04%、47.80%，居乐器出口增长率首位。美国是中国铜管乐器最大进口国，2003年出口数量为19.61万支，金额为1128.53万美元。中国西管乐器占据世界西管乐器普及品市场90%以上。继2001年河北金音进入世界乐器225强后，天津津宝在2002年首次进入世界225强，使中国管乐在世界225强中占有两个席位。

2003年，中国西管乐器生产企业的格局没有重大变化，仍以北京、天津、河北、大连、上海、广州为老的生产地区，近年来增加了山东、浙江、江苏等省市。

天津津宝乐器有限公司异军突起，2003年总产量达到16万支，成为全国也是世界西管乐器生产量最大的企业。河北金音乐器制造有限公司的总产量也达到13.2万支，比2002年上升了58.1%。天津静海县四中村是西管乐器生产相对集中的地区，在2平方公里的四中村内集聚着近20个西管乐器生产企业，总产量近15万支。

西管乐器国有企业尚有北京管乐器厂和广州管乐器厂，分别隶属于北京星海和广州珠江公司。企业在上级公司的领导下，加强了新产品开发力度，使企业保持稳定增长态势。北京管乐器厂出口量比上年增长6倍，广州管乐厂生产量增长0.5%。其他西管乐器生产企业加速改制转型，向多元化民营股份制方向发展。其中，大连铜管乐厂已完成了企业改制工作，由国有企业改为股份制企业，企业更名为“大连铜管乐器有限公司”。上海管乐器厂和河北霸州峦宇乐器有限公司加盟上海超拨实业有限公司，成为外向型出口企业，企业规模效益和产品科技含量有了较大提高，特别是上海管乐器厂经过改制以后，解脱了“国企”所有的负担和困难，使企业在新的起点上发展。天津管乐器厂作为国有企业仍面临着较大的困境。

四、提琴制造业

2003年，中国提琴总产量达到61.3万把，比上年增长16.18%，继续居世界第一位。中国提琴主要出口到美国、英国、法国、意大利和中国香港、台湾地区。

提琴生产地域分布仍然集中在江苏、北京、广州、上海、营口、河北、天津等省市，其中规模最大的提琴生产企业有泰兴凤灵乐器有限公司、北京华东乐器有限公司、广州珠江钢琴集团公司提琴分厂等企业，2003年这些企业产销平衡，产品质量稳定上升。

过去一年，中国提琴制造呈现以下几个特点。

已具规模的提琴生产企业，开始向“质量科技型”发展。泰兴凤灵乐器有限公司在2002年进入“世界乐器225强”，成为世界最大的提琴生产企业以后，不断进取，向着更高目标进发。该企业于2003年建立国内首个省级“乐器木材研究开发中心”和“乐器声学品质检测中心”将提琴生产纳入科学化轨道。北京华东乐器有限公司在成为国内第二大提琴生产企业以后，紧紧依靠当地政府的支持，继续把提琴产业做大。2003年在北京市政府和平谷区政府的支持下，华东乐器公司所在的东高村镇开始运作成立以提琴为主导产品的“北京乐器城”，在政府雄厚财力的支持下，一个全国最大规模的“乐器城”进入了筹备期。

一些业外企业开始加盟提琴生产，从2001年开始，由于国际市场对提琴产品需求量的不断增加，一些从事西管乐器生产的企业在出口管乐器的同时，也在开始生产提琴。短短几年，这些企业已经成为国内提琴的主要生产企业，如河北金音，河北峦宇等，提琴产量也有了大幅度的增长。

提琴生产开始呈现专业化生产趋势，江苏、黑龙江等地区出现数个专业生产提琴弓、琴轴、弦总等配件生产企业。对于提高提琴标准化生产，增加产量起到了促进作用。

以手工生产提琴为主的提琴制作师在提琴制作师分会的统一协调下，各项活动异常活跃，成绩斐然。北京、广州、上海都分别举行了形式不同的技术交流会、展示会及学术讲座。提琴大师郑荃举办几期的大师培训班，提高了中国提琴制作的整体水平，他带队参加了10月份在意大利举办的国际提琴制作比赛，获得突出的成绩，这次比赛共有来自21个国家和地区的147名选手500多把提琴参赛，11名中国选手16把小提琴、4把中提琴中，有14把提琴入围，其中北京选手张安获得银奖，这是中国选手参加该项比赛所获得的最好成绩。

五、打击乐器制造业

2003年，据不完全统计，总共生产了不同类型的打击乐器1000万套。

其中鼓类乐器约有200万件套，包括西洋鼓和民族鼓两类。西洋鼓主要有架子鼓、定音鼓、小军鼓、大军鼓等，主要地区在天津、广州、苏州等地区，此外还有台湾独资的功学社（天津）乐器公司也生产了数万套鼓。民族鼓包括堂鼓、威风锣鼓、腰鼓，是中国城镇、农村用于喜庆活动的主要乐器，全国大部分省市都有零星生产，主要生产企业分布在河北、山东、山西、安徽、广东、广西、福建、四川等省市。近年来以山西绛县生产威风鼓最为驰名，国内大型艺术展演活动表演的大型鼓乐大都来自山西省。2003年该地区生产一面直径为3.47米的大鼓，成为全球最大的鼓。

传统响铜乐器生产主要以中国民族锣镲为主，生产地区主要集中在湖北武汉、河北怀来、山东周村、山西长子、江苏苏州等地区。2003年这些地区的响铜乐器厂经过体制改革，基本上转制为民营私有企业，企业规模变小，数量比过去有所增加。响铜乐器中的军吊镲随着中国加入WTO以后，出口量有大幅度的增长，河北怀来锣厂及武汉高洪太铜响器制造公司通过参加国际乐器展览和扩大出口贸易，大大增加产量，经济效益明显提高。

六、吉他制造业

2003年，中国吉他产量230.91万把，其中木吉他161万把，电吉他69万把。吉他类产品主要出口到北美、欧洲、亚洲，美国是中国最大的吉他进口国，2003年从中国进口吉他类弦乐器金额达到3248万美元。

吉他生产仍然集中在广东省，主要生产企业为广东四会华声乐器公司和广州珠江钢琴集团公司吉他厂，2003年，“星臣”牌吉他和“红棉”牌吉他荣获“广东省名牌产品”称号，两个厂总共生产各类吉他142万把，占国内吉他生产总量的61.7%。广东四会华声乐器公司经过10年的发展成为总资产达4000万元，年销售收入2亿元,成为中国最大的吉他生产企业。

七、民族乐器制造业

2003年，民族乐器生产继续保持稳定发展，上半年虽然受到非典的影响，销售形势一度受到干扰，但非典过后，全国民族乐器生产形势有了较大的好转，各生产企业基本上处于产销平衡的状态。

据中国乐器协会信息部对重点民族乐器生产厂统计，总共生产各类民族乐器140万件，其中拉弦乐器42万件，弹拨乐器35万件，吹管乐器63万件。目前我国有各类民族乐器生产企业600家，从业人员有4000人。销售收入约3亿元。各民族乐器生产企业主要集中在北京、河北、河南、上海、江苏、天津。

2003年，国内民族乐器生产企业已经基本完成转制工作，90%以上的民族乐器生产企业转为股份制民营、手工做坊制的生产企业。北京星海乐器有限责任公司下属北京民族乐器厂于2003年并入北京星海粤华乐器公司（保留北京民族乐器厂对外经营权），河北饶阳北方民族乐器厂由集体企业转为股份制企业。

上海民族乐器一厂是我国尚保留的少数集体企业之一，是我国规模最大的民族乐器生产企业，2003年实现销售收入8000万元。该企业成功地参加了2003年中国（上海）国际乐器展览会以及年底在香港举办的仿制日本正仓院乐器展览。年内完成企业搬迁改造，在新的起点上开始正常的生产经营活动，下属上海敦煌乐器公司和瑰宝乐器公司都已经具有相当的生产营销实力。

苏州民族乐器一厂有限公司改制后3年，企业保持持续发展的态势，2003年研制生产成功的手动式转调箜篌获得苏州市颁发的新产品奖。

2003年，民族乐器生产企业中的一件大事，是关于二胡原材料蟒皮使用问题开始引起国家政府主管部门和生产企业的密切关注。近几年，随着二胡销售量的增加，特别是大量出口到日本等一些国家。二胡年生产量达到30万把左右，属于国家一级保护动物的蟒在国内几乎被扑杀殆尽，我国二胡使用蟒皮基本上靠从越南等东南亚国家进口。这种状况已经受到国家有关部门的高度重视。为了贯彻可持续发展战略，保护和节约野生动物资源，国家林业局于2003年9月在北京召开了有上海、苏州、北京等民族乐器厂参加的会议，安排布置如何加强二胡蟒皮的管理会议。11月份以后，中轻联、中国乐器协会多次与国家林业局野生动植物保护司磋商，研究制定有关的二胡蟒皮使用的管理办法。并计划在2004年5月份之前出台相关政策和法规。这一年中，一些企业和地区大力开展了代蟒皮的研制工作，如北京、湖北、江苏、上海等企业和个人都曾研制或小批试产了代蟒皮的二胡，取得了一定成效。

八、电声乐器制造业

目前，国内生产销售的电声乐器主要分为两大类，一类是以数码技术为核心，键盘演奏形式的电子琴、数码钢琴（电钢琴）等；另一类是传统乐器声振动转换为电能振动的电吉他、电倍司等乐器。目前电子琴市场分为高、中、低三个档次，高档电子琴包括电子合成器，主要以日本雅马哈、卡西欧为主，占领国内市场。中档电子琴主要生产企业以深圳美得理、上海华新、上海吟飞等电子琴为主。价格大约在800元~2000元，低档电子琴主要是百元以内的产品，这种低档次的电子琴界于乐器与玩具之间，主要生产地为华南地区。

2003年，我国电子琴市场容量为80万台，高档电子琴市场销售约20万架，中档电子琴30万架～40万架，低档电子琴销售30为万架。由于"非典"的影响，整个电子琴市场比上年下降5%左右，特别是受到低档电子琴的冲击影响，电子琴销售不畅。另由于近年来，传统钢琴价格有所降低，与电子琴价格的差距越来越小，随着家居环境的改善，有更多的人在转向选择购买普通钢琴。但从长远来讲，作为普及型教育、多功能化的特点，电子琴未来市场前景还是乐观的。随着"三农"的问题的逐步解决，农民生活水平的不断提高，电子琴在农村的市场将会有所增长。2003年，我国数码钢琴的产量在不断上升，由于相对于普通钢琴，它有更大的优势，并在不断抢占传统钢琴的市场，这是今后电子乐器一个新的经济增长点。

电子琴作为乐器行业唯一实施"3 C"认证的产品，于2003年8月份开始正式实行强制认证。乐器行业中70%的企业已经通过了强制性认证。

九、手风琴、风琴、口琴、口风琴、竖笛制造业

2003年，我国键盘类簧片乐器发展不平衡。

手风琴市场保持稳中有升，整个市场容量大约为40万架，其中48Bs以上的为大型琴，全年共生产7.5万架。48Bs以下小型琴，包括玩具手风琴，共生产了32.5万架。目前，我国具有一定规模的手风琴企业有6家，规模较大的是天津乐器厂、江苏激扬乐器有限公司、河北香河乐器公司、天津华韵乐器有限公司等。近年来，广州珠江钢琴集团公司下属珠江实业公司开发研制手风琴开始实现批量生产，全年共生产各类手风琴2500架。天津乐器厂作为国有企业不断克服体制上的困难，对内进一步加强整合管理，生产经营有所回升。上海手风琴厂在2003年面临经营困难。

风琴产品在2003年进一步下滑，产量不断降低，企业数量大幅度减少。全年风琴产量为1.6万架。比2000年前减少了65%，企业数量由25个减少到7个。大部分企业已经停产或转产经营其他乐器类产品。由于城市人民生活水平提高，第二轮农村义务教育条例还没有实施，今后风琴在城市和农村基本上没有市场，风琴产品已经属于淘汰性产品。

口琴、口风琴在2003年稳定上升，特别是口风琴市场有逐渐扩大的趋势。全国共生产各类口琴1242万支。内销好于去年，外销比上年有所降低。口琴市场的仿制假冒现象有所遏制，但价格竞争更加激烈，互相杀价出现白热化程度，每支口琴出口单价从0.9元降为0.8元，平均降低10%。铜、铝等原材料价格平均上涨15%，也使口琴成本大幅度上升。口风琴市场的不断扩大，要求制定口风琴行业标准的呼声越来越高。

竖笛主要用于中小学普及音乐教学，市场稳定上升。2003年共生产了755万支。生产企业主要是江苏奇美乐器有限公司，共生产竖笛600万支，占国内市场的90%，出口量的85%，2003年，"奇美牌"竖笛获"江苏省名牌产品"称号

十、乐器配件制造业

随着中国逐步成为世界最大的乐器生产基地和乐器市场，一些国外乐器公司涌入我国。近几年，中国已经成为世界最大的乐器制造（其中包括乐器配件）和加工中心。大量乐器成品及零配件开始在中国生产制造，并出口到世界各国。

2003年，我国乐器配件制造业继续稳定发展，从乐器生产的从属地位逐步形成相对独立的生产体系，对乐器成品的依赖程度不断减少，科技含量上升，经济效益增加。

目前，我国乐器配件生产已经形成了钢琴、民族乐器、西管乐器、吉他、提琴、木材深加工等类别，既相互独立，又有交叉的配件加工系统。据不完全统计，全国大约有各种类型的乐器配套加工企业大约800多家，企业性质基本上都属于民营企业，主要分布在浙江、山东、河北、广东、四川、辽宁、黑龙江、吉林、内蒙古等地区。其中规模较大的有宁波东方琴业有限公司、宁波海伦乐器配件有限公司、河北大厂华丰金属铸造公司、上海华粤乐器配件有限公司等一批专业生产乐器配件的企业，这些企业随着规模逐渐扩大，科技水平不断提高，加工乐器配件向标准化发展，并开始引进国外最新科技加工设备，用于零部件的加工。

中国乐器零部件生产企业规模及科技水平的不断提高，对中国乐器行业高速发展起到了十分重要的作用，大大降低了乐器加工的技术难度，使中国乐器生产从"小而全"、"大而全"的生产模式向专业化分工，向部件生产和组装厂生产方式过渡。

2003年，中国乐器配件生产企业的逐步完善和成熟，开始出现向成品生产加工的趋势发展。这必将加剧中国乐器市场的竞争。

十一、乐器原材料制造业

乐器制造业涉及的原材料十分广泛，其中包括木材、钢铁、化工、纺织、五金、土畜产及野生动植物等上千种资源。其中还有需要从国外进口的资源，如琴钢丝、枫木、白松、酸枝木等。

随着中国乐器制造业的快速发展，企业数量不断增加，生产规模不断扩大，一些国外乐器公司纷纷在中国建立公司，或者直接从中国进口乐器原材料，这些因素都加大了中国乐器原材料资源的消耗。

目前，乐器用的原材料资源日益紧张，钢琴等乐器产品所使用的木材，其来源主要来自西藏或从俄罗斯进口取得。其它地区的木材已经不能使用或禁止采伐。西藏允许采伐的木材也从年采伐量10万立方米减至7万立方米。民族乐器二胡所使用的蟒皮已经被列入国家林业局严格管理控制的乐器材料，对以后二胡生产将会产生一定的影响。

乐器原材料出现的第二个问题是原材料价格普遍上涨，如钢铁、石油、五金、木材等材料价格都普遍上涨了20%～30%左右，这些都加大了乐器的生产成本，对乐器生产带来了较大的影响。

2003年，乐器生产面对资源紧张的现状，存在着"盲目消耗资源"、"产品科技含量偏低"、"价格继续走低"等问题。如何提高乐器档次、提高乐器材料的综合利用价值以及乐器原材料节约代用的科研工作，是今后摆在乐器工作者面前的主要工作。

十二、乐器营销

2003年，乐器营销形势内外有别。

外销形势不受"非典"影响，与去年相比有较大的攀升。全年主要乐器海关出口额达到6亿美元，比去年增长22.45%。在出口的21大类乐器中，有17类乐器比上年有所增长，增幅最大的乐器为乐器配件、铜管乐器、木管乐器。竖式钢琴、手风琴出口减缓，比上年有所降低。2003年中国乐器出口到世界上131个国家。其中美国、日本、英国、德国是中国最大乐器进口国，还有我国香港地区。美国占中国乐器全部出口额的38%。

乐器内销遭遇"非典"，起伏跌宕，年底收局与去年持平。2003年上半年由于"非典"的影响，我国乐器内销直线下滑，80%以上的乐器经销单位销售额比去年下降30%～50%，部分琴行停业。60%的乐器企业生产受到非典的影响，乐器运输以及销售都受到直接干扰。大多数企业生产处于非正常状态。

"非典"期间，乐器行业经营单位及生产企业表现了极大的勇气和信心，采取了各种措施，减少"非典"带来的负面影响，并尽可能把损失降低到最低点。

非典以后，国内乐器销售形势缓慢回升，开始有了转机，国内各乐器琴行和生产企业紧紧抓住这一有利时机，采取各种促销手段和售后服务措施，举办了各种类型的产品展销会，使乐器销售市场在四季度回升到去年同期的八成以上。各乐器销售单位经营额到年底基本上与去年持平。

2003年，乐器市场不规范的问题有所好转，消费者逐渐趋向于理智消费，对乐器技术知识的了解程度有所提高，在选择购买乐器时，对乐器品牌的要求有所增强。因此，一些国内著名品牌乐器的销售额有所提高，一些大型城市乐器专卖店和连锁店逐步建立。乐器流通环节"讲诚信、讲信誉"和"以人为本"的经营理念开始建立。假冒伪劣产品逐步得到遏制。回扣风比以前有所降低。但乐器的价格战越演越烈，内销与出口乐器互相杀价之风已经形成全行业的问题。部分乐器低成本"卖材料"已不是局部问题，中国乐器"低档次"、"资源消耗过大"的问题开始引起业内人士的关注。

从2002年全国钢琴产量统计看国产钢琴的发展

新年的钟声敲响，2003年伴随着中国人民志在建设小康社会的豪情，来到了我们每一个人的身边。每当新一年到来的时候，我们又要对过去一年的业绩进行总结。

2002年，中国钢琴制造业究竟如何？新年刚过，中国乐器协会信息部投入到紧张的"搜集信息，统计数据工作。经过详细统计，结果为：继2001年中国钢琴制造业"一日千里"的大好形势，2002年，中国钢琴制造业继续攀升，"一路飘红"。

总产量 297193架，其中：立式钢琴产量281302架。三角钢琴15891架，出口量61573架。

对以上数字分析：2002年钢琴总产量比2001年增长了11.73%，中国钢琴制造业经过5年发展，总产量比1998年提高了55.75%，绝对值增加10.63万架钢琴。

钢琴出口扭转了多年徘徊的局面，"入世"第一年，钢琴出口比上年猛增24.24%，达到61573架，与2001年出口下降1.09%的状况形成了强烈反差，这个数字比5年前钢琴出口增长88.09%，绝对值增加了28838架。其中：天津英昌乐器公司、营口东北钢琴公司出口量分别增长56.21%和54.28%。国产钢琴出口大幅增加，充分反映中国加入WTO一年来给中国钢琴制造业带来的好处。

纵观2002年中国钢琴制造业产量统计，有以下几个明显的特征：

1.国有企业钢琴产量继续保持稳定，稳居中国钢琴制造主流

目前中国钢琴产量在10000架以上的7个企业，其中原有四大钢琴企业的广州珠江、北京星海、营口诺地斯卡、上海施特劳斯，产量排名与上年排名没有变化，国有企业产量合计达到162448架，占2002

年总产量的54.66%。其中广州珠江占总产量的23.93%，北京星海占总产量的13.66%，营口诺地斯卡占9.28%，上海施特劳斯占7.73%。

2.企业地区分布出现新的格局，新兴钢琴企业数量明显增加

《中国乐器》杂志从1998年开始对国内钢琴企业数量进行统计，1998年为16个企业，1999年为21个企业，2000年为23个企业，2001年28个企业，2002年达到46个企业，比上年增加幅度为53.57%，大于前3年平均增幅20.82%的32个百分点。按地区划分，增长幅度最大的是浙江省、广东省，浙江省钢琴企业比上年增加了7个，增幅为116%，广东省比上年增加了4个，上海的钢琴企业比上一年增加3个，目前中国钢琴新增企业除了本刊统计的新增加钢琴企业以外，还有一些未在统计范围内的新增企业，这些未进入统计的企业，有的是刚刚新建的企业，还没有形成生产能力；有的产量还比较低，不同意公布企业的生产数字，本刊根据企业意愿未将他们列入本表，所以，大约还有近20个企业未被列入统计范围。

3.企业性质结构开始新一轮组合，私营企业大幅增加，外资企业初露锋芒

2002年钢琴私有民营企业有了大幅度的发展，企业数量从2001年的19个发展为31个，总产量从53903架提高到68075架，分别增长了63.15%和26.29%。2002年，外资企业也从2个增加到6个，总产量从33050架提高到47557架，企业数量增长了2倍，产量增长了14.39%。萧山雅马哈乐器有限公司、青岛世正乐器公司、金宝乐器有限公司，这3个分别由日本雅马哈乐器公司、韩国三益乐器公司、香港柏斯琴行创办的钢琴企业，投产第一年就显得让人们在数量和质量上都不可小视。特别是青岛世正公司在不到一年的业绩中（2002年3月份投产），就创造了7300架钢琴的业绩，进入中国钢琴产量排名第9位的行列，其势头确实有点咄咄逼人。

4. 钢琴产品结构开始变化，三角钢琴产量有了大幅度的增加

2002年三角琴产量达到15891架，比上一年的11221架提高了41.6%，大大超过总产量增长幅度11.73%的增长幅度。2001年统计中有11个企业生产三角钢琴，到2002年有19个企业生产三角钢琴，增加了72%。绝大多数三角钢琴生产企业的产量都有了的增长，增长幅度最大的是广东中山粤华钢琴公司，增长1.4倍，营口东北钢琴集团公司增长了53%，广州珠江钢琴集团公司增长了40%，烟台龙凤钢琴公司增长27%，上海钢琴公司增长25%，北京星海乐器有限责任公司增长22%。

5.中小企业产量增势不减

本刊曾对钢琴大中小型企业的标准进行人为划定，年产2万架以上为大型企业，年产1000架~20000架钢琴的为中型企业，年产1000架以下的为小型企业。按这个界线，根据2002年钢琴产量统计分析，大型企业数量减少了1个，成为5个，总产量为187848架，比2001年6个大型企业产量209062架下降10.02%。大型企业占总产量的比例也由2001年的78.6%降为63.2%。中型企业的数量为22个，比2001年增加了9个，总产量98560架，比2001年的51750架，提高了88%，占总产量的32.8%，比2001年的19.4%提高了13.4%。小型企业的数量为20个，比2001年增加了11个，提高1.22倍，总产量达到了11785架，比上年的5157架提高了1.28倍，占总产量的3.96%，比上年的1.93%提高了2个百分点。这些分析，说明中小企业的产量增长速度大大加快，而大型企业出现了负增长趋势。

6.对各企业增长速度分析

从总产量看，2002与2001相比，增长速度为11.73%，从全部46个被统计的企业来分析，有19个新参加统计的企业，有1个企业退出统计，（宁波搏洛菲萨钢琴厂）。有23个企业产量比上年有所增长，增长幅度高于平均增长幅度的企业有11个企业，其中增长幅度最快的企业是福建顺昌爱乐钢琴有限公司，上海欧亚钢琴公司、上海乐音钢琴有限公司，分别达到131%、77.5%、60%。

7.钢琴生产格局出现两种走向

从2002年的钢琴生产方式分析，一种是传统钢琴生产方式（即按钢琴全部生产流程方式）；一种是组装钢琴方式（即通过外购重要部件进行厂内组装）两种形式。这两种生产方式到底谁优谁劣，目前观点还没有统一，但有一点，钢琴生产的社会化，专业分工大大简化了钢琴的生产，降低钢琴生产的技术含量是造成钢琴产量急剧膨胀、小型企业大幅度增加的主要原因。从目前我们掌握的数据分析，主要集中在浙江德清地区，大约有20多个企业，在一个县内集中如此多的钢琴企业，在中国还是第一的。另外，目前在中国从事钢琴配件加工的企业也可说比比皆是，经过多年技术储备，这些企业的技术实力大大增强，各自形成完整的钢琴部件加工能力，零部件的加工质量有了明显的提高，在某种程度上不低于钢琴大企业的另件质量，这样就形成了一个钢琴部件的生产及流通领域，为中小钢琴企业快速发展提供了充实的钢琴部件供应市场，这些钢琴另部件生产企业，同样是中国钢琴制造业的重要组成部分，他们为中国钢琴制造业的发展做出了巨大的贡献。

8.国产钢琴规格型号多样，品牌五花八门，质量参差不齐

相对世界钢琴制造业不景气，世界一些大钢琴企业纷纷倒闭的现象，中国钢琴制造业确是"风景这边独好"。尽管2002年国产钢琴制造业面临诸多困难，特别是一些大企业首次出现销售不畅的局面，但是从总体上看，中国钢琴制造业仍在继续攀升，大企业保持或维持了主导地位，产量没有严重滑坡，中小企业"小日子"过得满红火。还有一些小企业正在跃跃欲试，积极筹建新厂，准备"入围"。目前，国内企业的钢琴品牌已经多到令人眼花缭乱的地步。本刊曾报导过，目前国产钢琴约有90多个品牌，但从这次钢琴企业产量的统计过程中，可以看出，中国钢琴的品牌还远远不只这些。这么多品牌的钢琴在外观质量上并没有明显的差距，一些小企业钢琴在外观质量上有了相当的进步。客观的讲，这些应当归功于中国钢琴另部件加工的专业化水平提高，现在中小企业与大型企业在质量上的最大差距是内在声学品质的差距，高级技术管理人才的缺乏。从另一方面讲，恰恰目前中国的钢琴消费者还处于初学阶段，有相当一部分消费者缺乏对相关钢琴知识的了解，在购买钢琴时，更多的注重于外观质量的消费倾向。这就是一些小企业能够在建厂不久迅速将如此高深技术含量的钢琴很快推向市场的原因。

在这里我们不禁要提出一个问题，前几年，一些业内人士断言：未来中国钢琴制造业发展也将会走日本的道路，从群雄混战的几十家钢琴厂最后变成仅两家钢琴厂。未来的中国钢琴业到底要走什么道路，目前形势还不明朗。当前的形势是中国钢琴制造业还处在战国"七雄五霸"的年代，品牌相互挤压，市场鱼水混珠现象仍在继续。最后，到底未来中国钢琴发展的道路如何走，还要经过时间的延续来验证。

但有一点是明确的：中国钢琴制造业是中国人的骄傲。新世纪开始，中国钢琴制造业已经大踏步地走向世界，未来中国钢琴制造业的发展前程在"十六大"全面建设小康社会的宏伟发展蓝图引导下，将会是一片光明的前景。

2003年全国钢琴产量分析报告

进入2004年，中国乐器协会信息部对2003年国内51家钢琴生产企业的产量（企业自报）进行统计，结果为：总产量343533架，其中立式钢琴318863架、三角钢琴24670架、出口钢琴（包括立式与三角钢琴）共计79557架。

统计结果显示：2003年全国钢琴总产量比2002年提高了15.32%；三角钢琴产量比2002年增长了55.24%；出口钢琴数量比上年增长了29.20%。

这说明：2003年中国钢琴制造业非旦没有受到"非典"影响，相反地又再创了一个新高，比历史上最好的2002年又有了新的突破。

一、宏观分析

如果从1998年算起，这一年是我国钢琴生产大踏步前进起始之年，到2003年的6年间，全国共生产了153.79万架钢琴，其中三角钢琴58805架，出口钢琴共计30.03万架。

2003年，我国钢琴总产量达到34.35万架，要比6年前增长了80.03%。2004年，中国用7年的时间，钢琴总产量实现翻一翻。已经超过了20世纪六七十年代的日本和韩国的巅峰期，成为世界上钢琴产量最大的国家。

在6年的时间里，如果将总产量减去出口数量，留在国内销售的钢琴总量将是120万架，再加上1998年以前的40多年里，中国生产的钢琴数量累计相加在一起，估计现在中国城镇家庭的钢琴拥有总量大约为220万架～230万架，这与国家统计局公布的2002年中国每百户家庭钢琴拥有量为1.76架是相吻合的。

2003年中国生产34万架钢琴，这个数字到底是多了，还是少了。这个问题需要客观地来认识它，如果从长远来分析，从国家的政策以及发展前景，中国目前年生产34万架钢琴的数量远远不能满足全面建设小康社会的需要，发达国家的每百户钢琴拥有量是20%～25%，而我们国家现在才不到2%，钢琴生产满足社会需要还早着呢。

但是，从局部来分析，目前我国钢琴生产却有盲目增长的倾向，已经出现供大于求的迹象，有的企业已经感觉到销售所带来的巨大压力。造成长期目标与短期需求的矛盾是由于钢琴生产能力增长速度大于社会需求增长速度。钢琴不是一般商品，钢琴销售的增长速度是一个缓慢渐进的过程，需要有配套的国家文化产业政策的实施、人民艺术文化修养素质的不断培养和提高，特别是钢琴师资队伍的建设。目前这些环节都远远跟不上钢琴生产的发展速度，势必造成钢琴生产的过剩。再加上目前中小钢琴企业的大量上马，缺乏必要的技术市场和质量的管理，一些不规范的市场销售行为充斥于市，也造成目前钢琴销售的混乱局面。

对2003年钢琴产量的统计，我们可以看出钢琴出口量和三角钢琴的产量有大幅攀升，是一个十分可喜的现象，这说明中国钢琴在制造与市场两个环节的技术含量和档次在不断提升。

有人说，三角钢琴才是真正的钢琴，这种说法不一定正确，但它在一定程度上反映了三角钢琴的重要地位，我们对比了近几年三角钢琴的发展速度，要远远大于立式钢琴的速度。6年的统计结果，立式钢琴平均增长速度为11.35%，三角钢琴平均增长速度为43.72%，与6年前相比，中国三角钢琴的产量增长了4.22倍。

中国钢琴2003年的出口总量达到近8万架，结束了前几年徘徊不前的局面，大幅度攀升，比出口量最少的1999年提高了1.73倍。目前中国钢琴出口的局面，出现了全线看好的形势，不光大钢琴厂出口，小钢琴厂也开始出口；整琴出口，钢琴零部件也大量出口。从去年的上海国际乐器展览会上可以预感到，中国正在向"世界钢琴生产集散地"的形势发展。从2002年的统计数字来看，中国钢琴主要出口到世界62个国家，主要出口国为美国、荷兰、加拿大、英国、德国、法国、意大利、日本、韩国等国家和我国香港地区。出口到美国的量最大，立式钢琴为14164架，三角钢琴8379架。中国钢琴的出口国都是发达国家，甚至是钢琴的发源地，说明中国钢琴已经开始被西方国家所接受了。

二、微观分析

2003年全国钢琴产量的统计范围为51个钢琴生产企业，比上年增加了5个企业。随着连续数年对全国钢琴产量进行统计，每年发布的产量数据已经在国内外产生了一定的影响，它不仅成为年度钢琴产量公告，而且也成为国内外钢琴企业进行经营决策的重要依据。因此统计数据真实性和客观性成为所有业内人士十分关注的问题。

这个数据基本反映了中国钢琴生产的基本概况，因为所有数据是通过企业统计部门直接上报的，企业应当对每一个上报的数据负责，如果说企业上报数据有误，那么，孰是孰非，公布的数据大家自有公论。具体到统计数据的覆盖面有多大，能否包括国内所有的钢琴生产企业，客观的说，每年公布的统计数字并不是政府行为，而是由企业自愿提供，随着信息工作的透明度加大，现在企业对这一数据的支持度大大加强。但是也不能排除有个别企业因为某种原因，或是刚刚起步，不愿意提供数据，我们也不能勉为其难，比如，在2003年的企业调查中，我们一共涉及到75个企业，其中有的企业产量太少，有的企业不想提供数据，我们也就忽略不计了。但这些企业的生产量大多数不足300架，加在一起，超不过2000架琴，所以在整个数据中仅占很小比例。另外一个重要问题，需要在这里说明，目前我国钢琴生产企业有很大的一部分是定牌生产，包括国外定牌，国内定牌两种渠道。给国外定牌生产钢琴不影响全国钢琴的统计数据，但给国内定牌就影响了整个国内钢琴产量的统计数据，现在有些企业互相之间进行了定牌生产，拿自己的商标到别的企业进行组装加工，可是统计产量时，又各自将产量计算在企业的生产量之中。这样会产生钢琴产量重复计算的现象。这个数字到底有多大数量，我们正在进行调查了解之中，情况清楚以后，有关统计数字会扣除这个部分。

根据2003年全国钢琴产量的统计，我们对国内钢琴生产企业作一个分析比较，可以看出：

（1）国有企业仍然占据钢琴生产主导位置，但份额有所下降。目前，我国国有钢琴生产企业共5个，2003年总产量为165837架。占48.27%，比2002年下降6.39%；三角钢琴生产10875架，占44.08%，比2002年下降19.3%；出口量为38587架，占48.50%，比2002年下降13.3%。

广州珠江钢琴集团公司钢琴产量占全国总产量的21.43%，三角钢琴产量占总产量的16.49%，出口量占总量的17.58%。

北京星海乐器有限责任公司钢琴产量占总产量的11.64%，三角钢琴产量占总量的6.2%，出口量占总量的13.11%。

营口东北钢琴集团公司钢琴产量占总产量的8.16%，三角钢琴产量占总量的20.27%，出口量占总量的14.93%。

（2）合资企业的份额不断加大。2003年中国境内各类合资钢琴生产企业共计16家，生产钢琴总量为110025架，占总产量的32.02%，比2002年上升了0.31%。其中三角钢琴12022架，占总产量的48.73%，比2002年上升了13.23%；出口32279架，占总出口量的40.57%,比2002年上升6.76%。

合资企业中除天津英昌乐器公司仍据国内钢琴生产企业前列之外，青岛世正乐器公司发展迅猛，2003年总产量达到23128架，比2002年增长了2.16倍，三角钢琴增长了2.42倍，出口量增长了4.59倍。

（3）民营企业积少成多，不可小视。2003年民营钢琴企业有少量增加，列入统计范围的有30家企业（新增上海及浙江德清县的几家企业，另有几家的钢琴产量未作统计），与2002年持平，生产钢琴总量为67671架，占总产量的19.6%，比2002年上升了5.27%。其中三角钢琴1773架，占总产量的7.1%，比2002年上升了5.99%;出口8700架，占总出口量的10.93%，比2002年上升7.53%。目前，民营企业总产量直追大型企业，已经构成强有力的竞争，但在三角钢琴和出口量方面还未有大的动作。

民营企业中，上海玛珂钢琴、南京摩得利钢琴、上海乐音钢琴、上海和乐钢琴等企业年产量上5000台，品牌效益日益显露。杭州嘉德威钢琴2003年也有了较大的发展，产量上到8000架以上。

（4）增长幅度各有千秋。扣除14家新列入2003年统计范围的钢琴生产企业，对原有37个国内钢琴生产企业增长幅度进行分析，我们可以看到有29个企业在2003年钢琴总产量有增长，其中增长幅度最大的是浙江杰士德钢琴有限公司、营口奥特威钢琴有限公司、青岛世正乐器有限公司，分别为400%、233%和216%，有8个企业比上年产量有所下降，最多的下降28.57%。

三角钢琴产量最大的分别是天津英昌乐器公司（6000）、青岛世正乐器公司（5328）、营口东北钢琴集团公司（5002）、广州珠江钢琴集团公司（4069）、北京星海乐器有限责任公司（1533）。增长速度最快是的青岛世正乐器公司、天津英昌乐器公司、北京星海乐器有限公司。一些民营企业也从无到有开始生产三角钢琴。

出口量最多的钢琴生产企业是青岛世正乐器公司、广州珠江钢琴集团公司、营口东北钢琴集团公司、北京星海乐器有限责任公司、天津英昌乐器公司。这5个企业总出口量达到60167架，占中国钢琴出口总量的75.6%。

三、区域分析

2003年全国钢琴企业的分布地区仍然集中在广东、上海、浙江、北京、辽宁、山东、天津等省市。一年中，出现了一些细微的局部调整，主要体现在以下几方面：

（1）地区钢琴企业数量的变化，2003年上海地区钢琴生产企业数量增加较多，按全国钢琴产量统计列入计算的企业达到14个，比上年增加了6个。上海地区钢琴生产企业已经达到22个，其中还不包括二手翻新钢琴厂、钢琴零部件配套厂。据统计，目前上海地区各类钢琴企业大约近40个左右，从集中程度来看，为全国之首。另外还有一个现象，就是浙江一些地区钢琴生产企业，特别是德清县的钢琴生产厂，不仅在当地注册企业，同时在上海市注册钢琴生产企业，其法人代表同属一个人，据我们了解，这样的企业大约有三至四家。其目的，是为了借用地区品牌的效应，达到销售顺畅的目的。

浙江省的钢琴企业主要集中在杭州德清县和宁波两个地区，2003年德清县钢琴企业数量以及规模仍然维持在原来状况，宁波的钢琴生产企业以零配件生产为主，集中供应全国各大中小生产企业，并有相当一部分出口，产品技术含量不断提高，目前已经成为中国钢琴生产的技术后方。

山东省也是在2003年钢琴生产企业变化较大的地区，在原有烟台龙凤钢琴有限公司的基础上，近几年增加了青岛世正乐器公司，烟台博斯纳钢琴制造有限公司，其规模及技术含量都具有较大的发展潜力，山东省将在未来成为中国钢琴生产新的基地。

（2）地区企业规模的变化。据统计，2003年中国钢琴主要生产区仍然是广东地区，达到94519架；其次是上海，达到76649架。如果按增长幅度统计，增长速度最快是的浙江、山东、江苏、上海。浙江比上年增长了3倍，山东增长了84.69%，江苏增长了33.37%，上海增长了29.01%。

四、结论

2003年中国钢琴连续6年实现两位数递增，中国已经成为世界上钢琴产量最大的国家，钢琴成品生产企业约80家，包括零配件企业、配套加工厂、两手翻新琴企业大约在200个企业左右，外国钢琴主要生产企业大部分已经进入中国，逐渐形成生产规模和市场网络。

可以说，中国目前已经成为世界钢琴主要生产基地和销售市场，国产钢琴无论在质量、规格、档次上都有了质的提高和飞跃，得到了国际钢琴市场的认可，而形成中国钢琴大量出口到以美国为代表的世界各国的格局。

但是，我们还应当看到中国钢琴发展的第一阶段任务已经完成，中国钢琴已经达到世界学习型普及琴中低档质量的要求。就钢琴数量而言，已经基本满足国内市场的需求。中国钢琴应当向着第二阶段，即从中档钢琴的“品牌”效应开始制定下一步发展规划，那里有我们钢琴发展一片新的天地和乐土。

2003年中国乐器进出口形势评述

据国家海关总署统计资料，2003年我国乐器进出口总额为6.99亿美元，比2002年5.93亿美元增长了17.8%，净增1.06亿美元。其中乐器出口额达到6亿美元，比上年增长了22.45%；进口额9912万美元，比上年下降3.46%。

2003年，我国虽然遭受“非典”的严重影响，但一季度乐器出口仍达到0.9583亿美元，比去年同期增长37.75%；二季度乐器出口额达1.19亿美元，又比一季度增长了24%。2003年下半年克服了“非典”带来的负面影响，乐器出口进一步快速飙升，实现乐器出口3.85亿美元，比上半年的2.15亿美元增长了79.16%。

通过对2003年中国乐器出口量值分析，在21大类乐器中，有17类产品比上年有所增长，增长幅度最大的是乐器配件、铜管乐器、木管乐器，分别为168.77%、89.04%、47.80%；4类产品有所下降，主要有百音盒、手风琴、竖式钢琴、钢琴零件，降幅分别为15.11% 、12.24%、8.89%、4.69%。

从出口国别分析，2003年中国乐器共出口到131个国家，占全世界194个国家的67.524.%，其中亚洲

37个、非洲20个、欧洲36个、拉丁美洲25个、北美洲3个、大洋洲9个。其中北美洲、亚洲和欧洲总计出口额达到5.53亿美元，占总出口额的92.06%，比2002年下降了1.35个百分点。

美国、日本、英国、德国、比利时、中国香港等仍然是中国乐器的主要进口国家和地区。从量值分析，中国香港和比利时对中国乐器的需求量在不断上升，香港比上年增长了65.68%，比利时比上年增长了134.77%。但韩国比上年减少了7.62%，荷兰减少了16.77%。

分析具体的乐器出口品种，以钢琴为例，2003年，中国共出口竖式钢琴40929架， 其中北美洲14365架、欧洲14199架、亚洲9691架、大洋洲1317架、拉丁美洲1122架、非洲235架。进口量最大的前五名分别是美国（12049)、英国(3512)、中国香港(3288)、德国(2597)、加拿大(2316)。三角钢琴9396架,其中美国达到8135架，加拿大、香港、英国、澳大利亚依次为251、250、204、88架。

铜管乐器是出口增长幅度最大的乐器品种，全年共出口50.64万支，金额达到2390.21万美元，比上年增长89.04%。铜管乐器主要出口到北美洲和亚洲，分别为20.9211万支和14.90万支，比上年增长了137.16% 和150.34%。进口量排在前五名的是美国、中国台湾、英国、中国香港、德国。出口到美国的铜管乐器达到196129支,我国台湾地区有85320支，德国20595支。

其他管乐器也是中国乐器出口增长幅度较大的乐器之一，出口金额比上一年增长47.8%，前五名是美国、英国、德国、我国香港和我国台湾地区。

打击乐器出口也比去年增长了26.01%，主要出口到北美洲、欧洲，出口额分别达到了1598、1133万美元，而增长速度最快的是拉丁美洲，比上年增长了37.37%，达到了393万美元。

键盘电子乐器和电声乐器比上年分别增长了32.51%和37.74%，弓弦乐器比上年略有增长，增幅为6.33%。

综观国家海关进出口数据分析，2003年中国乐器进出口形势呈现以下几个特点：

一是中国乐器出口没有受到“非典”的影响，在2002年大幅增长的基础上，又有了新的提高，反映中国乐器出口正在平稳上升，中国乐器的质量、档次和价格已经逐渐适应国际乐器市场，中国乐器在世界主要国家已经建立了良好的形象，外商对中国乐器普遍树立了信心。

二是中国乐器的主要出口地区仍然是北美、欧洲和亚洲地区，乐器出口的贸易伙伴，主要是美国、日本、中国香港、英国、德国的格局没有改变，而美国是中国乐器出口的最大贸易伙伴。

三是非洲、拉美等经济发展相对较慢的地区对中国乐器的需求量明显上升。

四是中国乐器进口有所回落，说明世界乐器制造中心向中国转移，许多国际跨国公司在中国投资，建立了乐器生产基地，并相继投产开始在中国乐器市场销售，相应地减少了中国乐器的直接进口量。

据一些媒体预测我国2004年的出口形势，相对于前两年的高速增长，2004年我国的外贸进出口增长将会有所回落，贸易顺差也会有所减少。对此，我国出口型乐器生产企业应当有足够的思想准备。

年 度 评 选

2002年度乐器行业强势公司、优秀人物推荐活动揭晓

由中国乐器协会主办的“2002年度强势公司、优秀人物推荐活动”在各乐器生产经营单位以及社会各界的大力支持配合下，已经完成了所有前期工作，现将推荐结果予以公布。

这项活动从2000年开始，已经连续进行了3年，它对总结和推动乐器行业的各项工作起到一定的作用。因此，中国乐器协会将此作为一项年度工作，每年开展一次。

2002年度的推荐活动，与上年有所不同，主要表现为以下几个方面：

（1）上年的强势公司只有10名，且钢琴企业居多。在参考指标方面，主要从销售收入、总资产、实现利润3个方面考虑。而2002年推荐的强势公司，所参考的经济指标主要以销售收入、总资产、员工人数考虑。并且名额从10名扩大到22名。之所以要进行这样的改变，主要是为了与国际上评选全球乐器与音响225强的参考指标接轨。这样可以更加有利于企业的参与，更广泛的宣传企业所取得的成绩。

（2）优秀人物的推荐工作，在2002年也有了相应的变化，优秀人物的范围有了相应的扩大，不仅有企业的老总，同时也有了企业的技术、生产管理人员。把他们的业绩公之于众，从另一侧面反映了企业的成绩和发展。

2002年乐器行业强势公司

（以销售额排序）

序号	单位名称	销售额（万元）	总资产（万元）	员工数	负责人	产品类别
1	广州珠江钢琴集团公司	72332	130724	4300	童志成	钢琴、提琴、吉他、西管乐器、打击乐器等
2	北京星海乐器有限责任公司	52000	59000	3500	赵惠臣	钢琴、西管乐器、民族乐器、打击乐器等
3	营口东北钢琴集团公司	24477	43000	2260	张大鸣	钢琴
4	广东四会华声乐器有限公司	16000	4000	2300	黄炳金	吉他
5	上海钢琴公司	14867	19012	970	马申杭	钢琴
6	烟台龙凤钢琴公司	13815	9323	650	孙　强	钢琴
7	上海中雅钢琴公司	11764	19012	910	叶耀东	钢琴
8	宁波东方乐器配件公司	11000	8500	1008	罗松鹤	钢琴配件
9	天津津宝乐器有限公司	9600	5700	1890	刘　明	打击乐器、西管乐器
10	深圳美得理电子公司	8800	7400	870	叶　森	电声乐器
11	泰兴凤灵乐器有限公司	8280	4850	1280	李　书	提琴、吉他
12	河北金音乐器有限公司	8133	5300	960	陈学孔	西管乐器、提琴
13	上海民族乐器一厂	6500	3856	307	王国振	民族乐器
14	上海华新电子电器总厂	6382	5300	471	林伯龙	电声乐器
15	上海玛珂钢琴公司	5680	4150	310	金一鸣	钢琴
16	福州和声钢琴公司	5532	3740	350	胡　颖	钢琴
17	南京钢琴厂有限公司	4800	5400	300	戴巧茹	钢琴
18	宁波海伦乐器配件有限公司	4500	5000	420	陈海伦	钢琴配件
19	广东中山粤华钢琴乐器制造有限公司	4403	5069	381	高永湖	钢琴
20	江阴激扬乐器有限公司	3000	5000	600	时国兴	口琴、手风琴、西管乐器
21	苏州民族乐器一厂有限公司	2500	2700	342	沈博文	民族乐器

（不含境内外资企业）

2002年乐器行业优秀人物介绍

郑 荃、张大鸣、黄炳金、李书、刘明、周国芳等以上同志请见本年鉴《人物篇》。

孙强

烟台龙凤钢琴有限公司总经理、烟台市政协委员,《中国改革之路》大型丛书编委、中国乐器协会常务理事、中国音乐家协会山东分会会员。

孙强在担任烟台龙凤钢琴有限公司总经理以来,以杰出的领导才能和强烈的责任心、事业心使公司在短短几年时间里,迅速发展成为具有先进水平的大中型现代化钢琴生产企业,取得了令人瞩目业绩。公司产品先后荣获烟台市名牌产品、山东省名牌产品、消费者信得过产品、美国第八届新技术新产品博览会金奖等多项荣誉。产品不仅畅销国内100余个大中城市,而且畅销世界40多个国家和地区,深受国内外钢琴制造商、经销商及演艺界的广泛赞誉。公司自1994年正式投产起,各项经济指标平均每年以30%~40%的速度发展,在短短几年时间里,成为一颗璀璨的新星闪耀在国内钢琴舞台上。孙强1998年被原中国轻工总会授予“全国轻工业系统优秀经营者”荣誉称号,2000年被中国轻工总会授予“全国轻工系统先进个人”荣誉称号,他本人著有《浅谈钢琴生产的历史、现状和未来发展》等数篇论文。

烟台龙凤钢琴有限公司现为烟台市20家重点企业之一,是烟台市展示发展成就,接待国家领导人视察及重要国宾来访的重点窗口单位,1999年顺利通过挪威DNV公司ISO9001国际质量体系认证,2002年公司又顺利通过挪威DNV公司ISO14001国际环境体系认证,成为国内第一个取得双认证的合资钢琴生产企业。2001公司被中国轻工业联合会授予“全国轻工业质量效益型先进企业”之一。2002年公司各项经济指标再创新高,钢琴产量达到11000架,利税1800万元,其中利润突破800万元,出口创汇400多万美元。

陈春琦

北京星海乐器有限责任公司副总经理,主管产品质量和营销工作。

陈春琦在工作中紧紧依靠群体力量,时时研究市场动态,针对需求变化主动做出适应性调整。在营销工作中他注意发挥星海品牌的形象优势,张扬企业个性,实行差异化管理。为扭转被动局面,他从建章建制抓基础管理,积极选择、启动市场突破口,不断加大市场份额。为扩大市场造势,他积极推行品牌战略,使“星海”在全国的影响日趋明显。2002年,以营销部门策划并运作的第九届“星海杯”全国少儿钢琴比赛、营销经贸洽谈会、钢琴新产品推介会、国际乐器展览会、星海产品订货会、著名专家讲学会、以及为全国青年歌手电视大奖赛和中央电视台各挡娱乐性节目无偿提供伴奏用琴等不同的形式,非常明显地展显了“星海”的风采和影响。通过针对国际市场战略的修订,使星海钢琴的出口也取得了历史性的突破。特别是三角钢琴的出口比上年的同期上升了74.7%。

容宇森

广州珠江钢琴集团有限公司涂装分公司经理

容宇森同志长期爱岗敬业、任劳任怨,为珠江钢琴的油漆工序默默奉献了20个春秋。他脚踏实地,好学上进,从学徒做起,历任油漆技工、质检员、副工段长,分厂副厂长、厂长,现任涂装分公司经理,为珠江钢琴的发展壮大做出了实质性的贡献。

容宇森几十年如一日,坚守在最脏最累的油漆岗位上,充分发挥自己对油漆工艺驾轻就熟的优势,大胆改制无数生产设备,不断提高产品质量和生产效率,如近3年采用不同常规的工艺施工先进办法,试制试产成功30多款钢琴。新产品投放市场后赢得广大消费者的青睐。

容宇森勤劳务实、平易近人,身为经理,不摆架子,始终工作在生产第一线,发挥模范带头作用。在他不畏艰苦、兢兢业业的工作热情鼓舞带动下,全体职工积极肯干、乐观向上,涂装分公司年年出色完成生产、质量和效益任务。

容宇森在车间、分厂、分公司担任领导职务前后,十分注重搞好职工之间、上下级之间的团结合作,以“团结就是力量,搞好两个文明建设”鞭策自己、教育他人;服从管理、敢于管理;正确开展批评与自我批评,虚心上进,扬长避短,日益增强团体凝聚力。坚持以质量为核心,以成本为中心,有效组织生产。在“生产在先、管理在先”的管理理念下,以人为本,职工每年培训率达100%;以质量为核心,提高产品一次合格率,将返工浪费降到最低限度,以成本为核心,做到人尽其才;科学安排在制品数量,全年盘活流动资产10多万元,做到物尽其用,分公司利润比上年翻翻。

沈正国

现任上海民族乐器一厂厂长助理兼技术科长,中国乐器协会常务理事、民族乐器分会秘书长。

沈正国从事民族乐器制造25年,始终坚持努力学习、勤奋工作。他带领技术科全体人员共同努力,为企业发展做出了贡献,特别是在厂长王国振“文化营销”经营思路的决策下,谋划了一系列重大活动,在行业内产生了积极影响。

沈正国负责的技术科，主管全厂的中、高级工以及技师的培训工作，20多年来，这项工作从未间断过，为企业培养了大批技术人才。以“敦煌杯”命名的技能比赛，至今已举办了69届。近年来，在沈正国的精心组织下，以提高职工技能为宗旨的乐器制作比赛越搞越红火、越来越生动，使企业内的技能比赛在行业内影响越来越大。在抓产品质量提高，抓技术进步和新品开发上，沈正国着实花了一番心血，1998年全国古筝、琵琶比赛，1998年的全国二胡比赛，上海民族乐器一厂的丰硕成果有沈正国的功劳。近年来，新产品的不断问世、新材料的替代、每年多项专利的获得等等，都与沈正国勤恳工作分不开的。

沈正国不仅认真做好企业的技术培训、产品质量和技术进步工作，还热心企业的文化营销、品牌宣传及有关民族音乐的社会活动，如：创立和发展中国民族乐器博物馆、主持全国民族乐器学术交流、编辑民族器乐文化与企业文化相结合的系列丛书、担任中国乐器协会民族乐器分会的秘书长、开展民族音乐进社区、古月轩民族音乐沙龙活动等等，为企业在激烈的市场竞争中稳步发展，为弘扬中国民族音乐文化做出了贡献。

关于表彰2003年度中国乐器行业强势公司、新闻人物的决定

中乐协[2004] 17 号

为认真贯彻党的十六届三中全会和“三个代表”重要思想，充分发挥乐器行业企业及员工的积极性和创造性，为全面建设小康社会做出更大贡献。2004年，中国乐器协会在乐器行业继续开展“中国乐器行业强势公司及新闻人物”的评选活动。

经对国家统计局发布的2003年各乐器企业综合经济指标进行全面评价，评选出广州珠江钢琴集团有限公司等22个企业为2003年度乐器行业强势公司，童志成等12名同志为乐器行业新闻人物，并向获得此荣誉的单位和个人颁发奖状。

希望受到表彰的强势公司和优秀人物发扬成绩，再接再厉，不断做出新的更大贡献。希望全国乐器行业广大职工以受表彰的强势公司和优秀人物为榜样，进一步发扬“胸怀全局、爱岗敬业、拼博进取、无私奉献”的精神，在以胡锦涛同志为首的党中央领导下，与时俱进，扎实工作，在全面建设小康社会的奋斗中，继续发挥更大的作用，为把我国建设成为世界乐器强国而努力。

附：2003年乐器行业强势公司及新闻人物名单。

中国乐器协会

二○○四年六月二十日

附件:

2003年度强势公司名单

1	广州珠江钢琴集团有限公司
2	北京星海乐器有限责任公司
3	营口东北钢琴集团公司
4	广东四会华声乐器有限公司
5	宁波东方琴业总公司
6	广东吉声琴业有限公司
7	泰兴凤灵乐器有限公司
8	上海中雅钢琴有限公司
9	上海玛珂琴业公司
10	河北金音乐器制造有限公司
11	宁波海伦乐器配件有限公司
12	天津津宝乐器有限公司
13	福州和声钢琴公司
14	宜昌金宝乐器制造有限公司
15	上海民族乐器一厂
16	广东中山粤华钢琴乐器制造有限公司
17	北京华东乐器有限公司
18	美得理电子(深圳)有限公司
19	南京摩得利钢琴有限公司
20	上海超拔实业有限公司
21	上海钢琴有限公司
22	武汉艾立卡电子有限公司

2003年度新闻人物名单

广州珠江钢琴集团有限公司	童志成
营口东北钢琴集团公司	张大鸣
泰兴凤灵乐器有限公司	李　书
北京星海乐器有限责任公司	赵青竹
上海民族乐器一厂	杜其宝
天津市津宝乐器有限公司	刘　明
江苏奇美乐器有限公司	张龙贵
宁波海伦乐器配件有限公司	陈海伦
广东中山粤华钢琴乐器制造有限公司	高永湖
上海玛珂琴业有限公司	金鹤皞
柏斯琴行	吴天延
南京摩得利钢琴有限公司	王永和

2003年乐器行业新闻人物介绍

童志成、张大鸣、李书、刘明、张龙贵、陈海伦、高永湖、金鹤嗥、吴天廷、王永和等以上同志请见本年鉴《人物篇》。

赵青竹(北京星海乐器有限责任公司副总经理)

赵青竹同志自担任星海乐器公司副总经理以来,曾主持实施了北京钢琴厂第二期技术改造项目,使扩产20000台钢琴的技改目标提前实现 经他牵头和主抓的ISO9001-2000国际质量体系认证和ISO14001国际环境管理体系认证都得以顺利通过。特别是最近几年来,赵青竹还领导北京钢琴厂的技术人员先后开发了18种新型立式钢琴,同时还开发了158、143等型号的三角钢琴。

2003年以来,赵青竹所主持开发和建设的星海乐器工业园又取得了令人瞩目的成绩。为了参与我国加入世贸组织后带来的全球乐器产品的挑战与竞争,为了更有利于生产力的合理布局,最大效率地配置各种资源并开发区域功能,调整星海产品新结构,营造新机制,创造新环境,把握新契机。星海乐器公司在北京市光机电一体化产业基地兴建了一座“星海乐器园”。赵青竹受公司委托全面主持了星海乐器园的开发和建设。自去年“非典”肆虐的4月底开工以来工程进展顺利,目前,4栋72米宽,282米长的单层厂房已经拔地而起。

园区的建设从一开始就体现出了“速度”,赵青竹认真地执行了公司领导的指示精神,以“五新”精神为动力,打破惯例,实施了非常规操作,凸显了北京市委、市政府大力倡导的“现代”速度。所谓“现代”速度就是北京现代汽车集团创造的“当年开工、当年竣工、当年投产”的现代化工业生产的速度。为了加快建设速度,赵青竹与设备工程部门始终用“同步上马、交叉作业、立体施工”的方法把园区的各项工作都搞得红红火火。目前,去年年初计划开工21600米^{2}的项目,到年底就变成了实际开工86000米^{2}的现实。

在园区的工程建设中还体现了求新、求变和超前的意识。在规划设计中他们千方百计地融入了许多新技术、新装备、新设施和新的管理模式。通过对星海乐器园的设计、开发和建设,星海乐器公司的工程设计人员也逐步地提高了专业素质和业务专长。使经济意识、节约意识、谈判技巧、采购经验都得到了明显的提高,他们都知道如何用最小的投入寻求最大的收益,如何坚持用高标准建设新项目。在落实工艺布局的工作中,他们经常深入车间、班组,与生产技术人员密切配合研发新工艺、改造老设备,不断提升在生产制造过程中的科技含量。

目前,北京钢琴二厂已全部迁入园区并投入了紧张的生产,星海乐器公司的其他几个分厂也将于今年下半年陆续迁入园区。

就在星海乐器园的工程紧锣密鼓地进行中,赵青竹又被公司委派到北京管乐器厂兼任厂长、党总支书记。

杜其宝 (上海民族乐器一厂副厂长兼销售经营部总经理)

杜其宝是上海民族乐器一厂的老职工,从1987年起就担任供销科科长一职。在那些年间,他就倾注了全身的精力致力于中国民族乐器的销售和推广事业,积累了丰富的工作经验。特别是1998年该厂对销售部门推行买断承包的经营机制以来,杜其宝更是废寝忘食般地带领一班人马历经千辛万苦,足迹遍及除西藏外的全国29个省区和直辖市。在辛勤耕耘了多年以后,上海民族乐器一厂的销售额从1998年的4052万元到2003年已达到了9130万元,增幅是史无前例的。更值得敬佩的是,多年来资金回笼率都是100%,在行业中真可谓是创造了奇迹。

杜其宝能取得这样的销售业绩,首先是他充分领略并实施了厂长王国振提出的“文化营销”的思路,以乐养学、以文兴市。他一方面主动与专业演奏团体或著名演奏家建立伙伴协作关系,经常进行意见交流;另一方面,他还深入教育领域,加强企业与青少年宫和各类学校的联络;他甚至积极策划并参与各地的音乐文化活动,每年坚持在全国各主要城市举办“敦煌”杯民乐大奖赛。通过几年来的不懈努力,实践表明,一个有责任感的营销人员,发挥切合实际的市场运作能力,不但会得到人们的认可,更能取得社会的回报。

在他的积极推广下,“敦煌”牌古筝、琵琶、二胡这三个“拳头”产品的产销量连年不断地创新高,不但稳固了南方市场,拓展了北方市场,而且又向教育、部队、海外等市场纵深发展。目前,国内已有580多户直销网点;“敦煌”品牌在台湾、香港及海外的新加坡、日本、美国等地都有一定的知名度。这些又为企业长期持久的发展奠定了一定的基础。

除此之外,杜其宝不但能以身作则,时时以事业为重,事事以原则为先,而且在他的感召下,一支销售队伍也已经历了饱尽风霜的考验。我们相信,通过进一步对销售人员的严格培训及对客户的科学管理,上海民族乐器一厂的销售将还会有很大的上升空间。

团结一心 战胜非典

致乐器行业全体同仁的慰问信

乐器行业的全体同仁们:

连月来，一场突如其来的“非典”在中华大地蔓延，它严重地危害着中国、亚洲以至世界人民的生命安全，极大的干扰着我国人民正常的政治、经济、文化、教育、生活，给我国国民经济带来了重大的影响。

在这场“没有硝烟的战争”中，中国人民在以胡锦涛为总书记的党中央的领导下，一场“万众一心、众志成城、和衷共济、科学防治、战胜‘非典’”的人民战争已经在全国范围内打响。目前，虽然防治“非典”的形势依然严峻，但是在全国人民的共同努力下，“非典”的肆虐已经得到了有效的遏制。

在这场殊死的人类与自然界的斗争中，面对“非典”的影响，全国乐器行业战线的领导和广大职工表现了英勇无畏、波澜不惊、沉着应对的态度，你们坚决贯彻党中央“一手抓防治非典，一手抓经济发展”，把乐器行业广大职工的健康和安危放在第一位，采取了各种防范措施，始终坚持生产，坚持营销，一天也不停止工作，把“非典”给乐器行业带来的损失减少到最低点。据我们初步了解，全乐器行业至今没有发现一例“非典”病例和“疑似”病例，全乐器行业1月~4月份生产总值和销售收入仍然与去年同期持平，这就是全乐器行业在重大自然灾害中所取得的最大成绩。

借此机会，我们向奋战在乐器行业第一线与“非典”展开较量，并取得成绩的领导和职工同志们以及你们的家属表示最深切的慰问，对你们“以国家利益为重，坚守岗位，临危不乱”的精神表示崇高的敬意！对你们在“非典”的非常时期，为中国的乐器事业做出的贡献表示衷心的感谢！

“非典”是人类到目前为止，尚无法预测和难以抗拒的传染病，它给我们国家带来的影响和损失确实是巨大的。它给我们国家的旅游业、交通运输业、餐饮业包括乐器消费市场都带来不可低估的影响和较大的负面作用。我们从各方面了解到，目前国内外乐器贸易都由于“非典”的影响造成销售额下降，一些娱乐、会展活动暂停，一些学校停课，消费者心理因素等等，都在某种程度上影响了乐器的销售，并直接给乐器生产带来影响，一些企业产品库存量上升，正常的资金周转出现了困难。从短期来看，第二季度乐器生产与销售形势无疑将受到一定的负面影响。

但是，我们从另一方面来看，“非典”终究是中国人民在全面建设小康社会进程中，一个短暂的突发性自然灾害。纵观人类发展史，就是一部人类不断战胜各种“天灾人祸”，从“必然王国”走向“自由王国”的历史。我们有党中央和国务院的正确领导，有世界各国的支持，有高度发达的科学技术，“非典”终将被战胜，中国人民一定会恢复往日的辉煌。全面建设小康社会的目标一定能够实现。可以预见，“非典”会逐步被战胜和消灭，红火的乐器销售市场一定会再现。

“艰难困苦，玉汝于成”。中国的历史表明，越是在艰难困苦关头，越是重大挑战面前，中华民族的凝聚力就越强。中国的乐器行业必将战胜“非典”所带来的暂时影响，全力挽回损失获取胜利。到那时，让我们大家一起“举杯同饮庆功酒”，去迎接乐器行业更加灿烂、美好的春天。

中国乐器协会
2003年5月16日 王根田

抗击“非典” 勇渡难关

——记北京乐器行业奋战“非典”一线

五一假日后的北京，这里仍是一片静悄悄，商场里没有了往日的喧闹，马路上没有昔日的车水马龙，学生放假，老人呆在家里，旅游团被一一取消了，餐馆纷纷停业，“非典”的阴云笼罩着整个北京城，它给人们带来的不仅是生命与健康的危胁，更多的是心理上的恐慌和紧张。“非典”给经济带来的负面影响已经显露。

乐器行业也是直接受到“非典”影响的行业之一，面对这场突如其来的“非典”侵袭，人们的正常生活规律和心理因素发生重大变化。作为一种娱乐和素质教育的精神产品，肯定要受到直接影响。面对这一非常时期，工作在乐器生产和销售第一线的干部和职工，他们在想什么？在做什么？

记者带着这些问题，走访了中国乐器协会、北京星海乐器公司、北京华兴清华乐器中心、北京宏声乐器行、北京星海乐器城，面对面地了解他们战胜“非典”关键期间的工作和思想。

4月22日，正是“非典”最猖獗的时候，电台、电视台整天播报着当天的疫情，北京市处于与“非典”博斗最严峻的时刻，上级不时传达各种防治“非典”的精神，“非典”一天天向我们走近。就在这时，记者看到中国乐器协会还在照常工作着，在“非典”的影响和工作的压力面前，理事长王根田说：“协会最主要的工作就是为行业服务，凡是有关行业的大事一点都不能耽搁，我们既要保证大家的安全，又要保证工作正常进行”。在非常时期，协会的同志们坚守岗位，为了上班途中不受到交通工具的交叉感染，协会的同志由原来的乘公交车上班，改为骑自行车上班，每天要骑上一个多小时路程。因为“非典”，院内的食堂不开了，中午就吃方便面凑合一下。在“非典”的最紧张时刻里，中国乐器协会配合有关部门和企业完成了“中国名牌”评介的专家推荐和企业申报工作、《中国乐器年鉴》的框架结构、钢琴调律师换证工作的准备以及《中国乐器》杂志正常发行、开通了“中国乐器协会网”。中国乐器协会的全体同志坚守工作岗位，保证了协会工作的正常运转，王理事长说：“无论非典今后会给我们的工作带来多大的影响，但我们的工作还必须按着计划进行。”

5月7日，“五一节”假期后的第一天上班，记者驱车来到北京星海乐器有限责任公司，在宣传部部长刘春祯的陪同下，整整逗留了4个小时，走访了各主要生产车间、部分科室，对有关公司领导和车间主任分别进行了采访，了解他们面对突然降临的“非典”，他们的想法和所采取的对策和措施。最后给记者留下的印象是“任‘非典’肆虐无情，我自岿然不动”。星海人在北京“非典”流行的最严重的4月下旬，仍然保持了乐观旺盛、一往无前的精神，车间一天也没有停工，干部照常上班。机器在不停的运转，花园式工厂的人工流水瀑布还在继续流淌。在星海公司看到环卫职工在院内、车间以至发货之前，不停地打扫卫生和各种消毒措施。

在生产科办公室，记者见到了副科长王淑琴，她爱人是北京中医医院的医务工作者，她向记者讲述了在“非典”最危机的时刻，支持他爱人战斗在“非典”一线的感人故事。采访当中，王科长多次表示：没有必要大惊小怪，这是舍小家、顾大家，只不过干了我应当干的事情。

在装配车间办公室，记者见到了王文校主任，他说：“我们车间有190人，日产120架钢琴，在‘非典’最严重的时候，我们做到每天三次消毒，坚持开好班前会，每天检查职工出勤情况，凡是没有来的人及时了解情况，作到及时上报。车间基本保持了稳定的生产节奏，工人都处于良好的工作状态。”

记者最后见到党委书记曾泽民时，他满面春风，毫无难色。他说：“在‘非典’期间，我们企业首先抓的是职工的安全教育和自我防范意识，采取各种手段加强了环境和职工自身的防治措施。第二是组织参加了社会组织抗‘非典’的捐助活动，有2578人参加捐助。第三是建立了全公司的防‘非典’信息网络制度。每天10点以前逐级报告全公司职工的身体健康，使公司及时了解防“非典”工作的情况。第四，在‘非典’期间，大力表彰职工旺盛的工作态度，公司有些职工的家属直接参与医护系统第一线的斗争，他们自己仍然坚持在生产岗位，让休息都不休息，这些例子数不胜数。现在星海在周围许多企业都已停产的情况下，仍然正常上班，职工情绪稳定，生产秩序井然。在这样的非常时期，我们星海人强调的是自力自强，虽然我们遇到暂时的困难，但我们强调的是一种自强不息的精神，有了这种精神我们才能抵抗外来的侵害，我们星海人有一种凝聚力，艰苦奋斗，团结互助，使我们有了一种力量，我们有信心把‘非典’的损失降到最低点。”

5月2日，“五一”放假期间，记者来到了北京星海乐器城，这里是北京星海公司的直属销售窗口。走进刚刚装修一新的店堂给人一种富丽堂皇的感觉，如果不是“非典”的影响，“五一节”期间，这里一定是人们选购乐器的首选场所之一。尽管如此，店内的职工在这“非常时期”仍在一如既往的坚守岗位，记者确也看到有为数不多的顾客在选购乐器，记者到这里，金长栋经理刚刚离开这里，到另一个点去检查工作。于是记者与金经理进行了通话，了解星海乐器城在“非典”时期所采取的一些措施。金经理说“在非典来到时期，为了作好各种防范措施，我们琴行成立防治小组，由我任组长，并且召开全体职工大会，进行层层动员，制定层层负责制度。对店堂每天进行彻底消毒，给全体职工也发放了预防的消毒液和药品，全体职工进行了通信地址的登记，每天检查职工的出勤，凡是没有来上班的职工都要逐个了解掌握情况。有的家住较远的海淀区附近的职工，每天都是千叮嘱，坐车一定要戴口罩，在北京非典最危险的时候，我们就将有些家远的职工放假，不让他们再来上班了，让他们安心在家里休息，以保证全体职工的安全。为了保证职工的就餐安全，我们在资金比较困难的情况下，抽出一些资金，彻底改造了职工食堂，以防止职工在吃饭时产生交叉感染。另外，因‘非典’的影响，乐器销售比旅游业、餐饮业的影响只高不低，现在全国乐器销售业都不太景气，北京受到的冲击最大。我们再着急也没有用，只能先安慰大家，多注意安全。然后再想办法，如何促进销售。现在学生都放假了，原来有些订的货都不敢买了。为了促进销售，我们将原来的订货单位名单找出来，通过电话与他们联系，然后送货上门。第二个方法，我们将筹备利用网上购物的方法开通一个新的销货途径。第三，我们在‘非典’时期要求每一位业务员给自己的客户去电话，进行慰问，电话里不谈生意只谈友情，将此作为我们一种感情投资，体现出困难当中见真情的精神。第四，现在生意比较清淡，职工有了一定的空闲时间，我们就要求他们在工作时间学习一技之长，每人学习一件乐器，有了一定的演奏基础，今后在介绍乐器时，对消费者就更有了说服力。现在是困难时期，我们既要有克服困难的勇气，又要有一点超前的思想，看得远一点。”

接着，记者又来到了位于西四商业街的华兴清华乐器用品中心，这也是北京最具名气的乐器销售商业点之一，以创办“文化产业”而闻名北京和全国。公司常年举办乐器沙龙、乐器节、乐器培训班，给公司带来了较大的经济效益和社会效益。最近清华乐器刚刚完成了转制改革，由国有企业转变为股份制企业。4月份他们正在举办清华乐器敦煌艺术节，“非典”的来临，像一盆冷水浇在熊熊烈火上，把他们的打算全部破坏。但是在残酷的现实面前，清华乐器的全体员工表现了最大的承受力，他们在“非典”面前，依然故我，苦水咽在肚内，笑容面对顾客。记者在琴行的门口和柜台醒目的地方都贴有“已消毒”的标志。售货员不时地反复地擦拭着台面和乐器，店堂随时有一些人进来购买乐器和音乐书籍，当记者向琴行的负责人尚志勇问到销售情况时，他说“自从北京市委下达防治‘非典’紧急通知以后，我们琴行立刻采取及时有效的消毒措施，为了防止交叉感染，对营业时间进行相应调整。目前虽然销售额在较大幅度的下降，但卫生一点都不敢松懈，每天进行三次消毒，对店面里所有的柜台、乐器、书籍进行消毒清理，特别是门把手都要随时消毒，保证绝对安全。现在我们周围的许多商业单位都停业了，但我们保证每天开业，职工坚守岗位，特别是维修乐器的职工对需要修理的乐器，改“另日再取”为“立等可取”，急顾客之所急。干部们每天在货场和职工同志们一起坚守岗位、同甘共苦。对所有出售的乐器都要进行消毒擦一遍，现在虽然乐器销售形势不太好，销售额下降的很厉害。目前就要看北京的发展形势了，我们将在形势好转以后，全力夺回失去的损失。”

5月6日，记者来到位于王府井金街的宏声乐器行，这是北京最早的老字号乐器店，至今已有50多年的历史。建国以后，在乐器界素有“南有广州长江，北有北京宏声”之说，几经变迁，现隶属于北京天元发展体育文化用品公司，营业面积约400平方米，记者看到这里照常营业，陈列着上百种乐器摆放得整整齐齐，不时有顾客进来挑选乐器。当记者见到琴行负责人雷健时，雷经理说：“我们宏声乐器店是老字号，虽然现在‘非典’肆虐，还是照常面对广大消费者，因为我们地处北京最重要的商业街－王府井，首先不能关门，虽然每天都要消耗大量的电，电灯、电梯都要用电，每天的收入连支付电费都不够，但是为了国家的利益，我们必须保持正常营业，只不过营业时间缩短一些，原来是晚九时关门，现在提前到七点四十五分。为了广大消费者的安全，现在我们每天都要对所有设备进行消毒，包括对地面、乐器、柜台、空调都进行消毒，以保证消费者的安全，让消费者购物绝对放心。关于销售问题，现在客流量确实是少了，但是还是有乐器卖，刚才我们还卖了一架电子琴，别的东西也在销。我每天都在看销售报表，销售额比过去明显下降，过去正常时销售额一二万，二三万，现在却一千多一点，好一点是六七千，超不过一万元。现在我们的营业员也特别着急，怎么办呢，我和他们说，现在国家的损失更大，我们宏声的这点损失算什么呢。我们要与国家一起共渡难关，希望早一点渡过难关，刚才我们的书记还在这里转了好几圈。大家对今后都十分关心。”

半个月来，记者在北京，置身于“非典”的重灾区、主战场，亲眼目睹了“非典”给人们的精神、生活所带来的重大影响，也亲眼看到了北京乐器行业的领导、员工他们所想的所干的事情。

从乐器行业每一位领导和职工他们所想所为，记者深切体会到：我们的民族是伟大的民族，是摧不跨，打不烂的。

北京的乐器工人，全国的乐器工人是有志气的，“非典”算什么？损失一点是暂时的，最后的胜利一定是我们的。

“珠江”与“星海”直击“非典”

在北京和广州这两个“非典”重灾区中，有着我们乐器行业排行老大、老二：广州珠江钢琴集团有限公司和北京星海乐器有限责任公司。

2003年春天，在“非典”肆虐的日子里，广州珠江钢琴集团公司和北京星海乐器公司在“大疫”面前，共同提出“非常时期，非常对待”、“大企业要为抗击非典做大贡献”响当当的口号，他们不仅坚守工作岗位，确保职工身体安全，保持了正常的生产经营秩序，同时又以不同方式捐助社会，充分体现了“灾难面前的民族精神”，它是我们乐器行业的脊梁和榜样。

广州珠江钢琴集团公司“抗非典，抓生产”纪实

“广东是非典疫区”、“广州非典病魔横行”……霎时间，在国人乃至世人的心目中，广东、广州不得了啦，国内外商家、旅游者望穗却步，大大降低来穗意欲，广东、广州似乎成了“可怕”的代名词，来自五洲四海的电话接连不断，关心广东、广州亲戚朋友的安危。然而，地处广州城内的珠江钢琴，由于领导得力，思想重视，依靠科学，措施落实，以对职工、对人民的生命健康高度负责的态度，消除职工的恐慌心理，坚持一手抓防非典，一手抓生产发展的“两手抓”，生产生活秩序井然。迄今全集团范围内未有发现一例非典病例或疑似病例，不仅近5个月来在危机中平安度过，而且走向发展，生产经营在一季度实现“开门红”基础上，头4个月累计同比，钢琴、提琴、吉他等主要产品产量分别增长16.56%、68.78%和28.96%；销售收入和出口创汇增长3.93%和17.04%；资金回笼和利润增长7.04%和9.12%。与此同时，珠江钢琴以对人类生命安全的强烈社会责任感和使命感，在企业利益与社会责任之间作出了积极奉献的选择，在全集团范围内开展捐赠活动，单位捐款110万元、职工个人捐款7.5万元，合计117.5万元捐赠给防治非典的一线医务工作者，以感谢他们不畏艰险、临危不惧、救死扶伤、恪尽职守，在疫魔侵袭的危险面前毫不畏惧、坚持战斗的敬业精神。珠江钢琴人以实际行动兑现了“取于社会、用于社会，珠江钢琴永远服务于全社会”的企业宗旨，树立了“贡献型”、“责任型”的企业形象，弘扬了中华民族“以民为本”、“为人民服务”、“民族有难，匹夫献爱”、“有钱出钱、有力出力”的优秀精神，以模范实践“三个代表”的实际行动，实现了与时俱进，也打造出众志成城、同舟共济、顾全大局、爱民养民的广东人精神！

珠江钢琴的“两手抓”是怎样做的呢？

一、坚持不懈抗“非典”

面对“非典”这一突如其来的严重灾难，在人民生命健康面临严重威胁的时候，以童志成董事长为首的珠江钢琴领导认为，做好“非典”防治工作，是关系到广大职工和人民群众的身体健康和生命安全，关系到企业兴衰成败和我国改革发展稳定的大局。据此，集团公司做到一把手亲自抓，负总责，童志成除在各种会议强调外，还在四、五月分别两次组织动员大会，从实践“三个代表”重要思想和贯彻十六大精神的高度，以对职工和人民的生命健康高度负责的精神，开展一系列卓有成效的工作。

首先，建立机构，加强领导。集团公司成立了防“非典”工作领导小组，成立了环境卫生工作检查小组，设置了“发热诊室”，购置了30多台红外线探温仪和紫外线杀菌灯等应急设备；其次，制定文件，规范运作。童志成董事长亲自签发《关于认真做好非典型肺炎预防工作的通知》、《关于严格控制农民工返乡的通知》、《关于开展全民爱国卫生运动，夺取抗“非典”斗争全面胜利的通知》和《关于“非典”流行时期空调器清洁处理的通知》等防疫文件，确保抗击非典工作有章可循，有据可依；第三，采取一系列针对性强的防控措施，主要表现在以下“八大强化”：

一是强化宣传教育。职工餐厅的有线电视天天播放“非典”知识和相关信息，包括全国每日“非典”动态、中央、省市政府防疫政策、集团防疫工作通知及防治现状等；各部门、分公司、车间宣传栏系统张贴“非典”防治指南和发放“非典”常识手册；集团刊物《珠江钢琴信息》反复刊登防疫斗争的重要性、紧迫性和艰巨性，教育员工科学防治，坚持不懈，争取最后的胜利。

二是强化机构作用。为有备无患，防止病毒扩散，集团医务室在厂区边缘设置一个“发热门诊”，配备专业医生和先进设备，专诊发热、干咳病人，一旦发现发烧症状，立即送往指定医院拍片检查，直到完全排除“非典”或疑似“非典”为止。对转诊或外诊职工，紧密跟踪病情发展，要求其病愈回厂的第一天，先到“发热门诊”复查体温，确实正常后方可进厂。外单位来访人员亦必须经过门口值班室的红外线探温仪显示体温正常后才能进厂商谈业务。

三是强化饮食卫生。为杜绝饮食隐患，珠江钢琴狠抓主副食品的进货质量，做到“收货”、“加工”、

"烹调"三道工序层层把关，层层落实责任到个人。收货时注意观察肉类是否变杂色、是否被注水、是否货不对板；加工时再次把关肉的质量，彻底排除因进货疏忽而吃到劣质肉食的可能；烹调时宁可把肉煮烂一些也不半生熟进食。此外，非常时期尽量少进鸡鸭牛肉，少做油炸上火之食，多供应清心润肺、清热解毒的汤水，午餐多饮凉瓜猪骨汤、薏米鱼头汤、玉米地瓜胡萝卜汤，下午餐多供应雪耳木瓜糖水、粟米莲子糖水、马蹄蔗水等，既可除湿降火，又可补充营养，起到增强身体免疫功能的作用。

四是强化爱卫运动。珠江钢琴全面贯彻省市政府关于"为人民健康而战，夺取抗击'非典'战斗全面胜利"的精神，从5月8日起，以厂区为重点，深入开展为期一个月的爱国卫生运动，建立起领导责任制和工作考核制，把具体工作落到实处。如规定食堂的生熟食品务必分开存放，餐具务必天天派专人消毒；厨工作业时务必佩戴口罩、帽子和一次性塑胶手套；办公大楼走廊务必每天用过氧乙酸消毒，及时清理办公废弃用品；车间通道务必保持清洁，消灭卫生盲点和卫生死角，铲除蚊虫、蟑螂、老鼠滋生地；空调设备务必定期作清洁消毒处理；职工餐厅、生产场地的污水、废水务必加强疏通和消毒，做好无公害处理等。此外，还根据市政府《关于从重处罚在公共场所随地吐痰及丢弃废弃物等行为的通告》，对随地吐痰、便溺、随地抛弃瓜果、纸屑、香口胶、烟头等杂物的职工，责令其清除干净并处于50元的罚款。全厂职工共同监督、相互勉励，摒弃陋习，共同营造健康的生活环境。集团公司团委还利用周末休息日组织团员青年到厂区边缘义务劳动，打扫卫生清除污泥垃圾。

五是强化民工管理。"非典"流行时期非特殊情况不允许外省农民工返乡，经批准回乡或回厂复工的农民工，须经检查确定健康正常后，方能放行或回复岗位。

六是强化自我控制。非必须的业务工作需要，尽量减少外出活动及外出用餐，动员职工及家人不到或少到人群高度聚集的公共场所及外出旅行。

七是强化科学作息。提倡适当的户外活动和适量体育运动，强迫午休，严禁加班加点，吃好睡好休息好，增强自身免疫功能，科学防治"非典"、乙肝、肺结核、登革热等季节性流行病。

八是强化心理教育。"非典"易传染要切实预防，但也不能草木皆兵、杯弓蛇影，应摆正心态，不听信谣言，以平常心对待。

由于珠江钢琴宣传教育在先，强化措施得力，职工心理防线坚固，迄今未有发生"非典"病例或疑似病例，广大职工身体安康，生活生产正常运作。

二、排除万难谋发展

突如其来的"非典"疫情，给企业的生产经营带来了极大的负面影响。一些地区采取不准所谓"疫区"车辆进入的规定，阻隔了地区间的物资流通，大幅度降低了各地的钢琴销量。4月份以来，许多经销商已明显减少甚至停止进货，不少外商洽谈业务和经贸往来项目亦已取消。但珠江钢琴处变不惊，沉着应战，采取了因时制宜、因地制宜的决策，研究制定了一系列非常时期的非常对策：

1.保持职工队伍的稳定

全员动员，群策群力，一手抓防治"非典"，一手抓生产经营，振作精神，坚定信心，把灾难造成的影响减少到最低限度。

2.加大市场工作力度

无论是内销市场尤其学校市场还是国际市场，当前都遇到了困难，但不能泄气，不能放弃，只要有1%的希望就要用100%的努力去争取。调整营销重点，当外地市场受制，则加大本土市场工作，做到做大国内市场与国际市场"两不误"，这样双管齐下，逆势而上，尽量遏制销量下滑。

3.建立复合营销体系

"非典"疫情的发生既是威胁和危险，也可乘机改进营销战略，建立起包括"事件"营销、关系营销、社会营销在内的复合营销体系，同时从营销战术上改变产品、渠道、传播、促销的传统操作思路，让营销的各个环节更加适应市场，企业的反应机制更加灵敏，企业决策更加科学合理。

4.实施健康营销

当传统的面对面的营销活动受到严重挑战，大规模促销活动被迫取消后，珠江钢琴更加注重诚信和务实，更多地体现企业对社会的关心，通过捐赠等活动，珠江钢琴的品牌更加深入人心；与此同时，媒体宣传、电话、网络、手机短信、电子商务和加强老客户关系等，成为非常时期的主要营销手段和渠道。

5.改善提高产品质量

乘"非典"流行时期，整顿提高全面质量管理水平、进一步完善计量保证体系、积极开展QC小组评比活动和加强质管人员、车间质检员和全员职工培训，无论何时何地都确保产品质量。

6.加快产品结构调整

首先，确保来样生产、适销对路品种的供应；其次，尽快把今年年初白天鹅订货会上的新产品投放市场；再次是提高高技术含量的高附加值产品的生产比重。

7.千方百计扩大出口

针对目前吉他出口供不应求的趋势，把握良机、增加生产，但不能强迫工人加班赶货，要保证工人充足的作息时间。

8.艰苦奋斗，增收节支

童志成董事长对这项工作作了专门的动员，叶石池总经理召集各位副总经理和主要部门负责人专题研究落实。通过调整支出结构，强化预、决算和资金运用监控，初步统计今年内全集团将压缩一般性项目及各类费用支出超过2000万元。

珠江钢琴经过经营战略调整及全体职工的共同努力，在实现了首季“开门红”基础上，头4个月各项指标均呈增长趋势。1月～4月累计钢琴、提琴、吉他产量同比分别增长16.56%、68.78%和28.96%；现行价工业总产值增长20.04%（不变价产值增长12.34%）；销售收入增长3.93%。钢琴、提琴、吉他出口量分别增长8.8%、16.45%和90.55%；出口创汇增幅17.04%，其中吉他出口创汇增幅93%。生产经营的良好运作，促使资金回笼增长7.04%，实现利润增长9.12%，集团经济经受非典考验保持增长势头。

三、捐赠百万献爱心

当人类见所未见、闻所未闻的非典疫情突袭而来的时候，白衣战士良好的医德、非凡的勇气和高尚的情操让人肃然起敬。珠江钢琴人为支援、慰问抗击“非典”一线的医务人员，以实际行动为抗击“非典”做出应有的贡献，在5月12日的集团生产调度会议上，党委书记、董事长童志成在作了一手防控“非典”，一手抓生产经营的再次动员讲话后，向会议提出：珠江钢琴捐款100万元为抗“非典”作贡献的建议，即时得到全场热烈鼓掌赞同！会后，集团领导研究决定，捐款110万元，分别捐助钟南山院士所在的市呼吸病研究所、叶欣生前所在的省中医院、陈洪光生前所在的市胸科医院、范信德和邓练贤生前所在的中山大学第二和第三附属医院。这一乐善好施的举动，体现出集团领导忧民忧国的高尚情操，表现出大型企业的领导爱民、养民的“民本位”政治风范，这也是珠江钢琴一贯提倡奉献精神，热心社会福利和慈善事业的发扬光大，是贯彻依法治国、以德治国方针的实际行动！据不完全统计，本届班子任职11年来，为赈灾扶贫、支持教育基金和各项社会公益事业付出过亿元的奉献，企业实现了经济效益和社会效益的共同提高，两个文明建设同步发展，赢得了珠江钢琴的事业蒸蒸日上！这是贯彻落实童董事长“取于社会，用于社会，珠江钢琴永远服务于全社会”的企业宗旨结出的丰硕成果。

童董事长在会上还号召职工个人踊跃捐款，广大党员、管理干部带头，他本人已带头捐款5000元，叶石池总经理、王润培副总经理、荣卫平副书记等集团领导都纷纷捐款3000元以上，至5月15日，已有全部分公司和集团管理部门共3180名职工累计捐款7.5万元，广大职工踊跃捐款的这一举动，充分体现出珠江钢琴人“民族有难，匹夫献爱，有钱出钱，有力出力”的极大爱心，体现出珠江钢琴人“血浓于水，情系中华，为国分扰，为民奉献”的高尚品格，也可看出珠江钢琴人“先天下之忧而忧，后天下之乐而乐”的价值取向和人生定位！

（张育宏　龙梅先）

非常时期的北京星海乐器有限公司

2003年的春天，一场突如其来的传染性非典型肺炎肆虐京城，人们从最初的漫不经心，到后来的谈“非典”而色变。因为，它使人们正常的生活杂乱无章，它使人们的心情极度恐慌，它使人们待在家里无所事事。学校停课了，工厂放假了，宾馆萧条了，餐厅关门了，一切大型的文体活动都取消了，街上的行人寥若晨星，往来的汽车近乎于空驶。必须要走出家门的人都戴着大口罩，北京的疫情通报以每天100多人被感染的速度在上升，极度恐慌和悲观的人简直就认为世界也开始昏暗了。

的确，突然光顾的“非典”就像瘟疫、就像灾难、就像一场没有硝烟的战争。但是稍加冷静的人们就会说：“非典”算什么，再大的困难我们都见过，中华民族经历过多少“最危险的时刻”，只要我们万众一心、众志成城、战“非典”就会攻无不克。

北京星海乐器公司面对这场突如其来的挑战，既有“横眉冷对”的心态，又有“防患未然”的战术。为了保证“星海”产品无污染、无病毒，安全可靠地满足国内外广大用户的需求，星海乐器公司所属企业全部采取了有效的防范措施，确保向用户负责、向人民负责。

首先，星海乐器公司及时地成立了以总经理和党委书记为组长的抗击“非典”领导小组。要求每个分、子公司，生产车间都要对每个员工的出勤情况进行日报；每个生产场地每日都要进行至少两次环境消毒；要求职工每四个小时之间，都要到户外进行适当的休息和吸收新鲜空气；生产车间和办公室全天都要进行通风换气；企业定期给职工发放口罩和消毒用品；对材料库、半成品库、成品库，以及生产车间也采取了严格的消毒措施；特别对即将运往全国各地和出口的产品，在出厂前还要再对铲车、产品包装物和运输车辆进行最后的消毒。以确保产品无菌、无毒。

目前，星海乐器公司所属30多个企业，近4000名员工无一例“非典”患者，无一例疑似患者，无一例患者家属。“星海”上上下下仍是一片净土。

短短的数十天里，“非典 ”疫情在全国许多省市出现，不光在北京，在外地一些地区也可能被“非典”所感染。星海公司的工作人员在单位可以做好充分的防疫工作，可是一些必须外出的工作，“出门在外”就防不胜防了，甚至还会受到各种“抵制”。除了有被感染的危险以外，还会遭遇许许多多的“躲闪”、“白眼”和“反感”。而我们的营销人员也像是“明知山有虎，偏向虎山行”的勇士。不能因为那里有疫情我们就不去工作，不能因为怕被感染我们就不去发展。“星海”

所有的营销人员都义无反顾地坚守在自己的岗位上，奋战在抗击“非典”的第一线上。

在北京“非典”肆虐的时节，我们的营销人员出差在全国各地，他们立即成了外地人的防范对象，承受着当地的种种“非典待遇”，顶着来自方方面面的压力，奔赴全国各地，坚持工作在第一线，以他们的努力，创出了可喜的佳绩。

出差在外，吃、住、行是进行工作的几个基本保障。但“非典”使业务员得不到正常的保障。在旅馆登记的时候，服务员看到身份证上的“北京”字样，身子立刻往后退，一副躲避不及的样子。有的旅馆接待了，但服务员不提供正常的服务，除了消毒，卫生都不打扫。餐馆也是一样，一听北京的，许多餐馆就不让进门，有的业务员只好一直吃盒饭。

“你怎么还来呀？”这是业务员呼世裕在河北听到的第一句话。人家就三个字——不欢迎。业务员刘巍在沈阳长途客运站被当地防疫人员“截住”了，还要做思想工作让他立即回北京。前不久，他在长春也被旅馆拒绝过，只好在澡堂住了一夜。有的业务员，在交货时，对方不敢用手接他写的单子，放在桌子上后才去看。但为了工作，他坚持把工作做完，最后一个出差回来。“你们别来了！”南方有一个用户对业务员说，但我们的业务员还是与技术服务中心的师傅一起去用户家维修。虽然他们最终没有进用户家的门，但他们用行动赢得了用户的心。

以上仅仅是几个人的遭遇，而我们近20个业务员几乎都有类似的经历。除了面对“非典”本身，我们的业务员还要面对“非典”带来的外界巨大的压力。而且，在他们出差的时候，他们的家人身处重点疫区，自己又不在家人身边，他们内心又是怎样想的呢？

“非典”给货物运输带来了很大的难度。许多道路被封，外地司机也不愿意进京，但在业务员的努力下，说服了一些司机，冒着被隔离的危险，将星海钢琴送往全国，确保了“非典”时期的供货，同时也减少了厂家和商家的损失。

业务员在困难和危险面前表现出的无畏精神，同时也感动了不少商家，他们在回款方面给予了我们较大的支持。西南地区的一家琴行，在我们的业务员去后及时给了货款，琴行负责人说“我都已经准备把钱给另外一个厂家，但是，因为你现在这种非常时期都来我们琴行，所以我决定把货款先给你们厂”。在全国各地，类似的情况很多。也正因为这样，4月份我厂的回款仍保持在一个较高的水平，与去年同期相比，我们近一半的市场处于上升趋势，这些地区的销量上升了39%。

5月14日星海乐器公司党委书记曾泽民主持召开了“星海 ”抗击“非典”领导小组工作会议，传达了北京市经委有关领导的讲话精神，部署了严防死守打好攻坚战的工作要求，特别强调要对集体宿舍、施工工地、社区环境、出租房屋和医务人员直系亲属的状况进行摸底排查，决不能在这些地方出现任何纰漏。

会议结束后，党委主要领导立即分成三个小组同时到相关单位进行排查工作。以党委副书记周孟如、工会主席刘云录为首的检查小组首先来到位于朝阳区东坝乡的钢琴二厂，重点检查集体宿舍的防疫情况。该厂的厂长和书记在汇报中说道：钢琴二厂已于4月20日就开始对本企业实施了封闭式管理，除在本市居住的职工乘班车上下班以外，其余外地来京务工人员一律不允许走出厂门。这部分员工一共有183人，分别住在36间集体宿舍里，为了保证他们正常的生活起居和健康的身体状况，厂领导决定每天给每人发两瓶鲜橙汁，以补充必要的维生素；职工食堂每天都要保证有西红柿和胡罗卜素的菜肴；在非常时期一律取消加班，以保证每一个职工都得到充足的休息，都有一个强健的体魄；每一个生产班组都配备一支体温计和消毒器械，以保证随时都能发现体温不正常的人；坚持每天都对全厂各个角落进行消毒，对人员集中的生产场地、食堂、宿舍还增加了消毒的次数；坚决保证在集体宿舍居住的人员不少于人均两平方米的面积；并且定期检查集体宿舍的卫生和通风情况；住宿人员如需外出购物都要事先登记，再由专人统一代购，而且只能到指定的超市而不能到任何小摊、小店就近购物。除此之外，厂领导还经常向职工宣传防疫、防病知识，及时消除职工的恐慌和疑虑，对外地职工家属打来的电话，他们都及时地进行讲解，如实通报北京的疫情，并向他们保证“你们的子女在京工作会绝对安全的”。

除保证上述措施到位以外，钢琴二厂还决定：谢绝一切外来人员进厂，供应食堂蔬菜的单位只能把菜放到厂门口，职工每天测量的体温都要按班组登记上报。

由于领导重视，宣传有力，措施到位，钢琴二厂至今没发现一例“非典”病人或疑似病人，职工情绪稳定，生产秩序正常。出口产品的订单全部如期兑现。一季度，钢琴二厂的销售收入比去年同期增长21.9%，实现利润比去年同期增长68.3%。

星海粤华乐器公司和北京民族乐器厂都坐落在北京市丰台区西红门乡的同一个大院里。北京的非典疫情发生后，他们除了对入厂人员进行严格的登记以外，对职工聚集的车间、食堂和班车每天进行两次消毒，并经常对员工进行防病知识的教育，尤其是对住厂的农民工，更加强了对宿舍的管理。首先，要求每间宿舍最多只能有两个人住，绝对不允许留宿非本宿舍人员，除每天通风和清扫以外，还要有专人进行消毒。在非常时期住厂的农民工一律不许私自出厂，必要的购物都由专人代理。由于领导重视，措施到位，这里的“非典”发病率也是零。

目前，星海乐器公司唯一的工程项目只有通州区次渠镇“星海乐器园”一处。这里有施工人员180人。在抗击“非典“的斗争中，星海乐器公司与施工单位密切配合，采取了一系列防范措施。

为了更好地支持北京地区抗击“非典”，星海乐器公司对全体员工的家属状况进行了调查，共发现有19名职工的家属在医院工作，其中有4名家属直接奋战在抗击非典的第一线，另有3名家属正在待命，随时都将奔赴一线。针对家有医务人员的职工，尤其是家有亲属直接奋战在抗“非典”一线的职工，星海乐器公司党委逐个进行了摸底，进一步了解其家庭和个人的思想状况，询问家中有什么困难，还以公司党委和星海抗“非典”工作领导小组的名义，向他们及家属发去了慰问信，这些职工和家属对星海公司党委和全体职工热情的支持和亲切的关怀深表感谢，他们表示将坚守工作岗位，为抗击非典和促进经济发展做出自己的贡献。目前，这些职工和他们奋战在一线的家属，思想稳定，工作和生活都非常正常。另一方面星海乐器公司的员工更是以积极的态度和满腔的热情支援抗击“非典”的斗争，员工们纷纷捐款41496元，以表达星海人对战胜“非典”的鲜明态度和殷切关心。

5月16日，这是北京疫情报告中发病率最低的一天，人们好像都松了一口气。但是，星海乐器公司抗非典领导小组却召开了一次紧急会议。党委书记曾泽民向大家提出了几个假设问题：如果在全市的疫情开始趋于平稳、开始回落的时候，在我们的车间里突然出现一个“非典”病人，我们将如何应对？我们将如何采取防范措施？如何把病人送到医院？和病人接触过的人将如何隔离？工厂里正常的生产秩序将如何保证？我们将如何向上级领导汇报……面对这些从未深思熟虑的问题，大家很难得出一致的回答，因为“星海”根本就没有出现过疫情，所以大家也没有研究过对策。曾书记说：“越是在这个时候，我们越要居安思危，决不能有任何的麻痹思想”。按照曾书记的设想，大家又列举了许许多多的“可能”，顺着这些思路，经过大家的讨论，最后制定了几条应急措施和规定。

（1）凡是职工在家中发现发烧在37.5度以上者均不要上班了，要与急救中心联系尽快就诊并及时通知单位。

（2）凡在单位发现有发烧病人的，要立即通知厂部，由采取了防护措施的专人陪同就诊。

（3）病人所在的班组和车间马上统计与其密切接触的人员情况并及时上报。

（4）陪同病人就诊的人员回厂后要做暂时的隔离。

（5）班组和车间与病人密切接触过的人员也要隔离观察。

（6）被隔离观察的人员其待遇按北京市有关规定执行。

（7）企业还要与病人或密切接触过病人的人员所在社区及时联系，以便使家属和社区居民也及时采取防疫措施。

（8）对以上应急措施，星海所属企业都要参照执行。

“非典”并不可怕，怕的是侥幸的心理，麻痹的思想，恐慌的情绪。只要我们万众一心、众志成城，科学防治，就一定打赢抗击“非典”的这场人民战争。

（刘春祯）

名　牌　战　略

中国名牌战略推进委员会公告

2003年第3号

为推进名牌战略的实施，促进中国名牌产品的发展壮大，增强我国的市场竞争力，2003年，国家质量监督检验检疫总局授权中国名牌战略推进委员会在钢琴、化妆品(洗发水、护发素、护肤霜、花露水)、照明器具(紧凑型荧光灯、室内灯具)、工业缝纫机、冰箱压缩机、电热毯、晴雨伞、饮料(瓶装饮用水、植物蛋白饮料)、速冻主食品(饺子、汤圆)、调味品(酱油、食醋)、男西服套装、羊毛衫、彩棉纱、精纺呢绒、毛巾系列、建筑及卫生陶瓷、电度表、水表、低压电器(塑料外壳式断路器、万能式断路器)、溴化锂吸收式冷(热)水机组、万向节、移动通信手持机、激光视盘机、纯碱、润滑油(内燃机用)、高浓度磷复肥等26类产品中展开了中国名牌产品的评价工作。

按照《中国名牌产品管理办法》规定的程序，在企业自愿申请的基础上，经各省、自治区、直辖市审核推荐，中国名牌战略推进委员会相关专业委员会综合评价，中国名牌战略推进委员会全体委员会议审议通过，中国名牌产品初选名单向社会公示，限期征求意见，中国名牌战略推进委员会最终确定138家企业生产的142个品牌的153个产品为2003年中国名牌产品，名单见附件。

特此公告。

附件：2003年中国名牌产品名单

中国名牌战略推进委员会
2003年9月1日

附件：2003年中国名牌产品名单

产品	注册商标	生产企业名称
钢琴	星海	北京星海乐器有限责任公司
	珠江	广州珠江钢琴集团有限公司
以下略		

珠江牌、星海牌钢琴荣获2003年中国名牌产品称号

2003年9月1日上午，国家质检总局在北京召开中国名牌暨质量兴市表彰大会，公布2003年中国名牌产品名单，对2003年“中国名牌产品”生产企业以及全国质量兴市先进市县进行了表彰。153个产品成为中国名牌阵营中的最新成员。广州珠江钢琴集团有限公司生产的珠江牌钢琴，北京星海乐器有限责任公司生产的星海牌钢琴荣获2003年中国名牌产品称号。广州珠江钢琴集团有限公司总经理叶石池，北京星海乐器有限责任公司总经理赵惠臣参加了表彰大会，并上台领奖。

原全国政协副主席、中国名牌战略推进委员会顾问万国权，国家质检总局局长李长江，中国名牌战略推进委员会主任林宗棠等领导出席了表彰大会。

会上，李长江、林宗棠分别发表了讲话。国家质检总局副局长蒲长城主持会议并宣读了国家质检总局关于表彰2003年中国名牌产品生产企业的决定和国家质检总局关于表彰全国质量兴市活动先进县市的决定。

林宗棠在讲话中指出，名牌工作是关系到中华民族复兴的百年大计，必须万众一心、众志成城才能夺取最后胜利。党的十六大提出要尽快形成一批跨国企业和世界知名品牌，当前我们要认真学习江泽民同志关于“三个代表”的重要思想，发扬抗击“非典”的精神，认真实施名牌战略推进工作，力争让中国名牌早日享誉世界。

李长江在讲话中指出，名牌问题是经济发展的战略问题，中央领导同志历来十分重视。改革开放的总设计师邓小平同志明确指出“我们应该有自己的拳头产品，创出我们中国自己的名牌，否则就要受人欺负。”江泽民同志也提出“我们的企业就要敢于参与国际市场竞争，在国际市场打响中华民族的优秀名牌。”要“立民族志气、创世界名牌。”党的十六大以后，新一届的党中央、国务院领导同样非常重视、支持实施名牌战略的工作并作出一系列重要批示。

据了解，2003年国家质检总局授权中国名牌战略推进委员会，在钢琴、化妆品、工业缝纫机等26类产品中，开展了中国名牌产品的评价工作。经过企业自愿申请，各省、自治区、直辖市推荐，中国名牌战略推进委员会组织各专业委员会进行综合评价，初选名单向社会公示征求意见，中国名牌战略推进委员会全体会议审议核定等严格的评价程序，最终确定了2003年“中国名牌产品”。

十年磨两剑

热烈祝贺珠江牌、星海牌钢琴荣获中国名牌产品称号

《中国乐器》编辑部

10年，在人类历史的长河中，只不过是短暂的一瞬间。

经历了54年发展的新中国钢琴制造业在世纪交替的10年间取得了令世人震惊的成绩。到2002年，中国钢琴产量居世界第一，钢琴出口量每年以20%的速度递增。堪称世界乐器之王的钢琴，当今成了中国乐器的主要出口产品，就连钢琴的发源地－欧洲，也不得不承认这一现实，他们也在纷纷进入中国市场，到中国购买钢琴。

10年后今天，中国乐器界传来喜报：在2003年9月1日“中国名牌暨质量兴市表彰大会”上，广州珠江钢琴集团有限公司生产的珠江牌钢琴和北京星海乐器有限责任公司生产的星海牌钢琴被国家质量监督检验检疫总局授予“中国名牌”产品称号。

珠江、星海尤如两把锋利的宝剑，经过10年的打造磨练，终于悬挂在中国名牌产品的宝座上。

我们向广州珠江钢琴集团公司、北京星海乐器有限责任公司表示最热烈的祝贺！

你们是全乐器行业的光荣和骄傲！你们为中国乐器行业争了光！

一、创造中国名牌产品是几代中国钢琴人的梦想

钢琴属西洋乐器，在外国已经有300多年的历史，钢琴从19世纪中叶，随外国传教士进入中国。1950年，北京星海乐器公司（前身为北京人民艺术服务社）生产了新中国第一台钢琴。从那时起逐步建立了北京、上海、营口、广州四大钢琴生产基地，迈出中国钢琴制造业的第一步，此后中国钢琴产量长期在年产10000架中徘徊。20世纪80年代后期，位于中国改革开放前沿的广州珠江钢琴集团公司脱颖而出，跃居“老大”，开始显露中国钢琴的发展潜力。

钢琴，从它在中国土地上生产出第一台钢琴起，就一直伴随着中国钢琴制造业的成长和发展。今天，中国钢琴演奏和教学已经具有世界钢琴一流水平，建国以来我国众多的著名钢琴演奏家，如周广仁、杨峻、鲍蕙荞、傅聪，直到最近获得国际钢琴王子称号的李云迪、朗朗，无不是用国产钢琴进行训练演奏才达到今天钢琴演奏巅峰的，而且他们中间大多人都是使用珠江、星海琴而有了今天的成就。中国的钢琴人与国产钢琴，与珠江琴、星海琴有着一种特殊的感情。

90年代初期，随着人民生活水平的提高和改善，乐器开始进入百姓家庭，成为素质教育的重要工具。乐器，特别是钢琴逐步形成了新的消费热点，国外名牌钢琴开始觊觎中国，纷纷涌入中国，一个世界上最大的乐器销售市场和生产基地逐步形成。在日益激烈的市场竞争中，钢琴的名牌效应开始显现，人们渴望有中华民族自己的中国名牌钢琴诞生，渴望着中国名牌钢琴有一天能够成为世界名牌钢琴。这是中国钢琴人几代人的梦想。

二、创造中国名牌钢琴的道路是漫长的

品牌是市场经济的产物。

任何一个名牌在它产生和形成的过程中，都走过了漫漫长路。

从1992年开始，广州珠江钢琴集团公司就确定了“雄踞中国、走向世界”的名牌战略目标，10年来，他们为今天的成功作出了巨大的努力，他们通过实施名牌战略，先后推进了“人力资源开发战略”，“市场定位战略”，“规模发展战略”，“市场拓展战略”。珠江钢琴名牌战略的实施结果，一是培训造就了一支高素质的队伍，营造了良好的企业团队，二是企业规模得到迅速扩张，经济效益持续增长，企业经济实力不断增强；三是新产品更新速度加快，产品品种增加，产品的竞争力不断增强，产品的市场覆盖面不断扩大；四是产品出口和海外市场份额不断增加；五是员工收入提高，企业福利改善。10年奋斗，广州珠江钢琴集团的年产量从2.4万架增至7.6万架，增长2.17倍；年出口创汇从660万美元增至2217万美元，增长了2.36倍；年创利润从1506万元增至12005万元，增长了6.98倍；国有资产从4119万元增至82237万元，增长了18.37倍。广州珠江集团连续获得国家及省市的嘉奖：“中国驰名商标”、“全国用户满意产品”、“中国质量万里行质量跟踪信誉品牌”、“全国五一劳动奖状”、“全国十六家向世界名牌进军最具竞争力的中国企业”等。

北京星海乐器有限责任公司在实施名牌战略的过程中，同样走过了艰辛的道路，他们通过引进德国钢琴制造专家，启动钢琴第一期技术改造，实现钢琴生产的流水线作业，进而与日本卡瓦依成立合作企业，大规模的引进日本钢琴先进技术。以后他们又完成钢琴生产的第二期技术改造，把星海钢琴锁定在年产钢琴50000架的水平上。为了实现星海乐器的更大发展，他们开始建设占地500亩的“星海园区”规划，并开始向社会融资，向着星海乐器的更大跨越不断迈进。近年来，星海钢琴先后获得北京市名牌、北京市质量管理先进企业、全国轻工质量效益型先进企业等荣誉称号。

10年漫漫长路，造就了两个钢琴中国名牌，今天，珠江、星海两颗中国钢琴制造业耀眼的新星闪烁在国际乐器市场的大舞台上。

三、希望有更多的中国名牌乐器诞生

中国的乐器制造业现在已经进入世界乐器大国的行列，但是我们仅能称为乐器大国，而不能称为乐器强国，因为我们在世界上叫得响的乐器名牌产品还微乎其微。

改革开放以前，我国的乐器制造业还停留在手工作坊阶段，出口的乐器只能放在国际市场的地摊上当玩具购买。今天，中国的乐器工业已经令外国人刮目相看，中国乐器工业被人看不起的日子已经一去不复返了。

改革开放的总设计师邓小平多次指示“我们应该有自己的拳头产品，创造出我们中国自己的名牌，否则就要受人欺负。”

现在实施名牌战略、创造中国名牌已经成为绝大多数企业家的共识，他们已经明确地认识到树立企业自己的名牌，实施名牌战略是市场竞争中唯一制胜的法宝。

我们已经可喜地看到，中国的乐器制造业在广泛开展以名牌战略带动和促进乐器市场健康有序发展的活动中取得了丰硕的成果，在珠江、星海钢琴成为中国名牌的同时，一些地方省市的乐器名牌产品也相继涌现。

历史在前进，文化在发展。具有中国特色的社会主义市场经济必然会走上一个健康、规范的发展轨道，那种依靠不正当竞争取得暂时利益的行为将

最终被市场无情淘汰。而以诚信为本，质量至上，强调服务的经营理念将会得到消费者一致的认同，这就是一种品牌意识、品牌理念。

中国的乐器界需要有这种品牌意识，珠江、星海成为中国名牌意味着向世界名牌冲击的新战役已经全面展开，一大批钢琴企业紧随其后向着地方名牌、中国名牌进军的号角已经吹响。未来中国钢琴制造业以至整个乐器制造业将会掀起一个实施名牌战略，争创名牌的热潮！

珠江钢琴成为全国名牌企业16强和10家国企榜样之一

经中国工业经济联合会会长、中国名牌战略推进委员会主任林宗棠于7月亲自率有关人员到珠江钢琴实地考察调研后，综合评定该集团参加9月1日在北京人民大会堂召开的中国名牌大会和名牌论坛。珠江钢琴如期赴京参会，并接受了中国工业经济联合会、中国名牌战略推进委员会颁发的镌有国家主席江泽民同志题词“立民族志气，创世界名牌”的直径46厘米的金字瓷盘，成为全国16家“向世界名牌进军，具有国际竞争力的中国企业”之一。接着，珠江钢琴董事长兼总经理童志成，在名牌论坛上作了题为“以品格铸造品牌”的发言，他以珠江钢琴实施品牌战略进军国际市场的生动事例，引发了全场阵阵热烈掌声。同时，珠江钢琴又被中共中央宣传部、国家经济贸易委员会推荐为全国10家重点宣传的“国企榜样”之一，也被中国质协副会长、全国用户满意工程联合推进办公室主任欧阳庆林称为“国企的一面旗帜”。9月11日，新华社播发了题为《“丑小鸭”成了“白天鹅”——记广州珠江钢琴集团以品格铸造品牌》的长篇通讯，报道该集团创名牌经验。当晚，中央人民广播电台、中央电视台在“新闻联播”节目中，详细报道了该集团改革发展的实况。次日，人民日报以题为《珠江钢琴奏响国际曲》、经济日报以题为《珠江钢琴奏响世界强音》、光明日报以题为《珠江琴声远播世界》、工人日报以题为《走向世界钢琴大舞台》、南方日报以题为《珠江钢琴年产量世界第二》、广州日报以题为《珠琴奏响国企改革最强音》等文章，全国各大媒体纷纷报道了珠江钢琴的凸现业绩；接着，由广东省委宣传部和广东电视台组织制作、以珠江钢琴为背景的电视连续剧《大江之梦》，也于11月分别在中央电视台第八套、广东电视珠江台和广东电视卫视台播出。

（黄南炬　张育宏）

而今迈步从头越
——珠江钢琴开始向世界名牌冲击

9月2日晚，国家质检总局召开“中国名牌暨质量兴市表彰大会”的第二天，中国名推委主任林宗棠召开了“最具国际竞争力向世界名牌进军十六家企业”座谈会，听取过去一年，这些单位进军世界名牌的工作情况，广州珠江钢琴集团公司总经理叶石池、总经理助理黄南炬参加了座谈会。

会上，叶石池总经理汇报了广州珠江钢琴公司实施名牌战略的推进情况，叶总经理说：一年来，珠江钢琴在向世界名牌进军的过程中，做了三方面的工作，一是已经明确向世界名牌进军的目标，珠江钢琴要用5年时间赶上和超过国际中档钢琴的水平，具体目标是欧洲的中档琴。二是采取的措施：进一步扩展国际市场，珠江钢琴继在美国开办公司以后，决定在欧洲再开一家公司，另外要完善两套专家班子，一套是以欧洲为主的技术专家班子，一套是全球经营战略策划的专家班子。三是探讨与世界名琴企业的合作，目前正在与世界著名钢琴企业洽谈，并邀请他们高层领导到珠江钢琴集团公司共同研究双方合作的可能性，下一步将推动这方面的工作。

林宗棠在听了叶总经理的汇报以后，非常高兴。第一个高兴是听到珠江钢琴已经是世界最大的钢琴企业，非常高兴；第二个高兴是珠江钢琴已经开始了与世界名琴企业合作的前奏，珠江钢琴在创造世界名牌的两方面都有进展，将来中国的世界名牌钢琴指日可待。现摘要刊登广州珠江钢琴公司代表在座谈会上的发言。

广州珠江钢琴集团公司是一家由广州市政府授权经营国有资产、制造中西乐器的大型国有企业，是当今全球最大的钢琴制造商。主导产品“珠江”钢琴持续10年占有国内30%以上的市场份额，出口到世界80多个国家和地区。企业先后荣获“全国质量管理先进企业”、“全国五一劳动奖状”、“全国质量效益型先进企业”、“全国实施用户满意工程先进单位”、“全国外经贸质量效益型先进企业”、“全国轻工质量效益型先进企业”，2002年被中国工业经济联合会、中国名牌战略推进委员会推荐为全国16家“向世界名牌进军，具有国际竞争力的中国企业”之一，是中宣部、国家经贸委在党的十六大召开之前重点宣传的10个“国企榜样”之一。江泽民、曾庆红、李长春、张德江、李铁映等党和国家领导人先后视察过珠江钢琴集团，对珠江钢琴的发展给予充分肯定。珠江钢琴的成功得益名牌战略的实施，名牌战略是企业发展的原动力和支撑力。

一、珠江钢琴名牌战略的提出及演变过程

战略经营是企业为应对激烈市场竞争、保持竞争优势、战胜竞争对手的战略选择，是企业谋求更快更大发展的重要举措。珠江钢琴经过对国内外竞争对手、国内外钢琴市场和企业自身条件的分析，于1993年开始在企业实施战略经营、强化战略管理，提出“雄踞中国、走向世界”的战略目标。为确保战略目标的实现，企业采用了分阶段的战略目标管理，按每3年为一个战略阶段，先后实施了名牌带动战略、人力资源开发战略、规模发展战略、科技领先战略和国际化经营战略。经过10年的战略经营和战略管理，使珠江钢琴规模从小到大、品质从差到优、市场从国内到国外。从一个名不经传的小企业发展成为全球最大的钢琴制造商。

珠江钢琴的名牌战略是从产品市场定位战略演变而成的。1993年珠江钢琴集团为了超越对手、超越国界、发展自己，经过市场调研和产业分析，认为低档次钢琴不但销售单价低、利润率低，而且销路不好，有越来越不受欢迎的态势；而中档次钢琴消费者却争相购买，大有取代低档次钢琴的趋势 高档次钢琴是企业技术实力的象征，随着国家经济发展，人民物质文化生活水平的提高，将会有良好的发展前景。为此，企业制定了产品的市场定位策略，即逐步减少和淘汰低档次钢琴的生产；加快中档钢琴的投入和配套，尽快形成规模，以适应市场；有计划、有步骤地研发高档次钢琴。产品的市场定位战略确定以后，企业上下统一认识、统一意志、统一行动、齐抓共进。企业通过完善技术中心和工程中心等研发机构、引进国外技术、产学研联合攻关等措施，极大地提高了自身的技术攻坚能力，加速了产品的升级换代，为实施名牌战略奠定了基础。

珠江钢琴1995年开始实施企业的名牌战略体系，体系确定了企业创名牌的目标，制定了企业推进名牌战略的主要措施，明确了各层次人员在实施名牌战略过程中的责任，把企业的方方面面都有机地与名牌战略联系起来。企业不但重视物质文明建设，而且重视精神文明建设 不但重视经济效益，而且重视社会效益；不但重视产品质量，而且重视服务质量；不但重视企业的知名度，而且重视企业和产品的消费者满意度和忠诚度。企业先后经历了从产品市场定位策略向名牌战略的转变、从地区名牌向国家名牌的转变、从产品经营向品牌经营的转变。珠江钢琴在1997年取得“广州市名牌产品”以后，于1998年获得“广东省名牌产品”称号，又于1999年获国家工商局商标局认定为“中国驰名商标”，

2003年正在申报“中国名牌产品”的认定和制定争创世界名牌的措施。

名牌战略的实施极大地提高了珠江钢琴的工艺含量、科技含量和文化含量；提高了珠江钢琴的抗风险能力、经济实力和市场竞争力；提高了珠江钢琴的品牌地位、市场地位和社会地位。

二、珠江钢琴推进名牌战略的主要措施

珠江钢琴集团为推进名牌战略的实施，对企业发展进行战略性谋划，对企业各类资源作了科学配置，重点抓了团队素质、技术创新、品牌质量、诚信服务、市场营销、企业文化等方面的工作，使创名牌工作有规划、有步骤、有效、有序地展开。

（一）以人为本，培育队伍

人力资源是企业的“第一资本”，市场竞争归根到底是人才竞争，谁拥有高素质的团队，谁就能够抢占科技的制高点，谁就可以占有竞争的主动权。名牌是市场经济、知识经济时代的特征，名牌所代表的高品质档次、高科技含量、高知名度、高信任度、高美誉度和高忠诚度，都是靠人的品格和人的才能去创造的。可以肯定地讲，具有远见卓识的企业家和训练有素的员工队伍是企业实施名牌战略和企业壮大发展的根本保证。珠江钢琴集团以创世界名牌为目标，坚持以人为本、培育队伍，在企业推行意识在先、责任在先、行为在先、管理在先的“四个在先”管理办法，“爱厂、敬业、守纪、奉献”的企业精神，“取于社会、用于社会，全心全意服务于全社会”的经营宗旨，提高了员工的事业心和责任感，达到了以品格铸造品牌、以品牌赢得市场，赢得发展的目标。

（二）科技领先，创新发展

21世纪的名牌竞争是企业科技实力和创新水平的竞争，在同行各企业竞争要素趋同的条件下，关键是企业的科技实力之争。钢琴是一种技术、艺术与文化含量高，而且富有灵性的产品，它的核心技术是弹奏性能和声学品质。珠江钢琴集团为“雄踞中国，走向世界”，确定了珠江钢琴“主要技术质量指标2005年达到国际（欧洲）中档钢琴水平”为目标。加大了技术创新的力度，先后组建起国内同行业最大的技术中心（省级）和省重点工程技术研究开发中心，坚持用先进适用技术和信息网络技术改

造传统钢琴生产，加快技术工艺、产品材料、机械装备和花色品种的创新步伐，逐步形成一批拥有自主知识产权的核心技术和关键技术 新工艺方面，近年完成了卧式和立式钢琴两项工艺大调整和10多个重大工艺改进项目，优化了生产工艺，缩短了物流时间，节省了加工成本，明显提高了产量和质量；新材料方面，取得了胶粘剂、油漆、木材方面的较大突破，研发应用上百项新材料；新装备方面，为配合传统工艺改造，近年投资数千多万元自行设计和开发一批新装备，既减轻了劳动强度，又提高了产品的加工水平，保证了产品平整度、光洁度和灵敏度；新产品方面，按研发一批、储备一批、投放一批的做法，加大了新产品研发力度，成果显著，仅2001年～2002年，共开发了30个钢琴新品种，其中GP198蝴蝶概念琴开辟了中国制造创意钢琴的先河，静音钢琴、数码钢琴等一系列兼具传统弹奏功能和现代信息功能的新产品陆续问世。2002年新产品产值率31.31%、利税率46.25%、利润率39.05%。

（三）引进技术，为我所用

提高产品质量的根本手段是增加科技投入，珠江钢琴不仅依靠自己的脑袋把握好企业自主创新的主动权，而且善于利用外脑，借别人的手弹奏技术创新的协奏曲，做到人无我有、人有我新、人新我优、人优我廉、人廉我变，永远傲立潮头。

改革开放20多年，珠江钢琴在全国同行业中率先聘请外国钢琴制造专家担任技术顾问，引进国外智力，走“洋为中用、为我所用”的道路，加快了企业技术创新、与国际接轨、技术创新成果转化为生产力的步伐。如GP328和GP275A大型卧式演奏钢琴和钢琴击弦机的成功设计和生产，立式钢琴的欧洲风格等都得到外国专家的指导。被誉为“钢琴白求恩”的美国专家查理斯·科雷先生受聘珠江钢琴的技术顾问以后，从根本上解决了珠江钢琴音板爆裂、键子变形、弦轴钉松动等问题，提高了产品质量和木材的综合利用率。“珠江”牌钢琴1999年达到了亚洲先进水平，每年都有过万架珠江钢琴漂洋过海，走向世界各地，在国内外树立了良好的品牌形象。

（四）以质促量，以质兴企

保证名牌战略顺利实施的重要手段是提高品牌忠诚度，培养品牌忠诚度的根本内容是消费者满意度，消费者对品牌的满意来自于对质量的信赖，因此过硬的质量是名牌战略取胜的法宝。没有质量保证的产品或服务迟早会被市场淘汰。质量是企业生存和发展永恒的主题，是企业增强核心竞争力的重要因素。珠江钢琴坚持“以质量求生存、促发展”的治厂方针和“高品质的追求是珠江钢琴生存与发展的依据，优秀产品、优质服务是珠江钢琴最忠诚的承诺”的质量方针，自1996年在国内同行中率先推行ISO9001国际质量管理体系（2001年进行了2000版转版认证）一直有效运行，促进企业质管水平上台阶。企业围绕“保持质量管理体系有效运行并持续改进 优化跟踪服务制度 提高顾客满意程度；产品主要技术质量指标5年内达到国际（欧洲）中档钢琴水平”的总体质量目标，建立和实施若干量化的质量分解目标，力保质量目标与质量管理体系有关的所有职能层层展开、级级分解，职责清楚、责任到位。为配合质量管理体系有效运行，企业狠抓了各项基础工作：强化标准化管理（国家标准和国外先进标准），按国家标准组织生产；完善计量检测体系，落实计量管理责任，保证新购器具检测率、在用器具周检率、在用器具标识率、计量器具配备率均达到100%；坚持以人为本，强化质量教育培训，每年制定并实施“年度员工培训计划”；强化现场质量管理和过程质量监控（包括对人、设备、物料、工艺及环境等因素的控制），严把产品质量关；建立自我完善的机制，采用PDCA循环工作法，增加定期监督检查、突击检查、各部门ISO自查、质量问责制度等监督机制，持续改进管理质量，使企管水平在国内外质量认证机构的年度监督审核中屡获好评。坚持不懈，必有效果，珠江钢琴的产品质量得到广大消费者的认可，是“中国驰名商标”、“全国用户满意产品”。企业是“全国质量管理先进企业”、“全国质量效益型先进企业”。

服务质量是企业整体质量的重要组成部分，抓好服务质量是提高消费者满意度和忠诚度的重要环节。珠江钢琴在强化产品质量管理的同时，注重抓好服务质量，全心全意为用户服务，千方百计满足用户要求。集团在履行“三包”承诺的基础上制定和实施有自身特色的服务制度 如资料附赠制度、委托维修制度、回访跟踪制度、抱怨处理制度等。经过持续不断地提高产品质量和服务质量，珠江钢琴在2001年和2002年连续两年委托广东省用户委员会对全国最终用户进行满意度调查中，都达到了满意水平，表明珠江钢琴得到了广大用户的充分信赖和喜爱，用户满意度和品牌忠诚度不断提高。

（五）灵活营销，拓宽市场

“市场经济关键是市场”，“市场有多大，企业就有多大”，这就是市场的功能作用。产品生产出来只是个成品，而不是商品，只有进入市场实现了交换才能成为商品，也才能实现它的商品价值，这种交换是通过市场这种特殊渠道进行的。珠江钢琴深谙市场在企业发展中的重要功能作用，坚持深入调研了解市场，变通策略拓展市场，扩大规模覆盖市场，优化服务巩固市场。

“灵活多变，主动出击”，是珠江钢琴强化营销，拓展海内外市场的主要策略。如在开拓国内市场方面，以建立工贸战略联盟，组建“珠江钢琴全国营销共同体”为依托，把珠江钢琴的优质产品和优质服务辐射全国；推进名人与名琴联合战略，邀请拉莎尔·贝尔曼、刘诗昆、鲍蕙荞等国内外著名钢琴大师弹奏珠江钢琴，为珠江钢琴宣传作势，根据大师的意见改进珠江钢琴的弹奏性能和音学品质，不断提升珠江钢琴的技术含金量；恪守“大胜在德，诚信经营”的营销信念，童叟无欺、一视同仁，无论批量多少、品种多繁、时间多急，要货配套多特殊，都按质按量如期交货，保证珠江钢琴的良好信誉。在开拓国外市场方面，“走出去”建立海外销售公司（如在美国开办珠江钢琴销售公司），大胆采用人员本土化战略和市场细分战略；适用所在国消费者乐意接受的惯用经营方式和维修保养办法；遵守所在国的法律法规，依法纳税，为企业更快拓展海外市场扫除障碍；不断拓展新兴市场，2002年除重点拓宽美国、德国两大钢琴市场外，还新开辟墨西哥、巴拿马、厄瓜多尔等美洲市场，通过市场多元化战略来增创外汇；发挥“质优价宜低成本”的比较优势，在木材价格、运费、电费连年上涨的情况下，加强成本监控，确保产品在进入国际市场时具有较强的价格优势；实施商标战略，增加“里特米勒”、“喜临门”等出口品牌，适应不同地区、不同消费者的不同需求；充分利用贸易平台，扩大品牌国际知名度，通过一年两度参加法兰克福、洛杉矶的国际乐器博览会、中国出口商品交易会及自己举办新产品展销会、钢琴夏令营、钢琴比赛等途径，结交广大优秀经销商，增大产品定货量；分批安排国外经销商来总部参观，增添感性认识，提高合作信心；精心制作公司网页，日益完善网站功能，力促珠江钢琴声扬五洲。

（六）慈善济难，关心公益

名牌产品和名牌企业的培育是密不可分的，名牌托起名企，名企带动名品，两者相互依存、相互支撑。作为一个名牌企业，必须是有高度社会责任感、有乐于奉献精神、有善心有良知的企业。珠江钢琴集团遵循“取于社会，用于社会，全心全意服务于全社会”的宗旨，企业发展壮大后，能积极奉献社会，报效祖国。据不完全统计，珠江钢琴近10年来为支援抗灾（如丽江地震和1998年水灾等）、扶贫解困（广西百色、广州从化等扶贫项目）、希望工程（资助贫困母亲、失学儿童等）、兴建慈善医院、抗击“非典”、教育基金（困难学生、大中专院校）、大型文艺汇演（庆香港回归大型文艺晚会、上海“八运会”、广州“九运会”、北京“珠江之春，珠江华彩”文艺演出、上海钢琴夏令营等）、支持教育举办全国性和地区性比赛（1999年第一届全国高校音乐教育专业大学生基本功比赛、2001年全国钢琴提琴选拔赛、2002年第二届全国高校音乐教育专业大学生基本功比赛等）等各种社会公益活动的赞助超过6000万元。仅2003年春为支援广东省“抗非”工作，就募捐了117.5万元。

珠江钢琴持续10多年以千万元的幅度递增利润，坚持依法纳税，效忠报国。荣获“海关A级信誉企业”和“广州市诚信纳税A级企业”。

三、创名牌的体会

珠江钢琴集团坚持走名牌发展之路，加速了产品品质、品牌知名度、经济效益和企业社会地位的提高，为珠江钢琴“雄踞中国，走向世界”提供了巨大的支撑力。有下列体会：

（一）领导者的名牌意识和前瞻决策，是企业名牌战略得以成功的关键

企业的领导者好比是帆船的掌舵人，在推进名牌战略中起舵手作用，扮演一个发现者、发明者、决策者、管理者、市场开拓者和创新者的角色。没有领导者对名牌的热爱和执着的追求，就不会有名牌的诞生。首先，领导珠江钢琴走名牌之路的人是董事长童志成。童志成于1993年审时度势，提出了“雄踞中国，走向世界”的名牌发展战略。他认为无论从市场经济发展态势、社会大众消费趋势、民族品牌落后局势，还是从自身企业发展形势来看，创立名牌的时机都是必走之路，他以战略经营的思维，带领着资产只有1亿多元的珠江钢琴人，卧薪尝胆，掷地有声地走名牌发展之路，今天资产总值超过13亿，企业已声扬五洲的珠江钢琴集团。

（二）企业的团队素质是创名牌最重要的支撑力

人乃万物之主宰。办企业也一样，团队素质驾驭着企业的命运，决定着企业产品质量与服务质量的好坏。先进的科技加上训练有素的员工是取得产品质量优势和市场优势的关键，可以说，高素质的团队成就企业的名牌产品和优良服务。珠江钢琴极其重视团队素质的培训，注重为员工提供优良的政策环境和学习工作环境。向全员灌输名牌意识，营造创立名牌的企业氛围；培育员工爱岗敬业的精神和精益求精的工作态度；锤练员工爱企忠企的事业心和责任感，造就了一支富有顽强生命力和创造力的企业团队。这是推进名牌战略的重要支撑力量。

（三）良好的企业社会形象和良好的企业行为品格是名牌战略成功的重要因素

拥有名牌产品的企业不一定是名牌企业，但名牌企业生产出来的产品必定是名牌产品。所以造名牌产品的同时更应铸造名牌企业。名牌企业首先表现为良好的企业社会形象和良好的企业行为品格。珠江钢琴在推进名牌战略过程中十分注重塑造自身的品格和形象，坚持以品格铸造品牌，以向社会、向消费者高度负责的态度，不断规范自己的质量行为与服务，诚信经营，按章纳税。采用CIS战略，将企业的经营理念、管理特色、产品促销、个性特点、商标设计等内容融为一体，运用整体性传播手段来塑造良好的企业形象，以赢得社会公众的信赖和肯定，并达到扩大市场占有率的目的。实践证明，得到大众的认可的良好的企业形象和良好的行为品格是企业名牌战略成功的重要因素。

（四）奋发向上的企业文化是企业名牌战略持久有效的保证

企业文化是企业全体员工在长期的生产经营活动中培育形成并共同遵循的最高目标、价值标准、基本信念和行为规范，包括物质、制度和精神三大层次。优秀的企业文化是提升名牌内在品位，促使名牌战略持久有效的保证。珠江钢琴以人为中心，尊

重人、教育人，强调文化认同和群体意识的作用，制定了“雄踞中国，走向世界”的名牌战略目标；“爱厂、敬业、守纪、奉献”的企业精神；“意识在先，责任在先，行为在先，管理在先”的管理思想；“以人为本，诚信经营，把珠江钢琴铸造成世界级品牌”的经营理念；“取于社会，用于社会，全心全意服务于全社会”的企业宗旨；以及“以质取胜，以诚待人，以顾客为中心，以用户满意为准则”的核心价值观。实现了个人目标和企业目标、创立名牌产品和名牌企业的有机结合，保证了名牌战略的持久有效。

珠江钢琴集团经过持续10年有效的名牌战略，加速了品质的提高和企业的发展。今后，珠江钢琴集团将向着创世界品牌和国际化经营的方向，进一步完善名牌战略体系，推动名牌战略向更高的层次、更高目标发展。

（黄南炬　龙梅先）

北京星海乐器公司举行中国名牌新闻发布会

9月2日，北京星海乐器有限责任公司举行“中国名牌新闻发布会”，中央电视台、北京电视台，人民日报、北京青年报、中国质量报、消费日报等在京的10余家新闻单位出席会议。北京星海乐器公司总经理赵惠臣、党委书记曾泽民，副总经理陈春琦、邸江参加了会议。

会上，赵惠臣总经理向在座的新闻记者通报了北京星海乐器公司创中国名牌的工作，以及获得中国名牌以后的计划安排。

他说：9月1日，中国名牌战略推进委员会宣布，正式确认星海钢琴为“中国名牌”。这是我们企业的光荣与骄傲，也是全国乐器行业的光荣与骄傲。

让星海乐器成为全中国乃至全世界的名牌这是几代星海人梦寐以求的夙愿，也是几代星海人历经坎坷的求索，为了实现这个目标他们发奋图强地工作，为了实现这个目标他们呕心沥血地拼搏。今天，这孜孜以求的耕耘，终于看到了回报和收获。

“星海”是新中国第一家乐器工厂；“星海”诞生了中国第一台钢琴；“星海”出口了中国第一台钢琴；“星海”生产了全世界最大的钢琴。但是，“星海”至今也没有生产出世界上最好的钢琴，这是目前星海人最大的遗憾和不安。

从1840年以来，帝国主义列强就不断地侵略中国、瓜分中国、蹂躏中国，他们看不起中国人，把华人与狗相提并论。但是，不屈不挠的中国人不仅把一切侵略者都赶出了中国，而且还用一个又一个不容争辩的事实，反反复复地证明中华民族是伟大的民族，中国人民是智慧的人民，中国是全世界屈指可数的大国，对于今日中国的腾飞，对于今日中国的辉煌，所有外国人早已刮目相看了，所有外国人都不容置疑了。

但是，对于中国的钢琴制造业许多外国人依然不屑一顾。一位斯坦威钢琴公司的技术人员在中央音乐学院讲学时说：斯坦威钢琴是世界顶尖产品，因为全世界90%以上的钢琴家只用斯坦威钢琴演奏 全世界90%以上的音乐厅只摆放斯坦威钢琴。当时许多人对此都表示出赞许和羡慕，但是，星海人却觉得这是世界冠军对我们的嘲笑和挑战。因此，我们早就下定了决心，一定要让星海钢琴成为名牌，一定要让星海钢琴从中国走向世界。

为了实现这个目标，星海时时刻刻都在努力，因为我们深知：一个国家如果没有自己的民族工业，没有自己的拳头产品，这个国家就没有前途。在中华民族千载难逢的历史发展机遇面前，在这优胜劣汰的竞争时代，我们选择了铸造中国名牌这一神圣的、具有挑战性的、不断超越自我的事业。积极推动中国名牌战略，创造中国名牌，特别是创造中国的世界名牌，实现经济跨越式的发展，这是全党和全国人民的共同愿望。

为了实现这个目标，星海教育职工要树立强烈的名牌意识，要树立让“星海”品牌响遍全世界的雄心壮志。在当今市场经济中，名牌，特别是世界名牌，代表的不仅是一个产品的形象，一个企业的形象，也是一个国家的形象。它是一个民族实力的重要象征，它标志着一个国家的经济水平，代表着一个国家先进的生产力。它不仅带动一个企业的发展，同样可以带动整个国家经济的腾飞。有哪个现代化的经济大国没有国际性的大名牌，又有哪个没有国际名牌的国家可以成为现代化的国家。

为了实现这个目标，星海特别注重企业的声誉，注重对员工的理念教育。星海确定的企业使命是“星海乐器——伴您步入美好人生”。因为乐器产品不仅是工业产品，更是文化产品、艺术产品和工艺品。人们在使用乐器的同时，应产生愉悦和快感 在陶冶情操的同时，应使美好的生活渐入佳境。如果消费者手中使用的乐器是残次品、是伪劣品那将会给消费者带来无尽的烦恼。所以星海乐器公司要求每一个员工，在生产每一个零部件的时候，都要把它视同于艺术创作，要把拧入钢琴的每一个螺丝都看成是注入美好乐章的一个音符，决不能容忍不合格的零部件产生不和谐的声音。

为了实现这个目标，星海始终抓住产品质量这个永恒的主题。要想把企业做强、就必须把产品做精、要想把产品做精，就必须造就高素质的员工队伍。星海公司将“以人为本”作为第一要素，企业倡导“质量好、人品好，质量差、人品差。”的观念。为了保证每个员工都能把最简单、最细微的工作做好，星海提出了一个口号，即：要把可能达到和已经达到的标准作为日常的工作标准。

为了实现这个目标，星海高举科技创新的大旗，提倡“人人都有改善的能力，事事都有改善的余地”。积极支持每一个员工开拓、创新。努力实践以新材料、新工艺、新设备、新产品、新机制为支柱，争创国际名牌，进入世界五强的企业目标。以“五新”助推星海的经济发展。

为了实现这个目标，星海注重员工培训，注重提高每一员工的综合素质，使每一个员工不仅有干好工作的理念和觉悟，还有干好工作的本领和技能。使每一个人都争先恐后地参加培训，使每一个人都积极努力地向更高的领域攀登。为了更好地体现每一个星海人的自身价值，星海制定了非常严格明确的等级待遇，不管是中级工、高级工、技师、高级技师还是高级工程师，都有充分施展才华的广阔天地，都有应该享有的工资和待遇，每一个员工都在超越自我，追求卓越的奋斗中追求最好和最强，而不是仅仅地、一味地追求最多和最大。星海也在“和声鸣盛世”中充分地体现“诚信为本，求真务实”的企业价值观和“精诚服务”的企业座右铭。

为了实现这个目标，星海乐器园的新建工程已在通州区次渠镇“北京市光机电产业基地一体化”的500亩土地上全面启动了。更具现代化水平的星海乐器工业基地，将按生产作业区、技术开发区、产品展示区、企业文化区、园林绿化区进行布局。一个符合国际环保认证、质量认证，融入更多的高技术、新材料、大规模、高质量、高效益的星海企业集团将继续在中国的乐器工业中引领潮流。在开拓国际市场，争创世界名牌的拼搏中，星海将再次奏响更加美好的新乐章。

在赵惠臣总经理的讲话以后，公司其他领导还回答了人民日报、消费日报等单位记者的提问。

为庆祝北京星海乐器公司荣获中国名牌称号，北京星乐器公司举办了一系列活动，向社会公众广泛宣传星海钢琴，并开始实施向世界名牌进军的战略。

2002年~2003年乐器产品获得国家及省（市）级名牌产品、驰（著）名商标称号一览表

企业名称	产品	商标	获奖称号	获奖年度
广州珠江钢琴集团有限公司	钢琴	珠江牌	中国驰名商标	1999年
广州珠江钢琴集团有限公司	钢琴	珠江牌	中国名牌产品	2003年
北京星海乐器有限责任公司	钢琴	星海牌	中国名牌产品	2003年
北京星海乐器有限责任公司	钢琴	星海牌	北京市著名商标	2002年
北京星海乐器有限责任公司	钢琴	星海牌	北京市名牌产品	2002年
天津津宝乐器有限公司	打击乐器	津宝牌	天津市名牌产品	2002年
广东华声乐器有限公司	吉他	星臣牌	广东省名牌产品	2003年
广州珠江钢琴集团有限公司	吉他	红棉牌	广东省著名商标	2002年
广州珠江钢琴集团有限公司	吉他	红棉牌	广东省名牌产品	2003年
营口东北钢琴集团公司	钢琴	诺地斯卡牌	辽宁省名牌产品	2003年
大连铜管乐器有限公司	铜管乐器	前进牌	辽宁省名牌产品	2003年
上海中雅钢琴公司	钢琴	海曼牌	上海市名牌产品	2002年
上海中雅钢琴公司	钢琴	海曼牌	上海市名牌产品	2003年
上海民族乐器一厂	民族乐器	敦煌牌	上海市著名商标	2002年
上海华新电子电器总厂	电脑演奏电子琴	伯龙牌	上海市名牌产品	2002年
上海华新电子电器总厂	电脑演奏电子琴	伯龙牌	上海市名牌产品	2003年
上海钢琴有限公司	钢琴	STRAUSS	上海市名牌产品	2002年
上海钢琴有限公司	钢琴	STRAUSS	上海市名牌产品	2003年
江苏奇美乐器有限公司	竖笛 口琴 口风琴 管风琴	奇美牌	江苏省名牌产品	2003年
南京摩得利钢琴有限公司	钢琴	摩得利牌	江苏省名牌产品	2003年
江苏天鹅乐器有限公司	口琴 口风琴	天鹅牌	江苏省名牌产品	2003年
青岛世正乐器公司	钢琴	世正牌	山东省名牌产品	2003年
福州和声钢琴有限公司	钢琴	哈曼尼	福建省名牌产品	2004年

信息·检测·标准

乐器行业信息工作方兴未艾

中国乐器协会信息部主任　丰元凯

一、中国乐器制造业发展以及乐器信息工作的现状。

随着全球经济一体化以及中国全面建设小康社会的进程不断加快，中国乐器制造业经过50多年发展已经成为世界乐器生产大国之一，乐器生产已经成为我国国民经济新的增长点。百姓对乐器的需求不断增长，乐器质量和档次有了明显的提高，除满足国内市场需求以外，开始大量出口到世界100多个国家。由此而带来的，中国乐器制造业规模迅速扩大，许多内资和外资企业开始大量进入乐器行业，新兴乐器生产和经营企业与日俱增，中国乐器行业目前已经成为一个国际化经营、品种齐全、多种经济成分并存、传统加工和高新技术相互交织的文化产业。

在世界经济高速发展的现代社会，信息已经成为人类发展的重要手段。信息化带动工业化，实现现代化将成为人们的共识。目前，我国的乐器信息工作还处于起步阶段，远远不适应国际乐器市场和我国高速发展的乐器制造业的需要。主要存在以下问题

（1）企业对加强乐器信息化工作，以及通过信息渠道了解国内外乐器动态和宣传企业的重要性认识不足，还停留在传统的生产经营模式中。现代经济社会变化万千，作为一个企业的决策者应当通过信息渠道及时了解整个社会，上至政府，下至每一个同行竞争者，以此作为本企业相应的决策依据。

（2）还没有建立能覆盖各个乐器门类、各个生产企业和经营单位的信息网络，互相之间信息不通，不能及时了解当日当时所发生的情况。

（3）信息渠道、手段还比较传统、简单，缺乏协调、统一规划和管理。还没有形成一个科学的信息工作体系。从事乐器信息工作的技术人员还很缺少。对行业的了解还有待于进一步的深入和加强。

(4)乐器信息工作目前还处于简单的报导阶段，还没有真正起到对行业的指导和参谋作用。

尽管如此，近几年有关乐器信息工作特别是作为信息工作的重要媒体，如刊物和网站比过去有了明显的增强。目前，除中国乐器协会领导下的《中国乐器》、《乐器》以及《乐器年鉴》等信息媒体以外，与乐器制造业、以及音乐艺术界相关的刊物和网站都有了大幅度的增加。另外还有社会报刊、视频节目等社会媒体，他们在方方面面都开始关注乐器制造业，并都用大量篇幅报导乐器制造业所发生的重要事件，这些从另一角度提高了乐器制造业在社会上的地位，引起了社会各界对乐器制造业的兴趣。

二、开展信息服务工作的切入点

中国乐器协会信息部成立近一年来，除编辑出刊《中国乐器》杂志以外，开设“中国乐器协会网”，组织编辑《2003年中国乐器年鉴》外。同时在日常工作中开展了大量的为企业提供信息咨询和服务工作。

与乐器协会的宗旨是为企业服务一样，具体到我们信息部为企业服务的职能，主要体现在杂志上各个栏目的设置以及各类文章的编排。我们主要是从5个方面来体现的。

（1）政策的传递。目前，我们的企业处于日益激烈的市场竞争中，要想生存发展下去，必须随时了解国家政策和法规以及导向性的消息。所以我们在每期杂志的编辑中十分注意及时给企业传递这方面的信息，使企业能根据国家政策做出相应的决策。如：我们及时刊登了“抓住联合国采购的商机”、“全国学校艺术教育发展规划”、“我国内资企业外贸经营资格降低门槛”等文章，使企业能够根据文章的内容调整企业的发展战略，对企业起到政策参谋作用。

（2）信息的沟通。一年来，为加强乐器信息的时效性，尽可能地将国内外乐器行业发生的大事及时地向乐器企业报导。我们除报道行业大事以外，每年初发布各类乐器的进出口以及产量等统计资料，对国内主要乐器生产企业的经济指标进行公布，这些资料数据过去我们从2月份才开始公布，为了增强时效性，从2002年开始，我们改为每年的1月份就开始报，使我们的信息工作加快了节奏。这种信息得到了国内外企业的关注。

（3）技术（知识）的交流。根据中国乐器制造业中大部分企业目前还处于传统加工，特别是近年涌现出来的许多新兴企业，其中大量是民营企业缺少乐器专业技术及人员的现状。我们在杂志中相应安排了一些介绍乐器制造知识的实用性文章，如 建立了“钢琴调律师专栏”、“钢琴的结构与维修”等栏目和文章，都对国内钢琴制造业起到了指导作用。此外，我们与上海民族乐器一厂合作近期所开的“敦煌论坛”一共搞了4期，每期针对民族乐器制造的一个论题进行讨论，实际是对民族乐器制造中的技术性问题进行的学术活动，对未来民族乐器制造业发展会起到很强的指导作用。

（4）生产经营形势的分析。今年以来，我们杂志建立了一种不成文的惯例，每年之初，发布年度报告，每个季度、每半年进行一次生产经营方面形势分析。同时根据一个时期的特定事件发表分析性

文章，如在“非典”期间，我们专门报导了北京地区的情况，让全国乐器行业了解“非典”中北京人的所作所为。通过一个时期内乐器形势的分析，使全行业能够从宏观上掌握乐器行业的发展格局。另外我们也通过一些人物专访，请他们发表对中国乐器走势的看法，也从另一个侧面使乐器生产企业了解到中国乐器未来的发展方向。

（5）历史的总结。在我们杂志上同时也注重了乐器发展历史的整理工作，如我们编排的《琉璃厂乐器一条街的昨天、今天、明天》，我们主要从历史的角度来写琉璃厂一条街的变迁，这样文章就具有一定的档案性质，通过文章可以全面了解北京乐器行业的发展概况。另外，“浙江德清县钢琴产业调查报告”也是从历史的角度来写文章的，使全国从事钢琴行业的读者可以全面了解德清县的钢琴业发展的基本情况。今后，我们还将继续这方面的工作，如我们正在筹备“中国民族乐器改革之路”的文章，将全面介绍建国50年来中国民族乐器改革所走过的历程。

三、对未来乐器信息工作的几点打算

中国乐器协会信息部成立刚刚一年，今后的路子还很长远，乐器信息工作方兴未艾。未来乐器工作，我们将按着“二室”，“三馆”的规划蓝图进行筹措。

“二室”即把乐器信息部办成中国乐器的“政策研究室”、“信息发布室”。

“三馆”即把乐器信息部办成中国乐器的博物馆、图书馆、档案馆。

未来，我们加强《中国乐器》、“中国乐器协会网”、《中国乐器年鉴》的建设，充实信息部的硬件、软件以及人力资源的力量，全方位的为国内外乐器行业服务，真正实现乐器信息的产业化。

信息发布室的建设：信息发布室的建设将旨在成为乐器行业的“新闻中心”，加大乐器信息的频率和范围，快捷、全面、准确地报导乐器行业的大事，特别是乐器行业生产和经营领域的统计资料将争取达到统一、规范、准确。

政策研究室的建设 随着改革的进一步深入，中国乐器协会作为行业组织的协调职能将会发挥日益明显的作用。为此信息部将加强对国家政策的研究工作，随时将与乐器生产经营相关的法规和政策向企业发布，同时辅以宏观分析，给企业以政策上引导，使企业能够在市场竞争中立于不败之地。随着中国入世，与世界经济接轨，中国乐器制造业即将融入世界乐器大家庭，信息部将会把更多的世界乐器发展情况介绍给国内乐器生产企业，使他们能够掌握企业发展的方向。

档案馆的建设：中国乐器制造业源远流长，有着丰富的内容，特别是建国50年来中国乐器制造业发展迅猛，有着无数可以载入史册的事例、人物和各种资料。但是，目前我们还尚无有专人收集和整理。这是一件令人十分遗憾的事情。为此我们将尽其所能，收集乐器各行各业的历史，包括企业发展史、人物传记、乐器改革史、行业动态等，逐步形成一个中国乐器的档案馆。

图书馆的建设：目前，社会上有关乐器制造的书籍可以说凤毛麟角。为此，我们将有针对性开展两个方面的工作，一是将现有乐器制造业的有关书籍以及与乐器相关的书籍进行收集整理，进入我们的图书馆。另外，我们还将组织一定的人力或聘请技术人员撰写相关乐器制造的书籍，其中包括乐器制造的录相带，光盘等。

乐器博物馆的建设：我们将逐步积累汇集一个完整系统的乐器主体性资料，包括各个国家的主要乐器类别，国内主要生产企业的乐器产品的文字、图像、声音、技术图纸、标准等方面资料。使查询的单位或个人通过图、文、声等形式，在动态或静态的状况下，以不同方式查询到所需要的资料。

以上所说的是乐器信息工作最终的长远规划，我们将根据信息部现有的实力，分期完成这些目标。虽然在我们前进的道路上会有各种各样的困难和阻力，但我相信，未来中国乐器的前途是十分辉煌的，我们的计划最终会实现的。

强化服务意识 做好网站工作

——中国乐器协会网运行一周年回顾

(WWW.CMIA.COM.CN)

随着网络技术的成熟和电子商务的迅速发展，互联网用户不断增加，在不久的将来，全民上网将成为现实。在竞争日趋激烈的时代，如何利用互联网的优势，在乐器行业中为企业建立起属于自己的网络空间，帮助企业进行信息发布、宣传产品品牌和企业形象，提高企业知名度是至关重要的。

2003年1月，中国乐器协会信息部成立，其主要工作内容是面向乐器行业提供信息咨询服务，出版本行业专业刊物和建立行业服务性门户网站。2003年3月，中国乐器协会信息部开始策划、构思协会网站的框架搭建和具体内容。根据行业的整体现状和发展需要作为网站建设的总体思路，中国乐器协会网确立了以实现多功能、全方位、互动型的网上乐器信息服务为目标分批分级，逐步完善协会网站的规划和开发。

协会网首期工作内容在开发上主要侧重了报道、宣传行业大事、介绍协会职能和工作以及为企业、个人提供上网信息服务。网站功能实现以协会介绍、机构组织、会员登陆、行业新闻、政策法规、公告栏、国家注册钢琴调律师专栏、上海乐器展览专区为重点，对这些栏目进行了编程和设计，经过一个多月的工作，网站于2003年4月15日开通并试运行。经过几个月的不断调整修改，在10月上海展览会之前，网站走上了正规，正式开始为企业进行宣传服务工作。

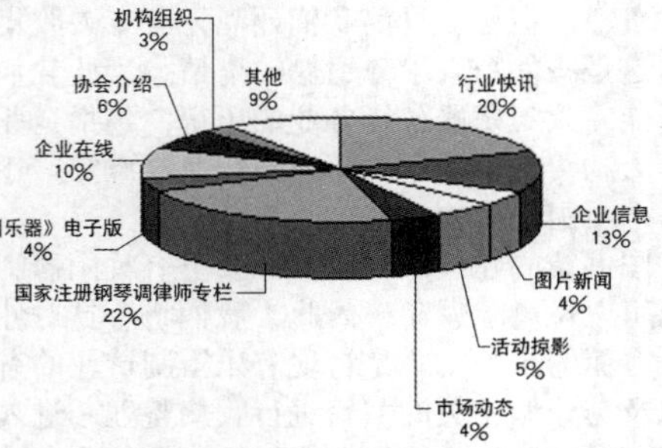

“中国乐器协会网”栏目浏览分析图

一年当中，网站突出了新闻方面的报道，在注重新闻来源可靠、内容真实的基础上，力求以最快的方式把行业大事、企业信息、市场动态、活动信息及时传递给关注行业发展、了解行业情况的广大读者。一年来网站共发布了863条行业新闻，其中报道行业大事263条，企业信息411条，活动类信息195条。其中中国乐器协会网发布的国家统计局有关乐器行业经济运行指标，国家海关总署有关乐器产品进出口量值，以及国家林业局、国家工商总局发布的蟒皮二胡实施标记化管理的1号公告等权威信息；关注广州珠江、北京星海获得中国名牌称号和江苏奇美、南京摩得利获得江苏省名牌称号等热点信息；以及曝光了利用出版行业工具图书在企业中招摇撞骗的一些虚假信息。从全部新闻综合比较来看：行业新闻和企业信息和所占比例较大，国内外市场信息和琴行相关活动报道还有待加强；从乐器类别来看，钢琴和民族乐器新闻所占比例较大，其他乐器相对报道较少。

为了配合国家注册钢琴调律师的考核鉴定工作，加强钢琴调律师队伍之间的沟通与联系，协会网开通了国家注册钢琴调律师专栏，及时发布考核公告，介绍考核鉴定标准，申请办法等内容，同时建立了国家注册钢琴调律师检索系统，为取得了国家职业资格证书的调律师们服务，切实为每一位钢琴调律师提供广泛的向社会推介机会。

中国乐器协会网紧密围绕行业提供服务，行业知名度大大提升，网站流量不断扩大，点击率不断增加。通过系统计数器，我们对所有登陆中国乐器协会网客户端的情况做了统计，网站日点击率由刚开始的几百次达到目前的近2000次，访问者来自全国各个省市以及国外的一些国家和地区。（详见下图）

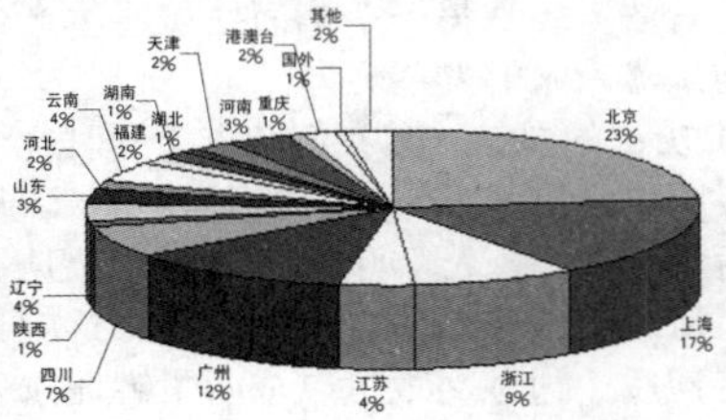

“中国乐器协会网”点击率分析图

中国乐器协会网经过了一年的运行，我们对网站今后的发展也有了新的认识，应该说目前只是走出了一小步，距离完成既定目标还有很长的路要走。下一步网站将在原有的基础上，由单一的信息服务向服务功能齐全的综合性网站纵深发展，将建立以信息传媒为重点、会员服务为核心、消费者市场需求为导向的服务理念，真正创办好一个能够代表乐器行业全貌、展现行业发展水平的服务性乐器门户网站。为了达到这个目标，2004下半年，中国乐器协会网将全新改版，新的网站在内容、版式、功能等方面加以改进，以全新的面貌为企业提供优质服务。

新的网站将正式推出专门为中国乐器协会会员和中国乐器协会信息网网员单位提供服务的会员专区，在这里会员用自己的用户名和密码登陆，便可以查询到包括《中国乐器》杂志电子版正文、行业标准和数据中心的所有数据资料，详实而准确。而且我们将根据企业需求情况，陆续地扩充会员专区的服务内容。同时为了加强和国外乐器组织、企业的交往与合作，将国内的乐器行业情况介绍给国外同行，协会网也将推出英文版，更好地与国外乐器协会、媒体、公司加强交流与合作。

内容方面，中国乐器协会网紧密结合行业需要，开发建立新的栏目。新版将推出：上海国际乐器展会检索系统、乐器产品国家（行业）标准、国家职业标准（乐器特有工种类）、数据中心（国家统计局、海关进出口数据、世界225强详细资料等）、人才信息（社会类、学校类）、影像纪实、企业在线、企业邮箱、品牌展示、蟒皮二胡管理、乐器茶坊（BBS）、年度行业新闻评选、演艺资讯等新的栏目。而新闻报道方面将在原有基础上成立新闻中心，加大对新闻报道的投入，使读者获得更加及时有用的信息。

中国乐器协会网作为中国乐器协会主办的乐器行业门户性网站，网站坚持以服务为核心，传播国家政策法规、发布行业信息、提供企业服务、打造商务平台、为企业寻求合作伙伴、介绍乐器新产品、新技术以及乐器知识等方面的内容。我们相信，随着乐器行业的快速发展，中国乐器协会网将为成为行业内重要的网络媒体。

《乐器》——非常的2003

2002年是《乐器》忙碌而迅速发展的一年，多年的辛勤与努力多少得到了回报，无论是发行还是广告，都达到了杂志创办以来的最好水平。同时，也为克服2003年遇到的前所未有的困难打下了良好的基础。回首2003年，对《乐器》来讲，可说是非比寻常的一年：上半年闹“非典”，下半年创新刊。

说起2003年，那场突如其来的“非典”疫情，给各行各业都带来或多或少的冲击和影响。就像《乐器》杂志，就因为北京五月展会、广州六月展会的停办而失去了两次极好的宣传和销售机会。好在我们在2002年底就已对杂志的内容、版块、栏目及办刊方针都作了周密而详细的安排，并在“非典”期间全体编辑、工作人员坚持工作，坚持杂志正常运行，和广大厂商、专业人士、读者保持通讯联系，所以“非典”对杂志本身的影响不是很大，无论是出版、订阅、销售、以及稿件质量都基本保持原有的水平。除此，我们还应广大读者的要求增加了一些新的版块：如“制琴作坊”，目前已刊登小提琴、电吉他、琵琶、京胡、二胡、古琴等制造工艺方面的知识，深受读者喜爱；“艺苑风景”，专门介绍了美国、韩国、英国等音乐院校，图文并茂，使读者及有心想去国外音乐院校深造的学子，对世界先进的音乐教育、演奏水平、课程设置、师资实力有了一个感官的认识；同时，我们还增设了有关音乐考级的内容，请各类乐器的专家、考级委员会成员、有成就的老师专门写稿，以使准备考级的音乐爱好者、广大琴童及家长有一个入门的方向和对音乐考级的一些了解。

除了新加的内容之外，《乐器》仍然坚持一贯的办刊方针：确立以技术、教育、厂商报道、行业信息为主，所发文章尽量实用、丰富、专业，努力在读者、厂商、杂志之间找到内容交汇点，使《乐器》所发的文章不仅符合广大读者及专业人士的要求，也能满足众多厂商、琴行的需求，使《乐器》真正成为音乐爱好者学习的园地、厂商宣传的平台、教师教学的讲台。

应该说，《乐器》在2003年里虽然遇到一些困难，但由于办刊方针明确，编辑有方向，所以，杂志总的趋势是好的，是不断提高的。当然，在办刊过程中，我们也注意到一个明显的矛盾，就是把电声、吉他等过于现代的洋乐器与有着动辄以数百年、数千年计的传统乐器同放在一本刊物里，多少有些别扭和生硬，特别是使两种读者在选择上颇为两难。另外，由于近年电声爱好者尤其是吉他发烧友的增多并逐渐趋于专业化，《乐器》作为一本综合性杂志也已很难满足这类专业发烧友的要求。为了更好地为这类读者服务，杂志社决定将吉他部分的内容从杂志中移出，另出一本专刊——《吉他平方》杂志诞生了。

《吉他平方》杂志隶属于《乐器》杂志社，是《乐器》的子刊。为了出好这本杂志，《乐器》从2003年6月便开始筹备，市场调研，组织人力、物力，听取专家、专业人士的建议，安排版面，组织稿源，商讨内容。经过半年的努力，2004年1月，这本新杂志终于和广大读者特别是吉他爱好者见面了。

翻开《吉他平方》，您会发现，《吉他平方》的顾问团阵容非常强大，有我国第一代吉他大师张勇、摇滚传教士曹平、轮回赵卫、超载李延亮、唐朝老五、唐朝新秀陈磊、战斧郭智勇、子曰汶麟、顾茳玮、歇斯、摇滚帝国网站陈征等。他们的参与保证了这本杂志的质量及高水平，并且使杂志能够更好、更实际地贴近国内读者。

《吉他平方》的内容广泛，有器材评介：广泛收集国内外最新的器材情报，对新品进行测试，并写出客观的测试报告，不因其品牌的优劣来定义其产品；有乐手采访介绍：每次着重选定一个艺人或乐队，对其进行详尽报道，并且其使用器材、专辑列表、经典乐句谱例尽在其中；有连载教学：国内外著名乐手进行连载教学，使读者足不出户，便能尽学天下名家琴技。同时，杂志所有教学类稿件的审核工作均由现代音乐学院爵士系所开设的爵士和声、爵士即兴、乐队合奏等课程的教学助理兼翻译——石岩先生完成。

杂志每期还将有编辑们精心准备的特别策划栏目，或人文或教学抑或器材介绍，使杂志的内容更加完备。充分体现了《吉他平方》的特色——以现代吉他为主的音乐杂志。

总之，在受“非典”影响的非常的2003年，《乐器》杂志没有退步，没有滑坡，依然朝着好的方向发展。对此，《乐器》杂志社全体同仁衷心地感谢广大读者、厂商及一切关心、帮助我们的人，没有你们的关注，《乐器》绝不会有今天。

（陈勇毅）

国家轻工业
乐器质量监督检测中心（广州）

国家轻工业乐器质量监督检测中心（广州）、广东省乐器产品质量监督检验站、广州市乐器产品质量监督检验站、轻工行业特有工种职业技能鉴定站（广州），是一个四位一体的独立法人的事业单位。

广州市乐器产品质量监督检验站建立于1987年，经过十几年的发展，已成为具有一定检验能力和水平的检验站，一直承担着广州市质量技术监督局下达的对乐器产品的监督抽检任务。

随着我国国民经济的高速发展，人们的物质和文化水平不断改善和提高，同时促进了我国乐器工业的蓬勃发展，特别是在我国南方，乐器制造厂像雨后春笋般的出现，乐器市场空前兴旺，为适应我国乐器生产和乐器质量监督的客观需要，服务乐器生产者和销售者，保障消费者的权益，促进我国乐器产品质量的稳步提高，2001年1月20日经原国家轻工业局批准，同意在原广州市乐器产品质量监督检验站的基础上，建立国家轻工业乐器质量监督检测中心（广州），中心经过近一年的工作场地和环境条件的改造、检测仪器设备的配套，以及各种软件的完善和提高，终于在2001年12月19日通过了国家计量认证和部级审查认可，挂牌成立。

广东是全国乐器生产的大省，中国最大的钢琴生产企业和吉他生产企业都落户在广东，为了承担广东省质量技术监督局对广东乐器产品质量的监督任务，2002年12月经广东省技术监督局批准成立了广东省乐器产品质量监督检验站，成为唯一的全国三站一体的乐器检测单位。

本检测中心使用场地面积858米^2，设有声学检测室、电学检测室、理化检测室、工艺检测室、主观鉴定室、消声室、样品室、电脑资料室等，拥有从丹麦进口的B&K噪声及频谱分析系统等先进的仪器设备及常用检测仪器、测量器具近90台（件），能够对钢琴、提琴、吉他、民乐、管乐、电子乐等40多种中西乐器及其配件进行检测。本中心的检测人员共9人，大专及以上学历占70%以上，并具有多年乐器制作经验和一定的音乐修养，是一支有较强检测能力的检测队伍。

自从国家轻工业乐器质量监督检测中心（广州）和广东省乐器产品质量监督检验站成立以来，我们服务的范围更加广阔，已为全国乐器生产企业进行了产品委托检测及产品投产前的鉴定。据统计，在1999年至2003年期间，曾先后多次受广州商品检验检疫局委托，对出口的乐器产品和零配件进行商品检测6次共700多件（付），我们认真的工作态度和严谨的检测手段，赢得了外商和商检部门的信任。

随着我国消费者素质的不断提高，对乐器产品的要求越来越高以及乐器产品的出口量不断增加，乐器生产企业已意识到质量的重要性，因此委托的乐器产品检测和新产品鉴定也越来越多，1999年至2004年期间约194台（件）。2003年曾接受过广东省技术监督局的委托，对某法院一起民事纠纷案中的钢琴进行质量鉴定，经过我们的专家对该产品进行核查鉴定，客观公正地对产品质量作出判定，既有效地保障了消费者的权益，同时也客观地维护了厂家的利益。为行业服务是我们的宗旨，我们所接受的每一次产品检测，从客户的需要出发，急客户所急，按时完成各项检测任务，从不耽误企业的生产和销售，从而受到委托单位的一致好评。

为了在乐器行业中能更好地开展从业人员职业技能的资格认证工作，不断提高行业从业人员的技能水平，在中国轻工业联合会和中国乐器协会的大力支持下，由国家劳动和社会保障部批准，轻工行业特有工种职业技能鉴定站于2003年7月16日在广州正式成立。鉴定站由国家轻工业乐器质量监督检测中心（广州）承办，实用面积500米^2，环境优雅，配备了一流的师资、教室和先进的多媒体教学设施，设有击弦机键盘加工室、共鸣盘加工室、木制件加工室、钢琴总装配室和10间专业调律室，以及立式、卧式钢琴共20多台供学员操作学习。

鉴定站成立以来，已于第2003年7月、12月，2004年4月先后举办了三批钢琴调律师鉴定班，鉴定人员来自广东、湖南、湖北、江苏、浙江、重庆、云南、福建、安徽、四川、甘肃、广西、香港等地，参加鉴定的人员中有一位是盲人调律师，经过对他的技能鉴定，我们摸索出一套适合特殊人群的鉴定方法，为日后对开展特殊人群的技能鉴定打下了良好的基础。为了充分利用鉴定站现有的人力、物力资源，满足社会的对钢琴调律师的需求，于2003年10月至12月、2004年5月~8月分别举办两期钢琴调律师培训班，学员除来自全国各地以外，还有来自我国香港和马来西亚等国的学员，我们专业的培训使他们对钢琴的结构原理、调律理论有一个系统的认识，加上他们的刻苦学习很快掌握了调律师的基本技能，在规定学时的技能培训结束时，每个学员均能独立操作钢琴调律，并掌握了基本的钢琴维修技能。同时，我们还积极引导学员参加钢琴调律师鉴定，使他们在参加培训后还能通过技能鉴定，取得由国家劳动和社会保障部颁发的钢琴调律师资格证书，培训学习期间，我们还注意为他们创造一个同行互相交流的机会，使他们结交更多的同行朋友，有利于他们日后工作的发展。

本中心（站）服务项目：

（1）国家、省、市各级政府指令性乐器产品监督检测

（2）市场领域乐器产品质量抽样检测

（3）乐器新产品投产鉴定检测

（4）试制乐器新产品委托检测

（5）进出口乐器产品委托检测

（6）乐器产品质量纠纷仲裁检测

（7）各种乐器零配件测试

（8）乐器行业各工种职业技能培训鉴定（包括钢琴调律、钢琴制作、提琴制作等）

国家轻工业乐器质量监督检测中心（广州）
2004年6月10日

国家轻工业乐器质量监督检测营口站

国家轻工业乐器质量监督检测营口站是1986年12月经原轻工业部以（86）轻生技字第78号、（86）轻工局字第70号文批准，在原辽宁省乐器产品质量检测站基础上建立起来的，当时称为全国乐器检测中心东北站，以后更名为国家轻工业乐器质量监督检测营口站。并于1988年、1993年、1998年、2003年通过国家计量认证和部级审查认可。

经营口市编委批准编制为11人（干部编制）。营口检测中心（站）现有职工9人，全员学历大专以上、工程师以上职称占67%。人员素质高，工作能力强，人员相对稳定，工作人员在本单位年限均在16年以上。

现有建筑面积600米^2，其中：消声室192米^2、主观鉴定室90米^2、检测室80米^2，各种检测设备仪器36台套（包括进口丹麦B/K声学仪器）。固定资产原值40万元，具备了检测中乐、西乐、电子乐器和其他类乐器产品的检测能力。

2002年是我站迎接省站和部站两个认证的关键年。为此，从2002年下半年开始，我站着手进行站的内部建设，一方面改善环境设施、装修办公楼、改造电器线路、整修消声室、购置新的仪器和办公设备，进行计量器具的检定；另一方面抓紧时间采取多种方式进行人员培训。

为使本站工作人员能不断地进行知识更新，掌握新技术、新检测方法，宣传贯彻新标准，我们进行了培训，首先派两名工作人员参加中国标准研究中心教育培训中心举办的全国质量检验人员岗位资格培训，经考试合格。除一般培训外还进行乐器专业培训，从乐理知识入手进行简单的调律学习和初级演奏的学习，充分调动大家学习的积极性，现在每人家中都有一件乐器，每人都会演奏一种乐器。另外还从乐器用材选材开始到制作工艺专业知识培训，致使每个人也是一名合格的选材质检员。并且懂得乐器制作的简单加工和装配工艺。

由于比较全面细致的工作，所以在2003年3月15日顺利通过省站的计量认证和审查认可。2003年7月13日国家轻工业乐器质量监督检测营口站也通过国家计量认证和审查认可。

我站及时完成了多家企业的委托检测任务，出具28份检测报告，还参加许多学术活动。我站也派员参加了各种培训班，参加中国乐器协会召开的四届三次理事（扩大）会议和参观2003年中国（上海）国际乐器展览会、广州番禺国内外名琴展示会及学术交流会、参加了四会市华声乐器厂建厂10周年、星臣吉他获广东省名牌产品庆典活动。我站的一名高级工程师作为中大华远认证中心的技术专家参加了营口、上海、广州等地四家乐器生产厂的ISO9001质量体系认证评审会和监督审核会议。都给企业和认证中心留下了深刻的印象，获得了好评。

我们营口站是乐器行业质检机构中人、财、物完全独立的非盈利事业单位，不受任何外来干预，办公地点为一栋六层大楼。由于东北地区经济状况，影响到乐检站的经济效益。近年来在没有财政拨款和大企业资助的情况下，我站为了自身的存在和发展，除完成乐器产品检测外，还进行了乐器材料的开发，以质量取胜，以信誉赢得关系单位的好评，也增加了我站的经济效益。

建站多年来我们不等不靠、自力更生为乐器行业做了大量的工作，无论是监督抽查、还是委托检验都能为用户提供优质服务和公正、科学、准确的数据，得到了企业和有关领导的好评。

虽然我们做了一些工作，但同其他质检机构相比还很不够，以后我们将会更加努力。我们的人员也经历了锻炼的考验，是最具有战斗力的集体。

国家轻工业乐器质量监督检测营口站
2004年7月10日

乐器国家标准、行业标准目录

国家标准	
1 GB／T 10159-2002	钢琴
2 GB／T 12105-1998	电子琴通用技术条件
3 GB／T 12106-1989	电子琴的环境试验要求和试验方法
行业标准	
1 QB／T 1153-2001	吉他
2 QB／T 1207. 1-1999	民族弦鸣乐器通用技术条件
3 QB／T 1207. 2-1999	琵琶
4 QB／T 1207. 3-1999	筝
5 QB／T 1207. 4-1999	阮
6 QB／T 1207. 5-1999	三弦
7 QB／T 1207. 6-1999	月琴
8 QB／T 1207. 7-1999	京胡
9 QB／T 1207. 8-1999	二胡
10 QB／T 1298-1996	键盘式手风琴通用技术条件
11 QB／T 1299-1997	口琴
12 QB／T 1477-2003	电子钢琴
13 QB／T 1657. 1-2002	唇振动气鸣乐器通用技术条件
14 QB／T 1657. 2-2002	小号
15 QB／T 1657. 3-2002	圆号
16 QB／T 1658. 1-2002	簧管气鸣乐器通用技术条件
17 QB／T 1658. 2-2002	长笛　短笛
18 QB／T 1658. 3-2002	单簧管
19 QB／T 1658. 4-2002	高音双簧管
20 QB／T 1658. 5-2002	巴松
21 QB／T 1658. 6-2002	萨克斯风
22 QB／T 1817-1993	琴弦通用技术条件
23 QB／T 1818-1993	金属提琴弦
24 QB／T 1947. 1-1994	民族气鸣乐器通用技术条件
25 QB／T 1947. 2-1994	笛子
26 QB／T 1947. 3-1994	笙
27 QB／T 1947. 4-1994	箫
28 QB／T 1947. 5-1994	唢呐
29 QB／T 1948-1994	柳琴
30 QB／T 1949-1994	扬琴
31 QB／T 1984-2000	风琴
32 QB／T 1985-2000	风琴音簧
33 QB 2100-1995	十二平均律音名标注方法
34 QB／T 2167-2003	4／4小提琴
35 QB／T 2168-2003	4／4小提琴弓(该标准已代替QB/T 2168-1995)
36 QB／T 2169-1995	电吉他
37 QB／T 2175. 1-1995	响铜体鸣乐器通用技术条件
38 QB／T 2175. 2-1995	虎音锣
39 QB／T 2175. 3-1995	武锣
40 QB／T 2175. 4-1995	苏锣
41 QB／T 2175. 5-1995	手锣
42 QB／T 2175. 6-1995	抄锣
43 QB／T 2175. 7-1995	水镲
44 QB／T 2175. 8-1995	吊镲
45 QB／T 2175. 9-1995	军镲
46 QB／T 2279-1996	钢琴击弦机
47 QB／T 2417-1998	校音器
48 QB／T 2444-1999	钢琴零部件名称
49 QB／T 2587-2003	4／4大提琴
50 QB／T 3912-1999	键盘乐器键宽尺寸系列
51 QB／T 2607-2003	提琴弓通用技术条件

本目录汇集了截止2003年底已由国家质量监督检验总局发布的乐器国家（行业）标准，以及由劳动和社会保障部发布的乐器行业特有工种国家职业标准。

读者如需查阅或购买上述标准，可登陆中国乐器协会网（WWW.Cmia.com.cn）或向轻工业标准化编辑出版委员会（乐器标准）及中国劳动和社会保障出版社（职业标准）联系。

国际乐器展览会

随着中国乐器行业的快速发展，世界乐器制造中心加快向中国转移的新形势，中国的乐器市场也日益受到国际乐器界的关注和重视。作为乐器贸易和技术交流的窗口和平台，乐器展览会也引起了乐器行业内外的关注与投入，并得到了迅速发展。据不完全统计，国内北京、上海、广州、济南、杭州、沈阳等地竞相举办不同规模的乐器展近10个。2003年由于"非典"影响，大部分乐器展停办或延期。现就国内外主要乐器展简要介绍如下。

'2002（第23届）国际乐器音乐软硬件展览会

2002（第23届）国际乐器、音乐软硬件展览会于2002年3月1日在德国法兰克福展览中心开幕。本届展览会主题是"音乐是我的初恋——Music First Love"，共有来自2150个参展商品参加，比2001年增加1.5%，大约来自世界100多个国家的10万多名观众参观了本届展览会。

2002年是中国加入世贸组织的第一年，加上美国刚刚经历9.11事件，因此法兰克福乐器对于中国乐器制造商就显得尤为重要，国内大约有38家（包括香港3家）乐器企业，台湾地区有30家乐器企业参加了本届展览。

'2003（第24届）国际乐器音乐软硬件展览会

2003（第24届）国际乐器、音乐软硬件展览会于2003年3月5日～9日在德国法兰克福展览中心举行，来自近100个国家的98000名观众参观了展览会，共有来自49个国家和地区的1465家参展商展览面积达到112130平方米，较2002年展增加0.8%。德国是参展商最多的国家达577家，其次是美国143家，意大利125家，英国71家、西班牙和法国各64家，中国参展商为58家。

本届展览会参展的音乐产品品类齐全，可以说是国际知名乐器、音乐软硬件、乐谱以及乐器配件、乐器维修工具等乐器产品专业博览会。

展览会上组委会还举办了250余场音乐会、名人签名会、法兰克福音乐大奖颁奖仪式等音乐艺术活动，为展会锦上添花。稳定的观众人数以及观众构成的国际化、多层次都表明法兰克福乐器强大的号召力和行业影响力。

本届展览会上，广州珠江、北京星海、东北营口、上海钢琴以及河北金音、天津津宝、江苏凤灵等乐器企业受到国际乐器界的广泛关注。

[2002 NAMM SHOW]

2002年（第101届）NAMM SHOW于1月17日～20日，在美国加利福尼亚阿纳海姆会议中心开幕，本展会吸纳了来自65个国家的1200家参展商品和65000名观众。在"音乐联合世界"的主题下，展会除展示2002年上市的最新乐器产品外，有两个新颖之处，一是芬德吉他公司和彼得森汽车博物馆联合主办的名为"汽车与吉他的互动展览"；另一新颖之处是NAMM SHOW为各年龄段的乐器使用者提供了最新的乐器成品。

本届展览会由于是在9.11事件后仅4个月，世界经济不景气的大环境下召开的，大多数乐器生产企业（参展商）都对展会寄予希望而十分重视参展，但相比之下，采购商比较冷落，欧洲、澳洲、东南亚等客商较少，主要以美国商人为主。

中国乐器行业参展企业数及摊位面积逐年增加，仅钢琴行业就有广州珠江、北京星海、东北钢琴、上海钢琴、烟台龙凤、上海中雅、上海钢琴等7家企业以不同方式参展。此外，我国参展的乐器产品质量、档次都有明显提高。

[2003 NAMM SHOW]

2003年（第102届）NAMM SHOW于2003年1月16日～19日，在美国洛杉矶阿纳海姆举行，由于本届展会是9.11事件后第二年，且面临伊拉克战争的影响，本届参会的举办情况得到世界乐器界的广泛关注。虽然世界各主要乐器厂商都参加了展览，但人流比9.11事件前减少许多，尤其是阿拉伯地区国家的厂商和观众由于签证等原因比以往大为减少。

经过4天的产品展示、研讨会、名人追踪、表演等活动，共吸纳了67601名专业人士参加，增加4%，本届参会的展商共1583家，较2002年增加15%，其中美国（1184）、德国（68）、加拿大（36）、意大利（5）、日本（4）、韩国（46）、西班牙（26）、法国（16）、澳大利亚（7）、捷克（1）、玻利维亚（4）、瑞典（4）、阿根廷（1）、土耳其（4）、泰国、中国（51）等25个国家和地区。（注 括号内数字为参展企业数）

按乐器产品分钢琴（11）、电吉他（449）、电子键盘乐器和配件（73）、弓弦乐器（127）、木管乐器（91）、合成器（38）、打击乐器（253）以及灯光音响、音乐书籍等方面的参展商。

第12届中国国际专业音响、灯光乐器及技术展览会

第12届中国国际专业音响、灯光乐器及技术展览会于2002年5月16日～19日在北京展览馆举行。参加本次展览会的乐器厂商为170家，其中：国外展商30个，国内展商140个，展览面积达1万平方米左右；参展企业中钢琴4家、西管乐器16家、民乐10家、提琴15家、吉他18家、电声乐器22家、打击乐器8家、乐器配件24家。展会上展示的产品充分显示了国有乐器企业的雄厚实力，民营经济的蓬勃发展和合资企业科技含量高的发展态势。

北京星海乐器有限责任公司是本次展会中规模最大的国内乐器企业，300平方米的展位陈设的新型钢琴及管乐器以及该公司与其他厂合作推出的数码钢琴，充分展示了星海公司的技术实力和创新成果，北京华东乐器公司、河北乐海、深圳吟飞电子也都在本次展会上展出了新研制的产品，国外展商中日本雅马哈公司展示的新型电子产品。演奏会钢琴以及荷兰ADAMS牌打击乐器等体现高科技含量，现代化的新产品引起国内外乐器专业人士和爱好者的极大兴趣。

2002中国（上海）国际乐器展览会报告

中国（上海）国际乐器展览会组委会

由中国乐器协会、上海国际展览中心有限公司和法兰克福展览有限公司共同主办的'2002中国（上海）国际乐器展览会在众人的一片赞誉和期许中胜利闭幕。

三方主办单位的紧密合作，特别是中国乐器协会作为国内行业权威领导机构，为本届展会的推广，做了大量的宣传组织工作，为主办单位与协会下属的各分会、理事单位及会员单位架起了沟通的桥梁。也正是由于这些国内外大厂商的热情参与，才使中国乐器在国际乐器界形成了轰动效应，并为其成为中国乐器界第一展奠定了坚实的基础。再此，我们还要感谢中国轻工业联合会、中国文化部文化市场司、上海市文化广播影视管理局、上海轻工科技协会乐器分会和上海市艺术教育中心等国内文化机构和官方单位及相关国际行业协会给予我们的鼎立支持。

据统计，4天的展期共吸引了18072名专业观众和普通消费者，观众踊跃参观的程度远远超乎主办者和参展商的想象。在如此多的观众中，国内的参观者占了大部分，其中有不少还是特地从广州、哈尔滨、新疆远道而来的。尽管国际乐器展览会是第一次在中国上海举办，但还是受到了国外乐器同行的关注，大约有1500名海外参观者（占观众总人数的8%），其中包括由15家公司组成的英国采购团以及以进口商、批发商为主的日本贸易团。这样的观众构成，对国外参展企业来说是个惊喜，对国内参展商开拓海外市场也是个绝佳的机会。

本届展会共有274家国内外参展商参与，展出面积达15000平方米，充分利用了上海国际展览中心的每一寸展出空间。其中三分之一是国外参展商，来自14个国家和地区，共计97家，包括德国展团和我国台湾展团。美国、加拿大、英国、意大利、奥地利、中国香港、法国、日本、韩国、巴基斯坦、西班牙及泰国的乐器和乐器配件制造商都参加了本届展览会。从令人目眩的展台搭建和品种繁多的展品布置不难看出，众多参展企业在展台设计上颇费心思，力图通过巧妙的设计和精彩的现场演示吸引更多的观众驻足。其实，各式西洋乐器都能在展会中找到，钢琴、弦乐器、管乐器、合成器、手风琴应有尽有，各种乐器配件大到琴盒、电子配件、扩音器，小到各种型号的插座、电线和活页乐谱等都包括在展品范围内。同样中国的民族乐器，如二胡、古筝、琵琶、笙也是形形色色，种类繁多。

从现场及观众登记处展商和观众的反馈信息可以看出，几乎所有的受访者都对本次展会给予了充分的肯定。

据主办单位统计的展商数据表明：

91%的展商对观众质量及数量持肯定态度；

83%的展商表示通过本次展会达成了合作意向或协议；

95%的展商对展前的组织工作持满意态度；

98%的展商已预定了明年展会的展位。

观众数据表明：

75%的观众是专业的买家及业内人士；

25%的观众是个人兴趣爱好；

93%的观众表示会向同行推荐本届展会；

87%的观众表示明年再来参观本届展会。

同时，国际买家也表示了他们对中国乐器市场的信心，他们中的许多人都是欧洲、美国知名的销售商，包括Musik Mayer、Thomann（德国）、Musik Hug（瑞士）、St.Louis Music、Hap Kuffner（美国）、Klangfarbe Wien（奥地利）、Bass Centre（英国）。

展会期间主办方还精心组织安排了很多丰富多彩的主题活动。其中专门开辟的现场演奏区的22场专场演出，更是各种乐器轮番上阵、各路艺术家齐献艺，为参展企业有效地宣传企业形象、推广展品起到了促进作用。参加演出的艺术家中有国内最早获得国际钢琴比赛冠军的钢琴家刘诗昆，被誉为最具演奏天赋的天才钢琴演奏家孔祥东，德国知名鼓手Carola Grey，美国著名的古典吉他演奏者Robin Greenstein等，他们的精彩演出更为整个展会添加了色彩。

由上海市艺术教育中心与主办方共同举办的"敦煌杯"少年儿童二胡演奏大赛、"哈佛纳杯"少年儿童小提琴演奏大赛和"BLUTHNER杯"少年儿童钢琴演奏大赛更是吸引了来自社会各界的专业及公众人士的广泛关注，最后经过层层选拔，共有60名选手分成8岁～12岁、13岁～16岁两个年龄组，聚集上海角逐最后的决赛。大赛的评审组由音乐学院教授和大赛赞助商组成，来自德国Karl Hofner公司的负责人Mr.Friedemann Pods（小提琴比赛赞助商）肯定了大赛的高水准，他说：没有想到有这么多热爱音乐的孩子，有的选手是从深圳特地赶来参赛的，获奖选手的演奏水准很高，孩子们对作品的理解很到位，足以看出他们平时刻苦地练习。

展会期间还举行了10场专题研讨会和技术交流会，来自国内外乐器行业的专家和教授们亲临现场，与业内人士共同探讨乐器行业的最新发展趋势和技术进步动态。特别是德国钢琴协会主席Dr Christian Bluthner作有关《欧洲和美国的钢琴市场》、《西方乐器市场展望》的演讲题目及国家轻工业乐器质量监督检测中心主任丰元凯作《中国乐器市场的预测与展望》的演讲题目吸引了众多的国内外专业听众；同时，钢琴资深教授赵晓生老师的《钢琴作品的演奏技巧》和小提琴资深教授华天礽的《小提琴的制作与装配技术》演讲专题也获得了展商和观众的一致好评。

’2003中国（上海）国际乐器展览会将于明年10月15日～18日在上海国际展览中心及上海世贸商城隆重举行，届时，我们期待着国内外各位业内人士再次参与！

附：2002中国（上海）国际乐器展览会展会访谈侧记

展会上我们对许多参会者进行了采访，受访者一致认为中国的乐器市场是巨大的，在上海举办这样的乐器展对企业自身开始涉入或者进一步拓展这个市场是最好的开端。受访者还评价说本届展会推动了乐器行业的发展，进一步活跃了中国的乐器市场，有些还认为本次展会所起的作用可以与在欧洲和美国举办的同类展览会相媲美。

德国著名钢琴制造商Julius Blüthner总经理Dr.Christian Blüthner-Haessler说：在过去6年多的时间里，我们一直在和中国的钢琴批发商接触，但这次是最有成效的。我们在展会上结识了不少来自亚洲不同国家的经销商，包括日本、马来西亚和韩国，有些在现场就达成了合作意向，从中我们也找到了销售合作伙伴。这是我在中国参加的最好的展览会，当然，好的回报要有高投入，但是我们愿意投入这笔资金参加这个展览会，因为我们面对的是巨大的市场，更具价值的回报。

意大利钢琴制造商FAZIOLI总裁Mr.Paolo Fazioli说：我惊讶于现场热烈的氛围，很高兴我们没有错过这么好的贸易机会。我们在中国已经有了乐器代理商，但希望进一步拓展在中国的业务。这次展览提供了这样的机会，不仅帮助我们打入中国市场，也使我们接触到更多同业者。上海是我们最佳的起点。

欧洲乐器工业联合会秘书长Winfried Baumbach先生是这样评价本次展览会的，他说：主办方在上海举办这样一个展览会，为中国乐器的繁荣开了先河，尤其是为该行业在中国东部沿海地区的发展奠定了坚实的基础。我们惊讶地看到有这么多的专业观众和国际买家聚集在这里，回到欧洲我一定要把展览会的热烈氛围，中国消费者对乐器的热爱告诉我们的同行，在中国这个日新月异的国家有如此巨大的乐器市场。

国家轻工业乐器质量监督检测中心丰元凯主任评价说：首次在上海举办的国际乐器展非常成功，主办单位各方面的组织工作及宣传都做得较好，参展商热情高涨，观众参与也很踊跃，展品齐全、档次高，总之整个展会很有水准，与上海国际化程度相对应。

中国著名钢琴演奏家刘诗昆先生兴奋地说：这是我近几年在中国看到的最好的乐器展览会，现场的气氛十分热烈。我相信她对中国钢琴和其他乐器的发展将起到极大的推动作用。乐器制造企业不仅可以更好地了解市场，而且能够通过交流改进生产工艺。同时她对促进中国的社会文化教育也将起到举足轻重的作用。展会组织得很好，产品全、质量好。德国吉他制造商Shadow Elektroakustik总裁Josip Marinic先生说：参加这次展览我们得到的惊喜不断。在展会的头两天我们所签的订单数额就已经超过了我们全年在瑞士和奥地利订单数的总和。这样的事不仅仅发生在我们展台，据我所知，其他展商也取得了很大收获。

世界知名品牌沃威的Hans Peter Wilfer先生对本次展览会也是赞不绝口：我可以亲自感受到中国在短短的一两年间已经成为亚洲乐器行业的领军人物，在我所参加的所有展会中没有一个像这届一样首次举办就组织得如此成功。虽然现在对在展会上和我们接触的买家做结论还太早，但我相信结果是令人满意的。

广州珠江钢琴集团有限公司总经理童志成告诉我们：本届展会很成功，是该公司历年来参加的最好的国内乐器展览会，可以很明显地感受到在市场经济形势下，人们的竞争意识愈发明显。负责销售的郭经理补充道：每年我们在国内售出8000架钢琴，主要销往四川、吉林、青岛和河南省。但是我们一直在寻找海外买家，之前我们已经在美国建立了办事处，并准备在德国也开设。这次展览让我们结识了更多的国际买家和钢琴制造商，有助于开拓我们的国际业务。

上海钢琴有限公司总经理兼上海民族乐器一厂厂长王国振经常参加国内外举办的乐器展，在参加完本次展会后，王国振很肯定地说：此次展会是国内同类展会中参展商最多、最具号召力和影响力的展会。两家公司的新品订货数量超出历史最高记录，为企业明年的生产奠定了方向。

在展会上我们还巧遇台湾知名音乐人李宗盛，他虽然穿着极其朴素，还是被我们的工作人员一眼认出。他还向我们打听明年展览会的举办时间，听得出他对本次展会颇有兴趣，明年打算再来参观。

其实前来参展的有一些展商承认自己的展品价格远远高出中国消费者的承受能力，还是在本次展会中找到了买家，发现了巨大的消费需求。正如来自英国的管乐器制造商Nigel Clarke先生所言：虽然我们的产品价位很高，还是吸引了不少来自音乐院校、乐团、乐队的专业观众，他们有丰富的乐理知识，对我们的高档乐器表现出浓厚的兴趣，并对今后购买使用这样的乐器抱有积极的态度。我们很难判断在展会上究竟可以达成几笔交易，我们来这儿的目的就是感受这个市场，寻找如何将我们的产品打入中国市场的途径。我想我们找到了，就在上海，就在这个展览会。

Mike Matthews先生，来自美国一家电子混响器的公司总裁说：每一天从开展到闭馆，我们的展台总是挤满应接不暇的观众，这样的情景我们只有在欧洲或者美国多年举办的展览会上才能看到，有那么多来自中国乐器零售商、普通消费者青睐我们的产品。哦，这次的展览会真是太棒了！

VERNE Q POWELL FLUTES INC也是一家来自美国的公司，以手工制作各种笛子闻名，Roberta Gillette女士告诉我们，他们手工制作的长笛每件起价近7000美元，尽管这样的价位超过中国消费者的购买能力，但她还是乐观地表示这种状况会很快改观，因为她在展会中已经找到了这种笛子的拥护者。

来自日本罗兰公司的销售经理Tokio Kitada先生说：我们十分看好中国的乐器市场。这次展览的确是一个很好的舞台，目前我们的产品主要销往美国，但我们对进驻中国市场有足够的信心。你看，我们的展台每天都人头攒动，有专业的经销商，还有许多音乐爱好者。我相信这次展览能够成为该行业极具影响力的展览会，这也是整个行业的需要。

“中国乐器展览会不仅是众多乐器制造商开拓市场的平台，也为从事音乐文化交流的企业提供了寻求市场的机会，”这是Dr.Christoph Lucas Brehler，一家专门为古典音乐家制作活页乐谱的总经理在经过一番调查后作出的结论，他还说：我们遇到了许多从事音乐教育的教师和音乐团体的负责人，艺术家和销售商，他们一直在寻找像我们这样的产品，因为在中国很难寻到这样高质量的完整的古典音乐活页乐谱，特别是制作这种乐谱的材料奇缺。如此巨大的市场摆在眼前，我们为什么不来呢？

Lee Worsley，一位英国采购团的销售商说：中国乐器展览会为国际买家进入中国市场打开了门户，同时也为我们将产品引进中国市场创造了机会。尽管上海和英国万里之远，但我们不虚此行。

2003中国（上海）国际乐器展览会报告

中国（上海）国际乐器展览会组委会

由中国乐器协会、上海国际展览中心有限公司及法兰克福展览（香港）有限公司共同主办的中国(上海)国际乐器展继2002年成功举办不负众望，超越了精彩的首次亮相，再度成为了业内人士关注的焦点。

本次展会展出面积达26000平方米，几乎是去年的2倍。共有419家厂商参展，25%是国外参展商，来自16个国家和地区，其中德国、意大利、英国和中国台湾地区更以展团形式参展。为期4天的展会参观总人次达40502名，共吸引了21496名海内外观众，其中包括来自49个国家和地区的1700多名海外观众，参观人数比去年增加了20%。另外，本届展会还被列为国际艺术节的展博览项目，拉开了第五届中国上海国际艺术节的序幕。

经过多方的努力工作，展会得以成功，在此我们还要感谢各参展商及各协办单位，包括中国轻工业联合会、中国文化部文化市场司、上海市文化广播影视管理局、上海轻工科技协会乐器分会和上海市艺术教育中心等国内文化机构和官方单位及相关国际行业协会给予我们的大力支持。在回顾总结本次展会取得成绩的同时，我们也意识到了存在的一些问题，并在总结今年的基础上，对明年的展会提出了更高的要求和希望，明确了今后的发展方向。

一、展会概况

2003年10月15日上午9时30分，第二届中国(上海)国际乐器展览会在上海国际展览中心和上海世贸商城隆重开幕。本届展会共有419家国内外厂商参与，展出面积达26000平方米，在租用原上海国际展览中心全馆的基础上，隔街相邻的上海世贸商城也被全部启用。参展商中近三分之一是国外厂商，来自16个国家和地区，共计102家，包括德国、意大利、英国及我国台湾地区的展团。德国的施坦威，沃威，日本的雅马哈，乐兰，美国的超拨乐器，意大利的FAZIOLI，韩国的三益，英昌，中国的珠江，星海等世界顶尖乐器制造商都在本次展会上搭设了醒目的展台，吸引了驻足的观众。

展会上展出的展品种类齐全，三角钢琴、立式钢琴、民族乐器、各种弦乐和管乐，摇滚器乐吉他、鼓及扩音器，还有手风琴、班卓琴及bongo鼓等。各种乐器配件，包括乐器包盒、电子配件、扬声器、效果器、插座、电线、乐谱及支架等可谓应有尽有。很多国外展商表示参加这次展览会的效果是令人满意的，中国的音乐市场为海外乐器公司提供了良机，适时的在此发展销售及市场活动是非常有价值的。国内的参展商也都认为参加这次展览是一个结识国际买家的最佳平台，很多展商更是在现场就递交了2004年的展位预定表。

在这些海外参观者中有来自欧洲、美国及澳大利亚的专业买家团。观众统计数据还表明国内观众除华东地区以外，其他省市的观众比例达47.3%。观众的数量和质量超乎了主办者的想象，也得到了参展商的肯定。有的国外展商通过这次展览在中国市场增强品牌知名度，有的已建立了自己的分销网发展中国业务，还有的更是找到了自己的分销商和零售商；而国内展商更视这次展览为开拓海外市场的绝佳机会，并与美国、德国、英国、俄罗斯、韩国及日本等海外国家建立了业务联系。

展会活动

（一）少年儿童乐器演奏大赛

少儿乐器比赛作为展会的特色节目于10月18日在上海世贸商城圆满降下帷幕。本次比赛分“金斯波格杯”少年儿童钢琴演奏大赛、“敦煌杯”少年儿童古筝演奏大赛及“HOHNER杯”少年儿童手风琴演奏大赛三项赛事，吸引了来自社会各界专业及公众人士的广泛关注，最后经过层层选拔，共有60名分别来自上海、山西、扬州、马鞍山、宁波、萧山、大同等地的选手分成8岁～12岁、13岁～16岁两个年龄组，角逐最后的决赛。大赛的评审组由中央音乐学院、上海音乐学院、上海师范大学音乐学院、中国音协的资深教授和专家及赞助商组成。

本次大赛还吸引了很多媒体的到访，上视生活时尚频道的《今日印象》栏目和东方卫视的《城市节拍》栏目都对赛事进行了相关报道，海内外发行的器乐教育刊物《小演奏家》更是对大赛进行了全面报道，并给所有获奖选手配了图文照片，内容将刊登在其近期出版的杂志上。主办方为了保证观众的数量和质量，还特意安排了接送车辆，组织学校和少年宫的师生家长前来观看，整个比赛达到了预期的效果，受到了赞助商的认可，更为优秀的少儿乐器爱好者提供了一个展示自己艺术才华的舞台。

大赛的成功与赛前各项充分的筹备工作是分不开的，从前期的策划到赞助商的落实、从选手的选拔到评委的邀请，从比赛场地的落实到现场的布置、从奖品的落实到颁奖等事宜，特别是赞助商的落实，都进行了精心的策划与安排，最后确保了比赛的顺利举办。在这里我们还要特别感谢大赛的协办单位上海市艺术教育中心、赞助商烟台龙凤钢琴有限公司、上海民族乐器一厂及德国HOHNER公司／功学社（天津）乐器有限公司给予我们的全力支持。

存在一些问题。如大赛的宣传面还不够广，另外，受今年的比赛场地限制，观众数量增加不明显。

（二）学生艺术教育活动

为学生的艺术教育提供更多的资源，为学生的艺术活动创造更大的发展空间，同时也为我们的参展企业了解教育市场，拓展教育市场提供良机。本届展会主办方还策划了学生艺术教育介绍会和学生艺术团的参观考察活动。

10月16日上午，上海市教委下属的艺教中心在上海世贸商城就上海学生艺术教育的总体情况向乐器界的朋友召开了一场介绍会，发布了上海市学生艺术教育的需求信息；10月16日下午，主办方还组织国内外展商和观众实地参观考察了享誉国内外的上海市第三女子中学室内吹奏乐团、上海市学生艺术团民乐一团及上海市南洋模范中学交响乐团的情况，亲身感受了上海学生艺术教育的氛围，为学生的艺术教育从幕后走到台前，为企业走入学生艺术教育牵线搭桥。

所有的与会者都认为此活动是一个很好的策划，除了参会的观众外，很多国内外展商也想参与，但由于时间安排及宣传力度不够理想，最后观众人数没有达到预期目标。

（三）现场演奏

为参展商更有效的宣传企业形象、推广其展品的现场演奏活动是展会的保留节目。随着展会规模的扩大，今年的演出也随展出场地分设国展中心和世贸商城两处，4天共28场钢琴、爵士鼓、民乐等不同器乐，不同音乐风格的演奏，可谓精彩纷呈、高潮迭起。如“雅马哈”萨克斯爵士演奏专场、“星臣”吉他演奏专场、柏斯琴行双排键专场及通利琴行电子吉他摇滚演奏会。特别值得一提的是，此次天津英昌钢琴有限公司邀请了有500年的辉煌历史、足迹遍及世界各国最好的剧院、并拥有数以万计乐迷的维也纳童声合唱团亲临展会现场，为“英昌之声”做专场演出，使我们有幸聆听到了美妙的天籁之音，他们的精彩演出更为整个展会添加了色彩。

为了确保现场演奏活动的顺利进行，活动的前期我们做了大量的准备工作，包括联系展商确定节目及后期的舞台设计等。为了使展商能完美的演示其乐器，带来更为优质的音色效果，我们还再次邀请了上海弦风企业作为本次活动的音响赞助商，提供全部28场演出的全套音响设备。活动的现场操作又特别烦琐，在每场间隔的30分钟内，要完成通知展商、乐器到位和调试及音响调试等问题，为此我们专门设立了乐器进出的通道及观众入口通道，并安排专人进行调试，所以虽演出场地分设两馆，但整个活动进行的比较顺利。特别是享誉世界的维也纳童声合唱团的专场演出，我们安排了贵宾休息室和贵宾停车区，并专门配备保安对其采取安全保护措施，受到了天津英昌钢琴有限公司的一致肯定。

由于对演示活动项目前期的宣传力度还不够，所以有几场演出初始有冷场的现象。另外，虽每场演出预留了30分钟的准备时间，但实际还是出现了准备不充分和误点演出的情况，影响了演出的效果。

（四）技交会、研讨会

展会同期共举办了10场专业性强、内容丰富的专题研讨会和技术交流会，来自国内外乐器行业的专家和教授们亲临现场，与业内人士共同探讨了乐器行业的最新发展趋势和技术进步动态。特别是全国人大常委、著名提琴大师郑荃有关《小提琴的修复技术》的演讲题目及中国乐器协会钢琴调律师分会会长金先彬的《钢琴三六度调律法及微调技术》的技术讲座吸引了众多的业内听众，整个会议室座无虚席。另外英国乐器工业协会委员Mr.Bruce Perrin先生作有关《英国乐器市场的发展趋势》、《中国乐器在英国市场的需求》的演讲题目，及意大利对外协会Mr. Bugiolacchi Beniamino作的《手风琴的演变——从过去到未来》的讲课也同样获得了国内听众的好评。同时，更有展商为宣传推广其产品及技术所做的新产品演示会，如武汉致嘉的《多媒体教学系统推广会》和广州长城知音的《新产品推广会》，特别是上海民族乐器一厂的《中国古代名琴欣赏会》集中展示了中国古代唐、宋、元、明、清时代的演奏器乐，可谓别具特色，更为参观的观众了解中国民乐史提供了难得的机会。

三、招展工作

2003年中国（上海）国际乐器展览会在三方主办单位的共同努力及良好的合作下，取得了较满意的成绩，本次展会在销售面积和销售额上超过了上届，并且超额完成了预期的目标。

（1）国际招展

本届展会吸引了来自16个国家和地区，共计102家国际厂商参展，包括德国、意大利、英国及我国台湾地区的展团。其中不乏许多国际知名企业，如德国的施坦威、握威，日本的雅马哈、乐兰，美国的超拨乐器，意大利的FAZIOLI，韩国三益、英昌等世界顶尖乐器制造商。

但在前期的国际招展由于受到SARS的影响，很多原本有意向的展商没有反馈信息，很多已达成意向的展商取消原订展位；特别是很多国际买家都取消了来沪参会的计划，给国际招展带来了很大的困难。后期国内SARS情况的稳定，加之法兰克福展览有限公司专业的宣传推广、自身的品牌效应及庞大的国际销售网络，终于为这次展览会的再度成功打下了良好的基础，展会国际展商的销售面积较去年增加了30%。

本次展会国际展商对参展的效果是持肯定态度的，很多展商都认为展会的专业性及国际性较去年有了很大的提高；一些首次参展的乐器制造商和供应商都惊讶于展会活跃的气氛和高素质的观众；有的原先只是抱着试探的心情参展，但没想已在展会中找到了理想的买家和合作伙伴，并着手建立营销网络；有的不仅接触到了不少中国的专业观众，更开拓了新的欧洲及亚洲的业务。展览会已逐步成为了国际展商了解中国市场，开拓中国市场的最佳窗口，并成为了业界国际展商的首选展会。

（2）国内招展

中国乐器协会的支持和参与为国内招展起了积极的推动作用。本届展会国内展商共计317家，较去年增长了一倍。广州珠江、北京星海、东北营口、烟台龙凤及上海钢琴等国内业界龙头企业都订了较大的展位，带动了其他钢琴、提琴、民族乐器、吉他、管乐等厂家的热情参与，所以在租用原上海国际展览中心全馆的基础上，隔街相邻的上海世贸商城也被全部启用，如不受SARS的影响可能招展前景还要乐观。

乐器展销售的成功与公司领导和同仁们的支持是分不开的，领导们的重视和关心，同事们的参与协助，都为乐器展的成功起了推动作用。当然项目的负责人也起了至关重要的作用。从去年1月份起，招展工作开始全面启动。我们通过电话、传真、邮寄、E-mail、上门拜访、展会销售等形式全面展开销售工作，并以展会个性化的服务和质量赢得客户。由于展前组织工作的周到，所以在展商反馈的信息中，大家对我们的工作给予了肯定。

而国内展商对本届展会参展的反应也是积极的，大家都认为今年的展会在规模和质量上较去年有了明显的提高，特别是海外买家集中，效果明显；很多国内展商都视展览会为其拓展海外市场的最佳平台，不出国门就可以找到美国、英国、俄罗斯、韩国及日本的代理商；有的在固定原有客户的基础上开发了新的国际买家。很多国内展商都表示本次 展览会在形象上的宣传较成功，并感到整个展会已经具备了一定的品牌效应，所以对明年在浦东举办的展会充满了信心。

统计的展商数据表明91%的展商对观众质量及数量持肯定态度；83%的展商表示参展达到了预期目的；92%的展商对展前的组织工作持满意态度；85%的展商预定2004年的展位。

关于2004年中国（上海）国际乐器展我们将进一步做好以下各项工作：

（1）明年展会我们还将按照展品来划分展位区域，这样不仅规范了参展展品，而且现场音量也得到了相对控制，为展商和观众创造一个良好的商贸洽谈环境。

（2）更全面和细致入微地做好各项服务工作，服务不仅体现在现场，更要贯穿展前、展中及展后，有一个连贯延续的过程。

（3）策划内容形式新颖、能为展商带来商机的主题活动作为展会亮点，并结合展位的销售进行推广，以调动展商的积极性。

（4）加强展前针对招展所做的媒体推广，选择合适的专业杂志报刊和网站刊登展会广告，加强展会宣传力度。

四、观 众 组 织

乐器展是一个专业兼公众性的展览会，前两天仅限业内人士参观，后两天对公众开放。整个展期共吸引了21496名海内外观众的到访，较去年增加了20%。其中包括49个国家和地区的1700多名海外观众和来自欧洲、美国、澳大利亚、韩国及日本的专业买家团。展会的观众数量和素质受到了国内外展商的肯定。

今年展会的入场券在去年10万张的基础上加印了20万张，并通过各协会、专业媒体、展商及已有的数据库进行分发，其中包括参展商、潜在展商；经销代理商、零售批发商；文艺团体；各类艺术院校、大中小学校及幼儿院等音乐教育系统；外方主办方等各个方面的专业观众及公众；特别是公众媒体也专门选择了发放渠道，通过当地有影响力的报刊夹寄入场券。

统计的观众数据表明：75%的观众是专业的买家及业内人士；25%的观众是个人兴趣爱好；93%的观众表示会向同行推荐此展；88%的观众表示明年再来参观此展。

为办好明年的展览会，我们要做好以下工作：

（1）观众的客源地分析显示，本届展会国际买家的组织非常成功，其数量和质量在其他国际展中也是不多见的。另外，国内观众来源除了部分来自上海本地和华东地区的观众外，华南、华北、西南及北京地区的观众较去年有了明显的增长，占到了45%。专业观众的数量和素质对展会的成功至关重要，明年我们在保持和巩固现有的国内外观众的同时，将进一步做好专业观众的组织开发工作。除了通过外方合作伙伴组织外，我们还将开发一些新的国际买家。联系国外的相关协会机构、刊物及网站等，与其建立合作关系，对展会进行更全面深入的宣传，扩大在中国举办国际乐器展在海外的知名度。

（2）观众获悉展会途径的数据表明，通过展商邀请的观众还是占到了最大比例。如何巩固这方面的资源，为展商邀请观众创造更多条件、带来更多方便这是主办单位还要加强的工作。从网站知晓展会的观众上升到了两位数，占到12%，说明网络这一高效便捷的宣传手段被越来越多的人所认可。完善网站的功能，提供全方位的展会信息，为展商和观众带来更多的参展和参观的便利，是有效组织观众的途径之一。另外，通过专业媒体和公众媒体获悉展会的观众分别占到8%和13%，虽然较去年有所增长，但推广力度还需进一步提高，故明年展会广告宣传方面应扩大版面、增加频率，以多种形式与专业和公众媒体进行全面合作。

（3）明年展会移师浦东新馆，明年我们将进一步加强媒体的宣传力度，如电台、电视台及户外广告的投入；我们还将定点安排来往于展馆的班车，接送观众参观；为吸引更多的观众参观和参加展会的主题活动，我们除了配备专车外，还将安排专人负责接待。

五、结束语

2003年中国（上海）国际乐器展览会的帷幕已经落下，2004年的展会将在众人期盼下将移师浦东上海新国际博览中心举行。2004年中国（上海）国际乐器展览面临新的挑战与机遇，但挑战和机遇总是并存的，如何在挑战中把握机遇、在竞争中发挥优势，树立展会的信誉和品牌，我们有能力也有信心在三方主办单位的共同协作下，把乐器展览会做成国际性的专业品牌展，为繁荣和促进乐器工业的发展做出更大贡献。

2003年中国（上海）国际乐器展览会统计数据分析

2003年中国(上海)国际乐器展览会结束以后,中国乐器协会与上海国际展览中心有限公司对这次展览会的各项数据进行了详细的统计和分析,现公布如下:

一、展览会的基本情况

基本情况	2002年	2003年	增长率(%)
展览会总面积	15000	26000	73.33
参展商数量总和	274	419	52.92
国内参展商数量	177	317	79.10
海外参展商国家数量	14	15	7.14
海外参展商数量	97	102	5.15

二、国内参展商地区分布

地区	2002年	2003年	增长率(%)
江苏	24	61	154.17
上海	38	59	55.26
广东	26	50	92.31
北京	18	38	111.11
天津	20	35	75.00
浙江	7	21	200.00
河北	10	18	80.00
山东	5	8	60.00
湖北	5	5	0.00
辽宁	0	3	/
福建	4	3	-25.00
河南	1	3	200.00
黑龙江	2	3	50.00
辽宁	3	3	0.00
吉林	0	2	/
宁夏	0	1	/
甘肃	0	1	/
湖南	0	1	/
江西	1	1	0.00
陕西	1	1	0.00
四川	1	0	-100.00

三、参展商按产品或业务类别划分

产品与业务类别	2002年	2003年	增长率(%)
钢琴	33	46	39.39
提琴	16	43	168.75
销售商	21	42	100.00
民族乐器	17	39	129.41
配件	11	36	227.27
管乐器	20	27	35.00
电声乐器	18	24	33.33
吉他	8	21	162.50
打击乐器	9	15	66.67
口琴	7	9	28.57
媒体（期刊）	2	9	350.00
手风琴	3	4	33.33
竖琴	1	2	100.00

四、参观观众基本情况

参观观众（人数）	2002年	2003年	增长率(%)
总数	18072	21496	18.95
国内观众	16572	19796	19.45
海外观众	1500	1700	13.33

五、参观观众分析

1．参观目的

参观目的	2002年(%)	2003年(%)
了解市场信息	22	16.2
看样订货	10	17.3
观看现场演奏活动	3	4.8
寻找合作伙伴	12	8.3
巩固固有供应商和销售商	9	5.3
参加技交会研讨会	5	4.2
为订货做准备	10	23
与新的供应商建立关系	15	5.9
比较不同产品／供货商	7	5.8
观摩少儿乐器比赛	3	2.2
观看DJ大赛	2	2.3
确定下届是否参展	/	1.5
其他	2	2.5

2.观众感兴趣的产品

观众感兴趣的产品	2002年(%)	2003年(%)
钢琴和键盘乐器	28	14.7
弦乐器	6	10.9
电声乐器	18	9.4
乐器配件	12	7.9
专业音响及录音设备	7	5.4
相关服务协会媒体	4	2.3
民族乐器	8	14
铜管乐器	4	9.4
木管乐器	4	7.8
打击乐器	6	8.2
乐谱和音乐书籍	1.5	4.4
音乐相关电脑硬件和软件	1.5	3

3.国内观众来自地区

地区	2002年(%)	2003年(%)
华东	70.1	52.8
华北	10	15.4
华南	5.6	9.7
西南	3	3.8
东北	4.5	7
西北	2.3	3.3
华中	4.5	8.1

4.观众来自国家和地区

来自国家和地区	2002年(%)	2003年(%)
国外	8	5.9
港澳台	3	2.5
外地观众	26	42.4
本地(上海)观众	63	49.2

5.获取展会信息的途径

获取参观卷的途径	2002年(%)	2003年(%)
主办单位	12	22.1
展商邀请	18	25.9
主办单位直邮资料	5	6.4
展商直邮资料	5	4.5
销售电话	19	2.8
专业媒体	7	6.4
公众媒体	9	10.3
展会网站	6	9.4
相关展会	3	3.2
相关协会	5	1.4
省市文化厅局	3	1.6
省市广播影视厅局	3	1.1
其他	5	4.2

6.观众从事的行业和职业

观众从事的行业和职业	2002年(%)	2003年(%)
制造商	27	21.3
经销代理商	18	24.8
艺术院校	16	7.3
批发零售商	11	24.5
进出口商	8	9.1
文艺团体	6	3.6
协会	2	0.7
媒体	2	0.7
其他	10	7.1

7.海外观众来源情况：

序号	国家／地区	出现次数	所占比例	序号	国家／地区	出现次数	所占比例
1	中国台湾	252	18%	15	西班牙	16	1.10%
2	韩国	194	13.70%	16	印度尼西亚	15	1%
3	中国香港	159	11.40%	17	荷兰	12	0.80%
4	日本	126	9%	18	土耳其	12	0.80%
5	美国	81	5.60%	19	意大利	11	0.70%
6	新加坡	59	4.20%	20	比利时	8	0.50%
7	马来西亚	53	3.70%	21	挪威	6	0.40%
8	德国	52	3.70%	22	巴西	6	0.40%
9	澳大利亚	23	1.70%	23	印度	5	0.30%
10	加拿大	25	1.70%	24	芬兰	5	0.30%
11	英国	22	1.50%	25	伊朗	5	0.30%
12	俄罗斯	19	1.30%	26	其他24个国家和地区	135	12%
13	法国	19	1.30%	总计		1700	
14	泰国	18	1.20%				

调 查 研 究

浙江省德清县钢琴业调查报告

浙江省德清县从20世纪80年代初开始，就以“农民造钢琴”闻名全国，人民日报为此还进行过专题报导。

进入新世纪以后，德清县再一次惊动了整个乐器界，一个小小德清县洛舍镇竟有20多家钢琴厂，其钢琴生产企业在一个地区密度之大成为全国之最。一时间，乐器界业内人士众说不一，表示了不同看法。

为此，记者于2002年12月进行了实地考察和采访，全面了解德清县目前钢琴企业的发展情况，并写成调查报告，供全国乐器同行参考。

浙江省德清县距杭州市60公里，面积83平方公里，人口30多万人，这里自古以来就是江南丝绸之府、鱼米之乡，男耕女织，种桑养蚕，人民安居乐业。这里还有全国闻名的莫干山自然风景区，每年七八月，人们到这里避暑休假。改革开放以前，德清县以农业为主，改革开放以后，县办工业、乡镇企业不断涌现，许多农民改以从事工业为职业，钢琴、木材加工业成为德清县洛舍镇的支柱产业。2002年洛舍镇GDP达到18.6亿元。

一、德清县钢琴业的起源

德清县生产钢琴由来已久，早在80年代初期，这里建立了第一个乡镇钢琴企业“湖州钢琴厂”，当时在社会上掀起了不小的波澜。

改革开放以后，长期务农的德清县农民开始从农田走出来，寻求新的致富之道，他们兴办乡镇企业，发展工业产品。于是一些有远见卓识的农民企业家从农村走向城市，进行社会调研，力图搞一种档次较高的长线产品。他们发现整个杭州市仅有一家琴行，每年只卖几十架钢琴。经过深入调查，他们了解到，1984年全国钢琴总产量不过2万架，市场上根本买不到钢琴，钢琴产品供不应求，要买一台上海钢琴厂的钢琴，需要走后门托人才能买到。于是一个生产钢琴的可行性报告递到德清县委书记的手里，县委领导经过研究，很快批准了这个项目。1985年初，湖州钢琴厂建立，当时我国整个工业基础还相当薄弱，中国钢琴制造业远不象今天这样发达，面对乐器之王钢琴，一个极其复杂的机械式乐器，对一些从来没有见过钢琴，对钢琴一无所知的农民来说，其生产难度是可想而知的。

首先要解决的是要有技术人员，要有懂钢琴的人来指导生产。1985年初，新建成的湖州钢琴厂通过各种关系，用重金从上海聘请4名技术人员，两位是搞设计的，一位是搞击弦机的，一位是配码的。在4名上海技术人员的指导下，湖州钢琴厂首先开始了121型、131型钢琴的试制工作。德清县的钢琴制造，也就是在“一张白纸”的困难条件下开始建立了“小而全”钢琴制造生产体系，培养了一批钢琴各道生产工序的技术人员，完备了钢琴制造中必要的最原始的加工设备，为以后德清县钢琴制造业的发展打下技术和设备基础。

经过两年多的试制工作，1988年，德清县第一台钢琴试制成功，首台钢琴研制完成以后，湖州钢琴厂还请了上海音乐学院和南京艺术学院的老师进行试奏，他们对钢琴的各方面性能都有一个较好的评价。

发展起来的湖州钢琴厂，当时属于乡办集体企业，固定资产500万元，职工200多人，建厂初期厂址在洛舍镇原玻璃厂，1985年重新征地37亩地新建厂房，钢琴厂迁址。

随着农村乡镇经济的稳定发展，湖州钢琴厂建厂几年后，形成规模生产，在全国产生了一定影响，得到了省领导的重视，省领导都曾来过湖州钢琴厂视察。

湖州钢琴厂从1985年成立以后，年产钢琴500多架，职工最多时达到270多人。生产工艺完全是“小而全”的方式，8000多个零件都要自己做，就在这个时候，他们培养了击弦机、配码、外壳、油漆、挂弦等各道工序的技术工人。

湖州钢琴厂在建厂初期的几年里，也曾遇到重重困难，企业体制及经营者几经变化，发展速度缓慢，1994年，浙江省进入全面企业改制阶段，乡镇、集体企业全部转让给私人承包经营，企业规模有所调整，而这时湖州钢琴厂转制为私人企业，改名湖州华谱钢琴有限公司，在1995年～2000年期间，德清县的钢琴生产主要是华谱钢琴公司、海尔钢琴公司、中德利钢琴公司三家，这就是德清县在这期间的钢琴生产基本状况。

二、德清县钢琴业的形成和发展

德清县钢琴企业快速发展的时期是在2000年以后。

截止到2002年底，德清县共有各类钢琴生产企业25家，从业人数644人。2002年全县共生产钢琴8700架，工业总产值4420万元，开始建立全国性的销售网络，并有小批量钢琴出口。

据中国乐器协会信息部统计资料，浙江省德清县钢琴产量：1998年700架，2002年生产8700架提高了12倍；占全国钢琴产量的比例，由1998年占0.3%，2002年上升到2.8%；企业数量占全国钢琴企业的比例，从1998年的5.2%上升到2002年的20.4%。德清县的钢琴生产开始成为乐器界的一个关注地区。

近年德清县钢琴企业有较大发展，有其三方面的原因：大环境的需要、较长生产钢琴的历史、当地政府的支持。

三、大环境的需要

应当说，2000年前后，中国政治、经济、文化的大环境，为全国乐器工业的大发展创造了极为良好的外部环境。由于学习钢琴的人越来越多，乐器市场的需求急剧增大，经济体制改革的进一步放开搞活，私有经济成为国民经济重要组成部分。这些外部环境都给全国以至德清县的私有经济带来前所未有发展机遇。

四、较长生产钢琴的历史

如果从1985年算起，到2002年，德清县已经有了17年的钢琴生产历史，在将近20年的钢琴生产实践中，德清县积累了一定的钢琴生产管理和技术管理的实践经验，形成了一支完整的技术队伍，有了生产钢琴的基本经验。所以一旦时机成熟，条件具备，有宽松的机制，他们生产钢琴的能量马上会大规模的释放出来。这就是德清县在短短几年间，能够在从三四家钢琴厂变成20多家钢琴厂的原因。现在这些新成立钢琴厂负责人，都是从原湖州钢琴厂出来的，他们在原企业曾是副厂长、销售科长、车间主任、技术员、业务员、职工等。面对钢琴市场需求较大的市场形势，他们纷纷从原企业中出来，利用各种办法贷款、借资筹办企业。这也德清县为什么很快发展如此之多钢琴厂的原因。

五、当地政府的支持

德清县钢琴业之所以有一个较大的发展，是与当地政府的大力支持密不可分。为了发展德清县的钢琴生产，洛舍镇于2002年，成立了德清县钢琴工业协会，将所有生产钢琴的企业接纳为会员，党委书记亲自担任会长，洛舍镇分管工业的副镇长担任秘书长，几个主要的企业总经理任副会长。镇党委书记亲自帮助企业协调管理工作。

近年来，镇政府在发展钢琴产业方面，办了几件实事：

(1) 在洛舍镇建立钢琴工业园区，土地购买租用费用实行优惠政策，每亩地40000元，优惠11%，作到当年征地、当年建设、当年投产，这是其他大的经济开发区和县级开发区所做不到的。有的企业证还没有齐，但已经开始生产产品了。

(2) 连续两年举办钢琴艺术节，将全国各地客户请到洛舍镇，举办商业洽谈和钢琴比赛，扩大了德清县钢琴企业在国内的影响，

(3) 主动邀请质量技术监督部门到德清县检测产品质量，有针对性改进产品质量。

当记者来到洛舍镇时，受到镇党委书记的接待，在采访时，对镇政府扶持当地钢琴工业有了更为深刻的体会。党委书记在接受采访时说：“我们每年都要开经济工作会议，在经济工作会议上都对钢琴企业的发展目标做出明确的规定，要求每个企业上档次、上规模，对主动进行质量认证的企业进行奖励和鼓励。同时对在质量方面作出突出成绩的企业实行鼓励政策，凡获得市级、省级名牌的企业，我们都要进行奖励，引导他们在提高品牌质量方面下工夫。”

六、德清钢琴现象的初析

德清县钢琴生产现在发展起来了，它把自己定位在中低档钢琴上，应当说定位是比较准的。他们不与大企业竞争，他们在走自己的路子，他们对自己的生存方式有一定的原则，他们十分了解自己。洛舍镇党委书记说：“洛舍镇的钢琴生产发展如此之快，是与市场的定位有关系的。我们小规模企业是逼出来的，我们的企业与大企业无法相比，在技术和管理方面还有一些差距，我们如果生产高档产品，目前还有一定的困难，所以我们定位在中低档钢琴，价格低一点，但整个市场比较大，市场的量也比较大。现在一些买钢琴的客户，就直接到我们洛舍镇来，不通过琴行。由于他们用的不是专业钢琴，买钢琴不一定是用来弹钢琴，他们的生活条件好了，买钢琴是作为一种摆设，在装饰时考虑什么地方摆一架钢琴，现在住房面积越来越大，三角钢琴的需求量也大了，现在洛舍镇有一家企业已经开始生产三角钢琴了。”

中德利钢琴有限公司总经理王惠林说：“现在钢琴厂越来越多，是和市场有关系的。过去杭州就有一个琴行，每年卖几十架琴，现在每个县都有琴行，销售网点越来越多，学钢琴的人多，需求量大，新开的琴行从大钢琴厂那里拿不到钢琴，而从二三级批发代理的商业琴行中拿钢琴，又没有什么利润，所以小企业应运而生，新开的琴行从小企业去拿琴就可以有利润。现在钢琴厂越来越多，是与琴行越来越多相呼应的，目前钢琴生产要走上良性循环还需要一段时间。今后，竞争的结果，水流千里归大海，就剩下几家钢琴厂，如果小厂在质量上不断提高，也会生存下来的。去年广州珠江钢琴集团的童总带了一些人也到我们厂来看，他认为我们的钢琴总体质量水平上还是不错的。我的宗旨是：以诚取信，以质取胜，不追求数量，小而精。我们小厂也想搞品牌效应，但是不实际，我们小厂是走自己的路子，一个地区，一个地区地去发展自己的产品，现在武汉有个琴行专门卖我的品牌，卖得很好，我们只在一个地区搞品牌，至少在这个地区让消费者知道我的品牌，我们不可能遍地开花。”

浙江华谱钢琴公司总经理姚晓林说：“现在我们

德清生产的钢琴，在击弦机、弦列、键盘等部件都是从专业厂外购的，与有的大企业相比没有什么差别,我们现在油漆外观方面与大厂相比还有差距,主要是油漆工序的机械化程度还不够，现在我们正向这方面努力。另外一个主要的问题，是地区含金量不够，钢琴属高档消费品，消费者心理因素，如果产地是上海就好一些，现在我们镇有的钢琴企业迁到上海去，产品销售就要比在德清县销售的好。浙江温州过去有假冒产品，我们洛舍镇是小地方，在这方面确实受到影响。我们今后发展的目标是：第一是注意质量，不追求数量；第二是保证资金正常周转；第三是和一个琴行建立关系，就要巩固一个琴行，五年十年的坚持做下去，在服务上做到“三包”，琴发过去，出现任何问题，包退，费用全部我们出。现在大厂有大厂的优势，小厂有小厂的作法，中国市场很大，各有各的市场。”

通过上述几位洛舍人的现身说法，表达了他们对钢琴事业的一片赤诚之心,他们热爱自己的事业,他们对自己的事业发展具有坚定的信心。

客观地看待德清县钢琴产业的发展，应该说德清钢琴是中国改革开放的产物。

历史的经验证明:任何事物都是人创造出来,而且是波浪式前进的，中国钢琴工业的发展史告诉我们：新中国四大钢琴基地的创立，证明中国人是有能力的。外国人有的，我们可以制造出来，外国人没有的，中国人同样可以制造出来。今天，中国钢琴工业已经走上了世界钢琴制造大国的殿堂，成为世界钢琴产量最大的国家。

同样，以公有制为主体，多种经济成分共同发展的所有制改革，造就了中国多种类型，不同体制钢琴生产企业的存在。中国钢琴制造业已经形成了大中小型不同类型，国企、外资、私营个体钢琴企业不同体制并存的，中国钢琴制造业齐头发展的态势。

德清县钢琴工业作为新世纪中国钢琴大发展中的一员，有其普遍性的一面，也有其特殊性的一面。普遍性的一面:它是随着中国钢琴的发展而发展,它是中国钢琴大家庭的一员。特殊性的一面：它是中国钢琴产业中唯一在中国农村生产的钢琴企业，作为一个钢琴新兴企业，它从一开始存在，就是一个“小人物”，因其产量低而成为钢琴生产当中的“弱势群体”。

并且德清县钢琴产业从一开始诞生起，就曾发生了有关“人才流动”的“小人物”对“大人物”的挑战，从而引起了社会上不同看法的争议。

而在新世纪之初，在中国钢琴成为世界最大钢琴生产国之时，德清县钢琴又在一个小小的县城内集中了20家之多的钢琴厂，再次成为同行关注的热点，由此，又成为人们普遍议论的话题。

在世界多极化、经济全球化，市场经济全面发展的今天，作为一个新兴的德清县钢琴产业“要不要发展？能不能发展？如何发展？”等话题也摆到中国乐器行业发展研究课题之中。

钢琴是外来乐器，在西方具有300年的发展历史，属社会高档消费品，在制造过程中具有十分复杂的音质调整性能和极其细微的手感灵敏度。中国钢琴生产集50年之经验，目前尚与发达国家钢琴存在一定差距。

一个中国农村县城小镇，能够做好钢琴吗？关于这一点，一生从事钢琴制造的王惠林总经理在这个问题上是这样看的，他说：“生产钢琴，一定要懂钢琴，才能做好钢琴，钢琴质量中最重要的是演奏手感，一定要把它研究好。做钢琴是容易的，但做好钢琴是不容易的。”

德清县钢琴制造业的发展不是孤立的，它与中国钢琴业发展同步进行的，中国钢琴工业的飞速发展，特别是零配件专业化程度的提高，给中小型企业的生存带来了巨大的空间，否则，中国的中小型钢琴企业不会如此风起云涌。

德清县钢琴生产的模式与国内小型钢琴生产企业具有许多共同之点。也就是在他们的大多数企业之中，也采取了选购国内专业生产钢琴部件，然后进行组装调试的办法进行生产。在这方面，他们所生产钢琴重要零部件几乎于与中型钢琴企业，甚至是大型钢琴企业的部件质量是基本一致的。另外德清钢琴的技术基础完全是由上海钢琴厂技术人员一手扶植起来，具有较为先进的弦列设计和一些熟练的技术工人，这样就保证了德清县钢琴生产的基本质量的可靠性。客观地分析，德清县钢琴主要生产企业的产品质量较过去有了全面的提高。

但是，我们也不能否认德清县钢琴生产所存在的劣势方面，那就是，德清县钢琴生产的场地、设备和人员的技术素质、企业管理与国内大中型钢琴企业相比具有较大差距。其中确有一些盲目跟风的钢琴企业，他们并不懂得钢琴生产技术，在不具备基本生产条件的情况急促上马，不注重钢琴音质音色的调整，这些也是德清钢琴生产存在的问题。

德清县钢琴产业是改革开放中出现的新生儿，任何新生事物的成长，都具有很强的生命力，但又显示出他的不完整性。但是只要符合事物客观发展规律的，就一定能够存在和发展下去。今天的德清钢琴企业十分清醒地了解自己在全国的地位，在不断地、认真地总结着自己的不足（以上德清钢琴存在的问题就是他们自己总结的），继续往前走。

当我们采访每个洛舍人时,他们都在表示着同一看法:“现在世界一些国家的钢琴拥有量达到15%,而我们国家的钢琴拥有量微乎其微。外国钢琴质量确实是好，但成本高，工资占成本的75%~80%。中国钢琴只要品质提高，是有竞争力的。”

“中国现在提出奔小康，老百姓的住房有了，下一步就是追求精神产品,钢琴的需要量会越来越大,中国钢琴制造业以及德清钢琴产业的前景会是很好的。我们一定要走出国门，实现贸易国际化。”

洛舍镇党委书记明确表示:“现在形势对我们比较有利，德清钢琴产业这两年发展是很快的，政府为企业创造良好的发展环境，我们的企业家也在努力，2003年，总产量超过10000架是没有问题的。德清钢琴的产量也会一年比一年增加。竞争是存在，但我们决不搞恶性竞争，决不搞冒牌产品。”

未来德清钢琴产业如何发展？相信他们只要把握住市场定位，认真地不停顿地提高产品质量，中国钢琴市场这么大，他们必将在激烈的市场竞争中会寻找到一条适合自身发展的道路，树立起自己独有的品牌效应。

（附：浙江省德清县钢琴生产企业一览表）

浙江省德清县钢琴企业一览表

单位名称	法人代表	商标	职工人数（人）	占地面积（亩）	建厂时间	2002年销售收入（万元）
湖州华谱钢琴有限公司	姚晓林	洛德莱斯	60	15	1995年	500
德清县海尔乐器制造有限公司	王惠忠	海尔德利	40	11	1996年	500
湖州杰士德钢琴有限公司	鲍海尔	瓦格纳	40	12	2002年	500
德清县华美罗宾钢琴有限公司	陶妙新	克林斯丁	38	10	2002年	250
德清县韵音钢琴厂	蔡永顺	罗曼 师曼	48	7	2000年	300
德靖县乐韵钢琴厂	畅卫忠	乐韵	50	10	2000年	300
德清县世纪星钢琴厂	高月明	世纪星 莫扎特	18	3	2001年	100
德清县斯坦尼钢琴有限公司	沈文伟	斯坦尼	20	5	2001年	100
德清县洛舍申晨钢琴厂	姚海忠	贝诺	10	3	2002年	100
德清县洛舍科德蕾斯钢琴厂	谈家林	德蕾斯	10	3	2002年	100
德清县盛龙钢琴厂	陈小平	威龙	10	3	2002年	70
德清县澳特莱钢琴厂	潘新华	澳特莱	10	2	2002年	70
德清县抒雅玛钢琴厂	蔡玉林	抒雅玛	10	2	2002年	70
德清县天寅钢琴有限公司	王惠安	天寅	20	5	2001年	100
德清县鲁宾斯坦乐器制造有限公司	王应璋	鲁宾斯坦	30	8	2000年	200
德清县海得利钢琴有限公司	崔洪章	海得利	20	5	2002年	80
德清县德乐钢琴有限公司	杨荣法	德乐	50	10	2002年	200
德清县雅玛特钢琴厂	王根良	雅玛特	20	5	2001年	100
德清县佳音钢琴有限公司	沈海良	佳音	20	6	2001年	100
德清县乐达钢琴有限公司	丁锦华	乐达	20	5	2001年	100
德清县中德利钢琴有限公司	王惠林	中德利	30	8	2000年	200
德清县美尔德钢琴有限公司	施好林	美尔德	10	3	2001年	80
德清县雅帅尔钢琴有限公司	吴文忠	雅帅尔	20	5	2000年	100
德清县博艺钢琴有限公司	沈健章	博艺	20	5	2000年	100
德清县莎瓦依钢琴厂	李炳记	莎瓦依	20	5	2000年	100

中国乐器协会工作调研纪实

(一)

春节刚过，大年初十一(2002年2月22日)，中国乐器协会理事长王根田及秘书长齐建平等一行4人，前往天津乐器行业进行调研。

天津乐器厂1952年建厂，至今已有50年的历史，是我国著名的手风琴生产基地，也是中国乐器行业的重要生产企业。鹦鹉牌手风琴是乐器行业仅有的几个国家金质奖产品之一。天津乐器厂作为国有企业，近几年来，在市场经济的大潮中经受了严峻考验和来自各方面的冲击，遇到了意想不到的各种困难。特别是受到天津市乐器行业整体滑坡的影响，鹦鹉牌手风琴在逆境中拚搏，艰难地渡过了一年又一年。

在工作汇报中，刘作人厂长向协会领导全面介绍了近两年来天津乐器行业的概况，他说："两年前天津乐器公司解体，成立了天津隆兴集团公司。隆兴公司由4家公司组成，一是乐器公司、二是地毯公司、三是工艺美术公司、四是体育用品公司，现在这4个公司都取消了。所有乐器企业包括天津手风琴厂、中华乐器厂、天津锣厂、天津民族乐器厂直归隆兴公司领导，都是独立法人。两年来，除了天津手风琴厂不亏损，其他几个厂在经济效益方面都不是很乐观。

天津乐器厂在这两年市场大环境十分不利的情况下，艰苦奋斗，努力拚搏，全厂1280多名职工，再加上500名退休职工，共有1800名工人。2001年生产了3.8万架手风琴，销售产品3.6万架，产销率达到95%，产值4000万元，销售收入6400万元，工业增长值2330万元，出口9000架手风琴，出口创汇194万美元。新产品开发工作方面，去年与意大利维多利亚手风琴公司合资生产了当前国内最高档次的"46键系统可变换自由低音"键盘式手风琴。这种具有校音技术含量的手风琴，每台售价5万元。从2000年开始试制，共生产了15架琴，目前已全部售出。这种新产品，属于高附加值产品，比普通手风琴增加利润25%。"

刘厂长接着说 ："近几年来我们厂还连续开发了各种规格的键钮式手风琴，这种琴将来有可能成为社会手风琴的主流，现在我们厂的主导产品正向钮扣琴生产方面转移，以逐渐适应国际市场的需要。这几年天津乐器厂开始走技术创新的路子，如琴体颜色材料、形状的多样化，开发58个品种的手风琴，只要市场需要，我们就安排生产。为此企业专门成立了精品部试制高档产品。"

提到久拖不决的天津乐器厂的鹦鹉牌商标问题，刘厂长说："经过10年的奋斗，鹦鹉商标的使用权得到了基本的解决。在天津市有关部门的协调下，鹦鹉商标的使用权问题最终决定为：鹦鹉牌手风琴国内销售由天津乐器厂独家经营，国外销售由天津市外贸局和天津市乐器厂两家共同销售经营。"

刘厂长接着说："在支持国家开发大西北的工作中，天津乐器厂也相应作了许多工作。国家教委连续几年都向我厂订购了数千架手风琴，前年是5000架，大前年是4000架，去年是500架。这说明手风琴在国民教育中还有一定的市场，对于提高中小学生素质教育仍然起到十分重要的作用。一架手风琴就相当于一个小型的乐队，而且价格不贵，不需要电。"

刘作人厂长自豪地回顾了作为天津仅有的13个金质产品奖之一，经过十几年的洗礼以后，鹦鹉牌手风琴仍然放射着夺目的光辉。

下午，王理事长又接着听取了天津管乐器厂长刘凤奎、天津锣厂厂长王大中有关企业体制改革的工作汇报，以及企业目前面临的各种困难。

天津管乐器厂厂长刘凤奎说："天津管乐器厂也是一个老国企，现在有职工400余人，固定资产600万元。去年由于机制改革滞后，企业经营状况不理想，使企业各项经济指标都没有达到预期的目标。今年集团公司正在开始对老的国有企业实施新的改组改造计划，除了天津乐器厂以外，把其他几个乐器厂合成一个单位，形成一个拳头。集中优势，把有效的资金、优良的设备、优质的产品都集中在一起，通过新的组合和调整，发挥团队作战的作用。天津管乐器厂有许多优质产品。如伊斯曼圆号、长号都会重新成为国内首选产品，过去因为受体制和资金的限制，得不到发展。

刘凤奎厂长也向协会领导谈到当前市场混乱，假冒产品干扰企业正常生产，以及市场三无产品得不到有效的制止，一些无营业执照，生产假冒产品的企业还能够堂而皇之的参加各种展览，伪劣产品明目张胆的放在商店里销售的不正常现象也时有发生。

刘厂长还表示，中国已经进入WTO，希望协会能够在企业如何迅速与国际接轨，参与国际市场竞争等问题上，提供一些支持和帮助。

天津锣厂厂长王大中汇报了天津市有关部门进行的乐器行业资产重组，改组改造的计划打算。

一天紧张的工作结束了，王理事长一行晚6时跨上了回程的火车。

(二)

天津市静海县，近几年，因其乐器生产相对集中，且发展迅速，已经受到业内人士的普遍关注。2003年12月24日，中国乐器协会理事长王根田、秘书长齐建平一行4人到天津静海县进行调研，详细了解这个地区乐器生产发展状况。

静海县工业经济委员会主任岳永革、副主任信松茂、天津华韵乐器有限公司总经理罗松森、天津静海县盛兴乐器厂厂长王泽云、天津圣迪乐器有限公司总经理师从义等人一同接待了中国乐器协会一行。

岳永革主任介绍了静海县乐器工业发展的基本情况。"静海县乐器工业是我县的特色产业，近几年乐器生产有了快速发展，经济效益有了成倍的增长，目前已经成为静海县的12大支柱产业之一，全县从事工业生产8万人中，有1万人在从事乐器生产。全县有50家左右乐器生产企业，集中在中旺镇、蔡公庄镇、子牙镇、静海镇、杨成庄镇、良王庄镇等地区，主要生产手风琴、西管乐器、风琴、民族乐器、提琴、乐器配件等乐器产品。2003年销售收入可达1.5亿元人民币，比上一年增加30%以上，产品不仅供应国内市场，还大量出口到世界许多国家。目前静海县的乐器产品已经成为天津市重点产品之一，雅乐牌手风琴、风琴2001年被评为天津市名牌产品称号。"

"最近，我们静海县制定了一个"三、五、八"工业经济发展规划，即三年大变，五年上台阶，八年跨入全市先进行列。为了实现这个目标，目前，我们已将乐器列入静海县重点发展产品之一。发展目标是要把乐器生产规模做大、产品质量做优、行业发展做强。为此，我们准备在静海县建立乐器城，使乐器生产相对集中，进一步发挥整体规模效应。同时，我们还将筹备成立静海县乐器协会，把全县乐器生产纳入行业管理，使静海县乐器工业形成一个拳头，以统一形象一致对外，参与国内和国际各项和乐器相关的活动。"

当天下午，王根田理事长一行参观了天津华韵乐器有限公司和天津圣迪乐器有限公司。这两个企业，一个生产手风琴、风琴、古筝、架子鼓；一个生产萨克斯、小号、迷你乐器，年销售收入均在3000万元以上。

（二）

2003年12月18日，北京市平谷区区长王云峰，区委书记秦刚在区政府亲切会见了中国乐器协会理事长王根田、秘书长齐建平。会见时，东高村镇镇长，镇党委书记等领导在座。

这次会见，中国乐器协会是应平谷区区委、政府的邀请，商谈有关建设北京乐器城等事宜。

会见中，王区长，秦书记介绍了筹建北京乐器城的创意和初步方案，秦刚书记说：建设北京乐器城的构想是根据北京市发展文化产业有关政策而提出的，平谷区东高村镇具有悠久的乐器生产历史和一批相当规模的提琴生产企业，现在全镇每年生产提琴约19万把，产品95%以上出口，平谷区提琴出口蒸蒸日上。因此，为了进一步挖掘平谷区良好的乐器制造基础以及当地的技术和人力优势，区政府决定在东高村镇建设面积5.6平方公里的乐器城，发展以乐器制造、营销为主，结合旅游文化的经济产业，打造平谷区第五大经济板块。这项工作得到了北京市委领导的关心和支持。目前区政府正在加紧制定北京乐器城的建设规划及招商引资的优惠政策以吸引更多的中外乐器制造商、经销商到乐器城安身落户。在会见中，王区长代表平谷区政府表达了与中国乐器协会合作，共建北京乐器城的愿望。

会后，中国乐器协会一行在东高村镇党委书记张宝利、镇长张富泉的陪同下参观了北京华东乐器有限责任公司、北京伊斯曼乐器有限公司。

（三）

2003年11月27日～28日，中国乐器协会理事长王根田、秘书长齐建平一行4人赴河北省衡水地区肃宁、饶阳两县了解这个地区民族乐器生产情况。两天时间，他们分别考察了位于肃宁县的河北乐海乐器有限责任公司及位于饶阳县的河北饶阳北方民族乐器厂和河北成乐乐器有限责任公司等3个企业。

近年来，随着市场对民族乐器需求量的不断增长，除原有的上海、北京、苏州民族乐器生产基地以外，新兴民族乐器生产企业不断涌现，相继建成了国内几个重要的民族乐器生产基地。

河北省衡水地区近年来按照"全党抓经济，重点抓工业，全力抓项目"的指导思想，把民族乐器生产作为该地区的特色产业，集中力量做大做强，在短短几年内，民族乐器生产迅速发展，原属北京民族乐器厂加工联营关系的饶阳、肃宁地区的民族乐器生产企业已经成为具有一定规模的民族乐器生产厂，主导产品除北方的拳头产品扬琴以外，还有古筝、琵琶、二胡、阮、京胡等传统民族乐器。该地区大约积聚着30多家规模大小不一的民族乐器生产厂，仅饶阳县就有民族乐器生产厂23家，销售收入全年已达到6000万元左右，从业人员约2000人。近年来，该地区民族乐器产品质量不断上升、品种不断增加、出口额不断上升，年出口额已达50万美元左右，产品出口到世界20多个国家。

（四）

为了更好地开展行业交流、取长补短，2003年11月28日至29日由口琴专业委员会会长陈狄彬，副会长兼秘书长周伟义带领下，并会同上海口琴总厂蒋林森厂长，上海豪纳乐器有限公司周炎荪总经理专程到江苏靖江参观了江苏奇美乐器有限公司，并拜访了公司董事长兼总经理张龙贵先生。江苏奇美乐器有限公司作为一个民营企业，近几年发展得很快，它开始于竖笛生产，目前发展到口风琴以及口琴生产，其产品通过国家有关部门的鉴定、检测，受到全国各省市、教育部门、国外客商的欢迎和好评。

借参观江苏奇美乐器有限公司之机，专业委员会还专程到口琴行业分布在江苏的厂家江苏天鹅乐器有限公司、江苏江阴激扬乐器有限公司、无锡铃木乐器有限公司、江阴东方乐器有限公司进行了走访调研。从了解反映的情况来看，虽然今年以来，口琴行业受到了电介铜、电介锌等主要原材料的涨价，行业间低价位竞争以及非典等因素的影响，但多数企业克服困难，开发新品，拓展市场，使企业保持良好的发展趋势，江苏天鹅乐器有限公司今年下半年以来口琴的外销势头很好，客户纷纷订购12孔48音半音阶高档口琴。江苏江阴激扬乐器有限公司在发展手风琴、管乐器的基础上继续开发口琴新品种，最近试制生产了顺序音阶口琴投放市场，无锡铃木有限公司今年以来承担了日本铃木公司的口风琴制造。江阴东方乐器有限公司为了维护上海东方乐器厂敦煌牌口琴商标的权威，最近组织力量会同上海东方乐器厂在浙江义乌进行打假，查清未经合法手续生产的敦煌牌口琴，配合工商行政管理部门给予查封，为理顺市场及销售渠道做了一定工作，从中也使我专业委员会感到在口琴行业组织开展打假的重要性和必要性。

同样，上海口琴总厂和上海国光口琴厂有限公司作为口琴专业委员会的正副会长单位，积极配合中国乐器协会工作，在口琴行业中进行协调沟通，特别在了解调访中，口琴行业对目前原材料厂家的质量、价格、服务等问题提出了不少建议和看法，专业委员会及时汇总并对有关厂家提出促进他们必须进一步改进，以便在激烈的市场竞争中能够得以生存。口琴专业委员会会努力为行业服务，为行业多做工作，多办实事。

（周伟义）

钢琴调律师职业技能鉴定

钢琴调律师职业技能鉴定

一、2002年前钢琴调律师概况

2002年之前，中国乐器协会钢琴调律师分会共有注册钢琴调律师629名，其中高级调律师157名，中级调律师472名，都以资格考试委员会评审方式产生。

2001年12月19日中国乐器协会在中国音乐学院召开了钢琴调律师资考委工作会议，研讨今后如何按照劳动和社会保障部等有关部门的要求，加强对钢琴调律师队伍的管理和进行钢琴调律师职业资格考试工作。会议就确定《钢琴调律师国家职业标准》编写组成员、钢琴调律师职业技能鉴定站点的设置、原有调律师的考核评审换证、新调律师的考核鉴定方法以及各项工作时间进度等问题进行了积极认真的讨论。会议明确了“五统一”工作目标，即统一标准、统一教材、统一培训、统一考核、统一发证；会议确定先在北京、广州、上海这3个城市筹备钢琴调律师培训考核站点并在2002年尝试性开展工作。

二、2002年后开展钢琴调律师职业资格鉴定、考核评审换证工作情况

2002年《钢琴调律师国家职业标准》经过几番修改，年底通过专家终审并于2003年印刷出版发行。2002年在编写《钢琴调律师国家职业标准》的基础上，依据《标准》中的申报条件，中轻联与中国乐器协会联合评审通过了钢琴调律师技师16人（主要7家钢琴生产企业）、高级技师14人，并在北京（2次）、上海（1次）尝试性地进行了职业资格考核鉴定工作，通过技能鉴定134人。

2003年3月经劳动和社会保障部批准在北京和广州分别建立了乐器行业特有工种职业技能鉴定站。2004年2月上海市劳动局批准上海市职业技能鉴定中心建立钢琴调律师职业技能鉴定所。目前3个鉴定站所都已正常开展工作。

自2002年以来，乐器行业共培训了两批来自北京、上海、广州、东北地区、新疆、江苏等地的钢琴调律师考评员33人，其中高级考评员16人。三个鉴定站所对来自26个省市的543名从事钢琴调律师工作的人员分五批（北京5次、广州3次、上海2次）进行了职业资格鉴定。北京鉴定站鉴定了295人，广州鉴定站126人，上海鉴定所68人，北京轻工职业技术学院和南京艺术学院钢琴调律专业应届毕业生54人。目前参加考试人员，一次性通过率在80%左右，实际通过率（通过补考或降低级别后取得证书）占94%，两年来通过考试取得证书的有511人。开展此项工作以来，经资考委评审和鉴定站考试，共有744名钢琴调律师领取了劳动和社会保障部颁发的各级职业资格证书，其中高级技师（一级）46人，技师（二级）65人，高级技能（三级）428人，中级技能（四级）185人，初级技能（五级）20人。

获得国家职业资格证书的人员中有421人加入了中国乐器协会钢琴调律师分会，领取了分会会员证书。

三、开展职业技能鉴定取得较好的社会效益

钢琴调律师职业技能鉴定工作在社会上引起很大反响，特别是调动了社会上从事此项职业的广大调律师的积极性。原在艺术院校工作的调律师没有对口职称（统称实验员），现通过考核鉴定，有了相应级别的职业资格证书，得到院校的认可，并与工资、分房等福利待遇挂钩；不少调律师在寄送申报材料的同时给协会发来信函，反映社会上钢琴调律师行业中存在的种种问题，就加强调律师队伍建设和管理等问题提出了很好的意见和建议，希望加强对调律师行业的管理，提高调律师队伍的素质，树立“持证上岗”的调律师在消费者心目中的信誉，为全国广大钢琴爱好者、钢琴演奏家、广大琴童学习钢琴以及全国钢琴制造业的健康发展作出贡献。为此协会在《中国乐器》杂志上开办了钢琴调律师专栏，设立了“调律师园地”、“调律师新闻专区”、“论文专区”、“调律师门诊”、“热点调查”等栏目，为广大调律师提供了一个信息交流与服务的平台；在《中国乐器协会网》上开辟了“国家注册钢琴调律师”栏目，为获取国家职业资格证书的调律师上网宣传，现在已有很多省市地区的琴行和消费者通过上网查询本地区的调律师，让他们直接为自己服务。

四、工作中尚需解决的几个主要问题

我国的钢琴消费市场潜力很大，社会对钢琴调律师的需求将会不断增长，我们开展职业技能培训和鉴定工作的任务还很艰巨。据了解，日本中部的乐器专科学校办学已有几十年了，日本YAMAHA钢琴技校培训了5000多名钢琴调律师，培训期都在1年左右。而我国专科培训学校很少，办学时间也不长，绝大多数调律师未受过正规的职业培训，从业人员未能做到“持证上岗”，就是目前参加考试的人员，实际技能水平差距也很大。今后工作中尚需解决的几个主要问题是：

（1）根据国家职业标准，编制出与《标准》相对应的不同级别的培训教材和考试题库，以更加严谨、扎实的工作，规范运作各级职业技能的鉴定。

（2）根据目前我国钢琴调律师的分布情况，在有师资力量、有办学条件的地方，考虑增加分布广泛的培训点，特别是要加强对高级技能人才的培训。

（3）办好调律师网站和杂志有关栏目，多开展技术交流活动，营造良好的学术氛围，为广大调律师提供各种服务，提供学习和交流的平台，使钢琴调律师队伍整体职业技能水平有更大的提高。

钢琴调律师职业资格鉴定实施办法

（试行）

第一条

为提高钢琴调律师从业人员的理论知识和实践能力，为钢琴生产和售后服务培养合格人才，加强钢琴调律师队伍的规范化管理，提高我国钢琴制造及维修调律水平，特制定本办法。

第二条

钢琴调律师是指在钢琴生产和维修人员中，具有调律、调整的专业技能并经鉴定取得钢琴调律师资格等级证书的人员。钢琴调律师职业资格鉴定纳入轻工行业特有工种管理。

第三条

钢琴调律师职业等级资格是从事钢琴调律工作人员业务能力的标志，是从事本职业工作的法定先决条件。

第四条

凡按本办法参加并通过由中国轻工业职业技能鉴定指导中心统一鉴定，获得钢琴调律师职业资格的人员，由中国轻工业职业技能鉴定指导中心颁发劳动和社会保障部统一印制的相应等级的职业资格证书。

第五条

钢琴调律师职业资格鉴定的内容和方式，按照劳动和社会保障部颁布实施的《钢琴调律师国家职业标准》要求进行。

第六条

申报钢琴调律师职业资格的人员，必须具备良好的职业道德，遵守国家法律、法规，热忱为钢琴制造、营销和钢琴用户服务。

第七条

申报钢琴调律师（五～三级）职业资格的人员，除必须符合第六条要求外，还应具备下列基本条件：

1、理论基础：

（1）音乐基础理论及乐器声学基础理论知识；

（2）木材加工和油漆涂料基本知识；

（3）熟知钢琴（立式与卧式）结构和工作原理。了解钢琴制造的基本生产工艺；

（4）熟知钢琴音质、音色形成的原理和规律；

（5）熟知“律学”中12平均律的知识；

2、操作技能

（1）对钢琴发音系统出现的一般性问题有调整修复能力；

（2）对钢琴的键盘击弦机系统能进行正确的调整，排除故障，使之恢复、保持正常的工作状态及工艺的整齐一致性；

（3）对钢琴的踏板系统和琴壳系统出现的问题

能调整、修复；

(4)对钢琴张弦系统中的问题能给予正确处理；

(5)能掌握科学的调律操作方法和有熟练的调整钢琴音响效果的技能。

第八条

申报钢琴调律师技师（二级）的人员，除必须符合（五～三级）职业资格鉴定要求外，尚应具备下列条件：

1、具备工人技术等级标准中规定的本工种高级工(七、八级)的专业技术理论水平和实际操作技能；

2、比较全面地了解钢琴的生产工艺、技术性能，并能指导本岗位技术工人的生产技术操作；

3、具有丰富的实践经验，在技术上能够解决本职业关键性的操作技术和工艺难题，防止和排除事故隐患；

4、刻苦研究技术，具有传授技艺和培训中级以上技术工人的能力并具有培训实践经验；

5、能出色完成本职工作，对提高企业经济效益和社会效益成绩显著。

第九条

申报钢琴调律师高级技师（一级）的人员，除必须符合（五～二级）钢琴调律师职业资格要求外，必须具备下列条件：

1、任技师（二级）职务五年以上；

2、具有本专业较高的专业知识并了解和掌握相关专业（工种）的有关知识和操作技能；

3、有高超专业技能和综合操作的技能；

4、在技术改造、工艺革新、技术攻关和解决本专业（工种）高难度技术问题等方面成绩显著；

5、能热心传授技艺、培训技术人员，带领、指导技术工人进行技术攻关和技术革新。

第十条

在中国轻工业联合会和中国乐器协会领导下，成立钢琴调律师资格考试委员会，负责制订培训大纲、考试命题。中国轻工业职技能鉴定指导中心统一组织培训和实施钢琴调律师职业资格培训和鉴定。

第十一条

根据各地区实际需要，经中国轻工业职业技能鉴定指导中心批准，在钢琴重点生产企业、相关艺术院校设立钢琴调律师培训点及职业技能鉴定站，负责本地区报考人员的培训和鉴定考试的初审工作。

第十二条

钢琴调律师职业资格鉴定，根据各地实际情况，原则上每年进行一次。由中国轻工业职业技能鉴定指导中心或会同各地鉴定站具体安排，并向社会公告。

第十三条

钢琴调律师职业资格鉴定，由本人申请，单位推荐（个体从业者可请同行推荐），向本地区职业技能鉴定机构申请报名，本地区无机构的可向中国乐器协会钢琴调律师资考委办公室申报。

第十四条

钢琴调律师职业资格实行注册登记制度，凡取得钢琴调律师职业资格证书的人员，即成为中国乐器协会钢琴调律师分会会员并由该组织统一发放会员证。会员应按期缴纳会费（每年120元）并接受分会的管理，享受分会提供免费技术资料及有关服务。

第十五条

本办法适用地全国各钢琴生产企业、钢琴销售网站、艺术院校、文艺团体等单位从事钢琴调律师业务的人员。

第十六条

本办法自发布之日起执行。由中国乐器协会、中国轻工业职业技能鉴定指导中心负责解释。

获得国家职业资格证书钢琴调律师名单（共744名）

（截止到2004年6月）

级别：一级／高级技师　（46名）

姓　名	资格证书号	所在地区	会员证号	姓　名	资格证书号	所在地区	会员证号
潘仲华	0358003001100001	北京	0030001	程柏青	0358003001100008	广东	0030008
金先彬	0358003001100002	北京	0030002	王耀中	0358003001100009	北京	0030009
冯高昆	0358003001100003	北京	0030003	陈惠庆	0358003001100010	上海	0030010
赵守中	0358003001100004	北京	0030004	马桂林	0358003001100030	北京	0030011
童志成	0358003001100005	广东	0030005	王德华	0358003001100031	北京	0030012
陈朝晖	0358003001100006	广东	0030006	王兴龙	0358003001100032	北京	0030013
卢　彬	0358003001100007	广东	0030007	丁月雅(女)	0358003001100033	上海	030014
				黄　勇	0358003001100034	陕西	0030176

张登福	0358003001100042	重庆	0030177
张有斌	0358003001100048	陕西	0030178
闫学智	0358003001100052	河南	0030179
刘传连	0358003001100040	江西	0030180
罗兴海	0358003001100050	上海	0030183
姜宁海	0358003001100039	广东	0030184
杨如俊	0358003001100036	上海	0030186
寿　康	0358003001100038	广东	0030191
梁德曼(女)	0358003001100045	广东	0030192
黄三元	0358003001100053	福建	0030209
贺建华	0358003001100055	浙江	0030275
林雨清	0358003001100049	山西	0030283
王文琦	0458003001100002	吉林	0040003
李宗顺	0458003001100006	广东	0040015
王可茂	0458003001100001	山东	0040030
李任炜	0458003001100004	北京	0040032
王勤忠	0458003001100007	辽宁	0040044
李德敏	0458003001100005	新疆	0040049
林建忠	0458003001100008	福建	0040056
贾荣利	0358003001100047	天津	0040072
林志清	0358003001100035	山东	
仲维辛	0358003001100037	北京	
沈文杰	0358003001100041	上海	
黄金娣(女)	0358003001100043	上海	
徐惠卿	0358003001100044	上海	
贺建国	0358003001100046	浙江	
张大富	0358003001100051	北京	
徐雅卿(女)	0358003001100054	上海	
王夕林	0458003001100003	江苏	
陈重生	0458003001100009	江苏	0040130
陈家鑫	0458003001100010		0040131

级别：二级／技师　(65名)

姓　名	资格证书号	所在省市	会员证号
冯汉辉	0358003001200045	广东	0030015
赵志毅	0358003001200046	广东	0030016
傅锦泉	0358003001200047	广东	0030017
梁绍棠	0358003001200048	广东	0030018
黄燕萍(女)	0358003001200049	广东	0030019
何建超	0358003001200050		0030020
全胜芬(女)	0358003001200051	上海	0030021
陈耀萍(女)	0358003001200052	上海	0030022
钱丽华(女)	0358003001200053	上海	0030023
赵青青(女)	0358003001200054	上海	0030024
康宝珍(女)	0358003001200055	上海	0030025
姚小玲(女)	0358003001200056	上海	0030026
李雨森	0358003001200057	上海	0030027
王宗富	0358003001200058	上海	0030028
王莉萍(女)	0358003001200059	上海	0030029
曹　昱	0358003001200060	上海	0030030
周有恩	0358003001200063	广东	0030167
王元诚	0358003001200066	宁夏	0030168
朱鸿杰	0358003001200068	北京	0030169
杨家琪	0358003001200069	甘肃	0030170
乐　悦	0358003001200070	北京	0030171
游海平	0358003001200083	广东	0030172
王振东	0358003001200085	河北	0030173
张炜忠	0358003001200086	江苏	0030174
张纯生	0358003001200087	广东	0030175
潘　亚	0358003001200084	陕西	0030190
姚志强	0358003001200072	广东	0030193
童志红(女)	0358003001200075	广东	0030194
姜宁弟	0358003001200073	广东	0030195
黎小英(女)	0358003001200074	广东	0030196
王　琦	0358003001200079	安徽	0030197
吴希春	0358003001200093	辽宁	0030205
邹定金	0358003001200089	陕西	0030206
牟明军	0358003001200096	辽宁	0030207
马向东	0358003001200088	黑龙江	0030210
冯英维	0358003001200064	广东	0030217
黄林潜	0358003001200092	河南	0030246
张小保	0358003001200095	陕西	0030248
徐胜利	0358003001200094	陕西	0030252
陈长明	0358003001200097	河南	0030274
曹西岐	0358003001200091	陕西	0030281
刘智良	0458003001200003	河南	0040004
赵为华	0458003001200006	内蒙古	0040005
邵　坚	0458003001200007	江苏	0040042
罗天一	0458003001200010	青海	0040050
展　望	0458003001200008	北京	0040062
潘　铮	0458003001200001	北京	0040066
贺青青(女)	0458003001200004	陕西	0040070
偶晓林	0458003001200009	内蒙古	0040076
王治平	0458003001200013	上海	0040094
王四平	0358003001200061	河南	
戚慧勇	0358003001200062	陕西	
吴俊琦	0358003001200065	福建	
闫　峻(女)	0358003001200067	河南	
任邦德	0358003001200071	山东	0040112
张　旺	0358003001200076	江苏	
薛　勃	0358003001200077	北京	
伍　发	0358003001200078	广东	
林　捷	0358003001200081	上海	
闫　准	0358003001200082	河南	
杨良钢	0358003001200090	江苏	
赵松梅(女)	0358003001200098	北京	
郑虹羽	0458003001200002	辽宁	
丁建国	0458003001200011	辽宁	
王　建	0458003001200014		

级别：三级／高级技能　(428名)

姓　名	资格证书号	所在省市	会员证号
顾思勤(女)	0358003001300092	上海	0030065
陈玉生	0358003001300087	山东	0030066
李　忠	0358003001300032	安徽	0030069
竺塔利	0358003001300059	河南	0030073
卢晓进	0358003001300057	江苏	0030074
王　瑾(女)	0358003001300091	上海	0030081
李　菲(女)	0358003001300022	吉林	0030083
姜文革	0358003001300061	吉林	0030084
全　胜	03580030013 00074	云南	0030085
丁　杨	0358003001300067	山东	0030086
江广轩	0358003001300006	山东	0030087
曹世峰	0358003001300021	陕西	0030088
王　文	0358003001300030	陕西	0030089
王小强	0358003001300051	四川	0030090
周文泉	0358003001300020	辽宁	0030092
王邯生	0358003001300049	河北	0030031
王　颂	0358003001300008	吉林	0030032
黄永更	0358003001300017	河南	0030034
戴　祺	0358003001300055	广东	0030035
李陆霈	0358003001300015	山东	0030036
范　雷	0358003001300062	辽宁	0030037
孙国胜	0358003001300041	黑龙江	0030039
汤荣华	0358003001300039	江苏	0030040
张汉玲(女)	0358003001300011	湖北	0030041
陈　超	0358003001300043	福建	0030042
张　超	0358003001300003	上海	0030043
马希刚	0358003001300052	甘肃	0030044
李建忠	0358003001300069	河北	0030046
翟鲁峰	0358003001300088	山东	0030047
孟　祺	0358003001300072	云南	0030048
邱　波	0358003001300007	江西	0030049
葛　栋	0358003001300027	浙江	0030050
江　伟	0358003001300016	福建	0030052
杨新武	0358003001300077	湖北	0030053
王文民	0358003001300037	山东	0030054
唐桂勇	0358003001300046	山东	0030056
程生宝	0358003001300034	内蒙古	0030059
陈勇胜	0358003001300004	四川	0030060
王延青	0358003001300045	内蒙古	0030061
刘志强	0358003001300058	云南	0030062
孙亚楠	0358003001300019	北京	0030063
郑有山	0358003001300068	黑龙江	0030095
胡菁华(女)	0358003001300036	上海	0030096
胡　沙	0358003001300066	湖北	0030097
顾小超	0358003001300002	河南	0030099
王荣富	0358003001300005	四川	0030100
张	0358003001300082	北京	0030101
倪铁峰	0358003001300080	河南	0030102
胡育华	0358003001300093	湖南	0030103
李建祥	0358003001300075	四川	0030106
刘振邦	0358003001300081	北京	0030107
徐国栋	0358003001300079	山东	0030110
单　策	0358003001300060	河南	0030111
林金水	0358003001300047	福建	0030112
张重国	0358003001300042	山东	0030113
赖立松	0358003001300040	江西	0030114
赵　雷	0358003001300014	北京	0030115
陈峻峰	0358003001300013	江苏	0030116
庄　重	0358003001300094	北京	0030117
李　敏(女)	0358003001300071	北京	0030118
李华建	0358003001300056	广东	0030120
荣　誉	0358003001300050	湖南	0030121
薛明涛	0358003001300053	四川	0030122
李　立	0358003001300096	湖北	0030124
朱启明	0358003001300095	上海	0030125
李德江	0358003001300097	北京	0030126
唐如意(女)	0358003001300098	北京	0030127
赵金城	0358003001300099	山西	0030128
董光华	0358003001300100	浙江	0030129
吴红江	0358003001300102	北京	0030130
陈　新	0358003001300103	福建	0030131
邹跃新	0358003001300104	浙江	0030132
陈恩盈	0358003001300108	新疆	0030133
郑明海	0358003001300111	河北	0030134
汪　雨	0358003001300112	黑龙江	0030135
唐永和	0358003001300113	上海	0030136
林庆杰	0358003001300115	山东	0030182
闫江涌	0358003001300116	山东	0030137
黄润添	0358003001300121	广东	0030138
尹健雯(女)	0358003001300122	广东	0030139
何润锦	0358003001300123	福建	0030140
郭群卿(女)	0358003001300124	广东	0030141
周洪改(女)	0358003001300125	北京	0030142
王桂英(女)	0358003001300126	河南	0030143
李　兵	0358003001300130	广西	0030144
王伟盛	0358003001300132	福建	0030145
宋陈B	0358003001300133	北京	0030181
郑　捷	0358003001300141	福建	0030146
牟信义	0358003001300143	山东	0030147
王洪革	0358003001300146	广东	0030148
王文辉	0358003001300147	广东	0030149
田　泉	0358003001300149	江苏	0030150
万四喜	0358003001300150	广东	0030151
刘铁民	0358003001300151	黑龙江	0030152
张文革	0358003001300152	辽宁	0030153
杨思鸣	0358003001300155	山东	0030154
翟根生	0358003001300157	上海	0030155
李　勇	0358003001300158	江苏	0030156
黄永健	0358003001300162	山东	0030157
叶　宁	0358003001300164	浙江	0030158

朱　力	0358003001300165	山东	0030159	温海天(女)	0358003001300212	内蒙古	0030267
杨　民	0358003001300168	黑龙江	0030160	汪　浩	0358003001300236	北京	0030269
周福丘	0358003001300175	浙江	0030161	廖欣华	0358003002300025	广东	0030270
栾有力	0358003001300178	山东	0030162	李　君	0358003001300220	浙江	0030271
田佰昌	0358003001300179	新疆	0030163	何　辉	0358003001300231	福建	0030272
朱　波	0358003001300180	云南	0030164	高永军	0358003001300154	山东	0030273
曹立军	0358003001300182	山东	0030165	杨东雨	0358003001300257	辽宁	0030276
杨志高	0358003001300187	广东	0030166	文会铨	0358003001300258	湖南	0030277
黄　榕	0358003001300109	上海	0030185	郑志龙	0358003001300248	福建	0030278
陈晓萍(女)	0358003001300106	福建	0030187	张晓明	0358003001300202	安徽	0030279
李　骏	0358003001300142	上海	0030189	王　熙	0358003001300170	湖北	0030280
迟　刚	0358003001300167	安徽	0030198	孙宪珏	0358003001300114	山东	0030282
翟涵清	0358003001300171	内蒙古	0030199	袁　飞	0358003002300014	广东	0030284
范美珍(女)	0358003001300136	上海	0030202	肖鸿鸣	0358003002300006	福建	0030285
潘益田	0358003001300166	安徽	0030203	刘　磊	0358003001300227	山西	0030287
冯　钢	0358003001300117	湖南	0030204	孙志先	0358003001300148	浙江	0040001
赵久立	0358003001300197	北京	0030208	计　磊	0358003001300224	黑龙江	0040002
朱蓓佳(女)	0358003001300194	陕西	0030211	单海鹰	0458003001300004	河南	0040006
国　祺(女)	0358003001300192	辽宁	0030212	王铁平	0458003001300005	湖南	0040007
戚军玉	0358003001300256	山东	0030213	陈景明	0458003001300007	黑龙江	0040008
刘云鹏	0358003001300161	云南	0030214	赵子洪	0458003001300010	辽宁	0040009
吴更生	0358003002300015	广东	0030215	周亚洲	0458003001300013	江苏	0040010
吕虹瑶(女)	0358003002300011	广东	0030216	易仁权	0458003001300016	湖北	0040011
黄秀表	0358003001300243	浙江	0030218	齐凤成	0458003001300018	山东	0040012
魏保青	0358003001300207	北京	0030219	周　伟	0458003001300020	四川	0040013
王　鹏	0358003001300219	天津	0030220	陈宇明	0458003001300002	北京	0040016
刘欣然	0358003002300010	云南	0030221	孙成沂	0458003001300022	江苏	0040017
王　东	0358003001300196	甘肃	0030222	叶忠平	0458003001300038	河北	0040018
胡廷友	0358003001300251	陕西	0030223	常旭东	0458003001300026	江苏	0040019
郭　伟	0358003001300215	重庆	0030225	包献国	0458003002300015	广东	0040020
矫立民	0358003001300228	河北	0030226	胡九阳	0458003001300027	北京	0040023
张永恒	0358003001300210	河南	0030227	刘　洋	0458003001300034	黑龙江	0040024
尚兰英(女)	0358003001300244	山东	0030230	葛义林	0458003002300007	四川	0040025
李　航	0358003001300230	陕西	0030231	慕光	0458003002300024	广西省	0040028
叶　彪	0358003001300238	湖南	0030232	邵永亮	0358003001300234	江苏	0040029
尹佳盛	0358003001300206	黑龙江	0030233	汪　平	0458003002300005	南京市	0040031
徐　晗	0358003001300229	天津	0030236	谢　维	0458003002300004	湖南	0040034
毛赛君(女)	0358003001300214	北京	0030238	茅　毅	0358003001300211	江苏	0040036
王　斌	0358003001300205	河北	0030239	赵云辉	0458003002300002	云南	0040037
王武文	0358003001300255	广东	0030243	王安桂	0458003002300011	福建	0040039
徐婉莹(女)	0358003001300200	北京	0030244	邓焕新	0358003002300008	云南	0040040
何　剑	0358003001300201	北京	0030245	黄田烽	0458003002300008	福建	0040041
霍云杰	0358003001300253	山东	0030249	周林洪	0458003001300021	江苏	0040043
林常春	0358003002300013	广东	0030250	郭源浩	0458003002300010	广东	0040045
钟　林	0358003001300240	云南	0030253	黄耀辉	0458003002300013	福建	0040046
葛　威	0358003001300218	辽宁	0030254	刁重庆	0458003001300033	山东	0040047
夏维佳(女)	0358003001300221	江苏	0030256	迟益民	0458003001300025	辽宁	0040048
刘珍珊(女)	0358003001300252	山东	0030259	陈瑞学	0458003001300006	江苏	0040051
黄灵智	0358003002300007	福建	0030262	彭洪林	0358003001300239	河北	0040052
戴华东	0358003002300026	广东	0030263	姜　力	0458003002300001	广东	0040054
姚伟国	0458003001300047	上海	0030264	刘　强	0458003001300044	江苏	0040055

林春伟	0458003002300014	广东	0040057	张雍堂	0358003001300128	山东
贾双文	0458003001300035	黑龙江	0040058	赵太珍(女)	0358003001300129	山东
王亚春	0458003001300037	云南	0040059	李　勇	0358003001300131	
刘　国	0458003001300028	河北	0040060	常俊德	0358003001300134	北京
向　杰	0458003002300006	广东	0040061	周展东	0358003001300135	江苏
邓　兵	0358003001300044	四川	0040063	张　坤	0358003001300137	黑龙江
杨建青	0358003001300217	陕西	0040064	谈恒德	0358003001300139	上海
汤楚良	0458003002300017	广东	0040065	王坚弟	0358003001300140	上海
张建军	0458003001300045	辽宁	0040068	谭维莉(女)	0358003001300144	山东
张瑞芬(女)	0358003001300186	广东	0040069	胡家欣	0358003001300153	北京
张建琦	0458003001300042	湖北	0040071	金　怡(女)	0358003001300156	上海
黄绍华	0458003002300012	广东	0040073	冯振琦	0358003001300159	河南
伍岳鹏	0458003002300003	广东	0040075	徐国筠	0358003001300160	上海
王凤臣	0358003001300101	河北	0040077	唐文霞(女)	0358003001300163	浙江
俞益平	0358003001300119	上海	0040078	石延春	0358003001300169	河北
吴天佑	0458003002300023	广东	0040079	张　园(女)	0358003001300172	北京
冀　平	0458003001300091	河北	0040093	李卫军(女)	0358003001300173	河南
吴向炬	0358003001300009	广东		刘　翌	0358003001300174	广东
吕志艺	0358003001300010	福建		闫　威	0358003001300176	河南
李　剑	0358003001300012	山东		王　炎	0358003001300177	江苏
刘　扬(女)	0358003001300018	安徽		卢作约	0358003001300181	北京
刘思宏	0358003001300023	天津		张乃康	0358003001300183	江苏
卓建清	0358003001300024	福建		王向荣(女)	0358003001300184	江苏
付晓东	0358003001300025	宁夏		归　胜	0358003001300185	江苏
孙作东	0358003001300026	吉林		杨来德	0358003001300189	内蒙古
金旭松	0358003001300028	江苏		陈　肄	0358003001300190	四川
雷　昕(女)	0358003001300029	江苏		乔　欣(女)	0358003001300191	北京
肖　锋	0358003001300031	北京		段长军	0358003001300193	广东
侯永生	0358003001300033	河北		黄驹伟	0358003001300195	广东
吕　栋	0358003001300035	陕西		任明月(女)	0358003001300198	北京
郭尧鹏	0358003001300038	山东		芦　星	0358003001300199	北京
李红波	0358003001300048	湖北		孙　鹏(女)	0358003001300203	北京
多　峰	0358003001300054	黑龙江		王西进	0358003001300204	陕西
金丽梅(女)	0358003001300063	江苏		赵　淼(女)	0358003001300208	北京
刘　畅	0358003001300064	黑龙江		李维娜(女)	0358003001300209	北京
严　晖	0358003001300065	江西		黄国华	0358003001300213	北京
么瑞军	0358003001300070	内蒙古		彭京梅(女)	0358003001300216	北京
陈　欣	0358003001300073	黑龙江		林敬榜	0358003001300222	浙江
胡伟明	0358003001300076	河南		张大儒	0358003001300223	江苏
申同生	0358003001300078	北京		贾　轩	0358003001300225	北京
石　淼	0358003001300084	北京		徐　婧(女)	0358003001300226	北京
晋东军	0358003001300085	山东		王燕青	0358003001300232	北京
卜永强	0358003001300086	辽宁		李　茜(女)	0358003001300233	江苏
张荣申	0358003001300089	上海		易　磊	0358003001300235	江苏
赵　逊	0358003001300090	上海		张　悦	0358003001300237	江苏
姚　平	0358003001300105	江苏		郭　红(女)	0358003001300241	辽宁
孔庆斌	0358003001300107	北京		赖兆青	0358003001300242	福建
黎洁芳(女)	0358003001300110	广东		尹　鹏	0358003001300245	辽宁
吕　钟	0358003001300118	北京		周禹彤(女)	0358003001300246	辽宁
魏国华	0358003001300120	湖北		苏晓川	0358003001300247	辽宁
尚功意	0358003001300127	北京		高　琳	0358003001300249	北京

谭　家	0358003001300250	北京	
俞　骞	0358003001300254	北京	
秦　晖	0358003002300001	重庆	
郭　勋	0358003002300002		
金　锐	0358003002300003	安徽	
张卫辉	0358003002300004	广东	
陈惠良	0358003002300005	广东	
彭其辉	0358003002300009	湖南	
黄　勇	0358003002300012	广东	
梁伟新	0358003002300016	广东	
何载术	0358003002300017	广东	
徐婉儿(女)	0358003002300018	广东	
谢剑峰	0358003002300019	广东	
陈德然	0358003002300020	广东	
张志伟	0358003002300021	广东	
陈启超	0358003002300022	广东	
杨广星	0358003002300023	广东	
刘元桢	0358003002300024	广东	
何贤星	0358003002300027	广东	
蒋淳荣	0358003002300028	浙江	
张学光	0358003002300029	广东	
洪育平	0458003001300001	宁夏	
胡燕明	0458003001300003	北京	
赵巧莲(女)	0458003001300008	山东	
孙丽华(女)	0458003001300009	山东	
严　朝	0458003001300012	上海	
郑　晓	0458003001300014	浙江	
谢培华(女)	0458003001300015	上海	
陈　丽(女)	0458003001300017	广东	
许征雄	0458003001300023	山东	
刘小海	0458003001300024	四川	
方　瑾(女)	0458003001300029	江苏	
戴苏霞(女)	0458003001300030	江苏	
张　璇(女)	0458003001300031	江苏	
刘　鹏	0458003001300032	北京	
吴丹岗	0458003001300036	河南	
林在良	0458003001300039	湖北	
刘　鸣	0458003001300040	云南	
余月梅(女)	0458003001300043	广东	
李学潮	0458003002300009	湖北	
伍颖桃(女)	0458003002300016	广东	
吴志辉	0458003002300018	广东	
陈桂玲(女)	0458003002300019	广东	
吴智杰	0458003002300020	广东	
苏翠娴(女)	0458003002300021	广东	
甄晓云(女)	0458003002300022	广东	
沈国强	0458003001300048	上海	0030098
汤　敏	0458003001300049	上海	0030077
周　芸(女)	0458003001300050	江苏	
陈文琴(女)	0458003001300051	上海	
张宏德	0458003001300052	江苏	

徐文翠(女)	0458003001300053	上海	
薛　瑛(女)	0458003001300054	上海	
潘　奇	0458003001300055	上海	
隋树云(女)	0458003001300056	山东	
朱　勇	0458003001300057	上海	
徐　军(女)	0458003001300058	上海	
张俊勤(女)	0458003001300059	上海	0030265
宋　丹(女)	0458003001300046	江苏	
陈舒文	0458003001300061	福建	
于　快	0458003001300062	北京	
郑　妍(女)	0458003001300063	北京	0040104
李在成	0458003001300064	北京	
杨　元	0458003001300065	北京	
赵　伦(女)	0458003001300066	北京	
孙晓勇	0458003001300067	甘肃	0040105
曾祥明	0458003001300068	广西	
魏树斌	0458003001300069	江苏	
王　路	0458003001300070	河南	
马延科	0458003001300071	河南	
钞艺峰	0458003001300072	河南	
姚郑州	0458003001300073	河南	0040125
马守印	0458003001300074	河南	
阮利勇	0458003001300075	浙江	0040103
王　涛	0458003001300076	北京	
李庆松	0458003001300077	河南	
姜大禹	0458003001300078	北京	
吴　迪(女)	0458003001300079	北京	
李金文	0458003001300080	甘肃	0040127
吴北洋	0458003001300081	湖北	0040096
于敬东	0458003001300082	黑龙江	0040116
周　磊	0458003001300083	黑龙江	
李云海	0458003001300084	河北	0040114
李洪伟	0458003001300085	江苏	0040097
刘　浩	0458003001300086	山东	0040118
董景贞	0458003001300087	山东	0040109
宋　歌	0458003001300088	上海	0040123
柯国华	0458003001300089	福建	0040128
刘　亮	0458003001300090	新疆	0040122
智凡苏	0458003001300092	辽宁	
任卫东	0458003001300093	重庆	
刘　利	0458003001300094	辽宁	
戚媛媛(女)	0458003001300095	山东	
金华日	0458003001300096	吉林	0040108
董　健	0458003001300097	湖北	
蒲贵林	0458003002300025	四川	
熊　飞	0458003002300026	湖北	0040106
陈　亮	0458003002300027	浙江	0040102
刘小红	0458003002300028	湖北	
陈永生	0458003002300029	四川	0040119
池毓猷	0458003002300030	福建	
白宇文	0458003002300031	云南	

贾祥辉	0458003002300032	四川	0040110
骆俊逸	0458003002300033	福建	
上官昌浩	0458003002300034	福建	
卓　强	0458003002300035	福建	
李辉浩	0458003002300036	广东	0040100
林树根	0458003002300037	广东	0040113
周正成	0458003002300038	湖南	
孙　鸣	0458003002300039	广东	0040098
黎文燕(女)	0458003002300040	广东	
杜伟培	0458003002300041	广东	
叶瑞英(女)	0458003002300042	广东	
薛卫东	0458003002300043	广东	
梁鉴辉	0458003002300044	广东	
谢凤文(女)	0458003002300045	广东	
叶焚坤	0458003002300046	福建	
夏祥才	0458003002300047	四川	0040101
李　兵	0458003002300048	江苏	
梁卓辉	0458003002300049	广东	
沈燕华	0458003002300050	广西	0040124
石	0358003001300083	北京	
杨越平	0458003001300098		
周飞球	0458003001300099		

级别：四级／中级技能　（185名）

姓名	资格证书号	所在省市	会员证号
李玉娥(女)	0358003001400019	山东	0030067
胡玉兰(女)	0358003001400026	上海	0030068
翁庆勇	0358003001400022	浙江	0030070
徐海萍(女)	0358003001400032	上海	0030071
赵国梁	0358003001400018	上海	0030072
陈俊岭	0358003001400009	河南	0030075
宋建民	0358003001400001	黑龙江	0030076
江　安	0358003001400030	上海	0030078
丁　坚	0358003001400027	江苏	0030079
周　毅	0358003001400028	江苏	0030080
潘　铮(女)	0358003001400025	上海	0030082
周桂娟(女)	0358003001400023	上海	0030091
高　兴	0358003001400014	天津	0030033
李光辉	0358003001400011	云南	0030038
苑　柏	0358003001400005	山西	0030045
王开兵	0358003001400002	江苏	0030051
阚延全	0358003001400031	江苏	0030055
沈连树	0358003001400008	江苏	0030057
张文朝	0358003001400010	陕西	0030064
胡智萍(女)	0358003001400004	河南	0030093
刘　波	0358003001400020	山东	0030094
李　磊	0358003001400033	甘肃	0030104
应传章	0358003001400013	河北	0030105
葛　刚	0358003001400012	黑龙江	0030108
翟洪奎	0358003001400006	黑龙江	0030109
夏小洲	0358003001400007	陕西	0030119
余称新	0358003001400021	上海	0030123
蒋元斌	0358003001400037	福建	0030188
何青金	0358003001400038	福建	0030200
倪治亚	0358003001400039	江苏	0030201
武占芳	0358003001400046	河北	0030224
徐淑华(女)	0358003001400054	福建	0030228
柯丽娟(女)	0358003001400055	福建	0030229
杜方金	0358003001400040	云南	0030234
苏尚杰	0358003001400041	云南	0030235
黄海峰	0358003002400002	广东	0030237
王良化	0358003001400056	河南	0030240
曹　磊	0358003001400057	北京	0030241
朱永辉	0358003001400052	山东	0030242
虞　琪	0358003001400045	江苏	0030247
周　平	0358003001400049	甘肃	0030251
贺树杰	0358003001400061	甘肃	0030255
杨　勇	0358003001400042	河南	0030257
曾朝辉	0358003002400005	广东	0030258
王阿力	0358003002400006	广东	0030260
朱　日	0358003001400060	吉林	0030261
姚建军	0303000925400010	上海	0030266
何　坚	0358003002400004	湖南	0030268
苏明勇	0358003001400066	江苏	0030286
曹世平	0358003001400059	陕西	0030288
马　军	0458003001400001	北京	0040014
张守明	0358003002400001	江苏	0040021
经惠敏(女)	0358003001400051	江苏	0040027
孙大志	0458003001400007	吉林	0040033
何启昌	0458003002400003	广东	0040035
任　雷	0458003001400006	山东	0040053
徐婉玲(女)	0458003002400007	广东	0040067
王　涛	0458003001400010	江苏	0040080
蔡　宁	0458003001400011	江苏	0040081
房　磊	0458003001400012	山东	0040082
王天添	0458003001400013	江苏	0040083
刘　锴	0458003001400014	江苏	0040084
李　佳	0458003001400015	上海	0040085
战彦如(女)	0458003001400016	黑龙江	0040086
李高华	0458003001400017	江苏	0040087
林　岚(女)	0458003001400018	福建	0040088
朱俊官	0458003001400019	江苏	0040089
丁　环(女)	0458003001400020	江西	0040090
冯谷佳	0458003001400021	江苏	0040091
盛红根	0458003001400022	安徽	0040092
李洪健	0458003001400009		
刘　朴	0358003001400003	河北	
杜华方	0358003001400015	山东	
詹伟民	0358003001400024	上海	
江　涛	0358003001400029	上海	
常　明	0358003001400034	辽宁	

商玉生	0358003001400035	宁夏
吴晓祥	0358003001400036	北京
苏永俊	0358003001400044	甘肃
王建新	0358003001400048	浙江
张胜帅	0358003001400050	河南
段　丹	0358003001400053	湖北
王东明	0358003001400058	安徽
陆丽丽(女)	0358003001400062	辽宁
孙志浩	0358003001400063	辽宁
张　斌	0358003001400065	辽宁
甘志伟	0358003002400003	湖南
张泽军	0358003002400007	广东
张坚坚	0358003002400008	
高　峰	0458003001400002	山西
夏　强	0458003001400003	山东
王榆良	0458003001400004	陕西
任志龙	0458003001400005	辽宁
方　方(女)	0458003001400008	浙江
宗小伟	0458003002400001	广东
尚龙华	0458003002400002	甘肃
雷敬伟	0458003002400004	福建
蒋　葵(女)	0458003002400005	湖北
温绮玲(女)	0458003002400006	广东
徐永光	0458003002400008	广东
任永刚	0458003002400009	四川
范福林	0458003001400063	上海
樊伟兰(女)	0458003001400064	江西
左高飞	0458003001400065	安徽
李兴保	0458003001400066	河南
戚晨林	0458003001400067	上海
汤晓华(女)	0458003001400068	上海
袁　威	0458003001400069	上海
季永平	0458003001400070	
王晓光	0458003001400071	安徽
梁　健	0458003001400072	上海
赵　林	0458003001400073	上海
蔡　青	0458003001400074	浙江
王　倩(女)	0458003001400075	上海
李敬东	0458003001400076	青海
刘　胜	0458003001400077	青海
王晓峰	0458003001400078	
杨锡春	0458003001400079	江苏
程　理	0458003001400080	江苏
康缘新	0458003001400081	上海
丁小辉	0458003001400082	上海
孙云凤(女)	0458003001400083	
李　科(女)	0458003001400023	北京
钟　寰(女)	0458003001400024	北京
范一萌	0458003001400025	北京
徐京晶(女)	0458003001400026	北京
陈　曦(女)	0458003001400027	北京

陈　楠(女)	0458003001400031	北京	
赵　禹	0458003001400032	北京	
屈晶华(女)	0458003001400033	北京	
张　旭	0458003001400034	北京	
张丹丹(女)	0458003001400035	北京	
杨　颖(女)	0458003001400036	北京	
王　竹(女)	0458003001400037	北京	
刘　斌	0458003001400038	北京	
康　博	0458003001400039	北京	
梁　冉(女)	0458003001400040	北京	
苏　旋(女)	0458003001400041	北京	
赵　明	0458003001400042	北京	
邱若溪	0458003001400043	北京	
袁　野	0458003001400044	北京	
刘跃汀	0458003001400045	福建	
徐　然	0458003001400046	北京	
车春涛	0458003001400047	北京	
张发扬	0458003001400048	北京	
王　冠	0458003001400049	北京	
赵力杰	0458003001400050	北京	
李	0458003001400051	北京	
刘博锋	0458003001400052	北京	
曾雪莲(女)	0458003001400053	福建	
赫江江	0458003001400054	北京	
陈　庚(女)	0458003001400055	北京	
邓　颖(女)	0458003001400056	北京	
李　稳(女)	0458003001400057	北京	
周　宇(女)	0458003001400058	北京	
常梦婕(女)	0458003001400059	北京	
赵　蓓(女)	0458003001400060	北京	
杨　威	0458003001400061	北京	
窦　雨	0458003001400062	北京	
史艳军(女)	0458003001400085	北京	
金　勇	0458003001400086	北京	
张　特(女)	0458003001400087	河北	
任　旭	0458003001400088	陕西	0040121
石延涛	0458003001400089	内蒙古	0040095
李玉猛	0458003001400090	山东	
郑汉川	0458003001400091	江苏	0040107
胡莉莉(女)	0458003001400092	山东	0040120
常　江(女)	0458003001400093	山东	0040099
刘天舒	0458003001400094	西安市	
张　谦	0458003001400095	陕西	
龙文娟(女)	0458003001400096	新疆	
单　林	0458003001400097	河南	0040126
聂兴凤(女)	0458003001400098	辽宁	
张　贺	0458003001400099	辽宁	
余　璐	0458003001400100	河南	
李志明	0458003001400101	甘肃	
全　琮	0458003001400102	北京	
薄建强	0458003001400103	山东	

黄　刚	0458003002400010	广西	0040117
周佳林	0458003002400011	湖南	
叶燕荣	0458003002400012	广东	
于晶鸣(女)	0458003001400028	北京	
金晓璇(女)	0458003001400029	北京	
高　厦(女)	0458003001400030	北京	
高丽丽(女)	0458003001400084	北京	

级别：五级／初级技能　(20名)

姓名	资格证书号	所在省市	会员证号
李奇峰	0358003001500001	江苏	0030058
许东方	0458003002500003	广东	0040022
肖丽军	0458003002500007	湖南	0040026
史宇威	0458003002500005	江苏	0040038
侯　凯	0407020000558614	江苏	0040074
贾世利	0358003001500002	天津	
毛新祥	0358003002500001	湖南	
李彦青	0458003002500001	广东	
朱钥华	0458003002500002	广东	
许继峰	0458003002500004	甘肃	
李品刚	0458003002500006	广东	
徐　伟	0458003002500008	浙江	
王嘉路	0458003001500001	上海	
陈　浩	0458003001500002	上海	
曹延年	0458003002500009	广东	
刘奎发	0458003002500010	广东	
刘新泉	0458003002500011	广东	
夏隆泉	0458003002500012	广东	
黄　伟	0458003002500013	广东	
杨剑红	0458003002500014	广东	

【行业篇】

中国乐器年鉴
CHINA MUSIC INSTRUMENT YEARBOOK
(2003～2004)

中国钢琴行业发展现状

2003年度，中国钢琴制造行业生产总量达34.2万架，其中立式钢琴约31.9万架、卧式钢琴近2万架，出口总量为7.9万架，全年销售总量（含出口）近28万架。统计数据显示，2003年全国钢琴生产总量比2002年提高15.32%，其中卧式钢琴产量增幅在55.24%，钢琴出口量增加了29.2%。比较上年行业发展水平，2003年钢琴产量、卧式钢琴产量、钢琴出口量三项指标的增长率均有不同程度提高，继续保持中国钢琴行业连续多年的持续、快速增长，产量仍居世界首位。

综观2003年度中国钢琴行业，其发展变化主要体现在以下几个方面：

首先，在生产总量上，立式钢琴、卧式钢琴的生产量都有增加，其中卧式钢琴生产量增幅明显。在1998到2003年这6年间，立式钢琴产量平均增速为11.35%，卧式钢琴产量增速则达43.72%，2003年的卧式钢琴产量是6年前的4倍多。这一变化，一方面说明我国钢琴产业在生产量上继续保持着稳步增长；更重要的是体现出，在行业发展过程中逐步加大了技术投入，技术含量较高的卧式钢琴正在成为市场的主导，生产企业也逐步由单纯的数量外延型向数量和质量并重的高效型企业转变。

其次，企业数量的增减是体现行业发展变化的又一重要指标，2003年国内钢琴制造企业数量变化明显。截止2003年，钢琴（整琴）制造企业（含国内定牌企业）约110家左右，国内钢琴品牌数量达到200余个。目前，行业内仍在不断有新企业、新品牌诞生，企业数量仍呈增加趋势。企业数量的增加直接体现了行业的发展壮大，显示出钢琴制造领域仍然存在的旺盛的市场潜力，行业规模的扩大，创造了行业繁荣发展的前景，也给略显滞后的中国钢琴市场注入了强心剂，对发展中国的钢琴制造和消费市场无疑具有积极推动作用。但随行业规模迅速扩充而日益突出的行业监管、技术力量、恶性竞争等问题也将影响部分企业的生存，市场对行业发展的规范和引导作用将越来越明显。

第三，2003年国内钢琴企业在地域分布上，没有较大变化，广东、上海、北京、山东、辽宁、天津等地仍是中国钢琴的主要生产地，新兴企业也多集中出现在上述几个区域或周边地区。其中上海地区企业数量增加最多，各类钢琴企业约有40家左右，另外，浙江地区企业数量增长较多，并出现“一企多注”现象，借优势地区的产品知名度或生产技术、交通运输等便利条件，通过异地注册增加新兴企业竞争力。

第四，从企业所有制结构看，国有企业仍然占据主导地位、但市场份额有所减少，合资企业、民营企业发展势头强劲、市场份额逐渐扩大。截止2003年，我国国有钢琴生产企业共有5家，年总产量达16.58万架，占全国钢琴总产量的48.27%，比2002年下降了6.39%。其中，国内规模最大的广州珠江钢琴集团公司2003年生产量占全国总产量的21.43%，出口额占总出口量的17.58%；历史最久的北京星海乐器有限责任公司2003年产量占全国总产量的11.64%，出口额占总出口量13.11%；近年来发展较迅速的营口东北钢琴集团公司钢琴总产量占国内总量的8.16%，出口额占总出口量的14.93%。2003年，中国境内合资钢琴生产企业数量为16家，钢琴生产总量达11万余架，占全国总产量的32.02%，比上年增加了0.31%，其卧式钢琴产量和产品出口额较之2002年均有不同程度增长。发展较为突出的合资企业，如天津英昌乐器公司、青岛世正乐器公司、萧山雅马哈乐器公司等。2003年，民营钢琴企业在数量和产量上也有突出表现，如上海玛珂钢琴、南京摩得利钢琴等，年产量都在5000台以上，品牌效应愈加明显。

总体上，2003年中国钢琴工业是经受住包括“非典”在内的诸多考验，继续保持了持续增长态势，并已成为世界钢琴的主要生产基地和销售市场。中国钢琴在质量、规格、档次等方面都有了较大提高。2003年9月，国家质检总局公布珠江、星海牌钢琴为2003年“中国名牌”产品，并对其进行了表彰。中国钢琴也得到国际钢琴市场的认可和接纳，形成了中国钢琴出口到以欧美市场为主导的世界62个国家及地区的空前规模。

（梅雨）

浅析中国西管乐器的发展趋势与现状

中国乐器协会西管乐器专业委员会会长　焦永达

2003年全国西管乐器总产量近80万支，比2002年增长约29.6%。以上资料可以看出：西管乐器行业发展迅猛，产量急骤增加，市场竞争加剧。新的体制带来新的机遇，改革开放给西管乐器带来了勃勃生机，输入进了新鲜血液，增添了无穷活力。但同时一些负面现象不时出现。有些厂家为快速求得投资回报，只求眼前利益，不顾产品质量，粗制滥造，没有一套科学的完整的质量管理体系去保证企业生产正常顺利进行。产品质量差，达不到产品标准要求，音程关系不准确，外观质量保证不了，其结果坑害了消费者，使消费者会因为乐器质量达不到要求而误认为是自己的能力差而永远放弃了对乐器的学习。试想拿低质量乐器学习的人怎么能成功。还有，我们的乐器一经出口，大部分是国外初学者首选的乐器，这不仅阻碍了国内西管乐器的正常发展，在国际上也造成不良影响。还有一点就是价格问题，由于一些厂家的产品质量保证不了及其它因素；便在价格问题上大做文章。不遵循平衡的价格对价值的公式，一味压价，扰乱了西管乐器行业正常的营销市场，蒙蔽了不少初学者，姑息了惟利是图的奸商。时间可以证明一切，这种做法不会长久。价格太低容易被看作是“垃圾”产品，即使价格再低，对于文化素质正在不断提高的人们来说，也会认为不值得购买。这些现象都是在发展过程中不可避免的。中国有句俗话“清者自清，浊者自浊”，优胜劣汰是不可抗拒的历史规律。像河北金音、天津津宝、北京管乐等正规厂家，始终把产品质量放在第一位，“只有保证产品质量，产品才有销量”；“产品不仅质量要好，还要有统一性和稳定性”；“企业的生存只有拼质量”等等理念已是这些企业管理者的共识。大连、北京、河北等企业率先进行了ISO9000的质量管理体系认证。正是有了可靠的质量保证体系，再下大力气抓新产品开发研制，适应国内外市场需求，使西管乐器产量年年上升。越来越多的产品被国内外消费者认可，出口额大大提高。仅2003年铜管乐器出口量为：506、443支，比2002年增长123%，出口金额2390万美元，比2002年增长89%。大连厂的产品90%出口，天津津宝外销基本达到总销额的85%左右，河北金音产品出口量达到企业生产总量的90%，北京厂2002年出口400支，2003年猛增到2643支等等。国产西管乐器生产已占据世界西管乐器90%以上的普及产品的市场，欧洲、美国已成为中国西管乐器最大的市场。

展望未来，西管乐器行业在中国乐器协会的大力支持和帮助下，各企业根据自身的发展优势，会大显身手，各显其能，会注重企业队伍的整体素质的提高，加强同国外同行业的沟通。我们的目标不仅要满足国内不同消费者的需求，更要向国际市场挑战，要出精品，要有品牌意识。这就要求我们更加重视企业的产品质量管理，国内外西管乐器市场非常大，发展前景很乐观。据有关资料统计显示：全世界范围内有70%的人表示对乐器感兴趣，而今乐器整体市场只有18%的人进入到这个行列里。也就是说有82%的人还没有进入到乐器市场。这里的空间很大，只要我们有品质优良的西管乐器产品，有满意的售后服务，就会有更多的西管乐器爱好者加入进来，而我们西管乐器制造业也会更加兴旺发达。西管乐器的发祥地是欧洲，但我国西管乐器产品已能在欧美市场上牢牢占有一席之地，并赢得越来越多的客户的青睐，我们的产品已融入到世界乐器行业里。我相信，中国西管乐器行业会在世界的乐器舞台上创造更加辉煌的明天。

中国提琴行业发展现状

2003年是中国提琴行业又一个快速发展的一年，提琴总产量达到69.4万多把，比上年增长22%，达到历史最高水平，继续保持世界第一的宝座。其中“提琴之乡——江苏泰兴”累计完成36.3万把，占全国总量的52.3%，泰兴凤灵乐器有限公司完成各类小提琴、大提琴合计23.6万把，仍然居世界第一。另外全国年总量5万把以上的企业还有5家，分别是北京华东乐器有限公司、泰兴斯坦特乐器有限公司、河北峦宇乐器有限公司、广州珠江钢琴集团公司提琴厂、北京艺苑乐器制造有限公司；年总量1万把以上企业有河北金音乐器制造有限公司、泰兴泰乐提琴厂、泰兴市琴艺乐器有限公司、泰兴市东进乐器有限公司、广东揭阳长城乐器有限公司、泰兴声威乐器有限公司、北京红艺乐器厂、上海提琴厂、泰兴为民乐器厂、泰兴新世纪乐器有限公司等10多家企业（不含天津的外企）。提琴生产企业也达到80多家（符合工商登记条件的），其中江苏泰兴有29家，北京有12家，广东、天津分别有10家，河北有5家，加上上海、营口、四川等地，提琴生产的规模企业越来越多；直接从事提琴生产的从业人数已达4万多人，加上配件工厂和印刷、包装、油漆、机械加工、运输业等配套产业的相关人员，全国有6万多人为这个行业服务，而江苏地区就有3万多人。2003年骨干企业年总销售已达到2.8亿元左右，其中江苏泰兴就达1.6亿多元，构成了一个颇具特色的“产业集群”。

从提琴发展的总趋势来看，骨干企业仍然支撑了整个行业的发展，他们仍然集中分布在江苏、北京、广州、天津、河北等地。产品的品牌品位在继续上升，“凤灵”、“红棉”、“金音”等品牌已成为知名品牌，其中“凤灵”商标已在美国等10多个国家注册登记，成为国际知名的品牌，20多家骨干企业已有60%的企业通过了ISO9000系列质量体系认证，中国提琴不断从量大向质优、从松散向规模、从低档向精品等方向发展，从“量”和“质”上都表现了“西洋乐器－中国人为王”的飞跃。

纵观提琴业的整体发展和现状，2003年全行业发展突出表现的有以下几个方面：

一是国际国内市场增幅较大，整个行业呈现供不应求态势；国际上随着中国入世后全球经济一体化的不断深入，骨干企业外销额（含自营出口）成倍增长，再加上外资企业的介入，全国近70万把提琴产品有80%销往世界100多个国家和地区，其中泰兴凤灵乐器有限公司98%的产品远销欧、美等50多个国家和地区；国内随着人民生活水平的不断提高，人们对青少年的艺术教育越来越重视，全国各地提琴艺术教育如雨后春笋，需求量在成倍上升，特别是培训体制的灵活性激发了一大批培训老师的积极性，市场就更活跃。因此，国内无论是大、小企业或大、小琴行，其经济效益也随着市场发生较大幅度的增长。

二是行业行为不断规范，整个行业在竞争中共同发展；通过中国乐器协会对整个行业的引导以及提琴分会成立以来近三年的沟通与协调，提琴行业从2003年的效益比可以看出是提升的。一方面大家对节约国家资源，确保资源有效升值有了充分的认识，所以致力中、高档琴的研究与制造成了各个企业的主攻方向；第二方面，市场的扩张给所有企业以合理价格的竞争空间，在国际展会上，中国企业与外商不再是“谈价、压价、让价”，一种良好的局面是大家都在为保护我国提琴产业的共同利益而“谈价、议价、抬价”；第三方面产品标准的规范也为行业的有序发展奠定了基础，提琴产品从国外传来中国，本来就是风格不一，流派不同。所以对产品标准的衡量历来是众说纷纭、各抒己见。2002年由北京乐器研究所与泰兴凤灵乐器有限公司共同修订的《4/4小提琴》、《4/4小提琴弓》以及新制订的《4/4大提琴》、《4/4大提琴弓》和《提琴弓通用技术条件》等五项标准都已通过了专家审定，经国家质检总局批准，从2003年9月起已陆续颁布实施。

三是依靠科技不断创新，行业品位全面提升；各企业在完成基本积累和完善基础工艺的同时，都在围绕追求高品质产品，建设高素质人才队伍展开工作，全国首家省级“乐器材料与技术应用工程研究中心”已在泰兴凤灵乐器有限公司正式挂牌成立。全国轻工行业职业技能培训与鉴定中心在北京、广州、营口都已成立了乐器行业特有工种鉴定站。由泰兴凤灵乐器有限公司与中国艺术研究院音乐研究所合作研制的“乐器声学品质检测系统”以及与四川音乐学院陈泽教授合作研制的《低音火不思及其创新技术在提琴上的应用》项目都已通过了文化部科技成果鉴定。与江南大学生物工程学院合作开发的《木材微生物处理》已试制成功，并建成了中试基地，该项技术已获国家发明专利。另外在全国各地的音乐院校，文化团体中研究和热衷于小提琴音质改良的爱好者越来越多，且卓有成效的也很多，特别是北京、江苏、河南、湖南等地，都纷纷与提琴分会联络，有要求合作的、有推广技术的、有奉献技艺的、有的已直接在指导生产操作，这对提高提琴的品质同样起到了一定的作用。尤其是提琴制作师分会的中、高档琴制作者，为提升中国提琴的全面品质作出了很大的成绩，在郑荃教授的直接指导下，他们举办了几期大师培训班，广泛的进行技术交流和学术讲座。并在意大利举办的国际提琴制作比赛中获得较高的荣誉。通过制作师分会的引导，一大批制作室应运而生，一大批技艺精湛的手工提琴制作师也在不断成长，队伍越来越大，为中国提琴品质国际化起到了积极的引导作用。2003年，根据劳动和社会保障部的要求，由中国轻工业职业技能鉴定指导中心和中国乐器协会共同指导的《提琴制作工》国家职业标准，已由中国乐器协会提琴分会和泰兴凤灵乐器有限公司负责编制，并已通过专家审定批准颁布实施。《标准》的颁布实施将为规范提琴行业技能教育和提高从业人员的整体素质提供了科学的理论体系。

四是各级政府鼎立支持，行业发展集约放大；从提琴产品密集区的情况分析，江苏、北京、广州、天津各有特色。江苏泰兴之所以能成为“提琴之乡”，主要得益于泰兴凤灵乐器有限公司这几年无论是人才、市场、技术，还是材料的供应，都是个孵化器，20多家成琴厂与30多家配件厂的诞生，无一不与之有关。当地政府十分关注和支持整个产业的发展，除给定各项优惠政策以及资金信贷的帮扶外，还着重抓了几件实事：一是精心策划、全力办好“提琴节”，形成政府搭台、企业唱戏的经济与文化的舞台。实践证明，由中国乐器协会主办，提琴分会及泰兴市溪桥镇人民政府、泰兴凤灵乐器有限公司共同承办的2001年“中国·溪桥乐器展览会”、2002年的“中国·溪桥提琴艺术博览会”、2003年的“中国·溪桥提琴文化·科技节”都办的很成功，给行业和企业带来无限的商机和综合提升的机遇；二是成立地方性行业协会，由泰兴市经济贸易局、泰兴市工商业联合会、泰兴市民政局、泰兴市溪桥镇人民政府以及泰兴凤灵乐器有限公司共同发起，组建的“泰兴市乐器协会”已在溪桥镇挂牌成立，协会有在泰兴市境内的39家乐器生产企业组成，由泰兴市质量技术监督局、泰兴市工商局等十三家单位组成顾问单位；中共泰兴市委副书记唐勇兵、市委常委、常务副市长顾弘庆两位领导亲自担任名誉会长，并通过选举的方式选举李书同志担任了第一届会长，标志着泰兴的提琴事业又将走上一个更加健康、有序发展的新的历史阶段；三是溪桥镇专业乐器木材市场的兴办，为规范木材的价格、质量打好了基础；四是“产业集群”的兴办，由泰兴市计划发展局主持的“江苏省泰兴乐器产业集群”项目申报工作已进入论证审批阶段，“产业集群”的兴建将有力地推动“提琴制造、提琴市场、提琴教育、提琴文化”四位一体工作的加速发展，也为整个集群特色园区的企业带来更大的发展空间。在北京平谷区东高村镇，一座规模宏大的乐器城在当地政府的大力支持下即将崛起，“北京乐器城”从2003年开始规划建设，总规划面积6.22平方公里，起步建设区为80公顷，乐器城内也将形成以提琴产品为主体、民乐、管乐等为配套的综合乐器产品生产基地，目前已在乐器城内的北京华东乐器有限公司和北京长安乐器有限公司都已形成了很大的生产规模。随着乐器城各项配套措施和政策的到位，必将有更多的国内外乐器投资商投资兴业，成为全国第二大提琴之乡。在广州、天津等地，当地的政府对扶持和推动整个乐器行业的发展都有一系列措施，为整个行业的跨越式发展奠定了坚实的基础。

总之，2003年提琴行业所取得的成绩是喜人的，但也存在一定的问题，突出表现的一方面是材料的价格未取得有效控制，特别对材料的利用出现了失衡，一些小规模企业或急功近利者，一味将材料降格使用，使资源造成浪费，对规模型企业中、高档琴造成很大的市场压力；二是市场价格（包括乐器配件）虽然有共同的意识，但尚未能完善一个合理的价格平台，所以同等档次产品的价格差还是较大的；三是行业的膨胀呈过热态势，任何产业都有其特殊性，都有其饱和的过程，而目前提琴行业虽然从国内外市场分析是供不应求，市场的空间确实很大，但低水平的重复投资与不规范的管理体系，给整个行业会带来负面效应，势必会造成“中国提琴＝低价＋劣质”的错觉。如何在全世界形成一个“中国提琴＝优质＋精品＝高价”的良好局面任重而道远；四是人才的竞争不规范，人才的培养体系不完善，造成人才缺乏和浪费。诸如此类的问题我们的总结还不全面，针对存在的问题，规范行业的发展很重要，引导行业的优化发展就更重要，因此，发挥行业协会的作用，尊重行业协会的工作，服从协会的领导，每个企业都应该引起足够的重视。

今后三年，提琴产业必须着重抓好以下几个方面工作：一是进一步规范行业的全方位发展，尤其在资源控制、人才竞争、市场竞争上花大力气，形成共识，携手发展；二是尽快完善人才培养体系，从标准、培训、考核等基础工作抓起，通过培养一大批实用技能人才来确保人才竞争的有序化，并为产品品质的提升打好基础；三是把科技攻关和新品开发放在工作的首位，通过引入市场机制来加速科技转化为生产力，争取多出名品、多树名牌、多创名企；四是充分发挥协会和专业分会的作用，在各级政府的大力支持下，迅速形成产业特色模块，形成分工发展、合作壮大的集约式经济，以确保资源的有效升值和产业的最优化发展。

（钱富民）

（作者系中国乐器协会提琴分会副秘书长）

吉他行业

20世纪末，中国已经成为世界最大的吉他生产国。曾作为世界吉他主要生产地区的我国台湾省绝大部分吉他生产厂移至我国广东惠州秋长及福建漳州地区。据不完全统计，目前我国有吉他生产企业近100家左右，其中广东星臣、广州红棉吉他等七个主要生产厂总产合计达230.91万把，如果再加上其它省市一些吉他生产企业，估计2003年中国吉他总产量达到500万把左右。

目前，我国吉他生产主要地区集中在广东、山东、江苏、福建等省市，以广东省为我国主要吉他生产地区，产量大约占到全国产量的60%以上。广东四会华声乐器有限公司的“星臣”牌吉他和广州珠江钢琴集团公司的“红棉”牌吉他的产量占到整个广东省吉他总产量的70%以上。2003年，“星臣”吉他总计生产100万把，红棉吉他总计生产42.41万把。“星臣”吉他和“红棉”吉他是我国吉他产品的两大主要品牌，2003年获得广东省“名牌产品”称号，在国内外乐器市场均有较大的影响力。

中国入世以后，中国吉他生产又有了进一步的发展，表现在外资进入中国市场的规模化、快速化发展，以韩国为代表的外资企业主要在天津、山东等地建立独资生产企业，产品有木吉他、电吉他及两用吉他等品种，产品基本上全部外销。而国内吉他生产企业在规模上有更大的发展，在款式和品种上基本与国际市场接轨，产品80%以上销往世界各国。产品质量有不断提高，广东四华声乐器有限公司聘请了美国、德国、韩国等国家的专家到企业全面指导生产，使产品质量有了明显的提高，目前该企业产品已达到国际中档吉他水平。

国内吉他市场在2003年竞争达到白热化程度，各类品牌的木吉他、电吉他琳郎满目，价格差异十分明显，从数十元到数千元不等，低档次吉他中，假冒名牌吉他屡见不鲜，同时产品竞相刹价造成企业无利润可言，部分企业开始难以生存，转入其它产品生产。

（白小琪）

中国民族乐器制造业发展现状

民族乐器是一个很庞大的家族，按照演奏形式划分的吹、打、弹、拉四个类别，听起来很简单却涵盖了浩如烟海、各具特色的数千种民族乐器。近年来，民乐生产企业数量不断增加、产量节节攀升、产品质量也不断提高。而产地区域上没有很大变化，依然是以南北方地理位置为主要划分标准；市场格局虽已打破南北局限，但由于民族乐器对气候和干湿度的变化较敏感，加之南北方民族乐器在音质、审美方面的不同，南北地区产销差异依然存在。

产地：南方的上海、江苏两地仍是中国民乐器的主要生产地。上海地区凭借上海民族乐器一厂独占民乐市场先机，江苏地区以苏州民族乐器一厂为中心，以苏州、扬州、扬中、常州和苏北徐州等周边地区大量规模不同的民乐企业共同发展为特色。北京、河北仍是北方民乐的集中地。从北京民族乐器厂分流出去的大批私人作坊成为北京民乐器的主要生产力量，如专业制琴师傅办的手工作坊，前店后厂、自产自销，满瑞兴琵琶、王秋利二胡、田双琨古琴等，或者开设兼顾生产和销售的综合企业，如自产乐器也兼卖各类乐器的运智琴行等。河北地区民族乐器生产经过近十年的发展，产品和品牌已渐趋成熟，突出特点是继承和发扬了原北京民族乐器厂在扬琴产品上的研究成果，成为国内主要扬琴产地。饶阳北方民族乐器有限责任公司、饶阳成乐民族乐器有限责任公司、河北乐海乐器有限责任公司、河北饶阳祥云民族乐器厂等都是该地区发展时间较长、技术力量较强的企业。另外，河南、甘肃等地企业也从单纯的木材加工发展成为综合民乐生产企业，像开封龙音乐器公司、开封中原民族乐器有限公司等。此外，在云南昆明、广西贵州、吉林延吉、新疆、西藏这些少数民族聚集地区，都有专门生产当地少数民族乐器的企业，但由于市场有限，产量基本稳定。总体来看，由于近年来，民乐器的销售形势日趋看好，从事民乐器生产的企业、个人数量呈增长态势，除上述地区外，从北到南，黑龙江、辽宁、天津、唐山、江西、浙江、广东、福建等地都有民乐制造企业，市场竞争日趋激烈。

产量：从产量上看，虽然2003年上半年遭遇“非典”疫情，企业生产受到一定影响，但2003年生产销售形势较2002年仍保持增长。各类主要乐器产量上，上海民族乐器一厂的古筝、琵琶产量都在万件以上，居国内企业同类产品产量首位。以扬州龙凤琴筝有限公司、扬州开发区金韵乐器厂、扬州正声民族乐器厂等为代表的扬州民乐企业古筝产量从近万台到4000台左右不等。苏州民乐一厂和上海民乐一厂的二胡产量都已近十万件，均占两家企业产品总销售量的50%。扬琴产品是河北地区几家企业的主打产品，产量在4000~5000台左右。另外，像阮、月琴、柳琴等各厂家的生产量都在5000件以下，与需求量基本相当。产量增加主要源于企业数量的增加，特别是私人手工作坊的大量涌现，单个作坊的产量虽都不大，但因数量众多，其总产销量也是民乐市场竞争的因素之一。

质量：近两年，民乐艺术空前活跃，良好的内外部环境为民乐企业发展创造了难得的发展机遇。日趋激烈的市场竞争，促使企业严把质量关。对于目前国内市场上的几大民乐品牌，民乐演奏家普遍表示产品质量在不断提高，特别是改良后的古筝、二胡、琵琶、扬琴等，在形制结构、音序排列、音域音色等方面已基本定型，在演奏性能和稳定性上都达到了比较理想的状态，只要生产者把好材料关、技术关、制作关，产品质量不会有很大问题。而现在的民族乐器之所以问题不少主要还是存在偷工减料、技术力量等问题。

改革：民族乐器的改革或说改良问题一直都伴随着民乐生产的发展。近年，随着蟒皮使用问题的愈加突出，众多二胡生产者将面临更加严峻的生产形势。国家有关部门开始着手对二胡生产中的野生蟒皮原料试行专用标识管理制度。2003年8月12日，中国民族管弦乐学会乐器改革制作专业委员会在北京成立。成立大会上，中国著名民乐作曲家、指挥家刘文金谈到：“西方交响乐队的逐步完善，经历了数百年漫长的乐器改革和改良过程。这一过程，紧紧伴随着西方工业革命与科技进步而展开。从总体上看，民族乐器的改良与改革还处于分散、自发、无序、缺乏整体计划与长远目标，缺乏科技含量与高度标准化的基本状态，还远远不能满足现代民族管弦乐队艺术功能和技术性能业已大幅度扩展的实际需求。乐器改革需要一批有乐队经验的作曲家、指挥家、演奏家同乐器技师和乐器厂家通力合作。”

（梅雨）

中国手风琴行业发展现状

中国的手风琴制造业历史悠久，解放前已有手风琴制作。20世纪50年代，轻工部制定手风琴产品质量标准，手风琴生产开始走上规范化、标准化的发展道路；70年代，手风琴产品成为中国出口创汇的重点产品之一，天津“鹦鹉”牌手风琴更成为这一时期国产手风琴产品中的佼佼者，中国乐器行业早期的“名牌”产品；80年代，中国手风琴生产企业开始高级演奏手风琴的研制工作，使我们手风琴制造步入国际先进行列。

近年来，手风琴行业一直面临着前所未有的严峻形势。早期的大量生产造成市场需求饱和，受到越来越多新兴乐器产品的市场冲击，学习者数量的减少和手风琴产品的自身特点也给市场开发增加了难度，至使手风琴行业出现重大变化。

截至2003年，国内原有的四家国有手风琴生产企业天津手风琴厂、北京手风琴厂、上海手风琴厂和营口手风琴厂已停产倒闭或被整体收购。取而代之的是一批原为大厂进行零部件加工的私营企业逐渐形成规模，成为手风琴行业新的主导力量。目前，国内生产规模较大、品种较丰富、产量较多的手风琴制造企业主要有：中美合资江阴金杯安琪乐器有限公司、河北香河天音乐器有限公司、上海申乐手风琴有限公司、扬州市华联手风琴有限公司和天津华韵乐器（集团）有限公司。另外，北京姜杰艺术中心、姜杰手风琴学校也定牌生产部分“姜杰”牌手风琴，广州珠江钢琴集团公司也于2001年开始增加手风琴产品生产，但他们在生产的规模和数量上都不大，其产品所占的市场份额相当有限。中美合资江阴金杯安琪乐器有限公司是成立于90年代的合资手风琴生产企业。十年来，企业在生产规模、产品种类、技术档次等方面不断提高，现已成为国内颇具实力的手风琴专业生产厂。2003年，在国家教育部“扶植西部教育计划”乐器产品招标中，“金杯”手风琴得到近3000台生产任务，成为国内唯一中标的手风琴生产企业。目前，企业研制生产的自由低音手风琴受到国内手风琴专家认可，市场反应热烈、供不应求，新型电子手风琴也在与专家的加紧研制之中。河北香河天音乐器有限公司是一家建立于80年代的乡镇企业，在国际手风琴界钮扣式手风琴逐渐取代键钮式手风琴的发展趋势下，企业开始自行研制生产巴扬式手风琴，并已初见成效。

中国手风琴使用者数量不但是各类乐器使用者中最多的，而且真正实现了老中青各个时代、阶层的最广泛结合。虽然国内手风琴产业出现萎缩，但国内外手风琴活动并没有减少，各种国际和国内的手风琴大赛仍在积极开展，国内各企业每年也都要赞助举办一些以企业产品命名的手风琴比赛，用以推动国内手风琴事业发展，同时以积极、健康的形式宣传企业优质产品。所以，国内外形势的积极推动使国内手风琴行业虽面临困境，仍稳步发展，为实现国产手风琴行业的复苏和新产品档次的提升奠定了良好基础。

（梅雨）

中国口琴行业现状

中国的口琴行业近几年保持稳定发展的状态。据中国乐器协会口琴专业委员会资料原有会员单位十二家，大都分布在上海和江苏等地，主要企业有上海口琴总厂，上海国光口琴厂，上海兰生豪纳口琴厂、上海兰生口琴厂、江苏天鹅乐器有限公司、江阴东方乐器有限公司、江苏激扬乐器有限公司、江苏奇美乐器有限公司、无锡铃木乐器有限公司等企业。近几年来又发展到浙江省，新出现几家口琴生产企业。

2003年上半年，突如其来的非典给口琴行业带来了不同程度的影响，单位的销售人员不能出差，原定的五月份乐器音响展览会停办，各地乐器批发商、琴行暂缓进货，给企业在国内市场带来了不小的影响。但许多企业克服困难通过传真、电话联系、电子信箱等各种方式促销，打开外销的渠道，如上海口琴总厂、上海豪纳乐器有限公司、江苏江阴东方乐器有限公司承接了大量国外的订单，特别是10孔20音的口琴订单，在非典最严重的时期也是这些企业最繁忙的时期，通过扩大外销的订单来弥补内销带来的损失。非典过后，各企业又抓住时机积极促销，使口琴专业委员会绝大多数会员单位渡过了困境，产销量有了明显的增长。

2003年以来，口琴行业大力开发口琴新品种、不断提高口琴档次。随着人们物质文化水平的提高，广大消费者对口琴的品种质量提出了越来越高的要求，特别是各地的琴行纷纷要求高档次的口琴。为适应市场的需要，口琴专业委员会各单位每年开发了许多新品种推向市场，如这几年江苏天鹅乐器有限公司开发的高档半音阶口琴、倍司口琴、和弦口琴供不应求，特别是12／48半音阶口琴，远远满足不了国内外市场的需求。今年一月在马来西亚槟城进行的马中口琴大赛中，马来西亚口琴演奏家张雅诰先生在用了天鹅牌口琴演奏后连声赞誉，当场向天鹅公司下达口琴订单。目前许多厂家难以满足市场需求的高档产品，上海口琴总厂的高档倍司、和弦口琴均需事先预订。

上海国光口琴厂有限公司去年以来从开发28孔宽音域口琴着手，目前已发展到28孔宽音域重音口琴、中音口琴及28孔12调全套口琴推向市场。江苏江阴激扬乐器有限公司在继续发展手风琴、管乐器的基础上继续开发口琴新品种，去年以来试制生产了顺序音阶口琴投放市场。无锡铃木乐器有限公司承担了日本铃木公司的口风琴生产制造，不断将新产品、新品种推向市场。

近几年，针对社会上假冒上海江苏口琴生产厂商标，进行非法交易的事件不断发生，口琴行业积极开展了打假查假活动，针对一些不是口琴专业委员会的生产企业，他们不按口琴标准生产产品及冒用品牌，冒用商标，通过市场抽查公布情况，让消费者有所了解。上海国光口琴厂有限公司在全国各地主要城市进行走访调查，进一步制止假冒国光牌重音口琴在市场的流通，江阴东方乐器有限公司为了维护上海东方乐器厂敦煌牌口琴商标的权益，组织力量会同上海东方乐器厂在浙江义乌进行打假，查清未经健全合法手续生产的敦煌牌口琴，配合工商行政管理部门给予封存，为理顺市场及销售渠道做了有效工作。在配合各企业开展打假活动中，口琴专业委员会也出面进行做了许多工作，发挥了行业应起的作用。

此外，为了扩大口琴学习群体，推动口琴普及教育，2003年口琴行业配合有关部门开始编写出版口琴考级教材。上海口琴总厂与上海国光口琴厂有限公司会同有关部门多次商讨关于口琴考级问题，经过努力，国内第一本口琴考级指定教材于2003年8月由上海科学普及出版社出版，这将进一步推动口琴活动的开展。

（白小琪）

中国打击乐器行业发展现状

近年来，国内打击乐活动空前繁荣，出现许多以打击乐器为主体的演出团体或乐队组合，打击乐器逐渐被越来越多的人所了解、接受，需求量日趋加大。目前，我国的打击乐器生产企业遍及国内各个地区。

打击乐器也叫“敲击乐器”，是指敲打乐器本体而发出声音的一类乐器。其中有些是有固定音高的打击乐器，如云锣、编钟等；其他还有一些无固定音高的打击乐器，如拍板、梆子、板鼓、腰鼓、铃鼓等。若根据打击乐器不同的发音体来区分，可分为两类：(1)“革鸣乐器”也叫“膜鸣乐器”，就是通过敲打蒙在乐器上的皮膜或革膜而发出的乐器，如各种鼓类乐器；(2)“体鸣乐器”，就是通过敲打乐器本体而发声的，如钟、木鱼，各种锣、钹、铃等。根据原产地不同，我国的打击乐器分为民族打击乐器和西洋打击乐器。

戏曲等民族、民间艺术的繁荣，推动了民族打击乐器生产数量的增加，生产企业数量近百家。其中，武汉洪发高洪泰铜响乐器有限责任公司、河北怀来锣厂等都是近年来国内经营较好的民族打击乐器企业。武汉的大抄锣、苏州的编钟都是民族打击乐器的精品。另外，河北霸州、廊坊，山东、山西和广州等地也有一些专门生产民族打击乐器或配套产品的企业，廊坊市普兰打击乐器有限公司、廊坊市晓铭打击乐器有限公司等都是其中发展较快的企业。

鼓类是打击乐器的重要门类之一。目前国内鼓类产品的生产也分为西洋鼓和民族鼓两大类。其中民族鼓近年发展突出。各种堂鼓、大鼓、腰鼓，以及少数民族常用的各种鼓都有生产。西洋鼓有定音鼓和架子鼓、小军鼓等，以天津津宝、广州保嘉等乐器公司的生产量最大，且出口额占产销量很大比重。台湾双燕公司等外资企业进驻国内投资打击乐器生产，产品多销往国际市场。

同时，儿童打击乐器、三角铁、定音沙棰等打击乐器的品种花色也越来越丰富。浙江余姚、河北廊坊等地生产量较大。在保持产品特色的同时，一些企业还开发出适合不同年龄、层次和功用的套装产品，充分发挥乐器产品的娱乐功能，扩大经营领域，满足市场需求。

另外，打击乐器经营数量也有所增加。北京箭丽打击乐器艺术中心等一些以打击乐器经营为主的商家逐渐成为国内打击乐器经营的重要力量。打击乐器销售逐渐改变长期以来的混合经营状况，专营、专卖，突出专业化成为打击乐器销售的突出变化之一。

（梅雨）

中国电子乐器行业发展现状

电子乐器行业包括电子琴、电子钢琴、电吉它等乐器产品的制造。随着电子技术渗透到音乐领域，乐器制造业也随之发生重大变化，电子乐器成为一个发展迅速的乐器制造门类，并不断丰富。

电子乐器由于其主要音源使用电子器件，所以电子技术的更新换代、音源的改进对乐器产品的使用寿命有着重要影响。早在20世纪60年代，中国出现了第一批电子琴产品，其变化多端的音响效果让人耳目一新，使音色单一的传统乐器相形见绌。80年代，随着国外品牌电子琴的推波助澜，国内电子琴企业数量急剧增加，产量大幅上升，加上电子琴相对低廉的价格，使其在中国乐器市场风靡一时。电子技术的高效性使电子乐器在短时间内实现了普及，但也正是电子技术更新频率极高的特点，也导致了人们对电子乐器的 “过渡”产品定位。一件电子乐器一般很难长时间占领市场，多在新产品或升级产品出现后即被迫退出市场。80年代末，在国际乐器市场逐步以数码钢琴取代电子琴的时候，中国也开始研制电子钢琴。

目前，我国专业生产电子琴、电子钢琴（或数码钢琴）的企业有十几家。天津雅马哈电子乐器公司是目前国内电子琴产量最大的企业，年产达100万台。深圳美得理电子有限公司是现有中国企业里电子琴（电子钢琴）产量最多的企业。深圳吟飞电子有限公司、上海华新电子电器总厂、揭西县美声电子电器厂、西湖电子集团音响集团设备有限公司、德州市佳华电子公司等都仍在继续从事电子琴或电子钢琴产品的生产销售。武汉致嘉钢琴制造有限公司是最早从事数码钢琴开发的国内企业，至今企业已经开发出第四代数码钢琴产品，唯一荣获国家科技部“国家级重点科技成果”奖，受到国内外专家认可。武汉铼特科技有限公司等数码钢琴生产企业也是目前国内为数不多的几家数码钢琴生产企业之一，在国内电子乐器行业领域都享有一定知名度。

这些电子乐器生产企业在核心技术的掌握及教学市场的扩大等方面，都已积累了一定的经验。此外，国内一些主要乐器企业如广州珠江钢琴公司、北京星海乐器公司、东北钢琴集团公司也正在加紧这方面的研发工作，尽快进入电子乐器的领域。

如今，随着数字技术进入到音乐创作、记录领域，电子乐器已不仅仅指那些通过电子元件发声的乐器，拥有一整套音乐创作、刻录等处理功能的电子乐器成为这一领域更具科技实力的先锋产品。同时，乐器市场上的电子键盘合成器销售量逐年增长，而技术进步促使电子乐器的价格不断下降，数码钢琴、电子鼓、电吉他等产品的价格也能为更多普通乐器消费者所接受，更有音乐人专门以电子乐器进行创作，对电子音乐进行专门研究。电子技术在乐器产品领域的应用范围也在不断扩大，目前国内手风琴企业通过引进国外技术，已开始自行研制电子手风琴等新兴电子乐器产品。

中国电子乐器行业发展时间较短、起点较低、技术力量较国外相对落后，多数厂家只是在电子琴的基础上研制电子钢琴等简单的电子乐器产品，对电子乐器产品在技术、规范等方面仍存在盲点，更缺乏开发新产品的能力，还需要企业在生产实践中引进技术、创新经营，真正实现现代科技与乐器时尚的亲密接触。

（梅雨）

中国风琴行业现状

2002年以来，我国风琴制造业继续呈不断下滑趋势，年产量不到两万架。

风琴生产严重下滑的原因是由于国内市场对风琴产品的需求量大幅减少所造成的。20世纪90年代后期，由于国家教委实施九年义务教育达标计划，对农村音乐教学设备具有强制性要求，要求每个农村中小学必须具备键盘乐器，风琴因价格较低，不用电，利于移动等原因，成为农村中小学的首选音乐教具。我国风琴生产顶盛时期，风琴企业最多时有六七十家，年产达到80000架，而该达标计划到本世纪初已经结束，因此，风琴作为农村音乐教具的历史使命已经完成，国家教育器材采购站不再将风琴列入采购计划当中，导致风琴产量大幅度削减。到2002年，我国风琴生产企业已下降至10余家，如：北京盈丰乐器厂、重庆宏扬乐器厂、上海大正乐器有限公司、天津华韵乐器有限公司，其它大部分企业转产、停产。目前仅有上海、北京、天津、四川等省市大约有五六家企业仍在生产风琴，风琴簧片生产厂也由原来的两家变成仅有宁波北仑一家生产，生产量大约10000架左右。仅存的几个风琴厂，也生产其它乐器，如北京增加了钢琴凳，天津产古筝、架子鼓，上海增加有大正琴等。

2003年，由于原材料价格持续上涨，使风琴生产雪上加霜，如风琴簧片用的铜材和木材的价格大约上涨了30%以上，但是风琴价格不动，甚至继续走低，使本来颇微的风琴利润更是微乎其微，大部分风琴厂基本上已无利润可言。

尽管如此，但是由于中国农村市场广阔，风琴在短期内还将继续有一定的需求，仍然具有一定的销售市场，因此，国内的几个较大的风琴厂还可以维持生存。

（张转峰）

中国乐器配件行业发展现状

近几年，乐器配件行业迅猛发展，已经开始由依附于乐器成品生产的从属地位，形成一个相对独立的产业，无论在产值和产量上都有了相当大的提高，并大量出口到世界主要乐器生产国。

乐器零配件行业包括乐器零部件和乐器辅件、包装物两大类。

乐器零部件制造业主要是为钢琴、民族乐器、提琴、吉他、西管乐器、电声乐器等各类乐器成品提供零部件。以钢琴零部件制造为代表，目前我国已经形成了一批规模化、专业化的生产企业，主要集中在上海和浙江宁波，其中，宁波海伦乐器配件有限公司和宁波东方琴业有限公司已成为我国最大乐器配件生产企业，2003年销售额分别达到4157.10万元和13521.7万元。这些企业由于专业化程度较高，并引入国外最新科技和设备，由此大大提高了我国钢琴零部件的精度和科技含量，从而不仅带动了整个钢琴制造业的水平，同时也为一些中小钢琴制造业提供了较为标准化的钢琴部件，使我国钢琴产量在较短时间里有了较快的增长。由于我国钢琴零部件制造水平的不断提升，受到世界一些主要钢琴生产国的密切关注，日本、美国、欧盟等国家和地区不仅从中国进口成品琴用于市场销售，同时也开始进口中国的钢琴零部件，用于钢琴组装。2003年我国钢琴零部件出口量已达到1240万美元。而其它产品，民族乐器、西管乐器、吉他等乐器也逐步形成了较为独立的专业生产乐器零部件的企业，一些老的传统生产企业，从过去大而全、小而全生产模式向组装厂过渡。这些生产形式的变化，都促进了我国乐器产品质量和生产效率有了明显的提高。

乐器辅件主要包括乐器支架、谱架及乐器内外包装物等。随着我国音乐事业的不断发展，乐器生产不断增长，乐器所用支架、谱架的用量有了较大的需求市场，由此带来的专业化规模生产逐步形成，目前我国最大的乐器支架和谱架生产企业主要是位于天津杨村的台湾功学社乐器公司和广州保嘉乐器有限公司等企业，这些企业每年都生产数以百万套的乐器辅件，并大量出口到世界许多国家。乐器包装物的生产，在我国有上海超拨乐器有限公司等数十家企业在从事专业化生产，企业分布地域较广，在我国沿海各省市都有生产，随着乐器档次的不断提高，乐器包装物的质量和外饰也在不断提高，科技含量也在不断增加，一些ABS注塑仿型乐器包装物问世，使我国乐器辅件生产走上一个新的领域。

（晓峰）

中国乐器木材材料工业现状

一、我国乐器用木材的资源现状

我国是森林资源匮乏的国家，能为乐器工业提供木材资源的主要地区有出产丽江云杉、林芝云杉、冷杉软木和枫木、楠木等珍贵硬木的西藏、四川、云南；出产鱼鳞云杉、红松、槭木（色木）的吉林、黑龙江、内蒙古东部地区；还有出产白花泡桐、兰考泡桐的河南、山东部分地区。由于我国大力推进天然林保护工程和环境保护工程，在大多数天然林区不断推行最严厉的“禁伐”政策，我国有计划和有规模的采伐木材的地区越来越少，仅仅在西南和东北少数林区有森工采运作业。2003年全年实际采伐天然林木材总量约700万立方米，其中能够用于制作乐器的高档次和高等级原木不到20万立方米。由于国内乐器材资源的有效供应量的逐年减少，与我国乐器工业的产能发展矛盾日益突出，根本而长效解决乐器材料短缺的最好途径是依赖进口，因此最近两年来，个别有实力和远见的乐器材加工企业和乐器厂开始规模化地从北美、欧洲、南美、俄罗斯和东南亚等国家和地区进口木材，预计去年进口乐器木材总量（折合成原木）达到6.5万立方米，因进口木材的成本比国产木材增加30～50%以上，因此国内的乐器木材材料的市场成本因国产木材的递减和进口木材的递增而不断上升，乐器木材和配件的市场价格将长期保持大副攀升势头。

二、当前我国乐器木材的使用范围及利用情况

乐器用材全部应用最优质的天然林木材，这些木材广泛用于制造钢琴、吉他、提琴、手风琴、脚踏风琴、管风琴等西洋乐器；同时，制作我国传统的琵琶、二胡、扬琴、古筝、鼓等民族乐器也需要大量的乐器材料。每种乐器木材的使用要求和标准都有显著的特点，一般选材都从林区挑选指定树种的原木开始，采用特殊的锯解制材方法切割成满足其需要的质量等级、尺寸规格、纹理、材色的锯材；锯材经过严格的人工或自然干燥，静置时效处理后，才能开始木材深加工制作乐器配件或乐器成品。经过改革开放20多年来的发展，我国已经培育并形成乐器工业产业化格局，乐器木材原料自林区采伐后的选材、流通、加工相对集中在材料配件工业企业（国际统称“音乐木材企业”）手中，木材原料通过配件企业实施配件化加工再供应到各类乐器工厂；大批乐器材集中在材料配件企业经过专业化和集约化加工，对优化资源配置、提高木材综合利用率、降低成本、提高质量、改善配套能力和提高乐器产能都有极大好处；材料配件工业的竞争演进和发展壮大过程，是我国乐器工业遵循产业分工和体系化发展，不断提高国际竞争力的有力保证。

三、我国乐器木材材料加工业现状

组成我国乐器木材材料工业的木材加工厂分布在全国各地，但主要以东北、西南和东南沿海为主，把专营和兼营企业综合计算总数超过250家，企业规模差别很大，大的企业年产值近亿元，小企业不过几万元；企业的技术水平差异也很大，只有少数工厂具有先进的原木制材、自然干燥、人工干燥、粗加工、精加工、恒温湿度时效处理和检验检测等有科技含量的木材精加工手段，关键工序应用日本、德国、意大利设备，所生产的产品质量达到或接近韩国、日本水平，如成都川雅木业有限公司，宁波东方琴业有限公司和宁波海伦乐器制品有限公司，除此之外绝大多数企业属于技术水平比较落后的作坊企业。涉及乐器木材加工的配件企业从业人员约有13000人。所生产的品种囊括民族乐器和西洋乐器的主要种类，其中规模最大的是钢琴配件厂，其次为吉他、提琴、民乐桐木加工厂和硬木加工厂。乐器木材的年耗用量和配件工业产值与前两年比较略有上升，但先进企业的配件产品的生产技术和质量水平却取得稳定提高，几个骨干企业的国际合作程度和竞争力增强，历年来鱼龙混杂的材料配件企业之间的良莠不齐差距进一步拉大，优势更优，劣势更劣，洗牌与整合已在所难免。

四、当前我国乐器原材料的科技开发及综合利用情况

乐器材料配件加工业已步入依靠素质竞争和培养核心竞争力的规范发展阶段，优势企业已经采用国际先进技术对人才培养、企业管理、加工技术、检测技术、客户服务和市场开发进行改造，在硬件上重点应用自动化数控加工技术、高频加热技术、恒温湿环境加工技术和试验室专项指标检测技术等先进技术装备改造传统加工手段；在软件上则采用引进外国人才、购买设计、应用ISO国际质量管理体系，采用日本、德国产品要求和标准、木材化学改性技术等方法改进管理和技术；在木材原材料上则应用国际最优性能和品位的木材新品种、替代树材种、木材复合材料、经物理化学改性的木材材料等方法提高材料属性。如果材料加工企业能够以新技术新工艺新材料作为技术开发项目，把能体现配件的性能优势、成本优势、品质优势和个性化差别优势的技术成果作为竞争手段，把资源保护和环境保护生产绿色环保产品作为奋斗目标之一，这不仅能提升我国乐器产业档次和国际竞争力，同时为促进国内市场有序规范发展起到良好作用。

（张华君）

钢琴调律师行业的任务和发展

新世纪伊始，钢琴调律师作为一个新兴行业，被纳入国家职业大典，成为我国诸多劳动行业中的一员，这无疑是一件好事，对我国钢琴制造业的发展是一个福音，对中国乐器协会——钢琴调律师的归口管理单位，就提出了以下几个方面新的课题。

一、钢琴调律师队伍的现状

钢琴调律师这一行业所以能进入国家职业大典，不是偶然的，它是我国钢琴产量和市场销量所决定的。

进入新世纪，由于我国钢琴质量不断提高，其外观质量已经接近国际中档琴水平，而价格仍处于低档琴的价位，所以，美、日中档琴全部从大批量规模化生产撤退下来，转入东南亚及中国生产（韩国的部份产品和主要部件是在中国生产的）致使中国的钢琴产量已超过30万台，跃居到世界第一，更可喜的是中国的30多万钢琴70%～80%是销在国内，可见中国钢琴市场之巨大。根据国家统计局2004年一季度发布的统计数字，全国平均钢琴占有率仅2.1%，即使在北京、上海、广东这三个经济文化最发达，也是钢琴支柱产业所在地，钢琴家庭占有率也仅分别为北京3.8%、上海5.80%、广东3.30%，而经济发达的美、日、欧，钢琴家庭占有率均接近30%。党的十六届三中全会，提出到2020年要全面实现小康，人均收入将比现在翻两番，达到3000美元，乡镇要逐步城市化。平均文化程度要达到高中……。据此我们预计钢琴产量按每年增长率5%（近3年来以2位数增长）计算，10年后产量就将达到50多万台。

通过以上的分析，我们就可以推算，我国现有钢琴调律师约4000～5000人，并且每年需新增调律师600名。但实际到2004年，取得国家职业资格的调律师仅为700多人，并且每次调律师资格取证考试的合格率在仅80%左右，即使合格的平均分数也较低，尤其在调整方面的技能水平差距更大。

近年来，以我国四大钢琴支柱企业为例，在工艺水平，特别是在外观水平上有了突飞猛进的发展，这已被国际市场所公认。记得十几年前，我国的钢琴摆在国际乐器展会的大厅上，犹如一个身着小花袄的乡下姑娘，虽然透着几分可爱的稚朴，但是在众多金发碧眼的美女群中，未免透出几分羞涩，几分无奈……。如今在大型国际展会上，在众多名门闺秀、美女如云的大场面中，我们的东方美女、以其黑头发黑眼睛所特有的东方之韵、不无骄傲地挺身玉立在西方的美女群中……，这无疑是中国钢琴制造业两代人的汗水所浇灌出来的艳丽，也是我们倾注了半个世纪的辛苦劳动所换来的成果，我们自然有理由高兴，有理由欣慰和自豪，但是我们却不能骄傲，我们还有很长的路要走，比如我们钢琴的使用质量，实在还应下大力去改进。显然我国钢琴使用质量不高，是由于在很多原材料，特别是毛毡、呢料从天然材料（受气候影响较大）改为化纤材料方面，远不如日本做的彻底。此外，我们还必须看到，我们大多数调律师，在调整方面的差距实在太大，更为严重的是，现在有一种呼声：对调律师不能要求太高，甚至对已经取得高级技师（国家职业资格一级）、技师（国家职业资格二级）的调律师，要求他们熟知钢琴部件的加工工艺，也不赞同，难怪钢琴厂技师们说：调律只是钢琴生产的一个工序。然而我们只要认真看一看，美国调律师W·怀特先生在1919年出版的《钢琴调律与相关技术》一书，我们就知道了国际公认的对调律师应该具备什么知识和能力。

二、如何培养调律师

我在这里要呼吁钢琴厂的领导们，甚至也包括琴行的老总们，钢琴的使用质量表面看起来是调律师和使用者的责任，但真正受害的却是钢琴厂，因为就目前来看，琴厂和琴行为售后服务所培训的调律师们，绝大多数只注重调律，而不重视调整。但是在钢琴的使用中，没有人因为音不准而指责这个品牌的琴不好，反之一个在工厂的技师们看来很小的毛病，调律师做售后服务时修不好，就会成为质量问题而影响产品声誉，甚至出现因琴键不起、榔头贴弦，竟然有调律师责问：为什么不加强出厂检验。厂家因异地销售出现变化而大伤脑筋，想了很多诸如开箱静置……等措施，其实只要你培养一个调整的好手（哪怕不会调音），一切问题都会迎刃而解。

另一方面，作为中国乐器协会钢琴调律师培训中心，应注重高级调律师、技师乃至高级技师的培养。

最近有地区正在组织调律大赛（仅调律和简单的键盘调整）优胜者可以破格评为“技师”，似乎通过比赛可以“赛出”技师。其实专家，高级技术人才是赛不出来的，高级技术人才、专家无一例外，都是在不断地培养，在实践中长期磨练出来的，这是社会实践的规律，古今中外均是如此。

加强培训，加强高级技能人才的培训是行业赋予我们的使命，也是中国乐器协会钢琴调律师培训中心责无旁贷的义务和责任。

三、如何发展调律师队伍

我估计，目前国内实际从事调律工作的人员有近4000人，每年还需要补充600多人，但至今我们取得职业资格证书的人员仅700多人。不足总数的20%，尚有80%的调律师等待我们去做工作。敞开大门，愿意参加的都收进来，这无疑会毁了这个新兴的行业，但是我们又不能无所作为。

现在社会上存在着较为普遍的浮躁心态，初级调律师几乎无人申报，而初级班培训没几个月，总共没调过几台琴，就来报高级，考试不及格可以补考，不及格再补考……索性有些人就等着过几年再来报高级。其实这对发展钢琴调律师队伍只有百害而一无利。

我们只有采取有效办法，既使达到水平的调律师能及时取得资格证书，也使心存侥幸的人摆平心态。

1.调整不同级别的考试标准，其参考人员“按分入级”，即达到什么分数给什么级；

2.初级、中级职业技能鉴定应分别受理；一般情况下不再受理越级申报；

3.申报高级以上职业技能证书，必须经相应级别培训达标才可申报；

当然这些仅为个人拙见，是否可行还需得到中国乐器协会调律师资考委讨论通过后实施；

4.多开展技术交流讲座，使调律师感到加入调律师组织是有益的；

5.大家都来关心《中国乐器》钢琴调律师栏目，开展调律技术的理论和实践的讨论，并以此形成必要的学术氛围；

6.支持“中国乐器协会网”，使国内外新闻动态（不一定只限于调律技术）新科技、新产品、新知识趣闻轶事，都可以提供；

7.开展网上服务：购工具、购零件、购资料、购销二手琴等。

当然以上仅个人所想，具体实施还需协会组织、讨论，定出具体方案后落实。

四、如何管理调律师队伍

在一定意义上讲每一个调律师不仅仅是钢琴调律师分会的个人会员，同时又都是一个经营活动者，在经济利益面前，要做到使每一位调律工作者都能自觉遵守调律师的职业道德，绝非一件易事。

但我们也不能知难而退，任其自流。

我们可以开展以下活动：

1.组织宣传调律师职业道德的准则；

2.组织宣传调律师职业技术标准，把标准交给钢琴用户，让用户知道钢琴调律的基本内容和要求；

3.介绍各国钢琴调律师收费情况以供大家参考；

4.在《中国乐器》钢琴调律师栏目开辟信访投诉栏，即可以由专家答疑，也可由顾客提意见，同时“栏目”可以根据顾客来函，开展评选优秀调律师活动；

5.开展评选年度有价值技术文献，国内外新技术、新工艺、新闻……等。

通过以上活动，使广大调律师受益的同时，使好的得以表彰，使正确东西得到肯定，更使调律师想到加入协会有益处受教育、有归属感、有情趣。

6.组织调律师自费旅游团，在适当的时机参加国际、国内技术交流活动，与此同时，集体参观世界著名的钢琴厂、音乐圣地、著名的乐器国际展会，同时参观各地的名胜古迹，做到既交流经验又提高技术素养，适当时机，邀请各国调律师旅行团来华参观，不仅达到宣传中国钢琴工业，介绍中国调律师现状，还可以达到加强友谊、促进交流的目的。

五、近期的工作

钢琴调律师分会已成立九年，这九年来在中国轻工业联合会和乐器协会的领导下，调律师行业从分散的个体劳动者，发展到纳入国家职业大典，不仅制定了钢琴调律师国家职业标准，出版了“钢琴调律与调整教程”填补了我国培养调律师教材的空白。成功地协助协会组建了钢琴调律师职业鉴定站，并成功的考评通过了一大批参考人员，使他们取得了国家职业资格证书……。

近期钢琴调律师分会将进行如下工作：

1.召开钢琴调律师分会全国工作会议，改选新的领导机构和人选，届时将组织会员参观2004中国(上海)国际乐器展览会，参加展会举办的钢琴调律及其它内容的专题技术交流活动。

2.组织出版新的钢琴调律师年鉴。年鉴中不仅要刊登调律分会有关内容，还将取得国家职业资格证书的调律师的个人资料收年鉴，年鉴将免费赠给文艺团体、各大琴行，以达到广而告之的目的。

3.筹备组团参加第十三届国际调律师大会，会上不仅要介绍我国钢琴调律业发展的状况，还要积极争取加入国际调律师协会组织。同时，参加国际大会的技术交流活动，介绍中国调律师的技术情况。可能的话邀请举办国际调律师协会主席来我国进行访问交流。

4.按国家职业资格标准组织编写新的分级培训教材，以更加适应培养我国钢琴调律师队伍的实际需要；

5.积极筹备钢琴工具、钢琴配件、钢琴资料网上销售的业务。

当前，每个小城镇都有几家琴行，北京就有百家以上琴行，而卖配件的商店一家也没有。原因很简单，不赚钱，卖一架琴少的赚千元左右，而一架钢琴击弦机6000多个配件，一副击弦机总成才卖900多元，一个调律师买几个配件，你要取货、包装、发运、取款（邮购）忙得不亦乐乎，比卖一架琴所花的精力怎么样？但你能赚几个钱？这就是国内现在没有配件店的根本原因。但只要是调律师需要的总得有人去干。

我国钢琴调律师行业是朝阳行业，在中国乐器协会的领导下，在钢琴制造业的大力支持和帮助下，我们调律师分会无疑会得到大发展，不久我们就会融入国际钢琴调律师行业大家庭，也许将来还能在我们这个世界产量之最的钢琴超级大国召开世界范围的国际大会。作为中国乐器协会钢琴调律师分会的成员，我们在为赶上了好时代、好机遇而庆幸的同时，我们每一个调律师都要努力为建设调律师这一新行业做出我们应有的贡献。

（金先彬）

【地方篇】

中国乐器年鉴
CHINA MUSIC INSTRUMENT YEARBOOK
(2003～2004)

北京市

北京是中国的政治、文化、科技中心，具有十分悠久的传统文化艺术。北京是文化艺术表演团体最为集中的城市，有十多个中央级、军队或北京市的大型管弦乐团、军乐团、民族乐团，有中央音乐学院、中国音乐学院等一批国家级的音乐艺术院校。北京有数以千计的专业器乐演奏员和数以万计的解放军艺术学院乐器学习者，在中小学、大学里，大约有近百个各种类型的乐队，一年当中，几乎每周在北京都会有各种形式的器乐表演，每年都会有来自海内外数十个国家的表演团体给北京带来丰富多彩的艺术表演。这些都为北京乐器工业的发展打下坚实的基础。建国五十五年来，北京一直是我国十分重要的乐器生产基地和乐器销售集散地。2002年以来，北京的乐器行业又有了长足的发展。

一、国有企业雄风不减

如果介绍北京地区的乐器工业，应当说以北京星海乐器为中心的乐器生产。自20世纪50年代以来，“星海”在钢琴、西管乐、民乐等多个乐器制造领域都有着雄厚的技术实力，堪称中国乐器制造行业的奠基者之一。近年来，企业领导者紧跟时代步伐，不断推出新举措、新产品，用成熟的生产技术和稳定的产品质量占据竞争日趋激烈的国内外市场。2002年，北京星海乐器公司被国家经贸委评为大型生产企业，2003年，星海钢琴被评为“中国名牌”产品，为企业发展提出了更高要求。目前，位于北京市通州区工业开发区，投资约3 亿元兴建的星海乐器工业园建设已基本完工， 北京钢琴二厂、北京星海粤华乐器公司 等分厂已完成企业整体搬迁，其他厂区的搬迁筹备工作也已进入实施阶段，经过调整后的星海钢琴集团有限公司，增强了钢琴产品的生产能力，星海钢琴品牌效应愈加突出。

二、各种体制企业逐渐形成体系

2002年以来，随着市场经济进一步深入，北京地区其他所有制的乐器生产企业也在不断涌现，民营、私营、合资等乐器企业数量增加较快，越来越多的投资者看到乐器行业发展的良好前景，或投资建厂，或开设商店。钢琴、提琴、管乐器、手风琴、民族乐器、打击乐器都在北京地区显示出前所未有的繁荣。其中以生产提琴为主的北京华东乐器公司，所在的北京平谷区东高镇已经成为国内著名的提琴乡，在东高镇有十多个提琴生产企业，年产量达到十几万把，成为全国第二大提琴生产基地，在此基础上，东高镇政府在北京市及平谷区政府的支持下，开始运作成立北京市乐器城，大规模招商引资，在北京平谷区乐器城建厂，生产各类乐器。到2003年底，已经有6个企业落户北京乐器城，生产钢琴、电子乐器、吉他、民族乐器、管乐器等产品。另外，北京的西管乐器生产也有了较大的发展，成为国内重要西管乐器生产基地，除北京管乐器厂以外，属于星海公司系统星海民耀乐器公司、位于北京昌平区的昌裕乐器公司、位于大兴的晨光乐器公司，位于崇文区的多丽纳乐器公司、位于通州区的奥赛拓乐器厂等都具有相当的规模，每年生产的西管乐器大量出口到世界许多国家。

北京地区除钢琴、西管乐器、提琴为主要的乐器生产以外，还有吉他、民族乐器、乐器配件生产，这些产品的生产方式基本上是采取家庭手工作坊式生产，产量不大，但品种丰富，质量档次相对较高，主要是满足专业团体使用，其中以满瑞兴乐器行、吴式管乐、五音斋制笙业在国内外颇具影响。

三、乐器经销格外繁荣

北京是全国最大的乐器经销地区，大约有数百家乐器琴行，主要集中在宣武武区南新华街、东城区王府井、西城区新街口一带。

2003年，随着北京城市改造工作进行，南新华街的30多家琴行等北京著名的乐器集散地消失，商家、企业纷纷寻找新的发展区域。王府井原是北京乐器市场发源地之一，后几经变迁，仅剩为数很少的几家乐器店，2002年王府井乐器城的成立使该地区的乐器经营焕发新姿。但由于城市经济的发展，王府井以旅游消费为主的经营特点、店铺租金昂贵等也成为此处乐器经营的诸多问题。与此同时，新街口一带，凭借其原有乐器经营氛围，吸引了更多变迁店铺和新经营者的目光。这里有以乐器批发、销售为主的经营店，也有自产自销的手工作坊，有现代乐器，也有民族古乐，是一处门类齐全、品种繁多、中西合璧的乐器市场。

另外，乐器销售连锁专业特色愈加突出。以姜杰钢琴城、鲍蕙荞钢琴城、刘诗昆钢琴艺术中心为代表的演奏家经营的乐器店。他们以自身在音乐界的名望把乐器产业与艺术教育结合在一起，形成一种以教学促销售的经营模式，并以连锁店方式不断扩大经营，有的乐器连锁店已经开到了北京以外的省市和地区。这些乐器经营者在销售不同品牌乐器产品的同时，也打造出一个个品牌商店。以星海乐器城为代表的生产企业品牌专营店。这些专营店是销售单位，更是企业产品的展示窗口。透过他们，企业可以迅速、及时的掌握市场信息，抓住商机，以销售带动企业的生产。以华兴清华文化体育用品商城、御曲琴行等为代表的专业乐器经销商。今天的乐器经营不同于过去一般的商场式销售。在形成与市场相适应的经营规模后，专业、品牌和特色逐渐成为企业竞争的焦点。有的店以传统乐器经营为主，有的店以现代乐器销售闻名，每家有每家的经营特色，各家有各家的品牌产品，强调个性成为今天北京乐器销售的新气象。以满瑞兴、王秋利、曹卫东等为代表的兼制作、经销为一体乐器行。乐器经营的繁荣与该地区的生产制造能力也有相当密切的关系。乐器制造，特别是在民乐器、提琴等个别门类的生产中手工工艺还占据相当数量。一些制作者在制作的同时，也加入到销售队伍中。他们靠自身制作水平推广产品，又在销售中积累制作经验提高工艺，两者互为促进，取得最大利益，成为市场经济的受益者。以北京艺伦钢琴中心等为代表的日本二手钢琴专营店。日本二手琴是钢琴经销市场中一个独特的现象，这些经销商以不同渠道把不同年代、型号的日本旧琴购进国内，经过不同的整修和翻新，再以不同价格进行销售，形成一个日本二手钢琴交易市场。这种交易在北京、上海等地都很有市场，但近两年由于进口数量过多，翻修工艺参差不齐，造成市场混乱，交易日见萎缩。

四、中外客商竞商机

北京有悠久的乐器制造历史，也拥有丰富的乐器市场资源。高等音乐艺术院校数量，全国最多；各类音乐艺术制作公司，大量存在；资深顶尖或是初出茅庐的乐手、音乐工作者，数量巨大……这些构成了北京巨大的乐器购买市场，而音乐氛围造就出的大批琴童更促使中外乐器制造和经销商加紧对北京市场的渗透，许多外地生产厂都在北京设有分公司或指定代理商。巨大的市场购买力使各种乐器展销会成交活跃，也使国外客商纷纷进驻北京市场，抢占商机。（梅雨）

天津市

一、乐器生产销售情况

作为国内具有综合生产能力的重要乐器生产基地之一，天津的乐器制造业具有十分悠久的历史。论及植根于消费者心中的龙头产品，自然首推天津乐器厂、天津民族乐器厂、天津管乐器厂、天津中华乐器厂等国有老企业生产的各类乐器，比如鹦鹉手风琴、民族乐器的笙、大三弦、铜管乐器，西管乐器的圆号、萨克斯、长号都在消费者心目中很有名气。

但是，近几年，天津乐器以雨后春笋之势发展的，当属国有企业之外的民营企业、外资企业和私营企业。

2003年第12期美国《音乐贸易》杂志公布了2002年全球乐器与音响供应商前225强名单，中国乐器生产企业有13家入围。有五家企业首次进入全球225强，其中包括天津津宝乐器有限公司，而它就属于天津的民营企业。该公司生产的架子鼓和西管乐器，其产量和质量已经名列国内西管乐器的前茅。架子鼓生产量占国内生产较大比例。该公司研发的“津宝”牌小号，以其过硬的质量赢得国内外用户的青睐，几年来销售量逐年攀升，2003年销量达8万只，实现销售收入3200万元，其中出口份额占80%以上。据有关资料显示，这一销量已跃居我国同类企业首位。天津津宝乐器乐器有限公司在新厂区投资2500万元，占地6.67公顷，设铜管和木管乐器两个分厂，加上原有的打击乐器生产厂房，天津津宝乐器有限公司总共占地9.3公顷，员工2800人。近年来天津津宝乐器公司经济效益实现跨越式发展，成为我国最大的打击乐器和西管乐器生产企业之一。天津津宝乐器公司2003年实现销售收入1.8亿元人民币，出口创汇1300万美金。12月9日，经国家民政部批准，天津市民政局备案，中国乐器协会打击乐器专业委员会从即日起正式成立，并同时任命天津津宝乐器有限公司董事长刘明为打击乐器专业委员会会长。

天津乐器生产的外商合资企业中，规模最大的是韩国合资的天津英昌乐器有限公司，主要生产三角钢琴、立式钢琴、合板、单板和小提琴。公司坐落于东丽区海河北岸，毗邻外环线，占地面积11万6000平方米，拥有员工1300余人。天津英昌乐器有限公司引进了韩国、日本、美国、德国等地严格挑选的进口资材，以一流的生产技术，一流的经营管理，生产出一流的产品。公司自行研制生产了四个品牌的钢琴，“英昌”（YOUNG CHANG）、“伯格曼”（BERGMANN）、“韦伯”（WEBER）和“爱默森”（EMERSON）。英昌在发展中进步，在进步中力求完美。它在全国建立了近100个销售服务网点，广泛细致的售后服务系统遍布全国，凭借庞大的全国销售维修网络和优秀的品质，已深得用户的信赖。同时，在2003年的抗击非典大战中，英昌等外资企业纷纷慷慨解囊，捐赠千余万支持抗非典。新世纪中，英昌不断完善自己，用先进的技术、科学的管理打造优秀的产品，不断开拓创新，争取新的辉煌。相比之下，外资企业更能发挥优势，开拓创新。

技术含量较高，工艺要求精密的乐器生产，经天津静海县农民精工细做和不断技术创新，如今已发展成为该县优势特色产业，并初具规模。目前，全县拥有乐器生产企业17家，资产总额2806万元，民族及西洋乐器品种100多个，产品不仅畅销北京、河北及东北、西北地区，而且还走出国门，出口欧美、中亚、俄罗斯等16个国家和地区。乐器制作是静海县民间传统产业之一，已有近百年的历史。近年来，该县大力调整产业结构，积极制定出台优惠政策和扶持措施，努力做大做强这一特色产业，不断提高产品工艺水平。目前全县销售收入500万元以上的重点企业已达5家，蔡公庄镇四党口中村已成为乐器生产专业村。全村乐器制造企业达9家，产品从笛、笙、筝等民族乐器到萨克斯、手风琴、钢琴等西洋乐器共100多个品种。这种可喜状况的出现，在现今中国的农村实属罕见。

在天津市大港区最南端，还有一个村叫陈寨庄的村子，过去是远近有名的经济薄弱村。如今，这个村的农民生产的乐器配件产品已经打入欧美市场，带来可观的经济效益。1995年，该村黄树文老汉东挪西借筹齐了1万元钱，开始创业。最初的黄家乐器厂，没有专门的厂房和生产车间，纯粹是一个家庭手工作坊。但由于黄树文一家做人诚实本分，做生意讲究信誉，做出来的电子琴架、乐谱台、吉他架等乐器配件产品外观精美，做工精细，很快就为他赢得了一大批客户。他的小作坊名气越来越大，生产也逐步走向正规，现在有10多名村民受雇在这里进行生产，每个工人月工资400～500元。2003年年初，天津市外贸公司闻讯前来洽谈业务，代理黄家乐器厂的产品出口事宜。每年1万多套打入欧洲市场，并销往美国和韩国等国家。在国外市场上，这些产品一上市就受到欧美外商的称赞。部分外商还到天津市大港区的黄家乐器厂进行考察，产品订单雪片般飞向厂里。预计2003年将创造产值100多万元。

二、音乐教育及普及

2003年天津高等教育规模继续扩大，毛入学率达到49%，比上年提高了5个百分点。文化艺术、新闻出版、广播影视、图书、档案事业成绩斐然。成功地举办了"中国民族戏曲优秀剧目大汇演"、首届老年文化艺术节、第二届家庭文化艺术节、第四届滨海艺术节、毛主席诗词音乐会等大型文化活动。推出了京剧《华子良》、芭蕾舞剧《精卫》、话剧《为你喝彩》等艺术精品。创作演出了《我们必胜》特别文艺节目和"我们携手同行"系列文艺节目。2004年全国首届中老年钢琴音乐会在天津举行。

教育、文化的发展，乐器制造业的蓬勃生机，使得越来越多的人开始注重个人整体素质的提高，学习乐器的人日益增多，相关的培训机构也显现无限生机。

华夏未来少儿文艺基金会在成立11周年之际，又与东丽、北辰、宁河、蓟县、静海等区县教育局合作建立了五个艺术教育基地华夏未来少儿艺术中心。之前曾与天津市各区县教育单位合作，陆续创办了20多个不同特色的艺术教育基地，形成了品牌加特色的教育格局，推动了区县学校素质教育的开展，收到了良好的社会效果。自创办以来，共培训小学员10万余人次，目前以"华夏未来"命名的艺术教育基地遍及本市17个区县，已经成为走向世界的文化品牌。

随着"三步走"战略第一步目标的实现，天津市农村经济社会协调发展，发生了巨大变化。富裕起来的农民追求高雅艺术、丰富文化生活的需要越来越迫切，近年来涌现出不少乡村剧团、乡村乐队，钢琴、小提琴等西洋乐器也开始走进农家。许多区县加大文化设施建设力度，为活跃农村文化生活、开展文化活动创造了更好的条件。天津市市委宣传部组织的文化、科技、卫生"三下乡"活动的示范活动"交响乐进农村"大型演出，促进了城乡之间的互动和协调发展，促进了城乡文化品位的共同提高。

天津市群众艺术馆民族音乐活动坚持不懈，普及民乐成绩斐然。群艺民族乐团已有50年的发展历史，2003年间群众艺术馆以多种形式有重点有步骤地面向青少年开展民族器乐培训活动，促进了本市民族器乐艺术的继承和发展。如今，群艺馆的民族音乐活动已形成规模，数百人能够娴熟掌握琵琶、古筝、扬琴、笙等难度较大的民族乐器。

三、音乐教育中存在的问题及相关措施

现在天津每年参加音乐考级的有五六千人。众多的人数也催生出众多的考级机构，这些机构当中有规范的单位，同时也有不具备资格的个体，鱼龙混杂；考官素质参差不齐，不规范的现象也时有发生，甚至出现过只要交钱就让通过的事情。

从2003年暑假开始，天津的社会艺术水平考试将一改往日考点散乱、证书不统一的状况而被纳入文化部门管理范畴。2003年全市设立了7个经过文化部门审批的考点进行相应等级考试，其他没有经过审批的机构一律不得举办考级测试，违反规定的将由文化稽查部门依法对其进行严惩。同时，所有的考官也必须经过文化部门资质审批之后，实行持证上岗，而达到相应水平的人还将获得由国家统一定制的等级证书。

天津的7家考级机构为：

音乐考级：天津音乐学院、天津音乐家协会

舞蹈考级：天津舞蹈家协会、华夏未来少儿艺术中心

北京舞蹈学院考级：河北区少年宫、小丑娃国际文化艺术发展有限公司

中国音乐学院考级：三毛艺术学校

河北省

一、河北省的乐器生产情况

河北省乐器生产企业的分布：经过多年的发展，河北省内逐步形成了以衡水、霸州和廊坊为中心的乐器生产基地。其中饶阳一带主要以生产民乐为主，仅饶阳一个县就集中了七八家民乐制造厂。霸州、武强、廊坊则形成了以生产管乐为中心的生产基地。其

他企业主要分布在肃宁、三河、大厂、怀来、涿州、武邑、深州、藁城、唐县、南皮、香河、高碑店、唐山等市县，其中在国内有影响的企业主要有：河北金音乐器制造有限公司、饶阳北方民族乐器有限责任公司、饶阳成乐民族乐器有限责任公司、乐海乐器有限责任公司、河北怀来锣厂、香河天音乐器有限公司、河北省大厂县华丰铸造有限责任公司等。生产的品种主要有：管乐类有萨克斯、长笛、单簧管、短笛、双簧管、小号、长号、圆号；民乐类有：扬琴、二胡、中胡、古筝、琵琶、柳琴、月琴、阮、京胡、板胡、三弦、坠胡、秦胡、木琴、手鼓、笙、笛子、竹板及国内外少数民族乐器。打击乐有：锣、镲、大铙、大钹、铃鼓、沙球、手铃、鱼蛙、三角铃、邦戈鼓、军鼓、堂鼓、腰鼓、战鼓、拉丁系列打击乐等；以及吉他、手风琴、小提琴、乐器配件、乐器箱包等。

河北省乐器生产企业分布的特点：由于河北省的乐器生产企业绝大部分是从为京、津两市的乐器厂家加工生产乐器零部件或配件发展起来的，所以大部分分布在京、津两市的周围。其中三河、大厂、香河三县处在京、津两市的环抱之中，其他企业大部分集中分布在京、津南部附近的廊坊、保定、沧州、衡水一带。

河北省乐器生产的历史沿革、优势与不足：在河北省的乐器生产中，管乐、民乐占有较大的优势，其中管乐的产量约占全国管乐总产量的50%以上；民乐约占全国总产量的40%以上。木吉他、电吉他的生产也具有一定的规模。不足之处是相对于南方来说发展较慢，这在很大程度上取决于历史原因。河北省的乐器生产企业大多是乡镇企业，最初也大都是从依附于京、津等地的乐器生产厂家，为其加工乐器零部件发展起来的。基本上是为大厂加工、订牌生产，很少有自己的品牌。所以在初始阶段大多规模小、技术和管理水平相对较低，制约了企业的发展。近几年，随着企业经营者意识的增强和当地政府的扶持，许多企业已逐步摆脱原有的依附关系，开始自主经营，并从加工、订牌生产过度到了生产自己品牌的乐器成品，规模不断扩大，产量、质量进一步提高，并涌现出许多在全国具有影响的品牌，如："金音"、"佳音"、"月坛"、"成乐"、"爱迪"、"大华丰"等品牌。有的已开始走向国际市场。同时，加大了人才引进、技术开发的力度和投入以及设备的更新改造；管理水平有了明显的提升，大部分企业的经济效益较前有了明显提高，尤其在几个相对集中的地区，乐器生产已成为当地的支柱产业或特色经济，为增加就业和税收，带动当地的经济发展发挥了重要作用。但由于基础相对较差，要想赶上南方发达地区的水平，仍需时日。因此，河北乐器生产企业要想取得更大、更快的发展，还应在技术研发和投入、人才引进、创名牌和体制改革、实现现代化企业管理等方面下功夫。

二、河北省乐器市场基本情况：

乐器销售情况。省会石家庄市每年的钢琴销量大约在1000～1200架左右；保定、唐山、秦皇岛三地的年销量分别约在400～600架左右；邯郸、张家口分别在300～500架左右；邢台、沧州、廊坊、衡水、承德等城市年销量分别约在200～350架左右。从近年的乐器销量来看，总体是平稳上升的趋势，但类别上分则具有着较明显的变化，钢琴的销量比较平稳或略有上升，除原有的珠江、星海、英昌、诺的斯卡、期特劳斯等国内知名品牌外，青岛世正乐器有限公司出品的钢琴一上市便呈现出了较热的势头。总的来说，正规厂家出品的知名品牌占据着市场份额的百分之八十五到百分之九十左右。但近一、两年来一些杂牌钢琴也大量涌进河北市场，造成品牌鱼目混珠，质量参差不齐，再加上经营者的经营意识和经营方式的差异，使原本竞争激烈的市场更加扑朔迷离，无序竞争加剧。

与钢琴稳中有升的局面相比，数码钢琴（电钢琴）、电吉他、电倍司及相关的音箱、效果器等电声乐器及民乐、架子鼓等呈现出较快的增长趋势，仅石家庄市秦川文体乐器有限公司一年多来就先后为大专院校和教师培训中心提供并安装了5个电钢教室。国产电子琴市场占有份额有所上升；木吉他、管乐等较平稳，手风琴与往年相比略有下降；脚踏风琴销量则明显下降，很少有人问津。三角钢琴开始走入家庭，销量较前两年有所上升。

从零售市场来看，较往年相比，2002年整体不是很理想，2003年一、二月份各地销量不平衡，整体不如往年同期。三月份略好一些，但进入四月份，由于受"非典"的影响，销量急速下滑。一直到六月下旬才略有好转，七月份进入了一个全年的销售旺季。预计下半年将平稳度过。

批发市场较以往有了新的变化，随着政府部门实行统一采购，越来越多的批发业务须通过招投标的形式才能实现。这就对乐器经营企业提出了新的、更高的要求。在未来的批发领域，有品牌、有实力、信誉好、信息灵、反映快的企业将会分享到更多的"奶酪"。

另外，地理因素在一定程度上也对河北省的乐器市场有所影响。由于河北省环抱京、津两大城市，而北京、天津又是乐器生产和销售的集散地，因此对河北全省的乐器生产和经营都具有很大的影响，也是河北省乐器生产和经营相对落后的一个重要原因。

河北省乐器经营企业分布的特点：河北省的乐器经营企业主要分布在石家庄、保定、邯郸、廊坊、沧州、唐山、张家口等大、中城市。石家庄市做为河北省的经济、文化中心，无论从经营单位的数量，还是经营规模和销量均处在全省首位，可以说是全省乐器销售的中心。而处于领头羊位置的则是石家庄市秦川文体乐器有限公司。该公司不仅规模大、代理的知名品牌多、管理科学规范，而且在石家庄、天津、北京、保定、邯郸、秦皇岛等地还设有子公司或合作经营企业，总经营面积达3500余平方米。并通过总公司的物流中心和各地的子公司将产品辐射到河北省的各个角落。其次是永宏、爱乐、星海、鲍蕙荞等琴行，具有一定的规模，经营面积一般在数百平方米。有的在本市或附近的市、县开设有一、二个分店或合作店。这些琴行相对来说代理的知名品牌较少，有的琴行品种比较单一，有的则经销国内一些小厂生产的品牌。其次是分布在省会各个角落的二十余家小琴行，这些琴行由于面积小及经济实力所限，多以经销吉他、电声、架子鼓、小提琴等小型乐器和配件为主。经销的乐器以杂牌居多。此类琴行的经营面积一般在100平方米以下。另一种销售形式是个人销售。即老师为学生统一购买乐器，如手风琴、民乐、吉他等。但在市场上占有很小的比例。

其他地区具有一定规模的琴行多分布在几个较大的城市。如邯郸市的学步琴行、星海琴行；沧州市的天乐琴行 、沧州市政府政兴琴行；承德市的江山乐器行、小天鹅琴行、日升乐器行；张家口市的星海琴行、金笛音响乐器行；廊坊市的廊坊师范琴行（姜杰钢琴城目前是廊坊规模最大的琴行）；唐山市的唐山星海乐器有限公司；衡水市的爱乐琴行、星海琴行；秦皇岛市的韵声琴行；保定市的钟鸣琴行、华声琴行等。

河北省乐器市场的另一个特点是综合性商场的乐器经营在逐步萎缩，而专买店的市场占有份额在不断增加。

从总体来说，河北省的乐器市场近年来一直处于稳中有升的状态。但随着全省加快城镇建设、户籍制度改革，城镇人口将大幅度增加，如：石家庄市将周围市、县划入本市后，总人口达到了924万人，其中市辖区人口为218万人，已列入特大型城市之列，10年时间全市总人口增加了118万人。城镇人口的比重上升了11.42个百分点，也就是说乐器消费的群体正在快速增加，近一、二年来，县、乡的城镇或农村消费群体呈明显扩大之势就说明了这一点.。因此，可以说随着学习和贯彻“三个代表”重要思想和改革开放的不断深入以及小城镇建设步伐的加快、人民生活水平的不断提高，河北省的乐器市场可以说蕴藏着巨大的潜力。

（秦川）

山西省

一、山西民乐

山西的古代民间乐器种类很多，根据考古发现，新石器时代山西就有了陶埙，夏朝有了石磬，春秋有了甬钟、编钟等。现在我们看到的山西民间乐器，也都是自古传下来的。这些乐器，以丝竹为主，如笙、管、笛、胡琴、板胡、三弦、唢呐、琵琶、筝、巴乌等。在现在我们常见的民间乐器中，还有各种鼓器以及铙、钹、锣、镲等，也都有很长的历史了。山西的民间乐曲大体分三类。一类是由各地吹鼓手班子演奏的“鼓吹器乐曲”，一类是由各地群众闹社火时用多种乐器演奏的曲调，一类是由僧道流传下来的“庙堂音乐”或僧道杂乐。

山西的民间器乐艺术，往往与说唱艺术结合在一起。“潞安鼓书”、“襄垣鼓书”、“晋北道情”、“永济道情”、“翼城琴书”、‘武乡琴书“等，就具有这样的特点。

山西的民间音乐活动与山西人民的生活习俗息息相关，从南到北，从东到西，一年四季，连绵不断。尤其是春节期间，由各地群众自发组织的民间音乐表演活动，犹如滚滚春雷席卷大地，恰似万花竞放，姹紫嫣红。更令人惊叹的是，山西各地传统音乐庙会，少则几十人、多则几百人乃至上千人的传统音乐演奏，最能体现山西民间音乐特有的磅礴气势、壮阔场面，以及寓谐于壮、寓柔于刚的特有风韵。所有这些，都为在山西这块土地上涌现优秀的音乐作品和人才提供了良好的条件。

二 、乐器生产情况

山西省的生产乐器厂家很多，仅长治地区就有30多家。以生产民族乐器和响铜乐器为主，且生产量呈逐年上升的趋势。但与民族乐器和响铜乐器不同的是，电子琴市场萎缩，许多电子琴生产厂家都另谋出路或停产关闭，生产不尽人意。目前，大部分国营和集体经济被个体企业所取代，整个乐器生产基本都改为私营企业。

山西襄汾县汾河之畔有一个远近闻名的古老村落，它就是荣获“大世界吉尼斯”纪录、生产出世界鼓王——“中华帝尧鼓”的南辛店北许村。北许村的铜乐器制造由来已久。据考证，在东汉末期三国混战的时候，这个村就有铜乐器制造。悠久的历史，精湛的技艺，历经千百年而不衰，告别战乱，过上祥和生活的现代北许村民，更把满脸豪情寄于震撼人心的威风锣鼓。北许村生产的“中华帝尧鼓”又称天下第一鼓，其向背皆整张黄牛皮著之，直径达3．11米，高1．2米、重300公斤，旋钉3650枚，鼓钉是由118片黄河质柳箍就；彩双龙祥舞其周，钳鼓簧戳谷其内，传说仰瞻者祥瑞滋身、敬击者鸿运趋臻，老百姓称之为“吉祥鼓”。目前北许村生产的各类乐器不仅行销全国各地，尤为自豪的是北京亚运会和全国农运会都使用了他们的产品。

三、音乐普及

2003年山西省新绛县著名的绛州鼓乐，被联合国教科文组织列为世界无形文化遗产。全省在继续清理整顿文化市场的同时，积极组织创作健康向上的文学、影视作品，各种喜闻乐见的群众性文化表演、竞赛活动继续深入开展，2003年末全省共有艺术表演团体155个。

作为文化大省，随着经济的发展，国民素质的提高，人们越来越重视音乐及乐器的学习。从每年的考级情况来看，山西省每年考级的报名人数已经达到六、七万人。音乐教育的火红发展将带动整个乐器行业的发展。

内蒙古自治区

内蒙古是中国古人类文明的发祥地之一。早在几万年前的新旧石器时代，中华民族的先人 就在这里留下了活动的足迹，并创造了著名的“河套文化“、“大窑文化“、“红山文化“、“夏家店文化“和“札赉诺尔文化“，为创建中华民族的古老文明做出过不朽的贡献。内蒙古是中国古代北方少数民族生息繁衍的摇篮和主要活动舞台。匈奴、乌桓、鲜卑、突 厥、回纥、契丹、女真、蒙古、汉等各民族曾先后或同时在这片辽阔的沃土上游牧生活。

蒙古族独特的音乐文化就植根于这片古老而神奇的土地。内蒙古乐器主要包括马头琴、火不思、蒙古四胡等，其中，马头琴是蒙古民族的代表性乐器。它不但在中国和世界乐器家族中占有一席之地，而且也是民间艺人，牧民家中所喜欢的乐器，马头琴所演奏的乐曲，具有深沉粗犷，激昂的特点，体现了蒙古民族的生产、生活和草原风格。内蒙古十分重视民族文化的继承与发扬，已经在全省蒙古族中小学普遍开设了马头琴教学课程，为培养一批马头琴专门人才，更好的继承马头琴民族文化迈出了坚实的一步。齐宝力高、青格勒、色拉西、巴拉干和桑都仍等都是内蒙古著名马头琴演奏家。马头琴的传统乐曲有《朱色烈》、《阿斯尔》、《走马》、《四季》等。

而今，经过我国马头琴大师们和制造民族乐器的能工巧匠们的共同研究与改进，扩大音箱，改换金属弦，改用木质板面，使音量增强，音域扩大。使这一具有浓浓民族特色的乐器，以精湛的技艺，优美的造型，独特的魅力，名扬四外。如今当马头琴作为蒙古族民族文化艺术的一种象征，已经登上我国和世界的艺术舞台。

内蒙古的乐器生产企业，有的由于管理不善，频繁的更换领导，造成了企业人才流失，严重亏损。如内蒙呼和浩特民族乐器厂原是一个生产数十个品种的大厂，职工400多人，而现在却被羊绒厂兼并，还剩下20～30人维持。

除内蒙呼和浩特市民族乐器厂外，周围有大大小小十几个生产民族乐器的企业，主要是生产马头琴，据说这些企业的年销售量大约在500把左右，不仅满足当地的需要，而且大量出口到日本。由于日本在历史上与蒙古族有着十分深厚的亲密关系，所以日本人对马头琴情有独钟，由此也为内蒙乐器生产企业带来了较大的商机。

然而，除了马头琴之外，电子琴、钢琴、手风琴的销售由于琴行间进行价格战争抢市场，互相压价导致利润下滑，销售额明显下降。

辽宁省

提起辽宁的乐器生产，人们自然而然的想到营口的乐器生产基地。营口把乐器作为一大产业，统筹规划，重点扶持，放手发展，争创名牌，构筑产业新优势。

营口市委、市政府在推动全市实现跨越式发展的蓝图上，提出用3到5年时间，从争创名牌，构筑营口产业新优势的战略高度出发，把营口建成全国乐器城。

20世纪七、八十年代，营口市是全国四大乐器生产基地之一。其产品有近百种规格，幸福牌系列乐器产品远销美、日、德等27个国家和地区。

目前营口市乐器行业个体私营企业共有36户，已经形成了优势产业：一是有一批系列产品，产量逐年扩大。如小提琴1999年产量1.2万把，超过了原东北乐器厂年均产量一倍多。其中高、中档小提琴年产量1.18万把，价格是原来的4倍。二是企业投资多元化。出现个人完全出资、合伙办厂、股份制、个人买断国有或集体企业等多种形式。三是销售渠道和形式多样。天韵等5户企业通过国外代理商出口美、英、韩、日等九个国家和地区；有12户企业每年通过各乐器行销售产品1.3万件；长征乐器厂的键管口琴，由山西省教委下属的音乐艺术委员会代理，2002年向省内中小学校推荐销售口琴1.2万个；在外地建立产品销售网点。如天韵提琴厂在全国18个销售点每年销售小提琴3900多把。四是技术优势明显，注重开发新产品。泰刚艺术学校生产的变调古筝，大石桥乐器厂、长征乐器厂研制开发的塑料ABS键盘风琴、金帆牌27键管口琴等产品，都是国内同类先进的产品。

辽宁乐器行业的快速发展并不单纯体现在生产数量和质量表象参数的意义上，而是科技与人文相结合的全方位体现。对于进一步做大营口市乐器产业，营口市委、市政府的具体措施是：

(1) 理清思路，放手发展。按照先发展、后规范，先扶持、后受益，宜大则大、宜小则小，遍地开花的思路，大力扶持创办乐器私营企业，积极鼓励家庭作坊式的生产。

(2) 成立营口市乐器行业协会，帮助企业解决发展中的问题。引导企业上项目，及时反映行业的发展情况。

(3) 开发新产品，实施名牌战略。两年内，创出提琴、古筝等一批名牌产品。对无商标或有商标而没有正式注册的产品，及时帮助注册，把产品做大做强。

(4) 提高市场占有率。与各省市教育行政部门、艺术院校、文艺团体等联合建立产品销售网点；通过国外代理商、外贸部门等渠道扩大出口；实行网上销售。组织个体私营企业参加国际、国内乐器大型展销活动。

(5) 建设营口乐器行和文化音乐广场。在营口市区西部采取前店后厂形式建成乐器一条街。明年起陆续在全国各地建立乐器行，尽快使营口乐器产品占领市场。

20世纪末，国内钢琴消费增长缓慢，生产能力相对过剩，竞争空前激烈，钢琴制造企业发展空间狭小。营口东北钢琴集团公司经过深思熟虑作出决策：拓展国际市场，叫响“中国制造”，以外销促进竞争力提高，牵动企业大发展。

以三角钢琴为突破口，东北钢琴集团的钢琴远销美国、德国、日本、澳大利亚等20多个国家。在美国，东北钢琴的市场份额已经达到15%。2003年，东北钢琴出口创汇可实现1900万美元。外销战略强力牵动了东北钢琴的跨越式发展。新机制下的5年，企业工业总产值、增加值、销售收入年均递增幅度超过25%，出口创汇、实现利润年均递增幅度超过60%，职工收入总额增加1倍。

2003年10月7日东北钢琴又传出喜讯：中国第一架具有国际钢琴制造水准的DG-275大型舞台演奏钢琴诞生。东北钢琴集团公司为了抓住机遇，抢占先机，在开发出DG-152、DG-156、DG-185、DG-215系列三角钢琴之后，今年又把开发目标定位在DG-275大演奏钢琴上，在外国专家的精心指导下，工程技术人员以超常的思维，创新的工作，终于把梦想变成了现实。这架DG-275大型演奏钢琴，集中当代钢琴设计的最新技术、最新材料于一身，标志着东北钢琴的生产制造技术已经走在了全国同行业的前列，正在朝着世界级企业水准迈进。在2003年12期美国《音乐贸易》杂志公布的2002年全球乐器与音响供应商225强名单中，营口的东北钢琴集团公司居全球第56位，其销售额比上一年度增长了4.58%。

大连生产乐器的品种、质量及产量是整个辽宁乐器行业中的重要组成部分。辽宁最早的铜管乐器生产厂家当属大连铜管乐器厂。主要产品有扛号、抱号、圆号、长号、中音号、小低音号、小号和萨克斯等，其中扛号、抱号至今仍为国内独家生产。产品行销全国，每年有30%的铜管乐器产品出口到法国、美国、加拿大、日本和香港等国家和地区。1996年至今产品三次通过了ISO9000国际质量体系认证。在中华人民共和国建国50周年及香港、澳门回归的庆典军乐队中使用的中、低音铜管乐器全部都是由大连铜管乐器厂生产的产品。这是辽宁乐器行业的骄傲。

在乐器制作人才培养和乐器研究试制方面，沈阳音乐学院乐器工艺系做出了突出的贡献。沈阳音乐学院设作曲、民族声乐两个硕士点，有作曲等8个系、音乐学等4个专业及成人教育学院、附中、舞校和附小；占地11万平方米，在校生1754人。同国外10余所著名音乐院校建立了校际关系，1991年以来举办了“第27届李斯特音乐节”和四届“沈阳国际音乐节”。乐器工艺系是目前国内艺术院校中唯一的集钢琴技术、提琴制作和民族乐器制作三个专业的综合性的乐器制作教学及乐器科研部门。多年来，该系为社会培养了大批专业技术人员，一些优秀的毕业生已在国内大型乐器生产企业的技术部门及艺术院校中发挥着重要的作用。

2003年7月30日，辽宁省文化厅和中国艺术教育委员会、中国电视家协会、中国新筝专业委员会等国家六个专业部门联合授予辽宁省葫芦岛市“中国筝岛”称号，并赠授了巨型牌匾。此举有力地促进了葫芦岛市文化产业的发展，极大地提高了该市先进文化品位。从少年儿童入手，实施系统培训战略早在1996年，葫芦岛市就实施了古筝文化开发，用古筝文化带动全市文化的发展，以加速全市先进文化建设。葫芦岛市通过古筝新筝加强与全国各地的交流，与世界各国的交流，进一步促进了辽宁乐器产业和各项文化事业的全方位发展，进一步推动了辽宁经济的建设。

2003年11月，在营口民众的千呼万唤中，营口首次组建交响乐团。有了自己的交响乐团，打造堂堂的营口“乐器城”，不再“徒有虚名”。

吉林省

吉林作为文化大省，共有琴行50多家，经营的乐器种类齐全，主要分布在长春、吉林市、延吉、四平等城市，其中仅长春就有30家之多。纵观整个吉林乐器市场，几年来一直保持稳定增长的态势，钢琴、民族乐器一直颇受欢迎，销售额连年上涨。但是，西管乐器由于需求较少，销售情况不尽如人意。

吉林省近年来文化事业发展较快，音乐普及教育方面也有了发展和提高。在这里，吉林的各种艺术院校、专业培训班对吉林音乐的传承发挥了极大的作用，尤以长春为最。

康井山，吉林一位普通的民营企业家，单他一人在长春就办了五所民办学校。其中，吉林军星艺术学校是艺术家的摇篮，建校4年来，该校以独特的办学理念，崭新的学科创意，求实的专业设置等开拓性举措，培养了一大批各专业的优秀艺术人才，已有上百个学生在国家和省内外各类比赛中获奖。在艺术家和教育家等名师的辛勤耕耘下，2001年学校首届62名毕业生喜传佳音：有50%的同学升入国内外各类艺术院校；40%的同学到部队或其他各类艺术团体就业。

长春市新起点艺术学校成立于1996年8月，是吉林省唯一一所专门为艺术类考生大面积大幅度提高专业水平，既开专业课又开文化课的全日制正规化的高考培训学校。迄今，学校已经培训了七期学生。前六期学生取得专业合格证达99%以上，升学率98%以上，成绩异常喜人，仅东北师范大学音乐学院、美术学院，六年来录取我校百余名学生。学校以较高的升学率和信誉，赢得了东北三省广大学生与家长的普遍赞誉。

在这里更值得一提的是，吉林省民族管弦乐学会于2004年4月2日在长春正式成立。省民族管弦乐学会的成立，标志着吉林省民族音乐事业进入了一个崭新的发展阶段，它对吉林省民乐的普及、推广和提高将起到重要作用。据了解，省民族管弦乐学会成立后将在2004 年重点抓好10件大事，如承办由中国民族管弦乐学会主办的全国民乐考级，以及主办2004 年首届吉林省秧歌乐队大赛和少儿民族器乐大赛等国内具有较有影响的活动赛事。这也从另一崭新角度推动了吉林的音乐及乐器教育的发展。

从整个吉林的销售情况来看，由于收费昂贵、师资水平不高、市场需求量少，电子琴等乐器的学习处于低迷状态。民族乐器的学习却一潮高过一潮，许多家长们对音乐考级染上过多的功利色彩，如跟风般随行。没有意识到考级更重要的意义在于培养爱好、开发潜力、熏陶个性，让孩子在考级中得到对自己努力成果的肯定。就其负面影响来看，虽然从普及面上有诸多改善，却不利于整个吉林音乐教育的精进与创新。

黑龙江省

黑龙江省具有传统文化艺术，又有富于激情与活力的文化氛围。2003年末全省共有艺术表演团体88个。在全省众多乐器销售单位中，规模较大的有哈尔滨市埃德琴行有限公司、盛通琴行、扬声琴行等。经营国内各个品牌的钢琴、民族乐器、提琴等产品。黑龙江省的乐器生产数量较少，主要有埃德琴行开办的格里特钢琴公司生产“格里特”牌钢琴。

哈尔滨市埃德琴行有限公司还开办了哈尔滨市埃德音乐学校。2003年4月哈市埃德琴行从解放军艺术学院、哈师大、大连大学及省歌舞剧院、市歌剧院等专业院团请来名师，特为中老年人开设了钢琴、电子琴、古筝、声乐等培训班，在保证教学质量的同时，学校免费为中老年人提供乐器和练琴房，并为中老年人特设了三个月六十元的超低收费标准，让每个中老年人都能在这里圆一个音乐梦。

让哈尔滨爱乐者开心的是，哈尔滨也有了自己的爱乐乐团。乐团的成员有来自省及哈市各艺术院团的专业演奏员，也有接受过器乐专业培训的业余爱好者。出于对音乐的挚爱，他们走到了一起，在不影响正常工作的情况下，利用业余时间进行排练。爱乐乐团的成立对哈市专业乐团是一个不小的冲击，这种竞争的氛围有助于改变目前哈市死气沉沉的演出市场现状。

2003年哈尔滨市教委、市歌剧院及哈尔滨音乐厅联合主办，在全市十多所中小学校进行几十场演出。在音乐会上，交响乐团还针对各种乐器及乐理知识向同学们作详细的介绍。此举让广大师生在欣赏高雅音乐的同时，对交响乐有一个更深刻的认识。让高雅音乐真正走进校园。

黑龙江的音乐教育、乐器培训在这些有利因素下呈现了良好的发展态势，但同时也存在不少隐性问题。

当年由于黑龙江省哈尔滨市独特的地域文化，使大批一流的外侨音乐家进入这个城市，并在这里办教育，开音乐会。曾见过很多当年的音乐会节目单，那上面开列的曲目尽是世界著名经典音乐，其演奏难度是如今一般音乐团体望尘莫及的。而在今天，哈尔滨市一些热爱音乐的友人，常常会在假期挑选有音乐会的日子去北京、上海度假，只是为了喂一喂饥饿的耳朵。曾有的骄傲不见踪影。

黑龙江省多数乐器行乐器价格不透明，非明码标价现象比比皆是。诸多琴行内许多乐器的价格签都是琴行自制的，没有物价部门监制字样。更甚者，连自制的价格签都没有。无明码标价，让消费者心里很没底，也间接影响了黑龙江的乐器销售。

伴随着人们生活水平的提高，素有"乐器之王"之称的钢琴已飞进了寻常百姓家，据不完全统计，黑龙江省每年钢琴的销售量达二三千台。而与此极不相称的是黑龙江省钢琴调律的从业人员也就五六十人。而且，真正具有专业调律水平的调律师不过10人。家长对钢琴调律的认识不足，以及调律师的水平有限，直接影响到学琴孩子们的听辨能力。目前大部分的调律师都寄生于琴行，但市场上还有很多自由调律师，他们靠价格拉拢顾客，很多家长或通过熟人介绍或贪图便宜找低价调律师师调琴，这样的冒牌调律师技术很难保障。

目前，黑龙江省没有一个专业的调律师协会，因为这个行业的人才奇缺，很多人抱着功利的目的钻空子，学声乐的，键盘的，甚至琴行的营业员见有利可图，都转行作调律师，没有一个统一的收费标准。很多家长对此也很困惑，一方面请调律师来给调琴，自己也不知道调到什么样的音是标准，另一方面出现问题、纠纷也很难解决。面对这一系列的问题，有关部门急需制定此行业经营管理的规定，从而使钢琴调律这一行业逐步完善起来。

上海市

20世纪90年代以来上海社会经济的发展，市场需求的几何级增长带来乐器市场的繁荣。

一、国民经济的发展带来乐器文化市场的繁荣

近年来，乐器制造企业如雨后春笋般遍地开花，如火如荼，大有“全民齐动员”、“大家来经商”之势。一时间，乐器销售商店蜂拥而出，短时间形成金陵路、汾阳路乐器商店一条街，汇集全国乃至世界各种品牌钢琴。据不完全统计，现上海共有各类品牌钢琴一百多种，可谓琳琅满目。由商店的经营特点可分四类：一类是有经营特色的专卖店，一个品牌的特约经销；第二类是综合品牌的经销店；第三类是小乐器经销店，专营民乐、管乐、弦乐和琴谱等产品；第四类是国外二手琴经销店，大部分商店都以日本“雅马哈”、“ 卡瓦依”为主。

上海的艺术考级活动起步较早，最早始于1988年，当年上海音乐家协会借鉴英国皇家钢琴考级的方法，在上海市率先开展钢琴考级活动，至今已连续举办了15年。

上海的艺术考级人数呈几何级数递增，截至2002年，上海市参加艺术考级的人数已累计100多万人次。1988年参加市音协举办的首届钢琴考级的仅300多人，到2002年钢琴考级的人数已达21700多人，参加人数是初始人数的723倍，15年来，平均每年以31.6%的速度增长。目前本市每年参加各类艺术门类考级的市民有10万多人次。

上海市目前已开设的社会艺术水平考级的科目数量居全国之首，共有36个。从最初的钢琴考级开始，涉足西洋乐器、民族乐器、声乐、舞蹈、书法、绘画等艺术门类、比较热门的考级门类有钢琴、小提琴、吉他等西洋乐器；民族乐器有古筝、笛子、二胡等。

上海市考级主办单位的考官人数也居全国各省之冠，目前本市考官人数近600名（包括上海音乐学院200多名考官），其中音乐类571多名，舞蹈类8名，美术类15名。他们大多来自艺术专业院校和专业校团，具有一定的专业水平和教学经验，有些著名的艺术教育家和演奏家等直接担任考官，使考官水准整体提升。

二、行业发展概况

上海乐器制造业具有十分悠久的历史。1895年，上海就有制造钢琴的历史，口琴的历史记载始于1931年，而民乐的制造就更早，在清朝嘉靖二年就有乐器制造作坊，可谓是中国乐器制造的发源地。下面就近年来上海乐器制造业的状况作如下介绍。

1.钢琴制造业

上海仍以拥有一百多年历史的上海钢琴有限公司为龙头企业，2003年钢琴产量为23000架，但近几年来，钢琴制造业发展迅猛，在企业结构上发生了很大的变化。其中较有规模的钢琴企业有上海中雅钢琴有限公司和上海玛珂钢琴有限公司等。80年代，为了适应钢琴市场的需求，上海钢琴有限公司将产品的部件拿到市郊和农村，以扩大生产并降低成本。这种生产格局的调整形成乐器零部件行业的萌生，形成分工更细、专业性更强的行业特点和发展趋势。目前，上海形成钢琴的木制坯料、钢琴的外壳、键盘、击弦机、共鸣系统、琴槌和五金零件加工企业，从而使钢琴制造的技术能级降低，加快

钢琴组装厂的发展。据不完全的统计，上海地区已有二十多家钢琴组装工厂，甚至有一个月组装十几架钢琴的企业。同时，钢琴市场的发展带来了二手钢琴市场机遇。二手钢琴的翻修及销售近几年在上海发展很快。目前，上海已有近十家工厂进行二手钢琴的翻新和整理，这些厂大都借租在城乡结合部，有少量的规模较大并具有一定业务水平，有的工厂甚至聘请外方技术管理人员，进行指导翻新，这样加工出来的钢琴质量较好。但有部分工厂则进行清理刷灰后就投放市场。由于钢琴市场的大量扩容，制造企业的素质参差不齐，形成目前市场上各种品牌钢琴不计其数，鱼龙混杂，产品名称都用洋文，产品介绍都是引进德国技术、进口部件材料等语句，使广大消费者无所适从，难以辨别真伪，给消费者带来很大的困扰。

2.提琴制造业

上海提琴厂曾是国内提琴行业的优势企业，作为老牌的国营企业，历史悠久，生产的“百灵”、“金钟”牌提琴在国内外享有很高的知名度。改革开放后，由于市场竞争激烈，加之国企的机制问题，该厂已进入经营困境，市场占有率不断下降，库存积压严重，产量也逐年下降，上海市场被涌现出的个体提琴制造者逐渐瓜分。上海有一技之长的工匠都自己开厂或作坊，制造一些中高级的提琴。据不完全统计，作坊型企业有近十家左右，而个体作坊大约有几十个。

3.手风琴制造业

上海手风琴厂是我国最早制造手风琴的专业工厂，也是上海唯一的手风琴制造企业，生产“百灵”牌、“英雄”牌手风琴。现其面临的激烈的市场竞争的遭遇与提琴厂相似。从2003年7月开始，工厂暂停经营，职工全部下岗在家。工厂正在进行民营转制，预计在今年年底转制成功。此后，企业可轻装上阵，在市场经济形势下，创新改革，为手风琴制造业的生存和发展而奋斗。

4.民族乐器制造业

上海民族乐器制造业在以民乐一厂为龙头企业的带动下，抓住“教育和文化”纲领，以相关社会文化活动为载体，将民乐渗透到文化、教育、演艺、社区等领域，数年内企业发展突飞猛进，销售额从2000多万元上升到2003年的8000多万元，产品品种多达700多个，成为国内的龙头老大，促进上海市的民乐文化事业的进一步发展。

5.口琴制造业

上海口琴制造业目前有上海口琴总厂、上海国光口琴有限公司等6家企业，每年生产各类口琴400～500万支，其中有一部分外销到欧美、香港、东南亚，主要是以复音口琴为主；中东以玩具及低档口琴为主；内销市场以中小学为主。为推动口琴制造业的发展，普及口琴教育，上海轻工乐器协会与上海音乐学院合作举办口琴考级活动。目前，协会组织有关口琴专家编写出版口琴考级标准和教材，口琴考级事项正报请文化部审批，预计明年年初将开展考级活动。

6.管乐器制造业

上海管乐器在市场经济的形势下，遇到前所未有的困难，加之管理不善，进入经营亏损状态。为增强企业的活力，在2002年6月18日完成国有企业转为民营企业的工作。转制后，企业进行资产盘活，在嘉定添置1.7公顷地，建造4800平方米的二幢厂房，预计2004年9月能进行正常生产。工厂领导调整经营理念，树立“质量是企业的生命”，以“新企业”、“新品质”、“新管理模式”迎接新的挑战，以求巩固上海管乐器的龙头地位。近几年来，由于上海管乐器厂的动荡，萌生五至六家铜管乐器的小型作坊，有少数几家甚至移花接木，从外地购进无牌的管乐器自行贴牌销售。产品却通过多种渠道流向全国各地。可见市场的鱼龙混杂。但也有个别脱颖而出的企业，如上海佳灵管乐器厂，经数年努力现有占地0.4公顷、厂房2000平方米、年产铜管乐器7000多支、产值300万元、产品90%销往国外的规模。

7.电子乐器制造业

上海电子乐器制造业还是华新电子电器总厂一支独秀。该厂近几年来发展迅速，拥有资产8900万元，经营及财政状态良好，连续三年实现销售1亿元，获得税后利润1000多万元。

多年来，华新一直致力于发展中国的音乐教育事业，努力开发适合中国音乐教育的产品，公司产品有各种电子琴、电子钢琴、MIDI键盘和音箱等多媒体产品：如音乐助教板及配套的电子琴已得到非常广泛的运用，音乐教室视频－音频控制台正在推广之中。

华新与海外企业建立广泛的贸易与技术合作关系。华新的电子琴已出口到北美、欧洲、南美洲及亚洲各国。从1994年开始，华新与美国著名的专业电子乐器开发制造公司Emu-Ensoniq建立合作关系，华新以Emu-Ensoniq的技术为基础开发并制造了7600和8800型电子钢琴，并从1998年起销向美国。1999年，华新又与全球在多媒体产品方面居领先地位的新加坡创新科技有限公司建立紧密的关系，目前为该公司大批制造MIDI键盘、音箱等多媒体产品。

（陈惠庆）

江苏省

江苏是吴越文化的发祥地，素称“人文荟萃之地”。近年来，江苏省成功地承办了第六届中国艺术节，正式参演及祝贺演出、境外文艺团体的演出剧目达90余台。同时，南京又成功地举办了中国第十一届书市和第六届世界华商大会。以此为契机，江苏省正在努力实现建设文化大省的目标。

一、江苏乐器生产情况

江苏的乐器生产企业众多，产品种类丰富多样。江苏的钢琴生产主要集中在南京地区，有南京钢琴厂有限公司、密尔顿钢琴有限公司、玛利奥钢琴有限公司、伊柯雅钢琴制造有限公司、南京德曼钢琴制造有限公司、南京长江钢琴厂。

具有代表性的南京摩德利钢琴有限公司（南京钢琴厂有限公司），是江苏省最早从事钢琴制造的生产企业，始建于1986年。现今，公司已经完成改制，建立和完善了现代企业管理模式。企业重视科技进步，经过多年的不懈努力，拥有一批高素质的员工队伍，聘用欧美钢琴专家为技术顾问，采用国际先进的制作工艺组织生产，不断提高钢琴的内在品质，使企业的社会效益和经济效益都实现了快速的发展。南京摩德利钢琴有限公司(南京钢琴厂有限公司)经过多年的努力，已成为国内的中型钢琴企业，年产量5000余台。企业坚持严格的质量与工艺管理，推行ISO9001(2000)质量管理体系，使产品的生产过程均处于受控状态，确保了产品品质稳定提高。公司在近年取得了飞速发展，产品品质的高起点不但在国内有稳定的销售市场，在国外，欧美、中东、东南亚等地都有了新的市场，并得到了市场的认可。

江苏的乐器生产一直以民族乐器为主，其中苏州、扬州等几个地区，是江苏民族乐器的主要生产基地。

苏州民族乐器一厂有限公司是我国三大民族乐器厂之一。20世纪50年代以后，苏州的民族乐器生产在各方面都得到了充分的发展，逐步丰富和完善了具有苏州特色的乐器产品，并改进与发掘了濒于泯灭的古代乐器，如唐代乐器、箜篌、编钟等。60年代初，苏州民族乐器一厂有限公司生产的红木专业二胡在全国行业评比中荣获音质和外观工艺第一名，其形制作为全行业同类产品的标准基础。80年代，该厂生产的红木专业二胡再获行业最高荣誉——国家银质奖；精制二节笛、专业中阮红木专业琵琶、真丝弦线等十八只品种荣获轻工业部优质产品称号，其获奖品种之多为同行业之首。90年代中期，随着经济体制改革的不断深入，原苏州民族乐器三厂、苏州天雀乐器厂被并入本厂，形成了具有“虎丘”牌民族拉弦乐器、弹拨乐器、吹管乐器的“姑苏”牌民族打击乐器，以及“虎丘”牌、“江南"牌乐器用弦和各类乐器配件共有几十个产品系列，一千余个品种的民族乐器生产企业。为了不断提高产品质量，该厂特邀请国内外四十二位著名演奏家及教授为工厂的技术顾问，定期召开学术研讨会，优化产品质量，满足专业音乐团体及乐器爱好者的需求。现今，为了适应市场经济发展的需要，该厂进行了整厂改制，工厂成为有限责任公司，改制后的企业一如既往的信奉“质量第一，用户至上”的治厂宗旨，竭诚为国内外专业文艺团体和商业客户服务，为繁荣我国的民族乐器事业发挥更大的作用。

江苏的弦乐器制造首推泰州地区的泰兴市。江苏省泰兴市溪桥镇20%的农民生产了世界20%的小提琴。这个30平方公里的小镇有30多家乐器制造企业，小提琴的产量占我国提琴总产量的一半。2003年1～8月，全镇乐器企业销售14838万元。5000多农民工平均年收入近万元。

泰兴市凤灵乐器有限公司是世界最大的提琴生产厂家，也是世界乐器音响225强之一，系中国乐器协会提琴专业委员会会长单位。2003年9月，由泰兴市凤灵乐器有限公司具体负责编制的《提琴制作工国家职业标准》顺利通过终审。该标准将成为我国提琴行业职工考级的定级标准。同时，凤灵还将参与职业技能培训教材的编制以及试题库编制等各项后续工作。

在历次中国古筝艺术学术交流会上，“金韵”古筝以其音色纯正优美、造型美观独特深受与会专家和各地筝友的高度好评。在第七届国际乐器展览会“金韵”古筝荣获古筝制作金奖。“金韵”系列古筝，经国家轻工业乐器质量检测中心检测合格，并在中国乐器质量调查报告中给予了高度的评价。“金韵”商标被扬州市工商局认定为扬州市“知名商标”。“金韵”乐器连续多年被评为重合同守信用企业。

江苏的手风琴产地主要在江阴，代表性企业是江阴激扬乐器有限公司。

江阴激扬乐器有限公司(简称激扬公司)系江阴市口琴厂与新加坡激扬企业合资组建的中外合营公司。公司占地8000平方米，建筑面积6000平方米，注册资本800万元，总资产1100万元，员工200名，其中技术人员30名。主要生产金杯牌口琴、金杯牌管乐器等系列产品，年产各种规格高中档口琴250万支。

江阴金杯乐器有限公司(简称金杯公司)，系组建的股份制企业，其前身为江阴市口琴厂，创建于70年代，至今已有20多年乐器专业化生产历史，年生产UC102、8BS17键、8BS22键、32BS、72BS、80BS—120BS等高、中、低及玩具手风琴，管乐器等系列产品15万件。

公司生产的口琴、手风琴、管乐器产品在国际市场畅销德、美、意、南美、英、中东、东南亚等国家和我国香港地区。被国家教委定点为中小学生专用口琴生产企业，并被中国乐器协会认可为中国乐器推荐产品。产品占有一定市场，广泛受到中外消费者的青睐和好评。

二、江苏民族乐器销售状况

2003年江苏民族乐器销售额，以扬州龙凤琴筝有限公司、扬州开发区金韵乐器厂、扬州天艺民族乐器厂、扬州正声民族乐器厂等为代表扬州生产企业的古筝产量从近万台到4000台左右不等，扬州地区产的古筝在总量上居全国首位。苏州民乐一厂二胡产量都已近十万件，均占企业产品总销售量的50%。另外，像阮、月琴、柳琴等民乐器各厂家的生产量都在5000件以下，与需求量基本相当。

民乐企业在不断改良乐器产品的同时，也尝试着试制一些已经“消失”的民族乐器。2003年，苏州民乐一厂成功研制出世界首台72弦手工全转调凤首雁柱箜篌。箜篌是我国最古老的拨弦乐器之一，唐代后失传。20世纪60年代，苏州民乐一厂应文化部要求，根据史料首次制成凤头箜篌。这次研制成功的箜篌72根弦能发出从C至B的全部7个8度单调音，为民乐家族弥补一大憾事。

三、江苏音乐教育及普及情况

江苏省音乐家协会是全国省一级音协中最早组织业余音乐考级的，1991年考级的人数仅仅400人，也仅有钢琴一个乐种，目前江苏省音协的考级乐种已扩大到17种，而每年报考的人数更是成倍增长，前年达到2.1万，2003年更达到2.5万。从报名情况来看，尽管考生仍然以小学生、初中生为主，但范围呈扩大趋势，年龄跨度也明显加大，音乐考级正逐步向社会的各个角落渗透。

与此同时，江苏省宜兴中小学普及了电脑音乐教学。电脑音乐教学将改变传统音乐教学单调、呆板的模式。老师通过电脑可以选择多种乐器教学，或一首乐曲选择不同音准、节奏，让学生随心所欲地听到各种形式的音乐。电脑音乐教学既提高了教学效率，又能使教学丰富生动，有助于发挥学生想象力，提高学生的音乐素质。宜兴市教委有关负责人说，教委计划在两年内使宜兴市中小学普及电脑音乐教学。

音乐考级热是由江苏省音协带动起来的，随后各个大学都纷纷成立了交响乐团、民乐团等等学生音乐团体，这样对艺术的需求也急剧增加，在这种情况下，一些名牌大学和中学对有艺术特长的学生给予了加分的政策，尽管后来国家有关部门紧急发文，强调考级不要与加分挂钩，但事实上，名校的特长生还是要有等级证书作为敲门砖。

在这种情况下，考级无形中就变味了，一些在高等院校工作但不从事音乐教学的工作人员也当上音乐老师。

音乐考级热也带来考级多头现象，从最初的只有江苏省音协一家，到后来的四五家。有人调侃某些考级单位是“带了一包证书来，换一包钱走”，而找人写纸条、走后门拿到合格证书的情况更比比皆是。

面对如此混乱的市场，江苏省音协的有关负责人表示“即使回到当初的几百人报考，也绝不降低标准”。从而肃清了音乐考级的不正之风。

2003年音乐教育硕果累累，佳绩频传。无锡音乐人实现了器乐作品获全国性比赛创作金奖的零的突破。无锡市歌舞团的青年曲作者顾正光的器乐作品《山趣》在全国第二届"蒲公英奖"评选中荣获创作金奖。

浙江省

浙江历史悠久，文化源远流长，七千多年前的浙江河姆渡文化，成为中华文明的发祥地之一，河姆渡出土的160支骨哨距今有7000余年。目前发现最为古老的埙是20世纪70年代在浙江余姚河姆渡新石器遗址发现的无音孔陶埙（只有一个吹孔），距今有7000余年。可见，浙江乐器制造的历史悠久，而且大大领先于其他省份。

浙江作为经济大省，乐器行业的发展却基础薄弱，而且起步较晚。经过浙江人民几年的努力，逐步形成了以钢琴生产为龙头，其他乐器生产共同繁荣的新局面。

一、“德清现象”

德清，位于杭州北麓，坐落于莫干山风景名胜区，距离省会杭州约60公里。要不是因为近年涌现出近40家钢琴厂出来，估计也不会这么容易让更多的人关注。

追溯德清钢琴工业的发展历史，我们还要回到20世纪80年代。1985年，湖州钢琴厂项目得到政府审批，并在洛舍镇成立，通过3年时间的人才引进、技术培训、零配件的生产组装，德清历史上的第一台钢琴于1988年在洛舍诞生了。湖州钢琴厂的成立，为现今整个德清的钢琴工业培养了一大批击弦机、外壳、油漆等各道工序的技术工人，完成了钢琴生产的原始积累。1994年，原湖州钢琴厂完成企业改制，更名为现在的华谱钢琴有限公司。随后的几年，一批原厂的管理、营销、技术人员纷纷走出钢琴厂，通过各种融资手段，先后成立了自己的钢琴厂，使德清的钢琴工业得以发展。在2000年以前，德清的钢琴生产主要集中在华谱、海尔和中德利3家企业，2000年以后，德清的钢琴生产企业雨后春笋般地在洛舍、城关、武康发展着。据不完全统计，到目前为止，在德清，单人口不足2万的德清县洛舍一镇，就有3000多人从事钢琴制造，全镇钢琴企业近35家，年产量占全国钢琴总产量的1/10。

德清钢琴制造业的发展推动了当地高雅文化氛围的形成。自2001年该镇首次举办钢琴之乡洛舍钢琴节起，至2003已连续举行3届，在全省产生了广泛影响。

二、“宁波现象”

宁波的钢琴制造业也曾辉煌过一时。在20世纪80年代，国家定点的北京、上海、广州、营口、浙江五大钢琴生产厂家都由宁波人创办。宁波的浙江钢琴厂在1985年创建，产品当年通过鉴定，并出口美国、德国、意大利、芬兰等13个国家和地区，生产的“长江牌”钢琴一时名扬四海。但在前些年，该厂由于种种原因倒闭，宁波人引以为豪的长江牌钢琴也从此销声匿迹。

近几年，从事钢琴零配件的厂家雨后春笋般发展起来。“九五”期间，零配件加工业已经形成体系，浙江宁波地区初步建立了乐器金属配件生产基地，向国内外供应乐器配件。

目前，在宁波已具规模的钢琴零配件企业主要有慈溪的东方琴业总公司、鄞县的云龙钢琴配件厂和北仑的宁波新大乐器制品有限公司、海伦乐器制造有限公司等，产品从钢琴的金属键、木子键、罗显塞、键盘到钢琴的心脏部件击弦机、琴轴等一应俱全。如东方琴业总公司已成为全国最大的乐器五金零配件生产企业，产品约占全国产量的80%以上。宁波新大乐器制品有限公司，年产值也超过2000万元。宁波海伦乐器制品有限公司专业生产钢琴配套五金件及琴凳，是目前国内乐器配件行业最大的厂家之一。2003年4月，被评为“浙江省工商企业信用A级守合同重信用企业”；2003年5月份被中国乐器协会评为“中国乐器行业强势公司”；并连续三年被评为AAA级资信企业。产品远销欧美、日本、我国港台等国际市场，深受广大客户的一致好评。海伦乐器先后引进了国内、外先进的乐器行业专用设备，率先在国内将五轴联动加工中心应用于乐器行业。经过近二年多的共同努力，成功研制了钢琴核心部件－音源码克，并引进日本、欧洲钢琴大师共同开发的软件。由其组装的钢琴，经欧洲钢琴大师试奏，得到高度评价。

据统计，宁波钢琴零配件国内覆盖率已在85%以上，基本满足全国钢琴生产企业配套需求，产品还远销欧洲、美洲、亚洲等地。

三、杭州竹笛

浙江盛产苦竹、紫竹，利用这一得天独厚的自然优势，杭州市余杭区逐渐发展成为竹笛生产基地，产品远销港澳台及东南亚等地区。

坐落于杭州西郊、余杭区西南端的中泰乡苦竹资源丰富，作为我国的苦竹重点产区的余杭区现有苦竹3.1万亩，其中有2.7万亩分布在中泰，蓄积量达5万吨。2003年，全乡苦竹原产值800万元，加工产值达2500万元，全乡竹产业总产值达3300万元。浙江省市区各级还组织在中泰乡的铜岭桥村建立了“万亩现代苦竹园区”，集中引进了全国的23种苦竹种，进行苦竹的开发与研究。

数百年来村民一直靠苦竹生意养家。当地政府和农民大力开发竹制品及相关产业，走出了一条依靠资源优势，发展特色农业的路子。由于生长在中泰乡境内的苦竹钢性好，用这种苦竹为原料生产出来的笛、箫等乐器音质透亮。杭州灵声笛箫社、杭州佳音乐器厂、杭州竹韵乐器厂等越来越多的目光被吸引，纷纷组织上马生产笛、箫。在中泰乡，利用苦竹生产竹笛萧已经成为了一种产业，并且养活养富了一方百姓。目前，中泰乡自主生产和外地乐器企业利用中泰苦竹为原材料生产的笛、箫、笙等乐器已经畅销全国，还出口海外。

2003年西博会上，中泰乡的学生百笛队代表余杭，在彩车游行中首次亮相，顿时吸引了数十万观众的眼球。2003年7月中国第一届竹笛艺术夏令营也在“笛乡”隆重举行。中泰乡制笛企业的笛子贸易订单不断地飞了过来。

中泰乡的第一个笛子节，唱主角的居然是一群毛孩子，他们不仅能吹笛子，而且说起竹子头头是道，就是他们把中泰乡竹子的名气“吹”大了。我国著名笛子演奏家俞逊发教授还正式授予中泰小学为“上海中华笛文化研究所培训基地”。

四、浙江琴行及音乐教育

近年来，浙江的文化事业发展迅猛，浙江对乐器及音乐的消费越来越高，在浙江，中西乐器的消费需求日益增大。犹其是民族音乐更是得到了长足的发展。越来越多的家长都愿意让孩子修一种中国传统乐器。在古筝、二胡继续热的情况下，扬琴、箫等相对冷门的乐器也逐渐被看好。更多的乐器厂商都看到了浙江乐器消费这一庞大的用户群。作为全国经济最发达的地区之一的浙江省，全省几乎每个县市都有琴行，有的县甚至有十来家，琴行间的竞争也日趋激烈，其中杭州天目琴行已经发展成为中国十大琴行之一。

浙江的琴行都注重品牌经营，国内外著名乐器品牌的地区代理权之争更加激烈，国内著名乐器厂商基本在浙江都有了自己的特约经销商。浙江的琴行注重连锁经营，基价较大的琴行纷纷加快了在全省各地开设连锁分店的步伐。而且信息时代，在浙江，有的琴行建立了自己的专门网站。

浙江省近年来举办了多场器乐比赛，这些比赛推动了全省艺术教育的普及与发展。社会力量办学性质的音乐培训班、艺术学校十分红火，满足了人民学习乐器的美好愿望，丰富了人们的业余文化生活。在杭州，从头开始学习乐器的中青年，绝对人数不多，一般不到学琴总人数的十分之一。其中绝大多数是女性，占据了约80%的比例。在乐器选择上，古筝、钢琴是最受女士们青睐的乐器，而男性则偏向于萨克斯和吉他，学习门槛最高的小提琴则少有人问津。

浙江2003年的考级是新的音乐考级制度全面推开的第一年，从以往统一考试变成了如今的各个琴行一条龙考试。这对于音乐考试的公平性、权威性存在一定的影响。同时，音乐考级已经变得越来越商业化。从整体上来说，人数一年比一年多。相对来说2003年的考级更加规范化。

随着浙江文化事业的发展，音乐、乐器领域也出现了一些可喜的场面。

著名的浙江省千岛湖三潭岛上，建起了一座由各种石头做器乐演奏的乐厅，游人在此可以用造型各异的石头演奏出美妙动听的音乐。

青瓷乐器首批样品在慈溪出炉。越窑青瓷作为一种乐器早在唐代就已盛行，那时将它称作瓯，以后渐渐失传。经过慈溪越窑青瓷有限公司经过半年的试制，终于开发成功。

安徽省

乐器行业对于安徽省来说还是个新兴行业，由于安徽省是个农业大省，音乐教育、师资力量,以及人们对于音乐艺术的追求，音乐普及的速度远远落后于发达省份。前几年，安徽的乐器生产几乎是零。2003年末，全省共有艺术表演团体93个。随着经济的发展，教育的普及，人们生活水平的提高，对孩子综合素质教育的逐渐重视，音乐教育也成了热门行业。2003年8月安徽阜阳800余名孩子在市业余音乐舞蹈学校结束了“全国音乐考级”，钢琴、电子琴的考级，创历年参考人数纪录。从最初的190人上升至今年的900余人。从2003年暑假来看，上培训班，成人上艺术班，成为2003年暑期培训的一大亮点，安徽的音乐普及也达到了一定程度。

安徽省每年都举行一些小型的音乐比赛活动，影响不大。较突出的比赛活动是2002年全国星海杯少儿钢琴比赛首次在安徽省设分赛区。2003年8月在合肥举办了安徽省首届西洋管乐大赛。本次大赛由安徽省音乐家协会主办，省音协管乐委员会承办，来自全省17个地市，近400名选手参加了角逐。决出了萨克斯、长笛、单簧管、小号、长号等西洋管乐的一、二、三等奖。

学琴热的兴起大大促进了各类乐器的销售。可观的利润，广阔的前景，使各地琴行如雨后春笋般出现。安徽省最早出现的一家私人琴行是现在的吉达琴行，成立于1988年，现在，全省相继出现了大大小小近20家琴行，呈现出一派繁荣的景象。

但繁荣之中，也滋生了诸多不良因素。

学习器乐的，在选购乐器时，因专业性太强，多数家长缺乏鉴别能力；加上乐器一般价格不菲，委托教器乐的老师（通称琴师）选购就成了情理之中的事。而有些不良琴师（俗称琴托）因此而让琴行给大额回扣；一些琴行为抢夺客户，常大肆拉拢琴托。有的琴托为多赚钱还明令暗指，要求其学生到指定琴行购买乐器。

目前合肥市销售乐器的正规商店包括商场在内有20多家，除了吉达琴行等个别大的琴行外，大多数琴行都要靠琴托才能生存。如今琴托从中提取回扣成了业内公开的“秘密”，回扣幅度因购买数量及各家琴行而有所不同。据了解，现在能拿到回扣的乐器，大到钢琴、古筝，小到吉他、笛子，回扣从几十元到几千元不等。一架古筝的回扣可达几百元，一台钢琴的回扣，甚至可达到两三千元。对于琴托猛吃回扣的现象，一些父母虽心知肚明，但考虑到孩子还要跟老师学琴，也就任其摆布；有的家长不知内幕，往往是受骗后才大呼上当。

福建省

福建乐器种类繁多，乐器制造历史悠久，有较大的乐器市场潜力。

产品主要有钢琴、古筝、吉他、提琴，铜响器以及福建南音乐器等。产地主要是福州、厦门、顺昌、泉州、漳州、福安、建阳等市、县。

主要乐器生产企业在福州有：福州和声钢琴公司、金钟民族乐器厂、福建民族乐器制造公司；在顺昌有：福建顺昌爱乐钢琴有限公司、在厦门有：厦门三乐钢琴有限公司、在漳洲有台湾独资的漳州乐器有限公司；在泉州有泉州乐器厂；在莆田有钟声乐器厂。

福州和声钢琴公司是我国乐器行业重要的钢琴生产企业，成立于1985年，年产钢琴6600架，产品质量有国内市场有较好的信誉。钟声乐器厂于1972年创办，是福建省乐器生产品种较为齐全的厂家。

由于福建地方戏曲的发展，民族乐器厂基本集中在泉州。主要有各式琴、鼓、三弦、琵琶、箫、唢呐等，其原材料除制鼓要用木材和水牛皮外，其它用红木、硬杂木、竹(紫竹、红竹、斑竹)、蛇蟒皮、马尾等。

福建的艺术教育活动开展十分活跃，其中主办的古筝艺术学校，为推动中国古筝艺术作了十分重要的贡献。2003年末福建省各类艺术表演团体达到了94个。福建音乐教育的普及，起最大作用的还是省内诸多学校的早期音乐教育。

厦门市鼓浪屿日光幼儿园利用鼓浪屿“钢琴之岛”的有利条件，每周安排一定时间，引导孩子欣赏音乐、训练听音、学习打击乐等，培养美感、节奏感。组织唱歌、绘画、钢琴、小提琴兴趣小组，因材施教，培养艺术幼苗，中国著名钢琴家殷承宗、许斐平，小提琴家许斐生，大提琴家郑海等幼年时都在该园受过启蒙教育。80年代初，4批32名幼儿参加乐器兴趣小组，升入小学后，均成为学校小提琴队成员，有些学生被中央、上海音乐学院附中、附小录取，10余年来为厦门音乐学校、省艺校输送8批60名学生。不少幼儿在各级琴乐比赛中获奖，日光园被誉为“音乐摇篮”。

厦门市鼓浪屿人民小学举办音乐试验班，根据鼓浪屿的音乐环境和条件，把艺术教育列为教改重点。重视全校性的音乐教育的同时，从1984年秋开始，每年招收20～25名新生，提供机会培养儿童的音乐兴趣爱好，提高音乐素质，发展音乐才能；探讨用音乐开发智力，启迪智慧，培养聪明才智的途径；摸索用音乐艺术丰富儿童精神生活、陶冶美的情趣的规律。1985年，全省音乐周活动中，该校连夺大合唱、小提琴齐奏和钢琴独奏3个一等奖；在省首届少儿钢琴比赛中该校4个学生获一、二、三等奖(三等奖2人)，占全省获奖人数近1/4(全省获奖18人)。在接待侨胞等外宾时，该校学生言谈、举止、礼貌和学风等均受好评。音乐班学生每年文化考试成绩高于鼓浪屿区同年段水平；部分学生钢琴、小提琴达到音乐中专生水平，个别接近音乐院校附小水平。1985～1989年，演奏曲目获全国奖6人，获省级个人奖15人，连续5次获集体奖。

福建泉州师范学院2003年秋季首次招收20名南音本科学生。这是南音首次被列入高校招生专业。秋季起，泉州师院将在该校艺术学院音乐系中设置音乐学（南音方向）本科专业，学制4年，并聘请中国音乐学研究所所长、对南音颇有研究的乔建中以及南音界权威人士担任南音本科班的教师。首届学生主要从泉州市高中毕业生（含同等学历）中录取。今后，该校还准备将南音作为重点学科建设项目，并逐步面向闽南及东南亚、港澳台地区招生。

福建省共有大大小小琴行100多家，基本分布在福州、厦门、泉州、漳州等交通便利的城市，其中规模较大的有三四十个。比较有代表性是福州的、泉州的、厦门的琴行。

福建艺术考级已经形成规模。2003年的暑期给福建的乐器行带来了巨大的商机，让孩子有时间学乐器，许多琴行举办的暑期培训班，拉动琴行的销售。另外，从7月底乐器考级来看，报考钢琴类的就有1000多名考生，考级在一定程度上也拉动了消费。不少乐器商行在七月达到了销售高峰。泉州有的琴行从6月底开始销售量直线上升，仅7月份，琴行就卖出了几十台的钢琴，这也是琴行成立以来单月销售量最大的月份。有的琴行在上半年中销售一直不容乐观，直到暑期到来，销售额才出现回升的趋势，电子琴的销售额上升趋势尤为明显。西洋乐器的销路最好，消费以普通型为主。主要原因是泉州市教民乐的老师相对较少。从销售情况来看，因为一般消费者无法一步到位地购买价格较高的钢琴，许多初学者首先考虑的是电子琴，所以电子琴坐上了销售冠军的宝座。

江西省

江西省的乐器生产基本以小规模的手工作坊为主，正规的乐器生产厂家较少，比较知名的有余干县的民乐，永丰的打击乐，共青城的风琴厂，吉安的风琴厂等。江西共青乐器厂是全国产销最大的风琴厂家。主要产品双凤牌852A型风琴1990年被评为部优。JW901型、JW902型风琴获江西省优秀新产品奖，49健儿童钢琴荣获全国妇女儿童生活用品金鹿奖。

江西省共有琴行70家左右，基本在各个地级市都有分布其中又以省会城市南昌为中心。大部分的乐器行都是西洋乐器和民乐乐器兼有。西洋乐器的吉他、小提琴、钢琴，和民族乐器的琵琶、二胡、古筝目前都在畅销之列。消费层次呈“三角形”状态，尽管几百元的小提琴和几千元甚至上万元的小提琴无论从音色、手感还是质量方面，都不可相提并论，但目前仍属400～1000元的普通型小提琴的销路最好。江西省销售量的上升与江西的群众生活水平，教育、文化消费内容的日益丰富也不无关系。作为“乐器之王”的钢琴由于售价不菲，以及住房条件等各方面的限制，销售量倒没有明显攀升。除去“电钢琴”外，少数琴行甚至只卖出了一两架小型三角钢琴。看来对江西人来说，只有生活条件、消费心理、教育水平齐齐跟上，乐器市场才有可能完成从“图新奇”到“专业化”、“成熟化”的实质性跨越。

近几年，随着人民文化素养的日益提高，音乐教育逐步为社会所认可，接触乐器学习的孩子也越来越多。各个学校和专业团体也纷纷设立各种培训班来满足人们学习乐器的需要。相比以前，学习乐器人数日益增多，各式培训机构日益规范。

山东省

山东的乐器生产门类比较齐全，并以民族乐器的厂家居多。如章丘、周村地区以生产锣鼓为主，在国内具有悠久的历史；平阴、菏泽主要生产二胡、古筝及其他乐器；近年来发展了钢琴和吉他产品。钢琴生产基本分布在烟台和青岛，吉他产品主要是韩国投资建厂，其中在枣庄设的厂，具有较大的规模。

青岛世正乐器有限公司是韩国世正株式会社与青岛变压器集团公司于2001年5月合资成立的，坐落于城阳新城工业区，投资总额2000万美元。公司从签约到生产出第一台钢琴仅用半年时间。目前，青岛世正乐器有限公司现已具备年生产三角钢琴7000台、立式钢琴23000台、吉他40万把的生产能力。产品70%销往美国、德国、日本、澳大利亚、芬兰、中国香港等四十多个国家和地区。2002年“世正牌”钢琴被青岛市政府评为“青岛名牌”，2003年又被山东省政府评为“山东名牌”。2003年10月17日，青岛世正乐器有限公司举行开业庆典。世正乐器作为落户青岛的韩资大项目，两年多来发展势头十分看好，其产品“世正”牌钢琴、吉他等不仅弥补了青岛素有“琴岛”之称却不产钢琴的缺憾，而且正在朝着品牌化和规模化的方向快速迈进，“琴岛”从此名副其实。

烟台龙凤钢琴公司是20世纪90年代建立的钢琴企业，经过几年的发展，企业有快速发展，年产钢琴达万架左右，产品有较大比例出口，2002获得了中国轻工业联合会所授予的“轻工行业质量效益型企业”称号。2003年初，由于企业人事的变化，企业经营状况出现不稳定现象。

烟台博斯纳钢琴有限公司是烟台新建的钢琴企业，于2003年成立，年产钢琴600架左右。

山东省潍坊市昌乐县唐吾镇从第一把电吉他起家，如今已发展成为拥有企业28家、年生产电吉他、电倍司、木吉他等200多个规格20多万把，2003年实现利税1000多万元。目前，这些出自农民手中的乐器，以精湛的工艺、美观的造型、纯正的音色赢得美国、德国、巴西、英国等多个国家和地区的青睐。

山东昌乐东方乐器厂是一家中韩技术合作，专业生产电吉他、电倍司、木吉他、音箱等系列产品的企业。该厂设备先进，配套设施齐全，工艺流程科学严谨，生产技术精湛，管理缜密。该厂新近开拓生产出的近百个品种的高、中、低档(流浪者)牌电吉他、电倍司，居国内领先水平，一面市就受到广大客户及吉他爱好者的喜爱。

山东共有琴行150多家，主要集中在济南、青岛、威海等城市，仅省会济南一地就有四十多家琴行。从整体的销售情况来看，民族乐器较受欢迎，钢琴及其他西管类乐器有滑坡趋势。

山东的音乐普及及教育开展的较早，基本已经形成行业。至2003年末，全省拥有各种艺术表演团体121个，教授乐器的学校数量很多。

山东齐鲁音乐学校是全国最大的一所全日制花园式音乐艺术专科院校，创建于1989年，总校位于牡丹之乡山东省菏泽市，1999年于风景秀丽的教育圣地——北京市海淀区投巨资建立了北京齐鲁音乐学校现代化高等教育基地，固定资产近3亿元。学校现有教职工669人，其中教授、专家和学者有39人。同时还有阵容强大的电声乐队、管弦乐队和为学生提供实习演出机会的专业演出团，有来自全国各地各民族在校学生600余人。中央电视台、《人民日报》、《中国教育报》等近百家新闻媒体都相继报道了该校的教学成果和辉煌事迹。2003年6月，该校又与英国东海岸音乐学院签订了联合协议，为学生铺就了一条迈向世界的绿色通道。

河南省

改革开放以来，河南的乐器行业在经过转制、调整之后迅速发展起来。2002－2003年乐器的生产和营销稳中有升，教学和演奏呈强劲势头，并出现了琴行兼培训、培训中心兼售琴的新的格局和理念。

一、乐器的生产与营销

河南省的乐器生产与营销活动主要分布在郑州、开封、洛阳、新乡、安阳和南阳等城市，郑州为最大的乐器集散地。

1.郑州市

郑州自古就是一个商贸城。目前，作为省会的郑州更是日新月异，乐器行业也随之繁荣发达起来。原地方国营郑州乐器厂于1996年破产，在此前后已有不少工人从事起个体生产经营，有的在家里加工，有的租赁门面自产自销，有资金的办起了琴行从事乐器营销。一时间在郑州市西大街、南下街、德化街等处出现了上百家乐器从业者，从而形成了河南最大的乐器市场。郑州市的乐器生产主要以板胡、二胡、曲胡、笙、唢呐、手板等民族乐器为主，琴行则经销全国各地的中西乐器。规模较大的琴行有：

河南省宏声琴行有限公司(主营烟台“金斯波格”钢琴及扬州古筝、上海琵琶、苏州二胡等中西乐器)；郑州豫华琴行(以批发全国各地中西乐器为主，规模较大)；郑州珠江琴行(主营广州“珠江”钢琴)；郑州爱乐琴行(主营北京“星海”钢琴)；郑州星艺琴行(主营东北“诺的斯卡”钢琴)；郑州大河琴行(主营上海“施特劳斯”钢琴)。这些大的琴行都附带办有器乐培训业务。

另有河南省乐器研究所。该所创办于1993年，从事改良笙、二胡、玉笛、玉箫、音叉及琵琶换品、钢琴调律等乐器研制、技术服务与培训。

2.开封市

开封是“七朝古都”文化名城。开封乐器厂是我省四大乐器厂之一，曾创下了辉煌的业绩，现已停产。开封中原民族乐器有限公司，是改革开放后发展起来的河南最大的民营乐器厂。该厂位于兰考县，主要生产古筝、琵琶、洋琴、阮等以泡桐为原材料的民族乐器，产品畅销国内外。

乐器营销规模较大的是开封长江乐器行，主要经营古筝、二胡、盘鼓、提琴、电子琴等中西乐器。

3.洛阳市

洛阳素称“九朝古都”，为河南第二大城市。洛阳最大的乐器行业是洛阳文奇鼓厂、洛阳洪城百文有限公司乐器店和洛阳声光琴行。

洛阳文奇鼓厂，位于洛阳白马寺附近，当地的制鼓业已有一千多年的历史，品种有威风锣鼓（盘鼓)、大排鼓、腰鼓、书鼓、手摇鼓，还有小到直径3厘米的观赏鼓和大到2米多的寺院用鼓，年产鼓2000－3000个。1997年6月30日，北京迎香港回归大型演出中鼓乐队用鼓均为该厂产品，大鼓被收入“上海大世界吉尼斯之最”。

洛阳洪城百文有限公司乐器店，原为国营商店现由个人承包，主营钢琴、电子琴、二胡等中西乐器。

洛阳声光琴行，位于老城东大街，批发零售电子琴、钢琴、铜管乐器、民族乐器等。2002年7月，在洛阳与北京管乐器厂联合举办了“北京管乐联谊会”。

4.新乡市

新乡市乐器厂建于1961年，为河南四大乐器厂之一，主要生产二胡、板胡、小提琴、吉他，现已停产。新乡中原乐器厂为新乡最大的私营乐器厂，该厂于1998年投产，生产普及、中、高档小提琴、中提琴、大提琴，主要出口韩国，年产值150万元。

新乡知音琴行，乐器营业面积120平方米、教学面积100平方米，主营铜管、木管、小提琴及各类民族乐器、教学光盘等，年营业额200万元。

新乡启蒙琴行，营业面积100平方米、教学面积50平方米，主营铜管和少量乐器配件，以铜管乐教学为主，年营业额160万元。

新乡声光琴行，主营各类管乐器、电子琴、钢琴、提琴和民族乐器，教学以铜管乐、民乐为主，年营业额160万元。

5.安阳市

安阳为中国七大古都之一，是举世闻名的“殷墟”所在地。原河南四大乐器厂之一的安阳乐器厂现已倒闭，安阳的乐器行业主要是营销业。规模较大的琴行有安阳宏声琴行、哆来咪琴行、全音琴行和邺风琴行。各琴行均经营全国各类中西乐器，并办有培训业务，年营业额200万元以下，安阳为豫北较大的乐器市场。

6.南阳市

乐器制造主要是家庭作坊式，产品以曲胡、板胡、笙、唢呐等民族乐器为主。近年来南阳丰源角雕工艺厂生产的古筝、琵琶指甲及吉他、月琴等乐器拨片销量较大。南阳的琴行不少但规模都不太大，均经营各类中西乐器，培训多为西洋乐器。

二、器乐教学与演奏

河南省的经济和全国发达省市相比，虽然还有不小的差距，但是在音乐教育方面投入却比较大。河南大学、郑州大学、河南师院、安阳师院、洛阳师院、信阳师院、南阳师院和郑州师专等高等院校均设有音乐系；80年代由省、地、市政府举办的中等艺术专业学校多达17所，当时这在全国也是比较少见的，他们为河南乃至全国培养了大批音乐艺术人才，其中规模最大的是河南省艺术学校。

河南省艺术学校（原名河南省戏曲学校)，创建于1956年，是一所培养多种艺术人才的综合性专业学校。建校46年来，培养各类艺术人才近7000人。不少毕业生已成为各级文艺团体的骨干力量，并在全国和省、市汇演中获奖。音乐科是该校最大的科室，专业设置齐全，拥有一批高水平的师资队伍。

业余音乐教育的对象主要是少年儿童，全省各地的群众艺术馆、文化馆、少年宫大都办有少儿培训班，2002年参加业余器乐考级的学生达6000人，比去年增长20%。由河南省文化厅、教育厅、老干部局主办，省群艺馆承办的“河南省少儿艺术团”，以培养优秀的少儿人才为目的，自1992年成立以来，参加全国和省、市级演出上百次。其中，唢呐独奏《庆回归》、古筝齐奏《丰收锣鼓》、合奏《汉江韵》等节目多次进京演出，受到党和国家领导人的接见并获奖。

在众多的器乐教学与演奏中，河南古筝艺术的发展可谓出类拔萃，成就巨大。当代著名古筝艺术家赵曼琴创立的“快速指序技法体系”，大大扩展了古筝的演奏能力和表现力，它可以在不改变古筝定弦的情况下，演奏五声、七声及变化音阶的快速旋律，结束了古筝不便演奏快速旋律的历史。“河南中国古筝艺术院”，开拓性的使用了摄象闭路电化教学系统，培养了近万名古筝学生，成为全国规模和影响最大的古筝学校。中国古筝学会秘书长、著名青年古筝演奏家王中山系他的得意门生。

（黄林潜）

湖北省

湖北的乐器生产有悠久的历史，主要以响铜乐器和电子乐器为主。

湖北武汉是响铜乐器的主要产地，其中编钟和大潮锣最为著名。2003年湖北的响铜乐器厂经过体制改革，基本上转制为民营私有企业，企业规模变小，数量比过去有所增加。

位于我国中部地区的国营武汉锣厂是乐器行业响铜乐器生产企业的重要企业之一，是一家具有数十年历史的国有企业，它以生产“高洪太”牌响器而驰名中外。其中尤以大潮锣更为著名，产品因发音浑厚，低沉而逐步成为国外交响乐的常规乐器，因此潮锣在国外的交响乐中被命名为“中国锣”，应当说，中国锣在西洋交响乐中所起到的不可替代的作用，是与世代武汉响铜乐器制造工人做出的巨大努力分不开的。

2001年5月实行改制后，一切走上正轨，各方面管理也跟上了，企业生产蒸蒸日上，产品质量不断上升。销售市场也在逐步恢复，前几年被别人抢走的市场正在不断地收回来。一些产品的销售渠道也打开了。

另外，武汉市高家河锣厂始建于一九八四年，是生产铜响器（锣、钹、镲等）的专业厂家。工厂占地面积12000平方米，生产占地面积6800平方米。拥有固定资产280万元，自有流动资金250万元；年产量200吨，占全国同行业之首，产值达1200万元。

先进的生产设备和经验丰富的专业技术力量，使本厂生产的“芳鸥”牌系列产品已达110余种规格。

电子乐器产品是武汉新兴乐器产品，其中以武汉致嘉钢琴有限公司和武汉艾利卡电子公司最具代表，经过几年的发展，这两家企业已经成为中国电子乐器生产企业的重点企业，产品开始进入国际市场，影响日渐加大。

湖南省

湖南历史悠久，湘楚文化博大精深。乐器自古就在三湘大地广为使用，红白喜事、庆典集会、注重对后代素质技能培养的许多父母，以及存在大量热衷于教育事业的老师、各院校普遍建有的乐队，使湖南成为了乐器厂商们和进口乐器商的必争之地，同时也在湖南形成了一个较大的乐器需求市场。

湖南的乐器销售主要以贸易经营为主。全省122个县市，1023个镇有各种形式的乐器店千余家。在湖南的琴行中，规模、影响力比较大的有中音琴行、湖南衡阳（娄底）天音琴行、长沙蓝光琴行、长沙文体乐器公司等。涉及到的乐器品牌基本上有天津雅马哈(YAMAHA)电子琴、SONATA（索娜塔）系列电子琴、美得理电子琴、“天音”牌古筝、“贝多芬”牌系列小提琴、威臣系列吉他及“星海”等品牌钢琴。从乐器种类的销量上看，民族乐器的比重占得最大，其中苏州、上海的品种最多。

近年来，进口数码乐器MIDI设备在湖南的销售明显上升，使用这些设备的群体从原来单纯的作曲、MIDI制作者向一些爱好者这个普通群体发展，增加了普及性和发展空间。同时许多院校新开办了音乐编辑专业造成市场需求扩大，这是乐器市场一个最明显的新动向。

湖南虽然是乐器需求大省，但是在乐器生产上却没有一个大的企业，原来在国内小有名气的长沙民族乐器厂，由于管理不善，频繁的更换领导，造成了企业人才流失，严重亏损。自它停产以后，现存的都是一些规模不大，知名度仅限于湖南省民间使用的民族乐器小厂。

湖南的衡山盛产竹子，当地的低档竹笛和胡琴生产量非常大，也为当地的农民带来了带来了生活的喜悦。衡山县师古乡凭着小小的苦竹乐器名振三湘，饮誉全国。全乡近半村民靠它圆了“小康梦”。在师古乡，一户户农家，宛如一个个乐器商场，笙、萧、笛子、胡琴、单簧管等乐器，琳琅满目，目不暇接；一排排依山而建的白色小洋楼，构成一幅"乡村都市"画卷；纵横交错的村道上，一辆辆汽车载着成捆的乐器，驰向大江南北。

早在清代，师古乡就以苦竹加工民族乐器著称，如今又以乐器富甲衡山。2003年，全乡13个村有7个村从事乐器加工，加工总值4200万元，农民人均纯收入2387元，其中乐器加工户人均纯收入达4586元。到目前，全乡已有1200多户从事乐器加工，被文化部冠名“全国民族乐器之乡”。

面对雨后春笋般的乐器加工，师古乡政府积极引导村民成立了乐器加工协会和流通贩运协会。在加工环节中，由协会指定专人统一购买原料、统一技术标准、统一验收。为拓宽销售渠道，乡政府安排贩运协会分别在北京、吉林、成都、西安、武汉、广州、南宁、云南等20多个大中城市设立销售网点，同时，组织本乡8000多个村民加入贩运大军，奔走于大江南北。

师古人通过乐器加工，不仅富了，而且愈来愈文明了。邻里之间和睦相处，打牌赌博、叫骂斗殴，在这里已销声匿迹。每当夜幕降临，唯有那此起彼伏的音乐伴随着加工乐器的马达声，在山村久久回荡。

湖南的音乐教育事业非常发达，目前，虽然没有一所专业的音乐学院，但各个高等院校基本都设有音乐系和艺术系，其中，以湖南农业大学学生艺术团比较有影响力。

湖南农业大学学生艺术团成立于1987年7月至2003年，湖南农业大学艺术团已扩大为拥有100多人的队伍，分舞蹈、声乐、相声、小品、双簧、时装表演、礼仪等十余个不同类型的小组，另外还有120余人不定时训练的合唱队成员，以及专门的创意组、策划组、设计组等。

近年来，湖南农业大学学生艺术团每年都有30余场的演出，且不单只限于校内，有相当一部分是在校外的巡回演出，与兄弟院校之间的交流演出，同时积极参与全省汇演，引起了许多媒体的大量关注。

特别是近几年该校开展的“科技、文化、卫生”下乡的活动，连年受到团省委、省教委等的表彰和嘉奖，艺术团作为“三下乡”的主力军，曾经到过长沙芙蓉区、沅陵县、益阳赫山区、常德澧县等单位和农村演出，特别是在邵阳市新宁县演出十几场，为湖南农业大学团委获得国家教育部、团中央联合授予的“全国大学生暑期‘三下乡’社会实践活动先进单位”。

2003年2月湖南第一个完全市场化的民乐团田汉民乐团挂牌成立，是湖南民族音乐事业发展的一个新起点。田汉民乐团隶属于田汉大剧院，聘任著名指挥家刘毓麟为乐团团长、首席指挥。据介绍，田汉民乐团资金完全由社会筹集，乐团目前已建立起30余人的演奏队伍，演员全是我省优秀的、年轻的民乐人才。乐团今后将与国内外知名音乐团体、演奏家合作，举办各类音乐会，增加长沙作为省会城市的文化品位，活跃文化生活。

为了弘扬民族文化，提高在校学生的人文修养，使他们深入了解我国的传统文化，提高校园人文气息，湖南省湘剧院等艺术团体和各高校合作，将湖南的民族音乐带进高校，分别在中南大学、湖南大学、湖南师范大学、湖南农业大学、湖南文理学院等高校演出。民乐在高校中很受欢迎。

自从“女子十二乐坊”这一民乐组合在国内外走红之后，国内的女子民乐市场就变得异常活跃和火爆起来，众多类似的女子组合以惊人速度出现，一时让人眼花缭乱。一支名为“天下凤凰”的女子民乐组合乐队在湖南诞生。“天下凤凰”女子民乐组合乐队，由17名女子组成（17人中一人为替补）。这支民乐组合从策划、筹备到成立，整个过程才用了不到一个月的时间。成员全部是科班出身，主要来自中国音乐学院和中央音乐学院，其中三人主攻声乐，不进行器乐演奏，其他人则分别使用笛子、二胡、扬琴、古筝等。“天下凤凰”乐队组合的艺术顾问是国际著名二胡演奏家宋飞女士。她在接受采访时表示，与其他乐队相比，“天下凤凰”的专业化程度更高，以原创音乐为主，且乐队在创作音乐时不只是电声和音乐的组合，还会加入西洋的东西，在传统中融合现代的元素。宋飞预测，“天下凤凰”很快就能走红，短则半年，长则一年。这支乐队将在今年下半年在湘西凤凰举办一场视觉艺术演出，同时，乐队还要争取打入海外市场。另据了解，“天下凤凰”女子民乐团背后有一个巨大的财团支持，它的投资商是在湖南赫赫有名的商业巨头叶文智。

在这些有利的形式下，纵观整个湖南的乐器市场，前景是好的，竞争日趋激烈，给商家和厂家带来严峻的考验。湖南省音乐家协会和省民族管弦乐协会旗下的各个专业委员会积极活动，乐器比赛、音乐考级的活跃也是推动乐器市场发展的重要因素。

广东省

一、综述

2002年至2003年的广东乐器行业在2001年良好发展的基础上又向前迈出了一大步。随着中国入世及党的十六大的召开，中国经济迎来了发展的大好时机，广东乐器工业也正如强劲增长的中国经济一样，誓言要开创“大局面”，秉承勤修内功兼顾走出去竞争的发展策略，在规模和效益上取得了长足的进展，并树立了一批在全国甚至全世界都享有盛誉的企业和品牌产品，特别是在2003年初各行各业遭受“非典”严重影响的情况下，乐器行业也能保持健康发展，众志成城的共度难关。回顾过去这一年多的乐器行业发展，广东乐器行业在全国的优势地位以及发展中呈现的亮点是非常突出的。

二、发展概况

广东是中国最主要的乐器工业生产基地，在产量和企业总量在全国都独占鳌头，钢琴和吉他等乐器制造方面更是占据了半壁江山。其中，珠江钢琴成为世界乐器最权威杂志《音乐贸易》确认的世界最大的钢琴生产企业，珠江钢琴与广州保嘉乐器制造厂有限公司2002年进入全球乐器与音响225强。广州珠江钢琴在世界乐器音响225强中，排列第28位；广州保嘉乐器制造厂有限公司在世界乐器与音响225强中列第212位。

珠江钢琴集团公司2002年销售额723332万元，总资产达130724万元，员工数4300人，位居乐器行业全国第一；广东四会华声乐器有限公司销售额16000万元，总资产达4000万元，员工数2300人，广州保嘉乐器制造厂有限公司销售额1.1亿元，总资产达5千万，员工数1500余人；深圳美得理电子公司销售额8800万元，总资产7400万元；广东中山粤华钢琴乐器制造有限公司销售额4403万元，总资产5069万元。

2002年珠江钢琴集团有限公司钢琴总产量71248架，立式产量66948架，卧式产量4300架，总出口量14690架，广州雅马哈·珠江钢琴有限责任公司钢琴总产量8857架，总出口量2587架。中山粤华钢琴乐器有限公司钢琴总产量5018架，其中立式产量4946架。广东哈利臣钢琴有限公司总产量1376架。

2002年珠江钢琴集团公司管弦乐分公司提琴厂产量达53347把，广东揭阳长城乐器有限公司提琴产量达10000把。

2002年美得理电子（深圳）有限公司电子琴产量332300台（含电子钢琴4300台），深圳吟飞电子有限公司电子琴产量100000台（含电子钢琴70000台）。

作为全国吉他生产的龙头企业，广州红棉吉他和四会星臣吉他的生产规模和产量稳定上升，特别是广东星臣吉他2002年产量达到90万把，比上一年增加了20%，确立了国内吉他生产第一的位置。广东省是目前我国吉他生产最主要的地区。珠江钢琴集团公司管弦乐分公司吉他厂产量322010把，广东揭阳长城乐器有限公司吉他产量20万把，广州新艺宝乐器有限公司吉他产量20万把，广东佛山乐器工艺厂吉他产量10万把，汕头金声实业有限公司产量6万把，广州美音文化用品有限公司产量4万把。广东四会华声乐器公司吉他出口产量大约占90%。

在规模和产能提高的同时，积极开展创名牌抓质量工作，树立了品牌形象。2002年8月中国名牌战略推进委员会主任林宗棠到广州珠江钢琴调研创名牌工作。2002年6月29日，国家轻工业乐器质量监督检测中心（广州）、广东省乐器产品质量监督检验站在广州成立。整顿乐器市场，由广州珠江钢琴公司童志成董事长任会长的钢琴分会受中国乐器协会委托制订《中国乐器制造业文明竞争自律公约》，这对整治混乱的钢琴市场起一定的积极作用，打击了不法经销商、假冒伪劣产品，保护了正当经营企业及消费者的利益。

广东乐器行业的发展备受同行的推崇和领导人的关注。2002年1月，国际钢琴家、美国伊斯曼音乐学院钢琴系主任道格拉斯·堪富利先生莅临珠江钢琴集团；2002年9月，美国乐器协会董事长拉蒙德、首席执行官韦斯特一行来华考察中国乐器市场，参观了广州珠江钢琴集团。2000年2月24日，江泽民主席曾经亲临珠江钢琴集团视察，对珠江钢琴给予了很高的评价并寄予了殷切的期望。时隔三年，他仍然十分关心珠江钢琴的发展。2003年3月7日，在全国人大十届一次会议广东代表团审议时，江主席接见了珠江钢琴集团总经理助理麦燕玉同志，并同其亲切握手。

三、企业发展

广州珠江钢琴集团公司是世界最大的钢琴生产企业，也是中国最大的乐器生产企业。珠江钢琴以人才战略为龙头，技术战略强筋骨，质量战略上台阶，撑起了中国钢琴市场的半壁江山，钢琴产销量10多年蝉联全国第一，1998年跃居世界第二，现已成为世界最具规模的乐器生产企业。2002年9月1日在北京人民大会堂举办的“中国名牌论坛”中，珠江钢琴集团公司成为全国16家“具有国际竞争力，向世界名牌进军的中国企业”之一。2002年9月1日，广州珠江钢琴集团公司荣获“全国质量管理先进企业”称号。2002年10月珠江钢琴集团又获2001年度“全国外经贸质量效益型先进企业”的光荣称号。至此，该集团已连续三年获此殊荣，中国对外贸易经济合作协会为此特别向珠江钢琴集团颁发了“全国外经贸质量效益型先进企业特别奖”。2003年3月21日，该集团提琴厂顺利通过ISO9001：2000版质量管理体系认证。

该集团为中共中央宣传部、国家经贸委在党的十六大前夕重点宣传的10家“国企榜样”之一，被誉为“国企的一面旗帜”。2002年4月8日，在广州举行的由中国企业联合会、中国企业家协会主办的2002年全国企业家活动日活动中，广州珠江钢琴集团董事长、总经理童志成被授予首届“创业企业家”称号。

2003年，突如其来的“非典”疫情，给企业的生产经营带来了极大的负面影响。大幅度降低了各地的钢琴销量，不少外商洽谈业务和经贸往来项目亦被取消。但珠江钢琴处变不惊，沉着应战，采取了因地制宜、因时制宜的决策，顺利的克服了这一困难。

珠江钢琴集团公司将防控“非典”作为当前的重点工作来抓。由童董事长亲自签发了《关于认真做好“非典”防预工作通知》、《关于控制员工外出返乡的通知》、《关于开展全民爱国卫生运动夺取抗击非典战斗的全面胜利的通知》等文件，集团公司多次召开动员会，众志成城，群防群控，确保职工身体健康和生产正常运作。

为抗击“非典”，珠江钢琴集团在一手防“非典”，一手抓生产的同时，在企业利益与社会责任之间作出了积极奉献的选择，在全集团范围内开展捐赠活动，向广东省民政厅捐款117.5万元。2003年2月21日，珠江钢琴董事长童志成被评为“羊城功德公益百星”。

另外，广东省最大的民营企业，广州华声乐器有限公司2003年吉他产量突破100万把，销售收入接近2亿元人民币，产品发展到60多个规格，300多种花式型号。2002年出口创汇1600万美元，纳税640.8万元，带动了社会就业，安置下岗失业人员约1400人，带动了农户约1200户。2002年度荣获“肇庆市先进民营企业”称号。广州保嘉乐器厂有限公司以质量取胜。其产品天天在改良、品种日日在更新。产值五年猛翻十五倍。短短五年做出如此的成绩令人难以置信。这些民营企业的迅猛发展，得益于广东省鼓励民营企业发展的政策。

（李爱群）

广西壮族自治区

广西的乐器制造有相当的历史，最近，广西南丹县文物管理人员在红水河畔的吾隘镇那地村发现了一套清代时期的铜锣。这套铜锣共有7面，钹3副，除其中一副已损坏之外，其余完好无损。

据了解，这是桂西北地区土司戏班整套打击铜锣乐器的首次发现。据当地文化志介绍，清代嘉庆9年，即公元1804年，罗氏土司那地桂戏班活动十分活跃，常常到外地和在当地蚂拐节上演出。这次发现的铜锣表面粗糙，为当时手工制作而成。由于铜锣较厚，所以敲打时声音浑厚而且余音持久。

广西壮族自治区的琴行约有20家左右，虽然数量不是很多，但实际上连锁性质的琴行还是很多的。这些琴行集中在南宁、桂林、柳州、北海等几个城市，规模较大的有新悦琴行、知音琴行、文汇琴行、朵丝琴行等。其中，朵丝琴行着力经营中德合资，主要部件为德国、日本进口的博尔斯顿、门德尔松、雅帅尔、莱斯利钢琴。同时还经营日本YAMAHA、KAOAI等立式、卧式三角钢琴，以及优质管弦乐器、民族乐器、电子琴、手风琴、吉他、电声乐器、音乐书籍、乐器配件等。琴行之间基本以自己的品牌特色立足于市场，各琴行经营的乐器品牌和乐器种类不尽相同，有的以规模较大、品种全面著称，有的则以特色服务、某品牌专买形式出现。这种运作方式不仅保持了自己的特色，而且有在竞争中占据了一定市场份额，合理的分割乐器市场这块大蛋糕。

当然，广西乐器市场还是存在一定的不足。由于消费水平有限，销售混乱，人们的鉴赏能力、购买意识较差，大多数琴行销售的乐器档次都不高，价格也以偏低为主。加上经济相对落后，音乐的教学普及工作还处在刚刚起步的阶段。

海南省

我国唯一的热带海岛省份——海南风景秀丽，景色宜人，以旅游业著称，但由于品种单一，乐器行业的发展同样受到了经济相对滞后的影响。

海南省没有正规的乐器生产厂家，只有少数几家规模较小的民乐加工厂，因而使用的乐器多半以国内其他地区生产的乐器为主。海南省的琴行很少，主要集中在省会城市海口。其中海南刘诗昆钢琴艺术中心、利氏琴行，是海南开办的第一家时间最长、规模最大，专业性最强的琴行。该中心、琴行在世界著名的钢琴大师刘诗昆先生及海南著名钢琴调律师利培东先生（海南唯一的中国音乐家协会钢琴调律学会学员）精心主理下，赢得了广大消费者的信赖与支持。国内外各名牌钢琴在海南的代理基本集中在利氏琴行。

由于整体经济相对落后，海南的乐器销量总的来说不容乐观。但90年代以来，海南钢琴教育所取得的成就令外界刮目。在各种各样的比赛中，海南琴童均有不俗的表现，考上各级各类艺术院校钢琴专业的学生也越来越多，甚至在国外钢琴界，也活跃着海南学生的身影。

进入20世纪90年代以来，随着海南经济的进一步发展和人们精神生活的提升，人们对艺术的追求也与日俱增，对孩子的钢琴教育更是以一呼百应的态势向前发展着，逐步形成了以海南大学、海南师院、海南艺术学校和社会音乐教学群体为主体的教学队伍。琴瑟之声从此应和不断，琴声吸引着更多跃跃欲试的眼光。从最初跟随老师学琴的几个孩子，迅速发展到几十个，到了今天，琴童的具体人数就是有关部门也难以统计，有人曾估计在海南地区至少有3000名左右琴童。据不完全统计，海南前后有20多名学生考上了中央音乐学院、星海音乐学院、四川音乐学院、武汉音乐学院，为海南教育史上所未有；有的优秀学生还到法国、俄罗斯留学并获得奖学金，为海南学生在国外赢得良好声誉。同时，海南迅速建立起来的钢琴教育基地，如海南刘诗昆钢琴艺术中心等，不仅为海南培训了大批琴童，也为国家级的钢琴比赛或选拔赛输送了大批人才，并为这些较高水平的专业赛事得以在海南举行创造了条件。从而丰富了海南琴童的表演经验和学习机会，开阔了视野，拉近了与全国先进地区的距离，摆脱了海南钢琴教育曾经薄弱的地位。

在这种良好态势的影响下，海南佳绩频传。

2003年新春，海口街头百把古筝迎春。参加演奏的学生年龄最小的4岁，最大的45岁。100多把古筝同时在街头为市民演奏在海口还是头一次。

2003年，海南省民族管弦乐学会在海口成立。

2003年9月，为庆祝中华人民共和国成立54周年和抗击“非典”斗争的胜利，由海南省文体厅主办、省群众艺术馆等单位承办的“群艺大舞台”大型器乐演奏会在海口奥林匹克广场举办，有千余名乐手参加当晚的演出。乐手大多是中小学校的学生，另有部分部队及其他方面的人员参演。举办这种广场大型器乐演奏会，在海南尚属首次，可谓声势浩大、规模空前。

首届全国新筝比赛总决赛于2003年7月30号在辽宁省葫芦岛市落下帷幕。碧君文化艺术学校代表队是海南省唯一进入总决赛的队伍。该校学生刘馨阳荣获儿童组独奏银奖，周怡、梁雅欣、黄晖晖、李璐娜分别荣获儿童组独奏铜奖，八人合奏获儿童组合奏铜奖。该校校长柴碧君荣获青年组业余独奏银奖，并获“全国优秀指导教师”称号。

当然存在的问题也不容忽视。在日益受欢迎的乐器学习中，有的家长不惜投入大量的精力和财力，是想在孩子的身上实现自己的梦想；有的是想将孩子培养成为钢琴家，而有的只是出于一种从众或攀比的心理，盲目追求考级的级次或比赛得奖的名次，从而忽略了钢琴训练本身给孩子带来的种种好处。毫无疑问，全国钢琴业余考级活动和各类的钢琴比赛对琴童来说是一件大好事。一方面，考级和比赛给孩子提供了与专家交流的机会，也让孩子尽情展现才华，提高孩子的心理素质，增进学习兴趣。但很多家长，将考级和获得证书当成重要的或唯一的目的。同时，海南少数民族黎族乐器也面临失传的危险。这些情况令人担忧。

重庆市

在重庆这座古老的城市里，西南师大音乐学院、重庆大学美视电影学院、重庆师范学院音乐系、渝西学院音乐系等十几所音乐高等院校，相继培育了上万名音乐教师。他们分布在重庆市二万多所大、中、小学校的音乐课堂中，还有的成为重庆市音乐家协会等文艺团体的骨干，为重庆的音乐事业默默耕耘。

说到重庆的乐器销售行业，其中规模最大、影响最广、专业性最强、经营历史最悠久的当属长江乐器城。

“长江乐器城”是重庆最专业、最具规模的大型乐器连锁企业，遍布重庆市万州、涪陵、合川、江津等13个区、县。品牌云集、名琴荟萃，既代理日本雅马哈、卡瓦依等国际知名品牌的钢琴，又全权代理广州珠江、里特米勒钢琴等国内驰名品牌。经营范围涉及电子琴、管乐、民乐、电声乐器、MIDI乐器、数码录音设备等各门类，应有尽有，以满足不同层次的消费者的需求。长江乐器城重庆刘诗昆钢琴艺术中心设施一流、教学门类齐全，特聘西南师大、四川音乐学院教师任教，充分满足音乐爱好者的求知欲望。乐器城的专业化经营引来世界顶极乐器制造商的总裁和音乐界知名人士纷至踏来。雅马哈公司久米·幸三郎先生，吉川先生，卡西欧公司田中先生、横三先生，奥地利维也纳著名音乐家波利维特先生，中国音协主席付庚辰，著名歌唱家吴雁泽，钢琴大师刘诗昆，著名钢琴家鲍惠荞等都曾亲临参观、教学。这让所有热爱音乐的人在学习中领悟到音乐的真谛后，能够展示自身的才华和技艺。

在重庆的各琴行中，重庆西南琴行占据重要位置。重庆西南琴行创办于1999年12月三年多的时间，西南琴行已发展成为一家集"中西乐器销售、音乐艺术书刊及音像销售、音乐艺术培训、文化艺术服务"为一体的综合型专业琴行，并在重庆各区、市、县及四川境内开设连锁分店、联营店20多家，在全国乐器界及同行业中具有较高的知名度，在省内外的市场上也形成了一定的影响。2002年初，西南琴行在上海筹建、并于2003年初成立了"上海奥尔法特钢琴乐器有限公司"，其经营业务主要是开发、设计、制作各种钢琴（立式、卧式）、中西乐器、配件及周边器材。公司目前投放全国市场的产品主要有：奥尔法特牌系列钢琴、赫利美利牌系列提琴、丹尼牌铜管乐器、奥斯汀节拍器、诗雨牌系列古筝。虽然西南的事业才刚刚起步，但是他们用热情迎接每一位朋友，用真诚对待每一位顾客，其周到的服务赢得了人们和市场的认同。

说起重庆的各类艺校，不得不提起重庆小天使艺术中心。11年来，该中心潜心音乐教育，全国最具有影响力的星海杯钢琴比赛，这三届（两年一届）该中心的学生都获得过国家级的奖项，重庆市级的每一个钢琴比赛中心的学生都多人多次夺得第一名，特别是2001年的"巴渝之星"钢琴大赛，A、B、C三个组的一等奖都被艺术中心的学生获得，"七星杯"、"托雅马杯"也抢得头彩，2002年仍然优势不减，"星海杯"、"珠江杯"、"七星杯"都有大批学生获奖。同时该中心聘请了四川音乐学院的著名钢琴教育家郑大昕作为名誉校长，我国唯一的音乐双博士学位获得者、中央音乐学院钢琴教授卞萌作为常务客座教授，共享音乐资源。

重庆的音乐教育已经形成了良性循环，这种良好的势头必将使重庆的音乐、乐器的发展更上层楼。

然而重庆乐器行业发展的进程中也存有缺陷，从20世纪90年代中后期开始，山城一度掀起了一股学琴、买琴的狂潮，大小琴行应运而生，每年钢琴销售的增势不减。学钢琴的人不断增多，无形中催生了一个新职业：调律师（重庆市获得高级技能证书的只有两名）。但是，家长们在对钢琴调音的理解上却存在一些误区。大多数家长知道钢琴要调音，但是不知道什么样的音才算标准音，怎么选择专业调音师，还有个别人认为琴行里的人都会调音。很多琴童家长抱怨，自己找来的调音师非但没把音调准，甚至差点调断琴弦。专业的调音师也忧心忡忡：这支专业队伍滥竽充数的人太多，手艺好的却干不过那些充数的师傅。

四川省

成都乐器厂是四川乃至中西部地区最大的乐器厂，是原轻工部定点企业之一，前几年，同样遇到许多国企类似的困难。企业领导运用房地产经营，将企业迁至郊区新建了占地1.14公顷的新厂，同时用1000万房地产资金买断了100多名职工的工龄，使现有200名职工稳定在旧有城区厂址和新厂址发展生产，开始实行股份制经营，现在企业生产正常，风琴和提琴的生产量已经开始恢复到原有的规模。

中西部地区是我国重要的乐器材源地，70%的材料种类来自中西部地区，特别是三类物资大部分出自中西地区。主要有木材、蟒皮、马尾、骨料、竹材等材料。位于我国的西南地区的四川、云南是乐器资源大省。四川森林资源丰富是中国第二大林区，据勘查，四川有林地约1533.33万公顷，森林面积733.33万公顷，林蓄积量约14.5亿立方米，钢琴、提琴、吉它的许多材料出自四川，丰富的后备资源为四川乐器行业的发展解除了后顾之忧。

四川的音乐发展有悠久的历史。2004年5月离成都100多公里的大英县发现了一本清代的象山花锣鼓乐谱，这是四川迄今为止发现的最早，且保存完整的锣鼓乐谱，全书共记录了90多首四川古乐的曲牌，都是失传多年的四川古乐。象山花锣鼓是四川古代十分有特色的音乐，始创于清朝，由当年象山民间鼓手组成"公堂"（即乐队）开始在民间流传。花锣鼓的乐器由大锣、大鼓、大钵和四个马锣组成，演出灵活，节奏跳跃，后来花锣鼓靠家传或同族组队流传下来。

据大英县文化馆馆长邓先勇介绍，"八仙鼓"、"蓬莱大乐"由于流传范围很广，因此保存得比较完整，直到今日还在演奏。可是"象山花锣鼓"只限大英县象山镇所有，几乎将要灭绝。这次乐谱的发现，为四川"象山花锣鼓"的延承提供了重要条件，也再一次避免了民族文化的流失。

四川的音乐事业比较发达，其中以四川音乐学院为重。目前，学院已发展成为一所专业门类齐全、师资力量雄厚、教学设施完善、教学成果显著的多学科、多层次的高等艺术院校。学院设有18个专业教学部门，开设了音乐、美术、影视、戏剧、舞蹈等艺术学科。

改革开放以来，在国际国内各种重大比赛和评奖中，学院共有600多人次获得各种名次和奖项，其中国际奖90余项。2000年，该院学生李云迪、陈萨分别获得“第14届肖邦国际钢琴比赛”第一名和第四名，为祖国赢得了荣誉。学院设有交响乐团、爱乐乐团、音乐会管乐团和民族乐团及大学生合唱团、附中少女合唱团，近年来已举行了上百场高水平的音乐会。江泽民同志在1994年和2002年来成都期间，也曾两次观看该院师生的表演并和学院领导及演员们联欢。

学院正在为创建综合性的四川艺术大学而努力奋斗，力求形成规模、特色、效益与名望的更大优势，为祖国培养更多的德艺双馨的艺术人才。

四川音乐教育的发展深入人心，不说城市，连在农村也出现了剧团，达县黄庭乡群峰村民兵剧团由该乡已有民兵自发组成，其中包括“民兵剧团”3个，说唱演员25人。每逢节假日，天天活跃在乡村。民兵剧团都是由年轻人组成的，有的村里补贴一点购买锣鼓家什，有的则自掏腰包购乐器。农忙时各忙各，农闲时演节目，人人能拉会唱，身兼多职，全是义务演出，自谓“只收掌声不收钱”。剧团深受群众欢迎，称之为农民自己的戏班子。演出的节目全是根据群众身边的人和事改编，通俗易懂，寓教于乐。这种剧团的出现，充分显示四川音乐、乐器教育已经影响广泛。

四川业余器乐学习的学生正逐年增加，这一点在每年的业余器乐考级中得到了充分说明。

考级红火，乐器销售增加，却也产生了一些不好的现象。有的音乐教师，利用上课之便，向班上的学生“推荐”自家卖的乐器。有的学生不愿意，却又不便拒绝老师，只得回家向家长反映，而家长也感到极为不好办。这给音乐教育的普及带来了不良影响。

贵州省

贵州省有苗族、侗族、布依族、仡佬族等18个少数民族，地方特色和民族特色突出，其中苗族的“飞歌”和侗族的无伴奏人声合唱“侗族大歌”世界闻名，玉屏牌箫笛制作工艺娴熟，造型完美，雕刻细腻，在中国民族乐器中独树一帜，生产历史悠久，渊远流长，自明代起倍受中外名流及广大音乐爱好者的青睐，驰名中外，是专业演奏和旅游纪念品的最佳选择。

一、贵州省的乐器生产情况

贵州省的乐器生产除了玉屏箫笛厂外，只有少数零星的手工作坊小规模生产制作部份少数民族乐器和中国打击乐器，产量较小。一般自产自销和乐器维修为主。

二、贵州省的乐器经营情况和销售情况

贵州省在20世纪80年代只有百货大楼和文体用品商场和一家琴行有乐器销售，品种数量和销量都比较小，音乐教学以专业教师家教形式为主。90年代以后，随着市场经济的发展和人民生活水平的提高，人们购买乐器的投入和对音乐教育的重视得到了前所未有的发展。在短短几年的时间内，贵州省的琴行很快就发展到三十几家，

贵州省的琴行发展和乐器销售虽然起步较晚，经济基础较薄弱，但发展速度迅猛，随着经济的发展和素质教育政策的实施，家长和社会逐步认识到让孩子学习音乐的重要性和优越性。不断加大对音乐教育和购置乐器的资金投入，琴行乐器销售和各音乐培训学校的音乐培训都得到更大的促进、提高。

贵州省的乐器销售品种齐全，几乎涉及到所有中西乐器，而且各琴行各有特色，有以民乐销售为主的，有以管乐销售为主的，有以钢琴销售为主，竞争也较过去更为激烈，其它贵州省内各地县级市都有.几家或者几十家琴行，主要由贵阳市的大型琴行在各地、州、市开设的连锁分行或者由当地音乐教师开设。仅遵义市就有十几家琴行，而且规模不小，销售情况和音乐教育情况发展良好。

三、贵州省的音乐教育和音乐培训

贵州省现有各类业余音乐培训学校十几家，主要集中在贵阳市。其中规模较大的有佳艺电子琴学校、星海音乐学校、肖帮钢琴学校、美音子电子琴学校、奥尔夫音乐教育中心等。各学校学生人数由100多人到1000多人不等，而且开设的培训项目种类齐全，每年乐器考级时各专业学生人数达几千人，而且还有继续增长的趋势，可谓形势喜人。

随着西部大开发的政策实施，贵州省的经济增长，在以后会不断提高，乐器的销售和音乐教学也将得到促进和提高。

(王小明)

云南省

2002年，在国家积极的财政政策以及拉动内需方针指导下，中国乐器市场呈现产销两旺的景象，云南省也不例外，在乐器热销的同时，市场竞争进一步加剧，民营琴行不断成立，原有西昌路乐器一条街继续发展，背面的一条小街也是乐器店唱了主角，整个乐器市场出现了一个购销两旺的景象，尤其是

民族乐器发展较快。

作为云南省乐器行业的领头企业，昆明市乐器厂顺利实现了企业的股份合作制改造，重新登记注册了董事长为伍俊武的昆明市乐器厂。其次、国家民委对全国少数民族特需用品生产企业进行专项复查，昆明市乐器厂再次被认可为少数民族特需用品生产企业，可享受国家相关优惠政策。

昆明市乐器厂在少数民族乐器的开发方面继续不断努力，为云南国贸艺术团、云南民族博物馆、云南文山州民族歌舞团等单位研制开发了一大批少数民族乐器，并在演出中获好评。同年，还为上海民乐厂、民族乐器博物馆制作了5件云南少数民族特有的乐器。云南民族乐器一葫芦丝，由于不断改进，民间制作艺人增加，使得昆明的葫芦丝生产、销售空前旺盛，从专业用发展为旅游、普级，价格低至5元／支，使得正式演奏用的葫芦丝销售困难。与此同时，昆明市乐器厂乐器销售的主角—珠江钢琴继续保持上升趋势，连续两年突破千台，这在一个老少边穷的西部省区的确是难能可贵。

近年来，随着云南民族文化大省建设的步伐加快，云南文化产业的建设也在不断发展，带有浓郁民族特色的专题歌舞节目群芳争妍，其中，影响较大的有：被评为文化部精品工程的歌舞《小河淌水》、丽江地区的《丽江金沙》。而影响最大目前正火爆上演的是由著名舞蹈家杨丽萍主创，著名音乐家三宝谱曲的大型原生态歌舞节目《云南映象》，再次引起云南民族文化高潮，从而推动民族乐器普遍推广。

西藏自治区

西藏的歌舞、藏戏、文物、美术、摄影经常在全国各地和世界许多国家与地区演出、展览。如曾在世界上一些国家举办过的“中国西藏文化周”，2003年12月在泰国首度隆重登场，将当时的中泰文化交流热推向了高潮。2002年“西藏雪莲少儿艺术团”到智利、阿根廷、巴西、墨西哥四国进行了访问演出，传播优秀的藏民族传统文化还参加了墨西哥蒙特雷圣西亚国际艺术节，与十个国家近四百名艺术家同台献艺，受到了观众的高度评价，充分显示出藏民族文化的魅力和蓬勃生机。2003年11月中国西藏拉萨民族艺术团在墨尔本公演，已经68岁的西藏传统文化的传播使者土登参与演出了四个节目，无论是说、唱、舞蹈，都赢得了观众们热烈的掌声。

现在，西藏自治区拥有专业艺术表演团体10个，非专业表演团体150多个。西藏自治区文学艺术工作者联合会是文学艺术方面各类专家聚集的社会团体，分设作家、戏剧家、舞蹈家、民间文艺家、曲艺家、摄影家和书法家等九个西藏分会，共有会员近1000人。其中，已加入同类全国协会的会员有50多人。

西藏是一个乐器众多的省份，在藏族的历史宝库中存有大量的珍贵的乐器遗产，有根卡、扎木聂等一大批比较重要的藏乐器。浓郁的文化氛围创造了深厚的民族底蕴。在西藏自治区拉萨市街头，札聂琴优美的旋律，巴桑、土登等民间艺人悠扬的歌声总能吸引来一群又一群行人。被誉为藏族千年“土琵琶”的札聂琴，是西藏较少的弹拨类乐器中流传最广的一种，是能歌善舞的藏民族最喜闻乐见的民间乐器，如今依然弹者芸芸赏者众，焕发着生生不息的活力。

西藏的民族乐器主要还有“铜钦”、“甲铃”、“苏那”、“统嘎”（海螺）、“柄鼓”、“铙”、“钹”“冈林”（胫骨号）、“多吉尺布”（金刚杵铃）（佛教密宗乐器）、“背鼓”（佛教密宗乐器）、“大玛如”、“丁夏”（碰铃）寺庙乐器等。

西藏大学艺术系是该区唯一能培养艺术类较高层次专业人才的基地。该校专业设置突出了民族艺术特色，其开设的西藏唐卡、藏族歌曲作法和藏族歌舞等传统艺术专业课程，独具传统民族文化艺术特色。截止2002年6月，艺术系先后为全区教育、艺术系统输送了近1000名各类艺术专业人才，其中大部分已成为相关部门的专业技术骨干，为该区经济、社会和文化、教育事业的发展作出了积极贡献。

西藏的少数民族聚集地区，都有专门生产当地少数民族乐器的企业，但由于销售量有限，并未形成大规模生产。再加上商品经济发展的不均衡，特殊的自然环境，以及人员流动大等特点使得西藏乐器行业发展相对缓慢，给培育西藏的乐器市场带来一定的难度。但由于古筝音乐音色醇厚、柔和、并具有婉转而悠扬的特点，而且易学易懂，不受年龄、性别、音乐基础的限制，故而在圣城拉萨掀起了一股学习古筝的“热潮”。开展古筝学习的学校教室里学员座无虚席。家长也说学习古筝不仅培养了孩子的一种爱好，丰富了孩子的生活，而且为我们家长与孩子提供了一种新的沟通方式；它也是一种新的技能，可以拓宽就业渠道。

虽然发展的道路困难重重，但不可否认，西藏的乐器行业是有好的发展势头。西部大开发的风潮，更为此注入了新鲜的血液，这块古老而神秘的土地必将焕发出新的神采！

陕西省

陕西的民族乐器生产企业如民族乐器厂、风琴厂、电子琴厂等基础薄弱，皆因质量差、数量少、品种单一、效益低下，而纷纷落马。惟独西安乐器学院乐器厂，凭借专业音乐院校的浓厚人气，弘扬琴筝风韵之长，研制的“朱雀”牌古筝站稳了脚跟。

西安音乐学院创办至今已经走过40多年的历程。40多年来，西安音乐学院为国家培养了大批人才，他们遍布西北各省、市。不少毕业生还坐上了国家级乐团的席位或者成为专业艺术团体的骨干，成为了孕育专业演奏人才的摇篮。

随着对外交流的日益扩大，西安音乐学院以各种形式出国访问、讲学、进修者大幅度增加。目前，已与数所国外院校建立了校际合作关系，聘请了若干名外籍名誉教授。1980年以来，来学院访问的知名音乐家、艺术家多达2300多人次。

西安音乐学院培训学院、陕西师大艺术学院、陕西教育学院、西安教育学院、西安联合大学、西安石油学院及各地、市艺校、省艺术师范的职中开设的音乐班，每年向社会源源不断地输送着成千上万掌握键盘演奏技能、具有一定音乐综合素质的音乐干部，从根本上改变了陕南陕北边远地区学校无老师的历史，打破了课堂无琴声的沉寂。

陕西音乐界在不断改良乐器的同时，积极创新。2003年初，由西安音乐学院院长翟志荣教授研制的中国拉弦乐器——系列秦胡研制成果在北京通过了国内外音乐家的鉴定，让世界震惊。二胡、大胡、高胡、中胡……经过科学改良、革新的中国传统拉弦乐器，给了西安的音乐界人士、普通观众以别样的感受。这些乐器的音区音量平衡，音色统一，尤其在乐队的演奏中，音域拓宽了很多，和声效果更为突出，以往融合性较差的拉弦乐器有了更为丰富的表现能力。系列秦胡的研制成功是我国乐器研制的重大突破，也是对陕西乐器研制工作的一个重大肯定。

为了更好的弘扬民族文化，不断提高和普及广大青少年古筝演奏水平，推出西部演艺新人，鼓励优秀的筝曲新作品、好作品，启动了“2004西安市青少年古筝演奏挑战赛”。该届大赛是数十年来西北地区惟一一次古筝专业类比赛，参赛范围宽泛，包括了省辖内各地市专业、业余艺术团体、大专院校、部队、农村、中小学校、青少年宫、幼儿园。

随着经济的发展，人们生活水平的提高，带动了陕西音乐的发展及乐器行业的理性消费。虽然音乐团体受到了电视音像文化的强烈冲击，演出受到制约，但是从整个陕西省来说，情况还是可喜的。2003年末全省共有艺术表演团体118个。音乐专业团体，在市场经济严峻的现实中寻求生机，由于受到经费、体制等方面的制约，步如困境，举步维艰。但是，业余管乐队却凭借自身灵活主动的优势出现空前的活跃。目前，在陕西各地的机关团体、学校部队、厂矿企业中，大、中、小型的管乐队共有千余支，大大丰富了陕西民众的精神生活，也是音乐普及广泛的有力表现。

甘肃省

甘肃的乐器销售规模近年来呈上升趋势。销售的乐器种类繁多，品牌不一。销售对象基本上还是主要针对琴童、高等院校音乐系、专业及业余艺术团体、专业演出团体。2003年末全省共有艺术表演团体75个。他们为了拓展业务都添置了不少乐器。此外，还有诸如少年宫、省内各级幼儿园以及一些档次较高的酒店、音乐茶座、咖啡厅、注重企业文化建设的大中型企业、中老年业余音乐爱好者，也是乐器的消费对象。

甘肃历史悠久，省内有许多高校都设立了音乐学院或音乐系。其中，西北师大敦煌艺术学院、兰州师专、西北民族大学、兰州大学、兰州商学院、天水师专、河西学院等，都开设了多种乐器专业课。其中，历史最悠久、实力最强的要数西北师大敦煌艺术学院。

学校经常邀请国内外著名音乐家如著名二胡演奏家闵惠芬女士、钢琴演奏家教育家周广仁、以色列双钢琴演奏家塔米尔女士及亚历山大先生等，前来讲学、演奏、交流，在学生中产生了广泛的影响。学院培养的专业人才绝大多数活跃在大西北乃至全国各地，有的肩负着音乐教育和文艺部门的领导职务，有的在音乐教学和音乐理论研究方面成为骨干力量，有的成为国内外享有一定声誉的专家学者，还有一小部分留学国外，其音乐方面的造诣及学术研究得到国内同仁的好评。

西北民族大学的前身是西北人民革命大学兰州分校第三部（简称“革大三部”)。学校音舞系开设了十多种乐器课程，师资力量较强，有20多人从事乐器教学工作。年招收器乐专业学生100多人。该系的教师松涛发明了雕漆琵琶，曾获国家轻工部二等奖，他还改革古琴，使其在音量、形制上较传统古琴有大的突破。

对甘肃古乐器的研究，绝大部分是针对敦煌壁画乐器的研究。位于西北地区甘肃境内的敦煌莫高窟，列为联合国世界历史遗址之一。在莫高窟洞室中，记载着从公元366年到公元1368年中国长达1000余年历史上45000平方米幅画卷，里面有492个洞窟中有150多洞窟画有乐器。1992年敦煌艺术研究院曾经挖掘出4类53种敦煌仿古乐器，把1000年的历史原形在世人面前展示，当时引起了全世界的震惊，许多考古及音乐专家纷纷把目光投向中国的大西北。

有关专家经过几十载的潜心研究和考证，在敦煌壁画乐器的内涵、种类、乐队研究等方面取得了重要成果。研究表明，敦煌壁画乐器图形之丰富、品种之繁多、时间跨度之长，是迄今为至中外所发现遗址中独一无二的，这对研究我国音乐史及民族乐器的发展衍变有着重要意义。

在敦煌石窟数万平方米的壁画中，连绵不断地描绘着各个时期的伎乐歌舞和乐器图像。音乐教育家、敦煌学家郑汝中经研究认为，敦煌壁画中的乐舞图像，并非印度传来的原型，而是在中国传统乐舞画的基础上，经过改造，转化为佛教的宣传画。乐舞图像是佛教文化的重要组成部分。郑汝中先生经过几十年的潜心研究考证，归纳分类，统计出在492个洞窟中有乐舞洞窟240个，其中绘有乐器44种、4000余件，乐伎3000余身，不同类型乐队500余组。

敦煌壁画乐器，经历了北凉、北魏、西魏、北周、隋、唐、五代、宋、西夏、元10个朝代，乐器延续千年，从中可看到乐器衍变发展脉络。

郑汝中还认为，敦煌壁画乐器的种类、形制远比现在民族乐器丰富，如琵琶在敦煌壁画中出现最多，从北凉至元代从未间断，仅莫高窟就有700余只、50多种形态。一部分壁画乐器文献有记载，如箜篌，从十六国到西夏从未中断，但现已失传。还有少数乐器未见史书记载和流传，为敦煌特有乐器，如带钩的横笛——义嘴笛等。

敦煌壁画中的乐队，是反映古代乐器使用的重要方面。北凉时期乐舞图像多为单身表演，即为独奏，而在隋代有菩萨伎乐、天空伎乐合奏以及小型乐队，唐代出现了二十几人的庞大乐队，可见乐队发展日臻成熟。

柔美悠然的箜篌，清脆响亮的胡琴，圆润铿锵的号筒，深沉洪亮的扁鼓，这些曾描绘在敦煌壁画中的乐器，由郑汝中先生根据敦煌壁画乐器图像筛选出典型形制，参考大量文献和考古实物，潜心研究，反复设计，经敦煌研究院、北京昭明万邦敦煌文化发展有限公司试制，成功仿制成吹、拉、弹、打4大类、44种、上百件敦煌壁画乐器实物，能被今人吹拉弹打。仿制乐器保持了敦煌壁画乐器的形制，运用现代科技和先进的材料制成，音色丰富，造型优美。主要包括古代文献有记载、今日泯灭失传的箜篌、方响等乐器；壁画上出现过，但文献中未记载的弯琴、葫芦琴、花边阮等乐器；以及流传至今普遍使用，但形制和结构与现代有变化的琵琶、阮、筝等乐器，将千年灿烂的文化展现给世人，在弘扬开发我国传统音乐文化方面取得了可喜的成绩。

甘肃的乐器生产、经营走的是一条稳步发展的路子，虽然起步较迟，在艰难的创业发展过程中积累了不少好经验。甘肃的乐器演奏水平取得了可喜的进步，在国内赢得了一定的声誉，为音乐艺术的发展做出了积极的贡献。

青海省

青海琴行不少，比较突出的当属青海的爱乐琴行，不管从总的销售额来看，还是从销售的相关配套服务看，都称的上青海琴行中的大哥大。目前，青海乐器销售业的主要销售对象是青少年学生和音乐爱好者，但纵观2003年销售情况，却是市场低迷、生意惨淡。究其原因，一是受夏季非典的影响，人们大都躲在家中，足不出户，自然买乐器的人就少了；二是市场竞争激烈，虽然在西宁市区内销售钢琴的只有区区4家，但经销乐器的却多如牛毛，很多大中型商场都设有乐器销售专柜，而购买乐器的人却非常有限；三是青海经济发展与外地相比尚存在差距，乐器，尤其是钢琴等高档乐器，价格一般都比较昂贵，还不是每个家庭都能消费得起。同时，市场的无序竞争也是影响青海乐器市场健康发展的主要因素。青海的乐器销售业实际上长期处于无序竞争状态，没有一个专门机构对该行业进行规范和管理。一方面，乐器销售价格由经销商自己定，没有一个统一规范的定价，甚至一些商家以质量低劣的乐器充当名牌销售，赚取“黑心钱”；另一方面，售后服务不完善，商家诚信度低，乐器一经售出，不管出现什么问题，商家概不负责；其三，青海一些不具备资质的人在家中授课，因水平有限而误人子弟，学费又较高，每人每月仅学费就要200元以上，所传授的乐器演奏种类也较单一，一般只有钢琴和电子琴。而学习钢琴和电子琴，一次性投资较大，不是一般工薪阶层的人士所能承受得起的，这也从某种程度上影响了乐器市场的发展。

说到青海的乐器销售，就不能不谈青海的音乐人才，因为音乐人才是乐器销售市场不可或缺的因素。买了乐器总要有人传授音乐知识和技能，而青海在音乐人才紧缺的情况下，又留不住人才。究其原因一是青海经济仍欠发达，学习音乐的人较少；二是教学环境较差，难以为音乐人才提供较好的音乐研究和教学环境；三是待遇问题，很多音乐人才为提高个人收入而到外地"淘金"；四是由于青海与外界交流、沟通较少，信息较闭塞，导致青海乐器消费群体思想意识落后，有钱宁愿用到其他方面也不愿让孩子学习音乐。如此一来，一些音乐人才纷纷"飞"往外地，难怪一些业内人士戏称："青海音乐界，'麻雀'也要'东南'飞了。"

尽管目前青海乐器销售业面临诸多困难，但在西部大开发、青海经济大发展的大背景下，该行业的前景还是无限美好的。

随着西部大开发的激流，随着西部经济的发展，青海的教育事业全面进步。文化事业不断繁荣，2003年末，全省共有艺术表演团体14个。2003年8月，青海省最大的高中特色教育楼——西宁12中特色教育综合楼竣工并通过验收。

2003年省、市有关部门经过多方努力，争取到300万元的国债资金，并在该校新修了建筑面积为4100平方米的高中特色教育综合楼。该楼的建成，标志着青海省、西宁市高中特色教育又上了一个新台阶。该综合楼共五层，外观别致，造形独特，内设文化课考室12间，钢琴房20间，舞蹈练功房3间，大型多功能音乐厅1间。这是青海省学校音乐教育的新起点。

往年，青海省爱好音乐的考生想通过音乐考级必须去外地考点考试。从2004年暑期开始，中国音协音乐考级进入西宁，首次将西宁列为音乐考级考点，将使众考生在轻松愉快中完成考试。这从另一层面上长远考虑来说有利于青海音乐考级人数的增加，有利于青海音乐的发展。

宁夏回族自治区

宁夏的乐器生产厂家只有位于银川市的"雷神"乐器厂，该厂属于个人独资企业，主要生产架子鼓槌、马林巴槌、定音鼓槌、民乐鼓槌等120多种鼓槌产品，年销售额50万元。

宁夏的琴行基本集中在省会城市银川，并且已经由原有的七、八家扩展到二十几家，其中较大的是知音琴行、隆生琴行、星海琴行。

宁夏牧区骆驼、牛马成群，是乐器用牛骨、驼骨、马尾的主要生产地。

宁夏对外文化交流活跃，先后有13个专业和业余艺术团体，多次赴海外30多个国家和地区进行了600余场演出、展览。宁夏的乐器销售基本保持稳定状态，国内其他一些经济欠发达的省份，电子琴由于使用复杂、演奏技巧难以挖掘，逐渐受到冷落，销售出现滑坡趋势。

新疆维吾尔族自治区

新疆是一个以维吾尔族为主的多民族自治区，多民族聚居造就了新疆独特的异域风情和音乐文化。

新疆的民族乐器厂有两个，一个是地处北疆的乌鲁木齐民族乐器厂，一个是地处南疆的喀什民族乐器厂。喀什民族乐器厂广泛开发旅游资源，生产了多个品种的新疆维族少数民族乐器，而且还生产了许多工艺微型乐器，供旅游者购买，1999年建国五十周年期间还随新疆代表团参加了全国少数民族乐器用品展览会。

在新疆还有个兴旺的民族乐器村——疏附县吾库萨克乡7村。目前，全村已有270户农民专门从事民族乐器生产，产品远销欧美、日本等国，全村乐器年产值已经达到250万元，7村成为远近闻名的民族乐器专业村。吾库萨克乡7村的民族乐器制作已有百年历史，这个村生产的民族乐器目前已达27个大类、50个品种。这几年，7村遵循市场经济规律，实现了自主经营、规模化生产。村里分工明确，专门有人生产乐器的零部件，另有20多家技术较高的艺人把毛坯制作成精美的成品，还有几家经纪人负责销售工作。技艺较高的艺人年均收入可以达六、七千元，就算生产毛坯半成品，一年一个人也能赚1000多块钱，经济效益十分明显。7村还是吾库萨克乡中学的实习基地，已有300名贫困家庭的孩子在这里学习了乐器制作手艺，并开始在乐器制作行业中谋生。

2003年8月，一个长4.9米的维吾尔族弓弦乐器"艾吉克"在疏附县问世。这是继3.98米的热瓦甫和4.2米的都塔尔在疏附县问世后，又一件目前所知道的世界上最大的同类乐器在此问世。这3件乐器均由疏附县民间乐器制造世家第四代传人热和曼·阿布都拉手工制造的。这三件乐器都是选用上等的材料制造而成，可调制出音色纯正的乐曲。疏附县县委正计划为这三件乐器申请世界吉尼斯记录。

新疆共有琴行一百多家，主要分布在乌鲁木

齐、库尔勒、哈密等主要城市，仅乌鲁木齐就有40家之多，其中规模较大的有新龙琴行、百思琴行、松本琴行等，以经营国产乐器为主，其中新疆的民族乐器占很大比例。

中西部地区与东部地区的最大差距在于人气，由于地理上的原因，交通不便，中西部地区人员稀少，造成了消费水平低。据新疆师范大学艺术学院的老师介绍，新疆地区文化气氛较弱，组织一些音乐活动很难搞起来。2003年全区共有艺术表演团体89个。

相较于国内的其他省份，新疆的乐器行业要想在新疆有所建树，应当借助于西部教育文化事业的发展，去开拓前进，才能有所收获。

香港特别行政区

说起香港，人们马上会想到香港富丽繁华的大都市景象。和她的金碧辉煌一样，香港的音乐也是一处锦上添花的风景。

香港乐器行有数十年的历史，目前还有不少老字号，如1916年创建的曾福琴行就是其中之一。居民教育水准和生活水平的提高，促使音乐爱好者不断提加；香港又是华洋杂处的社会，中西乐器同时广受欢迎。市场销售的乐器，大部分靠外地进口，其中以日本、中国内地和韩国来货最多。有些商号除经营进口及零售外，也兼营转口业务，如粤华乐器行经销的中国民族乐器便转销世界各地；中国制造的小提琴大宗转销美国，其他琴行经销的西洋乐器也多转销南亚各地。全港经营乐器的进出口商有34家，从业员281人，琴行165家，从业员1,176人。

琴行中最大的当属曾福琴行、通利琴行和柏斯琴行。

通利琴行在2003年的上海乐器展览会上订了114平方米的摊位，面积比2002年扩大了60%。通利琴行在上海已有三间乐器零售店，及专业音响设备工程部。位于香港尖沙咀金马伦里之总店更是全东南亚最大乐器专门店。其服务网络已遍及香港、中国及加拿大。

柏斯琴行是集乐器制品销售与培训音乐人才于一身的大型琴行。自创办十余年来，柏斯琴行已在香港建立起一个良好的销售网络，现已在香港拥有18家分行，并在香港时代广场拥有全亚洲最大的钢琴陈列室。柏斯琴行的结构与管理已逐步完善。柏斯琴行于1993年在广州开设第一间办事处，现业务已遍及全国，并在各主要大城市拥有30多个门市店，规模不断壮大，管理日益完善。

柏斯等琴行也致力于香港音乐文化事业，基本设有音乐培训中心，从而培养新一代的音乐人才。同时琴行亦积极赞助各项音乐文化活动，如香港音乐导师同盟的成立、1997年中国作品钢琴大赛、连续六届的YAMAHA双键电子琴中国选拔赛、接连四届的乐坛惊雷全国乐队比赛、第一届TOYAMA亚洲杯青少年音乐比赛等等。

与繁荣的乐器市场相比，香港的乐器制造业略显逊色，一些生产国乐的著名店铺相继关闭，因而整个香港的乐器市场上仍以西乐为主。

20世纪70年代香港经济起飞之后，学校音乐教育和专业音乐教育都发生了比较迅速的变化。香港的专业音乐教育从20世纪二三十年代开始，就有音乐家开始在香港私人授课，早期到港的有拉脱维亚人夏理柯（Harryore）、俄罗斯人托诺夫（Tonoff）等人，内地音乐家马思聪、林声翕、陈洪、何安东等也曾到香港私人授课。广东音乐名家何柳堂、吕文成等也来到香港授徒。60年代中期香港中文大学业音乐系的成立，标志着香港专业音乐教育有了新的发展。其中香港中文大学、香港浸会学院、香港大学、香港演艺学院等高等院校的音乐教育比较突出。香港较重要的其他民间、私立音乐教育机构还有：清华书院音乐系、联合音乐院、海燕艺术学院、南方艺术学院、香港音乐学院、香港亚洲音乐学院、香港国际音乐学校、黄自艺术学院等。这些机构由于经费得不到当地政府的固定资助，因而师资力量比较薄弱，有的还往往时办时缀，难以保证教学质量，但是也在不同程度上对香港音乐的发展贡献了自己的力量。

拿今天香港音乐教育的状况来和30年前、40年前比较，当然可以乐观地说已经发生了巨大的变化，获得了长足的进步。香港经济繁荣之后，当局在教育上的投资较多，音乐教师的收入较高，各类音乐教育事业都在稳步发展。但是，多元化的音乐教育思想虽在萌生之中，然而欧洲中心论的观念还牢牢地笼罩着整个香港的音乐教育。如果我们将令举世瞩目的香港经济奇迹与之相比，香港音乐教育则逊色得太多太多了。

澳门特别行政区

澳门的旅游博彩、出口加工、银行保险、地产建筑为区内四大经济支柱。制衣、毛纺为主体的轻纺工业占工业总产值的四分之三，电力、玩具、电子、彩瓷、造船业发展较快。

澳门由于狭小，造成乐器发展缓慢。整个澳门没有正规的乐器生产厂家，只有三两家乐器加工厂。这些加工厂基本以加工国内乐器半成品为主，还有一部分从事钢琴的翻新。钢琴、吉他、小提琴加工厂都有，但加工厂规模很小，最大的如珠江分公司也只有几十名工人。

澳门的琴行有十几家，规模都不大，基本以西乐为主。其中，乐林琴行是澳门乐器最齐全的琴行，创立于1980年，展销的乐器均是来自全世界先进国家最好的产品，也兼营中国的各种乐器。乐林琴行设有乐林音乐中心，招收各种乐器演奏的学生，是澳门乐器设备最优良的音乐中心。乐林琴行所设立之英国皇家考试场，以YAMAHA三角钢琴作为考试琴，给在该中心参加考试的学生，提供最优良的钢琴乐器。该行还经常举办一些讲座，学生可以享受到一些英国皇家考试官在讲解各级考试乐曲的处理方法。乐林最早采用计算机管理营运，配合业务需要，降低营运成本，以优质价廉，薄利多销不断完善的经营方式，增加了顾客的信心。乐林是澳门业界最早设立乐器咨询网站：LOKLAM.COM，以方便顾客。乐林琴行的琴书种类齐全，包括各类音乐教科书，英国皇家各级考试书。顾客可以通过网站进行搜索。乐林琴行销售的乐器包括民族乐器和西洋乐器，有37种之多，还包括各类管弦乐配件，甚至于清洁保养之剂。能够最大限度的满足顾客需求。

澳门学习乐器的人数不多，种类也不丰富，基本以钢琴和小提琴为主。

台湾省

随着海峡两岸先后加入世界贸易组织，两岸的经贸合作交流又有了新的发展。据统计：2002 年两岸贸易总额突破 400 亿美元大关，达 446.7 亿美元。台湾是我国一个经济发达的地区，国民年平均收入达 13000 美元，每年的贸易进口总额高达 1100 多亿美元，贸易出口总额达 1300 亿美元（2003 年大陆向台湾出口乐器 1133 万美元）。

最早叩开祖国大陆乐器进入台湾市场之门的当属古筝大师黄宗识的女儿、“常回家看看”琴行主持人、女小提琴师、台湾港智公司董事长黄似薇女士，她凭着其智慧与执着追求，开创了自1949年之后祖国大陆乐器销售入台的先河。她在祖国大陆乐器销售上，不仅出口台湾，还首创了从深圳出口，从出产地出口、外包装的木箱改为纸箱、用牛骨代替古筝上稀有的象牙装饰、在古筝的背板印花等一系列做法，又设计了许多新型款式的乐器，产品顺利打进了台湾市场。由于能力出众，货如轮转，被上海民乐一厂、北京民乐厂、苏州民乐一厂、上海音乐学院乐器工场、徐州民乐厂、珠岛乐器厂共6个厂家聘为顾问。她白手起家、呕心沥血，创造了奇迹：进口台湾年贸易乐器品种100多个、金额数百万美元，令一个个台商步其后尘，掀起一股“两岸民乐贸易热”。

华侨大学福建音乐学院董事长兼院长、爱国华侨、著名音乐教育家、作曲家蔡继琨教授一九四五年，创办台湾省立交响乐团，被誉为“台湾交响乐之父”。

台湾著名二胡演奏家温金龙，把中国的二胡推向世界。在人们的印象中，二胡演奏者通常是坐着演奏，并且以拉中国传统乐曲为主或演奏专为二胡量身定做的音乐，似乎很少见到有二胡演奏家像歌手一般在舞台上来回走动，站立着用二胡演奏通俗歌曲或流行音乐的。而台湾的温金龙确是一个有些“叛逆”色彩的二胡演奏家。他用二胡拉现代流行曲目，他的身后是爵士乐队伴奏。他站着拉琴，边走边拉。正规的、移植的、流行的曲目都拉，很受观众的欢迎，拉近了与观众的距离。他普及了二胡，使更多人喜欢上了二胡。

台湾艺人考察了营口乐器行业和乐器培训教学情况，计划投资在营口创办乐器培训基地。这些有益的交流与合作，促进了两岸经济的不断发展。

台湾生产的乐器以外销为主。台湾乐器的正式外销始于20世纪60年代，七八十年代达到兴盛时期，发展迄今，已成为全世界西洋乐器重镇，且是最主要的供应中心。台湾生产的吉他、鼓、管乐器等在国际市场上倍受欢迎，而且，外销地区遍及全球，产量也占世界乐器相关产量的极大部分。

在台湾现行文化产业中，音乐产业可说是相当完整又颇有竞争力和经济力的产业，随着音乐产业的发展，功学社（K.H.S.）对台湾音乐教育的普及也扮演着重要推手。目前集团总体营业额为新台币200亿元，其中与乐器销售之相关事业单位营业额则占新台币100亿元，海内外员工人数共计4200人。功学社被誉为全球乐器市场知名品牌，同时也跃登台湾优良品牌。董事长谢武弘受邀担任美国乐器协会（International Music Prod-ucts Association，NAMM）的董事，成为历任美国籍董事会成员中的第一位中国籍董事。

在公司长期发展的过程中，品牌经营的理念早已深植。自创品牌的重要性，关系着公司的永续经营。于25年前，功学社便着手开发自有品牌，并依据各类乐器产品所适用不同的消费族群及其特性，管乐器类发展“JUPITER”品牌外，专业长笛的“ALTUS”品牌，爵士鼓的“MAPEX”，其它周边产品类，如乐器架主打“HERCULES”品牌，吉他则采用“WALDEN”品牌进军世界。目前这些品牌家族已在欧美市场具有相当高的占有率。

掌握全球通路的策略，功学社集团生产据点横跨两岸及欧美，在全球设有行销公司或代理经销商，藉由海外工厂与分公司的设立，第一时间得知市场的动态与信息，使产品的经营销售能更符合市场的需求。除了自设的工厂与行销公司外，旗下的各种品牌产品在各国也都设有专门独家代理，借独家代理的业务型态，强化对市场销售的深耕经营，进一步提升品牌形象。近年来，透过各地代理积极整合全球各据点行销资源与活动，建立了完整的全球品牌形象。同时，功学社旗下台湾双燕乐器股份公司在上海、天津等地设置生产基地从事各种乐器制造，以国际化生产整合，供应全球需求。

除了功学社之外，在台湾菲尔斯乐器有限公司、凯德森乐器有限公司、台湾先进乐器公司、大宏木业乐器股份有限公司等都有相当的影响力。

台湾幼儿约3～4岁上幼稚园开始，即在音乐的环境下成长。基本上经济能力许可的家庭都会将孩子送去学琴、吹笛、拉小提琴，其中绝大部分以学钢琴为主。再加上大陆低价乐器产品的相继引进，对于乐器学习的推广，提供了相当程度的帮助，学习乐器的人也大大增加。而学习乐器人口增加时，对于乐器产品的需求不论是在质还是量都有重大的提升效用，连带的也会促进整体乐器产业的发展。台湾乐器行业的发展已经出现了良性循环。

【市场篇】

中国乐器年鉴
CHINA MUSIC INSTRUMENT YEARBOOK
(2003～2004)

2002年中国乐器工业前瞻

编者按：展望2002年，世界经济将继续低迷，与世界经济情况比较，我国经济学专家预测，今年经济发展态势将相对较好。首先，党的十六大的召开，进一步明确新世纪的奋斗目标，会激励全国人民加快经济发展的热情；其次，加入WTO，申奥成功提高了我国的国际影响，也增强了国内投资者和消费者的信心，在此情况下，预计国内需求将继续保持稳定增长，运行质量和效益还会有所提高。为此，《中国乐器杂志》记者采访乐器行业部分企业的老总请他们谈了2002年工作设想，下面将他们的谈话选登如下。

童志成（广州珠江钢琴集团有限公司党委书记、董事长兼总经理）

新的一年，珠江钢琴将更上一层楼。

一元复始，万象更新！值此辞旧岁、迎新年之际，我很高兴地代表广州钢琴集团公司向全国乐器行业以及音乐界的同仁、老师、专家们致以新年的祝贺和节日的慰问！并向一年来给予我们的大力支持表示衷心的感谢！

刚刚过去的新世纪第一年，是我国大事、好事、高兴事最多的一年。我国人民迎来了北京申奥成功，我国成功地加入了世界贸易组织，特别是亚太经济合作组织第九次领导人非正式会议在中国成功举行。这些都是我国在经济、文化、政治上取得新突破的重大标志。此外，珠江钢琴有幸参加了在广东举办的第九届全国运动会，广州“三年一中变”取得丰硕成果……形势令人鼓舞，令人激励。

尽管在这一年里，全球经济发展缓慢，出现了美、日、欧三大经济体同时下滑的空前现象，“9.11”恐怖事件对美国经济更是雪上加霜，对世界经济也带来了很大影响。在全球经萎靡不振的形势下，唯独中国一枝独秀。同样，珠江钢琴一如既往，保持欣欣向荣的发展势头，这一年，珠江钢琴产量、出口量、出口创汇和利润等各项主要经济技术指标，均在上一年高增长的基础上继续上扬，创历史记录。这些都是我们集团全体员工共同努力的硕果，是大家用自己生命中的一年时间换来的大丰收！

今年是我国加入WTO的第一年，面对这个机遇和挑战，珠江钢琴在新的一年里，将有新的作为，用发展的眼光、思路和办法，克服前进道路上的困难和问题。为适应市场形势的变化，珠江钢琴将进行一次战略性的大调整，特别在市场工作方面，将进入一个新的时期。也就是说，我们将进一步进入贴身经营的角色，在一部分主要城市和地区，设立我们的销售公司，直接面对市场管理，加大信息管理、客户管理、市场管理和广告管理力度。同时尽快培养一批有良好素质的现代市场管理人才。更重要的是，我们要以质量为核心，不断提高工作质量和产品质量，不断提高产品和企业的国际竞争力。这些都需要我们全员素质的不断提高，包括意识在先、责任在先、行为在先、管理在先的“四个在先”的要求不断深化和落实。这就是当前我们面对入世竞争和抓住机遇的重大要素。只要我们能够再接再厉、永不言败，坚持“发展是硬道理”和“三个代表”的重要思想为指导，我们相信，珠江钢琴是完全可以实现“雄踞中国，冲出亚洲，走向世界”的目标的。挑战对于我们来说是发展的动力，最近几年来，珠江钢琴应对过许多挑战，结果——化弊为利；同样，应对WTO，我们也把这些挑战作为发展的又一次机遇，推动珠江钢琴从发展走向更大发展。

同志们，朋友们，在新的一年里，我们将在中国轻工业联合会和广州市委、市政府的正确领导下，要认真贯彻中央提出的“稳定、安全、灵活、多元”的方针，群策群力，使珠江钢琴更上一层楼。

最后，祝全国乐器行业各位同仁、音乐界的朋友们春节快乐、身体健康、家庭幸福、工作顺利！

倪建民（北京星海乐器有限责任公司副总经理）

北京星海乐器公司2002年的工作指导思想是一个中心、二个手段、三个目标、七项工作。一个中心是以市场为中心。二个手段是大力推进技术进步、狠抓精益化生产。三个目标是把产品质量推向一个新台阶、企业经济效益要大幅度的增长、工作效率和劳产率要有一个较大幅度的提高。七项工作是：(1) 大力开拓国内外市场，扩大营销网络，提高市场占有率，以销售拉动生产，实现产品销售量增加10%。(2) 继续推进精细化生产，合理配置生产要素，依据市场要求的运营体系，实现工业增加值递增10%。(3) 进一步深化劳动人事制度和分配制度的改革，进一步建立有效的激励机制和约束机制，调动全体职工的积极性，实现劳产率递增10%。(4) 以技术开发和技术改造为突破口，调整产品结构，技术含量和技术附加值，提高产品质量的保证能力，严格落实质量责任制。(5) 进一步加强技术改造和工艺改造工作，盘活土地资源，加快工业园区的建设，今年进入实质性实施阶段。为生产经营的正常开展和企业适度发展夯实基础。(6) 继续贯彻低成本战略，实施折算定额考核，在公司范围内将管理费用、销售费用、车间制造费用同比下降3.5～5个百分点。(7) 加强党员和干部队伍的思想建设和作风建设，加强职工队伍的思想建设，宏扬企业文化，提高企业内部的向心力和凝聚力。在新的一年中，星海公司将进一步解放思想、转变观念，领导班子将团结一致，带领全体员工为星海公司的持续发展努力拚搏。

张大鸣(营口东北钢琴集团公司总经理)：

2002年，我公司将实行“一本”、“三略”、六个攻坚战。

“一本”是以人为本，全方位的提高人的素质，包括职工的道德、技术技能、集体主义爱岗敬业的精神。

“三略”是诺地斯卡品牌战略、三角钢琴发展战略、出口带动战略。

六个攻坚战是立式钢琴增产增效的攻坚战、三角钢琴二期工程扩产增收攻坚战（二期工程三角琴产量目标为6500架）、技术进步和新产品开发攻坚战、增收节支攻坚战、企业改制攻坚战。

营口东北钢琴公司要力争在“十五”末期成为中国乃至世界举足轻重的钢琴企业，实现东北钢琴的跨越式发展。

王国振(上海民族乐器一厂厂长)

2001年上海民族乐器一厂又有了新的发展，企业销售额达到8500万元（包括合资企业），实现利税980万元，职工收入有了很大的提高。企业之所以能够取得良好的业绩，得益于国家宏观经济的趋好，得益于全社会对中国传统文化的重视，得益于人民群众追求丰富多彩的文化生活，也得益于消费群体对敦煌乐器品牌的信赖。

今年是我国加入WTO的第一年，我们要以国际化的胆略，世界性的眼光，在中西经济文化的交融过程中敢于迎接挑战、善于抓住机遇。今年上海民族乐器一厂是一个整固年，我们全年销售额将达到9000万元，税利达到1100万元。我们工作的重点是：

(1) 继续放在市场的开拓上，培育敦煌民族乐器忠实的消费群体，进一步扩大国内外市场的份额。

(2) 加快技术进步，运用当代科学加速民族乐器传统工业的改造，提升民族乐器的档次和品质。

(3) 加快人员素质的培训和提高，管理人员要更加精明，一线员工要成为多面手，来适应市场竞争的需要。

(4) 生产要紧紧围绕市场转，要突出一个速度，市场需要的要加快生产，市场不需要的要及时收缩。

(5) 要强化内部管理，在增收节支上下苦功夫。为使中国民族乐器成为世界性的乐器做不懈的努力。

焦永达(大连铜管乐器厂厂长)

新的一年，关键是观念的转变，今年我们厂的指导思想是更新观念、顺应市场、强化管理、迎接挑战。今年是入世的第一年，应当说挑战大于机遇。我们每一个职工首先要转变观念。我非常赞赏入世代表龙永图的一句话，他说：“中国所有的人都将因为这一变化而变化，入世将强化每个人的竞争观念，转变每个人的思想道德观念，把每个人的需求拉进全球化生产圈，入世也将推动中国走向世界经济的新台阶，也推动每个人走向自我的新台阶。”

现在我们时刻用这句话告诫职工，再不能用过去的观念来考虑问题了，有的职工认为入世以后要长工资，带来实惠。经济条件、购物环境、服务态度都会有所变化，但这仅是一个方面，更重要的是挑战大于机遇，我们遇到困难和问题会更多，象我们这样不是靠国家扶植的企业，也不是关系国计民生的重要行业，只有努力奋斗才会有出路。

目前我们企业就面临一个转制问题，大连市政府要求在六月份之前完成转制工作，到时候，我们的观念就更需要有彻底的转变了。

孙强(烟台龙凤钢琴有限公司总经理)

我们公司去年主要抓了两件事，一是以提高经济效益为中心的增产节约运动，二是以岗位责任制为中心，提高职工文化福利待遇为目标的“我爱我家”运动。这两项工作都是全面落实江总书记的“三个代表”指导思想的具体实践，在去年一年中，我们公司生产经营工作又上了一个新台阶，产量突破了万台大关，利税比上一年增长了60%。

公司今年的重点是管理年，这一年将通过环保14000认证，公司各方面的管理将更进一步深化，强化企业内功以适应加入WTO以后国内外形势新的挑战。目前各项工作正在按步就班的进行，预计各项指标比2001年再增长30%以上。去年公司出口任务虽然受到美国9.11事件的影响，但是通过内贸都补上了，今年的出口形势估计会有所缓解。今年我们在完成二期技改的基础上，开始启动三期技改，我们的精神是按照规模适中、质量最好、效益最佳、速度最快的宗旨来扩大生产规模。三期工程总的目标要达到年产三万架，分两步走，第一步要达到年产量两万架，下一步达到三万架。我们将按照既定目标去逐步实现。

2003年岁末年初乐器老总话发展

一年之计在于春，每当新年开始时，各企业都要忙着作总结，订规划，落实新的一年生产计划，制定新的市场策略，以应对变化了的市场，对新的一年工作做出展望。

岁末年初，《中国乐器杂志》通过不同方式向企业进行调查了解情况，现将几位企业主要负责人进行采访的情况分别进行报导。

黄南炬（广州珠江钢琴集团公司总经理助理）

2001年，广州珠江钢琴最大的成绩是国际化经营，拓展海外市场战略计划成功实施。按照公司“十五”规划，珠江钢琴集团在美国建立公司的计划得到很好实现，美国市场占有率，2001达到5%，2002年达到10%左右，而去年实际达到了13%。去年美国钢琴市场下滑，但珠江钢琴却在美国市场销售了7000架，比计划上升了3个百分点，这是一件很不容易的事，2003公司计划是力保10000架，争取达到12000架，由于珠江钢琴在美国市场的上升幅度很快，所以美国一些媒体对珠江钢琴在美国的表现十分重视，美国”福布斯“，《财富杂志》，《领袖杂志》，美国之音，都相继采访了童总并作了相关报导。

2002年公司取得成功的第二点是技术开发创新工作取得了重大进展。首先，公司技术开发中心由市级升格到省级，使公司技术中心在市场战略研究、经营发展战略研究、发挥董事会参谋决策机构的作用方面起到重要作用。公司在升格省级技术开发中心后，正在积极准备申请国家级技术开发中心。如果国家级技术开发中心资格批准以后，将为乐器行业带来十分有利的影响，给实施国家级科研项目创造有利的条件。现在珠江钢琴技术开发中心已经成为广东省的重点技术中心，一年来技术开发中心进行了大量的基础工作，实现了钢琴计算机设计，大大缩短新产品开发的周期，原来一个产品设计需要三个月的时间，现在全部用电脑设计，只要十几天就可以完成全部图纸，使新产品开发的力度加大。2003年的订货会，我们公司推出三角琴3个新型号，立式琴6个型号，使珠江钢琴在严峻的市场竞争中，保持领先的地位，并给珠江钢琴经销商提供了商业运作的回旋余地，目前珠江钢琴在市场销售的七八十种型号，使商家可以各自销售不同型号的产品，互相之间不会造成影响和干扰。

2002年的公司管理中，我们主要抓了三点，一是成本，二是质量，三是服务，我们正在筹建珠江钢琴全国用户网，今后凡是买了珠江钢琴的用户都可以上网，采取互动形式，在网上可以根据消费者的要求对珠江钢琴提出意见和建议，通过这种方式，珠江钢琴公司可以及时了解消费者的需求。公司领导要求“珠江钢琴网”24小时值班服务，消费者在任何时候有问题在网上反映，可以即刻得到答复。珠江钢琴公司在用户服务方面过去比较弱，今后珠江钢琴要把服务看作一个品牌，努力改进服务工作质量。

过去一年整个公司经营指标的完成情况，从产量方面比上一年有所降低，主要是去年公司集中搞公司生产布局调整，但是销售量仍达到7.6万架，比上一年增加了1000多架，出口达到15000多架，利润1.2亿元，利税总额达到5个亿，创汇2300万美元。

过去一年，珠江钢琴公司在政治思想工作，企业法制建设和“以德治厂”方面又有了新进展。全公司确立“遵纪守法，诚信经营，依法纳税”的行为准则，成为广州市以及全乐器行业的纳税大户。公司本着对消费者负责的态度，真正处理好消费者的每一封来信和每一件质量问题的投诉，在全国及国际市场钢琴消费者心目中树立了良好的形象。

过去一年，珠江钢琴在企业宣传中取得了良好效果，中央电视台以珠江钢琴公司为背景拍了“当代工人”的电视纪录片，央视8台拍摄了以珠江钢琴公司为原型的电视剧《大江东去》2002年9月国家质量监督检疫总局、中国名牌推进委员会、广东省相继召开向“世界名牌进军”16个强势企业大会，广州珠江钢琴集团公司被列为全国16强之一，在此期间，国内各主要媒体对广州珠江钢琴的发展情况纷纷进行了大篇幅的报导。

在新的一年，珠江钢琴公司将继续努力，为扩大珠江钢琴的成绩而努力，今年准备把产量扩大到8万架，如果能做多一点就多做一点。在新的一年中扩大珠江钢琴规模效益的基本思路是根据广州市的要求而制定的。广州去年工业总产值为3600亿，今年要达到4200亿，增加600亿元，在安排落实任务时，省市领导指示：企业没有速度就没有效益，企业领导要知道自己的经济增长点，特别要求大集团不能低于全市增长速度，拉广州市的后腿。这样就给企业一种压力，大企业要高于广州市平均增长速度，所以我们珠江钢琴公司在产量上有新的安排。为此我们重点采取一些措施，使各项指标有一个比较大的发展，要抓市场，抓好国内外市场。切实落实好市领导提出的“市场有多大，企业有多大”的要求。

曾泽民（北京星海乐器有限公司党委书记）

对去年乐器市场的分析，国内乐器市场不稳定，购买力下降，特长生的政策有所调整。国际市场，美国、日本经济萧条，美国MAX公司破产，波及60多家连锁店乐器经营状况下滑，使一部分企业出口遭受影响。特别是去年国内新兴企业和外资企业发展比较猛，对老企业是一种严峻的考验。在这种情况下，北京星海乐器公司的国际市场销售还是不错的，一年中，星海公司下决心从技术改造入手，创五新（新产品、新材料、新工艺、新设备，新机制），用先进的管理办法，从企业内部管理下工夫提高产品质量，提高产品更新换代的速度，提高产品的适应能力，提高企业的核心竞争力，这样使企业收到很好的效果。2002年星海公司新产品开发了40多个，其中钢琴新产品有20多个，小型的73键BB99，美国市场所需的C 38仿古系列琴，与卡瓦依合作的NK18，N K 25，和音乐学院123、128型号琴，这些新产品在提高星海钢琴的影响力方面都起到了很大的作用。此外公司在新材料，新工艺方面投资1000多万元，进行设备改造。一年过去了，虽然星海公司遇到了一些困难，但是还是完成了4万架琴以上的生产任务，企业效益稳定发展，出口突破了10000架，是历史上比较好的一年。核心是抓了技术进步，以不变应万变。

去年公司在投资方向和资产运作上做了重大调整，完成了星海工业园区规划工作，征地工作已经完成，新的建设项目开始启动，公司将在三年内完成全部生产区的搬迁工作。同时星海申请了三角琴的国家投资贷款，吸引了新的投资股东，北京红星酝酒集团和日化二厂将作为股东参加钢琴生产的投资，实现钢琴生产的多元化投资。由于有了国家技术改造资金的支持，使星海公司下一步发展有了强劲的启劲。

在实施“文化产业”方面，我们一方面加强了行业的交流，通过钢琴分会上海和厦门会议加强了沟通，大家共同联手抵制不正当市场竞争，不规范的行为，受到各地政府的大力支持。公司在去年举办了第九届星海杯全国少儿钢琴比赛，有10000多人参加比赛，扩大了星海钢琴的影响力，使企业从产品经营过渡到品牌经营，并向国际名牌进军。

张大鸣（营口东北钢琴集团公司总经理）

我看了《中国乐器》杂志刊登的2002全国钢琴总产量，我们公司的三角钢琴产量达到全国第一，这是东北钢琴历史性的突破，今年我们三角琴的销售量在美国市场至少还将增加20%，我们销到美国的钢琴在2003年要达到10000架，其中三角钢琴要超过5000架，当前美国有利的市场空间给中国钢琴销售创造了一个十分有利的时机，去年营口钢琴出口额为1583万美元，今年，我们肯定会超过2000万美元。参加这次美国展览会后，将有三个世界级的钢琴总裁到我们企业。

在新的一年里，我们将侧重国内国际两个市场，我们将采取许多措施，主要是在内在质量下工夫，而不是在外观的小技巧上下力量，在质量上要更进一步强化，与国际名牌接轨。我们要在音源系统、在通用化，标准化上下功夫，在击弦机的灵活可靠性方面努力，以及键盘的可靠性，外观的美观度，要下一翻苦功夫。最近我们花了100多万元从日本进口数控机床。在油漆方面，过去我们这方面是比较薄弱的，为了使油漆质量提高，我们花了100多万从日本进口了油漆设备，提高喷漆质量。另外，我们今年还将扩大10000多平方米的厂房面积。着重在内部机构上各个环节进行创新，创新是我们企业发展的灵魂。几年来我们公司不断地抓技术进步，体现在设备、工装、产品、工艺等各个方面，进一步强化。现在企业资金得到了根本性的缓解。辽宁省在外部销售空间给我们提供了很大的方便。去年，辽宁省为了实施素质教育，专门给省教委拨款3000万元，要求为所有学校配备东北钢琴。由于省里的支持，东北钢琴打开了教委系统的市场，去年年底，第一批钢琴销售合同4000多架钢琴已经发走，并由销售副经理亲自带队将琴送往辽宁大学。有关合同也在陆续组织生产。有了省里的支持和美国市场的开拓，今年我们将在产品产量、质量、规模上有一个跨越式的发展。

王国振（上海钢琴有限公司总经理）

2002年是上海钢琴公司进行全面调整的一年，经过一年来的生产结构、产品开发、人员意识的各方面调整，使上海钢琴公司经营理念发生较大的变化。我们在全员思想观念上进行调整，企业形成了新的思路和环境，全体职工通过思想调整，普遍加快了节奏感，摆脱低迷的思想状态，增强了竞争意识。根据思想调整取得的成效，我们公司采取5方面的措施：一是销售策略和销售队伍的调整，我们对销售公司的主要负责人和业务员进行调整，对商业客户进行了调整，疏通了销售渠道，二是我们抓了文化产业的建设，我们搞了在上海和浙江的钢琴大赛，每年的考级与上海音协密切合作，加强了与老师的沟通，宣传了上海钢琴产品。三是抓产品质量加快技术进步，四是推进民营机制，理顺内部关系，对生产结构进行调整，将油漆车间迁出市区，内部生产格局调整使装配流水线的环境有了明显的提高。五是围绕市场，抓新品开发，市场有所好转。2002年我们公司主要是抓了新产品的开发，根据市场技术潮流，满足消费者的审美情趣，人性化的设计理念，推出了21款新产品，上海各大媒体相继进行了报导。在新产品开发过程中，我们广泛进行市场调研，在琴行了解消费者对产品的需求。我们始终跟踪当代新技术的潮流，采用当代新技术、新工艺、新材料，满足当代消费者的审美情趣，迅速形成生产批量。新产品面向市场以后，受到上海音乐界的广泛好评，作到产品没有库存，生产多少销售多少，到年底上海钢琴公司的应收货款降低了760万，使企业生产有所好转。

高和（上海中雅钢琴公司副总经理兼总工程师）

上海中雅钢琴公司去年生产了18000架钢琴，比2001年略有减少，几年来公司坚持每年开发多种新产品，产品工艺设计采用计算机设计管理，在钢琴的xyz三个方面都有准确数据的控制，以保证质量。去年公司还引进了科技含量较高的设备，其中有高频粘压肋木弦马组装设备、数控铁板钻等。与日本雅马哈乐器公司及其它国内外知名乐器经营商共同进行OEM合作项目，与日本雅马哈合作生产的产品每月有100架钢琴。日本雅马哈公司对双方的合作表示十分满意。此外，公司董事长叶先生在去年收购了一家德国钢琴公司，并筹备设计生产完全采用德国技术图纸的钢琴。

2003年，中雅钢琴公司准备扩大设备改造的力度，再引进4台数控钻，其它数控设备也将逐步采用。三角琴也在准备扩大产量，在工艺设备方面要作不断改进，10月份增加一台铁板数控设备，现在正在安装数控粘压设备。科技转化生产力方面，公司在今年将逐步见到成效。现在上海中雅的钢琴由于制造工艺有严格的科学保证，市场上接受的人越来越多了，许多消费者认为中雅钢琴的每一个环节都十分清晰，声学效果不错。叶老板经常请外国人来鉴定，或者是将琴送到国外，请外国人鉴定，使外国人了解我们的钢琴，我们对此是十分有信心的。

孙强（烟台龙凤钢琴有限公司总经理）

去年我们公司几大指标，利润、税收、创汇仍然保持30%的增长速度，是建厂以来最高水平，去年企业获得了ISO14001环保认证证书，公司产品在国内外的影响不断增强，一些新产品，特别是金斯伯格品牌供不应求。除此以外，重点抓了企业文化建设，举办企业音乐会、运动会，邀请美国音乐家来厂演出。全年有20多个国家国际友人，3000多人来厂参观。

胡颖（福州和声钢琴公司总经理）

去年是我们公司生产比较正常的一年，生产了5000架钢琴，实现了生产、销售、税利三增长。在新产品开发方面，我们着重于产品的附加值。我们与德国公司长期合作，得到德国技术上的指导，现在我们公司的技术员工是比较稳定的，大部分工人有12年的生产技术经验，大部分工序是在德国专家的严格指导下，按着德国钢琴的操作工艺进行生产。在销售方面我们注重的是渠道建设，建立一个销售、生产、消费者顺畅固定的渠道。

今年应当比去年好一些，产量还会继续增长，但是立式中高档琴的市场竞争会更加激烈。由于很多民营企业迅速兴起，他们主打产品是大型琴，我们公司作为一个老厂将会绕过市场竞争最激烈的锋芒，注重在产品质量下工夫，提高产品附加值，参与市场竞争。在国际方面，我们将与德国公司进行新形式的技术合作，走出国门，当地生产，当地销售。一些好的精品也会返到国内来销售。通过我们公司走出去，再回来的战略，我相信今年“三增长”的势头不会减弱。

高永湖（中山粤华钢琴乐器有限公司总经理）

2002年，我公司在复杂的环境、激烈的竞争中寻找机遇，稳步发展，实现了历史上的第三个“丰收年”，较好地完成和超额完成了公司的各项经济指标，创造了三个历史最好记录，即产量、经济收入、利润均达历史最高水平，保证了企业经济运行平衡、健康、持续发展。工业产值1985万元，同比增长10.57%：产品产量5018台，同比增长7.5%；销售收入3763.38万元，同比增长21.35%；出口销售额28.07万美元，同比增长65.98%；实现利润同比增长51.13%：利税559.30万元，同比增长37.76%；全员劳动生产率同比增长8.53%。我公司所作的工作有以下几项：

（一）确定适销对路的营销策略，巩固内需，开辟出口。随着中国加入世贸组织，世界著名乐器制造企业加快了向中国渗透的速度，同时，大量以组装为主的新厂、小厂建成投产，一时间中国的乐器市场出现了激烈混乱的竞争局面。面对这种市场环境，我们采取了有序地规范市场和争取出口市场的策略，全年销售稳中求得突破，其表现：

1. 逐步开发区域代理，规范市场，开辟新销售点。近几年来公司销售工作的重点就是以“区域代理”和“区域经销”来规范市场，确保了销售商的利益，避免了恶性竞争，因此，既稳定了老客户，又发展了新客户，总代理由原来的两个增至现在的五个，销售区域亦有所扩大。

2. 通过展会、专业杂志广告，各种专场音乐会等活动宣传推荐，逐步让消费者认识“香山·阳光”钢琴的品质和品牌，争取市场的知名度，促进了销售的增长。

3. 把握我国加入世贸组织机遇，拓展台湾及其他出口市场，使今年的出口销售有较大幅度的提高，出口创汇额同比增长65.98%。

（二）不断改进工艺技术，追求高品质、新思维，开发新款、新型钢琴，增加新卖点；

一年多来，为了使企业能够持续发展，把产品做精，把企业做强，在技术质管部的细心策划，严格把关下，各有关部门、车间做了大量卓有成效的工作，具体反映在下面几个方面的工作和成果上。

1. 产品质量常抓不懈，凡在生产中发现的质量问题，立即研究，及时解决，使各级、各部门、各车间高度重视产品质量，提高产品质量意识。

2. 合理采购，使用优质材料、零部件，奠定了确保质量的基础。

3. 不断提高产品质量的内控标准，深化加强产品质量管理工作，产品质量严格把好四级检验关，确保产品质量合格率在98%以上，并把产品质量合格率作为效能工资的重要指标，增强各级对产品质量的重视。

4. 推进创新工程，不断开发新型号、新品种，将产品的结构由原来的低档向中、高档转化，提高了产品的竞争能力，增加了企业的经济效益。目前，产品的规格、型号已经从原来较单一的几个发展到现在的10个型号，30多个品种。在深化技术改造、提高产品素质方面，除不断改进关键零件配置外，还在原有“立式钢琴自由式音板肋木”和“立式钢琴定弦装置”两项国家专利的基础上，又在国内率先推出了“前键盖油压缓降装置”并已申请国家专利，对提高产品的档次和增加卖点均起到积极作用。

（三）宣传推广与售后服务并举，提升品牌知名度；产品质量是企业的生命，售后服务是妙手回春的良医。凭着精湛的技艺和可靠的质量，我们赢得了广大消费者的支持和信赖，而优质的售后服务更为我们的产品平添了无限的诚信。去年，我们针对一些经销商维修保养能力较低的情况，采取请进来、派出去的形式，分别指导他们提高售后服务水平，及时掌握和处理各种质量反馈信息。在消费群体中树立了良好的信誉，令我们的品牌有口皆碑。

(四)努力降低成本，提高竞争能力；在加强产品的合理使用原材料的同时，通过加强成本核算管理、完善物料领用手续等手段，严格控制物料的采购和使用，做到合理库存，定额领用，避免原材料的浪费，产品成本增加。

1. 建立和健全一整套原、辅材料的管理机制，所有产品实行定额领料制度，避免积压浪费现象，确保物尽其用。

2. 利用社会化大生产和专业化生产的优势，扬长避短，将部分原来自己生产的材料，部件发外加工和专业配套，利用专业的优势解决自己的薄弱环节，从而降低了产品的成本和有利于资金运用。

3. 利用市场竞争机制，实行比价采购政策，在保证质量的前提下，实行比价采购，逐步降低原材料、零部件的采购价格，并对供应部实施节约奖励办法，从而，提高了供应部比价采购的积极性，收到了较好效果。

4. 根据实际情况，合理调整使用原材料。针对原材涨价幅度较大，夹板价格相对较平衡的特点，我们通过分析、试用，把部分原来使用原材料制作而成的部件改用夹板，在确保质量的前提下，既降低了材料成本又简化了工艺和提高质量。

2003年，公司将继续贯彻“平稳发展，有效增长”的工作方针，进一步确立“质量先行，精品生产”的质量意识，积极推行全面质量管理和成本目标管理，理顺和完善企业的组织架构和各项规章制度，更好地提升管理水平，努力完成和超额完成各项经济指标计划，促进企业健康稳步发展。

各项经济指标计划：

1. 钢琴产量5400台，(其中卧式钢琴150台)，产量增长幅度7.61%，争取实现增长8%的目标。

2. 销售收入增长幅度14.3%。

3. 实现利润增长幅度22%。

将在以下方面开展工作：

1. 认清形势，把握发展机遇。我们要增强危机感和紧迫感，把握竞争中的发展机遇，把产品做精，把市场做大，把企业做强。

2. 牢固树立“质量先行，精品生产”的质量意识，精心打造优质品牌。

3. 优化产品结构，大力开发适销新产品。以市场需求为导向，加快120型立式，160型三角钢琴的研制工作。

4. 加大宣传推广力度，提高产品知名度。在一些重点地区，大中城市积极配合当地经销商开展品牌的宣传推广活动，进一步提升企业的对外形象，提高“香山阳光”品牌的知名度。

5. 大力拓展国内、外市场，理顺和扩大销售网络，提高产品市场覆盖率。

6. 更深层次推行绩效管理，建立高效有序的生产经营运行机制，让管理出效益。

7. 深化人事制度改革，建立有效的竞争激励机制，调动全体员工的生产工作积极性，充分发挥企业的团队精神。

王永和（南京钢琴厂有限公司经营部主任）

去年我们公司的总体经济指标递增了15%，利润增加25-30%，产量达到5000架。目前市场还是比较好的，产品销售形势较好，仓库没有存货。去年我们加大了技改投入的力度。新产品开发有四个系列，主要有120、122、125、131型号等。

2003年我们的经营策略是保持正常的生产销售，产量定位在5000架。我们公司主要走中小企业特色的道路，重点抓中高档系列产品，突出钢琴的音色和手感。另外我们要加大三角琴的产量和出口业务。我们准备到法兰克福展览会去一次，和外商接触一下，现在一些加拿大和德国的客户都愿意与我们合作，过去我们这方面比较差，入世以后，外国资金都进来了，对我们来说是一个很大的压力，在出口方面，我们要补上这一块。

刘作人（天津英昌乐器公司副总经理）：

去年天津英昌钢琴，产量在25000架，出口12000架，内销与外销差不多。总的感觉，消费者反映英昌钢琴，产品质量有了稳定的提高，钢琴的主要原材料，琴弦和木材有相当部分是靠进口，有一个阶段钢琴外观出现了一些问题，经过积极改进，到年底有所提高，产品花色增加了三种品种，生产了带液压盖的，不同颜色的钢琴。今年一季度公司将推出新的品牌，主要是美国需要的款式，有四种型号，118、121型号，琴体颜色增加了白色、亚光琴。在管理机制方面，今年英昌公司将实行内部的激励机制，采取适应国内市场运作的管理机制，着重于市场，讲求商业信誉。

周始雷（青岛世正乐器公司经营部主任）

青岛世正乐器公司是中方和韩国世正集团合资建立的集团性公司，中方提供的土地和房屋，占有20%股份，韩国世正集团占有80%股份，青岛世正公司除乐器生产以外，还有房地产、服装等业务项目，乐器产品有钢琴和电吉它、木吉他产品。钢琴品牌有维瓦切、富尔肯、哈伯特等4个。公司于2001年6月奠基，2003年3月份开始出产品，3～6月份的产品全部出口，内销从7月份开始，现有工人2000多名，专家50多名，其中有来自韩国、德国、美国的资深技术专家，还有两名日本技术人员，以及印尼的技术工人。钢琴生产工艺及声学品质的要求全部按德国设计进行生产，设备均从国外进口。青岛世正乐器公司是新成立的韩国合资公司，经过一年的运作，共生产吉他15万把，其中木吉他7万把，电吉他8万把，全部出口。钢琴生产7300架，立式琴生产规格有109、112、119、122、132，三角琴规格是142、152、162、172、187。出口创汇在4500～5000万美元，内销达到1个亿，内外销总计达到五个亿。2003年计划立式琴2万架，三角琴8000架，立式琴出口占70%，三角琴全部出口。世正钢琴在市场发展战略方面将在国内进一步扩大品牌影响，去年已经获得了青岛市名牌产品称号，2003年将申请山东省及国家级名优产品以及ISO9000的认证工作。

金一鸣（上海玛珂钢琴公司董事长）

2002年公司各项经济指标又迈上了一个新台阶。销售额完成6100万，实现利税280万元，创汇1200万元，立式琴产量5800架，三角琴80架。在上海乐器展览会，公爵钢琴受到广泛好评，共接待客户400多人，国际友人50多人。过去一年，我们主要在以下方面开展工作：产品开发工作，先后开发了118、121、132立式琴，158三角钢琴，增加钢琴新款式19种；建立健全质量控制体系，从国内和日本卡瓦依公司聘请高级技术人员进行质量监督，技术指导和培训员工的工作，使一线工人的技术熟练程度有了明显的提高。组织全员技术培训，开办了"钢琴的结构与原理"培训班，有1000人次参加了培训学习。进行新一轮技术改造，建立了浙江台州地区的配套分公司，专门生产钢琴外壳、张弦系统等部件。

2003年计划生产立式琴7800架，三角琴300架。技术改造工作将全面进入二期技改，新征土地50亩，投资2200万人民币，用于总装车间、技术开发中心和办公大楼的建设，到2003年底，将完成二期工程改造，并投入使用，到2004年公司的生产能力将达到立式琴12000架，三角琴800架，产品作到以出口为主，三角琴为主。

张宪岭（河北怀来锣厂顾问）

"近年来我们厂以发展军吊镲为主，有了较大的发展，实现了1年小变化，3年大变化，去年我们扩大了生产场地10亩地，现在企业占地已经达到了20亩地，建筑面积有3000平方米，总资产300万，销售收入1000万。目前生产产品有20多个品种规格，生产吊镲24万片，共计响铜150吨。目前我们的生产发展是以前所不能相比，前几年，我们厂仅能一年生产30多吨，现在生产150吨。而且大部分产品出口到美国、比利时，国外客户大量订购我们企业的乐器。

姚茂录（贵州玉屏乐器厂厂长）

"2002年，我们厂生产还是可以的，但产品出口受9.11事件的影响，产值完成120万元，销售收入84万元，利税只有10万元。今年我们打算产值要达到150万元，比去年超过30万元，今年要二节笛的客户很多，出口量会有好的回升。今年一个外商要我们的货达到60万元，我相信今年会比去年强。目前我们厂的福利事业搞的比较好，工人的奖金水平比以前有所提高。最近中央领导很关心我们的企业，国家民委主任也到我们企业来参观，对我们全厂是一个很大的鼓励。

伍俊武（昆明乐器厂厂长）

"2002年我们厂完成了改制工作，由一个国有企业转变为股份制企业，企业名称没有改变。销售收入完成1150万元，利润完成75万元，比上一年增加了一倍多，去年我们在全国以及省内销售形势不景气的情况下，实现了企业历史上最好的销售形势。我们的工作主要是靠三个方面，生产、销售、培训。

现在我们厂整个生产经营工作是：生产占三分之一，经营占三分之一，培训占三分之一，

在生产方面，去年我们主要是结合云南省要搞成旅游大省的要求，进行少数民族乐器的开发工作，与云南省歌舞团联合搞旅游文化，开发了一些民族乐器，发挥民族乐器生产的特点和优势。我们生产了阿细三弦400多把，这种乐器主要用于云南大理地区散利族跳舞用的，我们还生产了象角鼓700个以及彝族用的歌舞月琴。此外，我们还开发微型旅游少数民族乐器，共生产了500套，一套乐器共四件，仅卖30元，销售形势很好，只是做不过来。

在销售方面，我们以销售兄弟厂的乐器为主，钢琴以珠江为主，民族乐器以上海、北京为主，管乐器以上海、北京星海的为主。目前我们的销售琴行在昆明市是较大的乐器行。我们的销售方针主要销大企业的产品，以销售兄弟企业为主，不销售小厂的乐器。去年虽然在市场整个销售不好的形势下，我们企业的销售形势是好的，感觉去年情况比前年还要好，创造了历史最好的销售利润。我们的思想是确立品牌服务，卖乐器一定要卖名牌乐器，日久天长，消费者会感觉到要买珠江钢琴，就一定要到昆明乐器厂来买。这样我们不仅树立了名牌效应，也树立了琴行效应。我们在销售环节中确立一定不能有暴利，注重售后服务，我们的经营工作就会有好的发展。在本地民族乐器销售方面，我们把少数民族乐器的功能与旅游特点相结合，利用旅游资源，强调我们销售的是真正的葫芦丝，巴乌乐器，而不是那种便宜的旅游品乐器，所以我们少数民族乐器卖得很好。

在培训工作方面，我们拿出位于市中心的企业厂房三分之一的面积办乐器培训班，把一些生产车间迁到郊区去。我们举办的培训班有钢琴、古筝、葫芦丝的教学培训。我们聘请了云南省乐团、歌舞团十多个老师，到我们这里来教课，使一些消费者先是来学习，学习以后就来买乐器，有力地促进了销售。

通过以上三个环节，我们认为一切工作要紧紧地扣住乐器，要讲求实际，不好高务远。结合企业

的具体情况，搞一些我们适合作的工作，而不是盲目搞大项目，有人劝我们搞服装、房地产等，但我们坚持大方向不变。做好为消费者服务工作，搞好品牌。我们要为长远利益考虑。今年我们打算继续努力，要在乐器包装上下工夫，档次要上去，并与专业团体合作开发一些新产品。”

乐器界老总谈中国乐器市场（之一）

中国乐器市场向何处去

武汉银可可琴行总经理　何浩

路在乐器市场的实践探索中

到底中国乐器市场路在何方，目前这种探索工作已经开始。

很多工厂开始在产品型号代理或来牌订做寻找一个生产和销售多种利益的平衡，其做法是明确在某一个省实行型号划分代理制。如：某品牌钢琴将A、B、C三个型号给某一经销商代理，E、F、G三个型号又给另一个经销商代理，企业采取在局部地区实行部分型号代理制的措施，以此达到规范市场的目的。

乐器订牌生产的作法也在一些乐器经销商中开始实行。这些都是来自于工厂和乐器经销商所实施的局部规范市场一些作法。但到目前为止，乐器市场的规范化还没有一个明确的法则。这是由于中国市场经济的发展有许多都是在变动之中的，许多市场化因素还没有完全成熟，所以对“中国乐器市场向何处去”的探索是有意义的。

关于对“中国乐器市场向何处去”的探讨有许多方向。

其一，关于目前市场所流行的产品订牌现象。我认为现在市场订牌生产过滥，有些企业或经销商做订牌生产是在单纯追求利润。这样是做不好订牌的。如果工厂寄希望简单意义上的订牌也是不可能把自己的企业做好以达到稳定生产的目的。

要想真正做好订牌生产，乐器经销商必须要对乐器有事业心，真正对乐器有挚爱、真正有开发市场的能力和想法。有市场经验的经销商，才能把订牌生产与销售做好，只图利用订牌捞利润的观点是绝对不行的。这种做法只能是催死一个品牌，而不是催生一个品牌。

其二，关于共存共荣，和平共处的问题。现在无论在一些工厂还是经销商中都存在着一些不正常的心态，有些企业只想单打独干，想方设法联合一部分商家打垮对手，而一些经销商也只想自己存在，力图打垮对手。在目前社会主义市场机制不完善自由竞争阶段，大厂是乐器行业的主导企业，而那些有远见，有市场定位的小厂，同样有生存条件。如果想把一些小企业挤出市场也是不现实的。在这时，我们的工厂以及经销商能否真正坐下来商量一下共同发展乐器市场的办法，大家都一起来搞诚信经营。要做到这一点，确实是有相当难度的，要有牵头的部门出面做国内企业资金的重组和再造工作。如果没有乐器市场的资金重组和结构整合，乐器市场仍然鱼目混珠，所有品牌都混在一起，使消费者也弄不清那个是名牌，那个是杂牌，乱七八糟的，这样市场发展下去，只能是越打越乱，使乐器市场走进死胡同。所以我认为，无论是大企业，还是小企业，都要在一个相当长的时间里共存共荣，和平共处，大小企业都需要依靠各自的理念去寻找未来，大工厂要有理念，没有理念也要死，小工厂有理念，也可以长大。一个企业如果今天不掌握正确的市场的营运机制，不注意学习和运用品牌战略照样都是要倒台的。某钢琴厂的实践经验已经告诉了我们许多血淋淋的教训，我们已经看到人为因素所带来的负面因素，使大厂不得不瞠目结舌，小厂不得不看到了市场的血腥和严峻。

其三，关于如何看待外来乐器商问题。随着中国入世，一些国外乐器商会逐步进入中国市场，在中国市场逐步对外开放的今天，国内乐器生产经销商同样要与国外乐器经销商和平共处。此外国内的乐器生产及经销单位已经有多种经济成分，有国有的、民营以及港台、国外独资、合资企业的。随着市场的进一步深化发展，这些多种经济成分的乐器生产经营体制还会产生许多分化、重组。所以我们要继续探索今后乐器市场发展趋向。

中国乐器市场发展到今天，直到现在还没有一个共同的模式。到底什么是是，什么是非，所以要在实践中进行探索。

路在发达国家的实践经验中

中国是世界乐器市场的一部分，特别是在全球经济一体化的今天，中国乐器市场与世界乐器界的联系越来越密切。

他山之石可以攻玉，在今天，中国乐器市场还不完全成熟的时候，我们可以学习和借鉴发达国家乐器工业所走过来的道路。日本、韩国以及我国台湾地区都是目前乐器主要生产国和地区。在乐器生产与经销方面，这些国家和地区有与中国相同之处，也有不相同之处。相同之处是他们同样有重视教育的条件，他们也有钢琴工业；不一样的地方，他们是小国，而中国是大国，有着自身市场的带动力，所以造成了今天十分活跃的乐器市场，中国的乐器市场将走向更加国际化的道路。通过他们的发展经验和欧洲的经验，从中我们可以摸到许多规律，过去韩国钢琴曾有许多品牌，而现在仅有两个品牌，多少年来，他们也是在走兼并的道路，才发展到现在的乐器生产模式的。

现在中国是世界上乐器品牌最多的国家，今后要发展到日本、韩国的乐器发展模式，也需要有一个过程。所以我认为，中国乐器市场发展向何处去，也应当参照日本、韩国的发展模式，要很好地了解他们所走过来的道路，有哪些经验，有哪些教训。我们的经销商要真正作到看得远一点，不能耍小聪明。过去我们有的经销商可以把一个歪的品牌树立起来，说的天花乱坠。但是现在这种小聪明就会变得脆弱无力，因为下一步的竞争会显得更加激烈，品牌的优势会更多的显现出来，满眼繁花的品牌使人眼花缭乱，原来品牌少的时候，我们可以用经验管理来确立一个品牌，但今天如此之多的品牌，我们连记都记不住，过去的小聪明管理根本行不通了，所以我们要采取新的品牌管理才行。如果在这个时候，小工厂不注意自己的生存链，努力打造自己的品牌，而大工厂不注意管理好自己的品牌，都将面临问题。这一点，我们应当从国外的成功经验和失败的教训中寻找答案。

路在相关行业市场发展的经验中

乐器是数十个轻工业行业中的一个，中国乐器行业要走向规范、健康的轨道，应当要向其它成熟的行业学习。

我国的手表、眼镜行业管理是比较好的，服装、电器行业也是不错的。作为业内人士通过学习其它行业的先进管理经验，应当知道我们那些东西是好的，那些东西是不好的，那些东西与别人是类似的，那些东西与别人是有出入的。

我觉得目前国内的一些相关行业与乐器行业发展有许多共同的地方，学习他们的经验具有很强的现实意义，可以得到许多指导。因为这些行业都是与乐器行业处在同样一个生存条件下发展起来的。为此，我们可以开辟一些论坛或者是高峰会，请这些行业的同志给我们乐器行业讲一讲他们是如何管理行业的。

现在我们乐器经销商成分十分复杂，有从老乐器的人出来的，有学音乐的，而真正懂行业管理，有先进思维的人是比较少的，所以导致管理思维比较单一，比较平面，在选择发展道路方面，同样是思路比较少，缺少办法。

所以中国乐器协会、《中国乐器》杂志，完全可以承担起这一工作，通过介绍行业外的先进经验以提高整个乐器行业的管理素质。大家一起共同来讨论这些问题，请一些有责任心人讲出自己的观点，让我们整个乐器行业的老总们、经理们真正知道我们的忧虑在哪里，困境在哪里，大家再来找同类的经验，去认真思考如何管理好我们的市场。关于这一点我们是有信心的，也是一件十分有意义的事情。在其他行业的带动下，我们的乐器行业就会有大的发展。

路在乐器从业者崇高神圣的事业理念中

“中国乐器市场向何处去？”的探索，如果探索者没有理念是走不到明天的。理念是我们乐器从业者的灵魂。一个乐器经销商如果完全是为了蒙钱，只能是走不了多远，就会纷纷落于马下，也不可能走到一个更高的级别。

要探索中国乐器市场路在哪里，我们从业者也一定要随着这条路走下去，而绝不是投机商的做法，今天干乐器，明天就抽出资金去干点别的生意。相反，应当是准备和乐器终身为伍，在乐器经销事业中融入理念，融入思想，融入对社会的责任，认真考虑我们这个行业怎样带动社会文化方面，像我们的事业才能做好。

赚钱是商人的本分，但如果没有服务于社会的基本理念，真心地服务于社会，而是把消费者当傻子，和老师勾结起来坑消费者，那是什么事情也做不好的。

现在有的人心态变了，就像一个人贩毒，贩了一次，尝到了甜头，就想干第二次，第三次。我们乐器行不是也有这样的人吗，认为诚信经商卖乐器赚钱，实在太慢了。仍然迷恋于“马不食夜草不肥，人不得外财不富”的信条，到头来，只能把自已的路走绝。

路在行业自身精神文明建设中

精神文明建设在我们行业中不是虚的，有着实实在在的内容。

“丑”会损害行业的声誉，“美”会使消费者纷至沓来。现在有人以批假货为乐，曾有人对我说：“水货的节拍器，价格便宜多了，你为什么不要。”我说：“我绝对不卖假货，水货，我觉得没有必要因为这点小利丧失我的基本信誉。”

我们在行业内应当形成这样一种环境，让大家知道什么是是、什么是非，不仅要靠协会、靠媒体，还要靠大家自觉来遵守。让每个商家都认识到卖假货、水货是不道德的，从长远来说对自己也是一种自杀行为。

要有批评的手段，我们的媒体，《中国乐器》杂志在必要时可以不点名的进行批评。给大家创造一个良好的环境。如果没有批评手段，没有对不良行为道义上的制约和谴责，对整个行业也是不利的。

现在中国的乐器市场在发展、在扩大、在前进，大家都在按自己的路往前走，有的是合法经营，也有不合法经营，甚至是非法经营，现实是一些合法经营"吃亏"并没有得利，而一些做坏事的人反面得到小利，反而影响了我们走"合法经营"的正常路。这是因为我们没有制定一个对大家都有制约的游戏规则，因此建立一个对大多数人有利，对少数人是一种限制的规则应当提到议事日程上来了。我觉得现在应当鼓励各地有责任心的经销商站出来，为了全社会的利益，为了大家的共同发展，共同制定一些规则，规范市场，类似于精神文明的东西。关于下一步市场的发展问题，我的想法是，不可冒进，也不可滞后，要找到一个适当的发展速度，坚持主体经营。

我曾经与某钢琴公司谈过我的想法，目前某个品牌钢琴在产量很大的情况下，既要完成产量，又要保证大户的经营。我认为可以考虑做些型号，然后由它来独立进行宣传，向全国市场推广，实际上在培养品牌，培养大户。在社会逐步创造出一些名牌，一些有影响力的大户。

中国的乐器市场需要名牌，需要大户，珠江、星海在探索，雅马哈也在探索，听说雅马哈在杭州又开始准备建一个新厂，他们也是在探索如何进入中国的乐器市场，并且进行纵横联合，切进自己的份额。

关于生产商与经营商的合作问题，我认为，必要时有的工厂可以卖一点股份给经销商，使产品销售更加规范，使产品更有市场性，可以通过产权局部转让来调节市场。我认为在不久以后，在这方面会有一定的变化，小工厂要活，它要与经销商联合，要采取相应的措施。

但面对越来越复杂的市场，需要的是冷静和理智，加上科学的分析。现在有的工厂是在被动的迎合市场的变化，经销商也是这样的。他们见到一个新牌子就去抓。什么牌子赚钱，就去抓什么，占着茅坑不拉屎，结果把自己也耽误了。因为这样做下去，没有利益回报是不可能的，没有利益的朋友是不存在的。现在不是占多少牌子的时候，而是要看准什么牌子的时候，与牌子一起成长，真心诚意的去开拓市场，相信在兼顾各方利益的同时，合理适度的竞争，增加研讨和沟通，中国乐器之路在我们脚下。

（何浩简介：武汉银可可琴行有限公司董事长兼总经理。1991年在武汉创办"银可可琴行"，历经多年风雨，其企业现已成为湖北省最大的乐器销售公司之一）

乐器界老总谈中国乐器市场（之二）

企业 商家 市场 监督部门

北京鲍蕙荞钢琴城总经理　杜培刚

中国乐器行业包括钢琴业的发展是直线上升，阶段性发展的。总体上讲，近两年，发展趋势渐缓。这与国家考级的倾斜政策有关，从而导致乐器销量上的变化。从表面上看，一些企业的产量没有明显的下降，但他们已经感到明显的压力，高产量的数字使他们无法从这个台阶走下来。

我从四个层面来谈：企业、商家、市场、监督部门。

企　业

现在乐器生产企业在经营方面本身存在一些问题，表现在他们把更多的注意力放在迎合经销商上。

有的厂家生产很多很多的牌子，包括订牌，自己也做一些牌子，他们在这方面花的力气很大。这些订牌，有的是自己的，有的是给别人做加工，这样做的原因是为了便于商家瓜分市场。而这种做法实际上是在走多少年前类似韩国的路子，企业在钢琴外观上下的工夫比较多。这几年，我们确实看到，中国钢琴的外观比过去有了很大的长进。但钢琴质量的真正提高，应当是声学品质，把音质音色和弹奏性能搞上去，但我们的一些企业没有真正把精力放在提高钢琴的音质音色上。

厂家对商家的支持也存在问题。我们现在一些企业对商家的支持主要表现在资金上，这种支持实际上造成国有资产的流失，也助长了经销商的贪婪。我认为凡现在成熟的经销商都不是刚入围的，都做了一段时间了，与厂家合作的经销商也都不是一年半年了，商家如果说做了这么长的时间，还完成不了资本的积累，说明这个经销商没有能力开展正常的业务。我认为经销商最需要得到企业支持的，应当是对商家业务人员的培训，售前、售后服务人员的培训，还包括对财务人员的培训。现在中国乐器行业与发达国家相比，还是初期规模，大部分是手工作坊式经营，只有少数是比较正规像样的大企业，他们在企业管理方面具备了一套比较规范的模式。我认为，这些正规企业应当协助商家建立起一套较为完整和现代化的商业管理模式。这是中国乐器商业所必需的。

现在商战的主要办法是价格战，这是一种最简单的，没有招的招数。一些经销商和厂商在销售钢琴时，常常采用的方法，不过是那么几个，要么给产品起一个怪名、洋名，动辄说是合资、进口钢琴。厂家为了保住自己的销售地盘，和商家配合的天衣无缝，专门供应商家独家代理，唯此一家的品牌销售。这样作法实际是在迎合商家的需求。厂家给商家的牌子唯此一家，这样做的结果，价格攀比性低，透明度低，可以追求销售最大利润，回扣也出来了。我认为这种销售方法是短视的，靠这种方法，最后会导致企业的牌子越来越多，最后总会有到头的一天。(企业总不会搞出几百个牌子来吧！) 现在有的企业搞了好多牌子，有的牌子已经不用了，这些牌子也慢慢死掉了，而自己真正的牌子也受到了影响，消费者对这些钢琴厂的品牌始终没有一个固定的印象，企业白白地浪费了许多大好时光。据我了解，现在有的钢琴厂已经换了几批牌子。我们钢琴生产历史不是太长，有的企业发展历史就更短了，但在回顾企业历史时，只能谈企业历史，而自己的品牌历史无从谈起，应当说这是企业最感到遗憾的事情了。

商　　家

商家的问题，因为我是干这行的，所以我看得比较明白。商家要想长期获得利益，或有一个好的口碑是要下一番工夫的。

钢琴本身就是一种精神产品，是近几年来被神话了的产品，许多人不懂钢琴，所以市场上才出来许多洋牌子，杂七杂八的牌子。一些企业、琴行和专业演奏者合在一起，随便起一个怪名，由着性的出洋牌，今说与这儿合资，明说与那合资了，因为现在老百姓相信这些东西，所以一些商家和企业就顺着老百姓大炒特炒洋牌子钢琴。

品牌销售问题，目前，鲍蕙荞钢琴城只做名牌产品销售，这些年来我们主要做的是珠江、星海、雅马哈、卡瓦依四个牌子。在经营理念上，我们主要在售前、售后服务下力量。这四个牌子，企业每出一个新产品，我们也不是拿过来就卖，而是要沉一段时间，等一等，设计上没有问题时再开始卖。卖大牌琴，无法做到独家，消费者对品牌又比较关注，现在资信比较发达，对大品牌大家都钉的很紧，可以随时打电话、上网对大牌琴所有问题进行查询，价格透明度特别高，要想获得超额利润是比较难的。相反地，小品牌查询起来难一点，取得利润相对容易一点。但作为商家，只要我们能够保持正常运作，我们还是愿意作大品牌钢琴的。

商业字号问题，我们的想象和过去不一样，现在商业字号都有附加值，长期运用会构成自己字号的含金量。但现在乐器商业运作大多数不是很良性的，绝大多数采取拖厂家下水的作法。也就是说，我卖的（钢琴）量越大，厂家给我的价也就越低，厂家给我的价越低，我就可以去打价格战，这样可以把竞争对手压的越狠，这实际是一种偏于恶性的竞争。而正常的商业运作应当是商业和厂家均获得合理的利润，厂家必须有一定的合理的利润，否则厂家就没有研发创新及市场扩展的条件。而商家获得合理的利润，也是在维系着正常的运转，使消费者买到的是一个放心的打包式整体的商品附加服务手段。现在市场经济中，并不是价格越低越好。在字号问题上，我们可以借鉴一下北京瑞祑祥绸缎庄等一些老字号的做法，他们在经营过程中，同样进来的东西，并不见得比别人卖得便宜，反而要比其他店卖得稍微贵一点，或者是和别家的商品价格一样，但重要的是保证货真价实。这样经过多少年的经营，一个有含金量的商业字号就有了，也会得到消费者的信赖。鲍蕙荞钢琴城现在产品就比别人卖得贵，但有一点，是质量确有保证，这就是培育字号的作法。

市　场

市场问题，现在大家都希望建立一个稳定的乐器市场，而不是打价格战，打来打去，最后全都打垮了算，就像家电产品一样，一年中倒下几百个牌子。

钢琴与家电产品不一样，买一架钢琴要用三四十年，如果一个牌子倒了，这个钢琴厂也就不存在了。作为一个企业来说，要认识到企业再大，也不可能占领所有市场，现在市场上所使用的价格战作法，仅是阶段性的做法。价格虽然降下来了，消费者似乎得到了实惠，但这只不过是暂时的利益。实际上大家（厂家、商家、消费者）都倒霉，企业没有了可持续发展能力，产品的研发能力；商家也因为单件产品利润太低，没赚多少钱；而消费者获得的售后服务承诺，由于企业利润低微，在几年以后也得不到保证，利用降价进行市场竞争的做法只能使钢琴市场走上恶性循环的怪圈。

如何使市场走向良性循环的轨道，建立一个稳定的乐器市场。需要有一个漫长的过程，甚至要用一二十年时间。良性循环表现在每个环节都有合理的平均利润，各自都有可持续发展的空间。我们这个行业，不可能发多大财，它是一个脱贫不能致富的行当，钢琴是一种人性的东西，人在解决了温饱问题以后，会在一个相当漫长的时期里，对乐器的需求稳定上升，所以在这方面要树立打持久战的战略，应当慢慢去做，步子走的结实一点，而决不能急功近利，企图一夜之间变成暴发户的想法是不可取的。

现在的市场经济，商家和厂家的身份越来越混淆，许多订牌产品，使人有商家往厂家钻的感觉，现代产品，一个钢琴新品种并不是光凭一二个权威专家一说，提提意见就可以作好的，如果是那样的，那钢琴制造就太容易了。实际上从钢琴制造到销售，再到消费，是一个十分复杂的技术流、物流过程。需要许多环节的配合才能完成的。就商业环节来说，一个琴行敢不敢说我的琴就是比别人贵三、五百元，并且要有贵的理由，说出质量好在什么地方，最后才能吸引消费者主动买那些贵的名牌的产品。我认为现代市场竞争就应当朝这个方向去努力。

关于钢琴回扣的问题，我是这样认为的，老师得到一部分利益是正常的，老师花出时间，带学生来买琴，对商家来讲，这也是一种促销手段，有付出就应当有回报，让出一部分利润给老师，也无可非议。关键是给多少回扣，回扣太高也是不合适的。回扣问题也是一个历史问题，起始也是商家琢磨出来的促销手段，在现在对部分老师回扣风蔓延而出现的群起而攻之的情况，商家也不能把责任都推给老师，商家也要采取相应的措施，敢于承担责任，这也是一个职业道德的问题。

监督部门

我所指的监督部门，包括专业监督检测机构和专家鉴定。前几年，我曾参加几次专家评审委员会的工作，也曾参加了在中日青年友好活动中心召开的钢琴质量检测结果新闻发布会，最后钢琴检测结果在北京青年报上整版公布，说实在的，我看不太懂。

我有一个感受，如果我们的评判机构，监督机构按照这样一种方式来进行评判，我们的钢琴质量是搞不好的。为什么？所有的钢琴都是合格产品，只要钢琴是合格的，我们就无法说谁是杂牌，谁的不好，评来评去大家都一样，含含糊糊，大家都可以获奖，评出来的钢琴和施坦威钢琴没有什么区别，这样的评判结果对消费者有什么指导意义呢？其实大家都知道我们真正的差距在什么地方，实际上这是在搞一种平衡，是对消费者不负责的表现。

我认为，在评判上钢琴都合格没有问题，这是因为现在的钢琴标准定得比较宽，但是受检测的钢琴虽然都合格了，但合格里面总是有好一点，有差一点，如果连这个结论都没有，那么评他们还有什么意义呢，这样的检测就变成有多少厂家参加，鉴定了多少牌子这样一个过程，那就没有什么意义了。

我认为，要么就不搞质量监督检测，实行完全市场化。要搞就要有意义，通过检测要有结论，对企业要有所促进，检测结果要让老百姓看得懂，对消费者要有所指导。钢琴可以年年抽检，或者两年一抽检，通过检测可以体现检测结果对消费者的指导意义。这样才能树立起钢琴名牌，才能知道什么是名牌钢琴，什么是杂牌钢琴。现在杂牌的概念，一般人认为，就是小厂产品或是刚冒出来的钢琴。难道说我们的大厂就不出杂牌钢琴吗？有的钢琴厂做了多少年钢琴，钢琴做得越来越差，杂牌也越来越多，而这些却没有一套监督机制来进行监督管理。其实我们完全可以将汽车质量的检测线移到我们钢琴流水线中来，这对我们钢琴质量的提高会有益处的。

中国的钢琴产业比较特殊，无论怎么说，不少钢琴厂还在吃老本，维持着，如果是其它行业，说不定早就完了，这是有地方保护主义在保护着我们的钢琴厂。

杜培刚说：这四个问题，归到一点，还是一个做人的问题。厂家、商家、市场、监督等几个方面都要以自己认真求实的工作，对得起消费者，要真正符合社会需要，符合市场的发展规律。

比较理想的是厂家、商家、市场、监督机构各负其责，各管一段 形成一个多赢的体系。厂家重点在质量上下工夫，商家重点在经营思路上思考，监督部门给消费者一个客观理性的引导，而消费者最后得到是一个打包式的性价比最佳的产品。

乐器界老总谈中国乐器市场（之三）
行业 环境 土壤

北京星海乐器有限责任公司副总经理 曾泽民

中国乐器市场是一个很大的话题。

随着我国改革开放和经济建设的发展，人民生活水平不断提高，乐器行业已经成为我国文化产业、都市产业重要的组成部分，也是老百姓生活、娱乐、教育离不开的行业，所以我们十分关注研究中国乐器行业如何健康有序的发展。

我考虑有以下三个方面：

行 业

乐器行业，狭义讲是指生产乐器产品的工业企业和销售乐器产品的商业企业。它们是使乐器行业科学健康有序发展的主体。

乐器制造体系。主要指乐器的生产企业。建国以来，我国乐器工业发展经过了从小到大，由单一到多种经营，集团式生产的各个历史时期，乐器生产企业在发展中不断引进国外先进技术，通过重组改造，使中国乐器行业的技术含量有了大幅度的提高，已经进入世界乐器强国的行列。在经济体制方面，也从单一国有经济发展到国有、民营、外资、合资、股份制经济多种经济成份的发展模式。特别近几年来，中国的乐器工业发展非常快，由原来的三大民乐、四大钢琴、五大管乐厂的传统乐器生产，改变为乐器生产企业“遍地开花”的格局。乐器生产企业范围已经扩大到全国各主要省市，特别是沿海地区。现在，华北地区基本形成了管乐生产中心，钢琴生产由原来的四家万台以上企业，发展成七家万台厂，今年即将成为八家万台厂，今后钢琴产量有望还要继续发展。

从现在看，建立一个科学有序的市场秩序是一个很重要的课题，但是还没有引起更多人的重视。一些企业的经营理念往往是仅从本企业的近期利益考虑，考虑的主要问题是如何把对手打下去、如何扩充市场范围、如何兼并或者扩充资本。

当然，从企业实际出发，首先解决生存饭碗问题，这是必须考虑的，但我认为这并不是唯一的。现在，一些企业往往缺乏：如何站在整个国家和民族利益，文化事业以及行业利益的立场上来认识问题，我们应当不断地研究，在现在的乐器事业中，一个企业要扮演什么角色，提倡什么风格，推崇什么理念。

我认为，作为一个生产文化产品的企业，更重要的是要为民族音乐事业和社会的物质文明和精神文明的发展作好我们的各项工作。企业在生存发展中，要真正地树立自己的品牌形象和自己的经营理念，而这种理念是建立在行业共同协调发展的基础上，而不是在互相打击，甚至采取违反国家政策的手段来确立企业自身的地位。要按着国家规章制度和市场法则去开拓各自的市场。国外代理制也好，分公司直销制也好，国内搞代理商网络也好，直销也好，这些都是企业根据自身实际情况所决定的，只要符合企业自身特点，不同的经营策略和经营方式都将给企业带来成效。可喜的是，现在大部分企业已经认识到这一问题，这说明建立健康有序的乐器市场已经有了一个很好的基础。

但是，我们也看到，现在还有少数缺乏正确经营理念和管理经验的企业，或者说是一些短见的企业，他们进入乐器行业并不是为了发展乐器事业，而是为了一时利益，他们制定了一些刺激企业内部发展的急功近利式的策略和措施，采取种种不正当手段，搞假牌子，进行产品仿制、偷税漏税等，他们的行为干扰了正常的市场经营，他们的行为理应受到国家法律、法规的限制。

乐器商业体系。乐器商业企业，近几年发展也十分快。由建国初期的十几个文化用品采购站已经完全过渡到综合商场的专柜和乐器专业店，民营企业占到80%以上。目前乐器经营形式，已经形成了以专业店为主体的经营模式。大商场乐器专柜也由原来的50%减少到30%以下。

乐器，与其他消费品有其不同之点，主要是品种多，属文化娱乐产品，具有一定的舞台艺术性，普及用品主要用于家庭个人需要。乐器产品这种独有的特点，多年来已经使琴行走上了教学、销售、维修一体化的发展道路，这条道路是一条以专业教学带动乐器销售的轨道。

这种乐器商业发展的方式在一个地区同样也有两种不同的风格。如果在一个地区的规模较大的前三名琴行，他们互相之间有一个很好的沟通，好的商德，长远的发展思想，那么这个地区就不会打乱仗，相对讲，这个地区的经营秩序就会比较好，进而也使消费者受益。另一种情况，在一个地区，如果有一家霸气太重，或者采用不规范的市场运作方式经营，倒买倒卖谋取暴利，也会给所在地区带来负面影响，使消费者的利益受到损害。

应当说，乐器商业的规范化管理也是十分重要的，一方面要靠行业规范引导，另一方面要通过工商税务的监督管理，真正使商业企业确立一个“诚信为本”的经营理念。

以上我所说的，乐器工商企业以自己的品牌形象、企业形象作为自身和行业发展的长远目标，来推动中国乐器行业的发展，这是一种主流，是最根本的因素。要实现这一目标，需要靠企业自身的发展，要通过行业协会和各专业分会的活动，展览会的引导，媒体的引导。其中，包括行业内的领头企业、大企业、骨干企业、知名企业，发挥主导和积极带头，通过规范市场管理的办法把其它企业引导过来。

环　境

关于环境问题，这里讲的是如何创造良好的市场环境问题。

第一，市场信息的收集。乐器市场管理是有规律的，根据不同市场需求，分为三大类：个人、集团购买、专业团体。专业团体使用的主要是高档产品，个人及集团购买主要是中低档产品为主。根据不同地区需求，沿海、内地、农村和城市、发达和不发达地区有明显区别。沿海城市、发达地区乐器需求量相对较大。根据不同时期、对乐器品种的需求也会有所差别。最近几年来，电声乐器和“MIDI”制作发展很快，随着科技发达和年轻人对流行音乐的娱乐需要增加，造成这方面乐器产品的需求量会有较大幅度的上升。

因此，乐器产品结构的调整变化是随着国家和一个地区综合因素的变化而变化的，有其自身发展规律。我们应当通过不断地收集市场信息，掌握一些乐器市场发展变化的规律性东西。我们收集一些什么样的信息呢？主要是各种乐器产品的构成比例、消费层次的需求、出口国的状况以及企业生产乐器产品的档次、品种、需求空间等等。通过不断地研究产品的内在品质、市场的发展规律，这样我们便会作到知已知彼，顺应市场的变化。

而我们的一些企业往往在这方面缺乏一个长远

的市场观念，没有按市场供求关系的客观规律去谋求企业发展和安排生产，从而造成了阶段性不平衡。目前，钢琴厂一上就是100多家，管乐器厂几十家，都反映了少数投资者的盲目性。在新上一个企业时，仅从某种产品的局部或表面现象以及考虑到具备部分生产条件，如有了一定的人、设备、原材料便开始上马，这样就会出现产品发展过程中的阶段性走偏，过了一段时间，一看不行了，又匆匆下马。这种生产上的盲目性，就是没有掌握乐器行业自身的发展规律，造成了人为因素的波峰和波谷间差距的加大，给整个乐器行业带来了许多不必要的起伏，人、财、物的损失浪费。

一个企业正确的决策是建立在大量的信息资料的科学分析研究基础上的。我建议制造业单位和商业都应当认真研究市场的需求，然后根据自己的特长和优势，来创造自己的特色，而不是那个好卖，就卖那个，频繁地调整自己的品种产品，这种“跟风”管理企业的作法，往往事倍功半。

在市场信息方面，目前我们国家还很缺乏对乐器市场指导性的信息资料。在这方面，美国、日本做的很好。他们能够及时反映每一年乐器行业的整体资料，对行业起到了很好的引导作用，便于企业及时了解市场信息，作出对市场的宏观分析，并作出企业发展决策。

第二，国家政策的引导。国家政策对乐器行业也起到至关重要的作用，如：考级、加分，特长生优惠等就会使我们的几类乐器有突飞猛进的发展。另外，世界银行的贷款，学校增设音乐教室和琴房等，就会使普及琴大量推广。因此，一方面，我们要不断地研究政策，从国家的政策中去寻找乐器行业的经济增长点。另一方面我们也有责任去引导市场的发展，通过研究市场政策、市场规律，然后按着经济发展的主脉，去研究乐器行业的发展，这样我们增长点会多一些，切入点也会多一点。

另一方面，我们要注意，要走多品种，全方位的发展道路。乐器是丰富多采的大家族，有各式各样的乐器，目前市场上一些传统乐器存在供大于求的现象，但还存在市场缺少的乐器，如打击乐器、行进乐器是市场上缺少的，电声乐器是薄弱的，民族乐器还有相当大的发展空间。老几件：钢琴、管乐、弦乐在国际市场上还有较大的需求量。所以我们抓住国家的政策，研究市场，我们的企业发展会好一点的。

第三，市场秩序的规范。现在我们需要呼吁政府有关部门，尽快出台一些政策，以规范市场。如：乐器销售商分层管理。目前美国乐器经销商分为三个层次，进出口商、批发商、零售商。三个层次之间，经纬分明，批发商绝对不零售，零售商不批发，也不搞进出口，各自按着各自的分工开展业务。美国的乐器零售连锁店有数千家，他们都各吃各自的利润。形成零售商、批发商、进出口商有序的层次，互相有联系，形成一个有机的整体网络。

但我们国家乐器经销方式的主流基本上处在无序状态，出口商比较多，进口商比较少，没有形成像美国十分清淅的三层次结构。大部分乐器经销商实行批发兼零售的方式，实际是统吃统收，从头吃到尾。这种经营方式，从实际情况来讲，任何一个经销商都没有这样的能力和实力，因为这种全包经营的方式，只会造成阶段性投资大、风险大的问题。目前，我国大部分乐器经销商沿用历史形成的经营方式，还没有认识到专业化分工的优点。小风险、小投入社会大协作，利润高这样一个特点。都想争全面开花，利润全收、一口吃个胖子，而往往风险加大。我们应当提倡乐器销售的专业化分工，干出自己的特长来，把乐器事业干精、干长，干出水平。这样的经营方式必然是投资小、见效快、利润丰厚。市场秩序的规范，从另一个角度讲，要建立严格的市场准入制度、严格规范工商登记制度、税务管理制度、行业经营范围管理制度等等，在产品方面必须实行严格的质量监督、安全性能检测，加大打假力度等等，真正使进入市场的每一件乐器都达到产品质量标准，使消费者满意的产品，那么，我们的乐器行业将会置身在一个令人放心的、健康、规范、有序的环境中。

土　壤

我讲的土壤，是指与各方面结合的问题。任何一个事物科学、有序的发展，都必须是综合性的发展，而不是单打一的。乐器行业，如果没有与方方面面的结合，就象无土之木，无源之水，而无法健康地发展。乐器事业必须扎根于适合的土壤之中，才能生长，开花、结果。

乐器属于文化产业，都市产业，属于舞台艺术品，其适合的土壤就是乐器教学和文化娱乐活动，就是民间的文化传统以及艺术教育的培训工作。乐器行业要想发展，与学校老师的结合非常重要，以及与文艺演出团体、娱乐场所、文艺单位、剧院、演出部门的结合，另外还有与家长、孩子的结合，与使用者的结合都非常重要。

归纳起来是三结合：老师、团体、使用者的结合。通过乐器行业的三结合，将会使我们的乐器圈长久有序地发展下去。

现在一些企业和琴行已经自然形成了厂家与老师、商家与老师的结合。构成了教学、维修、销售一条龙以及科、工、贸的一体化。这些结合，现在已经形成一定模式，并在乐器行业正在逐步显示它的威力。

但在目前形成这些结合中，也出现了一些不正常的现象，如：老师高额回扣、在与团体的结合中所产生的利益分配问题、家长孩子在乐器培训当中所产生的代沟问题。（有的家长逼着孩子学乐器，而孩子不愿意学）这些问题的出现是市场经济中所面临的正常问题，有待于我们去认真地研究它，解决这些问题，将乐器行业引导到一个正确的轨道上来。如何落实我所说的三结合，我认为要建立一个公众的、开放式的业余教学体系，这是我们乐器行业进入良性发展的一个重要因素。在这方面美国和日本的业余教学模式值得我们借鉴。现在美国和日本都有大量的业余的音乐培训学校，孩子放学以后背着书包去参加业余学校的音乐教学课。这是一种社会公众事业，除了教学以外，他们还搞经常性的交流和参观活动。这种学校，在美国和日本非常普及，而且收费不高，当然这些学校大部分都受到乐器和企业公司的支持。所以我提倡音乐界、乐器制造界的一些老专家，老教授多开展一些业余的教学活动，不仅解决了师资问题，同时对行业发展具有十分深远的意义。培训学校多了，参加的学生多了，自然成本就下来了，收费肯定会下降，家长的负担减轻，教学会更加活跃的开展起来。但目前我国的音乐培训学校与国外业余音乐学校还有不同点，日本的音乐学校专业性比较强，训练比较严格，而美国音乐学校培训，大部分是为了玩，而我们国家是为了考级，加分，乐器教学是在十分强烈的目的性指导下进行教学的。

所以，单纯为了考级和加分的乐器培训工作应当加以调整，这样对我们乐器行业今后的发展是有好处的。总之，我们乐器行业的发展，离不开与社会上和家长老师结合，离不开各方面力量的结合，有了一个很好的群众基础，这就是我们的土壤，是我们乐器事业生存之本。

总结以上所讲的三点意见，是说中国的乐器行业，要在一个文化产业良好的土壤基础上，广泛动员结合社会各界的智慧和力量，努力创造出一种宽松的环境，逐步建立一个有序的市场秩序，最终确立起乐器工商企业的产品意识、品牌意识、企业形象，中国乐器行业一定会快速发展起来的。

乐器界老总谈中国乐器市场（之四）

谈谈乐器市场的变革

南京新辉琴行总经理　刘小辉

国有企业在退出乐器销售

当前整个乐器市场存在一个重新分配的形势。过去南京主要是以国有企业为主，虽然销售形式是保守的，但还比较稳定。现在南京乐器市场发生了很大的变化，私有企业不断增加，越来越多，整个市场格局被打破了，相应地，市场节奏也加快了。这大概也是全国性的状况。老百姓开始从完全依靠国有企业的观念有所转变。这是因为比例越来越大的私有乐器琴行在服务、价格、主动性等各方面都要比国营琴行超前、全面。国有企业开始逐渐从乐器流通环节中退出来，让位于私有琴行。这种现象并不是偶然的，一是由小平同志“建设有中国特色的社会主义”的指导思想所决定的，二是由乐器销售的专业性、特殊性所决定的。这种乐器市场的再分配、重新组合将会是必然的发展过程。

但在发展变化的过程中，整个乐器市场的发展总量并没有减缓，只是市场份额的变化体现在国有企业的销售额在逐步下滑，私有琴行的市场份额在逐步增加，其优势渐渐显露出来。我看到有的国有企业经营管乐器，柜台里仅放有一两支小号、萨克斯，但我们琴行却经营着100多种管乐器，光萨克斯就有40多种。如果您是顾客，会选择在哪一家商店买呢？

市场竞争是血淋淋的，关键是靠内功

目前，可以说在整个乐器销售市场中，私人体制的经营单位占有相当大的比例，这对于琴行来说竞争将会更加激烈。现在我们做生意不会再像过去一样，只要有一个好价格、便宜，马上就可以卖出去。现在的竞争主要体现在实力，在激烈的竞争中要看一个单位的生存能力和抵御风险能力，是否想办法、动脑筋，在竞争中发展自己的品牌，提高自己的专业技术，或者是单位的办学能力等等。

随着市场的发展，乐器行业的发展，竞争将会是一个漫长的过程，随着时间的延续，竞争内容也会不断的变化。从打价格战逐步发展到服务战上来。而服务战的核心是人才，看每个单位的是否有专业人员、维修人员、教学人员。

中国已经入世，对于入世以后中国乐器市场格局，目前都还不太清楚，大家都在了解、摸索。在入世以后，国外的乐器经销商也会趁势涌进来，新的竞争方法、国外大量新的乐器产品也会接踵而来。未来，我们该怎么办，还是把精力放在价格战上吗？我以为，我们不能把精力放在“窝里斗”上，今天你卖80元，明天我就卖60。我们要把主要精力放在学习上，学习经营理念、学习竞争方法，多总结、多学习，以此提高自身的技能和抵抗能力。要苦练内功，强调自身素质的提高。市场不好，不要紧，关键是看一个单位的精神，有没有精气神。不能悲观。要

多进行交流、学习、改进。

乐器销售主要是做品牌销售

作为一个乐器市场来说，不可能总是高潮，或总是低潮，比如去年上半年是低潮，下半年三季度又出现了高潮。而地区的销售形势也是不一样的。每个产品的销售形势也是在变化的。去年，我们琴行的管乐器销售比较好，比2000年增加了80%，民族乐器增加了50%，钢琴的含金量也在增加，主要是指总量减少，销售利润增加，减少过去所做的无用功。

从产品质量上来看，不是没有问题的。但我们主要是做品牌，比如，管乐器主要以雅马哈、星海为主，钢琴主要是做雅马哈、珠江、金斯伯格、英昌的。小提琴主要是做红棉、百灵的，民族乐器主要是上海民乐一厂和苏州民乐一厂几个大厂的产品。这些企业的产品质量都是在不断提高的，他们为了自己的生存，肯定在质量上是特别注意的，所以质量稳定性都比较好。钢琴厂家都通过了9001认证，在质量上是有保证的。其中唯一有问题的产品是手风琴，质量问题多一点，主要是产品自身结构、机械装置问题较多，再加上运输环节就导致更多问题出现。

另外，在产品质量上，我们也很重视维修环节，如管乐器在出售之前，都要由专业修理人员把管乐器调整好了再出售，解决了管乐器的漏气和手感问题，这样做的结果是促进了我们的销售。还有就是现在有些家长、老师买了黑管以后，觉得不满意，为了把乐器换掉，他们故意把两节拔出来，拿我们这儿来，非说音不准，针对这些问题，我们的维修人员就把乐器调整好以后，再吹给他听，让他心服口服。这样，我们把许多工作做在前面，对琴行的销售也是保证。

市场规范从无序到有序是一个渐进的过程

现在许多人说乐器市场不规范，这的确是客观事实。但目前中国市场经济整体不规范，各项管理制度也不规范，因此单单要求乐器市场经济秩序规范也是不现实的。改革开放之前，我们是计划经济，那个时间经济秩序是有序的，而现在是市场经济，从一种经济体系进入到另一种新的经济体系，必然是从无序到有序。这是任何人也回避不了的，也是任何一种经济秩序发展的过程。比如：现在的琴行，其经济成分就十分复杂，并且出于不同的门派，什么样的人当琴行经理的都有。经营琴行的人员素质也参差不齐，所以才出现了低价销售，回扣等现象。按着正统的乐器销售，应当是厂家－百货站－批发站－零售商－顾客。现在整个销售环节被打乱了，作为厂家要选择经销商直接合作，好的经营者也要选择最有前途的生产厂家合作，再加上乐器销售有一定的商业利润和发展空间，琴行的出现如雨后春笋，小的琴行要发展，要做大，大的琴行要稳住自己的地位，也要发展的更大，不进则退，在市场经济中，出现上述情况也是屡见不鲜的。

新世纪市场竞争主要是靠品牌竞争，服务竞争。要想在激烈的市场竞争中立于不败之地，就必须不断地完善自我，发展自我，在市场竞争中败下阵来，打败你的不是对手和同行，而是自己。

所以，作为一个琴行来说，关键是练内功，增加自己的实力，才能具备抵御风险的能力。而不是靠一点点小计谋办事。作为乐器协会和我们的乐器媒体杂志，现在需要做的事情是应当给大家一些新的理念和思路，引导大家规范市场。帮助大家逐渐从不规范走上规范的道路。

现在钢琴厂不是太多了，而是太少了。许多人议论：钢琴厂太多了，小厂上得太快了，扰乱了钢琴市场。我认为，对大小厂的划分，新老厂的划分，是一种传统的观念。社会本身的发展就是长江后浪推前浪，一代新人换旧人。大厂也是从小厂过来的，他们在数十年前，在国家资金的扶持下，有了很大的发展。现在的小厂经过数十年的发展将来也会成为一个大厂。

中国这么大，市场经济刚刚起步，现在新成立的钢琴厂的数量还没有发展到最高点，将来还会不断有新厂冒出来的。现在的日本就雅马哈、卡瓦依两个厂，但是日本原来也是有几十个厂，经过几十年的发展，最后只剩下了两个厂。现在雅马哈钢琴是世界最好的钢琴之一，大家都说它好，是因为它经过长时间的竞争和阵痛以后才达到这个地步，是经过优胜劣汰才保留下来的。

在新厂和老厂之间，今后还会有激烈的竞争，大厂有大厂的优势，批量大，规模效益好，但大厂也有不足，譬如国有体制的老化和管理上的落后，缺少竞争能力。小厂也存在不足和优势，优势是性质大多为私有制，生命力旺盛，因为他们是在为自己干，所以精力足。我认为，在优胜劣汰问题上，不存在什么大厂小厂之分，刚刚冒出来的小厂，也可能会很快地倒下去，数十年的老厂也会在竞争中败下阵来。但是新陈代谢是社会的正常现象，今后每年都会有几个，几十个新厂出现。

如果再过10年，我们回过头来看看，是一件很有意思的事。大家可以想想，现在钢琴厂多了，产品也多了，这总比10年前到处买钢琴也买不到要好得多吧。10年以前，我们无论买什么牌子的钢琴都要等上个把月的时间，而且无论什么牌子的钢琴，商家都可以闭着眼睛赚上几千块钱。而且是消费者先付钱，等到一个月以后才能提货。那个时候，要买一台珠江钢琴得等半年时间。而现在买一台钢琴就不需要这样了，各种品牌的钢琴任你挑选。

所以，还是企业多一点好，可以形成竞争，只有竞争，社会才能进步。现在钢琴厂就象坐公共汽车的人和想上公共汽车的人一样，各有想法。但是客观事实是，过去是四大钢琴厂，前几年慢慢地发展了一些合资厂，近几年又派生出一大批，以后还会不断增加。钢琴已经有300年的历史，中国钢琴才发展了50年，以后的路还很长，竞争、发展、进步，这就是规律。

乐器界老总谈中国乐器市场（之五）
适度发展 强化管理

葛政廉

现今乐器行业路在何方，这是与整个世界、整个国家的经济、人文发展与取向联系在一起的。乐器属于人类饱暖后的需求。当经济呆滞、战争、自然灾害频繁、社会动荡、百姓不安之时，多数人谈何艺术陶冶、精神享受。

今年乐器行业除欧洲此前已处于停顿、维持局面外，美国市场在伊战影响下需求量也骤然下降。国内受“非典”影响以及其它消费热点的升温，也影响了乐器的销售。这种消费的下降也不奇怪，当今国人追风劲头较足，反映在消费上的某些浮躁情绪、不确定性不可视而不见。我们不必介意“考级不再与升学挂钩”，也不必质疑“素质教育不仅限于器乐教育”。本来素质涵盖面就很广。就艺术而言就有造型、雕塑、舞蹈、美术、绘画、摄影、声乐、器乐，还有语言艺术等。

再说又岂止艺术一门可作为素质培养。乐器市场冷热若能冷静看待，一路攀升必有暂时叫停。去年乐器杂志上曾介绍国外家庭钢琴占有率，我国空间甚大。20世纪60～70年代日本家庭为孩子盲目购买钢琴，结果孩子大了，钢琴无人问津，还占了居住面积。于是出售旧货，大量转入中国，这也是一种耐人寻味的消费现象。现在有句话叫引导市场、引领时尚，这该是厂商负责任的行为。乐器行业特别是西乐制造在我国长足发展也才十多年。近年来乐器制造雨后春笋有些地方遍地开花，如火如荼。而销售业急剧膨胀，大有“全民齐动员、大家来经商”之势。寓商于教、商教并举、少数弃教经商等等。对开拓普及乐器教育事业大有帮助，对扩大乐器销售起了不小作用。然而，过于“只争朝夕”，难免潮涨潮落。况且竟相降价、恶性竞争，只会使消费者心存疑虑、驻足观望。

中国已成为世界乐器制造大国，但这个“大”大概指产量、品种、从业人员或出口量等。产品质量等级、价位、品牌知名度高的不够多。而我们的相互杀价搞得有些乐器产品的价格仅是在卖材料。总感觉到产、销在无序扩张、竞争，市场极不规范。临时的低潮并不代表前途无望，首先“非典”已被控制，全面实现小康社会建成中等发达国家的目标是坚定不移的，今年GDP7%增幅不变。然而扩大内需不是空话，要扎实工作。世界经济低迷，但我国乐器出口量在世界消费总量中的所占比重和发展空间仍然很大。我们目前要做的是梳理思路、排忧解惑、解读教训、寻求解决。无序竞争，无限制的扩张，已经影响了产品上档次和企业的合理利润，还影响了国产乐器在国外的形象。当政府对企业管理职能已淡化了的今天，只有靠我们厂商自己的组织－行业协会来规划乐器行业发展，规范乐器企业行为，制约不良倾向和认真的行为自律。

中国乐器协会已成立多年，且前年刚换届。原有的行政领导部门已不复存在。协会已基本与政府脱钩。目前正承担着沟通、协调、统计、服务等职能。进一步发挥行业协会的职能，将会给乐器行业眼前面临的困难及今后的长远发展带来不可低估的积极作用。考虑从以下几方面强化乐器行业的管理。

一、加强协会的代表性，最大地代表行业的共同利益

为了共同的利益就必须有相应的共同约束，协会应有执行行规行约的监督职能。

1、协会应有协调商定产品价格之权。按制造厂、品牌、工艺先进性、质量等订价要素，公正地定出同类产品不同的指导差价。真正实现优质、优价。有一个权威的等级评定委员会是做好此工作的基础和必要条件。对不正当竞争、假冒伪劣，协会有权会同工商部门查处打击。

2、倡导乐器行业联锁经营。鼓励会员企业组建厂商全国联锁店挂牌经营，加大经营透明度，有利于控制恶性倾销、恶性竞争和打假。

3、协调城市(首先是省会城市)厂商之职能，中国乐器协会从相关业务上给予帮助、指导与厂商之间有相互沟通、支持之责任。逐步形成全国乐器厂商网络、打开信息互通、优势互补、公平竞争局面，遏制行业中的不规范性、盲目性、恶性竞争等行为。

二 加强协会研究、服务职能，为厂商谋划、避险增利

1.协会组织专门人员加强对法律、贸易、技术以及涉及本行业权益问题开展研究，为行业可能面

临或即将面临的风险早为谋划，避害趋利。目前欧盟已出台“化学白皮书”，提高了产品使用化学品等级的警戒线，将会对我国和第三世界所有涉及使用或含有有关化学物质的一切出口商品产生重要影响。此举既为了环保，更为了提高欧盟化学工业在国际市场的竞争力。若日、美效仿，影响更大。对此我们协会亦须未雨稠缪，早作研究。我们乐器出口量数年猛增，使用化学品也不少，很有防患未然之需。早作调查研究。一旦问题出现便可协同厂商应对，争取合法权益。除了积极应对，更积极的还有扩大出口的调研工作可做。厂商更希望看到的是对大量海关统计数字的分析、评估，指点迷津。诺大世界乐器市场我们的所占比值并不大，南、北美、非洲有些地方进入还不多。更何况中国乐器品种之多，中国人之智慧、能工巧匠之众应该开拓更多市场。

2.协会的专业性，不断推广研究成果，也是协会为企业排忧解惑应做的贡献。协会以往开发的管乐器生产专用制剂在业内反映不错，还可发展提高，扩大品种。今后还可就产品关键工艺、高科技的引入开展研究，有偿服务，给会员带来帮助，提高竞争能力。市场研究也是个重要课题，前面已提到，这里再补充一句，研究的重点是出口预期和国内市场预测报告，帮助会员企业预测、预警，科学安排发展。到一定时候甚至可以成立乐器贸促组织，专司贸促工作。

三　探索加强协会公证职能。协会应是政府、市场和企业之间的桥梁

以往协会对企业的资格审查工作开展不多。加入WTO、产品出口增加、或今后出国办厂都存在一个资格审查、出具资格、资质证书的问题。即便暂不出国办厂，但资格证书是企业的身价证明。而对目前国内良莠不齐的众多企业，情况纷繁复杂，以公正、公平、公开的科学方法和负责态度对乐器企业作出评估和资格审查，无疑会更加规范我们的行业。这项工作难度是存在的，做好了，对行业企业“功德无量”；做不好，则“自坏家门”。

四　行业协会要倡导行业内人士多做器乐知识、技能的普及工作，提高民众器乐演奏技艺及艺术欣赏的素养，培养大量潜在的乐器消费者

1.重视幼儿乐器，增加小乐器在儿童玩具中的比例，让广大城市、农村幼儿、儿童及早开始认知乐器，开拓和发展他们的兴趣。

2.鼓励厂商与学校挂钩、建立大、中、小学学生乐队。因地制宜，不一味贪大，由小到大，逐步发展。培养青少年的乐器兴趣、爱好，造就大量的终身爱乐者，形成久远的乐器消费群体。

3.厂商出面，乐队、专家、爱好者结合，较多地在城市、乡镇举办品牌乐器演奏会。宣传品牌乐器，扩大市民对乐器的认知和了解，提高乐器在社会、家庭的占有率。

4.协会牵头与音乐、演奏家协会、大专学校音乐系科、文化教育、劳动行政部门联系，制定并实行乐器培训师持证上岗制。规范目前社会上较为庞杂的乐器培训工作，真正使乐器产业造福人民。

然而，我国目前关于行业协会的立法尚未出台，有法才可依。所幸目前我们乐器协会官场气不浓，领导层都以大中型龙头企业领导人为主体，对会员也无身份偏见，入会也是自下而上自愿参加，各种所有制性质企业都可入会，有一定代表性，覆盖面和凝聚力。基本上能全面掌握企业的信息和动态，在行业内发挥了不少积极的协调服务作用。目前为了加强协会的功能、权威性，做到更有作为，更有魅力，更能为企业排忧解惑，建议在经费有保证的情况下，增加专职人员、向年轻化、专业知识化、管理民主化方向发展，使协会逐步过渡到具有国外商会的性质、作用和社会中介组织。

困难之中见真情，困难之中显本色。我们的行业协会还要与企业一齐走过较长的路才会渐入佳境，急功近利并非良策。本文从协会工作角度作了一些不成熟的考虑，或许远水不济近火，错误处敬请批评。

葛政廉简历：1960—1999年在江苏如皋市动力机械厂、机械工业局等单位从事技术及企管工作，曾任如皋市企业管理协会秘书长。2000年任浙江嘉善海湾乐器有限公司总经理，2003年协助并主持江苏激扬乐器有限公司ISO9001—2000认证工作。

日本二手钢琴在中国

丰元凯

从有商品生产以来，为了满足爱买旧货这部分人的需要，委托商行、寄卖行就应运而生，它是应市场需求而出现的与新货销售环节不同的流通领域。

钢琴也是一样，因为它是大件耐用消费品，具有收藏保值的作用，所以在新琴使用一段时间后，自然形成了旧琴收购与再销售的循环。旧钢琴的流通，在十几年前，或是几十年前就有了，但量却很少，主要限定在国产琴范围以内。近几年随着中国钢琴需求量的增大和钢琴教学水平的不断提高，在新琴销售不断扩大的同时，旧琴的销售市场也在悄悄地发展着，尽管它的量还很小，但需求量却在不断上升，特别是近年来日本二手钢琴以一泻千里的速度向中国进关。日本二手钢琴大量进关的现象，既是中国钢琴市场需求的一种补充，也是对国产钢琴的冲击。据不完全统计，中国去年从日本进口了二手琴大约在8000台左右，它占去了国产钢琴一定的市场份额，国内也相应出现了十几家钢琴翻新厂。《中国乐器杂志》曾在2002年第二期发表了记者采访日本中部钢琴调律学校理事长岩田光义先生的一篇文章，文中，岩田光义说，现在旧琴的销售是新琴的几倍，占整个日本销售市场的很大比例。对日本现行钢琴生产形成冲击，并大有增长之势。有人说，现在日本每销售4台琴，其中有3台琴是旧琴，这种估计可能极端了一点，但也说明旧琴的发展趋势。由此，记者也联想到近日时常耳闻国内市场一些琴行销售二手琴的消息，意识到在中国巨大的钢琴市场中，除了各种品牌国产钢琴和进口钢琴销售之外，旧钢琴销售也在开始形成气候，有关旧琴销售发展态势不能不引起我们的关注。

为此笔者先后采访了中国音乐学院王兴龙老师、钢琴调律师刘延宁师傅，老钢琴技术人员高俊武、北京千芊怡竹钢琴屋经理陈瑞煜、北京艺伦中古琴整备中心经理张健、北京建新乐器有限公司副总郭德其等。经过近两个月的时间，逐步搞清了二手琴在中国的销售过程。

二手琴和翻新琴不是一回事

有关二手琴的情况，笔者曾采访了中国音乐学院王兴龙老师，他说，现在二手琴进入中国的渠道很多，凡是与日本有些关系，有收购能力的都搞这种生意，据说收购价格在日本很低，相当便宜。运回中国后所定的价格，主要是仓储费和运输费。运进来的旧琴，有的要整理，有的不需要整理，这就是二手琴和翻新琴之分。

通过采访，笔者了解了过去所不知道的不少见识，过去根本不知道二手琴和翻新琴有什么区别，现在明白了，原来二手琴就是原汁原味琴，在日本叫作中古琴。也就是说，从日本运来的琴原来是什么样子，就呈现给买主什么样子，不做任何调整。当买主看到原琴后，对琴的调整有什么要求，然后再行处理。而翻新琴就不同了，它是把从日本收购过来的其中有些根本无法使用的旧琴翻新，或者是一些值得翻新的琴（翻新以后可以卖更高的价格）进行翻新。高俊武师傅介绍说，翻新主要指将旧油漆刮掉，重新上漆，高音缠弦更换，低音弦擦亮、去锈，铁板见新，音板擦净，琴键呢毡、榔头、音头呢、键盘呢更换。全部项目修理完成以后，整旧如新再行出售。当出售时，标以“翻新琴”标志的钢琴，其外观可以说与新琴大无二致，有乱真之感。

笔者了解到目前国内做这种二手琴或翻新琴的企业，主要集中在广东珠海、上海、北京、大连等地，珠海有6家，上海有3家，北京有1家，大连有1家。而做这种生意的琴行比比皆是，很多琴行也都同时销售新琴和二手琴、翻新琴。他们在销售新琴的同时，同样也在营造着一个销售二手琴的市场。据介绍，国内开展二手琴和翻新琴业务是从1991年珠海滨名乐器有限责任公司开始的。而据建新乐器有限公司介绍，他们的公司也是从90年开始，到现在已经有12年历史了。

那么二手琴和翻新琴主要是那些琴呢？据了解，除了少数日本的杂牌琴以外，绝大多数是雅马哈和卡瓦依钢琴。雅马哈和卡瓦依是日本也是世界上钢琴产量最大的钢琴厂，从20年代开始到现在，雅马哈钢琴公司已经生产了500多万架钢琴，而卡瓦依也生产了250多万架钢琴。雅马哈立式钢琴主要是U系列为主，根据琴的高低及性能，分为U1、U3、U5、UX系列。在U系列中又加上以年代划分的英文字母A－M等标志。比如：标有“U 3 H”标志的产品，是日本雅马哈公司20世纪70年代生产的型号为131的产品。雅马哈三角琴有G系列和C系列。G系列属于雅马哈早期生产的三角琴，C系列属以后生产的音乐会用琴。而琴上还有出厂序号，号码数字越大，说明琴越新。如果一架琴标有500万号码说明这架琴是最近生产的钢琴。根据钢琴的使用特性，应当是越是新琴，使用性能越好。另外，U系列的钢琴，数字越大，琴的高度越高，如：U 1是121型号琴，U 3琴是131型号琴，U5是在U3基础上材料选用更加精细的演奏用琴。以后还出了一种U X系列钢琴，这种琴的大部分结构与三角琴接近，后背是米字形的。专门用于乐池中使用，既少占面积，又有三角琴的音色，但是这种琴由于生产成本甚至高于三角琴，所以雅马哈公司已于1997年停止生产这种型号的钢琴。这种型号的旧琴目前在中国也有出现。笔者在采访中在刘延宁师傅的家中就看到这种钢琴。

刘师傅告诉笔者，钢琴与人一样都有一定寿命的，一般的钢琴使用寿命都在70～80年，雅马哈钢琴使用寿命会更长一些，将近100年。钢琴也有它的青春期，钢琴使用最好的年头是七至八年的时候，到了十几年以后，钢琴便一年不如一年了。主要因为钢琴铁板的张力问题、榔头的磨损及粘合的老化等，所以一般人买旧钢琴都选七至八年的旧琴。

追寻二手琴的源头

据有些琴行的老板介绍，现在日本的二手琴每天都有集装箱源源不断运往国内。而日本的二手琴到底有多少，是怎样运出来的。笔者详细地做了一番调查。

笔者采访了位于北京海淀中关村附近的千芊怡竹钢琴屋经理陈先生，见到他时，他正在忙着搬家，扩大店堂，由原来的50平方米的营业面积增加到140平米，他的琴行是专门从事日本二手琴经营的。陈先生对钢琴情有独钟，他在日本从事贸易工作有20年的时间，一个偶然的机会，使他接触了日本的中古琴，于是他开始进入日本二手琴的经营市场。他往来奔走于中国和日本之间，每个月都要到日本去一次。所以他对目前日本的经济状况颇为了解。

陈经理说，近几年，日本经济一直在走下坡路，日本钢琴业也一直在往下滑，在60年代，日本钢琴产量达到年产三十万架，那个时候，是日本购买钢琴的最高潮，家庭钢琴拥有量平均达到20%。据日本有关资料介绍，那时，在日本的冲绳等边远地区普及率为13%，东京等大城市普及率为18%～19%，奈良等大城市周边地区普及率为30%～33%，日本家庭钢琴已经达到了饱和。到90年代初期，日本钢琴社会需求逐年下降。主要是因为当年购买钢琴的孩子已经长大成人，学了两年也学不出来，钢琴练琴的功能已经弱化，作为居住环境并不太宽余的日本家庭来说，较占面积的钢琴已经成为家庭中一种多余陈设了。还有一个原因是，有的孩子上高中或是上大学，要搬家，但是如果钢琴也要随着搬走，这方面的运费是特别贵的，日本的市内运输每一架琴要2.5万日元，运上一层楼的费用是5000日元，市外运费是10万～20万日元，所以运一架琴的费用相当于买一架钢琴的钱。而一架钢琴的全部费用，对于一个有正常收入的日本工薪阶层来说，仅相当一个月的工资，大约是四十多万日元。因此，基于上述因素的综合考虑，在20年前，日本一些家庭就开始主动处理家中的钢琴。初始时，是被当成处理粗大件废品对待的。要打电话通知所谓的废品站，由他们开着汽车上门把琴运走，这样一个过程，不仅没有收入，而且还要倒找运输费用。

从处理钢琴不要钱，甚至倒找钱的二手琴流通，仅仅是短暂的一瞬间。后来，在日本出现了有人要处理琴，有人需要旧琴的原始流通，他们之间互通有无的交易通过当地媒体小报完成了整个过程，但这种无偿的流通逐渐发展有偿的商品经济，而且不断扩大，最后终于发展为跨国的商业运作。

一些聪明人发现倒二手琴有利可图。不仅在日本国内有市场，而且有着相当大的国际市场。中国作为当今世界上最大的钢琴销售市场之一，二手钢琴也会具有潜在的销售市场。于是一些聪明的商人看到了这一点。就象一千多年的丝绸之路一样，他们也开始搭建着一条日本通往全世界的二手钢琴之路。

随着市场需求不断加大，在日本慢慢地形成了一个规模相当的收购二手钢琴产业。而且这个产业规模相应地也在不断扩大着。二手钢琴的价格也随着开始上涨，再不象一开始那样倒找钱了。而开这些收旧琴的贸易公司有中国人办的，也有日本人办的。他们在报纸上发广告，刊登收购旧琴的启事。而一些想处理钢琴的家庭与公司自然会与这些公司联系了。在收购旧琴时选琴的标准，是根据国内的需要，还有根据琴的成色而定，大部分人愿意选一些新一点的琴，另外还要考虑价格问题。在选琴时，除了看外观以外，内部机械结构都要仔细挑选一下，看榔头的磨损程度。一般收琴的对象，大多是家庭用的琴为好，而不收购专业演奏用琴。因为专业用琴用的比较苦，而家庭中的琴一般都没有长时间的使用，只作摆设而用，充其量是灰尘多而已。据说，现在日本二手琴大部分是立式琴，少量的是三角琴，大三角就更少了。而往中国运琴的时，很多公司是用三角琴搭立式琴。一架三角琴搭四架立式琴。

陈经理向我们介绍的是日本人的公司收旧琴的业务。另外还有一些中方开的公司或是中日合资公司也在开展这种业务。笔者这次采访的艺伦公司，公司位于北京通县，他们的公司就是直接从日本家庭中收购旧琴，他们聘请了一位日本小姐进行电话咨询和广告业务，取得有关收购信息后，再派人去洽谈业务，并将收购来的旧琴运至他们的仓库之中。而北京建新乐器有限公司是建设部技术开发公司与日本的新大株式会社合办的公司。同样是日方公司在日本开展收琴业务，中方进行修理销售业务。

据了解，像这样的旧琴贸易公司在日本大约有200多个，公司有的一个人，有的公司两个人干，其中与陈先生合作名叫竹本公司的，是目前日本最大的旧琴贸易公司，它每个月销往世界各地二手钢琴大约有2000架左右，现在他们越干越大，在全世界都有他们网络，并且在电视台上大作广告，收购旧琴。

二手钢琴是如何运到中国的

二手钢琴运到中国与其它商品进口的程序基本是一样的。一般来说，从日本进口的二手钢琴是通过集装箱海上运输来完成的。一个6米长的货柜，可以装15～16架钢琴，大琴装15架，小琴装16架。陈经理说，他运琴是在与他合作的日本公司收足100多架旧琴时，他就要到日本去一次，每一次选30～40架琴，当凑够两个集装箱时，他就开始办理出关手续，集装箱运到大连港或是营口，在海关报关，要经过商检、卫生检疫、药检、熏蒸等过程，并且要在海关滞留七天，缴纳关税、港杂费、卸琴费、熏蒸费等费用，全部费用加起来是原报价的40%。而其他日本公司运琴到中国的港口还有上海、天津、珠海等口岸。在通关以后，再由国内运输车运往各个琴行的仓库，等待销售。前几年二手钢琴从日本运到中国，在通过海关时并不严格，后来海关发现旧钢琴报价特别低，于是他们就到日本国内去调查了一次，了解了全部旧琴的收购价格。这样旧琴进口时，就不能按着报价来上交关税了。特别是去年年底发生了某琴行的海关走私行为，有八个集装箱的乐器被扣在海关。从此以后，海关对所有乐器的查验比过去更加严格了。随着二手琴运量不断增加，海关要求每到二手琴，都必须把琴卸下来，交纳卸琴费。在入世以后，又加上了一种消费税，使二手琴的入关价格又上升了一点。笔者在问到入世以后，二手钢琴的价格有无变化，他们说，从总的情况来看，价格仍然保持稳定，与入世前的价格没有太大的变化。

二手钢琴在中国的销售

目前，日本二手琴每个月都在大量地运往世界各地，经调查，有中国、澳大利亚、美国以及香港、台湾等地区，而珠海的一些翻新琴除了在国内销售以外，也在向欧洲美洲等地区销售。在国内，据我们了解，二手琴的市场主要是北京、上海、广州地区，其它地区，特别是西北地区对二手琴兴趣不浓。二手琴运到中国以后，针对销售对象是谁，笔者又做了一番调查研究。在采访中笔者被告知，二手琴在中国有市场，首先是因为中国有着巨大的钢琴销售市场潜力。当然，这种市场包括新钢琴和旧钢琴两个市场。陈经理曾告诉笔者，日本钢琴最高峰时家庭普及率达到20%。而中国如果达到这个数字，还有远远的一段距离。

陈先生在谈到这个话题时，显得胸有成竹，他说，中国钢琴目前正处于起步阶段，钢琴未来市场在中国只能是有增无减，因为中国改革越来越深入，加入WTO，北京申奥成功，中国经济腾飞都会对钢琴销售带来发展前景，北京是中国文化中心，艺术院校最集中的地方，除了北京、中央的团体之外，还有部队歌舞团。我估计将来北京地区的钢琴普及率一定会超过日本，达到35%以上，甚至还要高，这是因为中国人要比日本人的艺术内涵更丰富，对艺术的理解更深刻。日本人对工作很机械，对艺术的理解不如中国人。

二手琴发展起来的原因在于二手琴与国产琴相比有一定的优势。钢琴调律师刘师傅说，现在二手琴的销售范围主要是在大城市的专业演奏范围内，从事专业的演奏员，师范学院的老师，还有一些外企的老板等等。买二手琴的人大部分是懂行的。因为他们是专业的演奏员，随着中国钢琴教学水平的不断提高和深入，对目前国产琴的质量开始不满足。这些人比中国普通工薪阶层的平均收入水平要高一些，但是买一台新的日本琴需要10万～12万元，目前他们还达不到这个水平。而二手琴的价格仅是新琴的50%～60%，大概在3万～5万元之间，这样的价格，还是可以承受的。而且日本琴比国产琴在某些方面有较大的优势，如油漆黑又亮、部件稳定干燥、触感及音色好、做工精细都强于国产琴等等。这些都促成了二手琴市场的形成。

旧钢琴销售也有欺诈

目前，在中国市场经济仍不成熟的状态下，新出厂的产品都有假冒伪劣一说，更何况是旧货了。二手钢琴刚刚在中国市场上出现的时候，还不被人们所认识，大多数人认为，二手钢琴看起来不错，价格也能接受。但是究竟质量如何，能不能长久，许多人不得而知，更不知是从什么渠道来的旧琴，所以大多数人都不敢买。但是市场经济的规律，有需求就有存在，总会有第一个吃螃蟹的人。随着旧琴需求量的增加，而逐渐形成了旧琴的市场。加入这个市场的人也越来越多了。从业的这些人中，总会有良莠之分，有的以诚信为本，尽量提高旧琴的透明度，使消费者明明白白消费，比如，我们采访的千芊钢琴屋的陈先生，他告诉笔者，在他所售出的旧琴中都带有日本公司的资信证明，并且有一年的保修期，既使这样，还有一些人不相信，陈先生就干脆来来个10年保修，这下子，买琴的就放心了，自然来买琴的人也有了增加。

可是相反，也有一些人，利用二手琴这个刚刚兴起的行业，施展着他们的造假技术去蒙骗一些消费者，达到大发不义之财的目的。

以下笔者对二手琴销售中的不法行为曝光一二

前几年，我们在报纸上披露过东北某琴行把一架翻新琴当成新琴卖，从中谋取暴利，结果被人告上法庭，罚款20多万元。

把钢琴的两个踏瓣改为三个踏瓣，用老琴冒充现代琴。

把钢琴铁板上的琴号涂改，由小数字改为大数字，冒充是近年来生产的新琴。

用凿子将钢琴铁板上铸有的字母“G”改为“C”，这样一架30年代的老琴顿时身价提高，变成了音乐会专业用的C系列钢琴了。

有人在展会上就看到一架标有C系列的钢琴，但是打开内部一看，击弦机支架还是木制的，而不是铝制，说明这架琴是20—30年代的琴。

在翻新琴里就更大有文章可做了。有些翻新厂，把日本早期的产品以极低的价格收购，甚至是从垃圾里收上来的。外壳及内部结构早已一无是处，他们进行彻底整修，更换全部机件，整理以后，再卖出去。这样翻新的钢琴尽管与新琴十分近似，但是这样的琴就象老年人化装一样，再漂亮也挡不住它满脸的皱纹。

更有甚者，有些小厂，竟敢冒天下之大不韪，用国产的钢琴铁板，打上进口琴的标志，再喷上新琴的编号，冒充雅马哈U 3新琴来卖，价格仅三万多元。

以上仅列举部分旧琴销售当中的欺诈行为，它就象是文物字画里的赝品一样搅乱正常的钢琴市场，不仅使消费者蒙受了损失，也使同行受到株连。

前几天，一位琴行的老板告诉笔者，有一位音乐学院的老师花了6万元从一家琴行中买了一架标为500多万号的相当于20世纪90年代生产的旧琴。买回来不久，感觉音色不对，就找人一鉴定，发现琴的编号是后改的，此琴只不过是20世纪20年代的产品，价格远远低于购买时的价格，此时，这位老师才大呼上当，马上要求退货，但结果还不得而知。

经过采访，一些业内人士告诉笔者，现在有的琴出售旧琴标价时，是把整理好的琴和经过整理翻新的琴都标成一个价格，这样是有问题的。作为未整理的琴，是保持了原有琴的本色，而经过整理翻新的钢琴，内部机构把弦和榔头都换了，实际上改变了原有整个琴的音质、音色。由于原装的雅马哈琴内部所有部件的装配都是经过精心测算的，把其中零件更换以后，就达不到原来琴的整体技术指标了。这方面需要消费者在购买这种翻新琴时，一定仔细选择，小心从事。

二手琴给国产钢琴提出了新的课题

在采访中，笔者得知，之所以销售二手琴如此兴旺，是因为有钱可赚。现在国内对二手琴的需求主要是中等以上的琴，如U 3琴，还有三角琴，G 2、G 3琴，也就是四尺半、五尺半的琴。有人说，买一台立式琴可以赚4000～5000元，甚至还要多，一台三角琴可以赚到10000元。这种销售利润是新琴利润的2～3倍，在高额利润的驱动之下，琴行当然要经营旧琴了。

日本二手钢琴需求量的上升，不仅反映的是一种销售行为，同时也说明人的择物心理的变化。在中国钢琴市场日益扩大的现实面前，消费者面对钢琴的需求有了新的追求。而这种追求是建立在一种物质利益基础上的追求，把这种理想变成现实，便形成了对二手钢琴的一种需要。

透过现象深入本质，对进口产品及某些国产产品的偏爱，其实就是一种质量上的比较。过去十几年，中国人买电视，冰箱，大多数是买日本原装货，但是如今，人们并不奢求日本原装货，反而愿意买国产电器，是因为不仅国产电器在质量上与日本产品相同，而且有良好的售后服务，所以中国电器才把日本电器的市场大部分控制了。

而钢琴的销售市场，目前还处于家电产品初期的状态，也就是说，中国国产钢琴目前还只限于家庭学习用琴范围，在国际市场上也处于中低档的水平，大部分只能作为普及学习所作。

当然，还有一种观点，是说从价格性能比上分析，中国钢琴目前是处于价廉物美的档次。换句话说，国产钢琴现在在价格上比外国钢琴要低的多，而在质量上与外国相比还说的过去，有差距，但这些差距不如价格上差的多。

但在笔者看来，在商品经济日益发展的今天，随着消费者水平的不断提高，对物质利益的不断追求，在商场竞争中，一味地光靠价格低也是不行的。有人说，你的产品质量不好，价格再低，我也不要。这是因为随着十几年来钢琴演奏教学水平的提高，在号称500万钢琴大军的队伍里已经形成了对钢琴质量不同需求的层次。初学的孩子买一架一万元左右的国产琴完全可以满足需要。但有的孩子考到十级以后，他对钢琴的认知感更深入，更富有灵性，他就要求有一台比过去更好的钢琴以满足他更高的欲望。另外一些从事教学或专业的演奏的老师，随着个人收入的增加，随着个人教学水平的提高，随着授课学生的不断增加。个人家庭购买更高层次的钢琴的需求也在不断增加。这就是近几年二手琴销售量不断增加的原因之所在。当然，二手琴销售量的增加，对国产新琴生产是一种冲击，正像日本本土雅马哈公司对雅马哈旧琴的销售也颇为不满一样。但是这种二手琴现象，是不是对我们国产钢琴企业又提出了一个新的课题呢？我们有关的行业管理不正该从二手琴销售中得到启示吗？

笔者认为，过去50年中国钢琴发展历程功不可没，它把中国钢琴以至整个乐器行业带进了世界乐器超级大国的行列，世界乐器经销商对中国乐器行业的发展都感到无比惊讶。中国钢琴在质量上的进步，自已与自己比是巨大的，与发达国家的差距也在一步步缩小，但是钢琴毕竟是西方乐器，相对于钢琴300年，中国才走过了50年的历程，面对中国钢琴教学演奏飞速发展的现实，中国钢琴制造业所面临的前景任重而道远。在生产与消费这对永恒的矛盾中，目前钢琴生产不能满足部分层次消费群体需求的矛盾已经开始显露出来，因此，才出现了二手琴现象。对于国产琴，中国人是有一种偏爱的，随着社会的进步，人们文化修养水平的不断提高，人们要求国产钢琴要有更大的发展，他们需要一种与中国人目前消费水平相适应，质量更高的产品问世。以满足各个层次的需求，这应当成为我们钢琴界未来追求的目标。

假冒伪劣钢琴是怎样卖出去的？

——浅谈杂牌钢琴的十大“卖点”

王　正

编者按：编辑部收到一封署名为“一个上过当的消费者，王正”的来信。他称自己是一个酷爱音乐的工薪阶层老百姓。一年前，他被人误导，用多年积蓄的两万多元买了一台杂牌钢琴。到现在用不能用，换不能换、卖不能卖、十分痛苦。

在他本人心灵受到创伤，经济上受到损失的同时，他也对当前的钢琴市场感到“痛心万分”。于是他经过近半年的实地调查，向本刊写了一篇“假冒伪劣钢琴是怎样卖出去的？浅谈杂牌钢琴的十大卖点”文章，深刻的揭露了当前钢琴销售市场中坑害消费者的阴暗面。

目前，国内竟有近百家大大小小的钢琴厂，其中很大一部分是不正规的小厂、拼装组装厂，但他们生产的假冒伪劣钢琴、杂牌钢琴却能源源不断地流入市场，并最终被消费者以不菲的价格掏钱买回家、还浑然不觉已经上当受骗。

究竟是什么“魔法”会如此高明？

笔者有许多熟人的子女从音乐院校毕业后，都在琴行干过或开过琴行，这给我了解掌握大量的第一手资料，提供了很大方便。经过多方实地调查，终于得出惊人结论：原来是某些琴行发明了很多推销假冒伪劣钢琴的“窍门”——主要是避实就虚地强调、渲染某些与钢琴内在品质无关的“卖点”，让不明真相的消费者误认为这些杂牌钢琴“高档、有价值、划得来”，从而心甘情愿地掏钱购买。

今天，将这些“窍门”、“卖点”公之于众，是想向热爱音乐的消费者提个醒，并衷心希望消费者一天天成熟起来。

我相信，“群众的眼睛最终会雪亮的”。

一、以假“合资”为卖点

当消费者来到琴行，某些琴行的营业员首先会对正规大厂的产品一顿狠批：“现在还买中国五大钢琴厂（广州、北京、上海、营口、烟台）的产品已经过时了，这些老厂都只能生产些低档货、大路货，你要买好琴、买高档琴最好买合资的：比如这台某某牌的钢琴是中外合资的，是德国（英国或香港）的名牌、老牌……”，至于是否是真正的中外合资、是否是有规模的现代化正规厂家，消费者一般不会太警觉，太较真，顺着营业员的话相信下去，上当是自然的。

二、以“洋牌子”冒充名牌为卖点

不讲这个厂的真实历史和现状，甚至连确切的产地都遮遮掩掩、含含糊糊，但讲到钢琴的牌子那一定是洋名字、“洋牌子”，而且要郑重地强调这个“洋牌子”是“德国（英国或香港）的老牌子。是(所谓)德国琴，从18××年就开始生产，有一两百年的历史”，这些玄而又玄的话，听起来很“洋气”，好象这个琴不只是在国内生产，而且是有着遥远的“洋人血统”甚至“皇家血统”在那里罩着，因而仿佛成了“世界名牌”——让人小瞧不得。

三、以“进口配件”为卖点

不讲“钢琴的质量由设计、材料和工艺三大方面共同决定”，而是片面地反复强调“某某配件或材料是从国外进口的”，用盲人摸象的思路来误导消费者，让消费者误以为只要是用的进口配件或材料，就一定会拼装出好琴来。

四、以夸张的外观为卖点

利用“漂亮的包装会对顾客产生吸引力，并留下良好的第一印象”这一消费心理，不讲钢琴的内在品质是音准、音色和手感等，而是一味地给消费者灌输“外观高大的、古典的、气派的钢琴才是高档的钢琴”这一错误观念，把琴的高度这一个指标夸张为钢琴质量的全部指标，误导消费者简单地认为“琴越高、琴弦越长、音响就越好；别致豪华的古典款式才是高档钢琴的标志，摆在家里才能上档次……”，高大漂亮的钢琴外观加上琴行不俗的店面装修，要卖出去并不难。

五、以唬人的声音效果为卖点

不讲真正的好钢琴，其音色应该是纯净、柔美、细腻而富于变化的，而是一味地演示杂牌钢琴声音大、声音脆、声音贼亮的特点，弹起来轰轰隆隆，惊惊炸炸、混响一片，很唬人，并借此掩盖杂牌钢琴音律不准，音质嘈杂的致命缺陷。

六、以标价高为卖点

利用消费者“一分钱一分货”、“便宜无好货”的习惯心理，故意将价格标得很高，误导消费者认为“标价贵的就是高档的”，然后，为了把生意做成又让实际成交价“一落千丈”，误导消费者认为“少价越多、优惠得越多就越划得来”。

七、以局部地区销售数量为卖点

全国乐器信息工业中心每年都会对全国钢琴厂的年产销总量做一个统计和排名，并刊登在公开发行的《中国乐器》杂志上，全国大多数琴行都订有这本国家级的刊物，但很多琴行就是不敢拿出来给消费者看看，害怕国家统计的这些整体数据揭了厂家的老底，而是拿出一摞客户填的钢琴保修卡，向消费者证明这种牌子的钢琴，在我这家琴行卖出去多少台，有多少人来买过，是真正的“畅销货”，从而诱发消费者的“从众心理”，误认为“这么多人买得，那我也买得”。

八、以给高回扣为卖点

某些不道德的音乐人士与某些琴行私下约定：带客户到琴行买一台琴，就能得到几千甚至上万元的高额回扣，让消费者充了冤大头——花了大价钱，买到的却是劣质钢琴、杂牌钢琴。

九、以乱承诺售后服务内容为卖点

乱承诺：“终身保修、免费换件”，“十年免费调音”等。

十、以职业身份为卖点

利用大多数消费者不懂音乐的特点，某些琴行的推销人员利用自己与音乐沾上边的职业身份，大肆吹嘘，把自己标榜为“调音专家、钢琴教育家”，以此赢得消费者的崇拜和信赖后，再“权威”地向消费者推荐假冒伪劣钢琴，屡屡得手。

文化消费渐成大器
——从吃饭吃药到吃文化

随着我国全面进入小康社会进程的加快，城乡居民用于娱乐、休闲等方面的文化消费越来越大。据国家统计资料显示，在文化消费需求增长的带动下，我国文化产业有望迅速成长，文化产业是指从事文化产品生产和提供文化服务的经营性行业。目前我国文化产业主要包括文艺演出业、影视业、音像业、文化娱乐业、新闻出版业等。国外的文化产业所涵盖的行业内容更多，旅游业、信息网络服务业、教育业、体育业、广告业、会展业、咨询业等都包括在文化产业之内。

步入“文化消费”阶段

随着我国经济的持续健康发展，国民收入稳步提高，不少城市的恩格尔系数已经降到了40%左右，个别地区如北京海淀区在2000年就降到了28%。与当前城乡居民恩格尔系数的持续下降相反，文化消费支出的比重却一路上扬。这表明，居民文化消费有了一定的经济基础。

江苏省委副书记任彦申认为，人的社会消费增长一般要经历三个阶段：第一步是“吃饭”阶段，即解决温饱；第二步是“吃药”阶段，即追求健康素质；第三步是“吃文化”阶段，即追求精神消费。随着我国全面进入小康社会，广大城乡居民的消费需求也将步入第三阶段。过去数十年来，文化几乎一直由政府“包办”。作为一个文化大国，普通老百姓很难有真正意义上的文化消费。以往我们强调较多的是文化与政治的关系，在新形势下，必须找到文化与社会主义市场经济相适应的繁荣振兴之路，也就是寻找文化与经济的关系。

记者在浙江省调研时发现，杭州市目前人均GDP已经突破了3000美元，居民的文化消费需求迅速增长。据市统计局提供的资料显示，2002年上半年，该市文化产业增加值占全市GDP比重已达6.6%，文化产业对全市GDP拉动1.4个百分点。上网、看电视、参加培训、旅游等已成为众多家庭的日常消费，文化消费正在成为居民消费的新热点。

据北京大学文化产业研究所副所长陈少峰介绍，文化产业高度发达的美国和欧洲一些国家，文化消费（包括旅游）已占家庭消费的30%左右，对其他行业和整个经济产生了显著的拉动作用。专家认为，我国社会消费结构发生的重大变化，对当前的精神文化产品生产提出了更多更高的要求，同时也为文化事业与文化产业的发展提供了前所未有的机遇和良好的发展空间。

文化消费市场潜力巨大

北京市社会科学院文化发展研究中心前不久在北京市海淀区、朝阳区和怀柔县对城乡居民进行了两次文化消费需求调查。问卷根据北京市居民实际的文化消费情况，列出了8类35项精神文化消费项目。调查数据显示：3区县户均文化消费达19268元，按每户3人计算人均文化消费也达6402元。这些文化消费主要用于教育培训、家庭装饰装修、文化娱乐、购置家庭娱乐文化设备及各种旅游费用等。

中心主任钱光培说，这些数据反映出当前国民精神文化需求的主要指向，一是为满足发展的需要，二是为满足小康的享受需要。虽然这些地区居民的精神文化消费在日常生活开支中占据了重要部分，但目前的享受基本上还处在适当改善生活环境、休闲减压的初级阶段。

广东省人均GDP水平目前已接近或超过3000美元，城乡居民对文化产品和服务的需求出现一个明显的凸起，全省文化消费需求总量可达800亿～1200亿元。仅以深圳为例，全市居民的年均文化消费已达近亿元，成为拉动消费需求增长的“热点领域”。音像制品是当前大众娱乐的文化产品之一，随着人们文化消费需求的不断增大，音像制品的种类与数量激增。中国音像协会常务副秘书长王炬说，如果根据我国电视机、录像机、CD、VCD、DVD播放机和电脑CD-ROM的拥有量推算，仅光盘需求量就不会少于20亿张。按人均年消费2张光盘，每张按10元计算，这两个数字就已经达到26亿张(盘)和260亿元。文化消费对扩大内需的作用可见一斑。

调研中不少专家认为，自2000年我国开始实行“长假政策”以来，文化消费的强劲势头已初露端倪。长假期间，居民消费潜能得到较大释放，假日经济作为新的经济增长点效果渐显。以旅游为龙头，交通、商业、餐饮、金融、通讯、文化、娱乐、租赁、房地产以及相关服务业全面增长，仅旅游一项，前7个黄金周累计实现旅游收入1831亿元；北京西单图书大厦节日里的“火爆”程度超过了大商场，购书者摩肩接踵，这里的年销售额去年已突破3亿元。北京大学文化产业研究所副所长陈少峰说：“一年365天，有114天都是节假日，让老百姓过得多姿多彩，又能扩大内需，拓展文化消费已成为摆在政府面前的一个紧迫课题。”

社会消费的重要增长点

江苏省文化产业发展有限公司董事长李向民博士认为，扩大内需的关键是开发新的消费热点，文化消费将是今后社会消费的重要组成部分。专家认为，文化消费是一种弹性消费，它不同于汽车、住房产业等刚性消费，会暂时甚至长时间地抑制其它领域的消费。文化消费的特点是细水长流，弹性很大，并能不断刺激消费者的消费欲望。这些都是其它类型的消费所无法比拟的。

记者调研发现，文化产业是第三产业的重要组成部分，其中的许多行业都是需求弹性大、吸纳就业人数多的产业，对解决“就业工程”意义重大。如旅游业、娱乐服务业、会展业、健康休闲等领域，都需要大量的劳动力。

记者了解到，继北京、上海、广州、深圳等发达城市编制文化产业发展规划之后，江苏、浙江、湖南、湖北、天津、四川、重庆等地也纷纷制订文化产业发展规划，力争使文化产业在未来5至10年内占GDP的5%以上，并成为当地经济发展的支柱产业。

2001年，北京文化产业增加值已占全市GDP的4.6%。北京市商委主任梁伟透露，北京除继续保持汽车、住房、通讯等消费热点外，今年要着重培育3个文化消费新热点，即为满足健康需要的健身器材消费、为满足精神需要的图书消费、为满足美化生活需要的花卉及装饰消费等，以此实现扩大内需，促进首都经济持续增长的目标。

政府不应再包办文化

文化产业在西方一些发达国家已成为国民经济的支柱产业，文化市场成熟而完善。一些专家和业内人士指出，我国文化产品的生产与文化服务的提供，长期以来都是在计划经济体制下进行。政府作为文化生产与服务的主体，或完全脱离市场，按行政体制运作；或半脱离市场，按事业体制管理，导致文化市场存在一些“畸态”现象。

记者调研中发现，时下地方政府一次性投入几百万甚至上千万元举办一场声势浩大的文化活动已是常事。但这么大规模的投入，往往只是表面“热闹”，实际效果平平。据了解，政府包办的一些文化活动，多以赠票、包场等形式进行“公款消费”，而作为文化市场消费主体的普通百姓却往往无缘参与。这种不考虑市场需求，“只讲投入，不问产出”的运作方式严重阻碍了文化产品的市场化步伐。

以北京新年音乐会为例，为了打造这一文化演出品牌，政府每年投入200万元给承办单位—北京市演出公司。同时，承办者则把相当数量的门票返还给政府，政府再向有关部门发放赠票，进行文化消费。一位业内人士评价说，文化市场的这种虚假繁荣现象，很大程度源于赠票消费即“公款消费”，这已成为当前我国文化市场的一大“痼疾”。

再以影视产品为例，在目前我国政府每年投资数亿元拍摄的百部左右影片中，按市场化运作的屈指可数。结果是半数以上国产影片观众看不到，成了库存积压产品；有些影片拍出来根本不发行，成为“零拷贝”；还有一些“获奖”影片，不是以市场化运作，而是以“红头文件形式”组织观看。

北京社科院文化发展研究中心主任钱光培认为，任何产品与服务，只要进入市场，就必须按市场经济规律办事，文化产品也要按需求来进行生产，要讲投入与产出比例。面对越来越庞大的文化消费群体和多样化的消费需求，“政府包办文化”已不现实，国家财政不可能完全支撑和满足10多亿人的文化消费需求。另一方面，“公款消费文化”掩盖了消费者的文化需求真实性，同时也扰乱了文化市场秩序，不利于文化市场的形成。

文化产业链被人为割裂

目前，我国文化产业的各个行业分属于文化部、国家广电总局、新闻出版总署、国家旅游局等不同的主管部门。北京大学文化产业研究所副所长陈少峰分析认为，条块分割的管理模式，一方面导致了文化产业链条的割断，另一方面导致文化市场呈“围棋”分布状态，不利于文化产业的规模化发展和文化大市场的形成。

以音像行业为例，其内容审查、出版复制、发行和市场管理，分属于文化部、国家广电总局、新闻出版总署三个政府主管部门，各省、市、自治区也分别确定了归口的政府部门，个别地方音像行业的管理职能甚至在宣传部门，业内人士形象地称这种管理为“上面三国演义，下面春秋混乱”，整个产业链条被人为割裂。旅游业作为一个蓬勃发展的产业，管理上也分属于多个行政部门。据了解，旅游服务由旅游局主管，旅游文化资源由文物局主管，餐饮、工艺品销售等由商业局主管，这些主管部门之间的合作实际上是“铁路警察，各管一段”。北京海淀区旅游资源很丰富，但由于各部门之间缺少统筹谋划，与旅游紧密相关的住宿、餐饮等配套设施不完善，专家估算，同一产业链上不同部门的游离发展，造成这个区的旅游总收入每年流失110多亿元。记者调查发现，由于文化行业主管部门是按计划经济设置的，导致文化资源也按计划分配，造成文化生产布局结构的不合理，大企业不强，小企业不专，文化项目和文化产品重复建设问题突出。

全国政协委员、江苏省演艺集团总经理顾欣说，以前省政府每年给艺术表演院团补贴500万元中，有150万元是器材费，6个院团轮着来，5年来各自买了一套中等偏下的器材，再加上各自拥有的办公场地以及灯光、舞台、音响等设备，一方面是经费不足，另一方面是资源严重浪费。如今组建了演艺集团后，设立了演出器材经营公司，盘活了器材资源，资产效益明显提高。

文化市场的不公平竞争

记者调研中发现，政府主管部门不仅负责制定文化政策和市场监管，行使“管文化”的职能，还直接投资举办各类企事业文化单位，承担“办文化”的职能，形成了严重的“管办不分”状况。

国务院体改办经济体制与管理研究所齐国锋认为，文化市场的“管办不分”其实就是政企不分、政资不分，即文化企业不自主经营，不自负盈亏，企业既没有自我约束机制，也没有自我成长机制。政府“既当裁判员，又当运动员”的结果，一是文化市场不公平竞争，二是市场秩序被扰乱，不便于统一管理。

以图书发行业为例，当前民营企业虽早已进入发行领域，但国有发行单位—新华书店一直垄断教科书等“旱涝保收”行业的发行。如果失掉这个“金饭碗”，又不进行改革创新，很多新华书店将无法生存；由新闻出版总署主办的每年一次的图书订货会，民营企业连参加的资格都没有。按照规定，新华书店上交税收后享受返税等优惠政策，而民营企业不但没有，而且还要被征收双重税收。言及上述种种不公平竞争现象，中国发行协会非国有发行委员会负责人、原“风入松”书店经理王炜说：“市场经济体制下，各个生产者都站在同一起跑线上，起点应是公平的，机会应是均等的。可如今，政府自办文化企业；实行不同的管理，当然谈不上公平竞争、机会均等了。”

中国音像协会常务副秘书长王炬认为，音像市场盗版产品屡禁不止的一个重要原因，也是管理上政出多门。主管音像业的文化、广电、新闻出版等三部门各自都有生产线与市场，说起来谁都在管，但实际谁也没管好。这种“保护式”管理，无形中助长了国营文化单位“等、靠、要”的思想，不去研究市场，不去开拓市场，不仅自身经营状况越来越差，也为非法盗版提供了可乘之机。很多业内人士提出，要解决“管办不分”难题，关键是要剥离政府职能，加快经营性文化单位政企分开改革的步伐。

(摘自《嘹望》杂志)

假冒调音师调断琴弦

如今钢琴进入佛山千家万户但调律师鱼龙混杂合符水准者不过10人。

钢琴音律调节不准，孩子长期在错误音准引导下练琴，对其听音辨音能力是一种损害。佛山钢琴学会有关人员日前对记者说，佛山每年有上千家长为孩子购买钢琴，但多数钢琴没有进行严格调音，很多孩子就在这些音律不准的钢琴上练琴，对这种现状她深感忧虑，她呼吁有关部门尽快制定规范的标准管理调音市场，拯救孩子们的辨音能力。

钢琴飞入寻常百姓家

过去价格高昂的钢琴一般只有家底殷实的人家或者音乐之家．小学．单位才会购买，但近年来越来越多的普通老百姓家庭都开始购买钢琴。据佛山教育界有关人员介绍，从上世纪90年代中后期开始，佛山人掀起一股学钢琴买钢琴的狂潮，随之而来的是，琴行也越开越多，仅在佛山市区目前就集中了大大小小30多个琴行，粗略统计每年钢琴的销售量至少过1000台。

但是，家长们在对钢琴调音的理解上却存在一些误区。高级调音师杨志高说，佛山钢琴调音存在三大隐痛：一是钢琴和调音师的数量比率失调，专业调音师奇缺。二是调音市场混乱，没有上岗从业资格的限制，存在大量无证假冒的调音师。三是家长不清楚调音工作的重要性和专业复杂性，一味寻求低价。

五音不准带坏孩子听力

佛山多数家长都不清楚钢琴调音的重要性。记者问一些购买了钢琴的家长知不知道钢琴要调音？多数家长说，他们知道钢琴要调音，但是不知道什么样的音才算标准音，怎么选择专业调音师，只是希望收费能便宜实惠。还有一些家长的回答惊人的相似：“我们是在琴行买的钢琴，他们每年都免费派人过来调音，琴行的人想必能调准音的吧？”

钢琴是一件高级乐器，不是一件家具，也不是一种摆设，不像家具那样买回放好就只管使用了。没有经过专业调音师的调试，再好的钢琴也会出现五音不准。学音乐靠耳朵，用这样的钢琴训练孩子，孩子长期在错误音准引导下练琴，接受能力极强的孩子会把这些错误的音律当成正确的，将来很难再分清音律的正误、好坏了，孩子的听音辨音能力就这样被破坏了。佛山钢琴键盘学会会长胡馥对此深表忧虑。

钢琴不弹也要调

据了解，一些大琴行一般会配备5到6个调音师，对销售出去的钢琴进行定期调音，而一些小琴行一般是没有专业调音师的，临时需要随便找人调一调。一般家庭用钢琴半年需要调一次，专业演奏的钢琴每次演出前后都要调，而且一般三个月调一次。但有些家庭购买钢琴以后，有时几个月不用也是常有的事，他们往往认为不动钢琴就不需要重新调音了，事实上这是一个认识误区。

调音师杨志高说，钢琴如果长期不弹不调，对钢琴是一种毁灭性的损害。气温．湿度的细微变化，都会使其内部结构跟着变化，这些细微的变化就能使钢琴音准发生较大的差异。钢琴只有在不断震动中音质才能稳定，而且还要定期进行调音保养。

调音师素质参差不齐

钢琴调音是一项要求很精细的活。钢琴不像其他乐器，它零件多结构复杂精细，没有三五年的实践经验，根本就调不好琴。佛山一名行内人士透露，目前佛山多数调音师都寄生于琴行，素质高低参差不齐，真正有专业水准的调音师不过八九名。

专业调音师如此稀缺，调音市场这块肥肉让一些非专业人员“垂涎三尺”，很多对音乐一窍不通的人、钢琴售货员、装卸工、个体运输户、商贩甚至农民都跑来搞调音了。很多人既没有基本的听辨音准的能力，又不能排除任何机械故障，就用低价来争夺客户，有的甚至低到每次30元，以吸引客户，调不好就说钢琴质量有问题。不久前一名家长到佛山市区某琴行请了一名调音师来家调钢琴。当天晚上，无人弹奏的钢琴自己发出“嘣！嘣！嘣！“三声鸣叫，家里人都感到惊奇。第二天再请专业调音师一检查，发现由于弦调得太紧，钢琴里面有三个琴弦已断掉了。

规范市场制定从业准则

目前，政府还没有介入调音管理，多数调音师是以自由职业者身份从事调音活动。无论是持证经营还是冒牌调音师，都缺乏一个技术规范标准和收费标准，出现问题和纠纷也没有依据。佛山钢琴学会有关人员认为，佛山有这么多的家庭购买钢琴，学琴的孩子每年以较大的比例增长，为了拯救孩子们的音律辨别力，佛山需要尽快成立一个钢琴调音协会，拟订从业准则，有计划按比例培养合格的调音师，制定工作质量标准和收费标准，调准佛山钢琴市场的“音准”。

（摘自《广州日报》）

走出选购钢琴的误区

黄　强

目前国内已有近百家大大小小的钢琴厂（其中有相当部分是不正规的杂牌小厂、拼装厂），消费者要从这些厂家生产的300多个品牌，1000多款型号中选1台钢琴，真是十分为难。

而部分商家，尤其是代理不正规小厂杂牌钢琴的商家，更是用“盲人摸象”的思路误导消费者，把钢琴上某一部分的特点，说成是选购钢琴的标准，让消费者步入选购钢琴的误区——

误区之一：“琴越高，声音越好”

很多消费者在商家的误导下，简单地认为“琴越高，琴弦就越长、音板就越大，所以声音就越好。”真是这样的吗？当然不是，如果只看钢琴的高度就能区别钢琴声音的好坏，那么目前国内所有不正规小厂的杂牌琴都应该比正规大厂的名牌琴声音好，因为杂牌琴都做得很高。

实际上，不同厂家的两台琴，即使琴高、弦长、音板大小完全一样，其声音品质的差距仍可能很大。因为，除了弦的长度及音板的大小外，琴弦的排列尺寸，弦枕的高度，弦码的曲率、厚度、定位，音板的弧度和有效振动区，榔头敲击琴弦的位置等等关键数据，稍有差池，就会有“差之毫厘，失之千里”的效应，更何况琴弦和音板的材料还有千差万别，工艺水平也参差不齐。

正规大厂有专门的技术部门对上述音源及共鸣系统，进行反复的采样、计算、分析和对比试验，以确定设计方案，并在长期实践中不断校正和完善。而不正规的小厂，缺乏设计能力，有的甚至连国标都没看过，只是把四处购买来的配件，拼装在一起，这些拼装出来的钢琴，配件尺寸不准确，彼此不能配套，即使把琴做得再高也没有用。为了唬弄消费者，这些产品竟然号称是“德国大师设计”，要是消费者真问起这“德国设计大师”的底细，才发现纯属虚构。客观地讲，在选购钢琴时，如果涉及到琴的高度，较准确的理解是：在同一厂家、同一品牌、同一系列的钢琴中，较高的琴应该比较矮的琴声音好些。

误区之二：“外壳豪华、仿古样式的钢琴才是高档的钢琴”

不正规的小厂往往对钢琴的音准、音色、手感这三大内在品质无从把握，因此把主要的精力放在对外形的改进上，针对“欧式仿古钢琴”的流行口味，向家具厂订做外壳，一味在外观上求新、求变、求奇，将消费者的注意力吸引到外观上，混淆消费者的价值观。

其实，钢琴外壳就是钢琴的外衣，尽管也很重要，但与乐器本质没有必然的联系，更不是决定钢琴档次的标准，像世界名牌日本“雅马哈”、德国“施坦威”钢琴与上述状况正好相反，在外观上一直遵循简单、朴素、端庄的原则，对内在品质却下大功夫不断完善，进步。

误区之三：“钢琴声音越亮越好”

钢琴源自欧洲，最先不是作为独奏乐器存在，而是为教堂唱诗班作伴奏用，因此要求其声音的特征是纯净、柔和而富于变化，被誉为“天使之音”，而不是一味地追求声音大、声音亮。正规大厂的钢琴正是按照上述特征以欧洲钢琴为楷模进行科学设计和制作的。

许多不正规小厂的杂牌钢琴，共鸣、音质都很差，为掩盖这些致命缺陷，厂家就向榔头滴加过量的增硬剂使得声音变得很脆、很亮，并误导消费者认为：这才叫音质华丽、共鸣好。消费者把这种琴买回家，越弹越觉得刺耳、聒噪，根本弹不出甜美、圆润、动听的声音来。

误区之四：“用进口材料做的琴就是好琴”

许多不正规小厂的钢琴代理商会一遍又一遍地告诉消费者：这台琴的关键材料都是进口的，比如：琴弦是德国进口的，毡呢是日本进口的……，让消费者认为，只要是用进口材料做的琴就一定是好琴。殊不知，如果照这种标准判断，目前国内只要能造出来的所有的琴都是好琴，因为这些琴除了木材、外壳等等配件以外，琴弦和毡呢材料大多是进口的。实际上，钢琴的整体质量由设计、材料、工艺共同决定，缺一不可，如果只因某些材料是进口的就说钢琴整体质量好，无异于典型的“盲人摸象”。

误区之五：“南琴只能南用，北琴只能北用”

“南琴南用，北琴北用”这也许代表了十多年前的中国钢琴工业旧貌，但十多年后的今天，这一代表中国木材处理技术落后的状况已宣告终结，国内正规大厂都早已建立专门的木材基地，对木材进行前期的自然干燥，以清除内应力，并从意大利等国引进成套设备，由计算机控制温度湿度，对板材进行后期人工干燥，同时对关键活动配件进行理化处理，取得了本质的改善，结果是令人信服的：从1998～2002年连续五年，参加德国乐器博览会的中国五大钢琴厂，将中国制造的钢琴，销售到世界上几十个不同气候、不同自然条件的国家和地区，均获得良好的声誉，每年的出口量都不断上升。而在国内，广州琴在北京、新疆、内蒙古等地，烟台琴、北京琴及东北琴在西南、华南、东南等地，售后反映良好，每年的销量都不断递增，这应验了那句老话“事实胜于雄辩”。

与此相反的是，不正规的小厂，一无资金、二无场地、三无技术来对木材进行前、后期加工处理，只能使用含水率大大超标的廉价木材，即使“足不出户”，只在产地使用，其后果也可想而知。

综上所述，如果消费者被某些商家蒙上眼睛，牵着鼻子走，注定会重蹈“盲人摸象”的覆辙，步入选购钢琴的误区。

那么，如何才能走出选购钢琴的误区呢

世界顶级品牌德国“施坦威”钢琴制造大师、亚洲首席代表施岩先生说：“做好一架钢琴的关键主要有三大方面，这一点我在施坦威公司多年的实践中，深有体会，第一是设计，第二是材料，第三是工艺”。根据这一原则，笔者认为：选择具有国内、国际品牌地位的正规钢琴大厂的产品比较保险。

因为正规大厂的名牌钢琴其内在的设计、材料、工艺三大方面非常可靠，而不正规小厂的杂牌钢琴，只能用一时的琴体“高大、漂亮”等表面文章讨得消费者一时之喜，最终经不起时间的考验。

“大浪淘沙、日久见金”，在德国、日本的钢琴工业发展史上，都曾经出现过100多家钢琴厂、数百个品牌，到今天为止却只剩下极少数的几大家——这几家都是百年如一日地在乐器的内在品质上下真功夫的钢琴厂，我们相信，中国的钢琴工业仍是会遵循这一客观规律。

选择正规大厂，放弃不正规小厂，你就可以走出选购钢琴的误区，买到货真价实的乐器之王——钢琴。

2004年海关通关系统
——乐器及其零件、附件

经国务院批准，《中华人民共和国进出口税则》的税目、税率自2004年1月1日起进行调整，调整后关税总水平由11%下降至10.4%。海关总署有关负责人表示，关税水平降至10.4%，充分体现了我国政府履行入世承诺的决心。这位负责人说，新修订的《中华人民共和国进出口关税条例》于2004年1月1日起施行，全国海关将以此为契机，依法完善关税征管，提高关税征管水平。

中国乐器协会网曾于2004年1月3日报导该消息，《中国乐器》现详细登载有关进出口乐器的税率。

乐器列为海关通关系统“商品综合分类表”第十八类第九十二章。

海关通关系统《商品综合分类表》

第九十二章　乐器及其零件、附件

商品编号	商品名称及备注	进口关税税率		增值税率	消费税率	计量单位	监管条件
		最惠国	普通				
9201	**钢琴，包括自动钢琴；拨弦古钢琴及其他键盘弦乐器**						
9201 10 00#	竖式钢琴	17.5	70.0	17.0		台	
9201 2000. 10*	完税价格≥5万美元的大钢琴	17.5	70.0	17.0		台	
9201 20 00.90	其他大钢琴	17.5	70.0	17.0		台	
9201 9000	其他钢琴(包括自动钢琴、拨弦古钢琴及其他键盘弦乐器)	17.5	70.0	17.0		台	
9202	**其他弦乐器(例如，吉他、小提琴、竖琴)**						
9202 1000.11*	完税价格≥1.5万美元的弓弦乐器(含野生动物皮的弓弦乐器)	17.5	70.0	17.0		只	F
9202 1000.19	其他含野生动物皮的弓弦乐器	17.5	70.0	17.0		只	F
9202 1000.91*	完税价格≥1.5万美元的弓弦乐器(不含野生动物皮的弓弦乐器)	17.5	70.0	17.0		只	
9202 1000.99	其他弓弦乐器	17.5	70.0	17.0		只	
9202 9000.10	含野生动物皮的其他弦乐器(包括野生动物其他部分的其他弦乐器)	17.5	70.0	17.0		只	F
9202 9000.90	其他弦乐器	17.5	70.0	17.0		只	
9203	**键盘管风琴；簧风琴及类似的游离金属簧片键盘乐器**						
9203 0000	键盘管风琴、簧风琴及类似乐器(包括游离金属簧片键盘乐器)	20.0	80.0	17.0		只	
9204	**手风琴及类似乐器；口琴**						
9204 1000	手风琴及类似乐器	21.0	80.0	17.0		只	
9204 2000	口琴	21.0	80.0	17.0		只	
9205	**其他管乐器(例如，单簧管、小号、风笛)**						
9205 1000.10*	完税价格≥2千美元的铜管乐器	17.5	70.0	17.0		只	
9205 1000.90	其他铜管乐器	17.5	70.0	17.0		只	
9205 9000.10*	完税价格≥1万美元的其他管乐器(铜管乐器除外)	17.5	70.0	17.0		只	
9205 9000.90	其他管乐器(铜管乐器除外)	17.5	70.0	17.0		只	
9206	**打击乐器(例如，鼓、木琴、铙、钹、响板、响葫芦)**						
9206 0000.10	含野生动物皮的打击乐器(例如，鼓、木琴、钹、响板)	17.5	70.0	17.0		只	F
9206 0000.90	其他打击乐器(例如，鼓、木琴、钹、响板)	17.5	70.0	17.0		只	
9207	**通过电产生或扩大声音的乐器(例如，电风琴、电吉他、电手风琴)**						
9207 1000	通过电产生或扩大声音的键盘乐器(手风琴除外)	30.0	100.0	17.0		只	
9207 9000	其他通过电产生或扩大声音的乐器	30.0	100.0	17.0		个	

商品编号	商品名称及备注	进口关税税率		增值税率	消费税率	计量单位	监管条件
		最惠国	普通				
9208	**百音盒、游艺场风琴、手摇风琴、机械鸣禽、乐锯及本章其他品目未列名的其他乐器；各种媒诱音响器、哨子、号角、口吹音响信号器**						
9208 1000	百音盒	22.0	80.0	17.0		个	
9208 9000	92章其他品目未列名的其他乐器(包括游节场风琴、手摇风琴、机械鸣禽、乐锯等)	22.0	80.0	17.0		个	
9209	**乐器的零件(例如百音盒的机械装置)、附件(例如，机械乐器用的卡片、盘及带卷)；节拍器、音叉及各种定音管**						
9209 1000	节拍器、音叉及定音管	17.5	70.0	17.0		千克	
9209 2000	百音盒的机械装置	17.5	70.0	17.0		千克	
9209 3000	乐器用的弦	17.5	70.0	17.0		千克	
9209 9100	钢琴的零件、附件	17.5	70.0	17.0		千克	
9209 9200	品目9202所列乐器的零件、附件	17.5	70.0	17.0		千克	
9209 9300	品目9203所列乐器的零件、附件	17.5	70.0	17.0		千克	
9209 9400	品目9207所列乐器的零件、附件	17.5	70.0	17.0		千克	
9209 9900	本章其他品目未列名的乐器零件	17.5	70.0	17.0		千克	

在海关通关系统“商品综合分类表”总表中对使用该表进行了说明

一.《商品综合分类表》的第1列为“商品编号”,其前八位代码与《税则》中的税则号列和《统计目录》中的商品编号完全一致,第9、10位代码是根据代征税、暂定税率和贸易管制的需要而增设的。“商品编号”栏有＊标志的,表示:

该项商品是年度实施暂定税率商品,凡从世贸组织成员国或与我国有双边互惠协议的国家或地区进口的货物,即按暂定税率征税(见附表一),从其他国家或地区进口的货物仍按规定的普通税率征税。

二、《商品综合分类表》的第2列为“商品名称及备注”,它是由《税则》和《统计目录》中的“货品名称”缩减而成,括号内的文字是对该商品名称的补充描述。

三、《商品综合分类表》的第3列为“进口关税”,栏内数字表示为关税税率的百分比。对从世贸组织成员国或与我国订有关税互惠协议的国家或地区进口的货物,按最惠国税率征税,对从其他国家或地区进口的货物按普通税率征税。

进口关税税额＝到岸价格×进口关税税率

出口关税税额＝(离岸价格／1+出口关税税率)

＊出口关税税率

四、《商品综合分类表》的第4列为“增值税”,仅有13和17两栏,栏内数字相应地表示为该项商品的进口环节增值税税率为13%或17%。

增值税税额＝(到岸价格+关税税额+消费税税额)×增值税税率

五、《商品综合分类表》的第5列为“消费税”,该栏目项下分为从价消费税与从量消费税,栏内数字相应地分别表示为消费税税率的百分比或消费税单位税额。

从价消费税税额＝(到岸价格＋关税／1—消费税税率)

＊消费税税率

从量消费税税额=应税消费品数量×消费税单位税额

六、《商品综合分类表》的第6列为“计量单位”。

七、《商品综合分类表》的第7列为“监管条件”,该栏目的代码表示该项商品在一般贸易进出口时需要向海关提文的监管证件。具体代码所代表的证件名称按“监管证件名称代码表”查阅。"F”指濒危物种进出口允许证:根据“中华人民共和国野生动物保护法”及相关法律法规,对列入“国家重点保护野生动物名录”一、二级保护的野生动物及其产品和列入“濒危野生动植物国际贸易公约”附录一、二、三级的动物、动物产品和植物、植物产品,进出口时由国家濒危物种进出口管理办公室或其办事机构签发允许进(出)口证明书。

【海外信息篇】

中国乐器年鉴
CHINA MUSIC INSTRUMENT YEARBOOK
(2003～2004)

中国音乐产业的未知数

编者按：本文章是一位外国人通过参观2002上海国际乐器展览会后，对乐器业发展的看法，文章的题目十分确切，即中国乐器事业目前是一个未知数，什么未知呢，是说中国的乐器市场刚刚开始起步，外国人还不完全了解；二是说中国乐器市场潜力巨大，高深莫测，也是一个未知数。

低成本的劳动力、旺盛的民族抱负使中国成为世界最大的钢琴和吉他制造国。然而，这仅仅是一个开端。最近，由德国法兰克福展览机构在沪举办的展览会使人们对活跃的中国音乐产业及其重组全球市场的潜力有了一次机会难得的了解。

语言障碍和其他许多不同的衡量标准使温斯顿·丘吉尔将中国描绘成一个“神秘而费解的谜”。70年之后，尽管中国加大了对外开放的力度，并不断融入于西方世界，但对于外来者她仍是一个难以理解的国度。2004年10月，以音乐展闻名世界的法兰克福展览机构为揭开这个世界上人口最多的国家的神秘面纱，在上海举办了第一次乐器展，给人们了解中国市场提供了宝贵的机会。虽然，为期三天的展览无法为所有的疑问找到答案，诸如中国政府如何积极鼓励资本主义企业的发展。但是，由于本次274家参展商中绝大多数为国内展商，他们展出了钢琴、定音乐器、管乐器以及各式各样的电子乐器，为前来观展的外商了解中国乐器产业蓬勃发展的 潜力和中国乐器商走向世界的雄心壮志提供了机会。

作为中国最大的现代化城市，上海是贸易展览的最佳地点。如果北京是中国的首都和文化中心，那么上海则是中国经济腾飞的心脏。拥有比纽约更多的摩天大楼、以及同样喧闹的都市生活，上海相似于西方任何一个发达国家的城市，只是面积更大。国际大都市的氛围和随时随地招之即来的出租车使外国游人出行十分便捷。

中国地域广阔，地形多变，有50多个不同的民族。因此，本地音乐产业的种类繁多也就不令人惊讶了。 在上海展览中心内，与钢琴、电子吉他、小提琴和管乐器并排展出的有传统的中国琵琶，形状类似西方的鲁特琴；有扬琴，就像敲击的洋琴。展出的乐器的质量也参差不齐。当地厂商的产品如珠江牌钢琴、东北牌钢琴和A.X.L.。在“音乐中国”展览会摊位销售一空后，展览主办方不得不在外面另搭建了六个展棚，解决其他展商的需求。西方国家和本地采购商的到来吸引了大量的乐器制造商，他们在展馆外的人行道上用纸袋包装自己的乐器进行出售。

展览中的一些展品早已在西方市场得到了良好的反应。同时，也有不少厂家的展出品主要针对国内市场，包括零售价15美金的吉他、70美金的小提琴和建议价不高于400美元的钢琴。当然，礼貌地说，这些产品的质量离西方消费者的要求还有一定的距离。

从所有外表情况来看，展览会处处洋溢争先恐后的气氛，参展商似乎无一例外都被乐器市场无限的机遇所振奋了。但由于当地市场仍处于初级阶段，今后产生低迷的可能性仍无法避免。然而，不同于克朗代克河岸不幸的淘金者，我们的参展商有充足的理由表现出乐观的情绪。首先，中国国内市场潜力无穷。根据世界银行提供的数据，中国目前有5,000万受过良好教育、收入丰厚的专业人士，调查证明他们愿意让孩子学习音乐。随着经济的持续发展，这一高收入人群只会增加，进一步壮大音乐产品的需求。出口市场则更加前景看好。中国有1000多年制作成本低、工艺精湛的制造传统，中国人制造的乐器的价值是他人所难以超越的。

在今后几年里，这些产品毫无疑问将占据欧洲和北美主要市场的大块分额。市场特有的活跃使这次“音乐中国”上海乐器展取得了绝对的成功。西方采购商按捺不住诱惑来了，期望找到更多新供应商，而中国参展商则渴望在这里拓宽出口的渠道。除此之外，由于预计的中国现有的1,000名乐器销售商中的大部分都参加了本次展览，因而它为参展商进一步挖掘国内市场也提供了有用的舞台。据法兰克福展览公司官员说，参展的总人数达到18,000人次，其中8%来自境外。公司副总裁考得利雅·冯·吉尼奇表示，展览受到的巨大反响集中体现了高质量的贸易平台在上海的巨大需求。参展商的踊跃也超出了原来的预计。当上海展览中心的摊位售完之后，尚有雅马哈等企业排在等候名单上，主办公司仓促之中只能搭起了6个杂技团帐篷式的展棚，满足名额外的展商。这一最后时刻的应急办法使本次展览参展商形成了“三个层次”。第一层次为国内著名大公司，如珠江、A.X.L.、星海钢琴等，他们的展位处于主展厅，享受着在空调中与客户洽谈的舒适。稍微不知名些的制造商，主要定位国内市场且商品价格略低，他们的摊位处于稍差的地点，尤其当午后上海烈日当头时，展摊上如火炉一般。第三层次包括许多非正规的手工艺者，在展厅外的人行道上设个小摊，自行出售小提琴、笛子和乐器零件。应展览主办方要求，当地警察隔一段时间就驱赶他们一次，但潜在客户的吸引力实在是太大了，小贩们不断地会回来。

比起上海展览中心外的这些小贩们，中国音乐产业的不稳定性仅仅是略微逊色。人们普遍同意，如果从单个产品数量衡量，中国现在是全球最大的钢琴、吉他、小提琴的制造商。但是，若要进一步明确说明估计的生产规模，原先达成的共识则立刻消失了。王根田，中国乐器协会理事长，认为中国一年的钢琴产量限定在钢琴250,000架，吉他200多万把，小提琴100万把。若将全国每天不断产生的新厂家计算在内，他承认他这个估算就“保守”了。

作为乐器主要销售和制造企业，A.X.L.总裁艾伦·刘则表示乐器协会的估计并不只是“保守”，简直是过分低了。他说，中国目前的吉他生产量是每年600万把。然而，应该承认80%的产品是以低于15美元的单价供应国内市场和销售商的。同样，一位来自成都川雅木材工业公司(也是钢琴制造商)的代表也承认乐器协会对钢琴产量的估计确实是低于实际数字的。“一年275，000架钢琴！”他一边用结结巴巴的英语说道，一边用手指着空中以示强调。

当提及多少产品用于出口、多少在国内销售时，人们的争论比起上面的不一致观点更激烈了。基于不同的对象，70%到90%的中国乐器产品是在国内销售的。即使不强求精确，我们也完全可以说中国市场对乐器制造的兴趣正日益高涨。全国现有的100多家音乐学院和大学以及不断增长的将音乐课程列入教学的中小学，日益壮大了国内音乐市场。王根田表示这些学府是中国15万专业文艺工作者的摇篮。随着市场的繁荣和业余时间的增加，他预计这一数字在5年里将翻一番。

在中国音乐产业迅速发展的背景下，迷惑的产生也是情有可愿的。中国经济正从农业经济向制造业为主转变，乐器产业是发展的绝佳领域。产品设计无需年年变化，这令厂商可以集中精力改进生产技术。鉴于这个原因，乔瑟夫·陈表示，成千上百家中国企业受致富欲望的驱使，争先恐后地开办乐器厂。乔瑟夫·陈是一家总部在台湾的国际公司老板，公司是打击乐器、管乐器和定音乐器的主要制造商。他是与大陆打了20多年交道后作出此番评价的。

为了描述中国市场新近产生的对乐器制造的热情，陈还举了一个北京酒吧老板的故事。隔壁一家吉他厂的老板和客户晚上隔三差五地来他的酒吧消费，而且消费额相当大。他由此得出结论，做吉他有利可图，因而向银行贷了款，自己也开了家吉他厂。陈最后说：“人们开厂前根本不考虑应该制造什么产品、如何销售。他们只是想‘如果我开了厂，我一定能赚钱’。”毫无疑问，他预料类似以累加酒吧帐单作为开厂前市场调查的企业家将会步履艰难。凯西·斯莱采克受雇于澳洲公司，她的职责包括将D'Addario吉他琴弦卖给中国的吉他初级设备制造商。她走遍了中国各地，寻求客户，扩大市场。除了必须寻访那些被她称之为“就像寻找地上一个洞”的厂家，她面临的最大挑战是追寻不断冒出来的新厂。“几乎每天都有新的厂开出来，我必须把它们加到我的数据库中，”她说道，“掌握谁是游戏参与者简直是一项全职工作。”

对于美国销售商来说，中国制造的吉他、鼓、钢琴已不算新鲜事了。在过去5年里，越来越多国际领先的乐器品牌将它们的初级产品授予中国厂商制作。如果这次上海乐器展果真有所预示效应的话，那么美国销售商将在不久的将来看到更多的中国管乐器。42家木制和铜制管乐器制造商在展览上亮相。多数展出商品若以一般美国乐队主管的标准衡量是不合格的。但如果中国制造商能熟练掌握钢琴制造工艺，并经过一段时期的磨练，他们将学会制造耐用的单簧管、长笛、喇叭和萨克斯管并非毫无理由的推测。西方企业来中国观展，更多的是为了购买中国产品而不是销售自己的产品。由于互联网的功能，中国消费者越来越多地认识了全球畅销的国际品牌。然而，由于低收入和惩罚性关税（像电子吉他之类的商品高达50%）的存在，进口仍然是有名无实的。Roland公司的托可奥·基塔达认为公司在上海的销售量是有限的。然而，他又表示参加展览是非常值得的。“我们对中国市场寄予了很大期望，现在是在这里树立我们的品牌形象的时候了。‘音乐中国’会成为一届具有影响力的展览。”虽然中国很少有人能买得起美国制造的Martin牌吉他，但是这家著名的吉他制造企业的总裁克瑞斯·马丁仍然感到参加此次展览的重要意义。“这里有几亿从事音乐的人士，你怎么能忽视他们呢？”

美国、欧洲和日本代表了成熟的音乐市场，有着早已建立的销售网和一支相对稳定的销售商和制造商队伍。每年的贸易展览也变化不大。与之相反，中国市场销售音乐产品的主要手段尚处于初步未成熟阶段，制造商名单不断变化，而法兰克福展览机构的“音乐中国”展览会的形式毫无疑问在今后的几年里仍有待改善。但有一件事可以肯定，法兰克福展览机构将继续致力于该展览。明年乐器展的面积将扩大一倍，并增加音响和灯光设备展示厅。

50年前，汤姆·李离开中国内地，在香港开设了一家钢琴店。生意越做越红火，他成为全球最成功的乐器销售商，并在位于加拿大不列颠哥伦比亚省的温哥华建立了分支机构。20年前，正值中国大陆改革开放之初，他的公司开始在中国市场销售西方制造的产品。在汤姆·李的儿子约翰和弗兰克的经营下，公司成为雅马哈、Korg及其他优质品牌的中国经销商。此次上海展览会上的大量展品无疑证明了汤姆·李牌钢琴对中国市场的巨大投入。然而，尽管对市场潜力倾注了很大热情，弗兰克·李依然保持谨慎。“你必须十分耐心，”他说道，“这不是一个很容易做生意的地方，快速的回报是不存在的。”这就是来自于一位经验丰富的企业家的合理建议。

（摘译自美国《音乐贸易》杂志2002年第12期）

从上海国际乐器展览会看中国乐器市场的开放和机遇

中国是世界最大乐器生产地，也是世界上发展最快的市场。然而这个市场对于西方国家却几乎是完全封闭的。中国真正能提供怎样的机会呢？

最近在上海举行的2003年中国（上海）国际乐器展让人们对于这个世界上最令人困惑的音乐产品市场能有所了解。

中国是世界上经济发展最快的国家。根据国际货币基金组织统计数据，中国去年的经济增长率竟达到了9%，把发达国家远远抛在后面。受益于如此快的经济发展速度，中国得以举办世界上发展最快的产业展览会－音乐业展览会。在西方国家长期举办的展览会，如美国阿纳海姆的NAMM以及在德国举办的法兰克福国际乐器展都已是业内的顶级盛事，而今年在上海举行的中国国际乐器展的规模更是翻了一番。此次已是第二届中国国际乐器展，为期3天的展览会吸引了大约452个参展商，近22，000名参观者。

展览会的举行有着各种意义，中国国际乐器展也非例外。预计80%的参展者展出了专为中国国内市场量身定做的产品。因而，此次展览会使这些参展者有机会向中国近1500个音乐店店主展示其产品。对于那些生产高质量乐器产品的中国生产商，他们的团体较小，而此次展览会使他们有机会与西方的分销商洽谈出口销售事宜。中国的中产阶级队伍不断壮大，受此鼓励，一批西方乐器生产商，包括施坦威、雅马哈和乐兰等，参加了此次在上海举行的展览会，以了解他们的产品在中国是否有市场。无论他们是出于什么原因来上海展出，此次展览会帮助参观者对于日新月异的乐器市场有所了解。

北美、欧洲和日本的乐器市场已很成熟，它们的规模范围每年都没什么变化。而中国市场则恰恰相反，其生产水平正以两位数的速度在发展。在过去的每个月，生产商似乎在不断增长，零售种类也天天在变。在这样蓬勃发展的背景之下，国际乐器业的成员都争先恐后地要抓住中国市场所提供的机遇，这也正说明了各参展商的兴趣所在。

那么在为期3天的上海展会闭幕之后，参展商学到了些什么呢？中国乐器生产商在乐器产量方面无疑是世界领先的。珠江钢琴厂去年年产钢琴88000台，成为世界上最大的钢琴生产商。天津市津宝乐器公司年产铜管和木管乐器超过200000支，无疑是最大的管乐器生产商。至于吉他，中国目前有十几家生产厂家，年产量超过100000把。全中国吉他产量可能高达600万把。对于钢琴市场的分析研究可以使人们了解中国乐器贸易是如何变化的。中国乐器协会统计数据表明，中国钢琴生产商2002年年产钢琴296000架，2001年年产245000架钢琴，2000年年产200000架钢琴。问及对于2003年最终年产量的预测，中国乐器协会会长王根田耸了耸肩，向上伸出一根手指。通过翻译，他补充说“将会是一个较大的增长”。考虑到产品生产的增长，参加中国国际乐器展的钢琴参展商较之去年的69家，今年则将近翻了一番，有132家。除了那些著名品牌，如施坦威、贝切斯坦、雅马哈、英昌及Mason & Hamlin等，展出的钢琴品牌也很有趣，如别克钢琴，名字就显得很荒谬；而哈雅马钢琴则让人对其职业道德产生疑问，其品牌标志非常小心地效仿了Helvetica字体，让人不禁联想到世界著名品牌雅马哈。

王根田先生解释说，132家钢琴展商中，绝大多数展家仅仅是分销或销售代理商，并不是生产商。他的协会成员中只有47家钢琴生产商。然而，对于外国参观者而言，销售代理与生产商分开几乎是不可能的。通过翻译，我们逐个采访了几十位钢琴展商，每个人都强调声称，他们是生产商。为了说清楚，他们通常指着一些附近的钢琴展商说“他们是销售代理”。让人感到更为疑惑的是，钢琴展商都非常认真地解释说，他们拥有2000名员工，年产钢琴25000架。

尽管中国缺乏清楚的数据、客观的分析和自由的媒体，但在此次展览会上，有些信息得到了宣扬和澄清。首先，在它们之中，大多数西方音乐产品在中国市场上没有占据份额。一部分问题涉及简单的经济学问题。中国人均收入940美元（而美国人均收入达35，000美元），大部分的西方产品让普通中国市民难以承受。在中国最为繁荣的城市——上海，零售商称，非电子吉他价格是25美金，高价品市场包括价格在50美元以上的乐器产品。同样的，一旦钢琴价格超过850美元，市场将急剧萎缩。因此，大部分西方产品的价格对于绝大多数中国买家来说过于昂贵。

不仅仅是西方产品的定价问题。中国对所有进口音乐产品征收17.5%的关税，进一步抬高了产品价格。仅在2年前，中国政府为电子产品制定了一套安全认可程序，类似美国保险商实验室的理念。为了在中国得到销售认可，外国电子生产商必须向政府机构递交一份他们所有产品的样本以备审查。至于认可被无限延期一事，越来越多美国业内外的生产商声称，此认可程序只是为了阻止进口而设置的“非关税”壁垒。“由于我们的新产品得不到通过，我们在中国的销售额已大幅下跌，”Peavey电子公司董事局主席Hartley Peavey说“中国政府对贸易采取了一种“我赢，你输”的方式，我认为这不是长远之计。”

另一个阻碍西方生产商进入中国市场的因素是大量的伪造产品。在音乐制品方面，中国的零售商耸了耸肩说：“如果翻版只是正版价格的一半，为什么要买真正的Fender吉他或JBL扬声器呢？”

北京是中国的政治文化中心，而上海是其主要经济中心。外商来到中国开展业务，拥有熙嚷的港口和高楼大厦的上海往往是他们第一站。为了给众多西方游客留下好印象并减少他们的不安，当地政府已制定了被视为中国最严格的“反伪”法律。而在上海的乐器商店中，假冒Fender、Gibson吉他的销售与正品销售之比为5比1。若坚决抵制假冒产品，就不会导致更多的此类问题。

假冒、高关税、繁琐的审批程序，更不用说众人一致认为的货币低估问题，这些只是美国、欧洲公司认为中国市场对其封闭的少数原因之一。这一点在中国国际乐器展上已经很明显了，美国展商数量较之去年大幅度下跌。众多美国公司都普遍认为：“我们既然在这里不能销售任何产品，我们又为什么要参展呢？”

西方生产商在中国的商机也许受到限制，但是他们仍然存在，特别是那些极具声望的高品位生产商。中国政府强调“文化发展”，因此创建了几十家全国一流的音乐学院。以新建的上海音乐学院为例，拥有4个大型音乐厅和420个练习室，每个练习室都配有一架钢琴。对于施坦威等公司而言，这已创造了相当多的销售机会。“我们认为在中国创造一年几百家机构销售的潜力是有的，”施坦威新成立的亚洲分部主管Bob Dove说“我们稍后会解决消费者市场问题。”

越来越多的音乐学校毕业生也为布非单簧管、巴赫铜管及其他专业管乐器创造了一个巨大的市场。布非创始人、音乐集团首席执行官Michael Winter解释到：“在中国销售乐器不是一件易事，但是要是有合适的人选和长远的策略，就会有市场。音乐学院毕业生能拥有一件上等的乐器是件很自豪的事情，他们宁愿做些牺牲来购买乐器。人们若是知道我们在这里销售的专业单簧管数量，他们会非常吃惊的。”

根据新闻报纸的广泛宣传报道，中国经济的急速增长每天至少创造一个新的百万富翁。（在中国拥有100万元人民币净值可能在美国是1500万美元净值。）中国这个阶级的增长正在为一些如Gibson、Fender和Martin的著名品牌创造市场。Martin吉他的首席执行官Chris Martin，参加了第二届中国国际乐器展，他说：“我们在中国销售的吉他数每年都在增长，不过我们认为我们的潜力在这里还远未得到充分发挥。”中国国际乐器展及随后的专业灯光音响博览会展现出中国乐器和音响市场非凡的活力。随着中国经济的发展，绝大多数的中国民众都会有办法和时间来利用我们所提供的行业产品。同时，越来越多雄心勃勃的企业家正要在此开拓乐器生产和分销业务，以此希望在中国不断增长的乐器需求中获得利润。在此次展览会上，展商的这种淘金热是很明显的 今年有420家展商，而一年之前仅仅是274家。在历史上，新兴市场总能吸引众多公司。想想1880年，当时钢琴只是刚刚在美国市场上进入家庭，仅在纽约市就已有200多个钢琴生产商。然而随着市场的日趋成熟，接下来是一段巩固时期，弱者则被淘汰出局。中国甚至在第一个巩固时期就已经有了这种经验，但是一些有见地的观察家预测这个时期很快就会到来。而催化剂正是中国加入WTO。

为了遵守WTO的规定，中国必须改革其迄今为止仍为国家业务提供自由现金流动的国有银行体制。正如一位中国生产商解释的：“许多公司因为没有资产收入，而不能从西方银行处得到贷款。如果他们在中国银行这儿也吃闭门羹的话，他们就支持不了多久了。”

简单的逻辑说明，紧缩信贷应能对许多小型中国生产商产生巨大影响。然而过去的经验是符合逻辑的，但并不特别有助于预测中国市场的快速发展。25年前，当中国共产党的领导人邓小平将一个小村庄－深圳向有限的外资开放时，西方世界中没有人长远预测到，他正在进行着一项将中国改革成为现在人们所描述的“通向世界的工厂”的革命。WTO成员将会减慢还是加速中国未来的进程？Peter Drucker，这位著名的经济学家一针见血的指出：“我不了解中国，”这句话使我们仍记忆犹新。“任何宣称自己对中国知之甚多的人都在说谎。”西方人和中国民众对于中国乐器市场的实力、规模和发展方向都感到很迷惑。中国市场会继续发展繁荣吗？还是这种发展只是“泡沫”，注定在不远的将来要破灭的？这是某些人的猜想。然而，举办中国国际乐器展，法兰克福展览公司已提供了一项很有益的服务，使西方人能够对于这个世界上最具活力也最让人感到困惑的市场稍有了解。

（摘译自美国《音乐贸易》杂志2003第12期）

9·11后第一次全球性乐器商大碰撞

——2002年美国国际乐器博览会见闻

第101次美国国际乐器博览会（NAMM SHOW）在2002年1月17日～20日如期举行。美国乐器博览会是世界第二大乐器博览会，这次展会是在震惊世界的9·11事件发生4个月以后举行的第一次全球性乐器展览会。所以这次乐器博览会的举办及展会后所产生的影响，都将成为显示未来一段较长时间乐器经销状况的晴雨表，因而受到全球从事乐器生产销售活动各方面人士的密切关注。

本刊记者采访了刚刚参加展览会回来的各方面人士。

记者先后采访了北京星海乐器有限责任公司副总经理曾泽民、北京管乐器厂厂长李书芳、北京星海民耀乐器有限公司总经理谢迈。并先后拨通了广州珠江钢琴集团公司副总经理王润培、总经理助理生产经营部长徐国欣、大连铜管乐器厂厂长焦永达、营口东北钢琴集团公司副总赵学初、上海钢琴有限公司姜建荣总经理的电话，向他们了解有关这次美国展览会的观感。现将他们的谈话记录整理如下。

一、中国已经加入 WTO，乐器经销的游戏规则必须与国际接轨

曾泽民(北京星海乐器有限责任公司副总经理)

这次展览是在美国发生9.11事件后,经济不太景气的情况下召开的,参展商特别多，超过1100家,参展人数有6000以上。在目前世界经济不景气的情况下,都十分重视这次展览。相比之下，采购商却比较冷落,欧洲、澳洲、东南亚、新加坡的采购商都没有去。这次展览主要以美国商人为主。过去展览会参加人一般在五六万人左右,可是这次却不超过3万人。但从总的情况来看，由于目前乐器商业贸易一般都是专业性、网络性的接触,而且目前世界以及美国乐器市场已经基本是一个成熟的市场,所以虽然这次展览受9.11影响，但在贸易活动中该见的人都见了,该谈的生意都谈了,生意没有什么影响。不少客户过去是既参加德国的展览,也参加这边的展览,这次他们光参加德国的展览,美国就不来了。所以我感到这次展览表面上看着萧条,但实际上还是比较热闹的。

这次展览会，我的感觉是:

(1).美国还是一个有很强购买力的市场。在这次展览会上高档产品,稍微贵一点的产品,如：德国施坦威,日本的高档产品销售有一定的萎缩。而普及性的产品,大路产品没有什么变化,仍然需求量比较大。所以这次展览会上，日本雅马哈、罗兰、卡瓦依都在紧缩自己的战线，调整战略部署。

(2).美国大的连锁店占了很大的比例,有像国内京客隆规模的五六家乐器连锁集团公司,他们占有很大的市场空间,他们不断地扩充,造成了中小出口商,批发商经营比较困难。面对这种形势，这些小批发商也在不断的重新组合,或者干脆把公司卖给大的连锁集团公司。这种连锁式集团经营优点是市场统一管理,不足之处是使中小企业遇到很大的困难。在这次展览会召开的乐器高峰会也专门讨论了这个问题,希望既不能伤害连锁集团公司的的积极性,得罪了这些大的乐器连锁店。(这些连锁店都有七八亿美金的年营业额,资本很大,他们一般都有三十家、五十家的连锁店,很有实力)，又要保护中小企业的不同层次的合理性。只有这样乐器贸易活跃了,工业才能发展。

(3).以中国为代表的中小企业、乡镇企业、合资公司、国有企业的产品质量比过去明显提高,设摊位数每年都在增加。我们国家参加展览的几大公司,是以几种形式参展,一种是以分公司形式参展的,如广州为代表的以分公司出面,美国人出面来进行销售,单设摊位，但产品是珠江钢琴,以分公司的形式建立网络。第二种形式是北京,上海,营口以本身公司形式出面,实行代理制,公司直接参展,走区域代理,品牌代理的路子。营口有几家代理商,北京有十几家,上海有几家代理商，这样也形成了销售网络。第三种形式是烟台,中雅公司，他们公司是以代理商出面,也起到分公司的作用,直接对批发商。这几种不同形式销售办法的效果都不错,起到很好的作用。

北京钢琴在美国的销售形势是不错的,前景还是可以的。现在主要是中国乐器的产品质量还不太整齐,有的产品已经过关了,得到了国外企业的认可,如合资品牌的管乐,销的很好,如民耀公司的黑管订了七千多支,产品卖得很好。但有的专走低价位,普及价位,打价格战。他们这种销售办法实际上已经脱离了乐器销售,有点乐器和玩具相结合的路子。从效果上看，短期可能有点市场,批发商采取邮购式,或者是一次性甩卖,实行学校集团式购买。这种销售形式主要是以乡镇企业为主,他们的产品质量不好,价格很低,相应冲击了乐器的正规市场,使一些单纯追求经济利益的外商从中多赚一点钱，我觉得这不是一种好的现象,这是一种低价位路线。面对这些，作为国有企业必须注意产品质量才能生存,现在虽然市场有一定空间,但是经销商今天看你这儿有利,就到你这儿来,但明天就会到另外的人那里去,这样一下生意就没有了,这种销售方法其实是很不稳定的,而产品质量好才是最稳定的。我们一定要把出口产品的质量放在第一位，在国际市场，产品质量不好只能是保住暂时的利益，今天能够生存，明天就不行了。

(4).这次展览会上管乐器，弦乐器太多了,弦乐器价格明显下降,而且价格定得很低。打个比方，现在在美国乐器市场上是大象与蚂蚁之战,大公司像巨无霸,小企业在见缝穿针。我们注意到在展览会上一些大公司也在调整自己的战略，收购兼并，因此我在展览会上也看到不少新面孔、新的变化。我认为通过美国乐器市场反映，总的来看,市场是稳定的、是热烈的。中国已经形成了乐器生产大国和销售大国,这次我们到美国，而美国也要到中国来,今年10月,美国国内的参展团都要组团到中国来参展,中国这块市场已经吸引了国外许多客商,包括一家国外大公司要在青岛建厂,日本雅马哈要在萧山规模生产钢琴,说明中国已经形成一个世界关注的乐器生产市场和消费大国,已经是名符其实。

(5).市场规则比较混乱。通过展览我发现许多企业不知道什么是出口商、批发商、零售商。许多贸易都是在不太了解底细的情况下就把生意作了,

一些人作生意的方法是只要有人要,就给你。或是以批量为定价,不知道按用户的分类发货。批量大有可能给批发价、出口价,这些客商拿到了货,反过来,就冲击了进出口商和批发商,这样势必造成市场混乱。所以我们乐器贸易的游戏规则要与美国市场接轨。这方面我们应当很好咨询了解美国进出口商,批发商,零售商的网络体系和价格体系,以及服务要求。在目前现实中,有的采用货到付款方式,万一有质量问题马上就给你退货,这样是很危险的,我们必须学习游戏规则,不学习就会吃大亏。

为了适应国际市场的规则,目前我们中国的企业要联手,发挥团体作用,要有整体性的行业管理、价格管理、规范化的操作手段、和行业之间的联合和协作,这是一种一致对外的力量。可是现在却是竞相降价,而外商从中渔利,拿你压他,拿他压你,结果打的一踏糊涂,让人家赚了钱,而我们之间却是矛盾重重。乐器协会包括领导应当呼吁一下,大家统一在出口政策和方案上探讨一下,共同搞一些大家能交流接受的东西,以便于吸取经验。现在有些知识大家不知道,还盲目地干,而有的是唯利是图,为了今天赚一点钱,明天就不干了,由于这种情况的存在使中国现在没有团体形象。可是德国、美国的地区性都是联合组团,他们按照一定的规范来操作,不乱跑乱来,规则非常严谨,使贸易活动稳定地发展,不会有很大波动。这是目前我们乐器行业商务活动急需要解决的问题。

二、大力抓质量 以适应美国市场的需要

王润培(广州珠江钢琴集团公司副总经理)徐国欣(总经理助理 生产经营部部长)

王润培:我这次没有去美国参加展览会,是我们经营部部长去参加的。我的体会是为了适应美国乐器市场的需要,我们现在第一是在大力抓质量,尤其是在工艺技术的改革方面加大力度,营造一个适应美国市场的产品质量,尤其是木材的加工处理手段加强。第二是扩充花色品种的供应,尤其是三角钢琴,因为美国三角钢琴的销量占全世界三角钢琴的50%,如果美国的三角钢琴销售成功,将会带动一大批立式钢琴的销售。第三,继续加强美国分公司的管理工作,尤其是美国的各个州,要增加珠江钢琴的销售网络。珠江钢琴通过分公司的销售2001年在美国的销售比上一年递增了80%。

徐国欣 我们在美国建立了分公司,销售网络已经建立起来了,这次来参加展览主要是通过推销员把新产品介绍给他们,这次来我们摊位的客人也算比较多,人流很多,推销员介绍新产品也十分认真,据美国销售分公司的经理说,这次展览会上订货数量达到了我们预期的目标。按照整个外销环境来看,由于受9·11的影响,欧洲、亚洲客户比较少,美国当地、南美、北美、加拿大来的人较多一点,但整个气氛有点紧张,有些警察拉着警犬。最后一天是给顾客进来购买产品的,但是这次把门票价格提高,可能对最后一天的人流有些影响。这次国内来参展的情况,我不太了解,据说还可以,我看到吉他摊位前的人流多一些。这次展览会的主要问题是由于去年(9.11)的影响,有些人就没去了,加上欧洲也有一个展览会,很多人去(美国)看展览会,但下单还是在德国法兰克福的展览会。

三、现在是世界留给中国最好的一次机会

赵学初(营口东北钢琴集团公司副总经理)

今年整个美国展览会的特点是,客人不如往年多,展览规模比往年大。为什么出现这种情况,主要是因为美国市场当前不是太好,经销商都使着劲想推销。一方面因为市场不好,展览扩大,客人明显减少。参展商的期望值都很高,但是期望中的客户没有来,许多应当来的客户没有来,土耳其、墨西哥,欧洲国家,中国的香港,新加坡过去都来,但是这次担心美国不安全,都没有来。

总的看,小乐器竞争特别激烈,都是自己在互相杀价,我认识的广州某提琴厂、某吉他厂,我们在一起聊天时,他们都感到忧心重重,一支吉他甚至只赚一美金,觉得没有什么意思了,没法再做生意了。钢琴也好不了那去,整个展览馆客人比较少。展览的形式还是与去年一样,大的公司都是在单独的会议厅里,小的公司中等公司都在球厅里,叫BALLROOM。中国参展的包括英昌公司在内,直接参展和间接参展的有7家公司,直接参加是广州、上海、营口、北京和天津英昌,天津英昌是作为韩国英昌集团在那里展览,还有上海的中雅,烟台的金斯伯格是委托客户在展览,承交的情况不是太清楚。

这次我们公司承交情况还可以,我们厂在整个展览中有7家美国批发商在陈列展览我们公司的产品,近七八年的共同开发,特别是三角钢琴的推出,客户反映我们公司的三角琴在国内是领先的。过去订其它公司三角琴的,现在转过来订我们的。在这次展览会上,六大客户都给我们下了订单,订货量比去年增长了60%,其中立式和三角琴各一半,是去年实际出口量的1.3倍,我们取得了最大的成功。许多客户都到我们摊位上看,主要是我们的琴质量近几年有所提高,认为我们的三架三角钢琴有特点,还有诺地斯卡立式钢琴有特点。另外还有国外的大厂,对我们过去是不屑一顾,现在也到我们的摊位上去拍照,他们把立式钢琴的上下门都拆下来看,所以,我们非常高兴。现在全年的订货量都出去了,够全年干的了。去年我们出口额达1100万美金,占全国总出口的六分之一,美国的杂志都给我们排了名。我公司出口三角钢琴占中国出口到美国的50%,这个数字是客户从美国国家统计署拿到的数字。

中国现在要稳扎稳打,要打假,上质量,不能自

己杀自己的价，竞争要引入新规则。国际市场上，美国一家公司告诉我，现在是留给中国钢琴业最好的机会。小提琴、吉他的95%来自中国，这给中国一个很好的机会。如果不能很好地把握机会，粗制滥造，互相压价，最后导致价格太低，质量很难再提高，那样就会被下一个机会获得者得到。这是我与美国公司讨论的，我说，如果没有中国,下一个是谁,工业配套的力量,还需要劳动力的素质比较好,如越南,印度,劳动力的素质不行,我问下一个是谁,他们认为是俄罗斯，我认为中国应当很好的把握住机会。

四、三天内意向性成交2000余台钢琴

姜建荣（上海钢琴有限公司总经理）

此次展览因受美国9.11恐怖事件和本国经济下滑的影响，参加客商有所减少。但上海钢琴有限公司对本次展览仍非常重视，抓住商机，展出最新设计各种卧式、立式钢琴，受到了国外客商的好评，三天内意向性成交2000余台钢琴。

五、我们抓了15年质量，才有今天的结果

焦永达（大连铜管乐器厂厂长）

这次是101次美国国际乐器博览会，我是第九次参加这个国际博览会。这次展览参观人数是1994年以来人数最少的一次，就连本土的一些商家都没有去。我看主要是受9·11的影响，本土的没有去，欧洲来的人也很少，开幕和闭幕去的人也很少，以往是人头涌动，可是这次展览会却是稀稀落落，寥寥无几，总体情况不太景气，主要是9·11的阴影还没有去掉，我看今年难度挺大。

我们公司的情况还可以，与一个客户签订了12多万美金的订单，还准备与另外一个客户谈在保税区建立合资企业的问题。现在我们的主要任务是抓质量，在最萧条的时候就必须抓质量，我们的客户都是20多年的老客户，客户每次提出需要改进的地方，我们都给认真地改，客户比较满意。有的客户问，你们为什么质量提高怎么快，我说，我到这个厂已经15年，我来的第一天起就抓质量，一个是抓产品质量，另一个是抓新产品开发，15年来，总的来说是见到了成果。

这次参展，国内的几大钢琴公司都来了，管乐器有大连、北京、上海厂，天津手风琴去了，其他有乡镇企业、个体户什么的，国内的参展的势头没有减，他们认为可以得到订单，我们在美国的一位客户在底特律，离洛杉矶开车4个多小时，他7月份到我们厂验货，下了订单，这次他就没有去，而是打电话问候我们。

在这次展览会上,国内来的人竞争非常激烈,互相压价，压来压去，互相之间，最后得利的是客商，我们最后连一点利益也没有。我们的管乐器就是这样，你的小号350元，我330元就卖出去，这样我们的利益就没有了，或者说是亏损，微利都谈不上。这一点我们赶不上南韩、日本，日本的卡西欧、雅马哈，国内一支小号100元，卡西欧卖98元，在国内进行竞争，但是出国了，到第二个国家，到美国，到德国，他们全部是统一口径，100就是100，这一点我国确实不行，不是卖乐器去了，而是卖原料去了，像提琴就是卖原料，我到一个厂去看，我拿了一张价目单，提琴卖得很便宜，两支是什么价，4支是什么价，我觉得这样给中国人造成的损失太大了。

六、国企没有别的出路，只有靠质量、靠服务

李书芳（北京管乐器厂厂长）

这次参加美国乐器博览会情况不太好,但是我也从展览会看到国外管乐器市场挺大,目前国内管乐器主要凭价格来销售，产品质量有很大差距。现在提企业要做大做强,我认为还要做好,产品质量好,售后服务好。

美国市场买什么东西都可以换或是退,都要负责到底,有一丝一毫的含糊都不行,一不注意都有可能造成索赔,会使一些小厂倾家荡产。我有一个深刻的体会,要想占领这个市场,首先必须自己得壮,产品质量好,售后服务好,各方面的服务都要跟上,要取信于民,“民”实际上就是你的客户。一些搞外贸的人过去在国内做,现在移居到国外,他们反倒不敢做了。为什么呢,主要是因为他们不会维修，怕造成索赔,现在不是价格低就好,有些产品价格低,质量不好,客户也照样要求索赔。

回来以后,我的感触是首先要把自己的事情做好,想做大做强,前提是做好做壮,自己不壮,没有用,靠谁都不行。首先要提高产品的档次,不跟有些民营企业去竞争,去打价格战,你380,我360元,这不是我们国企业干的事。最主要是出好东西,没有救世主,只有自己救自己,现在不是靠那个领导,那个外贸才能生存。工人要想不下岗,有饭吃、有钱赚,就必须出好活。

未来管乐器市场必须坚持两条腿走路，目前要想打开国际市场还是挺难的,目前在出口上有一个痛苦的过程,要打开是不容易的;但是我们绝不能靠低价位来做生意。

这次去美国我还有一个体会是，美国是一个法治国家，法制比较健全。在美国市场上，无论是品牌、产地、厂家绝对都是真实的，没有假的。无论高档、低档产品都没有假货。这是因为如果造假，无论是厂家还是商家，一经发现，按法律规定就会一罚到底，让你倾家荡产，如果有这种造假行为，就算是一个人的劣迹，它会一生中都跟着这个人。所以在美国，一般人谁都不敢做假，制造假冒产品，凡是做生意的人，互相之间，都有自己的品牌，没有互相侵权的。

可是在我们国内却假冒产品很多，所以我们北

京管乐厂一定要利用“星海”商标的知名度来打品牌效应。要保护星海品牌的利益，打击不法商标的侵权行为，只要冒出来就打，如果有确凿的证据，我们一定要拿出法律武器，把使用假冒商标的单位送上法庭，不管你是厂家，还是商家都一样。借此机会，我想申明一下，目前在国内我们厂没有授权给一家加工半成品的单位经销权，允许他们可以经销星海管乐器厂。凡打着北京管乐器厂的“星海”商标进行经营活动的，一律都是假冒的。今后，我们要从自身做起，建立一个健康、净化的乐器经营市场。

七、我们没有受9·11影响,订单比去年增加了2000多支

谢迈（北京星海民耀乐器有限公司总经理）

这次我们公司参加美国展收获很大，没有受9·11影响，订单比去年多了2000多支，今年预计订单6000多支，去年是4000多支。

总的感觉参加厂家商家不比往年少，摊位没有空的，但参观的人少多了，少了有三分之一。因9·11，美国当地的人也受到影响，来参观展览的人少多了，总的感觉没有前两年多。但我认为乐器生意不会受到很大的影响，关键是质量，质量好就不会受到影响，现在竞争就是质量的竞争，不怕价格贵，质量好价格高一点都没有关系，我们公司的价格是八九十美元，100多美元照卖不误，比一般企业高出几十美元。

世界钢琴盛会——’2002美国国际乐器博览会对中国钢琴的评价

译者按:本文作者为美国钢琴技师协会高级技师Bob Hohg，现任技师月刊总编，不仅精于技术，还弹得一手好琴。他在会上试弹中国钢琴后所作的评价，简赅而中肯，不失为当前我国钢琴制造业的一服“清凉剂”。

原文标题：世界钢琴盛会

（以下是有关评价中国钢琴的段落）

对于中国钢琴是否“低级产品”的争论，这需要从与同类型的世界名牌钢琴相比较中、从数之不尽的方方面面去评价。我试弹了约20架立式和三角钢琴，它们是上海、北京和东北的产品，尽管我弹了为数不少的琴，但这些只是目前中国钢琴产品中的一小部分品牌和型号。为了有一个公道的比较和较深的印象，我只好把我的全部与会时间都消耗在弹中国钢琴的份上了，这样将便于把我的感受归纳为总的评价。

在2001年全美乐器商年会上，我也曾弹奏了那时仍处于粗糙阶段的中国钢琴，同时也听到了许多关于中国钢琴似“玩具”的说法。普遍存在音质沉闷，达不到中强mf的要求，充斥着杂音，且音区间发音不均匀。可是，仅一年之后，在2002年展示会上，中国厂家在商家的要求下迅速改造了产品质量，展出了音质明亮丰满的钢琴。虽然键子触感大都偏重,但击弦机的反应是灵敏的，制音系统和踏板功能也是良好的。

在我试弹过的中国钢琴中，大都有微小跑音，击弦系统也有失调，导致构件撞击发出杂声，还有其他种种小毛病。这一切，都是由于产品的“新鲜出炉”所造成。

有2台东北制造的型号为165和185EVERETT三角钢琴，我试弹之后觉得明显地比同样是该厂生产的HOFFMANN同类型产品为优。这两种品牌结构完全相同，只不过前者是经过充分的选料、处理等前期准备工作。这个例子说明了做好前期精选料、严处理工作的重要性。

中国钢琴现已进入乐器王国，令人惊奇的是它的演进速度。今天的中国钢琴作为普及品已完全具备进入世界钢琴市场的入市水平。随着中国厂家的不断努力，毅力与热情的进一步发挥，必将促使中国钢琴进入较高等级的世界市场。我的预言是：那些至今尚看不见中国钢琴工业迅猛发展的人们，他们将会在明天的竞争中付出代价。

（林国海摘译自美国《钢琴技师》杂志2002第4期）

触键偏重是我国钢琴普遍存在的毛病。多半是由于老师的要求，希望学生能在重键的条件下练出强劲的指力，而逐渐形成国产琴的触键较外国琴为重的特殊现象。我国钢琴欲在国际市场有所拓展，首先必须改变偏重而又有拗手感觉的键盘结构，因为触感是领略钢琴演奏性能的第一感觉，人家一触摸到这种既重又拗的键子，就会大倒胃口，甚至全面贬低。

Hohg技师一针见血地指出“新鲜出炉”、现做即卖式生产出来的钢琴，不可避免地会带来诸多本来不应产生的小毛病。要知道这些所谓“小毛病”在买家的眼中都可能是大毛病，卖买往往因此而告吹。

反观国外许多成功的钢琴企业都不会让刚造好的琴就出厂，而是有一个贮放观察周期，观察变化、找毛病、反复调试整理，务求消灭瑕疵以臻完善，然后才投放市场。当然，他们着眼的不会是产量的世界老儿，而是热衷于提高产品质量、创名牌、占市场，永远立于不败之地。鉴此，译者寄语我国钢琴制造行业有产品出口的厂家，好好珍惜已取得国际市场入场券的大好时机，努力把质量搞上去。以日、韩为师，争取在10年~15年的时间内把我国钢琴在国际市场中所处的“低级产品”地位逐步上升到中、高档位置。其实，这个目标，本文作者美国PTG高级技师Hohg先生在文章结尾中已预言，他认为按照发展趋势推测，中国钢琴必将发展成为国际市场中的较高等级的产品。

人家是满腔热忱地看好中国钢琴，难道我们还能不争气吗？

音乐是我的初恋

—— 2002年法兰克福乐器博览会印象

当今世界第一大乐器展事——德国法兰克福乐器博览会已经成为全世界从事乐器生产经营活动的聚集地，每年3月下旬来自世界五大洲100多个国家的乐器生产商、经销商都会聚法兰克福开展各自的商务活动。2002年是经济全球化更加活跃的一年，是`中国加入WTO的第一年，也是各类乐器商业活动进一步上升的一年，对于已经成为世界乐器生产经销大国的中国来说，今年的法兰克福展览会就显得更为重要了。

转眼五天的法兰克福展会已经过去了，到底这次的展览会是一种什么情况，记者先后采访了中国乐器协会理事长王根田、秘书长齐建平、北京星海乐器有限责任公司总经理赵惠臣、北京钢琴二厂技术总监冯高昆、营口东北钢琴集团公司总经理张大鸣、上海钢琴公司总经理姜建荣、烟台龙凤钢琴公司总经理孙强、天津乐器厂厂长刘作人、江苏泰兴凤灵乐器有限公司总经理李书、广州珠江钢琴集团公司总经理助理徐国欣、宁波新大乐器公司总经理陈海伦、河北金音乐器制造公司总经理陈学孔、上海超拨实业公司总经理刘卫国。通过对这些刚回国的参展企业家的访问，记者了解到这次德国法兰克福博览会的基本情况，以及参展商对这次展览会的感受和体会。通过采访，记者明显的感受到虽然中国已经成为世界乐器生产大国，但是差距却是客观存在的，如果说：“距离产生美”的话，那就让我们从他们的谈话中去寻找启示吧。

一、音乐的启蒙来自展览会

王根田（中国乐器协会理事长）

我总的感觉是，这个展览会确实是国际性的，本身的水平很高，不论以产品档次、展会的规模、面积、摊位数量、参展厂家、参加国家都很可观，而且组织管理基本上是全方位的。我们接触的几家企业对展览会的反映都是一致的，认为一年比一年要好，组织规模也往好的方向走，而且成交量也不错。客户本身对展览会的希望都比较大，比如北京、烟台、营口、上海来参展的企业都反映这次展览会的效果不错。从展会的组织来看，不仅仅是简单的产品展示会，的确是一个立体的概念。

第一个体会是 这次我们是向他们来学习的，为的是把我们在上海办的国际乐器展搞好，希望能得到信誉。我们学习到，不但是展会本身，而且要开展围绕展会的活动，学习怎么样把产品展示与展示文化很好的结合起来。所以我们参观了展会以外的一些活动，包括展会里的演示活动，音乐家现场演示，青少年由学校组织来参观展览等方式使我们受到了不少启发。

这次我们还有一个深刻的印象，是法兰克福展览公司本身很想进入中国，法兰克福公司是世界第三大展览公司，过去它有14个在海外的分公司（包括我国的香港），第15个分公司已经在上海成立了，名称是德国法博（上海）咨询公司，3月22日正式成立的，这是中国大陆惟一的一个，意味着法兰克福公司要进军中国展览市场。

第二个印象，这次接待我们的是公司二把手，一把手到中国来了。二把手说：“是时候了”，意思是说到中国办展览的时候到了，因为中国乐器市场已经打开了。

第三个体会是：他们对上海的国际乐器展览会花费了不少工夫，他们的工作比我们好，不光是挂一个名。主要是媒体做宣传，法兰克福公司把我们发的资料全部拿到网上，包括我们协会的材料。这次法兰克福展览也对上海展览作了许多宣传，多次提到上海展览会，动员国际上的企业来参展。该公司在海外办展，2002年只有上海的乐器展览会，2003年将在俄罗斯举办。他们对这几个展览会的宣传还是比较花费心思的。法兰克福公司想把自己的乐器展做得更大一些，更长远一些，有一个长期打算。

第四个体会是：法兰克福展览会和国内的乐器展览会有很多不同之处，最大的不同就是规模。法兰克福展览会是真正的国际展，规模不好比，首先从几个数字来看，参加法兰克福展的国家有51个，我们国内的展览没有那么多的参展国家；占地面积20多万平米，展会面积也有十几万；观众人数众多，超过10万人次，而且采用了先进的刷卡入场，能确切的知道观众的数量。法兰克福展览还有一个突出的特点就是主题非常具有特色，紧扣文化，充满了文化的氛围。另外开幕式也不是僵化的模式，省略了枯燥的介绍，而请来了德国的文化官员或地方的文化官员采用迂回的方式切入主题。政府管文化的官员都是在讲当地政府怎么重视文化，通过文化把音乐带起来，通过音乐把乐器带起来。就是法兰克福公司老板讲话，他也是从音乐文化这个角度来引出这次的展览会，法兰克福展览会是全方位的展览会。再次，就是音乐界对展会的关注及参与。我们的展会很少有音乐家来，和音乐没有结合，看不出有那个音乐家来参加展览。法兰克福展览会就做得很好。在展览会的众多活动中可以看出来有很多音乐家出席表演，这样很自然就吸引了观众，国内的展会多是父母带着孩子转一圈就走了，人家通过展览会的配套活动，学校把少年儿童组织起来，不是来参加展览会，而是在展览会的会外让孩子们从小就学习音乐，利用展览会达到音乐启蒙的效果。当然我们国家有些条件上的限制，不可能有那么多的场地去提供搞活动。基本上展览会期间，会外的活动都排满了，相当活跃。国外的展会就新颖在这里，社会的方方面面都有人来参与，从展会开始到结束，参观人数始终那么多。而我们的展览会开幕式人很多，闭幕前就没有人了。上午人很多，下午人就少了。如何把观众组织好使展会收到应有的社会效益和经济效益，这些都应该是我们借鉴和学习的。

二、法兰克福看好中国

齐建平（中国乐器协会秘书长）

在此之前我对这个乐器展了解不多，在展会上，法兰克福乐器展的创始人之一查理先生，他一直陪了我们两天，并介绍了展会的情况，展览馆一共有55个展馆，20万平方米占地面积，展会面积大约有14万平米，其中销售面积有6.5万平方米，乐器占三分之二，大约4万多平方米，其余灯光音响占2万多平方米。分为7个主题，一个主题一个舞台，钢琴、提琴、管乐、电声乐、灯光音响等。共有51个国家2150个参展商参加，国外的参展商占一半，比去年多了1.5%，观众参观人数去年是9.7万，观众是非常准确的，进展馆必须要刷一下卡，今年观众要超过这个数字，大约在10万人以上，观众来自100多个国家。

在展会上我们会见了国外主要的乐器协会人员，谈得比较长的有德国钢琴协会会长及德国乐器制造商协会会长。据德国钢琴协会会长介绍说，他们有400多会员，包括出版商，20多家钢琴会员。他们对中国非常感兴趣，施坦威从不参加德国的乐器展，不用在本国土推销自己，但是我们的展览他们是要参加的。我们与他们就协会工作交流了一些经验。后又约见了英国乐器协会的负责人，还想见见我国台湾和日本、韩国的乐器协会负责人，可是由于时间紧没有见到，但是酒会上和新闻发布会上都打了招呼。法兰克福展览公司的老板彼得先生，说他在展会召开前3天的新闻发布会上在展会开幕式上和晚间酒会上3次提到了今年10月份的上海乐器展，他说："现在世界都非常关注美丽的中国，并说现在是进入中国最好的时机，上海展的前景会非常好。他说我们与中国非常合得来，现在是梦想成真的时候了。

据查理先生介绍，法兰克福展馆成立于1952年，原来是举行轻工业博览的综合展会。查理先生会弹钢琴，他非常喜欢音乐，他说德国的乐器产值高于农业，乐器普及率非常广，仅中小学的乐队就有2.3万多个。1979年查理先生提出独立举办乐器展，将灯光音响分开，经过20多年才形成如此规模的法兰克福乐器展。此次展览，国内有大约50多家参展商，大都独立分散着参展。希望不久的将来，中国乐器能在世界乐器展中占有举足轻重的位置，能有一个中国展区。

这次，让我受感动的是在展会上有一个很特别的展馆，面积有五六千平方米，其中有许多独立宽敞的隔离区，还有舞台，老师领着学生来，有老师单独教孩子吹萨克斯、弹钢琴的地方，也有舞台供人们来即兴演奏，许多孩子坐在地上听老师做生动的演讲，在馆里学习演奏各种乐器。乐器有洋的、也有土的，这是一处对人们进行音乐乐器普及教育的很好场所。即是展馆，又是游艺厅，人们想玩什么玩什么，大人进去也很有意思，使我感触很深。

三、真正的竞争是质量和服务的竞争

赵惠臣（北京星海乐器有限责任公司总经理）

这次法兰克福乐器博览会，参展单位比上次多，人数也比上一年度多，从厂家来说，定货量增加，展馆面积增大，总的状况比美国洛杉矶要好，前两年鲍得温公司都没有参加，这次也参加了，除施坦威公司以外，所有公司都参加了展览会。规模都没有缩小。

明显的表现就是中国钢琴的地位明显上升，在此次展会上中国乐器不但是钢琴，其他乐器也是非常多的，到处看到的是中国人。

第一个感觉，总趋势是好的，销售是上升的。

第二个感觉，竞争更加激烈。中国钢琴在世界舞台地位正处于起步上升阶段，面临强大的竞争对手，主要体现在质量价格上的竞争激烈，质量上突出问题是没有大的突破，法兰克福展览实际上是乐器的奥林匹克运动会，所有钢琴的质量水平在这里都有体现。中国钢琴质量还处于中低水平，与高水平钢琴还有差距。

第三个问题是，中国的钢琴要想在世界市场占领重要的舞台，质量赶超的目标要定位在捷克。现在捷克的钢琴水平很高，上升得很快。稳定现在的价位，质量上达到或超过捷克水平，那么市场销量有的是，关键看质量水平如何。质量价格水平和消费层次能否结合也非常关键。产品要定位消费群，适应客户，价格也应该是相应等同的。在市场定位中，一个是产品功能产品质量定位；另一个是产品价格定位，如果这两个定位双不准的话，那么就很难打开市场，如果双准的话，市场绝对没问题。

对中国市场规范化，以及和国际市场差距的问题上，中国企业目前最重要应该在价格上联手，钢琴的出路不在于走低价位，而在于大家在同等价格上展开质量和服务的竞争，不要打价格战。实践证明，价格战是行业的损失，如果企业没有投入而去赢利，那么可能得到暂时的市场而失去长远市场。长远市场要靠装备、靠投入、靠质量、靠技术。因此，中国企业在国际市场上不能老是打价格战，要打质量水平战，打投入战，打产品的适应度、花样的创新、质量的提升战。所有人的战略思想上要从根本上转变。往往过去我们简单的方式就是价格，你说不行，我们降十块，不行再降10元，这都是不行的。用这种方式争取市场，是商品经济的低级阶段的方法，在商品经济初级阶段还可以实施，现在商品经济已经有了相当发展而且还将融入到国际市场当中，打价格战已经落伍了，真正优秀的企业是不允许随意降价的，不轻易和其他企业展开价格上的争战，而是在质量和服务领域进行竞争。大家应当把竞争放在质量工作上。

四、中国钢琴在国际市场有很强的竞争力

冯高昆（北京钢琴二厂技术总监）

这次展会给我的总体印象，首先是在地点上，原来在九馆，现在在一馆，我觉得现在的场地比原来的更适合钢琴展览。厂家的区别是参展厂家优胜劣汰，过去小的厂家不景气的基本上都没有参加，以往比较大的常来的厂家摊位越摆越大，比如亚洲的包括日本及国内的五大家，摊位在去年的基础上都有所扩大，除了上海没有拿三角琴之外，其余四家都有。整个会场给人的感觉就是三角琴和精品琴比较多，好的三角琴在做工、弹奏感觉、声音等方面都比较突出，每家也都把三角琴作为技术对比的主要象征。虽然往年也有这种情况，但是今年这个比较明显。再有就是制作钢琴的辅助工具，比如钢琴零部件、修理工具、专用工具的生产厂家比往年多了。除了德国几家知名的专业辅助工具生产厂家之外，国内也有几家参加了展览，宁波有两家大的生产厂家，东方琴业公司及新大乐器公司都参加了，一个是生产击弦机键盘，一个是生产钢琴金属件，都有自己的摊位，效果也不错，在价格比较低的基础上，产品质量逐年提高。国产琴的特点是比往年水平在不同程度上有所提高，特别是星海这次展琴的情况不错。从三角琴来看，音质、音色方面反映都很好。

星海琴在这次展览会过程上来说是很圆满的，从参展客户、参观者的反应来看评价都不错。星海琴的特点集中在欧洲的一些款式造型上，我觉得整个展台和欧洲钢琴在外观上没有太大的区别，除了一些质量上做得还不够的地方外，音色大家都认为不错，当然这也主要表现钢琴的自身设计上。目前，整体感觉和国际市场还是融洽的，没有不入流的现象。在展会的5天过程中，咱们的琴基本情况比较稳定，比如音色、音准等方面，三角琴除了弹奏特别多造成个别琴弦有点跑音之外，其他没有大的故障。但是咱们的琴和整个展会其他厂家的琴相比较，还有一定差距的。特别是在油漆制作，一些细小边缘，容易忽略的地方，恰恰是我们的弱点，需要提高的地方。比如说油漆的棱角，油漆的颜色，装配之间的缝隙，钢琴整体落地的平整；还有原材料方面，比如钢琴板大面的平整度，拼接实木和其他木材相拼的拼缝抽胀的问题，还是有些问题的。这些问题在今后的制作过程都能够克服，特别是在原材料的控制上一定要符合钢琴的一些规律和要求。违背这个规律一定会受到惩罚。制造钢琴有它自己特有的一套路子，谁都必须遵从。德国已经有上百年制作钢琴的历史，他们即使现在有许多工具很发达，但是有些做法还是按照传统的典型的做法来做，所以钢琴的质量一直都很稳定。

国内的厂家从这次展会来看都有不同层次的提高，而且场面都比较大，营口的三角琴出了3台，广州5台，烟台4台，我们2台，效果都不错，定货也不错，特别是国内厂家这次也拿到了不少定单。

国内钢琴和国际上的钢琴厂家相比较来看，国内生产厂家在选材方面不够精良，在制作方面有些地方略显粗糙。和德国典型的一些钢琴生产厂家生产的产品相比，我们的产品档次显得有点低，整体水平不高，在制作过程中和在材料的控制上，我们和他们之间还是存在差距的。当然由于档次的问题，我们的价格也比较低，价格上我们在国际市场中还是有一定竞争力，因为我们的价格比他们大概低出了一两倍的价格，质量上相应也有点低。我们的琴比过去来说有一定幅度的提高，如果在原材料的控制上，做工上再细致一些，材料控制再严格一些，那么我们的价格在现有价格上将更有余地，如果价格上升的话，我们也还是有竞争力。因为我们的价格和国外厂家的差距还是较大的，所以在国际市场上，中国目前的钢琴在质量上如果有所提高的话，应该具有一定的竞争力，而且对国际市场有很强的影响力。我觉得今后在国际市场上，特别是参加这种国际性的乐器展会时，除了一般的琴以外，应该拿出一些最能够说明自己技术，展现自己能力，体现企业实力的产品。当然不见得全部的产品都具有这种特性，起码要有一两件这样的产品作为样品放在展台上展示。近几次德国的一些著名的厂家都是这样，整个展台上众多钢琴里突出一两台，选用非常好的材质，声音调整的非常好，整体感觉企业有非常好的实力能够做出这么优秀的产品。当然，这些琴也确实非常好，是整个展会上的亮点。周末两天里，参观的都是社会上各界人士，许多人还要弹一弹，展会上到处都是音乐，如果我们的琴有特点，在弹奏的时候，给人的感觉比较突出一些，代表了企业真正的实力。我觉得今后中国的企业都应该突出一些产品，做出几个特别好的产品放在展台上说明我们的实力，当然我们便宜的琴也有，但是我们有能力做最好的。这样效果会更好一些。

中国的钢琴在进入国际市场时，具有自己的竞争力，特别是在大中型企业生产比较规范了之后，如果在工艺管理，控制上再细致一些，制作上把人为造成的缺陷再克服一些，完全可以作成一种工艺性的

产品，在质量的稳定和控制上应该说还是有保障的。另一个角度就是特殊的产品，比如说需要人工技术的，需要个人技能的。钢琴应该分为两部分，一方面是纯粹的工业产品，流水线作业，另一方面是特殊制作一些典型的东西，传统上坚持过去的，选用优秀的原料，这方面不仅能够展现企业的工业水平，而且体现一定实力的人工技术，更能体现企业今后强有力竞争的基础。

五、法兰克福展览使我更增加了信心

孙强（烟台龙凤钢琴公司总经理）

通过这次法兰克福乐器展，我感觉中国的钢琴在发展、在提高。日本雅马哈、卡瓦依的展位明显在缩小，我觉得他们的质量也不像我们想的那么高，就我个人而言，有几条收获。通过布展进一步展示了企业的形象。这次我们去法兰克福带了40台琴，我们的展位有150平米，另外还有5个展位，分别是欧洲代理的。我们的感觉今年比往年都要好，应该说是最好的一年。这个最好不是指定货量的多少，这次的展览会展示了我们企业的形象，进一步向世界展示了我们产品的情况，展会上的来宾普遍反映我们企业是中国最好的琴之一，和欧洲一样，没有什么差别。第二个收获就是巩固老客户，世界的客户都涌到法兰克福去了，我们也开发了新的客户，更重要的是为以后源源不断的货单提供和创造了机会。再一个是接触了非常重要的大的经销商和制造商，进行必要的商务合作方面的洽谈。

我还去了奥地利倍森朵夫钢琴厂，现场拍摄了照片，学到了不少东西，总体印象是它的经营比较困难，一年钢琴的产量三角琴只有400多架，刚刚换了股东，原来是美国的坎布在管理，1997年才接管，现在又换成了银行，我们通过奥地利代理进行了友好的参观。它的生产设备很简单甚至有点落后，大部分采取的是手工操作，但是对木材的前期处理非常重视，而且加工非常细腻，纯手工制作，工艺要求严格科学，管理上也比较严格，生产出来的产品确实是顶级的，但是普及品不行。通过参观这个厂还有日本的卡瓦依，我对自己更有信心了，下一步我们的目标是质量应该达到一个什么标准，我们企业发展到一个什么情况更加清楚，而且通过参观对我们采取技术上的措施，验证了我们的路子和理论都是正确的，增强了我们的信心。综合评价来说，这次法兰克福之行也是历届收获最大的一次。

六、带回样品开发新产品

刘作人（天津乐器厂厂长）

这次展会总的来讲规模比较大，比美国乐器展要大，我们厂单说手风琴一项，效果要远比美国展会强的多。展会组织比较成功，中国客户参加的也不少，大家在议论的时候感觉展会期间的生意都是不错的，我作为国有企业的参展商，确实拿到了不少定单，而且自己最大收获是感到国际上的新产品层出不穷，我带回来两件样品作为参考借鉴。另一方面从乐器方面的生意来讲，比去年要好得多了。从定货参加展会的踊跃情况来看，美博会的定单锐减，而法兰克福展览会的定货量和人数都不少，这是一个反差。我感觉这次展会是成功的，对上海举办乐器博览会也是一个影响。我们企业在上海已经订了摊位，国际上意大利著名的手风琴厂家有两家和我谈，能不能借我们的摊位摆两架琴，我对咱们自己的博览会的期待还是很高的，上海乐器展览会效果一定会不错的。

这次参加展览会的企业有天津乐器厂、江阴金杯手风琴厂、香河爱迪手风琴厂、天津静海东旺雅乐尔手风琴厂，琴的质量应该属于中下档。在这次展览会上，我们厂订出了几千架，主要我们是老厂老品牌，许多客户对我们的琴还是比较认的。但客户对我们也提出了一定意见，坦率的讲质量不算太好，比较适宜国外孩子学习使用，音色还过的去，外观相对粗糙一些，但价格便宜。一客户拿出一台48倍司的琴说，如果照这个样做，一年销二三千架琴是没有问题的，国外销售要达到5000元，利润还是很可观的。所以我们今年准备按这个样品开发新产品。

今年乐器行业是走上坡路的趋势，在展会中，大家都反映今年比去年好，在法兰克福展览会上聚在一起谈生意的人比往年要热烈的多。这对于乐器界是一件喜事，所以我们要特别加强新产品的开发，其次产品要抓管理，质量上也是很重要的。

七、乐器生产正在向两极分化

李书（江苏泰兴凤灵乐器公司总经理）

1月份我们参加了美国的乐器展览会，当时是3个展位。法兰克福的展会我们有5个展位。第一，德国和美国的客户比往年大大的减少，大概减少了30%以上，看来世界乐器行情受亚太经济的影响，都不是很好。

第二，乐器行业基本上4年到6年有一个周期，有4年到5年好的情况，有一年是低潮。我总结了一下，1976年一个低潮，1983年也有一个低潮，1989年还是有一个低潮，1997年又一个低潮，到今年应该也到低潮的阶段了。

第三，现在市场上比较混乱，主要是我们中国，工厂比较多，大家都在价格上打价格战。

我们公司无论是在美国还是德国的展会上，情况还是比往年好的，我们是第三次参加展会，从2000年开始，每年都参加，客户在逐步增加，原来的客户不太多，主要是依靠外贸，3年以来通过广泛的宣传基本形成了自己的客户范围，这次德国展览会我们的展位面积达到了50多平方米，而且会前的宣传也做得很好。总的来说，整个展会我们的展位做得是很好的，影响是比较大的。我们工厂的情况比往年好，

一季度生产增加15%。

在德国法兰克福展览会上，我们主要的收获是感觉到整个市场产品质量在不断的提高，价格上竞争非常激烈。目前产品生产出现了两个转化，一个是高质量高价格；一个是低质量低价格，向两极转化。我认为未来乐器市场将转向中国，无论是钢琴、还是提琴、吉他。

八、珠江新三角琴令人满意

徐国欣（珠江钢琴集团公司总经理助理、生产经营部部长）

这次法兰克福展览我们的展位有140多平方米，16架钢琴，布展很新颖，看起来灯光、布置都很舒服，这次到我们展位上来的有老客户，也有新客户，主要客户对我们展示都很满意，客流量非常大。

最近世界经济形势不太理想，一个是9.11事件，一个是欧元对美元的汇率一直比较疲软，近期有所好转。我们公司的订货情况，比去年好一点。9.11事件以后，美国展会上欧洲的客户非常少，这次到法兰克福展会的人就非常多，我们的客户对象主要是欧洲的，所以情况有好转。

在我们和客商、记者的交流中，了解到他们感觉这次法兰克福展览会的中国人参展的比较多，包括吉他、小提琴、钢琴零件销售的也比较多，另外去参观的人也很多，给人的感觉中国是一个很好的市场。

这次珠江钢琴订货，我们感觉较好，订货量有上升，对我们的产品质量，新的三角琴比较满意，有的客户在展会上走了一圈以后，还是认为我们的琴不错。

九、要多花工夫，提高产品质量

陈海伦（宁波新大乐器公司总经理）

德国法兰克福展览会给我的感觉是钢琴五金配件市场的发展潜力很大，质量标准基本上能够达到德国的标准，我们产品的价格很便宜，关键问题还是质量，只要质量问题解决好，就能够打开国际市场。我们现在完全按照国际标准来操作，日本或者韩国的都不一定能达到我们现在的水平。

我们现在的水平能够达到欧洲的标准，销售上没有问题，效果很好。德国的展会我们去了3次，这次有一个20多平米的展位，展会上同等质量的产品价格普遍高于中国的产品，我们的产品在德国市场上销售相当不错的。

我感觉要多花点工夫提高质量，中国钢琴及五金件上的价格都是有空间的，只要把质量提升一个档次，在国际上一定具有竞争力。在国际市场我们的质量和欧洲的差距不大，只要下工夫，价格就能上去，就能卖一个好价钱。

十、西管乐器与国外的差距在不断缩小

陈学孔（河北金音乐器制造公司总经理）

从整个情况来看，我感觉收获不小，新的客户尤其是提琴方面的有很深的感触，有三四个意大利的客户今年五月份要来工厂里看看，意大利对提琴的要求一直是比较高的，他们能看上我们的琴，说明我们的质量还是令人满意的。

管乐器方面，不少国外小国也在开始订我们管乐器。现在我们交不了货，主要以宣传为主。这次国内厂家去的不少，在产品质量上，档次上的差距来讲，都有明显的提高，但是和国外的相比还是有一定差距。

从总的来看感觉还是不错，比去年要强的多，也比我们预想中要好，有的客户现吹现弄，普遍对我们的产品是认可的。德国、美国大客户对我们的产品给予相当高的评价。会上专家也来了不少，我们也发了不少宣传资料。

十一、意向性成交2000～2500架

姜建荣（上海钢琴公司总经理）

上海钢琴公司今年的展台比去年大了一些，总共是60平米，成交情况也比去年好，意向性的订货在2000架～2500架，比去年有所上升。美国9.11以后，世界形势都不太景气，订单很低，今天感觉有反弹的味道，参展商比过去多，欧洲的厂商、小厂，还有过去没有来的客人都来了，应该是恢复的时候，总的感觉比较乐观。

十二、订货额比上年增长20%

张大鸣（营口东北钢琴集团公司总经理）

这次我们公司包括上海、北京、烟台在内都有一个较大的增长空间，我们公司的订货额比去年增长了20%，分解到各个国家或多或少都有增加，过去我们公司出口到法国的钢琴不太好，这次也有一些订货，还有中东、墨西哥、德国等也都增加了一点。估计我们公司出口到欧洲的琴大约在3800架～4200架，三角琴100多架。

十三、中国乐器大发展挤占了更多的世界市场份额

刘卫国（上海超拨实业公司总经理）

这次去参观展览，总的看法是人没有减少，摊位也没有少，还是那么多人，少了一部分人主要是中东，其他的人没有减少，所以还是受经济影响比较少，受9.11的影响比较少，受以巴冲突比较少，所以说这次展览会还是很正常的。

这次大家的业务都做得好，我问了一些相邻的业务员，问他们今年的业务怎么样，他们说都不错，都比去年要好，说明今年的业务量在稳步发展，不受9.11影响，我们的订单比去年更好，甚至今年比去年可以有超过30%的涨幅，所以我们自己是非常满

意的。总的看来，也有不好的，估计是日本，日本这个市场掉的比较大，我接触的一些客户，掉的比较大的就是日本，日本市场受中国冲击太厉害了，乐器有一个固定的市场存在的，过去是被全世界的乐器商分割，各个国家占有一定的比例，现在中国制造分割的比例要大一点，其中包括我们公司和其他乐器公司，有上海、广州、天津的公司，这些公司作的生意越来越大，从而挤占他们的比例，而且中国出口额还在继续往上走，而使日本、韩国往下掉，我国台湾也往下掉一点，我们往上走，世界乐器的需求量在往上增长，每年2%～3%，我们把别人的份额挤占了。估计以后我们还会增长，我们今年公司出口还要增长30%，出口金额会达到2400万美金。出现这种情况和乐器行业是一个有一定技术含量的劳动密集型行业有关，我们有丰富的劳动力，而且劳动力的素质比较高，这是别人没有的，我们有这些优势，而且最大的特点，就是随着世界市场化进程，我们学习掌握乐器的技术，我们的进步比较大，可以生产质量比较高，符合市场需要的产品，可以看出来我们制造西洋乐器的水平越来越高，越来越接近国外的普档产品和中档产品，包括大件乐器，钢琴也越来越接近国外产品，所以过去认为国内根本不行的产品，而现在也开始要大幅度地上去了，现在也要打出去，在这次展览会上，许多企业受到很好的评价，收到许多订单，我估计下一步，在明年这个时候还会有更大的发展。

如果乐器与国外接轨，要多条腿走路的方法，一个是我们要走出去，看看别人好的东西，一个是请进来，把人家新技术、新材料、新工艺引进来，可以提高我们工艺技术的水平，又有利于打回国际市场，增加国际市场份额。我们现在体制改革改得太慢，国有公司没有很好地进行改制，到了一定时候，就阻碍了他们的继续发展，我认为乐器行业应该搞体制改革了，乐器行业不适合国家来经营。乐器行业适合让民营、私人来搞,这个行业并不涉及到国计民生，如果是私人来搞，有人会把它当作一辈子的事来搞，当成家族的事，投入更大的本钱去把它搞好。

法兰克福展览结束了，它给人们留下了许多难忘的回忆，但更多的是给人们以力量，以信心、以鼓舞。中国的乐器工业刚刚起步，有许多事情要办，那就让我们从法兰克福的展览会上去寻找办法吧。办法只有一个，音乐与乐器是一对恋人，永不分离。中华民族是一个伟大的民族，相信有一天，中国的乐器展览会也能如此!

音乐永远伴随着你
——记参观2003年德国法兰克福乐器博览会

一年一度的德国法兰克福乐器博览会于2003年3月5日－3月9日举行。我有幸随中国乐器协会考察团参加了这一世界乐器盛会，亲眼目睹了世界最大的乐器博览会。

我们是3月5日下午一点半乘奥航从北京国际机场起飞的，经过全程7400公里近10个小时的飞行，于晚上7点多钟（欧洲与北京有7个小时的时差）到达奥地利，接着转机到德国法兰克福，到达德国法兰克福时，已经是晚上9点多钟了。我们住在离法兰克福还有半小时路程的一个小镇上。

我第一次踏上德国的国土，一切都感到那么新鲜，法兰克福位于德国的中心位置，工业经济发达，这里有世界最大的国际机场之一的法兰克福机场，从法兰克福开车到达德国的每一个地点，都超不过6小时。据说，在二战以后，德国经济恢复时期，法兰克福把发展展会业放在重要位置，从20世纪50年代开始，举办各类展览会，取得重大的进展，而令世界瞩目。其中乐器展览会是法兰克福展览业一个重要展会，每年举办一次，至今已经举办了25届。

3月6日一早，我们坐上了大巴，前往法兰克福乐器展览馆，一路上，绿草如茵，一片田园式的风光，但却挡不住我们参观乐器展览会迫不急待的心情。美丽的风光一会儿便被我们甩在后边，转眼间，法兰克福乐器展览馆已经映入我们的眼帘。

果然名不虚传，出现在我们眼前的法兰克福乐器展览馆是一个庞大的现代化建筑群，高达数十米的标志性的建筑高耸入云。周围十余座建筑群一个个显得那么宏伟壮观。整个法兰克福乐器展览馆占地面积为16万平方米，整个展馆群每个展馆有上下两层，大约有一万平方米的面积，展览馆之间都由密闭通道相连，在展馆和通道里都有明显的指示标志，引导观众到达想要参观的地方，上下层和各楼通道都设有滚梯，以帮助观众减少长时间步行的疲劳。

当我们来到展览馆门口时，看到门卫管理是相当严格的，没有入场证的观众是不允许入场的，入场证按参展商、经销商、普通观众的类别，区别不同颜色的胸卡，凡入场时都要在门口刷卡，以统计观众人数。同时，对没有入场证的普通观众实行购票入场，通票是46欧元，一天的票是24欧元,儿童是12欧元。当我们还没有进入展馆时，工作人员看到我们手里拿着照相机，便上前告知我们入馆后，不得进行拍照、摄像，如果不听劝阻，将会受到相应的处罚，使我们在没有进馆之前，使开始加了小心。

经过门卫的刷卡关进入展览馆后，到处是那样的丰富多彩，是那样的茫茫无际，满眼的乐器使人眼花缭乱、目不暇接。

展览会上，世界各个国家，各个民族的乐器都有展示，真正体现了乐器是世界文化宝库中的珍品。展览会上除了各种乐器的展出以外，我们在一号馆二层，还看到乐器儿童乐园，在这里有世界上各类乐器供孩子们学习演奏，一个个天真可爱的孩子通过乐器演奏，了解许多乐器知识，提高了音乐修养。从这里，我们可以看到德国在孩子身上进行音乐教育的一些作法。当我们一进入这儿童的乐器天堂时，一下子也好像年轻了几十年，变成一个顽童，把自已融入孩子堆里，与他们共享音乐的乐趣。

展览会上的观众也是来自世界各地，参观人群川流不息，不同肤色，不同语言的人聚集在一起，音乐的世界，乐器的海洋把世界大家庭紧紧地联系在一起。在这乐器世界的大花园，中国乐器如一朵朵绚丽的花四处绽放，可以说大多数乐器馆里都有中国乐器面孔的出现。远离祖国，真是“老乡见老乡，两眼泪汪汪”，有一种格外亲的感觉。在钢琴馆里，我见到珠江钢琴、星海钢琴、东北钢琴、上海钢琴，另外还有宁波东方琴业和海轮乐器公司的展位，他们分别展出了各式钢琴和钢琴配件，击弦机、张弦系统等。在弦乐器馆中，我见到了泰兴凤灵、广东红棉吉他、提琴的展位，在管乐器馆中，我见到了天津津宝、河北金音的展位，在手风琴馆中，我见到了江阴激扬乐器、河北香安乐器的手风琴。在吉他展馆中我见到了上海超拨公司总经理刘卫国以美国AXL公司设立的展位，当然，由于时间关系，或是展馆之大，使我一时还难以找到其他中国参展企业的位置，但是无论怎么说，在海外见到中国人，真是贴心的话儿说不完。在珠江钢琴的展位，我们对童志成总经理进行了独家采访，在东北钢琴展位上，我们见到了张大鸣总经理，张总满面春风，兴奋之情溢于言表，他说：“西方传统钢琴工业正在走下坡路，给中国的钢琴制造业留下了几年的发展空间，关健是中国钢琴制造业如何抓住这个机遇，现在中国钢琴在数量上肯定是世界第一了，但是在质量上现在需要作的工作有许多许多，我们的国企大厂每年都有新意，包括我们的老大哥珠江、星海每年都有新的产品带来。我们东北钢琴厂最近搞出了215产品，被国外专家评为与国际接轨的产品，我们在这个基础上再努一把力，东北钢琴愿意与国内同行共同努力，未来中低档钢琴肯定是中国钢琴的天下，没有一个国家能够战胜我们，现在国内比较乱，但这只是暂时的，能够登上世界大雅之堂的还是我们几个钢琴大厂。去年我们东北钢琴做了1583万美元的出口，是我们走向国际的成绩，今年我们还要增长20%～30%，出口要达到2000万美元。在国际上形成一个小的浪潮，今年6000架钢琴出口是没有问题的。”在北京星海钢琴展位上，我们见到赵惠臣总经理正在与外商进行谈判，真不好意思打扰他，影响了公司的生意。另外，我们也分别对泰兴提琴的李书总经理、香河乐器公司的曹振民总经理，江阴激扬乐器公司的时国兴总经理分别进行采访，陈学孔总经理说：“目前美国经济不景气，对中国乐器出口更为有利，因为美国人收入低了，没钱买高档的乐器，而中国乐器价格低，正适合他们的价格需要”。香河乐器公司的曹经理说“这个展览会的作用实在太大了，几天来，德国、意大利、美国、英国的客户都来与我们洽谈业务，而且都是这些国家最大的客户，现在我们公司的生产已经排到了6月份。”天津津宝乐器公司的王贵山副总说：我们这次来了10个人，业务员整天和来自各国的客户谈业务，这次我们的摊位是70多平方米，明年我们要增加到100平方米。”

但也有些人认为这次博览会客流和承交都不如往常，钢琴馆叫“Piano沙龙”原来参展企业鳞次栉比，一家接着一家，但是今年钢琴参展商比去年减少，反映了钢琴这一劳动密集型产品在西方发达国家已经是属于夕阳工业。另外客流量减少的原因是由于伊拉克的战事问题，造成一些经销商都是小心谨慎，订货量相对减少。在展览会上，我还见到了德国法兰克福展览公司为举办2003年中国上海乐器展览会设立的宣传展位，展位上摆放着大量有关上海乐器展览会的说明和介绍，服务小姐友好地为每一位咨询者详细介绍着有关中国乐器展览会的情况，看到这些，使我由衷地感到亲切，不由地拍下照来，让我们中国的读者也领会一下共同的感觉。

在这次博览会上，我与这次担任中国乐器协会代表团长的齐建平秘书长、信息部副主任白小琪一同拜会了德国法兰克福展览公司副总裁可俐·范·金女士， 她在极为繁忙的工作中接待了我们。双方在十分友好的气氛中回顾了去年在上海乐器展览会的会面。副总裁应《中国乐器》记者的要求，回答了有关问题。

她说“欢迎大家，去年我们在上海建立了成功的一步，下一步是成功的合作伙伴，我们非常高兴地与你们合作，我们希望把上海的展览办得更加成功。使上海的展览会办得更大，我们希望像在家里一样。”

当齐建平秘书长表示，现在国内有些企业表示明年参加德国乐器展览会的意愿时，副总裁表示在这次展会结束后两个月左右将把明年有关的资料寄到中国乐器协会，以便有关企业作为参展的依据。

副总裁详细介绍了这次展览会的基本情况，她说“我们乐器展与灯光展是分开的两个不同的展览会，整个展览馆建筑面积1 6万平方米，乐器展览馆面积10.6万平方米，乐器展位面积是4.7万平方米，今年的展览面积增加了1万平方米，增加的部分是录音室设备，广播电台播音员用的设备以及木管乐器部分。这次乐器展览会1500家企业参展，8万观众，有4.5万人是普通观众，专业观众是3.5万人，有三分之一是来自海外的观众，有1.5万人是来自德国以外的国家，这个展览会很大，必须进行很好的组织，每一个产品有一个特定的地方，这次我们设有钢琴馆、弦乐馆，电吉他馆，鼓馆，媒体馆，铜管乐器馆，键盘，录音设备馆有10个不同层面的馆，钢琴馆是9000平方米，日本等雅马哈公司独立设立了展馆。到昨天下午，整个观众增长7%，海外观众增长13%。目前，德国经济状况不太好，销售是比较慢，所以这个展览会主要对象是针对整个欧洲，和其他地区美国和亚州地区。”

记者问到，今年的展会与往年相比有什么不同时，可俐·范·金女士说：“去年我们把两种不同的产品，弦乐器和鼓、铜管乐器放在一起，效果不太好，弦乐器观众不太多，而鼓太吵了，铜管乐器无法听见，使许多经销商无法做生意。我们在今年把他们重新安排，分配好，设在不同的地域，在需要演奏的地方，声音比较大的乐器，我们还设立了隔离的视听室，把他们单独隔离开来，使他们不影响其他展位，这样效果就比较好了。同时，我们对新产品还设立了单独的展区，以便观众能够十分醒目地看到它。”

当问到目前德国乐器生产情况时，可俐·范·金女士回答说：“现在德国有许多生产乐器的企业，主要做传统乐器，他们在钢琴和铜管乐器方面很强，木管乐器也很强，暂时来说，德国本土产品销售较慢，出口要占到60%，对于德国来说，海外市场要大于国内市场，这次海外来参观的人很多，所以这次展览会对德国来说，是一次成功的展览会。我们的很多德国公司与中国有过联系，这方面我们要加强与他们的沟通，他们高兴与中国公司合作，把德国的乐器介绍到中国来。”

记者请副总裁对目前中国乐器的发展做出评价时，她说：“我相信中国的产品在国际上有竞争力，但今后重要的是改进包装。办好乐器展览会，要搞好展台的搭建和形象设计，要拍一些照片，把产品表现出来。通过后期加工的办法，使我们的乐器更突出的表现出来。

对于2003年中国上海乐器展览会的合作问题，副总裁表示：“我们正在重新部署，与中国乐器协会以及上海展览公司共同合作，努力把展览会搞好，按产品分类，分区解决去年的问题。展馆位置在上海是一个很好的地区，第一次搞，面积小了一点，但这是一个成功的展览，我相信通过展览会一年一年搞，不断地解决问题，一次会比一次办得好。以后的展览会会办得更好。”

参观法兰克福展览，要想全面了解展会情况确实不易，需要有时间和精力。但毕竟我第一次亲眼见到了这一世界最大的乐器展览会，连续长时间的听和看，给我留下了众多的回忆，使我领略了当今世界乐器发展的前沿，它给我带来了许多启示。

参观完展览会以后，它引起了我的许多暇想，我们中国的乐器行业什么时候能够达到或者接近这一世界顶级的展览会水平呢？我们的不足和差距又在什么地方呢？

通过参观展览会，有我欣喜的一面，就是中国开始大举进入世界乐器市场，已经占有举足轻重的一席之地。除了多年在法兰克福参展的乐器生产企业以外，又有一些新的企业正在陆续进入这一世界乐器窗口，在展览会上我们也不断见到中国人的身影，他们都是在了解世界乐器市场的情况，准备走出国门，向国外发展势力。与大多数中国参展商接触，普遍感到中国乐器受到世界乐器经销商的青睐，我们经常看到中国各个展位门前，门庭若市，来洽谈判外国客户络绎不绝，有的客户甚至排不上队，这些都充分反映中国乐器在世界乐器市场的地位不断提高。

通过这次展览会，我也看到了中国乐器与国外乐器的差距。一是：就单件乐器而言，参展乐器的外观质量比外国乐器逊色，不如国外乐器制作精美。二是：在展位布展方面，一布展风格显得零乱，不够档次。三是展览会的组织管理方面，不仅展览面积上无法相比，目前国内展览面积仅是它的八分之一到十分之一，特别是展览环境有较大差距。参观法兰克福展览会，置身于其中，仿佛进入了一个乐器的宫殿，使观众可以得到全方位的满足。有生意的满足：在这里可以看到来自世界各地的乐器生产商和采购商，使供需双方得到充分的利益需求。有知识的满足：在这里可以看到各类有关乐器的书籍、乐器实物、乐器演奏，乐器教学，使参观者可以获得最大的乐器知识方面的索取；有休闲的满足：参观展览是一件十分辛苦的事情，展览会为了给参观者创造一个宽松，令人心旷神怡的氛围，在各展馆中都设有许多装饰精美的酒巴和快餐部，周围都设有园桌，长椅，甚至还有喷泉流水，参观累了，稍事休息，好像不是在参观展览，而是在花园里小憩。有规范秩序的满足：乐器本身就是代表人类文明的艺术品，需要有规范高雅的秩序相伴随，参观法兰克福展览会确实令人有这样的感觉，进入展览馆之前，有着严格的入场规定，不是一切闲杂人等可以随便出入的，进入展馆以后，听到的只有清新的音乐，看到是每一个谈判间的紧张工作，这里没有集市般的喧哗声和叫卖声，在展览馆内外没有任何地摊和走商。在这里，确实给人一种来到世界艺术殿堂的感觉，每个人都得到升华。

想着，想着…… 我好象进入了梦幻，我忽然醒了过来，人家再好，也不是自已的，只有自己的，才是最好的。中国乐器已经迈出了一大步，而且是大大的一步，中国乐器制造业和展览业达到法兰克福的水平不是没有希望的，因为中国乐器展览正在向世界第三大展览业的目标进发。

（晓峰）

2001年世界乐器与音响225强

排序 01年	排序 00年	公司	2001年销售收入	职员数	负责人	国家和地区
1	1	YAMAHA CORPORATION	$4,067,790,000	8,084	ShuJi Ito	Japan
2	2	KAWAI MUSICAL INSTR. MFG. CO. LTD.	$611,618,520	2,959	Hirotaka Kawai	Japan
3	3	ROLAND CORPORATION	$495,643,334	776	Katsuyoshi Dan	Japan
4	4	HARMAN PROFESSIONAL DIVISION	$449,189,000	2,870	Mark Terry	USA
5	5	STEINWAY MUSICAL INSTRUMENTS	$352,612,000	2,847	Dana Messina	USA
6	6	FENDER MUSICAL INSTRUMENTS	$275,000,000	1,800	William C. Schultz	USA
7	8	YAMANO MUSIC COMPANY, LTD.	$255,000,000	600	Masamitsu Yamano	Japan
8	9	SHURE INCORPORATED	$250,000,000	1,250	Sandy Lamantia	USA
9	10	KHS music CO., LTD.	$225,000,000	3,500	Wu Hsieh	China Taiwan
10	11	TELEX COMMUNICATIONS	$218,000,000	1,900	Ned C. Jackson	USA
11	7	PEAVEY ELECTRONICS	$210,000,000	1,600	Hadley Peavey	USA
12	12	MACKIE DSIGNS	$206,539,000	1,250	James Engen	USA
13	15	AUDIO-TECHNICA CORPORATION	$186,500,000	600	Kazuo Matsushita	Japan
14	13	SENNHEISER ELECTRONIC	$185,000,000	1,300	Jorg Sennheiser	Germany
15	18	SAMICK CORP.	$170,000,000	4,700	Jong Sup Kim	South Korea
15	14	TOM LEE MUSIC CO˜ LTD.	$170,000,000	550	Frank Lee	China Hong Kong
16	17	MITEK GROUP (ATLAS AUDIO)	$165,000,000	1,150	Loyd Ivey	USA
17	19	YOUNG CHANG AKKI LTD.	$160,000,000	2,600	J. Kim	South Korea
18	16	CASIO COMPUTER KEYBOARD DIVISION	$155,000,000	N/A	Kazuo Kashio	Japan
19	20	BOOSEY & HAWKES LTD	$147,800,000	1,500	Richard Holland	United Kingdom
20	22	GIBSON GUITAR CORP.	$125,000,000	600	Henry E. Juszkiewicz	USA
21	21	KAMAN MUSIC CORPORATION	$120,600,000	395	Robed Saunders	USA
22	24	HOSHINO GAKKI MFG. CO, LTD	$119,000,000	77	Yoshihiro Hoshino	Japan
23	25	KORG, INC.	$112,900,000	330	Tsutomu Katoh	Japan
24	26	ARTIS FINANCE. SA	$109,373,495	400	Joelle Poirier	France
25	23	DIGIDESIGN DIVISION OF AVID	$108,000,000	300	William Flaherty	USA
26	28	ESP CO., LTD	$96,000,000	800	Masatoshi Chuma	Japan
27	27	HAL LEONARD CORPORATION	$93,200,000	290	Keith Mardak	USA
★ 28	29	广州珠江钢琴集团	$91,000,000	4,500	童志成	中国
29	34	WENGER CORPORATION	$85,000,000	550	Robed J. McKenna	USA
30	31	TECHNICS MUSICAL INSTRUMENT DIVISION	$84,000,000	100	Kunio Nakamura	Japan
31	N	SANECORE GROUP LTD	$83,000,000	1,000	Michael Chang	China Hong Kong
32	33	ST. LOUIS Music CORP.	$82,000,000	450	Eugene Kornblum	USA
33	36	COPT MUSICAL INSTRUMENT CO., LTD	$77,250,000	2,000	Young H. Park	South Korea
34	35	PEARL MUSICAL INSTRUMENTS CO., LTD.	$77,000,000	170	Masani YanaDsawa	Japan
35	58	AXL MUSICAL INSTRUMENTS	$75,000,000	3,000	Alan Liu	USA
36	32	HERMES MUSIC	$74,000,000	170	Alberto Kremerman	USA
37	39	TASCAM DIVISION OF TEAC	$73,300,000	160	Norio Tanura	Japan
★ 38	42	北京星海乐器有限公司	$73,000,000	4,000	赵惠臣	中国
39	44	MARTIN GUITAR COMPANY	$71,100,000	831	Christian F. Martin IV	USA
40	61	BEHRINGER SPEZIELLET STUDIOTECHNIK	$70,000,000	120	Uli Behringer	Germany
41	37	QSC AUDIO PRODUCTS	$68,000,000	425	Barry Andrews	USA
42	43	G. LEBLANC CORP.	$65,000,000	490	Leon Pascucci	USA
43	46	J. D'ADDARIO & COMPANY	$62,400,000	600	James D'Addario	USA
44	45	ZEN-ON MUSIC CO., LTD.	$61,000,000	75	Keiichiro Nakamura	Japan
45	38	ALLEN ORGAN	$60,490,513	510	Steve Markowitz	USA
46	40	MBT INTERNATIONAL	$60,000,000	113	Dan Mahoney	USA
47	N	PARSONS MUSIC	$58,000,000	N/A	N/A	Hong Kong
48	52	NONAKA BOEKI CO., LTD.	$56,000,000	8O	H John NonaKa	Japan
49	8	SINGING MACHINE COMPANY	$55,431,595	75	John Klecha	USA
50	63	MUSIK MEYER	$55,200,000	175	Matthias Meyer	Germany
51	78	ALGAM	$55,000,000	130	Gerard Gameier	France
52	68	ARBITER GROUP PLC	$54,973,000	124	Andrew Landesberg	United Kingdom
★ 53	62	东北钢琴公司	$54,500,000	3,200	张大鸣	中国
54	50	WASHBURN INTERNATIONAL	$54,100,000	184	Rudolf Schlacher	USA
55	49	COSMOS CORP	$54,000,000	100	Myung Sool Min	South Korea

排序 01年	00年	公司	2001年销售收入	职员数	负责人	国家和地区
56	56	MUSIK HUG AG	$53,800,000	311	Erica Hug	Switzerland
57	47	ROLAND EUROPE SPA	$53,000,000	230	C Lucarelli	Italy
58	54	SAMSON TECHNOLOGIES CORP	$52,750,000	87	Scott Goodman	USA
59	59	ROLAND MEINL	˜52,50o,000	153	Reinhold meinl	Germany
60	N	STANTON GROUP	$52,000,000	85	Gerard Cohen	USA
61	51	SUGANAMI GAKKI CO., LTD.	$51,500,000	180	Keiji Fujii	Japan
62	30	BALDWIN PIANO INC.	$51,000,000	190	Henry Juskiewicz	USA
63	55	CANARE ELECTRIC CO., LTD.	$50,500,000	93	Kimio Kawamoto	Japan
64	53	WARNER BROS. PUBLICATIONS	$50,400,000	200	Fred S. Anton	USA
65	57	PRIMA GAKKI CO., LTD.	$49,200,000	105	Yukic Ohashi	Japan
66	60	KANDA SHOKAI CORPORATION	$48,000,000	85	Masayuki Suzuki	Japan
67	64	BEYERDYNAMIC	$47,500,000	260	Fred R. Beyer	Germany
68	76	TAYLOR GUITAR	$46,300,000	335	Kurt Listug	USA
69	69	JA MUSIK GMBH	$45,000,000	400	Gerhard Meinl	Germany
70	66	GEWA GMBH	$43,2OO,000	205	Hans Peter Messener	Germany
71	65	SUZUKI MUSICAL iNSTRUMENT MFG. CO.,	$43,100,000	190	Manji Suzuki	Japan
72	70	RELIANCE INTERNATIONAL CORP.	˜4&050;000	35	Joseph Chen	Taiwan
73	73	REMO INC.	$43,000,000	330	Remo D. Belli	USA
74	81	NUMARK INDUSTRIES	$42,000,000	60	John O'Donnell	USA
75	48	GEMINI SOUND PRODUCTS	$40,000,000	110	Atan and Artie Cabasso	USA
76	67	G.A. YUPANGCO & CO.	$39,880,000	447	Philip Yupangco	PhiLippines
77	102	PRONg SPA	$39,800,000	103	Fabrizio Sorbi	Italy
78	75	LINE 6	$38,900,000	208	Mike Muench	USA
79	83	SOUND HOUSE, INC.	$38,500,000	55	Rick Nakajima	Japan
80	82	AVEDIS ZILDJIAN COMPANY	$38,171,000	161	Craigie Zildjian	USA
81	84	AMERICAN DJ, INC.	$38,000,000	125	Charles Davies	USA
81	80	SKB CASE	$38,000,000	550	Dave Sanderson	USA
82	72	MORIDAIRA MUSICAL INSTRUMENTS CO., L	$37,700,000	75	Toshio Moridaira	Japan
83	79	PHONIC CORPORATION	$37,212,103	1,273	Stephan M.L Wang	China Taiwan
84	90	ERNiE BAL˜ı˜[C MAN	$37;000,000	220	Sterling 8atl	USA
85	71	T. KUROSAWA & CO., LTD.	$36,900,000	120	T. Kurosawa	Japan
86	91	MARSHALL AMPLIFICATION PLC	$36,800,000	275	Jim Marshall	United Kingdom
87	41	HOHNER, MATTH., AG	$35,500,000	450	Dr. H. Braeuning	Germany
88	86	MUSIC SALES, LTD.	$35,250,000	150	Robert Wise	United Kingdom
89	94	GODIN GUITAR COMPANY	$35,000,000	400	Robert Godin	Canada
90	77	EMINENCE SPEAKER CORP.	$34,468,068	213	Rob Gault	USA
91	87	GENERALMUSIC S. P. A.	$34,000,000	300	Raffaele Galanti	Italy
92	89	HENRI SELMER, ET CIE	$33,900,000	550	George Selmer	France
93	113	PETROF PIANO S.R.O.	$33,520,000	500	Jan Petrol	Czech Republic
94	N	STAMER GROUP	$33,180,000	160	Lothar Stamer	Germany
95	i03	HANSER HOLDINGS INTL (DAVITI' & HANSER)	$32,200,000	71	Jack Hanser	USA
96	93	HARRISTELLER CORP.	$31,600,000	70	Edward Harris	USA
97	N	SHIMOKURA MUSICAL INSTRUMENTS CO.	$31,000,000	60	Kouko Shimokura	Japan
98	85	FERNANDES CO., LTD	$30,900,000	70	Shigeki Saito	Japan
99	74	ALESIS CORP.	$30,500,000	40	John O'Donnell	USA
100	98	ALFRED PUBLISHING	$30,426,000	175	Steve Manus	USA
101	101	YORKVILLE SOUND	$30,000,000	210	Steve Long	Canada
102	95	BOSENDORFER GMBH	$29,926,000	220	Dr. Rudolf Arlt	Austria
103	92	AI(AI PROFESSIONAL M.I. CORP.	$29,900,000	80	Shigeaki Sugino	Japan
104	99	KYOWA SHOKAI CO., LTD	$29,000,000	55	Katsuhisa Sakurai	Japan
105	97	ARAI & CO., INC.	$28,881,000	52	Shiro Arai	Japan
106	100	FUJIGEN INC.	$28,750,000	175	Yuichiro Yokouchi	Japan
107	149	M-AUDIO M-AUDIN	$28,000,000	77	Tim Ryan	USA
108	104	SONIC FOUNDRY	$26,284,000	239	Monty R. Schmidt	USA
109	109	CARVIN CORP.	$26,188,000	177	Carson Kiesel	USA
110	138	AUSTRALIS MUSIC GROUP PTY	$26,000,000	112	Peter Hayward	Australia

排序 01年	00年	公司	2001年 销售收入	职员数	负责人	国家和地区
110	111	MIDCO INTERNATIONAL	$26,000,000	50	David Samuel	USA
111	107	KONIG & MEYER	$25,750,000	220	Martin Konig	Germany
112	112	STEINBERG MEDIA TECHNOLOGIES AG	$25,515,000	176	Manfred Rurup	Germany
113	110	VANDOREN S.A.	$25,500,000	150	Bernard Vandoren	France
114	96	T,C, ELECTRONIC A/S	$25,400,000	170	Anders FauersKov	Denmark
115	188	PIANODISC	$25,200,000	193	Gary Burgett / Kirk Burgett	USA
116	106	WILHELM SCHIMMEL PIANOFORTEFABRIK	$25,000,000	227	Klaus Schimmel	Germany
117	116	GHS STRINGSIROCKTRON	$24,500,000	15	Russel/S. McFee	USA
118	124	MAXTONE MUSICAL INSTRUMENT MFG. CO.	$24,150,000	60	Oscar Wu	China Taiwan
119	125	VESTAX CORPORATION	$23,777,000	45	Toshihide Namama	Japan
120	127	ULTIMATE SUPPORT SYSTEMS	$22,600,000	80	James Dismore	USA
121	134	NADY SYSTEMS	$22,250,000	87	John Nady	USA
123	120	CASA VEERKAMP S,A. DE C,V.	$22,100,000	120	Walter & Wemer Veerkamp	Mexico
124	119	KJOS MUSIC	$22,000,000	65	Nell A. Kjos. Jr.	USA
125	121	EM NORDIC AB	$2t,590,000	104	Benny Englund	Sweden
126	105	ZOOM CORPORATION	$21,500,000	38	Hiroshi Mamuo	Japan
127	122	WHIRLWIND INC.	$21,200,000	150	Michael Lalacona	USA
128	179	PAUL REED SMITH GUITARS	$21,000,000	140	Paul Reed Smith	USA
129	146	BECHSTEIN PIANO GROUP	$20,900,000	230	Karl Schulze	Germany
130	123	LATIN PERCUSSION	$20,800,000	75	Martin Cohen	USA
131	114	CALZONE / ANVIL CASE CO.	$20,750,000	165	Joseph E. Calzone III	USA
132	132	RODGERS INSTRUMENTS LLC	$20,547,000	158	Dennis M. Houlihan	USA
133	118	GEMEINHARDT CO., INC.	$20,430,000	165	Robert E. McKinley	USA
134	133	MAPES PIANO STRING COMPANY	$20,250,000	212	Bill Schaff	USA
135	129	SABIAN LTD.	$20,125,000	125	Dan Barker	Canada
136	130	AMATI-DENAK S.R.O.	$20,100,000	720	Manfred Prem	Czech Republic
137	135	DEAN MARKLEY STRINGS	$20,000,000	125	Dean Marktey	USA
138	137	CHESBRO MUSIC	$19,900,000	90	Vanetta Wilson	USA
139	117	LOUIS RENNER GMBH	$19,800,000	215	Siegfried Hofmann	Germany
140	143	TKL PRODUCTS CORPORATION	$19,500,000	75	Thomas Dougherty	USA
141	131	FOSTEX CORPORATION	$19,100,000	70	Kazunobu Anal	Japan
142	140	MUSIC INDUSTRIES CORP.	$19,000,000	24	Dennis Brierel	USA
143	144	HORIZON MusIc	$18,500,000	200	Dale Williams	USA
144	139	BBE SOUND, INC	$18,400,000	60	John McLaren	USA
145	142	GENEVA INTERNATIONAL	$18,000,000	43	Earl Matzkin	USA
146	160	JOHN HORNBY SKEWES & COMPANY LTD.	$17,971,700	77	John Hornby Skewes	United Kingdom
147	126	TOYO PIANO MFG. CO., LTD.	$17,500,000	110	Morihito NagasaKa	Japan
148	128	GLOBAL & CO., INC.	$17,200,000	36	Tadamichi Fukuda	Japan
149	N	CELESTION INTERNATIONAL LTD.	$17,000,000	150	Frank DiGirolamo	United Kingdom
150	154	CAKEWALK MUSIC SOFTWARE	$16,300,000	65	Greg Hendershott	USA
151	158	WESTHEIMER CORP,	$16,200,000	15	Jack Westheimer	USA
152	186	LUTHMAN SCANDINAVIA KB	$16,100,000	62	Niclas Luthman	Sweden
153	212	LYON & HEALY HARPS	$16,000,000	150	Antonio Forero	USA
154	156	CASALE BAUER	$15,900,000	18	Hans Bauer	Italy
155	151	RAPCO CABLE	$15,600,000	150	Dale Williams	USA
156	148	FATAR S.R.U	$15,500,000	120	N/A	Italy
157	187	THE MUSIC LINK	$15,250,000	36	Steve Patrino	USA
158	163	WEBER PIANO	$15,200,000	10	M.S. Lee	USA
159	159	HHB COMMUNICATIONS LTD.	$t5,100,000	65	an Jones	United Kingdom
160	184	DRUM WORKSHOP	$15,000,000	95	Chris Lombardi	USA
161	168	TAKAMINE GAKKI SEISAKUSHO CO., LTD.	$14,900,000	105	Hiroshi Sugmura	Japan
162	162	INTERCONTINENTAL ELECTRONICS (VlSCOUr	$14,800,000	220	Mauro Galanti	Italy
163	152	TOYAMA MUSICAL INSTRUMENT CO., LTD.	$14,750,000	140	Takamura Toyama	Japan
164	161	GREAT CENTURY	$14,700,000	95	Robert Hsiang	China Taiwan
165	183	MUSICLINK	$14,600,000	50	Mike Daws	Australia
166	169	MEL BAY PUBLISHING	$14,534,000	70	William Bay	USA

	排序 01年	排序 00年	公司	2001年销售收入	职员数	负责人	国家和地区
	167	164	RICKENBACKER INTERNATIONAL	$14,500,000	90	John C. Hall	USA
	168	167	CHARLES DUMONT & SON	$14,325,000	48	Charles J. Dumont	USA
	169	174	CARL FISCHER PUBLISHING LLC	$14,200,000	35	Sandy Fetdstein	USA
	170	166	SOUND CHOICE ACCOMPANIMENT TRACKS	$14,100,000	72	Kurt J. Slep	USA
	171	165	PRO TEC INTERNATIONAL	$14,000,000	45	Sunjeen Choe	USA
	172	145	SELENIUM LOUDSPEAKERS	$13,900,000	250	N/A	Brazil
	173	172	QRS TECHNOLOGIES, INC	$13,587,962	49	Richard A. Dolan	USA
	174	173	MOGAR MUSIC S.R.L	$13,575,000	25	Alberto Monzino	Italy
	175	175	PAISTE HOLDING AG	$13,550,000	120	Erik Paiste	Switzerland
	176	185	THE MUSIC PEOPLE	$13,500,000	30	James Hennessey	USA
	177	189	LEEM PRODUCTS CO., LTD.	$13,400,000	65	ck Chan Leem	South Korea
	178	176	TAY-E COMPANY LTD.	$13,300,000	115	Sao Pao	China Taiwan
	179	178	ADAM HALL GMBH	$13,200,000	48	David Kirby	Germany
	180	170	COMMUNITY PROFESSIONAL AUDIO	$13,000,000	140	Bruce Howze	USA
	181	190	ARMADILLO ENTERPRISES	$12,905,000	23	Elliott Rubinson	USA
	182	153	SHIMRO MUSICAL INSTRUMENTS	$12,900,000	350	Jae Yup Shim	South Korea
	183	181	KIKUTANI MUSIC CO., LTD	$12,800,000	22	Toshi Kikutani	Japan
	184	180	THE GETZEN COMPANY	$12,525,021	110	Tom Getzen	USA
	185	147	DUNLOP MFG.	$12,500,000	105	James Dunlop	USA
	186	177	VIC FIRTH STICKS	$12,314,410	70	Vic Firth	USA
	187	157	TODOMUSICA S.A.	$12,200,000	50	Rafael Pedace	Argentina
	188	115	ROKKOMANN, INC.	$12,000,000	30	Shokichi Kidd	Japan
	189	182	ED. SELLER PIANO	$11,500,000	120	Ursula Seller	Germany
	190	210	WARWICK GMBH & CO.-MUSIC EQUIPMENT	$11,360,871	56	Hans-Peter Wilfer	Germany
	191	192	CTI AUDIO INC.	$11,250,000	98	William Ross	USA
	192	198	PRO-MARK STICKS	$11,104,100	40	Maury Brochstein	USA
	193	N	PRO MUSIC PIY. LTD.	$11,000,000	25	Ian Corazzol	Australia
★	194	208	TEAM INTERNATIONAL MUSIC	$10,591,000	39	C.C. Tsai	CHINA
	195	199	STRUNAL, S.R.O.	$10,550,000	315	Vlastimil Jirasek	Czech Republic
	196	141	PREMIER PERCUSSION LTD.	$10,250,000	75	John James	United Kingdom
★	197	N	泰兴凤灵乐器有限公司	$10,100,000	1280	李书	中国
	198	210	WERIL INSTRUMENTOS MUSICALS LTDA.	$10,029,971	285	Nelson Weingrill	Brazil
	199	195	SWR SOUND CORP.	$10,010,000	36	Daryt Jamison	USA
	200	197	NEW SENSOR	$10,000,000	40	Mike Matthews	USA
	201	204	DEG MUSIC PRODUCTS	$9,900,000	17	Mark W. Schafer	USA
	202	193	E.K. BLESSING CORP.	$9,800,000	115	Randy Johnson	USA
	203	209	MANUFACTURAS ALHAMBRA, S.L.	$9,750,000	84	James Julia	Spain
	204	191	PRO CO SOUND, INC.	$9,700,000	120	Charles Wicks	USA
★	205	N	GRAND REWARD EDUCATION CO., LTD.	$9,600,000	400	C.W. Tsai	CHINA
	206	214	MESA BOOGIE	$9,550,000	100	Randall Smith	USA
	207	202	LPD MUSIC INTERNATIONAL	$9,500,000	34	Harry J. Bernstein	USA
	208	200	BOSTON PIANO JAPAN	$9,450,000	12	Yasunari Nakamura	Japan
	209	196	SABINE	$9,400,000	75	Doran Oster	USA
	210	207	EQUIPSON S.A.	$9,375,000	50	Jose Vila Ortiz	Spain
	211	210	SCHAFF PIANO SUPPLY	$9,300,000	40	David Johnson	USA
★	212	213	GUANG ZHOU BOURGADE	$9,250,000	900	Xing Baojia	CHINA
	213	188	PRIDE MUSIC	$9,100,000	30	Lucid Grossman	Brazil
	214	203	CMI AUSTRALIA	$9,000.000	28	Drago Trojkovlc	Australia
	215	205	ITOSHIN MUSICAL INC.	$8,875,000	23	Riha ltd	Japan
	216	N	KAY GUITAR COMPANY	$8,600.000	12	Tony Blair	USA
	217	224	STENTOR MUSIC CO,, LTD.	$8,550,000	34	Michael Doughty	United Kingdom
	218	211	ENRIQUE KELLER S.A	$8,500.000	t00	Jorge Kelle˜ De Porras	Spain
	219	N	TEVELAM S.R.L	$8,465,000	35	Hugo Martellotta	Argentina
	220	201	MURAMATSU INC.	$8,300.000	40	Osamu Muramatsu	Japan
★	221	N	河北金音乐器有限公司	$8,250,000	850	陈学孔	中国
	222	194	ELECTRIC FACTORY	$8,000,000	30	Chris Cumming	Australia
	223	206	FISHMAN TRANDUCERS	$7,950,000	84	Larry Fishman	USA
	224	N	AUSTRALIAN MUSIC SUPPLIES PTY. LTD.	$7,755,000	20	Kevin Hague	Australia
	225	210	MIRAPHONE GRASLITZER MUSIKINSTRUMEN	$7,650,000	90	Markus Theinert	Germany

译自美《音乐贸易》杂志

2001年世界音乐市场分布与排序

以下数据出自美国对世界分析情报机构和世界银行的资料，以及有关国家行业协会、政府机构的报告。其中销售数字包括零售值和当地的附加税值

国别(地区)	总音乐产品销售值	人均购买音乐产品支出	人口	国民生产总值	人均国民生产总值
阿根廷	$47,644,149	$1.26	37,812,817	$453,000,000,000	$11,980
澳大利亚	$224,788,108	$11.50	19,546,792	$465,900,000,000	$23,835
奥地利	$88,235,233	$10.80	8,169,929	$220,100,000,000	$26,940
比利时	$134,597,194	$13.10	10,274,595	$267,000,000,000	$25,986
巴西	$154,906,012	$0.88	176,029,560	$1,340,000,000,000	$7,612
加拿大	$513,626,514	$16.10	31,902,268	$875,000,000,000	$27,427
智利	$20,923,555	$1.35	15,498,930	$153,000,000,000	$9,871
中国	$410,657,185	$0.32	1,283,303,705	$5,560,000,000,000	$4,332
捷克	$15,897,978	$1.55	10,256,760	$147,900,000,000	$14,419
丹麦	$73,821,742	$13.75	5,368,854	$149,800,000,000	$27,901
法国	$806,840,770	$13.50	59,765,983	$1,510,000,000,000	$25,265
德国	$932,420,731	$11.20	83,251,851	$2,174,000,000,000	$26,113
希腊	$31,936,029	$3.00	10,645,343	$189,700,000,000	$17,819
中国香港	$118,679,177	$16.25	7,303,334	$180,000,000,000	$24,646
意大利	$337,636,406	$5.85	57,715,625	$1,402,000,000,000	$24,291
日本	$2,488,702,708	$19.6	126,974,628	$3,450,000,000,000	$27,170
墨西哥	$139,590,222	$1.35	103,400,165	$920,000,000,000	$8,897
荷兰	$195,223,211	$12.15	16,067,754	$413,000,000,000	$25,703
挪威	$58,826,508	$13.00	4,525,116	$138,700,000,000	$30,651
菲律宾	$63,394,229	$0.75	84,525,639	$335,000,000,000	$3,963
波兰	$36,751,204	$0.95	38,685,478	$339,600,000,000	$8,778
葡萄牙	$30,252,735	$3.00	10,084,245	$174,100,000,000	$17,264
俄罗斯	$159,476,430	$1.10	144,978,573	$1,120,000,000,000	$7,725
南韩	$287,527,800	$5.95	48,324,000	$865,000,000,000	$17,900
西班牙	$182,350,350	$4.55	40,077,000	$757,000,000,000	$18,888
瑞典	$86,104,416	$9.70	8,876,744	$219,000,000,000	$24，871
瑞士	$116,101,704	$15.9	7,301,994	$226,000,000,000	$30，950
中国台湾	$89,481,844	$4.00	22,370,461	$386,000,000,000	$17,254
英国	$651,580,221	$10.9	59,778,002	$1,470,000,000,000	$24,59O
美国	$6,812,057,232	$24.28	280,562,489	$10,000,000,000,000	$35,642

译自美《音乐贸易》杂志

2002年全球乐器与音响225强

排序 02年	排序 01年	公司	2002年销售收入	职员数	负责人	国家和地区
1	1	YAMAHA CORPORATION	$4,858,700,000	23,563	ShuJi Ito	Japan
2	2	KAWAI MUSICAL INSTRUMENTS	$581,896,000	1,712	Hirotaka Kawai	Japan
3	3	ROLAND CORPORATION	$528,400,000	729	Katsuyoshi Dan	Japan
4	4	HARMAN PROFESSIONAL(DIV.HARMAN INTL)	$424,742,000	2,547	Mark Terry	USA
5	5	STEINWAY MUSICAL INSTRUMENTS	$332,297,000	2,546	Dana Messina	USA
6	8	SHURE CORPORATION	$267,500,000	1,250	Sandy Lamantia	USA
7	13	AUDIO-TECHNICA CORPORATION	$245,000,000	650	Kazuo Matsushita	Japan
8	6	FENDER MUSICAL INSTRUMENTS	$244,158,000	1,700	William C. Schultz	USA
9	7	YAMANO MUSIC COMPANY, LTD.	$235,345,000	520	Masamitsu Yamano	Japan
10	10	TELEX COMMUNICATIONS	$218,900,000	1,340	Raymond V Malpocher	USA
11	9	KHS/musix CO., LTD.	$215,683,000	3,594	Wu Hsieh	Taiwan China
12	14	SENNHEISER ELECTRONICS GMBH	$200,000,000	1,300	Jorg Sennheiser	Germany
13	11	PEAVEY ELECTRONICS CORP.	$190,000,000	1,400	Hartley Peavey	USA
14	12	LOUD TECHNOLOGIES CORP.	$187,400,000	1,125	James Engen	USA
15	15	TOM LEE MUSIC CO.LTD.	$165,000,000	500	John Lee	Hong Kong
16	15	SAMICK MUSIC CORP.	$153,300,000	3,750	Jong Sup KIm	South Korea
17	20	GIBSON GUITAR CORP.	$135,000,000	600	Henry E. Juszkiewicz	USA
18	18	CASIO COMPUTER CO.,LTD.	$134,000,000	n/a	Kazuo Kashio	Japan
19	25	DIGIDESIGN (DIVISION OF AVID TECHNOLOGY)	$133,000,000	350	Dave Lebolt	USA
20	21	KAMAN MUSIC CORP	$127,700,000	370	Bob Saunders	USA
21	19	THE MUSIC GROUP LTD.	$122,995,660	1,129	Michael Winter	United Kingdom
22	23	KORG, INC.	$121,000,000	330	Tsutomu Katoh	Japan
23	22	HOSHINO GAKKI MFG. CO., LTD.	$119,800,000	276	Yoshihiro Hoshino	Japan
24	26	ESP CO., LTD.	$110,000,000	800	Masatoshi Chuma	Japan
25	N	JAM INDUSTRIES(COAST/ERIKSON)	$108,000,000	300	Martin Golden	Canada
26	49	SINGING MACHINE COMPANY	$105,000,000	56	John Klecha	USA
27	17	YOUNG CHANG AKKI LTD.	$102,625,505	680	J.Kim	South Korea
28	40	BEHRINGER SPEZIELLET HOLDINGS	$100,000,000	150	Michael Deeb	Germany
29	28	HAL LEONARD CORPORATION	$98,650,000	300	Keith Mardak	USA
★ 30	27	广州珠江钢琴集团有限公司	$98,000,000	4,500	童志成	中国
31	29	WENGER CORPORATION	$95,000,000	483	Robet J. McKenna	USA
32	33	CORT MUSICAL INSTRUMENT CO., LTD	$90,000,000	2,000	Young H. Park	South Korea
33	32	ST. LOUIS Music CORP.	$86,975,000	450	Eugene Komblum	USA
34	N	HIBINO CORPORATION	$85,155,000	380	Hiroakli Hibino	Japan
★ 35	31	SANECORELIMITED	$85,000,000	1,000	Michael Chang	中国
36	34	PEARL MUSICAL INSTRUMENTS CO., LTD.	$79,300,000	160	Masani YanagIsawa	Japan
★ 37	38	北京星海乐器有限责任公司	$79,200,000	3,780	赵惠臣	中国
38	39	MARTIN GUITAR COMPANY	$77,000,000	848	Christian F. Martin IV	USA
39	36	HERMES	$76,500,000	170	Alberto Kremerman	USA
40	87	MATTH.HOHNER AG	$76,258,000	450	Dr.H.Braeuning	Germany
41	37	TASCAM (DIV OF TEAC CORP.)	$71,540,000	185	Norio Tanura	Japan
42	47	PARSONS MUSIC LTD.,	$70,500,000	1,000	Terence Ng	Hong Kong China
43	30	TECHNICS (MUSICAL INSTRUMENT DIVISION)	$70,000,000	100	Kunio Nakamura	Japan
44	60	STANTON GROUP	$69,000,000	450	Dave Froker	USA
45	45	ALLEN ORGAN COMPANY	$67,739,548	490	Steve Markowitz	USA
46	35	AXL MUSICAL INSTRUMENTS	$67,500,000	2,600	Alan Liu	USA
47	42	G. LEBLANC CORP.	$65,975,000	400	Leon Pascucci	USA
48	43	J. D'ADDARIO & COMPANY	$65,150,000	625	James D'Addario	USA
49	41	QSC AUDIO PRODUCTS	$65,000,000	265	Barry Andrews	USA
50	44	ZEN-ON MUSIC CO., LTD.	$64,500,000	170	Kelichiro Nakamura	Japan
51	56	MUSIK HUG AG	$61,000,000	350	Enca Hug	switzerland
52	46	MBT INTERNATIONAL	$60,000,000	130	Dan Mahoney	USA
53	50	MUSIK MEYER GMBH	$59,750,000	180	Matthias Meyer	Germany
★ 54	N	世正乐器有限公司	$58,500,000	3,000	J.S.Lee	中国
55	51	ALGAM	$58,000,000	140	Gerard Gameier	France
★ 56	53	东北钢琴集团公司	$57,000,000	3,300	张大鸣	中国

排序 02年	排序 01年	公司	2002年销售收入	职员数	负责人	国家和地区
57	64	WARNER BROS. PUBLICATIONS	$56,521,000	206	Fred S. Anton	USA
58	61	SUGANAMI GAKKI CO., LTD.	$56,034,000	180	Yasuo Suganami	Japan
59	59	ROLAND MEINL MUSIKINSTRUMENTE GMBH	$55,900,000	154	Reinhold meinl	Germany
60	57	ROLAND EUROPE SPA	$55,800,000	234	C.Lucarelli	Italy
61	54	US MUSIC CORP.(WASHBURN INT)	$55,600,000	173	Rudolf Schlacher	USA
62	63	CANARE ELECTRIC CO., LTD.	$54,424,000	92	Kimio Kawamoto	Japan
63	70	GEWA GMBH	$53,500,000	205	Hans Peter Messener	Germany
64	58	SAMSON TECHNOLOGIES CORP	$52,750,000	85	Scott Goodman	USA
65	N	TONG HI MUSICAL&WOODEN WORKS	$51,000,000	285	Wen Tsong Chen	Taiwan China
66	55	COSMOS CORP.	$50,000,000	104	Myung Sool Min	South Korea
67	65	PRIMA GAKKI CO., LTD.	$48,500,000	105	Yukio Ohashi	Japan
68	67	BEYERDYNAMIC GMBH	$47,500,000	260	Fred R. Beyer	Germany
69	68	TAYLOR GUITARS	$47,200,000	358	Kurt Listug	USA
70	69	JA MUSIK GMBH	$46,350,000	400	Gerhard Meinl	Germany
71	72	RELIANCE INTERNATIONAL CORP.	$45,000,000	35	Joseph Chen	Taiwan
72	85	T. KUROSAWA & CO., LTD.	$43,103,000	100	Takashi Mori	Japan
73	73	REMO INC.	$43,000,000	325	Remo D. Belli	USA
74	77	PROEL SPA	$42,790,000	110	Fabrizio Sorbi	Italy
75	74	NUMARK INDUSTRIES	$42,000,000	60	John O'Donnell	USA
76	92	HENRI SELMERET CIE	$41,450,000	630	George Selmer	France
77	71	SUZUKI MUSICAL INSTRUMENT MFG.	$40,500,000	190	Manji Suzuki	Japan
78	75	GEMINI SOUND PRODUCTS	$40,000,000	80	Alan Artie Cabasso	USA
79	66	KANDA SHOKAI CORPORATION	$39,650,000	73	Masayuki Suzuki	Japan
80	89	GODIN GUITAR COMPANY	$39,500,000	425	Robert Godin	Canada
81	79	SOUND HOUSE, INC.	$39,250,000	65	Rick Nakajima	Japan
82	76	G.A. YUPANGCO & CO.	$39,122,000	426	Philip Yupangco	PhiLippines
83	88	MUSIC SALES, LTD.	$39,100,000	150	Robert Wise	United Kingdom
84	84	ERNIE BALL/MUSIC MAN	$39,000,000	220	Sterling Ball	USA
85	80	AVEDIS ZILDJIAN COMPANY	$38,750,000	174	Craigie Zildjian	USA
86	N	EMD MUSIC GROUP	$38,500,000	40	Leonardo Baldocci	Belgiun
87	86	MARSHALL AMPLIFICATION PLC	$38,250,000	270	Jim Marshall	United Kingdom
88	106	M-AUDIO	$38,000,000	112	Tim Ryan	USA
89	83	PHONIC CORPORATION	$37,300,000	1,350	Slephan M.L. Wang	Taiwan China
90	78	LINE 6	$37,099,688	215	Mike Muench	USA
91	81	SKB CASE CORP.	$36,250,000	500	Dave Sanderson	USA
92	143	VTG HORIZON/RAPCO	$35,500,000	325	Lisa Williams	USA
93	81	AMERICAN DJ, INC.	$35,250,000	120	Charles Davies	USA
94	N	TC ELECTRONIC A/S	$35,100,000	170	Mads Peter Lubeck	Denmark
95	115	STAMER GROUP GMBH	$35,000,000	185	Hans Stamer	Germany
96	102	AKAI PROFESSIONAL M.I. CORP.	$34,400,000	65	Isao Suzuki	Japan
97	91	GENERALMUSIC S. P. A.	$34,000,000	300	Raffaele Galanti	Italy
98	94	HANSER HOLDINGS INTERNATIONAL	$33,810,000	79	Jack Hanser	USA
99	93	PETROF PIANO SRO	$32,800,000	1,130	Jan Petrof	Czech Republic
100	103	KYOWA SHOKAI CO., LTD	$31,034,000	56	Kalsuhisa Sakurai	Japan
101	99	ALFRED PUBLISHING COMPANY	$31,025,000	170	Steve Manus	USA
102	95	HARRISTELLER INC.	$30,900,000	72	Edward Harris	USA
103	100	YORKVILLE SOUND	$30,000,000	210	Steve Long	USA
104	111	KONIG & MEYER GMBH & CO.	$29,500,000	240	Martin Konig	Germany
105	90	EMINENCE SPEAKER LLC.	$29,000,000	199	Robert Gault	USA
106	97	FERNANDES CO., LTD	$28,900,000	38	Shigeki Saito	Japan
107	48	NONAKA BOEKI CO., LTD.	$28,500,000	40	H John NonaKa	Japan
108	96	SHIMOKURA MUSICAL INSTRUMENTS CO.	$28,445,000	65	Konko Shimokura	Japan
109	104	ARAI & CO., INC.	$28,304,000	50	Shiro Arai	Japan
110	62	BALDWIN PIANO INC.	$28,000,000	190	Henry Juskiewicz	USA
111	113	VANDOREN S.A.	$27,500,000	150	Bemard Vandoren	France
112	116	PIANODISC	$26,712,000	197	Gary Burgett/Kirk Burgett	USA

排序 02年	01年	公司	2002年 銷售收入	职员数	负责人	国家和地区
113	109	AUSTRALIS MUSIC GROUP PTY.	$26,600,000	160	Peter Hayward	Australia
114	N	PENN FABRICATION,INC.	$26,500,000	196	Roger Wiliams	USA
115	105	FUJIGEN INC.	$26,250,000	143	Yuichl Yokouchi	Japan
116	82	MORIDAIRA MUSICAL INSTRUMENTS CO., L	$25,875,000	63	Yuichiro Minagawa	Japan
117	121	ULTIMATE SUPPORT SYSTEMS INC.	$25,750,000	52	James Dismore	USA
118	125	EM NORDIC AB	$25,647,000	104	Benny Englund	SWEDEN
119	118	GHS STRINGS/ROCKTRON	$25,500,000	115	RussellS. McFee	USA
120	119	MAXTONE MUSICAL INSTRUMENT MFG. CO.	$25,358,755	60	Oscar Wu	Taiwan China
121	N	YAKO MANUFACTURING	$25,250,000	98	M.J.Liao	Taiwan China
122	108	CARVIN CORP.	$25,140,000	166	Carson Kiesel	USA
123	117	WILHELM SCHIMMEL PIANOFORTEFABRIK	$25,100,000	226	Klaus Schimmel	Germany
124	136	AMATI-DENAK S.R.O.	$25,000,000	700	Manfred Prem	Czech Republic
125	122	NADY SYSTEMS	$25,000,000	85	John Nady	USA
126	126	ZOOM CORPORATION	$24,583,000	35	Hiroshi Matsuo	Japan
127	128	PAUL REED SMITH GUITARS	$24,500,000	165	Paul Reed Smith	USA
128	101	BOSENDORFER GMBH	$24,250,000	215	Manfred Aichinger	Australia
129	N	上海钢琴有限公司	$24,000,000	1,400	Jing Hianrong	中国
130	123	CASA VEERKAMP S.A. DE C.V.	$23,500,000	250	Walter & Wemer Veerkamp	Mexico
131	124	NEIL A.KJOS MUSIC COMPANY	$23,000,000	65	Neil A. Kjos. Jr.	USA
132	129	C.BECHSTEIN PIANOFORTEFABRIK AG	$22,600,000	227	Karl Schulze	Germany
133	N	MEDELI ELECTRONICS CO.,LTD.	$22,500,000	950	George Cheng	Hong Kong China
134	147	TOYO PIANO MFG. CO., LTD.	$22,450,000	200	Morihito NagasaKa	Japan
135	152	LUTHMAN SCANDINAVIA KB	$22,250,000	65	Niclas Luthman	SWEDEN
136	N	SF MARKETING	$22,100,000	115	Sol Fleising	Canada
137	98	ALESIS CORP.	$22,000,000	35	John O'Donnell	USA
138	132	RODGERS INSTRUMENTS LLC	$21,600,000	148	Dennis M. Houlihan	USA
139	146	JOHN HORNBY SKEWES & COMPANY.LTD.	$21,200,000	80	John Hornby Skewes	United Kingdom
140	135	SABIAN LTD.	$21,000,000	130	Dan Barker	Canada
141	157	THE MUSIC LINK	$20,550,000	40	Steve Patrino	USA
142	144	BBE SOUND&L GUITARS	$20,250,000	60	John McLaren	USA
143	127	WHIRLWIND	$20,200,000	150	Michael Lalacona	USA
144	134	MAPES PIANO STRING COMPANY	$20,100,000	200	Bill Schaff	USA
145	137	DEAN MARKLEY STRINGS INC.	$20,000,000	125	Dean Markley	USA
146	138	CHESBRO MUSIC CO.	$19,900,000	90	Vanetta Wilson	USA
147	140	TKL PRODUCTS CORPORATION	$19,800,000,	75	Thomas Dougherty	USA
148	139	LOUIS RENNER GMBH	$19,750,000	210	Siegfried Hofmann	Germany
149	131	CALZONE / ANVIL CASE CO.	$19,500,000	125	Joseph E. Calzone III	USA
150	145	GENEVA INTERNATIONAL	$19,300,000	43	Earl Matzkin	USA
151	160	DRUM WORKSHOP.INC.	$18,900,000	130	Chris Lombardi	USA
152	148	GLOBAL & CO., INC.	$18,200,000	38	Tadamichi Fukuda	Japan
153	159	HHB COMMUNICATIONS LTD.	$18,150,000	45	Lan Jones	United Kingdom
154	120	VESTAX CORPORATION	$18,100,000	30	Toshihide Namama	Japan
155	133	GEMEINHARDT CO., INC.	$18,000,000	145	Robert E. McKinley	USA
156	179	ADAM HALL GMBH	$17,600,000	75	David Kirby	Germany
157	N	THOMASTIK-INFELO GMBH	$17,500,000	200	Pater Infeld	Australia
158	149	CELESTION	$17,000,000	100	Frank DiGirolamo	United Kingdom
159	N	KYORITSU CORP.	$16,500,000	33	Shinichi Suzuki	Japan
160	178	TAY-E COMPANY LTD.	$16,400,000	100	Chen Ell Chiang	Taiwan China
161	165	MUSICLINK	$16,350,000	53	Mike Daws	Australia
162	150	CAKEWALK MUSIC SOFTWARE	$16,300,000	65	Greg Hendershott	USA
163	158	WEBER PIANO	$16,000,000	10	J.H. Lee	USA
164	153	LYON & HEALY	$15,900,000	150	Antonio Forero	USA
165	210	EQUIPSON S.A.	$15,842,000	102	Jose Vila Ortiz	Spain
166	166	MEL BAY PUBLISHING	$15,610,000	85	William Bay	USA
167	190	WARWICK GMBH & CO.-MUSIC EQUIPMENT	$15,300,000	58	Hans-Peter Wilfer	Germany
168	142	MUSIC INDUSTRIES CORP	$15,250,000		Dennis Briefel	USA

	排序 02年	排序 01年	公司	2002年销售收入	职员数	负责人	国家和地区
	169	154	CASALE BAUER	$15,225,000	20	Hans Bauer	Italy
	170	174	MOGAR MUSIC S.R.L	$15,200,000	38	Alberto Monzino	Italy
	171	N	EKO GROUP	$15,150,000	25	Lamberto Pigini	Italy
	172	176	THE MUSIC PEOPLE	$15,100,000	30	James Hennessey	USA
	173	141	FOSTEX CORPORATION	$15,050,000	68	Tetsuro Miyanohara	Japan
	174	151	WESTHEIMER CORP.	$15,000,000	15	Jack Westheimer	USA
	175	164	GREAT CENTURY	$14,900,000	100	Robert Hsiang	Taiwan China
	176	162	INTERCONTINENTAL ELECTRONICS (VISCOUVT)	$14,800,000	220	Mauro Galanti	Italy
	177	168	CHARLES DUMONT & SON	$14,610,000	48	Charles J.KUMONT	USA
	178	167	RICKENBACKER INTERNATIONAL	$14,500,000	90	John C. Hall	USA
	179	175	PAISTE HOLDING AG	$14,400,000	120	Erik Paiste	Switzerland
	180	182	SHIMRO	$14,300,000	350	Jae Yup Shim	South Korea
	181	N	ANGEL INDUSTRIES CO.,LTD.	$14,250,000	72	G.M.YANG	Taiwan
	182	170	SOUND CHOICE ACCOMPANIMENT TRACKS	$14,100,000	65	Kurt J. Slep	USA
	183	171	PRO TEC INTERNATIONAL	$14,000,000	45	Sunjeen Choe	USA
	184	186	VIC FIRTH INC	$13,787,660	70	Vic Firth	USA
★	185	212	广州保嘉乐器制造有限公司	$13,600,000	1,300	邢保嘉	中国
	186	163	TOYAMA MUSICAL INSTRUMENT CO., LTD.	$13,500,000	130	Takamura Toyama	Japan
	187	181	ARMADILLO ENTERPRISES	$13,421,000	25	Elliott Rubinson	USA
	188	N	THE KEYBOARD CORP	$13,300,000	145	Dennis Robey	USA
	189	180	COMMUNITY PROFESSIONAL	$13,000,000	130	Bruce Howze	USA
	190	184	GETZEN/ALLIED	$12,918,381	110	Thomas R Getzen	USA
★	191	N	长城乐器有限公司	$12,500,000	1,000		中国
	192	183	KIKUTANI MUSIC CO., LTD	$12,400,000	20	Toshi Kikutani	Japan
	193	214	CMI AUSTRALIA	$12,100,000	40	Drago Trojkovic	Australia
★	194	205	秋长全丰育乐用品厂	$12,075,000	620	C.W. Tsai	中国
	195	161	TAKAMINE GAKKI SEISAKUSHO CO., LTD.	$12,068,000	78	Ichiro Katayama	Japan
	196	173	QRS MUSIC TECHNO OGIES	$12,010,000	50	Thomas Dolan	USA
	197	185	DUNLOP MFG.	$12,000,000	105	James Dunlop	USA
	198	192	PRO-MARK CORP.	$11,948,000	40	Maury Brochstein	USA
★	199	197	泰兴凤灵乐器有限公司	$11,800,000	1,280	李书	中国
	200	204	PRO CO SOUND, INC.	$11,750,000	150	Charles Wicks	USA
★	201	194	TEAM INTERNATIONAL MUSIC	$11,700,000	39	C.C. Tsai	中国
★	202	221	河北金音乐器制造有限公司	$11,600,000	1,000	陈学孔	中国
	203	189	ED. SEILER PIANO	$11,500,000	120	Ursula Seiler	Germany
	204	200	NEW SENSOR	$11,500,000	52	Mike Matthews	USA
	205	N	WAVES	$11,400,000	30	Gilad Keren	USA
	206	206	MESA BOOGIE	$11,000,000	110	Randall Smith	USA
	207	218	ENRIQUE KELLER S.A	$10,750,000	100	Jorge Kelle De Porras	Spain
	208	217	STENTOR MUSIC CO,, LTD.	$10,650,000	35	Michael Doughty	United Kingdom
	209	177	LEEM PRODUCTS CO., LTD.	$10,600,000	65	Ick Chan Leem	South Korea
	210	195	STRUNAL	$10,550,000	270	Vlastimil Jirasek	Czech Republic
	211	196	PREMIER PERCUSSION LTD.	$10,500,000	70	Nigel Sims	United Kingdom
	212	198	WERIL INSTRUMENTOS MUSICALS LTD.A	$10,400,000	270	Nelson Weingrill	Brazil
	213	N	TAKEMOTO SHOHTEN CO.,LTD.	$10,385,000	40	Koichi Takemoto	Japan
	214	220	MURAMATSU INC.	$10,340,000	62	Osamu Muramatsu	Japan
	215	223	FISHMAN TRANDUCERS	$10,165,253	90	Larry Fishman	USA
	216	208	BOSTON PIANO JAPAN	$10,150,000	8	Yasunan Nakamura	Japan
	217	203	MANUFACTURAS ALHAMBRA, S.L.	$10,128,311	85	James Julia	Spain
	218	N	JULIUS BLUTHNER PIANO GMBH	$10,100,000	70	Ingbert Bluthner	Germany
	219	N	SOUND TECHNOLOGY PLC	$10,000,000	25	David Marshall	United Kingdom
	220	201	DEG MUSIC PRODUCTS,INC.	$9,900,000	17	Mark W. Schafer	USA
	221	216	KAY GUITAR COMPANY	$9,800,000	15	Tony Blair	USA
★	222	N	天津津宝乐器有限责任公司	$9,500,000	1,100	刘明	中国
	223	207	LPD MUSIC INTERNATIONAL	$9,500,000	32	Harry J. Bernstein	USA
	224	N	AUSTRALASIAN MUSIC SUPPLIES PTY,LTD.	$9,450,000	30	Kevin Hague	Australia
	225	N	MEGAFUSION CO.	$9,275,000	68	Akihiro Shindo	Japan

译自美《音乐贸易》杂志

2002年世界音乐市场分布与排序

以下数据出自美国对世界分析情报机构和世界银行的资料，以及有关国家行业协会、政府机构的报告。其中销售数字包括零售值和当地的附加税值

国家(地区)	总音乐产品销售值	人均购买音乐产品支出	人口	国民生产总值	人均国民生产总值
阿根廷	$28,737,740	$0.76	37,812,817	391,000,000,000	10,340
澳大利亚	$230,652,145	$11.80	19,546,792	$528,000,000,000	$27,012
奥地利	$97,630,651	$11.95	8,169,929	203,000,000,000	24,847
比利时	$132,542,275	$12.90	10,274,595	$297,600,000,000	$28,964
巴西	$172,508,968	$0.98	176,029,560	1,130,000,000,000	6,419
加拿大	$535,001,034	$16.77	31,902,268	$774,700,000,000	$24,283
智利	$23,403,384	$1.51	15,498,930	151,100,000,000	9,749
中国	$513,321,482	$0.40	1,283,303,705	$5,560,000,000,000	$4,332
捷克	$15,396,318	$1.50	10,264,212	15,590,000,000	1,518
丹麦	$74,627,070	$13.9	5,368,854	$155,500,000,000	$28,963
法国	803,254,811	$13.44	59,765,983	1,540,000,000,000	25.767
德国	$957,396,286	$11.50	83,251,851	$2,187,500,000,000	$26,275
希腊	$33,000,563	$3.10	10,645,343	190,000,000,000	17,848
中国香港	$104,072,509	$14.25	7,303,334	$186,000,000,000	$25,467
意大利	$352,065,312	$6.10	57,715,625	1,438,000,000,000	24,915
日本	$2,456,959,051	$19.35	126,974,628	$3,550,000,000,000	$27,958
墨西哥	$151,799,964	$1.49	101,879,171	905,000,000,000	8.883
荷兰	$201,650,312	$12.55	16,067,754	$434,000,000,000	$27,010
挪威	$61,315,321	$13.55	4,525,116	143,000,000,000	31,601
菲律宾共和国	$71,846,793	$0.85	84,525,639	$420,000,000,000	$4,968
波兰	$38,685,478	$1.00	38,685,478	368,500,000,000	9,525
葡萄牙	$31,765,371	$3.15	10,084,245	$180,000,000,000	$17,849
俄罗斯	$166,725,358	$1.15	144,978,573	135,000,000,000	9,311
南韩	$282,635,783	$5.90	47,904,370	$931,600,000,000	$19,447
西班牙	$191,172,036	$4.77	40,077,995	828,600,000,000	20,674
瑞典	$88,972,301	$10.15	8,765,744	$227,000,000,000	$25,896
瑞士	$115,403,105	$15.80	7,303,994	231,000,000,000	31,626
中国台湾	$92,837,413	$4.15	22,370,461	$406,000,000,000	$18,148
英国	$663,535,822	$11.10	59,778,002	1,520,000,000,000	25,427
美国	$6,812,057,232	$24.28	280,562.489	$10,400,000,000,000	$37,068
	$15,500,971,902				

（译自美《音乐贸易》杂志 2003 №：）

2002年全球乐器与音响225强分析表

（按年度销售额排名）

排名		国家(地区)	公司数量		销售额（万美元）		
2002年	2001年		2002年	2001年	2002年	2001年	增幅（%）
1	1	日本	42	40	805080.60	716473.48	12.37
2	2	美国	90	97	482581.25	498228.04	-3.14
3	3	德国	17	18	82570.80	72776.08	13.46
4	8	中国	13	8	48447.50	26629.10	81.93
5	5	中国台湾	9	7	44514.17	40041.20	11.17
6	4	韩国	6	6	42082.50	48755.00	-13.69
7	6	英国	9	9	28784.56	34369.40	-16.25
8	7	中国香港	3	3	25800.00	31100.00	-17.04
9	12	加拿大	5	3	22060.00	8512.50	159.15
10	10	意大利	7	7	19296.50	18657.50	3.42
11	9	法国	3	4	12665.00	26629.10	-52.44
12	13	瑞士	2	2	7540.00	6735.00	11.95
13	14	捷克	3	3	6835.00	6417.00	6.51
14	11	澳大利亚	4	6	6450.00	9168.10	-29.65
15	16	瑞典	2	2	4684.86	3769.00	24.30
16	22	奥地利	2	1	4175.00	1460.00	185.96
17	15	菲律宾	1	1	3912.20	3988.00	-1.90
18	/	比利时	1	/	3850.00	/	
19	18	西班牙	3	3	3672.03	2762.50	32.92
20	19	丹麦	1	1	3510.00	2540.00	38.19
21	20	墨西哥	1	1	2350.00	2210.00	6.33
22	17	巴西	1	3	1040.00	3302.97	-68.51
总计					1661901.97	1552277.77	6.22

（译自美《音乐贸易》杂志 2003 №：）

美国音乐产品市场调查报告

本文对产业业绩进行评估，提供标准。我们发现消费者需求依然旺盛，但是生产力过剩以及日益变化的科学技术使得我们无法将需求转化成为真正可以获利的商机。

2002年的产业销售量上升1.5个百分点，销售额达到69.7亿美元，但是未达到在2000年制定的71亿美元的目标。根据许多产业截面分析报告表明，重要的销售数据在下降，而值得庆幸的是整个行业销售水平略有上升。相比个人电脑产业缩水9个百分点而言，的确应该感到高兴。在一阵销售高潮之后，预期依然过高，但现在的销售水平使得越来越多的零售商和生产商相信好日子已经过去了。

这些周期性的忧虑使得许多企业开始积极寻找重新激发销售增长的方法。通常而言，在确定治疗方法之前事先诊断出问题是非常好的，特别是在知道了病痛的特别症状的时候。

各种媒体充斥着坏消息：失业率增加，股票市场持续低迷，赤字飙升，消费者信心受挫。一个聪敏人如果接受了这些信息，他可能会做出以下判断：目前产业的停滞在于大众消费的流失，人们决定撤回原来一些随意的开销花费。尽管这个解释相当的完美，但还是不能准确地反映当前的情况。

以单位商品为基础计算，去年大多数主要的产品种类都获得了很大的增长。吉他的销售量上升了11%，钢琴上升了5.5%,鼓类则是11%.这些产品的增长说明了顾客们并没有犹豫从口袋里拿出钱来购买音乐视听产品。但是那些生产和销售的企业依然不幸，销售量虽然增加，产品的价格反而下降，销售额也止步不前。

价格下降的原因可以从供求关系的原理谈起。随着高效生产方式的面世和对中国新厂商的开放，整个产业的生产能力飞速发展，超过了需求水平。如果你在全世界的工厂无法达到应有的生产水平，而仓库里又堆满了没卖出去商品，价格战是无法避免的。这是一场残酷的商战，并不是单单由消费者所引起的，以上才是这个产业出现停滞的主要原因。

对于过剩的生产力有何对策？在许多国家一个办法是厂商联盟共同提高价格，另一个选择就是耐心等待。超过一定时间，如果一家工厂或是一家商店无法获取足够的回报，那最后它只有关门大吉。同样道理，在整个产业中，生产量的压缩是不可避免的，惟一的问题就是减少产量要持续多长时间。不利影响是减产通常会持续几年。利好消息是幸存者将会迎来一个光明的前景。而对音乐产业来说，利好的效果是双重的，因为可以将各种产品留给购买力旺盛的顾客。

以下我们将对55种不同的产品进行详细的分析。

一、弦乐器市场

吉他销售的情况可以说是整个音乐器材产业面临巨大挑战的一个缩影。作为世界上最受欢迎的乐器，在过去的12个月里，吉他在全球的销量猛增，声乐吉他的销售量上升了14%达到973,522把，而电子吉他销售上升了8.2%达到了969,103 把。吉他销量的狂飙用以下的原因就很好解释了。首先，尽管hip-hop和 techno音乐在不断崛起，但是吉他却依然矗立于流行音乐的中心。从公告牌100首热门金曲的巡礼中就可看出，至少80%的畅销CD的显著特征就是用吉他配乐。其次，吉他在各种乐器中最符合人口统计学的分段规律。从10岁开始到60岁喜欢用吉他的人形成匀形分布，50岁左右的人分布最多，每个年龄段都有很多的吉他爱好者。

对于吉他高涨的兴趣，说明暂时还不会出现销售减少的情况。可是全球过剩的生产力却在继续推动着吉他价格的下滑。尽管存在着巨大的利润，但是2002年声乐吉他和电子吉他的销售总额却没有变动。这种局面是多种因素造成的。首先是“中国因素”，因为每小时低于1美元的廉价劳动力，一个中国乐器作坊可以大约相对于欧洲工厂一半的成本生产一把吉他。中国货的涌入导致了价格的持续走低。连锁店里销售高价吉他的销售员将价格问题进一步恶化，由于缺乏必要的知识，营业员们无法向顾客说明高价吉他与其他吉他的区别，使得顾客转而购买低价货。最后，股票市场泡沫的破灭以及顾客的不确定性对高端乐器销售也有着重大影响。售价超过1000美元的电子吉他销售量下跌20%，高端声乐吉他情况稍好，但是也下降了8%。

吉他扩音器的销售情况与吉他本身的情况如出一辙，销量上升8%，销售额基本不变。高级管扩音器的销量下降，主要原因是出于对经济的考虑。中国制造的产品大量充斥市场，推动价格持续下跌。一位美国生产商讲道：“在中国以外的地方，你不可能将零售价压到500美元以下。”随着吉他爱好者的增多，吉他弦的销售利润增长了10.4%。利润增长的一部分也是靠出售高价弦所取得的。

二、钢琴市场

2002年钢琴销售量和销售额同时增长。对此的解释是2001的第四季度由于受到9·11恐怖袭击事件的影响，销售额下降，而在2002年第四季度则是天下太平。然而，相对稳定的销售数字却掩盖了钢琴市场的一个显著变化。

对于广大的消费者来说，如果有机会的话，他们会选购一架豪华钢琴。而低价位的豪华钢琴主要来自中国和印度尼西亚，因为那里的成本很低。于是，低于10000美元的钢琴销售量上升了61%达到了7694台。

在立式钢琴方面也有同样的情况发生。由于数字钢琴与提供高音质控制台，studio钢琴的激烈竞争，44寸以下钢琴市场萎缩。44尺和47尺的控制台销售量上升了17%，达到了39128台；而studio钢琴上升了26.4%，达到了10241台。装备有数字设备的钢琴销售量却没什么改变。然而销售额下降，因为零售商将数字设备装在了便宜的豪华钢琴上。

数字钢琴销售量增加，但是销售额有少许下降，原因是越来越多的零售商开始出售初级数字钢琴。

三、风琴市场

去年无论是家用还是团体购买的风琴市场都缺乏变化。就家用风琴而言，兴趣的缺乏，退休人员收入的降低，使得想在这块取得销售增长非常困难。同样的原因却使得教堂捐赠、债券销售上升。

四、电子音乐产品

回顾众多的电子音乐产品在2002年的表现，键盘乐器势头良好，而其他大多数产品的业绩都有很大的下滑。键盘电子合成器销售稍有下跌，但是由于内置CD烧录机的高价位工作站销售大幅上升使得键盘乐器总销售额上升11%。2002年度最令人感到吃惊的变化来自专业电子琴和风琴销售的上涨。以数字钢琴为例，它作为键盘控制器被广泛应用于音乐工作室，一些音乐家为了感受重键盘也使用它。而电子风琴的热卖是由于tone－wheel声音的兴起。键盘乐器销售的增长与流行钢琴演奏家如Norah Jones的推动也不无关系。

除去键盘乐器，取样器、鼓类乐器、声音模块器则持续走低。他们的问题在于音乐家们从别的领域中发现了具备同样功能的工具。例如取样器，现在一个具有相当规模的软件业专门出售各种乐器或声音效果的样本，使得音乐家们可以省去自己取样的烦恼。更糟糕的是，尽管键盘乐器数量很多，但是声音样本有限。鼓类乐器的问题也一样。现在基于软件的大量韵律产品随手可得，而功能齐全的鼓类乐器却和键盘乐器，硬盘记录器以及多效果仪器合成一体而使用。许多音乐家提出疑问“为什么要买声音模块器？”现在大多数键盘电子合成乐器已经拥有256种复调音乐，音调多得让一般用户都使用不过来。我们的疑问是以上这些器件是否会完全消失，他们的功能大概会由电脑和软件以及其他合成乐器所取代。

更好的包装，价位的多元化，以及用户的认可，使得2002年度电子鼓的销售量上升9%。电子鼓用于有声音限制的教堂，练习房，而且由于他们比声乐鼓更容易记录，许多录音工作室更乐于使用电子鼓。

学校音乐器材市场

在这里的报告数据的事实依据是生产商向零售商的出货情况。通常情况下，关注货品清单上的出货记录可以比较真实地了解零售情况。在学校乐器市场情况并不是生产商将多余的产品塞到零售商手中，而零售商则将产品租赁给学生这么简单的一回事。值得我们关注的是铜乐器，木管乐器和弦乐器的销售减少不是由于学校音乐活动的减少。我们的推测是在过去3年里生产商利用各种经济方面的刺激来维持他们过剩的生产规模。但是,在2002年再也没办法说服零售商购买多余的产品了，于是生产商最终不得不消减产量。

我们的推测是基于具体的销售数据。像长笛，喇叭，萨克斯风等通常以租赁为主的乐器销售量下降得最为厉害。而大型乐器如大号、法国喇叭是由学校直接购买的，销量几乎没有什么变化。

另一个对学校乐器市场产生影响的因素就是eBay在线拍卖网站。去年，eBay乐器的销售额达到3.5亿美元，相当于全国第二或是第三大零售商的规模。因为对顾客及零售商提供二手货送货服务，这毫无疑问对新乐器的租赁业务有着巨大的影响。

在过去的几年，学校乐器市场依靠不断入学新生和强劲的经济的带动而处于稳定的状态。从现在开始直到2009年，新生入学的势头将一直保持着上升的态势。然而，现在美国全国50个州中的46个州都面临着不同程度的财政预算赤字，零售商和生产商所关心的对音乐活动的筹款面临巨大的压力。但也有好消息传来，根据一系列的调查，家长们愿意为学校的音乐活动而提供款项。

六、电脑音乐产品

2500年以前，古希腊的数学家兼哲学家Pythagoras是第一个详细阐述数学与音乐两者间关系的人。事实上，音乐的基调、节拍、和声都可以用数字表达出来。这一切原本只不过是纸上谈兵，直到电脑的出现将一切变成可能。电脑能将声波转化为一串数字代码，这开创了一个全新的领域。现在一台高性能的个人电脑只需500美元，越来越多的音乐家开始使用电脑和软件。这也就不难解释软件和电脑硬件热销的原因了。

包括了记录产品；为其他软件增加价值的plug-ins软件、样本软件、符号软件等的音乐软件销售量上升了20%，销售额达到了1.213亿美元。电脑产品的利润主要来自于硬件产品诸如硬盘记录器、机架固定取样器和音序器的销售。但是，电脑音乐产品的销售增长带来的好处并不多。从积极的方面来讲，软件和硬件的发展为音乐界提供了功能强大和成本低廉的作曲、录音、配乐的工具。从消极意义来说，市场优胜劣汰的法则使得生产商和零售商越来越难以收回他们投入的金钱和努力。

软件开发者们面临着严峻的盗版现象。一位录音软件的开发者估计每10人中仅有一人购买正版软件。囤积货物的零售商不但要面对其他商家的竞争，还要承受来自生产商方面的压力。而实际上软件开发者们都是直接从他们的网站上直接销售软件的。电脑音乐产品还有很长的路要走。希望在来年更多的公司能把需求转化成为商机。

七、打击乐器市场

持续下跌的鼓类价格将新的顾客吸引到了打击乐器市场。现在初级的鼓类乐器售价仅在400美元以下，零售商预计销售量会增长，因为越来越多的人选择购买鼓类乐器作为礼物来送给爱好打击乐器的年青们。一位销售商解释说“家长们总是为他们的孩子买一只小鼓，然后等着看他们的孩子是否会继续敲打这个乐器。”鼓棒和鼓面对打击乐器产业来说是就如同刀刃一般一直需要更换，无论是处于什么样的经济情况下。每出售一只鼓，这个“需更换产品”的潜在市场就变得越来越大。2002年所获的利润在增长的鼓类爱好者中间应该可以得到延续。

去年打击乐器市场的情形是这5年来情况的一个延续，但有一点值得注意。今年中国制造的铙钹大举进军美国市场，如果这个情况继续下去的话，将来对铙钹的价格会产生一定的影响。

八、音乐出版市场

想要迅速获悉大众对音乐的兴趣爱好？那看一下音乐出版市场吧。去年4.65%的利润增长显示了音乐家数量增多的良好态势。从某种程度而言，这预示着一个更美好的未来。

让我们来告诉你原因。音乐出版市场包含以下三块：流行音乐，完全由艺术家们引领；商业的教育功能，包括很多对钢琴，吉他和其他乐器的指导；团体市场，包含了乐队、管弦乐队、合唱队到学校，礼拜堂进行演出的安排和经营。主要出版商认为去年一年是流行音乐的一个间歇性的低谷，因为没有经典的巨作问世。流行市场的赢利下降用指导和团体市场获得的利润来弥补的话还是有缺口存在。

九、手提键盘乐器

手提键盘乐器市场形势持续走低，原因是价格的不断下降和来自其他电子产品的竞争。一家主要制造商作出的调查和研究表明：键盘乐器已无法再与电脑游戏相比，甚至是与电脑音乐产品竞争。由于销售的下降，主要厂商如Wal-Mart，Best Buy，Toys R Us,已经减少键盘乐器的产量，这将进一步对价格产生影响。

（节译自美《音乐贸易》杂志）

附表说明

以下记录显示出的销售数据，为大家提供了2002年这12个月关于音乐产业简单的活动状况。这些数字是对50个州之内从厂商供货到零售商销售的评估。评估后的零售价是根据增加平均零售利润，并通过对300家零售商所做的调查而得出来的。销售数据基于以下各种来源：数据由产业协会汇编；进出口数据由日本、韩国、德国、法国、中国、印度尼西亚、以及美国等国政府提供；由美国、德国、和亚洲的一些公众贸易公司归档；国内资料由大量的有帮助的零售商和厂商提供，以及一些来自于不同阶层的执行者和销售人员们有实事依据的行业直觉。

通常我们被要求提供一些精确的数据，而这些数据并不能够完全的反应出我们这个行业成千上万的工程技师和厂方人员们的工作状况。但是，我们很自信的是以下的数据和分析提供了最有用的信息，即不断变化的市场前景和消费意向。

	销售数量	与上一年相比	批发销售额	零售销售额	与上年相比	平均单价
弦乐器						
箱琴吉他						
2002	973,522	14.9%	$260,647,000	$443,172,000	-.47%	$465
2001	847,388	4.2%	$259,473,000	$441,105,000	-4.4%	$520
2000	812,975	12.9%	$260,630,000	$443,071,000	12.9%	$545
1999	720,088	17.7%	$230,851,000	$392,447,000	14.2%	$544
1998	611,415	12.9%	$202,126,000	$343,615,000	5.8%	$561
1997	541,076	-4.2%	$190,967,000	$324,645,000	-3.5%	$600
电吉他						
2002	969,103	8.2%	$267,536,000	$477,885,000	-0.68%	$538
2001	895,110	7.1%	$293,399,000	$481,175,000	0.1%	$537
2000	835,620	35.4%	$292,976,000	$480,481,000	29.9%	$575
1999	617,259	13.8%	$225,450,000	$369,738,000	5.2%	$598
1998	542,500	-1.2%	$197,272,000	$351,268,000	-9.0%	$647
1997	549,253	3.8%	$234,015,000	$386,124,000	4.4%	$703
整个吉他市场						
2002	1,942,625	11.4%	$528,183,000	$921,057,000	-0.13%	$529
2001	1,742,498	5.6%	$552,872,000	$922,280,000	-0.1%	$529
2000	1,648,595	23.3%	$553,606,000	$923,552,000	21.2%	$560
1999	1,337,347	15.9%	$456,301,000	$762,185,000	9.6%	$569
1998	1,153,915	5.8%	$399,398,000	$694,883,000	-2.2%	$579
1997	1,090,329	-0.33%	$424,982,000	$710,769,000	0.63%	$652
1996	1,093,944	-1.1%	$421,310,000	$706,290,000	1.4%	$645
1995	1,105,914	16%	$403,144,000	$696,276,000	23%	$629
1994	951,226	10%	$327,398,000	$564,480,000	10%	$593
1993	861,268	26%	$297,444,000	$511,605,000	31%	$594
1992	681,762	7%	$226,636,000	$389,816,000	9%	$571
弦乐器琴弦						
2002	/	/	$104,834,000	$190,607,000	10.5%	/
2001	/	/	$95,304,000	$172,530,000	3.9%	/
2000	/	/	$91,655,000	$165,895,000	10%	/
1999	/	/	$83,295,000	$150,764,000	8.9%	/
1998	/	/	$76,606,000	$138,316,000	5.6%	/
1997	/	/	$72,270,000	$130,923,000	8.1%	/
1996	/	/	$66,920,000	$121,120,000	4.6%	/
1995	/	/	$60,297,000	$115,770,000	14%	/
1994	/	/	$52,662,000	$101,273,000	11%	/
1993	/	/	$47,842,000	$90,900,000	13%	/
1992	/	/	$42,105,000	$80,000,000	10%	/

	销售数量	与上一年相比	批发销售额	零售销售额	与上年相比	平均单价
钢琴市场						
卧式钢琴						
2002	30,776	9.7%	$223,699,000	$387,777,000	2.3%	$12,599
2001	28,064	-16%	$218,996,000	$378,864,000	-15.9%	$13,500
2000	33,370	3.8%	$260,401,000	$450,495,000	0.1%	$13,500
1999	32,155	-4.3%	$260,115,000	$450,170,000	-4.3%	$14,000
1998	33,600	18.4%	$272,832,000	$470,400,000	14.4%	$14,000
1997	28,356	6.8%	$241,860,000	$411,162,000	10.5%	$14,500
1996	26,551	-5.1%	$218,100,000	$372,250,000	0.1%	$14,020
1995	27,989	-3%	$223,995,000	$371,833,000	7%	$13,284
立式钢琴						
2002	53 266	4.6%	$104,684,000	$181,104,000	4.3%	$3,399
2001	50 923	-16%	$100,347,000	$173,647,000	-22%	$3,409
2000	60 623	1.1%	$128,779,000	$222,789,000	1.8%	$3,675
1999	59 946	-9.9%	$126,474,000	$218,802,000	-8.6%	$3,649
1998	66 541	9.4%	$136,541,000	$239,547,000	5.0%	$3,599
1997	60 827	14.7%	$132,616,000	$228,101,000	16%	$3,750
1996	53 032	-19.7%	$114,350,000	$196,550,000	-13%	$3,706
1995	66 055	0.3%	$136,288,000	$226,238,000	6%	$3,424
电子钢琴						
2002	9,550	0.80%	$68,500,000	$124,150,000	-6.4%	$13,000
2001	9,470	-17%	$71,433,000	$132,580,000	-17%	$14,000
2000	11,410	23.8%	$92,335,000	$159,740,000	23.8%	$14,000
1999	9,216	39%	$74,580,000	$129,024,000	44.1%	$14,000
1998	6,618	19.7%	$52,712,000	$89,343,000	19.7%	$13,500
1997	5,526	15.8%	$44,939,000	$74,600,000	24%	$13,500
1996	4,773	14.1%	$36,215,000	$60,175,000	15%	$12,607
数码钢琴市场						
整个钢琴销售						
2002	93,592	5.8%	$396,883,000	$693,031,000	1.1%	$7,404
2001	88,457	-16%	$390,776,000	$685,091,000	-17.7%	$7,744
2000	105,403	4.0%	$481,515,000	$833,024,000	4.4%	$7,903
1999	101,347	-5.0%	$461,169,000	$797,996,000	-0.2%	$7,873
1998	106,759	12.7%	$462,085,000	$799,290,000	11.9%	$7,486
1997	94,709	12.2%	$419,415,000	$713,863,000	13.5%	$7,537
1996	84,356	-14%	$368,665,000	$628,975,000	-3.2%	$7,456
1995	98,229	-0.5%	$394,418,000	$650,383,000	7%	$6,621
1994	98,778	-0.9%	$363,118,000	$605,196,000	7%	$6,126
1993	99,721	-3%	$339,180,000	$566,163,000	9%	$5,677
2002	83 ,300	3.8%	$90,330,000	$149,000,000	-2.2%	$1,788
2001	80 ,200	-7%	$103,605,000	$152,380,000	-6.1%	$1,900
2000	81, 619	-5.2%	$110,185,000	$162,421,000	2.5%	$1,990
1999	86 086	15.9%	$115,693,000	$158,500,000	4.1%	$1,841
1998	74 232	4.6%	$111,007,000	$152,175,000	-8.7%	$2,049
1997	70 987	22.4%	$121,765,000	$166,819,000	21.8%	$2,350
1996	58 012	3.7%	$99,543,000	$136,886,000	5.7%	$2,359
1995	55 921	0%	$93,227,000	$129,433,000	4%	$2,314
1994	55 908	2%	$89,452,000	$124,238,000	8%	$2,222
1993	54 803	19%	$84,004,000	$115,086,000	25%	$2,099

	销售数量	与上一年相比	批发销售额	零售销售额	与上年相比	平均单价

（管）风琴市场

家用风琴

2002	8,900	−5.3%	$27,800,000	$72,600,000	1.6%	$8,157
2001	9,400	−3.0%	$28,790,000	$71,440,000	−3.6%	$7,600
2000	9,691	3.1%	$29,799,000	$74,136,000	5.2%	$7,650
1999	9,400	−22%	$28,775,000	$70,500,000	−11.5%	$7,500
1998	12,150	−11%	$32,480,000	$79,580,000	−3.6%	$6,549
1997	13,655	2.8%	$33,720,000	$82,615,000	4.9%	$6,050
1996	13,275	−5.9%	$32,154,000	$78,766,000	−6.5%	$5,933
1995	14,111	−9%	$34,268,000	$84,225,000	−2%	$5,968

电动管风琴

2002	3,775	3.9%	$49,686,000	$77,550,000	6.8%	$20,543
2001	3,630	−6.4%	$46,538,000	$72,600,000	−6.4%	$20,000
2000	3,880	6.3%	$49,567,000	$77,600,000	11.9%	$20,000
1999	3,650	9.1%	$45,032,000	$69,350,000	15.2%	$19,000
1998	3,345	7.9%	$39,097,000	$60,210,000	10.9%	$18,000
1997	3,100	−5.5%	$35,227,000	$54,250,000	−5.0%	$17,500
1996	3,280	−2.8%	$36,950,000	$57,100,000	−.87%	$17,408
1995	3,375	0%	$37,500,000	$57,600,000	2%	$17,066

音乐印刷市场

2002	/	/	$263,410,000	$497,000,000	4.6%	/
2001	/	/	$252,660,000	$475,000,000	−2.8%	/
2000	/	/	$260,060,000	$488,913,000	3.8%	/
1999	/	/	$250,539,000	$471,015,000	3.9%	/
1998	/	/	$240,055,000	$452,900,000	4.4%	/
1997	/	/	$233,064,000	$433,500,000	2.0%	/
1996	/	/	$228,000,000	$425,000,000	1.2%	/
1995	/	/	$226,829,000	$420,053,000	5%	/
1994	/	/	$216,028,000	$400,051,000	8%	/
1993	/	/	$203,800,000	$370,500,000	7%	/
1992	/	/	$190,659,000	$347,000,000	5%	/

普通附件市场

2002	/	/	$173,771,000	$347,542,000	3.5%	/
2001	/	/	$168,710,000	$335,733,000	3.9%	/
2000	/	/	$162,221,000	$322,821,000	7.0%	/
1999	/	/	$151,609,000	$301,702,000	8.7%	/
1998	/	/	$139,203,000	$277,300,000	5.0%	/
1997	/	/	$132,575,000	$264,094,000	8.0%	/
1996	/	/	$124,298,000	$244,468,000	7.8%	/

普通附件类由大量乐器附件产品组成，它包括：乐器保护产品、节拍器、校音器、磨光器、哨片、谱台、包、背带、righting equipment、拾音器以及一些特殊乐器如录音机、手风琴、口琴。

学校音乐市场

	销售数量	与上一年相比	批发销售额	零售销售额	与上年相比	平均单价
铜管乐器						
2002	217,930	-7.5%	$119,255,000	$214,660,000	-9.3%	$984
2001	235,600	-6.0%	$130,816,000	$236,778,000	-6.9%	$1,005
2000	250,641	-2.4%	$140,358,000	$254,400,000	-3.8%	$1,015
1999	256,805	1.7%	$146,137,000	$264,509,000	2.7%	$1,029
1998	252,360	3.5%	$141,570,000	$257,400,000	1.7%	$1,019
1997	243,827	6.8%	$140,810,000	$253,092,000	14.2%	$1,038
1996	228,303	14.6%	$123,283,000	$221,600,000	18.6%	$970
1995	199,253	5%	$102,653,000	$186,829,000	10%	$937
1994	189,512	3%	$93,050,000	$169,181,000	7%	$890
木管乐器						
2002	345,191	-5.5%	$167,801,000	$302,042,000	-7.6%	$874
2001	365 220	-2.3%	$181,595,000	$326,871,000	-3.4%	$894
2000	373 955	-2.9%	$188,809,000	$338,429,000	-3.5%	$905
1999	385 377	0.7%	$193,750,000	$350,693,000	1.8%	$909
1998	382 730	7.9%	$189,451,000	$344,457,000	8.1%	$900
1997	354 380	-6.1%	$175,850,000	$318,587,000	-1.5%	$899
1996	377 410	1.9%	$178,500,000	$323,442,000	0.9%	$857
1995	370 343	13%	$176,014,600	$320,346,000	18%	$865
1994	327 890	0%	$145,911,000	$270,205,000	3%	$824
弦乐器						
2002	124,950	-2.0%	$30,443,000	$55,103,000	-12.7%	$441
2001	127,500	-1.5%	$34,868,000	$63,112,000	-5.3%	$494
2000	129,500	5.5%	$36,846,000	$66,692,000	3.5%	$515
1999	122,700	4.5%	$35,589,000	$64,417,000	0.0%	$524
1998	117,400	10.8%	$35,384,000	$64,355,000	13.6%	$548
1997	105,885	-9.7%	$31,663,000	$56,648,000	-8.1%	$535
1996	117,266	14.2%	$34,411,000	$61,650,000	15.2%	$525
1995	102,660	4%	$29,700,000	$53,500,000	5%	$521
1994	98,618	10%	$27,810,000	$50,563,000	10%	$512
整个学校音乐						
2002	688,071	-5.5%	$317,499,000	$571,805,000	-8.7%	$831
2001	728,320	-3.4%	$347,279,000	$626,761,000	-4.9%	$860
2000	754 096	-1.4%	$366,013,000	$659,521,000	-3.0%	$874
1999	764 882	1.6%	$375,476,000	$679,619,000	2.0%	$888
1998	752 490	6.8%	$366,405,000	$666,212,000	6.0%	$885
1997	704 092	-2.6%	$348,323,000	$628,327,000	3.6%	$892
1996	722 979	7.5%	$336,194,000	$606,692,000	8.2%	$839
1995	672 256	9%	$308,367,600	$560,675,000	14%	$834
1994	616 020	2%	$266,771,000	$489,949,000	5%	$795
1993	602 959	6%	$253,202,000	$465,654,000	11%	$772
1992	566 014	-3%	$225,275,000	$416,687,000	2%	$736

电子音乐市场

	销售数量	与上一年相比	批发销售额	零售销售额	与上年相比	平均单价
电子合成器						
2002	63 964	-0.7%	$70,679,000	$103,941,000	15.2%	$1,624
2001	64 418	0%	$62,978,000	$90,185,000	-5.0%	$1,399
2000	64 405	-12.3%	$66,337,000	$94,997,000	-10.8%	$1,475
1999	73 433	-2.0%	$74,983,000	$106,477,000	-0.3%	$1,449
1998	74 935	10.1%	$75,198,000	$106,782,000	-2.8%	$1,424
1997	68 050	29%	$77,394,000	$109,900,000	13.1%	$1,615
1996	52 716	6.2%	$68,325,000	$97,145,000	3.2%	$1,842
1995	49 603	-22%	$66,232,000	$94,050,000	-23%	$1,896
1994	64 038	12%	$85,810,000	$122,585,000	11%	$1,914
1993	56 840	3%	$77,036,000	$110,161,000	0%	$1,938

	销售数量	与上一年相比	批发销售额	零售销售额	与上年相比	平均单价
声卡						
2002	26,750	-41.5%	$12,278,000	$18,056,000	-7.3%	$674
2001	45,797	-8.0%	$13,610,000	$19,463,000	-34.7%	$424
2000	49,780	-13.0%	$20,853,000	$29,820,000	-19.7%	$599
1999	57,220	40.4%	$25,968,000	$37,135,000	27.8%	$648
1998	40,750	-22%	$20,334,000	$29,048,000	-34%	$712
1997	52,225	12.7%	$33,127,000	$44,391,000	10.5%	$850
音序器						
2002	2,700	-77.5%	$1,193,000	$1,755,000	-77.4%	$650
2001	11,957	48%	$5,551,000	$7,772,000	28.7%	$649
2000	8,050	-23.5%	$4,310,000	$6,037,000	-23.5%	$750
1999	10,520	-22.7%	$5,635,000	$7,890,000	-22.5%	$750
1998	13,610	51%	$7,280,000	$10,192,000	45%	$748
1997	9,034	-10.7%	$4,895,000	$7,001,000	-12%	$775
桑普森金属合金架						
2002	5,650	-50.6%	$5,705,000	$8,390,000	-52.7%	$1,484
2001	11,450	-13.6%	$12,676,000	$17,747,000	-16.2%	$1549
2000	13,255	-11.9%	$15,138,000	$21,194,000	-12.0%	$1,599
1999	15,055	6.7%	$17,205,000	$24,088,000	13.8%	$1,600
1998	14,110	-37%	$15,117,000	$21,165,000	-37%	$1,500
1997	22,405	69.7%	$25,247,000	$33,831,000	36.7%	$1,510
鼓机						
2002	35,420	-22.1%	$7,466,000	$10,980,000	-19.3%	$309
2001	45,500	-20.4%	$8,662,000	$13,604,000	-45.3%	$298
2000	57,225	3.4%	$17,767,000	$24,875,000	-10.1%	$435
1999	55,365	28.4%	$19,775,000	$27,682,000	28.6%	$499
1998	43,125	1.0%	$15,370,000	$21,519,000	-1.1%	$498
1997	42,678	13.1%	$15,115,000	$21,765,000	13.7%	$510
控制器键盘						
2002	6,000	-45.5%	$6,424,000	$8,994,000	-52.0%	$1,499
2001	11,018	-13.0%	$13,379,000	$18,730,000	-24.1%	$1,699
2000	12,665	8.8%	$17,640,000	$24,696,000	11.7%	$1,950
1999	11,640	9.8%	$15,797,000	$22,116,000	4.3%	$1,900
1998	10,600	-22.6%	$15,142,000	$21,200,000	-23.6%	$2,000
1997	13,710	12.2%	$19,972,000	$27,762,000	10.9%	$2,025
电钢琴／专业风琴						
2002	29,658	55.3%	$48,714,000	$68,200,000	78.7%	$2,299
2001	19,091	-3.4%	$27,272,000	$38,182,000	-3.4%	$2,000
2000	19,781	49.1%	$28,258,000	$39,560,000	49.1%	$2,000
1999	13,264	42.5%	$18,948,000	$26,528,000	35.6%	$2,000
1998	9,310	18.3%	$13,965,000	$19,551,000	18.3%	$2,100
1997	7,865	46.9%	$11,797,000	$16,516,000	51.9%	$2,100
电鼓						
2002	/	/	$28,851,000	$40,392,000	6.9%	/
2001	/	/	$26,964,000	$37,750,000	15.4%	/
2000	/	/	$14,785,000	$20,700,000	19.5%	/
1999	10,500	43.8%	$12,375,000	$17,325,000	24.9%	$1,650
1998	7,300	46.5%	$9,900,000	$13,862,000	42.7%	$1,898

	销售数量	与上一年相比	批发销售额	零售销售额	与上年相比	平均单价
整个MIDI 销售						
2002	/	/	$181,310,000	$260,708,000	7.1%	$1,532
2001	/	/	$171,092,000	$243,433,000	-7.0%	$1,163
2000	/	/	$185,088,000	$261,879,000	2.8%	/
1999	/	/	$190,686,000	$269,241,000	10.6%	/
1998	/	/	$172,306,000	$243,319,000	-10%	/
1997	/	/	$194,482,000	$270,876,000	20%	/
1996	/	/	$161,176,000	$225,050,000	-6.0%	/
1995	/	/	$166,579,000	$240,409,000	-8%	/
1994	/	/	$180,008,000	$259,891,000	5%	/
1993	/	/	$171,756,000	$245,612,000	10%	/

软件及电脑音乐产品

软件						
2002	/	/	$121,300,000	$166,200,000	20.0%	/
2001	/	/	$102,590,000	$138,500,000	6.6%	/
2000	/	/	$96,000,000	$129,900,000	12.9%	/
1999	/	/	$85,000,000	$115,000,000	8.5%	/
1998	/	/	$80,000,000	$106,000,000	21.8%	/
1997	/	/	$65,000,000	$87,000,000	9%	/
1996	/	/	$60,000,000	$80,000,000	21.2%	/
1995	/	/	$50,000,000	$66,000,000	22%	/
声卡及相关电脑硬件						
2002	/	/	$41,700,000	$57,200,000	24.3%	/
2001	/	/	$29,487,000	$46,000,000	9.8%	/
2000	89,300	58.3%	$26,810,000	$41,890,000	48.5%	$469
1999	56,400	8.4%	$17,300,000	$28,200,000	8.4%	$500
1998	50,000	73%	$15,950,000	$26,000,000	73%	$500
1997	32,000	/	$9,202,000	$15,000,000	/	$500

软件包括录音软件包，插入模块，线圈，sampling software, notation software，教育软件。声卡以及包括声卡在内的相关输出输入驱动。销售数据包括了销售到零售商，和对厂商直接销售到消费者的评估。

便携式键盘市场

$199 以上的键盘乐器						
2002	195,000	-7.1%	$59,850,000	$77,805,000	-7.5%	$399
2001	210,000	48.5%	$61,423,000	$84,150,000	22.1%	$400
2000	141,327	23.0%	$50,266,000	$68,865,000	-7.8%	$487
1999	114,900	51.5%	$54,522,000	$74,696,000	23.3%	$650
1998	75,816	17%	$44,216,000	$60,577,000	13.3%	$799
1997	64,800	/	$39,021,000	$53,460,000	/	$825
$199 以下的键盘乐器						
2002	897,000	-8.0%	$79,307,000	$103,155,000	-8.0%	$115
2001	975,000	-11.2%	$86,250,000	$112,125,000	-12.1%	$115
2000	1,099,000	9.6%	$97,390,000	$127,581,000	6.0%	$116
1999	1,003,000	2.3%	$91,877,000	$120,360,000	6.8%	$120
1998	980,000	0.0%	$86,030,000	$112,700,000	-.3%	$115
1997	975,200	-10.7%	$86,353,000	$113,120,000	18.4%	$116

	销售数量	与上一年相比	批发销售额	零售销售额	与上年相比	平均单价

打击乐器市场

架子套鼓

2002	207,275	11.0%	$96,300,000	$142,546,000	6.0%	$687
2001	186,732	7.9%	$90,233,000	$134,447,000	−2.8%	$719
2000	172,970	18.0%	$92,872,000	$138,380,000	11.1%	$800
1999	146,590	19.1%	$83,573,000	$124,525,000	15%	$849
1998	123,000	26.4%	$72,483,000	$108,240,000	27.1%	$880
1997	97,300	19.0%	$57,138,000	$85,137,000	21.0%	$875
1996	82,000	11.5%	$47,218,000	$70,356,000	7.4%	$858

独立鼓及其部件

2002	/	/	$32,500, 000	$63,500,000	5.3%	/
2001	/	/	$30,841,000	$60,277,000	−3.2%	/
2000	/	/	$30,531,000	$62,285,000	12.0%	/
1999	/	/	$27,250,000	$55,612,000	16.7%	/
1998	/	/	$23,713,000	$47,655,000	15.9%	/
1997	/	/	$20,443,000	$41,091,000	12.0%	/
1996	/	/	$18,211,000	$36,689,000	6.4%	/

(包括架子鼓里独立的小军鼓，筒筒鼓，低音鼓，包括踏板，镲架和其它相关部件产品。)

练习用打击乐器

2002	/	/	$34,100,000	$49,250,000	−.90%	/
2001	/	/	$34,275,000	$49,700,000	1.0%	/
2000	/	/	$33,906,000	$49,164,000	−2.5%	/
1999	/	/	$34,765,000	$50,425,000	9.4%	/
1998	/	/	$31,770,000	$46,081,000	3.9%	/
1997	/	/	$30,557,000	$44,309,000	14.0%	/
1996	/	/	$26,802,000	$38,868,000	12.4%	/

(包括定音鼓，行进打击乐器，鼓槌棒，小军鼓套鼓和管弦乐团打击乐器。)

镲

2002	/	/	$35,085,000	$63,500,000	4.4%	/
2001	/	/	$33,577,000	$60,775,000	−1.7%	/
2000	/	/	$34,178,000	$61,863,000	17.0%	/
1999	/	/	$29,212,000	$52,875,000	10.2%	/
1998	/	/	$26,493,000	$47,955,000	8.0%	/
1997	/	/	$24,531,000	$44,402,000	7.0%	/
1996	/	/	$22,824,000	$41,498,000	12.0%	/

鼓槌和鼓棒

2002	/	/	$29,990,000	$59,535,000	8.0%	/
2001	/	/	$27,701,000	$55,125,000	4.0%	/
2000	/	/	$26,620,000	$52,974,000	9.0%	/
1999	/	/	$24,313,000	$48,600,000	15.9%	/
1998	/	/	$20,960,000	$41,925,000	5.9%	/
1997	/	/	$19,795,000	$39,590,000	11.0%	/
1996	/	/	$17,834,000	$35,668,000	8.0%	/

销售数量	与上一年相比	批发销售额	零售销售额	与上年相比	平均单价
手用打击乐器					
2002 /	/	$25,455,000	$39,200,000	0.80%	/
2001 /	/	$25,243,000	$38,875,000	-5.0%	/
2000 /	/	$26,582,000	$40,937,000	9.0%	/
1999 /	/	$24,387,000	$37,557,000	7.0%	/
1998 /	/	$22,680,000	$35,100,000	8.0%	/
1997 /	/	$21,000,000	$32,500,000	14.0%	/
1996 /	/	$18,387,000	$28,500,000	/ 大鼓	/
2002 /	/	$36,125,000	$57,800,000	5.3%	/
2001 /	/	$34,296,000	$54,875,000	3.9%	/
2000 /	/	$32,581,000	$52,782,000	11.0%	/
1999 /	/	$28,304,000	$47,552,000	7.9%	/
1998 /	/	$26,182,000	$44,030,000	6.9%	/
1997 /	/	$24,700,000	$41,150,000	17%	/
1996 /	/	$21,155,000	$35,258,000	/	/
大鼓					
2002 /	/	$36,125,000	$57,800,000	5.3%	/
2001 /	/	$34,296,000	$54,875,000	3.9%	/
2000 /	/	$32,581,000	$52,782,000	11.0%	/
1999 /	/	$28,304,000	$47,552,000	7.9%	/
1998 /	/	$26,182,000	$44,030,000	6.9%	/
1997 /	/	$24,700,000	$41,150,000	17%	/
1996 /	/	$21,155,000	$35,258,000	/	/
整个打击乐器					
2002 /	/	$289,555,000	$475,331,000	4.6%	/
2001 /	/	$260,166,000	$454,074,000	-1.0%	/
2000 /	/	$277,200,000	$458,385,000	9.9%	/
1999 /	/	$251,804,000	$417,146,000	20.7%	/
1998 /	/	$224,281,000	$370,986,000	10.8%	/
1997 /	/	$198,165,000	$328,178,000	13.0%	/
1996 /	/	$172,431,000	$286,837,000	8.1%	/
1995 /	/	$115,817,000	$195,607,000	11%	/
1994 /	/	$103,641,000	$175,427,000	7%	/

注：大批量的销售价格显示出截止到2002年12月31日的12个月时间里，在美国厂商供货给零售商的美元价格的评估。个体以及整体销售价格的评估的数据是基于各种来源，其中包括美国商业部门、工业协会、金融报告、以及各国政府驻欧洲和亚洲机构。零售价格是根据整个销售货物所标出的平均价格得出来的。而这个标价是基于对全国范围内几百家零售商所做的调查得出的结果。

从美国乐器市场看中国乐器发展

[按：本刊从美国《音乐贸易》杂志2004年第4期上摘要选登几篇有关中国乐器在美国市场的报导，这些数据从一个侧面反映了中国乐器在美国乐器市场的发展概况。]

在过去的两年里，中国乐器的出口量已经跃居于全球榜首之一。几乎在每一天的报纸上都可以看到相关的信息，这已经成为主要的讨论话题。在各个电视广播中也都看到它的消息，在乐器商店中，印有“中国制造”字样的标识，几乎在所有产品中都可以看到。例如:圆号、吉他、钢琴，还有一些产品的零部件都可以看到“中国制造”的字样。

中国能成为一个多大的因素，将来的发展趋势会是怎样呢？下面的表，我们例举了中国不同产品的增长趋势，虽然下面的数据是很难全面反映真实，但却真实地反映了在过去12个月中国乐器有了奇迹般的增长。

报导一：2003 年从中国进口的部分乐器数量统计

产品类别	2003 年进口量	2002 年进口量	增长幅度%
长笛	73399	29356	250
萨克斯	29005	12009	241
铜管乐器	83855	36767	228
单簧管	49457	22275	227
零售价在 200 美元以下的木吉他	1588784	1415429	12
零售价在 200 美元以上的木吉他	19249	11062	74
电吉他	740210	577695	28
零售价在 199 美元以下的电子琴	868743	840848	3
零售价在 199 美元以上的电子琴	258515	157632	64
三角钢琴	12986	10429	24
立式钢琴	17094	15752	8
电子合成器	11905	4549	261
军吊镲	85320	57050	49

报导二：2003 年进口吉他数据分析

表 1：吉他的进口国数量统计

产品类别	国家和地区	2003 年数量（把）	2002 年数量（把）	增长幅度%
电吉他	中国	740000	577695	28
	印度尼西亚	394921	355809	10
	韩国	354912	415668	−15
	墨西哥	94395	95144	−1
	中国台湾	24043	19306	16
零售价在 200 美元以下的木吉他	越南	10433	3518	330
	中国	1588784	1142429	12
	印度尼西亚	199219	279425	−29
零售价在 200 美元以上的木吉他	韩国	53956	75462	−30
	中国	19248	11063	72
	韩国	77706	78863	−1.2
	日本	12089	8482	42
	中国台湾	13555	11723	15
	西班牙	10990	10417	5

表2　吉他的价格和类别数量统计

产品类别	产品价格	2002年销售数量（把）	2003年销售数量（把）	增长幅度%
木吉他	零售价在150美元以下的	427377	497035	16.30
	零售价在150－350美元	130155	148035	13.74
	零售价在350－500美元	26254	29908	13.92
	零售价在600-1000美元	13792	11502	-16.60
	零售价在1000美元以上的	24368	21502	-11.76
	古典吉他	64906	80515	24.05
带电声配件的吉他	零售价在250美元以下的	134041	172542	28.72
	零售价在250－500美元	94331	132428	40.39
	零售价在501－1000美	39909	34508	-13.53
	零售价在1000美元以上的	18389	20817	13.20
	零售价在150美元以下的	312762	345953	10.61
	零售价在151－350美元	246598	274675	11.39
	零售价在351－600美元	100901	109226	8.25
	零售价在601-1000美元	40795	43257	6.04
	零售价在1000美元以上的	31082	30280	-2.58
电吉他	Hollow body electrics	19426	38943	100.47
	零售价在350美元以下的电倍司	184515	204392	10.77
	零售价在350美元以上的电倍司	33024	34714	5.12

以上数据包括批发市场

报导三：2003年进口二手钢琴

产品类别	国家	2003年（台）	2002年（台）	增长幅度%
三角钢琴	日本	1978	1530	29.3
	德国	37	56	-34.1
	韩国	111	14	790
	其他	53	123	-57.1
	总计	2179	1723	26.5
立式钢琴	日本	6073	5027	20.8
	德国	8	37	-79.4
	韩国	591	476	24.2
	其他	121	58	208
	总计	6793	5598	21.3

报导四：2003年进口传统钢琴

表1：按类别型号数据统计

产品类别	型号	2003年销售数量（台）	2002年销售数量（台）	增幅（%）
立式钢琴	小型立式	125	270	-46.3%
	44英寸以下	8230	12627	-34.9
	44英寸至47英寸	35551	30128	17.9
	教学用琴	12495	10241	2.02
	演奏用琴	755	922	-18.2
	总计	57156	54188	5.5
三角钢琴	5英尺以下	8864	8217	7.8
	5英尺至5英尺5英寸	12667	12802	-1.1
	5英尺6英寸至5英尺10英寸	5217	6093	-14.4
	5英尺11英寸至6英尺4英寸	2263	1660	36.3
	6英尺5英寸至7英尺10英寸	2106	1785	17.9
	7英尺11英寸及以上	316	219	44.2
	演奏用琴	8775	8628	1.7
	总计	40208	39404	2.0

表2：按零售价格数据统计

产品类别	单价	2003年销售数量(台)	2002年销售数量(台)	增幅（%）
立式钢琴	10000美元以下	13855	7694	180
	10000美元以上	26353	31710	-17
三角钢琴	4000美元以下	33550	20241	165
	4000美元以上	23606	33947	-31

表3：按进口国数据统计

产品类别	国家	2003年进口数量（台）	2002年进口数量（台）	增幅（%）
立式钢琴	中国	17094	15752	8.5
	印度尼西亚	8832	7118	24.1
	日本	7815	7593	2.9
	韩国	2450	3811	-35.8
	美国	16050	19630	-18.2
三角钢琴	中国	12986	10429	24.5
	印度尼西亚	6661	5372	23.9
	日本	11759	11711	0
	韩国	3286	6255	-47.5
	美国	2375	2750	-13.7

韩国乐器公司在中国投资办厂现状

地区	公司名称	负责人	生产产品
天津	天津大兴乐器有限公司	金善国	乐器配件，连接线等
	天津相进乐器有限公司	金相哲	吉他，贝司
	新晟乐器包装有限公司	申成淳	小提琴，大提琴，贝司，琴盒
	沈劳乐器有限公司	沈钟彬	小提琴，大提琴，贝司，琴盒，琴弓
	大雅乐器有限公司	沈星雄	小提琴，大提琴等
	天津天使乐器有限公司	李东宇	短萧
	天津英昌乐器有限公司	崔男吉	钢琴
	天津英昌钢琴铸件有限公司	崔男吉	钢琴琴板，配件
	天津友成乐器	崔钟勋	吉他音响，配件
	天津东洋乐器有限公司	郑洪吉	小提琴，大提琴等系列
	瓦尔德乐器天津有限公司	李贤德	吉他，音响
	天津天佑缝制有限公司	郑秉日	各种乐器套
	天津和进金属有限公司	全天植	钢琴配件
辽宁省（大连）	新光电子乐器有限公司	徐京浩	电吉他，吉他音响
	大连东方乐器有限公司	宋武宇	吉他
	大连大元乐器有限公司	朴钟学	吉他等
	大连乐器有限公司	金东植	吉他等
山东省（青岛）	世正乐器有限公司	李在锡	钢琴，吉他等
	青岛诚一乐器有限公司	李德宇	吉他配件
	青岛珍昊乐器有限公司	崔秉才	吉他配件
	富兴乐器部件有限公司		吉他附品
	新长城乐器音响有限公司	赵秉灿	吉他音响，扩音器
	韩国缪斯乐器有限公司	金光源	电吉他，吉他音响
	青岛第二工厂	金光源	电吉他
	诚韩乐器有限公司	金振荣	吉他
	和仁乐器公司	吉得勋	电吉他
黑龙江省	哈尔滨三益乐器有限公司		木材加工品
	三益乐器		钢琴半成品
江苏省	林音电子有限公司	任益灿	音响，调音台，话筒及连接线等

2002年施坦威公司取得了自1880年以来的最好业绩

德国施坦威钢琴公司驻中国办事处总代理施岩先生在第65届施坦威青少年钢琴比赛中国赛区总决赛新闻发布会上说:前不久，德国施坦威公司召开会议报告公司业绩。报告说: 2001年全世界的钢琴销售都特别不好，走下坡路，有许多工厂积压了许多钢琴，而德国施坦威钢琴公司不是自1980年最好的一年，而是自1880年以来最好的一年。汉堡公司是1880年成立的，所以2001年的公司业绩是公司成立以来最好的一年。中国是世界上学习钢琴的人最多的国家，据不完全统计，国内有500万人在学习钢琴，所以说施坦威的最佳业绩缺了中国的市场，也不会这样好的。2001年施坦威公司制造249台9英尺音乐会钢琴，排成一队长达690多米。

现在施坦威公司对中国市场充满了希望，认为中国的市场会越来越好，因为中国对教育的投资力度越来越大。3年前不可能想象一个中国人会拿出几十万元来买施坦威钢琴，但事实却出乎人的意料，施坦威的销售也是出乎人的意料。现在施坦威已经进入私人家庭，已经有私人在买施坦威钢琴了。施坦威钢琴不仅保值，而且可以增值，施坦威琴在全世界都是一个投资热点，10年以后保证可以增值。现在施坦威汉堡公司有9种型号的钢琴，两种立式钢琴，125型、132型;三角钢琴有7种，是从155到274。音乐会钢琴有两种，227型和274型；300人以下的剧场用227型钢琴，300人以上的剧场要用274型钢琴；还有音乐学院比较喜欢的188型钢琴。施坦威在中国的市场绝不是局限在音乐学院、音乐厅，施坦威钢琴在3年前开始在中国进行销售是从零到100，过去在中国的销售很少很少，现在是100,具体数字超过多少，就不多说了。

低档钢琴在美国举步维艰，抑或生机勃勃

美国钢琴技师协会　Willem Blees文

上星期我应召为一台中国制造的立式钢琴调律。如众所知，这种琴的外观油漆光亮，但高音晦暗，低音沉弱，弦列制作粗糙。我调完音后随手试弹一下，不料琴主对琴的声音竟赞不绝口。她说这架琴是前不久已去世的姑妈作为礼物买给她的。为了怀念姑妈，难怪她对这架并不出色的钢琴如此钟情了。简短的交谈之后，我收取了可观的服务费后离去。

一、调律生涯

使我乐意为低档钢琴调律服务的原因有二。一是我的职业会给顾客带来愉悦。虽然所服务的琴档次不高，但它毕竟是一台钢琴。调律师们虽都希望能为高质量的三角琴调律，但那些机会只属于音乐学院和演奏大厅内的专职技师们。大部分调律师必须去为社会上的中、低档钢琴服务，为喜爱钢琴音乐的人们提供完好的乐器。二是上门为顾客调律的收入不菲。我在上述为中国制造的钢琴调律所收费用与我昨天调一台7英尺三角琴的报酬相等。这就是我这篇文章的焦点所在。

二、质量的三个档次

高档钢琴是顶级质量的名琴，多为高级音乐厅、大教堂和音乐院校所置。这些琴为数不多，只能由少数富有经验的高级技师专责护理，普通调律师是不易问津的。

中档钢琴多为学校、教会等作教学之用，也常见于小型音乐厅。由于用琴单位的要求不同，服务的项目也有所区别，其中不少专业用户要求定期服务。因此，调律师都希望能将这些客户纳入自己的固定业务之内。

低档钢琴是指低价的立式琴和小型三角琴。虽然，我们都不大乐意去为低档琴服务，但事实上正是这些低档琴才维持了我们大多数调律师的生计。如果没有这类低档琴的存在，难道还会有调律服务行业的存在吗?

低档钢琴是伴随钢琴工业与生俱来的产物。19世纪后半叶钢琴工业蓬勃发展，钢琴作为社会地位的象征，只有少数人买得起。随着时代的进步，工业革命为人们带来了财富与闲暇。很多人都想家里

有一架钢琴，既可培育小孩学音乐，又能作为一种摆设，以营造文化氛围，提高社会形象。这样，一个庞大的低档钢琴市场就形成了。

三、历史回顾

对大部分钢琴产品来说，工资是生产成本的主要因素。美国的钢琴工厂最初都在大城市，随着低档琴的销路日益增大，厂家们就开始到远郊或小城镇去寻找低价地皮和廉价劳动力，在那里建厂。但也因此而造成产品质量的下降，因边远地区的劳工缺乏制造高级乐器的技术和经验。

在20世纪50年代和60年代，钢琴工业重复着100年前的历史遭遇。经过经济大萧条和二战中幸存下来的钢琴企业，都在寻求廉价劳动力。Kohler & Campbell搬至北卡罗来纳，Wurlitzer离开芝加哥迁到密西西比，Aeolian往西去了坦尼西，Kimball则相中印第安纳的森林和农田。因此而造成设备的大搬迁和带来大量的不熟练劳工。虽然制造工艺没有改变，但产品质量却下降了。

四、早期的低级市场

由于无数小家庭的出现，并都希望能拥有一架钢琴。于是，与19世纪末的情况相似，钢琴又成为人们追求的目标。由于人们的争相购置，质量问题往往视而不见。事实上很多人并不知道这里边存在的问题。

尽管低档钢琴的产量已成为美国厂家的主体，但随着专业音乐界人士水平的不断提高，市场对中、高档琴的需求也就日见迫切。这就促使因搬迁而遭受挫折的企业重新生产上档次的钢琴。

在此期间，美国各钢琴厂之间在低档市场中的竞争已显得不甚重要。因为他们必须共同面对一个新入市的强劲对手——日本。二战结束后，美国以大量美元帮助日本复兴经济，50年代后期日本钢琴开始进入美国市场。与美国钢琴企业的境况相似，日本企业战后复产过程中也出现质量问题。“日本制造”几乎成为低档货的代名词。但由于日本琴的价格低廉，加上明显的汇率优势，在低级市场仍具有较强的竞争力。

五、戏剧性的入市经济三步曲

——低价入市、不断提质和提价、上升至中高级市场。

没有多久，日本钢琴的质量有了明显的提高。而美国自己造的钢琴质量却很差。20世纪70年代中期开始美国人对亚洲产品产生了好感，于是人们纷纷去买YAMAHA和KAWAI。这标志着美国钢琴工业的衰退已经来临。当美国人买日本琴多于买本国琴的情况出现之时，将会逼使美国一些钢琴企业退出行业竞争。

日本钢琴在质量提高、售价上升、产品升级之后，就给低价市场腾出一个空缺。由于低价琴在美国的需求量一直很大，中间商们最终在韩国找到了合适的供货厂家来填补这个空缺。韩国琴的入市也不外乎重复日本的老路，以其低工资低成本的优势，以低售价进入美国市场。虽然质量上存在一些问题，基于市场对低档琴的强劲需求，也由于人们对质量问题的无知，SAMICK和YOUNG CHANG的钢琴就这样继日本之后成为新的低价市场的主力军。

时代的巨轮滚滚向前。当韩国钢琴的品质和售价不断提高、踏着日本的脚印升档之后，又给美国的低价钢琴市场留下了新的空缺。今日，取而代之的是中国、印尼和俄罗斯这些低工资地区的国家。现在，这些国家的钢琴正在成为美国广大消费者的选购对象。

六、未来工作

自从低档到中档钢琴市场应人们的要求而形成之后，也有人在寻找廉价的二手旧钢琴，以替代购买新琴。二手琴市场甚至比新琴市场还要庞大。并由此而产生了一些令维修技师们为难的问题。

调律师们都认为钢琴是一种长寿产品，很少会废弃丢掉。但我们也经常遇到一些琴主要求对那些早已失去维修价值的残破钢琴进行调律和维修，尽管有的琴主也认识到琴已病入膏肓，但总希望还能修复使用，对我们的劝告置若罔闻。对此，我们应耐心说服琴主，不能只为了几个修理费而胡乱承接毫无修理价值的钢琴。当然，如果琴主接受你的意见，你也乐意承修，那么不管琴的年代多久和条件如何，即使是一架低档琴，你就必须尽最大努力去把它修好。因为钢琴对一个家庭来说，毕竟是一项重大投资。此外，你也不应对维修低档琴产生收费不会很高的偏见。正如我在本文开头所提及的调一架低档琴的收入相等于调一架7有英尺三角琴的报酬，不是一个最现实的例子吗？

如前所述，自从有了第一架钢琴，低档琴也就相伴而生，并且将长期存在下去成为市场主流。我们的任务是全力为这个行业作贡献。应该意识到，如果没有为大量低档琴服务的空间，我们将失去职业依靠。

七、结束语

此外，我想提一下颇具意义的事：低档钢琴在生产和普及的过程中为人类社会带来了额外的福祉。钢琴工业为了降低成本而搬离大城市的文化中心，最后散落在广袤的乡间。在这过程中自然会引导大批人去接触音乐，学习和欣赏生活中从未有过的钢琴音乐。这种情况同样发生在日本、韩国、中国和亚洲其他地区。在他们受到钢琴文化的感染之后，必然会导致对西方文化的深入学习和理解。他们对“我们”的文化理解得越多，就会与我们越接近。这些国家的人民就会成为我们的朋友。我相信在未来的50年间，钢琴工业将会引入到包括中东在内的第三世界国家。让这些国家的人们由学习钢琴而理解西方文化和西方文明。音乐不仅仅是一种世界语言，它必将在促进世界和平的工作中，产生巨大的影响。

八、译后语

1.向美国PTG钢琴技师们致敬

在拥有世界最大钢琴市场的美国，曾经蓬勃一时的许多颇具规模的钢琴厂，现已所剩无几。但是，那里的钢琴市场依然红火。大量的亚洲钢琴取代了美国本土的产品。那里的钢琴技师和调律师们也照样兢兢业业地为外来的低档钢琴服务。本文的作者、资深技师Mr. W. Blees在文章的字里行间所流露出的对亚洲低档钢琴的一份关爱，值得我们赞许。通过他的创导，他的同行们将会对今后大量进入美国市场的中国钢琴提供有力的后勤支持。对此，本人向作者W· Blees先生及PTG技师们致以衷心的敬意。

2.寄语我国出口钢琴的厂家，在国际竞争中勿损我泱泱大国之陶朱风范

在可以预见的日程之内，我国钢琴必将大举入美。但愿能步日、韩后尘，不断提质升价，10余年后上升到中、高档市场。看来，这个愿望不是那么容易就能达到。因为我国具有出口能力的厂家众多，如果能够在低档市场站稳脚跟，未必不是令人珍惜的好事。千万勿在国外市场搞兄弟相残、削价恶性竞争，做成两败俱伤。这方面，日本YAMAHA和KAWAI在国外互帮互让、互相尊重的胸怀，值得我们好好学习。但愿我的话是杞人忧天，也望有关厂商对我的不吐不快的肺腑之言见谅。

（林国海译自美国“钢琴技师”杂志2003年3月）

第七届世界扬琴大会在瑞士召开

第七届世界扬琴大会于2003年10月8日～13日在瑞士举行。

本刊记者前不久采访了刚刚参加这次会议回来的中国音乐学院扬琴系副教授李玲玲，请她介绍了这次会议的概况。

李玲玲说世界扬琴大会是世界扬琴演奏、制造界的盛会，每两年举办一次。第一届是1991年在匈牙利举行的。在那次会议上，成立了世界扬琴协会，匈牙利著名扬琴大师维克多利亚当选为该组织主席，我国著名扬琴演奏家、教育家项祖华当选为世界扬琴协会副主席。世界扬琴大会，是世界性的扬琴界学术会议，大家在一起共同研究、探讨和交流世界扬琴艺术。世界扬琴大会曾先后在匈牙利、白俄罗斯、乌克兰、捷克等国家举办。我国扬琴界也曾酝酿在中国举办世界扬琴大会，但因经费问题一直未能如愿。

第七届世界扬琴大会是历届参加人数最多的一届，有来自世界22个国家的150多位代表参加了会议。有美国、英国、德国、日本等国家的代表，他们都带来了自己国家本民族特色的扬琴在大会上进行表演。她说，世界扬琴组织近年来发展迅速，目前已有会员国29个，比第一次会议时，仅有十几个人，11个国家的代表参加，有了相当大的变化，这说明世界扬琴艺术有了相当大的发展。

5天的会议，除开幕式和理事会以外，其他时间均被安排为各个国家扬琴艺术家们的演奏与表演。会上，每一个国家都安排了45分钟进行表演，使每一个代表都聆听到了世界各国的扬琴音乐作品，有传统、民间、古典、现代不同风格的作品，内容非常丰富，充分展示着各自的艺术形象。参加会议的不仅有演奏家、理论家、评论家，还有出版商、乐器制作家，在交流扬琴音乐的同时，还交流乐器制作方面的经验。

总的来说，目前世界扬琴分为三大体系：欧洲体系、南亚西亚体系、中国体系。同时，在每个大的体系中还有小的分支。在这次会议上，展示了来自世界许多国家民族的大、中、小不同和不同演奏工具，丰富多彩的扬琴，犹如世界扬琴大家族的融合。在交流中，虽然大家看到的扬琴基本形状和演奏方式是一样的，但由于每个国家和地区有着不同的文化背景，因此在一些方面也存在着差异。在击弦工具琴竹的制作材料上，有采用木、竹、铁、铜等不同材料制成的，而且附加材料也有所不同，有用毡子、用皮子、用绒的，但演奏的基本原理都是一样的，演奏方式也是一样的，采用的工具都是大同小异，使每个国家从事演奏和制作人都可以受到许多启发，不断改进和完善自己国家的扬琴。此外扬琴的演奏形式也很有特色，不同的音乐组合、不同弹唱形式，也使我们受益匪浅。世界扬琴大会有自己的刊物，每半年出版一期，刊登每个国家的扬琴发展情况。

经过七届的世界扬琴盛会，把全世界从事扬琴艺术的人拉得越来越近，大家虽然语言不同，但是共同的音乐符号，共同的乐器演奏，使大家团结在一起，互相学习、互相交流、取长补短。大家在一起只搞交流，不搞比赛，互相之间增进了友谊和感情。扬琴艺术把世界联系得更加紧密。

由汕头粤升乐器实业有限公司研制生产的“GS—801新型大扬琴”在这次大会受到了与会代表的一致关注。“GS—801新型大扬琴”在力学结构、琴

体共鸣性、木质传导系统、油漆的化学反应诸方面与中国现行的扬琴相比有了很大变化和提高，进行全面性科学改造和试验，在确保力学结构的精密度、音响共鸣的科学化、油漆的适应性和保持现有的演奏方法与习惯的基础上，逐一定位。“GS—801新型大扬琴”保留了我国传统的“琴竹”演奏方式和传统“横五、纵二”的定弦排列规律。对这台中国新型大扬琴，外国朋友纷纷观看并试奏它，表现出了极大的兴趣，感到十分的振奋和惊奇。外国朋友和海外同行一致认为无论从音色、音位排列和制作工艺上都保留了中国特色，认为大扬琴的诞生扩大了中国扬琴的发展空间，止音器的安装丰富了扬琴的表现力。并且也提出了一些改进意见。

李玲玲说，中国扬琴经过几十年的改革，取得了很大的成绩，目前我们使用的401、402型扬琴，其优势是显而易见的，而随着时代的发展和音乐作品的需要，演奏家们需要有一种甚至不受体积、重量限制，而真正能够充分表现音乐作品，发挥出乐器最大功能的扬琴，同时要保留中国传统演奏技法，仍然采用最具中国特色的“琴竹”，及“横五、纵二”的音位排列，保持悠扬、甜美的中国扬琴音色。只有这样才能使中国扬琴在世界扬琴的百花园中独树一帜。汕头粤升乐器实业有限公司的新型扬琴迈出了第一步。另外还有一些扬琴生产厂家都在加紧研制中国的音乐会大扬琴，这是十分可喜的事情。我希望中国式的音乐会大扬琴能够早一天面世，成为世界扬琴的新宠儿。

最后，李玲玲介绍说，在这次世界扬琴大会上，她被增选为世界扬琴协会的理事，现理事会中共有11位成员，惟中国有两位成员（另一名是世界扬琴协会副主席项祖华）。在选举大会上，世界扬琴协会主席维可多利亚说，“中国在世界上是一个扬琴大国，中国有很多学习扬琴、热爱扬琴的人，而且中国有系统的扬琴专业教育体系。所以我们要更加重视这一扬琴大国。”由此可见，世界扬琴界对中国扬琴发展的重视程度和给予的期望。

目前中国是世界上惟一在音乐学院设立扬琴专业，并且具有系统的扬琴教学体系的国家，而其他国家的扬琴大都处于民间表演状态，在这次的世界扬琴大会上，代表们对中国扬琴的发展都表示了羡慕之情。他们说，“在我们国家，从事扬琴工作的人都没有教授的头衔，可是在你们中国，有扬琴教授、副教授、研究生，在中国的音乐教育中，小学、中学、大学都设立了扬琴专业，有一整套完备的扬琴教学系统，这是我们不能相比的。”

伊拉克的乐器

编者按：随着3月20日美伊战争爆发，伊拉克成为世界关注的焦点。本刊简要介绍伊拉克乐器的发展及种类，通过乐器知识的简介，使读者对伊拉克的历史文化有所了解。

伊拉克共和国，位于阿拉伯半岛，领土面积442839平方公里，古老的幼发拉底河和底格里斯河自西北向东南贯穿全境。伊拉克人口约2310万人，73.5%为阿拉伯人，伊拉克历史悠久，公元前2000年起先后建立巴比伦王国、亚述帝国和后巴比伦王国。公元前550年波斯帝国在此建国。

伊拉克的音乐与乐器属于阿拉伯地区的音乐范畴。所谓阿拉伯地区是指东起阿拉伯半岛和伊拉克东部边界，西临大西洋，北至地中海南岸，南界撒哈拉沙漠这一横跨亚、非两洲的广阔空间。阿拉伯人在这片广大地区建立统治是从伊斯兰教创立的公元622年才开始的。但是在这之前，公元前三四世纪便已经在两河流域创建相当发达的文明。

公元前2400年，在两河流域上古朝代的第一阶段，在美索不达米来地区，也就是位于现今伊拉克境内的底格里斯和幼发拉底两河流域称为美索不达米来平原，它是举世闻名的人类古代文明发祥地之一。从几个城邦出土的乐器和其他有形材料中，可以大略了解当时音乐文化的发展状况，在这一时期，已出现了体鸣、膜鸣、气鸣与弦鸣四大类乐器，而且乐器史上被认为产生得最晚的弦乐器在各种音乐演奏活动中居最突出地位。约在公元前3000年已出现弓形竖琴，以后数百年间派生出多种形制，琴弦由5根发展到15根。现藏于伦敦博物馆的苏美尔船形竖琴，其结构与制作工艺之精美令人惊叹。这一阶段的另一种重要乐器是里拉琴(Lyre)，它有7至11弦，共鸣箱上常以牛首装饰，放在膝上用双手弹奏，是古希腊里拉琴的原型，今天仍以它作为音乐的徽记。气鸣乐器有横笛和竖笛。值得注意的是当时的笛子标做“na”，很可能是阿拉伯笛子“nay”的前名。此外还有号、双簧管和由两根笛子捆扎在一起构成的双笛，这种乐器现今仍在阿拉伯民间音乐中使用。膜鸣乐器包括各种类型的鼓，最多见的是锅状鼓和铃鼓，其形制分别与阿拉伯的纳卡拉和里克鼓(手鼓)相似。体鸣乐器则包括多种形状的哗啷棒和拍子板。

公元前2000年左右，两河流域上古时代的第二阶段，奴隶制帝国时代，巴比伦和亚述在乐器方面，仍以弦乐器为主，但种类与样式较前大为丰富。竖琴有弓形和三角形的，前者又分垂直和水平放置两种样式，琴弦最多增至22根。波斯的立式和卧式竖琴显然是从它们演变而来的，东亚和东南亚的箜篌亦当是其东渐的结果。里拉琴出现了夹在腋下弹奏的方式。在新巴比伦时代，齐特尔琴类乐器已见诸浮雕，还可以见到用槌子击奏这种乐器的图像，它有可能是阿拉伯桑图尔(扬琴)的原型。在这一阶段的初期，长颈琉特已相当普及，它可能产生在公元前3000年代末期，流行于前2000年代初期，其共鸣体为圆形或椭圆形，以兽皮蒙面，1至3弦，用拨子弹奏。现在西亚、北非广大地区流行的多种样式的长颈琉特与它们有着明显的历史联系。气鸣乐器的种类无明显增加，但双笛已成为最主要的乐器。古巴比伦时代第一次出现高脚杯状鼓，新巴比伦时它已成为重要的庙堂乐器，现在阿拉伯的达拉布卡鼓很可能由它演变而来。当时，还出现了陶或金属制的钟和饶钹等新的体鸣乐器。

公元622年到1492年，两河流域进入伊斯兰朝代，先后经历了阿拉伯帝国时期、阿巴斯王朝时期、安达鲁西亚时代。在阿巴斯王朝时期，新王朝在762年迁都巴格达，政治文化中心也随之东移。该王朝长达500年，是中亚、西亚、北非各种族文化大融合的时代，他们共同创造了一种伊斯兰—阿拉伯文化。音乐艺术也出现了空前昌隆的景象。曲调和节奏类型显著增多，音乐体裁迅速繁衍，乐器种类更加丰富。当今阿拉伯音乐的体系、体裁和乐器都是在这个时代定型的。

伊拉克的主要乐器有以下一些品种。

1.乌德

乌德是一种无品的拨弦短颈琉特，琴体呈半梨形，是阿拉伯最重要的乐器，被誉为“乐器之王”。其流行范围不仅仅在阿拉伯地区，中亚和撒哈拉沙漠以南的一些民族也弹奏它，而且它在中世纪经过西班牙和拜占庭传到了欧洲，成为文艺复兴时代最重要的乐器之一，在欧洲它被称做琉特。“乌德”这个词在阿拉伯语原来是木头的意思，系指其共鸣体的盖板为木头所制。现今流行的乌德有5组双弦，其中定音较高的三组为肠弦或尼龙弦，其余定音较低的两组为用丝缠绕的金属弦。乌德是用鹰羽管制的拨子弹奏的。

2.卡龙

卡龙是一种直角梯形状的齐特尔琴类乐器。共有63根～84根肠制或尼龙制的琴弦，3根为一组，发同音，故可产生21至28个音，常见的有72弦，发24个音。用一木板复盖音箱的大部，其右侧的窄长平面则张有5块长方形的皮膜，琴马安在皮膜上。左边有与弦数相等的弦轴，3个为一排。另外还有数量为琴弦一倍、可折叠的金属小支架，通过它们的张合，改变弦的张力，从而使音高升降，使其定音符合所奏乐曲的马卡姆调式音阶。

3.凯曼恰

其共鸣体用半个椰子壳制成，以羊皮蒙面，下端安有一细长的支脚。阿拉伯地区的凯曼恰有4弦，演奏时将乐器置于膝上，持弓姿势与中国二胡相似。琴身可随意转变角度，使琴弓能更方便地擦弦。

4.拉巴卜

琴体下宽上窄，中间略为隆起，木制。在该国流行的拉巴卜有2弦，按五度定音。演奏方式与大提琴相似。其琴体呈四角形，木制，上蒙以羊羔皮。流浪音乐家用它自拉自唱，伴奏史诗性的叙事歌曲，其音域很窄，仅有四度。

5.桑图尔

即中国的扬琴。共鸣箱呈等边梯形。伊拉克的桑图尔有92根金属弦，4根一组，发23个音。它们分别架在3 排琴马上。它是巴格达乐队的另一种主要乐器。

6.乃依

流行在阿拉伯、土耳其、伊朗及中亚的一种斜握吹奏的竖笛。以竹芦管制作，现在也有用塑料或金属管的。正面通常有6～7孔，背面有一拇指孔。其长短差别很大，短者仅30厘米，长者达80厘米。乃依的音色柔和，音域不宽，但通过超吹，音域可达3个八度。它只由男人吹奏，常用来奏卡姆即兴曲。

7.达拉布卡鼓

达拉布卡是一种高脚杯状的单面鼓。鼓身多为陶制，近来也有用金属制的。职业音乐家用的达拉布卡以鱼皮蒙鼓面，其余的则用羊皮。鼓手或将它夹在腋下，或放置在大腿上演奏。用两手敲击鼓膜，击中心时发出“多姆”(dum)声，为强拍，击边缘时发出“塔克”(tak)，为弱拍。它是击奏阿拉伯节奏型的主要乐器之一，是一种十分大众化的乐器，在艺术音乐中仅由男子演奏，在民间节日活动中则男女皆可演奏。

8.纳卡拉鼓

这是一种铜制或陶制的锅状鼓，成对使用，以两根小木捧击奏，右边一鼓奏强拍“多姆”，左边一鼓奏弱拍“塔克”，两鼓配合可奏出各种节奏型。通常以骆驼皮为鼓膜。大的纳卡拉放置在骆驼背上，由骑骆驼的鼓手击奏；小者由驴驮着，是军乐队的主要乐器之一。艺术音乐也使用这种鼓。

9.里克鼓

里克是一种手鼓，直径钓20厘米，鼓框上安有10对小铃，两对为一组。演奏者以左手持鼓，左手手指可随意敲击鼓膜的边缘，右手手指则可击奏鼓膜中央或边缘，发出“多姆”和“塔克”这两种声音。它是艺术音乐的重要伴奏乐器。

(参考书目：《东方音乐文化》,俞人豪、陈自明著。)

制作琴弓的最佳原料
濒临灭绝的巴西国树巴西木

在西方提琴界，有这样一种说法，“如果有两种方案摆在你面前，一种是上好的弓、普通的琴，一种是上好的琴、普通的弓，你一定要选前者”。什么样的琴弓算好呢，首先要是巴西木做的。

一、30年才能成材

巴西木是巴西的国树，巴西的国名就是因它而来。巴西木虽色泽深浅不同，但都呈红色。葡萄牙人来到南美大陆，看到这种树后称它为巴西木，巴西与葡萄牙语中“发红的灰烬”一词发音相似，许多人推测，巴西木是因此树的颜色而得名。巴西木主要生长在巴西的伯南布哥州，因此也被称为伯南布哥木。伯南布哥木是当地土著印第安人对这种树的叫法，是“红棒”的意思。

巴西地处南美洲，北部领土靠近赤道，80%的国土位于热带地区，终年充沛的雨量和亚马孙河流域的肥沃土壤，使得大西洋沿岸成为热带雨林区。巴西全国森林面积442万平方公里，覆盖率为52.2%。但最适合巴西木生长的地方是东北部的伯南布哥州，独特的地理、气候、光照和排水性能，使它成为誉满全球的巴西木产地。

巴西木一般都有30米高，树干直径1米左右，长到20米以上后，又出现若干15米高的分杈，树干为暗红色，树杈枝繁叶茂，四季常绿。巴西木生长缓慢，30年以上才能成材。

二、历经两次浩劫

巴西木密度大、硬度强、弹性好、抗腐性强，耐磨不裂，抛光平滑，色泽光亮，纹路华丽。但是在葡萄牙人到来之前，印第安人并没有大规模开采。当时的印第安人只是拿它来做狩猎的工具，再者，就是少量地提取树心的汁液做染料。印第安人在举行庆典祭祖等重大仪式时，把树心的红色液体涂在容器上，把所穿的衣服染成红色，以示喜庆求吉利。此外，印第安人认为树液和树皮有强身滋补功能。现代医学研究证明，其对某些癌症确有抑制作用。

16世纪初，葡萄牙人来到了巴西。在这里他们没有发现梦寐以求的黄金，却意外地发现了另一样宝贝——巴西木，这种树是绝好的染料原料，而在当时的欧洲纺织业开始兴起，染料是紧俏商品。于是，葡萄牙殖民者纷纷圈地建厂。靠着对巴西木从巴西到欧洲运输线的开辟，这些人大发横财。他们从欧洲出发到巴西淘金时几乎身无分文，回国时个个腰缠万贯，被称为在巴西发了财的葡萄牙人。

作为当时上好的染料原料，巴西木受到殖民者的狂砍滥伐，直到1856年化学合成染料问世，对巴西木的滥伐才停止。

但是，好景不长。法国人图特父子发明了现代提琴弓，同时指定巴西木为提琴弓最佳原料。可别小看了不大的琴弓，并不是所有的巴西木，并不是巴西木的所有部分都能制作，它需要锯下大树千挑万选，耗费惊人。19世纪欧洲的一名提琴专家称，制作一个上好的七八十克重的琴弓，需要砍倒8到10吨的巴西木。因而现代琴弓的出现在巴西再次掀起巴西木砍伐潮。成船的巴西木板材被源源不断运往欧美各地的乐器制作厂。

另外，进入20世纪后，制糖业在巴西兴起，许多农民纷纷开田种甘蔗，巴西木的生存空间进一步受到挤压。现在到伯南布哥州的林区去看，昔日成片的原始森林已不复存在，一般人很难发现真正的巴西木，专业人员也要到林区深处，才能找到巴西木。据有关机构的统计，现在巴西木的生存面积只是原来的5%。

三、伐多少棵树，种多少棵树

国际音乐界已经认识到，再不对巴西木实行保护，后代提琴手们将面临无良弓可用的局面。于是，他们成立了“国际保护伯南布哥木行动”组织，大声疾呼。一位名叫赖默的业余大提琴手，奔走于欧美音乐殿堂和巴西热带丛林之间，进行多种形式的募捐活动，募得的钱全部捐给了巴西林业部门。欧洲的许多提琴厂家在提琴价格中专门加入了一项内容：巴西木保护基金，每卖一把琴就拿出一部分钱用于此。

巴西政府对巴西木的保护也十分重视，已明令对巴西木贸易实行国家垄断，限量出口。国家和州分别立法规定，没有政府当局颁发的砍伐许可证，不许私自砍伐，违者严惩不贷；准许开发的，也要承担再植的责任，规定伐多少棵种多少棵，使林区面积不减，力争有所增加。新近成立的玛格拉特基金会，出资在伯南布哥州展开声势浩大的宣传和教育运动，让当地印第安人加入到保护运动中来。野生植物管理局则成立了专门的科研机构，对巴西木的分布进行普查，对每棵巴西木进行编号，研究先进科学技术，使巴西木根深叶茂。

当然，保护是为了更好地利用。适当的巴西木贸易仍在进行。全世界200家顶级提琴厂家每年都要派人到巴西采购。巴西森林保护和管理局官员告诉记者，国际上现在每年对巴西木的需求量是200立方米以上。虽然现在巴西木的利用率比以前提高了不少，但仍很低，仅在20%～30%之间，估计一年需要1000立方米的木材，以一棵树产板材10立方米计，需砍伐100棵树。

（张川杜）

【企业篇】

中国乐器年鉴

CHINA MUSIC INSTRUMENT YEARBOOK

(2003～2004)

广州珠江钢琴集团有限公司

【企业概况】

2003年1月，广州市政府再次确立广州珠江钢琴集团有限公司为投资主体，授予国有资产经营权。5月，经广州市人民政府常务会议同意调整领导班子。新经营班子以市场创新为动力，推动经营战略、企业制度、技术设备的创新，强化以质量为核心、以成本为中心、以市场为重心的经营运作模式，通过提高产品质量、管理效率和资源利用率来增加利润，稳健发展，实现国有资产的保值增值。

“Pearl River”牌钢琴是“中国名牌产品”、“中国驰名商标”、“全国用户满意产品”和“中国最具价值的五大消费品牌之一”，品牌无形资产14.68亿元。“Ritm ü ller”是珠江钢琴集团从德国收购的钢琴品牌，该品牌创建于1795年，具有近300年历史，是欧洲十大钢琴品牌之一，珠江钢琴集团参照德国设计参数，传承德国装配工艺，借助德国后期整理技术制作“Ritm ü ller”钢琴，较好保持了欧洲钢琴品牌的传统风格、弹奏性能和声学品质，品牌档次、产品价格优于同等产品，与“Pearl River”牌钢琴一起成为珠江钢琴集团的两大主导品牌。“红棉”牌乐器商标是广东省、广州市著名商标。“红棉”牌吉他是广东省名牌产品。截至2003年，集团公司拥有32个注册商标，在国内注册29件，在海外80多个国家注册70件。

集团公司2003年生产钢琴73638架，占全国总产量21.64%，出口钢琴13989架，占全国总出口量17.58%，出口创汇2275万美元，比2002年增长2.62%。其中出口美国7900架钢琴，占美国市场的13%。全年实现利润1.2亿元，利税1.6亿元，所有者权益近9亿元。

2003年，集团公司先后荣膺“全国质量效益型先进企业”、“全国外经贸质量效益型先进企业”、“全国用户满意企业”、“全国名优产品售后服务先进单位”和“广东省质量管理奖”、“广东省优秀企业”、“2003年广东大型企业竞争力50强之第29位”、“广州企业文化建设先进单位”等称号。美国《音乐贸易》杂志2003年4月登载集团公司董事长童志成为“全球乐器行业2002年度风云人物”。

【抗击“非典”成绩斐然】

2003年初，突如其来的“非典”疫情不同程度影响着企业的生存和发展，威胁着人民的生命和健康。

集团公司坚持一手抓抗击“非典”,强化五大防控措施（强化机构配置、强化饮食卫生、强化爱卫运动、强化民工管理、强化心理素质）。由于预防得力，集团无一例“非典”疑似病例和“非典”患者。与此同时，珠江钢琴集团捐赠117.5万元，向昼夜奋战在“抗非”一线的白衣使者表示崇高的敬意。

抓生产发展，改变传统促销手段，调整产品结构和营销重点，适应复合营销体系。

经过战略性调整及全体员工的共同努力，集团公司不仅平安度过了“非典”时期，而且产销业绩再度飘红。头4个月累计同2002年比，钢琴、提琴、吉他等主要产品产量分别增长16.56%、68.78%和28.96%，销售收入和出口创汇增长3.93%和17.04%，其中吉他出口创汇增幅93%，资金回笼和利润增长7.04%和9.12%，现行价工业总产值增长20.04%，不变价产值增长12.34%。集团公司经受住了“非典”瘟疫的考验,保持着良好的增长势头。

【追求质量 夯实基础】

2003年是集团公司的品种、质量年，集团公司重点突出以质量为核心的企业管理，为质量提升提供强大的体系支撑、管理监控、制度辅助，并落实到具体的措施上。2003年上半年，集团公司重新整合原来负责实物质量管理的质量科、主管质量管理体系（ISO）的全质办和技术部产品质量监督科，统一为质量部，形成管理合力，提高管理水平；理顺岗位职能，明晰工作职责；优化资源配置，降低了质量成本。随后策划《公司组织架构调整后质量管理体系有关协调工作》,组织相关部门对体系文件进行适宜性修改,确保质量管理体系文件合理有效。集团公司通过2003年度质量监督复审后，编制了《ISO9000质量管理体系运行月度考评办法》，进一步强调贯标部门进行月度自查。并改变以往的突击审核为月度滚动式审核，有效减少了现场审核的时间压力，促进各贯标部门加强日常贯标工作。

为了加强现场管理监控力度，扩大监控范围，避免生产内部流通领域（分公司之间的产品买卖）的某些质量问题流放于监控之外，集团公司把日常规范监控与专项联签、质量问责、信息统计相结合。首先，制定《产品质量监督抽查检验方案》，以规范、标准的抽查方法对分公司的产品质量进行抽查，对抽查出的质量问题作出明确的判定，对判定的结果提出具体的整改建议和可改进方案，最终纳入分公司的月度质量考评中。其次，结合三角钢琴市场需求量急升的实际情况，为保证出厂产品的质量，实行出货质量联签制度，模拟顾客接收三角琴的成品质量。定期召开联签质量会议，将发现的质量问题反馈和责成分公司限期改进，将可改进的工艺建议反馈给技术部制定改进措施并跟踪整改结果。第三，实行原因不清不放过，责任不明不放过，整改措施不完成不放过的“质量问责三原则”，不断完善《质量问责实施办法》，使问责范围更广阔，质量责任事故界定更明确，工作程序和职能职责更清晰。第四，优化整合分公司的质量检验点，减除非关键性检验点，力求生产现场质量监控更集中更有效。第五，开发生产现场质量监控软件，利用计算机统计分析质量信息，以便及时掌握分公司半成品及关键工序的质量动态，为继续完善质量合格率指标和推进质量成本管理中内部损失成本的统计提供数据材料。第六，将每周分公司经理碰头会搬到各自分公司现场进行，与分公司共同分析，解决在日常发现的质量问题，使质量管理更加贴近现场。通过实施多种强有力的现场监管措施，有效提升了产品的实物质量水平。经检验，2003年分公司半成品一次合格率和公司立式钢琴、卧式钢琴最终产品一次合格率全部达标。

集团公司围绕质量总目标，制定了质量分解目标，2003年新产品销售额占销售总值的38.05%，关键类、重要类材料进货的批次合格率为97.3%，产品一次合格率为78.94%，设备非计划平均停机时间为0.37个小时，用户抱怨率为0.26%，综合顾客满意度达到了82分，六个考核项目均已达标。2003年还进一步修订了《分公司质量管理工作考评办法》，考核内容与质量管理要求接轨，包括质量目标管理、过程质量控制、质量事故／问题控制、产品质量反馈、持续改进五大方面，实行月评与年度评相结合，较好地引导分公司通过强化质量管理来达到提高产品质量的最终目的。

2003年集团公司坚持以用户需求为导向，以用户满意为准则的服务观念，从意识、行为、机构、管理上改进和提升服务质量。集团成立售后服务科，专司接待用户抱怨、投诉和回访，制定维修员培训制度，委托维修制度，回访跟踪制度和抱怨处理制度，力保售后回访、维修、调律跟踪到人、到户。设计和维护集团网站，为顾客准确获取信息及时更新内容，设置用户登记表和用户反馈意见箱，通过信息网络广泛、便捷地收集用户对珠江钢琴的评价和建议。

经过持续不断地改进产品质量和服务质量，企业2003年委托广东省用户委员会对全国最终用户和销售商进行满意度调查，都达到了满意水平，产品美誉度和顾客忠诚度正与日提升。集团公司被评为“全国用户满意企业”、“全国实施用户满意工程先进单位”和广东省首批三家企业获得“广东省质量管理奖”的企业之一。集团提琴厂顺利通过GB／T 19001~2000idtISO9001:2000质量管理体系认证。智多星QC小组、利民QC小组、超人QC小组荣获全国轻工业优秀质量管理小组称号；击弦机分公司获得“广东省轻工业质量卓越集体”称号。

【技术创新　成效显著】

集团公司创新三原则：创新的目标就是创造有价值的品牌，创新的本质就是否定之否定的创造性扬弃，创新的途径就是创造性的借鉴、模仿和改进提升。

集团公司技术中心继2002年由市级升格为省级后，2003年7月又顺利通过省级重点工程技术研究开发中心的验收，成为目前全国乐器行业惟一的、颇具规模的、创新能力强的企业技术中心。持续引进国内外先进技术设备和钢琴制造专家，加强与科研院校机构开展产学研联合，精心改进钢琴（乐器）制造的核心技术和关键技术，逼近全国乃至全球钢琴制造技术的制高点，用先进适用技术和网络信息技术改造传统乐器制造业，通过技术进步提升产品质量水平和集团生产力水平。

2003年集团公司技术中心着重抓了技术开发、工艺改革、设备改造、定额编制、科研攻关和计量检测等6项工作，依靠技术进步提升集团生产力水平。开展工艺改革并已投入试验的项目272项，有147项评审结果可行已投入使用，19项经评审纳入技术储备。其中，全国第一条钢琴外壳静电喷涂生产线在集团涂装公司落成试产。配合工艺改造自行设计开发设备10套，开发工装夹具1800多套。全年设计开发出钢琴新产品40个，其中立式钢琴28个，卧式钢琴12个。继续与科研院校联合攻关“钢琴声音的分析与音质改进”、“钢琴共鸣盘的结构与振动”、“木材干燥工艺试验窑”、“提高键盘尺寸稳定性研究”、“数码乐器系列产品研究”等产学研项目，不断改进钢琴制造技术的瓶颈问题，为钢琴质量上台阶消除障碍。按照产品标准化要求，调整产品条型编码程序，利于与国际市场轨接和防伪保护产品。2003年，集团技术中心的自主创新能力明显增强，转化为生产力后，对经济增长的贡献率也明显提高。

【拓展市场　效益提升】

2003年集团公司结合传统的营销手段，突出个性化模式，使集团产品的销售目标更加明朗化，销售成效更为凸显，集团效益亦随之上升。对国内市场推进分片管理，巩固东西南北中的国内6大经销商。推出让营销大户在众多款式中选样专销的措施，实行一对一的营销方法，有效保障了经销商的选样专销权，促进了经销商的销售积极性和赢利自信心。大举进军学校阵地，大面积促销“教学用琴”，在中小学、师范院校中掀起普及钢琴教育的浪潮。乐器出口采取多元化策略，普遍提高钢琴、提琴、吉他的出口产品档次，中高档吉他和小型三角钢琴出口有较大突破，海外市场供不应求。

为继续扩大集团产品的市场覆盖面和占有率，进一步提高产品品质内涵，集团公司在成功开办美国分公司的基础上，2003年10月注资50万欧元在德国慕尼黑成立了珠江钢琴集团公司欧洲有限公司，将市场触角伸向钢琴制造王国，“班门弄斧”与洋品牌同台竞技，争取拓展欧洲市场的覆盖面。目前，乐器订货量优于往年，发展前景良好。

【名牌战略　提升品牌】

品牌只有具有高市场覆盖面和占有率，才有机会拥有高知名度和高美誉度，也才能创造出高经济效益，从而成为名牌。集团公司为占领市场，独辟蹊径地提出“三步走战略”，步步为营，级级提升，逐步实现“雄踞中国，走向世界”的总体战略目标。2003年集团公司继续保持“全球最大钢琴制造商”的位置，在品质、品种、宣传方面继续下功夫。

继续实施《珠江钢琴追赶世界中档钢琴的五年〔2001~2005〕工作计划》，努力提升产品档次，有意识拉开与国内同行在管理、品质、产量、价格等方面的差距。2003年，珠江钢琴产品的声学品质、弹奏性能和整体质量水平明显提高，无论在音准、音色、弹奏性能还是外观造型方面，均处于国内同类产品的领先地位，多项技术、质量指标已接近国际名牌钢琴质量水平，效果再次凸现。

以顾客满意为评判名牌的最基本标准，紧贴市场发展脉搏，捕捉国内外消费新需求，不断推陈出新，调整资源型、数量型生产向技术型、个性化生产转变，"生产中心类"向"流通中心类"转型，中、高档琴占比例越来越大，新品种琴叠出不穷。2003年累计产出高值品种钢琴2.83万架，其中UP120以上立式钢琴2.42万架，三角（卧式）钢琴4070架，同2000年比分别增长82.1%、76.7%和122.6%，高值琴占钢琴总产量的38.4%。新产品产值率38.4%、利税率55.81%、利润率41.98%、销售收入占公司总销售收入率35.59%，分别比2002年增长22.64%、20.67%、7.5%和10.32%。由此实现了在钢琴总量增产不大的情况下企业大幅增收增利，逐步解决了木材资源越来越紧缺形势下乐器生产企业的根本出路的问题。

为弥补"非典"期间的宣传弱势，以及向社会隆重推出集团新产品，集团公司在北京、西安、南京、昆明等国内主要大城市举办"2003年珠江钢琴新产品八城市联展"活动。并接二连三地赞助了一系列旨在弘扬高雅艺术文化教育的社会公益活动，如冠名协办'2003年钢琴魅力在上海"夏令营活动"，冠名协办"2003年首届中国少年儿童艺术节钢琴大赛"，为全国钢琴少年提供一个同台竞技的舞台。不仅在社会上树立了珠江钢琴集团的良好形象，也为争取年轻一代对珠江钢琴品牌的认同铺垫了良好的开端，在市场中树立起（珠江钢琴）优质、优价、优秀的鲜明品牌形象。产品名牌化，企业名牌化，使珠江钢琴集团在国内外的知名度陡然骤升。

创中国名牌是珠江钢琴的前期目标，创世界级的名牌才是长远目标。目前正拟定创立世界钢琴品牌整个系统工程的方案和实施细则，企业按做大做强的思路，为未来发展制定规划，以此来提高企业和产品的国际竞争力。

广州雅马哈·珠江钢琴有限责任公司

广州雅马哈·珠江钢琴有限责任公司是由至今超过100年钢琴制造历史的日本国雅马哈株式会社与中国钢琴制造最具实力、规模最大的专业生产厂——广州珠江钢琴集团有限公司共同出资组建成立的中日合资企业。公司坐落于拥有美丽自然环境、良好投资环境的广州经济技术开发区东区内。公司创建于1995年，占地面积1.9万平方米，是一间制造高品质，在国际市场上具有竞争力的立式钢琴厂家。

伴随着国内外乐器工业的迅猛发展，广州雅马哈·珠江钢琴有限责任公司像是钢琴制造业上的一颗耀眼明星，生产经营，蒸蒸日上，产量由1996年的1300架增长到2003年的9018架。在2002-2003年期间，产量已达到18000架，其中出口达到接近5000架，销售率每年达98.7%以上，销售收入实现2亿元，出口创汇实现600万美元，利润500多万元。生产立式钢琴的型号也不断增加，由原来的2种到现在的5种，分别为：中国珠江钢琴公司设计，国内、外销售的UP125M1及UP126R型 日本雅马哈设计，国内销售的CJ-121及U121C型，国外销售的C110A型。在企业快速增长的同时，造就了一大批高素质的管理技术人才和熟练工人。

以人为本，精益求精是公司的一贯作风，不断创新，保持技术上的领先优势是公司追求的目标。公司推行数字化管理，程序化操作。严格推进全公司的5S工作及ISO管理体系工作。在1999年9月，本公司就荣获了ISO9002国际质量认证，是国内首家中外合资钢琴生产企业，在此基础上，公司在2002年又通过了ISO9001:2000质量管理体系的认证及ISO14001的环境管理体系认证。以高度负责、务实的态度，在不断创造出钢琴业上高品质的产品和服务，不断满足顾客要求的同时，公司以"把美的音乐与大自然留给后代"为口号，切实开展环境教育，推进全员参与的环境管理工作，确保高品质的钢琴产生于优良环境之中。每年双方母公司都派员来检查指导，并与广州珠江钢琴集团公司保持紧密的沟通，吸收其对制造过程中的高新技术和丰富经验，我们也派人到日本雅马哈研修，使公司的管理、产品品质和技术不断随着钢琴制造的发展，注入了新的元素。公司制造出的钢琴，都是为全新的专业设计，揉合了珠江钢琴集团公司与日本雅马哈的技术精髓及钢琴制造业上超100年历史的经验，从原材料采购到成品琴的出荷都经过严格的工艺流程，生产出的钢琴具有现代风格的精巧、简洁的外观，明亮、饱满的音色，持久的延音，易于弹奏及诱人的价格，深受国内外专家的一致好评和广大顾客的认可。

发展中的广州雅马哈·珠江钢琴有限责任公司将不断满足顾客的需求，以高品质在激烈竞争的市场中取胜为宗旨，为丰富人们的精神文化生活，促进音乐事业的发展作出贡献。

北京星海钢琴集团公司

2003年，北京星海钢琴集团公司在建设"星海园区"的关键性搬迁工作中，以争创"中国名牌"为契机，促进各项工作，取得进一步发展，各项经济指标均有新的建树。

2003年5月，北京星海钢琴集团公司获得了全国总工会颁发的“全国五一劳动奖状”，7月被评定为全国大型工业企业，2003年9月，“星海”牌钢琴被国家质检总局评为“中国名牌产品”称号，这是星海数代人努力的结果。在此期间，北京星海钢琴获得了北京市著名商标、全国用户满意产品、钢琴技术工艺升级项目科技进步奖、全国轻工行业质量效益型先进企业等光荣称号。

争创中国名牌产品

为了争创“中国名牌”，北京星海公司在职工中加强各种形式的宣传教育，树立强烈的名牌意识，多年来，星海公司始终把狠抓产品质量作为企业发展的主题，不断用新材料、新工艺、新设备、新产品、新机制推动“星海”的经济发展。为了提高星海钢琴的科技含量，他们不断加大新产品的开发力度，不断把最新的科学技术、先进工艺、环保材料融入新开发的产品中，仅在2003年星海公司就把48种新产品投向了市场。为了提高产品质量，不断改革工艺和工装，为了提高音质、音色，还把一些关键部件都改用实木加工，使产品质量水平不断提高。为了提高每一个员工的综合素质，公司加大了对员工培训的力度，截至到去年年底，星海公司中级工培训了583人，其中，仅北京钢琴厂就培训中级工475人。另外，还有120人为在培高级工。此外，对新调入的工人、大学生以及转岗人员也都进行了岗前培训。在强化市场质量管理中，公司提出了“10大质量改进项目”，并从其中归纳了35项改进内容，制定了110项改进措施。截至到2003年年底，已有58项改进措施得到了落实，另有43项也纳入到实施阶段。

星海钢琴在获得“中国名牌产品”称号以后，公司及时召开了“以名牌促质量严把质量关”的检验工作专题会;“用名牌带动质量管理”的质管工作专题会“以名牌促质量共同发展”的外协厂家座谈会。

扩大三角钢琴生产

2003年，星海牌三角钢琴的生产和销售实现了历史性的突破，同比增长了82%，其中，65%的总产量用于出口，创造了星海有史以来的最好成绩。

在三角琴的生产过程中，他们以“整合生产，协同作战”的方式成功地将北京钢琴二厂、星海粤华公司、海资曼钢琴公司的生产能力有机地协调起来，充分地展示了资源整合、部件整合、加工整合、标准整合、局部缩减、整体加大、步调一致的优势。在生产准备的前期，他们就充分做好了生产关系的衔接和技术材料的储备;在生产组织的过程中，他们又合理地运用了紧急生产任务的“快速通道”在保周期、保质量的同时，积极调度和协调生产节奏。

加强外贸出口，带动整个企业发展

2003年，星海公司全年一共出口钢琴11000架，同比增长14%;其中仅三角钢琴就出口了1008架，同比增长300%;出口创汇1248万美元，同比增长19%。

国际市场对星海钢琴的需求增长，正是多年来公司不断开发国际市场，积极运作的结果。去年，在三角钢琴出口的过程中，公司采取了“抓大扩小”的经营策略，不仅巩固了大户，而且，还在许多国家和地区不断地开发和扩展了许多中、小客户。由于成功地运作了“支持大户，培养中户，扩展小户”方针和策略，所以三角钢琴一直处于“零库存”的最佳经营状态。星海乐器公司乐观的出口形势不仅体现在钢琴出口上，西管乐器的出口也取得了近几年来的最好成绩。北京管乐器厂原定300万元的出口销售额，实际完成了600多万元。仅出口古巴的一项合同就签订了249万元，萨克斯出口到美国的工作一直也做得很好。星海民耀乐器公司每年都有60%的产品出口，去年美国又有三家国际著名公司与他们签订了进出口的业务合同;亚洲地区也有一些重点客户与民耀公司携手联盟，共同打造西管乐器的国际市场。仅这几家新客户就新增出口销售额290万元。2003年民耀公司一共销售了9684支管乐，其中76.8%的产品用于出口，民耀乐器公司已经初步发展成为出口型企业。海资曼钢琴钢琴公司去年的出口工作也开创了建厂15年来的最好业绩。全年共出口钢琴371台，与上年相比提高了169%。

高速建设星海园区

星海园区的建设从一开始就体现出了“现代高速”，工程从2003年4月29日开工截止到2003年12月底共完成工程量1.4亿元，在资金十分紧张的情况下，实际投入金额仅达8600万元。星海乐器园区的建设充分体现了以“五新”精神为动力，打破惯例，实施了非常规操作，大力倡导北京市委市政府的“现代”速度。在规划设计中公司注意听取和采纳了切尔先生有关采用先进技术、先进工艺的意见，千方百计地融入了许多新技术、新装备、新设施和新的管理模式。凡是到园区参观过的外商或是客户，都对园区的建设速度、工程质量以及超前的工艺设计或技术装备表示惊讶和赞叹。

营口东北钢琴集团公司

2003年是营口东北钢琴集团公司各项事业突飞猛进，取得重要进展的一年。一年来，全公司上下在胡锦涛主席视察公司时所作指示的鼓舞下，在“一本三略”经营战略的指引下，兢兢业业，努力工作，使各项经济指标实现了历史性的跨越。三角琴年产5000架，出口创汇1850万美元，并开发出DG275音乐会演奏钢琴。2003年，营口“诺地斯卡”钢琴获得“辽宁省名牌产品”称号，公司总经理张大鸣荣获全国总工会颁发的“五一劳动奖章”，并当选为全国工会十四大代表。

2003年，营口东北钢琴公司主要在以下几方面取得进展。

三角琴产量和外销获得重要突破。一年来，公司把发展三角琴作为企业生产的重点项目，在国际局势复杂多变，国内“非典”疫情严重的形势下，共投入资金1000万元，建立完备的三角琴生产车间，现代化、大跨度、近万平米三角钢琴新厂房在一年内建成投产，为营口钢琴形成年产万架三角琴奠定牢固的基础。

大力开发新产品,确立企业核心技术竞争力的优势地位。东北钢琴公司近年来之所以能够快速发展，总结他们的经验，就是他们把技术领先作为品牌产品的核心要素，把最大限度地满足用户的需求作为技术创新的目标。2003年公司不断引进国外最新科技,广泛进行市场调研后,开发了5种立式钢琴新产品，三角琴实现多花色品种，215钢琴批量生产，并研究成功了275音乐会演奏钢琴，成为东北钢琴公司2003年的形象工程，在国内外业界产生了巨大的影响。

加快技术改造的步伐，不断提高企业设备利用率。2003年，经过五年的努力，企业通过了ISO9001:2000国际质量管理体系认证，逐步实现全员创新、全方位创新，重点实行三角琴分厂的创新，以带动全公司的整体进步。机修分厂围绕产品开发，设备改造实行创新机制，全年自制设备47台，大修设备20台，及各种模具工装样板制造达350套件。创造价值70多万元，节约资金28万元。击弦机分厂通过全员参与技术进步实现技术创新管理，全年工人合理化建议600多条，技术进步实现70多项。

加强各类人才的培养，努力实现人本管理。2003年，公司把对各类人才的培养、提升工人及管理人员业务水平、综合能力作为企业的头等大事。为促进优秀人才的脱颖而出，公司创造了宽松的环境和严格的组织考核制度，使一大批有志青年崭露头角，一些工程技术人员尽可能地释放出前所未有的工作热情，三角琴分厂经过几年的拼搏奋斗，培养了一批一专多能，能说善讲，勤奋向上，朝气蓬勃的青年队伍。

实行全面化创新管理。这是东北钢琴实现强大竞争力的基石。他们总结了企业管理中的五化，即：严格管理科学化、物质管理精细化、创新管理全员化、现场管理制度化、物质管理经常化。

积极扩大国内外对诺地斯卡钢琴的宣传力度。东北钢琴在面临国内外市场的竞争进一步加剧的困难情况下，公司采取积极应对措施，加大宣传、推荐力度，一年中共制作印刷近五十万张各类宣传品，宣传东北钢琴12大特点及产品优势等。各种宣传手段，有力的促进了东北钢琴在国内外市场的销售，东北钢琴在美国洛杉矶、德国法兰克福以及上海国际乐器博览会中都获得了良好的宣传效果。除此之外，中央及地方的宣传媒体多次以大篇幅报导了东北钢琴的巨大变化。如《经济日报》头版详实叙述东北钢琴的发展变化，中央电视台焦点访谈以及香港亚洲卫视播出东北钢琴的近况。

注重企业文化的建设与形成，是东北钢琴大发展的原动力。近年来，东北钢琴公司在企业内部提倡一种“三角琴精神”，并坚持实行“共产党员持牌上岗”的作法取得十分明显的效果，这种作法得到胡锦涛总书记的赞许，辽宁日报头版头条以《奏响时代最强音》为题的长篇报道，全面报导了东北钢琴公司的这种作法，在全省引起了强烈反响。东北钢琴公司有机地将经济工作与企业精神融合在一起，产生了巨大的物质力量，东北钢琴各项经济指标蒸蒸日上。

上海钢琴有限公司

上海钢琴有限公司是中国第一家钢琴制造企业，拥有独立设计制造全系列立式、卧式钢琴能力。公司历经百年沧桑，由最初的作坊式生产发展成现今总资产额达2.3亿元的钢琴生产基地，通过了ISO9000（2000版）质量管理体系标准认证并取得英国尤卡斯皇家认证证书。

公司现拥有“施特劳斯（STRAUSS）”、“卡尔曼（KELMANN）”、“希维顿（SCHWECHTEN）”、“上海（SHANGHAI）”四大品牌，产品多次荣获轻工业部和上海市优质产品称号、全国轻工业博览会金奖、上海科学技术博览会金奖、香港国家专利技术博览会金奖、全国最畅销国产商品金桥奖、轻工业部优秀出口产品奖、上海市用户满意产品称号……。在全国钢琴制作评比中荣获声学品质、弹奏性能、制作工艺优秀奖，取得十七项国家专利。其中“施特劳斯（STRAUSS）”钢琴连续10年荣获“上海市名牌产品”称号，并于国外注册，远销世界六十多个国家和地区、并在国内各大中城市设有特约经销处或维修站，还被指定为上海市钢琴考级专用琴。

上海钢琴有限公司在取得现有的成绩的同时，不断挖掘企业潜能提升产品品质，尤为注重产品的更新及技术骨干的培养。2003年公司领导带领全体职工又度过了不平静的一年，从领导的经营思路、企业的组织结构、企业格局和产品结构等诸方面进行了调整。使资产结构进一步顺应企业的市场化运作完善三个运营体系（以顾客与市场为中心的销售体系、以提高产品质量和降低生产成本为核心的管理体系、以开发和保障为重心的人力资源体系）；调整生产格局，充分利用社会化配套资源，破除观念束缚，破除生产场地束缚，打破机制束缚；按照市场化运作要求与本地市场的特点，深化产品结构的调整；开发适应市场需求的新产品，技术创新，工艺进步，保持全国的领先地位。

质量是产品的根本，技术发展与工艺改革是企业的活力，新品开发则是开拓企业的新的经济增长点，这三个因素决定企业的内在生命力。公司认真遵循ISO9001: 2000质量管理体系，从产品开发、生产、销售、服务全方位实行管理，实现高质量、新技术、新产品的目标。质监部门严格控制零部件和成品的质量，并将责任落实到每个检验人员。新品开发设计人员积极走访市场，了解市场，紧贴市场，开发适销对路的产品。在不断改进提升共鸣系统、弦槌系统、踏脚系统的结构，提高钢琴的音准稳定性、防霉防蛀和踏瓣自锁功效等内在品质的同时，在外观造型方面不断创新、提升钢琴的整体艺术气息，并获得三项国家专利。同时缩短了新品的设计到批量生产的周期，充分发挥市场反应机制的调控能力，检验市场对新品的接受度，在十月中国（上海）国际乐器博览会上，无论是音质还是外观方面，都得到专家和客户的好评，新品发布会上第一批定单就逾千架。

公司在2003年度进一步完善销售体系，构筑适应现代市场竞争机制、具有自身特色的营销平台，把营销市场做大做稳。通过市场调研按市场需求相应调整生产以销定产；通过系列宣传策划，挖掘潜在钢琴市场份额 参加组织支持每年的钢琴考级比赛、大型钢琴齐奏活动、新品发布会、销售订货会等，由文化传播而扩大品牌效应，由商业活动而吸引经销商；加快营销机制的转变，全面贴近市场，适应市场要求，适应市场经济运作的规律；整顿客户队伍，优胜劣汰，优惠政策向长期的、诚信可靠的、盈利的客户倾斜；建立五个快速通道：售后服务通道、新品开发通道、资金回笼通道、销售快速通道、信息反馈和快速反应机制通道，全方位的贴合市场；依托强有力的售后服务技术力量，开展金牌服务、承诺二次免费调音服务，隔日电话拜访，检查客户对我们服务的满意度，以服务赢得客户，巩固并扩大我们的市场；通过中国乐博会、法兰克福世界乐器展等窗口进行宣传，扩大了外贸的出口量。

2003年是公司发展最艰苦的一年，在转制遭受挫折时公司领导及时采取了措施，调整工作思路以产品质量为根本，积极实施品牌战略，保障了国有资产，推动了企业的发展，取得了较理想的业绩，为国企走出困境探寻一条切实可行的变革之路。

青岛世正乐器有限公司

2001年5月，具有45年钢琴生产历史的韩国三益(SAMICK)钢琴制造顶级技术专家携韩国颇具实力的著名“世正”集团选择了中国美丽的海滨城市——青岛，创建了中国青岛世正乐器有限公司。

公司占地面积189000多平方米，建筑面积106000多平方米，员工4300多人，拥有世界上规模最大和最先进的生产设备和生产线，更重要的是目前公司各关键技术部门和岗位荟萃了来自德国、韩国、日本、印尼等国家的66名各类技术专家。年生产GP钢琴8000架，UP钢琴22000架，各种吉他70万把。每一架世正钢琴均采用德国、美国、日本、韩国进口资材，榔头全部日本进口，全实木音板。每年的1月美国洛杉矶、3月德国法兰克福、10月中国上海三大国际乐器展览会，青岛世正乐器有限公司都以最强大的气势，最一流的产品和最高贵典雅的布展,呈现在世人面前，并赢得了世界各国客商的青睐！2003年9月，获得了ISO9001国际质量管理体系认证的青岛世正乐器有限公司为迈进世界顶级企业行列奠定了基础。

经过各国技术专家兢兢业业的努力工作和全体员工的不懈努力，这个从头做起，刚刚起步的中国乐器行业新军，本着“以人才第一，以顾客为中心，不屈不挠地挑战”的经营哲学，“以创造更高的生活文化为主题，与人类共成长”的经营理念，以优美动听的旋律深受世人喜爱的世正钢琴，目前向包括美国、加拿大、日本、韩国、澳大利亚、欧洲各国等41个国家出口，包括古典和现代共60多个款式和花色品种。国际上音乐会专用，中国国内钢琴生产厂家目前极少生产的278演奏钢琴，得到国内外专家的一致好评和赞许。国内销售已遍布全国各省、市、自治区、直辖市，经销商达110多个，逐渐形成了完善的销售网络和售后服务网络。“世正”系列品牌钢琴得到了国际和国内人士的普遍认可和高度赞扬。同时，各种吉他的产量和出口量也名列世界前列。2003年钢琴出口量为15111台，世界乐器及音响供应商225强排名第54位，成为中国13个入围企业的前4名，中国青岛世正乐器有限公司正在成为世界上最大的乐器生产和出口基地之一。

“用技术及设计开发创造出让顾客感动的产品”，“实现品质为顾客第一信赖的企业”，是青岛世正长期不懈努力的方向，我们将沿着这条道路不断探索，不断总结，不断改进，不断进步，我们有信心也有能力实现我们的目标！

上海中雅钢琴有限公司

上海中雅钢琴公司经过几年超过40%的快速增长后，最近二年进入了以提高产品质量为重点的年增长10%左右的平稳巩固期。公司确立了旨在苦练内功的质量方针：“靠科技创新，当能工巧匠，做艺术精品，造更好钢琴。”将日常的各项工作和保证质量管理体系的有效运行密切结合起来；不间断地发现和解决质量问题，坚持持续改进，使企业扎实地通过了ISO9000(2000版)质量管理体系的转版认证。多年来，一直将传统钢琴和基础科学、现代科技密切结合，使产品设计严谨、科学；工艺先进、有效，并在实践中迅速转化为生产力，取得了显著的经济效益。企业被上海市外商投资协会评为“外商投资先进技术企业”(这个称号的品位较高,上海只有2%的外商投资企业可以入围，而且可以享受旨在鼓励继续发展、进步的诸如减、免税收等一系列优惠政策)。在此之前，企业多年被评为上海青浦区的“科技进步企业”,2003年企业的技术负责人被评为青浦区的十大科技功臣之一，产品一直被评为“上海市名牌产品”。企业自主开发的“钢琴计算机辅助设计程序”进行对钢琴的全方位三维设计，设计文件规范、齐全，所有加工、组装环节都有相应的图纸和指导文件，尤其在处理“双椭球曲球音板”的相关零、部件时，都给定了空间曲面所需的数据，以至在挂弦、配弦马时，不再凭经验操作，而是根据胎具、样板和专用量具去加工、组装，使钢琴音板处于易于振动的良好状态。钢琴产品的质量得到切实的保证，其音色、音质获得各方专家的认可和赞扬。同时，企业在材料的优化选择、过程处理；机器设备的增加；生产条件的改善以及人才的培养等方面都作了扎实的工作。基本上实现了立式钢琴、三角钢琴规格的系列化，各型号都受到市场欢迎，吸引国内外的厂家和客商与我们建立了稳定的合作关系，开辟了良好的发展前景。

福州和声钢琴有限公司

福州和声钢琴有限公司是国内钢琴制造业中第一家中外合资企业，2004年港方收购了合资中中方股权，公司成为外商独资企业。公司现位于福州市福兴投资区化工路125号,建筑面积约10000平方米,有职工340人。多年的生产和技术实践，公司造就了一批技术熟练、经验丰富的工程师与技工，他们直接师从德国制琴大师都锡先生（Mr.Dietrich H. Dolzek)、乌斯坦先生（Mr.Silvio Uhlstein）与中国制琴大师米国鸿先生，本着对制琴技术精益求精的精神,长期与德国的制琴大师们作广泛技术交流,着力制造出一流的产品，每一架钢琴无不凝聚着中西智慧的结晶。

目前公司生产的钢琴品牌为 HARMONY哈曼尼、NOTTINGHAM诺汀翰、TEINMACH丹玛斯、ATHENA雅典娜。型号为：116型、118型、120型、122型、123型、125型、126型、128型、133型九种型号。有简约时尚，生活伴奏的教学/家用系列；有流畅动感，专业品质的专业习奏系列；有自由奔放，挥洒天地的演奏系列；有经典怀旧，激情演绎的大师演奏系列。各型号款式多达80余种以满足市场不同层次消费者的需求。

和声钢琴的特色：实木音板骨胶拼接——采用欧式传统手工工艺，使用云杉、鱼鳞松径切板与环保骨胶拼接制作实木音板，其音色纯正优雅、声音共鸣性好、穿透力强；手工铲马——采用欧式手工工艺，实木马桥用手工铲马技术制作，确保马钉与琴弦交接处的精确度；击弦机整理——采用德国RENNER、英国LANGER技术标准生产的击弦机，外观整齐漂亮，精密度好，动作灵活可靠，经过经验丰富的工程师认真细致的调试、整理，使之达到最佳的动作状态；弦槌音质处理——不可忽视的重要工序，技术诀窍的应用使得琴声更加浪漫而充满激情；手工拼花工艺——精雕细琢的传统拼花工艺；“米”字背架制作——在国内立式钢琴制作中，首家采用“米”字形琴背架，其独特的结构，优美的造型，确保受力后的稳定性与耐久性；德国琴弦——是国内最早采用德国ROSLAU六角琴弦来加工制作低音弦，无沙音、杂音现象，音质纯正完美；德国木纹皮——国内独家采用德国产的木纹皮贴面，外观色泽鲜明，平整度好，木质感强，不收缩变形，美观大方；弦槌——采用德国、日本制琴专用硬度稳定质量上乘的呢毡，配以红木、黄檀木、榉木为槌心木栓来加工的弦槌，经久耐用，能保证音质过渡的统一连贯性，使音色更优美、柔和、明亮、有力；键盘——采用多层复合板加工成的键盘,色泽统一,外观平整，稳定性好，不变形；“V”法真空铸铁板——采用先进的“V”法真空铸造技术生产的铸铁板，尺寸稳定，不变形，表明光滑，编码清晰，线条工整流畅，安全可靠；铜踏瓣——采用黄铜整体铸造而成，造型大方，表面光滑，内支座构造合理，动作灵活、可靠、无杂音；两项专利——应用在“领航者”133系列上：A、“手动升降弱音呢结构”动作灵活、可靠、操作方便。可有效地避免少儿与初学者弹奏时因误踩中踏瓣引起弱音呢动作而影响弹奏效果；B、“中踏瓣选择延音控制装置”是中国立式钢琴首家采用此项专利技术，完全实现了三角钢琴的中踏瓣选择延音功能在立式钢琴中的应用，突破了立式钢琴制造与演奏的局限性，极大地丰富了立式钢琴的音乐表现力，众多钢琴演奏家对此项专利技术给予了充分肯定。

福州和声钢琴有限公司是中国乐器协会的常务理事单位，曾于2002年、2003年连续两年被中国乐器协会评为“乐器行业强势公司”称号；2003年公司通过了ISO9001（2000版）质量管理体系认证的监督审核；被福建省质量协会评为“2003年度福建省用户满意企业”；“2003年度福建省用户满意产品”；公司的主流产品HARMONY哈曼尼钢琴2003年经福建省人民政府批准荣获“福建名牌产品”称号。

2003年公司完成产量：6608台，年利润：688万元，上缴税收：603万元。为把企业做大做强，为扩大再生产满足市场的需求，公司出巨资购买了福州金山工业集中区浦上市级园标准厂房近2万平方米，在新厂房内设置有4600平方米的恒温恒湿车间，拥有长达130米的五条装配生产线，确保主装配线在标准的温、湿度状态下生产，以此为基础来控制产品生产过程的品质。新厂的搬迁工作即将在2004年的9月份进行，搬厂之后将与德国著名钢琴制造厂合作，指导完善新的工艺、员工的培训教育、新产品的研发等工作，以更多的新产品面向市场，把福建名牌产品推出福建，推向全国，推向世界。

烟台龙凤钢琴有限公司

烟台龙凤钢琴有限公司创建于1998年12月，由中国光大银行烟台市支行、香港丰深集团有限公司、烟台二轻实业公司合资兴办。

公司总投资1006万美元，现有占地面积32000平方米，建筑面积34000平方米，员工总数680人，其中大专以上学历占20%以上。2003年末资产总额12020万元，销售收入4566.80万元。

公司于1988年11月30日经国家批准正式成立。1989年3月28日，一期工程20000平方米厂房破土动工。1993年1月，公司开始批量试生产。1994年1月正式投产。1997年，年产立式钢琴5000架的一期目标达产。1998年12月18日，二期扩建基本建设和设备引进配套竣工，并全面投入运行。2001年，年产万台钢琴的二期目标达产。

作为中国新兴的钢琴生产企业，从起跑就置身于国际水平的竞争中，面对已有几十年、几百年的钢琴生产历史的众多强手，经过自身的努力拼搏和不懈奋斗，在激烈的市场竞争中脱颖而出，迅速崛起，一跃发展成为体现烟台工业形象，代表中国钢琴工业先进水平的钢琴生产企业。

建厂伊始，公司以“高起点、高标准、高速度、高效益”为建厂宗旨和治厂方略，坚持以人为本，以敢为人先的胆略和气魄，艰苦奋斗；坚持以法治厂，不断建立和完善各项规章制度，将公司不断地推向前进。现在，训练有素、充满朝气的员工队伍的建立，源自德国的高水准的产品设计和欧洲、日本先进生产工艺技术的采用，国内外优质原材料的选用，加之严格高效的科学管理，铸就了烟台龙凤钢琴有限公司产品的高品质，企业的高效益，发展的高速度。自1994年正式投产起，各项经济指标以30%左右的速度递增，从而在短短的几年时间里，走完了国内外许多大的钢琴生产厂家十几年、甚至几十年的发展历程。

烟台龙凤钢琴有限公司生产的金斯波格、博斯纳等品牌的优质钢琴以其“造型美观、做工精细、触感舒适、音色优美”的风格，蜚声海内外。不仅畅销于国内北京、哈尔滨、长春、深圳、成都等100余个大中城市，而且远销欧洲、美洲、澳洲、中东、东南亚等40余个国家和地区。赢得了国内外钢琴制造商、经销商、演艺界的高度赞誉。

2002年6月，中国轻工总会从全国轻工44个行业中，评选出了100家“全国质量效益型先进企业”。烟台龙凤钢琴有限公司获此殊荣，进一步表明公司在以质量求效益方面所取得的成绩。

烟台龙凤钢琴有限公司现为烟台市20家重点企业之一。自1994年以来，公司平均每年接待来宾2000余人次。胡锦涛、尉健行、吴邦国、邹家华、田纪云、杨尚昆、宋平等党和国家领导人及老挝、澳大利亚、新西兰等国家元首先后到公司视察、指导。公司成为烟台市展现企业发展成就、接受国家领导人视察和接待国宾来访的重点窗口单位之一。

中山市粤华钢琴乐器有限公司

中山市粤华钢琴乐器有限公司坐落于中国经济发展前沿的珠三角名人城市——广东省中山市，建址于中山市东升镇观栏工业区，厂区占地面积50000平方米，厂房建筑面积35000平方米，现有员工395人，其中专业技术人员45人，注册调律师10多人，美国PTG钢琴技师协会国际会员3人，生产的钢琴品牌有“香山·阳光（SUNSHINE）”、“香山”、“太阳之子（SUN&SONS）”、“斯坦芬（STEINVEN）”。主要产品有立式钢琴116、117、118、119、120、122、125、126、131、132等10个型号共20多个品种和卧式钢琴G160、G180二个型号。企业目前已形成了年产万台钢琴的生产规模，产品除畅销国内市场外，还出口远销四十多个国家和地区。

1986年初，在中山市人民政府的支持下，中山市二轻局从中山市家具厂抽调部分技术人员和生产骨干，聘请原广州钢琴厂第一任厂长、美国PTG钢琴技师协会国际会员林国海担任技术顾问，筹建中山市钢琴厂，开始了钢琴的设计和研制。同年8月，第一台“香山牌”立式钢琴问世，并批量生产，投放市场。从此，中山市钢琴厂开始走上了专业化发展的钢琴生产之路，因而被国家轻工业部选定为全国六家钢琴生产定点企业之一。1991年10月，“香山牌”钢琴被广东省评为省优质产品。

经过多年的拼搏，到1996年，中山市钢琴厂由建厂初期年产不足100架跃升至1700架，并具备了独立开发、设计、研制、生产多品种钢琴系列产品的技术实力，形成系列化、标准化、专业化的生产格局。此时，正值深化企业改革，转换经营机制的春风吹遍大江南北，中山市钢琴厂大胆引进先进技术设备和吸收外资，与香港粤华企业有限公司共同注资两千多万港元，合资组建“中山市粤华钢琴乐器有限公司”。同年，为扩大生产规模，改善生产经营环境，满足企业的发展需要，公司实施了异地搬迁建新厂的计划，在东升镇观栏工业区征地5.33公顷，兴建了面积30000多平方米的厂房。至1999年6月，公司全面搬迁至新厂区，并投入正常生产。

近年，中山市粤华钢琴乐器有限公司凭借多年专业生产钢琴的丰富经验和雄厚的技术力量，不断提升企业的管理水平和生产技术水平，钢琴的年产量已跃升到5000多架，产品质量也跻身国内行业的前列。

长久以来，公司领导班子均就企业定位在“做强企业，做精产品”的发展思路上，始终坚持精品生产的质量意识，走技术创新，质量取胜之路，除了通过强化质量管理，严格按照国家钢琴质量标准控制产品质量外，还充分发挥自己的技术优势，在一些关键的技术环节上组织攻关，不断提升产品的技术含量和质量水平。如今，“香山·阳光”牌钢琴已形成了自己独有特色：特色一，所有立式钢琴都效法卧式钢琴的定弦工艺——88音全音域均采用弦钮定弦工艺，令钢琴弦列更整齐，音准更持久稳定，这一设计已取得国家专利，成为“香山牌”钢琴高档化的重要标志；特色二，立式钢琴音板肋木两端采用不压封的“自由式”设计，令音板震幅更大，音色更加悠扬悦耳，这一设计也取得了国家专利；特色三，遵循科技创新以人为本的原则，经过反复试验，设计开发了钢琴键盖液压缓降装置，该装置设计既保持了钢琴键盖传统的开合方式，又不影响钢琴的整体外观，也从根本上避免了因键盖不慎翻下压伤手指的可能，此一设计已向国家专利局申请专利。

由于公司不断稳步的发展和壮大，2002年和2003年连续两年被中国乐器协会授予“中国乐器行业强势公司”称号，并获“广东省产品质量信得过企业”称号；“香山·阳光”钢琴历次国家抽检均定为合格产品。

不远的将来，中山市粤华钢琴乐器有限公司将以令人触目的佳绩，在中国钢琴制造业的舞台上熠熠生辉。

上海玛珂琴业有限公司

上海玛珂琴业有限公司创建于1999年，公司占地面积6万多平方米，现有职工660人，资产总额达8000多万元。

公司主要产品为公爵钢琴和门卡利尔钢琴，2003年生产立式钢琴7500架、三角琴350架，销售收入7500万元，实现利税1205万元。

公司凭籍科学的管理、先进的技术、优质的服务赢得了国内外广大用户的青睐。产品不仅销往全国各地，还远销英国、美国、澳大利亚、加拿大、马来西亚等国家，出口商品10多个品种，出口额达200万美元。

质量是企业的生命，企业始终坚持以质量求生存、诚信求发展、科技为先导，在狠抓产品质量的同时，积极推进质量体系建设和产品认证。公司生产的公爵钢琴和门卡利尔钢琴已通过ISO9001产品质量认证，产品质量稳定，钢琴各项指标均符合国家标准。

2003年为了给客户提供及时、热情、满意的售后服务，公司先后在北京、四川、广州、上海设立了客户服务中心，并推出服务热线、全国联保、绿色通道、专家调律等系列服务活动，遍布全国各地的110家玛珂企业特约维修站作为公司产品售后服务的强大后盾，完善的售后服务体系使用户买的称心，用的放心。

为了拓展产品的销路，企业本着同心、同行、同赢的合作理念在全国建立起快速流畅的销售网络，市场占有率不断提高。

几年来公司加强科技投入，积极开发新产品、新技术、新设备，引进高新技术人才，研究多种款式新颖、品味高雅的特色钢琴，投放市场后深受消费者的青睐，同时也为企业创造较好经济效益和社会效益。

公司在发展壮大的过程中还不断加强对企业文化的建设，逐步树立“以人为本”的管理理念和运作模式，让每一位员工拥有对公爵的认同和归属感。

玛珂公司的战略目标是：企业基本形成与市场经济相适应的组织体制和运行机制，逐步形成与大集团相适应的发展格局和经营规模，力争在新世纪把玛珂公司建设成为产业结构合理、经营规模领先、在国内有一定开拓能力和竞争能力的大型企业集团。

南京摩德利钢琴有限公司

南京摩德利钢琴有限公司，始建于1956年10月，公司前身为南京钢琴厂有限公司。公司占地面积25000平方米，厂房面积20000平方米，2003年生产钢琴5500架。

2003年，我公司生产的“摩德利”钢琴分别获得“南京市名牌”和“江苏省名牌”产品称号，“摩德利”商标被南京市工商行政管理局评为“南京市著名商标”。为进一步保护“摩德利”商标专用权，公司将“南京钢琴厂有限公司”更名为“南京摩德利钢琴有限公司”，使企业字号与商标统一，加大企业知名品牌宣传的力度，特别是企业商标权的保护力度。

改制后的企业焕发出前所未有的生机与活力，建立了高效运作的运营机制，今年来，根据市场调研和顾客对高档钢琴的需求，公司投资150多万元，开发了卧式三角钢琴和125CM高档系列产品的开发，产品档次，产品质量方面都上了一个新的台阶，实现了质的飞跃，产品在市场得到了很好的反馈。由于企业长期坚持ISO9001: 2000的质量管理工作，加大质检科的管理力度和生产过程各车间半成品的检验力度，开展了对顾客满意度的调查，近几年来，公司生产的钢琴产品经国家轻工业乐器质量检测中心检测全部为合格产品。2003年我公司被中国乐器协会评为"2003年度乐器行业强势公司"，公司副总经理王永和被授予"乐器行业新闻人物"等。

近年来，钢琴行业各种交流活动频繁，如每年3月份和10月份在德国的法兰克福和上海举办的法兰克福国际乐器博览会，公司领导都亲自带队率中层管理人员观摩感受，激发员工的市场紧迫感和责任心。摩德利人以自己的不解努力和灵活的经营观念，进一步拓展了市场，钢琴的产销率一直稳居在97%以上，利税大幅增加，2003年的销售收入4850万元，同比去年增长48%，钢琴产量为5500架，同比去年增长32%，利税630万元，同比去年增长46%。

公司在发展的同时，注重人才的培养与引进，不断加强科技创新力度，提出了提高全员文化和专业素质的口号，采取走出去，请进来的方式，作好员工的各种类型的培训工作，同时我们还注重吸纳国际专业人才为企业工作，高薪从欧洲和国内聘用乐器行业的高级人才作公司的顾问，从而使公司的整体素质得以迅速提高。

此外，公司在硬件上还加大了资金的投入，相继投入了数百万元，进行了设备的更新，对生产厂房进行了改造翻修，现在公司整体环境较之过去相比发生了翻天覆地的变化。

一年一变样，三年大变样，公司将一如既往，扎扎实实，兢兢业业，认真做好每一件产品!

烟台博斯纳钢琴制造有限公司

烟台博斯纳钢琴制造有限公司成立于2003年6月，系中德钢琴制造商共同投资兴建的现代化钢琴生产企业，专业制造、销售"博斯纳"、"伊斯朵夫"等品牌的立式钢琴、三角钢琴及管风琴。

公司坐落在风景秀丽、气候宜人、最适合钢琴生产的烟台高新技术开发区。烟台是中国最早对外开放的十四个沿海城市之一，这里交通便利、电讯快捷，特别是气候条件优越: 夏无酷暑，冬无严寒，一年四季既不潮湿，也不干燥，为钢琴生产提供了得天独厚、无与伦比的最佳条件。另外，高新区内较多的科研院校为园区企业的发展带来了勃勃生机。

公司现占地3.33公顷，建筑面积20000余平方米，已经形成了年产立式钢琴15000架，三角钢琴1500台的生产能力，可实现销售收入1亿5000万元，其中出口创汇1000万美元，可实现利税3000万元。

拥有130余年历史、誉满全球的世界品牌－博斯纳钢琴于1871年在德国诞生，因其品质卓越，先后被德国、英国、奥地利、荷兰、俄国等国家的皇室贵族选定为"皇家用琴"而声名显赫，并一直被列为倍受推崇的钢琴名品。130余年后，博斯纳钢琴从西方来到了东方，从德国来到了中国烟台。

为使博斯纳钢琴永葆世界名品的风采，公司特邀世界著名钢琴制造专家、原德国博斯纳钢琴厂总工程师－莱夫里克.汉斯先生全面负责公司的技术质量工作，进一步提高了产品的质量与档次。现在公司产品不仅畅销于国内百余个大中城市，并且远销至欧美、东南亚等世界上40余个国家和地区，产品出口比例60%以上，深受国内外钢琴制造商、经销商及专业音乐人士的广泛赞誉。

博斯纳钢琴公司拥有世界级钢琴设计大师的经典力作，拥有世界级的品牌，拥有世界先进而独有的钢琴制作技术，拥有上百名技艺精湛、经验丰富的技术精英，拥有国内外钢琴制造业公认的科学而又严格的管理，拥有制造优秀钢琴所必需的得天独厚、无与伦比的最佳气候条件……,这一切必将创造出一个令世人叹服并为之骄傲的产品，创造出一个属于博斯纳、属于博斯纳人的更加辉煌时代。

南京密尔顿钢琴有限公司

南京密尔顿钢琴有限公司始建于1998年6月，是专业生产钢琴的现代化企业，生产经营MILTON"密尔顿"等系列立式钢琴和卧式钢琴，有118型、121型、123型、125型、131型等各种系列，卧式152型、186型。工厂拥有员工150人，厂房1万多平方米。2003年实现年产钢琴2500架，预计2004年产量将达到3000架以上。企业通过自身技术开发和学习引进欧洲及日本的先进技术工艺，不断完善和提高产品的品质，使密尔顿钢琴更突出了声学品质好、弹奏性能优良、造型美观等特点，目前公司聘请了国内外著名的钢琴专家致力于产品的研究开发工作，使公司的钢琴工艺达到国际水平，钢琴关键部件均采用国际上著名的专用材料; 2002年产品的整个生产制造过程达到ISO9001－2000国家质量体系标准，并顺利通过国家轻工业乐器质量监督检测中心检测，14项指标均符合国家标准。2003年10月，152三角琴正式研制出台，一经问世便得到业内人员的认可，产品已出口美国、欧洲、非洲、中东地区。

"敬业求精，卓越创新"是公司的精髓，我们将会为此坚持不懈地努力，将最好的产品奉献给您。

武汉铼特科技有限公司

武汉铼特科技有限公司成立于2001年1月，注册资金50万元，现有员工30多人，地处武汉东湖开发区关东科技工业园创业中心D区，专业生产系列数码钢琴，年度销量以200%的速度增长，销售价1200-10000元不等。

铼特公司总工程师李先敏先生，自1985年至今近20年不间断地从事“电子钢琴”、“数码钢琴”的开发、研制工作，从而，使得本公司数码钢琴系列产品，既采用了日本、法国等先进技术，又拥有中国人自己的知识产权（专利），形成了铼特公司产品独具的特色！

其中，最有代表的是铼特公司的大、小三角数码钢琴和“木质、配重、杠杆式力度键盘”。从2001-2003年间，5次北京、上海国际乐器展会上，受到钢琴家、老师、学生的一致称赞和肯定。公司大小三角琴键盘手感超过进口琴，艺术造型令中外参观者赞不绝口。KAWAIA、YAMAHA的经理、技术人员反复来本公司展位参观考察，展会中有的钢琴老师对本公司上述键盘感慨道：“国产琴有比进口琴更好的键盘，真为我们中国人脸上争光！”

公司产品在全国各地广泛销售，同时也销售到马来西亚、斯洛文尼亚等亚、欧国家。我们在产品的技术处理和质量上下了大力气，同样的音源，在音响效果上却独具特色。铼特公司将努力拓展自已的特色，为用户提供更好的产品！

上海超拨实业有限公司

上海超拨实业有限公司成立于1996年3月，经过近十年的发展，现在已成为国内规模较大、有坚实资金基础、客户遍及世界各地的综合型乐器出口企业。公司产品经营范围包括：键盘乐器(钢琴等)、弦乐器(电吉他、吉他等)、(吉他)喇叭箱、管乐器、弓弦乐器、打击乐器及各种乐器的零配件。

1999年，上海超拨实业有限公司获得外贸自营进出口权，在“开拓创新、保持行业领先地位”的发展战略和“坚持铸造乐器产品民族品牌，不断提高产品质量，以优质的服务将中国乐器产品推向全世界”的发展宗旨的指引下，超拨人团结努力、勇于拼搏，实现产品出口额一年一个新台阶的稳步飞跃 1999年产品出口(包括代理出口，下同)总值为1308万美元，2000年达到1598万美元，递增22.8%；2001年出口1966万美元，递增23%；2002年出口2475万美元，递增25.9%。弓弦乐器(大、中、小提琴)、弦乐器(吉他、电吉他)、喇叭箱(吉他)、各种管乐器等构成了乐器出口的主导产品，其中提琴和吉他的出口量为公司创造了两个世界第一。结合国际消费领域对普及型乐器的市场需求及国内的生产优势，我们有针对性的开发出的各种乐器产品迅速占领了世界普及型乐器市场。

上海超拨实业有限公司的乐器产品目前已批量出口至北美、欧盟、中美、大洋洲等地的发达国家，并拓展到南非、南美洲等发展中国家，亚洲的许多国家和地区对我们公司的产品情有独钟。出口市场的有效扩大为公司赢得了40多个国家的近200个国际乐器大批发商的固定客户资源。

用长远的眼光来认识复杂多变的国际市场，上海超拨实业有限公司的领导层虚心向发达国家的同行取经，坚持走一条行之有效的、规模化的长远发展道路。我们把乐器产品的品牌培育放到战略性高度，新产品开发与品牌培育并重 通过树立品牌效应，缩小中国乐器产品的世界差距。公司分别在中国、美国、欧洲、日本和南非注册了4个产品品牌 - “Johnson”、“Palatino”、“AXL”、“Lucida”，超拨人付出了8年辛勤努力的汗水，凭着一股不懈努力、不畏艰难、勇铸质量的精神，硬是将这4个品牌培育为国际知名商标。公司的乐器产品销售在此基础上实现了大幅度攀升。

上海超拨实业有限公司每年参加三次定期举行的国际乐器展销会 每年1月美国洛杉矶举办的NAMM国际乐器展、每年3-4月间在德国法兰克福召开的MESSE国际乐器展、及2002年开始的每年10月在上海举行的MUSIC CHINA国际乐器展，这些乐器展销会为中国企业赢得更多的乐器产品世界市场份额、向世界展示中国乐器产业及乐器产品的实力提供了一个很好的平台，超拨人牢牢地抓住了这些不容错过的机会，为中国乐器产业、乐器产品做出了重大贡献。

2003年由于受“非典”和美国西海岸工人罢工余波的影响，公司当年出口总产值比2002年略有下降，为2420万美元，同比递增-2%；2004年预期可达到3000万美元以上。让我们用一组数字来说明问题 上海超拨实业有限公司所属集团总公司AXL MUSICAL INSTRUEMTNS CO., LTD. CORP.在世界乐器225强中的排名-2000年列第58位；2001年上升到第35位 2002年的排名为第23位(世界乐器销售225强)。

2004年，是阔步开发新产品且初见成效的一年。公司自主开发的第一台Palatino钢琴(立式和三角钢琴都是第1台)问世，她以优美圆润的声音、流畅的外观线条、极具竞争力的价位，让每位客户都争相选购；与Palatino钢琴并驾齐驱使公司名声大震的是世界上第一台数码延时超薄喇叭箱，该产品引入国际科学前沿的DSP技术，并拥有精密的结构和优美的外观，此产品的推出引起举世轰动。

超拨人在取得如此骄人业绩的基础上，丝毫无半点骄、躁，因为我们清楚，在前进的道路上还有很多困难等着我们去克服，还有更多广阔而艰险的市场等着我们去开拓、去占领，但我们坚信，中国乐器产业的前途是光明的、潜力是巨大的!胜利是属于我们的!

台湾功学社教育用品股份有限公司

台湾功学社教育用品股份有限公司成立于1930年，至今已有75年历史。公司主要生产各类教学用品，其中乐器是该公司的主导产品。

经过七十多年的发展，台湾功学社公司已成为世界著名集生产，经销为一体的大型跨国乐器贸易集团公司。2002年在“全球乐器与音响225强”排名中，列第11位，年销售收入达到2.15亿美元，拥有员工3594人，谢武弘先生是公司第三任总经理。

台湾功学社公司除在中国台湾省设有公司总部、生产企业、销售公司以外，在中国内地和美国、日本、德国、荷兰等4个国家设有生产企业或销售贸易公司。

公司在中国内地各机构分布如下表如示：

所在省或市	公司名称	主导产品
北京	功学社乐器有限公司北京办事处	
	北京双燕乐器有限公司	管乐器
廊坊	维胜乐器有限公司	吉他
天津武清	天津功学社有限公司	管乐器、乐器架、爵士鼓、鼓皮
江苏江阴	江阴杰麦尔乐器有限公司	口琴、手风琴

台湾功学社公司从成立起，经过数十年的发展， 1986年，开始拥有美派司、杰普特等公司自有品牌，并逐步实施公司国际化贸易战略发展计划，即在国际上以公司自主品牌产品，建立世界范围的商业贸易体系。1989年台湾功学社公司首次在美国建立了商业销售公司，1992年又在同行中率先进入中国内地，先后在中国内地三个地区建立了产品生产实体企业，分期，分批地将主要产品生产转入中国内地。

十余年来台湾功学社公司采用自行注册名牌、投资入股、并购與代理合作世界著名品牌等方式，已形成公司内部9个品牌、10大系列乐器产品。

如下表所示：

产品类别	品牌	品牌注册国或地区	规模型号	生产地	年产量	在世界上的位置	销售地区
乐谱架	海克思斯	美国		天津武清县	300万支	居世界产量第一位	
爵士鼓	美派司 索诺	中国台湾 德国	有上千种	部分高级鼓在台湾生产，大部分在天津武清县生产。	10万套	居世界产量第一位	出口世界各国销售到世界上近80个国家。
鼓皮	瑞盟	美国		天津武清县		2004年与美国瑞盟公司合资成立鼓皮生产企业。瑞盟品牌是世界上最重要的鼓皮品牌	供给世界各主要鼓生产厂使用。
管乐器	杰普特	中国台湾	所有铜管及木管乐器均有生产，有上百个型号。	大部分产品在中国台湾生产，部分产品在北京及天津武清县生产	十几万件。	世界第四大品牌	销售到世界近100个国家
	阿塔斯	日本	手工长笛				
奥尔夫键盘乐器	索诺	德国					
定音鼓	美杰士	荷兰					
口琴，手风琴	和来	德国		在德国和江苏江阴生产		具有140年历史的德国知名品牌	
吉他	华登	美国					
铁木琴	洛斯	美国					
行进打击乐器	美杰士	荷兰					

纵观台湾功学社公司的发展历程,从20世纪末,到本世纪初,台湾功学社公司的全球发展战略是以“研发在台湾,生产在中国内地,销售在全世界”的指导思想作为全公司中长期经营战略方针。

近几年,台湾功学社公司利用世界乐器形势处于低迷状态的机会,采取参股、并购、合资等形式,与世界上一些著名乐器公司及品牌进行合作,大大提高了台湾功学社公司的经济实力和全球影响力,为以后公司的进一步发展奠定了基础。

台湾功学社公司是第一个进入中国内地的乐器行业外商及港澳台投资公司,12年来,台湾功学社公司在中国内地的独合资企业均呈现良性发展,各项经济指标稳定上升,成为中国内地的主要乐器生产企业。据国家统计局2003年公布的乐器行业规模以上企业各项经济指标显示:台湾功学社(天津)乐器有限公司销售收入33109.6万元,列第三位;总资产33516.4万元,列第五位;实现利税1587.8万元,列第十位;出口交货值25762万元,列第二位。

十多年来,台湾功学社乐器有限公司在中国内地的发展,把世界先进的乐器生产技术带到了中国内地,培养了一批乐器制作技术力量,吸纳了大量的劳动力,增加中国政府的税收,扩大了中国与世界的贸易往来,对中国乐器行业的发展起到了重要的示范和带动作用,推动了中国乐器行业的发展。

美得理电子(深圳)有限公司

【企业背景】“MEDELI”是一个国际知名乐器品牌。响誉于上世纪80年代初。其所属者是中国最具规模的电子琴音源芯片、电子乐器开发供应商之一——香港得理集团,由香港得理电子有限公司、得理电子(深圳)有限公司、得理电子(上海)有限公司、美得理电子(深圳)有限公司组成,是一家集设计、研发、生产、销售、服务于一体的大型外资集团公司。

【企业产品】“MEDELI”系列电子琴、数码钢琴、电子鼓、MIDI键盘、音教设备等30多个品种。

【生产实力】公司拥有近3万平方米的生产基地,具备从模具、注塑、五金、电子装配等齐全的自配套供应体系,年产电子琴、数码钢琴规模达120多万台,其它系列产品30多万件。

【品牌影响】在海外,MEDELI产品远销欧美90多个国家和地区,倍受电子乐器商家和用户欢迎,被欧洲进口商誉为“迅速崛起的中国MEDELI”。同时,美得理与世界著名乐器品牌厂家如:KORG、GEM、SUZUKI、CASIO、天龙、M-AUDIO等已建立密切合作关系与战略联盟。在中国,“MEDELI美得理”以其优良的品质、优越的性价比、诚信务实的经营作风与理念,让电子乐器走入了寻常百姓家,使“MEDELI美得理”成为业界公认的电子乐器民族第一品牌。

【服务理念】秉承“及时、快捷、真诚、热情”的服务宗旨,公司承诺让客户“买得称心,用得放心。”1996年,MEDELI率先在行业中通过了ISO9002国际质量体系认证,在各地建立维修服务站,并开通24小时服务热线,为用户提供全方位的服务。

【回报社会】用音乐塑造心灵,以真情感动世界。美得理公司的心愿是:让中国更多百姓家庭的孩子有机会学习音乐,娱乐身心,陶冶情操。公司始终坚持将企业利益和行为自觉溶入到国家的教育事业当中,为此,公司与中国教育电视台合作,推出了电子琴电视讲座,并在全国许多省市积极组织教学研讨、师资培训、优秀音乐教师进修资助、音乐教材编写、比赛赞助等。为普及全民音乐教育贡献自己的一份力量。美得理还不断进取,随时随地妥善满足社会公众的需求,履行对社会的承诺。目前已拥有多个扶贫教育基金,每年将固定的资金投入到中国贫困地区的教育事业中。

【企业文化】诚信,务实,进取,创新。

【科技观念】音乐为本,科技为先。

【发展观念】挑战自我,超越自我。

腾飞中的美得理,十年踏实的印记

·1993年,MEDELI品牌电子琴进入中国内地市场

·在行业率先通过ISO9000国际质量体系认证

·产品从质与量上均产生飞跃,走入寻常百姓家

·销售额翻了十一倍

·成就电子乐器民族第一品牌

·MEDELI产品在中国十多个省市“义教工程”招标活动中中标

·主办多个省、市“美得理杯”电子琴独奏、合奏大赛

·开办美得理音乐教室超过3000间

·赞助、主办十多个省电子琴师资培训、研修活动

·承办深圳市校际电子琴艺术节

·2003年,参与制定电子琴行业技术新标准

·被评为年度中国乐器行业强势公司

江苏泰兴凤灵乐器有限公司

江苏泰兴凤灵乐器有限公司是提琴、吉他系列产品的专业生产企业。提琴生产规模、出口总量都居世界首位,已连续几年跻身全球“乐器音响制造业225强”之列。公司现有职工1300多人,其中专业技术人员近400人,拥有资产5800多万元。具备年产各类普、中、高档提琴产品28万套和吉他系列产品30万把的生产能力。2003年年产小提琴20.6万把,大提琴3.2万把,吉他系列产品19万把,年销

售总额8913万元，创利税1200多万元，继续保持提琴总量全国第一的地位，已连续多年被评为中国乐器行业“强势公司”。公司拥有自营出口权，在美国、英国、日本、澳大利亚拥有自己的营销公司，与国内外30多家贸易公司有着长期的紧密合作关系，公司96%以上的产品销往世界50多个国家和地区，是目前提琴行业全球市场覆盖率最大的企业。

2001年公司顺利通过了ISO9002质量体系认证，2003年又成功实施了ISO9001: 2000的转版工作，国际化的管理体系赢来了广阔的市场，超越顾客需求的服务理念赢来全球的信誉。“凤灵”提琴多次被评为国际博览会“金奖产品”和外贸出口“免检产品”。“凤灵”商标被评为江苏省“著名商标”；企业被分别授予“全国轻工业质量效益型先进企业”、江苏省“明星企业”、江苏省“现代企业制度示范企业”、江苏省“优秀民营企业”、江苏省“文明单位”、江苏省“民营企业就业先进单位”、江苏省“AAA级信用企业”以及泰州市、泰兴市授予的管理、纳税、质量方面的一系列荣誉称号。公司董事长李书被推选为中国乐器协会副理事长和中国乐器协会提琴分会会长，是江苏省知名的“明星企业家”，2003年被授予“江苏省社会主义建设贡献奖章”。

公司是中国乐器协会提琴分会会长单位，多年来致力于为行业发展服务和引导工作，参与制定修订了4/4小提琴等五项行业标准，主持制定了《提琴制作工》国家职业标准。与中国艺术研究院音乐研究所合作研制的《乐器声音品质检测系统》通过了文化部科研成果鉴定，通过进一步完善后将为行业服务，与江南大学科研所合作的《木材微生物匀质处理》项目已建成中试基地，2004年底正式投入使用。2003年经江苏省政府批准，“江苏省乐器材料与技术应用工程研究中心”也在公司挂牌成立。与专业文化团体合作兴办的“泰兴市凤灵文化艺术中心”已成功招收学员1200多人，以“凤灵”企业为支柱的产、学、研的产业链已初具格局，而以“凤灵”企业、品牌、市场、文化为主体的产业集群在苏中大地也已经形成。

凤灵乐器有限公司将秉承“靠科技引领行业发展、靠品牌确立龙头地位、靠优质赢得广阔市场、靠诚信构建发展平台”的经营管理理念，坚持“质量第一、改进提高；诚信第一，顾客至上”的质量方针，牢固树立“超越顾客需求”的服务理念，实现企业跨越式发展，为致富地方经济和繁荣我国乐器工业作出更大的贡献。

广东四会华声乐器有限公司

华声乐器有限公司创立于1993年，经过10年的不懈努力，由一家集体小型加工厂一跃成为中国乐器行业最大的吉他、曼陀铃、提琴等弦乐器的制造商，拥有集研、产、销于一体的大型民营企业。“星臣”吉他以它那精湛的工艺、优美的音色、高雅的造型、卓越的演奏性能令世人瞩目！

公司自创办以来，发展的步伐迅速而稳健，目前，公司拥有标准厂房面积9万平方米，员工3000多人，产品种类达40多个系列，超过400多种型号。产品远销欧美、日本、东南亚等世界各地，在中国乃至全世界吉他市场占据着重要位置。其产销量、市场占有率、出口量等多项指标均居国内同行首位。2003年“星臣”吉他的销售量超过100万把，国际市场的占有率达10%，国内市场占有率达20%，实现出口创汇2000万美元。目前，公司已通过了ISO9001-2000国际质量体系认证，2003年“星臣”吉他还荣获“广东省名牌产品”称号。

面向21世纪，华声乐器将秉承“诚信待客，顾客至上”的企业宗旨；三千华声人将继续发扬“务实 进取 创新”的企业精神；不断地推进“以质量求生存，以信誉求市场，以创新求发展”的企业经营理念；为实现“创世界驰名品牌 建国际一流企业”的华声远景而努力！

广州吉声琴业有限公司

广州吉声琴业有限公司创建于1985年，由港商独资，专业生产古典他、民谣吉他、电吉他、电倍司、小提琴、大提琴、大倍司及乐器盒、袋等产品。公司注册“吉声”、“烁静”品牌。产品以外销为主，在中国香港、美国、欧洲都设有办事机构，年产量60万支弦乐器，品种多样化，公司在技术指标、经济效益、产品开发、产品质量居领先位置，2003年评为中国乐器行业强势企业之一。公司采用英国和西班牙吉他制造技术，中高档吉他采用国际较先进的插板技术，并聘用国外吉他制造专家长期来工厂进行技术指导，使产品质量不断提高。公司产品多样化，除生产吉他类以外还生产高档曼陀铃、十弦琴、班卓、布斯奇、夏威夷吉他、共振吉他及国外多种弹拨乐器，这类乐器制作技术难度大、要求高，在中国乐器制造行业中能生产这么多品种的企业还是极为少数。

广州吉声琴业有限公司除生产吉他类产品以外，目前开发的静音电声系列产品更受到国内外客户的关注，该系列产品包括静音电声提琴类、静音电声古典吉他、静音电声民谣吉他、静音电声低音吉他，其中静音电声小提琴已申请中国和国际多国发明专利。该产品可以组成欧美流行的电声乐队，静音电声提琴系列包括电声小提琴、中提琴、大提琴、低音提琴，可以组成弦乐电声重奏乐团进行室内、室外演奏，除此以外还可以进行静音练习、静音教学，其外型设计线条流畅，新颖，为我国乐器行业的新品开发增添新的一页。新的电声乐器也为世界各国乐器爱好者带来新的乐趣，活跃人们文化生活作出一定的贡献。该静音系列产品已通过设计定型，投放市场已有两年，顾客反映热烈，订货量逐月增加，月产量达已5000支。

天津市津宝乐器有限公司

天津市津宝乐器有限公司由小到大、由弱到强，现已发展成为国内最大的打击乐器生产厂家之一，目前公司占地面积78000平方米，总资产近1亿元，拥有员工2750余人，年生产能力160000件套，企业主导产品有：打击乐器、铜管乐器、木管乐器、乐器支架等六大系列300余种产品，行销全国所有省、市、自治区及50余个国家和地区。产品商标为“津宝”牌，于1999年获“天津市著名商标”，1998年获“天津市名牌产品”。是解放军军乐团国家庆典首选专用指定产品。也是国防部援外物资（乐器）指定生产厂家。

2003年公司在以下几个方面采取了决策性措施并取得了显著成效:

（1）扩大生产规模，强化企业管理、激活发展的动力。几年来利用公司的经济效益进行技改和新产品开发，稳步前进、滚动发展。2003年技改投资950万元，然后又投资 570万元用于购置具有国际先进水平的机械设备，并先后从外地引进各类科技人员8人，为企业发展注入了新的活力。

公司新增建筑面积35000平方米，其中新增加生产车间8700平方米。

新建3200平方米的办公楼并顺利投入使用。

（2）强化财务管理。企业严格按照国家统一的会计制度进行会计核算，建立健全了会计帐薄和会计档案。发挥成本优势，对企业物流实行跟踪管理，公司投入100万元建全信息管理系统进行企业管理及成本核算。把企业生产所需2000多种原材料及辅料名称、产地、性能、质量、参考价等全部输入微机，货比三家，把住购入关，其次是消耗关，对于超标消耗的原辅材料、工具费用部分，直接与个人利益挂钩，由责任人承担超标价值部分的50%。通过微机控制和考核，使购买的原材料总费用下降5.8%，废品率由2%降至0.8%。 车间的一次投入产出合格率达到90%以上。

（3）实施ERP管理：2003年年初，我公司正式开始实施企业资源计划（ERP管理），为企业提供了新的发展空间。

营销创新，努力开拓国内外市场，为企业拓展了生存空间。

（1）注重市场信息，树立大市场的营销观念。到2003年，公司已投入10台微机用于市场行情和售后跟踪服务，还与设在全国的 400多个销售信息网点相联，国内外各地乐器市场的行情，十分钟就能了解清楚。接用户要货传真后，当天就能发货，国内 400多个网点都设有兼职信息员。

（2）研究营销策略。公司对全国 400多个营销网点搞市场调研，收集同行业企业的产品品种、质量、价格、分销渠道、经销手段、营销策略等信息。同时结合自己的生产能力、设备能力、技术水平、原材料供应、生产周期、资金及销售诸因素，瞄准市场，进行产品开发，以销定产。现在的舞鼓、低音号国内销量第一，市场占有率60%以上。

（3）开拓国际市场。2003年公司投入近100万元，派出6-8名销售业务人员、翻译等，携带本公司产品，参加在德国法兰克福和美国洛杉矶国际乐器博览会。使外商直接面对“津宝”产品。我们的产品无论是表面质量和内在质量和重合同守信誉等方面都得到了外商的认可。随着外商的争相购买，津宝产品的知名度不断提高。2003年出口交货值比去年增长991万美元，利润增长60%，税收增长40%。

保护环境。企业对生产经营过程中产生的“三废”，都及时配备了专用设备和设施，不惜代价依法进行妥善管理，且随时接受环保部门的监督检查。多年来，企业对“三废”处理均达到了国家排放标准，无污染环境行为。

到2003年底，企业总资产已达5600万元，比注册时增加8倍。根据我公司历年完成的各项经济指标和纳税状况，被天津市人民政府授予“天津市重点私营企业”称号（位居天津市私营企业30强第14位）。

也正是津宝公司的规模和实力，中国乐器协会打击乐器专业委员会，于12月9日在津宝公司成立，刘明同志当选为中国乐器协会打击乐器专业委员会主任。

河北金音乐器制造有限公司

金音乐器1989年建厂，二十几人白手起家，现在发展到1200多人，固定资产8300万元。生产西洋管弦乐器五大系列40多个品种及其配件400余种。2003年产量13万多支，销售收入8600万元，上缴税金957万元，被评为衡水市“十大民营企业纳税大户”、“河北省百强企业”、“全国诚信守法乡镇企业”。“金音”品牌产品分别被评为“河北省乡镇企业名牌产品”、“河北省轻工畅销品牌”、被中国技术监督情报协会评定为“质量过硬 放心品牌”；金音乐器公司在质量、规模和效益等方面均列在全国同行业之首。2002年跻入世界乐器行业225强之列，为我国同行业第一家。

企业的发展历程使我们深深体会到：一个企业

要想生存和发展，必须要有好的市场，而市场能否在竞争中巩固和扩大，关键在于产品品牌，而品牌的生命在于质量和服务。

我们的基本做法包括以下几个方面：

一、建章立制，完善质量管理体制

多年来，公司以产品质量为中心，建立了一系列生产经营制度。在2001年通过了ISO9001质量管理体系认证，使产品从投入到产出及服务有了可靠的质量保证体系，同时又重新修订、健全了如“岗位责任制”、“考核检查制”及“安全生产责任制”等二十项规章制度，有了整套健全完备的内部管理机制，认真执行，收到了显著效果。公司又投入了100万元实行了ERP微机网络管理，通过计算机网络，对公司内物流和信息流进行有效衔接，实现对产品制造、财务、客户、分销和供应商的业务流程的便捷、高效管理，提高了工作效率，也增强了管理的预见性、有效性。

在2002年初就及时提出了当年为“管理年”，2003年又被确定为“落实年”。两年的运作，树立了一种“程序至上”、“按制度办事”、“先立规矩、后办事”的管理理念。克服了过去“说的多、做得少；计划多、落实少”的弊病，找出了产生问题的主要原因，是由于内部管理严细不够，有时决策、执行、反馈的效率不高，有些制度的有效性不强，因而突出了“严细”管理要求做到：说一句、算一句，句句算数；定一件、干一件，件件落实。又加强了全过程的管理，不单有了事后奖罚，还有事前事中的监督检查。现做到了岗位分工明确，工作责任到人，成绩大小有考核，从而提高了责任心和工作效率，也促进了工作质量和产品质量的提高。

二、严格检验，把好质量关

“支支高标准、箱箱高品质、力争无缺陷、心系消费者”一直是公司追求的目标。

我们生产的西洋管弦乐器，每支都有上百个零部件组装而成，材料不同，工艺复杂，精度要求很高，配套外协厂家50多个，要想保住产品质量，必须从源头抓起，实行全方位质量控制。公司组建了质量管理控制中心，完善了检测制度，增添了必要的检测手段，把住“三关”，即：对原材料、外协、外配件进行源头控制，进厂时必须进行检测，不合格品不准入库、不准进车间、不准投产，把住入厂质量关；生产中进行过程检验，实行自检、互检和专检的“三检制度”，不合格品不准转入下序、不准出车间、不准入库，把好零部件和半成品的生产质量关；对产成品进行终端控制，实行逐支专检，不准一支不合格品出厂，严把产品出厂质量关，保证产品出厂合格率100%，让顾客使用放心。

三、技术创新，永保质量领先地位

“用一流的技术，干出一流的产品，创造出一流的品牌”，一直是我们努力的方向。

为保质量领先，必须不断进行技术创新。公司与美国纽约市立大学—布鲁克林大学音乐学院共建了乐器综合科学研究所，已于2001年正式启动运行，实行技术合作，每年都有技术新成果，新工艺、新技术首先为我所用；聘请德国管乐制作、检验专家定期来公司指导成品检测；请美国长笛演奏制作大师约翰逊.兰迪定期来公司指导成品调试定音；不断请国内著名演奏家来公司演奏测试，从而使产品不断改进创新，大大提高了“金音”品牌的科技含量和知名度。

为改进工艺，提高精度，先后投资700万元，改造旧工艺，增添新模具和关键设备，使产品年年有创新，形成了生产一代、研制一代、贮备一代的生产格局，永保强劲的市场竞争力。公司吸收世界先进品牌的长处制定了高于行业标准的内控标准，目前“金音”品牌质量已接近于世界相关名牌水平，并且价格低，得到了国内外广大消费者的认可。

四、以人为本，全面提升企业核心竞争力

市场竞争，关键是人才竞争。“重知识、重人才”是我公司所选之路。

几年来分别高薪聘请了主持外贸、内销和管理方面的专业人才，独档一面，为企业经营管理发挥了关键作用。还从大中专院校和社会招聘了一批专业技术人员，现有大本学历8人（高级工程师3人），大专学历21人，中专学历82人，在各自岗位上发挥着骨干作用。

走出去请进来，不断培训提高。公司制订了长期的培训规划，每年都有落实措施，有派往美国、加拿大进行MBA专业培训人员，也定期聘请如北京中新管理学院的夏广仁教授、山西太原的高级工程师徐长刚、中国质量认证中心的高级审核员李国振等来公司讲质量管理，请英国乐器经销专家格里告力来公司讲营销战略等等，对提高企业的产品质量与国际贸易的管理水平和思路都大有帮助。对现岗职工根据需要，区别情况办不同类型培训班，学公民基本道德规范、学ISO9000标准、学习操作规程，还进行岗位练兵和操作技能比赛。每次培训都有计划、有考核（或考试）合格者发证上岗，使他们思想文化、管理技术年年都有新进步，不断提高全体员工综合素质，为企业发展增添后劲，同时也大大调动了员工积极性，不断提合理化建议，仅2003年就提出104条采纳实现66项，为企业创经济效益120万元。

五、保养品牌，促企业跨越式发展

公司凭着严格的管理、可靠的质量、良好的信誉和优质的服务，不断打造和保养“金音”品牌，“金音”品牌的知名度在国内外市场不断提高。

在国内建销售网点86个，售后维修服务站78个，遍布全国各大中城市，对消费者服务热情、周到、及时、有效，对产品提供最佳服务，让顾客满意。在国际上，通过参加每年一度的德国或美国等大型展会和国际互联网，展示、宣传“金音”品牌，目前“金音”网页已经与国际各乐器网站链接，还与国际华人公司网站链接，得到了广大消费者认可。已与多个国际型企业和大型公司建立了长期的贸易伙伴关系，销售额逐年上升。2003年出口创汇820万美元。"金音"品牌的长笛、黑管、萨克斯、提琴、小号、圆号等产品，已远销欧美、东南亚、日、韩等三十几个国家和地区。

目前，公司正以"质量创新，强化管理"为重点，进行二次创业。积极推行海尔管理模式，发挥员工源头作用，以最佳服务满足市场需求，保持高速稳定发展，为争创省名牌、中国名牌产品而努力。

2002年下半年公司与美国瑞顿管乐器公司达成了中美合资经营的意向，经过协商谈判，美方决定派专业技术人员到合资公司进行技术指导，产品的关键部件由美国进口。中方派技术人员到美方进行专门培训学习。经过中美双方交流引进，公司的产品定会精益求精独树一帜，经营理念和产品质量必定有新的建树，必定会生产出高质量国内一流的名牌乐器。

公司宗旨：诚信为本，追求卓越，力求把每一支乐器做得尽善尽美。

山东泰山管乐器制造有限公司

山东泰山管乐器制造有限公司是国内生产西管乐器规模较大，萨克斯产量最大的企业。"诚信为本，追求卓越，力求把每一支乐器做得尽善尽美"是公司遵循的宗旨。该公司具有高科技的管理手段，雄厚的技术力量，先进的专业设备，集科研、开发、生产、营销为一体。为了产品高质量、创名牌，2002年7月公司特邀美国管乐器制造专家史迪夫先生莅临公司对管乐器生产进行全面指导，并举办学习班，使公司员工技术水平得到了提升。公司聘请国内著名萨克斯演奏家范教授为公司产品质量顾问，按时到公司进行产品质量鉴评，严把产品质量关。为了对产品质量实行全方位控制，公司成立了质量控制中心，对产品质量进行"源头控制"、"过程控制"、"终端控制"的全方位全过程控制。在原料控制中，凡检验不合格的原辅材料不准进厂；在生产过程中，制定了高于国家标准的"企业标准"，将严谨的过程质量管理和过程质量控制，细化到每个人、每台设备、每个操作过程；在终端控制中，实行自检、互检、专检"三检制"原则，形成一个层层检验、环环把关的控制网络，确保产品出厂件件高质量。公司管理和技术水平上了一个新层次，员工的技术素质得到了提升。公司新产品开发能力得到了全面提高，加速了产品的升级换代步伐。公司研制开发的新产品"Summit（萨玛特）"牌bE中音萨克斯应用三维立体扫描CAD设计，CAM仿真技术，精密制造而成。造型独特，结构合理，吹奏通畅省力，音色饱满优美，在萨克斯产品中独树一帜。新产品"Hemen（赫曼）"bB高音单簧管和"Summit（萨玛特）"牌小号整体造型选择用国际流行风格设计，采用最新技术和独特工艺，经名家指导精制而成，投放市场后深受消费者青睐。

公司生产的管乐器系列产品经国家轻工业乐器检测中心检测达到"优良"。江泽民主席曾将该公司合作生产的萨克斯作为礼品赠与美国前总统克林顿先生。2002年国家发布的《乐器通用技术条件》、《西管乐器产品标准》，该公司是起草委员会成员之一。

广州珠江乐器实业公司

广州珠江乐器实业公司是响誉海内外的广州珠江钢琴集团有限公司下属子公司。

公司成立于1993年初，经过了10个年头的艰苦创业，年销售额已达到4千多万元人民币，产品远销欧美及东南亚等国家。

珠江乐器实业公司厂房面积约3万多平方米，下设珠江手风琴厂、电吉他厂、琴凳厂等分厂，专业生产钢琴琴凳、电子吉他、手风琴、脚踏风琴等产品。

公司主要生产琴凳、手风琴、电吉他钢琴配件、脚踏风琴、钢琴配饰、木制工艺礼品等产品。

公司拥有一大批具有多年制作经验的工程技术人员和骨干技术工人。产品选用优质木料，严格按照行业标准并结合传统制作工艺，专业设计，精心制作而成。公司是国内生产及出口钢琴琴凳的基地其生产的珠江牌手风琴、珠江牌电吉他外观精美，用料上乘，音质纯正，深受广大客户欢迎，产品远销国内外，深得广大客户及同行的一致好评与认同。在2004年4月德国法兰克福国际乐器展览会上，众多外国客商对珠江乐器公司展出的手风琴、电吉他表现出浓厚的兴趣，当场达成长期合作的意向，取得了令人满意的成绩。

公司生产的珠江牌钢琴琴凳质量上乘，生产历史悠久，是珠江钢琴和日本雅马哈钢琴配套销售产品。产品多次经过日方对产品工艺、承受力等多方面的检验测试，得到行内专家的一致认可，其品种多样，计有升降琴凳、子母琴凳、单人琴凳、靠背琴凳等，年生产能力为10万张。

电吉他生产历史悠久，红棉牌电吉他获得广东省名牌产品称号，珠江、红棉、JAZZ牌电吉他品种多样。在进行传统工艺加工的同时，公司还邀请了欧美各国的吉他制造专家同演奏家进行指导，并配备了具有国际先进水平的CNC加工设备、功能独特的吉他制造机器、现代化油漆线等设备进行生产，使珠江牌电吉他以优质的木料、精细的工艺、富有艺术美感的多种造型、纯美的音色特质，赢得海内外销售商的青睐，年生产电吉他10万~15万把。

珠江牌手风琴是公司于2002年投入批量生产的又一新产品，经过两年的不断改良创新，吸取了各品牌的精髓，形成了一系列产品，现已进入批量生产，计有8BS、12 BS、24 BS、32 BS、48 BS、60 BS、72 BS、80 BS、96 BS、120 BS等多种规格，除满足国内手风琴爱好者的需求外，还远销欧美和东南亚等地区，并受到了手风琴的故乡—意大利客户的认可。公司为满足客户和手风琴爱好者对高档手风琴的需求，在2003年隆重推出了珠江牌回声手风琴，制造水平再进一步。珠江牌回声琴具有国际上改善手风琴多泛音音色成功的谐振腔共鸣结构，采用扩大系列音簧，扩大了发音力度，穿透力强，给人以低音浑厚柔和，中音丰满圆润，高音明亮的听觉效果，被称之为艺术家演奏的手风琴。珠江乐器实业公司还多次为国内的手风琴大赛提供珠江牌手风琴，获得参赛选手和评委的好评。珠江牌手风琴的经销点遍布全国各地，使各地的手风琴爱好者都能买到自己喜爱的珠江牌手风琴，享受到优秀的售后服务。

珠江牌脚踏风琴是珠江乐器实业公司的传统产品，品种多样，有五组全双音风琴、五组半双音风琴和四组全双音旅行式风琴，产品深受广大用户欢迎。

上海口琴总厂

上海口琴总厂创建于1939年，专业生产口琴、口风琴、竖笛、校音器、自鸣器等八大系列产品。拥有“上海牌”、“胜利牌”、“友谊牌”、“星牌”等著名商标。主要品种有：单音口琴、复音口琴、重音口琴、伴奏口琴、半音阶口琴、高级演奏口琴、口风琴、竖笛、校音器、自鸣器等百余种。

六十五年以来，我厂在口琴生产中，加强技术更新，对口琴质量做到精益求精，对口琴品种做到不断改进和完善，并吸取国外先进技术，在国内首先研制了世界上最高级的演奏口琴12孔48音、16孔64音半音阶口琴。它音色纯正，高低半音变化自如，可奏颤音、跳音、圆滑音、八度和音及双音等，口琴质量已达国际水平，得到国内外乐评家赞誉。近年我厂又首先开发口风琴，研制出国产第一代32键、37键、27键胜利牌口风琴，填补了国产口风琴的空缺。

上海口琴总厂的产品全部采用先进的音准仪测试，高级演奏口琴、布鲁斯口琴、口风琴，均采用银铜合金音簧，技术指标符合轻工行业标准QB/T1299—97，并多次被评为市优、部优并获国际博览会金、银等奖项。产品远销美国、日本、新加坡、德国、韩国等国家和我国台湾和香港地区。由于齐全的品种，稳定的质量，极大地满足了国内外市场和客商的需求，使我厂内外销客商达400多家，全年销售大、中、小口琴近500万支。

世界著名的口琴品牌 如德国豪纳“HOHNER”、美国黄牌“HUANG”、日本铃木“SUZUKT”等，都相继在上海口琴总厂生产定牌。

在未来几年内，我们将积极推进经济体制和经济增长方式的根本转变，逐步形成以口琴系列产品为主，多品种系列化发展的规模。上海口琴总厂将携同各路精英，以中国大市场为基地，挺进世界名牌之林。

上海口琴总厂的宗旨是“质量第一，用户至上”，并竭诚为国内外客商和消费者服务。

上海国光口琴厂有限公司

上海国光口琴厂有限公司为上海国光口琴厂前身，是中国口琴的诞生地，创建于1931年。几十年来生产各种规格的口琴，远销世界各地，蜚声海内外。

国光牌、英雄牌内销口琴与其它品牌的口琴最大区别之一是口琴盖板全部采用优质铜材，不使用不锈铁皮，口琴盖板除外销需求部分采用铝材外，全部采用优质铜材，铜盖板经过镀镍和铬，镀层完整，表面光亮，保持铜盖板的传统特色，使口琴发音宏亮，音质优美，以确保名牌产品声誉。现在绝大多数口琴行业为了降低成本，使用不锈铁皮盖板代替铜盖板，不锈铁皮可以节省铜盖板应镀镍和铬的工艺，但不锈铁皮时间表长了容易氧化发锈迹，而且不锈铁皮盖板制造的口琴在发音的共鸣声及盖板的图案、文字清晰度和光亮度不如铜盖板制造的口琴效果好。

上海国光口琴厂经过企业改制成为股份有限公司后，在口琴的生产与发展中公司始终坚持不断提高产品质量，坚持以行业标准来生产口琴，发挥国光牌、英雄牌名牌产品优势，立足市场竞争。2003年工业总产值达到550万元，出口交货值达到150万元，销售收入700万元，净利润36万元。2003年企业在生产经营活动中做好了以下几方面工作：

（1）积极做好划小核算单位后企业职工的思想工作，配合上级公司在做好劳动关系变更，劳动合同转移的工作，使绝大部分职工自愿与改制后的企业签订劳动合同，明确劳动关系。

（2）加强和重视企业的内部管理，在理顺劳动关系的基础上，搞活搞好职工的分配制度，及时修订部分劳动定额，进一步压缩人员，降低劳动力成本。

（3）积极做好促销工作，采取各种途径扩大销售额，克服非典带来的影响，努力使其减少到最低限度，使内销口琴的数量非但没减少而且增加，更重要的是在走访市场中及时收讨货款，由于积极努力使应收货款回笼率较好。

（4）抓好产品质量，做好各道工序的考核。根据市场反馈情况及时召开班组长、检验员会议，为确保国光、英雄牌名牌产品的声誉，每月多次对校验的成品进行抽查评分，对不合格人员进行扣罚及岗位培训，以提高产品的成品合格率。

（5）积极做好新产品的开发研制工作，2003年以来已完成28孔宽音域重音口琴、28孔宽音域12调全套口琴以及27键简易口风琴投放市场，增加了口琴、口风琴品种，提高了档次。

（6）面对生产与销售二大环节，为进一步从管理着手搞好工作，公司制定了“关于出差住宿及差旅费的有关规定”、“关于销售及应收账款的有关规定”及“关于采购加工口琴半制品及外包装的有关规定”等各项有关制度并进行实施。

（7）配合上级公司开展对安全生产、安全消防等方面的自查，根据上级公司对企业管理责任人考核的内容，实施企业管理人员经济责任制及任务交办的考核，并对企业文明管理考核范围修订并检查考核内容的落实。

（8）为提高名牌效应，增加企业知名度，2003年以来我们多次重新修改了口琴网站上的内容，并利用乐器杂志、乐器展览、口琴会活动宣传推广国光品牌，扩大企业在乐器行业的影响。

目前公司虽然遇到了原材料大幅上涨及市场激烈竞争等较大困难，但我们有决心在协会的配合支持下，摆脱困境，积极拓展市场，开发新品，加强内部管理，降低成本，使企业能在困境中求生存，求发展。

江苏奇美乐器有限公司

江苏奇美乐器有限公司初创于1991年，公司为省著名商标企业，通过ISO9001质量体系认证，拥有自营进出口权。公司拥有全套全自动进口电脑数字化乐器生产设备及音准检测仪器，专业从事竖笛、口风琴、口琴、管风琴等课堂乐器的生产与销售，具备年生产塑料、木质竖笛600万支，系列口风琴80万台，系列口琴200万支的生产能力，是国内规模较大的课堂乐器生产企业，其中奇美牌系列竖笛、口风琴的产量、销量、出口量均国内遥遥领先。

2002年，公司一次性通过ISO9001：2000质量管理体系认证，将ISO9001的质量管理理念、管理手段和我公司具体的质量管理标准结合起来落到实处,制订了严格的质量考核制度，落实责任制，实行正负激励措施，每一道工序都明确责任人，把重视产品质量变成每个人的自觉行为。公司同步加强了检查与监督，为每位员工建立起质量档案，作为考评的重要依据。正是有了严格规范的质量管理、保障、检查、监督体系，奇美牌系列乐器产品的质量已分别获得教育部教仪所、国家轻工业乐器质量监督检测中心、中国艺术教育促进会、南京大学声学研究所、江苏省疾病预防控制中心等国家权威机构的检测或鉴定，并通过欧盟CE安全认证。目前，竖笛产品的次品不合格率严格控制在万分之三，口风琴产品的次品不合格率在千分之二以内，通过三到五年的努力，最终达到零次品。

技术革新是企业发展的动力，公司设有专门的产品技改、研发部门，进行新技术的研究运用，并时刻关注国内外先进的技术工艺动态，掌握先机。如口风琴系列产品从研制之初开始就立足高起点，引进一系列新的工艺技术，口风琴的发音簧片采用进口防腐磷青铜，固定铜板采用镀镍工艺，并在国内同行业中首家独创碰焊工艺，确保了口风琴吹奏时的音准、音色与牢度，产品质量达到国外同类产品的同等水平；木质竖笛系列产品采用高精度全电脑数控机床生产，并在音准调试，外观处理等关键环节有着独到的工艺等等。奇美牌器乐产品共获得国家知识产权局专利局“外观设计”、“实用新型”等专利十四项，保证了产品技术含量的领先。

优质高效的经营、管理是企业永远追求的目标。

（1）围绕品牌核心竞争力，做大做强企业。公司从开始就相当重视品牌建设和管理，通过不断提升产品质量，开发新品种、企业文化建设、投身公益事业、媒体广告宣传等形式体现品牌的综合价值。如：产品结构向专业化、系列化的方向发展，完成了产品细分，使市场实现了无缝链接；建成花园式厂区，开通音乐音响系统，设立台球、棋类、阅览、多媒体影像等活动中心，让员工充分感受自然环境的美好与人文环境的和谐，增强了企业的凝聚力；开展一系列关心希望工程活动，向贫困地区的学生赠送课堂器乐产品等；在权威性专业性杂志上进行广告宣传，建立网站，并投入到sohu、yahoo、sina等大型网站进行宣传推广，同时对竖笛、口风琴、口琴等网络实名成功抢注。

通过系统有序的品牌建设，公司分别获得“江苏省著名商标”、“江苏省名牌产品”等称号，至2003年底，公司注册商标总件数达30件，在海外多个国家地区的商标注册也已基本成功。正是通过这一系列的努力，我们用了约10年时间创造了中国课堂器乐第一品牌，保证了竖笛、口风琴连续五年中国销量遥遥领先。

（2）2002年公司明确提出了建立、创新、完善标准体系，用标准管理提高企业运行质态，确保企业可持续发展的目标，二年时间，已形成一套奇美特色的标准管理体系。

（3）积极开拓国内外市场，主动参与市场竞争。公司本着老市场寸土不让，新市场寸土必争的强烈竞争意识和忧患意识，在现有高占有率的基础上，主动出击，做到稳中有升，目前竖笛市场占有率达90%，口风琴达75%；多方扩大外贸出口，积极参加专业展会，广泛进行网络营销，与国内各贸易公司及国外直接客户保持着稳定的业务往来，贸易额有了较大幅度的增长，产品畅销欧美、东南亚、中东等国家和地区，受到国外用户的欢迎。

2003年公司全年销售3500万元，实现利税329万元，比去年同期增长2.5%，对外出口销售有了显著的提高，其中出口销售占总销售额的36%，比去年同期增长8%。

上海民族乐器一厂

创建于1958年的上海民族乐器一厂，在经过前四十年的稳步发展后,自1999年起，在新任厂长王国振的领导下，进入了快速发展时期。企业净资产从600多万元上升到了1700多万元；年利润额翻了几番；销售收入接近一亿元大关；职工收入大幅提高。这些成绩的取得，上海民族乐器一厂的体会是：有一个正确的经营思路，坚持了品牌战略，坚持了文化营销，坚持了占领制高点、填补空白点、扬长避短、趋利避害的战术思想，坚持了低成本扩张策略，坚持利益驱动机制，坚持技术、质量的领先。

2000-2003年，在企业进入快速发展阶段之后，上海民族乐器一厂对国内外基本形势、市场和企业状况进行了认真的分析，提出了“扬长避短、趋利避害，整合巩固企业改革发展成果的”经营思想。两年中，企业抓住市场机遇，坚持文化营销不放松，抓产品质量的赶超和“四新”产品的 研制不放松，抓内部的建章建制、降本增效不放松等。

虽然企业提出了“整合巩固”的指导思想，却没有一丝一毫的松懈。

企业紧紧抓住销售这个纲，不放过文化营销的每一个契机，大力宣传“敦煌”品牌，拓展市场。上海民族乐器一厂清醒地认识到：民族乐器不是一般的消费品，而是文化类的产品，必须打文化牌。只有文化市场繁荣了，才能促进和推动企业的生产。文化营销工作它既是对社会的回报，又反过来扩大企业的影响，扩大品牌的影响，最终推动企业的发展。两年中，企业先后到成都、哈尔滨、安徽、上海等地举行打击乐器推广会、订货会；参加北京第六届国际乐器博览会、上海国际乐器博览会；主办和参加了湖南第六届敦煌杯二胡、古筝大赛、贵州省首届“敦煌”杯乐器大赛和浙江省、江苏省民族乐器专业演奏大奖赛；参加了南京古筝艺术节，无锡文化节等。在2003年的上海国际乐器博览会上，上海民族乐器一厂为了让中外客商关注中国的二胡，特制了一把巨型仿真二胡。这把二胡全长4米，总重量107公斤，琴弓长4.17米。这把世界上最大的仿真二胡引起了来参展和参观人员的极大兴趣，并成为展会热点。

2003年初，上海民族乐器一厂与闵行区博物馆共同建立了向社会开放的区级民族乐器博物馆。于是，上海民族乐器一厂把1986年建立的厂“民族乐器博物馆”，移至地区博物馆内，向社会展示收藏和仿制的中国古代乐器。这样，既扩大了原博物馆的社会利用率，也为宣传民族音乐和文化，使上海市民更多地了解中国民族音乐和中国民族乐器，提高市民素质出了一份力。

2003年12月，应香港特区政府邀请，上海民族乐器一厂把中国民族乐器展览办到了香港。参加了由香港政府康乐及文化事务署主办的“走进中乐世界”系列活动，使香港市民加深了对民族音乐表演艺术的了解，提高香港市民对民族音乐的兴趣及欣赏能力。

上海民族乐器一厂的“整合巩固”，其实质是质量改进、新品开发和技术培训三结合；其内涵是狠抓技术进步，促进经济发展。2002年，企业提出了扬琴质量赶超北京的目标。由厂技术部门牵头，厂内先后召开了五轮扬琴制作研讨会，2002年4月将研讨会移师北京，借全国扬琴研讨会之际，上海民族乐器一厂携带改良产品北上，听取全国扬琴专家意见。经过多次及时整改，扬琴质量大幅度提高，已基本达到北京扬琴中等以上水平。

2003年4月，一场突如其来的“非典”疫情给国家及社会经济带来了不可估量的损失。面对清冷的市场，上海民族乐器一厂以积极的态度对待这场“灾难”。一方面，企业加强内部管理和产品质量的整合；另一方面积极与全国的客户保持联系，在“非典”最严峻阶段，上海民族乐器一厂向全国主要客户发出了慰问信，鼓舞商家增强战胜“非典”的信心，很多客户非常感动。“非典”过后，上海民族乐器一厂的订货电话不断，企业基本上没有受到“非典”的影响。

2003年，上海民族乐器一厂还有一件极具挑战的大事，那就是厂址搬迁。上海民族乐器一厂原坐落在上海的莘庄。由于城市发展需要，企业必须进行大搬迁。2003年10月，在厂领导的精心组织下，企业安全、有序、顺利地完成了搬迁任务,企业的生产基本没有受到影响。借企业整体搬迁之际，企业适时调整布局，淘汰一批陈旧、标准化程度较低的机器设备。使企业的机械化程度和劳动生产效率又提高了一步。利用搬迁之机，企业把厂区很好地绿化和美化了一番。现在，上海民族乐器一厂地处上海七宝古镇。七宝是一个历史古镇，上海民族乐器一厂的迁入，为其原本浓郁的文化气息又增添了新的色彩。

苏州民族乐器一厂有限公司

苏州民族乐器一厂有限公司于1954年建厂，2000年改制成本公司，至今已有50年的历史。是目前国内同行中最大的民族乐器厂之一。苏州民族乐器制造业历史悠久，早在清代乾隆年间就很昌盛。建国后，原轻工业部就将苏州民族乐器一厂列为民族乐器制造业的重要生产基地之一。在各级政府的关心之下，企业有了长足的发展。20世纪60年代周恩来总理就指示“中国的民族音乐应该有自己的低音乐器”。当时的国家轻工业部就将该项任务落实到苏州民乐一厂，经几年的反复试制，终于成功地生产出拉阮、倍拉阮、替代了大担琴、倍司、该项成果从此填补了中国民族音乐中低音部的空白。

公司生产的“虎丘牌”二胡，1961、1984年两次获全国第一。

经专家们的推荐和把关，中央民族乐团1998、1999年两次出访维也纳所选用的乐器百分之五十以上均选自该公司。为了不断提高二胡的音乐品质，公司近年来又投入了大量精力、财力进行研究，取得了可喜的成果。得到了宋飞、于红梅等著名演奏家的首肯，并成为中央音乐学院的专供产品。

2003年公司又成功完成了新产品开发项目——手控七转调箜篌(立式凤首雁柱式)为国内首创，新华日报、人民日报以及中央电视台等国内外数十家媒体都作了详尽的报导，该项成果当年获科技项目奖，2004年又喜获国家特别金奖。

公司生产的民族乐器，品种齐全，冠以“虎丘牌”。红木精制二胡曾荣获国家银质奖（行业最高奖）。阮、琵琶、古筝、笛、箫、民族定音鼓、五音排鼓等18个品种获国家轻工部优质产品称号，获奖产品居行业之首。政府授予公司“名牌产品”称号。公司年产销3000万元，利税200多万元，职工350人。

公司连续五届十年被评为江苏省双文明企业。连续多年被评为苏州市先进基层党组织，2002年度中国乐器协会授予我公司乐器行业强势公司称号。2004年江苏省总工会授予我公司模范职工之家称号。公司总经理沈博文当选为苏州平江区人大代表，1994、1999年两次被评为全国轻工系统全心全意依靠职工办企业的优秀经营者。中国乐器协会民族乐器分会副会长。

饶阳北方民族乐器制造有限责任公司

饶阳北方民族乐器制造有限责任公司成立于1985年，是一家专业生产民族乐器的厂家。主要生产二胡、扬琴、琵琶、阮四大项产品，产量达到30万件。企业现有职工200余人，产品主要销往国内各大中城市，一部分产品出口到海外十几个国家和地区。

2003年是公司改制的第一年，也是ISO质量体系认证的第2年，通过不断改革发展，企业收到了明显效果。

一，全面推行ISO－9000质量体系管理

2002年10月公司顺利通过ISO－9000认证，在此基础上进一步统一思想，要坚持不懈的贯彻质量体系管理条例有关文件，全面推行质量体系管理，多次组织干部职工学习标准文件，加深理解，提高认识，自觉实施管理体系的自觉性，按照体系的要求，从供应户的考察筛选，到原材料的采购，到材料入库，层层把关，严格按工艺要求，坚持上道工序为下道工序服务，下道工序为上道工序把关，一环扣一环，使产品生产的全过程达到了有效的控制，产品质量有较大提高，市场不断扩大。

二，以顾客为关注焦点

推行质量体系的过程中，公司始终坚持以顾客为关注焦点，加强与顾客沟通与联系，在全国各大中城市琴行及院校和文艺团体建立了联系点、联系人，定期主动的与顾客联系，征求顾客的意见，及时汇总，分析，研究制定改进措施与方案，千方百计，满足顾客的要求。

三，向演艺界名家求助与合作

演艺界名家是乐器使用者的代表，他们对乐器质量最有发言权。公司把目光瞄准了这些演艺界名家，除了聘请三十多名为技术顾问外，还经常与各院校老师，各专业乐团著名演奏家及老艺人，加强沟通与联系，经常带着产品，带着问题去登门拜访，回到公司着重解决反馈的问题。八十多岁的林石诚等老前辈曾多次到厂共同研究探讨如何提高琵琶的韵味。通过不懈的努力，产品音色音质有明显改进，市场销售量大幅增加。经过一年多的努力，扬琴、琵琶、柳琴几个主导产品的质量都有较大改进与提高。

为进一步提高二胡的产品质量，在音质音色方面有新的突破，经与中国音协二胡学会多次沟通、协商，为发展二胡事业，于2003年4月2日二胡学会会长蒋巽风、许讲德、周耀琨、宋飞等十几位著名二胡演奏家云集饶阳，隆重举行了饶阳二胡科研基地挂牌典礼.一个崭新的二胡科研基地的牌子挂在了公司的大门口。

基地建立后，二胡学会与饶阳北方乐器有限公司紧紧抓住这一发展契机，采取登门拜访、现场指导、验琴试奏，共同研究商讨如何改进提高二胡的质量，以适应制作工艺手感到音质音色，经过多次研究探讨，公司如虎添翼，质量很快提高，基本实现了第一阶段消灭劣质琴，提高优质品率的任务目标。

二胡比赛大丰收:2004年5月下旬，中国音协二胡学会主办的全国二胡制作大赛中，饶阳厂参加比赛的115支二胡，获得9一个等奖，3个二等奖，3个三等奖，受到专家的赞赏，引起了业界关注。

回顾公司工作，在产品结构有较大调整，中高档产品比例增加，市场占有率扩大，仅一年的时间，新增内销户60多个，外销户7个。产品附加值增加，在没有增加员工的情况下，经济效益提高50%。

北京华东乐器有限公司

北京华东乐器有限公司座落于素有“提琴之乡”之称的平谷区东高村镇，公司始创于20世纪80年代，建厂初期聘请了曾获得世界制琴音质金奖的戴洪祥大师和曾获得世界大提琴工艺奖第九名的王崇贵等提琴制作专家做技术指导，为公司培养了一批技术骨干，迈出了提琴制作的第一步。

北京华东乐器有限公司十分注重职工队伍的培训，每年要选派部分技术骨干走出去，到兄弟乐器厂家学习取经，对新入厂职工在讲乐理、制作原理的基础上，由技术骨干言传身教。特别是连年举办青年职工劳动能手技术比赛，激发了全体职工以厂为家，钻研技术的积极性。通过多年的技术培训，公司现有专业技术人员80名，熟练技术骨干150名，熟练技术职工400多人。

北京华东乐器有限公司视产品质量为企业发展的命脉，提出了以厂为本，以质量为中心的口号，对几十道生产工序，分别制定了检查验收标准，实行了车间主任负责制，坚持不出厂一件废品，并有效的实行了跟踪服务，经常采取座谈，交流，发信函等多种形式，征求客户的意见和建议，深受客户好评。

为了开拓国际市场，两年来，北京华东乐器有限公司选派企业经营者，分别参加德国法兰克福美国以及上海、北京、广州国际乐器博览会，开拓了视野，拓宽了思路。根据国内外市场新的需求，公司又开发出了琵笆、二胡等民族乐器，改变了单一生产的状况，形成了以一品为主，多元生产的新格局。

两年来，北京华东乐器有限公司分别与德国哈佛纳公司、韩国的海奥拉奇公司形成了良好的合作关系，引进先进的生产技术，共同开发新的乐器产品，探索出了优势互补，共同开发的良性发展之路。

2003年北京华东乐器有限公司抓住平谷区开发北京文化源的有利时机，投资400万元，新建厂房10000平方米，一跃成为北方地区生产规模最大，规格品种最全的乐器生产厂家。现在的北京华东乐器有限公司，占地面积达5万平方米，建筑面积3万平方米，有职工700人。年生产各种规格、档次的小提琴、中提琴、大提琴、低音倍司20万把，各种琴盒、琴套21万个，二胡2000把，产值3600万元，销售收入3500万元，实现利润280万元，产品除部分满足国内市场需求外，公司已取得自营进出口权，远销欧美、东南亚等三十几个国家和地区，出口量占总量的80%以上，是全国提琴出口创汇的主要企业。2003年被中国乐器协会评为全国乐器行业强势公司。

北京长安乐器有限公司

北京长安乐器有限公司是技、工、贸一体的中外合资企业。近几年来，通过全体员工的不懈努力，产品已从4年前的提琴系列扩大到木管乐器系列以及民族乐器。2003年公司再次与法国知名企业合作生产长笛、黑管，通过一年多的开发、研制，现已达到月产量5000支的生产规模，质量水平得到了法国专家的好评。现公司生产组装的世界知名品牌全部远销美国、欧洲等一些国家和地区。

民族乐器产品是长安乐器公司的另一拳头产品，近几年来通过张钟先生的不断改革创新，使其脱离了传统的生产模式，特别是高档二胡深受国内专业演奏家的青睐。公司生产的二胡、高胡、柳琴、琵琶、手鼓等产品，用料考究、做工精细、音色纯正、质量上乘，广泛受到市场客户和专业演奏家的好评。

为了更进一步提高产品质量，为市场提供优良的乐器产品。公司生产的紫檀二胡、黑檀二胡、血檀二胡、明清旧料（老红木）二胡，均由著名二胡演奏家指导，精选，签名，同时精选出来的优质二胡附有著名二胡演奏家的照片，并配有选中二胡的蟒皮照片，确保品质无虞。客户在购买此产品后，如发现质量问题，可凭所附产品合格证享有保修、保换、包退货的权利。

此外公司还生产“画眉鸟”牌各类提琴弦、二胡弦、柳琴弦、琵琶弦、古筝弦、中阮弦及扬琴弦，G“402”扬琴弦经扬琴演奏家的考证，被北京星海粤华乐器有限公司指定为：“唯一用弦”。公司还经销德国“GEIPEL牌”二胡松香、德国红龙二胡弦、王小迪二胡精品弓。

2004年5月，中国音协二胡学会举办的“全国二胡制作大赛”上，北京长安公司参赛的八把二胡全部获奖。

河北乐海乐器有限责任公司

河北乐海乐器有限责任公司创建于1985年，1996与“北京星海乐器有限责任公司北京民族乐器厂”挂靠后，改名为‘北京星海乐器有限责任公司北京民族乐器厂三厂’。2000年9月在全国乐器制作大赛中荣获：声学品第二名和第三名；工艺品第二名；优胜奖四名，国家轻工业部颁发了荣誉证书。2001年成立了“河北乐海乐器有限责任公司”使用“乐海”牌商标。2002年5月我公司被正式批准进出口资格证书，为出口创汇创造了有利条件。

公司现有员工200余人，其中专职技师30名，管理人员15名。

（1）聘请民族乐器厂的制作改革老专家樊汝武，

调音技师卞渝，技师史增权为公司常年顾问；聘请“北京民族乐器厂”吕建华技师指导二胡工艺，宋之良老师指导琵琶生产工艺。

（2）多年来公司与国内外著名乐器制作师、民族乐器演奏家和中央音乐学院教授、中国音乐学院教授等合作，研究、开发、改革完善了多种民族乐器，并不断研究了新产品上市。得到专家和学者的青睐。

为提高产品质量和服务水平，在管理上推行JIT管理，还率先导入CI模式。2002年10月通过ISO9001质量体系认证。2004年7月被评为省名牌产品。乐海乐器公司以质量是企业生存之本，诚信是企业服务之魂的宗旨来服务需求者。

公司现有占地面积31000平方米，其中新建流水线车间10000平方米，有高标准先进的油漆设备，有高效低能耗的木材干燥设备。公司系列产品有击弦、拉弦、弹拨、打击民族管乐等系列高、中、低档民族乐器200多种。加工多种少数民族乐器，可满足国内外客户的不同需求。

随着市场经济的发展，公司已在全国各大中城市建立了网络销售，海外市场也得到好的发展。产品销往东南亚、欧美等十几个国家和地区。仅2002-2003年创汇100多万美元。

扬州天艺民族乐器厂

扬州天艺民族乐器厂创建于2000年，座落在风景美丽的瘦西湖畔，占地面积达25000平方米，是扬州市最大的民族乐器厂家，也是扬州地区古筝产销量最大的厂家之一。主要生产“天艺”牌和“汉江韵”牌古筝、古琴、琵琶、二胡等其它民族乐器产品。在扬州市消费者协会的行业评比中，“天艺牌”民族乐器荣获2002-2003年“消费者满意商品”称号。

厂长汪健群从事民族器乐的教学和研制近20年，是扬州市民族乐器研制厂、扬州乐器厂和扬州正声民族乐器厂的创始人之一。

天艺厂现有专业技术人员近百人，聘请了国内外各大音乐院校的知名专家、教授、演奏家担任企业顾问，定期对企业产品予以指导和鉴定，已形成了年产12000台古筝、500面琵琶、600张古琴的生产能力。从2000年至2003年，天艺人以弘扬民族音乐文化为己任，提倡“创天艺名牌，造仁智之器”企业精神，不断推陈出新，使企业发展迅猛，产销量呈跳跃式超常增长。2003年，在全国遭遇“非典”的不利影响下，天艺乐器厂全体人员仍然克服重重困难，苦练内功，精益求精，使全年的产品产销量仍保持了35%的增长，创造了历史的最好水平。

“天艺牌”、“汉江韵”牌古筝年产量达7000余台。除畅销国内市场外，远销欧美、新马等15个国家和我国港台地区，被国内外各大音乐院校、专业演出团体的众多专业人士所选用，全国各地的专业、业余培训班也分别选用了天艺牌各种系列的古筝。

天艺乐器厂生产的古筝拥有两项国家专利，即大边框式的古筝外型专利和五拼面板独音梁的实用新型制作专利。产品无论在外观上，还是内部结构上，以及乐器的音色和个性上，都独树一帜，深具特色。

天艺古筝“以音为本，崇尚简洁”。其产品既美观大方，又深具民族特色，雅而不矜，丽而不俗，借鉴中国古代乐器制作艺术之精华、综合运用民族乐器制作的传统技术和扬州漆器、玉器、现代漆艺、书法篆刻、声学原理等科学艺术，使产品达到了较高的美学标准。在选料和制作产品过程中，严格遵循材料按等级分类、技师制作水平分级与装饰档次分类相匹配及严格检验调试的程序和原则，生产出普通演奏筝、装饰筝、专业等级筝和专业装饰筝、特制精品筝几大系列古筝。使古筝的分类等级既以音质、音量为主要依据，又以工艺水平和工艺价值为辅助参考，达到产品名副其实、物超所值。

天艺民族乐器厂在企业内部管理苦练内功、狠抓质量的同时，为了更好地建立企业形象、推广企业品牌，天艺人以弘扬民族文化为己任，始终坚持走文化经营的办厂理念，为中国民族音乐事业的发展添砖加瓦。

扬州正声民族乐器厂

扬州正声民族乐器厂专业生产古筝、古琴、琵琶、箜篌等民族乐器，建厂十余年来，正声民族乐器厂不断与各流派专家共同研究、探讨提高乐器质量的方法，长年聘请了中国上海音乐学院古筝艺术家、东方古筝研究会会长何宝泉教授担任技术顾问。不断改进制作工艺，提高乐器的内外在质量，使乐器内在音质纯正，外在工艺精美。经过多年的实验和研究，“碧泉牌”古筝的音质与外观在同类产品中已处于领先水平。2001年6月在法国第67届南锡国际博览会上，“碧泉牌”古筝荣获博览会金奖。正声民族乐器厂在“箜篌国手”——著名箜篌演奏家崔君芝的关心和帮助下，同时研究了大量复制箜篌的资料和经验，并巧妙地运用了扬州漆器工艺加以装饰，成功地研制出独具特色的凤首箜篌和转调箜篌，其外观典雅大方、音质纯净优美，颇受演奏者欢迎。

正声民族乐器厂广泛地参加、支持和协办有关的社会活动。多次赞助协办中国音协和扬州市政府联合举办的“中国古筝艺术学术交流会”；与有关单位联合举办了“碧泉杯”陕西省青年古筝大赛、湖南省首届“碧泉”湘筝杯古筝大赛、盐城市首届“碧泉杯”古筝大赛；承办了湖南省首届古筝艺术节；赞助参加了新加坡谭春文师生音乐会和产品展示会等。众多的社会活动加强了正声厂与各界专业人士在乐器研制方面的沟通与交流，对于乐器制作的每一个细节都反复研究，不断试验，新产品频频推出。由此碧泉牌民族乐器深得人心，声名鹊起。

十余年来中央电视台、江苏省电视台、《新华日报》、《扬州日报》和扬州电视台等新闻媒体对正声厂进行过多次专访及报道。著名音乐家冯光钰、扬州市副市长孙永如等领导曾先后到厂视察和指导工作。在2000年元旦中央电视台、上海电视台联合现场直播的《世纪风》专场大型文艺晚会上，武汉电信艺术团节目中使用的26台古筝全部为碧泉牌乐器。

目前碧泉牌乐器除畅销国内29个省、市、自治区及港、澳、台地区外，还远销美国、加拿大、法国、英国、澳大利亚、意大利、新西兰、俄罗斯、日本以及东南亚新、马、泰等诸多国家。深受专业院校、文艺团体及音乐爱好者之青睐。

浙江东方琴业有限公司

浙江东方琴业有限公司（原名宁波东方琴业总公司）位于风光秀丽的杭州湾畔，东依宁波北仑港，紧靠宁波国际机场，连通沪杭甬高速公路，地理位置优越，交通便利。公司自1987年8月成立以来，经历了十六年的风风雨雨，企业规模越来越大，管理日趋完善。

浙江东方琴业有限公司是专业从事钢琴部件生产的企业，首家ISO9001质量体系认证的钢琴部件企业，中国乐器协会常务理事，慈溪市重点骨干企业之一，是目前全球范围内最大的钢琴部件生产厂家之一。公司生产钢琴部件三大系列近120个品种，主要产品有击弦机、键盘、弦槌、弦轴等。产品远销美国、德国、意大利、日本、马来西亚、韩国等十几个国家，就国内市场而言覆盖率达到70%以上，并且与多家世界顶尖级的钢琴生产企业建立了技术友好协作关系，产品深受顾客的信赖及好评。

在竞争中公司不断加大技术改造的力度，从日本、韩国等地引进先进设备。为了提高产品的质量，公司聘请国外专家严格按照ISO9001-2000版的要求进行原材料的采购等工作。在各方面的努力配合下，公司取得了一定的成绩。2002年销售收入10128万元，其中出口销售收入1610万元，创利润580万元，2003年销售收入13521万元，其中出口销售收入2880万元，创利润728万元。

浙江东方琴业有限公司愿以多样化的产品吸引顾客，以优质的质量取信顾客，以良好的信誉赢得顾客。随着亚洲第一大桥杭州湾跨海大桥的建设，总公司在总经理罗森鹤的领导下将一如既往的本着：用户至上的企业开拓精神，将继续努力，开发出更新更优的产品奉献给广大客户，为民族工业的发展奉献一份力量，争创“东方”美好未来。

宁波海伦乐器制品有限公司

宁波海伦乐器制品有限公司系中美合资企业，位于宁波市北仑科技园区，占地面积30000平方米，专业生产钢琴、码克、钢琴零部件及琴凳等。2002年、2003年连续二年被中国乐器协会评为“中国乐器行业强势公司”；2001年、2002年、2003年连续三年被评为宁波市AAA级资信企业；2004年5月，被评为宁波市高新技术企业。

随着中国加入WTO，海伦乐器始终贯彻“质量第一，服务至诚；以人为本，管理创新”的质量方针，立足国内市场，开拓国际市场，与美国、日本、欧洲等国家知名钢琴企业建立了长期的技术、业务合作伙伴关系。在每年出口创汇快速增长的同时，也大幅度地提高了员工的专业技术水平，同时也培养了大批专业技术骨干和技术工人，为企业的持续发展打下了良好的基础。

在原有的技术水平上，海伦乐器高薪聘请国内、外钢琴制造专家，引进欧洲先进的制造工艺，采用国际先进的标准，制定《钢琴》企业标准Q／NHL0001-2004，成功地研制了钢琴、码克等系列高新技术产品，以其品质优良、设计精致、价格优势，深受国内外客户的欢迎，市场前景十分乐观。

在研制的过程中，海伦乐器成功研发了定位工艺、铣筋工艺，从而保证了质量和精度，该技术在国内处于领先水平，填补了国内空白；为了攻克历史遗留的钢琴中盘变形技术难关，经技术人员多次试制，成功研制了钢琴中盘结构，解决了变形难题。

2003年12月，顺利通过ISO9001：2000国际质量管理体系标准改版工作，并根据ISO9001：2000国际质量管理体系标准要求建立了整套质量管理体系文件，包括质量手册、15个程序文件及产品标准、检验标准、生产工艺、作业指导书、检验卡、设备操作规程等三级执行文件。在原辅材料（包括外协加工）、在制品（半成品）、成品等环节严格控制、严格检验，对不合格产品采取相应措施，加强生产要素的严格管理。

为了进一步提高产品的质量，与国际市场接轨，海伦乐器先后引进了国内、外先进的乐器行业专用设备，率先在国内将五轴联动加工中心应用于乐器行业，整个生产流水线完全实现了数据化管理。

经过近2年多的共同努力，引进日本钢琴设计专家、欧洲钢琴制作大师PETER先生长期居住宁波共同开发的软件，海伦乐器成功研制了钢琴核心部件——码克，及钢琴系列产品。经专家鉴定：该码克产品属高新技术产品，在国内处于领先水平；使用其组装的钢琴，经欧洲钢琴大师试奏，得到高度评价——“准确音律、优美、均匀，现已达到欧洲钢琴水平”，并得到广大同仁的认可，产品全部出口至美国、日本、奥地利等国际市场！

勤劳的海伦员工，愿与钢琴界的同仁合作，携手共进，进一步提高中国钢琴制造业的整体水平，推动中国精神文明建设！

柏斯琴行

柏斯琴行创办人吴雅玲总裁和吴天延总裁，于1986年在香港创立了柏斯琴行第一家零售店。姐弟俩白手起家，事事亲力亲为，在短短十多年间，已将柏斯琴行发展成为销售、生产、音乐教育、音乐基金及售后服务等多元化的大型企业。销售方面，香港18间分店面积由300~1700平方米不等，遍布香港岛、九龙半岛及新界各区，成为本地最具规模的乐器连锁专门店之一。国内45个销售店面积由300~4000平方米不等，分布在深圳、广东、福建、江苏、上海、湖北、云南、四川、陕西、新疆、山东、天津、北京、辽宁、吉林及黑龙江省等主要城市，为当今中国最大的乐器零售及分销商。生产方面，柏斯琴行至今已拥有三家独资钢琴生产厂，分别位于湖北省宜昌市、上海市嘉定区及广东省东莞市。音乐教育方面，柏斯琴行音乐中心遍布中港两地，曾接受培训的学员已超过70,000名，现正学习的学员亦超过15,000名。柏斯琴行更于1997年拨款成立柏斯音乐基金会，造福社会，回馈社群。

零售店的开设是柏斯琴行的扎根项目之一，香港18间分店设于黄金地段的大型商场内，其中位于香港岛铜锣湾时代广场分店占地500平方米；位于九龙半岛的分别有占地300平方米的尖沙咀北京道一号分店、占地500平方米的又一城分店、占地500平方米的荷李活分店及占地600平方米的丽港城分店等等。其中位于九龙半岛黄埔旗舰店位于交通方便的黄埔花园聚宝坊商场，占地1700平方米，包括世界顶尖乐器品牌展示厅，可以容纳百多位观众的演奏厅、宽敞的舞蹈室、简洁明亮的练鼓室、设备完美的乐队练习室及其它各种乐器练习室等一共三十多间，使黄埔旗舰店成为世界各国一流乐器的总汇，亦成为香港乐器零售和音乐培训的焦点所在。随着中国内地经济急速起飞，柏斯琴行在1993年起已积极拓展中国市场。目前已成为中国最大的乐器零售及分销商。其中，开立于2002年，座落于上海音乐学院，楼高五层，总面积达4000平方米的柏斯琴行上海旗舰店为目前亚洲最大规模的乐器零售店之一。柏斯琴行上海旗舰店包罗万象，包括STEINWAY & SONS(施坦威)专卖店、YAMAHA(雅马哈)专卖店、陈列流行及古典音乐乐器产品的柏斯综合店、专业电声及数码产品部、弦乐、管乐、敲击及民乐专柜、音乐图书吧、咖啡厅、售后服务部、钢琴展示厅、艺术学校、音乐厅和办公室等等多样化的陈列与设施，成为上海爱好音乐人士的流连忘返之地。除此之外，设立于北京、广州及沛阳的主要分店，均占地2000平方米;设立于昆明、深圳以及厦门的主要分店，亦分别占地1500平方米及1000平方米，都同样各具规模。代理的三十多种乐器品牌都经过细心挑选，全部是世界一流品牌，为著名的音乐家及演奏厅所广泛采用。

柏斯琴行除了经营品牌代理以外，由2000年起柏斯琴行亦开始了乐器产品的生产项目，首间独资钢琴厂在广州白云区成立，同年8月，位于湖北省宜昌市占地55330平方米的宜昌金宝乐器制造有限公司挂牌成立，2001年5月正式投产，主力生产钢琴部件。2002年，金宝乐器顺利通过了ISO9001:2000质量管理认证体系。经过多年的运作，金宝乐器迅速发展，现有生产员工550多名，生产能力年年攀升，现已具备年生产量10000套外壳，10000台码克，7200台成品钢琴的能力。生产的品牌包括TOYAMA(托雅玛)、SCHNBRUNN(森柏龙)、KAWAI(卡瓦依)等。2003年已超过1500台成品钢琴出口到欧洲及东南亚等国家。金宝乐器聘请外国专家常年驻厂提供技术指导和质量把关，2002年，与世界第二大综合乐器制造企业日本KAWAI株式会社河合乐器制作所签订技术合作协议，同年10月开始正式生产KAWAI钢琴。2003年年产量已超过1500台。同年，金宝乐器更荣获中国乐器协会评定为“2003年度乐器行业强势公司”。

柏斯琴行本着“推广音乐文化，培育音乐人才”的信念，热忱于音乐文化的建造和中港音乐的交流，在香港及国内分部均设有设备完善、师资优良及提供各类中西乐器课程的柏斯琴行音乐中心，全力培育新一代的音乐人才。柏斯琴行音乐中心为保证音乐导师的教学素质，由国际音乐界享负盛名的李名强教授担任音乐顾问、陈兆勋老师担任教学素质顾问及马聪老师担任键盘系顾问，定期为导师主持各类型的大师班、研讨座谈会和专题进修等，让导师有足够的职前及在职培训，交流彼此的教学心得。

柏斯琴行更于1997年拨款成立柏斯音乐基金会，定期举办及赞助大小型的音乐会及比赛，以推动香港及国内的音乐文化发展。由柏斯音乐基金会和香港音乐导师同盟主办及柏斯琴行赞助，每两年拨款三百多万元举办一次的亚洲青少年音乐比赛由此而生。在2003年成立的柏斯享乐义工团，由柏斯音乐中心导师及学员组成，成员人数超过100人，规模正在不断扩大，成员定期探访香港各大慈善机构，将快乐的音乐传遍每个角落。

柏斯琴行积极举办多项大型音乐比赛，发掘新一代的音乐人才。回顾第二届亚洲青少年音乐比赛，得到国内热爱音乐的人士踊跃支持，共有5000多名选手参加，从2003年起已在中国40多个城市陆续举行分组预赛，与来自香港、台湾和马来西亚的选手共500余人争取香港决赛资格。最后共有200多名来自亚洲不同国家和地区的参赛者顺利进入决赛。在香港决赛期间，值得提出的两件事项是：第一，四位著名钢琴大师，包括中国的周广仁、但昭义和香港的郭嘉特、黄懿伦四位教授，为中港的学生举行钢琴大师班，进行指导，为钢琴爱好者和专业人士提供了难得的观摩和学习的机会。第二，一个以“中国音乐教育的回顾和展望”为题的座谈会亦举行了，这次座谈会级别之高更是历年鲜有的。柏斯琴行非常荣幸邀请了香港艺术发展局音乐组主席费明仪女士担任座谈会主席，中国音乐家协会名誉主席兼前中央音乐学院院长吴祖强教授、文化部艺术教育局前司长陶纯孝教授，以及中国、香港和台湾各大音乐学院院长和代表们参加发言和讨论。座谈会上，两岸三地的音乐教育专家分享了各地音乐教育发展的现状、当前的问题及解决方法，专家们的意见令所有在场人士获益良多。正如与会人士所言，这次座谈会对中国音乐教育的总结和发展起积极的推动作用。

柏斯琴行也十分注重产品的售后服务。柏斯服务中心便专为客户提供妥善的保养服务而设，其中包括定期检查、调音、维修及搬运等，务求令每位客人都能享受到最全面及最专业的服务。

柏斯琴行吴雅玲总裁和吴天延总裁表示，成就和经营柏斯琴行最大的快乐是可以充分发扬热爱音乐的兴趣，将音乐带到世界每一角落。

上海知音琴行有限公司

上海知音琴行有限公司成立于1997年3月，以经营各种乐器、录音设备为主，同时从事音乐培训和乐器维修业务。由公司所代理、特约经销的国际、国内知名乐器品种达数千种之多。在与珠江钢琴厂、YAMAHA公司、CASIO公司及Roland公司多年的合作中，不仅相互建立了深厚的信任及牢固的协作关系，而且历年都能荣获厂家颁发的认证和嘉奖。

创业伊始，公司便确立了“知音琴行，您的知音”这个以诚为本的口号，并且把公司的战略目标定为：做国内行业中经营品种最全、营销规模最大、服务质量最好的专业化琴行企业。较高的起点，明确的市场定位，再加上知音人执着拼搏，永不言败的奋斗精神，至今公司已成为一家在国内极具影响力的大型专业琴行企业。

公司利用其产业经验和资源优势进行品牌化经营和连锁发展。随着乐器市场营销环境的变迁，知音琴行未雨绸缪，首先在华东地区开始实行加盟连锁制，使知音琴行的品牌形象实现有效地扩张。在乐器界，也曾有许多商家实施过加盟店战略，但知音琴行奉行的不仅是简单的产品输出，而是把管理体系和核心价值观作为输出主体，所以知音琴行的加盟体系是有知音特色的，今后知音琴行也将不断地完善加盟店的管理体系，稳健而有序地推进加盟连锁的规模。

除了管理和经营理念的创新，知音琴行也在积极探索产品体系的结构创新，与国内大型生产厂商共同开发和生产出了一系列能更为贴近客户需求的优质产品，例如:SanCarlo(圣卡罗)钢琴与管乐系列、Blast（极风）吉他与打击乐器系列。我们销售的再也不仅仅是单个产品，售出的也再不仅仅只是产品的有形价值，还有更多以产品为媒介的增值服务。

此外，公司在人事资源管理上引进了科学有效的学习型组织模式，将每一个员工的培训、评估、定位、发展，进行有效的规划和实施，从而更加注重技术与服务、服务与业务的结合，切实提高竞争力。为新世纪知音琴行的发展和腾飞奠定了基础。

上海知音琴行有限公司总部坐落于上海市中心淮海东路的恒积大厦内，目前公司拥有五家本地大型门市商店、一家子公司（南京知音琴行）、一家跨地区直营店（常州知音琴行）、六家跨地区连锁加盟分公司（无锡／镇江／扬州／淮北／杭州／湖州）、一家合资公司（上海超音乐器音响有限公司），以及四个音乐培训中心和一个售后服务中心。公司的销售网络遍布全国，每年过亿元的销售业绩加上稳定快速的发展步伐，更加奠定了公司在行业中的领先地位。

目前由上海知音琴行有限公司代理销售的知名品牌有：珠江钢琴、雅马哈(YAMAHA)、卡西欧(CASIO)、罗兰（Roland)、ZOOM吉他效果器、百盛（Parksons）节拍器、卡特（Crate）乐器音箱、安培（Ampeg）乐器音箱、AXL吉他贝司与音箱系列、Squier吉他与音箱系列、CORT吉他与贝司系列……等等。

如同公司名字“知音”所揭示的，我们希望与客户建立并维系起亲密无间的友谊。而“知音琴行，您的知音”这一核心理念则充分诠释了知音琴行与客户及供货商之间一种唇齿相依、共同成长的关系。

浙江天目琴行有限公司

浙江天目琴行有限公司创建于1992年9月，浙江省规模最大的专业琴行，现有员工200余人，营业面积5000余平米。公司始终坚持多种经营并举、品牌意识至上的经营方针，与全国各大乐器厂商保持友好的合作关系，至今已取得国内外几百个知名器乐品牌的代理权。公司下设40多家分行，形成了一张完整的营销网络。并且于2003年5月和7月分别在省外开设了二家分行：苏州天目和安徽宁国天目琴行。这两家分行的成立，为天目琴行跨出省外奠定了坚实的基础。

作为在全国最具影响力的琴行之一，公司目前为中国乐器协会成员单位、中国音协钢琴调律学会考核站、省钢琴学会所在地、省音协乐器选购推荐单位、杭州市优秀企业、杭州市AAA级企业，多次被评为浙江省服务质量信得过单位。

一、 科学管理、以人为本

当今世界许多企业把“开发人力心理资源”列为人力管理前沿课题，越来越多的管理者认为现代管理的核心是对人的管理，尤其是对人心的管理，因此，柔性管理应运而生。公司始终坚持以人为本的管理理念，通过以下一系列的措施来提高员工的整体积极性：

1.推行“自主管理活动”。自主管理是要求员工以自己为中心，对企业经营自己提出问题，自己解决问题，自我检查，自我评定，充分调动每个人的聪明才智。

2.对企业领导及管理人员进行民主评议。领导和管理人员自觉接受员工的监督。

3.设立建议箱。实行民主对话，有问必答，给员工提供发表意见和建议的机会和场所，并及时处理员工反映的问题。

4.通过“琴友报”等，反映企业经营情况，国内外经济信息，员工的意见、建议等。

5.通过员工代表参与企业决策，参与员工的奖金分配、各种福利等重要问题的讨论，提出批评建议，参与企业管理工作，同时发现培养有能力的年轻管理人员。

通过以上民主管理活动，使员工真正体会到“我就是企业的主人、我也有发展空间”，从而激发他们工作的热情，人人做企业的主人，关心企业的荣辱兴衰。

10年来，天目琴行的发展速度一直保持着很高的水平，究其原因，除了天目琴行认真做好售前、售中、售后服务、努力打造天目琴行品牌以外，还把琴行的经营当作一项文化事业来发展。

二、 积极举办音乐会，促进文化交流

公司自成立以来，先后举办、参与了各类高雅音乐会80多场，丰富了人们的业余生活。

2001年12月，举行了奥地利施特劳斯交响乐团杭州新年音乐会。2003年1月1日，举办了“天目琴行之夜”好莱坞电影原声音乐会。同月，在金华浙师大举办“天目琴行”许忠钢琴独奏会和大师班钢琴讲座。紧跟着在同年3月份，举办了李云迪杭州钢琴独奏音乐会，引起了轰动。这些音乐会的成功举办，为提升杭州的城市形象、提高市民的文化素养，促进与世界各国人民的艺术文化交流都起到了积极的作用。

公司还参与各类音乐会的演出，在2003年11月为“广发卡之夜”厦门交响乐团音乐会提供九尺演奏琴。为“上海壹周”——“农夫果园”都市魅力风尚盛会友情提供七尺波士顿。在同一月里，协办了2003年西湖之夜杨丽萍经典舞蹈作品晚会。在2003年12月31日，公司协办了“中国杭州2004年迎新年音乐会”罗伯特·威尔斯摇滚音乐会等。

三、 参与西博会，热心公益事业，造福社会

在2003年10月西博会期间，公司为西博会的一些音乐活动提供器材，并积极参加了政府组织的“南山展示周”活动。

为支持教育事业，在2003年10月，公司协办了浙江大学人文学院艺术学院“北村香织钢琴音乐会”和“2003文化艺术周”。11月，公司还赞助杭州外国语学校首届社团文化暨“天目琴行杯”颁奖晚会。

公司在发展的同时，没有忘记回报社会，努力开展公益活动，特别是帮助解决残疾人的就业问题，共计安排20余人就业。近几年来，公司先后向昌化中学、宁波乌隘中学捐赠钢琴，向杭师院音乐系捐赠五万多元的钢琴，建立价值12万元的英昌钢琴教室6间，向社会各界捐赠的钱物总价值超过30万元。

四、 以商养学，以学促销

为提高市民的文化素质，1999年2月，经市教委批准，成立了社会力量办学的杭州天目艺术专修学校。目前培养了全省学生近万余人，天目艺校被评为《“学在浙江”高品质教育代表品牌》单位，目前拥有1800平方米三层教学楼、教室数拾间、一大批优秀的教师，为普及音乐做了大量的工作，与琴行共同举办全省各类器乐比赛20余场，举办各类艺术讲座50多场。通过这些活动的成功举办，推动了艺术教育的发展。“学琴的孩子不会变坏”，我们认准这一规律，以实际行动，为我省精神文明的建设做出了贡献。

石家庄市秦川文体乐器有限公司

面对2003年上半年“非典”的影响，石家庄市秦川文体乐器有限公司以变应变，以变制变，采取了一系列调整措施，确保了企业经营的稳中有升。

一、 夯实基础，苦练内功

企业决策者认为，越是外部环境不好的时候越要先找自己的原因，只有基础扎实，内功深厚了，才能在各种环境下求生存、求发展。为此，从2002年起，公司将全面推行和落实《企业规范化管理体系》，作为当年的重要工作，边培训，边落实，边检查，用一年的时间，严密了企业各环节之间的衔接，理顺了各方面的关系，为企业发展增加了后劲。

为了提高企业的管理水平，企业本着专业工作要专业人员来做的思想，两年内从社会上招聘了15

名优秀人才，充实到了营销、企划、财务、物流、教学等岗位，有的担任了中、高层领导。同时，企业还成立了市场部和新产品开发部。公司物流管理及市场部、新产品开发部均实现了微机化管理。从2002年起，公司全面推行了绩效考核，有效调动了员工的积极性。通过抓内部管理,使各项工作更加规范，企业竞争力进一步增强。

二、调整产品结构和经营布局

根据市场需求的变化和乐器产品的发展趋势，及时调整产品结构，先后引进了日本铃木、国产唯佳、华星等品牌的数码钢琴、卡西欧"韵之光"LK30、LK65、LK80等三个型号的电子琴、荆州的楚月古筝和美国杰圣管乐、日本的卡瓦依、美国的包德温钢琴以及依般娜、依皮风、雅马哈、乐兰、艾立亚以及中音公司的一系列产品。并同以上厂家签订了河北省销售代理合同。同时对档次低、质量差、款式落后的产品进行了及时的调整和消化，加快了资金的周转。在新产品引进的同时，业务部门还与企划部共同开展了新产品的开发和推广工作，如开设吉他屋、举行电声音乐培训中心和珍珠鼓俱乐部成立庆典、乐兰产品展示会等活动。这些都对促进销售起到了明显的作用。2003年公司的电声乐器销售较往年有了明显增长。

另一方面，企业根据市场变化，在经营布局上采取了收放并举的策略,即将不适应市场的小摊点、商场柜台该收的收回来，集中力量投入到有发展潜力的市场。2002年10月，原桥西分店迁入新址，经营面积由原来的300平方米扩大到了700平方米；2003年1月8日，秦川乐器保定分店迁址，经营面积由160平方米扩大到300平方米；2003年7月，秦川乐器邯郸店开业，以上三店均为店校一体的模式。2003年11月，秦川音乐艺术学校迁址，教学面积由原来的300平方米扩大到现在的1500平方米。这些硬件上的加强，为日后企业与学校的发展奠定了良好的基础。2002年，为树立企业的品牌，以法维护自己的权益，公司进行了商标注册。

三、寻找新的利润增长点

政府统一采购的形成，对乐器经营企业来说既是一个新的课题，也是一个新的机遇。秦川文体乐器有限公司敏感地意识到了这一点，充分利用自身的信息资源，先后参加了河北省委宣传部、石家庄市委宣传部、邯郸师专音乐系；衡水师专教育系、音乐系；河北师范大学音乐学院、教科院；河北省艺术职业学院、石家庄幼师以及辛集、藁城、元氏、晋州、灵寿、深泽教育局等单位组织的数码钢琴教室、钢琴、手风琴、MID设备、录音器材、电子琴、宣传文化示范村等项目的投标。并全部中标或大部分中标。业务量达数百万元。通过一年的运作，不仅在团购上取得了历史性的突破，而且积累了大量而丰富的经验，掌握了整套的运作流程和实际操作技术。先后建立起了客户培训方案、投标客户档案、安装技术资料、投标流程及注意事项、数码钢琴教室施工程序、配货、验货回款流程等一整套较为完整的工作流程、方案、资料及档案。这些都为企业今后做好团购、投标业务打下了良好的基础。

四、广泛开展各种公益活动

在搞好企业内部经营管理的同时，秦川文体乐器有限公司和秦川音乐艺术学校还广泛开展了各种形式的宣传和公益活动。如校园巡回演唱会、英昌百架钢琴广场音乐会、第7届"未来之星"音乐会、第九届"星海杯"全国少年儿童钢琴比赛（石家庄赛区）、青年钢琴演奏家陈萨钢琴独奏音乐会、秦川音乐艺术学校教师音乐会、钢琴考级、《管弦乐与钢琴音乐作品赏析》讲座等一系列活动。其中于2002年5月1日在省会人民广场举办的"河北省第9届彩色周末开幕式暨英昌百架钢琴大形广场音乐会"，123台钢琴同台演奏、600余人的演员阵容，数万名观众，气势恢宏，声震九宵。人民日报、光明日报及省、市各大型谋体均进行了报道。石家庄市委、市政府还为秦川文体乐器有限公司颁发了"特殊贡献奖"。这些活动的开展既推动了当地群众性音乐活动的开展和精神文明建设，同时也宣传了企业，促进了销售。

通过以上措施，企业内部的人员及知识结构更趋合理，管理水平进一步提高，经营布局更加科学，进而确保了企业经济效益和社会效益的双丰收。赢得了各级党、政部门及社会各界的赞誉，先后被评为诚信建设先进单位、重合同守信用单位、先进纳税单位、消费者信得过单位、正版经营示范店及银行授予的AA级信用客户等。

全球乐器网

全球乐器网创办于2002年6月，由杭州华音科艺网络有限公司独家进行网站的构架和市场化运作，是国内第一家以网络公司来运作的乐器行业传播媒体。

全球乐器网由一批深谙乐器行业、音乐行业、网络运营及网络技术的专业人士作为网站发展的中坚力量和高级管理层，紧紧围绕乐器行业特点，积极打造全球乐器商的专业营销平台，为乐器企业提供先进、实用、可靠的信息化服务，帮助从事乐器生产、销售的企业进行网上网下产品推广等营销和企划，树立良好的企业和产品形象。

全球乐器网的服务对象分为企业用户和个人用户，其中包括：乐器协会；乐器生产制造商、作坊；从事乐器经营的贸易公司、琴行；音乐书店、音像店；乐器配件供应、维修店；各类乐器展会；爱好音乐与乐器的个人等。全球乐器网不仅为所有会员提供乐器行业国际国内行业动态、企业风采、创新科技、大型展会的盛况、中国音乐报道、乐器行业名人名家以及乐器、音乐教育培训等综合资讯，还为个人会员提供免费发布二手乐器交易信息的平台，为企业会员提供在全球乐器网“我的e盘”中发布公司简介、公司动态及公司招聘信息，帮助企业会员围绕的产品组织适合网络营销且非常吸引人的内容，建立和管理企业自己的网上大卖场。企业会员可以定期发布产品的供求商机，找寻自己的目标客户，跟踪自己的潜在客户；提高产品信息质量，以提高客户的回应率！全球乐器网将自己不仅仅定位于乐器行业生产商、销售商们的网上交易平台，还积极为广大乐商出谋划策，帮助从事乐器生产、销售的企业进行网上、网下产品推广，制定具有针对性的营销策略，提供给客户个性化方案，为其扩大产品销售，争做乐器生产销售企业营销企划的忠实助手！

全球乐器网本着“专业服务、诚信为本”的服务理念，“服务于信息时代乐器与音乐行业”的服务宗旨，目前已形成为全球乐器行业最具规模和影响力的综合门户网站之一，现网上注册企业会员共有近1400家，个人会员近33500人；并逐步形成了乐器产品及厂商推广、乐器行业化资讯传播、乐器行业品牌广告、乐器行业会员服务、乐器行业营销企划等五大品牌优势。

全球乐器网为国内外乐器企业牵线搭桥、提供最新产品及贸易信息，积极促成商务合作，为国内外乐器企业搭建通向国际市场的阳光大道，打造全球永不闭幕的网上乐器交易市场。

全球乐器网——引导行业信息化，服务行业信息化，在服务中创造价值！

河南省乐器研究所

河南省乐器研究所创办于1993年，以发展文化科技事业为目的，是一个集研究、推广与交流为一体的乐器科研单位。

河南省乐器研究所成立以来，积极开展乐器科研工作，取得了累累硕果。《改良笙》、《系列玉笛玉箫》、《高速钢音叉》、《钢琴绝对高度调律的研究》、《乐器音色美化剂》等多项科研成果已得到推广和应用；发表了《自控温度电笙斗》、《笙共鸣管的研讨》、《音准仪在钢琴调律中的应用》、《品相与指板的简捷修复》、《钢琴维修决》、《音叉的材质与发音》、《民族乐队音准的研究》等论文二十余篇。主要成果有以下几个方面：

一、改良笙

笙是我国古老的吹奏乐器之一，在民族乐队中占有相当重要的地位。为了适应民族音乐发展的需要，黄林潜所长于1969年开始对笙进行了一系列的改革。

改良笙发展了笙的演奏技巧与表现性能，以发音灵敏、音量较大均衡、音色优美纯净、表现力丰富等特点，受到了文艺团体和笙演奏者的欢迎。除河南广泛使用外，还推广到全国20多个省市。其中“三十簧改良方笙”荣获1988年度文化部科学技术进步三等奖和河南省文化科技进步二等奖，“改良笙”获1997年联合国技术信息促进系统“发明创新科技之星奖”。成果被收入《中国技术成果大全》、《世界优秀专利技术精选（中国卷）》等。

二、系列玉笛玉箫

玉笛、玉箫自古就有许多优美的传说，不少文人墨客还为其赋诗立文，但尚未见到实物。为了宏扬国粹，使这绝妙的声音从神话和传说中走到广大民众之间，经数年探索与研究，开发出能适用于专业演奏需要的系列玉笛、玉箫。

系列玉笛玉箫集实用、工艺、收藏等价值于一身，为笛箫之精品，获1997年度全国大学生“挑战杯”学术科技作品竞赛奖，已销往新加坡、我国香港和台湾等地。

三、钢琴绝对高度调律法

传统的钢琴调律是凭经验和耳朵来完成的，一般的调律人员往往不能把音调得很准。钢琴绝对高度调律法是根据音准仪测试的数值，从结果出发，视听结合，依次把钢琴的各音调到音准线所要求的绝对高度。这一方法科学实用，容易使钢琴达到理想的音准要求，并开辟了学习调律、普及调律知识的新途径。《钢琴绝对高度调律的研究》于1996年通过省级鉴定。

四、高速钢音叉

音叉是乐器调律和定音的必备工具之一。通过对多种不同材质的音叉进行比较研究，找出了提高音叉精度的材料，从而研制出精度高、音量大、延时长的“高速钢音叉”。

此外，发明的“乐器音色美化剂”，对钢琴、提琴、板胡、二胡等多种乐器均能起到改善声学品质的作用。

目前，河南省乐器研究所已初具规模，颇具科研实力，并开展了乐器制造、演奏和修复的技术服务与培训，产生了良好的社会效益。

上海国际展览中心有限公司

上海国际展览中心有限公司（INTEX SHANGHAI LTD.,CO.）是由虹桥经济技术开发区联合发展有限公司、上海市国际展览有限公司及英国P&O公司共同投资建立的上海首家引进国外一流管理模式和经验，也是全国首家获得ISO9001认证的国际性展览馆。

2003 全年，顶着非典所带来的实际影响和巨大压力，INTEX共举办了37个展览会，展出面积为

176万平方米，接待展商32071家，专业观众250684人次，场地出租率达到41%；自办展业务取得较大突破，全年共自办和承办11个展览会，展出面积共计65万平方米，占整个场地出租面积的37%。

一流的设施和专业的服务

INTEX两层楼面12000平方米设计现代的国际展览空间配备有先进的宽带网络、多功能会议室、数字化监控设备等多种展览配套服务设施，为国内外展商提供了一流的展示舞台。底楼9米的厅高满足了展商制作高展示物和楣板设计的需要。中心与周边的酒店、商务楼、休闲设施及便利的交通构成了一个成熟的会展商务区域，是高质量中型展会的理想举办地。自1995年公司成立以来，在INTEX共举办了400多个大中型展览会，年平均场馆出租率达到55%。

快速成长的自办展

INTEX还是一个主办、承办国际展览会的专业展览公司。自1998年以来，经过不懈摸索和大胆开拓，至今已成功主办、承办了11个特定主题的展览会项目。目前，这些项目均在行业内的树立了影响，其中中国(上海)国际乐器展览会和中国国际花卉园艺展览会已成长为目前国内最大的专业品牌展览会。

先进的管理输出

与此同时，作为起步较早的会展公司，INTEX已具备一流的经营理念、成熟而不乏灵活的管理机制，并拥有一批熟谙办展理念和现场服务的专业化办展队伍，致力于为客户提供专业优质的服务。

凭借上述优势，INTEX与上海国际展览有限公司和宁波新上海国际物业管理有限公司共同投资，设立了宁波国际会议展览中心管理有限公司，并于2003年起受宁波市政府委托，正式开始经营管理宁波国际会展中心，提供以ISO9001为核心的全套管理输出。

2003年一年间，宁波国际会展中心有限公司先后邀请接待了来自各行业协会、展览公司和展览相关服务公司的上千人次，目前已初步建立了销售网络，为今后的发展奠定了基础，在试运营的第一年就达到了经济上的收支平衡。

在此过程中，INTEX充分发挥熟悉市场，人员专业，信息渠道通顺及自办展的经验，积极发掘宁波国际会展中心的优势，并因地制宜为其度身定制了现实的经营策略，一方面致力于使宁波国际会展中心成为浙江省最有影响的会展中心，另一方面也进一步推动INTEX自身向一个新的高度迈进，并不断营造和完善这个经营多元化，管理标准化，服务人性化的展览实体。

展览，已逐渐成为上海重要的城市名片。作为展览业的一员，INTEX将一如既往地致力于完善场馆服务、树立展览品牌，以永不满足的企业精神不断追求自我超越!

【人物篇】

中国乐器年鉴

CHINA MUSIC INSTRUMENT YEARBOOK

(2003～2004)

郑荃

中国提琴制作大师，第八、第九届全国政协委员，第十届全国人大常委会委员，民盟中央常委，中国欧盟协会副主席，中央音乐学院教授、提琴制作研究中心主任、音乐科技部主任、学术委员会委员，国际提琴及琴弓制作大师协会常委，中国乐器协会常务理事，中国乐器协会提琴制作师分会（筹）会长。

1983年受文化部派遣前往意大利克雷莫那国际提琴制作学校学习提琴制作艺术，以优异的成绩提前毕业，在国际比赛中获奖20余项，金牌四枚。1988年回国以后重建中央音乐学院提琴制作中心。开设了提琴制作专业，填补了我国在这方面的空白。1997年受国家教委派遣作为高级访问学者到法国进修，主修提琴修复、鉴定及琴弓制造。

1987年被文化部和轻工业部联合授予“中国提琴制作大师”荣誉称号，1991年被《中国音乐年鉴》评为“中国音乐名人”。其作品被许多国际著名的交响乐团如波士顿交响乐团、伦敦交响乐团的音乐家使用，被吕思清、黄滨、林朝阳等小提琴家作为独奏、重奏乐器使用，被意大利克雷蒙那国际提琴制作学校博物馆、保加利亚国家博物馆收藏。

1988年回国工作，在中央音乐学院创办了提琴制作本科专业和硕士研究生课程，为我国培养了许多学生外，还有阿尔及利亚、日本、韩国等国家和我国台湾地区的学生前来学习。在中央音乐学院提琴制作专业毕业的学生不但遍布全国从南到北的许多省份，许多还在欧美各国工作。近年来，这些学生在许多国际提琴制作比赛中取得了很好的成绩。2003年在意大利举行的国际提琴制作比赛中，名列前茅的20名选手中有6名是中央音乐学院提琴制作专业毕业的学生。

多次举办国际著名提琴制作大师班讲座，1989年、2000年在北京筹备举行了第一、第二次意大利提琴制作展览，2002年上海筹办了首届中国提琴制作师作品展览。多次举办以提琴作品为主题的专题音乐会。

组建中国乐器协会提琴制作师分会（筹），并全票当选为该协会的会长。

在提琴制作的研究方面，1989年～1993年在霍英东科研基金会和文化部科研项目经费的支持下对全国提琴制作的材料进行调查和理化性能的测试分析。立题为《弓弦乐器材料研究：——1995年主持文化部“民族低音拉弦乐器设计”科研项目》，2000年～2002年与中科院声学所，力学所合作承担了国家自然科学基金会《提琴制作与声学品质和振动模态的研究》科研项目，发表〈提琴的设计〉等论文20余篇。2003年在《乐器》杂志上发表连载专栏文章《提琴是怎样诞生的》，2004年在《乐器》杂志上发表连载专栏文章《提琴油漆的秘密》。2003年获得国家专利“安装在乐器盒上的附加装置”2004年该项专利被评为第三届尤里卡万国发明博览会金奖。

童志成

广州珠江钢琴集团公司董事长

2003年度乐器行业优秀人物

中国乐器协会副理事长

2002年底，美国《音乐贸易》对全球225强乐器制造、销售企业进行排名，评出“珠江钢琴集团是世界最大的钢琴制造商”。2003年4月，《音乐贸易》首次把非美国籍人——珠江钢琴集团董事长童志成评为“2002年度风云人物”。2004年初，美国《福布斯》称珠江钢琴为“中国最有价值的5大消费品牌”之一。珠江钢琴品牌在童志成呕心沥血的栽培下，终于脱颖而出，不仅雄踞中国，引领国内乐器制造潮流，而且高擎民族品牌大旗，犹如一股旋风强势，席卷亚洲，跻身世界，行进于欧美先进的国际乐器品牌行列中。

童志成自幼酷爱音乐，16岁随父进入广州钢琴厂，做过钢琴制作的各道工序，担任过珠江钢琴澳门（香港）公司经理，最后成为珠江钢琴集团的总经理和董事长。作为高级调律师、高级政工师和创业企业家，他为珠江钢琴鞠躬尽瘁，默默奉献了整整47个春秋。

为了珠江钢琴的崛起、发展、壮大，童志成敢于说“不知道”，承认不足但不甘心不足，承认落后但不甘心落后，在集团内长期灌输“超越别人就先超越自己”，“超越自己就先负起责任”的责任意识，实行“意识在先，责任在先，行为在先，管理在先”的管理办法，坚持实施人才引进战略、科技领先战略、产品定位战略、市场拓展战略、名牌带动战略和国际化经营战略，眼观八方，耳听四路，海纳百川，求同存异，通过与国际强手合作，力促珠江钢琴技术工艺和产品质量日上台阶。在非典突袭的2003年，童志成沉着冷静，高屋建瓴，带领经营班子制定非常措施解决非常问题，把“非典”带来的负面影响降低到最底限度；不断完善质量管理体系，通过争创“广东省质量管理奖”来寻找差距，追求卓越的质量经营绩效；坚持以销定产，严格产销对接，降低生产成本，提高产出效率，提高生产综合运作水平；及时调整营销策略，加大推介力度，突显“选样专卖琴”、“教学琴”和“高附加值琴”三大销售重点；加大技术创新投入，培育自身创新优势和核心技术，建成目前国内乐器行业中唯一的省级重点工程技术研究开发中心；加大品牌营运力度，提升品牌档次地位，争创“中国名牌产品”（珠江牌钢琴）和又一个“广东省名牌产品”（红棉牌吉他），使企业同时拥有“中国驰名商标”、“中国名牌产品”和“全国用户满意产品”三个国家级奖项。珠江钢琴人亦在日渐提升的集团地位中增强了品牌保护意识和“质量零缺陷”意识，树立起质量是品牌的生命，质量是企业生存和发展的重要元素的思想，“要我抓质量”的强制质量阶段逐渐提升到“我要抓质量”的自觉质量境界，在产品质量和品牌价值间形成一个较为稳定的良性循环。

师夷长技以自强，坚持不懈终成果。童志成谦逊大胆的创业风格和永不服输的奋斗精神，使珠江钢琴从一间简陋残破、被西方人断言永不成器的小厂蜕变成了全球最大的钢琴制造商。童志成非凡的毅力和无私的奉献精神推动中国乐器业跻身于世界强手之列。他为中国乃至世界乐器行业作出了卓越的贡献，当选“《音乐贸易》2002年度风云人物”受之无愧，其领导下的集团核心产品珠江牌钢琴被评为“中国最有价值的5大消费品牌之一”名副其实。

赵 惠 臣

北京星海乐器公司总经理，中国乐器协会副理事长

在企业管理中，他始终致力于企业领导和员工的观念更新，思维创新以及综合素质的全面提高。他反反复复地强调“事事都有改善的余地，人人都有改善的能力”。他对基层单位的厂长、经理指出“领导如果没思路，企业就不会有出路。”他提出“差距就是潜力，不足就是目标。”

他经常告诫各级领导，要用新指标促进新发展，用新思路打开新市场，用新技术开发新产品，用新方法寻求新降耗，用新工艺提高新水平，用新机制开创新局面，用新理念达到新境界。

针对企业实际他要求党、政领导干部一定要敢于冲破旧有思想禁锢的牢笼，各项工作都要有突破性的进展。在学海尔、学邯钢的各项活动中，要把“斜坡球体”的理念嫁接在星海的管理活动中，要把精益化管理方式移植在星海的生产组织里，要用“5 S”模式统一全厂的现场管理，在选拔干部时他提倡要自荐、要竞争，要有“我要干，我能干，我一定比别人干得更好”的胆量和气魄。

为了使星海钢琴成为“中国名牌”他要求每一个员工都要认认真真地履行“星海乐器——伴您步入美好人生”的企业使命。他要求每一个员工时时刻刻都要牢牢地记住：乐器产品不仅是工业产品，更是文化产品、艺术产品和工艺品。每一个员工在生产每一个零部件的时候，都要把它视同于艺术创作，要把拧入钢琴的每一个螺丝都看成是注入美好乐章的一个音符，决不能容忍不合格的零部件产生不谐和的声音。

为了实现这个目标他倡导“质量好，人品好。质量差，人品差。”的观念。为了保证每个员工都能把最简单、最细微的工作做好，他提出：要把可能达到和已经达到的最高标准作为日常的工作标准。

为了实现这个目标他大力提倡：以新材料、新工艺、新设备、新产品、新机制为支柱，争创国际名牌，让“星海”成为世界钢琴制造业的强势企业。以“五新”不断助推“星海”的发展和腾飞。

近两年来，北京星海乐器有限责任公司通过内抓管理，外扩市场，不仅提高了企业素质，增强了企业实力，而且还实现了企业经济效益连续12年平稳、健康、持续地增长。近年来又把“做大做强”定为企业迈向21世纪的新目标。为此确定了以技术进步为先导，以资本运作为手段，以用户满意为目标，以人才开发为源泉，全面实施名牌战略，大力开拓国内外市场，努力实现集约化生产和规模化质量效益。

张大鸣

东北钢琴（集团）公司总经理，中国乐器协会副理事长

2002年、2003年度乐器行业优秀人物。他1999年担任公司总经理以来，他怀着强烈的民族自尊心和责任感，全身心地投入到东北钢琴事业发展中，他带领全公司员工身体力行、呕心沥血，创造了中国钢琴制造业出色的业绩，目前公司生产的全部产品都凝聚了他多年来的创新智慧和劳动，使东北钢琴核心竞争力跃居国内前列。特别是2003年在国内非典疫情严重的严峻形势下，东北钢琴各项经济指标都有新的突破。产品大规模出口全年实现创汇1857万美元，创历史最好水平。为了把企业做强做大，他果断决策投资1000万元新建三角琴厂房10000平方米，为企业快速发展创造了一个蓄势待发的新局面，在他亲自领导下企业顺利通过了ISO9001：2000国际质量管理体系认证，标志着东北钢琴综合管理水平跃上了一个新平台。诺的斯卡钢琴荣获国家重点新产品奖。他立志开发275音乐会演奏钢琴，在他亲自主持设计领导下仅用了半年时间，2003年10月研发成功，引起了国际市场的轰动，定单现已超过30架。抢占了中国钢琴制造业的制高点，使企业具备了快速、高效，高水准与国际市场接轨的能力。

过去的一年，东北钢琴的成功与辉煌都与张大鸣果敢干练、超常思维与创新、谦和朴实的人格魅力密不可分。他本人2003年荣获全国“五一劳动奖章”，出席了全国工会十四次代表大会，受到了中央政治局全体常委的接见并合影留念。极大鞭策了东北钢琴人向世界级钢琴企业迈进的信心。

王国振

上海民族乐器一厂厂长

中国乐器协会副理事长

1998年底担任上海民族乐器一厂厂长。王国振凭借正确的经营理念，把握市场发展脉搏及宏观上的果断决策，使上海民族乐器一厂的发展取得了显著成绩，实现一年一个样，年年大变样。王国振本人也由此被评为上海轻工(控股)集团公司局级先进工作者。

一、带领上海民族乐器一厂干部、职工进行一

场“敦煌”乐器的跨世纪文化冲浪

1999年江泽民总书记为中央民族乐团出访欧洲，并首次在维也纳金色大厅演出成功发出贺信，王国振敏锐地感到中央民族乐团在外国最高音乐殿堂演出，将会产生十分重要的社会影响，一个学习民族乐器的热潮将会出现。王国振果断地作出“抢占制高点，填补空白点，兴文促教，培育市场——实施文化营销的策略。”

1999年5月，上海民族乐器一厂与中央民族乐团在上海举行协作签字仪式，以中央民族乐团雄厚的人才实力，推进民族乐器的改良发展；上海民族乐器一厂以最新科技成果装备该乐团。强强联手，是上海民族乐器一厂文化营销的一个高起点。王国振还决定今后无偿承担中央民族乐团的乐器改良项目，还专门成立了乐器研究室。

从1999年起，与上海音乐家协会共同举办民族乐器沙龙活动，充分发挥民乐老艺术家的艺术优势，向广大青少年普及民乐知识，为老年人提供音乐活动空间。这种音乐沙龙活动先后共举办了20多期，每期的内容、形式都不一样，在社会上引起强烈反响。

1999年底，与上海大剧院协作，由上海大剧院专门开辟了一个200平方米展厅来展示中国民族乐器，向中外游客及观众展示各类民族乐器，每年轮换一次，详尽介绍民族乐器的发展史，增加观众对中国民族乐器的了解，鼓励更多的人学习民族乐器。

2000年，上海民族乐器一厂帮助上海闵行区中学组建了我国第一支女子学生阮族乐队，帮助上海复旦中学建立了马林巴打击乐队，乐器全部由上海民族乐器一厂提供。

2001年初，与上海东方人民广播电台两度合作，先后举办“敦煌古筝”演奏大赛和“千筝和鸣”中秋文艺晚会。在上海鲁迅公园举行的千人齐奏古筝曲“渔舟唱晚”，创下了吉尼斯纪录。

2001年中，在著名二胡演奏家闵惠芬的倡导下，上海民族乐器一厂又相助成立了“浙江民进南湖学校”，这是一个包括二胡、笛、箫、扬琴、古琴、琵琶等各专业的民族器乐进修教育基地。

2001年底，在上海大剧院举办了以“老弦遗韵”为题名的，建国以来首次为此类专题举办的“30年代上海丝竹乐器史料展”。

到2003年底，企业自行发行了《弓弦南北》、《敦煌乐韵》、《筝艺》、《海上筝坛》、《敦煌传真》等书刊，体现了企业的文化底蕴。

2003年底，上海民族乐器一厂以企业的名义在香港举办了“仿日本正仓院乐器展”，这是中国民族乐器生产企业首次在香港举行乐器展。

二、不安现状，致力改革，追求创新

王国振谙知民族乐器生产制作要在激烈的市场竞争中取得胜利，科技的创新和产品质量的提升，迫在眉睫。王国振决定，要用新技术、新材料、新工艺、新设备加速企业的发展。首先，企业投资了200多万元对厂内机械加工设备进行了改造，对木材加工处理方法进行了改良，从而减轻了劳动强度，又规范了产品质量，大大提高了企业竞争力。

王国振十分注重人才的培养和积累，他把技术工人的培养作为企业发展的一个重要战略。1999年，他与上海市教育部门合作，开办了全国惟一的民族乐器中专班，重点培育民族乐器制作的后继新人。在质量管理上，王国振提出要以超常规的思路、超常规的毅力、超常规的决心和超常规的措施，来抓好企业的质量管理工作并认为：质量不但要与效益结合，还要满足特殊消费群体的需求，要适应不同层次的需要。不断开发民族乐器的精品、新品。

上海民族乐器一厂每年都要开展几次以“敦煌”命名的各种乐器制作比赛。从1981年起至今，已举办了63届。这对促进员工技艺、提高技术水平和产品质量起到了积极作用。王国振到厂后，他要求将内部的制作比赛社会化，聘请全国一些专业老师和演奏家当评委，共同参与督促企业质量管理，探索民族乐器改良思路，提高民族乐器声学品质，使企业内部的质量管理工作得到了社会的承认，也使“敦煌”品牌得到了提升。

三、立足发展，把“敦煌”乐器做大做强

王国振到上海民族乐器一厂后不久，立下工作目标：“要把中国民族乐器中的主要产品成为世界性的乐器，使‘敦煌’成为民族乐器的最高标志。要用3～4年的时间把企业销售额从原来4000多万元提高到6000多万元，再用3～4年的时间达到8000万元至一个亿。”为实现这一宏伟目标，王国振提出要不断“扩张三个市场”，即东北、华北、西北市场，教育市场，海外市场，以自己的品牌实力争取更多的市场份额。

1998年，上海民族乐器一厂古筝产量7800台，1999年1.2万台，2000年2万台，2001年达到2.8万台。创下了历史最高，这个数字是王国振接任前产量的3.7倍。

2003年是王国振到厂后的第5年，在他的带领下，全厂职工努力拼搏，年销售收入达到了9100万。5年时间，在王国振厂长的领导下，企业销售收入，超过了企业前40年的总和，利润成倍增长，生产规模不断扩大，产品质量不断提高，企业的社会知名度也大大提高。2001年，上海民族乐器一厂的敦煌牌商标被认定为上海市著名商标。2004年，敦煌牌商标再次被上海市工商局认定为上海著名商标。

李书
泰兴凤灵乐器有限公司董事长兼总经理
中国乐器协会提琴专业委员会会长
江苏省工商联执委

李书自1971年以来，在乐器行业(特别是提琴制造业)中，坚持几十年如一日，刻苦研究乐器生产、制作技术，认真学习乐器经营、管理知识及国内外乐器行业的先进经验，将一个当初年产值只有十几万元，资不抵债濒临倒闭的作坊式乡办提琴加工厂，创办成世界乐器制造业225强之一，其中提琴产品的年销售量占国内同行业总量的50%，占世界同行业的总销售量的20%以上。

近几年，在李书开拓经营，创新管理下，“风灵乐器”有了长足的发展，公司连年被评为“江苏省明星企业、特级信用企业、泰州市骨干企业、市文明单位、泰兴市十佳企业”。2001年通过了IS09002质量体系认证，2002年又通过了IS09001：2000的转版工作。

作为提琴专业委员会会长，李书和提琴行业的企业家们共同把提琴专业委员会的工作开展得有声有色。2002年召开了中国乐器协会提琴专业委员会一届二次会议、提琴五项标准的修订审定会、提琴质量国际化研讨会和乐器声学品质检测系统新闻发布会等多次全国性的行业活动。为推动乐器行业发展、提高全行业经济效益做出积极的贡献。

由李书亲自参与和领导攻关的两项科研项目都已基本完成，公司开发的“内置扩音系统电声琴”已申报了两项国家专利，公司2002年继续保持世界同行第一的地位。完成各类提琴产品的出口23万把，完成销售收入8280万元，实现利润近700万元。

王永和

南京摩德利钢琴有限公司副总经理、销售部经理，2003年度乐器行业新闻人物

南京摩德利钢琴有限公司在短短的五年中，企业一年一大步，年产钢琴从300台到6000余台，企业效益年年迈大步，产品质量不断提高，企业稳步发展，上缴国家税金和职工收入都年年创新高，发展成为国内具有先进水平的中型钢琴企业，取得了令人瞩目的成绩。近年来“摩德利钢琴”荣获“南京市名牌产品”、“江苏省名牌产品”称号，企业荣获“南京市政府质量管理奖”、“消费者信得过产品”奖、“摩德利”商标评为“南京市著名商标”，企业获市轻工产业集团“两个文明建设”嘉奖单位。

近几年来，王永和狠抓企业内部管理和员工的素质教育，特别是技术素质的培训和提高，完善企业管理措施，在精细化管理上下功夫，苦练内功。最近又通过了ISO9001：2000国际质量认证。王永和用诚信、务实的工作作风为客户服务，做好销售商的后勤服务工作，及时收集销售商反馈的信息，根据客户需求，不断为销售商增加亮点，在与公司全体员工共同努力下，“摩德利”钢琴的销售商和企业都得到了共同的发展，从而赢得了市场。

“天天在努力，做中国最好的钢琴！”一直是公司的目标，企业在硬件上下功夫，不断完善生产环境及条件，从原材料的基础抓起，用最好的材料加上严格的管理工艺制造尽可能完美产品，从而使“摩德利”远销北美及欧洲等高寒地带，赢得了畅销的市场。

2003年主要抓了以下几件事：

(1) 强化职工队伍，加强员工技术素质培训和音乐修养的培养，进行岗位练兵，通过培训达到全员综合素质的提高。

(2) 不断开发新的产品，开发形成了以立式琴为主，三角琴为辅的6大系列的钢琴产品，小批量、多品种、高起点是“摩德利钢琴”的特色。

(3) 加强原材料基础工作，几年来一直走在前面，保证产品的原材料、木材存放期不低于3年。

(4) 培养自己的技术力量，走出去，引进来。

叶　森

美得理电子（深圳）有限公司总经理

二十刚出头，跨出大学校门伊始，叶森便来到深圳闯世界，偶遇中国著名的音源芯片制造商——香港得理电子有限公司总裁郑刚先生，于是便与音乐、乐器结下了不解之缘。

1993年初，叶森开始协助郑刚先生组建得理（香港）国内公司，并注册成立了得理电子（深圳）有限公司，目标是开发香港得理在大陆的市场。创业之初，可谓是白手起家，几无基础可言。叶森与一起创业的几个助手一道，从招兵买马开始，到送货上门给商家铺货起步，凭着诚信与刻苦、汗水与决心，硬是将一手创建的“MEDELI（美得理）”品牌推上了发展的快车道。在短短的两年时间内，企业年销售额就突破了千万元的大关。

1995年，得理集团决定在深圳南山开设生产基地，以形成自主研发、自产、自销、服务一条龙体系，以期后续的大发展。在生产基地的投资、规划、筹建运作过程中，叶森再一次发挥了核心领导作用，从招聘人才到政府攻关；从税务注册到海关备案，无一不凝聚她的心血与才智。从会计业务到报关事务；从生产经营到营销策划；从成本控制到质量管理……，诸多不熟悉的领域叶森几乎学了个遍，也掌握了扎实的管理功底。使公司效益年年超过董事会预期目标。

随着科研生产配套的逐渐完善，得理集团越来越需要在国内销售上有大的突破，以收复民族品牌失去的市场。叶森又一次披挂上阵，肩负起专司内销业务的“美得理电子（深圳）有限公司”总经理的重任。为使“美得理”内销实现跨越式发展，叶森又刻苦钻研，自费攻读相关MBA课程，学习引进先进的营销及管理理念，亲自参与制订各类营销方案。在1997–2002不到五年的时间内，“MEDELI美得理”产品销售额已突破亿元大关，年平均增长超过50%，并使“MEDELI”被业界公认为“电子乐器民族第一品牌”。

叶森带领“MEDELI”的创业历程，可谓是电子乐器中华民族品牌的发展史。从1993年到2003

年，电子乐器经历了民族品牌与洋品牌真正的交锋，“MEDELI美得理”经过这场洗礼，立于不败之地，战绩辉煌，从刚起步时的不被竞争对手注意，到后来的不能忽视乃至被深为重视，标志着电子乐器民族产业的崛起。

叶森常说：“我们要制造世界一流的产品，提供一流的服务，让中国百姓家庭的孩子能放心用上属于我们民族品牌的电子乐器，以真“琴”感动世界”。为实现这一目标，叶森提出了与中国教育事业发展相配套的营销思路，建立了与包括国家教委在内的教育系统的广泛联系，先后在全国投入师资培训，赞助创办了上千家音乐教室，有力地支持和推动了中国音乐教育事业的发展，也使“MEDELI”在产销上产生了飞跃。叶森当选为广东省乐器协会副会长等职。2003年，“美得理”参与制订电子琴产品国家标准。

面对越来越壮大的公司业务，叶森又以“巾帼不让须眉”的姿态，高瞻远瞩，运筹帷幄，推动集团公司核心业务往“横线一体化”方向发展，以期在更广泛的领域有长足进步。

叶耀东

上海中雅钢琴有限公司董事长兼总经理、上海市青浦区政协第二届委员会委员

来自香港，20世纪80年代起即投资大陆，1993年创建中雅。

投资中雅之初，对于钢琴，他仅是概念上的认识，但在介入这一行业之后，他却与钢琴紧密联系在一起。截止目前，中雅已走过10年发展历程，业绩显著，位居中国钢琴制造业前列。年产钢琴2万架，产值1.3亿元，每年利税2000多万元。取得这样的成绩，必然与这位企业决策者的眼光、经营管理理念有着直接的联系。

1.以科技为基础，走正规大企业发展道路

中雅落成之时，各方面力量相对薄弱。但叶耀东先生深知，产品要发展，企业要壮大，首当其冲要有技术优势。依葫芦画瓢在当时的中国完全可以蒙蔽消费者赚取利润，但中雅要走正规化大企业发展道路。因此，中雅有了640万美元的投资总额，16.66公顷的占地面积。

凭借多年的商业经验，叶耀东先生首先从国内外聘请了多位钢琴技术专家共同投入公司的产品技术研究。代表国内知名专家水平的是公司现任副总、技术负责人高和先生。研究成功的“钢琴计算机辅助设计系统”进行钢琴设计。这一设计方法经上海科技情报所国内外检索，认定该技术为国内首创，接近国际先进水平。按这种方法设计生产出的钢琴获得了良好的声学品质，受到了刘诗昆等国内外知名专家的好评。公司从1999年起一直被评为青浦区先进技术企业，2003年起被上海市权威机构评定为“外商投资先进技术企业”。

1997年，中雅新的总装生产车间建成投产，车间内布置了12条现代化总装流水线，能容纳1500件张弦组件和1200架钢琴在生产线上运行，同时，配备了一流的设备。车间长240米，宽90米，是国内同行业最大的单层平面车间。投产当年起，公司钢琴年产量以每年增长50%以上的速度递增，成为国内发展速度和效益增长最快的钢琴厂，也是资产利润率最高的钢琴厂。

2.确立了“质量第一、做好服务、诚信经营”的管理理念

随着企业规模化进程的发展，叶耀东为中雅确立了“质量第一、做好服务、诚信经营”的发展理念。质量是企业的生命，质量是企业发展壮大的基石，诚信经营是企业永续经营的理念。

在叶耀东这一理念的指导下，中雅实行严格的质量管理体系，对钢琴生产过程实行全程严密控制。1999年公司通过了ISO9002质量管理体系认证，2003年又通过了以客户满意为宗旨的ISO9001：2000国际质量体系认证。为将这一理念深入到不同层次的员工心中，他不仅从思想上教育员工，还常常抽时间深入车间用心点拨。“我们要把自己当作一个顾客，如果我们自己要买一架钢琴，一定会很挑剔。如果我们做的工作连我们自己都不能满意，那么顾客一定不会满意。只有钢琴的质量提高了，公司才会赢得信誉。”

在原料选择上，叶耀东先生的原则是：选用实实在在的好材料，做响当当的产品。为了觅得钢琴制造所需的良好材源，叶耀东先生曾亲自到中国森林资源非常丰富的长白山与木材专家一起实地选材。他认为我们认认真真用上好材料，严格处理每一道加工生产环节，生产出具有很高性价比的钢琴，是我们对消费者的真诚，只有用真诚去尊重用户我们才会赢得消费者的信心。

在2002年10月中雅主办的“营造诚信、规范的钢琴市场”研讨会上，叶耀东总经理向与会领导和专家传递了以下信息：中雅以诚信经营，保证向消费者提供符合国标、厂标和公正价格的产品；全方位提供“三售服务”；如实注册企业全部产品商标、保护知识产权和专利技术，不仿冒他人商标；在销售定价中，如实确定自身产品价格，不以次充好，不参与搞暴利式欺骗销售的《中雅钢琴诚信经营约法四章》。

严格而务实的管理风格在他身上展现无疑。

3.培养人才，练好内功

对于公司发展，叶耀东还有自己多方面的长远打算。在公司发展势头迅猛的2000年前后，他毅然决定并招聘了一批年轻的高知识层次专业人才。之后，每年又增加几个。为的是通过培养从中挖掘出能充分适应本企业发展的高素质人才，为将来中雅向更高远的目标冲刺做好准备。

4.立志进军高端品质钢琴市场，提升中国钢琴

制造业的水准

相对于已有几十年、几百年发展历史的老牌钢琴厂，中雅仅走过10年历程还略显稚嫩，为了在中国钢琴行业异军突起，步入高端钢琴发展的起点，叶耀东选择了一个快速通道——"引进技术"。

2002年，叶耀东先生以其香港公司的名义并购了拥有150年历史、拥有一流的传统德国制琴技术。资深的技师和优良的传统工艺还在不断深化发展的老牌德国FEURICH钢琴厂。自此，他为中雅今后的技术引进及发展壮大迈出了重要的第一步。

为了把技术引进中雅，实施并购后，叶耀东先生派出了一批又一批人员，让他们亲自去德国跟随技师一起工作、学习。

除遣人往德国学习外，叶先生还派他FEURICH厂的大师们多次到上海来给中雅员工做技术指导。融入了德国钢琴制造工艺的三角琴得到了奥地利专家的称赞："我弹到了目前中国最好的三角琴"，中雅也因此赢得了众多长期订单。2003年公司钢琴出口销售额在2002年基础上增长了15%。

孙汝桂

北京民族乐器厂乐器制作技师

一生致力于笙的制作与改革

1936年3月22日出生于河北省衡水一个笙簧世家。原北京民族乐器厂乐器制作技师。其父也是北京民族乐器厂的老艺人。孙汝桂14岁便开始向其父孙丙麟学习制作笙。1955年，国家实行公私合营制度，孙汝桂和父亲加入了"北京第一乐器生产合作社"，1959年，"北京第一乐器生产合作社"并入北京民族乐器厂。

1910年，孙汝桂的祖父孙俊仙就在北京成功制作了铜斗笙和锡斗笙，规格也由一种小笙斗发展为大、中、小三种规格。1934年，孙汝桂之父孙丙麟在北京崇文门西河沿206号开设作坊制作铜斗笙。

孙汝桂热衷于乐器改革，从1956年起，先后研制出二十六簧、二十四簧、二十一簧圆斗笙，他还与中央广播民族乐团张子锐研制律吕式排笙。他将竹制、红木制的笙键改进为铜制，性能优良，外表美观。20世纪60年代，孙汝桂还设计了打苗机、开角机、簧片机和攒笙机等一批制笙机械，为提高笙的质量、产量和品质做出了积极的贡献。

孙汝桂热爱笙的制作工作，热衷于乐器改革，一生对笙的改革做了大量的工作。如他在其父孙丙麟研制设计的24簧转盘笙的基础上经过多次改进，研制出36簧转盘加键扩音笙；1968年后，又设计研制成功十七簧中扩音笙、高扩音笙、21簧扩音笙、24簧加键扩音笙、30簧加键扩音圆笙，32簧加键方笙等新品种。

孙汝桂还与张之良合作，制作36簧方管圆斗加键笙和24簧方管18键扩音笙，在两个笙改革完成后，在中国音乐学院召开的鉴定会上，著名唢呐演奏家胡海泉等专家会给予了很高的评价。

1974年之后，孙汝桂与中国广播民族乐团杨大明，中央民族乐团王惠中合作，在32簧加键方笙的基础上，经历26年的反复实践，通过在各大艺术院团演奏人员的广泛试用，终于研制成功系列36簧加键扩音方笙。此项技术成果于2000年7月在北京通过了由文化部教育科技司主持的鉴定会。这种笙的指法规范、音域宽、音量大、便于转调、音色优美，构成高、中、低音系列，并迅速得到推广，目前已经成为民族乐队中的常规乐器，在乐队中形成了"笙族"系列。胡海泉、桂习礼、张之良等专家教授一致认为，孙师傅的研制是成功的，是一项突破性的科研成果，对我国民族乐队的建设做出了较大的贡献。他研制设计的60簧笙，是目前我国发音最多、音色较美、音域最宽的笙，被称为笙王。

孙汝桂虽然取得了许多成绩，但他仍谦虚地说自己改革的乐器成功的少。即使他已经退休多年，仍然关注着笙的改革、改良。

刘　明

天津市津宝乐器有限公司董事长，2002年度、2003年度乐器行业优秀人物

2003年，天津市津宝乐器有限公司在经历20余年不断进步的基础上，企业又有了新的进展。现公司占地面积78000平方米，总资产近1亿元，拥有员工2750余人，年生产能力160000件套，企业主导产品有：打击乐器、铜管乐器、木管乐器、乐器支架等6大系列300余种产品，行销全国所有省、市、自治区及世界50余个国家和地区。"津宝"牌乐器成为军乐团国家庆典指定产品及国防部援外物资（乐器）指定生产厂家。

在刘明的带领下，2003年，天津津宝乐器公司在5个方面开展工作。

（1）扩大生产规模，激活发展动力。先后投入资金1520万元，用于技改及购置国际先进的机械设备；公司新增建筑面积35000平方米，开发新产品，先后开发了近40种新产品，增加产值4000余万元。

（2）管理创新，为企业蓄足发展后劲。主要在强化质量管理、财务管理、提高科技水平，实施ERP管理方面开展工作。

（3）营销创新，为企业拓展了生存空间。主要在市场信息、开拓国际市场等方面取得了显著成绩。

（4）保护环境。企业对生产经营过程中产生的"三废"都不惜代价，及时配备了专用设备和设施，依法进行妥善管理，且随时接受环保部门的监督检查。多年来，未发生污染环境行为，企业对"三废"处理均达到了国家排放标准。

（5）关心职工生活，弘扬企业文化。2003年安排城镇待业青年就业2000余人，其中下岗职工1100余人，每年定期支付职工工资1500万元，并按规定为职工缴纳了社会养老保险，同时也为社会减轻了再就业负担；企业成立了工会组织，建立了职工代表大会制度；企业与职工依法签订了劳动合同；建立了职工之家活动园地。

到2003年底，企业总资产已达5600万元，比当初公司注册时增加8倍。被天津市人民政府授予"天津市重点私营企业"称号（位居天津市私营企业30强第14位），2003年12月9日，中国乐器协会打击乐器专业委员会在天津津宝公司成立，刘明当选为中国乐器协会打击专业委员会主任。

刘卫国

上海超拨实业有限公司总经理，上海外经贸企业协会副主任

1996年开始组建上海超拨实业有限公司，发展至今已成为注册资金千万元、拥有3个直属公司(上海超拨乐器有限公司、上海超拨进出口有限公司、上海詹森乐器音响有限公司)的综合型乐器出口知名企业之一，产品经营范围为西洋乐器及各种乐器配件，其吉他及提琴出口量目前居世界第一。

20世纪90年代中后期，上海管乐器厂(国有企业)面临倒闭，通过了解产品市场情况，调查管乐器厂的内部组织结构、员工生活水平等现状，刘卫国领导自己的企业参与上海管乐器厂的改制，成功地控股了该厂，并使其从第2年起扭亏为盈。这一国企改制成功案例，已被上海部分高校作为国企体制改革典范加以研究。到目前为止，上海超拨实业有限公司以投资、合作、控股等多种方式经营着分布在全国各地的近100家分公司。

在竞争激烈的国际乐器市场上，刘卫国注重新产品开发和品牌培育，带领他的公司开创了四个世界知名品牌："AXL"、"Palatino"、"Johnson"、"Lucida"。为中国乐器走向国际市场做出了贡献。

上海超拨实业有限公司能提供上千种不同种类的乐器，"一次性完成你的购货"成为公司的一大特色，顾客再不需从世界各地采购所需货物，同一个地点便可购买所需的各种有质量保证的乐器。

刘卫国在不断发展公司业务的同时，也非常注重对公司业务人才的培养，使他们迅速成长为业务骨干，成为公司经营状况良好发展、持续发展壮大的强有力的后备军。

刘卫国同时认为企业有承担社会责任的义务，身为上海外经贸企业协会副主任，百忙中还参加各种社会活动，为社会公益事业付出了辛勤的劳动和不懈的努力。

在取得成绩的基础上，结合国际乐器市场走向和发展形势，刘卫国协同公司决策层为公司制定了长远的发展规划，即：用已有产品体系巩固已取得的国际市场份额，不断推出新产品尤其是高新技术产品来持续扩大国际市场份额。

刘卫国领导的上海超拨实业有限公司十分注重新产品开发，全力做到每年都有新产品问世。2004年，公司新开发出了"Palatino钢琴"、"Palatino电子四弦大倍司"。现在"Palatino钢琴"的出口量达到平均每月4～5个标准40只集装箱货柜。"Palatino电子四弦大倍司"在传统弓弦乐器的基础上加以改进，引入进口电子传音装置，受到国际客户的青睐。2004年，公司还开发出世界上第一台数码延时超薄喇叭箱，外形薄如笔记本，并采用了国际科学前沿的DSP技术，在国内外引起轰动，其出口产值飞速超过国内同类产品近百倍。

上海超拨乐器公司二期工程——上海Fender乐器有限公司即将完工，专业生产各种电子弦乐器(电吉他等)、钢琴、管乐器、打击乐器等。

刘卫国领导的上海超拨实业有限公司，正一步一个脚印地向集专业化生产、销售于一身的综合出口外向型大型乐器实业集团，成为所有乐器的世界货源供应地迈进。

刘为明

浙江天目琴行有限公司董事长，浙江省音协理事、杭州市工商联常委、西湖区政协委员。

刘为明于1992年辞去学校职务，创建了浙江天目琴行。天目琴行主营中外知名钢琴等各式乐器，兼营音乐图书、音乐制作等，并兴办了天目艺术专修学校，现营业面积达8000平方米（其中旗舰店营业面积近6000平方米），员工200多名，年营业额5000万余元。目前公司已发展成为一家连锁经营企业，开设分行40多家。商学互利、连锁经营、企业文化使刘为明实现规模扩张良性循环的发展道路，使企业的经济效益和社会效益获得双丰收。

1.以商养学，以学促商

刘为明从普及青少年音乐教育着手，积极培育音乐产业的市场，形成了"以商养学，以学促商"的发展模式。

一是成立业余艺校。1998年，琴行成立天目艺术专修学校，以发展和普及艺术教育为办学宗旨，采取上个别课、集体课、优秀教师公开课以及举办音乐讲座、音乐沙龙等教育形式，使学校规模不断扩大，目前已拥有200多位音乐教育工作者、10余所分校、在册学生2600名。学校的快速发展不仅培育了一大批现实和潜在的消费群体，而且提高了青少年的音乐素养，培养了一批音乐爱好者。

二是举办音乐赛事。除了发展艺校教育外，琴行加强与省音协、省教委等合作，通过举办音乐乐器考级活动，提高音乐教育质量，提升青少年音乐欣赏水平。这些年来，在刘为明带领下，琴行相继承办了省首届"聂耳·施特劳斯"钢琴大赛、省第一、第二届"明珠杯"少儿钢琴大赛、省首届中小学生民乐比赛、"天目杯"器乐比赛等，达到良性互动，商学双赢。

三是引进音乐盛会。为了提高整个城市音乐欣赏的氛围，天目琴行先后主（协）办过钢琴王子理查德·克莱德曼、俄罗斯著名钢琴家米科拉·萨克、美国钢琴公主琳达珍蒂、李运迪、孔祥东等中外名家钢琴音乐会，世界著名小提琴薛伟、盛中国等个人音乐会，组织参与中央乐团、挪威少儿乐团、德国巴登马登交响乐团、俄罗斯国家合唱团等中外乐团来杭演出等各类高雅音乐会，为杭州的文化建设作出了贡献，也树立和提升了企业形象。

2.规模发展，连锁经营

一是创办钢琴超市。2002年，天目琴行超市亮相杭城，专柜营业面积达2500平方米，开创了全国经营钢琴超市之先河。琴行还与银行连手开通大件乐器按揭付款业务。钢琴超市的开张，使经营档次和规模都提高到一个新的水平。

二是实行连锁经营，扩展产业规模。在刘为明的策划下，天目琴行以“统一规划，统一采购，统一供货，统一形象，统一培训，统一服务”管理模式，实施品牌输出，连锁经营。从2000年开始仅仅几年时间，除杭州总店以外，省内其他各地市设立了40余家分行，2003年跨省成立江苏苏州、安徽宁国天目琴行、集团经营业绩飞速增长。

三是拓展经营领域。除了经销业务外，刘为明不断拓展经营领域，相继涉足教育培训，图书零售、中介服务、乐器制造等业务，并创办了音乐工作室，形成了较完整的音乐文化产业链。

3.企业文化，以人为本

一是企业精神的激励。刘为明致力于弘扬“坚毅执着、敬业奉献、团结奋进、卓越超前”的企业精神，强化员工业务培训，提高员工综合素质。

二是企业形象的塑造。刘为明在实践中提出了“天目琴行，天下琴友”的口号，以结交琴友的心态实行市场营销。琴行自成立以来，不断支持社会公益、慈善事业，举办、赞助各类音乐会80余场、器乐比赛20余次，捐赠钱物30余万元，并安排下岗和残疾人员就业50余人次，受到了社会广泛好评。

吕伟康

吕伟康出身于1926年，15岁去上海俞振兴乐器店当学徒，19岁时回到苏州开办了一家叫《中国乐器社》的小作坊，开始了他的创业之路。

20世纪世纪50年代，吕伟康在合作社中担任过技术科长一职，之后又按他的意愿长期在乐器精品制作和乐器改革的岗位上工作，我们知道半个世纪前的二胡，和现在的二胡在形制上还有着很大的差异，琴筒曲面比较平直，蒙皮也不太讲究，音色粗糙，生性好钻研的吕伟康尽管文化水平不高，更缺乏必要的科学知识，但他硬是对祖上传下来的二胡制造工艺动起了脑子，为了改善二胡的音色他把二胡琴筒的内凹面，设计成多种形状，以比较出在各种内凹面下声波传导的特点和实际效果，寻找最佳的曲面形态。早期的二胡蒙皮由于是一次胶合，随着时间的推移音色容易变化，他从旧皮重新被蒙到二胡上音色比较稳定的现象中受到了启发，想到了如何使新皮在上琴前先有一个“预应力”让皮“熟化”,从而达到正式蒙皮后皮膜张力稳定音质保持长久的目的，这就是业内被称为二胡制造的关键技术--皮膜的前期处理和套皮蒙皮工艺。在二胡的琴杆上吕伟康也发现许多需要改进的地方，如传统的琴杆上粗下细，这样的结构会产生在琴弦张力的长期作用下，使琴杆向前倾斜变弯的后果，他大胆地改成上细下粗，并将圆形截面改成椭圆型，这一改进大大地改善琴杆的力学性能，也更加方便了演奏人员的左手在琴杆上的上下移位。除了对二胡的大结构改进外，吕伟康还对小部件也不断改革，如把托板从原先的和琴筒紧密接触改成有一定的间隙，以改善琴筒的振动，如把琴筒后口的音窗从单一材质改成两种不同的材质，而且木纹相互垂直胶合，以克服音窗易开裂的缺陷，而且又使音窗更具美观的效果。类似的小改革还有许多。

将圆形二胡琴筒改椭圆形是吕伟康又一大手笔，传统的二胡虽然音色甜美、表现力丰富，但在演奏热烈奔放的旋律上总感稍有不足，音量也较小。吕伟康从曾搞过的“三弦二胡”着手分析，他通过试验，发现琴筒大了，虽然音量会增大，但弓在弦上的擦弦点也离码子远了，影响了琴弦的高频振动，他又从电声设备的椭圆型喇叭上受到了启发 ，他想如果把琴筒的截面改成椭圆形，那声音的效果应有所不同，于是他又拿起了笔在纸上勾画出一种二胡的新品种——扁二胡，形状的改变也带来了蒙皮的新问题，传统的是将蟒蛇皮竖向蒙，但效果就是不行，他竟大胆的打破常规将蟒蛇皮横着蒙，经过反复试验扁二胡终于成功了，并在此基础上又搞出了扁中胡和扁高胡，形成了一组多音区的具有崭新艺术表现力的扁二胡系列。

吕伟康的乐改成果还不仅仅在二胡上，拉阮——这一完全创新的低音拉弦乐器，也出于他的手下。1977年在苏州召开的“全国低音乐器改革座谈会”上，拉阮以其较为完善的演奏技巧和清晰和谐的低音音色，得到了与会者的认可和赞许，国内许多民族乐团都用上了拉阮，以后吕伟康又研制出低音拉阮，更加延伸了低声部，中央民族乐团在维也纳“金色大厅”的首场演出，拉阮和低音拉阮就在世人面前亮了相。

朱文玉
上海知音琴行有限公司总经理

朱文玉作为上海知音琴行有限公司的创始人和领导者，乐器界著名的女强人。她成功地引领着整个知音及其下属数十个零售和批发团队，打造了一个乐器界知名企业。朱文玉1974年毕业于轻工业专科学校，1986年调入上海万里琴行，这是一家已有多年历史的老乐器店，在那里朱文玉从基层营业员做起，而后升任万里琴行的经理。短短几年中，朱文玉从一个对乐器几乎一无所知的外行成长为一个精明强干的职业经理。把原先的一个知名但已明显观念落后的万里琴行搞得有声有色，1992年香港通利琴行与万里琴行合资，成立了上海通利（万里）琴行，朱文玉在担任通利（万里）总经理的几年里，使当年的通利（万里）琴行成为国内最具规模的琴行之一。1997年，朱文玉成立了上海知音琴行有限公司，任董事长兼总经理。在一系列重大战略决策取得成功的基础上，知音琴行步入了良性的发展轨道，迄今为止，每年的销售总额均过亿元，在华东地区的加盟连锁店已达6家，上海本地的直营店也达到了6家，知音琴行已名符其实地成为走在行业前端的知名企业。

朱文玉倡导以价值竞争取代价格竞争，从品牌资源、服务开发和价格组合上体现服务创新。通过创新经营手段，保持持续的企业盈利能力。使上海知音琴行的发展战略上成功实现了三个转变，即经营重点从以产品为导向到以客户（或服务）为导向的转变；经营手段从充分展现产品内涵（即价格）向挖掘增值服务外延（即价值）转变；经营模式从独立竞争向寻求更广范合作共赢的转变。

把服务和培训充分结合，并和产品销售结合成三位一体的服务型品牌战略是朱文玉一直坚持的经营路线，朱文玉倡导知音琴行的文化内涵是：品质至上，优质服务以及全面双赢的理念。这一观念已经成为深植每一个知音人的心中，并凝聚成无可取代的“知音文化”。

朱文玉一直对人才培养给予高度的重视，在企业经营发展的同时，使知音琴行形成了一支高效的专业团队，并在公司化和制度化的进程中不断完善。

吴天延

柏斯琴行总裁，2003年度乐器行业优秀人物

柏斯琴行是现时国内最大的乐器连锁店，如何管理及经营是一个重要的课题。柏斯琴行吴天延总裁，以重质不重量、提供优良的产品及服务为基础，经营柏斯琴行的三大范畴——产品销售、音乐教育及顾客服务。“令客人满意、满足，是柏斯琴行的最基本目标”，吴天延表示柏斯琴行不单追求企业所生产产品的素质，更要求所代理产品的高素质；以服务客人的需要为已任，不断提高企业的竞争力。

柏斯琴行1986年在香港创立，并在1995年正式进入国内市场，在短短18年间，开设了18间香港分店和44间内地分店。其中设于上海的旗舰店占地超过4000平方米，耗资人民币3000万元，为国内最大的乐器销售店。加上沈阳柏斯(2000平方米)、昆明柏斯(1500平方米)、厦门柏斯(1000平方米)等44间门市，完整地构成了柏斯琴行的销售网络。

2003年对柏斯琴行是充满挑战的一年，其中包括了以下几方面。第一，“非典”对柏斯琴行于国内及香港的经营带来不少的影响。在“非典”期间，顾客的消费意欲减弱，令零售业务只有百分之八的增长(相对于2002年)。第二，柏斯琴行在1994年开始成为YAMAHA的入口商，经营80%的YAMAHA产品，与YAMAHA建立良好的合作关系。2003年4月开始，YAMAHA直接经营国内市场，柏斯琴行由入口商转为经销商，共同发展国内市场。第三，生产厂的技术及产品品质的提高。柏斯琴行在1997年创立富山乐器(上海)有限公司，专门研制乐器产品的生产，生产厂在2002年正式投入生产，并于年底开始生产KAWAI钢琴。2003产量达到5000台，为2004年计划的10000台年产量建立巩固的根基。第四，柏斯琴行在2003年成功举办了第二届TOYAMA亚洲青少年音乐比赛，邀请了香港、内地及亚洲各大音乐学院的院长们及音乐教育专家担任比赛的评委。比赛包括了钢琴、管乐及弦乐比赛项目、院长级座谈会及大师班(包括周广仁、但昭义、郭嘉特及黄懿伦钢琴大师班)。

张龙贵

江苏奇美乐器有限公司总经理，2003年度乐器行业优秀人物

2003年，这一年是江苏奇美乐器有限公司值得庆贺与胜利的一年，这一年奇美人克服了“非典”这一困难，实现了年初制定的各项目标，公司投资开发区新建的花园式工厂落成，为下一步竖笛、口风琴、口琴规模生产创造了条件。争创名牌产品，取得了连续10年竖笛国内市场90%的市场占有率；口风琴实现了70%的市场占有率；口琴比2002年递增了5%的市场占有率。竖笛2003年取得了250万支的出口业绩，占我国竖笛外贸出口90%左右，口风琴、口琴也取得了较好的外贸出口业绩。

2003年，公司相继开发成功了32键小博士口风琴、37键小黄莺口风琴，同时引进外资与台湾礼韵文化发展公司共同投资木质竖笛，积极开拓欧美的木质竖笛市场，由于新品开发与创新，增强了企业的综合竞争力，为企业持续发展创造了条件。2003年，我公司一次性通过中国质量认证中心CQC国际质量管理年度复审，奇美商标荣获江苏省著名商标，2003年底，奇美牌竖笛、口风琴、口琴、管风琴又被江苏省名牌战略推进委员会授予江苏省名牌产品，这为企业走品牌发展之路创造了条件。自主开发研制申报的14项专利已被批准，国内外注册的30件商标已获成功，这些成绩的取得，都是张龙贵领导全体奇美人用智慧和汗水换来的，这一年，公司着重抓了以下几点工作：

首先，公司明确提出了建立完善创新各项管理标准，通过不断改进创新标准来提高公司的管理水平。

其次、公司抓住了企业文化建设，通过组建成立工会、监事会，开展员工民主建议和意见制度等，切实维护员工的合法权益，提高员工的收入，并为符合条件的员工办理养老保险等险种，解决员工的后顾之忧。

2003年，公司加强了国内外营销队伍及网络营销的建设和管理，进一步规范市场。至2003年底，公司在全国各省都有办事处或者分公司，并且成立国际贸易部，在注重国内市场开发和发展的同时，加强了国外市场的开发，通过网络宣传，参加国际贸易展示会，国外设立分公司等，促进国内外销售平衡发展，为企业创造更大的市场空间。

沈博文

苏州民族乐器一厂有限公司董事长兼总经理

1994年，沈博文出任苏州民族乐器一厂厂长，上任之际，也是苏州民族乐器一厂面临最困难之时。当时，上级公司为了解决一些亏损企业员工的生活待遇问题，将当时已濒临破产边缘的苏州民族乐器三厂、天雀乐器厂、铁道轨距尺厂三家严重亏损的企业划并到苏州民族乐器一厂。面对这个现实，他没有被困难所吓倒而是敢于突破旧机制进行大胆改革，敢于重用骨干力量进行技术创新，敢于调正分配方案以调动员工的积极性，使老企业焕发出青春活力，走出困境低谷，迈入科学发展的坦途。沈博文抓了以下工作

(1) 精简机构，裁减冗员。沈博文积极推行"优者上，平者下，庸者退"的方针和企业机构的设置应当"服从生产、服从市场"的管理思路。在调查研究的基础上，他大刀阔斧地将原来的9个科室缩减到目前的5个科室，管理人员从原来62人变为30人；将3个车间拆并成1个车间，将铁道轨距尺厂分流出去；通过正常的退休和分流等多种形式，员工队伍也从原来的653人裁减到目前的350人。

(2) 沉到班组，倡导革新。沈博文为了取得民族乐器生产的真正指挥权，他经常深入车间、班组，不断向制作乐器的大师名人学习求教，向有精湛演奏乐器技术的师傅学习演奏。功夫不负有心人，沈博文在进厂上任后的不长时间里，不但学会了二胡等企业拳头产品的演奏，而且也掌握了主产品乐器的关键工序制作的诀窍。近年来，沈博文不但聘请中央音乐学院、中国音乐学院等乐器演奏家当顾问，对企业生产的"虎丘牌"二胡乐器质量进行鉴定，而且还组织技术骨干，潜心开发创制乐器新产品。继"虎丘牌"二胡在1984年获得国家银质奖后，2003年又试制成功手控七转调筜篌，并于2004年5月在中国国际专利与名牌博览会上获得了特别金奖。

(3) 以人为本，关心为先。沈博文一直把关心员工的利益放在首位，从而有效地调动了全体员工的能动性和创造性。一是对离退休的厂级领导和技艺人员，他坚持逢年过节登门拜望慰问。二是关心在职员工的工资待遇。他坚持工资待遇向基层倾钭，向管理水平、技术含量高的倾钭。对困难职工实行定期补助的办法，还多次在企业内开展"献爱心，送温暖"的募捐活动。三是组织年度先进人员每年外出旅游。四是坚持"民主管理，厂务公开"，实行企业重大决策董事会、职代会审议批准。2004年4月份，企业被苏州市授予"非公企业推行职代会制度先进单位。"

企业的转制，使得苏州民族乐器一厂有限公司又面临一个新的发展机遇。沈博文以与时俱进的时代要求，抢时间，抓机遇，努力为中国民族乐器事业的发展贡献自己毕生精力，以实际行动践行"三个代表"的重要思想。

陈海伦

宁波海伦乐器公司总经理，2003年度乐器行业优秀人物

近几年来，公司在陈海伦总经理领导下推出研、产、销捆绑经营机制，实现了信息化系统管理，并取得显著成绩。

在人力资源方面，他贯彻"以人为本"的精神，高薪聘请国、内外专家来公司研制开发，先后从国内引进了大批技术、设计、模具与制造、管理、IT等方面的关键技术和专业人才，为企业持续发展提供了支撑和保证。

为了尽快实现与国际先进管理体制接轨，公司邀请专业咨询公司对公司进行模式化改造，经过近年来的努力，已引进先进的管理结构、一流的先进管理技术、标准的业务流程、综合的IT业务系统，再造人力资源管理部门。

海伦乐器在陈海伦总经理的领导下，取得了显著业绩：

(1) 企业规模飞速发展。2002年投资兴建的一期生产厂房（码克生产线），占地面积20000平方米，集科研发、生产制造、综合办公等功能于一体。2003年2月份已开始投资兴建2期生产厂房（15000平方米），同年10月份投入使用。为满足企业的可持续发展的需求，公司计划征用土地建造3期厂房。

(2) 技术实力不断增强。通过引进国、内外专业技术人才，采用国际先进的工艺及专用设备，达到完全数据化管理水平，从而实现企业的技术跨越，加速公司的发展。

(3) 质量体系逐年完善。继2000年，率先在全省乐器行业通过ISO9002（1994版）国际质量体系认证，并于2003年顺利完成了ISO9001：2000质量体系改版工作，并通过中国进出口检验检疫总公司（CCIC公司）认证。

周国芳

河北金音乐器制造有限公司董事长，2002年度乐器行业优秀人物

从1989年建厂以来，他以强烈的责任心，高度的责任感，战略的眼光提出金音乐器争创"中国第

一、世界一流”的奋斗目标和治厂策略。在他的领导下，使金音从民营小厂一跃成为国内最大的管乐器生产基地。经济效益连年递增，上缴税金连续5年翻番增长，出口创汇逐年递增50万元，2002年挤身世界225强。2003年销售收入3367万元，利税1638万元，使企业被评为“衡水市六星级企业”，“河北省首届诚信守法企业”。他本人被评为“河北省乡镇企业家”、“河北省优秀民营企业家”。

周国芳坚持以“以人为本，重用人才”为理念，始终把领导和员工的观念更新、思维创新、提高综合素质放在首位。他组织员工进行“员工守则”、“员工道德规范”教育，还组织岗位练兵和技能培训，全面提升员工的综合素质；同时分别从营口、天津高薪聘请专业人员从事外贸、经营、管理方面的主管工作并委以重任；在全公司推行“人尽其才，才为我用”的方针和“有多大作为，就有多大地位”的用人观，给员工发展空间，为企业发展长盛不衰提供保证。

周国芳把产品质量视为企业生命。在他努力下，与美国纽约布鲁克林大学管乐器制造学院签订协议共建乐器研究所，使公司研制开发新产品的能力和关键工序的技术达到了国际先进水平；聘清美国国际长笛演奏制作大师Jonathon A．1andell来公司担任指导，对影响产品质量的数据重新进行科学检测设计，对产品分别采用法国、德国、日本先进标准，不断提高质量水平，使产品质量在国内处于领先地位，又逐步接近世界名牌水平。

周国芳牢记“失信则衰，守信则兴”的道理，视诚信为生命，一步一个脚印构筑企业形象。他支持科技进步，加大技术投入，使“金音”在全国同行业中率先通过了IS09002国际质量体系认证，又结合企业实际引进ERP网络化管理模式，通过计算机网络对物流、资金流、信息流等各个环节进行有效控制，全面提高企业核心竞争力，大大提高了企业经济效益。

金鹤嗥

上海玛珂琴业有限公司总经理，2003年度乐器行业新闻人物

1999年浙江大学毕业后，年仅28岁的他来到玛珂公司，挑起了总经理的大梁，出色地完成了各项任务。在担任总经理的3年里，他勤奋好学、智慧出众、顽强拼搏，使企业不断的发展壮大。2003年企业资产总值8000多万元，公司生产的主要产品公爵钢琴年产量达7850台，销售收入7500万元，实现利税280万元。

他所领导的企业坚持以质量求生存，诚信求发展，科技为先导，管理出效益的宗旨，公司始终秉承“质量第一、服务第一、顾客第一”的经营理念。在狠抓产品质量的同时，积极推进质量体系建设和产品认证，公司生产的公爵钢琴和门卡利尔钢琴于2003年顺利通过ISO9000产品质量认证。

2003年，他为了给客户提供及时、热情、满意的售后服务，先后在北京、四川、广州、上海设立了客户服务中心，并推出服务热线、全国联保、绿色通道、专家调律等系列服务活动，遍布全国各地的110家玛珂企业特约维修站作为公司产品售后服务的强大后盾，完善的售后服务体系保证用户买得称心，用得放心！

拓展市场、搞好产品销售是决定企业存亡的关键，他为了拓宽产品的销路采取了一系列措施，本着同心、同行、同赢的合作理念在一年时间里企业在全国迅速建立起快速流畅的销售网络，产品不仅销往全国各地，还远销西欧、美国和东南亚，出口额达200多万元。

科技创新是企业发展的灵魂。几年来公司加强科技投入，积极开发新产品、新技术、新设备，引进高新技术人才，研究多种款式新颖、品位高雅的特色钢琴，投放市场后深受消费者的青睐，同时也为企业创造了较好的经济效益和市场效益。

公司在企业发展壮大的过程中还不断加强对企业文化的建设，逐步树立“以人为本”的管理理念和运作模式。在企业内部倡导尊重与认同的价值观念，包容、尊重人才，为人才提供发挥才能的空间，在实现个人价值的同时，让每一位员工拥有对公爵的认同和归属感。

金鹤嗥凭着自己的辛勤耕耘，今天品尝到了丰收的喜悦，但这远远不是他追求的最终目标。

他正满怀信心迎接更大的挑战，以饱满的精神，踏着金光大道，再创玛珂辉煌的明天。

高永湖

广东中山市粤华钢琴乐器有限公司总经理，2003年度乐器行业新闻人物

中山市粤华钢琴乐器有限公司始建于1986年。在建厂初期，公司走过了一段艰难的路子。1998年，高永湖调任中山粤华钢琴乐器有限公司总经理，他一上任，就重组了领导班子，起用基层有实干能力的工人任职领导层，健全管理体制，废除旧俗，强调责权利的作用，明确了“质量先行　精品兴企”的企业方针，确立了做精、做强的发展路线。

在他的带领下，公司上下很快形成了赶质量、比质量的风气，产品档次不断提升，公司效益日渐显现。同时，老厂的陋习一洗而去，员工的向心力日渐形成，“厂兴我荣，厂衰我辱”的荣辱感在员工心中日渐生根。

这些年，在高永湖的领导下，企业已形成年产万台钢琴的生产规模，具备了独立开发、设计、研制、生产多品种、系列化钢琴的技术实力。产品型号已拥有立式钢琴10个型号，共20多个品种；卧式钢琴G160、G180二个型号等。同时，公司擅于发挥自己的技术优势，不断提升产品的技术含量，并获得多项技术专利:“立式钢琴定弦装置”、“自由式钢琴音板肋木”、“钢琴键盘盖缓降装置”等，形成了“香山·阳光”钢琴独有的特色。产品除畅销国内市场外，还出口东南亚、欧美多个国家和地区。历次国家抽样检测均定为合格产品。

2003年，公司虽经历了“非典”时期的巨大考验，但利润却比去年增加了11.34%，产销率达98.02%，收款率达99.43%。被中国乐器协会授予“乐器行业强势公司”、当地镇人民政府授予税收入库前10名的“纳税大户”称号。

展望未来，中山市粤华钢琴乐器有限公司将在高永湖的带领下，继续坚持“质量先行、精品兴企”的发展方针，狠抓产品质量，提升技术水平，促进企业稳步、健康发展。

赵松庭

中国民族管弦乐学会副会长、浙江省民族管弦乐学会会长、浙江省音乐家协会主席、浙江艺术学校名誉校长

赵松庭先生是我国公认的中国笛子演奏、制作界的杰出代表人物之一，浙派笛子艺术的创始人，并被誉为“江南笛王”。他在笛子演奏、创作、科研、制作、理论、著述、发明、理论、教育等领域都为中国笛子这门古老的乐器注入了新的生机和活力。他的演奏和创作的曲子《早晨》、《三五七》都耳熟能详，在教学方面培养了海内外众多的笛子演奏家，业内曾有人这么说:“天底下凡是吹笛子有名气的演奏家都是赵松庭的学生。”这反映了赵松庭先生在教学上所取得的丰硕成果。

赵松庭在笛子制作实践中，积极探讨、大胆创新，善于从实践上升到理论，又运用理论去指导实践，大大丰富和提高了笛子的演奏技巧和艺术表现力。他相继总结发表了《温度与乐器音准问题》、《同管双笛》及与他人合作的《横笛频率计算与应用》等论文；编写出版了《赵松庭的笛子》、《笛子演奏技巧广播讲座》、《笛艺春秋》、《笛子演奏基础教程》等专著；首创排笛，成功研制开发了大G调低音笛、玉石龙凤笛、弯管低音大笛、雁飞篪等传统民族乐器，填补了我国民族音乐，特别是笛子领域的多项空白。

赵松庭先生坚持笛子制作必须科学化，只有具备较高深的数学、物理学知识和运算能力，才能制作出合乎标准的笛子。在其著作《笛艺春秋》中，提出了制笛中频率标准和温度标准的确定、各音有效管长的计算方法、管长修正数的计算方法、温度问题、笛塞的处理等研究成果。

在竹笛的律学问题上，他曾经说过：在音乐领域里，三种重要的律同时存在的。五度相生律符合人的听觉心理，纯律符合音响物理的泛音排例 ，而十二平均律用于转调更具优越。笛子制作在计算时，以十二平均律方便。但竹笛的演奏员要根据旋律、各声、转调的不同需要，通过指法，气息的变化来调整笛子的音律。他提出：根据音乐的需要，采用不同的音律，是竹笛演奏者、制作者都必须掌握的。

赵松庭先生生前殷切地希望每一个笛子制作者都努力提高笛子的演奏水平，熟悉演奏家的演奏特点，训练敏锐准确的听力，继承优良的制作工艺技术、掌握基本的物理声学知识，才能制作出更多精良的乐器，更好地为笛子这门艺术做贡献。

黄炳金

广东四会华声乐器有限公司董事长、中国乐器协会常务理事，2002年度乐器行业优秀人物

2003年，是四会市华声乐器有限公司成立10周年的喜庆年份，在这一年里，华声乐器有限公司克服了“非典”带来的影响，企业实现销售收入1.86亿元，出口创汇1600万美元。生产和销售的吉他超过100万把，占国内吉他生产量的三分一强，牢牢巩固了公司在国内吉他生产厂家的龙头地位。

“以质量求生存，以创新求发展，以服务求市场”是黄炳金董事长立厂的宗旨，围绕着这一宗旨华声公司在现有机器设备的基础上加大了产品质量管理的力度，认真落实IS09001——2000质量管理体系的各项要求和流程，加强员工基础素质的培训和考核，提高了产品各个关键部位的检验标准，并从韩国著名的吉他厂家聘请技术专家担任公司技术总监，产品在生产各个环节的品质检验流程有了更合理的改进，使产品的质量有了进一步的提高。

在加强产品售后服务的同时，企业不断地加大产品品牌宣传的力度，通过星臣吉他被评为省名牌产品的契机，在全国各地重新筛选了有实力信誉好的销售代理商，确保“星臣”吉他的销售和售后服务质量。与此同时在2003年下半年公司逐步推出了一系列全方位的宣传推广活动，宣传重点将会联同各大媒体在全国校园范围内举办“‘星臣’摇滚星大赛”以扩大“星臣”品牌的影响和培育未来的音乐爱好者。

企业的发展永远也离不开产品的创新，只有不断地推出新产品才能满足市场的需求。2003年华声乐器公司加大了产品研发的投入，在作好充分市场调查的基础上，不断地吸纳国内外其他厂家同类产品的精华，所推出的新产品无论从质量、外观、性能等方面都有了较大的改善，深受广大客户的欢迎。目前华声公司的产品已达到60多个规格，300多种款式。

创立世界一流品牌产品是华声人永远的追求，更是董事长黄炳金一生的奋斗目标。

常敦明

扬中市长鸣乐器厂董事长

1951年起，师承上海周来有先生，学徒制作笛子，1958年加入上海民族乐器一厂。由于刻苦钻研技术、勤于学习，常敦明很快掌握了制作笛子理论实践知识，成为全国知名的笛子制作师。

20世纪70年代，常敦明任上海民族乐器一厂厂长，担任企业领导职务18年之久。

常敦明担任企业领导期间，他在提高产品质量，强化职工技术素质，加强与文艺界的联系等方面作了大量的工作。在他任职期间，“敦煌”牌琵琶、古筝、二胡、笛子、巴乌、扬琴等产品分别被评为国家银质奖和轻工业部优质产品，以及上海市优质产品。1986年，上海民族乐器一厂成立了国内首个“中国民族乐器博物馆”，馆内收藏各种民族乐器300余种。同时，他还聘请20余位海内外著名演奏家任企业顾问，由他们给职工上课，传授音乐理论、对乐器进行鉴定评比等。工人们经过培训考核，技术素质有了明显的提高，多人被聘为技术人员和高级技工。

1989年常敦明退休后，回到家乡扬中，创办了扬中市长鸣乐器厂，到今已有15年。目前企业已经初具规模，占地0.8公顷、建筑面积4000多平方米，生产拉弦、弹拔、吹奏、打击乐器及零配件，生产各类民族乐器年产2万余件，销往海内外。2001年自筹资金50余万元，建立了“中国民间民族乐器陈列馆”。常敦明所创办的长鸣乐器厂和该厂的产品均在国内外产生了较大的影响，2004年5月，常敦明联合国内七家民族乐器厂共同合资成立了苏州凯声乐器有限公司，常敦明出任公司董事长。现在常敦明虽然年近七旬，但他为民族乐器事业雄心不减当年。

韩宝强

音乐声学博士，目前就职于中国艺术研究院音乐研究所，研究员。中国律学学会副会长。自1996年起享受国务院颁发政府津贴。

1977年～1984年在天津音乐学院作曲系完成作曲本科和民族音乐学硕士课程的学习。1986年在中国艺术研究院研究生部和南京大学信息物理系攻读博士学位，师从缪天瑞、黄翔鹏、包紫薇等，主攻方向为律学和音乐声学。1990年～1991年在德国埃森大学音乐系学习计算机音乐理论，师从Helmut Schaffrath教授。1995年和2000年分别在德国Osnabrueck大学音乐系和美国斯坦福大学计算机音乐与声学研究中心（CCRMA）作高级访问学者。

1993年，在音乐研究所原有声学实验室基础上，建立了音乐视听技术实验室。自1985年起，主持、参与了近百项国内改良乐器的检测、论证工作。先后主持并完成的重要研究课题有:《乐器声音品质检测系统》（文化部）、《乐律学教学系统》（中央音乐学院）、《中华传统音乐音响数据库》（与香港中文大学合作）、《编钟测量系统》（中科院）、《中华和钟音质分析》（中科院）、《中西歌唱发声体系的形态比较研究》（中华社科青年基金会）、《中国乐器音色库》（国家科委）、《温州师范学院音乐厅音响环境设计》等。目前正在主持《数字音乐音频检索系统》（北京市科委）课题研究。

近期发表的重要论文有:《音乐理论：请注明你的有效性》、《失聪学生音乐感调查报告》、《音为本、乐为魂——中国近代乐器改革得失之鉴》、《多普勒效应与乐器创新意识——聆听大卫·科辛打击乐演奏有感》、《双音编钟音乐性能的检测》、《关于“音”的性质的讨论》、《警惕纯律的和谐陷阱》、《中国近代音乐声学研究概览》、《阿炳所奏〈二泉映月〉的音律研究》、《多媒体光盘技术与我国音乐教材的未来》、《Traditional vs Modern：Electronic Music of China》、《三弦与三味线的声音形态比较研究》、《当代中国律学研究》、《中西歌唱发声体系的形态比较研究》等。

近年发表的专著有《音的历程—现代音乐声学导论》、《音乐与自然》等。

【产品篇】

中国乐器年鉴
CHINA MUSIC INSTRUMENT YEARBOOK
(2003～2004)

上海钢琴有限公司产品介绍

上海钢琴有限公司生产销售全系列UP108E、UP110A、UP110GD、UP110GE、UP117C、UP117D、UP118、UP118亚光、UP118-1、UP118-2、UP120B、UP120D1、UP120D2、UP120E2、UP120E3、UP120H1、UP120Y、UP122B、UP122B1、UP122E 、UP123、UP123A、UP123B、UP123K、 UP125A、UP125AA 、UP125BS、UP125BF、`UP125BK、UP125BH、UP125C、UP125K 、UP130A、UP130B、UP132A、UP132B等四十余种型号的立式钢琴，以及GP145A、GP145B、GP152、GP170、GP213、GP274等近十款卧式钢琴。其中UP123K、UP130B、UP132A三项2003年分别取得了国家专利。

UP123K 立式钢琴是我公司为开拓家用(幼教)市场，而新推出的一款88键全音域中型立式钢琴，是国内首款儿童专用特色钢琴。

针对该型琴消费群体是儿童的特点，整琴外观设计呈多圆角矩形组合形式，其日常开启部件采用阻尼套件，尽最大可能避免儿童被刚伤、磕伤，提升了整琴的安全性。这款钢琴的表面采用高档彩色不饱和聚酯涂饰:以梦幻的紫色、明快的黄色为主基色，配以纯色及渐变色，色泽绚丽清澈光亮易激发孩子好奇心、注意力，有益于促进儿童智力发展；同时，高档不饱和聚酯具有防潮耐热不被任何溶剂溶解的良好性能，不会挥发出有害儿童身心健康的有毒物质，能使父母们更为放心。

在注重外观的同时，设计者并未简化该型琴的内在构造，其关键部分都采用了德、英、日等国的原材料制造，确保了整琴的品质。其共鸣系统采用框架式弦排设计，足以承受十五吨的弦列平面张力，采用倒阻矩型弦销，且弦轴板经特殊工艺加工提高了弦轴孔的耐候性，能确保音准的持久稳定性。同时辅以优良的选材及精制的工艺，使得共鸣性能良好音量宏大、音准稳定持久、音色均匀连贯、高音清澈明亮、中音圆润饱满、低音浑厚极富层次感。击弦系统采用进口毡呢精制的“三防”弦槌，在确保击出优美音色的基础上更经久耐用；键盘采用最佳的扇形展开设计，使得手指弹奏力度传递更趋合理，触感舒适、灵敏。

由于该型钢琴出众的外观、良好的安全性、优美悦耳的音色、稳定的弹奏性能、适中的价格，确是家庭（幼教）儿童用琴的首选。

UP130B立式钢琴是我公司新推出的一款全音域大型立式钢琴。采用全新设计的框架式结构共鸣盘，提高支撑强度和稳定性。弦槌采用进口毡呢，经特殊防霉防蛀处理；弦轴为倒阻矩式，配以特殊工序加工的弦轴板，提高音准稳定性；精确的弦列设计，共鸣性能优良的音板材料，分布合理的肋木，加之进口琴钢丝，使得整个共鸣盘具备了良好的声学品质；触键舒适、灵敏，弹奏者的任意细微的表现都可以通过键盘击弦系统作出可靠的、灵敏的迅捷反应。整体造型庄重典雅，大方，线条流畅，上下门配以边方及金属装饰块，彰显高贵品质。

UP132A立式钢琴在130B的基础上进一步提高了产品品质。音色均匀连贯、低音浑厚、谐音丰富，高音清澈、明亮，适于专业人士、音乐院校及小型演奏会使用。外观采用可移动式大谱架，卧式钢琴结构前键盖，直线弧形腿设计；踏脚系统采用亚光铝合金材料和全铜踏瓣，反应灵敏舒适；前键盖特设置内置式阻尼器，以防不慎砸伤手指，体现人文关怀。该款立式钢琴，整体感觉古朴典雅，稳重，气势恢宏，为演奏者带来音乐效果与视觉艺术的双重享受。

公爵（DUKE）牌钢琴

公爵牌系列钢琴是上海玛珂琴业有限公司的主导产品。

公爵钢琴的关键零部件均源于外国进口，并采用最先进的工艺进行特殊的物理、化学等处理。琴弦采用德国名牌ROSLAU琴弦，音质纯正，不易变形、拉伸、断裂。击弦机采用德国雷诺技术，运动灵敏，手感舒适。弦槌的呢毡由英国进口，音色优美，经久耐用。弦轴板采用加拿大优质色木多层胶压，配以高强度、车丝精细的弦轴肖，具有极强的握钉力，音准稳定。外壳采用意大利进口的树脂漆，经特殊的涂装、打磨工艺，并由美国进口的蜡液抛光，表面光亮，视觉感强。制造音板、肋木的优质木材(鱼鳞云杉)，在近2年的自然条件下充分干燥，历经9道工序精挑细选，再经电脑控温的人工干燥处理，使产品在不同的气候环境中均能达到不开裂变形。……考究的材料选择保证了公爵钢琴尊贵的血统与出色的品质！

公爵牌系列产品有146、152、158黑色亮光，白色亮光，栗色亮光，红木亮光三角钢琴；110、116、118、120、121、122、123、126、130、132黑色亮光，白色亮光，栗色亮光，红木亮光，柚木亮光，仿古亚光等立式琴，产品履盖13种规格、90多个款式。产品畅销国内各大中城市并远销美国、澳大利亚、加拿大等二十多个国家和我国香港地区。

公爵牌钢琴2002年4月顺利获得由奥地利OQS认证公司颁发的ISO9001：2000质量管理体系认证证书。多次得到我国知名钢琴家、艺术家的首肯，国际著名钢琴家孔祥东先生数次指定使用公爵钢琴演奏。

世正PDS 228CFX自动演奏钢琴

青岛世正乐器有限公司，以强大的科技实力为支撑，以科技创新思维为导向，率先引进世界上最先进的Piano disc钢琴CD自动演奏技术，自成体系，一步到位，成功研制开发生产出世正(SEJUNG) PDS 228CFX自动演奏钢琴。

世正自动演奏钢琴是将最新发展的尖端科技与无可比拟的钢琴演奏合为一体的控制单元。她可以用软盘、CD或MX模式播放音乐，优美和谐的128音色可同时发64音，完美的自动旋律和自动管弦乐伴奏，可实现真切的合音演奏效果和余音效果，具备全功能红外遥控及静音功能。更重要的是，她能够对演奏过程中的音高、力度、速度、情感表现等进行真实的记录和还原再现，更好地保留了一些著名演奏家的艺术资料，便于量化地分析他们的演奏技巧和特点，完全超越了传统的录音技术——“让您自己的钢琴再现一些闻名全球的最伟大钢琴家们的演奏；在您自己的钢琴上聆听各种类型的音乐。”

在世正自动演奏钢琴投放市场之初，就吸引了众多国内外客商及消费者的瞩目和赞许，市场前景也非常乐观：她既可以荣登大雅之堂，在大型音乐会上制造新奇，吸引关注，又可以为众多娱乐场所装点气氛，提高服务档次，招徕顾客；不仅能为钢琴学习者真实地再现教师甚至名家的演奏过程，提供反复学习与体会的机会，而且能减轻教师的劳动强度，提高教学质量。因此深受人们的青睐，国内外定单也纷至沓来。

哈曼尼（HARMONY）钢琴

福州和声钢琴有限公司主要生产哈曼尼系列立式钢琴，其型号有116型、118型、120型、122型、123型、125型、126型、128型、133型共计九种型号。2003年开发新产品为HG-122L型、HG-118型。继2002年公司申请两项专利：“手动升降弱音呢结构”（专利号：ZL01262617、1）、“中踏瓣选择延音控制装置”（专利号：ZL01262616、3）之后，2003年公司又申请了“HG-133T型”(ZL2004300157594)、“H-133T型”(ZL2004300157607)、“H-123H-G型”(ZL2004300157611)、“H-123H-E型”(ZL2004300157630)、“H-122TM型”(ZL2004300157626)的外观专利。公司经福建省质量协会评选为“2003年度福建省用户满意企业”；HARMONY哈曼尼钢琴评为“2003年度福建省用户满意产品”；公司主流产品HARMONY哈曼尼钢琴2003年经福建省人民政府批准荣获“福建省名牌产品”称号。

“SUNSHINE”钢琴

“SUNSHINE”是中山市粤华钢琴乐器有限公司生产的一个系列齐全、品种多样、风格独具、特色出众的钢琴品牌。它的发展，已经历了十多年的演进。

第一台“SUNSHINE”立式116型钢琴的诞生是在1986年底，当时取英文名为“SUNSHINE”，译意为阳光，译音则与中山市的故名“香山”县谐音，故中文定名为“香山”钢琴（现注册为“香山·阳光”)。1987年初，“SUNSHINE”116型立式钢琴产品通过了专家的鉴定。当时的产品起点高，击弦机等大部分关键部件采用进口部件，工人对质量的认知起点高、要求高，产品质量在短期内赶上了当时的国内行业水平，加上“SUNSHINE”钢琴优美的音色，“SUNSHINE”钢琴很快被广东的各大音乐院校所普遍使用，为中山市粤华钢琴乐器有限公司的前身——中山钢琴厂在钢琴行业站稳脚跟奠定了基础。不到几年，中山钢琴厂已发展成能自行生产击弦机、键盘、音板、共鸣盘等所有部件的“全能”厂，并具备了独立开发设计、研制多品种系列化钢琴产品的技术实力。

至1997年，由于人们的眼光不断拓开，钢琴市场对质量的需求日益提高，竞争日渐激烈，为了企业的生存和发展，公司成立了技术开发部，开始了全面的、大规模的技术改造和产品开发。

首先，开发部大胆放弃了立式钢琴原来的弦列分布，设计并加入了弦钮定弦的装置，经长时间的实践和检验，最后定型为今天的专利定弦装置。它的原理及优点是：效法三角钢琴弦枕，而又有别于国内外类似的装置，88音全音域均采用镀金弦钮定弦。由于弦钮的分弦、压弦作用，令钢琴音准更持久稳定，弦列整齐美观；弦钮孔令各同音弦组的弦间距一致，使弦槌击弦时音色更均匀、饱满、连贯，音区过渡更平稳。

第二，立式钢琴的音板的制作全面采用“自由式”肋木的专利设计，它的原理及优点是：音板肋木两端采用不压封的“自由式”设计，令音板震幅更大，更富活性，从而令音色更加悠扬悦耳。同时，由于“自由式”设计的肋木两端加设了特殊的装置，确保了传统的耐用性。

第三，改良击弦机的性能及键盘的杠杆比例，使演奏性能舒适灵敏。

第四，不断开发新型号。从97年到现在，我们先后自行开发了117、118、119、120、122、125、131型等立式钢琴的多品种系列，以及160、180型卧式钢琴系列，这些型号技术含量高，声学品质和演奏性能都达到了较高的水平，外观方面更是古雅高贵，自树一格。

第五，开发键盘盖缓降装置，并使用于产品上，它的出现，避免了传统键盘盖因不慎翻下时压伤手的情况出现。

第六，优化和改良钢琴内外部件的结构，改进制造工艺，使产品走出一条有自我特色的路子。如今的“SUNSHINE”钢琴，已拥有令人惊喜的内在美——除选料严格、制造工艺精细外，产品还设有定弦装置、“自由式”音板肋木、键盘盖缓降装置……等等，琴弦采用德国琴弦，击弦机采用德式结构、弦槌使用日本羊毛毡、轴衬呢、轴针、止音呢、键盘呢、弹簧丝等使用进口材料……等等。

第七，油漆的改良从不间断，对传统的亮光漆工艺进行改进，使漆面清澈通透，平整光亮，边角流畅清晰；同时，还开发了半哑光漆种，以及开放木眼的、纯木质感的哑光漆种，使古典型的钢琴更加古朴典雅。

第八，160、180型的三角琴以卓越的音色、舒适的触感、以及精益求精的工艺，赢得用户的好评。它做工精细，质量要求远远高于立式钢琴，选料方面更近乎苛刻。三角琴的投产，不仅标志着企业的技术实力，更令“SUNSHINE”钢琴的品牌档次得到提升，成为“SUNSHINE”钢琴参与市场竞争的一张皇牌。

目前，“SUNSHINE”钢琴已覆盖中国长江以南、及东北的各大小城市，出口量亦不断增加。随着公司的发展，“SUNSHINE”钢琴将受到越来越多的国内外用户的认同。

宁波东方琴业有限公司产品介绍

2001年在市场销售快速发展的大好形势下。根据历年的钢琴销售形势和目前国内中小型钢琴生产的特点。宁波东方琴业有限公司开发了120型击弦机、键盘、榔头，并在2003年获得成功。

新开发的120型击弦机的质量性能，发生了根本性的改变。公司在原来的基础上集合了德国、日本、韩国和国内的一批知名度较高的专家共同提出的意见。首先对生产设备进行了技术改进，使生产的产品各部件的误差精度达到预想的要求。其次对所用的材料也进行了精选，对某些特殊的原材料采用进口原料，对某些生产工段进行了EMS控制。根据国内外专家的经验制订了一整套严密的生产工艺和检验标准。开发后的击弦机主要改进事项和主要技术指标如下：①对申达针进行了改进，改进后的申达针配合特殊润滑剂。使申达连续打击50万次，申达配合基本无变化，申达针连续工作100万次无磨损。②对申达轴架进行了防变形处理技术，使得轴回在温度25℃±5℃，相对湿度55%−65%的环境中能连续弹奏100万次以上提高了耐久性能。在温度＋50℃到－20℃条件下还能正常工作，提高了耐冷耐热性能。在温度25℃±5℃，相对湿度35%−45%和湿度75%−85%能正常工作，提高了耐干燥、耐湿性能。③由于改善了申达的功能，使得各杠杆传动每秒在12次以上。④各种五金零部件防锈能力在8级以上。

UP120击弦机开发成功后，产品通过了乐器检测中心的检测，各项指标都达到或超过行业标准。并在2003年企业销售形势大好，产品一度出现供不应求局面，产品质量得到了用户的好评与肯定。

TOYAMA（托雅玛）钢琴

TOYAMA（托雅玛）品牌钢琴于1993年在香港成功开始了第一台立式钢琴的销售。一直以来，不断精益求精，至今，已研发出一系列直立式及三角钢琴。直立式钢琴系列一共25种不同的型号，当中包括专家型、现代型、豪华型、古典型和普及型。三角钢琴系列共有7种不同的型号。多元化的产品适合不同人士的需求，产品销遍中国、香港、东南亚，德国及美国市场。产品在各大市场上大受欢迎，供不应求的情况屡见不鲜。

要制造出优质的钢琴，选材、设计及工艺是鼎立元素，缺一不可。TOYAMA（托雅玛）选材严谨，一丝不苟，采用进口材料加工，配合独特创新，精妙细微的设计，以欧洲传统的造琴工艺为基础，结合日本科研的技术结晶，使TOYAMA（托雅玛）品牌钢琴仿佛注入非凡的生命力。与钢琴使用者共同演绎不朽的乐章。在设计特色上，TOYAMA钢琴特别在琴键盖加装缓降装置系统。安静缓慢的缓降盖装置，确保钢琴使用者在任何时候都可以安全安心地进行练习和演奏。此项缓降盖装置正接受国家专利机关审批专利权（申请号：2004200077908）。

为确保每一台钢琴的品质，成品钢琴于出厂前必须通过七次调音，保证品质优良送达每一位客人。正是这种对完美造琴的认真、执著与不屈挠的坚持，使TOYAMA品牌系列于2001年11月，荣获中国质量检验协会颁发“质量达标放心品牌”（中检办证（2001）105号）；于2002年顺利通过国际质量体系认证ISO9001：2000标准；于2003年，荣获国家质量监督局、国家计量局、北京市产品质量监督局及北京市产品质量监督检验所联颁的“TOYAMA钢琴质量检验符合国家标准”证明；于2001及2003年分别成为第一届及第二届亚洲青少年音乐比赛指定专用钢琴，获得当时比赛的荣誉顾问及评委等对

TOYAMA 品牌钢琴作出高度评价与鼓励，再一次肯定 TOYAMA 品牌钢琴的优秀品质。

台湾功学社集团黑豹系列产品

黑豹——神秘的象征，如同这个品牌小鼓拥有多样的个性，充满无限的想像空间。功学社 (KHS) 集团的Mapex品牌研发团队凭借着多年累积的经验加上与许多知名乐手的合作与交流下，产生了许多激荡也就是这样MAPEX Black Panther黑豹系列诞生。经过多年的发展技术与开发工艺的累积，他成为鼓手的最爱……

黑豹小鼓主要分为以下几个系列：

黑豹优质系列 (Black Panther Premium Series)

在这个系列使用了三种鼓胴材质，分别为传统北美枫木、猫眼枫木、钢合金、铜合金，这个系列下面每一种材质都有独立的特性。

传统北美枫木 (Traditional Maple)

全枫木鼓胴给予这系列小鼓演奏时充分的树木环绕的声音，无论何种尺寸他都能给予鼓手最佳的音场。

猫眼枫木(Birdseye Maple)

经专业手工精选的猫眼枫木鼓胴拥有的不只是全枫木的特性，它更有更丰富的演奏效果，音色更加的温和、更加的丰富。

钢合金(Steel)

高质量的钢合金鼓胴给予黑豹另一种高音的选择，但他却又温和不刺耳。

铜合金(Brass)

如果你想寻找更深沉的声音还有更多的威力“PUNCH”那可以选择铜合金的鼓胴。

黑豹贵金属系列(Black Panther Precious Metal Series)

黑豹贵金属系列主要为磷青铜（古青铜）为鼓胴材质，运用这材质特性产生不可思议的效果。

磷青铜(Phosphor Bronze)

更宽广的声音与更容易激发的暴发力、融合了更多音乐特性。

黑豹敲击系列(Black Panther Hammered Series)

金属材质经过热处理加上敲击过的鼓胴，产生了不一样的感受，独特的击打技术与处理方式产生新声。给与更多不同音色的选择。

敲击磷青铜(Hammered Phosphor Bronze)

利用敲击过的鼓胴给予这个系列的黑豹小鼓另一种生命，同时融合了木质与金属材质的特性，可表现出更大范围的音色。

敲击铜合金(Hammered Brass)

透过敲击过的鼓胴比铜合金更佳能展现出不同的活力与暴发力，更多演出者需要用两三个小鼓才能表现出的效果，现在只要他就可以解决。

敲击钢合金(Hammered Steel)

透过敲击过的钢合金鼓胴表现出更清亮的高音，加上镀铬材质的硬配件，产生高质量的专业水准演出。

黑豹森林系列(Black Panther Deep Forest Series)

森林樱桃木(Deep Forest Cherry)

黑豹小鼓森林樱桃木系列是专业设计给予现场演出与录音室使用，独家的表现手工研磨技术让表面的木纹会更加显现尊贵。

森林胡桃木(Deep Forest Walnut)

运用森林深处上百年的胡桃木，创造出更丰满更加厚实的音色加上Mapex的工艺技术这是最佳的上选。功学社集团的国际驰名品牌Mapex鼓组多年累积的制造工艺，加上个性化的设计，创造出一颗颗高质量与用途最广泛的黑豹小鼓，每一个工序都是基于ISO9001的认证下生产。他能给予每一位使用者更多的期望的实现与品质的保证，并基于全球最佳的品质保证给予客户鼓框与表面涂装为一年保值期，每一个金属硬件都给予五年的保固。

“MEDELI”电子乐器

“MEDELI美得理”是世界知名电子乐器品牌，响誉于20世纪80年代初期，“MEDELI美得理”牌电子琴、数码钢琴等在欧美90多个国家畅销，以其良好的键盘手感，纯美的音色以及震撼的音响效果，被欧美进口商称赞为“迅速崛起的中国MEDELI”。在中国，美得理产品以其优良的品质、优越的性能价格比，让电子乐器这一“昔日王谢堂前燕”，走入寻常百姓家，从而取得了民族电子乐器行业龙头的地位，成为电子乐器民族第一品牌。多年来，美得理开发推出了MC/M/MD系列电子琴、DP系列数码钢琴、DD系列电子鼓、MK系列MIDI键盘等，这些产品在极大程度上丰富了人们的精神文化生活，也为普及全民音乐教育贡献了一份力量。美得理电子乐器溶入了传统与现代电子技术的长处，具有易入门、易学习、功能丰富、音色纯美的特点。在全面提升学习者音乐素养方面将起到非常重要的作用。

M/MC/MD 系列电子琴的代表产品有神州M2、MC-80、MC-310、MC-320、MC-710、MD-300

神州M2是一款适合初学者使用的普及型教学用琴。

61键标准力度键，128种音色，包含6种民族音色，100种不同风格节奏，100首不同风格示范曲，可进行三步学习并有评级功能，6个存储记忆状态，具有录音及回放功能，和弦字典功能，便于初学者使用。

MC-80 拥有强大的操作功能和良好的性价比

61键标准力度键盘，147种音色，包含12种中国民族音色；100种不同风格节奏，包含16种民族节奏，60首不同风格练习曲；6个存储状态记忆，录音及回放功能；和弦字典功能，便于初学者学习使用；滑音轮、长滑音、颤音功能。

MC-310 是湖南、广东、山东等十多个省市考级和大赛演奏指定用琴。

61键超强力度感应键盘，提供3种力度选择，142种音色、100种节奏；LCD蓝色多功能液晶显示，32个存储记忆状态，5轨录音功能，直选式与指轮盘选择相结合，具有可调节效果的滑音轮、调制钮(弯音／颤音)。

MC-320 专业的品质与水准演绎完美的效果

61键标准力度键盘，提供3种力度选择，155种音色、120种节奏；超大蓝色背光LCD液晶显示，5轨录音，32个状态存储器；具有歌本ALBUM功能，音色编辑功能，多功能踏板。

MC-710 舞动灵性，挥洒激情

76键可调节力度感应键盘，142种音色、120种节奏，68首示范曲；LCD蓝色多功能液晶显示屏，直选式与指轮盘选择相结合，48个超强存储记忆，5轨录音，具有可调节效果的滑音轮、调制钮(长滑音／颤音）。

DP系列数码钢琴的代表产品有DP-18、DP-26、DP-40、DP-600。

DP-26 电子琴与数码钢琴的完美结合，集体课教学的最佳选择。

88键锤式触感力度键盘，147种音色，内含12种中国民族音色，99种节奏，内含6种具有中国特色的民族节奏；LCD蓝色背光液晶显示屏，三轨录音，6个存储记忆状态，7路调音台功能；O.T.S单触键设置功能，耳机接口，MIDI输入、输出。

DP-40 88 键锤式触感力度键盘，10种高度逼真的PCM音色 ，20首不同风格示范曲；3个脚踏板：延音踏板、后延音踏板和弱音踏板；节拍器功能，移调功能，录音、回放功能，双音色功能，数码效果开关钮。

DP-600 88键锤式触感力度键盘，142种音色，内含12种中国民族音色，100种节奏，内含8种具有中国特色的民族节奏；LCD蓝色背光液晶显示屏，68首示范曲，其中60首可隐去主旋律进行跟奏，共5轨录音，8库48个存储记忆状态，3个脚踏板，耳机接口，MIDI输入、输出。

DD系列电子鼓的代表产品有DD-306、DD-602。

DD-602 6个感应鼓盘，2个吊镲，2个脚踏，389 种 PCM 音色，并具有双音色功能；30种预置鼓组，可任意选择；可自定义每个鼓盘的音色；可自定义速度，操作更人性化；录音回放功能；50首预置歌曲可进行关闭打击乐学习使用。

DD-306 7个带指示灯的感应鼓盘，2个脚踏板(低音鼓和踩镲）；76个PCM鼓音色，100个预制节奏，1首示范曲，20套不同风格的鼓组，3个级别的数码效果，超重低音，可配戴耳机进行静音练习；节拍器功能(人声和鼓棒声)，录音功能及播放，MIDI 输入输出。

“凤灵”牌提琴

“凤灵”牌提琴是泰兴凤灵乐器有限公司的主导产品，从20世纪60年代至今近40年的历程中，两代“凤灵人”用智慧和汗水创造了世界提琴产销量第一的奇迹，开创了“西洋乐器中国人为王”之先河。现今，“凤灵”牌提琴已畅销全球50多个国家和地区，2003年总销量达到小提琴20.6万把，大提琴3.2万把。“凤灵”牌商标被评为江苏省“著名商标”。公司也被授予“全国轻工业质量效益型先进企业”、江苏省“明星企业”、江苏省“优秀民营企业”、江苏省“AAA级信用企业”等一系列荣誉称号。作为行业的领军企业，“凤灵”又率先用科技创新和规范标准来打造世界精品，让每一把"凤灵"提琴都给世人一份真情。

凤灵牌提琴主要有倍大提琴、大提琴、中提琴、小提琴、微型小提琴、电子提琴6大类40多个规格200多个品种，分高级、中级、普级三个档次。

高档提琴包括：MV005、MV006、MV007、MV007-1系列小提琴，MC001、MC003系列大提琴，MB040C-1、MB040C －2系列倍大提琴，全部采用传统手工工艺，按国际标准选用优质材料，由专业技师精制而成，其造型典雅、音色优美，声音宏亮，四弦发音灵敏均匀，高音纯净优美，低音丰厚有力。

中级提琴包括：MV002、MV002-1、MV003、MV004系列小提琴，MC004、MC005系列大提琴和MB040C倍大提琴，全部按国际标准选用优质材料精制而成，其造型典雅，声音宏亮，四弦发音均匀，是目前各消费层次和世界舞台上最具吸引力的演奏佳品。

普级提琴包括：MV001-(1-9)MV0084/4-1/32、M008-C4/4-1/32小提琴，MV406RC中提琴，MC760C：4/4-1/16、MC760R4/4-1/16、MC760E4/4?1/16大提琴，MB0040R4/4-1/4、MB0040R 4/4-1/4、MB0040C4/4-1/4、MD040CA4/4-1/4倍大提琴。按国际和国内标准制作而成，其造型典雅，声音柔和，且质优价廉，深

受用户喜爱。

电子提琴系列：MVE001 002 003 004 005系列小提琴，MVE001大提琴选用优质材料，并采用进口电子器件，其造型典雅，工艺精制，并根据用户要求，进行表面油漆工艺改进，市场前景较为广阔。

目前，"凤灵"公司将研制一批经科学化处理后的木材制作的高档提琴，通过专业检测系统测定并修整后投放市场，把优等的品质、优美的音色送给每一个爱好艺术的人们。

"凤灵"牌吉他

"凤灵"牌吉他是江苏省"明星企业"泰兴凤灵乐器有限公司的主导产品之一，"凤灵"牌商标被评为江苏省"著名商标"。该公司已有20多年的吉他生产历史，生产过程严谨，工艺技术考究，年产各种吉他25万把，产品远销世界50多个国家和地区，深受用户喜爱，特别近几年来，通过加快技术改造和引进科技人才，引进高档生产设备，凤灵吉他已完全达到了国际标准。

该公司现有古典吉他、民谣吉他、小四弦吉他以及缺角民谣吉他和电声类吉他五大类60多个品种，高级、中级、普级档次应有尽有，凤灵牌吉他能够适用于不同层次和不同市场的需求。

高档吉他包括：FG078-40.6/H 040C/H FG229-41H FG018-42C/H等系列品种，全部采用实木原材料或进口高档夹板，结合传统西班牙吉他工艺精制而成，造型典雅，音色优美，声音洪亮，发音灵敏，保证吉他使用时不变形。

中档吉他包括：FG048-41H、FG-48-40H、FG048-41C FG068-41 FG018-40-1 FG048-40 FG048-41-1-41-2-41-3 等系列品种，全部采用云杉夹板作面板，采用萨比莉、那都木、胡桃木夹板作背板和侧板，指板采用玫瑰木，材料及工艺要求均达到国际同行业标准，适合国内外各种层次市场的需求。

普级吉他包括：CG851 CG964 CG049-39-40 CG228-41-1 CG228-41-2 CG228-41-3 -4 -5 -6 CG048-34 31 30 29 系列品种，均采椴木面背板或云杉夹板，椴木夹板作背侧板，造型典雅，工艺独特，价格低廉，颜色多种多样，供不同用户选择。

小四弦吉他有VK210-A规格25＃ 27 31 VK210-B C D E W 和VK213 202 和曼陀铃MD048 MD078系列全部采用椴木夹板生产，深具民族特色的产品，表面装饰色彩各种各样，轻巧别致，为东南亚地区客户的喜爱之物。

珠江牌电吉他、红棉牌电吉他、JAZZ牌电吉他

珠江牌电吉他、红棉牌电吉他、JAZZ牌电吉他是珠江乐器实业公司的品牌产品。产品选用优质木料制作而成，在进行传统工艺加工的同时，公司聘请了美国、日本、韩国的吉他制造专家长期进行指导；并配备了具有国际先进水平的CNC数控加工设备，功能独特的吉他制造机器，现代化油漆线等设备进行生产。传统制作工艺和现代的技术，使得该产品具有更纯美的音色和拥有富于艺术美感的造型。

电吉他厂由创业至今，已形成规模生产。几年来电吉他厂根据客户的要求，试制了多款电吉他，使电吉他和电贝司产品的款色和品种达到50多款，除满足国内客户需求外，还远销欧美和东南亚等多个国家和地区，得到广大客户的一致好评。EG-20、EG-27、EG-30、EG-32、EG-38等系列电吉他是最有代表性的。

EG-30型电吉他是按照国际标准选用优质材料精制而成：指板包边、柄头贴木皮、品星呈蝴蝶型，外型花俏亮丽。

EG-27型电吉他采用仿铜色喷漆工艺的金属件，琴鼓配以精美木饰线，用五级转换开关调节，吉他声音宏亮，是摇滚乐手的最佳选择。

EG-32型是按客户要求开发的电吉他，琴鼓包边，品线配进口白铜，木吉他弦码，高音明亮，低音浑厚，尤其适合演奏爵士和拉丁音乐。

EG-38型电吉他琴体采用特殊的迷彩水印贴面，无论外观和功能都给人一种耳目一新的感觉。

展望未来，珠江牌电吉他将坚持改革创新的精神，不断变革，积极推陈出新，以优惠的价格，优质的质量，优秀的服务，呈现在大家面前。

珠江牌手风琴与脚踏风琴

珠江牌手风琴是珠江钢琴集团属下子公司珠江乐器实业公司的重点发展品牌。珠江手风琴厂恪守"以质量为基础，以人为本"的原则，凭着雄厚的资金后盾、领导强有力的信念与支持，通过不断的努力与改良创新，在短短的时间内，使珠江牌手风琴质量达到国内优质水平，并得到国际同行业的认可与赞赏。

珠江牌手风琴产品从8BS-120BS形成系列，选材讲究，工艺精湛。采用国内最高档的楸木等优质木材，精细加工，琴身共鸣效果好；内部音簧采用

进口高档簧片，音色圆润优美，音准精确，直追国际高档演奏级手风琴水准；生产的每道工序都有高级工程师全程检控，在机械性能与使用方面得到了根本的保障。特别是琴身外壳色泽鲜明、层次清晰，其处理手风琴外壳的工艺水准不仅让国内同行业称道，更得到代表手风琴制作最高水平的意大利同行的认可。

珠江牌手风琴销售网点不仅布及全国各地，并且远销意大利、俄国、德国、南斯拉夫、美国等几十个国家，深受欢迎和赞赏。

2002–2003年，珠江手风琴厂推出珠江牌回声琴41K120B/11/6/1–EA和珠江牌两用电子手风琴37K96B/7/2和41K120B/7/2。珠江牌回声手风琴具有国际上改善手风琴多泛音音色成功的谐振腔共鸣结构，给人以低音浑厚柔和，中音丰满圆润，高音明亮的听觉效果，也被称为艺术家演奏的手风琴。具有以下特点：

(1) 采用扩大系列音簧，扩大了发音力度，穿透力加强。

(2) 改进键盘结构，同时调整了琴键起落幅度，工艺精度高，演奏得心应手。

(3) 采用国际流行的平面并列式变音器，造型简炼别致，键盘、贝司互相呼应，和谐统一。

(4) 突破国内传统回声琴风箱规格，将风箱数由16摺增加到20摺，增加了琴身内部的气流量，使音量更加洪亮，音色和共鸣效果都得到更充分的体现。

(5) 外观高雅富丽华美，色调搭配庄重大方。

珠江手风琴是国内为数不多的研制电子手风琴的厂家，于2003年将珠江牌两用电子手风琴正式全面投入市场，既可以作为传统手风琴使用，又可以作为MIDI电声乐器使用。珠江电子手风琴采用进口高档MIDI音源盒，123种MIDI音色效果仿真度极高，达到国际标准，为中国电声手风琴事业的推广与普及做出了贡献。

珠江牌脚踏风琴符合国家QB1984、1985–94行业标准，产品有五组全双音风琴、五组半双音风琴、四组全双音旅行式风琴、藏字式五组全双音七拉手风琴四个系列。风琴触键舒适，弹跳灵活，得心应手；脚踏风箱弹簧张力适中，脚感柔和，易控制；风箱鼓风持续时间长，并且气流均衡有力；外形或高雅美观，或古朴华美，迎合不同顾客的要求，适合不同场合的演奏。

珠江牌琴凳

珠江牌钢琴凳是珠江乐器实业公司的品牌产品。琴凳厂主要生产与珠江牌钢琴配套琴凳，珠江牌琴凳生产历史悠久，远销世界各地。公司拥有大批有多年琴凳制作经验的技术生产人员，产品选用上等材料，按国际标准结合传统制作，造型典雅大方、使用舒适、经久耐用，深受广大用户的欢迎。

珠江琴凳厂除供应与珠江钢琴配套的琴凳外，不断扩大生产规模，在提高质量的同时，增加产量，开拓销售网点，并打入国际市场，为国内外不同的客户提供珠江钢琴凳。近年来，本公司技术人员大胆创新，锐意改革，使珠江牌琴凳品种多样化，有升降琴凳、子母琴凳、单人琴凳、靠背琴凳等，其最有代表性的是：

S480BT3A型升降琴凳规格为600×450×480–550，琴凳采用旋钮式升降架，配上真皮全包凳面，皮面触感舒适，漆面光滑亮丽，更显雍容华贵。

S480BZ4型子母升降琴凳规格为930×350×480–540，琴凳分别有两个独立的升降座面，起落活动自如，既可用作不同高度的两人进行同一钢琴合奏，又可用作一对一教学示范用琴凳。

ST510BZ型单人琴凳规格为450×300×500，是2003年研制的一款琴凳，其下框和琴脚选用优质的金属材料，在防锈、喷涂方面要求严格，是珠江琴凳在传统工艺上的一次改革。

S450AZ1型靠背琴凳规格为450×400×880（座面高低430–550），此凳继承了S450AZ美观舒适的特点，升降活动自如，深得日本等东南亚客户的喜爱。

珠江琴凳紧跟珠江钢琴“雄踞中国，冲出亚洲，走向世界”的步伐，融入到世界乐器行业里，在世界的乐器舞台上创造辉煌的明天。

山东泰山管乐器制造有限公司产品介绍

Hemen牌 bE中音萨克斯

Hemen牌 bE中音萨克斯是山东泰山管乐器制造有限公司最新开发设计的高级品。对各部形腔尺寸、音孔位置、喇叭口角度做了重大调整，使其配置更为合理，乐器整体刚度更好；

重新调整各部按键，使之满足人性化要求，更适合广大人群演奏，手感更加舒适；

对吹口管进行最优化设计，用CAM仿真加工技术制造。发音灵敏、吹奏通畅省力；

重点解决低音偏低，全音域更均匀统一；

Hemen牌 bE中音萨克斯音色优美饱满；音质独特，甜美圆润、沙哑迷人，适合各类音乐的演奏，是不可多得的高档乐器。

Summit 牌bE中音萨克斯

应用三维立体扫描、CAD设计、CAM仿真制造技术，按仿生学原理修饰整体造型，各部位形状、位置、倒角配置合理，手感特别舒适；

键棍中采用轴—弹簧联接结构，其灵敏度和准确度达到完美无暇；

泛音键内倒角，实现吹口管±500变换，增加了生活范围，从而适应多种演奏要求；

长键棍下方加支撑，避免了手握时的塑性变形；

键盖优化，按键一体，键脊倒角等均为国内首例设计；

各部音孔实现三维控制加工，保证音程关系准确、音准误差最小；

独特的造型、合理的结构、严格的尺寸控制，Summit成为萨克斯群芳之首，具有吹奏通畅省力、高音明亮、低音浑厚、音色饱满优美、极富表现力的声学特征；

—Summit牌bE中音萨克斯可与世界名牌产品媲美，是不可多得的具备优越性价比的项级产品。

Summit 牌 bB 调小号

整体造型选用国际流行风格设计。活塞套及吹口外形均采用流线形，活塞按头和上下盖采用弧形滚花，吹口箍、水门键螺钉及水门键盖均采用六方形造型，水门键柱采用球头圆柱形造型。整体美观、大方，颜色和谐，有强烈的艺术感。

活塞按头、拇指手勾、调音拉环位置适宜；弹簧弹力严格按中指、食指及无名指力度区别设计制造，充分体现人性化理念，手感尤为舒适；

活塞体选高硬度、高耐磨性、低磨擦系数的“蒙乃尔”特种材料；活塞系经特种工艺加工，不但保证了规定的几何精度和表面粗糙度，实现了较高的气密度和运动灵敏可靠性，而且提高了整体乐器的使用寿命。

拇指手勾、小指手勾、水门键、斜支子等受力零件均采用冷挤压工艺制造，强度高、无棱角、美观、舒适。

Summit 牌 bB 调小号的设计、制造经名家指导，采用最新技术和独特工艺，是国产小号中的佼佼者。它全音域通畅、音阶准确，高音明亮、穿透力极强、低音深厚、音色优美。它轻如薄雾，重如排山倒海的力度变化，美如人歌的性能，一定会伴随着你的演奏过程中，尽你的技巧发挥，创造出更高的艺术境界。

Hemen 牌 bB 调高音单簧管

Hemen牌 bB调高音单簧管是专门为各层次演奏者开发设计的高级品。主体管采用硬质橡胶材料，外表面加工仿木花纹，整体造型新颖高雅；

设计了可调试手托，能够满足各种手型和不同年龄吹奏者的要求，手感特别舒适；

采用当今最新流行键型。键子组件棱角分明，键盖呈斗笠型造型。使整体乐器极具时代感。

键柱用双圆环连接，增加了牢固度；采用专用簧针调整弹性，手感柔和；

Hemen 牌 bB 调高音单簧管全音域均匀统一，音阶准确，音色优美，是各层次演奏的理想精品乐器。也是学生和初学者首选高档乐器。

“敦煌”之音不息，改良创新不止

改良和创新，并能持之以恒，是优质品牌产品得以延续的一大法宝。多年来，敦煌品牌正是这样通过频繁不断的技术改良，连年推陈出新，在市场上保持住良好的销售势头，稳步向前迈进。

上海民族乐器一厂在保持敦煌品牌乐器全方位发展的同时，2002至2003年，把产品整改的重点放在402扬琴和红木专业琵琶上，主要针对这两个产品的音色品质，进行了多轮次、数十项技术指标的改良，取得满意效果。2002年内举行5轮扬琴质量研讨会，请北京、河北、上海等地老师及同行参加，每轮有十余项整改项目，经专家和市场鉴定，音色品质有大幅提高。同样的形式，对红木专业琵琶的音色品质的全面整改，在2003年内进行了5轮，2004年还将继续进行数轮整改，目前，参改产品专家评价其音色品质已有明显提高。与整改之前相比，国内专家们普遍认为上海民乐一厂的扬琴和琵琶变化明显，其音色品质既不失本身之特色，又向专家和市场认可的方向迈进了一大步。

2003年上海国际乐器展览会上，上海民族乐器一厂推出的敦煌牌仿真微型全套小乐器，其工艺精巧，物美价廉，特别抢手。同时还在展览会上亮相敦煌巨无霸仿真二胡，此琴高4米有余，重二百余斤，堪称世界第一胡琴，展会上人们不禁驻足观望，赞叹不已。上海民族乐器一厂推出的这两款产品：“小精灵”和“巨无霸”，其所有材质都是用真材实料，按一定的比例缩小或放大数倍精制而成。

据上海民族乐器一厂技术科、研究室统计，02年～03年在文化营销、技术开发、质量整改、业务培训、申办专利等五个方面，完成大项目106项。其中实施技术改良51个大项目，整改小项260余条，申办专利15项。以下是具体内容（略去文化营销和业务培训两部分）：

一．2002年

技术开发（重点四新项目）

序	类别	项　目　简　介
1	古筝	古筝盒试用牛津面泡沫芯琴盒　、
2		合成板贴面在古筝上的应用。保证外观，加强防裂
3		日本式古筝的改良仿制。完善工艺，扩大市场
4		板式折叠古筝架
5	琵琶	琵琶背板花色及头饰的多元化试制
6	二胡	环保皮膜在胡琴系列上的应用
7		琴杆电脑诗句雕刻
8	扬琴	扬琴防琴体变形装置
9		系列扬琴初步形成
10	阮	系列阮的品位机械化加工　（设备及加工工艺）
11	马林巴	共鸣管调试改进
12		音板校音技术改进
13	笙	模具化装配式笙簧片投产后的整合
14	制图	与重点整改产品的配套图纸的绘制

重点产品质量整改

序	项目	整　改　内　容
1	综合	每月综合的质量检查及其整改继续执行。同时将整改的具体内容、时间、部门等进行量化落实 每月按巡检情况，进行整改奖罚
2	古筝	所有等级古筝校音后出厂。使用琴码定位条调音，琴弦充分压颤，码脚稳定性重点整改、检验项目作为新的服务质量提升计划之一，定位条已定型，2003年校音后出厂全面执行。
3	琵琶	琵琶防裂工艺全面执行 1.尾部防裂条 2.内膛防裂条 3.琵琶相采用“环氧树脂”胶合
4	扬琴	在音质材料工艺等方面全面提升。以多人、小批量、短周期、集中总结、专家共研的方法试制 全年完成5轮的改良实践。改良局部问题计80余项
5	二胡	扁径梗二胡扩大普及面。根据市场发展形势，02部定二胡以上产品均制成扁径梗
6	笛子	完善内接铜防脱落工艺 1.改变粘合材料或加工工艺 2.完善外加工验收标准和方法
7	原料	合理利用人工窑处理木材干燥。在试用过程中，逐步掌握使用方法和数据。将木材含水率控制在12%以下 干燥窑使用以来，对各种乐器材料的干燥效果良好。已积累一定的干燥方法和数据
8	音板乐器	加强各类木琴、铝板琴音质控制。音板及共鸣管的音准、音色平衡、温度系，须在装配调试时严格控制 经过干燥窑处理的音板其音质有所提升，并强化了装配调试的要求。参照了雅马哈马林巴，在音准调试上又有新的提升
9	琴弦	加强品位乐器琴弦音准的控制。量化增加原材料、设备和成品抽检密度。对用于检验的乐器须定期检测

专利工作

序	项　目	简　介
1	一种古筝码定位条	申请实用新型专利
2	一种嵌插式木柄金属弦轴	申请实用新型专利
3	一种装配式古筝架	申请实用新型专利
4	二胡音窗1（灯笼格）	申请外观设计专利
5	二胡音窗2（海棠格）	申请外观设计专利
6	二胡音窗3（桃花格）	申请外观设计专利
7	二胡音窗4（钱币格）	申请外观设计专利

二．2003年

技术开发主要项目（含“四新”产品）

序	项 目 简 介
1	新式马林巴升降装置完成初试。变4点调节为2点调节
2	新式中二排木琴试制
3	新材料、款式拉阮试制
4	英式小扬琴试制
5	潮式钢丝筝试制
6	梧桐材料革胡试制
7	胡琴系列组合试制
8	特级精制限量版流水式二胡
9	推广使用古筝模具化弦孔保护管
10	新式琵琶头面的试用
11	新式防震琵琶盒的试用
12	新式窗格式扬琴架的试用
13	新式琴弦包装的试用
14	新式松香包装、模具化弹片等

重点产品质量整改

序	项目	整 改 内 容
1	综合	每月综合的质量检查及其整改继续执行。同时将整改的具体内容、时间、部门等进行量化落实
		每月的巡检整改奖罚正常进行
2	古筝	高级古筝的底板，以面板的标准进行制作
3		以微波炉处理古筝花板，防止开裂
4		全面完善出厂前按定位条调音和琴弦压颤
5		古筝底部花脚全面改型
6	琵琶	琵琶音色全面整改
		已改4轮。参改产品专家评价音色有良好变化
7		改进琵琶喷漆时，弦轴眼、山口、相位涉漆问题
8		尾部防裂条改进为共鸣体内部镶嵌，并改进防裂槽
9		推行老红木代替白牛角相，乌木代替黑牛角相
10		按琵琶品新的倒角标准外发加工，并控制质量
11	二胡	至02等级推行扁圆杆二胡
12	其他	新种类油漆及使用工序、方法的试制
13		月琴、阮等面板坯料的浸水脱脂，防止开裂变色
14		各部主要半成品、成品细节整改

专利工作

序	项 目	简 介
1	一种铜雕古筝	申请实用新型专利
2	一种竹刻古筝	申请实用新型专利
3	一种具有弦孔保护管的古筝	申请实用新型专利
4	一种琴弦微调装置	申请实用新型专利
5	琵琶头面1（汉代玉龙）	申请外观设计专利
6	琵琶缚弦1（竹材阳刻）	申请外观设计专利
7	琵琶缚弦1（竹材阴刻）	申请外观设计专利
8	扬琴架1（窗格式）	申请外观设计专利

天艺牌古筝

“天艺”牌古筝是目前国内重要的古筝品牌。2003年产销量达到7000余台。除畅销国内市场外，已经远销欧美、新马等15个国家和我国港台地区，被国内外各大音乐院校、专业演出团体的众多专业人士所选用，全国各地的专业、业余培训班也分别选用了天艺牌各种系列的古筝。目前，“天艺”牌古筝已成为国内外最畅销的古筝品牌之一。

天艺古筝具有两项国家专利，即大边框式的古筝外型专利和五拼面板独音梁的实用新型制作专利。产品无论在外观上，还是内部结构上，以及乐器的音色和个性上，都独树一帜，深具特色。

天艺古筝“以音为本，崇尚简洁”。其产品既美观大方，又深具民族特色，雅而不矜，丽而不俗，借鉴中国古代乐器制作艺术之精华、综合运用民族乐器制作的传统技术和扬州漆器、玉器、现代漆艺、书法篆刻、声学原理等科学艺术，使产品达到了较高的美学标准。在选料和制作产品过程中，严格遵循材料按等级分类、技师制作水平分级与装饰档次分类相匹配及严格检验调试的程序和原则，生产出普通演奏筝、装饰筝、专业等级筝和专业装饰筝、特制精品筝几大系列古筝。使古筝的分类等级既以音质、音量为主要依据，又以工艺水平和工艺价值为辅助参考，达到产品名副其实、物超所值。

普通演奏筝系列产品多数选用上等桐木为底板、面板，一级白松，色木为框料，红木切片为装饰材料制坯，配以红木岳山和红木筝柱，再分别以各种富有民族特色之工艺装饰成刻字筝、花板筝、麦草筝、烙画筝、平磨螺钿筝、普通螺钿筝、普通嵌螺筝、普通石雕筝等美观实用、物美价廉的产品。

装饰类古筝的选材较普通演奏筝要求更高，大多采用了乐器厂专利技术的大边框外型，不但丰富了筝的形制，还多选用了更高档的镶嵌、雕漆和木雕工艺进行装饰。目前，已推出骨雕筝、石雕筝、螺钿筝、红木浮雕螺钿筝、红木骨雕筝、彩螺筝、嵌骨筝、嵌螺筝、新款楠木筝、楠木筝等，优美而独特的造型使天艺古筝的个性锦上添花。

专业筝是优质材料和优质工艺的完美结合。专业二级以上的专业筝采用了本厂专利技术——拼面起槽独音梁结构，使音质更为醇厚、通透而韵味隽永；配合简洁大方的外型、精湛的工艺，深受专业人士和众筝家所爱。其中紫檀、老红木专业筝和专业一级和专业二级筝更是供不应求，专业三级、专业四级筝也秉承专业筝重音质音色、外观简朴大方的特点而深受欢迎。

专业装饰筝在专业筝的基础上以名贵的老红木、紫檀或汉代金丝楠木为材料，再配以银丝、嵌骨、雕漆、玉雕、木雕、擦漆等传统民族工艺进行装饰点缀，使产品既有出众的音色又有典雅的外观，极具实用、观赏和收藏价值。已生产的专业红木嵌骨、专业红木嵌螺、专业红木浮雕嵌螺、专业红木银丝、专业楠木、专业红木玉雕、专业紫檀龙雕、专业紫檀山水雕、专业雕漆嵌玉和专业红木钢丝筝等已成为高档筝的代表品种。特别是天艺紫檀系列筝，使用名贵的紫檀材料精雕细琢，无论是紫檀素筝还是紫檀龙雕筝、紫檀山水雕筝，都音形兼备，力求完美。紫檀系列筝“是乐器，也是艺术品，更是收藏品”。由于质高量少而迅速成为名贵筝中的翘楚。

天艺乐器的与众不同之处还在于其有力地借助国内知名的专家、学者、演奏家和工艺美术师等专业界的力量，不断的推出有独特声学品质的高端产品，使用特殊材料和制作工艺研制生产的特制筝系列一经推出，其个性化的音质音色、精益求精的工艺制作和谦谦君子般简洁造型而多被筝家和爱筝人士用于录音、录像和音乐会演奏或艺术品收藏。

除常规古筝产品外，根据各个地区特点和不同要求，天艺古筝还推出13弦、16弦、18弦、21弦、23弦、25弦现代筝和传统的16弦、18弦、21弦钢丝筝及100型、140型150型的特别形制筝，由于重视形制的合理比例和筝弦的选用与搭配，使这一系列古筝富于浓郁的特色和丰富的艺术表现力。

天艺筝作为扬州最有影响、销量最大的品牌，2003年荣获扬州市消费者协会“用户满意产品”称号。2001年在中国轻工业联合会的民族乐器质量调查中，受到与会专家和演奏家的肯定和高度赞扬，被评为“合格产品”。

天艺古筝的渊源、发展和兴起，是我国改革开放后的民族音乐迅猛发展的一个缩影。今天，天艺乐器所信奉的“天地人和”的博大精神和打造民族乐器精品的理想正一步步地实现，正如天艺乐器厂厂长汪健群先生所说：“创天艺名牌，造仁智之器”既是天艺乐器厂的目标，更是天艺人“求实、创新、振兴民族音乐”的精神之所在。

碧泉牌古筝

扬州正声民族乐器厂生产的碧泉牌古筝。20世纪90年代初便成为国内古筝的主要品牌之一。在2001年全国民族乐器质量抽检中检测合格，同年在法国南锡国际博览会上获金奖。目前，碧泉牌古筝年生产能力为18000台。

碧泉牌古筝的制作师经过严格的专业培训和定级，古筝的选材、加工和处理也设计规定了严格细密的标准。90年代初碧泉牌古筝率先推出了边框式装饰筝、独音梁拼面筝及系列漆器工艺筝并以优质的工艺品质和声学品质得到了国内外用户的首肯。碧泉牌古筝除生产S163–21弦尼龙弦古筝、S163–23弦、25弦尼龙弦筝和不同规格的儿童筝外。还研制生产了140、150型钢丝筝，并且专业生产我厂顾问何宝泉教授的专利产品—蝶式筝（1980年通过中国文化部科学技术鉴定、获1980全国文化科技成果二等奖）。

碧泉牌古筝共有A、B、C、D、E五大系列：A系列为特制筝及专利产品；B系列为高级精品筝；C系列为中档专业筝；D系列为普通装饰筝；E系列为普及装饰筝。五大系列分类明确、标准严格、选材精良、做工考究。无论高中低档都经过严格地制作检验和声学检验，确保品质优良、价格合理，物有所值。

目前碧泉牌古筝除畅销国内29个省、市、自治区及港、澳、台地区外，还远销美国、加拿大、法国、英国、澳大利亚、意大利、新西兰、俄罗斯、日本以及东南亚新、马、泰等诸多国家的音乐艺术院校、专业文艺团体及古筝音乐爱好者，深受广大用户之青睐。

“艺扬”牌三弦

“艺扬”牌三弦，是河北省肃宁县京艺乐器厂拳头产品，在国内外有着较高的知名度，京艺乐器厂生产的三弦有曲艺三弦，60型大三弦，80型大三弦，86－1型高音三弦，86－2型高音三弦，加弦大三弦，儿童三弦等。其中60型和80型大三弦，86型高音三弦，儿童三弦均为中国音乐学院肖剑声教授设计，80型与86型三弦设计荣获文化部科技成果四等奖，加弦大三弦为中央音乐学院王振先教授设计，荣获文化部科技成果三等奖。以上各种三弦都是经过我国著名专家教授多次改进设计的成果，我厂生产的大三弦外观精美，质地考究，做工精细，音色优美，脆亮而干净。现已被各音乐院校及民乐团广为采用，它已成为京艺乐器厂的品牌产品，畅销国内外，并被很多三弦演奏家指定用产品。

“艺扬”牌阮

“艺扬”牌阮，是由河北省肃宁县京艺乐器厂生产的名牌产品，京艺乐器厂生产的各种阮（中阮、大阮、小阮、高音小阮）在国内外享有较高的知名度。我国中央民族乐团在维也纳金色大厅首场演出所用的中阮、大阮乐器均为我厂产品，多年来我厂一直与国家一级演奏家张鑫华先生合作，对阮进行了一系列改革，其中对阮实施了钢品的改革，使其具有手感好、耐用、反应灵敏、音色淳美而干净。京艺乐器厂生产的中阮、大阮、小阮等外观精美、质地考究、做工精细，不仅是中央民族乐团的首选乐器，同时也是国内著名的中央广播民族乐团、各大院校及海外著名乐团使用的乐器，我厂的阮产品均得到了中央音乐学院、中国音乐学院等知名音乐团体、专家教授，知名人士的好评，并给予了充分的肯定。

河北乐海乐器有限责任公司产品介绍

多年来我公司与中央学院教授博士生导师黄河、中国广播民乐团团长张高翔、民乐改革老专家樊汝武、调音大师卞渝共同研制开发了新型“601”、“404”、“400”型扬琴，新型产品比传统产品的优点是：音准稳定性强、半音全、合理的击弦点等，新产品上市后受到专家的好评。

601型扬琴系在401扬琴基础上改革试制成功

（1）解决扬琴半音阶不全、转调不便、升降音铜车易生杂音。在保留传统演奏音位前提下，补全半音阶、取消全部铜车。

（2）增设低半音码音位，即＃F、＃G、＃A(bB)、中音码上增设＃f、高音码上增设f2。

（3）共设六条码子、四个独码，68音位，162支琴弦。

404型扬琴系在401、402型扬琴基础上改革而成。是在保留传统音位的情况下，音域为四个八度又纯四度F－bB3半音阶全。共设七条码子、70个音位（包括16对同音异位）、200支琴弦。只设三个转调铜车。

402稳定型扬琴，本产品比传统产品的优点是：琴体稳定、不受干湿气候影响、不跑弦、不易裂、音色干净清脆。荣获国家二项专利。

根据国际环保提出代蟒（蛇）皮科研项目：公司邀请北京星海公司李培俊老师（专利发明人）合作生产新型环保二胡。利用聚酯膜代替传统工艺蟒皮，已成功地推向市场。新产品特点是：适应性强，有可调性，在气候温差大，干湿度差大的环境下演奏时可以调整音量，仍保持音质浑厚，清脆明亮。

本公司与调音技师卞渝（专利持有人）共同合作生产出新型“止音器”。改进了在乐队合奏时琴师原用手去止音。新产品反应灵敏度高、音质效果好、无杂音、不影响演奏音响效果，受到中国音乐学院扬琴教授李玲玲等专家的好评在音乐会演奏使用。

400型扬琴系在401、402型扬琴基础上缩小琴体、减轻重量、便于携带。为减轻琴体负荷，增设音位减少琴弦。音域四个八度又小三度F→b3。共设67个音位、六条码子、121支琴弦。设十个铜车，便于在转调后尽可能保留音阶式的排列。

月坛牌二胡

饶阳北方民族乐器制造有限责任公司(原北京民族乐器厂一分厂)生产二胡已有近二十年的历史，主要乐器产品是北京为代表的北方样式，以前方后圆为主。年产量由几百把发展到3万把。产品销往全国各大中城市，其中北方较多一些，并出口到德国、日本等十几个国家和地区。多年来得益于演奏家，制作名师的指导帮助，月坛牌二胡的质量不断提高，特别是2003年二胡科研基地建立以来，企业发展如虎添翼，公司领导抓住这一发展契机，认真加强与二胡学会各位名演奏家沟通与交流，切实提高二胡的内在质量，追求品味、讲究音色，并登门拜访、座谈、交流、现场指导，通过演奏家与制作师的面对面传授，二胡质量有明显的改进提高。今年5月份全国二胡制作大赛中，月坛牌二胡荣获一等奖9枚，深受专家赞赏。

目前公司已聘请蒋巽风、周耀琨、宋飞等十几名著名演奏家为技术顾问，共同努力，使二胡的质量更上一层楼。

国光牌28孔宽音域口琴

上海国光口琴有限公司是国内最早生产口琴的企业，国光牌口琴以制作精细、音色优美、音准等特点在内销市场中受到了中小学生及口琴爱好者的喜爱，。国光牌、英雄牌内销口琴与其它品牌的口琴最大区别之一是口琴盖板全部采用优质铜材，不使用不锈铁皮，保持铜盖板的传统特色，以确保名牌产品声誉。根据市场调研及为了广大口琴爱好者需求，公司在开发了新的口琴品种——28孔宽音域C调口琴后，又相继开发了28孔宽音域重音口琴及28孔宽音域特制定调、十二调全套口琴。新产品国光牌28孔宽音域口琴规格上突破了我国传统口琴的老框框，扩大了原有音域范围，国光牌28孔宽音域口琴采用高档材料、工艺精细，是受欢迎的独奏用口琴。国光牌28孔宽音域特制定调、十二调全套口琴簧片采用磷青铜制作，使发音更具宏亮。

国光牌28孔宽音域口琴（以C调为例是在24孔音阶的基础上向低音区扩大了三个音，使原24孔最低音仅有一个5音，而扩大到3567四个音，这样既丰富了低音部加伴奏时的和声，又能使小提琴那样奏5671等低音旋律，使演奏者有更多选择乐曲的余地和发挥乐曲高低声部变换的效果。

由于28孔口琴低音部分音阶的增多，如按原音阶排列，势必造成新增音阶的音位颠倒和混乱，给演奏者带来困难，故将其音阶排列稍作调整。在吹音中并列了两个中音1，从而使低音部的音阶可与中音部同样地顺序排列，使吹奏时方便得多，高音部音阶排列不变，最低音部与原低音部排列相同。国光牌28孔宽音域口琴音阶排列变动，使中、低音两组音阶都顺序排列，这给初学者带来了方便，但对已熟悉原音阶排列者来讲，只需稍经练习，更会习惯而感到其优点。目前国光牌28孔宽音域C调口琴、28孔宽音域重音口琴及28孔宽音域特制定调、十二调全套口琴已在市场上销售，受到了各地乐器批发商、琴行及广大口琴爱好者的欢迎。

奇美牌口风琴

江苏奇美乐器有限公司技术与新品开发部根据市场需求和丰富产品规格的要求，相继自行开发和研制了32键、37键、25键口风琴和13键的管式口风琴，为了保护知识产权，公司及时向国家专利局申请了7项专利。按其外包装的不同又可分为中空立体盒包装、软包装和ABS盒包装口风琴，为了生产立体盒包装，公司专门投资42万元引进了一台电脑数字化中空成型机，该设备采用日本三菱控制系统，生产出来的产品美观大方，从而增强了市场竞争能力；针对大部分的用户是中小学生的特点，我们在软包口风琴的包面上专门设计并申请了5种生动活泼的卡通图案专利，深受广大学生的喜爱；口风琴的塑料件全部采用无毒进口ABS原料生产；该产品心脏——簧片，采用进口磷锖铜生产，专门从美国UNITEX公司引进电脑数字化精密焊机，以及从日本引进的逆变焊机，在国内首家独创碰焊工艺，采用无缝焊接技术，从根本上保证了口风琴簧片的焊接技术达到了国外同类产品的同等水平，也确保了口风琴吹奏的音准、音色和牢度；为了保证产品的音准，公司每台产品在出厂之前，都会用专门的电脑数字化音准仪对其音准进行检测。公司生产的口风琴由于其新型的琴身、美观的外包装、稳定的质量和完善的售后服务，一投放市场就受到了广大客户的亲睐，国内市场占有率达90%，清华大学附属小学、上海复旦大学附属小学等多个学校指定作为课堂教学用具，中国人民解放军二炮政治部专门定制生产口风琴，受到部队官兵的欢迎。公司自2002年取得自营进出口权后，通过国际互联网产品远销美国、日本、德国、韩国、以色列、加拿大等多个国家和我国台湾地区，至今没有发生一起因质量问题引起的退货事件，顾客满意率达100%。

奇美牌竖笛

江苏奇美乐器有限公司生产的竖笛按材质分为塑料竖笛和木质竖笛，其中木质竖笛起源于德国，在欧州已有三百年历史了，国外如德国、英国、日本等国都采用木质竖笛用于本国的基础音乐教育，我公司在1996年已开始研制，开发木质竖笛，填补了国内木质竖笛的空白，但由于起步比较晚，在国内没有经验可借鉴，所以前几年一直处于研究、探索状态。自从引进了数控车床、精密机床等机械设备后，大大提高了工作效率和产品质量，保证了木质竖笛弧形的加工和尺寸的精度，此项技术也逐渐成熟，首先是选料、断料、剥光、打排孔等前道工序，再通过机械设备对木料进行加工，最后再经专业技术人员进行几十道的手工工艺处理，此项技术经多年来的探索和实践，在全国处于领先地位，并与国外的高档木质竖笛相媲美；其中塑料竖笛的所有配件全部采用进口无毒ABS原料生产，近年来又相继开发出中音木质竖笛、中音塑料笛、彩色透明笛、镀木纹笛等到多个品种，在产品的外包装上也分别采用了布袋、塑料袋、皮革袋、ABS盒、圆软包等多种不同档次的精美包装，并就其外观造型和颜色组合向国家专利局申请了7项专利，针对不同的消费群体，研制出不同的竖笛，因而这些产品一投入市场不仅受到了广大小中学生的喜欢，也得到了大朋友和企业的欢迎，成为企业公关和亲朋好友之间馈赠的佳品，同时也开拓出新的市场，给企业注入了新的活力。目前，公司有四成的产品通过网上销往国外市场，产品投放市场后得到了以色列、日本、德国、美国和我国台湾客户的欢迎，“奇美”的名气越来越大，为防止在国际市场被他人抢注，公司已分别在德国、法国、日本、美国、韩国、加拿大、英国等国家和我国台湾、香港地区注册成功，为打响“奇美”国际品牌奠定了坚实的基础。

【乐器专利篇】

中国乐器年鉴
CHINA MUSIC INSTRUMENT YEARBOOK
（2003～2004）

乐器专利

申请号：03316394
发明名称：古筝
通讯地址：（225123）江苏省扬州市邗江甘泉镇姚湾村扬州邗江天艺民族乐器厂
发明人：汪健群

申请号：03142992
发明名称：键盘乐器的顶盖结构
通讯地址：日本国静冈县
发明人：白柳荣一　古木文美
公告日：2003年12月10日

申请号：03323147
发明名称：吉他拾音器（AR）
通讯地址：（516000）广东省惠阳市排坊人民四路铭仕乐器配件有限公司
发明人：宋国诗

申请号：03109869
发明名称：声控电子琴
通讯地址：（100039）北京市海淀区西翠路今日家园2号楼1310
发明人：陈汉翔
公告日：2003年09月10日

申请号：03118205
发明名称：弦乐器发声装置
通讯地址：（421002）湖南省衡阳市蛛晖区龙山里13号1-3
发明人：朱衡洲
公告日：2003年08月27日

申请号：03128603
发明名称 用于在完美重奏中再现音乐的多个部分的音频系统
通讯地址：日本国静冈县
发明人：古川令
公告日：2003年10月22日

申请号：03128604
发明名称：立式键盘乐器
通讯地址：日本国静冈县
发明人：浦闻君
公告日：2003年10月22日

申请号：03113032
发明名称：戏剧通用电子锣鼓打击乐器
通讯地址：（213200）江苏省金坛市尧塘集镇
发明人：杨戚军
公告日：2003年10月22日

申请号：03120460
发明名称：带位置调节器的琴槌限位件和有相同部件的合成键盘乐器
通讯地址：日本国静冈县
发明人：伊藤胜男　河村洁
公告日：2003年10月08日

申请号：03120565
发明名称：弦乐器的鞍座和拾音装置
通讯地址：日本国静冈县
发明人：堀显太
公告日：2003年10月01日

申请号：03107168
发明名称：鱼皮二胡
通讯地址：（163711）黑龙江省大庆市龙凤区龙凤镇向阳村
发明人：伊长军
公告日：2003年08月27日

申请号：03303644
发明名称：吉他桥
通讯地址：韩国京畿道
发明人：朴仁载

申请号：03105344
发明名称：带有内衬容器的钟型容器
通讯地址：（101100）北京市通州区后南仓12楼123
发明人：田国
公告日：2003年09月03日

申请号：03104274
发明名称 乐音发生设备、乐音发生方法和执行方法的程序
通讯地址：日本国静冈县浜松市
发明人：西元哲夫
公告日：2003年08月27日

申请号：03201553
发明名称：吉他用拉弦板
通讯地址：韩国京畿道
发明人：朴仁载

申请号：03110885
发明名称：一种使用虚拟技术的电子乐器
通讯地址：（116013）辽宁省大连市中山区解放路结好巷22-2号
发明人：迟连功、陈义新
公告日：2003年09月17日

申请号：03326347
发明名称：钢琴
通讯地址：（201608）上海市松江张泽民发经济城
发明人：郑明统、项友锦

申请号：03302222
发明名称：吉他弦桥
通讯地址：韩国京畿道
发明人：朴仁载

申请号：03101638

发明名称：演奏数据传输控制设备和能够获取演奏数据的电子乐器
通讯地址：日本国静冈县
发明人：青木纪尚、鸟村浩之、铃木明
公告日：2003年07月23日

申请号：02160276
发明名称：用于阻止复制拥有版权的乐曲数据的电子音乐设备
通讯地址：日本国静冈县浜松市
发明人：春山和郎、杉浦弘幸
公告日：2003年07月23日

申请号：02294155
发明名称：打击乐器
通讯地址：(101102)北京市通州区马驹桥镇若密路2号
发明人：王建民

申请号：02159803
发明名称：调音设备
通讯地址：日本国千叶县千叶市
发明人：八木茂树
公告日：2003年07月09日

申请号：02372610
发明名称：玩具音乐器（7）
通讯地址：(515800)广东省澄海市外砂蓬发大道综合大楼
发明人：蔡贤武

申请号：02372609
发明名称：玩具音乐器（5）
通讯地址：(515800)广东省澄海市外砂蓬发大道综合大楼
发明人：蔡贤武

申请号：02372608
发明名称：玩具音乐器（6）
通讯地址：(515800)广东省澄海市外砂蓬发大道综合大楼
发明人：蔡贤武

申请号：02372607
发明名称：玩具音乐器（4）
通讯地址：(515800)广东省澄海市外砂蓬发大道综合大楼
发明人：蔡贤武

申请号：02372611
发明名称：玩具音乐器（8）
通讯地址：(515800)广东省澄海市外砂蓬发大道综合大楼
发明人：蔡贤武

申请号：02372612
发明名称：玩具音乐器（1）
通讯地址：(515800)广东省澄海市外砂蓬发大道综合大楼
发明人：蔡贤武

申请号：02372593
发明名称：玩具音乐器（3）
通讯地址：(515800)广东省澄海市外砂蓬发大道综合大楼
发明人：蔡贤武

申请号：02291264
发明名称：乐器架的改良结构
通讯地址：中国台湾省台中县大雅乡民生路三段93号
发明人：尤明地

申请号：02372592
发明名称：玩具音乐器（2）
通讯地址：(515800)广东省澄海市外砂蓬发大道综合大楼
发明人：蔡贤武

申请号：02151839
发明名称：用于弦乐器的弦拉紧机构
通讯地址：日本国静冈县
发明人：伊藤修、水口清
公告日：2003年08月06日

申请号：02295805
发明名称：用于弦乐器的弦拉紧机构
通讯地址：日本国静冈县
发明人：伊藤修、水口清

申请号：02381012
发明名称：钢琴
通讯地址：日本国静冈县

申请号：02381013
发明名称：钢琴
通讯地址：日本国静冈县

申请号：02291074
发明名称：带有折叠支撑腿的古筝
通讯地址：(475312)河南省兰考县固阳南宋九路口建达民族乐器有限公司
发明人：赵学建

申请号：02292859
发明名称：用于乐器的手提箱
通讯地址：日本国静冈县
发明人：长谷部卫

申请号：02372149
发明名称：折叠式乐谱架
通讯地址：广东省广州市海珠区龙潭村西环街14巷1号西侧
发明人：邢保嘉

申请号：02289753
发明名称：乐器展示架
通讯地址：中国台湾
发明人：谢武弘

申请号：02371673
发明名称：电子键盘乐器
通讯地址：日本国东京都

发明人：坂口和人

申请号：02155702
发明名称：混音器设备和能与混音器设备通信的音乐设备
通讯地址：日本国静冈县浜松市
公告日：2003年06月25日

申请号：02369003
发明名称：乐器架底盘
通讯地址：中国台湾省
发明人：谢武弘

申请号：02369045
发明名称：乐器脚架
通讯地址：中国台湾省
发明人：谢武弘

申请号：02244787
发明名称：对剖气振发音键控排管
通讯地址：(621900)四川省绵阳市919信箱811分箱1号
发明人：袁洪

申请号：02366290
发明名称：二胡音窗（1）
通讯地址：(201100)上海市闵行区七莘路1号
发明人：蒋金虎

申请号：02366292
发明名称：二胡音窗（3）
通讯地址：(201100)上海市闵行区七莘路1号
发明人：王根兴

申请号：02154231
发明名称：具有由稳固键平衡件调节的键的键盘乐器
通讯地址：日本国静冈县
发明人：井上敏
公告日：2003年07月09日

申请号：02366291
发明名称：二胡音窗（2）
通讯地址：(201100)上海市闵行区七莘路1号
发明人：蒋金虎

申请号：02366293
发明名称：二胡音窗4
通讯地址：(201100)上海市闵行区七莘路1号
发明人：凌晨

申请号：02294386
发明名称：具有由稳固键平衡件调节的键的键盘乐器
通讯地址：日本国静冈县
发明人：井上敏

申请号：02261360
发明名称：用于乐器架附加设备之定位构造
通讯地址：中国台湾省台中市北屯区军功里军功路二段545巷7号1楼
发明人：廖村淇

申请号：02147144
发明名称：用于弦乐器的颤音单元
通讯地址：日本国爱知县濑户市
发明人：平山伸二郎
公告日：2003年08月13日

申请号：02151483
发明名称：乐器的键
通讯地址：日本国静冈县
发明人：大久保健一
公告日：2003年04月23日

申请号：02362917
发明名称：吉他拾音器（X）
通讯地址：(516000)广东省惠阳市排坊人民四路铭仕乐器配件有限公司
发明人：宋国诗

申请号：02362916
发明名称：吉他拾音器（Q）
通讯地址：(516000)广东省惠阳市排坊人民四路铭仕乐器配件有限公司
发明人：宋国诗

申请号：02257578
发明名称：方便开合的乐器盒
通讯地址：(100013)北京市和平里西街8区10楼西单元101号
发明人：盛中龙

申请号：02275504
发明名称：民族弦乐器调整装置
通讯地址：(100300)辽宁省新民市正信实业广告公司
发明人：石伯琦

申请号：02255181
发明名称：易携带可更换充电电池的游乐器电源供应装置
通讯地址：中国台湾省台北市光复北路9号5楼
发明人：徐道政

申请号：02334330
发明名称：练指器
通讯地址：(225003)江苏省扬州市新民路21号（民族乐器研制厂）
发明人：田步高

申请号：02254253
发明名称：电子键盘乐器
通讯地址：日本国静冈县浜松市
发明人：石原秀辉　森尚久

申请号：02142643
发明名称：电子键盘乐器
通讯地址：日本国静冈县

发明人：石原秀辉、森尚久
公告日：2003年04月09日

申请号：02142644
发明名称：踩钹架
通讯地址：日本国爱知县
发明人：佐藤尚树
公告日：2003年05月28日

申请号：02352639
发明名称：弦乐器及吉他拾音器（SH-2000）
通讯地址：(516000)广东省惠阳市秋长镇高岭管理区惠阳倍铃乐器配件有限公司
发明人：鲁公万、鲁文洙、孙奇植

申请号：02352640
发明名称：弦乐器及吉他拾音器（SH-2000）
通讯地址：(516000)广东省惠阳市秋长镇高岭管理区惠阳倍铃乐器配件有限公司
发明人：鲁公万、鲁文洙、孙奇植

申请号：02352643
发明名称：弦乐器及吉他拾音器（SH-2000）
通讯地址：(516000)广东省惠阳市秋长镇高岭管理区惠阳倍铃乐器配件有限公司
发明人：鲁公万、鲁文洙、孙奇植

申请号：02130623
发明名称：改善筝音色、音量的方法及新型的优质筝
通讯地址：(300203)天津市河西区南昌路宝德里1门704号
发明人：潘海伟
公告日：2003年02月26日

申请号：02277248
发明名称：多功能横管乐器
通讯地址：(200090)上海市杨浦区平凉路2545弄30号605室王黎霞转
发明人：但乐平

申请号：02131832
发明名称：用于乐器的键
通讯地址：日本国静冈县
发明人：钉本英范、石井淳、大久保健一
公告日：2003年04月02日

申请号：02347161
发明名称：吹乐器具
通讯地址：(311403）浙江省富阳市大青华家埭
发明人：吴平

申请号：02279042
发明名称：一种发光乐器
通讯地址：(450007）河南省郑州市建设西路159楼-18号
发明人：姜文国

申请号：02272997
发明名称：一种吉他鼓身的下部
通讯地址：(515548)广东省揭阳市新亨镇白石揭阳市长城乐器有限公司
发明人：徐瑞和

申请号：02142986
发明名称：改质木材的制造方法
通讯地址：日本国静冈县
发明人：阿部裕康、藤井顺治
公告日：2003年04月23日

申请号：02128996
发明名称：解决截弦转调的附加张力的方法
通讯地址：(300050）天津市和平区重庆道47号
发明人：潘海新
公告日：2003年03月19日

申请号：02263878
发明名称：内置扩音系统电声琴
通讯地址：(225419)江苏省泰兴市溪桥镇凤灵乐器有限公司
发明人：李书、钱富民、李晓晨

申请号：02130261
发明名称：插头
通讯地址：奥地利维也纳
发明人：约瑟夫·施德尔、迈克尔·佐尔加
公告日：2003年04月09日

申请号：02337606
发明名称：乐器（中国贝司）
通讯地址：(161300）黑龙江省讷河市文联
发明人：李墨林

申请号：02247421
发明名称：指板琴
通讯地址：美国加利弗尼亚州伯克莱市王子街1811号
发明人：正光

申请号：02266319
发明名称：一种装配式古筝架
通讯地址：(201100）上海市闵行区七莘路1号
发明人：沈正国

申请号：02266320
发明名称：一种古筝琴码定位条
通讯地址：(201100）上海市闵行区七莘路1号
发明人：沈正国

申请号：02266318
发明名称：一种嵌插式木柄金属弦轴
通讯地址：(201100）上海市闵行区七莘路1号
发明人：沈正国

申请号：02247902
发明名称：一体化琴式音乐电脑
通讯地址：(518008)广东省深圳市罗湖区宝安路松园南九

巷9栋709
发明人：邹伟明

申请号：02128515
发明名称：乐器鼓
通讯地址：美国加利福尼亚
发明人：瑞摩·D·贝利
公告日：2003年10月29日

申请号：02247352
发明名称：独自演奏音乐组合器
通讯地址：（057450）河北省邱县邱城镇东街村
发明人：侯凡忠

申请号：02127817
发明名称：电子音乐设备定制方法
通讯地址：日本国静冈县
发明人：业天康亮、赤堀繁树
公告日：2003年04月02日

申请号：02242342
发明名称：有定制辅助性能的电声乐器
通讯地址：日本国静冈县浜松市
发明人：长谷川丰、唐川周三

申请号：02127818
发明名称：有定制辅助性能的电声乐器
通讯地址：日本国静冈县
发明人：长谷川丰、唐川周三
公告日：2003年04月02日

申请号：02268661
发明名称：一种吉他
通讯地址：（261500）山东省寿光市羊口镇第二居民委员会
发明人：陈卫国

申请号：02268662
发明名称：一种多功能吉他
通讯地址：（261500）山东省寿光市羊口镇第二居民委员会
发明人：陈卫国

申请号：02243670
发明名称：可拆式葫芦丝
通讯地址：（301605）天津市静海县子牙乡潘庄子村
发明人：王泽云

申请号：02128436
发明名称：安全舒适的白色琴键
通讯地址：（163255）黑龙江省大庆市萨尔图区火炬路2-5号4门302室
发明人：邹塞松
公告日：2003年02月19日

申请号：02247718
发明名称：带有能完全闭合孔的键机构的木管乐器
通讯地址：日本国静冈县
发明人：冈田繁、芝宫纯

申请号：02130378
发明名称：带有能完全闭合孔的键机构的木管乐器
通讯地址：日本国静冈县
发明人：冈田繁、芝宫纯
公告日：2003年03月05日

申请号：02331957
发明名称：工艺品热瓦甫（维吾尔族乐器）
通讯地址：（830000）新疆维吾尔自治区乌鲁木齐青年路26号广
发明人：杨晓芳

申请号：02243858
发明名称：胡琴支架
通讯地址：（100000）北京市东城区北口袋胡同1号东门301
发明人：孙毅刚

申请号：02132654
发明名称：海洋生物壳乐器
通讯地址：（116030）辽宁省大连市甘井子区椒房邮电代办所
发明人：于泉林
公告日：2003年02月19日

申请号：02274313
发明名称：吉琶琴
通讯地址：（116030）辽宁省大连市甘井子区椒房邮电代办所
发明人：于泉林

申请号：02132642
发明名称：带有指板的二胡
通讯地址：（131200）吉林省扶余县邮政局刘立成代转
发明人：张显忠
公告日：2003年01月15日

申请号：02332768
发明名称：套装乐器手鼓
通讯地址：（844000）新疆维吾尔自治区喀什市喀什地区行署文化处
发明人：哈尼克孜·阿布力孜、阿达莱提·阿布力孜、阿布力孜·吾布力卡斯木

申请号：02271819
发明名称：一种电吉他的二合体鼓身
通讯地址：（515548）广东省揭阳市新亨镇白石揭阳市长城乐器有限公司
发明人：徐瑞和

申请号：02278394
发明名称：易琴
通讯地址：（332000）江西省九江市庐山南路120号黄腊梅转
发明人：易祥忠

申请号：02353106
发明名称：乾坤式乐器健盘

通讯地址：(110031)辽宁省沈阳市皇姑区崇山中路56号16号
发明人：赵德震

申请号：02241950
发明名称：吉他键盘转换器
通讯地址：(163001)黑龙江省大庆油田总医院保洁服务中心
发明人：寇庆山

申请号：02267972
发明名称：多功能便携式移动存储娱乐器
通讯地址：(266071)山东省青岛市东海西路17号
发明人：王耀庭、于晓东、李明

申请号：02124453
发明名称：鼓架
通讯地址：日本国爱知县
发明人：佐藤尚树
公告日：2003年07月23日

申请号：02278006
发明名称：乐器支架
通讯地址：(430010)湖北省武汉市黄浦路黄浦花园宝福阁19楼C、D座
发明人：张斌、宛志鸿

申请号：02267705
发明名称：二胡拉弦旋调顶式千斤
通讯地址：(473054)河南省南阳市纺织总公司劳保公司王桂侠转陈兴华
发明人：陈兴华

申请号：02123095
发明名称：电吉他的颤音单元
通讯地址：日本国爱知县
发明人：下冈建、平山伸二郎
公告日：2003年04月16日

申请号：02123094
发明名称：带颤音单元的电吉他
通讯地址：日本国爱知县
发明人：平山伸二郎
公告日：2003年04月16日

申请号：02229728
发明名称：乐器防滑拨片
通讯地址：(430010)湖北省武汉市黄浦路黄浦花园宝福阁19楼C、D座
发明人：张鉴堂、柳杰

申请号：02123115
发明名称：有颤音单元的电吉他
通讯地址：日本爱知县
发明人：平山伸二郎
公告日：2003年04月16日

申请号：02224985
发明名称：电声、簧片两用手风琴
通讯地址：(710068)陕西省西安市太白南路3号电视台家属院1号楼3单元2层西户
发明人：屈学祥

申请号：02273653
发明名称：弦乐器的调音机构
通讯地址：(122300)辽宁省喀左县职业高中
发明人：丁树伟

申请号：02261806
发明名称：秦腔键式电动打击乐
通讯地址：(721300)陕西省宝鸡市虢镇宝鸡县卫生局
发明人：辛世武

申请号：02267339
发明名称：一种吉他
通讯地址：(261500)山东省寿光市圣城街225号
发明人：陈卫国

申请号：02119553
发明名称：一种键盘乐器琴键式电子吹奏乐器
通讯地址：(518052)广东省深圳市南山区梅园路8号前海华庭芳庭阁1004
发明人：曾平蔚
公告日：2003年01月01日

申请号：02120663
发明名称：用于乐器的弦保持器
通讯地址：德国伊斯尼
发明人：恩斯特·H·罗特、威廉·罗特、克劳斯·伯默、乔治·沃凯泽
公告日：2003年01月01日

申请号：02227646
发明名称：音频分段接收式调音器
通讯地址：(510230)广东省广州市海珠区前进路云桂大街1号之三604
发明人：钟永津

申请号：02224080
发明名称：具有复合共鸣体的弦乐器
通讯地址：(412000)湖南省株洲市石峰区湘氮一区13-309
发明人：陈福林

申请号：02318471
发明名称：礼品古筝
通讯地址：(225003)江苏省扬州市新民路21号民族乐器研制厂
发明人：田步高

申请号：02327389
发明名称：乐器节拍器
通讯地址：(430077)湖北省武汉市武昌区中北路154号
发明人：陈绍东、韩迅、张清风、潘凯强、古亚峰、彭卫

申请号：02327390
发明名称：乐器校音器
通讯地址：（430077）湖北省武汉市武昌区中北路154号
发明人：陈绍东、韩迅、张清风、潘凯强、古亚峰、彭卫

申请号：02119356
发明名称：美国加利福尼亚
发明人：雷莫·D·贝利
公告日：2003年03月12日

申请号：02235157
发明名称：扩音式教学脚踏风琴
通讯地址：（301615）天津市静海县中旺镇华韵乐器有限公司
发明人：罗松森

申请号：02109601
发明名称：弦类乐器音膜调整装置
通讯地址：（110300）辽宁省新民市城南小区南环西路3号
发明人：李长铁
公告日：2003年11月19日

申请号：02211600
发明名称：弦类乐器变档调弦装置
通讯地址：（116424）辽宁省新民市城南小区南环西路3号

申请号：02109602
发明名称：弦类乐器变档调弦装置
通讯地址：（110300）辽宁省新民市城南小区南环西路3号
发明人：李长铁
公告日：2003年11月19日

申请号：02211601
发明名称：弦类乐器音膜调整装置
通讯地址：（116424）辽宁省新民市城南小区南环西路3号
发明人：李长铁

申请号：02118765
发明名称：一种电子乐器的抖动琴键键盘产生颤吟的方法
通讯地址：（518052）广东省深圳市南山区梅园路8号前海华庭芳庭阁1004
发明人：曾平蔚
公告日：2003年11月12日

申请号：02224848
发明名称：电声、簧片两用手风琴
通讯地址：（710068）陕西省西安市太白南路3号电视台家属院1号楼3单元2层西户
发明人：屈学祥

申请号：02118638
发明名称：在弦乐器中将弦振动转换为良好保真度电信号的拾音单元
通讯地址：日本国静冈县
发明人：高林洋次郎
公告日：2002年12月11日

申请号：02220211
发明名称：新型琴筝
通讯地址：（225006）江苏省扬州市湾头镇南刘村（金鼎乐器厂）
发明人：朱崇文

申请号：02233210
发明名称：具有软内衬容器的埙型容器
通讯地址：（101100）北京市通州区后南仓12楼123
发明人：田国

申请号：02222341
发明名称：弦鸣乐器共鸣腔中的复共鸣器
通讯地址：（610021）四川省成都市新生路6号四川音乐学院
发明人：陈意、陈欣、陈泽

申请号：02113646
发明名称：弦鸣乐器共鸣腔中的复共鸣器
通讯地址：（610021）四川省成都市新生路6号四川音乐学院
发明人：陈意、陈欣、陈泽
公告日：2002年10月23日

申请号：02214146
发明名称：可变向琴柄矫正杆
通讯地址：（262409）山东省昌乐县唐吾镇百灵乐器有限公司
发明人：郝际坤

申请号：02108971
发明名称：一种电子吹奏乐器的力度处理气控方法
通讯地址：（518052）广东省深圳市南山区梅园路8号前海华庭芳庭阁1004
发明人：曾平蔚
公告日：2003年10月29日

申请号：02222178
发明名称：一种除湿加湿提琴盒
通讯地址：（400900）重庆市双桥区双龙西路116号
发明人：黄智义

申请号：02323856
发明名称：乐谱架
通讯地址：（526100）广东省高要市金利镇小洲小洲乐器制品有限公司转
发明人：陆河枝

申请号：02226728
发明名称：一种钢琴键盘盖缓降装置
通讯地址：（528412）广东省中山市东升镇观兰村工业区
发明人：黎绮颜、周有恩

申请号：02323854
发明名称：竖杆琴架
通讯地址：（526100）广东省高要市金利镇小洲小洲乐器制品有限司转
发明人：陆河枝

申请号：02323855
发明名称：斜杆琴架
通讯地址：（526100）广东省高要市金利镇小洲小洲乐器制品有限公司转
发明人：陆河枝

申请号：02111258
发明名称：数码乐器的简谱输入法
通讯地址：（200235）上海市漕溪路251号5号楼4A
发明人：郑刚
公告日：2003年10月15日

申请号：02222093
发明名称：倍十二平均律键盘乐器
通讯地址：（616350）四川省凉山州布拖县民族小学
发明人：李绍庠

申请号：02229967
发明名称：音乐家具
通讯地址：（010020）内蒙古自治区呼和浩特市呼伦南路147号
发明人：杨天博

申请号：02209385
发明名称：音孔处为音孔坑的埙型防伪环保容器
通讯地址：（101100）北京市通州区后南仓12楼123
发明人：田国

申请号：02228809
发明名称：多功能支架
通讯地址：（430010）湖北省武汉市黄浦路黄浦花园宝福阁１９楼C、D座
发明人：张斌、宛志鸿

申请号：02229986
发明名称：一种全能乐器的万向旋转夹结构装置
通讯地址：（518052）广东省深圳市南山区梅园路8号前海华庭芳庭阁1004
发明人：曾平蔚

申请号：02208713
发明名称：新型胡琴音筒
通讯地址：（301600）天津市静海县开发区地纬路中段6号
发明人：王乃政

申请号：02208126
发明名称：乐器上下节管升降传动装置
通讯地址：中国台湾省
发明人：谢武弘

申请号：02208349
发明名称：一棒多音全调马林巴类乐器
通讯地址：（545106）广西壮族自治区柳江县进德三中
发明人：刘启新

申请号：02107909
发明名称：具有成形有手指间隙的盖板的键盘乐器
通讯地址：日本国静冈县
发明人：后藤元臣、河村洁
公告日：2002年10月30日

申请号：02226331
发明名称：能摆放乐器的灯架
通讯地址：（528421）广东省中山市古镇镇祥洲新村横路10号
发明人：伍志坚

申请号：02111043
发明名称：配合和弦铃声的自适应振铃装置
通讯地址：（100085）北京市海淀区上地信息产业基地创业路6号
发明人：刘伟
公告日：2003年10月01日

申请号：02204925
发明名称：电贝斯弦码
通讯地址：（325200）浙江省瑞安市安阳镇万松花园5幢3单元201
发明人：林瑞荣

申请号：02204925
发明名称：电贝斯弦码
通讯地址：（325200）浙江省瑞安市安阳镇万松花园5幢3单元201
发明人：林瑞荣
公告日：2002年11月20日

申请号：02119295
发明名称：组合键盘乐器、静音系统及改变脱离时间的调节钮机构
通讯地址：日本国静冈县
发明人：井上敏、河村洁

申请号：02304724
发明名称：钢琴
通讯地址：韩国仁川

申请号：02304725
发明名称：钢琴
通讯地址：韩国仁川

申请号：02304726
发明名称：钢琴
通讯地址：韩国仁川

申请号：02106528
发明名称：用于构成电子乐器的双向串行总线系统
通讯地址：日本国静冈县
公告日：2002年10月02日

申请号：02304720
发明名称：钢琴
通讯地址：韩国仁川

申请号：02304721
发明名称：钢琴
通讯地址：韩国仁川

申请号：02304722
发明名称：钢琴
通讯地址：韩国仁川

申请号：02206327
发明名称：琴弓的弓杆内部结构
通讯地址：中国台湾省台北市延吉路251-1号四楼
发明人：石朝煌 张启勋

申请号：02225904
发明名称：鼓沙带微调装置
通讯地址：(510315)广东省广州市海珠区龙潭村西环街14巷1号西侧
发明人：邢保嘉

申请号：02225905
发明名称：鼓沙带拉紧装置
通讯地址：(510315)广东省广州市海珠区龙潭村西环街14巷1号西侧
发明人：邢保嘉

申请号：02322321
发明名称：鼓沙带微调器（JGL400-A）
通讯地址：(510315)广东省广州市海珠区龙潭村西环街14巷1号西侧
发明人：邢保嘉

申请号：02322322
发明名称：鼓沙带拉紧器（JGL300）
通讯地址：(510315)广东省广州市海珠区龙潭村西环街14巷1号西侧
发明人：邢保嘉

申请号：02105660
发明名称：具有高度可控制踏板的键盘乐器
通讯地址：日本国静冈县
发明人：前原一夫
公告日：2002年10月16日

申请号：02205417
发明名称：乐器鼓面成型模具
通讯地址：中国台湾
发明人：陈弘辉

申请号：02223483
发明名称：和弦选配速成尺
通讯地址：(330006)江西省南昌市二七北路331号1栋501室胡康生转
发明人：张剑秋　高歌

申请号：02206819
发明名称：组装式乐器架
通讯地址：(653100)云南省玉溪市红塔区北城镇皂角村10社
发明人：靳德祥

申请号：02203889
发明名称：折收式支撑杆组
通讯地址：中国台湾省
发明人：谢武弘

申请号：02322145
发明名称：乐器吸音器（XP-200）
通讯地址：(516221)广东省惠阳市秋长镇高布村倍铃乐器配件有限公司
发明人：鲁文洙

申请号：02202632
发明名称：一种替代乐器用蟒蛇皮的人造皮结构
通讯地址：（100083）北京市海淀区塔院郎秋园1号楼803号
发明人：李培俊

申请号：02103647
发明名称：一种替代乐器用蟒蛇皮的人造皮结构
通讯地址：（100083）北京市海淀区塔院郎秋园1号楼803号
发明人：李培俊
公告日：2002年09月25日

申请号：02204839
发明名称：方响
通讯地址：（100029）北京市北四环中路6号A-29G
发明人：郑汝中

申请号：02225670
发明名称：弦乐器用吸音器盒
通讯地址：(516221)广东省惠阳市秋长镇高布村倍铃乐器配件有限公司
发明人：鲁文洙

申请号：02225668
发明名称：弦乐器拾音器盒
通讯地址：(516221)广东省惠阳市秋长镇高布村倍铃乐器配件有限公司
发明人：南宫圣燮

申请号：02321968
发明名称：乐器吸音器（SE-4000）
通讯地址：(516221)广东省惠阳市秋长镇高布村倍铃乐器配件有限公司
发明人：鲁文洙

申请号：02321968
发明名称：乐器吸音器（SE-4000）
通讯地址：(516221)广东省惠阳市秋长镇高布村倍铃乐器配件有限公司

发明人：鲁文洙

申请号：02204461
发明名称：一种哼奏电子乐器
通讯地址：（113103）辽宁省抚顺市顺城区前甸镇甲帮村
发明人：洪兴权

申请号：02215516
发明名称：键中带键的琴键
通讯地址：（330002）江西省南昌市广场东路201号
发明人：陈大钟

申请号：02321830
发明名称：乐器吸音器（EQC2020）
通讯地址：（516221）广东省惠阳市秋长镇高布村倍铃乐器配件有限公司
发明人：鲁文洙

申请号：02321828
发明名称：乐器吸音器（EQ7645）
通讯地址：（516221）广东省惠州市秋长镇高布村倍铃乐器配件有限公司
发明人：鲁文洙

申请号：02321829
发明名称：乐器吸音器（EQT2010）
通讯地址：（516221）广东省惠阳市秋长镇高布村倍铃乐器配件有限公司
发明人：鲁文洙

申请号：02321827
发明名称：乐器吸音器（EQ7745）
通讯地址：（516221）广东省惠阳市秋长镇高布村倍铃乐器配件有限公司
发明人：鲁文洙

申请号：02100413
发明名称：响陶系列制品及其制作方法
通讯地址：（510310）广东省广州市赤岗路29号404房
发明人：石家环
公告日：2002年09月04日

申请号：02223352
发明名称：多功能吹管乐器
通讯地址：（200090）上海市杨浦区平凉路2545弄30号605室王黎霞转
发明人：但乐平

申请号：02223351
发明名称：蛋壳乐器
通讯地址：（200090）上海市杨浦区平凉路2545弄30号605室王黎霞转
发明人：但乐平

申请号：02223350
发明名称：球形乐器
通讯地址：（200090）上海市杨浦区平凉路2545弄30号605室王黎霞转
发明人：但乐平

申请号：02225291
发明名称：带有止音机构的扬琴
通讯地址：（515021）广东省汕头市大学路189号
发明人：吴汉军

申请号：02225292
发明名称：一种不易走弦的扬琴
通讯地址：（515021）广东省汕头市大学路189号
发明人：吴汉军

申请号：02225236
发明名称：一种小提琴运弓练习架
通讯地址：（523110）广东省东莞市东城区
发明人：王凤君

申请号：02101760
发明名称：发颤音的非膜质打击乐器
通讯地址：美国新泽西州
发明人：雷蒙德·恩霍佛、理查德·西蒙斯、安杰伊·克罗尔、贝希里·约翰逊
公告日：2003年09月24日

申请号：02106463
发明名称：无级乐谱架及配备有无级乐谱架的乐器
通讯地址：日本国静冈县
发明人：市川知规
公告日：2002年10月09日

申请号：02100355
发明名称：铜管乐器喇叭口及大身整体无焊接成型工艺
通讯地址：（053400）河北省武邑县东风西路河北中轻北方乐器有限公司
发明人：李玉卯、史占秋、王中川
公告日：2002年07月10日

申请号：02100316
发明名称：电子乐器
通讯地址：台湾省高雄县
发明人：郑佳明
公告日：2003年07月30日

申请号：02200242
发明名称：具有琴箱的弦乐器上弦装置
通讯地址：（100039）北京市海淀区复兴路83号院丙门1号
发明人：董新林

申请号：02228043
发明名称：多功能健身娱乐器
通讯地址：（343100）江西省吉安县敦厚中学
发明人：周昌翔

单位：广州珠江钢琴集团有限公司
商标：珠江
称号：中国名牌　中国驰名商标
类别：钢琴、吉他、管乐、提琴等

单位：北京星海钢琴集团有限公司
商标：星海
称号：中国名牌 北京市“名牌产品”
类别：钢琴、管乐、民族乐器

单位：营口东北钢琴集团公司
商标：诺的斯卡
称号：辽宁省“名牌产品”
类别：钢琴

单位：上海钢琴有限公司
商标：施特劳斯
称号：上海市名牌产品 上海市著名商标
类别：钢琴

单位：上海民族乐器一厂
商标：敦煌
称号：上海市著名商标
类别：民族乐器

单位：台湾双燕乐器有限公司
商标：杰普特
类别：管乐

单位：台湾双燕乐器有限公司
商标：美派司
类别：打击乐器

单位：台湾双燕乐器有限公司
商标：华登
类别：吉他

单位：台湾双燕乐器有限公司
商标：和来
类别：口琴、手风琴

单位：上海超拨乐器有限公司
商标：AXL
类别：电声乐器、钢琴

单位：上海超拨乐器有限公司
商标：帕拉天奴
类别：钢琴

单位：柏斯琴行
类别：乐器贸易

单位：柏斯琴行
商标：托雅玛
类别：钢琴

单位：柏斯琴行
商标：索娜塔
类别：电子琴

单位：苏州民族乐器一厂有限公司
商标：虎丘
称号：国家银质奖(专业二胡)
类别：民族乐器

单位：江苏奇美乐器有限公司
商标：奇美
称号：江苏省“名牌产品”
类别：竖笛、口风琴、口琴

单位：南京摩德利钢琴有限公司
商标：摩德利
称号：江苏省“名牌产品”
类别：钢琴

单位：广州珠江钢琴集团有限公司
商标：红棉
称号：广东省“名牌产品”
类别：吉他

单位：美得理电子(深圳)有限公司
商标：美得理
类别：电子琴、电子鼓

单位：福州和声钢琴公司
商标：哈曼尼
称号：福建省“名牌产品”
类别：钢琴

单位：广东四会华声乐器有限公司
商标：华声
称号：广东省“名牌产品”
类别：吉他

单位：广东中山粤华钢琴有限公司
商标：斯坦芬
类别：钢琴

单位：广东中山粤华钢琴有限公司
商标：太阳之子
类别：钢琴

单位：广东中山粤华钢琴有限公司
商标：香山
类别：钢琴

单位：广东中山粤华钢琴有限公司
商标：香山阳光
类别：钢琴

单位：上海玛珂钢琴有限公司
商标：公爵
类别：钢琴

单位：上海玛珂钢琴有限公司
商标：门卡利尔
类别：钢琴

单位：青岛世正乐器有限公司
商标：世正
称号：山东省“名牌产品”
类别：钢琴

单位：青岛世正乐器有限公司
商标：富尔肯
类别：钢琴

单位：青岛世正乐器有限公司
商标：乔治·斯泰克
类别：钢琴

单位：青岛世正乐器有限公司
商标：维瓦切
类别：钢琴

单位：江苏凤灵乐器有限公司
商标：凤灵
类别：提琴

单位：上海欧亚钢琴有限公司
商标：莱诺
类别：钢琴

单位：上海欧亚钢琴有限公司
商标：门德尔松
类别：钢琴

单位：上海欧亚钢琴有限公司
商标：切雅诺
类别：钢琴

单位：河北金音乐器有限公司
商标：金音
类别：管乐

单位：上海中雅钢琴公司
商标：海曼
称号：上海市“名牌产品”
类别：钢琴

单位：南京密尔顿钢琴有限公司
商标：密尔顿
类别：钢琴

单位：烟台博斯纳钢琴制造有限公司
商标：EAVESTAFF
类别：钢琴

单位：烟台博斯纳钢琴制造有限公司
商标：双狮
类别：钢琴

单位：宁波海伦乐器有限公司
商标：海伦
类别：钢琴、配件

单位：雅马哈乐器音响(中国)投资有限公司
商标：YAMAHA
类别：钢琴、管乐、电子琴

单位：大连铜管乐器厂(华美乐器有限公司)
商标：前进
称号：辽宁省“名牌产品”
类别：管乐

单位：天津津宝乐器有限公司
商标：津宝
类别：管乐

单位：上海华星电子电器总厂
商标：华星
类别：电子琴、数码钢琴

单位：武汉致嘉数码钢琴有限公司
商标：致嘉
类别：数码钢琴

单位：北京海资曼钢琴有限公司
商标：海资曼
类别：钢琴

单位：上海大正乐器制造有限公司
商标：大正
类别：大正琴、风琴

单位：中德利钢琴有限公司
商标：圣坦威
类别：钢琴

单位：浙江华谱钢琴制造有限公司
商标：华谱
类别：钢琴

单位：山东泰山管乐有限公司
商标：泰山
类别：管乐

单位：江苏激扬乐器有限公司
商标：金杯
类别：口琴、手风琴

单位：江苏激扬乐器有限公司
商标：老时
类别：手风琴、管乐、口琴

单位：杭州天目琴行
商标：迪逊
类别：钢琴、民族乐器

单位：北京华东乐器有限公司
商标：华东
类别：提琴

单位：扬州天艺乐器厂
商标：天艺
类别：民族乐器

单位：北京长安乐器有限公司
商标：画眉鸟
类别：民族乐器

单位：饶阳民族乐器厂
商标：月坛
类别：民族乐器

单位：河北乐海乐器有限公司
商标：乐海
类别：民族乐器

单位：上海口琴总厂
商标：上海
类别：口琴

StarSun
星臣乐器
经典，源自专业
我们拥有专业的产品开发人员，
专业的技术员工，专业的生产设备，
我们只推崇专业，
所以我们选择最专业的合作伙伴，
与我们携手共同打造中国乐器界强势品牌。
因为我们相信
专业造就经典。经典，源自专业。
“星臣”乐器产品形象代言人
中国著名古典吉他演奏家
赵长贵
广东四会市华声乐器有限公司
GUANGDONG SIHUI HUASHENG MUSICAL INSTRUMENTS CO.,LTD.
www.starsunmusic.com

SENTEINWAY

Senteinway® PIANO

中德利钢琴有限公司

地址：浙江省德清县城关镇西郊路158号
邮编：313216
电话：0572—8423787 0572—8433183
传真：0572—8422760
电子邮件：info@cnzhongdeli.com

真诚地欢迎国内外各界朋友和我们一起合作，共创辉煌！

型号：U125—A
古典亚光进口沙贝利木饰面立式钢琴

型号：U123—D
棕色亚光进口沙贝利木饰面立式钢琴

型号：U123—B
豪华亚光进口沙贝利木、桃花芯木、樱桃木饰面立式钢琴

型号：U123—G
白色金花边亮光立式钢琴

型号：U123—F
弯腿乌木色亮光立式钢琴

型号：U123—E1
白、红双色亮光立式钢琴

型号：G170

本公司是一家专业生产制造钢琴的企业，是中国乐器协会会员单位之一，公司遵循“以质取胜、以诚取信”的宗旨。公司所生产的 SENTEINWAY“圣坦威”牌G170、G142卧式钢琴，至尊典雅。立式钢琴，流畅豪华。

圣坦威系列钢琴其全新的设计，独创性的技术，优质的材料，使圣坦威钢琴具有正确的音律、柔美的音色、良好的触键感、精美的工艺造型，使得中德利生产的每一架圣坦威牌钢琴，赢得了众多钢琴专家的赞誉；受得了国内外高等音乐、艺术、师范院校及广大用户的青睐。

扬中市长鸣乐器厂

CHANGMING

陈列室一角

其他民族乐器

其他民族乐器

我厂创办于*1989*年，生产拉弦、弹拨、吹奏、打击四大门类的民族乐器及零配件。

我厂广集精英，特邀著名音乐家作技术指导，与上海音乐学院、上海民族乐团、南京艺术学院等多家知名学府有长期的协作关系。在工艺上精益求精，质量上严格把关，主要生产高、中档乐器，兼顾生产适合中、小学生使用的乐器。产品销往美国、加拿大、新加坡、日本等国和我国港、澳、台地区，在江苏、北京、上海、广东、黑龙江等地设立了*100*多个销售网点。

我厂由中国民族乐器高级工艺师常敦明研制的巨笛，创吉尼斯记录，并获文化部科技三等奖，我厂生产的古筝、二胡、琵琶，*2001*年由国家轻工业乐器质量监督检测中心检测为合格品。多年来，“常敦明牌”和“天鸣牌”乐器在国内外知名度越来越高。为了弘扬民族文化，*2001*年我厂还创办了“中国民间民族乐器陈列馆”。备受海内、外同仁的关注。

我厂的宗旨是：“弘扬民族文化，创新乐器工艺制作优质产品，恪守营销信誉。”我厂竭诚和广大客户一起共创民族艺术辉煌大业。

欢迎使用长鸣乐器！

扬中市长鸣乐器厂

厂址：江苏省扬中市新坝镇
邮编：212211
电话：0511-8411605
传真：0511-8417558
手机：(0)13905283025
厂长：常本荣
Http:// www.china-cm.com
E-mail:cmyq@china-cm.com

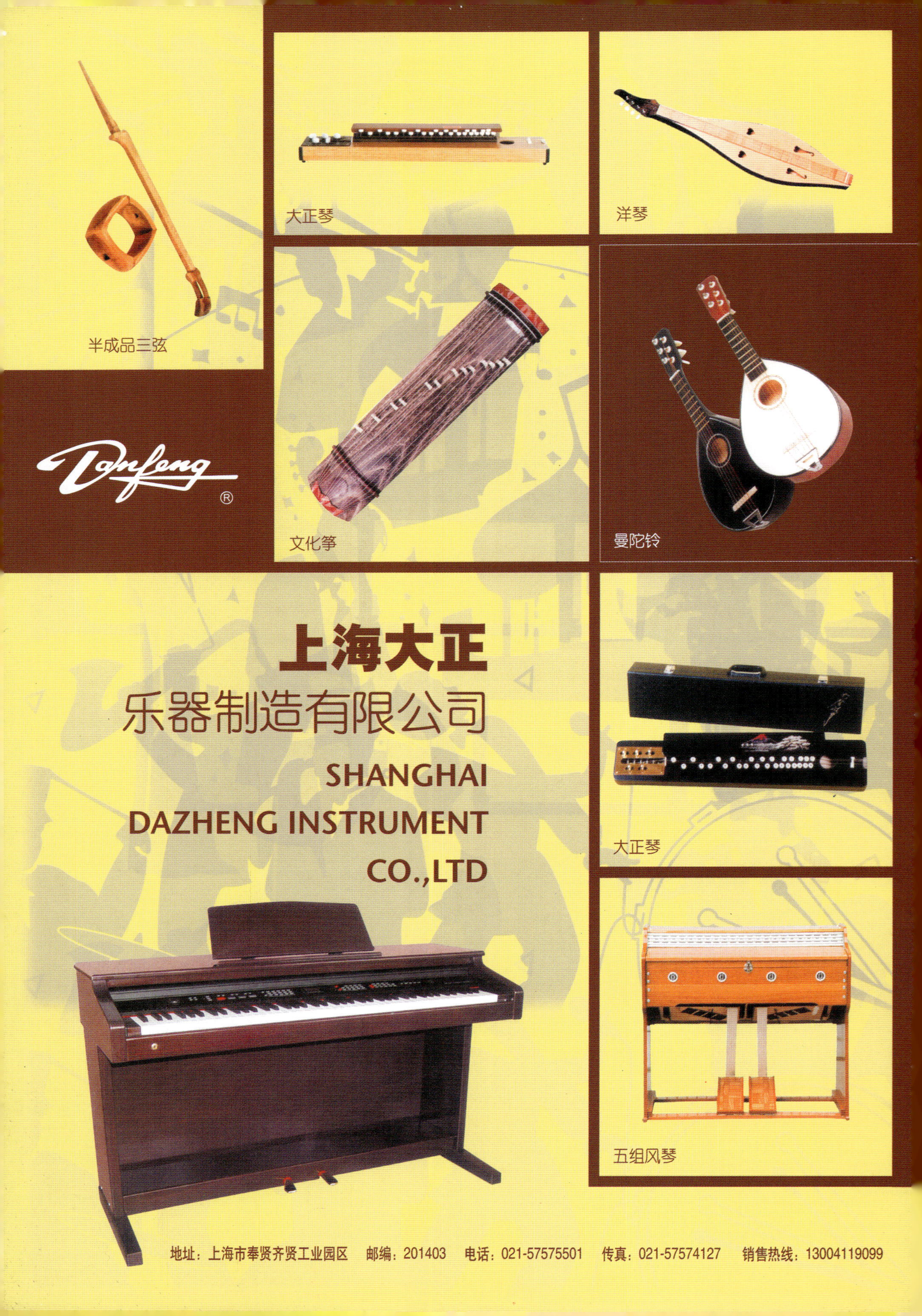
半成品三弦
大正琴
洋琴
文化筝
曼陀铃
Danfeng®
上海大正
乐器制造有限公司
SHANGHAI
DAZHENG INSTRUMENT
CO.,LTD
大正琴
五组风琴
地址：上海市奉贤齐贤工业园区　邮编：201403　电话：021-57575501　传真：021-57574127　销售热线：13004119099

music
CHINA
www.musicchina-expo.com
中国(上海)国际
乐器展览会
国际乐器界的盛大聚会!
主办单位：中国乐器协会
上海国际展览中心有限公司
法兰克福展览（香港）有限公司
协办单位：上海市乐器协会
MUSIC CHINA 中国（上海）国际乐器展览会，继2002年在上海成功举办后，现已成为国内乐器界的龙头展及国际乐器界关注的焦点。展会规模从第一届的15000平方米扩大到第三届的35000平方米，参展商从270多家展增至近700家，名副其实的成为了国内业界第一展。展会以展示中外行业精品、促进中外文化交流、繁荣中国文化市场、倡导群众集体参与为宗旨，每年汇聚了国内外众多知名厂商、专业买家及文化教育界人士，并在历届举办过程中得到了高度认可。
每年展会伴以不同的现场活动，引领乐器界的流行潮流，
带来全新的视觉感受
技术交流会研讨会——前瞻性、权威性的信息交流平台
学生器乐比赛——不同形式、不同风格，显现学生艺术教育新成果
现场演奏——各路名家齐登场，行业新品竞展示
详情垂询：
上海国际展览中心有限公司
地址：上海市娄山关路88号 邮编：200336
电话：021-62755800 62096149 传真：021-62757210 62780038
联系人：王蕾 戎晓娴 姚鸣
E-mail: intexwl@sh163.net intexrxx@sh163.net
INTEX SHANGHAI

图书在版编目（CIP）数据

中国乐器年鉴.2003～2004／中国乐器协会编.——北京：中国轻工业出版社.2004.10
ISBN 7-5019-4575-6

Ⅰ.中... Ⅱ.中... Ⅲ.乐器制造-制造工业-中国-2003～2004-年鉴 Ⅳ.TS953-54

中国版本图书馆CIP数据核字（2004）第096724号

责任编辑：刘云辉
策划编辑：刘云辉 责任终审：滕炎福
封面设计：潘文强 版式设计：潘文强 李湘婷

出版发行：中国轻工业出版社（北京东长安街6号，邮编：100740）
印　　刷：北京东方之彩印刷有限公司
经　　销：各地新华书店
版　　次：2004年10月第1版 2004年10月第1次印刷
开　　本：787mm×1092mm 1／16 印张 31.25
字　　数：1030千字 插页 36
书　　号：ISBN 7-5019-4575-6/TS·2694 ／ 定价：120元

读者服务部邮购热线电话：010-65241695 85111729 传真：85111730
发行电话：010-88390721 88390722
网　　址：http://www.chlip.com.cn
Email:club@chlip.com.cn
如发现图书残缺请直接与我社读者服务部联系调换
40813K5X101HBW